KB030370

2판

임상심리 수련생을 위한

종합심리평가 보고서 작성법 1

▎보고서 작성법
▎성인 정신장애(DSM-5 진단 포함)

성태훈 저

**Psychological Assessment
Report Writing 1**

K-WAIS, K-WAIS-IV, Rorschach, TAT, HTP, MMPI II, SCT

학지사

2판 머리말

이 책을 활용하는 방법

2011년 보고서 작성에 도움이 되는 매뉴얼을 제시하고 활용 가능한 자원들을 정리하고자 하는 목적으로『임상심리 수련생을 위한 종합심리평가 보고서 작성법』초판을 낸 지 8년이 흘렀다. 초판 출간 이후 보고서 작성법에 대한 강의를 다수 진행할 수 있었고, DSM과 지능검사가 개정되어 2017년 초에는 아동·청소년 장애를 위주로 DSM-5 진단 기준이 적용된『임상심리 수련생을 위한 종합심리평가 보고서 작성법 2: 아동·청소년 정신장애(DSM-5 진단 포함)』를 출간하였다.

초판 작업 당시에는 지능검사를 비롯한 각 검사의 실시 매뉴얼이 실제 검사 장면에 그대로 적용하기에 어색하고 딱딱한 면이 있어서 저자의 경험을 통해 검사 맥락을 해치지 않으면서 편안하게 실시할 수 있도록 실시 지침을 수정하여 제시하였다. 그러나 그 사이 지능검사는 아동용과 성인용이 모두 개정되었고, 훌륭하게도 매뉴얼이 매우 실용적으로 바뀌었다. 또한 다른 검사들도 많은 참고 도서가 나와서 실시 방법에 대해서는 더 보충할 필요가 없게 되었다. 반면, 초판에서는 글을 쓰는 구조화된 틀을 강조하면서도 막상 그 틀에 대해서 정리를 충분히 못한 면이 있어 이번 2판에서 이를 상당 부분 보완하였다.

슈퍼비전을 하면서 계속 아쉬움을 느끼게 되는 시점은 수련생들이 개념에 대해 충분한 이해를 하지 못한 채 해당 단어를 사용하는 경우이다. '책에서 봤으니까' 혹은 '감독자가 시키니까' 라는 이유로 내용을 작성하는 것은 권위적 접근에 따른 것으로 전문가로서는 지양해야 하는 방식이다. 그래서 자주 사용하는 개념들에 대해 정리를 해 보았다. 검사를 받은 수검자가 자신의 문제를 개선하기 위해서는 문제가 무엇인지 이해하고, 실생활에서 무엇을 해야 하는

지 알아야 하는데, 이 앎에 대한 책임은 평가자에게 있다고 생각한다. 평가자는 자신이 보고서에 작성하는 단어들의 의미를 잘게 쪼개어 이해할 수 있어야 하고, 이러한 과정을 거치면 구체적인 개선안을 더 잘 찾아낼 수 있다. 본문에 제시된 단어들은 몇 개의 예시에 불과하다. 예로 제시한 개념들을 같이 고민해 보고, 그 경험을 토대로 다른 개념들도 비슷한 수준에서 이해하기 위해 노력해 보길 바란다. 그리고 이러한 개념적 설명에 더하여 HTP, SCT, TAT 등 자주 사용하는 심리검사 자료를 통해 성격을 추론하는 방법을 간략하게 제시하였다. 내용 자체는 양적으로 큰 비중을 차지하지 않으나, 방대한 자료 사이에서 혼란스러울 때 조금이나마 도움이 될 거라 생각한다.

이 책의 초판과 2권(아동·청소년 정신장애)에는 각 장애별로 '자주 나타나는 반응'에 검사 자료 중에서 증상별로 자주 나타나는 원자료들을 정리해서 넣은 반면, 이번 2판에서는 아동 정신장애와 달리 비슷한 증상을 서로 공유하는 정신장애가 많고, 비슷하지만 조금씩 다른 각 장애의 자료를 각기 정리하는 것이 소모적인 면이 있어서 원자료 정리를 하지 않았다. 이 아쉬움을 채우기 위해서 최대한 많은 사례를 싣고, 각 사례의 주요 특성을 제목에 표기하였다.

초판의 사례에는 성인장애가 많긴 하지만 아동과 성인 장애가 섞여 있었으나, 2권에서 아동·청소년 정신장애를 따로 정리하였기에 이번 2판에서는 보고서 작성법과 함께 DSM-5의 진단에 따른 성인 정신장애(아동기 장애 및 신경심리장애 제외)만 포함시켰다. 추후 비진단 및 진단감별 사례를 묶어서 3권을 출판할 예정이다. 이렇게 세 권으로 정리가 되면 심리평가 보고서를 작성해야 하는 분들에게는 수검자 유형별로 필요한 정보를 얻기에 충분한 백과사전식 가이드가 될 수 있을 것이라 생각한다. 또한 2권(아동·청소년 정신장애)에서는 각 장애마다 심리 과정상의 특성을 설명하였으나, 자료의 양이 워낙 방대하고 비슷한 내용을 공유하는 장애가 많아서 추후 부분 개정을 통해 추가하기로 하고, 이번에는 포함시키지 않았다.

DSM이 개정되어 DSM-5에 있는 진단을 최대한 모두 포함하려 하였으나, 저자의 경험이 부족하여 평가를 실시하지 못한 정신장애는 책에서 빠져 있다. 이상 성행동 관련장애를 제외하고는 각 장애별로 많게는 4개에서부터 적게는 1개까지 모델이 될 만한 보고서들을 엄선하여 넣었다. 그리고 진단명은 모두 DSM-5에 맞춰 표기하였다. 지능검사가 아동용과 성인용 모두 4판으로 개정되어 이를 반영하려 하였으나, 정신증적 증상이 심한 경우가 아니라면 진단감별에 있어서 지능이 핵심적인 판단 근거가 되지는 않고, 전체 보고서 안에서 성격과 정서 영역이 더 중요한 경우가 많아서 장애빈도가 낮은 장애들은 구 버전인 K-WAIS가 그대로 포함되어 있는 경우도 많다. 단, 지능검사 4판의 보고서 양식을 찾는 경우가 있기에 K-WAIS-IV를 사용한 보고서는 따로 표기를 하였다.

보고서의 진단은 심리평가를 통한 임상적 인상이고, 의사와 합의된 결과는 아니다. 가능하면 진단적으로 명확한 보고서만 실으려고 하였으나, 이에 동의하지 않는 경우도 있을 수 있다. 또한 여기서 언급되는 내용은 연구를 통해 나온 것이 아니다. 수년간 임상심리전문가로서 활동하면서 쌓은 저자의 경험을 바탕으로 기술하였고, 이에 대해서도 다른 해석의 여지가 있을 수 있다. 또한 각 사례는 모두 출판에 맞게 수정 과정을 거쳤다. 개인을 확인할 수 있는 인구통계학적인 정보와 검사 내용은 수정하거나 삭제하였다.

매번 긍정적이고 지지적인 모습을 보여 주시는 학지사 김진환 사장님과 편집에 고생하신 편집부에 감사드린다. 그리고 든든한 부모님과 장인어른, 장모님, 힘이 되는 딸과 아들, 사랑하는 아내에게 가슴 깊이 감사의 인사를 전한다.

임상심리를 공부하는 대학원생과 수련생 그리고 바쁜 업무로 교육도 제대로 받기 힘든 업무 현장에서 혼자서 보고서와 씨름하고 있을 상담 관련 종사자분들에게 모쪼록 이 책이 도움이 되길 바란다.

2019년 6월
성태훈

1판 머리말

　심리평가를 공부하고 실무에 적용하는 데 있어서 참고할 수 있는 교재는 그리 많지 않은 것 같다. 대부분의 수련생이 같은 교재로 공부하고 있으며, 평가 보고서를 쓰는 구체적인 방식은 기본적인 형식은 비슷하지만 병원마다 또는 수련감독자가 누구냐에 따라 조금씩 다르다. 평가의 목적을 제대로 수행한다면 이론적인 지향이나 현실적인 요구에 따라 다양한 보고서 형태가 존재하는 것이 그리 문제가 되지 않을 수도 있다. 그러나 그동안의 경험으로 볼 때 아쉬운 점은 재평가로 인한 오류의 가능성이 있을 수 있는 기간임에도, 타 기관의 평가 보고서를 보고 나서 내담자나 환자의 상태가 파악되지 않아 다시 평가를 요구하는 일이 종종 발생한다는 것이다. 그리고 이런 경우는 대개 보고서에 검사 원자료에 대한 언급이 거의 없는 경우가 많다. 물론 원자료를 보고서에 언급하는 것에 대해서는 호불호가 분명하고, 모두가 원자료를 언급해야 한다고 생각하지는 않는다. 다만, 필요한 원자료를 제시하는 것이 보고서에 대한 이해를 쉽게 하고, 다른 평가자의 결과에 대해서도 신뢰할 수 있게 하며, 불필요한 재검사를 막을 수 있는 방법이라고 생각한다. 무엇보다도 심리평가와 더불어 정신병리를 공부하는 수련생에게는 원자료에 근거하여 명확하게 보고서를 쓰는 것이 전문적 능력을 키우는 데 도움이 되리라 생각한다.

　심리평가 보고서를 작성하는 많은 사람은 자신이 작성한 보고서를 다시 볼 기회가 거의 없다. 게다가 완성된 보고서에 대해서 피드백을 받는 경우는 더욱 드물다. 그래서 실무자는 알지만 일반인은 모르는 영어로 된 전문용어가 그대로 보고서에 기술되거나, 지능의 구체적 양상이나 심리적 과정에 대해서는 명확하게 언급되지 않은 채 '지능이 100이다.' '정서적으로 매우 우울한 상태다.'와 같이 결과만 기술되기 쉬운 것 같다. 보고서를 읽는 사람이 의사든 환자든 독자에 대한 배려가 부족한 보고서는 2시간 넘게 검사하고 그 이상의 시간을 들여 작성했다 하더라도 2분 만에 읽히고는 이내 다른 차트 속에 파묻히는 사태가 생길 수 있다. 검사를 의뢰한 사람이 원하는 것만 금방 확인하고 일반인은 볼래야 볼 수 없는 보고서는 그것이 몇 시간을 들여 수작업으로 작성되고, 통상 20만 원 이상을 지불하고서야 받아 볼 수 있는 결과물임을 고려할 때 아쉬움이 많다.

필자는 종합병원 정신과에서 수련을 시작하여 3년 동안 정규 과정을 마쳤다. 수련을 마친 후 3년간 프리랜서로 일하면서 정신과 개인병원, 사회복지기관, 지역 중소병원, 군병원, 상담기관 등 다양한 장면에서 매주 10건 안팎의 심리평가 보고서를 작성하였다. 수련 당시에는 평가에 필요한 여러 가지 내용을 배우기에 바빴고, 병원에서 쓰이는 용어가 여과 없이 영어로 작성되었으며, 결과 또한 진단을 위한 것이 대부분이었다. 그래서 보고서의 큰 맥락은 장애인가 아닌가, 장애라면 어떤 장애인가에 초점이 맞춰져 있었다. 당시에는 배움이 부족해 그마저도 쓰기 버거웠지만, 시간이 지나서 다시 보니 정말 부끄럽기 짝이 없는 보고서가 많았다. 수련을 마치고 전문가가 된 후 개인병원에서 일을 시작하니 개원한 의사들의 요구는 달랐다. 물론 필자와 함께 일한 몇몇 의사에 한정될 수도 있지만, 보고서가 환자에게 직접 전달되는 경우가 많다 보니 일반인도 쉽게 이해할 수 있고 의사 본인이 환자에게 설명할 수 있도록 직접적으로 진료에 도움이 되는 보고서이길 원했다. 그러다 보니 작성된 보고서를 받고도 그 내용이 정확히 무엇이냐고 다시 물어보는 경우도 많았다. 필자는 이 과정을 매우 즐겼다. 적극적으로 설명하고 적극적으로 고쳤다. 언제든 보고서에서 궁금한 게 있으면 물어보라고 했고, 좀 다르다고 생각하거나 불만이 있을 때도 말해 달라고 했다.

필자는 수련 기간을 포함해서 지난 7여년간 2,000건 이상의 보고서를 작성하였고, 상담센터를 운영하는 지금도 매주 10여 건의 보고서를 지도감독하고 있다. 그 과정에서 나름대로의 틀이 만들어졌으며, 이러한 틀이 심리평가 수업을 하고 수련생을 가르치는 데 실제로 많은 도움이 되었다. 이에 이전에 느낀 아쉬움을 어느 정도 덜 수 있는 방법이라 생각하여 출판을 결심하게 되었다. 같은 대학원이나 같은 병원 출신이라 해도 개인마다 보고서 작성 방식은 조금씩 다르다. 그러나 '평가를 이제 막 배우기 시작한 수련생'의 경우에는 이 책에서 제시하는 방식대로 보고서를 작성하는 것이 많은 도움이 되리라 생각한다. 공부를 하든 일을 하든 '체계적인 매뉴얼'과 '활용할 수 있는 자원이 풍부한 창고'가 갖추어져 있는 사람들은 주어진 상황에서 훨씬 수월하게 대처할 수 있을 것이다. 물론 기본적인 수준에서 벗어나 심리평가에 대한 자기 나름의 판단과 방식을 찾는 것은 각자의 몫일 것이다.

이 책에서는 검사를 실시하기 전 준비사항부터 보고서를 작성하기까지 자연스러운 흐름에 따라 실제 평가 상황에서 경험을 통해 알게 된 팁을 위주로 보고서를 완성할 수 있도록 설명하였다. 그리고 각 진단별로 활용할 수 있는 검사 지표들을 정리하여 다양한 경우에 활용할 수 있도록 하였다.

필자는 서로 얼굴을 마주보기 민망할 정도로 작은 책상에서 검사를 한 적도 있고, 검사 도구를 다 펼치고도 남을 만큼 큰 책상이 있는 방에서 검사를 한 적도 있다. 또한 기계가 꽉 찬 창고 같은 곳에서도 검사를 해 보았고, 병원장님의 근사한 사무실에서도 검사를 해 보았다. 심지어는 집으로 찾아가서 밥 먹는 작은 상에서 실시한 적도 있다. 물론 제대로 갖춰진 깔끔한 검사실에서 가장 많이 해 보았다. 이런 이야기를 하는 이유는 평가를 해야 하는 상황이 매우 다양하며, 평가를 하는 사람 입장에서는 평가 환경을 좋게 만들기 위해 노력할 필요가 있으나 주어진 상황에서 최상의 평가를 할 의무도 있다고 생각하기 때문이다. 간혹 열악한 평가 환경을 불평하는 사람들도 있지만, 이는 아직 평가가 그만큼의 가치를 인정받지 못하고 있는 것과도 관련이 있다고 생각한다. 부디 이 책이 조금이나마 평가의 가치를 높이는 데 도움이 되길 바란다.

이 책은 필자의 처녀작이다. 나름대로 수련생에게 도움을 주고자 이 책을 집필하게 되었지만, 많은 분의 도움이 있었기에 이러한 결과물을 낼 수 있었다. 먼저, 은사님이신 안창일 선생님과 김지혜 선생님이 계셨기에 많은 지식을 쌓을 수 있었으며, 현재 지도교수님이신 고영건 선생님께서 필자가 계속해서 새로운 것에 도전할 수 있도록 해 주셨기에 지식을 좀 더 쓸모 있게 다듬을 수 있었다. 저술 초기에 많은 조언을 해 준 김소정 선생님과 상담센터에서 지금도 보고서와 씨름하고 있는 장지영 선생님, 그리고 저술 소식을 듣고 지지와 격려를 보내 준 친구들과 선후배님들에게도 고마움을 전한다. 또한 어려운 결정이었을 텐데 선뜻 출판을 결심해 주신 학지사의 김진환 사장님, 그리고 꼼꼼하고 깔끔하게 편집을 해 준 편집부의 하시나 씨와 직원 여러분에게도 감사드린다. 마지막으로, 이 책을 쓰기 시작한 작년 여름 1박 2일의 외유를 허락해 준 착한 아내와 날마다 나에게 힘을 주는 아이들에게도 이 기회를 빌려 고마움을 전하고 싶다.

2011년 10월
성태훈

| 간략 차례 |

차례

PART 1 ▶ 보고서 작성법

PART 2 **진단별 보고서 사례: 성인 정신장애(DSM-5 진단 포함)**

☞ K-WAIS-IV를 사용한 보고서는 *표 처리함.

PART 1

보고서 작성법

Chapter

01 검사 자료의 의미를 해석하는 방법

　지능검사, MMPI, HTP 등 각 검사들은 해석을 위한 매뉴얼이 있고, 우리는 그에 따라 해석을 하게 된다. 그러나 책에 있는 해석을 무작정 따라 쓰는 것은 자칫 기계적인 전달이 되기 쉽고, 어떤 경우에는 완전히 다른 방향으로 해석이 되기도 한다. 또한 애매하게 알고 있는 개념을 글자로만 전달함으로써 실제 활용 가치를 떨어트리는 경우도 있다.

　각 검사 자극은 전달의 대상이 아니고, 해석의 대상이다. 그리고 평가자는 해석한 내용을 수검자에게 도움이 되도록 바꾸어서 전달해야 한다. 보건소에서는 키를 잰 다음에 50대 남성에게 "당신의 키가 175cm입니다."라고 하면 된다. "수치상 175cm가 나왔는데, 평균보다 키가 큰 것입니다."라고 굳이 설명하지 않는다. 명확하게 수치로 나온 객관적·물리적 사실이고, 굳이 해석을 해 주지 않아도 평균적으로 키가 작은지 큰지는 보통 사람들이 대부분 알고 있는 정보이기 때문이다.

　MMPI에서 9번 척도가 70T일 때 모두가 조증이라면, 해석을 위한 전문가는 필요 없고, 그냥 매뉴얼만 있으면 된다. 그러나 우리는 그렇게 하지 못한다. 일단 현상적으로 다양한 경우의 수가 가능하다. 9번 척도가 높은 경우, 조증의 가능성이 높긴 하지만, 화가 많이 나 있을 수도 있고, 순간 의욕이 넘쳐서 그럴 수도 있고, 정상적인 수준에서 에너지가 높은 것일 수도 있다. 객관적 평가의 대표로 인정받는 MMPI조차도 숫자로 결과가 나오긴 하지만, 각 문항은 수검자의 주관적 평가에 따라 표기가 되기 때문에, 개인의 상황을 고려하지 않고 해석을 하면 오류의 가능성이 커질 수밖에 없다. 하물며 숫자로 결과가 나오지 않는 검사들은 각 검사 자료에 대한 해석의 다양성이 훨씬 커진다.

따라서 종합심리평가라는 이름으로 여러 종류의 검사를 같이 실시하면 각각의 다양성을 가진 검사 결과들이 합쳐지고, 단순 계산으로는 더 많은 해석의 가능성이 발생해야 할 것 같지만, 오히려 경우의 수는 줄어든다. 주요한 결과로 '수렴된다'라는 표현이 더 적절할 수 있겠다. 우울하다고 모든 검사에서 우울감을 드러내진 않지만, 정말 우울하다면 많은 검사에서 우울감을 시사하는 증거들이 나타날 수밖에 없고, 이것이 종합심리평가의 장점이다. 평가자가 이러한 장점을 활용하기 위해서는 개개의 검사 결과를 해석할 수 있는 다양한 검사에 대한 지식뿐 아니라 정신병리와 성격, 지능, 가족역동 등 심리학 전반에 대한 이해를 바탕으로 종합적인 결론을 이끌어 내야 한다는 면에서, 상당한 양의 지식과 경험을 갖추어야 한다.

검사 결과를 해석할 때에는 전달하고자 하는 내용을 평가자가 명확하게 알고 있어야 한다. 평가는 현 시점의 상태를 측정하는 것이지만, 평가를 하는 목적은 현 상태에서 더 나아지기 위한 대책을 세우는 것이다. 수검자와 보호자가 개선 노력을 해야 하기 때문에, 이들이 알아들을 수 있도록 내용을 전달하는 것이 중요하고, 이를 위해서는 평가자가 각 개념을 수검자가 활용 가능한 개념으로 바꾸어 구체적으로 전달해야 한다. 평가자 자신이 서술하고 있는 개념을, '고졸 학력의 30~40대 성인'이 이해하고 자신들에게 필요한 행동을 할 수 있도록 할 때, 비로소 평가자가 그 내용과 개념을 충분히 이해하고 있다고 볼 수 있다.

이러한 맥락에서 인지적 영역에서 자주 언급되는 6가지 개념에 대해서 좀 더 깊이 있게 생각해 보고, 성격과 정서를 파악하는 데 자주 사용되는 HTP, TAT, SCT 3개 검사의 자료를 해석하는 방법을 설명하려고 한다.

1. 인지적 개념

1) '추상적' 이란

'추상적 사고'는 인지 기능 중에서 가장 고차원적인 능력이다. 사교적 대화에서는 "야, 그 얘긴 너무 추상적이야~!"라고 한 친구가 말하면 다른 친구도 그 말을 듣고 이해한 듯 웃으면서 넘어간다. 그러나 '추상적'이라는 단어는 설명하기 상당히 어렵다. 어떤 단어를 적절히 사용하는 경우는 많지만, 그 단어의 핵심적인 의미를 설명하기는 어려운 경우가 많다. 이는 지금 평가자로 활동하고 있는 사람이 답지를 보지 않은 채로 지능검사의 어휘 소검사를 수검자로 직접 경험해 보면 그 차이를 너무 쉽게 느낄 수 있다.

이렇게 한번 이해해 보자. 우리가 지금 배우는 개념들은 대부분 서구에서 건너온 것이다. '추상적'에 대한 영어 단어를 찾아보면 'abstract'라고 한다. 그리고 그 반대말을 찾아보면 'concrete'라는 단어가 나온다. concrete의 뜻을 우리말로 옮기기도 쉽지 않지만, '있는 그대로', '고지식한', '경직된' 등의 의미가 있고, 심리학적인 의미로서는 무엇보다 '곧이곧대로'라고 해석하는 것이 가장 맞는 것 같다. 심리학자들 사이에서 "야, 너 concrete해."라는 말은 대부분 '너무 곧이곧대로 해서 답답해 죽겠다'에 가까운 말이다.

초등학교 때, 어머니가 모임에 나가면서 자주 요청하셨던 게 있다. 5시에 나가시면서, "철수 엄마한테 전화 오면, 엄마 4시 반에 나갔다고 해~!" 라고 하신다. 5시가 좀 지나면 철수 엄마한테 전화가 오는데, 이때 concrete한 아이는 "엄마가 5시에 나가시면서, 4시 반에 나갔다고 말하라고 했어요."라고 말하게 되고, 엄마는 아주 난처한(?) 저녁을 보내게 될 것이다. 반대로 추상적(abstract)인 사고를 할 수 있는 아이는 엄마가 시간을 바꿔 말하게 한 의도, 즉 겉으로 표현한 것 이면에 있는 숨은 뜻을 파악할 수 있고, 엄마가 난처한 상황에 빠지지 않도록 조금이나마 도울 수 있을 것이다.

또 다른 방향으로 생각을 해 보자. 세상에 과일은 없다. 무슨 말인가? 사과, 바나나, 딸기, 수박 등은 일대일로 실물을 확인할 수 있지만, 과일이라는 대상은 눈으로 볼 수 없다. 심지어는 만질 수도 없고, 맛볼 수도 없다. '과일'이라는 단어는 사과, 바나나, 딸기, 수박 등이 모여 있을 때, 한 번에 묶어서 말하기 편하도록 사람들이 합의해서 만들어 낸 추상적(abstract) 단어이고 개념이다. 추상적 단어는 이렇게 실제 존재하지 않아 오감을 통해서는 확인할 수 없는 대상을 언급할 때 적용된다. '과일'이라는 개념과 단어가 없다면, 우리는 "철수야~! 사과, 바나나, 딸기, 수박 등을 파는 가게에 가서 딸기 좀 사 와라~!" 라고 해야 한다. '과일'이라는 단어를 사용할 수 있기 때문에 의사소통에 필요한 에너지를 절약해서, 다른 필요한 곳에 에너지를 사용할 수 있다. 추상적 개념을 잘 사용하면 언어생활의 효율성이 증가해서 삶이 훨씬 더 풍부해지는 것이다.

지각에서의 추상성도 이해해야 한다. 요즘 컴퓨터와 인터넷을 많이 사용하면서, '(^.^)' 이렇게 표기를 하면 웃는 얼굴이라는 건 대부분의 사람은 쉽게 알 수 있다. 그러나 실제 웃는 얼굴은 이 이모티콘에 전혀 들어 있지 않다. 이 이모티콘에 있는 건 괄호 부호 2개, 삿갓 모양 2개, 점 1개일 뿐이다. 그런데 사람들은 이 자극을 '웃는 얼굴'로 보자고 사회적 합의를 했다. 그 결과, 우리는 실제로는 짜증이 났어도 휴대폰 메시지를 통해 자신이 상대의 말을 잘 듣고 있고, 게다가 웃으면서 경청하고 있다는 느낌까지 줄 수 있다. 이 과정에서 자신의 짜증을 감추거나 억지로 웃음을 보이려는 가식적인 행동에 필요한 에너지가 절약되어 휴식을 취하게 해 준다. 컴퓨터로 처리할 때 얼굴 이모티콘의 용량은 360Kbyte에 불과한 반면, 같은 크기의 실제 사람 얼굴 사진은 2,730Kbyte 정도이다. 곧이곧대로 정보를 처리한다는 건 많은 에너지를 필요로 하는 일이다.

이러한 비교는 인간의 뇌에서도 비슷한 수준일 것으로 예상된다. 그리고 지각에서의 추상성 역시 정보 전달의 효율성을 높여 준다. 그러나 이러한 효율성은 추상적 개념을 이해했을 때 가능한 것이다. 삿갓 모양 2개는 절대 웃는 모습을 대체할 수 없다고 하면서 웃는 모습을 전달하기 위해서 실시간으로 자신의 웃는 얼굴을 셀카로 찍어서 보내는 사람은 '있는 그대로' 솔직한 소통을 하고 있다고 볼 수 있지만, 이를 위해서는 상당한 심리적 에너지가 소모되어 오래 지속하기 힘들게 되고, 다른 영역에서도 에너지 결손으로 인한 문제가 생길 수 있다. 사회적 장면에서 사실 우리는 그렇게 솔직하게 소통하지 않는다.

이렇게 추상적 개념에 대한 이해 능력은 지적 과제를 해결하는 데도 중요하지만 사회적 판단과 대응에도 상당한 의미를 가지는데, 이렇게 다양한 해석을 하려면 개념 자체에 대한 진지한 고민의 시간이 필요하다.

2) '관습적'이란

초등학생에게 "관습과 규범을 잘 지킨다."라고 하면 칭찬이지만, 대학생에게 같은 말을 하면 '고리타분하다'는 의미로 전달되어 오히려 욕이 되기 십상이다. 그렇다면 이렇게 이중성을 가지는 관습이라는 것은 무엇인가? 무엇이기에 어떤 때는 좋은 것이고, 어떤 때는 나쁜 것이 되는가? 관습의 사전적 정의는 '사회에서 오랫동안 내려와 구성원들이 널리 인정하는 질서'로 되어 있으나, 임상적 의미를 파악하기 위해서는 그 기능을 살펴보는 것이 유용한 경우가 많다.

관습의 기능은 '집단을 유지하기 위해서 개인이 조금씩 양보하게 하는 것'이다. 헐크라는 힘센 사람이 있다고 치자. 헐크는 힘이 세기 때문에 극장에서 앞에 있는 사람들을 다 때려눕힌 다음 먼저 영화표를 끊을 수 있다. 그러나 이러한 행동이 반복된다면 힘이 약한 다수의 사람이 헐크를 공격함으로써 헐크의 생존을 위협할 수 있다. 따라서 순간의 욕구를 참고 줄을 서야 한다는 사회적 규칙을 지킨다. 힘이 약한 다수는 어차피 힘으로 앞서갈 수 없기 때문에 규칙을 지키는 것이 더 이익이다. 반대로 힘이 너무 약한 사람들은 어떨까? 대부분은 규칙이 없어도 티격태격하면서 적절히 대응할 만한 일들에도 제대로 대응하지 못할 정도의 약자들은 규칙 없이는 자신의 권리를 지키기 힘들기 때문에 오히려 지나치게 규칙에 몰입할 수 있다. 지능이 낮거나 사회적 의사소통장애(아스퍼거) 경향이 있는 사람들이 대표적이다.

관습적 지식이 적당한 수준이라는 것은 이 사회를 유지하기 위해 개인이 지켜야 할 규칙을 이해하고 따를 수 있는 것이기 때문에 적응적인 가치를 가진다. 그러나 관습이나 도덕률의 단점은 예외가 없다는 것이다. 정말 몸이 너무 안 좋아서 어쩔 수 없이 버스나 지하철의 비어 있는 노약자석에 앉아도, 내 몸 상태에 상관없이 주변의 비난 섞인 눈초리를 피할 수가 없다. 아픈 아이 생각에 멍하니 있다가 지나가는 상사에게 인사를 안 했다는 걸 아는 순간, 우리는 상사의 비난을 예상하게 된다. 예외가 없다는 것은 상황에 따른 유연성이 부족하다는 말이다. 지능검사에서 다른 소검사들에 비해 이해 소검사만 유난히 높은 경우가 있는데, 이런 사람들은 대부분 사고가 매우 경직되어(concrete) 있다. 원리원칙만 고수하고 예외를 인정하지 않으며, 유연성이 부족해서, 대인관계가 피상적이고 주변 사람들과 어울리기 힘들다. 자신에게 익숙한 도덕적 규칙만을 통해 타인을 비난하고 자기정당성을 확보하려 하니, 나이가 들수록 주변 사람들이 하나둘 떠나가는데, 스스로 이를 깨닫기 힘들다.

3) '논리적' 이란

"너 참 논리적이다!"라는 말도 상황에 따라 다른 의미로 전달된다. 업무나 학습 상황에서는 칭찬이 되지만, 사교적인 장면에서는 비난으로 사용되는 경우가 많다. 논리적이라는 말 자체는 앞뒤가 맞다는 의미이기 때문에 언뜻 감정적으로도 좋은 말이 되어야 할 것인데, 그렇지 않은 것이다.

한글 사전에서는 '논리'의 뜻이 '말이나 글에서의 짜임새'라고 나온다. 보다 구체적인 이해를 위해 영어 단어의 뜻을 찾아보면, 'logic'의 뜻은 'a method of reasoning that involves a series of statements, each of which must be true if the statement before it is true'라고 나온다. '논리적'이란 '인과관계, 전후관계를 이치에 맞게 말하는 것'을 뜻한다. 'A 때문에 B가 있다(생겼다).' 혹은 'A에 대한 근거가 B이다.'라고 인과관계를 말했을 때, 대부분의 사람이 동의할 수 있다면, 그 사람은 논리적이라고 할 수 있다.

근거를 가지고 어떤 내용을 말한다는 것은 그 사람이 현실 적응에 문제가 없는 판단을 하는 것과 관련되어 있기 때문에 학업과 사회적 기능에서 모두 중요하다. 비논리적이면 학습을 제대로 할 수 없고, 사람들은 근거 없이 떠들어 대는 사람과 친해지기 싫어한다. 그리고 논리가 부족한 진술은 정신증 상태에서 나타나는 증상이기 때문에 병리적으로도 감별해야 하는 중요한 내용이다.

논리적 판단이 중요하긴 하지만, 다른 능력에 비해 너무 높거나 너무 부족하다면 문제가 발생한다. 너무 논리적인 사람은 근거를 찾느라 이성적 판단을 중시하기 때문에 순간의 감정을 인식하거나 표현하기 힘들고, 논리가 부족한 사람은 기본적인 의사소통조차 차단되기 쉽다. 그래서 논리적 사고가 부족한 사람은 근거를 대서 말하는 훈련을 해야 하고, 너무 논리적인 사람은 순간의 감정을 인식하고 표현하는 훈련이 필요하다.

4) '추론' 이란

젊은 층에서 미드의 인기는 하늘을 찌른다. 많은 미국 드라마에는 뛰어난 능력을 가진 한 명의 주인공을 중심으로 내용을 끌어가는 경우가 많은데, 첫 회 첫 장면에서 자주 나오는 장면을 예로 들면, 주인공과 그 친구가 범죄 현장에 들어간다. 똑같이 방을 둘러보지만 친구는 아무것도 모르겠다는 표정을 짓고, 우리의 주인공은 "음…… 여자 혼자 있다가 대략 10분 전에 급하게 방을 나섰군."이라고 하면서 보지도 않은 상황을 정확하게 유추해 낸다. 그러곤 이렇게 말한다. "탁자에 컵이 하나 있고, 립스틱이 묻어 있지. 여자가 있었다는 말이야. 컵을 만져 보니 미지근하고, 이 정도 온도면 컵에 물을 따른 지 10분 내외로 볼 수 있어. 닦지도 않은 휴지가 바닥에 떨어져 있는 걸 보니, 급하게 나간 게 분명해."

위의 주인공이 한 것은 '직접 확인할 수 있는 정보를 통해서 지금까지 알지 못했던 내용을 추측하는 것'이고, 이것이 바로 추론이다. 피아제의 인지발달에서 가장 고위 수준인 형식적 조작기가 되어야 가능한 고급의 능력이다. 추론을 하기 위해서는 립스틱, 컵, 물의 온도, 휴지 등 대상의 특성에 대한 사전 지식이 있어야 하고, 대상들의 움직임에 영향을 미치는 변인들과 그 작용에 대해서도 알고 있어야 하며, 주변 환경까지 고려하여 인과관계를 판단할 수 있어야 한다. 단순 지식뿐 아니라 알고 있는 지식을 '연결하는' 능력까지 있어야 하기 때문에 개인이 가진 지적 능력을 모두 동원해야 할 수 있는 것이 추론이다.

그렇다면 추론을 잘할 수 있는 사람은 다른 능력도 모두 높아야 하는데, 그렇지가 않다. 행렬추리 점수는 높지만, 다른 점수는 낮은 경우가 종종 있다. 다시 미드의 주인공과 그 친구를 보면 답이 나온다. 고차원적인 능력이 뛰어난 주인공은 일반 사람들이 해결하지 못하는 어려운 문제들을 풀어 주는 반면에, 보통은 쉽게 할 수 있고 누구나 해야 하는 일상적인 일들을 잘 못하거나 하려고 하지 않는 경우가 많다. 이는 드라마에서의 극적 설정에 그치지 않는다. 일상에서도 뛰어난 능력이 있는 사람들이 사소하고 일상적인 것들을 잘 하지 못하는 모습을 자주 관찰할 수 있다. 잘난 체하는 것일 수도 있고, 추론 과제와 단순 과제의 해결 접근법이 다르기 때문이기도 하다. 그리고 일상에서는 굳이 추론 능력이 필요하지 않은 경우도 많다. 우주의 원리를 파헤치는 학자가 커피숍에서 설탕 하나 더 달라는 유연성을 발휘하지 못할 수 있는 것이다. 또 추론 능력이 높지만 성실성이 부족한 사람은 고차원적인 추론보다는 성실성이 필요한 과제를 만났을 때 좌절을 겪게 되고, 이를 극복하지 못하면 나이가 들수록 행동 범위가 축소된다. 추론 능력은 매우 중요한 능력이지만, 인생을 살아가기 위해서는 그것 하나만으로는 부족하다.

5) '작업기억' 이란

작업기억은 working memory를 번역한 말이다. '작업을 하는 기억'은 방금 접한 내용을 직접 사용할 때까지 짧은 시간 동안 머릿속에서 잡아두고 반추하는 과정을 말한다. 15초 내외의 시간 동안 머릿속에 어떤 내용을 떠올리고 있다면, 작업기억이 작동하고 있는 것으로 보면 된다. 검사 해석을 할 때는 "서울에서 강릉으로 2박 3일 여행을 간다고 할 때, 보통은 '어디를 갈지, 어떻게 이동을 할지, 어떤 것들을 먹을지'를 글로 쓰거나 입으로 소리 내어 말하지 않고 한 번에 생각할 수 있습니다. 그런데 작업기억 능력이 부족한 사람은 어디를 갈지까지만 생각하면 생각이 끊깁니다."라고 설명을 한다.

다시 말하면 작업기억은 '쓰거나 말하지 않고 한 번에 생각할 수 있는 용량'을 뜻한다. 숫자 소검사의 점수가 낮으면 이 용량이 짧은 것이기 때문에 능력을 개선시키기 위해서는 적은 용량으로 대응할 수 있도록 지시를 짧게 하고, 과제의 길이도 짧게 해서 과제를 제시해야 한다. 그리고 성공하면 다음 지시를 하면 된다. 물론 훈련도 해야 한다. 짧은 시간에 30점짜리가 100점이 되진 못해도 계속해서 노력하면 이전보다는 능력이 조금씩 올라갈 수 있다. 어디까지 갈지를 생각하는 훈련을 반복해서 익숙해지면 이제는 어떻게 이동할지를 추가해서 고민하고, 여기까지 익숙해지면 뭐하고 놀지를 추가하는 식으로 점점 늘리면 된다. 무언가 하나의 과제를 가지고 용량을 늘리면 다른 영역에서도 그 효과가 발휘될 수 있다.

6) '결정성 지능' 과 '유동성 지능' 의 구분

지능검사에서 상식이 높으면 결정성 지능이 높고 지식의 축적을 잘한다고 본다. 그리고 토막짜기를 유난히 잘하는 사람은 유동성 지능이 높고 즉각적인 상황 대처를 잘한다고 한다. 초등학교 저학년 때 결정성 지능이 높은 아이는 '성실하다', '착하다' 등의 칭찬을 들어 왔을 가능성이 높고, 유동성 지능이 높은 아이는 '머리가 좋다', '그 어려운 걸 어떻게 했니!' 등의 칭찬을 들어 왔을 가능성이 높다. 다시 본론으로 돌아가서 무엇이 결정적이고 무엇이 유동적이라는 건지 질문을 던져 볼 필요가 있다.

토막짜기 소검사도 답은 정해져 있다. 답이 정해져 있는가 아닌가를 가지고 기준을 삼을 수 없다는 말이다. 차이는 답을 도출하는 과정의 다양성에 있다. 결정성 지능은 있는 답이 그대로 나오는 것이다. 나오는 방식에 있어서 다양성을 가질 여지가 없다. 학습해서 기억 속에 넣어 놓은 내용들이 나오는 것이기 때문에 기억 속에 넣었던 것만 나올 수가 있다. 그래서 축적이 중요하다. 이전 경험이 많고 공부를 많이 하면 결정성 지능은 올라간다. 공부를 많이 하려면 오랜 기간 앉아 있어야 하고 내향적이고 인내심이 있어야 한다. 경험을 통해 보면, 결정성 지능이 높아서 내향적인 사람이 될 수도 있고, 내향적이다 보니까 결정성 지능이 높아질 수도 있는 것 같다. 유동성 지능의 대표적인 소검사인 토막짜기는 답이 정해져 있지만 답을 맞추는 과정은 여러 가지 방식으로 이루어질 수 있다. 각각의 토막과 그림의 부분을 하나씩 비교하면서 맞출 수도 있고, 전체에 대한 통찰을 가진 다음에 한꺼번에 맞출 수도 있다. 과정의 다양한 가능성이 존재하기 때문에 방법에 있어서 유연성을 발휘할 수 있는 여지가 많아지는 것이다.

어느 날 우리 가족이 식사를 하는데 달걀 후라이를 하나씩 줬을 때 저자는 흰자를 잘라서 먼저 먹고, 노른자는 한입에 넣었다. 딸은 흰자를 더 정확하게 잘라낸 다음 노른자를 먹었고, 아들은 노른자를 먼저 터트려서 다 섞어서 먹었다. 마지막으로 아내는 별 계획 없이 노른자도 먹었다가 흰자도 먹었다. 각자의 성격이 반영되어 있는 것 같지만, 계속해서 관찰해 보니 딸도 급할 때는 아들처럼 먹고, 아들도 어떤 날은 딸처럼 먹는다.

답에 이르는 방법이나 과정은 지능과 성격에 따라, 주어진 상황에 따라, 시점에 따라 바뀔 수 있다. 중요한 것은 어떤 과정을 거치는가가 아니라 해결을 위한 시도 자체이다. 사고가 유연하여 다양한 과정의 가능성을 생각할 수 있는 사람은 한두 번 실패를 해도 계속 시도해서 성공할 가능성이 증가하고, 사고가 경직된 사람은 한두 번 해 보다가 안 된다고 생각하고 포기해서 최종적으로 실패할 가능성이 높다. 그러나 두 유형 모두 반대 극단의 장단점을 가진다. 유연한 대처에 익숙한 사람은 문제 상황에 직면했을 때 상대적으로 스트레스가 적을 테니 준비를 아무래도 덜 할 것이고, 오랜 기간 이러한 대처만 사용하다 보면 성실하게 준비하는 능력은 줄어들 것이다. 지식의 축적과 결정성이 중요한 사람은 변수에 대처하는 능력이 부족하기 때문에 미리미리 준비를 하고, 이로 인해 과제 수행에 성공할 가능성이 높지만, 준비 시간이 길어서 여가 시간은 줄어들 수 있고 변수에도 취약하다.

7) 인지적 개념 요약

지능검사의 공통성 소검사를 설명할 수 있는 해석은 많다. 그러나 모든 해석이 항상 다 적용되는 것은 아니다. 점수가 높을 때 어떤 단어로 표현하는 것이 가장 적절한지 다른 여러 가지 결과(지능검사의 다른 소검사, 지능검사 이외에 실시된 모든 소검사 및 면담 자료)와 함께 해석을 해야 한다. 공통성 소검사는 언어적 추론 및 개념형성 능력으로 해석하지만, 다른 소검사들은 정신지체 수준인데, 공통성 소검사가 평균 하 정도라면 단순 언어 기억 능력을 반영하는 것일 수 있다. 다른 능력은 높은데 상식 소검사가 정신지체 수준으로 낮은 것을 보면 단순히 학습이 되지 않았다기보다는 환경 결핍으로 인해 지식 축적이 안 되었을 가능성이 있다. 이해 소검사가 높을 때, 통상 사회적 상황에 대한 이해력이 높다고 해석할 수 있지만, 관습과 규범에 대한 지식 수준만 높다고 해석해야 하는 상황도 있다. 각 소검사별로 주로 사용되는 해석이 있지만, 다른 해석이 더 적당할 가능성은 항상 있기 때문에 매번 모든 가능성을 충분히 고려해야 한다.

인지기능을 설명하는 6가지 주요 개념을 좀 더 깊이 있게 살펴보았다. 지금 다루지 못한 다른 개념들에 대해서도 여기서 적용한 정도의 진지한 고민을 해 보길 바란다. 이렇게 할 수 있다면 소검사 해석의 여러 가능성 중에서 '지금 내 앞에 있는' 수검자를 설명할 수 있는 적절한 용어를 찾아낼 수 있을 것이다.

2. 성격에 대한 추론

1) HTP를 해석하는 방법

HTP에서 창문을 많이 그리거나, 크게 그리면 보통은 '애정 욕구가 높다.'라고 해석을 한다. 대부분은 맞지만 그렇지 않은 경우가 있고, 오류의 가능성이 있는 일방적 전달이 아닌 상황에 맞는 유연한 해석을 하기 위해서는 '창문의 의미가 무엇인지', '왜 애정 욕구가 높다고 해석을 하는지'에 대해서 그 원리를 알아야 한다.

HTP에서 표현되는 대상을 볼 때에도, 역시 그 대상의 '기능'이 무엇인지 생각하면 수검자가 의도하는 것이 무엇인지 파악할 수 있다. 창문의 기능은 무엇인가? 물론 통풍, 온도조절 등의 실생활에 필요한 이유를 말할 수도 있겠지만, 우리는 인간의 심리와 관련된 기능을 떠올려야 한다. 보통 길거리를 지나가는 모르는 사람들이 우리 가족들을 보게 하기 위한 목적으로 창문을 달지는 않는다. 창문의 목적은 안에서 밖을 보기 위한 것이다. 내가 타인(세상)을 보기 위한 도구가 창문이기 때문에 창문의 크기가 크거나 수가 많다는 것은 '내가 타인을 보고 싶은 마음이 크다'는 것을 뜻한다.

우리는 어떤 경우에 타인을 보고 싶어 하는가? 어떤 경우에 타인의 시선을 확인하고 싶어

하는가? 주요 목적은 두 가지가 있는데, 하나는 '사람들이 나를 얼마나 많이 칭찬하고 있나?'를 확인하고 싶을 때이고, 다른 하나는 '사람들이 나를 얼마나 많이 비난하고 있나?'를 확인해야 할 때이다. 그런데 타인의 비난을 예상하는 경우에는 대개 이를 확인하기보다는 피하고 싶어 하기 때문에 아예 창문을 안 그리는 경우가 많고, 결과적으로 대부분은 애정 욕구가 높은 사람이 창문을 크게, 많이 그리게 되는 것이다.

그러나 간혹 피해망상을 호소하는 조현병 환자가 창문을 많이 그리기도 하고, 의처증이 심한 사람이 창문을 크게 그리기도 한다. 이런 경우에 무조건 애정 욕구가 높다고 해석을 하고는 다른 검사 자료에서 사고 장해나 편집증을 지지하는 증거들이 나오는데도 '애정 욕구가 높은 걸 보니 사고 기능이 떨어져 보이는 것은 일종의 성격적인 퇴행을 시사한다.'라고 해석 오류가 나타날 수 있다. HTP에서는 '울타리-보호', '뿌리-기둥 고정(안정 추구)', '눈-관찰', '나뭇가지-연결 및 전달' 등과 같이 각 대상 고유의 기능을 떠올리면 근본적인 수준에서의 분석을 할 수 있고, 이를 통해 명확한 결론을 도출할 수 있다.

2) SCT, TAT를 해석하는 방법

SCT, TAT 등 수검자가 만들어 낸 이야기(단어가 아닌 문장)가 나오는 검사에서는 반응 내용 자체보다는 '문항들 간에 연결되는 공통된 주제'를 찾아내는 것이 중요하다. 물론 주제를 찾아내는 것은 다른 검사들에서도 중요하지만, SCT, TAT 등을 해석할 때는 더 그렇다.

초등학교 6학년 아동의 SCT에서 '우리 엄마는 어질고 현명한 사람이다', '내가 제일 걱정하는 것은 부모님께 효도하지 못하는 것이다', '우리 아빠는 존경스러운 사람이다', '내가 좀 더 어렸다면 버릇없이 굴지 않을 것이다', '우리 엄마 아빠는 세상에서 가장 훌륭하다' 등의 반응이 나타났을 때, 어떻게 해석해야 하는가? 아동이 부모에 대해서 긍정적이고 호의적인 반응들을 많이 보이고 있어서 부모에 대한 존경심을 표현하고 있다고 기술하기 쉽고, 더 나아가 아이가 예의 바르게 행동할 것이라고 예상하기도 한다. 그러면 이 아이에게는 이렇게 좋은 점만 있는 것인가? 그렇지 않다. 아이가 고통스러워하고 있다는 것을 예상할 수 있는 여러 가지 증거가 있다.

'어질다', '현명하다', '효도', '존경' 등의 단어들은 매우 긍정적인 의미를 가진 것이 분명하지만, 모두 예의범절 및 도덕성에 관련된 단어들이고, 이는 곧 아이가 관습과 규범에 상당히 몰입해 있음을 시사하며, 억압이 주된 방어기제로 작용하고 있을 가능성이 매우 높다. '존경스럽다', '훌륭하다' 등의 모범적인 단어들은 위인전에 많이 언급되는 단어들로서 어린아이들을 바른 길로 이끌기 위한 목적을 가지고 있지만, 한편으로는 그 실체를 알기는 어려운 매우 애매모호하고 추상적인 단어들이다. 따라서 무엇 때문에 존경스럽다는 것인지 구체적인 근거를 말하지 못한다면 실제로는 그다지 훌륭한 부모를 두지 않았을 가능성이 더 높다.

부모가 평소에 '훌륭하다', '존경스럽다' 등 과도하게 긍정적인 단어를 남발하면서 예의범절을 지나치게 강조하는 집안에서 성장했거나, 부모에 대한 분노감이 너무 커서 반동형성으로 나온 과잉반응인 경우가 많다. 이러한 아동은 인상적이지만 그 의미를 명확하게 알 수 없는 애매한 단어들만 사용하기 때문에 학습과 의사소통을 명확히 하기 어렵고, 감정적으로는 부정적 감정을 수용받지 못한 채 억압하며 지내왔기 때문에 평소엔 조용하고 착한 아이로 인식되지만, 간혹 엉뚱한 상황에서 분노감을 드러내어 주변 사람들에게 거부감을 줄 수 있다.

남고생의 SCT에서 '남자에 대해서 무엇보다도 좋지 않게 생각하는 것은 여자를 너무 밝힌다는 것이다', '내가 바라는 여인상은 밝고 순수한 여자이다', '남녀가 같이 있는 것을 볼 때 여자가 걱정된다', '내가 믿고 있는 내 능력은 순수하다는 것이다', '내 생각에 남자들이란 폭력과 섹스에만 빠져 있는 속물이다', '결혼생활에 대한 나의 생각은 혼전순결이 중요하다', '완전한 남성상은 여자의 순결을 지켜 주는 것이다', '내가 성교를 했다면 그럴 일은 없다', '나의 성생활은 (무응답)' 등의 반응이 나타났을 때, 어떠한 해석이 가능할까?

이 학생은 성적인 순결함에 대해서 많은 노력을 들여서 강조하고 있다. '순수하고 순결하다', '도덕성이 높다', '바르게 행동할 가능성이 높다' 등의 해석을 할 수 있겠지만, 그렇게 단순하지는 않다. 중요한 것은 내용이 아니고, 여러 반응을 관통하는 주제를 찾는 것이다. 성적 호기심이 왕성할 나이에 남자로서 남성의 성욕에 대해서는 비난하면서 자신의 순수함을 강조하고 있다. 그래서 '아, 이 학생은 도덕성이 강하고 성적으로 자기를 절제하며 지내는구나'라고 해석을 하게 된다면 이 남고생을 도와줄 수 없다. 오히려 남자로서 같은 남성을 비난하고 있기 때문에 동성의 또래들과 사이가 안 좋았을 것이라고 예상할 수 있다. 또한 순결을 지나치게 강조하고 있는 것을 볼 때, 도덕적이고 억압적인 성향이 높아서 이성과의 관계에서도 지나치게 조심스러워하며 자연스럽게 관계를 맺기 힘들어 보인다. 따라서 남녀 누구와도 관계를 맺지 못한 채 대인관계에서 고립되어 지낼 가능성이 높다. 더 중요하지만 놓치기 쉬운 것은 순결을 '강조'하는 것은 '성욕(sexual drive) 상승'을 의미한다는 것이다. 같은 주제를 반복적으로 언급한다는 것은 그것과 관련된 생각을 많이 한다는 것을 의미하고, 생각을 많이 한다는 것은 관련된 욕구가 상승해 있다는 말이다. 순결이 성욕과 반대되는 개념이기 때문에 더욱 그렇다. 수위가 3m 찰 것이라 예상하는데 30m짜리 댐을 쌓지는 않는다. 30m짜리 댐은 물의 높이가 그 정도까지 상승할 것이라 예상하기 때문에 만드는 것이다. 순결을 강조한다는 것은 그렇게 눌러야 할 만큼 성욕이 상승했다는 것이다. 욕구는 상승해 있는데 이를 해소할 길이 없으니, 도덕적인 말들을 함으로써 억압하는 것밖에는 방법이 없다. 착실하고 성실한 이미지로 보였던 사람이 갑자기 에이즈에 대한 두려움을 호소하는데, 평가를 해 보니 양극성장애 1형으로 진단된 경우가 있다. 사고력이 저하되고 자아강도가 약화되면서 욕구 통제가 어려워지는데, 기존의 도덕성과 초자아가 아직 힘을 발휘하고 있는 상황에서 '에이즈'라는 단어로 성욕이 표현되는 것이다.

남중생의 TAT에서 '시위운동 하다가 다쳐서 응급치료하려고 배에 칼 대고 있는 거', '여자친구를 강간하려다 실패하고 죽인 다음 후회하는 거' 등의 반응들이 나타났다. 어떠한 해석이 가능한가? '응급치료', '배에 칼을 대고 있는 것', '후회' 등에 초점을 맞추면, 위기 상황이나 고통감을 위주로 해석을 하게 된다. 그러나 이 해석은 좀 더 복잡하다. 먼저 시위운동의 의미를 생각해보자. 시위는 '더 강한 대상의 부당함에 더 약한 대상이 부당함으로 맞서는 것'이다. 시위의 결과는 대부분 더 강한 대상에게 잡혀가는 것으로 끝난다. 그리고 약자들은 잡혀갈 고통을 감수하고 시위에 참여한다. 그러나 위 반응에서 주인공은 다쳐서 치료를 받으러 갔기 때문에 잡혀가지 않았다. 같이 시위를 한 동료들이 처음에는 병원에 간 사람을 걱정하겠지만, 이것이 시위 때마다 반복된다면 동료들이 과연 계속 걱정을 할까? 대놓고 비난을 하긴 힘들지만, 이 사람과는 더 이상 대의를 같이하기 어려울 것이다. 혼자서만 얌체같이 처벌을 피한다는 느낌을 지울 수 없고, 정말로 다쳤다고 하더라도 무의식적인 수준에서는 반감이 들기 쉬운 상황이다.

이야기에 언급되는 모든 내용은 수검자가 만드는 것이다. 단어 하나, 조사 하나까지 수검자의 속마음이 작용하게 된다. 강간은 자기의 욕구를 채우기 위해서 남을 공격하는 매우 이기적이고 공격적인 행동인데, 중요한 것은 강간을 계획한 것뿐만 아니라, 실패와 후회까지 모두 수검자의 의도라는 것이다. 억눌린 원초적 욕구를 실현하기 위해 강간이라는 강도 높은 행동을 선택했으나, 도덕성이 작용하여 실패를 하게 만들었고, 후회를 한다고 함으로써 한 번 더 도덕성을 적용했다. 그 결과는 무엇일까? 이렇게 복잡하게 이야기를 만들어서 수검자가 말하고 싶은 것은 무엇일까?

두 문장을 합쳐서 해석을 해 보면 '난 내 욕구대로 행동할 것이다. 그렇지만 행동한 다음에는 내가 알아서 후회하니까 남들이 날 비난하거나 처벌하지는 않았으면 좋겠다'라는 매우 이기적인 의도를 가지고 있는 것이다. 사실상 자신의 욕구에 따라 행동하면서 외부의 규칙은 따르지 않겠다는 의지를 강하게 표현하고 있으나, 주변 사람들은 '후회'에 초점을 맞추기 때문에 문제 해결을 하지 못하는 애매한 상황이 지속되면서 수검자에게 설명하기 힘든 거부감만 갖게 된다. 심리평가는 이렇게 마음속에 있지만 표현하기 어려운 감정 상태를 명확하게 알려 주어야 한다.

Chapter

02 보고서 표지 및 의뢰 사유 작성

1. 보고서 표지 작성

보통의 보고서 양식은 수검자(환자 혹은 내담자) 번호, 이름, 성별, 나이, 학력, 직업 등이 보고서 첫 장의 상단에 배치되고 바로 첫 장부터 보고서 내용이 나온다. 종이를 아끼거나, 효율성이 중요하다면 이런 방식으로 작성해야 될 것 같다. 그러나 사람들이 심리평가를 받을 때 비교적 많은 비용을 지불하고 있다는 점을 고려하면, 위와 같이 결과를 가득 모아 놓고 가독성을 고려하지 않은 글자와 글 배치를 하고 있는 많은 보고서들을 볼 때 아쉬움이 많다. 치료자(의사, 상담자)이든, 수검자이든 간에 보고서를 읽는 사람, 즉 독자에 대한 고려가 필요한 것 같다. 더불어 높은 금액에 합당하고 평가자 스스로 가지고 있는 전문성을 적절히 드러내 보일 수 있는 보고서를 작성해야 한다. 심리평가 보고서가 나오기까지 2~3년의 대학원 과정, 3년여의 수련 과정이 필요하고, 통상 한 명당 2시간이 넘는 검사 시간과 2~3시간에 달하는 보고서 작성 시간이 필요하다. 이렇게 작성된 보고서가 1~2분 만에 진단만 확인하고 마는 보고서가 되지 않게 하기 위해서는 보고서 작성자 스스로 가치 있는 보고서를 만들려는 노력이 필요하고, 표지는 그 시작이라고 볼 수 있겠다. 표지에는 검사 종류(성인종합심리평가, 청소년종합심리평가, 성인성격심리평가, 아동지능심리평가 등)와 수검자 이름, 나이, 성별, 학력, 직업, 검사일 등이 기본적으로 포함되고, 검사기관과 의뢰기관이 다를 경우에는 구분하여 표기를 하는 것이 좋다.

[표지 예 1]

○○병원 정신건강의학과
심리평가보고서
Psychological Assessment Report

성 명:	학력/직업:	/
성별/나이: / 만 세	검 사 일: 20○○년 ○○월 ○○일	

시행된 검사: K-WAIS-IV, HTP, Rorschach, MMPI-II, SCT, ·········

[표지 예 2]

○○심리상담센터
심리평가 보고서
Psychological Assessment Report

- 성인종합심리평가 -

성 명:	생년월일: 19○○년 ○○월 ○○일
성별/나이: / 만 세	검 사 일: 20○○년 ○○월 ○○일
학 력:	직 업:

2. 의뢰 사유 작성

　실질적인 보고서는 의뢰 사유부터 시작된다. 의뢰 사유는 초기진료나 초기면담을 실시한 전문가(의사, 상담사)가 어떤 이유에서 검사가 필요하다고 생각하는지 기록하는 부분인데, 보통은 검사 의뢰 사유를 따로 기록하진 않는다. 병원 차트에는 대개 주(호)소(Chief Complaint: C.C.)와 예상되는 진단(Impression)이 쓰여 있고, 심리상담센터 초기면담 기록에는 주호소만 있는 경우가 많다.

　대부분 초기면담 직후에 검사를 실시하는 경우가 많기 때문에, 치료 기관에 온 이유(주호소)가 심리검사를 하는 이유가 된다. '주호소'는 수검자의 것이고, '초기면담을 한 치료자가 예상하는 진단'은 치료자의 판단이므로, 이 둘이 비슷하다면 심리평가의 목적은 진단감별보다는 구체적인 증상 양상을 밝히는 것이 된다. 그러나 주호소와 예상 진단이 불일치하는 면이 크다면 진단이 애매하니 감별을 통해 명확하게 해당 진단에 맞는 증거를 제시하는 것이 중요하다.

　다양한 상황에서 공통적으로 쓰일 수 있는 방식은 '주호소', '초기면담을 한 치료자가 예상하는 진단', '실시한 검사 종류'를 순서대로 쓰는 것이 적당하다. 그리고 '주호소'는 수검자(또는 보호자)가 치료 장면에 오게 된 이유를 '말로 표현한 그대로' 쓰거나 초기면담에 기록되어 있는 내용을 직접적인 화법으로 쓰는 것이 좋다('우울을 호소함' → '우울하다' / '반 친구들과 싸웠다고 함' → '반 친구들과 싸움'). 예상되는 진단은 '임상적 인상(Impression)'이라고 하며 초기면담을 통해 예상되는 진단이 있을 때 DSM상의 장애진단명을 쓰는데, 한글로 명칭을 쓰면 애매한 면이 있어서 영어 진단명을 쓰는 것이 좋다. 그리고 진단을 내릴 정도로 심각하지 않으면 무리해서 쓰지 않는다. '실시한 검사 종류'는 검사 배터리 명칭을 말하는 것으로 '아동(혹은 성인)종합심리평가'가 가장 일반적이고, 부분적으로 실시한 경우, '성격심리평가', '지능심리평가', '선별성격평가' 등의 명칭을 사용한다.

　한편 의뢰 사유에 2~3줄에서 10줄 이상까지도 개인사를 넣는 경우가 있는데, 보고서를 읽는 사람들(의사, 상담자, 수검자, 보호자)은 대개 그 개인사를 알고 있는 경우가 많고, 글을 읽는 사람들이 알고 있는 사실을 요약·정리하기 위해서 추가적인 노력을 기울이는 것이 검사에 집중해야 하는 평가자로서는 비효율적인 면도 있어, 의뢰 사유는 현재 주된 증상만을 위주로 짧게 작성하는 것을 권한다("아동은 '산만하다'를 주소로 센터에 방문하였으며"). 다만 이전에 치료를 받았던 적이 있다면 진단적 의사결정에 도움이 되기 때문에 '치료를 받았던 시기', '당시의 증상 및 진단', '치료 경과' 등의 치료력을 간단히 추가하는 것이 필요하다('2012년에 Bipolar I Disorder 진단하에 입원 치료 후 증상이 호전된 상태에서 본원에서 약물치료를 받고 있는 중이며', '고등학교 때 우울증으로 Wee센터에서 상담을 받았으며' 등).

작성의 예

1. 병원의 경우

- 환자는 '심한 대인관계 위축'을 주소로 내원하였으며, Major Depressive Disorder, Avoidant Personality Disorder 임상적 인상하에 성인종합심리평가가 의뢰되었다.

- 환자는 '사람들과 어울리기 힘들다', '머리가 자주 아프다', '기분이 저조하다' 등을 주소로 내원하였으며, Unspecified Somatic Symptom and Related Disorder, Unspecified Depressive Disorder 임상적 인상하에 성인종합심리평가가 의뢰되었다.

- 환자는 약 2009년경 '친구가 누명을 씌운다', '우울하다' 등을 주소로 지역 정신건강의학과에서 약물치료를 받았고, 이후 2010년에는 ○○병원에서 Bipolar I Disorder 진단하에 입원치료를 받았다. 한 달 전부터 '지드래곤이 나를 때렸다', '연예인들을 고소하겠다' 등의 말을 하고, '환청', '환후' 등의 증상이 악화되어 본원에 입원 중이며, R/O Schizophrenia, R/O Bipolar I Disorder 임상적 인상하에 청소년종합심리평가가 의뢰되었다.

2. 심리상담기관의 경우

- 수검자는 '친모의 정서적·신체적 학대'를 주소로 본 센터에 의뢰되었고, 전반적인 인지기능 및 정서 파악을 위해 유아종합심리평가를 실시하였다.

- 수검자는 '집중하지 못한다', '화를 참지 못한다', '성적 저하' 등을 주호소 문제로 상담센터를 방문하였으며, 전반적인 인지기능 및 정서 파악을 위해 아동종합심리평가를 실시하였다.

- 수검자는 '대인관계가 어렵다', '학교에서 지속적인 괴롭힘을 당했다', '기억력이 떨어진다', '성적이 떨어졌다' 등을 주소로 본 센터에 방문하였고, 전반적인 인지기능 및 정서 파악을 위해 청소년종합심리평가를 실시하였다.

- 수검자는 '인터넷 및 스마트폰 중독', '분노 조절의 어려움' 등으로 인해 2년 전 정신과 병동에 입원했고, 최근에는 '출석 불량'으로 학교에서 상담센터에 의뢰하였으며, 전반적인 인지기능 및 정서 상태를 파악하기 위해 청소년종합심리평가가 의뢰되었다.

- 수검자는 배우자의 폭력으로 보호기관에 입소한 후 1주일 만에 퇴소하였으나, 이후에도 부부갈등이 지속되어 현재 이혼 조정 중이며, 아동 양육 문제와 관련하여 전반적인 인지기능 및 정서 파악을 위해 ○○보호기관으로부터 성인종합심리평가가 의뢰되었다.

* 병원 보고서는 '환자'라고 하고, 그 외의 기관은 '수검자'라고 한다.

Chapter

03 행동관찰과 면담 작성

1. 외모와 동반인

먼저 키, 체구, 연령대를 작성한다. 보통 키에 매우 뚱뚱한 초등학교 3학년 남자아이가 있다. 이 아이의 지난 세월은 어땠을까? 뚱뚱함은 특이함이니 남의 이목을 받기 쉬운데, 매력적인 모습은 아니니 오히려 부정적 평가를 더 많이 받았을 것이다. 또 한창 몸으로 놀 나이에 또래 아이들과 놀기 힘들었을 테니 같이 어울리기 힘들어 소외되거나, 어울리더라도 보조적인 역할만 했을 가능성이 높다. 물론 건강하게 지내는 뚱뚱한 남자아이도 있겠지만, 이 정도가 보통 예상할 수 있는 이야기이다. 키가 유난히 큰 초등학교 6학년 여자아이는 어떤가? 키가 큰 것도 특이함이니 눈에 잘 띌 것인데, 또래 아이들이 무시하긴 어려울 테니 또래 여자애들이 의지하는 아이가 될 수 있다. 스스로도 성숙한 이미지를 자아상으로 가지고 있어서 모범적인 생활을 하고 있을 가능성도 있다. 그러나 성숙함은 그 나이에 당연히 가져야 하는 미숙함이나 의존성을 발휘하기 힘들게 하기 때문에 애정 욕구는 충족되지 못한 채로 지낼 수 있다. 삐쩍 마른 30대 초반 남성은 어떠한가? 말랐다는 건 밥을 많이 안 먹는다는 것인데, 이는 대인관계의 빈도가 제한적임을 시사하거나, 사람들과 자주 만나더라도 섭식에서 독특한 양상을 보일 수 있고, 이는 자기중심적이거나 신경질적인 성격으로도 이어질 수 있다.

다음은 외모상 특징을 기록하는데, 보고서에 작성하지는 않아도 수검자를 기억하기 좋은 말이 있으면 평가자 자신에게 익숙한 표현으로 검사지 한쪽 구석에 써 놓는 것이 좋다(예: '장동건 닮은 얼굴', '자다 일어난 듯한 머리', '완전 날라리 복장' 등). 연예인이나 평가자의 지인들을 닮은 경우 누구를 닮았는지 써 놓으면 되는데, 보고서 쓸 때 수검자를 떠올리는 데 많은 도움이 된다. 물론 보고서로 옮길 때는 임상적인 단어들로 바꾸어야 한다('미남형의 잘생긴 얼굴', '방금 일어난 듯 헝클어진 머리', '세련되었으나 불량스러운 복장' 등).

동반인을 기록하는 것은 수검자의 환경을 간접적으로 점검할 수 있게 한다. 20대 초반 여성이 부와 같이 상담센터에 왔다. 어떠한 심리상태가 예상되는가? 보통의 주 양육자는 아직까지도 모이다. 부모가 모두 온 것이 아니라 부만 왔다는 것은 부와 가깝다는 것을 의미하지만, 이와 더불어 모와는 소원할 가능성을 시사한다. 아마도 모는 우울해서 남편, 딸과 충분한 관계를 맺지 못하고, 이 과정에서 부와 딸이 서로 과도하게 밀착된 관계를 유지해 왔을 수 있다.

모든 해석 내용은 가설이다. 어떻게 보면 몇몇 정보만 가지고 쓴 소설처럼 보일 수 있다. 그러나 평가자는 하나의 단서로 긴 소설을 쓰는 연습을 많이 해야 한다. 자료가 하나일 때부터 최대한 길게 소설을 쓰고, 자료가 추가될 때마다 그 소설을 수정하는 것을 귀찮아하지 말아야 한다. 자료에 근거한 수정을 반복하다 보면 소설이 합리적이고 논리적인 가설로 바뀌어 있을 것이다.

작성의 예

- 환자는 보통 키, 보통 체구의 30대 초반 여성으로 혼자 내원하였다.
- 수검자는 작은 키, 다소 통통한 체구의 초등학생으로 이모와 함께 내원하였다.
- 수검자는 큰 키에 거구의 몸집의 40대 남성으로 아내와 함께 센터에 방문하였다.

2. 위생상태, 눈맞춤

전반적인 위생상태에 대해 지나치게 깔끔한지, 적절한지, 불량한지(여기서의 불량은 defiant 보다는 poor에 가깝다)를 구분하여 적는다. 그리고 불량하다면 어느 정도인지 구체적인 예를 하나 정도 들어 주는 것이 좋다. 기본적인 위생상태를 유지하는 것은 수검자가 적어도 기본적인 의식주에는 큰 문제가 없다는 것을 시사한다. 그렇기 때문에 위생상태를 적절히 유지하지 못하는 것은 아이가 기본적인 삶의 욕구들을 해결하지 못하고 있을 가능성이 높다. 아이는 옷도 메이커가 아니고 위생상태가 불량한 데 반해, 모는 깔끔한 정장 차림으로 나타나는 경우가 있다. 모가 자기관리에는 많은 시간과 노력을 기울이지만 아이의 상태에는 관심을 두지 않는 무심한 사람일 수 있고, 아니면 아이의 문제 행동에 지쳐서 이제는 더 이상 아이를 건드리지 않고 있는 포기의 상태일 수도 있다. 30대 남성이 오래 안 씻을 때 나는 냄새를 풍기고, 눈맞춤까지 되지 않는다면 조현병의 가능성도 생각해 봐야 한다. 이렇게 위생상태는 진단적 판단에도 중요한 의미를 가진다.

눈맞춤은 자존감을 나타낸다. 보통 사람들은 주변 사람들과 눈을 맞추다가 다른 곳을 보는 행동을 반복해서 적당히 눈맞춤의 시간을 조절한다. 자신감이 있는 사람은 대인관계 상황에서 상대와 눈맞춤을 피하지 않는다. 반대로 자신이 없고 위축되어 있을 때는 상대의 눈을 잘 쳐다보지 못한다. 그래서 윗사람의 비난이 예상될 때 순진하게 고개를 떨구어서 눈만 피하면 마음이 편안해지는 게 우리의 일반적인 모습이다. 소위 정신장애에 해당되는 사람들은 이러한 행동의 빈도와 강도가 더 강할 뿐이다. 사람들은 눈을 마주친 상태에서는 거짓말을 잘하지 못한다. 그래서 상대가 진실을 말하길 원할 때 "내 눈을 똑바로 보고 말해 봐라!"라고 말한다. 눈맞춤을 피한다는 것은 기본적인 자신감이 부족하거나, 무언가 숨길 것이 있거나, 부적절감을 느끼고 있다는 것을 뜻한다.

> **작성의 예**
>
> - 전반적인 위생상태는 양호하였고, 검사자와의 눈맞춤도 적절하였다.
> - 위생상태는 양호하였으나, 계속 아래만 쳐다보고 있어서 검사자와의 눈맞춤은 잘 되지 않았다.
> - 수염을 깎지 않아 위생상태는 다소 불량해 보였으나, 검사자와의 눈맞춤은 검사 내내 안정적이었다.
> - 손톱이 매우 지저분하고 옷에서도 오랜 기간 씻지 않은 냄새가 나는 등 위생상태가 불량하였고, 검사자와도 거의 눈맞춤을 하지 않았다.

3. 검사 태도

먼저 협조적인지 비협조적인지를 구분한다. 일반인들이 일생 동안 종합심리평가를 받게 될 일이 얼마나 될까? 세상 사람들이 일생 동안 어느 시점에서 2~3시간 동안 누군가가 자신만 보고 평가를 하는 상황을 얼마나 경험할 수 있을까? 우리는 건강검진을 받으러 가서 몇 초면 되는 X레이를 찍을 때도 방사선 기사의 지시에 충성(?)을 다한다. 하물며 (일반인의 시각에서) 자신이 미쳤는지 여부를 평가하는 상황이라면, 긴장된 모습으로 검사자의 지시에 충실히 따를 수밖에 없다. 따라서 검사 태도는 대부분 협조적이라고 쓰게 되는 경우가 많다.

　그런데 이렇게 긴장할 수밖에 없는 상황에서도, 의도적으로 몸을 뒤로 젖혀서 검사자와 거리를 두고 건성으로 성의 없이 대답을 하거나, 냉소적인 말투를 사용하는 등 공격적이고 거부적인 모습을 드러내 보인다면, 검사보다 긴장감이 덜한 일상에서는 이러한 행동이 더 잘 나타날 수 있기 때문에 검사에서 수검자의 행동은 평소의 행동을 대표한다고 말할 수 있다. 따라서 협조적일 때는 '문제가 없다'라기보다는 '행동관찰로는 문제를 확인할 수 없다'가 더 정확한 표현이고, 반항적이거나 거부적이라면 평소 행동도 그러할 것이라고 예상해도 별 무리가 없다. 기술 방식도 협조적일 때는 그냥 '협조적'이라고 쓰면 되지만, 비협조적일 때는 그 행동 증거들을 기술한 다음에 '비협조적'이라는 단어로 문장을 마무리하는 것이 좋다.

작성의 예

- 환자는 모든 검사 도구를 다시 챙겨서 검사자에게 주는 등 매우 협조적으로 검사에 임하였다.
- 수검자는 성의 없이 웅얼거리는 말투로 대답하였고, HTP 등의 지필 과제에서도 과제가 끝날 때마다 연필을 탁탁 소리가 날 정도로 내려놓는 등 비협조적이고 거부적인 태도를 보였다.

4. 진단-특이 행동

　수련 초기에는 수검자의 모든 행동이 다 특이해 보일 수 있다. 또 한편으로는 어떤 행동이 특이하고 일반적인지 잘 모를 수도 있다. 그래서 수련생 자신이 보기에 독특한 행동은 무조건 써 놓는 경우가 있다. 그러나 중요한 것은 그 행동이 수검자의 중요한 심리적 특성을 설명해 줄 수 있어야 한다는 것이다. 그러한 행동이 수검자의 심리적 문제와 어떻게 연결되는지 생각해 봐야 한다. 경험이 쌓이면 나름대로 수검자들의 보편적인 행동들에 대해 익숙해진다. 검사자의 눈에 띄는 행동은 괴상하고 기이한 행동일 뿐만 아니라 그 수검자 고유의 특성을 나타내기 쉽다. 특이한 행동 역시 검사 태도와 마찬가지로, 행동 증거들을 기술한 다음에는 '……하듯이 미숙한 행동을 보였다', '……라고 하는 등 언행이 과격하고 공격적이었다' 등과 같이 그 행동의 의미를 정리하는 단어로 마무리하는 것이 좋다.

- HTP 검사 시 획을 그을 때마다 연필 끝을 올리면서 그리고는, 그림을 완성할 때마다 검사자에게 보란 듯이 내미는 등 미숙하고 퇴행된 행동을 보였다.
- 환자는 질문을 받은 다음에도 한참 있다가 대답을 하거나, 대답을 하면서도 이어서 말하지 못하고 '가을에…… 피는…… 꽃……' 등과 같이 말을 끄는 경우가 많아 검사 시간이 오래 걸렸다.
- 수검자는 검사 초반 10분간은 자리에 앉아서 검사를 수행하였으나, 그 이후에는 의자에서 일어나 돌아다니면서 검사실 내 물건들을 만지고, 검사와 상관없는 질문을 계속 하는 등 매우 산만한 행동이 지속되었다.

5. 발언 내용

검사 중 수검자가 내뱉는 말들은 내용과 맥락에 따라 여러 가지 해석이 가능하다. 평가자의 질문에 대한 답변 외에도 수검자가 스스로 하는 말에 주의를 기울여야 한다. 말투가 소심하든("저…… 이거…… 지능검사인가요?") 공격적이든("근데 이딴 거 왜 해요?") 상관없이 대부분은 평가에 대한 불안을 나타내는 경우가 많고, 이 과정에서 자신의 성격을 드러내거나 현재의 기분 상태를 나타내기 때문에 전후의 검사 자극을 분석하면 다양한 정보를 얻어 낼 수 있다. 그리고 발언 내용에 대해서도 행동 증거 뒤에는 검사자가 해석한 행동의 의미를 써 주어야 한다.

- '지능검사예요? 전 정말 이런 거 못하는데……'라고 하는 등 평가에 대한 불안감을 나타냈다.
- '모르는 건 모른다고 해도 됩니까?'라고 하는 등 사소한 것까지 질문을 하였다.
- '근데 선생님은 결혼하셨어요?'라고 하면서 검사자의 개인사를 묻는 등 부적절한 질문을 하기도 했다.
- '선생님, 제발 도와주세요. 전 지금 여기 있으면 안 돼요'라고 하는 등 검사 상황을 받아들이지 못하고 비현실적인 불안감을 나타내기도 했다.

6. 면담 내용

어떤 기관이든 초기면담을 진행한 이후에 검사를 실시하기 때문에, 이미 면담 기록은 있지만, 검사 진행 시에 간단하게 면담을 다시 실시하는 것이 좋다. 초기면담에서 나온 정보를 다시 말한다면 그 정보의 신뢰도는 매우 높은 것이어서 좋고, 초기면담에서 나오지 않은 내용을 말한다면 새로운 정보를 추가했다는 의미가 있고, 초기면담에서와 다른 대답을 해서 불일치를 보인다면 그 불일치를 해석하는 것이 수검자를 이해하는 키포인트가 될 수 있기 때문에 검사를 수행할 때는 반드시 면담을 같이 해야 한다.

평가 시 면담한 내용 중에서, 보고서에는 대개 주호소만 쓰면 된다. 초기면담 이후 바로 검사를 하러 온 경우라면, '기관에 방문한 이유'를 쓰면 되고, 치료 도중에 검사를 하는 경우라면, 왜 검사를 하는지를 물어봐서 쓰면 된다. 그리고 그 외에 진단에 도움이 되는 의미 있는 내용이 있으면 추가한다.

> **작성의 예**
>
> - 내원 사유에 대해서는 '우울증 때문에 왔다', '도통 잠을 잘 수가 없다', '이젠 몸도 여기저기 아프다' 등을 호소하였다.
> - 방문 사유에 대해서는 '대인관계가 힘들어서'라고 하면서도 힘든 내용에 대해서는 구체적으로 말하지 못하였다.
> - 방문 사유에 대해서는 '몰라요'라고 하는 등 불편감을 부인하였으나, 검사가 끝나고 검사실을 나가기 직전에는 '잠도 안 오고, 누굴 죽이고 싶은 생각이 들어요'라고 할 정도로 심한 고통감을 호소하였다.
> - 내원 사유에 대해서는 '지금은 아무렇지도 않다', '가끔 기분 변화가 심하다'라고 하듯이 불편감을 그다지 높게 호소하지 않았으나, 면담 중에는 '하루 2시간을 자도 괜찮다', '대통령이 되고 싶었다', '하루에 수백만 원을 쓴 적도 있다'라고 하는 등 매우 고양된 모습을 스스럼없이 나타내었다.

7. 행동관찰과 면담 작성의 예

1) 여자 / 26세 / 고졸 / 입원 환자 / Schizophrenia

환자는 보통 키, 뚱뚱한 체구의 20대 중반 여성으로, 긴 머리를 뒤로 묶어 올린 모습이었다. 둥근 얼굴에 손에는 큰 은반지를 끼고 있었고, 건강이 좋지 않은 듯 검은 피부였으며, 나이 들어 보이는 외모였다. 전반적인 위생상태는 그다지 양호하지 못한 편이었고, 검사자와의 눈맞춤은 적절하였으나, 눈을 동그랗게 뜨고 놀란 듯이 쳐다보거나 멍하게 있는 등 다소 불안정한 모습이었다. 검사자의 지시대로 모든 과제를 끝마쳤으나, 마치 술 취한 듯한 목소리로 발음이 또렷하지 못했고, 혼잣말로 짜증을 내거나('왜 했는데 또 하는 거야'), 신경질적으로 의심 어린 질문을 하는 등('이건 뭘 알아보려고 하는 건가요?', '자폐 그런 거 알아보는 건가요?', '이거 하면 또 가두는 거 아니죠?') 평가 상황에 예민해 보였다. 이러한 행동은 금방 줄었다가 갑자기 호소하는 양상을 반복하였고, 1시간 정도 지나자 피곤하다며 휴식을 요구하기도 하였다. 입원 사유에 대해서는 '아빠와 언니가 권유했다', '헛소리를 하고 대화가 안 돼서'라고 하는 등 증상에 대한 문제의식을 조금은 가지고 있었다.

2) 남자 / 9세 / 초3 / Unspecified Depressive Disorder

작은 눈에 덥수룩한 스포츠 머리를 한 수검자는 보통 키, 마른 체구로 모와 함께 내원하였다. 파란색 긴팔 T셔츠를 입은 편한 옷차림으로 위생상태는 양호하였으며, 검사자와의 눈맞춤도 적절하였다. 시종 차분하게 검사에 임하였으며, 조용히 집중하는 모습을 보였다. 검사 내내 표정은 그다지 드러나지 않았고 끝까지 덤덤한 표정으로 검사를 마쳤다. 다만 HTP와 KFD에서는 상당히 공을 많이 들인 듯 모든 종이에는 땀이 배어 있었고, 그리는 내내 한숨을 내쉬며 힘들어하였다. 방문 사유를 묻는 직접적인 질문에는 '엄마가 공부하는 거 테스트해 보자고 해서 왔다'라고 하면서 별다른 불편감을 말하지 못하였으나, 면담 과정 중에는 '학교에서는 잘 안 혼나는데 집에서는 동생과 싸워서 잘 혼난다', '엄마와의 관계에 문제가 있다', '엄마랑 뭘 하면 스트레스가 된다' 등 모와 관련된 불편감을 여러 차례 호소하였다.

Chapter

04 지능과 인지기능 작성

　지능검사에서 점수 확인만 필요하다면 해석은 상당히 간단하다. 지능에 대한 이론을 다 알지 못해도 매뉴얼만 보면 시행하고 해석할 수 있다. 그리고 지적장애인 사람에게 검사를 실시해서 '당신의 지능은 60입니다'라고 말하고 끝낼 수도 있다. 그러나 이것은 지능검사를 제대로 사용하지 못하는 것이다. 지능검사는 활용의 가치가 무궁무진한 검사이다. 소검사들을 분석해서 상대적으로 높은 능력을 알려 주어 개발시키도록 하고 부족한 능력을 찾아내어 보완하도록 해야 한다. 지능검사를 하는 이유는 앞으로 보완해야 할 것이 무엇인지를 알기 위함이지, 그 사람이 얼마나 부족한지 알려 주려는 것이 아니다. 오히려 지능이 낮은 사람일수록 더욱 정성을 들여서 보고서를 써야 한다. 일반적인 수준에서 지능이 60이든 65든 별 차이가 없는 것처럼 보일 수 있으나, 이들 둘이 모여 있다면 65가 주도권을 갖게 될 것이다. 항상 상대성이 중요하다. 개인 내 능력도 마찬가지이다. 영어가 100점이고 수학이 60점이면 앞으로 영어를 주된 능력으로 살아가야 한다. 그런데 영어가 60점이고 수학이 20점인 사람은? 이 사람도 영어를 활용해서 살아가야 한다. 그래서 상대적으로 잘하는 것이 무엇인가를 찾아 주고, 못하는 것은 무엇이며 그것을 왜 못하는지를 알려 주는 것이 지능검사여야 한다.

　신경심리학을 공부하면 지능검사 결과를 잘 해석하고 설명할 수 있다. 뇌지도를 한 번 보자. 전두엽은 고차원적인 능력을 담당하고, 전두엽 뒤의 운동영역은 운동을, 두정엽 앞의 감각영역은 감각을 통제한다. 후두엽에서는 시각 정보를 다루고, 측두엽에서는 청각 정보를 다

룬다. 브로카 영역은 언어 생성에 관여하고, 베르니케 영역은 언어 이해에 관여한다. 두정엽은 여러 기능의 협응을 가능하게 한다. 지금 이 책을 보고 있는 사람들은 대부분 학부를 마친 이후 석사 과정 이상의 학력을 가진 경우가 많을 것이고, 아마도 일반인들에 비해 전두엽이 발달해 있을 것이라고 추정할 수 있다. 전두엽은 고차원적인 능력을 담당한다. 지능검사에서 측정되는 모든 기능은 뇌의 각 영역과 연결되어 있다. 탁구를 치고 연습을 많이 하면 운동영역에서 손과 팔을 담당하는 신경원이 튼튼해진다. 즉, 해당 부위 신경원 간의 연결이 더 많아지고 수초가 더 굵어진다는 것이다. 이렇게 신경원을 튼튼하게 만들어 놓으면 1년 쉬었다가 탁구를 쳐도 금방 그 동작을 익숙하게 할 수 있을 것이다. 어떤 영역의 훈련을 많이 하면 뇌가 그 훈련을 물리적으로 저장하여 필요할 때 꺼내서 사용할 수 있게 하는데, 지능검사는 이러한 축적물들을 측정하는 것이다.

1. '지능과 인지기능' 전체 구성

전체지능, 4개 지표(언어이해, 지각추론, 작업기억, 처리속도), 지능검사 요약 순으로 결과를 기술하고, 인지기능 부분에서 사고상의 특성(두드러지거나 독특한 사고 경향)을 추가해서 작성한다. 인지기능은 대부분 Rorschach의 구조화된 요약에 나온 점수들을 근거로 작성하기 때문에 Rorschach를 실시하지 않은 경우는 굳이 작성하지 않아도 된다.

- 전체적 지능 양상
- 4개 지표 내 소검사 해석(언어이해, 지각추론, 작업기억, 처리속도)
- 지능검사 요약
- 인지기능

2. 전체적 지능 양상

먼저 전체지능(FSIQ) 점수를 기술하고 백분위를 표기해서 상대적인 위치를 알려 준다. 다음은 언어이해, 지각추론, 작업기억, 처리속도의 4개 지표 점수를 기술하고, 4개 지표 간의 차이(4개 중 최고 점수와 최저 점수의 차이)가 유의미한 수준인지 확인한 다음(K-WAIS-IV 23점, K-WISC-IV 20점), 차이로 인해 예상되는 임상 양상을 간략하게 기술하면 된다. 아동, 성인 모두 이전 버전의 지능검사보다 지표 간 비교에서 유의미한 차이를 보이는 경우가 많아서 대부분 '각 지표별로 기능을 파악하는 것이 중요해 보인다'라고 작성해야 하는 경우가 많아졌다. 차이가 유의미한 수준보다 작을 때는 따로 기술할 필요가 없지만, 차이가 유의미한 수준보다 크다면 전체지능은 의미가 줄어들고, 각 지표 간의 차이를 설명하는 것이 중요하다. 또한 각 지표가 대표성을 가지려면 각 지표를 구성하는 소검사들 간의 점수 차이가 크지 않아야 한다(지표 내에서 최고 점수와 최저 점수의 소검사 간 차이가 5점 미만).

그리고 공식적인 점수는 아니지만, 일반능력(General Ability Index: GAI)까지 고려해서 차이를 기술할 수도 있어야 한다. GAI은 언어이해(3개)와 지각추론(3개) 지표를 구성하는 필수 소검사 6개의 합산점수를 통해 얻은 지표 점수로서 공식적인 점수에는 포함되지 않지만, 해석에 있어서 유용한 면이 있어서 'K-WAIS-IV 실시 및 채점 요강(2012), 부록 B'에서 GAI의 개념, 산출 방법 및 해석을 설명하고 있다[아동은 『WISC-IV 임상해석』(신민섭 외 역), pp. 119-133 참고]. 그렇게 많지는 않으나, GAI를 통해 설명해야 하는 경우가 있으니 평소에도 계산을 해서 보고서에 넣는 데 익숙해지는 것이 좋겠다.

전체지능과 각 지표 점수의 수준은 다음 〈표 4-1〉에 따라 구분하면 된다.

표 4-1 　K-WAIS-IV 기술 및 해석 요강 76p, 〈표 6-3〉 조합점수 범위의 기술적 분류

지능	수준
130 이상	최우수
120~129	우수
110~119	평균 상
90~109	평균
80~89	평균 하
70~79	경계선
69 이하	정신지체

사례 4-1

한국판 웩슬러 지능검사 성인용 4판(K–WAIS–IV)			
영역	지능	백분율	수준
언어이해	81	11%ile	**평균 하**
지각추론	78	7%ile	**경계선**
작업기억	90	25%ile	**평균**
처리속도	78	7%ile	**경계선**
전체지능	74	4%ile	**경계선**
일반능력	76	5%ile	**경계선**

※ 단일 점수로서 대표성을 가지는 지능지수는 진하게 표시함.

    K–WAIS–IV로 측정한 환자의 **전체지능은 74, 경계선 수준**으로 같은 연령대에서 하위 4% 정도 수준이었다. 언어이해는 81, 평균 하 수준, 지각추론은 78, 경계선 수준, 작업기억은 90, 평균 수준, 처리속도는 78, 경계선 수준이었으며, 지능 영역 간의 차이는 유의미하지 않았다(기준 23점 차이).

사례 4-2

한국판 웩슬러 지능검사 아동용 4판(K–WISC–IV)			
영역	지능	백분율	수준
언어이해	102	55.8%ile	**평균**
지각추론	102	55.6%ile	**평균**
작업기억	112	77.9%ile	평균 상
처리속도	103	57.9%ile	평균
전체지능	106	64.6%ile	평균
일반능력	102	55.0%ile	평균

※ 단일 점수로서 대표성을 가지는 지능지수는 진하게 표시함.

    K–WISC–IV로 측정한 수검자의 **전체지능은 106, 평균 수준**으로 같은 연령대에서 상위 35% 정도의 수준이었다. 언어이해는 102, 평균 수준, 지각추론은 102, 평균 수준, 작업기억은 112, 평균 상 수준, 처리속도는 103, 평균 수준으로 나타났고, 지능 영역 간 별다른 차이가 나타나지 않았다(기준 20점 차이). 다만, 지각추론, 작업기억, 처리속도 영역의 소검사 간 점수 차이가 각각 5점, 8점으로 크게 나타나고 있어서(기준 5점 차이), 전 영역을 고려한 '전체지능'과 '일반능력(102, 평균 수준)' 모두 아동의 기능을 온전히 대표한다고 보기 어렵기 때문에 **각 지표가 나타내는 기능 수준을 개별적으로 파악하는 것이 더 중요해 보인다.**

사례 4-3

한국판 웩슬러 지능검사 성인용 4판(K-WAIS-IV)			
영역	지능	백분율	수준
언어이해	83	13.0%ile	**평균 하**
지각추론	103	57.0%ile	평균
작업기억	58	0.3%ile	**경도 정신지체**
처리속도	75	5.0%ile	**경계선**
전체지능	76	5.0%ile	경계선
일반능력	91	27.0%ile	평균

※ 단일 점수로서 대표성을 가지는 지능지수는 진하게 표시함.

K-WAIS-IV로 측정한 환자의 **전체지능은 76, 경계선 수준**으로 같은 연령대에서 하위 5% 정도 수준이었다. 언어이해는 83, 평균 하 수준, 지각추론은 103, 평균 수준, 작업기억은 58, 경도 정신지체 수준, 처리속도는 75, 경계선 수준으로 나타났다. 지각추론과 작업기억 영역 간의 점수 차이가 45점으로 크게 나타나고 있었고(기준 23점 차이), 지각추론 영역의 소검사 간 점수 차이도 7점으로 크게 나타나고 있어서(기준 5점 차이), 전 영역을 고려한 '전체지능'과 언어이해와 지각추론을 고려하여 산출된 '일반능력(91, 평균)' 모두 환자의 기능을 온전히 대표한다고 보기 어렵기 때문에 **각 지표가 나타내는 기능 수준을 개별적으로 파악하는 것이 더 중요해 보인다.**

사례 4-4

한국판 웩슬러 지능검사 성인용 4판(K-WAIS-IV)			
영역	지능	백분율	수준
언어이해	97	42%ile	**평균**
지각추론	103	57%ile	**평균**
작업기억	87	19%ile	**평균 하**
처리속도	135	99%ile	최우수
전체지능	105	64%ile	평균
일반능력	99	48%ile	**평균**

※ 단일 점수로서 대표성을 가지는 지능지수는 진하게 표시함.

K-WAIS-IV로 측정한 수검자의 **전체지능은 105, 평균 수준**으로 같은 연령대에서 상위 36% 정도의 수준이었다. 언어이해는 97, 평균 수준, 지각추론은 103, 평균 수준, 작업기억은 87, 평균 하 수준, 처리속도는 135, 최우수 수준을 보이고 있었다. 작업기억과 처리속도 지능 영역 간의 점수 차

이가 48점으로 크게 나타나고 있었고(기준 23점 차이), 처리속도 영역의 소검사 간 점수 차이도 5점으로 크게 나타나고 있어서(기준 5점 차이), 언어이해와 지각추론을 고려하여 산출된 **'일반능력(99, 평균 수준)'으로 기능 수준을 파악하는 것이 더 중요해 보인다.**

3. 4개 지표 내 소검사 해석(언어이해, 지각추론, 작업기억, 처리속도)

1) 각 지표 해석

〈표 4-2〉에 따라 각 소검사의 수준을 여러 개로 나누는데, 매우 잘하거나 못한 소검사는 그 예를 넣어 주는 것이 좋다. '저 사람은 바보다'라고 하는 것보다는 '저 사람은 1+1을 대답하지 못할 정도로 바보다'라고 하는 것이 듣는 사람으로 하여금 더 구체적으로 수준을 파악할 수 있게 하고 이것은 현실적인 치료 계획을 위해 중요한 정보가 된다. 평균 범위가 3개가 있고(평균 상, 평균, 평균 하), 경계선과 정신지체는 매우 못하는 것이고, 우수와 최우수는 매우 잘하는 것이다. 일반 수검자들에게 설명을 할 때는 8~12점이면 보통 수준이고, 8점 이하이면 많이 못하는 것이고, 12점 이상이면 매우 잘하는 것이라는 정도로 설명을 한다.

표 4-2 소검사 수준 분류(K-WAIS-IV 기술 및 해석 요강, 〈표 6-1〉 환산점수에 대응하는 표준편차와 백분위' 참고)

소검사 점수	수준
16 이상	최우수
14~15	우수
12~13	평균 상
9~11	평균
7~8	평균 하
5~6	경계선
1~4	정신지체

언어이해 영역은 말로 하기 때문에 수검자의 생각을 알아내기 위한 좋은 도구이다. 상담할 때 '학교 가기 싫은 이유가 뭐니?', '친구를 사귀고 싶은 마음이 있나요?', '나중에 뭘 하고 싶으

세요?' 등의 개인적 질문에 대해서 '음……'이라고 하면서 입을 다물고 대답을 안 하는 경우가 있는데, 이때 상담자는 상당히 무기력해질 수 있다. 초기에 내담자의 상태를 파악해야 하는데 그냥 면담만을 통해서는 파악이 어렵다. 이럴 때 수검자의 생각을 알아내는 데 오히려 지능검사가 많은 도움을 줄 때가 있다. 사고는 곧 언어이기 때문에 생각을 알아내려면 말을 최대한 많이 하게 하면 된다. 언어이해 영역에서 수검자는 문제에 답을 한다고 여기겠지만 어떻든 입을 통해 말을 하게 되고 그 속에는 그들의 생각이 반영될 수밖에 없다.

　지각추론은 시각적 자극을 잘 다루는 능력 또는 비언어적인 문제해결 능력을 측정하는데, 검사자는 수행 시 행동을 잘 관찰해야 한다. 난이도가 높아지면서 더 적극적이든 더 수동적이든 행동이 바뀌는 수검자가 있다. 아니면 언어이해 영역에서는 무난한 태도를 보이면서, 지각추론 영역에서는 무기력한 모습을 보일 수 있는데, 이렇게 차이가 나타나거나 특이한 행동이 있다면(토막짜기 소검사에서 토막이 9개로 늘어나자 순간 멍한 표정을 지음) 잘 관찰해서 기록하고 의미가 있는지 판단해서 해석에 포함시킬 수 있어야 한다.

　작업기억은 주의력 검사이다. 숫자를 몇 개 불러 주고 따라 해 보라고 하는데, 과제 난이도는 기호쓰기와 더불어 지능검사에서 가장 낮은 단순한 소검사이다. 아동은 숫자와 순차 소검사 간의 차이, 성인은 숫자와 산수 소검사 간의 차이를 분석해야 하고, 아동, 성인 모두 숫자 소검사 내에서 바로따라하기와 거꾸로따라하기 간의 차이를 분석하는 것이 중요하다.

　처리속도 영역에서는 간단한 모양들을 빨리 따라 그리거나 찾아내야 한다. 속도 검사가 있고 능력 검사가 있는데, 능력 검사는 난이도를 높여서 어려운 걸 푸는 것이 중요하고, 속도 검사는 각각의 문항은 쉬운데 빨리 할 수 있는지 수행 속도를 측정한다. 처리속도는 속도 검사에 해당된다. 간단하지만 속도와 민첩성이 중요하기 때문에 각각의 문항은 대부분 1초도 안되는 시간에 수행이 가능하지만, 여러 개를 모아 놓으면 지속성이라는 변수가 추가되어 시간 차이가 많이 날 수 있다. 잠깐 딴청을 피우면 점수가 크게 떨어질 수 있는데, 이는 점수에 그대로 반영되고 일상생활에서도 잠깐의 실수가 큰 영향을 미치는 경우들이 있다는 것을 감안해서 해석하면 된다.

2) 지표 내 소검사 해석(K-WISC-IV를 중심으로)

　소검사가 아동, 성인 모두 15개이고, 각 소검사를 〈표 4-3〉(K-WISC-IV)과 〈표 4-4〉(K-WAIS-IV)를 참고하여 우선 해석하는데, 이것이 1차 해석이다. 1차 해석은 그 소검사가 무엇을 측정하는지 일반인이 이해할 수 있도록 저자가 상담 장면에서 설명하는 문구를 그대로 적용한 것이다. 15개 중에서 비슷한 것끼리 묶어서 해석하는 것을 2차 해석이라고 하고, 묶이

지 않는 것은 1개만으로 2차 해석을 하면 된다. 1차 해석이 일반인도 알아들을 수 있는 해석
이라면 2차 해석은 보다 실제적인 의미가 있는 심리학적인 해석이다. 2차 해석을 할 때, 아동
은 〈표 4-5〉와 〈표 4-6〉, 성인은 〈표 4-7〉과 〈표 4-8〉을 참고하면 된다.

표 4-3   K-WISC-IV 소검사: 자주 사용하는 1차 해석

주로 사용하는 각 소검사의 1차 해석(K-WISC-IV)	
공통성	사물의 유사성을 파악하는 능력
어휘	어휘구사력
이해	사회적 상황에 대한 이해력
상식	기본적인 지식 수준
단어추리	언어적 단서를 통해 추리하는 능력
토막짜기	시공간 구성 능력
공통그림찾기	자극 간의 관련성을 찾아내는 능력
행렬추리	전체를 고려하여 핵심을 파악하는 능력
빠진곳찾기	시각적 예민성
숫자	단순한 자극에 대한 주의력
순차연결	복잡한 자극에 대한 주의력
산수	수계산 능력
기호쓰기	시공간 운동 속도
동형찾기	긴장감 속에서 빠른 논리적 판단력을 발휘하는 능력
선택	간단한 시각적 자극에 짧은 시간 동안 높은 집중력을 발휘하는 능력

표 4-4   K-WAIS-IV 소검사: 자주 사용하는 1차 해석

주로 사용하는 각 소검사의 1차 해석(K-WISC-IV)	
공통성	사물의 유사성을 파악하는 능력
어휘	어휘구사력
상식	기본적인 지식 수준
이해	사회적 상황에 대한 이해력
토막짜기	시공간 구성 능력
행렬추론	전체를 고려하여 핵심을 파악하는 능력
퍼즐	부분과 전체를 조화시키는 능력
무게비교	자극 간의 수리적 관련성을 파악하는 능력

빠진곳찾기	시각적 예민성
숫자	단순한 자극에 대한 주의력
산수	수계산 능력
순서화	복잡한 자극에 대한 주의력
동형찾기	긴장감 속에서 빠른 논리적 판단력을 발휘하는 능력
기호쓰기	시공간 운동 속도
지우기	간단한 시각적 자극에 짧은 기간 동안 높은 집중력을 발휘하는 능력

공통성 소검사에서는 '사과와 바나나는 무엇이 비슷한가?'를 물어본다. 두 사물의 유사성을 파악하는 능력을 측정하는 것이다. 유사성을 파악하려면 어떻게 해야 하는가? 보통은 사과와 바나나의 공통점이 과일이라고 하는데, 통상적으로 별로 생각할 필요 없이 대답할 수 있다. 이렇게 쉬운 문제들은 보통 사람들에게 자동화된 정보이기 때문에 복잡한 작업이 거의 필요하지 않다. 그런데 제대로 문제를 푼다면 사과의 특성과 바나나의 특성을 여러 가지 나열한 다음 공통된 요소들이 있는지 찾아서 발견한 것을 말해야 한다. 뇌에서는 이러한 과정이 일어나는데 너무 빨리 일어나니까 자동적으로 떠오른 것으로 인식하는 것이다. 점차 어려운 문제로 갈수록 이 과정은 상당한 인지적 에너지를 필요로 하게 된다. 이 능력이 부족한 사람은 어떻게 해야 하는가? 사과와 바나나 같은 쉬운 과제부터 시작해서, 각각의 특성을 여러 가지 말하도록 한 다음에 비슷한 특성을 찾아서 묶는 연습을 차근차근 해 나가야 한다.

어휘 소검사는 단어의 뜻을 물어보는 것이다. '공손하다'의 뜻이 무엇인가? 단어의 뜻, 즉 사전적 의미를 말해야 한다. 그런데 이 과정은 생각보다 어렵다. 사용하긴 쉽지만 개념을 말하는 건 또 다른 문제이다. 적당히 학교 교육을 받았고 가정환경에서 별 문제가 없었다면 대략 10점 정도의 점수가 나와야 한다. 웩슬러의 지침에 따라 보통의 가정에서 자라서 보통의 학교 교육을 받았다면 10점이 나오게 해야 한다는 기준을 가지고 문제를 만들었기 때문이다. 어휘력이 높으면 언변이 뛰어난 사람이 될 것이고, 어휘력이 낮은 사람은 말을 잘 못하니 주변 사람들에게 부정적 피드백을 받을 가능성이 높고, 당연히 언어적 상황을 피하게 된다.

이해 소검사는 사회적 상황에 대한 이해력을 나타낸다. 일상적으로 겪을 수 있는 상황에서 어떻게 하는 것이 평범한 행동인지, 그 행동의 이유나 근거를 알고 있는지 측정하는 것이다. '너 어린 아이가 너한테 싸움을 걸면 어떻게 할래?'라는 질문에 '달래서 돌려보내요'라고 적당히 성숙한 대답을 해야 하는데 '싸워요!'라고 공격적인 대답을 하면 점수를 얻지 못한다. 이해력이 높다는 것은 관습적인 판단력이 높다는 것을 의미하지만, 이와 동시에 사고가 매우 경직되어 있음을 나타내기도 한다.

상식 소검사 역시 보통의 삶을 살았으면 평균 범위의 점수가 나와야 한다. 또한 학교 학습을 열심히 하진 않았어도 충분한 사회적 경험을 가지고 있다면 우리나라 대통령이 누군지, 주요 국경일이 언제인지 정도는 알게 된다. 보통의 삶은 사회적 삶을 포함하지만 지식은 학습을 통해 가장 잘 습득되기 때문에 학교생활에 충실한 사람은 점수가 높아지고, 머리가 좋아도 학업에 충실하지 않았던 사람들은 점수가 낮아진다.

단어추리 소검사는 지능에서 추론 능력의 중요성을 반영하여 추가한 검사이고, 방식은 어렸을 때 많이 하는 스무고개 놀이와 비슷한데, 실제 검사에는 각 문항별로 세 번의 단서를 주는 동안 문제를 맞추어야 한다. 시간이 절대적으로 너무 많이 들어가는 것에 비해서 정보적 가치는 적은 편이다.

토막짜기 소검사는 시공간 구성 능력을 측정한다. 시공간은 3차원을 의미하는데, 과제는 2차원 그림 자극을 보고 3차원상의 모양을 만드는 것이고, 시각으로 본 것을 손을 통해서 공간상에서 구성해야 한다. 토막짜기는 설명서를 보고 레고 블록을 맞추는 것과 비슷한 과제이다. 시공간적인 능력이 필요하긴 하지만 지시대로 이행하는 능력 또한 매우 중요하다. 마지막으로 지능검사의 첫 번째 과제라는 면에서 불안에 취약한 소검사이기도 하다.

공통그림찾기 소검사는 자극 간의 관련성을 찾아내는 능력을 측정한다. 1열의 그림들과 2열의 그림들을 비교하여 각 열에서 1개씩 공통점을 가지는 대상을 찾아야 한다. 과제를 해결하기 위해서는 한 지면에 나와 있는 자극들 간의 관련성을 모두 점검해야 하는데, 뒤로 갈수록 점검해야 하는 양이 많아지니 공통점을 유추해 내기 어렵고, 주의력과 작업기억이 뒷받침되어야 잘할 수 있다.

행렬추리 소검사는 지능검사의 대표성을 가지는 소검사로서 단 1개의 소검사만 가지고 지능을 추정하라고 하면 행렬추리 소검사를 실시하면 된다. 이전에는 토막짜기가 대표성을 가졌는데, 이 소검사의 문제점은 눈으로 보고 판단을 한 다음에 손으로 반응한 시간까지 점수에 포함이 되기 때문에 순수하게 추론 능력을 측정한다고 보기 어렵다는 것이다. 가장 순수하게 추론 능력을 측정하는 소검사로서 그림 전체를 살펴서 전체 모양을 조화롭게 만들 수 있는 핵심적인 규칙을 찾아내야 한다.

빠진곳찾기 소검사는 시각적 예민성을 측정한다. 예를 들어, 시계 그림에서 초바늘을 빼고 빠진 것이 무엇인지 찾아보라고 하는 것이다. 이 소검사는 사회성에 필요한 기초적인 능력을 볼 수 있는 유용한 소검사이다. 점수가 낮은 사람들은 눈으로 주변 환경을 파악하는 능력이 떨어지고 아동들은 숨은그림찾기를 잘 못하는 경우가 많다. 또한 오감 중에서 시각이 차지하는 비중이 80~90%인데, 시각적 판단력이 떨어진다는 건 전체적인 판단력이 떨어진다는 것을 의미한다. 같이 일하는 동료가 파마를 새로 했을 때 가장 먼저 알아보고 반응해 주는 사람에게 고마움을 느끼고 더 호의적으로 대할 가능성이 증가한다. 시각적으로 민감한 것은 사회생활에서 좋은 무기가 될 수 있다.

숫자 소검사는 단순한 자극에 대한 주의력을 측정한다. 그러나 바로따라하기와 거꾸로따라하기로 나뉘어 있어서 '단순한' 수준에서 조금 더 단순한 과제와 조금 더 복잡한 과제에 대한 수행 수준을 구분해서 해석할 수 있다. 거꾸로따라하기는 작업기억 능력을 측정하는 가장 좋은 도구이고, 두 과제의 차이를 비교함으로써 과제의 복잡성 수준에 따른 문제 해결 경향을 파악할 수 있다.

순차연결 소검사는 숫자에 비해 복잡한 자극에 대한 주의력을 측정한다. 작업기억 능력을 측정하기 위해 추가로 만들어졌으나, 작업기억 과정에서 다룰 수 있는 주의 용량인 7±2 기준에 맞춰서 보면, 가장 어려운 과제가 글자 4개, 숫자 4개에 불과해 오히려 더 쉬운 과제일 수도 있다. 따라서 작업기억보다는 분리주의력(divided attention)을 측정한다고 보는 것이 더 맞는 것 같다. 한 번에 다양한 것에 관심을 둘 수 있는 능력을 측정한다.

산수 소검사는 수계산 능력을 측정하고 기본적으로 수 개념에 대한 이해력이 있어야 해결할 수 있다. 계산식은 초등학교 수준이면 풀 수 있는 수준이지만, 서술식으로 제시되기 때문에 응용력이 필요하고, 단순한 수준의 언어 이해 능력도 필요하다. '1+1=2'와 같은 수식 문제가 아니고 '철수가 영희한테 1,000원을 줬는데, 2,000원을 더 주면 얼마를 준 것인가?'와 같은 서술식 문제이다. 계산은 어렵지 않은데 잘 들어야 하기 때문에 주의력이 있어야 하고, 단기적으로 정보를 저장해야 하기 때문에 작업기억 능력도 필요하다.

기호쓰기 소검사는 시공간 운동의 속도를 측정하는 것으로 과제는 쉽고 수행시간도 짧지만 수행 순간에 높은 집중력을 유지해야 하기 때문에 순간의 감정 상태와 에너지 수준의 영향을 많이 받는다. 게다가 눈으로 본 것을 손으로 반응해야 하기 때문에 시운동 협응 능력도 필요하다.

동형찾기 소검사는 간단한 스트레스 상황에서 논리적 의사결정 능력을 측정한다. 문제 하나는 간단하지만 '예, 아니요'를 수검자 자신이 책임지고 판단해야 한다. 주어진 그림 자극을 근거로 논리적 판단을 해야 하는 것이다. 문항 하나는 간단하지만 역시 문항의 수를 늘리고 시간 제한을 두기 때문에 수행에 대한 스트레스가 발생한다. 따라서 판단에 대한 부담이 있는 사람은 다른 어려운 과제들을 잘하면서도 이 소검사에서 떨어질 수 있다. 스트레스에 취약해서 순간의 압박을 잘 못 견디는 것이다.

선택 소검사는 쉽지만 많은 자극이 한꺼번에 주어졌을 때 대처 능력을 측정한다. 보조검사인데 해석적 유용성이 많은 소검사이다. A4용지 2장 크기에 다양한 사물 그림이 배치되어 있고 그중에서 동물만 찾아서 연필로 표기하면 된다. 그런데 그림이 너무 많다. 그래서 다른 소검사는 잘하면서 이 소검사에서 떨어지는 사람은 한꺼번에 많은 것이 주어지면 스트레스를 받아서 평소에 하던 것도 잘 못하는 사람일 수 있다.

2차 해석은 비슷한 소검사끼리 묶어서 보는 것이다. 〈표 4-5〉를 보면, 다른 소검사들은 평균 하 수준인데 공통성과 어휘 소검사가 평균 상 수준이라면 언어적 개념에 대한 이해 수준이 또래 수준보다 높은 편이라고 해석을 하면 되고, 〈표 4-6〉에서 행렬추리, 공통그림, 산수 소검사가 모두 12점이라면 유동성 추론 능력이 높다고 해석을 한다. 이러한 방식으로 다른 소검사 묶음들도 각 표를 참고하여 적용하면 된다. 〈표 4-5〉와 〈표 4-7〉은 아동, 성인 지능검사에서 저자가 주로 사용하는 해석을 정리한 것이고, 〈표 4-6〉과 〈표 4-8〉은 아동, 성인 지능검사 지침서에서 공식적으로 제시하고 있는 소검사 분류표를 넣은 것이다.

표 4-5   K-WISC-IV 소검사: 자주 사용하는 2차 해석

묶이는 소검사			2차 해석
공통성	어휘		언어적 개념에 대한 이해 수준, 의사소통에 필요한 언어적 자원
이해			관습과 규범의 습득 수준
어휘	이해		일상생활에 필요한 언어적 자원
공통성	토막짜기	산수	추상적 개념을 다루는 능력
공통그림찾기	행렬추리		주어진 시각적 자극을 통해 새로운 결론을 찾아내는 추론 능력
토막짜기			구조화된 상황에서의 대처 능력, 생각한 것을 실천하는 능력
빠진곳찾기			주변 환경 변화에 대한 인식 능력, 지각적 정확성
숫자	순차연결		주의력
거꾸로따라하기	순차연결	산수	작업기억력
순차연결	산수		복잡한 자극에 대한 주의력, 자극이 복잡해질 때의 기능 수준
기호쓰기	선택		단순한 판단 능력
기호쓰기	동형찾기		단순한 자극을 다루는 능력
선택	동형찾기		단순 운동 능력
빠진곳찾기	이해		사회적 능력
상식	어휘	산수	학업적 노력

표 4-6　CHC 이론에 따른 소검사 분류(K-WISC-IV)

Composition of CHC Clinical Clusters(K-WISC-IV)
1. Fluid Reasoning vs. Visual Processing 　– Fluid Reasoning: 행렬추리, 공통그림찾기, 산수 　– Visual Processing: 토막짜기, 빠진곳찾기
2. Nonverbal Fluid Reasoning vs. Visual Processing 　– Nonverbal Fluid Reasoning: 행렬추리, 공통그림찾기 　– Visual Processing: 토막짜기, 빠진곳찾기
3. Nonverbal Fluid Reasoning vs. Verbal Fluid Processing 　– Nonverbal Fluid Reasoning: 행렬추리, 공통그림찾기 　– Verbal Fluid Processing: 공통성, 단어추리
4. Lexical Knowledge vs. General Information 　– Lexical Knowledge: 단어추리, 어휘 　– General Information: 이해, 상식
5. Long-Term Memory vs. Short-Term Memory 　– Long-Term Memory: 상식, 어휘 　– Short-Term Memory: 순서화, 숫자
6. Long-Term Memory vs. Verbal Fluid Reasoning 　– Long-Term Memory: 상식, 어휘 　– Verbal Fluid Reasoning: 공통성, 단어추리

표 4-7　K-WAIS-IV 소검사: 자주 사용하는 2차 해석

묶이는 소검사			2차 해석
공통성	어휘		언어적 개념에 대한 이해 수준, 의사소통에 필요한 언어적 자원
공통성	상식		학습 수준, 지적 욕구
상식	이해		전반적인 지식 수준
어휘	이해		일상생활에 필요한 언어적 자원
행렬추론	퍼즐		시각적 조직화 능력, 자극을 통해 추론하는 능력
토막짜기			구조화된 상황에서의 대처 능력, 생각한 것을 실천하는 능력
빠진곳찾기			주변 환경 변화에 대한 인식 능력, 지각적 정확성
숫자	산수		주의력, 수 개념을 다루는 능력
거꾸로따라하기	산수		작업기억력
숫자	산수	순서화	자극이 복잡해질 때의 기능 수준
지우기	기호		단순한 판단 능력
기호쓰기	동형찾기		단순한 자극을 다루는 능력
지우기	동형찾기		단순 운동 능력
빠진곳찾기	이해		사회적 능력

표 4-8 K-WAIS-IV 임상적 군집을 구성하는 소검사

	토막짜기	공통성	숫자	행렬추론	어휘	산수	동형찾기	퍼즐	상식	기호쓰기	순서화	무게비교	이해	지우기	빠진곳찾기
시각운동속도	★						★			★					
시각운동속도가 배제된 문제해결				★				★				★			★
정신적조작			★								★				
언어적인 유동추론		★											★		
어휘지식		★			★										
일반지식									★				★		
장기기억					★				★						
단기기억			★								★				
유동적추론				★								★			
시각적처리	★							★							

3) 소검사 간 직접 비교(K-WISC-IV 중심으로)

관련이 있는 소검사들끼리 직접적인 비교를 할 수 있어야 한다. 직접 비교는 2개 소검사 간에 5점 이상의 유의미한 차이가 있을 때 해석을 적용하면 된다.

(1) 산수 vs 숫자

산수가 숫자보다 어려운 과제이다. 그런데 산수를 숫자보다 잘하는 경우가 있다. 호기심을 자극하지 못하는 간단한 자극을 잘 못하는 사람들이다. 자만심에 빠진 사람들이 대개 이러한 결과가 나온다. 머리를 써야 할 만한 어려운 지적 자극이 주어져야 생각을 하는 사람들이다. 성격적으로는 오만하고 건방진 사람이기 쉽고, 학령기에는 모의고사는 잘 보지만 학교 시험은 잘 못 보는 아이들이 주로 이에 해당된다. 스스로 똑똑하다고 생각하는 사람들은 성실성이 부족해서 꾸준히 노력해서 성취하는 것이 잘 안 될 수 있다.

반대로 숫자가 산수보다 5점 이상 높은 경우를 생각해 보자. 숫자가 산수보다 쉬운 과제라고 해도 모두 연령 집단을 고려해서 점수화시킨 것이니 어느 정도는 비슷하게 나와야 한다. 그런데 쉬운 과제에 비해서 어려운 과제를 눈에 띄게 못한다는 것은 기능 자체보다는 태도의 문제일 가능성이 높다. 보통 과제가 복잡해지면 기능이 약간 떨어지는 게 정상이다. 그러나 이 경우는 과제가 복잡하면 포기해서 기능이 현저하게 떨어지는 사람들이다.

(2) 공통성 vs 어휘

공통성은 추상적 개념을 다루는 능력이고 어휘는 단어를 알아듣게 설명할 수 있는가를 보는 것이다. 어휘력이 높은데 공통성이 낮을 때는 언어적인 자원은 풍부한데 고차원적인 개념에 대한 이해력은 부족한 것이다. 개념적인 설명이 필요할 때 포기해 버리는 경우이다. 공통성이 더 높을 때는 개념적인 설명은 좋아하는데 실제 언어 사용 능력은 떨어진다. 책은 많이 봤는데 사람들과 대화는 많이 안 해 본 사람일 수 있겠다. 연애를 책으로 공부한다는 말이 딱 적용될 수 있다.

(3) 바로따라하기 vs 거꾸로따라하기(숫자)

숫자 소검사에서는 바로따라하기와 거꾸로따라하기를 구분해야 한다. 거꾸로따라하기가 너무 낮으면 작업기억력이 부족하다고 한다. 쉬운 건 비슷하게 수행하는데 조금만 어려워지면 기능이 급격히 저하된다. 반대로 거꾸로따라하기를 더 잘하는 경우가 있다. 좀 어려워져야 지적 능력을 발휘하는 사람들이다. 이런 사람들은 자기과시적인 모습을 보이기 때문에 대화를 하면 상대방의 기분이 금방 상할 수 있다.

(4) 숫자 vs 순차연결

숫자와 순차연결 두 개 소검사 간의 비교해석은 과제의 복잡성을 적용하면 된다. 순차연결은 숫자와 글자가 혼용된다는 면에서, 순차연결의 점수가 낮을 때 과제가 복잡해지면 수행 능력이 떨어진다고 보면 된다. 그러나 순차연결에 필요한 주의 용량은 사실상 4개(숫자 4개, 글자 4개)이기 때문에 순차연결의 점수가 더 높다면 복잡성의 문제가 아니라 주의 용량이 부족한 것이 주요 원인일 수 있다.

(5) 행렬추리 vs 공통그림찾기

행렬추리의 문제풀이 대상은 대개 삼각형, 사각형 등의 추상적 도형이고, 공통그림찾기의 그림은 나무, 가방 등 실제적인 사물들이 대부분이다. 시각적으로도 추상적 개념이라는 것이 있다. 세상에 '직선'은 없다. 실제 직선을 그어 보면 그것은 이미 직선이 아니다. 선을 긋고 나서 자세히 살펴보면 조금이라도 굴곡이 있게 마련이다. 연필로 그려 버리면 이미 연필의 굵기가 있고, 현미경으로 보면 더 이상 깔끔한 선이 아니다. 이론에 맞는 삼각형과 사각형은 없다. 우리가 그리는 도형은 대강 그린 다음에 그렇게 보자고 사회적 합의를 한 것이다. 아무리 정교하게 그려도 이미 그려 버리면 더 이상 이론에 맞는 도형은 아니다. 그래서 도형은 이 세상에 실존하지 않는 추상적 개념이다. 그리고 추상적 개념은 정보 전달을 더 효율적으로 만든다. 친구에게 내가 웃고 있다는 것을 알려 주기 위해서 웃고 있는 사진을 찍어서 보내는 것보다 이모티콘을 찍어서 보내는 것이 훨씬 더 용이하다. 그러나 정보 전달의 효율성을 높이는 반면에 실제 정보의 손실이 일어난다. 추상적 개념만 잘 다루는 사람은 정보가 적은 상태에서 판단하는 데 익숙하기 때문에 대용량의 정보를 처리하는 능력은 저하되는데, 일상에서는 변수가 많기 때문에 대처가 어려울 수 있다. 다시 말하면, 추상적 사고 능력이 뛰어난 사람은 원칙대로 처리할 수 있는 상황에서는 높은 능력을 발휘하지만, 유연성이 필요한 상황에서는 오히려 기능이 떨어질 수 있다. 자연물 상태의 대상을 다룰 때는 유연성이 필요하다. 공통그림찾기를 잘 다루는 사람은 과도하게 유연성만 발휘하려 하고, 행렬추리를 잘하는 사람은 과도하게 원칙에 따라서만 대응하려는 모습을 보일 수 있다.

(6) 행렬추리, 공통그림찾기 vs 토막짜기

행렬추리와 공통그림찾기의 공통점은 추론 능력이 필요하다는 것인데, 토막짜기는 상대적으로 추론 능력이 그다지 필요하지 않다. 그리고 토막짜기는 추가로 운동 능력이 필요하기 때문에 운동반응 능력이 부족한 사람은 토막짜기에서 기능이 떨어질 수 있다. 또 토막짜기는 지능검사의 첫 번째 과제이다. 그래서 긴장도가 높은 사람들은 초기과제인 토막짜기를 힘들어할 수 있다. 이런 경우는 대개 이후 소검사부터는 안정된 모습을 보이고, 낮은 시공간 구성 능력이 수검자의 본래 능력이라고 보기 어렵다. 그렇다고 다시 수행해야 하는가? 그렇지 않다. 이미 과제를 한 번 수행했기 때문에 다시 시행하면 연습 효과가 나타나서 역시 정확한 기능이라고 볼 수 없다. 웩슬러는 검사 상황에서의 긴장감까지 포함해서 지능 해석을 해야 한다고 했다. '검사에서는 낮게 나타났는데 이후의 검사 수행 양상을 보면 수행 당시의 긴장감이 영향을 줬을 가능성이 있기 때문에 실제 기능은 측정된 수준보다 높을 수 있겠다'라고 기술하면 된다.

(7) 무선배열 vs 일렬배열(선택)

선택 소검사도 무선배열과 일렬배열의 2개로 나뉜다. 첫 번째 과제는 무선배열이다. 어려운 과제를 더 먼저 하게 되어 있고, 당연히 일렬배열의 점수가 더 높아야 한다. 그런데 무선배열의 점수가 더 높은 경우가 있다. 사고전환(shifting)의 개념을 이해해야 한다. 직장에서 동료들과 일을 하다가 세 살짜리 아이가 있는 집으로 귀가할 때 보통 어떻게 하는가? 직장에서는 적당히 격식을 차려야 하고 부하직원에게 지적도 하고 고객에게 굽신거리기도 한다. 그러나 집에 들어가서는 아이에게 생글생글 웃는 얼굴로 '그랬져~!'라고 비음까지 쓰면서 아이 수준에 맞춰서 대응해야 한다. 상황에 따라 대처하는 마음가짐과 행동이 바뀌어야 하는 것이다. 수련생에게는 지적하고 혼내기도 하다가, 수검자가 오면 따뜻하게 경청하다가, 친구와 대화할 때는 비속어를 섞어 가면서 한탄도 하다가, 아이랑 놀 때는 정화된 예쁜(?) 단어들로 맞장구를 쳐야 한다. 이러한 전환이 잘 되어야 직장생활, 사회생활, 가정생활이 모두 평탄할 수 있다. 그런데 직장에서 치열하게 일하다가 가정으로 복귀했을 때 마음가짐을 전환하지 못하면 문제가 생길 수 있다. 어려운 과제를 준 다음에 쉬운 과제를 줬는데 쉬운 과제를 더 못한다. 왜 그런가? 전환이 안 되는 것이다. 문제는 쉬워졌지만 사고방식이 조금 바뀌어야 하는데 어려운 걸 찾아 헤매던 마음가짐으로만 대응을 하니 오히려 쉬운 것을 해결하지 못하는 아이러니한 상황이 생기는 것이다. 위대한 학자의 강의를 듣다가 갑자기 강연자가 간단한 질문을 했을 때 심오한 뜻이 있는 줄 알고 대답을 못하는 경우를 떠올려 보자. 한편, 일렬배열을 더 잘하는 게 일반적이지만 차이 나게 잘한다는 것은 무선배열을 너무 못한다는 것이고, 이는 작은 스트레스에 매우 취약하다는 것을 뜻한다.

(8) 기호쓰기 vs 동형찾기 vs 선택

기호쓰기, 동형찾기, 선택 소검사 3가지의 조합은 수검자의 사고 과정에 대한 구체적인 정보를 제공한다. 특히 기능이 낮은 사람들에게는 더 유용하다. 사람들의 사고 경향을 찾아내기 위해서 굳이 어려운 과제를 시킬 필요가 없다. 상사 입장에서는 부하직원에게 간단한 복사 하나만 시켜 봐도 성실한 사람과 그렇지 않은 사람을 쉽게 구분할 수 있다. 5분 만에 스테이플러로 깔끔하게 찍어서 흐트러짐 없이 정리해서 오는 사람이 있는가 하면, 1시간이 지나서 재차 확인을 해야 엉성하게 쌓여 있는 자료를 들고 오는 사람이 있다. 이렇게 간단한 행동으로 모든 사람을 판단할 수 있다기보다는 어떤 사람의 사고 및 행동 경향이 일단 형성되면 그 사람의 모든 행동에 영향을 준다는 것이다. 선택 소검사는 짧은 시간에 간단하지만 많은 자료를 한꺼번에 주고 수검자가 보는 앞에서 시간을 측정한다. 따라서 점수가 낮은 사람은 단기간 처리해야 하는 정보의 양이 많아질 때 기능이 떨어진다. 동형찾기 소검사는 긴장감 속에서 빠르게 논리적 판단력을 발휘하는 능력을 측정한다. 점수가 낮은 사람은 작은 일이어도 자신에게 판단에 대한 책임이 있을 때 스트레스가 큰 사람이다. 기호쓰기 소검사는 소근육 운동기능이 떨어질 때 점수가 낮다. 근육의 움직임을 대근육과 소근육으로 구분할 때, 대개 지능이 낮으면 소근육 운동 능력이 더 떨어진다. 다만 지능이 낮지 않지만 소근육 운동 능력만 떨어지는 경우도 있다. 이들은 초등학교 1학년 때 가장 중요한 과제인 받아쓰기를 하기가 너무 힘들고, 이로 인해 언어학습 그리고 언어능력과 연결되는 다른 모든 학습 능력이 저하되기 쉬워, 빨리 발견하여 대안 행동을 습득해야 한다.

표 4-9 K-WISC-IV 소검사 간 직접 비교

소검사 비교	해석
산수 > 숫자	호기심을 자극하지 못하는 간단하고 지루한 자극에 주의집중하지 못함.
산수 < 숫자	과제가 복잡해지면 급격하게 기능이 저하됨.
어휘 > 공통성	활용할 수 있는 언어적 자원은 많지만 고차원적인 개념에 대한 이해력은 부족함.
어휘 < 공통성	언어적 잠재력은 높은 편이지만, 학업적 노력을 충분히 하지 못함.
바로따라하기 > 거꾸로 따라하기(숫자)	작업기억력의 저하 / 과제가 어려워지면 주의력이 급격히 떨어짐.
바로따라하기 < 거꾸로 따라하기(숫자)	지적 욕구를 자극해야 더 열심히 하는 경향이 있음.
숫자 < 순차연결	복잡한 과제에서 더 집중력을 발휘하고 쉬운 과제에서 긴장도가 떨어짐.
숫자 > 순차연결	과제가 복잡해지면 주의력이 급격히 떨어짐.
행렬추리 > 공통그림찾기 토막짜기 < 행렬추리, 공통그림찾기 공통그림찾기, 빠진곳찾기 > 행렬추리, 토막짜기	추상적 개념에 대한 이해가 높은 반면, 자연물을 처리하는 능력, 즉 유연성이 부족함. 추론 능력은 높지만, 운동반응 속도가 느림. 익숙한 자극은 잘 다루지만, 추상적 자극을 다루는 데 어려움.
무선배열 > 일렬배열(선택) 무선배열 < 일렬배열(선택)	전환(Shifting)의 어려움. 스트레스에 취약함을 시사함.
기호쓰기, 동형찾기 > 선택 기호쓰기, 선택 > 동형찾기 동형찾기, 선택 > 기호쓰기	단기간 시간적 압박에 대한 스트레스가 큼. 운동 능력은 빠르지만, 판단에 대한 스트레스가 큼. 소근육운동 능력이 부족해서 정교함이 요구될수록 기능이 낮아짐.

표 4-10   K-WAIS-IV 소검사 간 직접 비교

소검사 비교	해석
산수 > 숫자	호기심을 자극하지 못하는 간단하고 지루한 자극에 주의집중하지 못함.
산수 < 숫자	과제가 복잡해지면 급격하게 기능이 저하됨.
어휘 > 공통성	활용할 수 있는 언어적 자원은 많지만 고차원적인 개념에 대한 이해력은 부족함.
어휘 < 공통성	언어적 잠재력은 높은 편이지만, 학업적 노력을 충분히 하지 못함.
바로따라하기 > 거꾸로 따라하기(숫자)	작업기억력의 저하/과제가 어려워지면 주의력이 급격히 떨어짐.
바로따라하기 < 거꾸로 따라하기(숫자)	지적 욕구를 자극해야 더 열심히 하는 경향이 있음
어휘, 이해 < 공통성, 상식	짧은 언어적 반응은 잘하지만, 긴 설명이 필요한 경우 대처 능력이 떨어짐/피상적인 사고
어휘, 이해 > 공통성	언어 사용 능력은 높은 편이지만, 추상적 개념에 대한 이해력은 부족함.
행렬추리 > 퍼즐	추론 능력은 높지만, 시행착오를 통한 문제해결 능력은 부족함.
행렬추론 < 퍼즐	시행착오를 통한 문제해결 능력은 높지만, 개념적인 이해력은 부족함.
토막짜기, 퍼즐 > 행렬추론	시지각적 자극을 다루는 능력은 높지만, 추론 능력이 부족함.
토막짜기, 퍼즐 < 행렬추론	추론 능력은 높지만 시행착오를 통한 문제해결 능력이 부족함.
빠진곳찾기 > 기호쓰기	시각적 자극에 민감하지만 운동반응 속도는 느림.
빠진곳찾기 < 기호쓰기	운동반응 속도는 빠르지만, 시각적 민감성은 부족함.
기호쓰기 > 동형찾기	민첩성은 높지만, 판단에 대한 압력이 높아지면 기능 수준이 떨어짐.
기호쓰기 < 동형찾기	시지각적 판단력은 높지만, 소근육운동 능력이 부족함.

4) 문항 내 질적 해석

품행장애를 비롯하여 마음속에 주변 환경에 대한 불만이 많은 아이들은 '길을 가다가 지갑을 주우면 어떻게 해야 하나?'라는 질문에 '그냥 가져요'라고 대답할 수 있다. 사회적 규칙을 따르지 않으려면 상당한 에너지가 필요하고, 그럼에도 불구하고 거부적인 모습을 보인다는 것은 이 사회에 대한 불만이 많은 것이고, 아동ㆍ청소년기 불만의 대부분은 부모와의 강제적ㆍ억압적 상호작용에서 생긴다. '복종하다가 무슨 뜻인가?'에 대해서 '지는 거요'라고 한다면 이미 자신이 지고 있거나 패배자라고 생각하고 있을 가능성이 높다. '더 어린 아이가 싸우자고 하면 어떻게 해야 하나?'라는 질문에 '싸워서 혼내 줘요'라고 한다면 어떤 아이인가? 이 문제는 윗사람이 아랫사람을 배려해야 한다는 개념을 이해하고 있는지를 묻는 것이다. 어떤 아이가 자신보다 어린 아이를 배려하지 못할까? 자기가 윗사람들에게서 배려받지 못했다고

생각하는 아이는 마음의 여유가 없고 배려를 하는 것이 무엇인지 모르기 때문에 더 어린 아이에게 배려를 할 수가 없다. '약속은 왜 지켜야 하나?'라는 질문에 '안 지키면 애들이 왕따시켜요'라고 한다면, 왕따를 이미 당하고 있거나 조만간 왕따를 당할까 봐 걱정하고 있는 아이일 가능성이 높다. '방해하다가 무슨 뜻인가?'라는 질문에 '내가 놀고 있는데 형이 뺏는 거요'라고 한다면, 이 아이에게는 자신의 능력을 정확히 측정하는 것보다 형이 자신을 괴롭힌다는 사실을 주변에 알리는 것이 중요하다고 볼 수 있다. '섬이 무엇인가?'라는 질문에 '외로운 곳이요'라고 대답한 아이가 있다. 얼마나 외로웠으면 객관적 사실과 지식을 묻는 질문에 이렇게 감성적인 단어를 사용할까.

위에서 나열한 대답들은 모두 오답이다. 양적인 점수를 산출하는 데는 크게 의미가 없으나, 답변 하나하나가 수검자의 생활 태도, 사고방식, 정서 상태 등을 예측하는 데 많은 도움을 준다.

대개는 모르면 '모른다'라고 대답을 한다. 그런데 '기억이 안 난다', '안 배웠다', '문제가 이상하다'라고 하는 경우가 있다. 이보다 더 평가자를 불편하게 하는 것은 질문을 했는데 아무 말도 안 하고 가만히 있는 것이다. 문제의 답을 말하는 게 아니면서 '모른다'라는 말 외에 수검자가 하는 거의 대부분의 대답은 모르는데 모른다는 사실을 인정하기 싫어하는 상태를 나타내는 경우가 많다. 자존심을 부리는 것이다. 정답만 요구되는 환경에서 성장하면 이렇게 모르는 것을 모른다고 말하기 힘들어하게 된다.

웩슬러는 지능에 성격, 정서, 환경적인 상태 등이 영향을 주고 있고, 이를 반영해서 해석해야 한다고 강조했다. 웩슬러라는 대학자가 말하지 않더라도, 지능과 성격은 서로 영향을 주고받을 수밖에 없다. 당연히 모든 면을 고려해서 해석을 해야 한다.

5) 전반적인 기술 방식과 상대적 해석

각 지표 영역을 기술할 때는 점수가 높은 소검사에서 시작하여 점수가 낮은 방향으로 나열하는 것이 가장 무난하다. 점수가 너무 높거나 낮은 경우에, 언어성 소검사에서는 그 수준을 알 수 있는 예를 1~2개씩 써 주고, 동작성 소검사에서는 과제 수행 당시의 행동이나 반응 특성을 첨부하는 것이 수검자를 이해하는 데 도움이 된다.

또 해석은 상대적 수준을 고려해서 해야 한다. 기술 방식에 있어서 모든 소검사가 14점인 수검자가 어느 한 소검사에서 9점을 받으면 이는 '상대적으로' 부족한 능력이 되는데, 모든 소검사가 3점이면서 어느 하나가 7점이면 이 능력은 '상대적' 강점이 되어 앞으로도 해당 능력을 잘 발휘할 수 있는 학습 및 직업 영역을 찾아서 개발시켜야 한다. 상대적 해석은 보고서에서 '주관적'이라는 말로 바꾸어서 표현할 수도 있다. 어느 한 소검사가 11점이면 평균 수준이지만, 다른 소검사들이 모두 16점이라면 그 능력이 필요할 때 '주관적' 고통감이 매우 클 것이고, 모든 소검사가 3점인데 7점짜리 소검사가 하나 있는 수검자는 7점짜리 능력이 필요할 때 '주관적' 만족감이 가장 높을 것이다.

6) 병전 기능(또는 지적 잠재력) 기술

'병전 기능'에 대해 기술해야 하는 경우가 있다. 대표적으로 조현병은 뇌 기능의 저하로 망상, 환청 등 정신증적 증상이 발생하고, 이렇게 객관적 판단 능력이 떨어진다는 것은 병전의 기능을 제대로 발휘할 수 없는 상태를 의미한다. 이런 경우 '인지기능의 유의미한 양적 저하'라는 표현을 사용하며, 이는 병전 기능이 현재 측정된 수준보다 높았을 것으로 예상되지만 평가 시점에서는 병전에 비해서 유의미한(심각한) 수준으로 기능이 저하되었다는 것을 뜻한다. 양극성장애 1형인 경우에는 조증 삽화, 우울증 삽화, 관해기 중 어느 상태인가에 따라 지능 수준이 극단적으로 다르게 나타나는 경우가 있고, 조금 더 신중하게 양적 저하 유무를 판단해야 한다.

측정 시점과 이전의 기능이 다르다는 면에서 비슷하지만 '지적 잠재력'이라는 표현이 적당한 경우도 있다. 타고난 능력 혹은 가지고 있지만 현재 측정에서는 나타나지 않은 능력을 의미하며, 환경이나 정서적 상태가 영향을 주고 있다는 것을 가정하는 것이고, 영향을 주는 요인들을 조정하면 회복 가능하다는 것을 뜻한다. 환경적 결핍이 심한 경우, 공통성은 평균 수준이지만 어휘는 낮게 나타날 수 있고, 이러한 현상은 언어적 잠재력은 보통 수준이지만 일상에서의 언어생활이 빈곤했거나 학습 환경이 열악했기 때문에 나타날 수 있다. 그리고 우울증이 심한 경우, 언어이해와 지각추론 능력은 평균 수준을 유지하면서, 보다 간단하지만 순간적인 집중력과 에너지가 필요한 작업기억과 처리속도 영역에서 경계선 수준의 기능을 보일 수 있다. 이럴 때 전체지능은 4개 지표가 모두 반영된 평균 하 수준이 나오겠지만, 지적 잠재력은 평균 수준이라고 추정할 수 있다.

병전 기능이나 지적 잠재력을 추정할 때, 이전 버전의 지능검사에서는 어휘와 토막 2개 소검사를 통해 산술적으로 추정하는 방식을 사용하기도 하였으나, 저자의 경험상 두 소검사 모두 사고 및 지각 장해의 영향을 받을 수 있다는 면에서 사실 그리 믿을 만한 추정 자료가 되지 못한다. 따라서 의무교육 시기(초등학교, 중학교)의 학업성적과 증상이 나타나기 전까지의 사회적 및 직업적 기능 수준에 대한 정보를 수검자 본인뿐 아니라 보호자를 통해서 최대한 많이 확보하는 것이 좋다. 요즘은 본인이 직접 방문하면 인근 어느 학교(초·중·고)를 가더라도 생활기록부를 무료로 받아볼 수 있기 때문에 협조가 가능하다면 검사 당일에 가져오도록 하는 것도 대안이 될 수 있다.

　사람들이 가진 능력은 각기 다르다. 추론 능력이 높아도 어떤 사람은 행렬추리를 더 잘하고 어떤 사람은 공통그림찾기를 더 잘할 수 있다. 또 이해 소검사가 18점이라면 아무리 사고가 경직되어 있다는 것을 감안해도 높은 수준의 사회적 판단을 할 만큼의 인지 능력을 가지고 있는 것이다. 따라서 상대적으로 가장 높은 소검사를 수검자의 지적 잠재력으로 보는 것이 대안이 될 수 있다. 특히 적극적이고 추상적인 사고 능력이 필요한 공통성, 행렬추리, 산수 등의 소검사가 다른 소검사들에 비해서 높을 때는 이를 기준으로 지적 잠재력을 추정하는 것이 적절할 때가 있다. 그러나 이는 다양한 해석의 가능성이 존재하기 때문에 개별 보고서를 보면서 확인하기 바란다.

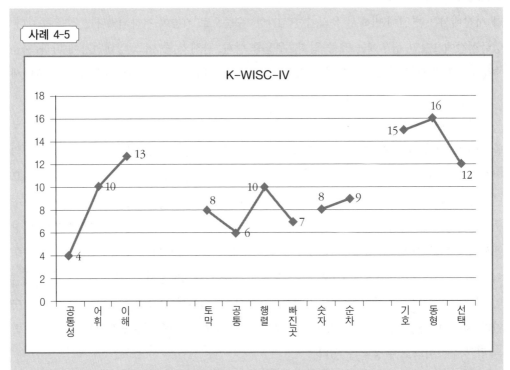

사례 4-5

언어성 지능을 살펴보면, 사회적 상황에 대한 이해력이 평균 상 수준으로 나타나고 있어서 일상생활 경험을 통해서 얻어지는 관습과 규범에 대한 습득 수준은 다소 높은 것 같다. 또한 어휘구사력이 평균 수준을 보이고 있어서 언어적 의사소통 능력도 적절해 보인다. 그러나 사물의 유사성을 파악하는 능력이 정신지체 수준으로 나타나고 있어서 고차원적인 언어 개념을 형성하는 능력이 필요한 상황에서는 상당한 어려움을 겪을 수 있겠다('나비와 벌-꽃을 좋아한다').

지각추론 영역에서는 전체를 고려하여 핵심을 파악하는 능력이 평균 수준을 보이고 있고, 시공간 구성 능력이 평균 하 수준으로 나타나서 추상적인 자극을 다루는 능력이 비교적 양호한 것 같다.

그러나 자극 간의 관련성을 찾아내는 능력이 경계선 수준을 보이고 있어서 일상적이고 실제적인 자극을 파악하고 대처하는 능력은 상당히 부족할 수 있겠다. 또한 시각적 예민성이 평균 하 수준으로 나타나고 있어서 주변 환경 변화에도 다소 둔감할 것으로 여겨진다.

　작업기억 영역에서는 복잡한 자극에 주의를 기울이는 능력이 평균 수준으로 나타나고 있어서 작업기억력이 적절해 보이나, 순간적인 자극에 주의를 기울이는 능력이 평균 하 수준을 보이고 있어서 오히려 단순한 자극에 대한 집중이 필요할 때 기능이 떨어질 수 있겠다.

　처리속도 영역에서는 긴장감 속에서 빠른 논리적 판단력을 발휘하는 능력이 최우수 수준을 보이고 있어서 압력이 느껴지는 상황에서도 자신의 기능 수준을 잘 발휘할 것으로 보인다. 또한 시공간 운동 속도가 우수 수준으로 나타나고 있어서 정교한 운동 기능도 양호해 보인다. 간단한 시각적 자극에 짧은 순간 동안 집중력을 발휘하는 능력이 평균 상 수준이긴 하지만 상대적으로 낮게 나타났는데, 이는 양쪽의 검사지를 번갈아 가면서 체크하는 비효율적인 방법을 사용한 것과 관련이 있어 보인다.

사례 4-6

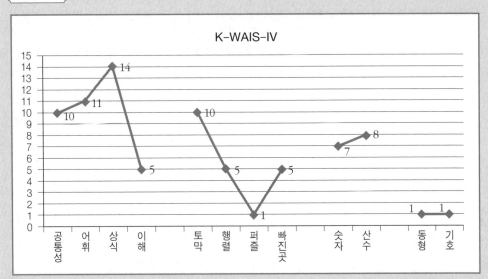

　언어이해 영역에서는 기본적인 상식이 우수 수준으로 나타나서 학습의 영향을 받는 결정적 지능은 뛰어나게 유지되고 있는 것으로 보인다. 이러한 수검자는 '제재', '대륙', '주입'과 같은 수준 높은 단어를 사용하고 있었고, SCT에서도 문법과 맥락에 맞게 상당히 긴 문장을 구사하고 있었다('내가 늘 원하기는 지금 현재 안전한 곳에서 더 이상 술집 출입을 하지 않고 공포감 없이 사는 것이다'). 어휘구사력과 사물의 유사성을 파악하는 능력도 평균 수준이어서 개념적인 이해 수준도 양호한 것으로 보인다. 그러나 사회적 상황에 대한 이해력은 경계선 수준으로 다른 능력에 비해 상당히 낮게 나타나고 있어서('법-그냥 지키지 않으면 제재를 받기 때문에', '천리 길-하루하루 하다 보면 오래 할 수 있다'), 문제 해결을 위한 적극적인 사고를 전혀 하지 못하고 있는 것으로 생각되며 오랜 기간 인지적으로 수동적인 삶에 익숙해져 있는 상황과 관련이 있는 것 같다.

지각추론 영역에서는 시공간 구성 능력이 평균 수준이어서 직접적으로 도구를 다룰 때에는 양호한 기능을 보일 것으로 생각된다. 그러나 전체를 고려해서 핵심을 파악하는 능력은 경계선 수준으로 나타나서 추론 능력은 매우 부족해 보이고, 시각적 예민성이 경계선 수준으로 나타나서 주변 환경의 변화에도 둔감하겠다. 그리고 자극 간의 관련성을 찾아내는 능력이 정신지체 수준으로 나타나서 시각적 처리능력도 빈곤한 것으로 생각된다. 그러나 검사 도중 콧노래를 부르거나 환청을 호소하면서 제한 시간을 초과하고, 검사 도중 수행을 갑자기 거부하다가 독려하면 바로 성과를 보이는 등의 행동을 보이고 있어서 낮은 수행을 환자의 능력 부족으로 보기에는 무리가 있을 것으로 여겨진다.

작업기억 영역에서는 간단한 자극에 주의를 기울이는 능력과 산술 능력이 모두 평균 하 수준으로 나타나서 주의력과 수 개념을 다루는 능력이 다소 낮은 정도로 나타났다. 그러나 모든 소검사에서 어려운 문항에서는 정답을 맞히면서도 쉬운 문항에서는 아예 반응을 하지 못하는 비일관된 수행 양상을 보여서, 과제 수행의 성실성이 의심되며, 실제 기능 수준은 측정된 수준보다 더 높을 수 있겠다.

처리속도 영역에서는 시공간 협응 능력과 긴장감 속에서 빠른 논리적 판단력을 발휘하는 능력이 모두 정신지체 수준으로 나타났다. 그러나 반응의 양상을 보면 동형찾기 소검사에서는 연습문제에서 무난한 수행을 보이면서 그 후 제시된 본 문항에서는 1분이 지나도록 첫 번째 문제를 풀지 못했고, 기호쓰기 소검사에서도 4개의 오답을 띄엄띄엄 보이는 등 비전형적인 오답 양상을 보이고 있었다. 그리고 HTP에서는 각 그림을 2분 정도의 양호한 속도로 질적으로도 무난한 수행을 보인 것과는 다르게 기호쓰기 소검사에서는 매우 천천히 수행하는 등 태도의 일관성이 부족하였다

4. 지능검사 요약

전체지능과 각 지표 영역별로 소검사를 기술하고 나면, 전체적인 지능의 양상을 정리해서 기술한다. 먼저 전반적인 지능 수준을 나타내고, 가장 두드러지는 특성부터 작성한다. 각 소검사에 대한 해석은 이미 작성했기 때문에, 다시 소검사 이름이나 직접적인 해석 내용을 넣을 필요는 없다. 될 수 있으면 모든 소검사 내용이 포함되는 것이 좋지만, 임상적인 의미가 미미한데 굳이 비중이 낮은 소검사에 대한 해석은 넣지 않아도 된다. 요약에서는 지표별로 따로 작성하느라 같이 묶어서 설명하지 못한 내용을 묶어서 설명할 수도 있고, 실제 학업적·직업적 및 사회적 기능 수준과 비교해서 쓸 수도 있다. 게다가 각 소검사를 일일이 나열하는 것보다는 수검자의 주된 인지적 특성을 명확히 기술하는 것이 더 의미가 있으니, 상황에 맞게 수검자의 지적 특성을 잘 설명할 수 있는 방식을 선택하면 된다.

사례 4-7

　지능검사 결과, 익숙한 자극을 다루는 상황에서는 양호한 기능을 보이고 있어서 반복적으로 접한 낯익은 상황에서의 기능 수준은 적절할 것으로 생각된다. 그러나 추상적인 자극을 다루는 능력과 작업기억력이 매우 낮게 나타나고 있어서, 고차원적이고 적극적인 사고가 필요한 상황에서는 기능 수준이 급격하게 떨어질 수 있겠다. 이러한 수검자는 간단한 운동조차도 정교함이 필요해지면 기능 수준이 떨어질 수 있겠다. 그리고 나이에 비해 관습과 규범에 대한 습득 수준과 이해력이 매우 부족한 것으로 나타나서 사회적 상황에서의 행동 수준은 상당히 미숙할 것으로 여겨진다.

사례 4-8

　지능검사 결과, 주변 환경 자극에 예민해져 있는 것으로 보이며, 직관력과 응용력이 높게 나타나고 있어서 상황적인 대처 능력은 높아 보인다. 그러나 이에 비해 대부분의 소검사가 평균에서 평균 하 수준으로 평이한 수준에 머물러 있어서 즉각적인 해결이 어려운 상황에서는 스트레스가 클 것으로 여겨진다. 또한 작업기억력이 부족하게 나타나고 있어서 과제가 복잡해지면 기능 수준이 급격하게 저하될 것으로 생각된다. 한편, 이해 소검사의 점수가 두드러지게 저하되어 있는 것은 수검자의 반항적인 태도와 관련이 있는 것 같다.

사례 4-9

　지능검사 결과, 수검자는 행렬추리, 기호쓰기, 산수 소검사가 각각 평균, 평균 하 수준으로 다른 소검사들에 비해 상대적으로 높게 나타나서, 구조화되고 안정된 상황에서 비교적 무난한 기능 수준을 보일 것 같다. 그러나 대부분의 소검사가 경계선, 정신지체 수준으로 낮게 나타나서, 일상생활에서의 기능 수준은 낮을 것으로 예상되고, 특히 사고가 단순하고 추가적인 인지 기능이 요구되는 경우에 낮은 수행을 나타내고 있어서 과제가 조금만 복잡해져도 상당한 기능저하를 보일 것으로 생각된다. 또한 수준 높은 단어를 사용하면서도 실제 언어 능력은 낮아서 자신의 기대치에 비해 일상생활에서의 수행 능력이 떨어지는 것에 대한 부적절감이 클 것으로 여겨진다.

5. 인지기능(Rorschach 중심)

이 부분에서는 주로 Rorschach에 나타난 인지적 특성을 기록한다. 초보 수련생들은 대개 Rorschach의 자료를 정리하는 것도 익숙하지 않아 나열식으로 작성하기 쉬운데, 이 역시 전반적인 맥락에 맞춰 작성하도록 해야 한다. 가장 쉬운 배열 순서로는 긍정적인 지표들을 먼저 작성하고, 그 뒤에 부정적인 내용을 붙이는 방식이 수검자의 문제점을 강조하기에 적당하다. 그리고 마지막에는 수검자의 문제 행동을 설명할 수 있도록 작성하여 끝맺는 것이 좋다. Rorschach 검사 결과를 넣을 때는 될 수 있으면 '구조적 요약'에서 나온 점수를 첨부해서 읽는 사람이 그 근거를 명확히 알 수 있도록 하자.

대개는 Rorschach의 내용만으로 인지적 특성을 작성하지만, MMPI, TAT, SCT 등 다른 검사들에서 두드러진 사고 경향성이 나타날 때는 이를 포함시키며, 주로 조현병이나 양극성 장애인 경우 이에 해당한다. Rorschach를 실시하지 않았거나, 사고 경향에 대한 내용을 포함시킬 필요가 없는 경우에는 굳이 작성하지 않아도 된다.

Rorschach의 검사 자료는 워낙 방대한 내용이어서 그 내용을 구체적으로 설명하는 것은 이 책의 범위를 넘어서는 관계로, 지능검사에서처럼 해석 방식을 제공하지 않고 사례만 제시하였다.

사례 4-10

Rorschach 검사 결과, 총 반응 수는 21개로 적절한 반응 수를 보이고 있으며, 평범반응은 5개로 관습적 지각도 적절히 유지되고 있는 것으로 보인다. 그러나 인간운동반응과 색채반응은 각각 1개씩만 보이는 등 문제 해결을 위한 인지적 · 정서적 자원은 매우 부족해 보인다. 또한 왜곡된 형태반응이 많고(X-%=.29), 자극의 조직화에 어려움(Zd=-4.0)이 크게 나타나는 등 주변의 다양한 자극을 적절히 수용하고 효율적으로 활용하는 데 어려움이 커 보인다. 수검사는 동물운동반응을 6개나 보이고 있듯이 특정 주제에 대한 반추적 사고 경향이 매우 높아 보이는데, 이는 비효율적이고 경직된 사고와도 관련이 있어 보인다.

사례 4-11

Rorschach 검사 결과, 14개의 적은 반응 수를 보이고 있고, 모두 단순한 형태반응이어서(F=12) 주변 환경 자극을 지나치게 단순화시켜 받아들임으로써 문제 상황에 대응할 수 있는 자원이 매우 제한적일 것으로 여겨진다. 또한 주어진 상황을 충분히 고려하여 성숙한 판단을 하지 못하고(P=2), 주변 자극을 왜곡해서 받아들이며(X-%=.32), 혼자서 특정 영역에만 몰입함으로써(Dd=3) 고립된 생활을 하고 있을 가능성이 높아 보인다.

사례 4-12

Rorschach 검사 결과, 단 7개의 반응만 하였고 대부분 단순한 형태 반응이었으며, 그 내용도 '호랑나비', '나방', '벌레', '날개벌레' 등으로 그 범위가 매우 제한되어 있어 사고가 지나치게 단순화되어 있는 것으로 보인다. 그리고 왜곡된 형태반응이 많고(전체 7개 반응 중 4개) 평범반응은 단 1개에 불과해 현실적이고 객관적인 판단을 내리기 어려워 보이지만, 스스로 이러한 자신의 단점을 드러내지 않기 위해 반응을 단순화시키는 방식으로 부단히 노력하고 있어 겉으로는 사고상의 혼란감이 잘 드러나지 않을 수 있겠다. 한편, SCT에서는 '내가 늘 원하기는 교회를 진실로 믿고 우수합니다', '어렸을 때 잘못했다고 느끼는 것은 먼 데 갈 느낌', '내 생각에 남자들이란 불한당입니다…… 껌을 잘 씹습니다', '나만의 두려움은 먼 훗날을 예상합니다', '결혼생활에 대한 나의 생각은 흐립니다', '생생한 어린 시절의 기억은 침착합니다', '내가 어렸을 때 우리 가족은 만남입니다' 등 논리와 일관성이 매우 부족한 언어 표현을 많이 보이고 있어 사고 장해가 시사된다(MMPI Sc=78T).

6. 지능과 인지기능 작성의 예

사례 4-13

여자 / 6세 / 초1 / 진단 없음

한국판 웩슬러 지능검사 아동용 4판(K-WISC-IV)			
영역	지능	백분율	수준
언어이해	90	25.2%	**평균**
지각추론	109	72.1%	**평균**
작업기억	92	29.1%	평균
처리속도	82	11.9%	**평균 하**
전체지능	91	27.9%	평균

※ 단일 점수로서 대표성을 가지는 지능지수는 진하게 표시함.

　수검자의 전체지능은 91, 평균 수준으로 같은 연령대에서 하위 28% 정도의 수준이었다. 언어이해는 90, 평균 수준, 지각추론은 109, 평균 수준, 작업기억은 92, 평균 수준, 처리속도는 82, 평균 하 수준으로 나타났으며, 지능 영역 간의 차이가 27점으로 크게 나타나고 있고(기준 20점 차이), 소검사 간의 차이도 7점으로 크게 나타나(기준 5점 차이) **상황에 따른 기능상의 차이가 클 것으로 예상된다.**
　언어이해 영역에서는 어휘구사력과 사회적 상황에 대한 이해력이 평균 수준을 보이고 있어서 일상생활 경험을 통해 습득되는 언어적 자원은 적절해 보인다. 그러나 사물의 유사성을 파악하는 능력은 경계선 수준으로 나타나서 고차원적인 언어 개념을 형성하는 능력은 상당히 부족해 보이는바('동그라미와 네모-모른다', '고양이와 쥐-모른다'), 추상성이 높아질수록 언어학습의 어려움이 커질 수 있겠다.

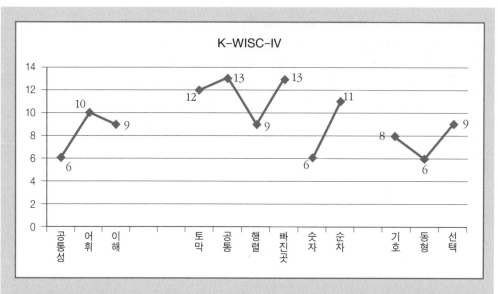

지각추론 영역에서는 시공간 구성 능력이 평균 상 수준을 보이고 있어서 직접 도구를 다룰 때 비교적 높은 기능을 발휘할 수 있겠다. 그리고 자극 간의 관련성을 찾아내는 능력은 평균 상 수준으로 나타나서 익숙한 그림 자극이 주어지는 상황에서의 기능 수준도 높은 편이었다. 그러나 전체를 고려하여 핵심을 파악하는 능력은 이보다 3~4점이나 낮은 평균 수준에 그치고 있어서, 낯설고 추상적인 자극을 다룰 때에는 상대적으로 기능 수준이 떨어질 수 있겠다. 한편, 시각적 예민성이 평균 상 수준을 보이고 있어서 주변 환경의 변화를 인식하는 능력은 양호해 보인다.

작업기억 영역에서는 고차적인 자극에 주의를 기울이는 능력이 평균 수준으로 나타났다. 그러나 더 쉽고 단순한 자극이 주어지는 숫자 소검사에서 경계선 수준으로 매우 낮은 수행을 보이고 있는데, 이는 자극이 단순하고 지루할수록 집중력이 더 떨어지는 것을 반영하고 있는 것 같다.

처리속도 영역에서는 간단한 시각적 자극에 짧은 순간 동안 높은 집중력을 발휘하는 능력이 평균 수준으로 나타나서 익숙한 자극을 다루는 상황에서는 양호한 기능을 보일 수 있겠다. 그러나 시공간 운동 속도가 평균 하 수준을 보이고 있어서 소근육 운동 능력은 다소 부족해 보이고, 긴장감 속에서 빠른 논리적 판단력을 발휘하는 능력은 경계선 수준을 보이고 있어서 시간적 압력이 느껴지는 상황에서는 기능 수준이 더욱 떨어질 것으로 예상된다.

지능검사 결과, 수검자는 지적 잠재력이 높은 편이고, 언어적 자원, 주의력 등도 양호해 보이는 바, 일상적인 상황에서는 무난하거나 조금 높은 기능 수준을 보일 것으로 예상된다. 그러나 모든 영역에서 자극의 추상성이 증가할수록 기능 수준이 저하되고 있어서 일정 수준 이상으로 과제가 복잡해지면 기능 수준이 급격히 떨어질 수 있겠다. 게다가 간단한 자극에 오히려 주의를 기울이지 못하고 있고, 소근육 운동 능력도 저하되어 있어서 예상치 못하게 쉬운 과제에서도 낮은 기능 수준을 보일 것으로 여겨진다.

Rorschach 검사 결과, 총 14개의 적은 반응 수를 나타내고 있어서 스트레스 상황에서 대응할 수 있는 심리적 자원은 매우 부족해 보이고, 사고가 단순하고 경직되어 있는 것으로 보인다(L=1.80). 그리고 관습적 및 객관적 지각에 어려움을 보이고 있으며(P=2, X-%=0.29), 과도하게 반추하는 경향이 있어서(FM=4) 경우에 따라서는 직접적인 문제 해결을 하지 못한 채로 고민만 하고 있을 수 있겠다.

사례 4-14

남자 / 22세 / 대재 / Obsessive-Compulsive Personality Disorder

한국판 웨슬러 지능검사 성인용 4판 (K-WAIS-Ⅳ)			
영역	지능	백분율	수준
언어이해	88	20%ile	평균 하
지각추론	**113**	**82%ile**	**평균 상**
작업기억	107	67%ile	평균
처리속도	**86**	**18%ile**	**평균 하**
전체지능	96	41%ile	평균
일반능력	99	48%ile	평균

※ 단일 점수로서 대표성을 가지는 지능지수는 진하게 표시함.

   수검자의 **전체지능은 96, 평균 수준**으로 같은 연령대에서 하위 41% 정도의 수준이었다. 언어이해는 88, 평균 하 수준, 지각추론은 113, 평균 상 수준, 작업기억은 107, 평균 수준, 처리속도는 86, 평균 하 수준을 보이고 있었다. 지각추론과 처리속도 영역 간의 차이가 27점으로 크게 나타나고 있었고(기준 23점 차이), 언어이해 영역의 소검사 간 점수 차이가 6점, 작업기억 영역의 소검사 간 점수 차이가 6점으로 나타나고 있어서(기준 5점 차이), 전 영역을 고려한 '전체지능'과 언어이해와 지각추론을 고려하여 산출된 '일반능력(99, 평균 수준)' 모두 환자의 기능을 온전히 대표한다고 보기 어렵기 때문에 **각 지표가 나타내는 기능 수준을 개별적으로 파악하는 것이 더 중요해 보인다.**

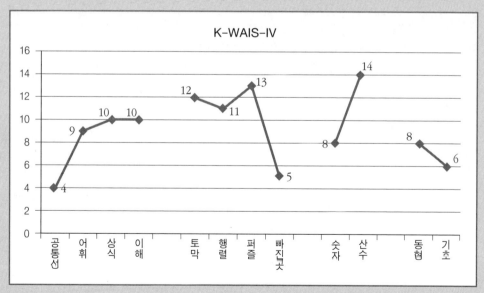

언어이해 영역에서는 기본적인 상식 수준, 사회적 상황에 대한 이해력, 어휘구사력 등이 평균 수준으로 나타나서, 전반적인 지식 수준과 일상에 필요한 언어적 자원은 양호해 보인다. 한편, 사물의 유사성을 파악하는 능력은 정신지체 수준으로 나타났는데('음식과 휘발유-모름'), 이는 실제적인 능력의 부족보다는 인지적인 노력을 기울이지 못하는 것과 관련 있어 보인다.

지각추론 영역에서는 부분을 통해 전체상을 구성하는 능력과 전체를 고려하여 핵심을 파악하는 능력이 각각 평균 상, 평균 수준으로 나타나서, 자극을 통해 추론하는 능력은 양호해 보인다. 그리고 시공간 구성 능력이 평균 상 수준으로 나타나서 구조화된 상황에서의 문제 해결력도 무난한 것 같다. 그러나 시각적 예민성이 경계선 수준으로 나타나서, 주변 환경 변화를 인식하는 능력은 매우 낮아 보이는바, 낯선 상황에서 적응의 어려움이 클 것 같다.

작업기억 영역에서는 수계산 능력이 우수 수준으로 나타나서 산술 능력은 높아 보인다. 그러나 단순한 자극에 주의를 기울이는 능력이 평균 하 수준으로 나타나서, 오히려 쉬운 과제에서 부주의한 모습을 보일 수 있겠다.

처리속도 영역에서는 긴장감 속에서 빠른 논리적 판단력을 발휘하는 능력이 평균 하 수준으로 나타나서, 시각적 변별이 필요한 상황에서는 비교적 무난한 기능 수준을 보일 것 같다. 그러나 다른 소검사들에 비해서 가장 쉬운 과제인 시공간 운동 속도가 경계선 수준으로 나타나고, HTP에서도 꼼꼼하게 수행하며 시간이 많이 걸리는 것을 보면, 이는 환자의 강박적이고 완벽주의적인 성향이 반영된 것으로 생각된다.

지능검사 결과, 수검자는 일상에 필요한 언어적 자원과 기본 지식은 양호한 수준이었으나, 고차원적 개념에 대한 이해 능력은 매우 낮게 나타났다. 그리고 주변 환경 변화에 취약하고, 민첩성도 낮아서 빠른 대응이 요구되는 상황에서는 적응의 어려움이 클 것으로 여겨지는데, 이는 전반적인 검사 수행 양상을 고려할 때 완벽하게 답을 하려는 강박적 성향이 영향을 준 것으로 보인다.

Rorschach 검사 결과, 수검자는 지적 잠재력에 비해 매우 적은 총 8개의 반응 수를 보이고 있었다. 게다가 수검자는 첫 번째 카드에서 반응을 하지 못했고, TAT 공백카드에서도 반응하지 못했는데, 이는 모호한 상황에서 쉽게 반응하지 못하는 수검자의 완벽주의적 성향과 관련이 있어 보인다. 또한 스트레스 상황에서 관습적 판단력이 부족하고(P=1), 이성적 대처 능력도 급격히 떨어져서(M=0), 기존에 유지해 왔던 적절한 대응 능력을 보이지 못할 수 있겠다.

Chapter

05 성격과 정서 작성

　지능은 소검사에 따른 해석이 대략 일대일로 정해져 있고, 10여 개의 소검사에 대해서만 기술하면 정리가 끝나기 때문에 꾸준히 보고서를 쓰다 보면 그 형식에 금방 익숙해진다. 슈퍼비전을 해 보면 보통 수련을 시작한 지 6개월 정도 지나면 지능 부분은 틀이 잡히는 것 같다. 그러나 성격과 정서 부분은 그렇지가 않다. 수련생이 보고서 슈퍼비전을 받으면서 여러 차례 좌절을 경험하는 단계가 있는데, 첫 번째는 보고서를 쓰기 시작한 초기에 여기저기 가차 없이 난도질(?)을 당할 때이고, 두 번째는 지능과 인지기능 부분에는 어느 정도 익숙해져서 수정할 부분이 줄어들고 있는데, 성격과 정서 부분은 여전히 정리가 안 될 때이다. 이렇듯 성격과 정서를 정리하기 어려운 것은 포함된 검사의 종류가 많기도 하지만 아직은 심리 과정에 대한 이해가 충분하지 않기 때문이다. 각 정신장애 유형에 따라서 사람들의 감정과 생각이 어떤 흐름을 따라가는지 각각의 과정을 이해하지 못하면 MMPI나 Rorschach 같은 개별 검사에 대한 지식이 아무리 많아도 글을 정리하기는 어렵다.

　처음 보고서를 쓰기 시작할 때는 각 보고서를 작성할 때마다 예상되는 몇몇 장애에 대해서 DSM-5와 해당 장애에 대한 이론서들을 살펴보고, 시행한 모든 검사의 해석 매뉴얼을 한 번씩 읽어야 한다. 이렇게 하면 처음에는 보고서 하나를 작성하기 위해서 책을 10권 정도는 읽어야 하지만, 점차 머릿속의 지식이 늘면서 자연스럽게 책 보는 시간은 줄어들게 되고, 어느 순간 책 없이 쓰고 있는 자신을 발견하게 된다. 이 과정을 성실히 수행하지 못하고 감독자가 주는 피드백만으로 보고서를 작성하면 시간이 지나도 보고서 작성에 대한 자신감을 가지기 힘들다.

　아래에 제시된 방법을 따라 하다 보면, 방대한 검사 자료들을 정리하고 요약해서 하나의 글을 만들 수 있을 것이다. 이를 위해서는 각 정신장애의 증상들(정신병리 또는 이상심리학)과 다양한 성격의 심리적 과정(성격심리학)에 대한 지식이 있어야 하며, 이는 이 책의 범위를 넘어서니 개별적으로 보충해야 한다.

　'알코올 사용장애, 우울장애, 반사회적 성격 특성을 가지고 있는 20대 후반 성인 남성'의 사례를 바탕으로 작성 과정을 기술하였다. 다양한 검사 지표들을 통합하여 표현하는 데 초점을 맞춘 관계로, 각각의 검사 자극 해석에 대한 개별적 설명과 수검자의 개인사 정보는 생략하였다.

1. 1단계: 개별 검사 해석

　1단계는 각 검사 내에서 수검자의 심리적 특성을 잘 설명할 수 있는 자료들을 '찾아내는' 것이다. 그리고 각 검사 반응마다 가능한 해석들을 모두 써 놓는다. 수련 초기일수록 그 중요도와 해석 내용을 결정할 때 각 검사 해석 매뉴얼에 충실한 것이 좋다. 이 해석은 앞으로 얼마든지 수정될 수 있으니 한 번에 정확하게 하려 하기보다는 최대한 다양한 가능성을 고려하여 풍성하게 작성하도록 하자.

🗁 MMPI

- F=94T: 극단적 고통감과 혼란감
- F(B)=96T: 극단적 고통감 호소, 도움을 구함.
- F(P)=80T: 고통감의 과장, 거짓 증상
- K=38T: 약한 자아강도, 신경질적인 대응
- 5번을 제외한 모든 임상척도가 70T 이상으로 상승: 극심한 고통감과 혼란감 호소

🗁 HTP

- 나무 그림에서 '생각-버티기 힘들다': 고통감, 절망감

- 나무 그림에서 '앞으로-무너질 거 같아요': 무망감, 미래에 대한 부정적 사고
- 사람 그림에서 지면에 꽉 채워서 그림: 높은 대인관계 욕구, 에너지 상승
- 사람 그림에서 눈을 강조해서 그림: 타인에 대한 경계심, 주변 사람들의 평가에 민감함.
- 사람 그림에서 손을 강조해서 구체적으로 묘사함: 높은 통제 욕구, 무력감의 반동형성

🗂 Rorschach

- R=13: 스트레스 대처 자원 부족
- MOR=2: 고통감, 우울감, 신체 증상 호소
- C'=2: 울적함
- m=3: 무력감
- S=2: 분노감, 주변 환경에 대한 불만
- FC:CF+C=0:3: 정서적 충동성
- '악마', '해골': 외부 환경에 대한 적대적 지각, 스트레스 취약성
- II번 카드 '피 튀기는 것, 맞대고 싸우는 것 같아요': 분노, 공격성
- VI번 카드 '반으로 쪼개진 생선': 친밀한 대상과의 관계를 고통스럽게 인식함.
- VII번 카드 '따봉 같아요. 여기 손가락 올린 거': 자기중심적 성향, 자기 과대성

🗂 TAT

- '절망에 빠져 있는 거 같아요': 무망감, 절망감

🗂 SCT

- '나에게 이상한 일이 생겼을 때 혼자 끙끙 앓는다': 대처 능력의 부족, 수동적 대처
- '내 생각에 가끔 아버지는 술주정뱅이': 부에 대한 분노, 불안정한 가정 환경
- '우리 윗사람들은 거지 같다': 주변 사람들에 대한 적대적 태도, 권위에 대한 반항
- '나의 장래는 모르겠다': 미래에 대한 불확실감, 무기력함
- '내가 바라는 여인상은 지금 와이프': 아내에 대한 이상적 수준의 칭송, 의존성
- '내가 늘 원하기는 부자이고 싶다': 막연한 기대감
- '내가 정말 행복할 수 있으려면 없다': 무망감, 의욕 저하

- '어렸을 때 잘못했다고 느끼는 것은 태어난 게 실수': 존재감의 부재, 공허감
- '내가 보는 나의 앞날은 안 보임': 절망감, 미래에 대한 불확실감
- '대개 아버지들이란 쓰레기': 부에 대한 분노
- '내 생각에 남자들이란 쓰레기': 주변 사람들에 대한 적대적 태도
- '내가 싫어하는 사람은 전부다': 주변 사람들에 대한 적대적 태도, 광범위한 적대감
- '우리 가족이 나에 대해서는 쓰레기라고 취급한다': 가족에 대한 거부감, 자신에 대한 가족의 태도를 적대적으로 인식함.
- '내 생각에 여자들이란 다 창녀, 내 와이프 빼고': 극단적인 여성상, 이분법적인 사고
- '어머니와 나는 모자일 뿐': 모에 대한 거리감
- '나의 야망은 활활 타오른다': 막연한 극단적 기대감, 에너지 상승
- '나의 가장 큰 결점은 모르겠다': 문제의 부인
- '무엇보다도 좋지 않게 여기는 것은 모르겠다': 문제의 부인
- '나는 어머니를 좋아했지만 지금도 사랑한다': 모에 대한 호의적 태도, 의존성

2. 2단계: 비슷한 내용끼리 묶기(1차 해석 적용)

각 검사들에서 나온 자료들을 모두 살펴서 공통된 주제에 맞춰서 검사 반응들을 묶는다. 이 과정을 직접 써 가면서(엑셀로 정리하길 추천한다) 반복하면 다양한 검사 반응들을 통합하는 데 상당한 도움이 된다. 중요한 것은 각 검사 반응들이 연결된 해석에 적합한지를 이론서와 지도감독을 통해 반복적으로 점검해야 한다는 것이다. 해석의 근거에 대한 질문을 받았을 때 '그냥 그럴 것 같아서', '사람들이 그렇게 생각하니까', '경험상으로 그래 보여서', '감독자가 이전에 그렇게 말해서' 등의 대답을 한다면, 이는 본인이 아직 이해하지 못했다고 말하는 것이다. 그렇다고 책에서 봤거나 감독자가 말한 내용을 보고서에서 제외하긴 어렵겠지만, 지속적으로 이론적 근거를 스스로 이해하려는 노력이 필요하다.

1) 자료 해석의 제1원칙: 이론적 근거

2단계 자료 해석의 제1원칙은 검사 반응에 대한 해석은 관련된 이론을 통해 설명이 가능한 근거를 가져야 한다는 것이다. 예를 들어, HTP의 집 그림에서 창문이 많으면 주로 애정 욕구가 높다고 해석한다. 그러나 무조건 창문이 많다고 애정 욕구를 나타낸다고 볼 수는 없다. 창

문은 안(나)에서 밖(타인)을 보는 도구인데, 창문을 많이 그렸다는 것은 밖을 보고 싶은 욕구가 높은 것이고, 이는 의사결정에 있어서 나보다는 남의 의견이나 평가를 더 중요시한다는 것을 의미한다. 긍정적이든 부정적이든 남의 의견에 많이 신경 쓰는 사람은 주체적으로 행동하기보다는 남의 의견에 영향을 받는 경향이 강한데, 애정 욕구가 높은 사람은 칭찬을 받는 것이 중요하기 때문에 자기 의견을 주장하기보다는 주변 사람들이 하자는 대로 따르는 경향이 있고, 집 그림에서 창문을 많이 그리는 것은 이러한 현상을 잘 설명해 준다. 의심이 많은 사람도 다른 이유에서 타인의 평가에 민감하다. 다만, 이들은 적극적으로 타인의 시선을 살피기보다는 회피하는 경우가 더 많기 때문에 HTP에서도 창문을 작게 그리거나 그리지 않는 경우가 많을 뿐이다. 경우에 따라서는 의심이 많은 사람이 그린 '창문 많은 집'도 있을 수 있고, 이런 경우 무조건 애정 욕구로 해석하지 않으려면 책에 나온 해석을 외우기만 하지 말고 해석의 원리를 이해할 수 있어야 한다.

2) 자료 해석의 제2원칙: 1차 해석

2단계 자료 해석의 제2원칙은 검사 반응에 따른 해석이 일차적인 수준에서만 이루어져야 한다는 것이다. '1차 해석'은 검사 반응에 대한 가장 기본적인 해석으로서, 일반인도 이해할 수 있는 정도의 해석으로 보면 된다. 'Rorschach에서 단순한 형태반응이 많아(Lamda=1.80) 불안 수준이 높아 보인다.'라는 해석은 중간 과정이 생략된 해석이다. Rorschach에서 단순한 형태반응이 많다는 것은 주변 환경 자극을 매우 단순하게 받아들인다는 의미로 '단순한 형태반응이 많아서 사고가 경직되어 있는 것 같다.'라고 하는 것이 1차 해석이라고 볼 수 있고, 일단은 1차 해석을 한 다음에 2차 해석으로 넘어가야 한다. Rorschach에서 Lamda로 불안감까지 언급하려면, '단순한 형태반응이 많아 사고가 경직되어 있는 것으로 보이며, 이로 인해 낯선 환경에 적응해야 하거나 갑작스러운 환경 변화가 있을 때 유연한 대응을 하지 못한 채 불안감이 높아질 수 있겠다.'와 같이 1~2차 해석의 과정을 포함해서 작성해야 한다. 간단하게 예를 더 살펴보면, "SCT에서 '내가 믿고 있는 내 능력은 없다'라고 하듯이 우울하다"라고 하기보다는 "SCT에서 '내가 믿고 있는 내 능력은 없다'라고 하듯이 자존감 저하를 시사하는 반응을 보이고 있어서, 우울감을 느끼고 있는 것 같다"라고 써야 한다. 이때 '자존감 저하'는 검사 반응에 대한 '1차 해석(각 검사 반응의 기본적인 의미에 대한 해석)'이고, '우울감'은 '2차 해석(1차 해석 자료에 대한 심리학 이론에 따른 해석)'이다.

다음은 각 반응에 대한 1차 해석을 하면서 비슷한 해석에 따른 반응들을 묶은 것이다.

- 고통감과 혼란감: MMPI F=94T, 5번을 제외한 모든 임상척도가 70T 이상 상승 / Rorschach MOR=2
- 존재감 부재: SCT '어렸을 때 잘못했다고 느끼는 것은 태어난 게 실수'
- 미래에 대한 불확실감: SCT '내가 보는 나의 앞날은 안 보임', '나의 장래는 모르겠다'
- 울적함: Rorschach C'=2
- 무기력감: Rorschach m=3
- 무망감: HTP 나무그림 '생각-버티기 힘들다', '앞으로-무너질 거 같아요' / TAT '절망에 빠져 있는 거 같아요' / SCT '내가 정말 행복할 수 있으려면 없다'
- 미래에 대한 기대감: SCT '내가 늘 원하기는 부자이고 싶다', '나의 야망은 활활 타오른다' / HTP 사람 그림을 지면에 꽉 채워서 그림
- 증상 과장: MMPI F(B)= 96T, F(P)=80T
- 부에 대한 분노감: SCT '내 생각에 가끔 아버지는 술주정뱅이', '대개 아버지들이란 쓰레기'
- 모에 대한 양가감정: SCT '나는 어머니를 좋아했지만 지금도 사랑한다', '어머니와 나는 모자일 뿐'
- 원가정 내에서 수용받지 못함: SCT '우리 가족이 나에 대해서는 쓰레기라고 취급한다'
- 친밀한 관계를 고통스럽게 인식: Rorschach 친밀감과 관련된 카드 '반으로 쪼개진 생선'
- 내면의 분노감: Rorschach S=2, '피'
- 타인에 대한 적개심: HTP 사람 그림에서 눈을 강조해서 그림.
- 주변 사람들에 대한 공격성: SCT '우리 윗사람들은 거지 같다', '내 생각에 남자들이란 쓰레기', '내가 싫어하는 사람은 전부다'
- 아내에 대한 이상적 태도: SCT '내가 바라는 여인상은 지금 와이프', '내 생각에 여자들이란 다 창녀, 내 와이프 빼고'
- 높은 통제 욕구: HTP 사람 그림에서 손을 강조함.
- 자기애적인 성향: Rorschach '따봉 같아요. 여기 손가락 올린 거'
- 부정적인 모습을 부인함: SCT '나의 가장 큰 결점은 모르겠다', '무엇보다도 좋지 않게 여기는 것은 모르겠다'
- 정서적 충동적: Rorschach: FC:CF+C=0:3
- 높은 공격성: Rorschach의 분노감에 대한 태도와 관련 있는 카드에서 '피 튀기는 것, 맞대고 싸우는 것 같아요'
- 약한 자아강도: MMPI K=38T

- 스트레스 취약성: Rorschach '악마', '해골'
- 대응 능력 부족: Rorschach R=13 / SCT: '나에게 이상한 일이 생겼을 때 혼자 끙끙 앓는다'

3. 3단계: 심리 과정 그리기(2차 해석 적용)

　욕구, 생각, 감정 등의 흐름을 '논리적으로' 그려야 한다. 서로 복잡하고 미묘하게 섞여 있지만, 분명히 이러한 심리적 특성 간의 인과적 관계가 존재하며, 이러한 관계를 명확히 해야 평가 대상자의 핵심 증상과 심리적 상태를 이해 가능한 상태로 만들어 치료의 근거로 기능하게 한다. 3단계를 잘하기 위해서는 성격 심리, 그중에서도 정신분석 관련 서적들을 많이 읽어 보길 권한다. 정신분석에서 말하는 무의식과 정신결정론은 대부분 인간의 마음속에서 일어나는 마음의 논리적 흐름을 말하는 것이다. 부에 대한 무의식적 분노는 근거 없이 발생하지 않는다. 부록에 참고할 수 있는 서적들을 모아 놓았다.

　다음은 2단계의 반응들을 토대로 심리적 과정을 그린 것이고, 심리학 이론에 따른 2차 해석이 적용되는 부분이다.

※ 기호 설명: 인과관계 → / 나열 + / 반전 but / 포함관계 {( )}

- (존재감의 부재, 미래에 대한 불확실감, 울적함, 무기력함, 무망감) → 심한 우울감
- {(고통감과 혼란감 호소 + 심한 우울감) but 미래에 대한 기대감} → 고통감의 과장이 예상됨.
- (부에 대한 분노감 + 모에 대한 양가적 태도) → 원가정에서 수용받지 못함 → 친밀한 관계를 고통스럽게 인식 → 분노감과 적개심 상승 → 주변 사람들에 대한 공격적 태도
- (주변 사람들에 대한 공격적 태도 + 아내에 대한 이상적 수준의 호의) → 불안정한 대인관계
- {경계선 수준의 낮은 지능 but (높은 통제 욕구, 자기애적 성향, 부정적 모습 부인)} → (냉소적 태도 + 외부 귀인)
- (분노감 + 충동적 성향) → 공격 행동
- {공격 행동 but (약한 자아강도, 스트레스 취약성, 대응 능력 부족)} → 수동적 회피적 대응

4. 4단계: 핵심문제 설명하기

앞과 같이 자료들을 정리하고 나서 마지막으로 점검할 것이 있다. 보고서는 문제의 나열로 끝나서는 안 된다. 최대한 수검자의 핵심적인 특성 또는 주 치료자가 궁금해하는 내용을 설명할 수 있어야 한다. 이러한 설명은 대부분 앞과 같이 심리적 과정을 그리는 과정에서 자연스럽게 해결되지만, 핵심 문제를 설명하겠다는 의지가 부족하면 글이 산만해지기 쉽다. 따라서 설명해야 하는 핵심적인 문제를 2~3개 정도 정하고 그것을 설명하기 위한 의식적 노력을 기울여야 한다.

수검자의 핵심적인 특성은 다음과 같이 정리할 수 있다.

- 1문단(고통감): 극심한 우울감을 호소하고 있으나, 다소 과장된 면이 있음.
- 2문단(성격과 대인관계): 내면의 분노감은 원가정 내에서 수용받지 못한 경험과 관련이 있어 보이며, 대인관계가 매우 불안정한 상태임.
- 3문단(병리적 대처): 통제 욕구는 높지만 적절한 대응을 못하고 있는 상황에서 주변 환경을 적대시하면서 수동적이고 회피적인 대응을 하고 있음.

5. 5단계: 문단 구성

5단계에서 제안하고 있는 문단 구성 방법은 보고서의 독자(주 치료자, 수검자, 보호자)가 수검자의 심리 상태를 파악하고 치료 계획을 세우는 데 도움이 되도록 저자의 경험을 바탕으로 구성한 것이다. 모든 경우에 적용할 수는 없겠으나, 성격과 정서 영역에 넣어야 하는 수많은 자료를 정리할 수 있는 하나의 모델을 제시하는 것이다.

문단 구성은 경우에 따라서 그 순서를 바꿀 수도 있고, 아예 제시된 방식과는 다른 내용으로 구성할 수도 있다. 그리고 한두 문단만으로도 충분한 경우가 있는데, 이는 어릴수록(미취학, 초등학교 저학년), 기능이 낮을수록(조현병, 양극성장애 1형, 지적장애) 그렇다. 이미 이전의 다른 교육 경험을 통해서 개인적으로 사용하고 있거나 소속된 기관에서 사용하고 있는 틀이 있다면, 물론 그대로 사용해도 좋다.

1) 1문단: 고통감의 정도와 종류

　수검자들이 병원이나 상담센터를 찾아오는 이유는 그 구체적인 원인이 무엇이든 간에 고통스럽기 때문이다. 따라서 우선적으로 현재 고통감의 정도를 표현한다. 대개는 MMPI에서 2, 7, 0번 척도가 상승하거나, SCT에서 '무엇보다도 잊고 싶은 것은 지금 현재의 괴로움이다' 등과 같이 자신의 전반적인 고통감을 나타내는 검사 지표들이 있어서, 이러한 자료들을 첨부하여 정리하면 된다.

　그다음은 고통감의 종류이다. 우울, 분노, 불안, 편집적 사고 등 수검자가 호소하는 고통의 종류가 무엇인지 기술한다. 우울증 환자의 무기력감, 에너지 저하, 자존감 저하, 내면의 분노 등과 같은 증상들이 검사 자료들에서 명확하게 나타나면 좋지만, 주관적으로는 증상을 호소하면서도 검사 자료들에서는 근거 자료들이 부족할 때가 있다. 이는 증상 양상 자체가 복잡하거나, 고통감을 과장하고 있거나, 고통감의 강도가 약하거나, 방어가 심한 경우 중 하나일 가능성이 높고, 이 표현들 그대로 보고서에 쓰면 된다.

사례 5-1

　수검자는 상당한 불안감을 느끼고 있는 것으로 보이지만 한편으로는 이를 부인하고 있는데, 이는 고통감을 개선하고 싶은 욕구와 완벽한 자아상을 유지하고 싶은 마음 사이에서 갈등하고 있는 수검자의 혼란스러운 상태를 반영하고 있는 것 같다.

　마지막은 자연스럽게 고통감의 진정성(증상의 신뢰성)에 대한 판단으로 연결된다. 수검자가 표면적으로 호소하는 고통감의 정도와 검사에 나타나는 고통감의 정도가 비슷하다고 판단된다면 별다른 언급을 하지 않아도 되지만, 실제보다 과장되거나 축소해서 호소하고 있다고 보인다면 다양한 자료 간의 차이(임상 양상과 검사 반응들, 지능검사와 성격검사, 개별 검사들 간의 차이 등)를 근거로 이에 대한 판단을 기술해야 한다.

사례 5-2

　겉으로는 별다른 불편감을 호소하지 않고 있지만, 검사 자료들을 볼 때 상당한 고통감을 느끼고 있는 것으로 보인다.

사례 5-3

검사상 상당한 고통감을 호소하고 있지만 검사 지표들 간의 차이를 고려할 때 실제보다는 과장되어 있을 가능성이 있겠다.

2) 2문단: 성격과 대인관계

고통감에는 분명히 그럴 만한 이유가 있다. 그런데 명백한 외상 사건과 관련된 외상후 스트레스장애조차도 외상을 경험한 사람들 중 극히 일부만 장애 기준에 해당된다는 사실에서 알 수 있듯이, 정신장애는 취약성을 가진 사람들에게 나타나는 것이다. 성격은 오랜 기간 각 개인마다 주어진 환경에 대처하는 데 사용한 특정 행동이 굳어져서 형성된다. 수동적이지만 신중한 대처에 익숙한 사람은 주변 사람들에게 내향적이라는 평가를 듣게 되고, 충분한 시간이 주어지는 일에서는 높은 성취를 보일 수 있지만, 즉각적이고 감정적 대응이 필요한 상황에서는 스트레스가 쌓일 수 있다.

이 '내향적인' 사람은 8년 동안 삼촌이 운영하는 건설회사에서 안정적으로 일하며 별다른 스트레스가 없이 지냈으나, 최근 삼촌과의 불화로 회사를 옮긴 이후에 적극성을 요구하는 회사 분위기에서는 상당한 고통감을 느끼며 우울감에 빠질 수 있다. 그런데 외향적인 사람이라면 오히려 회사를 옮긴 후에 더 적응적인 생활을 할 수도 있다. 오랫동안 특정 대처 행동을 지속함으로써 이로 인한 문제점들이 쌓여서 취약성이 커진 상태에서, 고통감의 역치 수준을 넘길 만한 생활 사건이 있을 때 소위 정신장애의 기준에 맞는 증상이 발현된다. 그리고 이 '내향적인' 사람의 내향성은 대개 어린 시절부터 지속된 부모와의 관계나 아동·청소년기의 또래 관계를 통해 형성된다.

부모와의 관계는 특히 나이가 어릴수록 자녀에게 미치는 영향이 커진다. 그런데 실제 있었던 객관적인 사실보다는 자녀가 인식하는 부모상이 중요하다. 그래서 '강압적인 부모 밑에서 성장한 아동'보다는 '부모를 강압적으로 인식하고 있는 아동'이라는 표현이 더 객관적이고 실질적이다. 자녀와 부모의 진술이 다른 경우, 정말 강압적이었는지를 확인하기 어렵고, 부모가 강압적이라고 해도 자녀가 이를 해석하는 방식에 따라 자녀의 대응은 달라질 수 있다. 과거의 사실 여부에 상관없이 명확하게 말할 수 있는 것은 아동이 '현재 그렇게 인식하고 있다는 것'이다. 아동이 말하는 폭력('야구방망이로 때렸다')이 있지는 않았어도 아동이 폭력으로 느낄 만한 행동(부가 농담으로 '언제 한번 다리몽둥이를 분질러 버리겠다'라고 자주 말함)을 부모가 했을 가능성은 높고, 이러한 행동은 아동의 성격과 고통감에 영향을 준다.

오랜 기간 지속된 부모와의 관계 방식은 집 밖에서의 대인관계에서도 지속된다. 가정 내에서 위축된 사람이 밖에서도 위축된 모습을 보이는 일방향적인 경우가 더 일반적이긴 하지만, 가족들을 대하는 모습과 외부 사람들(친구, 직장 동료, 애인, 배우자)을 대하는 모습이 다른 경우도 있다. 그러나 다르게 대한다고 하더라도 그 근본은 부모와의 관계에서 출발한다. 자신의 어머니에게는 착한 막내아들인 사업가가 아내의 외도를 의심하여 폭력까지 휘두를 수 있다. 이 경우 아내에 대한 폭력의 기저에는 착한 모습을 유지하기 위해 쌓인 어머니에 대한 수동공격적 태도와 분노감이 영향을 주었을 가능성이 매우 높다.

3) 3문단: 병리적 대처(방어기제)와 이에 대한 치료적 대응

어떤 성격이 형성되면 사람들로 하여금 특정한 대처 방법에 안주하게 하는데, 이를 성격심리학적 용어로는 방어기제라고 부르고, 정신장애 진단 기준에 맞는 상태일 때는 병리적 대처 방법이라고 한다. 성격'장애' 수준까지는 아니더라도 어느 정도의 성격적 경향은 누구나 가지고 있는 것으로, DSM-5에 포함된 10개 성격장애의 경향뿐 아니라 '수동공격 성향'과 같은 특정 성격 유형이 확인되면 해당 유형에 맞는 방어기제와 병리적 대처 방식을 밝히고 이에 대한 치료적 개입에 대해서도 언급한다. '스트레스 상황에서 고통감을 부인하는 데 익숙한 것 같다', '감정을 억압하고, 이러한 대응이 반복되면서 신체 증상이 심해지는 것 같다' 등 방어기제를 기술할 수 있고, '수검자는 주변 환경을 충분히 고려하지 않은 채 애매하게 행동하면서 이로 인한 책임은 부인하는 방식으로 행동해 온 것으로 보인다. 따라서 행동의 영향과 책임에 대해 알려 주는 등 심리 교육과 일관된 대응이 필요해 보인다.'와 같이 병리적 대처 방식과 치료적 개입을 함께 기술할 수도 있다.

6. 성격과 정서 작성의 예

사례 5-4

남자 / 29세 / 고졸 / Alcohol Use Disorder, Unspecified Depressive Disorder, Antisocial Personality Trait

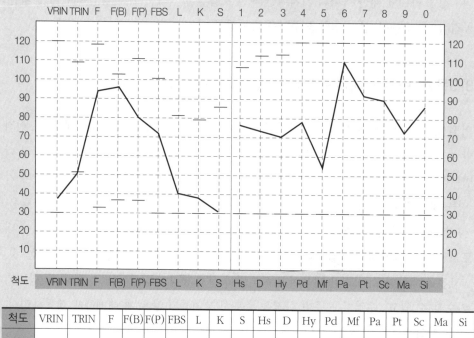

척도	VRIN	TRIN	F	F(B)	F(P)	FBS	L	K	S	Hs	D	Hy	Pd	Mf	Pa	Pt	Sc	Ma	Si
T점수	37	51	94	96	80	72	40	38	30	76	73	70	78	53	110	91	89	72	86

　　수검자는 MMPI에서 F척도가 94T로 매우 높고, 모든 임상척도가 70T 이상으로 상승하고 있어서, 상당한 고통감과 혼란감을 호소하고 있는 것으로 보인다(Rorschach: MOR=2). 게다가 존재감 부재(SCT: '어렸을 때 잘못했다고 느끼는 것은 태어난 게 실수'), 미래에 대한 불확실감(SCT: '내가 보는 나의 앞날은 안 보임', '나의 장래는 모르겠다'), 울적함(Rorschach: C'=2), 무기력감(Rorschach: m=3), 무망감(HTP: 나무 그림 '생각-버티기 힘들다', '앞으로-무너질 거 같아요' / TAT: '절망에 빠져 있는 거 같아요' / SCT: '내가 정말 행복할 수 있으려면 없다') 등을 시사하는 반응들이 나타나고 있어서 심한 우울감을 느끼고 있는 것 같다. 그러나 한편으로는 SCT에서 '내가 늘 원하기는 부자이고 싶다', '나의 야망은 활활 타오른다'라고 하듯이 기대감을 있는 그대로 표현하고 있는 것을 보면(HTP: 사람 그림을 지면에 꽉 채워서 그림), 수검자가 현재 호소하고 있는 심리적 불편감은 현재 처한 상황과 관련하여 과장된 면이 있는 것으로 여겨진다(MMPI: F(B)=96T, F(P)=80T).

　　수검자는 SCT에서 '내 생각에 가끔 아버지는 술주정뱅이', '대개 아버지들이란 쓰레기'라고 부에 대해서 분노감을 표현하고 있었고, 모에 대해서도 긍정적인 언급과 부정적인 언급을 동시에 하고 있는 것을 볼 때(SCT: '나는 어머니를 좋아했지만 지금도 사랑한다', '어머니와 나는 모자일 뿐'), 원가정 내에서 만족스럽게 수용받지 못한 채 성장한 것으로 생각된다(SCT: '우리 가족이 나에 대해서는 쓰레기라고 취급한다'). 이러한 수검자는 친밀한 관계를 오히려 고통스럽게 인식하고 있는 것으로 보이는바(Rorschach: 친밀감과 관련된 카드 '반으로 쪼개진 생선'), 내면의 분노감(Rorschach: S=2, '피')과 타인에 대한 적개심(HTP: 사람 그림에서 눈을 강조해서 그림)이 높아진 것으로 여겨지며, 주변 사람들을 쉽게 비난해 온 것 같다(SCT: '우리 윗사람들은 거지 같다', '내 생각에 남자들이란 쓰레기', '내가 싫어하는 사람은 전부다'). 그러면서도 아내에 대해서는 이상적인 표현을 사용하고 있었는데(SCT: '내가 바라는 여인상은 지금 와이프', '내 생각에 여자들이란 다 창녀, 내 와이프 빼고'), 이렇듯 이분법적이고 극단적인 대인관계 태도가 주변 사람들과의 관계를 더욱 불안정하게 만들었을 것으로 여겨진다.

수검자는 지능검사에서 나타나듯이 전반적인 기능 수준이 낮지만(경도 정신지체 수준의 지적 능력) 통제 욕구가 높고(HTP: 사람 그림에서 손을 강조함), 자기애적인 성향도 강하며(Rorschach: '따봉 같아요. 여기 손가락 올린 거'), 부정적인 모습은 부인하고 있어서(SCT: '나의 가장 큰 결점은 모르겠다', '무엇보다도 좋지 않게 여기는 것은 모르겠다'), 실제 자신의 낮은 기능 수준이 드러날 경우 냉소적인 태도를 보이면서 주변 환경을 탓하기 쉬운 것 같다(지능검사: 냉소적 언어반응). 또한 충동적인 성향이 두드러지는(Rorschach: FC:CF+C=0:3) 수검자는 Rorschach에서 '피 튀기는 것, 맞대고 싸우는 것 같아요'라고 하듯이 공격적인 반응을 보이고 있어서 분노감도 높아 보이는바, 주변 사람들의 사소한 지적에도 쉽게 공격성을 표출할 수 있겠다. 하지만 자아 강도가 약하고(MMPI: K=38T) 스트레스에 취약하며(Rorschach: '악마', '해골'), 대응 능력도 부족해서(Rorschach: R=13 / SCT: '나에게 이상한 일이 생겼을 때 혼자 끙끙 앓는다'), 직접 문제를 해결해야 하는 상황에서 해결 방안은 모색하지 못한 채, 음주와 같은 수동적인 방법으로 문제 상황을 회피해 왔을 것으로 예상된다.

사례 5-5

남자 / 55세 / 대졸 / Unspecified Depressive Disorder, Narcissistic Personality Disorder

수검자는 HTP에서 '나하고 똑같은 나무들이 주변에서 자라났으면'이라고 하듯이 자기애적인 성향이 강하고, 자아상이 과대하며(Rorschach: '용' / HTP: 나무 그림 '나이가 오래돼서 밑에 새로운 나무가 나고'), TAT에서 '르네상스', '공룡시대', '노아의 홍수' 등의 단어를 사용하듯이 과시적인 경향도 커서(HTP: 모든 그림을 4~6분 동안 매우 자세하게 그림), 자기중심적인 성향이 매우 두드러질 것으로 생각된다(MMPI: Pd=75T). 그러나 MMPI에서 3번 척도가 74T로 높게 나타나고 있어서, 일상적인 상황에서는 친사회적인 행동을 보임으로써 상기의 자기본위적인 성향을 드러내지 않을 수 있겠다(Rorschach: '용이 막 올라가는 거를 못 가게 고릴라가 잡고 있는'). 다만, MMPI에서 L척도가 67T로 높고, Rorschach에서 '아기 코끼리', '장난감 인형' 등과 같이 연령에 비해 퇴행적인 반응들을 하고 있어서, 자기중심적인 모습과 친사회적인 모습 두 가지 모두 주변 사람들에게 순진하게 드러날 가능성이 높아 보이는바, 관계가 지속될수록 주변 사람들로부터 부정적인 피드백을 받을 가능성이 높아 보인다. 수검자는 HTP 집 그림에서 주변에 나무의 징검돌 같은 첨가물을 그리는 등 애정 욕구가 높고(Rorschach: '가죽'), HTP 나무 그림에서는 '거름이 필요하다'라고 하는 등 주변 사람들로부터 관심받고자 하는 욕구도 커 보인다(SCT: '내 생각에 참다운 친구는 혼자서 오래 있을 때 찾아 주는 친구다'). 게다가 HTP 여자 그림에서 여성의 신체 곡선을 두드러지게 그렸고, SCT에서 '내 생각에 여자들이란 다소곳하고 착하면 얼굴도 예뻐진다고 느낀다', '내

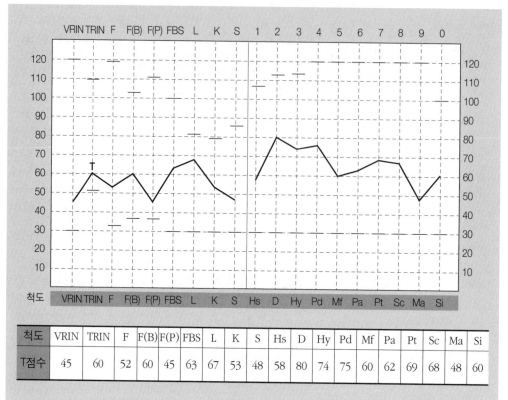

척도	VRIN	TRIN	F	F(B)	F(P)	FBS	L	K	S	Hs	D	Hy	Pd	Mf	Pa	Pt	Sc	Ma	Si
T점수	45	60	52	60	45	63	67	53	48	58	80	74	75	60	62	69	68	48	60

가 바라는 여인상은 착하고 가냘픈'이라고 하듯이 수동적인 성적 대상으로서의 여성성에 대해서 자주 언급하고, Rorschach에서 '뾰족구두 같은 상징이고 젖가슴 나온 거 같고'라고 하는 등 성적 욕구를 나타내는 단어들도 거리낌 없이 사용하고 있어서(TAT: '나체'), 원초적인 욕구 통제에 어려움이 커 보인다. Rorschach에서 대인관계와 관련된 카드에서까지 '아가씨'라는 반응을 하는 것을 보면, 자신의 나이와는 상당한 차이가 나는 젊은 여성의 신체적인 매력과 순종성에 여전히 몰입해 있는 것으로 여겨지며, 오히려 동년배인 남성들과는 신뢰할 수 있는 관계를 지속하는 데 어려움이 있었을 것으로 보이는바(HTP: 사람 그림에서 주머니에 손을 넣고 비스듬하게 서 있는 모습 / SCT: '내 생각에 남자들이란 이기적이고 자기만 생각한다'), 만족스러운 대인관계 경험은 매우 한정적일 것으로 생각된다.

수검자는 직업적으로나 대인관계 상황에서 성취와 실패 경험이 반복된 것으로 보이며, 이 과정에서 부정적 사고가 증가하고(SCT: '내가 보는 나의 앞날은 즐겁게 될 리는 없다', '윗사람이 오는 것을 보면 나는 초라해진다' / MMPI: '낮은 긍정정서'=75T, '내적 소외'=72T / HTP: 전반적으로 반복되는 선이 많음), 불만족감도 커진 것 같다(SCT: '나의 장래는 절대 지향적일 수 없다고 본다'). 게다가 최근 실직을 하게 되면서 자신감이 저하되고(MMPI: '낮은자존감' 소척도=78T/ SCT '내가 믿고 있는 내 능력은 무기력해지고 있으며 암담해질 뿐이다'), 의존적인 모습을 보이고 있으며(HTP: 나무 그림에서 나무를 좌측으로 치우쳐 그리거나, 주변에 풀, 언덕 등 지지물을 그림), 우울감이 상승하면서(MMPI: D=79T), 자살사고까지 나타내고 있는 것 같다(MMPI: '자살사고' 소척도=83T). 이러한 수검자는 다양한 신체 증상을 호소할 가능성도 높아 보인다(SCT: '어리석게도 내가 두려워하는 것은 여러 가지 암과 바이러스 병균이다'/ MMPI: 3번=74T).

사례 5-6

남자 / 7세 / 초1 / Developmental Coordination Disorder, Intellectual Disability, Mild

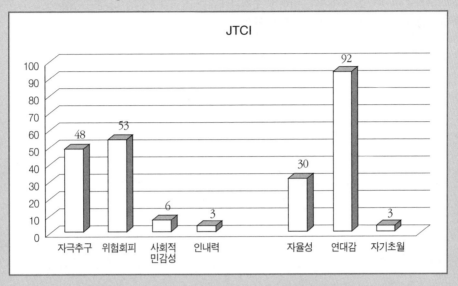

  수검자는 Rorschach에서 인간운동반응이 많았고, SCT에서 '나는 친구가 좋아', '선생님들은 좋아, 친절하시니까'라고 하는 등 주변 사람들을 긍정적으로 표현하고 있어서, 관계 형성에 대한 욕구가 강한 것 같다(JTCI: '연대감'=92%). 그러나 의사소통 능력이 부족하고(지적장애 수준의 지능), 타인의 감정에 둔감해서(JTCI: '사회적 민감성'=6%), 친밀한 관계를 형성하기 힘들었을 것으로 여겨진다. 이러한 수검자는 또래들의 비난을 접하게 되면서 내면의 반감이 커져 온 것 같다(Rorschach: 대인관계에 대한 태도를 나타내는 카드에서 '피 나는 거' / SCT: '내가 싫어하는 사람은 김○○', '나를 가장 슬프게 하는 것은 김○○', '내가 만약 동물로 변할 수 있다면 사자가 되고 싶다. 왜냐하면 무섭게 하니까').

  수검자는 TAT에서 '뽀뽀하는 거'라고 하듯이 애정 욕구가 높아 보인다. 그리고 SCT에서 '내가 만약 외딴곳에 혼자 살게 된다면, 엄마, 아빠, 누나, 나와 제일 같이 가고 싶다'라고 하듯이 가족에 대해서 긍정적으로 표현하였다. 그러나 SCT에서 '나를 가장 화나게 하는 것은 아빠가 야 일로와 하고 팔을 잡은 거'라고 하였고, KFD에서는 모의 단점만 언급하고 있었으며('하지 말라고 말한다'), SCT에서 '우리 엄마는 아줌마', '우리 아빠는 아저씨' 등과 같이 부모를 중립적인 단어로 표현하는 등 상당한 거리감을 느끼고 있는 것으로 보이는바, 부모에 대한 불만이 클 것으로 생각된다(Rorschach: 친밀감에 대한 태도를 나타내는 카드에서 반응하지 않음). 수검자는 HTP, KFD 등에서 그림을 크게 그리고 있듯이 검사 전반에 걸쳐 상당히 의욕적인 모습을 보였다. 그러나 연령 수준에 비해 전반적인 기능 수준이 낮아서, 일상적인 상황에서조차 부정적인 평가를 많이 받아 왔을 것으로 생각된다(SCT: '나의 나쁜 점은 하지 말라고 하는데 계속함'). 그러면서도 SCT에서 '나는 공부를 잘해', TAT에서 '책 읽는', '책 정리하는 거' 등 학습과 관련된 언급을 많이 하고 있는데, 이는 오히려 공부에 대한 부담감을 시사하는 것 같다. 그리고 SCT에서 '나의 좋은 점은 멋져'라고 하듯이 자신감을 드러내고 있지만, 충분히 한 과제에 집중하지 못하고(JTCI: '인내력'=3%) 스트레스에도 취약해서(JTCI: '자기초월'=3%) 일상에서 접하는 기본적인 생활 과제들조차 만족스럽게 수행하기 어려웠을 것으로 생각된다. 이러한 수검자에게는 성취감을 자주 느낄 수 있도록 지능 수준을 고려한 학습 환경을 조성해 줄 필요가 있겠다.

Chapter

06 요약과 제언 작성

1. 지능과 성격의 통합

지능 점수를 요약해서 제시한 다음, '지능과 인지기능', '성격과 정서'를 순서대로 요약 정리 하는 것이 가장 기본적인 방법이다. 이 두 영역을 통합해서 한 문장으로 써야 하는 경우는 많 지 않지만, 때에 따라서는 양쪽을 모두 고려해서 내용을 작성할 수도 있어야 한다. '지능과 인 지기능', '성격과 정서' 각 영역은 본문에서 언급된 모든 내용을 다 넣기보다는 꼭 필요한 내용 을 간단하게 확인할 수 있게 하는 것을 목표로 해야 한다.

대부분의 상황에서 주 치료자는 보고서의 가장 마지막에 있는 진단을 가장 먼저 보게 된 다. 그리고는 진단에 이르게 한 핵심적인 문제를 파악하기 위해 요약 부분을 보고, 요약된 내 용의 더 자세한 근거를 확인하기 위해 본문을 본다. 이러한 독자의 읽기 성향을 고려하면 요 약을 어떻게 작성해야 할지 감을 잡기가 더 편하다.

요약의 내용이 너무 많으면 보고서를 두 번 쓰는 것과 비슷한 양이 되어 버려 비효율적 인 작업이 된다. 10줄 정도로 작성한다는 기준을 가지고 있으면 적당한 수준에서 정리할 수 있다.

2. 진단과 제언 작성하기

진단이 내려져야 한다면, 되도록 DSM-5 진단명을 바탕으로 작성한다. 이러한 기준 없이 의사들이 차트에 주로 사용하는 ICD-10의 용어나 과거 관습적으로 사용되었던 진단명을 쓰기 시작하면 대상자를 객관적으로 평가하기보다는 인상에만 근거해서 보게 된다. DSM-5만 가지고 모든 장애의 특성을 파악하고 설명할 수 있는 것은 아니다. 그러나 공식적인 진단 기준으로서 가장 많은 전문가가 사용하고 있고, 명확한 진단 준거를 제시하고 있어서 평가 결과에 대한 의사소통을 상당히 효율적으로 만들어 준다.

DSM-5에서 다축진단의 개념이 없어지긴 하였으나, 진단을 내릴 때에는 우선 DSM-IV의 축 I(주요 정신장애), 축 II(정신지체, 성격장애), 축 III(신체적 질병, 의학적 문제), 축 IV(심리사회적 스트레스)의 기준에 맞는 진단을 모두 고려해 보는 것이 좋다. 그리고 진단을 내릴 때는 최대한 'Unspecified(상세불명의)'가 붙은 진단은 피해야 한다(단, Unspecified Depressive Disorder와 Unspecified Anxiety Disorder는 예외). 별 고민 없이 'Unspecified'를 붙이기 시작하면 환자를 더 구체적으로 파악하는 능력은 계속해서 떨어지게 되어 있다. 한편, 진단을 붙이기 애매한 경우도 많은데, 이런 경우에는 수검자의 주된 심리적 특성과 문제 행동을 가장 잘 설명하는 핵심적인 내용을 명확하게 기술하는 것이 좋다('임상적 진단은 시사되지 않으나, 수동 공격적 성향이 매우 강해 보이는바, 이에 대한 치료적 조치가 필요해 보임', '임상적 수준에 미치지는 못하지만, 부모-자녀 관계가 매우 소원해 보이는바, 이를 개선하기 위한 노력이 필요해 보임').

수련생에게 제언을 쓰도록 하는 것은 다소 무리한 요구일 수도 있겠다. 그러나 지금의 상태를 평가하는 걸 뛰어넘어서 수검자가 앞으로 어떻게 살아가야 할 것인가에 대한 고민을 바탕으로 작성된 보고서와 현재 당면한 문제만을 기술한 보고서는 그 가치가 다르다. 또 제언을 생각하지 않는 평가자는 다소 무책임한 보고서를 쓰게 될 수도 있다. 다만 제언을 문장으로 쓰려다 보면 또 한 번 보고서를 써야 하는 지경에 이르게 되니, 제언은 필요한 치료적 조치를 최대한 간단하게 표현하는 것이 좋다('약물치료', '부정적 사고 줄이기', '사회기술훈련 참여하기', '지지적인 가정 환경').

3. 요약과 제언 작성의 예

[사례 6-1]

남자 / 12세 / 초6 / Unspecified Anxiety Disorder

요약

전체지능	80	평균 하	일반능력	92	평균
언어이해	78	경계선	지각추론	107	평균
작업기억	86	평균 하	처리속도	68	경도 정신지체

수검자의 지능수준은 평균 하 수준으로 나타남. 직관적 판단력이 매우 높은 반면, 추가적인 노력이 필요하거나 스트레스가 조금만 상승해도 높은 능력을 발휘하기 어려울 정도로 기능 수준이 떨어질 수 있으며, 언어적 능력이 매우 부족해서 의사소통 시 어려움을 겪을 수 있겠음. 가정에서의 소통이 일방적으로 이루어지면서 가정 내에서 부모-자녀 관계가 지지적으로 형성되지 못한 것으로 보이는바, 사회적인 기술을 제대로 습득하지 못해 원만한 또래 관계를 형성하지 못한 것으로 생각됨. 지적 잠재력이 높은 수검자는 자신에 대한 기대가 높고 자존심도 강해서 일상적인 문제 상황들에 대해서는 적극적인 대응을 할 것으로 여겨짐. 그러나 인지적 및 정서적 자원이 부족하고, 구체적인 사고 경향은 강해 보이는바, 성취 경험이 적은 상태에서 외부의 높은 기대에 대한 부담감이 커서 불안 수준이 높아진 것으로 보이며, 우울감도 느끼는 것으로 예상됨.

임상적 진단
심리평가 결과, 수검자는 다음과 같은 진단이 시사됨.
- Unspecified Anxiety Disorder
- Parent-Child Relational Problem

제언
1. 성취에 대한 부담 줄이기
2. 자유시간 늘리기
3. 지지적인 가정 환경 제공하기
4. 사회기술훈련

사례 6-2

여자 / 17세 / 고2 / Obsessive-Compulsive Disorder

요약

전체지능	77	경계선	일반능력	75	경계선
언어이해	92	평균	지각추론	65	경도 정신지체
작업기억	78	경계선	처리속도	98	평균

　수검자의 지능 수준은 경계선 수준으로 나타남. 간단한 시지각적 판단이 필요한 상황에서는 높은 능력을 발휘할 것으로 생각되나 과제가 조금만 어려워져도 기능이 급격하게 떨어질 수 있음. 또한 사고가 단순하고 피상적이어서, 언어적으로도 복잡한 대응은 어려울 것으로 생각됨. 수검자는 불안, 우울, 침투사고로 인한 고통감 등을 호소하고 있고, 이러한 증상들이 오랜 기간 지속되었을 가능성이 있음. 도덕적인 사고 경향이 강하지만 상당히 피상적인데, 이는 부모의 양육태도와 관련이 있어 보임. 높은 도덕적 기준에 비해 사회적 및 학업적 기능 수준이 높지 않아서 순응적인 태도가 주된 대응 방식이었던 것으로 여겨짐. 이 과정에서 고통감이 컸을 것으로 예상되나, 이를 억압하고 자책하는 성향이 강함. 더 나아가 주체적 의사결정을 하지 못하는 상황에서 진로가 결정되면서 강렬한 불안감과 동시에 내면에 억압해 두었던 분노감을 경험하고 있는 것으로 여겨지지만, 여전히 도덕적인 가치 기준이 높아서 내면의 부정적인 정서가 강박사고로 나타나고 있는 것으로 보임.

임상적 진단

심리평가 결과, 수검자는 다음과 같은 진단이 시사됨.
- Obsessive-Compulsive Disorder
- Borderline Intellectual Functioning

제언
1. 내면의 분노감 다루기
2. 강박사고 줄이기
3. 자기표현 늘리기
4. 가정에서의 감정적 소통 증가

사례 6-3

남자 / 13세 / 중2 / 학교 성적 부진

요약

전체지능	95	평균	일반능력	101	평균
언어이해	102	평균	지각추론	100	평균
작업기억	76	경계선	처리속도	106	평균

수검자의 지능 수준은 평균 수준으로 나타남. 간단하고 단순한 자극을 다루는 상황에서 높은 기능 수준을 발휘할 것으로 생각되며, 도구를 다루는 능력도 다소 높아 보임. 그러나 판단에 대한 압력이 있는 상황에서 스트레스를 겪을 것으로 생각되고, 낯선 상황에서 지나치게 개인적인 의미를 부여하여 자의적으로 행동할 수 있음. 애정 욕구가 높아서 주변 사람들에게 친사회적인 행동을 보이겠으나, 그 정도가 지나칠 수 있고, 정작 자신은 필요한 도움을 얻기 어려워 보임. 한편, 모와 일방적인 관계를 지속해 온 것으로 여겨지는바, 분노감이 쌓여 왔을 수 있으며, 자신의 불만을 부적절한 행동으로 표출할 가능성이 있음. 자존심이 강하고 성취 욕구도 높지만 기대만큼 성취하기 어려웠던 것으로 보이는바, 좌절 상황에서 미숙하거나 수동공격적인 행동을 나타낼 수 있음.

임상적 진단
심리평가 결과, 수검자는 두드러진 진단은 시사되지 않았음. 다만, 좌절 상황에서 미숙하거나 수동공격적인 행동을 나타낼 수 있어 주의가 필요함.

제언
1. 내면의 분노감 해소하기
2. 가정 내 의사소통 수준 높이기
3. 성취 경험 늘리기
4. 사회기술훈련

사례 6-4

여자 / 49세 / 초졸 / Bipolar I Disorder

요약

전체지능	76	경계선	일반능력	71	경계선
언어이해	76	경계선	지각추론	88	평균 하
작업기억	87	평균 하	처리속도	81	평균 하

K-WAIS-IV로 측정한 수검자의 지능 수준은 경계선 수준이었으나, 인지기능의 양적 저하가 시사되는바, 병전 기능은 비교적 양호했을 것으로 보임. 기본적인 문제해결력은 적절히 유지되고 있고, 일상적인 수준의 언어적 지식들도 적절한 수준으로 나타났으나, 주의력이 낮고, 정신운동 속도도 상당히 지체되어 있음. 수검자는 에너지 수준이 매우 높고, 긍정적 정서 표현이 많으며, 과장된 자아상을 드러내고 있음. 게다가 자신의 도덕성을 상당히 강조하고, 이상적인(ideal) 수준의 주제에 몰입해 있는 것으로 생각됨. 그러나 한편으로는 우울감을 시사하는 반응들도 나타나고 있어서, 고양된 정서상태를 시사하는 대부분의 반응이 내면의 우울감을 회피하기 위한 반동형성의 결과로도 여겨지는바, 내면의 고통감에 대해서도 깊이 있는 개입이 필요해 보임.

임상적 진단

심리평가 결과, 수검자는 다음과 같은 진단이 시사됨.
- Bipolar Ⅰ Disorder, Most recent episode manic

제언

1. 약물치료 및 입원치료

사례 6-5

남자 / 46세 / 고졸 / Alcohol Use Disorder

요약

전체지능	80	평균 하	일반능력	85	평균 하
언어이해	83	평균 하	지각추론	88	평균 하
작업기억	87	평균 하	처리속도	86	평균 하

수검자의 지능 수준은 평균 하 수준으로 나타남. 주변 환경 변화를 인식하거나 구조화된 상황에서 대처가 필요할 때 양호한 능력을 발휘할 수 있음. 언어적으로도 간단하고 짧은 의사소통은 무난하게 하겠으나, 사고가 피상적이어서 논리적이고 깊이 있는 대화는 어려울 수 있음. 자아상이 불안정하고, 미숙한 성향이 매우 강하게 나타나고 있는 것을 고려할 때, 겉으로 드러나는 자신감 있는 모습은 오히려 성취하지 못한 좌절감과 인정받지 못한 분노감을 미숙한 방식으로 과장하는 과정에서 나타난 행동 경향으로 여겨짐. 우울감을 시사하는 반응들이 나타났는데, 이는 대처 능력이 부족하고, 스트레스에도 취약한 수검자가 자신의 문제 행동을 인정하기보다는 고통감을 강조하면서 외부 환경을 탓하는 과정에서 나타난 증상으로 보임. 또한 문제 상황에서 술에만 의지하고, 만취상태에서 불만을 반복적으로 표출하고 있어서, 적극적인 치료적 개입이 필요함.

임상적 진단

심리평가 결과, 수검자는 다음과 같은 진단이 시사됨.
자존심은 강하지만 사고가 단순하고 미숙해서, 이성적인 대처를 하지 못한 채 음주 행동이 반복되고 있는 것으로 보임.
- Alcohol Use Disorder, Moderate
- Unspecified Personality Disorder

Chapter 07 보고서 사례

1. 남학생에게 괴롭힘을 당하는 여자 초등학생 (여자 / 7세 / 초2)

📁 의뢰 사유

수검자는 '남학생들에게 괴롭힘을 당했다', '평소에 감정을 표현하지 않는다' 등을 주소로 상담센터를 방문하였고, 전반적인 심리상태를 파악하기 위해 아동종합심리평가를 실시하였다.

📁 행동관찰과 면담

수검자는 보통 키에 약간 마른 체형으로, 모와 함께 센터에 방문하였다. 갸름한 얼굴형에 눈이 큰 편이었고, 어깨 밑으로 내려오는 긴 머리에 꽃무늬 리본 핀을 하였으며, 노란색 니트를 입고 있었다. 전반적인 위생상태는 양호하였으나, 몸을 움직이거나 벽 쪽을 둘러보는 경우가 많아서 검사자와의 눈맞춤은 제한적이었다. 수검자는 입실할 때부터 무표정하게 들어왔고, 검사가 진행되는 동안에도 표정의 변화가 거의 없었다. 한편, 토막짜기 소검사에서는 자극책자 위에 토막을 올려놓고 수행하려 하였고, 행렬추리 소검사 수행 시에는 차분하게 검사책자를 살펴보는 등 적극적인 태도를 보였다. 그러나 공통성, 어휘, 이해 소검사 등 말로 답해야 하는 경우에는 검사자만 쳐다보고 있거나 의자에서 일어나서 돌아다니기도 하였고, 답을 하기까지 매우 오랜 시간이 걸리는 경우가 많았다. 또한 문제 해결이 어려운 경우에는 한숨을 쉬거나 자세를 자주 바꾸었고, 검사자의 제지에도 불구하고 연필이나 볼펜을 계속 만지는 등 부산스러워 보였으며, 지시하기 전에 문제풀이를 시작하려는 성급한 모습도 나타났다. 내원 사유에 대해서는 고개를 가로저으면서 별다른 대답을 하지 못했다.

🗁 지능과 인지기능

한국 웩슬러 아동용 지능검사 4판(K-WISC-IV)			
영역	지능	백분율	수준
언어이해	86	17.1%ile	**평균 하**
지각추론	102	55.6%ile	평균
작업기억	97	43.2%ile	**평균**
처리속도	95	35.9%ile	**평균**
전체지능	92	29.5%ile	평균
일반능력	94	34.0%ile	평균

※ 단일 점수로서 대표성을 가지는 지능지수는 진하게 표시함.

수검자의 **전체지능은 92, 평균 수준**으로 같은 연령대에서 하위 30% 정도의 수준이었다. 언어이해는 86, 평균 하 수준, 지각추론은 102, 평균 수준, 작업기억은 97, 평균 수준, 처리속도는 95, 평균 수준으로 나타났다. 지능 영역 간의 차이는 유의미하지 않았으나(기준 20점 차이), 작업기억과 처리속도 영역의 소검사 간 점수 차이가 각각 7점 이상으로 크게 나타나고 있어서(기준 5점 차이), 전 영역을 고려한 '전체지능'은 유의미하다고 볼 수 없으나, **언어이해와 지각추론 영역 간의 차이는 16점으로(기준 20점 차이) 크지 않아 '일반능력(94, 평균 수준)'은 수검자의 기능을 대표한다고 볼 수 있겠다.**

언어이해 영역에서는 사물의 유사성을 파악하는 능력과 어휘구사력이 평균 하 수준으로 나타나서, 의사소통에 필요한 언어적 자원은 다소 부족해 보인다. 또한 사회적 상황에 대한 이해력도 평균 하 수준을 보이고 있어서, 관습과 규범에 대한 습득 수준도 다소 낮은 것으로 여겨진다.

지각추론 영역에서는 전체를 고려하여 핵심을 파악하는 능력이 평균 상 수준으로 높게 나타나서 지적 잠재력은 다소 높아 보인다. 그리고 시공간 구성능력과 자극 간의 관련성을 파

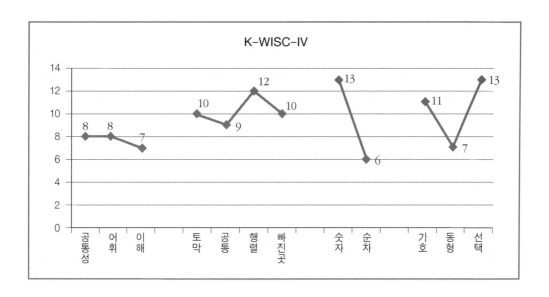

악하는 능력이 평균 수준으로 나타나서, 전반적인 시지각적 판단 능력도 양호한 수준을 보이고 있었다. 한편, 시각적 예민성이 평균 수준이어서, 주변 환경 변화에 대한 인식 능력도 적당한 수준인 것 같다.

작업기억 영역에서는 숫자 소검사가 평균 상 수준으로 나타나 간단한 자극에 주의를 기울이는 능력은 다소 높아 보인다. 그러나 순차연결 소검사가 이보다 7점이나 낮은 경계선 수준이어서, 다양한 자극이 주어질 때에는 기능 수준이 급격히 떨어질 수 있겠다.

처리속도 영역에서는 선택 소검사가 평균 상 수준으로 가장 높게 나타나서, 익숙한 시각적 자극을 다룰 때에는 비교적 높은 능력을 발휘할 수 있을 것으로 보인다. 그리고 기호쓰기 소검사가 평균 수준이어서, 시공간 운동 속도도 양호해 보인다. 그러나 동형찾기 소검사는 평균 하 수준으로 상대적으로 매우 낮게 나타나고 있어서, 간단한 내용이더라도 판단에 대한 압력이 커질 때에는 기능수준이 현저히 떨어질 수 있겠으며, 이는 수검자가 스트레스에 취약하다는 것을 시사한다.

지능검사 결과, 수검자의 비언어적 문제해결 능력은 양호해 보이고, 특히 간단한 시각적·청각적 자극 변별이 필요할 때에는 높은 능력을 발휘함으로써 기민하게 주변 환경 변화를 인식할 수 있겠다. 그러나 스트레스에 취약해서 자극이 조금만 복잡해져도 기능 수준이 급격하게 떨어질 수 있고, 이로 인해 학업 수행 및 감정상의 기복이 클 수 있겠다. 한편, 점수상으로는 '일반능력'이 유의미하게 나타났으나, 언어이해 영역에서는 3개 소검사가 모두 평균 하 수준에 머무는 등 언어적 대처 능력은 상대적으로 부족해 보이며, SCT에서도 글씨 크기를 일정하게 유지하지 못하고 있는데, 수검자의 지적 잠재력을 고려하면 언어적 환경이 충분히 제공되지 못했을 가능성이 있겠다.

    양호한 수준의 비언어적 능력을 가지고 있음에도 불구하고 Rorschach에서는 11개의 적은 반응 수를 보였고, 그중에서도 단순한 형태반응을 9개나 하고 있어서, 스트레스 상황에서는 자신의 잠재력을 충분히 활용하지 못한 채 매우 단순하고 경직된 대처 행동만 할 가능성이 높아 보인다.

📁 성격과 정서

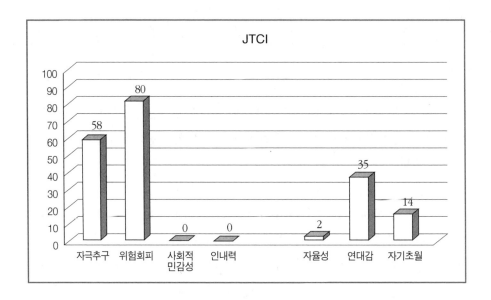

    수검자는 SCT에서 '내가 만약 외딴곳에 혼자 살게 된다면 엄마, 아빠와 제일 같이 가고 싶다', '우리 엄마 아빠는 착합니다', KFD에서 '아빠의 장점-다 좋아요', '엄마의 장점-착한 거'라고 하는 등 부모에 대해 호의적인 태도를 나타냈다. 그러나 HTP 집 그림에서는 '아무도 안 살아요'라고 하였고, Rorschach의 친밀감에 대한 태도를 나타내는 카드에서도 반응을 하지 못하고 있어서, 가정 환경에 대한 불편감이 커 보이는바, 부모에게 양가적인 태도를 가지고 있는 것으로 보인다. 이러한 수검자는 KFD에서 다른 가족들은 '자고 있어'라고 하면서 자신은 '안 자고 있어'라고 하듯이 자신만 다른 행동을 하고 있는 것으로 묘사하고 있는데, 이는 수검자가 가족 내에서 느끼는 소외감을 시사하는 것으로 여겨지는바, 가족들과의 실질적인 상호작용은 상당히 부족했을 것으로 여겨진다.

    수검자는 SCT에서 '나는 친구가 좋다'라고 하듯이 관계 욕구가 높아 보이며, '내가 좋아하는 사람은 연○, 정○, 근○, 다○, 은○, 지○'라고 하듯이 다수의 친구이름을 언급하기도

하였다. 그러나 Rorschach의 대인관계에 대한 태도와 관련된 카드에서 인간반응을 하지 못했고, HTP 사람 그림에서는 눈, 코, 입을 그리지 않는 등 실제 또래 관계에서는 불편감이 클 것으로 생각된다. 이는 수검자가 JTCI에서 사회적 민감성이 0%로 매우 낮았고, Rorschach에서도 평범반응이 1개만 나타나듯이 주변 사람들에 대한 배려가 부족하고 자기중심적인 경향이 높은 것과 관련 있어 보인다. 게다가 Rorschach의 색채카드에서 반응 수는 많았으나, 단순한 형태반응만 반복하고 있어서 서툰 방식으로 감정 표현을 하고 있을 가능성이 높아 보이는바, 평소에 또래 아이들과 친밀한 관계를 맺기 힘들었을 것으로 여겨진다.

수검자는 자존심이 강해 보이며(HTP: 나무 그림 '나이-100살'), 성취와 관련된 언급을 많이 하고 있어서(SCT: '나는 공부를 잘해요', '나는 커서 간호사가 되고 싶다'), 인정에 대한 욕구도 높아 보인다(Rorschach: '왕관'). 그러나 지능검사에서 나타나듯이 언어적 대처 능력이 부족하고, 작은 스트레스에도 취약해서 기대에 맞는 기능을 보이기 어렵고, 이에 대한 주변 사람들의 사소한 지적에 대해서도 불편감을 크게 느낄 수도 있겠다(JTCI: '위험회피'=80%). 이러한 아동은 현재 우울감을 느끼는 것으로 생각된다(Rorschach: V번 카드 '악마').

📁 어머니 MMPI-II / SCT

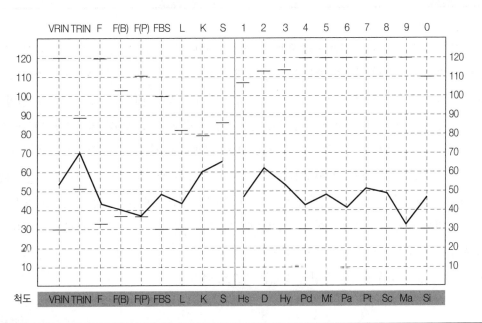

척도	VRIN	TRIN	F	F(B)	F(P)	FBS	L	K	S	Hs	D	Hy	Pd	Mf	Pa	Pt	Sc	Ma	Si
T점수	54	70F	42	39	36	47	43	61	65	47	62	53	43	47	41	51	48	32	46

모는 MMPI에서 K척도가 61T로 나타났고, TRIN 척도가 '모두 아니다' 방향이었으며, '억압' 소척도가 60T여서, 평상시에는 내면의 불편감을 표현하지 않을 가능성이 높아 보인다. 다만 MMPI에서 '지배성' 소척도가 57T로 다소 높게 나타났고, SCT에서 '무엇보다도 좋지 않게 여기는 것은 자기 일에 책임감 없고 이간질하는', '무엇보다도 좋지 않게 여기는 것은 거짓말' 등과 같이 사회적인 바람직성과 관련한 반응이 많아서(MMPI: '사회적 바람직성' 소척도=65T), 주변 사람들에게도 원칙적이고 도덕적인 모습을 강하게 요구할 수 있겠다. 이러한 모는 MMPI에서 2번 척도가 62T로 비교적 높게 나타났고, SCT에서 '나의 평생 가장하고 싶은 일은 (응답하지 못함)', '나의 야망은 없다는 게 슬픔' 등의 무망감을 드러내고 있어서(MMPI: Ma=32T), 겉으로 드러나는 모습과는 달리 우울감을 느끼고 있는 것으로 생각된다.

📁 요약과 제언

○ 요약

전체지능	92	평균	일반능력	94	평균
언어이해	86	평균 하	지각추론	102	평균
작업기억	97	평균	처리속도	95	평균

수검자의 지능 수준은 평균 수준으로 나타남. 비언어적 문제해결 능력은 양호해 보이며, 간단한 자극이 주어질 때에는 높은 능력을 발휘할 것으로 생각되지만, 작은 스트레스에도 상당히 취약한 모습을 보일 수 있음. 그리고 언어적 대처 능력이 상대적으로 부족한데, 언어적 환경이 충분히 제공되지 못했을 가능성이 높아 보임. 수검자는 부모에게 양가적인 태도를 가지고 있는 것으로 보이며, 가족들과의 상호작용이 부족했을 것으로 예상됨. 또한 관계 욕구가 높아 보이나, 실제 또래 관계에서는 불편감이 클 것으로 생각됨. 이는 자기중심적인 경향이 높고, 감정 표현이 서투른 것과 관련이 있어 보이며, 주변 사람들과 충분한 상호작용을 못하게 되면서 위와 같이 불편감이 커진 것으로 생각됨. 수검자는 자존심이 강하고 인정에 대한 욕구가 높아 보이지만, 기대만큼 기능을 하지 못하면서 주변 사람들의 지적에 불편감을 느낄 수 있으며, 현재 우울감을 경험하고 있는 것으로 여겨짐.

○ 임상적 진단

심리평가 결과, 수검자는 다음과 같은 진단이 시사됨.

- Unspecified Depressive Disorder
- Parent-Child Relational Problem

○ 제언

1. 지지적인 가정 환경 제공하기
2. 자연스러운 언어적 학습 환경 조성하기
3. 사회기술 훈련하기
4. 작은 성취 경험 늘리기

2. 잦은 음주와 폭력으로 입원한 남성(남자 / 52세 / 대졸)

🗁 의뢰 사유

환자는 '폭력', '음주', '우울' 등을 주소로 내원하였으며, R/O Paranoid Personality Disorder, R/O Unspecified Depressive Disorder 임상적 인상하에 성인종합심리평가가 의뢰되었다.

🗁 행동관찰과 면담

환자는 중간 정도 키에 마른 체형이었고, 체크무늬 남방에 체육복 점퍼를 입고 있었다. 긴 얼굴에 볼살이 없었고, 안경을 썼으며, 수염이 정돈되어 있지 않았고, 머리숱은 적은 편이었다. 오래 안 씻은 듯 냄새가 나서 위생상태는 다소 불량했으나, 검사자와의 눈맞춤은 적절하게 이루어졌다. 도구를 다루는 검사에서는 자신의 뜻대로 수행이 안 되자 민망하게 웃었고, 질문에 천천히 띄엄띄엄 대답하는 등 말의 속도는 느렸지만, 발화량은 많아서 검사 시간이 오래 걸렸다. 게다가 책자를 본인이 넘기려고 하거나 잡고 있는 등 필요 이상으로 적극적인 모습을 보였고, 다른 과제를 진행하고 있음에도 불구하고 이전 수행에서 했던 답을 번복하는 행동이 반복적으로 나타났다. 내원 사유에 대해서는 '아내하고 싸웠는데, 119에 신고를 해서 입원하게 됐습니다'라고 하였다.

📁 지능과 인지기능

한국 웩슬러 성인 지능검사 4판(K-WAIS-IV)			
영역	지능	백분율	수준
언어이해	134	99%ile	최우수
지각추론	**90**	**26%ile**	**평균**
작업기억	100	50%ile	평균
처리속도	**97**	**41%ile**	**평균**
전체지능	107	69%ile	평균
일반능력	114	83%ile	평균 상

※ 단일 점수로서 대표성을 가지는 지능지수는 진하게 표시함.

    환자의 **전체지능은 107, 평균 수준**으로 같은 연령대에서 상위 31% 정도 수준이었다. 언어이해는 134, 최우수 수준, 지각추론은 90, 평균 수준, 작업기억은 100, 평균 수준, 처리속도는 97, 평균 수준을 보이고 있었다. 지능 영역 간의 차이가 44점으로 크게 나타났고(기준 23점 차이), 작업기억과 언어이해 영역 내에서 소검사 간 점수 차이가 모두 6점으로 크게 나타나고 있어서(기준 5점 차이), 전 영역을 고려한 '전체지능'과 언어이해와 지각추론을 고려하여 산출된 '일반능력(114, 평균 상 수준)' 모두 환자의 기능을 온전히 대표한다고 보기 어렵기 때문에 각 지표가 나타내는 기능 수준을 개별적으로 파악하는 것이 더 중요해 보인다.

    언어이해 영역에서는 어휘 소검사의 점수가 최우수 수준으로 나타나서 언어적 표현력은 매우 뛰어난 것으로 생각되며('장광설-쓸데없이 이것저것 사족을 붙이면서 길게 설명하는 것'), 공통성 소검사의 점수가 평균 상 수준에 분포해서 언어적 개념에 대한 이해력도 다소 높은 것 같다. 그리고 기본적인 상식 수준과 사회적 상황에 대한 이해력이 우수 수준으로 나타나서 전반적인 학습 수준도 높아 보인다. 다만, 다른 지능 영역에 비해 상대적으로 높은 수준으로 나타났고, 필요 이상으로 구체적이고 장황하게 설명하고 있는 것을 고려하면('옷-오래 입으면 때가 끼고 위생상 좋지도 않고, 또 다른 사람들과의 만남에서 나쁜 인상을 줄 수 있기 때문에'), 일상생활에서 필요 이상으로 자신의 지식 수준을 과시하기 쉽겠다.

    지각추론 영역에서는 시공간 구성 능력과 전체를 고려해 핵심을 파악하는 능력이 평균 수준으로 나타나서 도구를 다루는 능력과 추론 능력은 적절한 것으로 생각된다. 그러나 부분을 통해 전체를 파악하는 능력이 평균 하 수준이어서 유연함이 요구되는 상황에서는 기능 수준이 다소 저하될 수 있겠다. 한편, 시각적 예민성은 평균 수준으로 나타나서 주변 환경 변화를

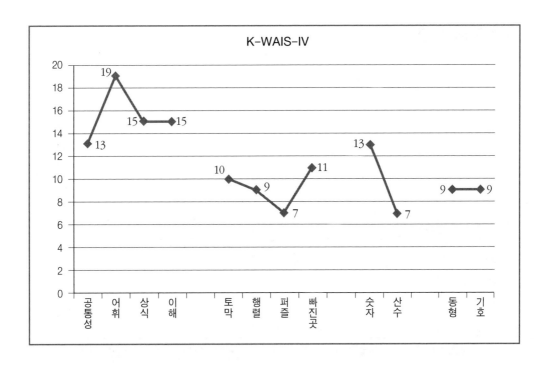

인식하는 능력은 양호해 보인다.

　작업기억 영역에서는 간단한 자극에 주의를 기울이는 능력이 평균 상 수준으로 나타나서 주의 집중력은 다소 높은 것 같다. 그러나 수계산 능력이 이보다 5점이나 낮은 평균 하 수준으로 나타나서 복잡한 자극을 다룰 때에는 주의력이 급격히 저하될 것으로 생각된다.

　처리속도 영역에서는 긴장감 속에서 빠르게 논리적 판단력을 발휘하는 능력과 시공간 운동속도가 평균 수준으로 나타나서 민첩성은 적절한 것으로 여겨진다.

　지능검사 결과, 환자는 언어적 대처 능력이 뛰어난 것으로 생각되며, 학습 수준도 높아 보인다. 그러나 지능 영역 간의 편차가 심하게 나타나서 상황에 따라 능력 차이가 크게 나타날 것으로 예상된다. 또한 유연한 대처에 어려움이 있고, 복잡한 자극을 다룰 때 급격한 주의력 저하를 보여서 낯선 환경에서는 적응이 힘들 수 있는데, 스트레스 상황에서 더욱 자기과시적인 모습을 보여 문제 해결을 오히려 방해할 수 있겠다.

　Rorschach 검사 결과, 환자는 총 14개의 적은 반응 수를 보였음에도 불구하고 관습적인 판단(P=4)과 이성적이고 논리적인 판단(M=2)에는 어려움이 없을 것으로 여겨지는바, 일상적인 문제들에 대해서는 적절한 대응을 할 수 있을 것으로 보인다. 다만, 사고가 단순하고 경직되어 있고(L=1.33), 미숙한 면이 있어서(A=9), 스트레스가 가중될 때는 주변 여건을 고려하지 못한 채 지나치게 자의적인 모습을 보일 수 있겠다(Xu%=0.35).

📂 성격과 정서

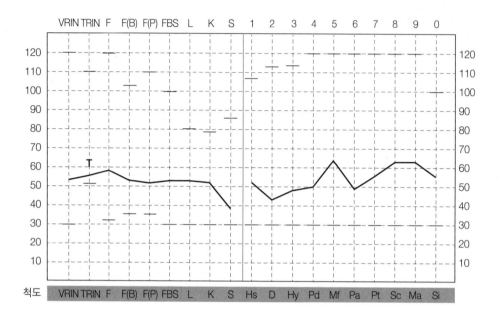

척도	VRIN	TRIN	F	F(B)	F(P)	FBS	L	K	S	Hs	D	Hy	Pd	Mf	Pa	Pt	Sc	Ma	Si
T점수	54	55T	57	53	52	53	53	52	38	51	43	47	50	64	49	55	63	63	55

　환자는 MMPI에서 5번 척도가 64T로 높게 나타났고, HTP 나무 그림에서 '생각-자기가 물줄기를 빨아올려서 나무 가지를 키우고 아이들도 나무에서 쉬고 유용한 나무가 되려고', SCT에서 '나의 장래를 지금으로서는 고아원 등 봉사활동이나 선교를 하고 싶다'라고 하는 등 이상적인 수준의 이타적인 자아상을 가지고 있는 것으로 보인다. 그러나 HTP 사람 그림에서 '행복-자기 삶을 인정해 줄 때라고 생각이 듭니다'라고 하듯이 인정 욕구가 강하고, 주지화 성향도 두드러져서(Rorschach: '고고학 유물' / SCT: '내가 제일 좋아하는 사람은 톨스토이, 카릴 지브란'), 상기의 이타적인 언급은 자신의 높은 자존심을 유지하기 위한 피상적 발언일 가능성이 높아 보인다. 게다가 MMPI에서 대부분 임상척도의 점수가 평이한 수준으로 나타나는 등 자신의 부정적인 모습을 부인하기 쉬워서, 취약점에 직면해야 하는 상황에서는 쉽게 무가치감을 느낄 수 있을 것 같다(HTP: 사람 그림 '불행-세상을 살 때 자기가 사는 것에 대해서 별로 가치가 없다고 느낄 때').

　그러면서도 환자는 MMPI에서 9번 척도가 63T로 나타나서 에너지 수준이 높아 보이는바,

사회적 관계에서 외적으로는 상당히 적극적으로 행동해 왔을 것으로 예상된다(SCT: '내가 없을 때 친구들은 수동적으로 활동하고 적극적이지 않음'). 그러나 스트레스 대처 능력이 부족하고(Rorschach: '데칼코마니'), 공격적인 성향도 두드러져서(MMPI: '적대감'=66T), 평상시에 억압했던 내면의 불편감이 더 이상 감당하기 힘들어질 경우에는 행동화(acting out)로 표현되었을 수 있겠다(SCT: '나의 가장 큰 결점은 지나치게 심사숙고하며 행동은 급하게 나온다'). 게다가 자신보다 더 큰 힘을 가지는 대상에게는 대처 능력이 떨어져 보이는바(Rorschach: 권위에 대한 태도와 관련된 카드를 싫은 카드로 선택), 환자가 쉽게 통제감을 발휘할 수 있는 가정에서 공격적인 행동이 더 많이 나타났던 것으로 생각된다.

그리고 환자는 가정 환경을 지지적으로 인식하고 있는 것으로 여겨지나(HTP: 집 그림 '분위기-한마디로 하면 화기애애합니다'), SCT에서 '우리 가족이 나에 대해서 필요하고 소중하다 하지만 잘 따르지 않는다'라고 하듯이 가족 구성원들과 원만한 교류는 이루어지지 못했던 것으로 예상된다. 게다가 위에서 나타나듯이 과시 욕구가 높은 환자는 반추 성향도 강해서(HTP: 나무 그림에서 덧칠을 많이 함), 자신의 행동을 지속적으로 확인하면서 긍정적인 모습만 보이려고 할 수 있으며, 가정 환경에 대한 호의적인 언급은 문제를 부인하는 대처방식에 익숙한 환자의 성향이 반영된 것일 수 있겠다. 이러한 환자는 주변 사람들과 깊이 있는 관계를 맺지 못한 채(HTP: 집 그림에서 문을 안 그림 / Rorschach: 대인관계 태도와 관련된 카드에서 반응실패), 대인관계 불편감도 상승하면서(HTP: 사람 그림에서 눈, 코, 입 없이 옆모습을 그림) 외로움도 커졌을 것으로 생각된다(HTP: 사람 그림 '불행-주변에 아무도 없을 때').

요약과 제언

요약

전체지능	107	평균	일반능력	114	평균 상
언어이해	134	최우수	지각추론	90	평균
작업기억	100	평균	처리속도	97	평균

환자의 지능 수준은 평균 수준으로 나타남. 언어적 대처 능력이 뛰어나고 학습 수준도 높아 보임. 그러나 상황에 따라 능력 차이가 크게 나타낼 것으로 예상되며, 낯선 환경에서 적응에 어려움을 느끼면서도 자기과시적인 언행을 함으로써 주변 사람들과의 소통에도 어려움이 있었을 것으로 여겨짐. 이상적인 수준의 이타적인 자아상을 가지고 있지만, 자신의 부정적인

모습에 대해서는 부인하기 쉬워서 취약점이 드러나는 상황에서는 쉽게 무가치감을 느낄 수 있음. 그러면서도 에너지 수준이 높아서 사회적인 상황에서 적극적으로 행동해 왔을 것으로 보이지만, 스트레스 상황에서는 충동적인 문제 행동이 있을 수 있고, 이는 가정 내에서 더욱 많았을 것으로 여겨짐. 가정 환경에 대해 긍정적으로 언급하고 있지만 이는 문제를 부인하는 경향이 반영된 것으로 보이며, 주변 사람들과 깊이 있는 관계를 맺지 못하면서 외로움도 커진 것으로 생각됨.

○ 임상적 진단

심리평가 결과, 환자는 다음과 같은 진단이 시사됨.

자기애적인 성향이 강하고, 환자가 호소하는 우울감은 상황적인 면과 관련된 것으로 여겨지지만, 동시에 에너지 수준의 상승을 나타내는 반응들도 있어서, 성격적인 부분과 정서적 불안정성을 고려한 치료적 개입이 필요해 보임.

- Narcissistic Personality Disorder
- R/O Cyclothymic Disorder

PART 2

진단별 보고서 사례:
성인 정신장애
(DSM-5 진단 포함)

📁 보고서 작성 규칙

1. 보고서에 포함된 검사들은 다음과 같다.

- 지능검사(K-WAIS-IV, K-WAIS)
- 로르샤하 잉크반점 검사(Rorschach)
- 집-나무-사람 그림검사(HTP)
- 미네소타 다면적 인성검사(MMPI-II, MMPI-A)
- 문장완성검사(SCT)
- 주제통각검사(TAT)
- 설문지: HCL-32(경조증), MDQ(조증), PHQ-9(우울), BDI(우울), ASI-R(불안민감도), ASI-3(불안민감도), APPQ(내부감각적 두려움), STAI-T(특성불안)

2. 의뢰 사유를 비롯한 수검자의 반응은 현장감을 살리기 위해서 최대한 원자료 그대로 사용하였으나, 지명이나 이름과 같은 구체적인 개인 정보는 명칭을 바꿔서 실었다.

3. 이 책의 목적상 모든 보고서는 개인사보다는 검사 결과에 초점을 맞춰서 볼 수 있도록 수정하였다.

4. 본문에서 ( ) 안에 검사 자료를 제시할 때는 다음과 같은 방법으로 하였다.
(Rorschach: '왕이 신하를 거느리고 있는 것 같다' / HTP: 나무 그림 '미래-누가 잘라갈 것 같다')

5. 사례 정보는 보고서를 이해하는 데 필요한 최소한의 기본적인 정보들로, '성별, 만 나이, 학력' 순으로 제공하였다.

📁 참고 사항

1. 모든 사례는 성인 정신장애 위주로 구성하였으나, 2권(아동 · 청소년 정신장애)에 포함되지 않은 장애의 사례는 수검자가 청소년이어도 포함시켰다.

2. 모든 대상군(환자, 내담자 등)의 명칭은 수검자로 통일하였다.

3. 인구통계학적인 정보는 성별, 나이, 학력의 세 가지로만 제한하였다.

4. 이전 버전의 지능검사인 K-WAIS 자료가 많은 관계로 K-WAIS IV를 사용한 경우에는 각 사례 제목에 *로 표기하였다.

5. '성격과 정서'에 나오는 설문지의 정식 명칭은 다음과 같다.
- ASI-R: Anxiety Sensitivity Index-Revised
- ASI-3: Anxiety Sensitivity Index 3

- APPQ: the Albany Panic and Phobia Questionnaire
- MDQ: Manic-Depression Questionnaire
- HCL-32: Hypomanic Checklist-32
- BDI: Beck Depression Index
- BAI: Beck Anxiety Index
- STAI-T: State-Trait Anxiety Inventory-trait

01 조현병(Schizophrenia)

1. 겉보기에 멀쩡해 보이는 조현병 수검자(남자/38세/대졸)*

📁 의뢰 사유

수검자는 3년 전 '피해망상'을 주소로 입원치료를 받았고, 이후 약물치료를 지속해 왔으나, 8개월 전부터 자의로 약물치료를 중단한 상태로 '현재 나의 상태를 알고 싶다', '복약 중단 후 부작용이 심해졌다' 등을 주소로 상담센터를 방문하였으며, Schizophrenia 임상적 인상하에 전반적인 심리상태를 파악하기 위해 성인종합심리평가를 실시하였다.

📁 행동관찰과 면담

수검자는 보통 키에 마른 체격으로, 계절에 맞지 않게 얇은 회색 트레이닝복 차림이었고 머리는 다소 길고 젤을 바른 상태였다. 안 씻은 듯한 체취와 담배 냄새가 나서 위생상태는 불량해 보였고, 껌을 씹으며 입실하였다. 차분한 말투로 대답하고, 살짝 미소를 띠며 말하는 등 점잖은 태도로 검사에 임하였으나, 시선은 아래를 향하는 경우가 많아서 검사자와의 눈맞춤은 간헐적으로만 이루어졌다. '조급하게 안 해도 되죠?'라고 묻거나, 토막짜기 소검사에서 손을 떠는 등 긴장된 모습을 보였고, 고개를 미세하게 떠는 경우도 많았다. '제가 경영학과예요' 라고 하면서 자랑하는 듯한 어조로 대답하기도 하였으나, 대답 후에 답을 정정하는 등 혼란된 모습을 보였다. 내원 사유에 대해서는 '뭔가 확인할 것도 있고…… 가족들이 무심해서 그것도 목적이 있고…… 약을 6개월간 안 먹어서 병이 어떻게 되는지도 알고 싶고……'라고 하는 등 명확한 이유를 말하지 못하였다.

---

* K-WAIS-IV를 사용한 보고서는 이하 *표 처리함.

📁 지능과 인지기능

한국 웨슬러 성인 지능검사 4판(K-WAIS-IV)			
영역	지능	백분율	수준
언어이해	99	46%ile	**평균**
지각추론	96	41%ile	**평균**
작업기억	96	39%ile	**평균**
처리속도	92	29%ile	**평균**
전체지능	93	33%ile	**평균**
일반능력	97	42%ile	평균

※ 단일 점수로서 대표성을 가지는 지능지수는 진하게 표시함.

수검자의 **전체지능은 93, 평균 수준**으로 같은 연령대에서 하위 33% 정도 수준이었다. 언어이해는 99, 평균 수준, 지각추론은 96, 평균 수준, 작업기억은 96, 평균 수준, 처리속도는 92, 평균 수준이었고, 지능영역 간 차이는 7점으로 유의미하지 않았다(기준 23점).

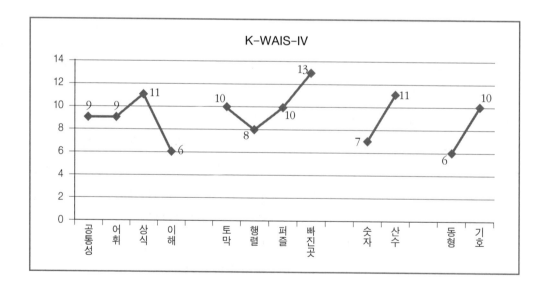

언어이해 영역에서는 사물의 유사성을 파악하는 능력과 어휘구사력이 평균 수준으로 나타나서, 전반적인 언어적 대처 능력이 양호한 것으로 여겨진다. 그리고 기본적인 상식이 평균 수준을 보이고 있어서 단편적인 지식을 활용할 때에는 적절한 기능을 발휘할 수 있겠으나, 사회적 상황에 대한 이해력은 경계선 수준으로 나타나서 관습적인 상황에서는 적절한 언어적

대처를 하는 데 어려움이 클 수 있겠다. 게다가 쉬운 문항에서 답을 틀리거나 낮은 수준의 대답을 하는 등 사고 내용이 빈약해져 있고('돈-행복하려고', '법-어려워요', '자격증-그것을 이용하는 사람으로 하여금 신뢰를 얻게 하여 이용하는 사람에게 만족을 높이고'), 구체적 사고(concrete thinking: '노랑과 초록-은행나무', '피아노와 바이올린-줄이요, 현'), 우유부단(incoherence: '숟가락과 젓가락-철이요…… 아니다 밥 먹는 데 쓰는 건데'), 동어 반복(redundancy: '유발하다-발생을 일으키다') 등 사고 장해를 시사하는 반응들이 나타나고 있어서, 병전 기능 수준(서울 4년제 대학 졸업, 대기업 근무 경력)에 비해 사고기능이 현저하게 저하되어 있는 것으로 생각된다.

지각추론 영역에서는 시각적 예민성이 평균 상 수준으로 가장 높게 나타났고, 이는 오히려 주변 환경을 경계하며 예민해져 있는 상태를 반영하고 있는 것 같다. 그리고 어려운 문항은 맞히면서도 쉬운 문항에서는 틀리는 양상을 보이고 있어서 오히려 지각상의 혼란감이 시사된다. 한편, 자극 간의 관련성을 찾아내는 능력과 시공간 구성 능력이 평균 수준으로 나타나, 시각적 정보처리 능력은 적절한 것으로 생각된다. 그러나 전체를 고려하여 핵심을 파악하는 능력은 평균 하 수준에 그치고 있어서, 추론 능력은 다소 저하되어 있는 것 같다. 이러한 수검자는 퍼즐과 행렬추론 소검사에서 답을 한 뒤에 다시 수정하는 등 혼란된 모습(ambivalence)을 자주 보였다.

작업기억 영역에서는 산술 능력이 평균 수준으로 나타나서, 수계산 능력은 양호해 보인다. 다만 쉬운 과제에서 답을 틀리는 등 주의력을 일관되게 유지하지 못하고 있었다. 게다가 단순한 자극에 주의를 기울이는 능력은 이보다 4점이나 낮은 평균 하 수준이었는데, 거꾸로따라하기에서도 맞고 틀리기를 반복하면서 주의력 유지의 어려움이 나타났다.

처리속도 영역에서는 시공간 운동 속도가 평균 수준을 보이고 있어서 시각운동 협응 능력이 적절하게 유지되고 있었다. 그러나 긴장감 속에서 빠른 논리적 판단력을 발휘하는 능력은 경계선 수준으로 나타나서, 스트레스가 조금만 증가하면 간단한 감별도 힘들 정도로 판단능력이 떨어질 것으로 예상된다.

지능검사 결과, 수검자는 언어성 영역에서 우유부단, 동어 반복, 구체적 사고 등 사고 장해가 시사되는 반응들을 다수 보였고, 맥락에 맞지 않는 답을 하는 경우도 많았다. 이러한 수검자는 반응을 자주 바꾸는 등 사고상의 혼란감이 커 보이고, 주의력 유지에 어려움이 커 보이며, 약한 스트레스에도 급격하게 기능이 떨어질 정도로 사고력이 저하되어 있어서, 병전에 비해 기능 수준이 유의미하게 저하되어 있는 것으로 생각된다.

Rorschach 검사 결과, 수검자는 총 19개의 비교적 적절한 반응 수를 보였고, 인간운동반응을 6개나 보이듯이 애매한 스트레스 자극이 주어지는 상황에서 이성적으로 대응하고자 상당한 노력을 기울이고 있었다. 그러나 평범반응은 3개에 그치면서, 왜곡된 형태반응을 다수 보이고 있어서(X-%=0.53), 현실적 및 객관적 판단의 어려움이 여전히 클 것으로 생각된다.

📂 성격과 정서

ASI-3 (불안민감)	APPQ (공황)	PHQ (우울)	MDQ (조증)	HCL-32 (경조증)	STAI-Trait (특성불안)
21 (cut off: 14)	45 50T	1 (cut off: 10)	11 (cut off: 7)	14 (cut off: 14)	32 34T

* ASI-3: Anxiety Sensitivity Index-3 / APPQ: the Albany Panic and Phobia Questionnaire / PHQ-9: Patient Health Questionnaire-9 / MDQ: Manic-Depression Questionnaire / HCL-32: Hypomanic Checklist-32 / STAI-trait: State-Trait Anxiety Inventory-trait

※ 역치 이상의 척도는 진하게 표시함.

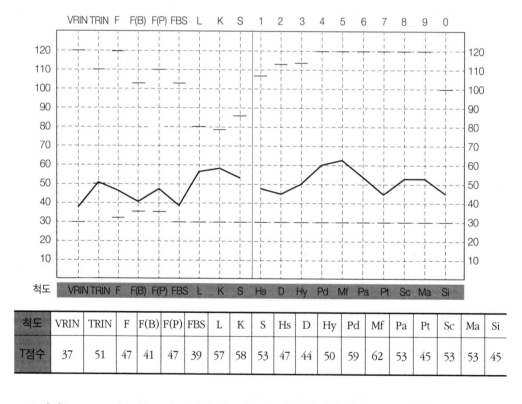

척도	VRIN	TRIN	F	F(B)	F(P)	FBS	L	K	S	Hs	D	Hy	Pd	Mf	Pa	Pt	Sc	Ma	Si
T점수	37	51	47	41	47	39	57	58	53	47	44	50	59	62	53	45	53	53	45

　　수검자는 MMPI에서 두드러진 임상척도의 상승이 나타나지 않았고, 주관적 불편감을 시사하는 F척도도 평이한 수준으로 나타나고 있어서, 별다른 스트레스를 호소하지 않고 있는 것 같다. 그러나 지능검사에서 나타나듯이 사고 장해를 시사하는 반응을 보이는 등 병전에 비해 기능 저하가 나타나고 있고, 불안과 관련된 ASI-3에서는 유의미한 점수 상승을 보이고 있어

서, 위와 같은 MMPI 양상은 기능 저하를 드러내지 않기 위해 노력하고 있거나, 현재 상황을 문제로 인식하지 못하는 것과 관련이 있을 수 있겠다. 이러한 수검자는 SCT에서 '내가 싫어하는 사람은 상대의 약점을 교묘히 이용하는 사람이다', TAT에서는 '남자가 어머니에게 사실을 말하고 있다' 등의 피해의식이 시사되는 반응을 하고 있었다. 게다가 Rorschach에서 '생식기'라고 하고 TAT에서 '성행위하고 남자가 일어나서 가는 거예요'라는 반응을 보이듯이 성적인 표현 또한 통제하기 어려운 상태로 보이는바, 현실적인 대처가 어려울 만큼 자아강도가 약화되어 있는 것 같다.

수검자는 HTP의 모든 그림을 매우 크게 그리고, MDQ와 HCL-32에서도 점수가 유의미하게 상승하고 있어서 에너지 수준이 높아 보이고, SCT에서 '나의 평생 가장 하고 싶은 일은 책을 쓰고 출판하고 평가받는 일이다'라고 하듯이 기대 수준도 높은 것 같다. 이러한 수검자는 HTP 집 그림에서는 '외롭네요'라고 하듯이 감정을 느끼고 표현하는 능력이 적절하게 유지되고 있는 듯 여겨지나(Rorschach: '사람이 마주본다'), SCT에서 '다른 친구들이 모르는 나만의 두려움은 감정의 결여다'라고 하듯이 실제 감정을 느낄 수 있는 상황에서는 이를 감당하지 못한 채(Rorschach: SumC=0), 부적절감만 경험하고 있을 가능성이 높아 보인다(SCT: '내가 늘 원하기는 평범한 것. 남들처럼 생각하고 행동하는 것이다').

한편, 수검자는 SCT에서 '나의 장래는 밝을 것이다. 계획은 없다. 시간은 내 편이 될 것이다'라고 하듯이 삶에 대한 긍정적인 태도를 보이고 있고, 문제 상황에서 이성적인 대처 능력을 강조하고 있었다(SCT: '나에게 이상한 일이 생겼을 때 논리적으로 생각한다. 이상한 일도 이유가 있다'). 이러한 수검자는 SCT에서 수준 높은 어휘를 사용하며 길게 반응하고 있는데('직무', '조성'), 이는 현재 기능 저하가 나타나는 상황에서 통제감을 가지려는 시도로 생각된다. 사고 및 지각상의 혼란을 경험하고 있는 수검자는 HTP 사람 그림에서 '아무 느낌 없다', '아무것도 안 한다'라고 하듯이 문제 상황에서 위축되어(withdrawal) 단순하고 수동적인 대응을 하기 쉽고, 주변 사람들과의 관계에서도 친밀한 관계를 맺지 못하고 고립된 생활을 하고 있는 것 같다.

🗁 요약과 제언

⭕ 요약

전체지능	93	평균	일반능력	97	평균
언어이해	99	평균	지각추론	96	평균
작업기억	96	평균	처리속도	92	평균

수검자의 지능 수준은 평균 수준으로 나타남. 언어성 영역에서 구체적 사고, 우유부단, 동어 반복 등이 시사되는 반응을 보이고 있고, 반응 내용이 빈약해 보이는바, 사고 장해가 시사됨. 게다가 주의력 유지에도 어려움이 커서, 병전에 비해 기능 수준이 유의미하게 저하되어 있는 것으로 여겨짐. 수검자는 별다른 스트레스를 호소하지 않았으나, 이는 기능 저하를 드러내지 않기 위해 노력하고 있거나, 현재 상황을 문제로 인식하지 못하는 것과 관련이 있을 수 있겠음. 오히려 수검자는 현실적인 수준에서 욕구 통제가 어려울 만큼 자아강도가 약화되어 있는 것으로 보임. 수검자의 몇몇 반응은 감정을 느끼고 표현하는 능력이 유지되는 듯 보일 수 있으나, 실제 감정을 느낄 수 있는 상황에서는 이를 감당하지 못한 채 부적절감만 경험하고 있을 가능성이 높아 보임. 또한 삶에 대한 긍정적이고 적극적인 태도를 표현하고 있으나, 작은 문제 상황에서도 위축되어 단순하고 수동적인 대응을 하기 쉽고, 주변 사람들과의 관계에서도 고립된 생활을 하고 있는 것으로 보임.

○ 임상적 진단
심리평가 결과, 수검자는 다음과 같은 진단이 시사됨.
– Schizophrenia

○ 제언
1. 약물치료
2. 가족 심리교육
3. 사회기술훈련
4. 수준에 맞는 직업재활

2. 병전 기능 수준이 높았던 고등학생(여자/18세/고3)*

🗁 의뢰 사유

수검자는 '학급 내 괴롭힘', '성적 저하' 등을 주소로 본 센터에 방문하였고, 전반적인 인지기능 및 정서 파악을 위해 청소년종합심리평가를 실시하였다.

📂 행동관찰과 면담

수검자는 보통 키에 마른 체격으로, 모와 함께 센터에 방문하였다. 검은색 네모 뿔테 안경을 쓰고, 흰색 교복 셔츠에 회색 후드티와 검은색 반바지를 입고 있었으며, 어깨까지 닿는 단발머리에 피부가 까무잡잡했다. 이마에 여드름이 나 있었으나 앞머리로 가리고 있었으며, 앞니가 변색되어 있고, 아랫니 치열이 고르지 않았다. 머리가 기름져 있었으나 이외의 다른 외양은 깔끔한 편이었으며, 검사자와의 눈맞춤은 무난하게 이루어졌다. 수검자는 차분한 태도로 검사에 임하였지만, 질문에 답을 하기까지 머뭇거리는 경우가 많았고, 단어를 천천히 하나씩 말하는 등 발화 속도가 상당히 느렸다. 또한 문제 해결이 어려운 경우에는 입을 꾹 다물고 시선을 아래에 둔 채 눈동자만 굴리거나, 멋쩍게 웃으면서 검사자의 눈치를 봤다. 한편, 상황에 맞지 않게 미소를 짓거나 갑자기 웃음을 터트리는 등 부적절한 정서 표현이 나타나기도 했다. 내원 사유에 대해서는 '그냥 여러 가지 생각 때문에 힘들어서…… 너무 힘들게 생각을 해서…… 생각을 하게 돼서…… 정신적으로 좀 힘들어서……'라고 같은 문구를 반복하면서 불편감을 명확하게 언급하지 못했다.

📂 지능과 인지기능

한국 웩슬러 성인 지능검사 4판(K-WAIS-IV)			
영역	지능	백분율	수준
언어이해	100	50%ile	**평균**
지각추론	94	35%ile	**평균**
작업기억	122	93%ile	**우수**
처리속도	107	69%ile	**평균**
전체지능	105	64%ile	평균
일반능력	97	97%ile	평균

※ 단일 점수로서 대표성을 가지는 지능지수는 진하게 표시함.

수검자의 **전체지능은 105, 평균 수준**으로 같은 연령대에서 상위 36% 정도 수순이었다. 언어이해는 100, 평균 수준, 지각추론은 94, 평균 수준, 작업기억은 122, 우수 수준, 처리속도는 107, 평균 수준을 보이고 있었다. 지각추론 영역과 작업기억 영역 간의 차이가 28점으로 나타나고 있어서(기준 23점 차이), 전 영역을 고려한 '전체지능'은 유의미하지 않으나, 언어이해와

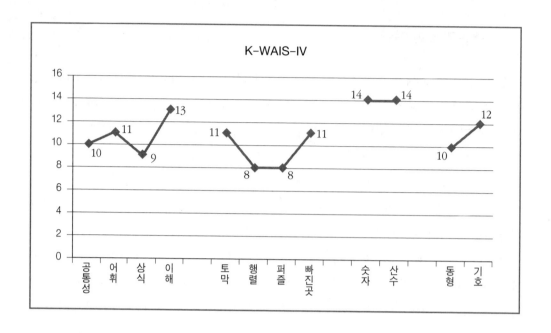

지각추론 영역 간의 차이는 6점으로(기준 23점 차이) 크지 않아 **'일반능력(97, 평균 수준)'은 수** **검자의 기능을 대표한다고 볼 수 있겠다.**

　언어이해 영역에서는 사회적 상황에 대한 이해력이 평균 상 수준으로 나타나서, 관습 및 규범에 대한 이해력은 다소 높은 것 같다. 또한 기본적인 상식 수준이 평균 수준으로 나타나서, 단편적인 지식 습득 수준도 양호해 보인다. 게다가 어휘구사력과 사물의 유사성을 파악하는 능력이 평균 수준으로 나타나서, 언어적인 개념에 대한 이해력도 적절한 것 같다. 그러나 쉬운 문항에서 틀리거나('제헌절-3월 17일', '사하라-아시아') 낮은 점수의 반응을 하는 등('땅-도시는 인구가 많아서') 사고 내용이 빈약해져 있는 것으로 보이며('대담한-좀 큰'), 비일관적인 사고(incoherence: '민주주의-억울한 일을 당했을 때 언론에 보도할 수 있는 자유가 있어야지 억울함이 해소된 자유가 있어서'), 구체적인 사고 경향(concrete thinking: '훈장과 왕관-수여해 주는'), 보속증(perseveration: '세금-국가에서 국민들을 위해서 시설 같은 거를 만들어 줄 때, 그 돈이 세금으로…… 국가에서 국민들을 위한 시설을 만들어 줌') 등과 같이 사고 장해를 시사하는 반응들이 나타나고 있어서, 질적인 면에서는 병전 수준에 비해 사고기능이 현저하게 저하되어 있는 것으로 생각된다.

　지각추론 영역에서는 시공간 구성 능력이 평균 수준으로 나타나서 도구를 다루는 능력은 적절한 것 같다. 또한 지각적 정확성이 평균 수준이어서 주변 환경 자극에 적절하게 반응할 수 있을 것으로 생각되나, 어려운 문항은 맞히면서도 쉬운 문항에서 정해진 시간 이후까지 반응을 전혀 하지 못하는 것을 볼 때 지각상의 혼란감이 시사된다. 그리고 전체를 고려해서 핵심을 파악하는 능력과 부분을 통해 전체상을 구성하는 능력이 평균 하 수준으로 나타나서, 추론 능력은 다소 저하되어 있는 정도로 보이지만, 퍼즐과 행렬추론 소검사에서는 반응을 한 직후에 수정을 하는 등 다소 혼란된 모습(ambivalence)을 보이고 있어서, 병전에 비해 기능이 저하되어 있는 것 같다.

작업기억 영역에서는 간단한 자극에 주의를 기울이는 능력과 수계산 능력이 우수 수준으로 나타나서, 주의 집중력은 여전히 높게 유지되고 있었다.

처리속도 영역에서는 시공간 운동 속도와 긴장감 속에서 빠른 논리적 판단을 발휘하는 능력이 각각 평균 상, 평균 수준으로 나타나서, 정교한 운동 과제를 수행할 때 민첩성은 양호한 것 같다.

지능검사 결과, 수검자는 평균 수준의 지적 능력을 가진 것으로 나타났으며, 양적인 수준에서는 전반적으로 양호한 지적 능력을 가지고 있는 것으로 보인다. 그러나 수검자가 최상위권 수준의 성적을 1년 전까지 유지해 왔음에도 불구하고 본 검사에서 사고 및 지각상의 혼란감을 시사하는 증거들이 나타나고 있는 것을 볼 때, 현재 측정된 지능 수준은 병전에 비해서 유의미하게 저하된 상태일 가능성이 높아 보인다.

Rorschach 검사 결과, 총 2회의 시행에도 불구하고 9개의 매우 적은 반응 수를 보이고 있어서, 문제해결 능력이 상당히 저하되어 있는 것으로 보인다. 또한 가장 반응을 하기가 쉬운 Ⅴ번 카드에서조차 '어떤 악마'라는 반응을 보이듯, 현재 주변 환경을 상당히 위협적이고 적대적으로 지각하고 있는 것 같다. 이러한 수검자는 아직 관습적인 판단이 가능한 것으로 여겨지나 (P=4), 결정을 하지 못한 채 혼란스러운 반응을 보이고 있으며(ambivalence / TAT: '여기 밑에서는……, 일터, 아니 교소도……, 일터'), 보속증(perseveration / HTP: 나무 그림 '앞으로-클 때까지 크다가 죽고, 그 자리에 다른 사람이 다시 심어서 큰 것 같아요' / TAT: '유모같이 생긴 여자가, 사람……, 여자애한테, 말을 걸고 있어요, 새침한 여자애한테') 등 사고장해를 시사하는 반응들이 나타나고 있어서, 현실적 및 객관적 판단에 어려움이 클 것으로 생각된다.

🗂 성격과 정서

수검자는 MMPI에서 주관적 불편감을 시사하는 F척도를 비롯하여 내부분의 임상척도가 평이한 수준을 보이고 있어서, 자신의 심리적 불편감을 부인하고 있는 것 같다(SCT: '죽고 싶다는 생각이 들 때는 없다', '나의 학교생활은 괜찮다', '나의 친구들은 좋다'). 그러나 HTP 사람 그림에서 눈을 강조해서 그리고 있고, TAT에서 '이 사람이, 이 사람이 어디 있는지 찾고 있는데 이 사람이 나무 뒤에서 숨어서 쳐다보고 있어요'라는 반응을 보였으며, MMPI에서도 6, 8번 척도

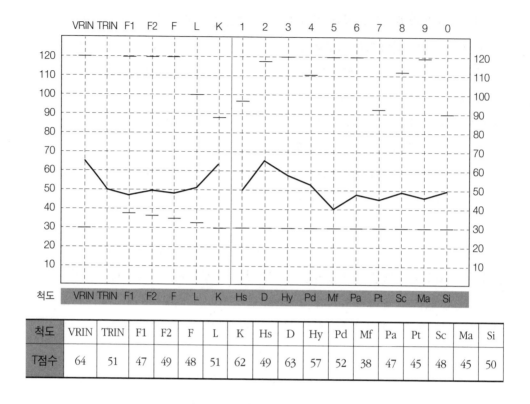

척도	VRIN	TRIN	F1	F2	F	L	K	Hs	D	Hy	Pd	Mf	Pa	Pt	Sc	Ma	Si
T점수	64	51	47	49	48	51	62	49	63	57	52	38	47	45	48	45	50

가 오히려 지나치게 낮게 나타나고 있는 것으로 볼 때, 수검자가 주변 환경을 상당히 위협적으로 느끼며 경계하고 있는 것으로 여겨진다. 게다가 면담에서도 '엄마는 내가 잘되길 바라지 않는다'라고 하는 등 피해사고를 확인할 수 있는바, 전반적으로 낮은 MMPI 양상은 부적절감을 드러내지 않으려는 과도한 노력의 결과로 보인다. 더 나아가 무기력감(HTP: 나무 그림 '생각-편하게 쉬고 싶다' / SCT: '나의 지금 생활은 귀찮다'), 죄책감(SCT: '지난 나의 큰 잘못은 중간고사를 망친 것이다') 등 우울감을 시사하는 반응들을 보이고 있는데, 이는 고기능이었던 수검자가 기능 저하로 인한 자신의 부적절감을 표현한 것으로 생각된다.

이러한 수검자는 SCT에서 '나의 장래는 밝을 것입니다', '내가 보는 나의 앞날은 밝을 것이다', '가족들은 나에 대해서 좋아해 준다', '내가 살아온 가정생활은 좋다'와 같이 검사 전반에 걸쳐서 상당히 긍정적인 표현들을 많이 하고 있으나, 매우 피상적인 수준이었으며, 이는 병전 기능 수준이 높은 수검자가 기존에 학습했던 익숙한 관용구를 단순히 언어적으로 표현한 것으로 여겨진다. 한편, TAT에서 '누가 아내를 성폭행해서 아내가 쓰러져 있어요'라고 하고, SCT에서는 '성이란 아름다운 것', '내 생각에 여자들이란 글쎄……, 내가 별로 여성스럽지 않아서' 등과 같이 성적인 표현들을 반복하고 있어서, 현재 내면의 원초적인 욕구를 통제하기 어려울 정도로 자아강도가 약화되어 있는 것 같다.

🗁 요약과 제언

○ 요약

전체지능	105	평균	일반능력	97	평균
언어이해	100	평균	지각추론	94	평균
작업기억	122	우수	처리속도	107	평균

수검자의 지능 수준은 평균 수준으로 나타남. 그러나 검사에서 애매모호한 대답을 하거나, 구체적인 사고 경향, 보속증, 비일관적인 사고 등의 사고 장해와 함께 지각상의 혼란감을 시사하는 증거들이 나타나고 있는 것을 볼 때, 현재 측정된 지능 수준은 병전에 비해서 유의미하게 저하된 것으로 여겨짐. 한편, 낮은 MMPI 척도들은 기능 저하를 드러내지 않기 위한 노력의 결과로 보이고, 주관적으로 호소하는 우울감은 병전에 비해 현저하게 저하된 기능에 대한 부적절감과 관련이 있어 보임. 수검자가 하고 있는 긍정적인 표현들 또한 단순한 관용구적인 표현으로 생각되며, 성적인 반응을 많이 하고 있는 것으로 볼 때, 원초적인 욕구를 통제하지 못할 정도로 자아강도가 저하된 것으로 여겨짐.

○ 임상적 진단
심리평가 결과, 수검자는 다음과 같은 진단이 시사됨.
- Schizophrenia, First episode

○ 제언
1. 즉각적인 약물치료 요망
2. 조현병에 대한 가족 심리교육

3. 성격장애로 의심되는 수검자(남자/21세/대재)*

🗁 의뢰 사유

수검자는 '반항적인 모습', '대인관계의 어려움' 등을 주소로 내원하였으며, R/O Unspecified Personality Disorder 임상적 인상하에 성인종합심리평가가 의뢰되었다.

🗀 행동관찰과 면담

수검자는 큰 키에 건장한 체격으로 위생상태는 양호해 보였으나, 다른 곳을 응시하는 경우가 많아서 검사자와의 눈맞춤은 간헐적으로 이루어졌다. 지능검사의 토막짜기 소검사에서 과제를 수행할 때 손을 살짝 떠는 등 긴장하는 모습을 보였다. 그리고 검사 도중에 뒤를 쳐다보며 가만히 있거나 문 쪽을 바라보며 응시하는 모습을 반복적으로 보였고, 검사자의 지시를 한 번에 알아듣지 못하고 다시 물어보았으며, 토막짜기 소검사의 도구상자를 만지거나 검사자 뒤에 있는 달력을 보며 '(달력의 상표를 보고) 인터파크라고 적혀 있어요?'라고 하는 등 검사에 집중하지 못하고 있었다. 게다가 검사 상황에 맞지 않게 웃음을 보이다가 갑자기 정색을 하는 등 부적절한 정서를 보였고, 검사가 1시간 정도 지나자 '검사 얼만큼 남았어요?'라고 하면서 힘들어하였다. 내원 사유에 대해서는 '어쩌다 보니 그냥 오게 되었다', '불편한 것도 없다'라고 하는 등 문제의식은 부족해 보였다.

🗀 지능과 인지기능

한국 웩슬러 성인 지능검사 4판(K-WAIS-IV)			
영역	지능	백분율	수준
언어이해	97	42%	**평균**
지각추론	74	4%	경계선
작업기억	84	14%	**평균 하**
처리속도	50	<0.1%	**경도-중등도 정신지체**
전체지능	72	3%	경계선

※ 단일 점수로서 대표성을 가지는 지능지수는 진하게 표시함.

수검자의 **전체지능은 72, 경계선 수준**으로 같은 연령대에서 하위 3% 정도의 수준이었다. 언어이해는 97, 평균 수준, 지각추론은 74, 경계선 수준, 작업기억은 84, 평균 하 수준, 처리속도는 50, 경도-중등도 정신지체 수준으로 나타났으며, 지능 영역 간 차이가 47점으로 매우 크게 나타나고 있어서 인지기능의 불균형이 심해 보이는데, 이는 수검자가 **병전에 비해서 기능 수준이 매우 저하되어 있음**을 시사하고 있는 것 같다.

언어이해 영역에서는 기본적인 상식 수준과 어휘구사력이 평균 수준으로 나타나서 장기간 학습에 영향을 받는 결정적 지능에 해당하는 능력들은 양호해 보인다. 그러나 사물의 유사성

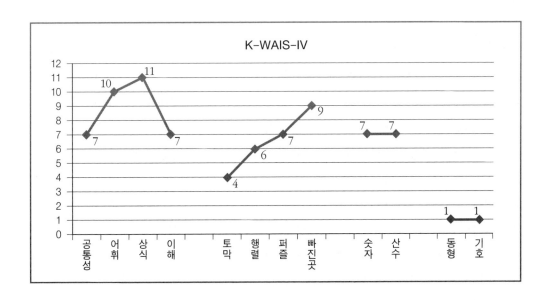

을 파악하는 능력은 평균 하 수준을 보이고 있어서 고차적인 언어 개념을 형성하는 능력은 다소 부족해 보인다('소리와 파도-모른다'). 그리고 사회적 상황에 대한 이해력도 평균 하 수준으로 나타나서 일상생활 경험을 통해서 얻어지는 관습과 규범에 대한 습득 수준도 다소 부족한 정도였다('취미-자기가 하고 싶은 걸 하기 위해서'). 이러한 양적 수준과는 별도로, 이해 소검사에서는 보속증(perseveration: '우주-우주를 탐험하기 위해서, 우주를 탐험하려고')을 시사하는 반응이 나타났다.

지각추론 영역에서는 주변 환경 자극에 대한 장기기억과 관련이 있는 빠진곳찾기 소검사에서 평균 수준으로 양호한 수준을 보이고 있었다. 그러나 자극 간의 관련성을 찾아내는 능력과 전체를 고려하여 핵심을 파악하는 능력은 각각 평균 하, 경계선 수준으로 나타나서 자신이 접해 보지 못한 자극을 통해 새로운 결론을 찾아내는 추론 능력은 다소 부족해 보인다. 게다가 추상적 시각 개념을 다루어야 하는 토막짜기 소검사에서는 정신지체 수준으로 매우 낮게 나타나고 있는데, 이는 시지각상의 혼란감을 반영하고 있는 것 같다.

작업기억 영역에서는 산술능력과 단순한 자극에 대한 주의력이 평균 하 수준을 보이고 있어서 수 개념을 다루는 능력 및 주의집중력은 다소 부족한 정도였다.

처리속도 영역에서는 시공간 운동 속도와 긴장감 속에서 빠른 논리적 판단력을 발휘하는 능력이 정신지체 수준을 보이고 있어서 단순한 과제에 반응하는 속도가 매우 느렸다. 한편, 기호쓰기 소검사에서 직선을 반복해서 덧칠하는 등 불필요하게 강박적인 모습을 보였고, 수행하다가 갑자기 멍해져 있는 등 사고차단(thought blocking)이 시사되는 반응을 보이고 있어서 현재의 낮은 기능 수준은 지각상의 혼란감과 관련이 있어 보인다.

지능검사 결과, 수검자는 인지기능의 심한 불균형을 보이고 있고, 학적부상의 기록을 보면 '만화 그리기 으뜸상', '과학 상상 그림 그리기 대회 은상'을 수상하는 등 병전의 시각운동 협응 능력은 양호해 보이나, 지각적 과제에서는 현저하게 낮은 수준을 보이고 있어서, 유의미한 인지기능의 양적 저하가 시사된다. 그리고 검사 중간에 보속증(perseveration), 사고 차단(thought blocking) 등 사고 장해를 시사하는 반응들이 나타났고, 검사 전반에 걸쳐 지각적 혼란감을 시사하는 반응들도 나타나고 있어서 현실적인 판단이 어려울 것으로 예상된다.

Rorschach 검사 결과, 2회 시행을 했음에도 불구하고, 총 6개의 단순한 형태반응만 보이고 있어서 스트레스 상황에서 대처할 수 있는 심리적 자원은 상당히 제한적일 것으로 생각된다. 이러한 수검자는 SCT에서는 '나의 어머니는 어머니이다', '대개 아버지들이란 아버지들이다', '내 생각에 남자들이란 남자들이다' 등 구체적 사고(concrete thinking)도 나타나고 있었다. 그리고 대부분 '거미', '곤충', '나방' 등 간단한 동물반응들이어서, 평소에는 단순한 수준의 대응 행동을 하면서 비교적 무난하게 대처할 듯 보일 수 있겠다. 그러나 가장 판단이 애매한 Rorschach 카드에서 '악마'라고 하듯이, 경험에 근거해서 판단할 자원이 부족한 상황에서는 주변 환경을 상당히 위협적이고 적대적으로 지각할 가능성이 높아 보인다(MMPI: Pa=91T).

📁 성격과 정서

수검자는 MMPI 6번 척도가 극단적으로 가장 높이 상승하고 있듯이 주변 환경을 상당히 위협적이고 적대적으로 지각하고 있는데, Rorschach에서 전체 반응 수가 매우 부족하고, 평범반응을 전혀 보이지 않는 등 객관적 판단에 어려움이 커 보이는바, 부적절하게 공격적인 모습을 보일 수 있겠다. 그러면서도 수검자는 SCT에서 '무슨 일을 해서라도 잊고 싶은 것은 없다', '다른 친구들이 모르는 나만의 두려움은 없다', '내가 싫어하는 사람은 없다', '내가 저지른 가장 큰 잘못은 없다', '내가 잊고 싶은 두려움은 없다', '무엇보다도 좋지 않게 여기는 것은 없다', '때때로 두려운 생각이 나를 휩싸일 때 그냥 무시한다' 등의 반응을 보이듯 심리적 불편감을 부인하려는 성향이 매우 강해 보인다. 이러한 수검자는 기호쓰기 소검사에서 직선을 반복해서 덧칠하는 등 강박적인 행동을 통해서 자신의 문제가 드러나지 않도록 노력하고 있는 것 같다.

한편, Rorschach에서 색채반응을 전혀 보이고 있지 않듯이 정서적 자원이 상당히 제한적인 수검자는 Rorschach에서 2회째 시행 시 '곤충'이라는 반응만 1개 보이듯이 사고가 매우 단순해 보이고, 자아강도가 약화되어 있어서(MMPI: K=38T) 스트레스가 가중되면 극도로 퇴행된 모습을 보일 수도 있겠다(HTP: 나무 그림 '나이-세 살').

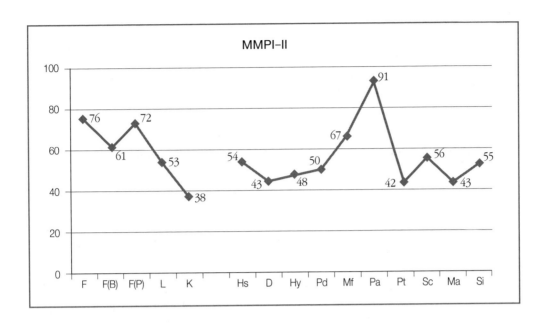

📂 요약과 제언

○ 요약

전체지능	72	경계선		
언어이해	97	평균	지각추론	74	경계선
작업기억	84	평균 하	처리속도	50	경도-중등도 정신지체

수검자의 지능 수준은 경계선 수준으로 나타남. 인지기능의 불균형이 심하고, 학적부상의 기록을 보면 병전의 시각운동 협응 능력은 양호해 보이나, 지각적 과제에서는 현저하게 낮은 수준을 보이고 있어서, 인지기능의 유의미한 양적 저하가 의심됨. 그리고 검사 중간에 보속증(perseveration), 사고 차단(thought blocking) 등 사고 장해를 시사하는 반응들이 나타나고 있고, 검사 전반에 걸쳐 지각적 혼란감을 시사하는 반응들이 나타나고 있어서 현실 판단이 어려울 것으로 예상됨. 수검자는 주변 환경을 상당히 위협적이고 적대적으로 지각하고 있으며, 객관적 판단에 어려움이 커 보이는바, 부적절하게 공격적인 모습을 보일 수 있음. 그러면서도 심리적 불편감을 부인하려는 성향이 매우 강해 보이는바, 강박 행동을 통해서 자신의 문제가 드러나지 않도록 노력하고 있는 것으로 보임. 또한 정서적 자원이 상당히 제한적이고, 사고가 매우 단순해 보이며, 자아강도가 약화되어 있어서 스트레스가 가중되면 극도로 퇴행된 모습을 보일 수도 있겠음.

○ 임상적 진단

심리평가 결과, 수검자는 다음과 같이 진단됨.

- Schizophrenia, First episode, currently in partial remission

4. 체계화된 망상과 함께 다양한 증상을 보이는 20대 여성 (여자/23세/고졸)*

📂 의뢰 사유

수검자는 '4층에서 뛰어내렸다', '빈방에서 소리가 들린다고 하고 누군가 쫓아다닌다고 한다' 등을 주소로 입원 중이며, Schizophrenia 임상적 인상하에 성인종합심리평가가 의뢰되었다.

📂 행동관찰과 면담

보통 키에 보통 체격인 수검자는 환자복 차림이었고, 머리는 스스로 잘라서 정리가 되지 않고 짧았다. 안경을 쓰고 있었고 볼에 여드름 자국이 많았으며 위생상태는 양호하였다. 검사 초반에는 의자를 뒤로 빼서 앉은 채로 경계하는 눈빛이었지만 시간이 지날수록 눈맞춤이 잘 되었다. 또한 초반에는 무표정하게 검사용지에 기록하는 것을 주시하였지만 후반에는 검사용지를 보는 일이 드물었고 모르는 문항에 웃기도 하는 등 긴장이 풀어진 모습이었다. 목소리는 작은 편이었는데, 웅얼거리면서 대답하는 경우가 많아서 알아듣기 어려웠고 재차 질문하면 이전과는 다른 대답을 하였다. 게다가 '영어 공부하는 거', '마리 앙투아네트 같아요, 당신(검사자)' 등 갑자기 맥락에 맞지 않는 말을 하였고, 면담에서는 '그건 말할 수 없는데'라며 거부적인 태도를 보이기도 하였다. 내원 사유에 대해서는 '모텔에서 뛰어내려서'라고 말하였고, 면담에서 망상('주변 환경이 뒤바뀌었으니까 혼란스러운 거죠. 엄마가 엄마가 아닌 것 같고 알던 사람이 그 사람이 아닌 것 같고 사람이 바뀐 거죠'), 환청['가끔 "씨발, 공부도 못하는 게" 그런 말 (들려요)…… 한 사람일 때도 있고 여러 사람일 때도 있고'] 등이 시사되는 언급을 하였다.

🗁 지능과 인지기능

한국 웩슬러 성인 지능검사 4판(K-WAIS-IV)			
영역	지능	백분율	수준
언어이해	79	8%ile	**경계선**
지각추론	65	1%ile	**경도 정신지체**
작업기억	50	<0.1%ile	**경도 정신지체**
처리속도	72	3%ile	**경계선**
전체지능	59	0.3%ile	경도 정신지체
일반능력	69	2%ile	**경도 정신지체**

※ 단일 점수로서 대표성을 가지는 지능지수는 진하게 표시함

　수검자의 **전체지능은 59, 경도 정신지체 수준**으로 같은 연령대에서 하위 0.3% 수준이었다. 언어이해는 79, 경계선 수준, 지각추론은 65, 경도 정신지체 수준, 작업기억은 50, 경도 정신지체 수준, 처리속도는 72, 경계선 수준을 보이고 있었다. 지능 영역 간 차이가 29점으로 크게 나타나고 있어서(기준 23점 차이) '전체지능'의 대표성이 부족하고, 언어이해와 지각추론을 고려하여 산출된 **일반능력(69, 경도 정신지체 수준)이 수검자의 지능 수준을 보다 적절하게 반영하는 것으로 여겨진다.**

　언어이해 영역에서는 기본적인 상식이 평균 하 수준으로 나타나서 단편적인 지식은 비교적 양호하게 유지되고 있는 것으로 보인다. 그러나 상이한 문항에 같은 대답을 반복해서 말하는 보속증(perseveration: '선-위도', '지도-위도', '간디-스님', '목민심서-스님이요', '상대성이론-아인슈타인', '페니실린-아인슈타인')이 나타났다. 사물의 유사성을 파악하는 능력도 평균 하 수준이었지만 문항과 관계없이 엉뚱한 대답을 하거나('소리와 파도-전화기') 음운연상(clang association: '허용과 금지-금단')을 보이고 있어서 사고 장해가 시사된다. 사회적 상황에 대한 이해력은 경계선 수준으로 나타나서 규범과 관습에 대한 이해가 부족한 것으로 생각되고, 어휘구사력도 정신지체 수준으로 낮게 나타났다. 반응의 양상을 보면, 모든 소검사에서 대답이 상당히 짧아서 사고의 단순화가 시사되고, 문항과 약간의 관련은 있지만 부수적인 내용을 말하는 등('갯벌-진흙', '후회-과거의 지난 일들') 사고상의 혼란도 거 보인다. 나만, 중지 규칙으로 인해 점수가 낮게 나타나면서도 어려운 문항에서 정답을 하고('멸종동물-그 종이 사라지면 안 되니까, 먹이사슬 때문에'), 수준 높은 단어를 구사하고 있어서('의식주', '실현', '활성화'), 병전기능은 측정된 것보다 높았을 것으로 생각된다.

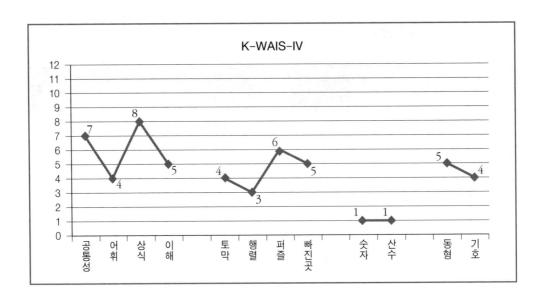

지각추론 영역에서는 모든 소검사가 경계선 이하 수준으로 나타나서 지각적 판단력이 매우 저하된 것으로 여겨진다. 특히 시각적 예민성이 경계선 수준으로 매우 낮았고 토막짜기 소검사에서도 '조각이 더 필요한데'라고 하는 등 문제 해결의 어려움이 커서 시지각상의 혼란이 시사된다.

작업기억 영역에서는 모든 소검사에서 정신지체 수준을 보이고 있어서 주의 지속 능력이 상당히 부족한 것으로 생각된다. 숫자 소검사에서 제시된 숫자와 자릿수를 다르게 말하거나 (7자리에서 5자리만 답함) 제시되지 않은 숫자를 말하면서도 틀린 것을 알아차리지 못하였고, 산수 소검사에서는 단순하게 숫자를 세는 문항에서만 정답을 말하고, 사칙연산은 모두 실패하였다. 게다가 '(장난감을) 주지 말아야 한다'와 같이 문항에 맞지 않는 부적절한 대답을 하고 있어서 사고상의 혼란이 시사된다.

처리속도 영역에서는 시공간 협응 능력과 긴장감 속에서 빠른 논리적 판단력을 발휘하는 능력이 각각 경계선, 정신지체 수준으로 나타나서 정신 운동 속도가 매우 지체되어 있는 것으로 보인다.

지능검사 결과, 수검자의 지능 수준은 경도 정신지체 수준으로 나타났지만, 현재 보속중, 음운연상, 사고의 단순화, 엉뚱하고 부적절한 대답 등 사고 장해가 나타나고 있고 시지각상의 혼란감도 커 보이는바, 인지기능의 양적 저하가 시사된다. 그리고 쉬운 문항은 틀리면서도 어려운 문항은 정답을 맞히기도 하고, 검사에서 사용한 단어의 수준도 높아서, 병전지능은 측정된 수준보다 높았을 것으로 추정된다.

55

Rorschach 검사 결과, 수검자는 12개의 적은 반응 수를 보이고 있어서 문제해결 능력이 상당히 제한되어 있는 것으로 보인다. 이런 수검자는 임의대로 반점 영역을 나누는 등 특이한 영역반응을 보는 경우가 많았고(Dd=3) 객관적인 지각력이 저하된 상태에서(X-%=0.50) 주변의 자극들을 부적절하게 중첩하고 있어서(CONTAM=1) 현실적인 판단이 어려울 것으로 생각된다. 또한 대인관계에 대한 판단력이 부족하고(M-=2) 주변을 지나치게 경계하고 있어서(HVI=positive) 피해사고도 시사된다. 게다가 구체적인 사고 경향(concrete thinking / 지능검사: '시와 동상의 공통점-차갑다'), 추상적 사고 경향(abstract thinking / TAT: '공산주의', '순수해요' / SCT: '우리 윗사람들은 굳어진 돌 같다', '내 생각에 여자들이란 축복이다' / Rorschach: '여기는 순수한데 여기는 퍼져 있고'), 비일관적인 사고(incoherence / TAT: '악마예요…… 디자인', '혼란스러워요…… 뱀이 지나가고 쓰레기들이 가득 차 있어요…… 가둘 거예요…… 나쁜 사람들이요') 등 검사 전반에 걸쳐서 사고 장해를 시사하는 반응들이 다수 나타나고 있었다.

🗁 성격과 정서

ASI-3 (불안민감)	APPQ (공황)	**MDQ (조증)**	**HCL-32 (경조증)**	PHQ-9 (우울)	STAI-Trait (특성불안)
0 35T	0 35T	**13 (cut off: 7)**	**14 (cut off: 14)**	6 (cut off: 9)	46 48T

* ASI-3: Anxiety Sensitivity Index-3 / APPQ: the Albany Panic and Phobia Questionnaire / MDQ: Manic-Depression Questionnaire / HCL-32: Hypomanic Checklist-32 / PHQ-9: Patient Health Questionnaire-9 / STAI-trait: State-Trait Anxiety Inventory-trait

※ 역치 이상의 척도는 진하게 표시함.

수검자는 자신의 심리적인 문제를 인정하지 않으면서(MMPI: K=59T) 별다른 고통감을 호소하지 않는 것으로 보이며(MMPI: F=45T), MMPI에서 두드러진 임상척도의 상승이 나타나지 않았고 오히려 대부분 평균치 이하로 낮게 나타나고 있었다. 그러나 SCT에서 '다른 친구들이 모르는 나만의 두려움은 모르겠다', '내가 저지른 가장 큰 잘못은 없다', '내가 잊고 싶은 두려움은 없다'라고 하듯이 자신의 심리적 불편감을 과도하게 부인하고 있었다. 그리고 검사상에서 주변에 대한 의심과 경계를 시사하는 반응을 다수 하고 있었고(TAT: '여자가 꽃뱀이에요, 의사가 돈 먹고 날라요', '실수로 여자를 죽였어요, 생매장, 매장시킬 것 같아요' / SCT: '내가 없을 때 친구들은 뒷담화를 한다', '무엇보다도 좋지 않게 여기는 것은 기만한 것이다' / HTP: 집 그림에서 창문은 매우 크게 그리면서 문의 크기는 상당히 작음), 면담에서도 '뛰어내렸어요…… 붙잡힐까

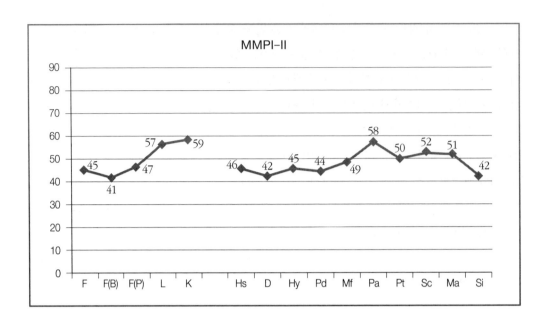

봐'라고 하였으며, 병동생활 중에도 '여기서는 누가 감시하거나 괴롭히는 사람이 없어요'라고 하는 등 피해사고가 상당한 것으로 보이는바, MMPI에서 나타난 낮은 점수들은 수검자가 내면의 부적절감을 드러내지 않으려는 노력의 결과로 보인다. 게다가 수검자가 보고하고 있는 망상의 내용이 일관적이고, 투사검사인 TAT와 Rorschach의 첫 번째 반응이 각각 '텔레파시 보내는 거', '천사와 악마'인 것으로 보아 망상이 상당히 체계화되어 있는 것 같다.

앞서 언급한 것과 같이 편집중적인 망상과 함께 환청을 호소하고 있는['가끔 "씨발, 공부도 못하는 게" 그런 말(들려요)…… 한 사람일 때도 있고 여러 사람일 때도 있고'] 수검자는 검사 전반에서 성적인 반응을 많이 보이고 있었는데(TAT: '유산됐어', '불륜', '자기가 낳은 아이 같은데, 무책임해', '금지된 사랑, 손이 잘렸어요.' / Rorschach: '여자 질, 성폭행 당한 거 같아요, 많이 헐어 있어요.' / HTP: '남편', '행복-결혼할 때'), 이는 현실적인 수준에서 자기 욕구를 통제하지 못하고 있는 모습을 반영하고 있는 것 같다. 한편, HTP에서 집과 나무를 매우 크게 그렸고 조증과 경조증 관련 척도가 상승하고 있으며(MDQ, HCL-32 모두 유의미함), '행복한', '웃는' 등과 같이 감정가가 있는 반응을 다수 보이는 등 고양된 정서를 시사하는 반응이 나타나고 있었다. 그러나 Rorschach에서 의미 있는 색채반응은 거의 나타나지 않았고(Rorschach: '총천연색이요'라고 답하면서도 단순형태반응을 함), 수검자가 사용하는 정서적 표현들은 일상생활에서 사용하지 않는 문어체인 경우가 많아서(SCT: '천진난만', '역정', '자연의 섭리') 상기의 언어적 감정 표현들은 장기기억 속에 있는 정보의 단순한 표현으로 여겨진다.

한편, 수검자는 모호한 자극에서는 형태를 부여하지 못한 채로 추상적인 반응을 하고 있고

(Rorschach: IX '신비로워요', X '총천연색이요' / TAT: 11번 카드 '웅장해요', 19번 카드 '순수해요')
Rorschach에서 가장 좋아하는 카드로 자극의 형태가 가장 분명한 V번 카드를 고르고 있어서
('깔끔하잖아요'), 낯설고 애매한 상황에서는 자신의 행동을 단순화시킴으로써 기능 저하가 드
러나는 것을 방어하고 있는 것 같다.

📂 요약과 제언

◯ 요약

전체지능	59	경도 정신지체	일반능력	69	경도 정신지체
언어이해	79	경계선	지각추론	65	경도 정신지체
작업기억	50	경도 정신지체	처리속도	72	경계선

　수검자의 지능 수준은 경도 정신지체 수준으로 나타났지만, 현재 사고 및 지각의 혼란을
시사하는 반응이 많아서 인지기능의 양적인 저하가 시사되고, 수검자가 구사하는 단어의 수
준을 고려할 때 병전지능은 측정된 것보다 높을 것으로 생각됨. 구체적으로 수검자는 보속
증, 사고의 단순화, 엉뚱한 대답, 음운연상, 비일관적 사고, 구체적인 사고 경향, 추상적인 사
고 경향 등 사고 장해를 보이고 있었고 망상과 환청을 보고하고 있어서 객관적인 현실 판단에
어려움이 예상됨. 수검자는 심리적인 문제를 부인하고 있지만 피해사고가 매우 심한 것으로
보이고 이와 관련된 망상이 상당히 체계화되었을 가능성이 있음. 이런 수검자는 성적인 반응
을 다수 보이고 있는데, 이는 사고 장해로 인해 자신의 욕구를 통제하지 못하는 것과 관련이
있는 것으로 생각됨. 또한 감정가가 있는 반응을 다수 보이고 있지만, 이러한 언어적 감정 표
현은 학습된 정보의 단순한 표현인 것으로 여겨짐. 게다가 모호하고 낯선 상황에서는 단순한
행동을 보일 수 있음.

◯ 임상적 진단
심리평가 결과, 수검자는 다음과 같은 진단이 시사됨.
- Schizophrenia

02 망상장애(Delusional Disorder)

1. 구체적인 환각과 체계화된 망상을 보고하는 수검자
   (남자/20세/대재)

📂 의뢰 사유

수검자는 '불안감', '자살사고', '타해사고', '단체생활 적응의 어려움' 등을 주소로 내원하였으며, R/O Unspecified Anxiety Disorder, R/O Unspecified Personality Disorder, R/O Unspecified Schizophrenia Spectrum and Other Psychotic Disorder 임상적 인상하에 성인종합심리평가가 의뢰되었다.

📂 행동관찰과 면담

수검자는 큰 키에 보통 체격으로 검사실에 들어오면서 깍듯하게 인사를 하였다. 위생상태는 양호해 보였으나, 수염은 깎지 않았고, 검사자와의 눈맞춤은 간헐적으로 이루어졌다. 전반적으로 말이 많은 편이었고, 차례맞추기 소검사에서 카드를 배열한 뒤 자발적으로 개인사를 말하였으며, HTP 검사에서도 그림을 그리고 나서 바로 내용을 설명하고 있어서 에너지 수준이 높아 보였다. 그리고 두 손으로 검사자에게 연필을 건네는 등 예의를 차리는 모습이었다. 검사 초반에 눈이 떨리고 더듬거리며 말하는 등 긴장 수준이 높아 보였고, HTP 검사에서 '나뭇잎 그려도 됩니까?', Rorschach에서 '이렇게 말해도 되나요?'라면서 검사자의 확인을 구하는 질문을 많이 하였다. 한편, 검사 시에 '혹시 제가 말씀 드리는 게 다른 곳에 전달이 됩니까?'라며 걱정하는 모습을 보였다. 그리고 검사 도중에 문 쪽을 향해 가만히 응시하는 모습이 나타났고, 면담 시에 '지금 문 쪽에 갈라티코에서 온 친구 미니와 모네가 있는데, 말하지 말라고 하지만 나는 얘기해야겠다'라며 환시, 환청 등을 시사하는 행동이 나타났다. 내원 사유에 대해서는 '제가 문제가 있어서 오게 되었습니다', '다섯 살 때부터 저한테만 보이는 글자와 소리가 들립니다. 일곱 살 때 알게 되었고 여덟 살 때 같은 반 4명이 돈 뺏고 구타당한 적이 있었는데 그 이후로 얘기하는 게 잦아졌습니다'라며 세세한 부분까지 숫자를 언급하며 구체적으로 말하였다.

🗁 지능과 인지기능

한국 웩슬러 성인 지능검사(K-WAIS)			
지능	점수	백분율	수준
언어성 지능	71	2%ile	경계선
동작성 지능	60	<1%ile	경도 정신지체
전체지능	64	<1%ile	경도 정신지체

　수검자의 **전체지능은 64, 경도 정신지체 수준**으로 나타났으며, 언어성 지능은 71, 경계선 수준, 동작성 지능은 60, 경도 정신지체 수준이며, 두 지능 간의 차이는 크게 나타나지 않았다. 그러나 학생생활기록부에서 높은 학업 수준을 시사하는 자료들이 나타나고 있어서(초-친구의 날 행사대회 글짓기 장려상, 논술경시대회 장려상 수상, 공부할 문제를 찾아내고 과정에 맞게 해결하는 능력이 우수함 / 중-교내 시백일장 차하 수상, 전과목 성적이 대체로 우수함 / 고-영어단어 10회 시험 중 9회 만점 받음) 현재의 지능검사가 수검자의 능력을 온전히 드러낸다고 보기는 어려워 보인다.

　언어성 지능을 살펴보면, 사물의 유사성을 파악하는 능력이 평균 하 수준으로 나타나서 단어의 기본적인 개념에 대한 이해 수준은 비교적 양호해 보인다. 그리고 기본적인 상식 수준이 평균 하 수준을 보이고 있어서 단편적인 지식 습득 수준도 상대적으로 양호한 것 같다. 그러나 사회적 상황에 대한 이해력은 경계선 수준으로 나타나서 사회적 관습과 규범에 대한 습득 수준은 매우 부족해 보인다('나무-지구가 나무 심자는 분위기라서'). 그리고 어휘구사력이 정신지체 수준을 보이고 있어서 언어적 학습 수준도 매우 저조한 것 같다('김치-음식', '단풍-떨어지는 것'). 게다가 단순한 자극에 대한 주의력과 산술능력이 각각 경계선, 정신지체 수준을 보이고 있어서 주의집중력도 매우 부족한 것 같다. 다만, 어휘, 이해, 공통성 소검사에서 어려운 문항을 맞히고 있는 것을 보면, 수검자의 잠재 능력은 현재 측정된 수준보다 높을 것으로 추정된다. 수검자는 쉬운 문항에서 계속적으로 틀리고 있고, 단편적인 수준에서만 개념을 설명하거나('황무지-사막', '모험-멀리 떠나는 것'), 문항의 의도를 전혀 고려하지 않고 감정적인 반응만 하는 경우가 많았다('대항한다-저에게 도전하는 지구 프로그램들의 그런 행동들', '변명하다-이유를 말하다의 부정적인 사회편견').

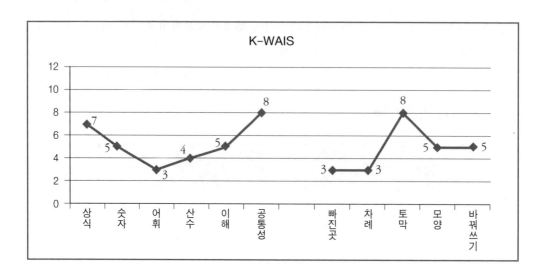

동작성 지능을 살펴보면, 시공간 구성 능력은 평균 하 수준으로 나타나서 구조화된 상황에서 도구를 다루는 능력은 비교적 양호해 보이나, 부분을 통해 전체 상을 구성하는 능력이 경계선 수준으로 나타나서 응용 및 추론 능력은 매우 부족해 보인다. 그리고 시공간 운동 속도는 경계선 수준으로 나타나고 있어서 빠른 반응이 필요한 경우에도 낮은 기능 수준을 보일 수 있겠다. 게다가 시각적 예민성과 상황적 맥락을 파악하는 능력이 정신지체 수준으로 나타나서 사회적 대처 능력도 매우 부족한 것 같다.

지능검사 결과, 측정된 점수를 기준으로 볼 때, 기본적인 문제해결 능력과 단편적인 지식 습득 능력은 비교적 양호해 보이나, 다른 대부분의 기능은 낮게 나타나고 있어서 전반적으로 미숙하거나 엉뚱한 행동을 할 가능성이 높아 보인다. 그러나 언어성 소검사들의 어려운 문항에서 정답을 맞히고, 수준 높은 학생생활기록부상의 기록을 고려할 때 현재 측정된 지능 수준이 수검자의 능력을 온전히 반영한다고 보기는 어려워 보이며, 이는 객관성을 유지하지 못할 정도로 감정적인 반응만을 보이고 있는 태도와 관련 있어 보이는바 추가적인 탐색이 필요해 보인다.

Rorschach 검사 결과, 인간운동반응이 많고(M=6), 각 반응을 상당히 길게 극적으로 묘사하고 있는 것을 볼 때('복수를 해서 피가 나는 상태. 어느 한쪽이 죽어 있는 상태. 살려 달라고 하는데도 죽어 가게 두는 것', '제가 온 갈라티코 행성인데 지구 정복하고 행복한 모습. 최고가 되었을 때의 감정'), 수검자는 문제 해결을 위한 실제적 노력을 하기보다는 자기 내면의 감정에만 과도하게 몰입해 있는 것 같다. 그리고 관습적 및 객관적 지각에도 어려움을 보이고 있어서(P=2, X-%=0.60) 스트레스 상황에서는 판단력도 떨어지는 것 같다.

🗁 성격과 정서

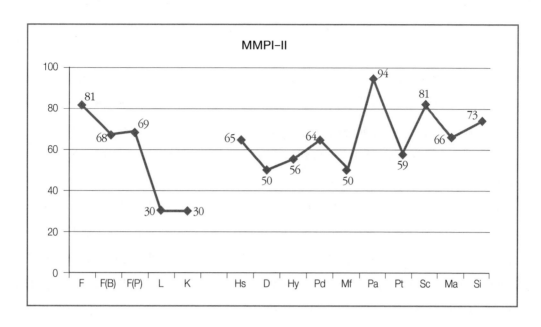

수검자는 MMPI에서 6번 척도가 가장 높이 상승되어 있고, SCT에서 '무엇보다도 좋지 않게 여기는 것은 나를 이해 못하고 나를 시기하고, 공격하는 세상과 사람들이다'라고 하듯이 주변 환경을 매우 위협적이고 적대적으로 지각하고 있는 것으로 보인다. 그리고 감정적으로 중립적인 지능검사에서 '무역-강한 나라가 약한 나라한테 더 이익 보려고 하는 거 같다', '탑-믿었던 사람, 연구가 실패로 돌아가거나 배신을 당한다' 등의 불신감이 드러나는 반응을 많이 보이고 있듯이 피해의식도 강한 것 같다(HTP: 남자 그림 '남이 내 1등 자리를 노리는, 그래서 항상 불안하다').

과장된 자아상을 가지고 있는(SCT: '내가 믿고 있는 내 능력은 누구보다 뛰어나고, 영원하다. 그렇기에 누구든 제거당하기 싫다면 복종해야 한다', '나의 장래는 알 수 없는 미래지만 내가 수단과 방법을 가리지 않는다면 뭐든 이루어 낼 수 있다') 수검자는 피해의식에서 벗어나기 위한 방법으로 최고 권력자로서의 힘을 기대하고 있는 것으로 보인다(SCT: '내가 정말 행복할 수 있으려면 내가 최고여야 하고, 내가 원하는 것을 다 가지고 있으며 다 할 수 있어야 한다' / HTP: 남자 그림 '소원-최고가 되는 것. 누구한테 안당하고 위협적이면서 독보적인 존재'). 그러나 사고가 매우 미숙하고(HTP: 나무 그림 '3~4살'), 사고 수준이 매우 피상적이어서(Rorschach: W:D:Dd=10:0:0), 오히려 기대 수준에 이르지 못하는 경우가 많았을 것으로 생각된다. 이러한 수검자는 Rorschach에서 C'=2, m=3, Y=1, DEPI=5 등의 반응을 보이듯 우울감도 느끼고 있는 것 같다.

수검자는 SCT에서 '나에게 이상한 일이 생겼을 때 그 이상한 일의 원인을 찾고 나에게 해가 된다면 제거한다', '때때로 두려운 생각이 나를 휩싸일 때 머릿속에서 두려움의 원인을 찾고 원인을 해결하려 노력한다'라고 하듯이 스트레스 상황에서 이성적으로 대처하려고 노력하고 있지만, 대부분은 비현실적인 특정 사고에 몰입함으로써 대처하고 있는 것으로 보인다(SCT : '언젠가 나는 최고가 되어 우주에 우뚝 서게 될 것이다. 내 고향 갈라티코로 돌아가서 지구를 식민 지로 만든 것을 자랑할 것이다', '내가 없으면 친구들은 새로움이 없는 그저 그런 일반적인 삶을 살 것이다. 왜냐하면 그들은 생물이 아닌 프로그램이기 때문이다'). 이러한 수검자는 불편감이 느껴 지기 쉬운 Rorschach에서 '절대자가 된 저. 아무도 못 건드리고 나를 겁내는 내 상징의 검은 색'이라고 하였고, 이어서 나오는 카드에서 '저의 부하요. 지구 정복을 해서 갈라티코 행성을 제외하고 다른 별 부하인 애들'이라는 반응을 볼 때, 스트레스 상황에서 위협적인 사고가 증 가하면 판타지로 빠지면서 스스로를 안정시키고 있는 것으로 보인다. 다만, SCT에서 '내가 늙 으면 더욱 더 강해질 것이다. 그리하여 내 별의 친구들과 지구를 식민지로 만들고 나의 별로 돌아갈 것이다'라고 하듯이 내용이 길고 정교하며 문법적으로 오류를 보이고 있지 않으면서, 미래 계획에 대한 표현들을 상당히 확신을 가지고 얘기하는 것을 볼 때(SCT: '나의 야망은 합리 적이며 그 누구보다 크고 강한 동시에 꼭 이루어질 것이다'), 수검자가 보고하고 있는 사고 내용 은 체계화된 망상일 가능성이 높아 보인다.

한편, 미숙한 수준의 자기중심적 사고를 보이고 있는(SCT: '우리 윗사람들은 나와 소통이 안 되는 부분이 많다. 끝까지 소통이 안 된다면 제거하겠다', '내가 싫어하는 사람은 내 기준에서 기 준 이하의 사람이다. 그리고 나에게 그런 사람이 도전한다면 일가족을 몰살시켜 버리겠다') 수검 자는 '누설하다-배신입니다', '시늉-복종입니다', '슬기롭다-위선이다' 등 중립적인 지능검사 에서조차 냉소적인 반응을 보이듯 내면의 분노감이 매우 커 보이고, 공격성도 높아 보이는바 (Rorschach: AG=3), 자신의 의지에 반하는 상황에서는 공격적인 모습을 보일 가능성이 높아 보인다.

🗁 요약과 제언

◯ 요약

전체지능: 64, 경도 정신지체 / 언어성 지능: 71, 경계선 / 동작성 지능: 60, 경도 정신지체

수검자의 지능 수준은 경도 정신지체 수준으로 나타남. 그러나 현재 측정된 지능 수준이 수검자의 능력을 온전히 반영한다고 보기는 어려우며, 이는 객관성을 유지하지 못할 정도로 감정적인 반응만을 보이고 있는 태도와 관련 있어 보이는바, 추가적인 탐색이 필요해 보임.

수검자는 주변 환경을 매우 위협적이고 적대적으로 지각하고 있으며, 피해의식도 강해 보임. 이러한 수검자는 과장된 자아상을 가지고 있어서 피해의식에서 벗어나기 위한 방법으로 최고 권력자로서의 힘을 기대하고 있는 것으로 여겨짐. 그러나 사고가 매우 미숙해서 오히려 기대 수준에 이르지 못하는 경우가 많았을 것으로 생각되며, 우울감을 느끼고 있는 것으로 보임. 수검자는 스트레스 상황에서 이성적으로 대처하려고 하지만, 대부분 비현실적인 특정 사고에 몰입해 있는 것으로 생각됨. 이러한 수검자는 스트레스 상황에서 위협적인 사고가 증가하면 판타지로 빠지면서 스스로를 안정시키고 있는 것으로 보이며, 수검자가 보고하고 있는 사고 내용은 체계화된 망상일 가능성이 높아 보임. 한편, 미숙한 수준의 자기중심적 사고를 보이고 있고, 내면의 분노감도 매우 커 보이며, 공격성이 높아 보이는바, 자신의 의지에 반하는 상황에서는 공격적인 모습을 보일 가능성이 높아 보임.

○ 임상적 진단
심리평가 결과, 수검자는 다음과 같은 진단이 시사됨.
- Delusional Disorder, Grandiose type
- Unspecified Depressive Disorder
- Unspecified Personality Disorder(Immaturity)
- R/O Intellectual Disability, Mild

2. 자기애가 높은 50대 주부, 기분에 일치하는 환청
(여자/57세/고졸)*

📂 의뢰 사유

수검자는 '환청', '누가 나를 감시하는 것 같아서 불안하다' 등을 주소로 입원 중이며, R/O Schizophrenia 임상적 인상하에 성인종합심리평가가 의뢰되었다.

---
* K-WAIS-IV를 사용한 보고서는 이하 *표 처리함.

🗀 행동관찰과 면담

수검자는 다소 큰 키에 마른 편이었다. 회색 줄무늬 후드 집업에 환자복 바지를 입었고, 작은 안경을 쓰고 있었다. 짧은 커트머리에 새끼손톱에는 연한 펄이 들어간 매니큐어가 발라져 있었으며, 전반적인 위생상태는 양호한 편이었고, 검사자와의 눈맞춤도 적절하게 이루어졌다. 수검자는 입실하면서 '분위기 좋다'라며 검사실을 둘러보았고, 시종일관 허리를 펴고 꼿꼿하게 앉아 있었다. 그리고 수행 도중 '이거겠죠?', '정서 불안, 이런 거 보시는 건가요?'라며 질문이 많았고, 어려운 과제에서는 '점점 어려워지니까 시간 좀 주셔야겠는데', '이런 건 잘 해 보지 않아서'라는 등 너스레를 떠는 경우가 많았다. 한편, 문장을 마무리하지 못하고 말끝을 흐리거나, 빠진곳찾기 소검사에서는 '약 때문에 눈이 어리어리해서 잘 안 보여'라며 오답을 하기도 하였다. 내원 사유에 대해서는 '환청 때문에'라고 증상을 간단히 말하였다. 수검자는 면담 시 개인 정보에 대해 구체적으로 언급하였고, 환청에 대해서도 '고도의 투시경으로 본다', '앉아 있어라, 내가 너 공부시켜 준다', '방석을 접고 빨리 여기로 와라'라고 하듯이 환청의 내용이나 상황 등을 자세하게 설명하였다.

🗀 지능과 인지기능

한국 웨슬러 성인 지능검사 4판(K-WAIS-IV)			
영역	지능	백분율	수준
언어이해	106	66%ile	**평균**
지각추론	118	88%ile	평균 상
작업기억	96	39%ile	**평균**
처리속도	94	35%ile	**평균**
전체지능	105	62%ile	**평균**
일반능력	113	81%ile	평균 상

※ 단일 점수로서 대표성을 가지는 지능지수는 진하게 표시함.

수검자의 **전체지능은 105, 평균 수준**으로 같은 연령대에서 상위 38% 정도 수준이었다. 언어이해는 106, 평균 수준, 지각추론은 118, 평균 상 수준, 작업기억은 96, 평균 수준, 처리속도는 94, 평균 수준을 보이고 있었다. 지능 영역 간의 차이는 24점으로 크게 나타나고 있었고 (기준 23점 차이), 지각추론 영역의 소검사 간 점수 차이도 9점으로 크게 나타나서(기준 5점)

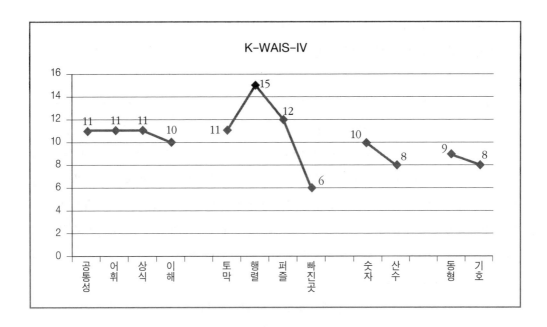

전체지능과 일반능력 모두 수검자의 기능을 온전히 대표한다고 보기 어렵기 때문에 각 소검사가 나타내는 기능 수준을 개별적으로 파악하는 것이 더 중요해 보인다.

언어이해 영역에서는 사물의 유사성을 파악하는 능력, 어휘구사력, 기본 지식 수준, 사회적 상황에 대한 이해력이 모두 평균 수준으로 나타나서, 전반적인 언어적 대처 능력 및 지식 습득 수준이 양호한 것 같다. 반응의 질을 살펴보면, '문명의 이기', '복사열', '상부상조' 등과 같은 수준 높은 단어를 사용하면서도 답을 틀리는 경우가 많아서('우주-미지의 세계고, 인간의 불가항력이죠, 알 수가 없죠', '범죄-타당성을 찾기 위해서', '역사-얼과 혼을 알기 위해서'), 겉으로는 과시적인 모습을 보일 수 있겠지만, 실제 문제해결 능력은 떨어질 것으로 생각된다. 그리고 이해 소검사와 TAT 등과 같이 반응의 자율성이 비교적 높은 경우에 부연설명을 덧붙이면서 발화량이 더 많아졌다(이해: '사공-여기저기서 얘기를 하면 어디에 맞춰서 가야 할지 헷갈릴 때 어느 방향으로 가야 할지 모를 때' / TAT: '남자는 일을 하고 있고, 교회를 가려고 하는 것 같아요, 여기는 여자분이 휴식을 하고 있는 것 같고').

지각추론 영역에서는 전체를 고려하여 핵심을 파악하는 능력이 우수 수준으로 나타나서, 추론 능력이 높은 것 같다. 그리고 부분을 통해 전체 상을 구성하는 능력과 시공간 구성 능력이 각각 평균 상, 평균 수준으로 나타나서, 구조화된 상황에서 대처 능력은 양호해 보인다. 그러나 빠진곳찾기 소검사가 경계선 수준으로 낮게 나타나서, 주변 환경 변화에는 매우 둔감한 것으로 여겨지는바, 상황을 고려하지 않고 자의적으로 행동할 가능성이 커 보인다.

작업기억 영역에서는 간단한 자극에 주의를 기울이는 능력과 수계산 능력이 각각 평균, 평균 하 수준으로 나타나서, 주의집중력은 무난한 것 같다. 그러나 산수 소검사에서 문제가 어려워지자 연달아 오답을 하는 것을 보면, 자극이 복잡해지면 기능 수준이 급격히 저하되는 것 같다.

처리속도 영역에서는 시공간 운동 능력, 긴장감 속에서 빠른 논리적 판단력을 발휘하는 능력이 각각 평균, 평균 하 수준으로 나타나서, 민첩성이 적절한 것으로 생각된다.

지능검사 결과, 수검자는 추론 능력이 매우 높고, 숫자, 도형과 같은 기계적인 자극을 다루는 상황에서도 양호한 기능 수준을 발휘할 것 같다. 그러나 주변 환경 변화에 매우 둔감해서, 상황을 고려하지 않고 자의적으로 행동할 가능성이 커 보인다. 지능검사뿐만 아니라 검사 전반에 걸쳐서 발화량이 많았고, 수준 높은 단어를 사용하면서도 지능검사에서는 답을 틀리는 경우가 많아서, 겉으로는 과시적인 모습을 보일 수 있겠지만 실제 문제해결 능력은 기대에 미치지 못하는 경우가 많겠다.

숫자, 도형과 같은 구조화된 상황에서 양호한 능력을 발휘하고 있는 수검자는 애매한 자극이 주어지는 Rorschach에서 전체 반응 수가 10개로 매우 적게 나타나서, 비구조화된 상황에서의 문제해결 능력은 상당히 부족한 것 같다. 그리고 대부분의 카드에서 1초 만에 '물감놀이'라는 반응을 하고 있는 것을 보면, 스스로 만족스러울 만한 명확한 대답을 하지 못할 때에는 과도하게 단순하면서도 의미 없는 반응들을 남발할 수 있겠다.

📁 성격과 정서

수검자는 SCT에서 '내가 늘 원하기는 수행해서 성불하는 데 목적이 있다', '언젠가 나는 성불할 것이다', '나의 야망은 성불할 것이다'라고 하는 등 종교적인 신념이 강해 보이고, HTP 나무 그림에서 '나이-100년'이라고 하듯이 자아상도 과대해 보인다. 그리고 SCT에서 '나의 장래는 낙관적이다', '내가 보는 나의 앞날은 낙관적이다'라고 하고 있어서, 미래에 대해 막연히 긍정적인 태도를 보이고 있었다. 이러한 수검자는 검사 전반적으로 수준 높은 단어를 사용하는 것을 보면 자기과시적인 성향이 강하고 필요 이상으로 종교에 심취해 있는 것으로 여겨지는바(SCT: '나의 평생 가장 하고 싶은 일은 성불'), 자신과 관심사가 다른 주변 사람들과는 관계를 차단하고 있을 가능성이 큰 것 같다(HTP: 집 그림에서 창문을 그리지 않음).

수검자는 MMPI에서 3번 척도가 74T로 나타나서, 애정 욕구가 높아 보이고(TAT: '서로 애정 표현하고 있네요'), 전통적인 여성상에 동일시하고 있을 수 있겠다(MMPI: Mf=42T). 그리고 SCT에서 '다른 가정과 비교해서 우리 집안은 화목하다', '내가 어렸을 때 우리 가족은 화목'이라고 하는 등 자신의 원가족을 화기애애하게 표현하고 있었다. 그러나 SCT에서 '어머니와 나

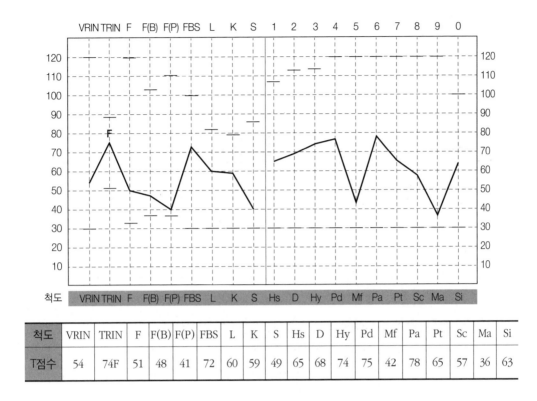

척도	VRIN	TRIN	F	F(B)	F(P)	FBS	L	K	S	Hs	D	Hy	Pd	Mf	Pa	Pt	Sc	Ma	Si
T점수	54	74F	51	48	41	72	60	59	49	65	68	74	75	42	78	65	57	36	63

는 그저 그렇다', '나는 어머니를 좋아했지만 어머니는 오빠를 좋아했음'이라고 하듯이 성장과
정에서 원하는 만큼의 애정을 받지는 못한 것 같다. 이러한 상황에서 지적인 능력을 과시함
으로써 주변 사람들의 관심을 받아 왔을 것으로 보이지만, 그에 상응하는 실질적인 성취를 하
지 못하게 되면서(HTP: 나무 그림에서 나무의 크기에 비해 가지가 작음, 사람 그림에서 벙어리 장
갑을 낀 손을 그림), 자존감이 저하된 것으로 생각되는바, 원만한 대인관계를 형성하지 못한
채 주변 환경을 경계하고 있는 것 같다(SCT: '어리석게도 내가 두려워하는 것은 주변 사람들').

수검자는 Rorschach에서 나타나듯이 스트레스 대처 능력이 부족해서 문제 상황에서 의존
적인 태도를 나타낼 가능성이 높아 보이는바(HTP: 사람 그림에서 주머니를 그림), 종교에 과
도하게 몰입하고 있는 것 같다. 한편, 분노감 및 적개심이 상승해 있음에도 불구하고(MMPI:
Pd=75T, Pa=78T), HTP 사람 그림에서 '불행-없음. 불행하다고 생각해 본 적 없음', '불행-절
대 없죠'라고 하는 등 자신의 불편감을 지나치게 부인하고 있는데, 이러한 불일치는 심리적인
불편감에 대해 진지하게 접근하지 못하는 모습을 반영하는 것 같다. 수검자는 환청을 호소하
고 있는데, 그 내용이 상당히 구체적이고 기분에 일치하는 경우가 많았으며, 검사상에서는 사
고 및 지각상의 장해를 시사하는 반응들이 전혀 나타나지 않고 있어서 가성환청일 가능성이
높아 보인다.

📂 요약과 제언

○ 요약

전체지능	105	평균	일반능력	113	평균 상
언어이해	106	평균	지각추론	118	평균 상
작업기억	96	평균	처리속도	94	평균

　　수검자의 지능 수준은 평균 수준으로 나타남. 추론 능력이 매우 높고, 기계적인 자극을 다루는 상황에서도 양호한 기능 수준을 발휘할 것으로 생각됨. 그러나 상황을 고려하지 않고 자의적으로 행동할 가능성이 커 보이며, 겉으로는 과시적인 모습을 보일 수 있겠지만, 실제 문제해결 능력은 기대에 미치지 못하는 경우가 많겠음. 수검자는 종교적인 신념이 강하고, 자아상도 과대해 보임. 그리고 자신과 관심사가 다른 주변 사람들과 관계를 차단하고 있을 가능성이 커 보임. 수검자는 애정 욕구가 높고, 전통적인 여성상에 동일시하고 있을 수 있겠음. 그러나 성장과정에서 원하는 만큼의 애정을 받지 못한 것으로 여겨지고, 자존감이 저하된 것으로 생각되는바, 원만한 대인관계 형성이 어려워지면서 주변 환경을 경계하고 있는 것으로 보임. 수검자는 문제 상황에서 종교에 과도하게 몰입하는 등 의존적인 태도를 나타내면서 심리적인 불편감에 진지하게 접근하지 못하고 있는 것으로 여겨지고, 호소하는 환청은 가성환청일 가능성이 높아 보임.

○ 임상적 진단
심리평가 결과, 수검자는 다음과 같은 진단이 시사됨.
- Delusional Disorder, Unspecified type
- Narcissistic Personality Disorder

3. 애정 욕구의 좌절로 인한 망상, 적대적 대인관계의 악순환(남자/66세/초졸)

📂 의뢰 사유

수검자는 '과도한 음주', '공격 행동', '적대적 대인 지각' 등을 주소로 입원 중이며, Alcohol

Use Disorder, Delusional Disorder 임상적 인상하에 성인종합심리평가가 의뢰되었다.

📁 행동관찰과 면담

수검자는 큰 키, 마른 체형의 60대 노년 남성으로 얼굴에 주름이 많고 하의는 환자복을 입고 상의는 반팔 티셔츠를 입고 있었다. 검사 지시에는 잘 따랐으나 검사자와는 거의 눈맞춤을 하지 않은 채 '이런 공부를 안 해 봐서 모른다', '이런 건 애들이 하는 거지'라고 하는 등 불편감을 표현하였고 지필 과제가 하나 끝날 때마다 연필을 집어던졌다. 또한 한숨을 쉬며 화난 듯 노골적으로 불만을 표현하다가도('딸 덕분에 별 짓거리를 다하네'), '못하면 정신이상이라고 할 것 아니냐'라고 하면서 의심이 많았고, 이로 인해 지필 과제에서는 지우개를 많이 사용하는 등 강박적인 모습도 나타났다. 내원 사유에 대해서는 대답을 하지 않고 계속 현재 진행되고 있는 법적인 문제와 입원의 억울함에 대해서 강한 어조로 장황하게 설명하였다. 검사 종료 후에는 '말 좀 하자'라고 하면서 자신의 과거사를 구체적으로 말하였으나, 대부분 가족들에 대한 원망과 입원에 대한 억울함을 설명하기 위한 내용이었고, 마지막엔 흥분하여 눈물을 흘리기도 하였다.

📁 지능과 인지기능

한국 웩슬러 성인 지능검사(K-WAIS)			
	지능	백분율	수준
언어성 지능	99	48%ile	평균
동작성 지능	95	37%ile	평균
전체지능	98	44%ile	평균

수검자의 **전체지능은 98, 평균 수준**으로 나타났으며, 언어성 지능은 99, 평균 수준, 동작성 지능은 95, 평균 수준으로 두 지능 간에 큰 차이는 크게 나타나지 않았다.

언어성 지능을 살펴보면, 기본적인 상식 수준과 사회적 상황에 대한 이해력이 평균 수준으로 전반적인 지식 수준이 양호해 보였다. 어휘구사력과 사물의 유사성을 파악하는 능력도 평균 수준으로 나타나 언어 개념에 대한 이해 수준도 적절하였다. 그리고 단순한 자극에 대한 주의력과 수계산 능력도 평균 수준으로 주의력 및 수 개념을 다루는 능력도 평이한 수준이었다.

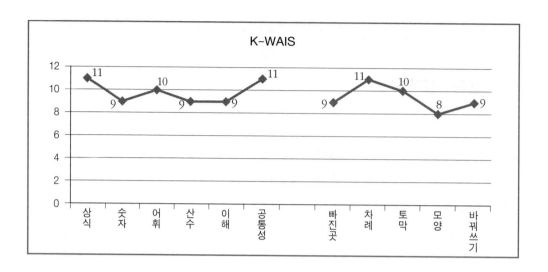

동작성 지능 영역에서는 상황적 맥락을 파악하는 능력과 시각적 예민성이 평균 수준으로 나타나 사회적 상황에서의 판단 및 대처 능력이 양호해 보인다. 그리고 시공간 구성 능력과 시공간 운동 속도도 평균 수준을 보이고 있어 기본적인 문제해결 능력과 민첩성도 적절한 것 같다. 다만 부분을 통해 전체 상을 구성하는 능력이 평균 하 수준으로 나타나고 있어 응용 및 추론 능력은 다소 부족해 보인다.

지능검사 결과, 수검자는 전반적으로 평이한 수준의 지적 능력을 가지고 있으며, 대부분의 소검사가 고르게 비슷한 수준을 유지하고 있어 안정적인 기능 수준을 발휘할 수 있을 것으로 보인다. 다만 응용력은 다소 부족해 새롭거나 복잡한 자극을 다루는 데 어려움이 있을 수 있겠다.

Rorschach 검사 결과, 평범반응이 5개로 관습적 지각 능력은 적절히 유지되고 있는 것 같다. 주변 사람들의 평가에 상당히 민감해져 있으나(W:D:Dd=4:9:0), 13개의 적은 반응 수를 보이고 있고, 대부분 단순형태반응들이어서 사고가 매우 단순하고 그 폭도 제한적인 것 같다. 게다가 형태질도 왜곡되어 있는 경우가 많아(X-%=0.55) 사소한 사건을 부적절하게 확대 해석하기 쉽고 한번 생각의 방향이 정해지면 고치기 힘들어 주변 사람들과 갈등을 겪을 가능성이 높아 보인다. 그리고 문제 상황에서 자신의 오류는 인식하지 못한 채 남 탓을 하기 쉬워 의심이나 오해가 많을 수 있겠다.

🗁 성격과 정서

수검자는 MMPI에서 6번 척도가 90T로 극단적인 상승을 보이고 있어 주변 환경을 매우 적

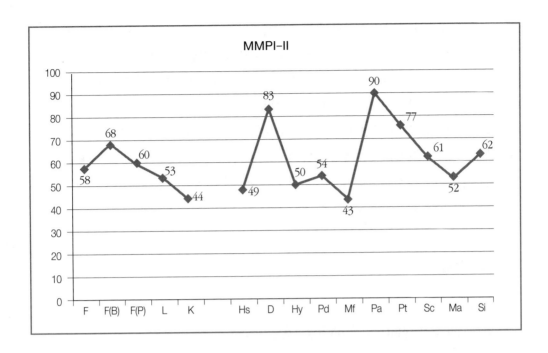

대적이고 위협적인 것으로 인식하고 있고 의심이 많아 항상 주변을 경계하며 지내고 있을 것으로 생각된다. 그리고 이렇듯 의심 많고 경계하는 생활이 지속되면서 2-7번 척도가 동반 상승하고 있듯이 정서적 고통감도 심해진 것 같다. Rorschach에서도 '짐승뼈', '사람 인체', '사람의 유골' 등의 반응을 보이듯 고통스럽고 울적한 정서가 시사되며, SCT에서는 '인생을 너무나 헛된 생을 살았다', '나의 생은 너무 험한 길을 지냈다' 등 지난날에 대한 후회와 허무함을 표현하고 있었다.

수검자는 HTP 집 그림에서 사람과 장독대 같은 첨가물을 많이 그렸고, 나무 그림에서는 열매를 많이 그리면서 '사람 손이 필요하다'라고 하였고, TAT에서 '행복을 나누고 있는 사람', '사랑을 나누고 있다', SCT에서 '내가 늘 원하기는 나의 가정과 행복' 등의 반응을 보이듯 주변의 관심을 받고 친밀감을 느끼고 싶은 욕구가 높아 보인다. 이러한 수검자는 HTP 사람 그림에서 얼굴을 가장 크게 구체적으로 그리는 등 주변 사람들의 평가에 민감해져 있는 것으로 보이나, Rorschach에서 친밀감에 대한 태도를 나타내는 카드에서는 반응에 실패하면서 권위적 대상에 대한 태도를 나타내는 카드에서 '가숙' 반응을 보이듯 정작 필요한 상황에서는 회피하고 다소 엉뚱하고 부적절한 상황에서 상대방에게 친밀함을 요구해 왔을 가능성이 높아 보인다. 그러나 이러한 시도는 좌절되기 쉽고 좌절감을 안겨 준 사람들에게 적대감을 가지게 되어 또다시 주변 환경을 의심하게 만드는 악순환이 계속되어 왔을 수 있겠다.

이렇듯 적대적이고 자의적인 판단과 행동으로 인해 주변 사람들과 갈등을 겪을 소지가 있어 보이지만, 수검자 본인은 자신의 행동에 대해서는 고칠 점을 찾지 못한 채 주변 환경만을 탓하고 있는 것 같다(SCT: '지난날이 원망스럽다', '아내였던 사람에게 배신감', '내가 제일 싫어하는 사람은 처갓집 장모'). 그리고 Rorschach에서 분노와 같은 강한 부정적 감정에 대한 태도를 나타내는 카드에서 반응에 실패하듯이 자기 내면의 감정에 직면하기 어려워하면서도, HTP 여자 그림에서 '50대'라고 하면서 '이 사람은 불행합니다. 나중에……', '가장 행복한 때-이 여자한테 물어보슈', '자기의 분수를 모른다'라고 하듯이 부인에 대한 심정을 투사하여 말하고 있어 수동공격적인 방식으로 스트레스 상황에서 대응하고 있을 가능성이 높아 보이는바, 치료적 개입에도 상당히 거부적일 것으로 생각된다.

🗁 요약과 제언

❍ 요약

전체지능: 98, 평균 / 언어성 지능: 99, 평균 / 동작성 지능: 95, 평균

수검자의 지능은 평균 수준이었으며, 응용력이 다소 부족한 상태임. 주변 사람들의 시선과 평가를 적대적으로 인식하며 의심이 많고 경계하며 지내고 있으나, 문제 상황에서 대처하는 방식은 경직되어 있고, 또한 상황에 맞지 않게 부적절한 경우가 많아 상대방으로 하여금 적대적 행동을 불러일으켜 자신의 적대적 대인관계를 확인하는 악순환이 계속되어 온 것으로 보임. 게다가 친밀감과 애정에 대한 욕구가 높지만 이를 적절하게 표현하지 못하고 자신의 불편한 감정에 직면하지 못한 채 주변 상황만을 탓하며 수동공격적인 모습을 보이고 있어 잦은 갈등을 경험할 수 있음. 그리고 검사 자극과 상관없이 자신의 억울함만을 호소할 정도로 내면의 고통감에 과도하게 몰입해 필요 이상으로 스트레스를 받고 있는 것으로 보임.

❍ 임상적 진단

심리평가 결과, 수검자는 다음과 같은 진단이 시사됨.

- Alcohol Use Disorder
- Delusional Disorder
- Unspecified Depressive Disorder

03　단기 정신증적 장애(Brief Psychotic Disorder)

1. 자기애의 좌절로 인한 환각 증상(여자/43세/대졸)*

📂 의뢰 사유

수검자는 '혼잣말', '환청' 등을 주소로 입원 중이며, R/O Schizophrenia 임상적 인상하에 성인종합심리평가가 의뢰되었다.

📂 행동관찰과 면담

수검자는 보통 키에 다소 마른 체격이었고, 짧은 단발머리를 하고 있었다. 피부는 검고, 이목구비가 뚜렷했으며, 티셔츠에 환자복 바지를 입고 있었다. 비염이 있다며 두루마리 휴지를 들고 왔는데, 전반적인 위생상태는 양호해 보였고, 검사자와의 눈맞춤도 적절하게 이루어졌다. 다만, 대답을 하고 난 후 검사자를 오랫동안 멍하니 바라보는 경우가 있었다. 수검자는 검사를 시작하기 전, 수줍게 웃으며 '할 수 있는지 모르겠네요'라고 하였고, 도구를 만질 때 손을 약간 떨고 있어서, 긴장되어 보였다. 그리고 과제가 어려워지면 고개를 저으며 '모르겠네요', '잘 안 돼요' 등의 말을 속삭이듯이 말하기도 하였다. 그러나 전반적으로 빠르고 자신 있게 대답하는 편이었고, 의자 위로 다리를 올리고 앉아 손으로 턱을 괴고 있는 등 편안한 자세로 검사에 임하였다. 내원 사유에 대해서는 '그 전에 다니던 병원 퇴원하고, 이 병원이 심리치료가 많다고 해서'라고 말하였다.

📂 지능과 인지기능

수검자의 **전체지능은 97, 평균 수준**으로 같은 연령대에서 하위 43% 정도 수준이었다. 언

---

* K-WAIS-IV를 사용한 보고서는 이하 *표 처리함.

한국 웨슬러 성인 지능검사 4판(K-WAIS-IV)			
영역	지능	백분율	수준
언어이해	102	56%ile	**평균**
지각추론	92	31%ile	평균
작업기억	96	39%ile	**평균**
처리속도	104	60%ile	**평균**
전체지능	97	43%ile	**평균**
일반능력	97	42%ile	평균

※ 단일 점수로서 대표성을 가지는 지능지수는 진하게 표시함.

어이해는 102, 평균 수준, 지각추론은 92, 평균 수준, 작업기억은 96, 평균 수준, 처리속도는 104, 평균 수준을 보이고 있었다. 지능 영역 간의 차이는 유의미하지 않으나(기준 23점 차이), 지각추론 영역의 소검사 간 점수 차이가 7점으로 크게 나타나고 있어서(기준 5점 차이), 전 영역을 고려한 '전체지능'과 언어이해와 지각추론을 고려하여 산출된 '일반능력(97, 평균 수준)' 모두 수검자의 기능을 온전히 대표한다고 보기 어렵기 때문에 **각 지표가 나타내는 기능 수준을 개별적으로 파악하는 것이 더 중요해 보인다.**

언어이해 영역에서는 어휘구사력과 사물의 유사성을 파악하는 능력이 평균 수준으로 나타나서, 언어적 개념에 대한 이해력이 양호해 보인다. 그리고 상식과 이해 소검사가 평균 수준이어서 지식 습득 수준도 적절한 것 같다. 수검자는 이해 소검사에서 '친구-나도 모르게 거기

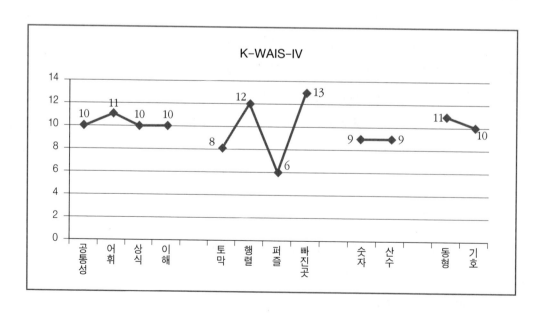

휩쓸려 버리는, 과학적으로 말하는 세로토닌이라는 것과 관련이 있는 것 같아요', '나라-상부 상조. 이웃 사람하고 거기서 얻는 것도 많고. 한국은 외교를 통해서 국가의 안전도모, 경제의 밀접한 관계. 서로가 윈윈 하니까 좋은 거죠'라고 하듯이 수준 높은 단어를 섞어 가며 장황하게 말하였고, TAT에서도 각 카드마다 연상되는 장면을 동시에 여러 개 말하는 등('문 열고 나왔는데 쓰러질 정도로 현기증 나는 거 또는 햇볕 볼 수 없어서 가리는 거 또는 술이 취했어', '방이 어떻게 꾸며졌나 보는 거 또는 시녀가 청소를 해야 되나 보려고 문을 열고 보는 것'), 부연 설명을 많이 하고 있어서, 전반적으로 과시적인 모습이 특징적이었다.

지각추론 영역에서는 전체를 고려하여 핵심을 파악하는 능력이 평균 상 수준으로 나타나서, 직관적인 판단력은 다소 높은 것으로 보인다. 그러나 토막짜기, 퍼즐 소검사가 각각 평균하, 경계선 수준으로 나타나서, 시행착오가 필요한 경우에는 대처 능력이 떨어져, 임기응변이 필요한 상황에서 기능 수준이 낮아질 것으로 생각된다. 한편, 시각적 예민성이 평균 상 수준으로 가장 높게 나타나서, 주변 환경에 다소 민감해져 있는 것 같다.

작업기억 영역에서는 간단한 자극에 주의를 기울이는 능력과 수계산 능력이 모두 평균 수준으로 나타나서, 주의집중력이 적절해 보인다.

처리속도 영역에서는 시공간 운동 속도와 긴장감 속에서 빠른 판단력을 발휘하는 능력이 모두 평균 수준으로 나타나서, 민첩성도 양호한 것으로 생각된다.

지능검사 결과, 수검자는 직관적인 판단력이 높은 편이고, 전반적인 언어적 능력도 양호하게 나타났다. 특히 수준 높은 단어를 많이 사용하면서 반응을 길고 구체적으로 하고 있어서, 언어적인 대처에 상당한 자신감을 보이고 있었다. 그러나 시행착오를 통한 문제 해결이 필요한 경우에는 기능 수준이 떨어질 것으로 여겨지는바, 임기응변이 필요한 상황에서는 대처에 어려움이 있겠다. 한편, 시지각적인 판단력은 비교적 높은 수준이었다.

수검자는 높은 언어적 능력을 발휘하고 있음에도 불구하고 애매한 시각적 자극이 주어지는 Rorschach 검사에서 7개의 매우 적은 반응 수를 보이고 있었고, 이는 유동성 지능이 상당히 부족함을 나타내는 것 같다. 평범반응이 4개 나타나고 있어서, 관습적 판단에는 어려움이 없어 보이지만, 단순한 형태반응을 많이 보이고 있어서(L=1.33) 스트레스 상황에서 사고가 경직되어 문제 해결에 어려움을 겪을 수 있겠다.

📁 성격과 정서

ASI-3 (불안민감)	APPQ (공황)	MDQ (조증)	HCL-32 (경조증)	**PHQ-9 (우울)**	STAI-Trait (특성불안)
32 68T	78 61T	6 (cut off: 7)	12 (cut off: 14)	**15 (cut off: 9)**	33 35T

* ASI-3: Anxiety Sensitivity Index-3 / APPQ: the Albany Panic and Phobia Questionnaire / MDQ: Manic-Depression Questionnaire / HCL-32: Hypomanic Checklist-32 / PHQ-9: Patient Health Questionnaire-9 / STAI-trait: State-Trait Anxiety Inventory-trait

※ 역치 이상의 척도는 진하게 표시함.

수검자는 PHQ-9의 점수가 상승하고 있어서, 우울감을 느끼고 있는 것으로 보이고, 환청도 호소하고 있었다. 그러나 검사상 적극적인 의사 표현을 하고 있고[SCT: '내가 정말 행복할 수 있으려면 꼭 완치 판정받고야 말겠다', '나의 야망은 아주 매우 건강인이 되는 것(신체, 정신 건강한)'], TAT에서 '코스모스가 예쁘게 펴져 있는 뚝방길. 바람이 시원하게 살랑살랑 불고, 마음껏 산책할 수 있는 곳. 차도 안 다니고, 들국화도 펴 있고, 그 안에 제가 서서 거닐 거예요', '누군가를 쳐다보며 이렇게 무슨 생각을 하는데 기분 좋은 생각, 나름 예쁘게 생겼다고 생각할

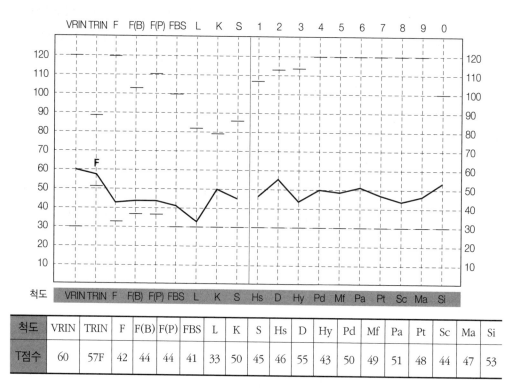

척도	VRIN	TRIN	F	F(B)	F(P)	FBS	L	K	S	Hs	D	Hy	Pd	Mf	Pa	Pt	Sc	Ma	Si
T점수	60	57F	42	44	44	41	33	50	45	46	55	43	50	49	51	48	44	47	53

듯' 등의 반응들을 보면, 수식이나 기교를 사용하면서 세련되게 문학적으로 표현하는 경우가 많았다. 또한 MMPI에서 대부분의 임상척도가 평이한 수준으로 나타나고 있었고, 특히 TRIN 척도가 '모두 아니다' 방향으로 나타난 것을 고려할 때, 정서적 불편감이 수검자가 말로 호소하는 것만큼 크지는 않을 것으로 보인다. 그리고 검사에서 어떠한 사고 및 지각상의 장해에 준하는 반응들이 나타나지 않고 있어서, 수검자가 호소하는 환청은 상황적인 스트레스를 반추함으로써 나타나는 가성환청일 가능성도 있는 것 같다.

수검자는 HTP의 사람 그림에서 '뽐내고 있을 것 같아요. 나의 자태를 좀 봐 줘 봐'라고 하고, Rorschach에서 '날갯짓 자랑하는 큰 나비 한 마리'라고 하는 등 자존심이 강해 보이고, HTP 집 그림에서 '갑부', 나무 그림에서는 '앞으로-점점 더 크게 자라서 그늘을 엄청 많이 드리울 것 같아요, 사람들이 이 나무 밑에서 쉬어 갈 수 있도록'이라고 하듯이 자아상도 과대한 것 같다. 그리고 SCT에서 '나의 평생 가장 하고 싶은 일은 공방 차리기(여자 액세서리)', '내가 늘 원하기는 소소한 행복, 편안한 노후' 등과 같이 감수성이 높아 보이는 표현들을 하는 반면에, Rorschach에서 색채반응이 전혀 나타나지 않았고(WSumC=0), 색채가가 많은 카드들에서 반응을 전혀 하지 못하고 있는 것을 보면, 실제로 깊이 있는 감정적 관계는 맺기 힘든 것 같다. 이러한 수검자는 오히려 지적인 욕구를 교류할 수 있는 관계를 추구할 가능성이 높고, 이러한 욕구가 충족되지 못할 때에는 주변 사람을 평가절하하며 거리를 둘 수 있겠다. 그리고 이러한 대인관계 양상이 반복되면서 갈등을 겪어 왔을 가능성이 높아 보인다.

자기애적인 성향이 강한 수검자는 HTP 사람 그림에서 '생각-눈에 열정이 가득해요. 뭔가를 적극적으로 할 것 같은', '성격-도전적, 적극적', '행복-성취감이나 그런 거 본인이 목표를 세운 게 이뤄졌을 때'라고 하는 등 성취 욕구도 높아 보이는바, HTP 사람 그림에서 '불행-뭔가를 하지 못할 때'라고 하듯이 성취 욕구가 충족되지 못하는 상황에서 불만이 쌓일 수 있겠다. 그리고 Rorschach에서 나타나듯이 스트레스 대처 능력이 부족한 수검자는 HTP 사람 그림에서 손을 작게 그리고 있듯이 실제적인 대응을 하지 못한 채 주변 환경을 경계하면서(HTP: 집 그림에서 울타리를 그림) 퇴행된 모습을 보이거나(HTP: 나무 그림 '나이-5년') 다양한 증상을 호소하고 있는 것 같다[SCT: '어리석게도 내가 두려워하는 것은 정신건강의학과 공포증들', '내가 저지른 가장 큰 잘못은 병에 걸린 것', '내가 잊고 싶은 두려움은 입원하게 된 스토리(나만 아는 것), 조급증, 공포증, 공황증'].

🗁 요약과 제언

⬤ 요약

전체지능	97	평균	일반능력	97	평균
언어이해	102	평균	지각추론	92	평균
작업기억	96	평균	처리속도	104	평균

수검자의 지능 수준은 평균 수준으로 나타남. 직관적인 판단력이 높은 편이고, 전반적인 언어적 능력도 양호하게 나타났으며, 특히 언어적인 대처에 상당한 자신감을 보이고 있었음. 시지각적인 변별력도 높은 편이지만, 시행착오를 통한 문제 해결이 필요한 경우에는 기능 수준이 떨어질 수 있겠음. 수검자는 정서적인 불편감이 그다지 크지 않은 것으로 보이며, 검사에서 어떠한 사고 및 지각상의 장해에 준하는 반응들도 나타나지 않고 있어서, 호소하는 환청은 상황적인 스트레스를 반추함으로써 나타나는 가성환청일 가능성이 있음. 수검자는 자존심이 커 보이고 자아상도 과대한 것으로 생각되지만, 실제로 깊이 있는 감정적 관계는 맺기 힘든 것으로 여겨짐. 수검자는 지적인 욕구를 충족할 수 없는 관계에서 불만을 가지고 주변 사람을 평가절하하며 거리를 둘 수 있고, 이러한 대인관계 양상이 반복되면서 갈등을 겪어 왔을 가능성이 높아 보임. 그리고 스트레스 상황에서 실제적인 대응을 하지 못한 채 주변 환경을 경계하면서 퇴행된 모습을 보이거나 다양한 증상을 호소하고 있는 것으로 생각됨.

⬤ 임상적 진단
심리평가 결과, 수검자는 다음과 같은 진단이 시사됨.
- Adjustment Disorders
- R/O Brief Psychotic Disorder
- Narcissistic Personality Trait

2. 갑작스러운 선택적 무언증(남자/19세/대재)

🗁 의뢰 사유

수검자는 '선택적 무언증', '거부증', '사회적 위축' 등을 주소로 내원하였으며, 정신과적 관찰을 위해 성인종합심리평가가 의뢰되었다.

📁 행동관찰과 면담

수검자는 보통 키, 보통 체구의 19세 남성으로 환자복을 입고 있었다. 핏기 없는 흰 피부에 위생상태는 양호하였으며, 검사자와의 눈맞춤도 적절히 이루어지긴 하였으나, 말이 없이 멍한 표정으로 지시 사항 대로만 간단하게 반응을 보이는 경우가 많았고, 전반적으로 반응이 지체되어 있는 모습이었다. 언어 표현의 내용은 적절하였지만, 말투는 상당히 단조로웠다. MMPI와 SCT도 상당히 정갈하게 작성해 왔는데, 검사 시 HTP, BGT 등 지필 과제를 수행할 때도 지나치게 꼼꼼하고 강박적인 수행 양상을 보였다. 내원 사유에 대해서는 '잘 모르겠다', '간부들이 보냈다'라고 하는 등 문제의식이 매우 부족한 상태였다.

📁 지능과 인지기능

한국 웩슬러 성인 지능검사(K-WAIS)			
	지능	백분율	수준
언어성 지능	109	72%ile	평균
동작성 지능	93	32%ile	평균
전체지능	103	58%ile	평균

수검자의 **전체지능은 103, 평균 수준**으로 나타났으며, 언어성 지능은 109, 평균 수준, 동작성 지능은 93, 평균 수준으로 두 지능 간의 차이는 크게 나타나지 않았다.

언어성 지능을 살펴보면, 수계산 능력이 최우수 수준으로 나타나 수 개념을 다루는 능력이 매우 뛰어나 보이며, 이를 고려할 때 병전 지능도 현재 측정된 수준보다는 더 높았을 것으로 추정된다. 그러나 수검자는 난이도가 높은 산수 과제에서 높은 기능을 보이면서도 난이도가 낮은 숫자 소검사에서는 7점이나 낮은 평이한 수준에 그치고 있어서 순간적으로 높은 집중력이 필요한 상황에서 주의를 지속하기가 더 힘든 것 같다. 기본지식이 평균 상 수준, 사회적 상황에 대한 이해력이 평균 수준으로 나타나 전반적인 학습 수준도 양호해 보이고, 어휘구사력, 사물의 유사성을 파악하는 능력도 모두 평균 수준이어서 의사소통을 위한 언어적 자원도 양호한 것 같다. 다만 어려운 문항에서 적절한 대답을 하면서도('미봉책-완벽하지 않은 일시적인 해결책', '공격과 방어-전투의 한 부분'), 쉬운 문항에서 전혀 대답을 하지 못하는 등('동전', '겨레',

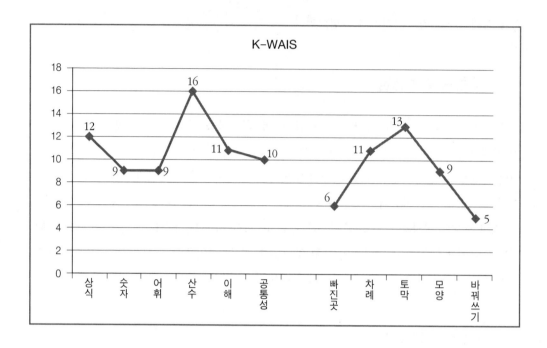

'나태하다' 등 대답 못함 / '신문과 라디오-전자제품')의 모습은 사고상의 혼란감을 반영하고 있는 것으로 보이며, 위에 나타난 단기집중력의 저하 또한 이러한 혼란감과 관련이 있어 보인다.

　동작성 지능 영역에서는 시공간 구성 능력이 평균 상 수준으로 나타나 구조화된 상황에서는 비교적 높은 기능 수준을 보일 것으로 예상된다. 그러나 부분을 통해 전체 상을 구성하는 능력은 이보다 4점이나 낮은 평균 수준에 그치고 있어서 응용력이 부족해 보이는바, 행동의 틀이 명확하지 않을 때 부적절감을 느낄 수 있겠다. 게다가 시공간 운동 속도가 경계선 수준을 보이고 있어 행동이 상당히 둔해 보일 수 있는데, 이는 정신운동지체를 시사하는 것 같다. 한편, 수검자는 상황적 맥락을 파악하는 능력이 평균 수준으로 나타나 익숙한 사회적 환경에서는 양호한 기능 수준을 보일 수 있으나, 지각적 정확성이 경계선 수준으로 매우 부족해 보이는바, 시각적으로 세밀한 판단이 필요할 때에는 무기력한 모습을 보일 수 있겠다. 수검자는 빠진곳찾기 소검사에서도 쉬운 문항에서 틀리고 어려운 문항에서 맞히는 양상을 반복하고 있는데, 이러한 양상이 일상생활에도 나타나면서 수검자의 일관된 행동을 관찰하기 어렵게 만드는 면도 있는 것 같다.

　지능검사 결과, 수검자의 병전 기능은 현재 측정된 지능 수준보다 높았을 것으로 추정된다. 기계적 자극을 다루거나, 구조화되고 익숙한 상황에서의 대처 능력은 아직도 높은 수준을 유지하고 있는 것 같다. 그러나 언어성 검사 전반에 걸쳐 난이도에 역행하는 정답 양상이 나타나고 있고, 이는 수검자가 병전 기능을 발휘하지 못할 정도로 사고력이 저하되어 있음을 시사한다. 또한 전반적으로 정신 운동 속도가 지체되어 있고, 지각상의 혼란감도 나타나고 있어서, 현실적이고 객관적인 판단에 어려움이 있을 것으로 여겨진다.

Rorschach 검사 결과, 총 반응 수는 11개로 매우 적게 나타났고, 모든 반응이 단순한 형태 반응이어서 사고가 매우 단순화되어 있는 것으로 보인다. 수검자는 '벌레', '동물 얼굴', '동물 가죽' 등 무난한 반응만 하고 있었다. 평범반응이 단 1개에 불과하고 주변 자극들을 전혀 효율적으로 다루지 못하고 있지만(Zd=-8.5) 왜곡된 형태반응이 많지 않고, 단순한 형태반응만 보이고 있는 것은 수검자가 자신의 저하된 기능 수준을 보이지 않기 위해 부단히 노력하고 있는 모습을 반영하는 것 같다. 한편, SCT에서 '완전한 남성상은 사람마다 기준이 다 달라서 잘 모르겠다', '내가 제일 좋아하는 사람은 잘 지내려고 애썼다', '내가 잊고 싶은 두려움은 잊기 위해 노력한다', '무엇보다도 좋지 않게 여기는 것은 고치려고 했었다', '어리석게도 내가 두려워하는 것은 해결할 생각을 안 하고 피한 적이 있다' 등의 반응은 언뜻 보면 적절한 반응으로 보이지만, 개인적인 의미가 없이 앞의 내용에 따라 무난하게 반응할 수 있는 내용이 반복되는 양상이어서 역시 수검자의 저하된 사고력을 시사하는 것으로 생각된다. 또한 SCT에서 '내가 보는 나의 앞날은 잘 모르겠다…… 어두운 생각만 드는 건 아니지만 희망적이지도 않다', '다른 친구들이 모르는 나만의 두려움은 털어놓기보다는 숨기곤 했다', '내가 싫어하는 사람은 직접 상대하기보다는 피하는 편이다', '결혼생활에 대한 나의 생각은 기대보다는 걱정이 많다' 등의 반응은 수검자가 의사결정을 하지 못할 정도로 혼란스러운 상태(ambivalence)를 반영하고 있는 것 같다. 이러한 수검자는 HTP 나무 그림에서 창문을 많이 그리고, SCT에서는 '내가 없으면 친구들은 종종 내 뒷담화를 하는 것 같다'라고 하고 있어서 주변 환경을 경계하고 있는 모습도 나타나고 있었다.

🗁 성격과 정서

수검자는 MMPI에서 F척도가 모두 낮게 나타나고 있어 주관적 불편감을 부인하고 있는 것 같다. 이러한 수검자는 HTP 집 그림에서도 '평범한 사람들이 산다', '분위기-평범하다'라고 하듯이 방어적인 답변을 하고 있었다. 그럼에도 불구하고 MMPI 임상 척도 중에서 2-0번 척도가 높게 나타나고 있어 우울감과 같은 정서적 불편감을 경험하고 있는 듯 보이지만, 한편으로는 HTP 나무 그림에서 '소원-좀 더 크고 싶을 것 같다', '앞으로-계속 큰다', 남자 그림에서 '소원-성공하고 싶을 것 같다' 등 긍정적인 기대를 나타내고 있어서(SCT: '나의 장래는 지금보다 훨씬 나은 모습이면 좋겠다', '언젠가 나는 성공했으면 좋겠다', '내가 늘 원하기는 지금보다 편하고 자유롭게 살고 싶다') 혼란스러운 수검자의 정서상태가 예상된다. 그리고 HTP 집과 나무 그

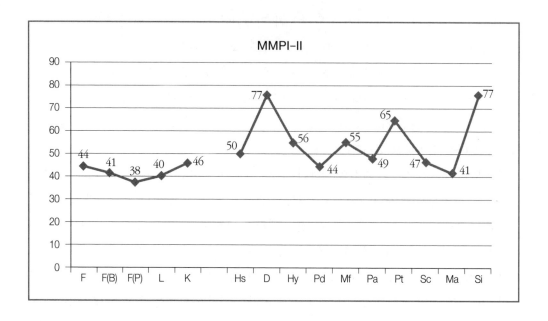

림에서 지면을 그리고 있어서 불안 수준도 높아 보이지만, 수검자의 인지적 기능이 저하되어 있다는 점을 고려할 때 상기의 우울감, 불안감 그리고 강박적 행동은 현재 수검자가 느끼는 부적절감과 관련이 있어 보인다.

수검자는 SCT에서 '어머니와 나는 사이가 좋은 편이다', '내가 저지른 가장 큰 잘못은 부모님께 걱정 끼친 일이다' 등의 반응을 보이고 있어서 대인관계 능력이 적절해 보일 수 있지만, HTP 사람 그림에서 화장실 표시 같은 단순화된 외형만 그리고 있고, 남녀 모두에 대해서 내용 질문에 대답을 거의 못하고 있어서 실제 대인관계에서 매우 피상적일 것으로 여겨진다. 그리고 Rorschach의 3개 색채카드 중 1개 카드에서 실패하고, 2개 카드에서도 색채반응 없이 '가면', '비행기' 등 도구적이고 간단한 반응만 하고 있어서 정서성도 매우 부족해 보인다.

🗁 요약과 제언

○ 요약

전체지능: 103, 평균 / 언어성 지능: 109, 평균 / 동작성 지능: 93, 평균

수검자의 지능은 평균 수준으로 나타났으나, 수검자의 병전 기능은 현재 측정된 지능 수준보다 높았을 것으로 추정됨. 기계적 자극을 다루거나, 구조화되고 익숙한 상황에서의 대처 능력은 아직도 높은 수준을 유지하고 있으나, 사고 및 지각상의 혼란감을 경험하고 있으며, 정신 운동 속도도 지체되어 있어 현실적이고 객관적인 판단 및 대처에 어려움이 있을 것으로

여겨짐. 사고가 매우 단순화되어 있는 수검자는 최대한 자기 생각을 드러내지 않은 채 무난한 반응을 보이면서 대처하고 있으나, 의사결정을 하지 못하고 있고, 주변 환경을 경계하는 모습도 나타나고 있음. 우울감과 긍정적 기대감을 표현하는 반응들이 섞여서 나타나고 있는데, 이는 정서적 혼란감을 반영하고 있는 것으로 보이며, 원만한 사회적 관계를 형성하고 있는 듯 보이지만, 실제 대인관계를 유지하는 데 필요한 사회적 능력과 정서적 자원은 상당히 제한적인 상태로 보임.

○ 임상적 진단
심리평가 결과, 수검자는 다음과 같은 진단이 시사됨. 그리고 증상 시작이 1개월을 넘지 않아, 앞으로도 지속적인 주의 관찰이 필요해 보임.
- Brief Psychotic Disorder

3. 향후 양극성장애 가능성(여자/17세/고3)

📁 의뢰 사유

수검자는 '편집망상, 과대망상, 애정망상'을 주소로 내원하였으며, R/O Brief Psychotic Disorder, R/O Schizophrenia, R/O Major Depressive Disorder With psychotic features 임상적 인상하에 청소년종합심리평가가 의뢰되었다.

📁 행동관찰과 면담

수검자는 큰 키, 보통 체구의 여고생으로 모와 함께 내원하였다. 캐주얼한 옷차림으로 위생상태는 양호하였으나, 양쪽 손톱이 모두 뭉개져 있었다. 검사자와의 눈맞춤은 잘하는 편이었고, 표정도 밝았으나 다소 부적절하게 웃는 경우가 많았고, 말투가 어눌하고 눈빛이 흐려 초점이 잘 맞지 않는 듯 보였다. 과세 해결을 위해 열심히 노력하였으나, 주어진 도구들은 깔끔하게 배열하지 못하였다. 내원 사유에 대해서 '학교에서 무슨 일이 있어서 견디지 못해서', '단순히 왕따, 폭행이 아니고 소문을 잘 못 견뎌서 그렇다'라고 하였다. 그러나 소문에 대해서는 '너무 많다. 몇 십 가지이다'라고 하는 등 그 내용을 잘 말하지는 못하였고, '애들이 감시한다'라고 하는 등 상당한 피해의식을 드러내기도 하였다.

🗀 지능과 인지기능

한국 웨슬러 성인 지능검사(K-WAIS)			
	지능	백분율	수준
언어성 지능	93	32%ile	평균
동작성 지능	89	25%ile	평균 하
전체지능	90	26%ile	평균

　수검자의 **전체지능은 90, 평균 수준**으로 나타났으며, 언어성 지능은 93, 평균 수준, 동작성 지능은 89, 평균 하 수준으로 두 지능 간 양적 차이는 크게 나타나지 않았다.

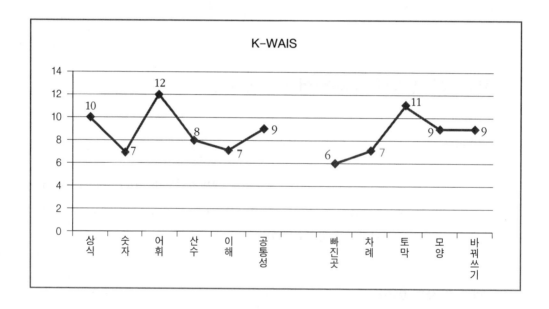

　언어성 지능을 살펴보면, 어휘구사력이 평균 상 수준으로 높게 나타나 병전 지능(2개월 전 모의고사에서 반에서 2등)도 이와 비슷한 수준 정도였을 것으로 추정된다. 그러나 사물의 유사 성을 파악하는 능력은 이보다 3점이 낮은 평균 수준에 그치고 있어 추상적 사고 능력은 저하 된 것 같다. 그리고 기본적인 상식 수준도 평균 수준은 유지하고 있으나, 과거 학업성취 수준 에 비해 현저하게 부족한 기능 수준을 보이고 있고('국보 1호-무궁화', '사군자-모른다'), 관습 적 행동 양식과 속담에 대한 이해 수준이 낮게 나타나 이해 소검사도 평균 하 수준에 그치고 있어('길찾기-이쪽저쪽 돌아다니다가 한 곳에 머물러 있는다', '공든 탑-노력한 것이 쉽게 물거품 이 되겠느냐') 전반적인 사고기능이 저하되고 있는 것 같다. 산수 소검사에서도 쉬운 문항조차 해결하지 못한 채 평균 하 수준에 그치고 있으며, 단순한 자극에 대한 주의력도 평균 하 수준이어서 주의집중력도 부족해 보인다.

동작성 지능 영역에서는 시공간 구성 능력이 평균 수준을 보이고 있으나, 집중력이 부족해 과제를 끝까지 완수하지 못하고 있어 병전 수준보다는 낮아진 것으로 생각된다. 부분을 통해 전체 상을 구성하는 능력과 시공간 운동 속도가 평균 수준으로 나타나 민첩성도 양호해 보인다. 그러나 시각적 예민성은 경계선 수준, 상황적 맥락을 파악하는 능력은 평균 하 수준으로 낮게 나타나고 있어서 지각적 혼란감과 더불어 사회적 상황에서의 판단 및 대처에 어려움이 예상된다.

지능검사 결과, 과거 학업 수준과 어휘, 토막 등의 소검사 수행 결과를 고려할 때 수검자의 병전 기능 수준은 측정된 지능 수준보다 훨씬 높았을 것으로 추정되나, 현재는 사고 및 지각 상의 혼란감이 시사되는바, 학업 수행의 어려움뿐 아니라 현실 지각의 어려움도 있을 것으로 여겨진다.

Rorschach 검사 결과, 총 10개의 매우 제한된 반응 수를 보이고 있어 스트레스 상황에서의 대처 자원이 빈약해 보인다. 전반적인 형태질은 양호한 편이지만, 평범반응은 단 1개만 보이고 있어 혼란감을 부인하고자 하는 의지를 가지고 있음에도 불구하고 부적절한 행동을 보일 정도로 기능 수준이 저하되어 있는 것 같다. SCT에서 '나의 장래는 어찌 보면 밝기도 하나 어두울 수도 있다', '남녀가 같이 있는 것을 볼 때 부럽기도 하고 한심하기도 하다', '우리 집안은 솔직하기도 하나 거리감도 있다', '내가 믿고 있는 내 능력은 무궁무진하나 얻기 힘들다', '내가 보는 나의 앞날은 밝으나 거칠다', '우리 가족이 나에 대해서 잘 알면서도 잘 모르는 것 같으나 잘 안다' 등의 반응은 자기 자신 및 주변 환경 자극에 대한 혼란감(ambivalence)을 시사하고 있으며, 이를 고려할 때 수검자는 작은 문제 상황에서도 의사결정을 하지 못한 채 고통감만 느끼고 있을 가능성이 높아 보인다. 이러한 수검자는 애매모호한 고통감을 계속 호소하고 있어(SCT: '나의 가장 큰 결점은 큰 결점이 하도 많아서 굳이 뽑을 수가 없다', '내가 잊고 싶은 두려움은 지금까지의 나의 실수와 앞으로의 두려움') 조속한 치료적 개입이 필요해 보인다.

🗀 성격과 정서

　수검자는 MMPI에서 4-6번 척도가 경미하게 상승해 있고, '정신증', '피해의식', '편집증적 사고', '대인의심' 등의 소척도가 높게 나타나 주변 사람들을 의심하고 경계하며 적대적인 태도를 가지고 있는 것으로 나타났다. 게다가 자아강도가 약화되어 있는(K=35T) 수검자는 5번 척도가 낮고 0번 척도가 가장 높게 나타나고 있어 또래 친구들을 비롯하여 전반적인 관계를 원만하게 유지하지 못한 채 수동적인 태도로 고립되어 지내고 있는 것 같다.

　그러나 HTP 나무 그림에서 '나뭇잎이 풍성하고 가지가 여러 개이고 뿌리도 깊다', '소원-뿌리는 수분을 공급받고 나뭇잎은 햇빛을 받고 싶어 한다' 등의 반응은 높은 에너지 수준을 나타내고, Rorschach X번 카드에서 '불꽃놀이'라고 하듯이 정서적 충동성이 시사되며('두 여자가 싸운다', '곰 두 마리가 각자 경쟁한다'), III번 카드에서는 통제되지 않는 성적 욕구까지 표현되고 있어['두 여자가 레즈(레즈비언) 같다'] 사고와 정서가 고양된 조증 상태를 경험하고 있을 가능성도 있어 보이는바 이에 대한 주의도 필요할 것으로 생각된다.

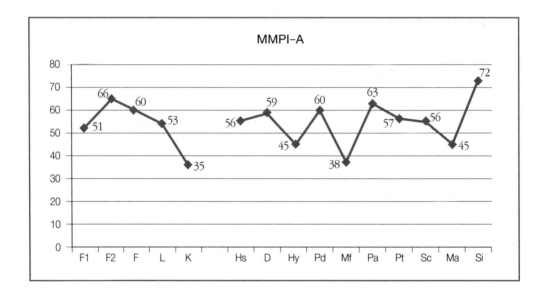

🗀 요약과 제언

◯ 요약
전체지능: 90, 평균 / 언어성 지능: 93, 평균 / 동작성 지능: 89, 평균 하
수검자의 지능은 평균 수준으로 나타났으나, 병전 기능 수준은 측정된 지능 수준보다 훨씬

높았을 것으로 추정되는바, 인지기능의 양적 저하가 시사됨. 그리고 현재는 사고 및 지각상의 혼란감이 시사되어 학업 및 사회적 기능의 수행뿐 아니라 현실 지각의 어려움도 있을 것으로 여겨짐. 수검자는 이러한 혼란감을 부인하고자 노력하고 있는 것으로 보이나, 오히려 부적절한 대응 행동을 하기 쉬우며, 의사결정의 어려움(ambivalence)이 크게 나타나 조속한 치료적 개입이 필요해 보임. 주변 환경에 대한 의심과 경계를 보이고 있어 사고 장해가 주된 것으로 보이나, 이와 함께 높은 에너지 수준과 정서적 충동성, 성적 욕구 등이 나타나고 있어 조증 상태일 가능성도 있어 보이는바 지속적인 추후 관찰이 필요해 보임.

○ 임상적 진단

심리평가 결과, 수검자는 다음과 같은 진단이 시사되며, 향후 Bipolar I Disorder로 발전할 가능성이 있어, 지속적인 주의 관찰이 필요해 보임.

- Brief Psychotic Disorder

04 조현정동장애(Schizoaffective Disorder)

1. 단순화된 사고가 두드러지는 경우(여자/29세/중중퇴)*

📁 의뢰 사유

수검자는 '폭력적 행동', '혼잣말' 등을 주소로 2014년 7월부터 병원에서 통원치료를 받고 있으며, R/O Schizophrenia 임상적 인상하에 장애진단 발급을 위해 성인종합심리평가가 의뢰되었다.

📁 행동관찰과 면담

수검자는 작은 키에 뚱뚱한 체형으로, 피부가 하얘서 창백해 보일 정도였고, 작고 동그란 얼굴형에 짧은 커트머리를 하고 있었다. 전반적인 위생상태는 양호한 편이었고, 검사자와의 눈맞춤도 적절하게 이루어졌다. 수검자는 특이한 어린아이 같은 목소리였고, 다소 경계하는 듯한 모습을 보이며 입실했다. 수검자는 대부분의 지시 사항을 이해하지 못하였고, 난이도가 조금이라도 상승하면 '못하겠어요', '그만할래요', '다 몰라요'라고 하며 쉽게 포기했다. 그러면서도 쉬운 문항에서는 비교적 적극적이었고, 검사자가 독려하면 곧바로 수행하였다. 한편, 검사가 진행될수록 몸을 앞뒤로 계속 흔들었고, 검사 도중 갑작스레 화장실을 다녀오는 등 연령 수준에 맞지 않는 퇴행된 행동이 나타났다. 내원 사유에 대해서는 별다른 불편감을 언급하지 못했다.

📁 지능과 인지기능

수검자의 **전체지능은 44, 중등도 정신지체 수준**으로 같은 연령대에서 하위 0.1% 이하 수준

---

* K-WAIS-IV를 사용한 보고서는 이하 *표 처리함.

한국판 웩슬러 지능검사 성인용 4판(K-WAIS-IV)			
영역	지능	백분율	수준
언어이해	50	<0.1%ile	**경도-중등도 정신지체**
지각추론	50	<0.1%ile	**경도-중등도 정신지체**
작업기억	50	<0.1%ile	**경도-중등도 정신지체**
처리속도	69	2.0%ile	**경도 정신지체**
전체지능	44	<0.1%ile	**중등도 정신지체**
일반능력	42	0.1%ile	중등도 정신지체

※ 단일 점수로서 대표성을 가지는 지능지수는 진하게 표시함.

이었다. 언어이해는 50, 경도-중등도 정신지체 수준, 지각추론은 50, 경도-중등도 정신지체 수준, 작업기억은 50, 경도-중등도 정신지체 수준, 처리속도는 69, 경도 정신지체 수준으로 나타났고, 지능 영역 간의 별다른 점수 차이가 나타나지 않았다(기준 23점 차이).

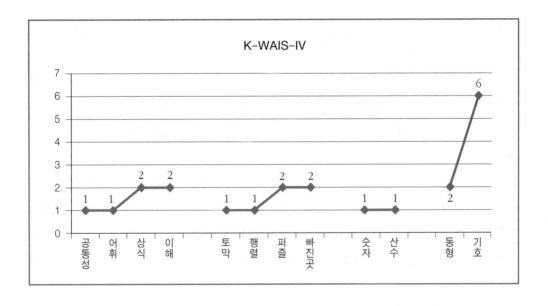

언어이해 영역에서는 기본적인 상식 수준, 사회적 상황에 대한 이해력, 사물의 유사성을 파악하는 능력, 어휘구사력이 모두 정신지체 수준으로 매우 낮게 나타나서('온도계-몰라요', '법-지켜야 하니까', '노랑과 초록-없어요', '마치다-몰라요') 전반적인 언어적 대처 능력은 매우 부족한 것으로 생각되며, 가장 두드러진 특징은 단순화된 사고 경향이었다('예민하다-예민한 거').

지각추론 영역에서는 부분을 통해 전체 상을 구성하는 능력, 시각적 예민성, 시공간 구성 능력, 전체를 고려해 핵심을 파악하는 능력이 모두 정신지체 수준으로 나타나서 전반적으로 문제해결 능력이 매우 부족한 것으로 생각되며, 지각적 정확성도 현저하게 낮은 수준이어서, 연령 수준에 비해 대처 행동은 매우 미숙하거나 부적절할 것으로 예상된다.

작업기억 영역에서는 숫자와 산수 소검사가 모두 정신지체 수준으로 나타나서 주의력은 매우 부족한 것 같다. 숫자 소검사의 바로따라하기에서는 6번째 자릿수 회상까지 가능했으나, 순서대로따라하기에서는 연습 문항부터 실패한 것을 고려하면, 이렇듯 낮은 능력은 지시를 이해하지 못한 것과 관련이 있어 보인다. 이러한 수검자는 산수 소검사의 그림 문항에서조차 오답이 나타나고 있어서('사과-3개씩 있고 1개가 남아요. 몰라요') 사고상의 혼란감이 커 보인다.

처리속도 영역에서는 기호쓰기, 동형찾기 소검사가 각각 경계선, 정신지체 수준으로 낮게 나타나서 운동반응 속도가 매우 느린 것 같다. 다만 기호쓰기 소검사가 모든 소검사 중에서 상대적으로 가장 높게 나타나고 있어서, 자극 수준이 간단할 때에는 비교적 양호한 대응 수준을 보일 수도 있겠다.

지능검사 결과, 수검자는 거의 모든 소검사가 정신지체 수준으로 나타나서 전반적으로 사고력이 매우 저하되어 있는 상태였으며, 단순화된 사고 경향이 두드러지고, 사고상의 혼란감이 커 보이며, 지각적 정확성이 매우 부족한 것으로 생각된다. 한편, 보호자의 보고에 따르면 중학교 2학년 때부터 학업생활을 지속하지 못했고, 현재까지 자기관리의 현저한 어려움이 지속되고 있으며, 미리 제시된 설문지에서도 대부분의 문항을 이해하지 못한 채 공란으로 제출한 점을 고려할 때, 병전 기능 수준도 낮았을 것으로 추정된다.

Rorschach 검사 결과, 수검자는 총 2회의 시행에도 불구하고 5개의 매우 적은 반응 수를 보였고, 대부분을 단순한 형태반응과 전체영역반응으로 하고 있어서(L=1.50, W=4), 스트레스 상황에서 피상적으로만 대응하기 쉽겠다. 또한 지능검사에서 단순화된 사고 경향이 나타났고, TAT 검사 시 보속증(perseveration)을 시사하는 반응도 나타나고 있어서('벌레가 되고 싶고 그래요', '책상도 되고 싶고 그래요', '동물이 되고 싶고 그래요') 연령 수준에 맞게 판단하기는 어려울 것으로 생각된다.

📁 성격과 정서

※ 수검자는 성인설문지, MMPI, SCT의 대부분의 문항을 이해하지 못한 채 공란으로 제시하여 채점이 불가했으므로 기재하지 않음.

　수검자는 검사 전반에서 보속증(perseveration / TAT: '벌레가 되고 싶고 그래요', '책상도 되고 싶고 그래요', '동물이 되고 싶고 그래요', '배경도 되고 싶고 그래요'), 단순화된 사고 경향 등 사고장해를 시사하는 반응이 나타나고 있어서 현재 사고력이 상당히 저하된 것으로 생각된다. 게다가 지능검사에서 나타나듯이 기능 수준이 중등도 정신지체 수준으로 상당히 낮게 나타났고, 검사 시작 전 미리 제시한 설문지의 대부분의 문항에도 답을 못했으며, 모의 보고에 따르면 현재 기본적인 자기관리도 이루어지지 않는다고 하는 것을 볼 때, 대부분의 상황에서 독립적인 기능을 하기가 어려울 것으로 생각되는바, 일상생활에서 지속적인 보호자의 관리가 필요해 보인다.

　다만, 수검자는 위와 같이 사고력 저하가 나타나고 있으면서도, 성격검사들에서 높은 에너지 수준(HTP: 모든 그림을 진한 필압으로 매우 크게 그림), 성적인 욕구(TAT: '누가 저 가슴을 드러내 놓고 싶어 해요'), 정서적 충동성(Rorschach: '불장난'), 우울감(HTP: 사람 그림 '불행-내가 울었을 때') 등 기분 변화를 시사하는 반응들도 나타나고 있어서, 이에 대한 치료적 개입도 필요해 보인다.

🗁 요약과 제언

○ 요약

전체지능	44	중등도 정신지체	일반능력	42	중등도 정신지체
언어이해	50	경도-중등도 정신지체	지각추론	50	경도-중등도 정신지체
작업기억	50	경도-중등도 정신지체	처리속도	69	경도 정신지체

　수검자는 검사 전반에서 단순화된 사고 경향, 보속증 등 사고 장해를 시사하는 반응들이 나타났고, 사고상의 혼란감도 커 보이며, 지각적 정확성이 부족해 보이는바, 현재 사고력이 매우 저하되어 있는 상태로 여겨짐. 게다가 지능 수준은 중등도 정신지체 수준으로 나타났는데 보호자의 보고에 따르면 이전 기능 수준도 그다지 높지 않았을 것으로 여겨지는바, 일상생활에서 지속적인 보호자의 관리가 필요한 것으로 여겨짐. 다만, 이처럼 사고력이 상당히 저하되어 있으면서도 기분 변화를 시사하는 반응들을 보이고 있어서, 이에 대한 치료적 개입도 필요해 보임.

○ 임상적 진단

심리평가 결과, 수검자는 다음과 같은 진단이 시사됨.

- Schizoaffective Disorder

- Intellectual Disability, Moderate

2. 음주 문제가 심한 수검자(남자/30세/고졸)*

🗁 의뢰 사유

수검자는 '음주 문제', '과대망상' 등을 주소로 상담센터를 방문하게 되었으며, 전반적인 인지기능 및 정서 파악을 위해 성인종합심리평가를 실시하였다.

🗁 행동관찰과 면담

수검자는 보통 키에 마른 체격으로 얼굴에는 주근깨가 많이 있었고, 눈이 충혈되어 있었으며, 누나와 함께 센터에 방문하였다. 검사지만 쳐다보고 있어서 눈맞춤은 거의 이루어지지 않았고, 머리가 다소 헝클어진 상태로 턱수염을 기르고 있었으나 전반적인 위생상태는 양호하였다. 검사실에 들어오는데 담배와 술 냄새가 많이 났으며, 의자를 뒤로 밀어 검사자와 거리를 두고 앉았다. 수검자는 과제를 제시하자마자 '어렵다…… 어떻게 해야 하나……'라며 당황스러워하였고, '정답이 맞아요?', '이렇게 얘기해도 되나요?'라며 정답을 확인하는 질문을 많이 하였고, 말끝을 흐리는 경우가 많았다. 그리고 과제의 난이도가 조금만 높아지면 빠르게 포기하려 하였고, 한숨을 끝까지 내쉬지 못한 채로 다시 들이마시는 경우가 많았다. 또한 HTP, Rorschach, TAT 등에서 '모르겠다', '생각이 안 난다'라는 반응이 많았으며, 대부분의 대답이 단순하고 간단하였다. 그러면서도 면담 시에는 '나는 마음을 편안하게 가지려고 노력한다', '익숙해진다는 것이 편안함을 상징하는 것이다', '화가 많이 난다', '그를 위한 노력이 더 도움이 안 될 줄은 몰랐다' 등 장황하게 말하면서도 내용이 비논리적으로 전개되어 이해하기 어려운 경우가 많았다. 내원 사유에 대해서는 '머리가 복잡하다', '예전 일에 대한 스트레스가 크다', '말하기가 참 복잡하다'라며 피상적으로만 대답하였다.

🗁 지능과 인지기능

한국 웩슬러 성인 지능검사 4판(K-WAIS-IV)			
영역	지능	백분율	수준
언어이해	77	7%ile	경계선
지각추론	80	9%ile	평균 하
작업기억	78	9%ile	경계선
처리속도	84	14%ile	평균 하
전체지능	73	3%ile	경계선

※ 단일 점수로서 대표성을 가지는 지능지수는 진하게 표시함.

수검자의 **전체지능은 73, 경계선 수준**으로 같은 연령대에서 하위 3% 정도의 수준이었다. 언어이해는 77, 경계선 수준, 지각추론은 80, 평균 하 수준, 작업기억은 78, 경계선 수준, 처리속도는 84, 평균 하 수준으로 나타났으며, 각 지능 영역 간의 차이는 유의미하지 않았다.

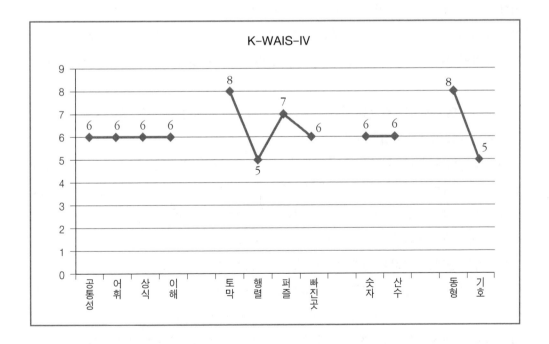

언어이해 영역에서는 공통성, 어휘, 상식, 이해 등 모든 소검사가 경계선 수준으로 나타나고 있어서 전반적인 지식 습득 수준과 언어적 자원이 매우 빈약해 보이는데('비행기와 자동

차-엔진', '완강하다-생각을 결정했다', '브라질-유럽', '나라-자기방어가 될 수 있어서'), 언어적 반응이 필요한 상황에서 매우 느리게 말하고, 검사자의 질문에 대해 한참을 고민한 후에도 '설명을 못하겠다'라며 대답을 하지 못하는 경우가 많았던 점을 고려하면, 이는 사고 장해와 관련이 있는 것으로 여겨진다. 구체적으로 내용을 살펴보면, 지리멸렬(incoherence / SCT: '나의 장래는 그들과 같다 그리고 그러길 바란다', '우리 윗사람들은 종종 변해 가는 우리들의 삶을 전혀 이해하려 하지 않는다'), 신조어(neologism / SCT: '남자에 대해서 무엇보다도 좋지 않게 생각하는 것은 쓸데없는 허구심이다'), 구체적 사고(concrete thinking / '천리길-천리를 걸어가려면 한걸음부터 걸어야 한다', '사공-지도자가 여러 명이면 다른 길로 간다 뜻이 여러 개가 된다' / TAT: '젊은 사람과 늙은 노인', '남자 두 명이라는 것 외에는 아무것도 안 떠오른다' / TAT: 16번 카드 '아무것도 떠오르지 않는다 백지로만 보인다'), 사고의 차단(thought blocking / '유발하다-타인이……아…… 내가 아닌 다름 사람이 결정짓게 하는 것') 등 사고 장해를 시사하는 반응들을 보이고 있어서 현실 판단의 어려움이 클 것으로 생각된다.

지각추론 영역에서는 시공간 구성 능력과 부분들 간의 관계를 예상할 수 있는 능력이 평균 하 수준으로 나타나고 있어서 지침이 명확한 구조화된 상황에서는 비교적 양호한 기능을 유지할 것으로 생각된다. 그러나 전체를 고려하여 핵심을 파악하는 능력이 경계선 수준을 보이고 있어서 주어진 자극을 통해서 새로운 결론을 추론하는 능력은 매우 부족해 보인다. 또한 시각적 예민성이 경계선 수준으로 나타나고 있어서 지각적 정확성도 저하되어 있는 것으로 생각된다.

작업기억 영역에서는 간단한 자극에 주의를 기울이는 능력과 산술 능력이 경계선 수준으로 나타나고 있어서 주의집중력이 저하되어 있는 것으로 보인다.

처리속도 영역에서는 긴장감 속에서 빠른 논리적 판단력을 발휘하는 능력이 평균 하 수준을 보이고 있어서 시간의 압력이 느껴지는 상황에서도 비교적 양호한 기능을 유지할 것으로 생각된다. 그러나 시공간 운동 속도가 경계선 수준으로 낮게 나타나고 있는데, 이는 현재 정신 운동 속도가 지체되어 있는 것을 시사하는 것 같다.

지능검사 결과, 구조화된 상황에서는 비교적 양호한 기능 수준을 유지할 수 있겠다. 그러나 대부분의 기능이 경계선 수준으로 나타나고 있어서 일상생활 기능들조차 낮은 수준을 보일 것으로 예상된다. 이러한 기능 저하는 사고 장해로 인한 인지기능의 질적 저하와 관련이 있어 보이며, 이로 인해 객관적이고 현실적인 판단의 어려움이 상당히 클 것으로 생각된다. 그리고 언어적 능력과 소근육 운동 능력이 점수 저하를 보이는 것은, 전반적으로 정신 운동 속도가 느려진 것과 관련이 있어 보인다.

Rorschach 검사 결과, 총 8개의 매우 적은 반응 수를 보이고 있어서 스트레스에 대처할 수 있는 심리적 자원이 매우 빈약해 보인다. 그리고 대부분 단순한 형태반응을 많이 보이고 (L=1.67), '나비', '사람' 등의 간단한 반응만 보이고 있어서 사고가 매우 단순화되어 있는 것으로 여겨진다. 또한 평범반응도 3개에 그치고 있어서 관습적 판단력도 부족해 보인다.

📁 성격과 정서

ASI-R (불안민감)	APPQ (공황)	**MDQ (조증)**	BDI (우울)	BAI (불안)
18	38	11	7	10
45T	48T	(cut off: 7)	50T	55T

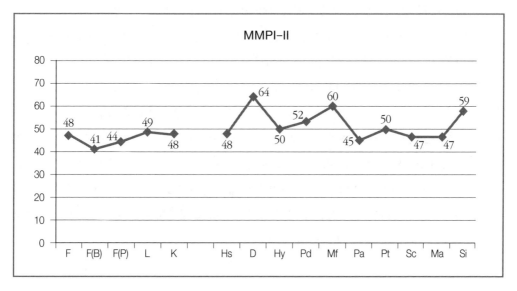

※ 상승한 소척도 없음.

    수검자는 MDQ에서 11점으로 높은 점수를 보이고, TAT에서 '사랑하는 사이', '새를 좋아하는 것 같다, 창가에 앉아서 풍경을 좋아하는 남자가 보인다', '스포츠를 좋아하는 남자'라고 하고, HTP 집 그림에서 '분위기-따뜻해 보여요', '미래-이대로 행복할 것 같아요' 라며 감정적인 반응들을 반복하듯이 정서적으로 고양되어 있는 것 같다. 그리고 면담 시 '내가 회사의 체계를 바꿔 보고 싶었다', '내가 윗자리를 맡아서 경영하면 어떨까?', '내가 주임을 하면서 회사가 달라졌고, 내가 해냈다'라고 하고 있어서 과대한 자아상을 가지고 있는 것으로 보이며, 이와 관련하여 추상적인 사고 경향도 나타났다(SCT: '언젠가 나는 꼭 이루고 싶었던 것들이 있다', '나의 야망은 크거나 높지 않다', '내가 다시 젊어진다면 꿈을 크게 가지고 싶다'). 한편으로는 MMPI에서 2번, 0번 척도가 각각 64T, 59T로 상대적으로 높게 상승하고 있듯이 우울감도 느끼는 것으로 생각된다. 이러한 상황에서 스트레스에 대처할 수 있는 인지적·정서적 자원이 부족해 보이는바(Rorschach: EB=1:0.5), 알코올과 같은 물질을 통해 해소하려는 모습을 보여 왔던 것 같다(TAT: '술을 먹고 쓰러져 있는 것 같다' / 면담: '1년 전부터 소주 2병을 매우 마셔 왔다').

한편, 면담 시 '가족들이 나를 음해하려고 한다', '가족들이 누군가 시켜서 내 방 TV에 몰래 카메라를 설치해 놓고 나를 감시한다', '두 사람이 한 사람을 속이는 것은 금방이다, 제3자가 속이려 하는 것이다, 가족들이 진실을 말해야 한다'라며 피해망상을 보였다. 이러한 수검자는 SCT에서 '내가 싫어하는 사람은 앞뒤가 다른 사람이다'라고 하고, HTP 사람 그림에서 눈과 귀를 강조해서 그리고 있어서 주변 환경을 의심하고 경계하고 있는 것으로 생각된다. 그러면서도 MMPI에서 6번 척도가 45T로 오히려 낮게 나타나고 있는데, 이는 수검자가 현재 문제의식을 가지지 못할 정도로 오랜 기간 피해망상에 익숙해져 왔을 가능성을 반영하는 것 같다.

위에서 나타나고 있듯이 사고기능의 저하, 정서의 불안정성, 피해망상 등으로 상당한 혼란감을 경험할 것으로 생각된다. 이러한 상황에서 SCT에서 '때때로 두려운 생각이 나를 휩싸일 때 미쳐 버릴 것 같아도 꾹 참는다', '내가 저지른 가장 큰 잘못은 미쳐 가고 있지 않을까 하는 생각이다'라고 하듯이 스스로 부적절감을 느끼면서도, 이를 부인하고자 상당한 노력을 기울여 왔던 것으로 여겨진다(MMPI와 자기보고형 질문지들이 대부분 평이한 수준으로 나타나고 있음/검사 전반에 걸쳐서 '아무것도 떠오르지 않는다', '잘 모르겠다', '안 보인다' 등의 반응을 많이 보임). 그러나 Rorschach에서 '만화 캐릭터처럼 귀엽게 생겼다'라고 하듯이 퇴행된 반응을 보일 정도로 자아강도가 약화되어 적절한 심리적 방어 수준을 유지하지 못한 채 사고 장해, 피해망상의 증상들을 드러내고 있는 것으로 여겨진다.

🗁 요약과 제언

○ 요약

전체지능	73	경계선			
언어이해	77	경계선	지각추론	80	평균 하
작업기억	78	경계선	처리속도	84	평균 하

수검자의 지능 수준은 경계선 수준으로 나타남. 구조화된 상황에서는 비교적 양호한 기능 수준을 유지할 수 있을 것으로 생각됨. 그러나 대부분의 기능이 저하되어 있는데, 이는 사고 장해로 인한 인지기능의 양적 저하와 관련이 있어 보이며, 이로 인한 객관적 및 현실적 판

단의 어려움이 상당히 클 것으로 생각됨. 수검자는 정서적으로 고양되어 있고, 과대한 자아 상을 가지고 있는 것으로 보이나, 한편으로는 우울감도 느끼는 것으로 생각됨. 한편, 피해망 상을 보이는 것으로 여겨지며, 이러한 증상은 수검자가 문제의식을 느끼지 못할 정도로 오랜 기간 지속되어 왔을 가능성이 높아 보임. 그러나 스스로 부적절감을 느끼면서도 부인해 왔던 것으로 보이며, 자아강도가 약화되어 적절한 심리적 방어 수준을 유지하지 못한 채 사고 장 해, 피해망상의 증상들을 드러내고 있는 것으로 여겨짐.

○ 임상적 진단

심리평가 결과, 수검자는 다음과 같이 진단됨.

- Schizoaffective Disorder, Bipolar type
- R/O Alcohol Use Disorder

3. 조증 증상이 두드러진 수검자(남자/34세/대졸)*

🗁 의뢰 사유

수검자는 '우원증', '기분 고조', '과민함' 등을 주소로 입원 중이며, Schizophrenia 진단하에 성인종합심리평가가 의뢰되었다.

🗁 행동관찰과 면담

수검자는 약간 큰 키에 건장한 체격이었다. 얼굴형은 갸름하면서 큰 편이었고, 검은 피부에 얼굴에 점이 많았으며, 눈썹이 짙고 쌍꺼풀이 컸다. 머리가 뻗쳐 있었고, 손톱이 길며, 입 냄새 가 나서 위생상태는 불량해 보였으나, 시선 접촉이 원활한 수준이었고, 목소리 크기가 적절하 며 말투가 부드러웠다. 검사 전반에 걸쳐 주저하는 모습 없이 바로 임하였고, 지능검사에서 과 제를 마칠 때마다 '네'라고 대답하고, '죄송한데 한 번만 다시 읽어 주시겠어요?', '지워도 되니 요?'라고 물어보는 등 과도하게 예의 바른 모습을 보이기도 하였다. 한편, HTP에서는 시간을 많이 소요하면서 매우 정성들여 그렸고, 검사가 진행될수록 발화량이 조금씩 증가하였다. 입원 사유에 대해서는 '잘 모르겠는데 어머니한테 화를 냈다고 어머니가 입원시켰다'라고 하였다.

📁 지능과 인지기능

한국 웩슬러 성인 지능검사 4판(K-WAIS-IV)			
영역	지능	백분율	수준
언어이해	88	20%ile	**평균 하**
지각추론	78	7%ile	**경계선**
작업기억	84	14%ile	**평균 하**
처리속도	52	0.1%ile	**경도-중증도 정신지체**
전체지능	71	2%ile	경계선
일반능력	82	12%ile	평균 하

※ 단일 점수로서 대표성을 가지는 지능지수는 진하게 표시함.

　수검자의 **전체지능은 71, 경계선 수준**으로 같은 연령대에서 하위 2%정도 수준이었다. 언어이해는 88, 평균 하 수준, 지각추론은 78, 경계선 수준, 작업기억은 84, 평균 하 수준, 처리속도는 52, 경도-중증도 정신지체 수준을 보이고 있었다. 언어이해와 처리속도 지능 영역 간 점수 차이가 36점으로 크게 나타나서(기준 23점 차이), 전 영역을 고려한 '전체지능'과 언어이해와 지각추론을 고려하여 산출된 '일반능력(82, 평균 하 수준)' 모두 수검자의 기능을 온전히

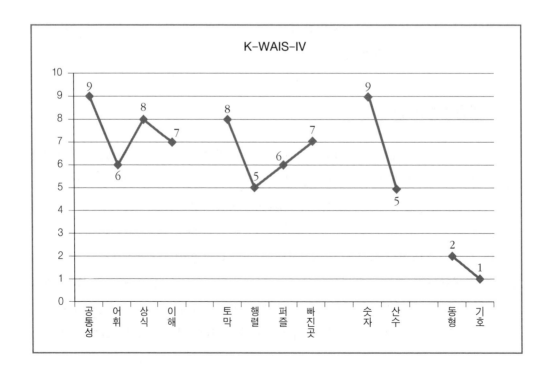

대표한다고 보기 어렵기 때문에 각 지표가 나타내는 기능 수준을 개별적으로 파악하는 것이 더 중요해 보인다.

언어이해 영역에서는 사물의 유사성을 파악하는 능력이 평균 수준으로 나타나서, 추상적 사고 능력은 양호해 보인다. 그러나 기본 지식 수준과 사회적 상황에 대한 이해력은 평균 하 수준이어서, 전반적인 지식 수준은 다소 낮게 나타났다. 게다가 어휘구사력이 경계선 수준으로 낮았는데, '진화-예를 들면, 강아지로 표현하자면 시대가 흘러가면서 강아지 얼굴이 옛날보다 잘생겨졌다 그런 뜻'이라고 하듯이, 핵심 개념을 설명하기보다는 예를 들면서 나열식으로 장황하게 설명하는 경우가 많았고('땅-도시가 아무래도 문화가 많고, 교통수단도 좋고, 문화적 혜택이 많기 때문에, 영화관, 쇼핑타운, 백화점, 노래방, 술집이 많기 때문에, 여러모로 편리하기 때문에'), '선-수평선', '지도-수평선'이라고 상이한 문항에 같은 반응을 하는 보속증(perseveration) 경향도 나타나고 있어서, 사고가 단순화되어 있는 것으로 보인다.

지각추론 영역에서는 시공간 구성 능력이 평균 하 수준으로 다소 낮아서, 직접적으로 도구를 다루는 능력은 적절히 유지되고 있었으나, 전체를 고려하여 핵심을 파악하는 능력, 부분과 전체를 조화시키는 능력 등은 모두 경계선 수준으로 낮게 나타나서 추론 능력은 상당히 떨어지는 것으로 생각된다. 게다가 시각적 예민성도 평균 하 수준으로 다소 낮아서, 시지각적인 판단에도 다소 어려움이 있을 것 같다.

작업기억 영역에서는 간단한 자극에 주의를 기울이는 능력이 평균 수준이어서, 주의력이 양호해 보이나, 수계산 능력이 4점이나 낮은 경계선 수준이었고['51-(6*8)=21(오답)'], 이는 사고상의 혼란감을 반영하는 것으로 보인다.

처리속도 영역에서는 시공간 운동 능력, 긴장감 속에서 빠르게 논리적 판단력을 발휘하는 능력 등이 모두 정신지체 수준으로 매우 낮게 나타나서, 민첩성이 상당히 부족해 보인다. 반응의 양상을 살펴보면 기호들을 하나씩 확인하며 매우 천천히 그리고 있어서, 사고력이 현저하게 저하되어 있는 것 같다.

지능검사 결과, 수검자는 경계선 수준의 기능 수준을 보였다. 심각하게 부적절한 내용은 나타나지 않고 있으나, 말을 많이 하면서 보속증이 나타나고 있는 것은 사실상 수검자의 사고가 상당히 단순화되어 있다는 것을 나타내며, 이러한 사고의 단순화는 SCT, TAT 등에서도 지속적으로 나타나고 있었다.

Rorschach 검사 결과, 수검자는 총 2회에 걸친 반응 단계에도 불구하고 9개의 매우 적은 반응 수를 보였고, 현재 문제 상황에 대응할 수 있는 심리적 자원이 상당히 부족해 보이는데, 이는 사고력 저하와 관련이 있는 것으로 생각된다. 문법의 오류나 내용의 부적절한 조합은 두드러지게 나타나지 않았으나, TAT에서 그림을 있는 그대로만 기술하거나('어떤 남자가 밧줄

잡고 올라가려 해요', '침대에 어떤 여자가 홀딱 벗고 누워 있는데 천으로 몸을 가슴 밑까지 가렸어요. 어떤 아저씨가 그 모습을 보고 슬퍼하고 있어요'), SCT에서 '완전한 남성상은 약자를 보호할 줄 알고, 여자를 대우해 줄 줄 알고, 어른을 공경할 줄 아는 사람'이라고 하듯이 모범적인 반응을 자주 보였고('내가 늙으면 나보다 어려운 이웃을 도우면서 살겠다'), 이는 현재 수검자의 사고가 상당히 단순화되어 있음을 나타내는 것 같다.

🗀 성격과 정서

ASI-3 (불안민감)	APPQ (공황)	MDQ (조증)	**HCL-32 (경조증)**	PHQ-9 (우울)	STAI-Trait (특성불안)
2 37T	9 38T	4 (cut off: 7)	**14 (cut off: 14)**	0 (cut off: 9)	27 28T

※ 역치 이상의 척도는 진하게 표시함.

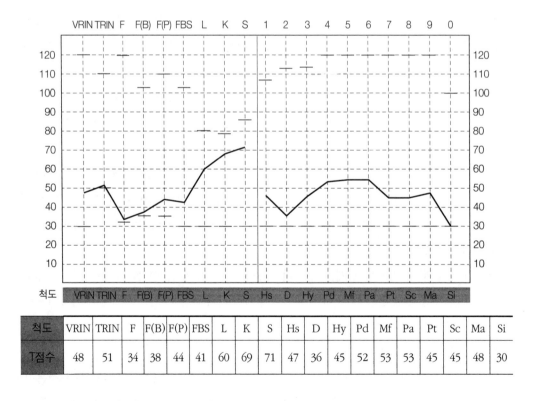

척도	VRIN	TRIN	F	F(B)	F(P)	FBS	L	K	S	Hs	D	Hy	Pd	Mf	Pa	Pt	Sc	Ma	Si
T점수	48	51	34	38	44	41	60	69	71	47	36	45	52	53	53	45	45	48	30

수검자는 투사검사 및 면담에서 자발적 발화가 많았고, HTP에서도 전반적으로 필압이 진하며, 그림을 매우 크게 그리고 있어서, 에너지 수준이 높아 보인다(HTP: 사람그림 '근육을

키워서 내 자신을 좀 더 완성도 높게 만든다' / SCT: '나의 평생 가장 하고 싶은 일은 세계 여행' / Rorschach: '레이저 미사일 쏘는'). 또한 HTP에서 남자 그림을 나체로 표현하고, SCT에서 '나의 성생활은 집 안에서 자위, 가끔 직업 여성이랑도 한다'라고 직접적으로 성생활에 대해 구체적으로 언급하듯이 성적으로 각성되어 있고, SCT에서 '나의 장래는 주변 사람들에게 세상 사람들에게 긍정의 힘, 사랑의 힘을 전파하겠다', '내가 보는 나의 앞날은 찬란하게 밝음'이라고 하고, HTP 여자 그림에서도 머리에 사탕을 그리거나, 눈을 'LOVE'라고 표현하며, '한없이 행복한 기분', '희망찬 마음'이라고 하듯이 정서적으로도 상당히 고양되어 있어 보인다(HCL32=14점 / SCT: '내가 믿고 있는 내 능력은 긍정의 힘, 행운의 힘, 사랑의 힘, 배려의 힘').

한편, 수검자는 MMPI에서 L척도가 60T로 높고, SCT에서 '우리 윗사람들은 대부분 자식을 위해서 희생해 왔습니다'라고 하듯이 도덕적으로 바람직한 언급도 자주 보여서, 사고가 상당히 경직되어(concrete) 있는 것으로 생각된다. SCT에서 '내 생각에 참다운 친구는 이해심이 많고 관대하고 너그러운 하나님뿐입니다', '때때로 두려운 생각이 나를 휩싸일 때 하나님 생각을 한다'라고 하거나, TAT에서도 '하나님께서 죽지 않고 평생 사는 영생을 주셨다'라고 하며, SCT에서 '내가 바라는 여인상은 손예진', '내가 정말 행복할 수 있으려면 손예진 같은 여자랑 연애하는 것', '내가 제일 좋아하는 사람은 손예진'이라고 하듯이 상당히 많은 내용을 언급하고 있지만 사실상 '하나님', '손예진' 등의 특정 주제만 반복하고 있는 것은 사고가 지나치게 단순화되어 있음을 나타낸다. 또한 SCT에서 '생생한 어린 시절 기억은 학교 친구들이랑 야구 시합하던 기억', '내가 늘 원하기는 항상 매일매일 건강하기'라고 하고, HTP 집 그림에서 '구름 집'을 그리거나, SCT에서 '우리 가족이 나에 대해서 아기'라고 하듯이 순진하고(naive), 퇴행된 반응도 나타나고 있었다. 이러한 수검자는 독립적인 기능을 하는 데 어려움이 있을 것으로 보이고, TAT 공백카드에서 '……그 순간 어둡던 저녁이 환하게 바뀌면서 박수를 막 쳐 주는 거예요……. 이제 너한테는 좋은 일만 있을 거야. 그동안 힘들었다. 앞으로 좋은 일이란 어떤 거냐면 이 세상에 영생을 주셨다. 하나님께서 죽지 않고 평생 사는 영생을 주셨다……'라고 하듯이 비체계적인 망상이 나타나고 있는바 지속적인 치료적 개입이 필요해 보인다.

📁 요약과 제언

○ 요약

전체지능	71	경계선	일반능력	82	평균 하
언어이해	88	평균 하	지각추론	78	경계선
작업기억	84	평균 하	처리속도	52	경도-중증도 정신지체

수검자의 지능 수준은 경계선 수준으로 나타남. 부적절한 내용들을 두드러지게 나타내지는 않았으나, 핵심적인 개념을 설명하기보다는 예를 들면서 나열식으로 장황하게 반응하거나, 도덕적으로 바람직한 반응을 많이 하고, 보속증이 나타나는 등 사고가 매우 단순화되어 있는 것으로 생각됨. 또한 문제 상황에 대처할 수 있는 심리적 자원이 매우 부족하게 나타남. 그러면서도 에너지 수준이 상당히 높고, 성적으로 각성되어 있으며, 정서적으로 매우 고양되어 있음. 또한 순진하고, 퇴행된 반응을 보이고, 비체계적인 망상도 나타나고 있는바 지속적인 치료적 개입이 필요하겠음.

○ 임상적 진단

심리평가 결과, 수검자는 다음과 같은 진단이 시사됨.

- Schizoaffective Disorder, Bipolar type

제1형 양극성장애(Bipolar I Disorder)

1. 정신지체 수준의 여고생 수검자(여자/15세/고1)*

※ 1권의 주요 대상인 성인은 아니지만 2권(아동·청소년 정신장애)에 해당 장애가 포함되지 않아 1권에 포함시킴.

📂 의뢰 사유

수검자는 '행동조절장애', '집중력 저하', '불안', '불면' 등을 주소로 입원 중이며, R/O Attention-Deficit/Hyperactivity Disorder, R/O Unspecified Bipolar and Related Disorder, R/O Intellectual Disability 임상적 인상하에 청소년종합심리평가가 의뢰되었다.

📂 행동관찰과 면담

수검자는 보통 키에 약간 통통한 체격이었다. 긴 얼굴형에, 눈은 쌍꺼풀이 있으며 약간 작았고, 미간이 다소 넓어 보였다. 어깨 아래까지 내려오는 생머리는 헝클어져 있었고, 앞머리는 매우 짧게 잘라 위로 뻗쳐 있었으며, 손톱이 길고, 입술이 부르터서 피가 났다가 마른 자국이 보이는 등 위생상태는 매우 불량해 보였다. 검사 전반에 걸쳐서 눈이 거의 감긴 상태로 초점이 흐릿하였고, 고개를 약간 숙인 상태로 있어서 시선 접촉도 전혀 이루어지지 않았다. 하품을 하고, 침을 자주 흘렸는데 닦지는 않았으며, 목소리가 매우 작았다. 지능검사 시 언어적인 반응을 할 때는 시간이 한참 지난 뒤 대답하는 등 사고 차단(thought blocking)도 자주 나타났다. 한편 HTP 수행 시 바로 과제를 수행하였으나, Rorschach, TAT 능에서는 중긴에 눈 올 감고서 검사자가 반응을 촉진할 때까지 가만히 있다가 조는 모습도 나타났다. MMPI와 SCT도 시작은 하였으나 수검자가 거부하여 끝까지 실시되지 못하였다. 입원 사유에 대해서는 '모

---

* K-WAIS-IV를 사용한 보고서는 이하 *표 처리함.

르겠다'라고 고개를 저으며 짧게 대답하였다.

🗁 지능과 인지기능

한국 웩슬러 아동 지능검사 4판(K-WISC-IV)			
영역	지능	백분율	수준
언어이해	49	<0.1%ile	**중등도 정신지체**
지각추론	52	0.1%ile	**경도-중등도 정신지체**
작업기억	61	0.4%ile	**경도 정신지체**
처리속도	47	<0.1%ile	**중등도 정신지체**
전체지능	48	<0.1%ile	**중등도 정신지체**
일반능력	40	<0.1%ile	중등도 정신지체

※ 단일 점수로서 대표성을 가지는 지능지수는 진하게 표시함.

수검자의 **전체지능은 48, 중등도 정신지체 수준**으로 같은 연령대에서 하위 0.1% 이하 수준이었다. 언어이해는 49, 중등도 정신지체 수준, 지각추론은 52, 경도-중등도 정신지체 수준, 작업기억은 61, 경도 정신지체 수준, 처리속도는 47, 중등도 정신지체 수준을 보이고 있었다. 지능 영역 간 유의미한 점수 차이가 나타나지 않아서(기준 23점 차이), **전 영역을 고려한 '전체지능'이 수검자의 기능 수준을 대표한다고 볼 수 있겠다.** 그러나 2013년 9월 10일 실시했던 K-WISC-III 검사 결과를 살펴보면, 전체지능이 70, 경계선 수준으로 나타나서(언어성 지

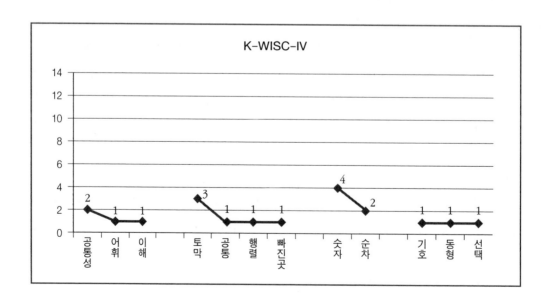

능 71, 경계선 수준, 동작성 지능 75, 경계선 수준), **수검자의 병전지능은 경계선 수준 정도일 것으로 여겨지며, 현재는 정서적 불안정과 사고기능의 혼란으로 인지기능이 저하된 것으로 보인다.**

언어이해 영역에서는 사물의 유사성을 파악하는 능력, 어휘구사력, 사회적 상황에 대한 이해력 등이 모두 정신지체 수준으로 매우 낮게 나타나서('동그라미와 네모-모름', '소-걸어 다니는 거요', '채소-잘 살아야 돼서'), 언어적 자원이 상당히 부족해 보인다. 그러나 보속증(perseveration: '공손하다-사람한테 공손한 거', '용감한-사람한테 용감한 거요', '방해하다-사람한테 방해하는 거'), 사고의 비약(flight of ideas: '전등-폭발할까 봐', '사과-그래야 그 사람이 알았다고 하니까') 등을 보이고 있어서, 현재 낮은 기능 수준은 사고 장해와 관련이 있어 보인다.

지각추론 영역에서는 시공간 구성 능력, 부분과 전체를 조화시키는 능력, 전체를 고려하여 핵심을 파악하는 능력, 시각적 예민성 등이 모두 정신지체 수준으로 나타나서 시각적 변별력이 상당히 떨어지고 지각적 정확성도 매우 낮아 보이는바 현실 판단의 어려움이 클 것으로 생각된다. 특히 토막짜기와 빠진곳찾기 소검사에서 정답과는 전혀 다른 방향의 반응들을 자주 보여서 지각상의 혼란감이 커 보인다.

작업기억 영역에서는 간단한 자극에 주의를 기울이는 능력, 복잡한 자극에 대한 주의력 등이 모두 정신지체 수준이어서 주의집중력이 상당히 떨어져 보이는데, 이 역시 수검자의 사고상의 혼란과 관련이 있는 것 같다.

처리속도 영역에서는 시공간 운동 능력, 긴장감 속에서 빠른 논리적 판단력을 발휘하는 능력, 간단한 시각적 자극에 짧은 시간 동안 높은 집중력을 발휘하는 능력 등이 모두 정신지체 수준으로 매우 낮게 나타나서, 현재 전반적으로 정신 운동 속도가 매우 느려진 것으로 생각된다.

지능검사 결과, 수검자의 지능은 중등도 정신지체 수준으로 나타났다. 그러나 과거 지능검사 수준을 고려할 때, 병전 기능은 경계선 수준 정도로 현재 측정된 수준보다는 다소 높을 것으로 여겨진다. 현재는 사고 장해 및 지각상의 혼란감이 나타나고, 이와 관련하여 주의집중력이 떨어지고, 정신 운동 속도도 느려진 것으로 보이는바, 인지기능의 양적 저하가 시사된다.

Rorschach 검사 결과, 수검자는 총 2회에 걸친 반응 단계에도 불구하고 12개의 적은 반응 수를 보여서 스트레스에 대처할 심리적 자원이 매우 제한적인 것으로 생각된다. 전체 영역을 사용한 반응을 전혀 보이지 않고 있어서(W=0) 주변 자극을 조직화하는 능력이 매우 부족하고, 정서적으로 충동적인 모습을 보이며(Pure C=1), 대인관계 지각도 왜곡되어 있는 것으로 보인다(M-=2).

📁 성격과 정서

※ MMPI는 수검자가 작성을 거부하여 포함시키지 않음.

수검자는 HTP에서 전반적으로 필압이 진하고, 그림이 크며, 사람 그림에서 '활기찬 사람', '밝은 사람', '즐거워요' 등의 반응을 보여서, 정서적으로 상당히 고양되어 있는 것 같다 (Rorschach: '춤추고 있는 사슴벌레' / TAT: '여자가 빛나는 거 같아요'). 또한 HTP 집 그림에서 창문을 크게 많이 그리면서 높은 애정 욕구를 드러내고 있었고(HTP: 집 그림 '필요한 것은 창문'), TAT에서 '둘이 뽀뽀하는 것 같아요'라고 하듯이 성적으로도 각성된 상태를 나타내고 있었다. 이러한 수검자는 TAT에서 '빠져나가는 그림', '달려 나가는 것 같아요' 등의 반응을 보여서, 욕구 및 행동을 충동적으로 표출할 가능성이 커 보인다(HTP: 집 그림에서 고르지 못한 선, 나무 그림에서 종이 밖으로 나간 나무 윗부분, 사람 그림에서 동그랗게 그린 손과 발).

한편, 수검자는 SCT에서 '가족을 부양하는 것은 나와 관련되어 있다', '언젠가 나는 가족을 부양해야 한다'라고 하고 있어서, 나이에 비해 가족을 책임지는 것에 대한 부담을 가지고 있는 것으로 보인다. 그러나 HTP 집 그림과 나무 그림에서 지면선을 그리지 않고 있어서 내적 불안정감이 커 보이고, TAT에서 '여자가 매달리는', '남자가 여자한테 매달리는', '여자가 다른 여자를 잡고 있는' 등의 반응을 보여서 대인관계 상황에서 자존감이 많이 저하되어 있는 것으로 여겨지며, Rorschach의 친밀감과 관련된 카드에서 사람 반응을 보이지 못하듯이 대인관계에 대한 불편감도 상당히 큰 것으로 생각된다(HTP: 사람 그림에서 눈동자 없이 원 모양 테두리만 그린 눈). 이러한 수검자는 TAT에서 '여자 아이가 우는' 등의 반응을 하고, '생각하고 있어요'라는 표현도 자주 하고 있어서 내면의 우울감이 매우 깊어 보이고, 전반적으로 모르겠다는 반응을 자주 보여서 무기력감도 커 보인다(지능검사에서 중등도 정신지체 수준의 처리속도). 위와 같이 수검자는 고양된 정서상태와 우울감으로 적절한 행동 조절에 어려움이 커 보이는바 적극적인 치료적 개입이 필요하겠다.

📁 요약과 제언

○ 요약

전체지능	48	중등도 정신지체	일반능력	40	중등도 정신지체
언어이해	49	중등도 정신지체	지각추론	52	경도-중등도 정신지체
작업기억	61	경도 정신지체	처리속도	47	중등도 정신지체

수검자의 지능 수준은 중등도 정신지체 수준으로 나타나서 전반적으로 기능 수준이 매우 떨어져 보이나, 현재 정서적으로 혼란스럽고 사고 장해와 지각 장해도 시사되는 등 인지기능의 양적 저하가 시사되는바, 병전 기능 수준은 경계선 정도였을 것으로 생각됨. 보속증, 사고의 비약 등이 나타나고, 시각적 변별력 및 지각적 정확성도 매우 떨어져 보임. 게다가 주의집중력이 상당히 낮고, 정신 운동 속도도 매우 느려진 상태로 나타남. 정서적으로 고양되어 보이며, 성적인 관심을 드러내고 있어서, 욕구 및 행동을 적절히 조절하는 데 어려움을 보일 것으로 생각됨. 내적으로 불안정감이 높고 대인관계 시 자존감이 매우 낮아서 대인관계 불편감도 큰 것으로 생각됨. 이러한 수검자는 우울감 및 무기력감도 나타내고 있음. 고양된 정서상태와 우울감으로 행동 조절에 어려움이 커 보이는바 적극적인 치료적 개입이 필요하겠음.

○ 임상적 진단

심리평가 결과, 수검자는 다음과 같은 진단이 시사됨.

- Bipolar I Disorder, Current or most recent episode manic, With psychotic features

2. 애정망상에 빠진 수검자(여자/22세/대중퇴)*

🗁 의뢰 사유

수검자는 약 6년 전 '친구가 괴롭히고 누명 씌운다', '우울감' 등을 주소로 지역 신경정신과에서 약물치료를 받았고, 그로부터 1년 이후 다른 정신과 병원에서 Schizophrenia 진단하에 약물치료를 받았으나 부작용으로 인해 2주 만에 다시 처음 방문한 신경정신과에서 약물치료를 진행하였다. 약 3~4개월 전부터 '동방신기가 나를 때렸다', '연예인들이 괴롭히니 고소해야 한다', '환청', '환촉' 등의 증상이 악화되어 본원에 입원 중인 수검자로, R/O Schizophrenia, R/O Schizoaffective Disorder 임상적 인상하에 성인종합심리평가가 의뢰되었다.

🗁 행동관찰과 면담

수검자는 보통 키에 통통한 체형으로, 피부가 검은 편이었고, 둥근 얼굴형에 눈이 작고 코가 뭉툭한 편이었다. 긴 갈색 생머리에 안경을 착용하고 있었고, 상의는 점퍼를 착용하고 하의는 환자복을 입고 있었다. 전반적인 위생상태는 양호한 편이었고, 검사자와의 눈맞춤도 적절하게 이루어졌다. 수검자는 도주의 위험이 있어서 검사자가 문 쪽에 앉아서 검사를 진행했다. 목소리 크기가 큰 편이었고, 발화량이 매우 많았으며, 비음이 섞인 목소리에 어린아이 같은 말투를 사용하는 등 미숙한 모습이 나타나기도 했다. 검사 초반에는 지시에 잘 따르며 순응적인 태도를 보였으나, 검사 후반부로 갈수록 짜증 섞인 말투로 얘기하거나 팔짱을 낀 채 거만한 태도로 답을 하기도 했다. 또한 면담 시에는 '제가 지금 똑같은 얘기를 6년째 하고 있는데 아무도 안 믿어요. 언니(검사자)도 들어주는 건 고마운데 진짜 힘들어요'라고 하면서도 '그래도 얘기할래요. 하고 싶어요'라고 한 후 자신의 상황을 장황하게 설명했고, 연예인 얘기를 하던 도중 갑작스럽게 소리 내어 울며 '아, 저 진짜 자살하고 싶어요'라고 하는 등 급격한 감정 변화를 보이기도 했다. 내원 사유에 대해서는 '제가요. 연예인 얘기 하고 다니는데, 조현병이랑 연예인 겪은 거 사실인데. 저를 괴롭혔다는 증거가 없어서 다 이걸 병으로 인식해요. 소속사에서 전화 연결할 수 없다라고 해요. 저는 제가 먼저 찾은 거잖아요. 그래서 제가 원하지도 않았던 연예인도 막 전번 갖고 있지도 않은데 저를 괴롭혀 놓고. 근데 걔넨 연예인들이니까……'라고 하며 매우 장황하고 두서없이 말했고, 여과 없이 망상적 사고를 드러냈다.

🗀 지능과 인지기능

한국판 웩슬러 지능검사 성인용 4판(K-WAIS-IV)			
영역	지능	백분율	수준
언어이해	92	29%ile	**평균**
지각추론	80	9%ile	평균 하
작업기억	84	14%ile	**평균 하**
처리속도	69	2%ile	**경도 정신지체**
전체지능	75	5%ile	경계선
일반능력	83	13%ile	평균 하

※ 단일 점수로서 대표성을 가지는 지능지수는 진하게 표시함.

　수검자의 **전체지능은 75, 경계선 수준**으로 같은 연령대에서 하위 5% 정도 수준이었다. 언어이해는 92, 평균 수준, 지각추론은 80, 평균 하 수준, 작업기억은 84, 평균 하 수준, 처리속도는 69, 경도 정신지체 수준으로 나타났다. 언어이해와 처리속도 지능영역 간의 점수 차이가 23점으로 크게 나타났고(기준 23점 차이), 지각추론 영역의 소검사 간 점수 차이도 7점으로 크게 나타나고 있어서(기준 5점 차이), 전 영역을 고려한 '전체지능'과 언어이해와 지각추론을

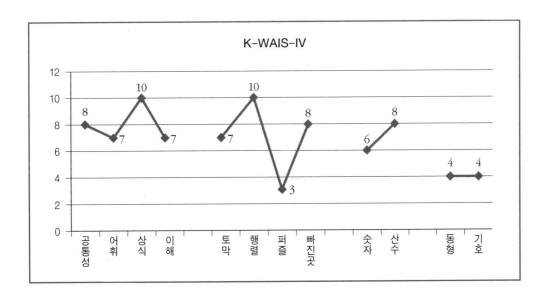

고려하여 산출된 '일반능력(83, 평균 하)' 모두 수검자의 기능을 온전히 대표한다고 보기 어렵기 때문에 **각 지표가 나타내는 기능 수준을 개별적으로 파악하는 것이 더 중요해 보인다.**

언어이해 영역에서는 상식 소검사가 평균 수준으로 나타나서 단편적인 지식을 습득하는 수준은 양호한 것으로 생각된다. 그리고 사물의 유사성을 파악하는 능력, 어휘구사력, 사회적 상황에 대한 이해력이 모두 평균 하 수준이어서, 전반적인 언어적 대처 능력은 비교적 평이해 보인다. 한편, 발화량이 매우 많았으며('땅-문화적인 요소랑 교통 시설이 편리하다든가 사람이 살잖아요. 다. 공급은 많은데. 네. 수요하고 공급의 차이인 것 같아요. 다들 좋은 거 갖고 좋은 집 살고 싶으니까'), 구체적 사고 경향(concrete thinking: '완강하다-완전 강하다', '불길한-길이 안 좋게 느껴지는 거'), 우원증(circumstantiality: '나라-요즘은 글로벌 세계화 시대고요. 겉모습은 서로 다를지라도 오장육부 다 갖춘 똑같은 사람이고. 자원, 예를 들면 어디는 철만 나오고 어떤 데는 우유만 나오면 희소한 자원 나눠 쓰고 기술 개발할 수 있고, 또 전쟁도 안 나고. 전쟁 나면 인명 피해가 심하니까', '취미-인간이 윤리와 사상 보면 유희적·문화적 동물이고. 인간이 이성적 머리 가졌더라도 쉬어야 하니까') 등 사고 장해가 시사된다. 또한 이해 소검사에서 피해사고와 관련된 내용이 나타나기도 했다('역사-왜냐면 사람은 비슷해서 일어났던 일이 계속 일어나잖아요. 범죄도 성폭행, 강간 그대로 일어나고').

지각추론 영역에서는 전체를 고려해 핵심을 파악하는 능력이 평균 수준으로 나타나서 추론 능력은 양호한 것으로 생각된다. 그러나 부분과 전체를 조화시키는 능력이 정신지체 수준으로 매우 낮게 나타나서 사고의 유연성은 상당히 부족한 것 같다. 또한 시공간 구성능력이 평균 하 수준이어서 도구를 다루는 능력은 다소 부족해 보이는데, 토막 개수가 늘어나자 반응을 실패한 것을 보면 복잡한 자극을 다룰 때 기능 수준이 급격히 떨어질 것으로 보이는바, 스트레스에 취약할 수 있겠다. 한편, 시각적 예민성이 평균 하 수준이어서 주변 환경 변화에는 다소 둔감한 것 같다.

작업기억 영역에서는 산수 소검사가 평균 하 수준으로 나타나서, 수계산 능력은 비교적 무난한 것으로 여겨진다. 그러나 숫자 소검사가 경계선 수준으로 낮게 나타나서, 주의지속력은 부족한 것 같다.

처리속도 영역에서는 동형찾기와 기호쓰기 소검사가 모두 정신지체 수준으로 낮게 나타났는데, 높은 필압으로 기호를 하나씩 확인하면서 수행한 것을 보면, 정신 운동 속도가 저하되어 있는 것 같다.

지능검사 결과, 수검자의 지능 수준은 경계선 수준으로 나타났다. 그러나 추론 능력이 양호하고, 결정성 지능과 관련된 상식 소검사가 평균 수준이어서, 병전지능은 현재 측정된 수준보다 높을 것으로 생각된다. 반면, 내용의 질적인 측면을 살펴보면, 우원증(circumstantiality), 구체적 사고 경향(concrete thinking) 등 사고 장해가 나타나고 있어서 인지기능의 양적 저하가 시사된다. 한편, 발화량이 상당히 많았는데, 이는 정서적으로 고양된 상태를 반영하는 것 같다.

Rorschach 검사 결과, 수검자는 총 10개의 적은 반응 수를 보이고 있어서 스트레스 대처 자원이 매우 부족해 보인다. 게다가 평범반응은 단 한 개만 나타났고(P=1) 형태질이 저하되어 있어서(X-%=0.30) 전반적인 판단력이 낮아 보이며, 관계 상황에서도 왜곡된 행동을 할 가능성이 높아 보인다(M-=3). 한편, 보속증(perseveration: '독수리 사탄', '로켓 사탄')과 같이 사고 장해를 시사하는 반응이 나타났고, 검사 전반에서 애정망상이 두드러지게 나타났다(SCT: '다른 친구들이 모르는 나만의 두려움은 영상, 연예인과 있었던 일', '나의 평생 가장 하고 싶은 일은 연예인 만나서 오해 풀기' / TAT: '여자가 남자 꼬시고 있어요').

🗂 성격과 정서

ASI-3 (불안민감)	APPQ (공황)	MDQ (조증)	HCL-32 (경조증)	**PHQ-9 (우울)**	STAI-Trait (특성불안)
30 65T	55 53T	3 (cut off: 7)	13 (cut off: 14)	27 **(cut off: 9)**	70 74T

※ 역치 이상의 척도는 진하게 표시함.

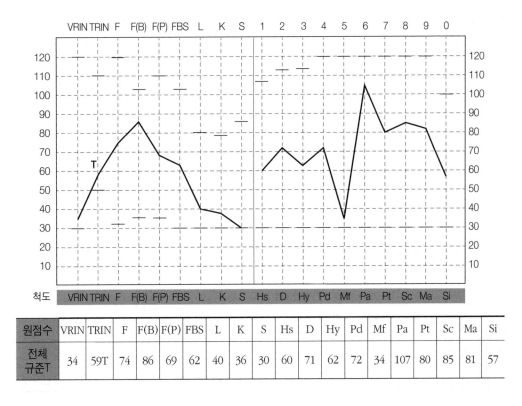

원점수	VRIN	TRIN	F	F(B)	F(P)	FBS	L	K	S	Hs	D	Hy	Pd	Mf	Pa	Pt	Sc	Ma	Si
전체 규준T	34	59T	74	86	69	62	40	36	30	60	71	62	72	34	107	80	85	81	57

수검자는 검사 전반에 걸쳐서 발화량이 매우 많았고, HTP에서 모든 그림을 높은 필압으로 상당히 크게 그렸듯이 에너지 수준이 상승해 있는 것으로 생각되며, HTP 사람 그림에서 '불행-생리하는데 격렬한 춤 출 때', '행복-남자들이 대시했을 때', '소원-아, 내가 저쪽에 있는 여자들 다 따먹어야지'라고 했고, TAT에서 '남자가 꼬시려고 그래요', SCT에서 '내가 성교를 했다면 걸레다'라고 하는 등 성적인 반응들이 나타나고 있어서 욕구 통제에도 어려움이 클 수 있겠다. 게다가 SCT에서 '나의 야망은 전 세계 이름 알리기', HTP 나무 그림에서 '100년'이라고 하는 등 자기과대성을 시사하는 반응이 나타나고 있어서 현재 정서 상태가 상당히 고양되어 있는 것으로 여겨진다. 그러나 한편으로는 울적함(Rorschach: C'=1), 무기력감(Rorschach: m=1), 미래에 대한 부정적 사고(SCT: '나의 장래는 없다. 불안 그 자체. 어쩌면 죽음일지도', '내가 보는 나의 앞날은 X'), 자존감 저하(SCT: '내가 믿고 있는 내 능력은 X') 등 우울감을 시사하는 반응도 여러 차례 나타나고 있어서(PHIQ-9=27 / TAT: '여자가 자살하려고 그래요'), 현재 고양된 기분 상태와 우울감이 교차하는 불안정한 정서상태일 것으로 생각된다.

이러한 수검자는 MMPI에서 6번 척도가 107T로 극단적으로 상승했고, SCT에서 '남자에 대해서 무엇보다 좋지 않게 생각하는 것은 고추로 여자 갖고 놀고 눈빛으로 상처 주는 일', '내 생각에 남자들이란 나대는 놈들'이라고 했으며, HTP 여자 그림에서 '소원-성 상납 안 했으면 좋겠어요'라고 하는 등 주변 환경을 극도로 경계하고 적대적으로 인식하는 것으로 여겨진다. 그러나 대부분이 성적인 내용들로 이루어져 있고, 남성이 가해자이고 여성이 피해자인 논리로 나타내고 있는데, 이러한 양상은 내면의 성적인 욕구와 주변 환경에 대한 경계심이 더해져서 나타나고 있는 것 같다[SCT: '무슨 일을 해서라도 잊고 싶은 것은 동영상, 연예인 사건', '내가 잊고 싶은 두려움은 영상 찍혔다란 소리', '다른 친구들이 모르는 나만의 두려움은 영상, 연예인과 있던 일(말해도 안 믿어)']. 이처럼 경계심이 강하고, 위와 같이 에너지 수준도 높은 수검자는 검사 상황에서도 갑작스레 짜증을 내는 경우가 많았고, MMPI에서 '통제결여' 소척도가 74T로 높아서, 사소한 자극에도 갑작스럽게 공격적으로 행동할 수 있으므로 주의가 필요해 보인다.

요약과 제언

요약

전체지능	75	경계선	일반능력	83	평균 하
언어이해	92	평균	지각추론	80	평균 하
작업기억	84	평균 하	처리속도	69	경도 정신지체

　　수검자의 지능 수준은 경계선 수준으로 나타났으나, 추론 능력이 양호하고 결정성 지능과 관련된 소검사가 평균 수준이어서, 병전지능은 현재 측정된 수준보다 높을 것으로 생각됨. 반면, 우원증(circumstantiality), 구체적 사고 경향(concrete thinking) 등 사고 장해가 나타나고 있어서, 인지기능의 양적 저하가 시사됨. 한편, 발화량이 상당히 많았는데, 이는 정서적으로 고양된 상태를 반영하는 것으로 보임. 수검자는 현재 고양된 기분상태와 우울감이 교차하는 불안정한 정서상태일 것으로 생각됨. 이러한 수검자는 주변 환경을 극도로 경계하고 적대적으로 인식하는 것으로 여겨지나, 대부분이 성적인 내용들로 이루어져 있고 남성이 가해자이고 여성이 피해자인 논리로 나타내고 있는데, 이러한 양상은 내면의 성적인 욕구와 주변 환경에 대한 경계심이 더해져서 나타나고 있는 것으로 생각됨. 이처럼 경계심이 강하고 위와 같이 에너지 수준도 높은 수검자는 사소한 자극에도 갑작스럽게 공격적으로 행동할 수 있으므로 주의가 필요해 보임.

임상적 진단
심리평가 결과, 수검자는 다음과 같은 진단이 시사됨.

- Bipolar I Disorder, Current or most recent episode manic, With psychotic features

3. 의심이 많은 30대 여성(여자/38세/고졸)*

📁 의뢰 사유

수검자는 '과대망상', '불면', '불안', '이상 행동' 등을 주소로 입원 중이며, R/O Bipolar I Disorder 임상적 인상하에 성인종합심리평가가 의뢰되었다.

📁 행동관찰과 면담

수검자는 작은 키에 왜소한 체격이었다. 작은 얼굴형에, 눈이 컸고, 짧은 머리는 약간 붉은 색으로 염색을 했던 흔적이 보였으며, 왼손 손바닥에는 글씨가 가득 쓰여 있었다. 머리가 뻗쳐 있었고, 입술도 메말라 있어서 위생상태는 다소 불량해 보였으나, 시선 접촉은 원활한 수준이었다. 검사가 시작되자 메모지를 달라고 요구하고, '왜 저만 이거 하는 거죠? 다른 사람들은 다 했나요?', '이거 어디에 쓰는 거죠?', '이거 하면 뭐가 좋은 거죠?' 등의 질문을 하면서 검사를 거부하여 시간이 지연되었으며, 치료진이 들어와서 검사에 대한 설명을 하고 난 후에 다시 검사가 지속되었다. 지능검사를 수행하면서도 검사 실시의 목적에 대해 자주 질문했고, 몸을 앞으로 숙여서 검사자의 기록을 가까이 보는 등 의심이 많아 보였다. 투사검사들에서는 별다른 주저하는 행동이나 거부하는 모습 없이 검사를 수행하였으나, 직접 검사 도구들을 치우거나 가져가는 등의 행동을 보이고, '하기 싫은데 해 볼게요'라고 말하며 급하게 수행하기도 하였다. 면담 시에는 '이건 개인 정보인데, 나를 속속들이 다 알겠다는 거잖아요'라고 하면서 구체적인 질문들에 대한 답변을 거부하고, 진료 기록 및 면담 기록을 직접 보려 하는 등 매우 경계하는 태도를 보였다. 내원 사유에 대해서는 별다른 대답을 하지 않은 채 불평을 늘어놓았다.

📁 지능과 인지기능

수검자의 **전체지능은 74, 경계선 수준**으로 같은 연령대에서 하위 4% 정도 수준이었다. 언어이해는 95, 평균 수준, 지각추론은 78, 경계선 수준, 작업기억은 78, 경계선 수준, 처리속도는 69, 경도 정신지체 수준을 보이고 있었다. 언어이해 지능영역과 처리속도 지능영역 간 점수가 26점 차이로 나타났고(기준 23점 차이), 지각추론 영역의 소검사 간 점수 차이가 7점으로

한국 웩슬러 성인 지능검사 4판(K-WAIS-IV)			
영역	지능	백분율	수준
언어이해	95	38%ile	**평균**
지각추론	78	7%ile	경계선
작업기억	78	7%ile	**경계선**
처리속도	69	2%ile	**경도 정신지체**
전체지능	74	4%ile	경계선
일반능력	86	18%ile	평균 하

※ 단일 점수로서 대표성을 가지는 지능지수는 진하게 표시함.

유의미하게 나타나고 있어서(기준 5점 차이), 전 영역을 고려한 '전체지능'과 언어이해와 지각
추론을 고려하여 산출된 '일반능력(86, 평균 하 수준)' 모두 수검자의 기능을 온전히 대표한다
고 보기 어렵기 때문에 **각 지표가 나타내는 기능 수준을 개별적으로 파악하는 것이 더 중요해
보인다.**

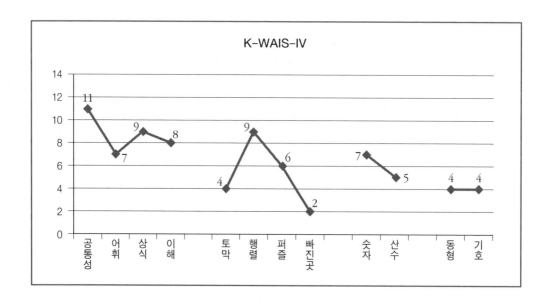

　언어이해 영역에서는 공통성, 상식 등이 평균 수준으로 나타나서, 짧은 언어적 반응이 필요
한 경우에는 무난한 기능 수준을 보였다. 그러나 사회적 상황에 대한 이해력, 어휘구사력 등
이 평균 하 수준으로 다소 낮게 나타나서, 언어적으로 길게 반응해야 하는 경우에는 기능 수준
이 다소 떨어질 것으로 생각된다. 반응의 질을 살펴볼 때, 초반에는 짧게 답하거나 모른다는

반응을 자주 하였으나, 후반부로 갈수록 발화량이 증가해서('역사-역사를 제대로 알아야 우리 걸어 온 길, 어떻게 걸어가야 될지도 알 수 있고, 과거를 알아야 미래를 예측할 수 있고, 뭐가 잘못 됐는지 제대로 알아야 우리나라를 이끌어 갈 수 있으니까') 정서적으로 고양된 상태가 반영된 것 같다. 또한 '법-내 안전도 지켜야. 법을 지키지 않으면 내 안전도 지킬 수 없기 때문에'라며 보속증(perseveration)을 보이고, 구체적 사고 경향(concrete thinking)이 나타났으며('완강하다-강하다', '소리와 파도-파도소리'), '우주-우리도 우주 탐험을 떠날 준비를 해야 하는 단계인 것 같아요'라고 하듯이 사고의 비약(flight of ideas)도 나타나고 있어서 사고 장해가 시사된다.

지각추론 영역에서는 전체를 고려하여 핵심을 파악하는 능력이 평균 수준이어서, 추론 능력이 양호해 보이나, 부분과 전체를 조화시키는 능력이 경계선 수준으로 낮게 나타나서, 시행착오를 통한 대처 능력은 떨어질 것으로 생각된다. 또한 시공간 구성 능력이 정신지체 수준이어서, 구조화된 상황에서의 문제 해결력도 상당히 낮아 보이고, 빠진곳찾기 소검사에서는 쉬운 두 문항만을 성공하고 있어서, 지각적 정확성도 상당히 떨어진 것으로 생각된다.

작업기억 영역에서는 간단한 자극에 주의를 기울이는 능력이 평균 하 수준으로 다소 낮게 나타나서 주의집중력이 다소 저하된 것으로 보이고, 수계산 능력이 경계선 수준으로 간단한 나눗셈까지만 성공하고 있어서('20÷4=5') 산술 능력도 낮아 보인다.

처리속도 영역에서는 시공간 운동 능력, 긴장감 속에서 빠른 논리적 판단력을 발휘하는 능력 등이 모두 정신지체 수준으로 매우 낮게 나타나서 민첩성이 상당히 떨어져 보이는데, 평가 상황에 대한 거부적인 태도도 반영된 것으로 여겨진다.

지능검사 결과, 수검자는 경계선 수준의 지능 수준을 나타냈다. 언어적으로 짧게 반응할 때는 양호한 기능 수준을 보였으나, 길게 반응해야 하는 경우 발화량이 많아지면서 보속증, 구체적 사고, 사고의 비약 등을 보여서 사고 장해가 시사된다. 또한 토막짜기, 동형찾기, 기호쓰기 등에서 낮은 수행력을 보여서 손 운동이 필요한 상황에서 기능 수준이 급격히 떨어질 것으로 생각되며, 숫자, 산수 등이 낮은 점수를 보이고 있는데, 이는 현재 주의집중력이 저하되었다는 것을 나타내는 것 같다. 게다가 지각적 정확성이 매우 저하되어 있어서 주변 환경 변화에 대한 대응도 어려울 것으로 생각된다.

Rorschach 검사 결과, 수검자는 총 13개의 적은 반응 수를 보여서, 스트레스 상황에서 문제 해결력이 상당히 부족해 보인다. 특히 사고가 단순하고, 성식되어 있고(L=2.50), 피상적이며 (W:D:Dd=8:4:1), 인간운동반응도 매우 적게 나타나서(M=1), 이성적이고 논리적인 대처에 어려움을 보일 것으로 여겨진다. SCT에서도 '결혼생활에 대한 나의 생각은 눈 가리고 아웅하는 것 같은 느낌이 들고 진실되게 못 믿어 줘서 미안하다. 본인이 처신을 잘하길 바랄 뿐이다'라고 하듯이 사고이탈(tangentiality)이 나타나서 사고 장해가 시사된다.

📁 성격과 정서

ASI-3 (불안민감)	APPQ (공황)	MDQ (조증)	HCL-32 (경조증)	PHQ-9 (우울)	STAI-Trait (특성불안)
12	9	6	13	0	45
47T	38T	(cut off: 7)	(cut off: 14)	(cut off: 9)	47T

※ 역치 이상의 척도는 진하게 표시함.

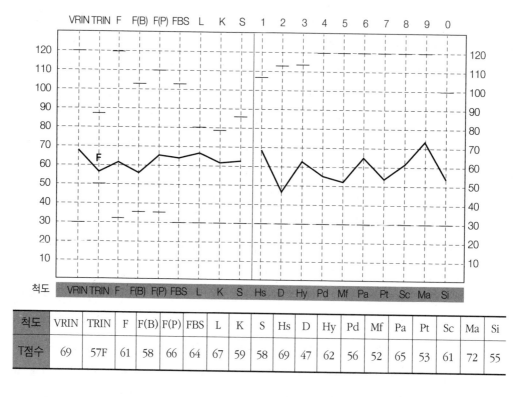

척도	VRIN	TRIN	F	F(B)	F(P)	FBS	L	K	S	Hs	D	Hy	Pd	Mf	Pa	Pt	Sc	Ma	Si
T점수	69	57F	61	58	66	64	67	59	58	69	47	62	56	52	65	53	61	72	55

　　수검자는 MMPI에서 Ma척도가 72T로 높게 나타나고, HTP에서 매우 큰 나무 그림을 그리거나 투사검사에서 발화량이 점점 증가하는 등 에너지 수준이 높아 보인다. 이러한 수검자는 TAT에서도 '어우, 컴컴해', '와, 아름답다', '얘 왜 이래?', '왜 우는지 모르겠네'라고 감탄사나 대화체로 반응하며 상황을 지나치게 과장되게 표현하거나, SCT에서 '나의 야망은 리더이고 싶다', '언젠가 나는 독립할 것이다. 능력을 키워서 스스로 개척자가 되리'라고 하듯이 팽창된 자신감을 드러내고 있었다(TAT: '태양이 찬란하게 빛나네. 여자가 높은 데서 밑을 내려다보고 있고'). 또한 TAT에서 '여자가 남자를 붙들려고 하는', '여자 위에 옷은 벗겨져 있고' 등의 반응을 보여서 성욕이 상승되어 있는 것으로 여겨지고, SCT에서 '때때로 두려운 생각이 나를 휩싸일

때 즐긴다'라고 하거나, HTP 나무 그림에서 '태양, 달, 별, 비, 바람, 구름이 필요하다'라고 열
거하고 있듯이 현재 정서적으로 상당히 고양되어 보인다.

한편, 주변 환경을 경계하는 경향이 매우 높아 보이는(MMPI: Pa=65T / HTP: 사람 그림에
서 눈을 강조함) 수검자는 HTP, TAT 등에서 '모르겠네요', '글쎄요' 등의 반응도 자주 나타내
서 자기개방에 매우 민감해 보였고, HTP 나무 그림에서도 가지 끝을 뾰족하게 그리듯이 분노
감도 높은 것으로 여겨진다. 이러한 수검자는 TAT에서 '용서를 비는 그림', SCT에서 '나의 가
장 큰 결점은 뒤처리가 안 됨' 등 죄책감을 시사하는 반응들도 나타냈는데, 이는 자존감 저하
와 관련이 있어 보인다. 또한 부정적인 질문들에 대해서는 지나치게 부인하고(SCT: '무슨 일
을 해서라도 잊고 싶은 것은 없다', '어렸을 때 잘못했다고 느끼는 것은 없음' / MMPI: L=67T), TAT
에서 '우는 거', '허물어진 궁' 등을 언급해서 우울감도 상당히 클 것으로 생각되며(HTP: 나무
그림 '슬퍼할 거 같아요' / TAT: '서글퍼하는'), Rorschach에서 '여자 자궁 사진 엑스레이 찍은 모
습'이라고 해서 우울감을 다양한 신체 증상을 통해 호소할 가능성도 높아 보인다(Rorschach:
An+Xy=1 / MMPI: '소화기증상'=74T, '신경학적 증상'=76T).

📂 요약과 제언

○ 요약

전체지능	74	경계선	일반능력	86	평균 하
언어이해	95	평균	지각추론	78	경계선
작업기억	78	경계선	처리속도	69	경도 정신지체

수검자의 지능 수준은 경계선 수준으로 나타남. 언어적으로 짧게 반응하는 경우에는 양호
한 기능 수준을 보였으나, 길게 반응할 때는 보속증, 구체적 사고, 사고의 비약, 사고 이탈 등
이 나타나서 사고 장해가 시사됨. 손 운동 능력이 추가되는 상황에서 기능 수준이 떨어지는
것으로 보이고, 주의집중력도 저하된 것으로 나타남. 또한 지각적 정확성이 저하되어 있어서
주변 환경 파악에도 어려움이 예상됨. 에너지 수준이 높고, 성욕이 증가한 것으로 보이며, 과
장된 자신감을 나타내는 등 현재 정서적으로 상당히 고양되어 있음. 주변을 매우 경계하고,
분노감이 높아 보이며, 죄책감을 시사하는 반응들도 나타남. 또한 부정적인 측면에 대해 부
인하는 경향이 높고, 우울감이 크게 나타나면서, 신체적인 증상들을 호소할 가능성도 있음.

○ 임상적 진단

심리평가 결과, 수검자는 다음과 같은 진단이 시사됨.

– Bipolar Ⅰ Disorder, Current or most recent episode manic, With psychotic features

4. 높은 공격성, 성격장애가 의심되는 군인(남자/21세/대재)*

📁 의뢰 사유

수검자는 군복무 중으로 '납득이 안 가는 말을 한다', '불안', '격분', '교회 활동 시간에는 활발하고 정상 같아 보인다' 등을 주소로 내원하였고, R/O Unspecified Personality Disorder 임상적 인상하에 성인종합심리평가가 의뢰되었다.

📁 행동관찰과 면담

수검자는 작은 키에 마른 체격이었고, 통상적인 경우(군간부 1명만 동반)와는 달리 부모님과 군간부 2명이 동반하여 본 센터에 방문하였으며, 보호자들이 밖에서 대기한 상태에서 검사가 실시되었다. 피부는 검은 편이었고, 갸름한 얼굴형에 눈은 작고, 입술이 메말라 뜯겨져 있었으며, 하관이 약간 앞으로 튀어나와 있었다. 긴 손톱에 때가 끼어 있었고, 냄새가 나서 위생상태는 불량해 보였다. 시선 접촉은 간헐적으로 이루어졌으며, 검사자를 뚫어지게 쳐다보거나, 초점이 흐릿한 상태로 벽을 응시하거나, 눈의 흰자위가 보이게 깜빡거리는 등의 모습을 보였다. 병원 입원 중에 본 센터를 방문해서, 손등에는 링거를 뽑은 뒤 밴드가 붙여진 상태였고, 병원에서 부여한 개인 신상이 적힌 밴드를 손목에 차고 있었다. 목소리가 컸으며, 침을 튀기며 말하는 모습도 자주 보였고, 의자를 뒤로 빼고 기대어 눕듯이 앉거나, 책상에 가슴을 붙이고, 두 팔을 책상 위에 쭉 뻗은 채 엄지손가락을 세운 특이한 자세로 검사에 임하기도 하였다.

지능검사에서 검사 자극지들을 보며 손가락으로 책상 위를 톡톡 치거나 팔짱을 끼는 등 안절부절못하는 모습을 보였고, 검사 초반에는 간단하게 대답을 했으나, 30분 정도가 지나면서는 발화량이 상당히 많아졌고, HTP에서 재빨리 그림을 그린 뒤 질문에 대답하면서 자신이 말하는 내용들을 그림 위에 꽉 채워서 적는 등 에너지 수준이 상당히 높아 보였다. 또한 Rorschach 검사 중 '이 검사를 하면 나한테 좋은 겁니까? 안 좋은 겁니까?'라고 검사자에게 질문을 하기도 하였다. 면담 시에는 목소리가 검사실 밖에서도 들릴 정도로 크게 이야기했고, 말을 많이 하다가 갑자기 대답을 하지 않고 멍한 표정으로 있는 등 사고 차단(thought blocking)을 시사하는 행동도 나타났다. 또한 주머니에서 휴대폰을 꺼내 전 대통령의 연설문이 담긴 동영상을 검사자에게 보여 주며 '현재 사람들이 현 정권이 이렇습니다'라고 하는 등 검사 상황에 상관없는 자신의 생각을 거리낌 없이 표현하였다. 군대 선임들과 간부들에 대해 불만을 말할 때에는 '이 검사를 받는 것이 벌 받는 기분이 든다'라고 하며 화를 내고, 주먹을 허공에 휘두르는 등 통제가 어려울 정도로 과격한 행동들이 많이 나타났다. MMPI와 SCT 검사는 수검자의 거부로 실시되지 못했고, 내원 사유에 대해서는 '모르겠습니다'라고 짧게 대답하였다.

📁 지능과 인지기능

한국 웩슬러 성인 지능검사 4판(K-WAIS-IV)			
영역	지능	백분율	수준
언어이해	92	29%ile	평균
지각추론	82	11%ile	**평균 하**
작업기억	72	3%ile	**경계선**
처리속도	86	18%ile	**평균 하**
전체지능	77	7%ile	**경계선**
일반능력	84	15%ile	평균 하

※ 단일 점수로서 대표성을 가지는 지능지수는 진하게 표시함.

수검자의 **전체지능은 77, 경계선 수준**으로 같은 연령대에서 하위 7% 정도의 수준이었다. 언어이해는 92, 평균 수준, 지각추론은 82, 평균 하 수준, 작업기억은 72, 경계선 수준, 처리속도는 86, 평균 하 수준을 보이고 있었다. 지능 영역 간의 차이는 유의미하지 않았으나(기준 23점 차이), 언어이해 영역의 소검사 간 점수 차이가 5점으로 나타나고 있어서(기준 5점 차이), 전 영역을 고려한 '전체지능'과 언어이해와 지각추론을 고려하여 산출된 '일반능력(84, 평균 하 수준)' 모두 수검자의 기능을 온전히 대표한다고 보기 어렵기 때문에 **각 지표가 나타내는 기능 수준을 개별적으로 파악하는 것이 더 중요해 보인다.**

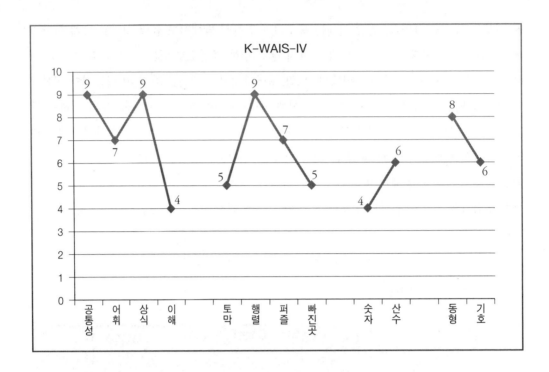

언어이해 영역에서는 사물의 유사성을 파악하는 능력, 어휘구사력이 각각 평균, 평균 하 수준이어서, 단어의 개념에 대한 이해 능력은 평이한 수준인 것 같다. 기본적인 상식 수준은 평균 수준이었으나, 관습과 규범에 대한 습득 수준은 상대적으로 매우 낮게 나타났고, 이는 이해 소검사 전반에 걸쳐서 매우 빠르고 장황하게 설명하고 있으나 내용의 질이 낮고 비논리적인 것과 관련이 있어 보이며('법─국민의 헌법은 국민에게 있고 나라에 법이 있는 한 국민의 법은 지켜야 할 도리이며 법은 지켜야 하고 있어야 하는 것'), 수검자의 고양된 정서상태를 반영하는 것 같다. 게다가 '불이익', '이간질', '보호' 등의 표현들을 하고 있어서, 주변 환경에 대한 의심도 상당히 많은 것 같다.

지각추론 영역에서는 전체를 고려해 핵심을 파악하는 능력, 부분을 통해 전체 상을 구성하는 능력이 각각 평균, 평균 하 수준으로 나타나서 시지각적인 문제해결 능력은 무난해 보인다. 그러나 시공간 구성 능력이 경계선 수준이어서 실제 도구를 다룰 때에는 대처 능력이 상당히 떨어질 수 있고, 지각적 정확성도 매우 낮게 나타나고 있는데, 이는 지각상의 혼란감을 시사하는 것 같다.

작업기억 영역에서는 수계산 능력이 경계선 수준으로 나타나고['25*8=140(오답)'], 단순한 자극에 주의를 기울이는 능력도 정신지체 수준이어서, 주의력이 매우 부족해 보이는데, 이는 현재 수검자의 높은 에너지 수준에 기인한 충동성 조절의 어려움이 반영된 것 같다.

처리속도 영역에서는 긴장감 속에서 빠른 논리적 판단력을 발휘하는 능력이 평균 하 수준으로 다소 낮게 나타났고, 시공간 운동 속도가 경계선 수준이어서, 민첩성도 상당히 부족해 보인다.

지능검사 결과, 수검자는 공통성, 행렬추리 등 추상적 개념을 다루는 소검사가 평균 수준을 보이고, 상식 수준도 평균 수준으로 나타나서, 병전지능이 평균 수준 정도였을 것으로 추정된다. 그러나 현재 주의력이 매우 낮게 나타나고 있고, 사고 및 지각상의 혼란감이 시사되며, 이는 정서적으로 혼란스러운 상태와 관련이 있어 보이는바, 병전에 비해 인지기능이 상당히 떨어져 있는 것으로 생각된다.

Rorschach 검사 결과, 수검자는 총 22개의 적절한 반응 수를 보였고, 반응 단계에서는 짧게 대답하면서 질문 단계에서는 길게 말하는 양상이 나타나서, 에너지 수준이 상당히 높은 것 같다. 한편, 사고가 단순하고 경직되어 있고(L=2.67), 관습적 지각 능력이 낮으며(P=3), 왜곡된 형태반응(X-%=0.59)과 특이한 부분반응(Dd=5)을 많이 보여서, 실제적인 문제해결 능력이 부족한 것 같다.

🗂 성격과 정서

※ MMPI-2는 작성하지 못함.

수검자는 HTP 나무 그림에서는 '200년 된 나무', '죽지 않고 천년 묵은 나무처럼' 등의 반응을 하고, 사람 그림에서도 '큰 인물이 될 것 같다', '부와 영화를 얻고 유명세를 탈 것 같다' 등의 표현을 해서, 자아상이 상당히 과대해 보인다(Rorschach: '최고'). 그리고 발화량이 매우 많고, HTP에서 종이가 꽉 차도록 그림을 크게 그린 다음 자신이 대답한 내용들을 그림 위에 빼곡하게 적는 등 에너지 수준이 매우 상승해 있는 것 같다(TAT: 공백 카드 '광활한 우주'). 게다가 HTP 사람 그림에서 '남들이 힘들어하거나 부정부패를 저지르는 상황이 올 때 그걸 해결하려 하는데, 그것이 잘 이루어질 때 행복하다'라고 하듯이, 자신의 능력을 객관적으로 인식하지 못한 채 지나치게 자신감만 드러내고 있어서 정서적으로 상당히 고양되어 있는 것 같다(HTP: 집 그림 '시끌벅적한', 사람 그림 '세계를 정복하는'). 이러한 수검자는 Rorschach에서 음식반응을 보이고(Fd=3), '벌레'라는 대답도 자주 하고 있어서 미숙한 성향이 있고(Rorschach: A=13), 성욕 통제의 어려움까지 나타나고 있어서(Rorschach: '비키니' / TAT: '아내가 누워서 자고 있는데, 깨고 났는데 다른 여자가 내 옆에 누워 있어서') 행동 조절에 어려움이 클 것 같다.

위에서 나타나듯이 들떠 있는 모습과는 달리, 수검자는 TAT에서 '눈을 감고 있지만 다 보고 있는', '눈치를 보는' 등의 반응을 보여서 의심이 많아 보이고(HTP: 사람 그림 '피해의식 안 느끼고'), 대인관계 상황에서의 분노감도 높은 것 같다(HTP: 사람 그림 '끊임없이 폭행하려 하고 공격적 모습으로 숨도 제대로 못 쉬게 할 때 불행하다'). 그러나 과거력을 통해 볼 때 수검자는 이러한 부정적 감정들을 다 표현하지 못했던 것 같고, 현재 TAT에서 '한 소녀가 쓸쓸히', '굉장히 우울하고 좌절감' 등의 반응을 보이듯이 한편으로는 우울감과 무기력감도 경험하고 있는 것 같다(HTP: 사람 그림 '앞으로 뭐 하지', '불행-아무것도 못할 때' / TAT: '줄을 잡고 힘겹게 올라가는, 다른 사람들은 올라가는데'). 게다가 Rorschach에서 '기본적으로 상징하는 나비 날개, 형태, 더듬이, 좌심방, 우심방'이라고 하듯이 사고이탈(tangentiality)이 나타나고 있고, 지능검사 이해 소검사에서 비논리적인 반응을 보여서('독과점-본인이 생산하고 만든 것에 대해서는 그 책임을 남에게 전가하지 않기 위해서 독과점이라는 게 있음') 사고 장해도 시사된다.

이러한 수검자는 HTP 집 그림에서 '단란하고 화목하고'라고 말하면서, 동시에 '앞으로 풍비박산 날 것 같다'라고 하거나, HTP 사람 그림에서도 '겉으로는 웃는 내색을 해서 좋은 이미지를 보여 주겠다는…… 속으로는 시름시름 앓고'라고 하듯이, 상반된 정서상태가 함께 나타나고 있었다. 이렇듯 현재 조증삽화를 시사하는 증거들이 많으면서도, 우울감과 사고 장해가 시사되는 반응들도 나타나서, 혼란감이 매우 클 것으로 생각되는바 즉각적인 치료적 개입이 필요할 것 같다.

🗂 요약과 제언

○ 요약

전체지능	77	경계선	일반지능	84	평균 하
언어이해	92	평균	지각추론	82	평균 하
작업기억	72	경계선	처리속도	86	평균 하

수검자의 지능 수준은 경계선 수준으로 나타남. 단편적인 언어 능력 수준은 무난해 보이고 시지각적 문제 해결력이 양호한 수준이지만, 지각적 정확성이 부족하고, 주의력이 낮게 나타남. 병전지능은 평균 수준으로 추정되나, 정서적 혼란감으로 기능 수준이 떨어진 것으로 보이며, 사고가 단순하고, 관습적 지각 능력이 부족해 보임. 게다가 사고이탈과 사고 장해가 시사되는 반응을 보임. 정서적으로는 에너지 수준이 매우 높고, 행동이 과장되며, 자아상이 과대하고, 팽창된 자존감을 나타내는 등 고양되어 있음. 게다가 미숙하고 성적 욕구 통제에 어려움을 보이는 수검자는 의심이 많고 대인관계 상황에서 분노감이 높아 보임. 조증삽화와 함

께 우울감, 사고 및 지각 장해가 시사되는 반응들을 보여서 혼란감이 클 것으로 생각되며, 즉 각적인 치료적 개입이 필요하겠음.

○ 임상적 진단

심리평가 결과, 수검자는 다음과 같은 진단이 시사됨.

- Bipolar I Disorder, Current or most recent episode manic, With psychotic features

06 제2형 양극성장애(Bipolar II Disorder)

1. 알코올 문제로 방문한 노인(남자/60세/초졸)*

📁 의뢰 사유

수검자는 '자살시도', '수면장애' 등을 주소로 입원 중이며, R/O Alcohol Use Disorder 임상적 인상하에 성인종합심리평가가 의뢰되었다.

📁 행동관찰과 면담

수검자는 보통 키에 적당한 체격이었다. 얼굴형은 네모난 편이었고, 흰 피부에 반백의 짧은 머리였으며, 눈이 작고 검은 테두리 안경을 쓰고 있었다. 위생상태는 양호한 수준이었고, 목소리 크기도 적절했으나, 시선은 책상 위 검사 도구들에 향해 있어서 시선 접촉이 전혀 이루어지지 않았다. 오른손 중지 손가락에 밴드를 한 상태였고, 목 중간까지 올라오는 빨간색 상의를 안에 입고 겉에 환자복을 입은 채 검사실에 들어왔다. 지능검사에서 '아유, 생각이 잘 안 나네요', '기억력이 많이 떨어졌네요'라고 하거나, HTP 그림을 그릴 때에도 '그림을 잘 못 그리는데', '미술하고는 거리가 멀어서' 등 말을 자주 했고, 검사 전반에 걸쳐 존댓말을 사용하며, 검사 도구들을 정리해 돌려주는 등 지나치게 예의 바른 모습을 보였다. 입원 사유에 대해서는 '자살시도'라고 짧게 대답하였다.

📁 지능과 인지기능

수검자의 **전체지능은 99, 평균 수준**으로 같은 연령대에서 하위 46% 정도 수준이었다. 언어이해는 102, 평균 수준, 지각추론은 92, 평균 수준, 작업기억은 109, 평균 수준, 처리속도는

---

* K−WAIS−IV를 사용한 보고서는 이하 *표 처리함.

한국 웩슬러 성인 지능검사 4판(K-WAIS-IV)			
영역	지능	백분율	수준
언어이해	102	56%ile	**평균**
지각추론	92	31%ile	평균
작업기억	109	73%ile	**평균**
처리속도	97	41%ile	**평균**
전체지능	99	46%ile	평균
일반능력	97	42%ile	평균

※ 단일 점수로서 대표성을 가지는 지능지수는 진하게 표시함.

97, 평균 수준을 보이고 있었다. 지능 영역 간 유의미한 점수 차이가 나타나지 않았으나(기준 23점 차이), 지각추론 영역의 소검사 간 점수 차이가 8점으로 크게 나타나고 있어서(기준 5점 차이), 전 영역을 고려한 '전체지능'과 언어이해와 지각추론을 고려하여 산출된 '일반능력(97, 평균 수준)' 모두 수검자의 기능을 온전히 대표한다고 보기 어렵기 때문에 **각 지표가 나타내는 기능 수준을 개별적으로 파악하는 것이 더 중요해 보인다.**

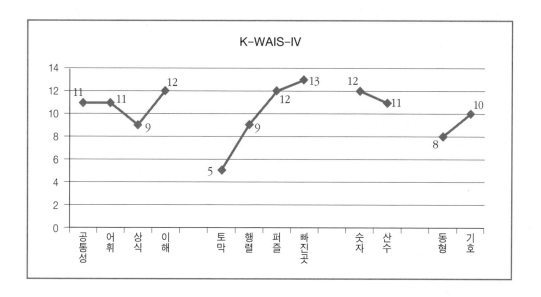

언어이해 영역에서는 사회적 상황에 대한 이해력이 평균 상 수준으로 나타나서, 관습적 행동 양식에 대한 습득 수준이 다소 높아 보인다. 사물의 유사성을 파악하는 능력, 어휘구사력, 기본 지식 수준 등이 모두 평균 수준이어서, 기초 상식 수준이 양호해 보이고, 언어적 표현 능력도 무난해 보인다. 반응의 질을 살펴볼 때, 모른다고 하기보다는 관련 있다고 생각되는 내용을 장황하게 말하거나, 수준이 비슷한 다른 단어들로 대체하는 등의 모습을 보였고('올림픽-스위스', '간디-의학', '이탈리아-마닐라'), 이는 과시적인 성향과 관련이 있는 것 같다.

지각추론 영역에서는 시각적 예민성이 평균 상 수준으로 다른 소검사에 비해 높게 나타나서 주변 환경 변화에 민감하고, 부분과 전체를 조화시키는 능력도 평균 상 수준이어서 시행착오가 필요한 상황에서도 높은 대응 능력을 보일 수 있겠다. 한편, 전체를 고려하여 핵심을 파악하는 능력이 평균 수준으로 나타나서 추론 능력이 양호한 수준이었으나, 시공간 구성 능력은 경계선 수준으로 매우 낮아서 직접적으로 도구를 다룰 때 기능 수준이 급격히 떨어질 수 있겠다.

작업기억 영역에서는 간단한 자극에 주의를 기울이는 능력, 수계산 능력 등이 각각 평균 상, 평균 수준으로 나타나서 주의집중력이 양호해 보인다.

처리속도 영역에서는 시공간 운동 능력이 평균 수준이었으나, 긴장감 속에서 빠른 논리적 판단력을 발휘하는 능력이 평균 하 수준으로 다소 낮게 나타나서, 스트레스 상황에서 기능 수준이 약간 떨어질 수 있겠다.

지능검사 결과, 수검자는 대부분의 소검사가 평균에서 평균 상 수준에 분포하고 있어서 일상에서 양호한 기능 수준을 보일 것으로 생각된다. 그리고 언어적으로도 장황하고 수준 높은 단어들을 사용하고 있어서 겉보기에는 높은 기능 수준을 가진 것으로 보일 수 있으나, 실제 사용한 단어 수준에 비해서는 정답률이 높지 않고 토막 소검사가 경계선으로 매우 낮게 나타나서 실제 문제 상황에서의 대응 능력은 상당히 부족할 수 있겠다.

Rorschach 검사 결과, 수검자는 총 25개의 다소 많은 반응 수를 보여서 문제 상황에서 적극적으로 대응하려 노력하는 것으로 보이는데, 이는 고양된 정서상태와도 관련이 있는 것으로 생각된다. 또한 왜곡된 형태 반응이 많아서(X-%=0.40) 실제적인 문제 해결력이 부족하고, 인간운동반응도 보이지 않아서(M=0) 논리적이고 이성적인 대처는 하지 못한 채 감정적이고 충동적으로 대응할 가능성이 높겠다(Pure C=1).

🗁 성격과 정서

수검자는 Rorschach에서 다소 많은 반응 수를 보였고(R=25), 지능검사의 이해 소검사, 투사 검사 등에서 발화량이 많았으며, HTP 나무 그림에서 나뭇잎들을 자세하게 그리는 등 에너지 수준이 높아 보이고, SCT에서 '나의 성생활은 좋았던 기억'이라고 하거나, TAT에서 '사랑을 나누고'라고 하듯이 성적인 욕구도 자주 드러내고 있었다(HTP: 여자 그림에서 구두 강조 / HCL-32: '섹스에 대한 관심이 늘고, 성욕도 증가했다' 문항에 '예'라고 응답). 게다가 HCL-32 검사

ASI-3 (불안민감)	APPQ (공황)	MDQ (조증)	HCL-32 (경조증)	PHQ-9 (우울)	STAI-Trait (특성불안)
5 40T	28 44T	0 (cut off: 7)	11 (cut off: 14)	0 (cut off: 9)	26 27T

※ 역치 이상의 척도는 진하게 표시함.

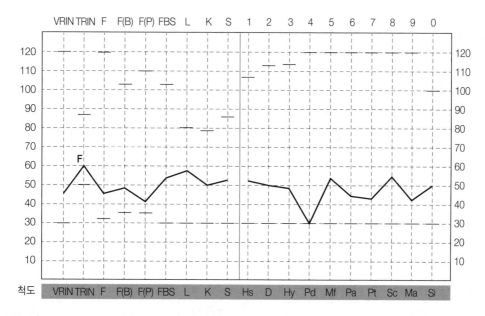

척도	VRIN	TRIN	F	F(B)	F(P)	FBS	L	K	S	Hs	D	Hy	Pd	Mf	Pa	Pt	Sc	Ma	Si
T점수	46	60	46	48	41	53	57	50	52	52	50	49	30	53	44	43	54	42	50

에서 점수가 유의미한 수준으로 나타나지는 않았으나, '잠자고 싶은 욕구가 줄었다', '전보다 기운이 나고 활동적이다', '더욱 자신감이 넘친다' 등과 같은 문항들에 '예'라고 반응하는 등 정서적으로 고양된 상태로 보인다(SCT: '예쁜 치마' / TAT: '영화의 한 장면, 마릴린 몬로').

한편, 수검자는 SCT에서 '정신 바짝 차려서 정신 차린 남편과 아빠로 돌아갈게요', '좋은 아들', '효자' 등의 언급을 지나치게 많이 해서 효도와 책임감 있는 가장 역할에 상당히 몰입해 있는 것으로 보이는데(HTP: 사람 그림 '단란한 가정을 꾸려서 행복하게 사는 것'), SCT에서 '우리 엄마 내가 조금만 더 잘 모셨으면', '더 잘해 드리지 못한 점 깊이 뉘우칩니다', '좋은 남편 되지 못한 것, 좋은 아빠 되지 못한 것'이라고 하듯이 죄책감을 표현하는 것을 보면 실제로는 표현하는 것만큼 책임 있는 모습을 보이지 못했던 것으로 생각되고, 이와 관련하여 자존감이 저하되고 우울감도 느끼고 있는 것 같다. 이러한 수검자는 HTP 사람 그림에서 '외로울 때 불행'이라고 하거나, TAT에서 '대화가 안 통하는' 등의 반응을 보여서, 일상적인 대인관계에도 어려움을 보이며 고립감을 느꼈던 것으로 여겨지고(HTP: 나무 그림 '허전한 느낌'), 수동적인 성향도 높아서(MMPI: Mf=53T) 자신의 불만을 적절히 표현하지 못한 채(HTP: 사람 그림에서 단추 강조) 무력하게 지내온 것 같다(TAT: '우는 것 같습니다. 좌절' / HTP: 집 그림 '앞으로 헐릴 것 같습니다').

정서적으로 고양되어 있는 수검자는 MMPI에서 L척도가 57T로 다소 높게 나타나고, SCT에서도 절반의 문항에 대해서 응답하지 않고 있어서 자신의 긍정적인 측면만을 너무 순진하게 보이려 하고(MMPI: 무응답 수=21개 / TAT: '잘못했던 생각이 떠오르는 것 같습니다. 다시 그러지 말아야지 하는 생각이 들고'), 부정적인 측면은 부인하는 경향이 높아서 스트레스 상황에서 술에 의존하는 것과 같이 회피적 태도를 보일 가능성이 높겠다. 또한 SCT에서 질문에 상관없이 자신의 생각을 장문의 편지글 형태로 쓰고 있는데, 이는 수검자가 에너지 수준이 높고, 자기 세계에 몰입되어 있다는 것을 나타내는 것으로, 스트레스가 지속되면 어떤 협상의 여지없이 자살시도와 같은 충동적인 행동을 할 가능성이 높아 보이는바 적극적인 치료적 개입이 필요하겠다.

📂 요약과 제언

○ 요약

전체지능	99	평균	일반능력	97	평균
언어이해	102	평균	지각추론	92	평균
작업기억	109	평균	처리속도	97	평균

수검자의 지능 수준은 평균 수준으로 나타남. 주변 환경 변화를 인식하는 능력이 다소 높고, 언어적 자원이 양호하며, 주의집중력, 민첩성 등도 무난한 기능 수준을 보이고 있음. 그러나 한편으로는 장황하게 설명하거나, 도구를 사용할 때 기능 수준이 급격히 떨어질 수 있어서 실제 대응 능력은 낮아 보임. 에너지 수준이 높고 성적인 욕구를 드러내는 등 정서적으로 고양되어 있음. 그리고 효도하고 가정을 책임지고 꾸리는 등 도덕적 역할에 상당히 몰입되어 있고, 모와 가족에 대한 죄책감을 강하게 드러내서, 실제로는 책임감 있는 모습을 보이지 못했던 것으로 생각됨. 대인관계에서 고립감을 나타내고 수동적이어서 평소 불만을 적절히 표현하지 못한 채 무력하게 지내온 것으로 여겨짐. 긍정적인 것만 강조하고 부정적인 측면은 부인하는 경향이 높아서, 스트레스 상황에서 술에 의지하며 상황을 회피할 가능성이 있음. 또한 자기 세계에 몰입되어 있어서, 스트레스가 지속될 경우 어떤 협상의 여지없이 자살시도와 같

은 충동적인 방식으로 대처할 가능성이 높아 보이는바, 적극적인 치료적 개입이 필요하겠음.

○ 임상적 진단

심리평가 결과, 수검자는 다음과 같은 진단이 시사됨.

- Bipolar II Disorder, Current or most recent episode hypomanic
- R/O Alcohol Use Disorder

2. 심한 우울증과 정신증 동반(남자/36세/대졸)

🗁 의뢰 사유

수검자는 '환청', '피해사고' 등을 주소로 입원하였으며, R/O Brief Psychotic Disorder 임상적 인상하에 성인종합심리평가가 의뢰되었다.

🗁 행동관찰과 면담

수검자는 보통 키와 체격으로 안경을 쓰고 있었다. 환자복에 가운을 입고 있었고, 위생상태는 양호해 보였으며, 검사자와의 눈맞춤도 적절하게 이루어졌다. 검사에 협조적이었고, 차례 맞추기 소검사에서 검사 도구를 내밀어 주며 검사자를 도와주기도 하였다. 그리고 숫자외우기 소검사에서 검사자가 숫자를 다 부르기도 전에 먼저 대답하였고, 모양 맞추기 소검사에서 시간이 초과하여 도구를 가지고 가려 하자 끝까지 맞추는 등 검사에 적극적인 모습을 보였다. 그러나 토막짜기 소검사에서 과제가 어려워지자 인상을 쓰고 '맞추기 힘들다'라며 포기하는 등 과제의 난이도에 따라 상반되는 모습을 보였다. 한편, 차례 맞추기 소검사에서 검사자극을 다 맞추고 나서 유심히 지켜보고 있었고, HTP 검사에서 '아무 사람이나 상관 없어요?' 등 검사자의 확인을 구하는 질문을 많이 하였다. 내원 사유에 대해서는 '10월 말부터 환청이 들려서', '하는 일에 있어 잘하려고 하다 보니까 스트레스로 인해서 환청이 들리는 기 같다' 등을 말하였다.

📁 지능과 인지기능

한국 웩슬러 성인 지능검사(K-WAIS)			
지능	점수	백분율	수준
언어성 지능	105	63%ile	평균
동작성 지능	99	48%ile	평균
전체지능	103	57%ile	평균

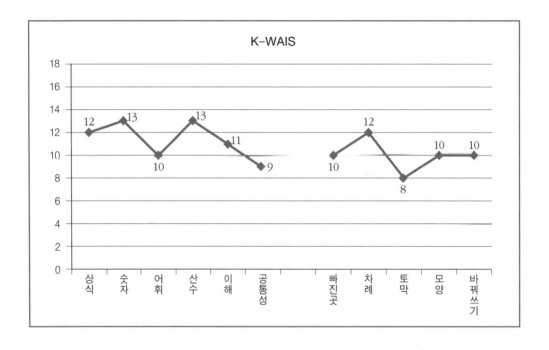

수검자의 **전체지능은 103, 평균 수준**으로 나타났으며, 언어성 지능은 105, 평균 수준, 동작성 지능은 99, 평균 수준이며, 두 지능 간의 차이는 유의미하게 나타나지 않았다.

언어성 지능을 살펴보면, 단순한 자극에 대한 주의력과 산술 능력은 평균 상 수준으로 나타나서 수 개념을 다루는 능력은 다소 높아 보인다. 그리고 기본적인 상식이 평균 상 수준으로 나타나서 학업적인 지식 습득 수준이 다소 높아 보이며, 사회적 상황에 대한 이해력은 평균 수준을 보이고 있어서 관습과 규범에 대한 습득 수준도 양호해 보인다. 게다가 어휘구사력과 사물의 유사성을 파악하는 능력이 평균 수준으로 나타나서 언어 개념에 대한 이해력도 적절해 보인다. 한편, 공통성 소검사에서 '기쁨과 슬픔-의성어'라고 하듯이 지나치게 부적절한 추상화를 하고 있어서 약간의 사고상의 혼란이 의심된다.

동작성 지능을 살펴보면, 상황적 맥락을 파악하는 능력과 시각적 예민성은 각각 평균 상, 평균 수준으로 나타나서 사회적 대처능력이 높아 보인다. 그리고 시공간 운동 속도는 평균 수준이어서 민첩성도 적절해 보인다. 익숙한 그림 자극을 통해 전체 상을 구성하는 능력도 평균 수준으로 나타났으나, 다소 추상적이고 낯선 자극을 다루는 능력은 평균 하 수준으로 낮았고, 토막짜기 소검사의 마지막 세 문항에서 '맞추기 힘들다'라며 포기하였으며, 맞추었던 자극도 다르게 다시 돌려놓는 등 지각적 혼란감을 시사하는 반응들을 보이고 있었다.

지능검사 결과, 수 개념을 다루는 능력, 전반적인 지식 수준, 사회적 대처 능력 등이 다소 높게 나타났고, 언어적 능력, 익숙한 상황에서의 대처 능력, 민첩성 등도 적절해 보여서 인지기능의 양적 수준은 양호해 보인다. 그러나 부적절한 추상화가 나타나고 있으며, 지각적 혼란감을 시사하는 반응들을 보이고 있어서 약간의 사고 및 지각상의 혼란감이 예상된다.

수검자는 지능검사에서 나타나듯이 양호한 지적 능력에도 불구하고, Rorschach 검사 결과, 반응 수가 12개로 적게 나타나 스트레스 상황에 대응할 수 있는 심리적 자원은 매우 부족해 보인다. 그리고 관습적 및 객관적 지각에도 어려움을 보이고 있어서(P=2, X-%=0.58) 현실 판단에 어려움을 보일 수도 있겠다.

📂 성격과 정서

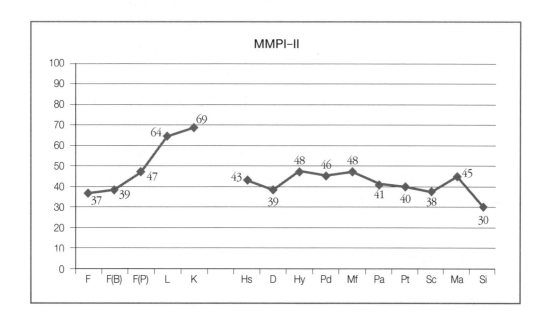

수검자는 통제 욕구가 높아 보이나(HTP: 나무 그림에서 가지를 많이 그림), 사고가 미숙해서(Rorschach: 동물반응이 많음) 자신의 기대만큼 성취를 이루기 힘들었을 것으로 보이는바 자존감이 저하되어 있는 것으로 보이며(HTP: 나무 그림 '나를 왜 이렇게 허술하게 그렸냐'), 우울감도 느끼고 있는 것 같다(Rorschach: C'=1, m=1, S=3). 이러한 수검자는 SCT에서 '생생한 어린 시절의 기억은 아버지한테 맞은 기억', '나는 어머니를 좋아했지만 가끔은 무서웠다'라고 하듯이 과거에 대해서도 부정적인 기억만 가지고 있어서 고통감이 더욱 가중되고 있는 것으로 보인다. 이러한 상황에서 수검자는 자신의 역할에 대한 인식이 부족한 채로, 주변 환경만 위협적이고 적대적으로 지각하고 있는 것 같다(Rorschach: '악마 얼굴', '악마가 웃고 있다').

수검자는 MMPI에서 대부분의 임상척도가 평균치 이하로 낮게 나타나고 있고, MMPI에서 K척도가 69T로 상승하고 있으며, SCT에서 '내가 싫어하는 사람은 없다'라고 하듯이 상기의 고통감을 강하게 부인하고 있으나, 검사상 수검자가 보이고 있는 적대적인 지각은 자존감의 저하와 관련이 있어 보이는바 내면의 고통감은 지속되고 있는 것 같다. 그리고 스트레스에 대처할 수 있는 심리적 자원이 부족하고(Rorschach: R=12), 사고 및 지각상의 혼란감을 보이고 있는 수검자는 현실 판단에 어려움을 보일 성도로 정서적 고통감이 심해 보이는바, 자신의 기능 수준을 유지하지 못하고 의존적이고 퇴행된 모습을 보일 수 있겠다(SCT: '나에게 이상한 일이 생겼을 때 주변에 이야기하여 도움을 받는다').

위와 같이 우울감이 심한 것으로 보이나, 한편으로는 에너지 수준이 높아 보이고(HTP: 그림들을 2분 내로 크게 그림), 과장된 자아상을 표현하고 있었다(SCT: '나의 장래는 과학자가 되고 싶다', '나의 야망은 패스트푸드 사장'). 그리고 도덕적 사고가 강해 보이고(SCT: '내가 늙으면 남을 위해 도우면서 살고 싶다', '무엇보다도 좋지 않게 여기는 것은 남 흉보는 것', '내가 저지른 가장 큰 잘못은 거짓말하는 것'), 주변 사람들을 이상화시키는 반응도 보이고 있으며(SCT: '대개 어머니들이란 자식을 위해서 죽을 수도 있으신 분'), 현재 정서적으로 매우 고양된 모습도 나타나고 있어서(HTP: 남자 그림 '웃고 있는 거 같아요', '즐거운 생각 하는 거 같다', '행복–지금' / SCT: '내가 보는 나의 앞날은 행복해질 것이다', '내가 어렸을 때 우리 가족은 화목했다'), 치료적 개입에 있어서 이에 대한 고려도 필요한 것 같다.

🗂 요약과 제언

⭕ 요약

전체지능: 103, 평균 / 언어성 지능: 105, 평균 / 동작성 지능: 99, 평균

수검자의 지능 수준은 평균 수준으로 보임. 인지기능의 양적 수준은 양호해 보이나, 부적

절한 추상화가 나타나고 있으며, 지각적 혼란감을 시사하는 반응들을 보이고 있어서 사고 및 지각상의 혼란감이 예상됨. 수검자는 자존감이 저하되어 있고, 우울감도 느끼고 있는 것으로 보이며, 과거에 대해서도 부정적인 기억만 가지고 있어서 고통감이 더욱 가중되고 있는 것으로 생각됨. 이러한 상황에서 수검자는 주변 환경만 위협적이고 적대적으로 지각하고 있는 것으로 보임. 수검자는 상기의 고통감을 강하게 부인하고 있으나, 검사상 수검자가 보이고 있는 적대적인 지각은 자존감의 저하와 관련이 있어 보이는바 상기의 고통감은 지속되고 있는 것으로 보임. 그리고 사고 및 지각상의 혼란감을 보이고 있는 수검자는 현실 판단에 어려움을 보일 정도로 정서적 고통감이 심해 보이는바, 자신의 기능 수준을 유지하지 못하고 의존적이고 퇴행된 모습을 보일 수 있겠음. 위와 같이 우울감이 심한 것으로 보이나, 한편으로는 에너지 수준이 높고 과장된 자아상을 표현하고 있는 수검자는 현재 정서적으로 매우 고양된 모습도 나타나고 있어서 치료적 개입에 있어서 이에 대한 고려도 필요한 것으로 보임.

○ 임상적 진단
심리평가 결과, 수검자는 다음과 같은 진단이 시사됨.

- Bipolar II Disorder, Current or most recent episode depressed, Severe, With psychotic features

07 순환성장애(Cyclothymic Disorder)

1. 유기불안과 행동화(남자/19세/대재)*

📂 의뢰 사유

수검자는 '조울병 의심 증상'을 주소로 내원하였으며, 전반적인 심리상태를 파악하기 위해 성인종합심리평가가 의뢰되었다.

📂 행동관찰과 면담

수검자는 중간 정도 키에 마른 체격이었다. 작고 약간 긴 얼굴형에 검은 뿔테 안경을 쓰고 있었고, 손등에는 흉터 자국이 많았다. 전반적인 위생상태는 양호한 편이었으며, 검사자와의 눈맞춤도 적절하게 이루어졌다. 그러나 자신이 가지고 온 펜을 꺼내서 인적 사항을 적으려 했으며, 검사 전반에 걸쳐 빼딱한 자세를 유지하고 있어서 거만해 보였다. 그리고 문제를 잘 못 들었을 경우에는 고개를 검사지 쪽으로 가까이 하며 단어를 확인하거나, 답을 잘 하지 못할 때에는 눈을 깜빡이면서 지연된 반응을 나타냈다. 내원 사유에 대해서는 '처음에 훈련에서 쓰는 게 있었는데, 중대장님이 부르셔서 상담받아 보라고 해서 갔습니다. 그리고 치료받아 보려면 받아 보라고 해서 갔고, 거기서는 조울증 증세가 있다고 했습니다'라고 자신의 상태에 대해 구체적으로 설명하였다.

---

* K-WAIS-IV를 사용한 보고서는 이하 *표 처리함.

🗀 지능과 인지기능

한국 웩슬러 성인 지능검사 4판(K-WAIS-IV)			
영역	지능	백분율	수준
언어이해	81	11%ile	평균 하
지각추론	**90**	**26%ile**	**평균**
작업기억	**115**	**83%ile**	**평균 상**
처리속도	**94**	**35%ile**	**평균**
전체지능	90	26%ile	평균
일반능력	83	13%ile	평균 하

※ 단일 점수로서 대표성을 가지는 지능지수는 진하게 표시함.

수검자의 **전체지능은 90, 평균 수준**으로 같은 연령대에서 하위 26% 정도의 수준이었다. 언어이해는 81, 평균 하 수준, 지각추론은 90, 평균 수준, 작업기억은 115, 평균 상 수준, 처리속도는 94, 평균 수준으로 나타났다. 언어이해와 작업기억 지능 영역 간의 차이가 34점으로 크게 나타나고 있으며(기준 23점 차이), 언어이해 소검사 간의 점수차이가 8점으로 크게 나타나고 있어서(기준 5점 차이) 전 영역을 고려한 '전체지능'과 언어이해와 지각추론을 고려하여 산출된 '일반능력(83, 평균 하 수준)' 모두 수검자의 기능을 온전히 대표한다고 보기 어렵기 때문에 **각 지표가 나타내는 기능 수준을 개별적으로 파악하는 것이 더 중요해 보인다.**

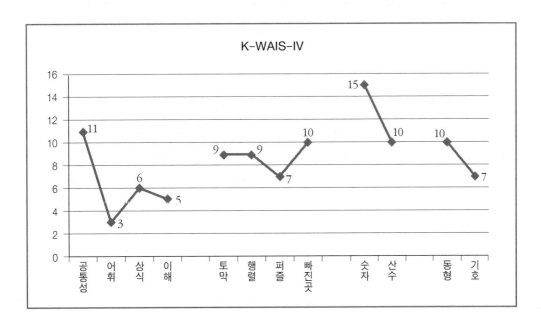

언어이해 영역에서는 사물의 유사성을 파악하는 능력이 평균 수준으로 나타나서 언어적 잠재력은 양호해 보인다. 그러나 어휘, 상식, 이해 등의 소검사들이 경계선, 정신지체 수준으로 나타나서('주저하다-용기가 없는 사람이나 기회를 못 잡는 사람', '끓는 점-75도', '법-지키라고 있는 법이니까') 전반적인 언어적 대처 수준이 낮아 보이는바, 학업적인 성실성은 상당히 부족했던 것으로 여겨진다. 다만, 어휘 소검사에서 중지 규칙이 끝난 이후에도 점수를 얻고 있어서('완강하다-고집이 세고 자기 주장을 꺾지 않는 것'), 현재 측정된 수준보다 언어적 능력이 높을 수 있겠다.

지각추론 영역에서는 시공간 구성 능력과 전체를 고려해 핵심을 파악하는 능력이 평균 수준으로 나타나서 추론 능력은 적절한 것으로 여겨진다. 그러나 부분을 통해 전체를 구성하는 능력이 평균 하 수준으로 나타나서 응용력은 다소 부족한 것 같다. 한편, 시각적 예민성이 평균 수준으로 나타나서 주변 환경 변화에는 적절히 민감해져 있는 것으로 생각된다.

작업기억 영역에서는 간단한 자극에 주의를 기울이는 능력이 우수 수준으로 나타나서 청각적 주의력이 매우 높아 보이며, 수계산 능력이 평균 수준으로 나타나서 산술 능력도 양호한 것 같다. 다만, 두 소검사들의 점수 차이가 5점으로 나타나서 자극이 복잡해지면 상대적으로 주의력이 떨어질 수 있겠다.

처리속도 영역에서는 긴장감 속에서 빠른 논리적 판단력을 발휘하는 능력이 평균 수준으로 나타나서 시각적 판단력은 적절해 보인다. 그러나 시공간 운동 속도가 평균 하 수준이어서 간단한 운동 과제를 수행해야 하는 상황에서 오히려 다소 낮은 수행 능력을 보일 수 있겠다.

지능검사 결과, 수검자는 전반적으로 평균 수준의 지적 능력을 발휘할 수 있을 것으로 보인다. 그러나 청각적인 자극에 상당히 민감함에도 불구하고 학업적인 노력을 통해 습득되는 소검사들에서 낮은 점수를 얻고 있는 것을 고려하면, 성실성은 상당히 부족했던 것으로 생각된다.

Rorschach 검사 결과, 수검자는 총 18개의 적당한 반응 수를 보이고 있고, 일반적인 부분반응 비율이 높게 나타나서(W:D:Dd=1:11:6), 지나치게 무난한 대처만 하려는 경향이 강해 보인다. 그러나 사고가 단순하고 경직되어 있고(L=1.25) 특이한 부분반응을 많이 하고 있어서(Dd=6), 스트레스가 가중되는 상황에서는 주변 환경을 고려하지 못한 채 부적절한 대응을 하기 쉽겠다(XA%=0.28, WDA%=0.33).

🗁 성격과 정서

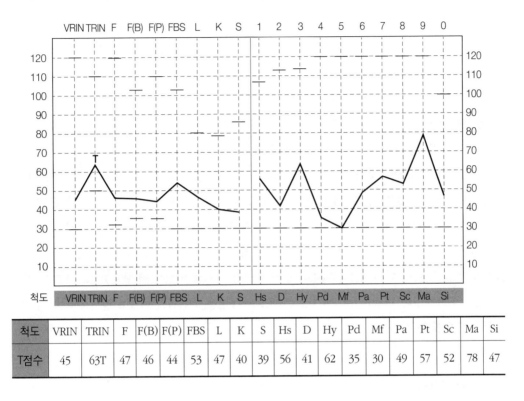

척도	VRIN	TRIN	F	F(B)	F(P)	FBS	L	K	S	Hs	D	Hy	Pd	Mf	Pa	Pt	Sc	Ma	Si
T점수	45	63T	47	46	44	53	47	40	39	56	41	62	35	30	49	57	52	78	47

　수검자는 에너지 수준이 상승해 있고(MMPI: Ma=78T), SCT에서 '나의 야망은 이 세상 모든 돈과 여자를 얻는 것이다'라고 하듯이 과장된 사고를 나타내고 있었다. 게다가 HTP 사람 그림에서 속옷만 입은 사람을 그리고 성적인 언급을 반복하고 있어서(TAT: '남자 여자가 서로 사랑하는 거 같아요' / SCT: '남자에 대해서 무엇보다도 좋지 않게 생각하는 것은 성욕인 거 같다'), 원초적인 욕구를 통제하는 것에도 어려움이 있을 수 있겠다. 그러면서도 동시에 울적함(Rorschach: Y=1, C'=1 / TAT: '외롭고 쓸쓸해 보이고 고민하고 있는 것 같아요'), 자살사고(TAT: '남자가 자살로 인해 곧 죽을 거 같아요'), 미래에 대한 불확실감(SCT: '어리석게도 내가 두려워하는 것은 전역 후의 모습이다') 등의 우울감을 시사하는 반응들도 나타나고 있어서 불안정한 정서상태가 시사되는바(SCT: '다른 친구들이 모르는 나만의 두려움은 개인적인 감정 기복이다', '나의 가장 큰 결점은 감정 기복이 심한 것이다') 이에 대한 치료석 개입이 필요해 보인다.

　수검자는 애정 욕구가 높고(MMPI: Hy=62T), 주변 사람들에게 쉽게 친사회적인 태도를 보여 왔을 것 같다(SCT: '내가 믿고 있는 내 능력은 사교성과 말주변인 거 같다'). 또한 부모에 대해서도 긍정적으로 기술하고 있어서(SCT: '나의 어머니는 혼 한 번 내신 적 없다. 다정다감하시며',

'아버지와 나는 친구처럼 편하고 대화가 편하다'), 안정적인 가정 환경에서 성장해 온 듯 여겨진다. 하지만 유기 경험에 대해서 반복적으로 언급하고 있으며(SCT: '무슨 일을 해서라도 잊고 싶은 것은 어릴 때 부모님과 이별했던 것이다', '내가 어렸을 때 우리 가족은 잠깐의 이별을 겪었다') 대인관계 욕구를 지속적으로 표현하고 있어서(HTP: 집 그림 '필요-같이 사는 사람', 나무 그림 '소원-좀 더 많은 나무가 주변에 있는 것'), 표현되는 행동과는 다르게 대인관계에서 상당한 불안감을 가지고 지내온 것 같다(HTP: 집 그림 '앞으로-조만간 없어질 거 같아요', 나무 그림 '앞으로-곧 없어질 거 같아요', 사람 그림에서 눈, 코, 입을 그리지 않음).

그리고 수검자는 TAT에서 '억지로 장기를 빼고 있는 나쁜 사람들', '남자가 남자를 죽이려고 해요', '살인마 같아요'라고 하는 등 내면의 분노감도 강한 것 같다. 게다가 스트레스에 취약하고(Rorschach: IX번 카드에서 반응실패 / TAT: 11번 카드에서 반응실패), 사고가 단순하며(Rorschach: '검은색이어서 검은색으로 봤어요') 충동적인 성향도 강해서(MMPI: '통제결여'=70T, '반사회적 특성'=77T), 스트레스가 가중되는 상황에서는 행동화(acting out)로 부정적인 감정을 표현해 왔을 것으로 여겨지는바(MMPI: '공격성'=74T / SCT: '어렸을 때 잘못했다고 느끼는 것은 친구들을 괴롭혔었다', '내가 저지른 가장 큰 잘못은 동생을 때렸던 것이다'), 일관되고 지지적인 대처가 중요할 것 같다.

📂 요약과 제언

○ 요약

전체지능	90	평균	일반지능	83	평균 하
언어이해	81	평균 하	지각추론	90	평균
작업기억	115	평균 상	처리속도	94	평균

수검자의 지능 수준은 평균 수준으로 나타남. 지적인 잠재력이 양호하고, 청각적인 자극에 예민하지만 학업적인 성실성은 매우 부족했던 것으로 여겨짐. 대인관계에서 겉으로 드러나는 친사회적인 태도와는 상반되게 내면의 불안정감과 존재감에 대한 불확실감을 느끼고 있어서, 실제로는 대인관계에서 상당한 불편감을 느끼고 있을 가능성이 높아 보임. 게다가 내면의 분노감이 높고 충동적인 성향도 두드러져서 스트레스가 가중되는 상황에서는 행동화로 불편감을 표현하기 쉬워 보이는바, 일관되고 지지적인 대처가 중요할 것으로 여겨짐.

○ 임상적 진단

심리평가 결과, 수검자는 다음과 같은 진단이 시사됨.

- Cyclothymic Disorder
- Cluster B Personality trait

2. 자녀 학대에 대한 주관적 고통감을 느끼는 여성(여자/32세/고졸)*

📁 의뢰 사유

수검자는 '충동 행동 조절의 어려움', '자녀들과의 갈등' 등을 주소로 심리평가를 위해 본 센터에 의뢰되었고, 전반적인 인지기능 및 정서 파악을 위해 성인종합심리평가를 실시하였다.

📁 행동관찰과 면담

수검자는 중간 정도 키에 약간 마른 체형이었다. 뿔테 안경을 쓰고 있었으며, 피부는 검은 편이었고 기미가 많이 올라와 있었다. 회색 모자 달린 티에 청바지 차림이었으며, 긴 머리를 하나로 묶고 있었다. 전반적인 위생상태는 무난하였고, 검사자와의 눈맞춤도 적절하게 이루어졌다. 그러나 약속된 검사 시간보다 40분 정도 지난 후에야 센터에 도착했다. 그리고 각 검사 문항의 수행을 마칠 때마다 '아, 아닌가? 맞나?'라고 혼잣말을 하고 있어서 자신감이 부족해 보였으며, 토막 소검사에서는 '9개로 할 수 있는 거예요?'라고 하며 의구심을 표현하기도 하였다. 또한 과제의 난이도가 높아질수록 옷에 달린 끈을 만지작거리면서 '아', '헉', '흠' 등의 의성어를 많이 사용하면서 어색하게 웃는 경우가 많았고, 두 손을 양 볼에 대고 답을 하는 등 다소 미숙한 모습을 보이기도 했다. 그리고 '아, 진짜요? 생각나는 게 없는데!'라고 수행에 대한 어려움을 과장되게 표현하는 경우도 많았다. 그러면서도 HTP에서 수행이 끝난 뒤 검사자가 보기 좋게 종이를 돌려서 주는 등 예의 바른 모습을 보이기도 했다. 내원 사유에 대해서는 '우울증과 아이들에게 폭언 같은 게 심한 것'이라고 하는 등 자신이 문제 행동을 언급하였다.

🗂 지능과 인지기능

한국 웩슬러 성인 지능검사 4판(K-WAIS-IV)			
영역	지능	백분율	수준
언어이해	62	<1%ile	**경도 정신지체**
지각추론	72	3%ile	**경계선**
작업기억	69	2%ile	**경도 정신지체**
처리속도	98	45%ile	**평균**
전체지능	66	1%ile	경도 정신지체
일반능력	61	<1%ile	**경도 정신지체**

※ 단일 점수로서 대표성을 가지는 지능지수는 진하게 표시함.

　　수검자의 **전체지능은 66, 경도 정신지체 수준**으로 같은 연령대에서 하위 1% 정도의 수준
이었다. 언어이해는 62, 경도 정신지체 수준, 지각추론은 72, 경계선 수준, 작업기억은 69, 경
도 정신지체 수준, 처리속도는 98, 평균 수준으로 나타났다. 작업기억과 처리속도 영역 간의
점수 차이가 29점으로 크게 나타나고 있어서(기준 23점 차이), '전체지능'보다 언어이해와 지
각추론을 고려하여 산출된 '**일반능력(61, 경도 정신지체 수준)**'이 수검자의 지능 수준을 보다 적
절하게 반영하는 것으로 여겨진다.

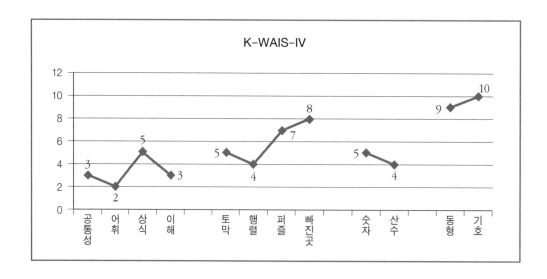

언어이해 영역에서는 기본적인 상식 수준과 사회적 상황에 대한 이해력이 각각 경계선, 정신지체 수준으로 나타나서('옷-햇볕 때문에', '취미-몸 건강할 수 있는 활동을 하기 위해') 전반적인 지식 습득 능력은 매우 낮은 것으로 생각된다. 또한 사물의 유사성을 파악하는 능력과 어휘구사력이 정신지체 수준으로 나타나서('코와 혀-음식과 냄새', '주저하다-누구한테 표현 못하는 것') 언어적 개념을 형성하는 능력도 매우 빈약한 것으로 여겨진다. 전반적인 반응 양상을 살펴보면, 말을 많이 하면서 핵심에서 벗어난 대답을 하거나('독과점-다른 물질이 들어 있다고 표시해 주는 것'), 특정 대상에 대해 초점을 맞춰 답을 하는 경우가 많았고('숟가락과 젓가락-아기들 밥 먹는 것', '음식과 휘발유-아이들 음식 해 줄 수 있는 것'), 구체적인 사고 경향(concrete thinking)이 나타나고 있어서('심사숙고-중요한 거에, 아이들 운동이나 이런 거에 심사할 수 있는 것'), 원만한 의사소통이 어려울 것으로 보인다.

지각추론 영역에서는 시각적 예민성과 자극 간의 관련성을 찾아내는 능력이 평균 하 수준으로 나타나서, 주변 환경 변화를 인식하는 능력과 익숙한 상황에서는 대응 행동은 무난할 것으로 생각된다. 그러나 시공간 구성 능력과 전체를 고려하여 핵심을 파악하는 능력이 각각 경계선, 정신지체 수준으로 나타나서 낯선 자극을 다루는 상황에서는 기능 수준이 급격히 떨어질 것 같다.

작업기억 영역에서는 간단한 자극에 주의를 기울이는 능력과 수계산 능력이 각각 경계선, 정신지체 수준으로 나타나서 주의 집중력은 빈약한 것으로 생각된다.

처리속도 영역에서는 시공간 운동 속도와 빠른 시간 안에 논리적 판단을 하는 능력이 평균 수준으로 나타나서, 평가 상황에서의 동기 수준은 높아 보이며, 간단한 운동 과제를 수행할 때 적절한 수행 속도를 보일 수 있겠다.

지능검사 결과, 수검자는 간단한 과제를 다룰 때 적절한 수행 능력을 보일 것으로 생각되며, 익숙한 상황에서 비교적 무난한 기능 수준을 나타낼 것 같다. 그러나 낯선 상황에서는 기능 수준이 급격히 떨어질 것으로 여겨지며, 전반적인 언어적 대처 능력도 빈약하고, 핵심에서 벗어난 영역에 오히려 과도하게 몰입하고 있어서 원활한 의사소통에도 어려움이 클 것 같다.

Rorschach 검사 결과, 수검자는 총 17개의 적당한 반응 수를 보이고 있으나, 관습적인 판단력이 부족하고(P=2), 왜곡된 형태반응을 많이 나타내고 있어서(X-%=0.47) 문제 해결력은 낮아 보인다. 그리고 별다른 스트레스가 없는 상황에서는 오히려 판단력이 떨어질 가능성이 높아서(XA%=0.47, WDA%=0.50) 일상생활에서 사소한 문제에도 적절히 대처하기 힘들 수 있겠다.

📂 성격과 정서

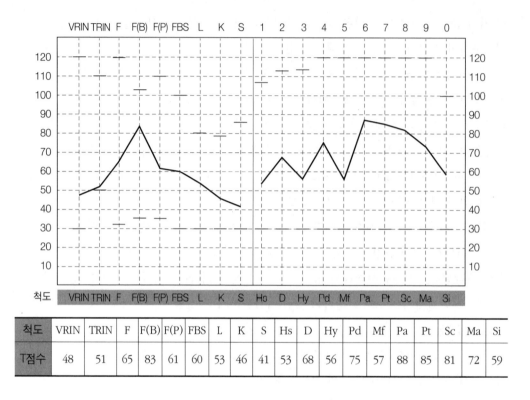

척도	VRIN	TRIN	F	F(B)	F(P)	FBS	L	K	S	Hs	D	Hy	Pd	Mf	Pa	Pt	Sc	Ma	Si
T점수	48	51	65	83	61	60	53	46	41	53	68	56	75	57	88	85	81	72	59

수검자는 에너지 수준이 높고(MMPI: Ma=72T / MDQ=7), Rorschach의 Ⅷ, Ⅸ, Ⅹ번 카드에서 활동적인 운동반응과 공격적 운동반응을 나타낸 것을 볼 때, 정서적 충동성도 강한 것으로 여겨진다. 또한 HTP 나무 그림에서 열매를 많이 그리고 있어서, 성취 욕구도 강한 것 같다. 그러나 한편으로는 우울감(MMPI: D=68T / Rorschach: C'=3), 무기력감(HTP: 나무 그림 '생각-편하게 쉬고 싶은 것', Rorschach: m=3), 현재 생활에 대한 불만족감(SCT: '결혼생활에 대한 나의 생각은 즐겁지 않은 것', '내가 저지른 가장 큰 잘못은 지금 사는 삶', '내가 다시 젊어진다면 내가 좋아하는 사람과 살고 싶다') 등을 시사하는 반응들을 보이고 있어서 상당한 우울감도 느끼고 있는 것으로 생각된다.

수검자는 애정 욕구가 높아 보이며(HTP: 집 그림에서 창문을 크게 그림), SCT에서 '내가 늘 원하기는 사랑받는 것'이라고 하듯이 친밀감에 대한 욕구도 강한 것 같다(HTP: 사람 그림 '필요-따뜻함'). 하지만 감정 표현이 매우 단순하고(SCT: '슬프다', '슬픈 사람', '즐겁다', '즐거운 것' 등의 단어를 반복적으로 사용하며 문장을 완성함) 사고가 피상적이어서(지능검사: '실용적인-물건 같은 거를 실용적으로 쓸 수 있는 것', '예민하다-성격이 저기, 예민하다' / SCT: '내가 보는 나의 앞날은 씩씩한 앞날', '생생한 어린 시절 기억은 즐겁다'), 기대만큼 깊이 있는 대인관계를 유지하지 못했을 것으로 생각된다(SCT: '내 생각에 참다운 친구는 없다'). 게다가 가장 밀접해야 하는 남편과의 관계에서 고통감을 경험하게 되면서(SCT: '남자에 대해서 무엇보다도 좋지 않게 생각하는 것은 술 먹는 것', '내가 싫어하는 사람은 술 먹고 욕하는 사람', '내가 잊고 싶은 두려움은 때리는 사람'), 내면의 분노감(Rorschach: '핏자국')과 공허감(Rorschach: '마음이 텅 비어 있어요')이 상당히 상승한 것으로 여겨진다.

수검자는 HTP 집 그림에서 '필요-아이들에게 소중한 것을 줄 수 있는 사람', SCT에서 '때때로 두려운 생각이 나를 휩싸일 때 아이들에게 맛있는 것 못 사 줄 때'라고 하는 등 아이들에 대해 호의적인 태도를 가지고 있는 듯 보이지만, 전반적인 인지 능력이 낮고(경도 정신지체 수준의 지적 능력) 사고가 매우 미숙해서(HTP: 나무 그림 '나이-아홉 살') 자녀들과 소통은 원만하지 못했을 것으로 생각된다. 게다가 스트레스에 취약해서(Rorschach: '악마' / SCT: '어리석게도 내가 두려워하는 것은 모든 것') 심리적 불편감이 느껴질 경우 쉽게 공격적인 태도를 나타낼 것으로 여겨지는바(Rorschach: '싸우는 사람'), 자녀들을 대할 때 극단적인 모습 사이에서 혼란스러움을 느껴 왔을 것 같다. 이러한 수검자는 불안정한 가정 환경을 인식하고 있으나(HTP: 자녀의 모습을 그리면서 '불행-집에 왔을 때' / SCT: '다른 가정과 비교해서 우리 집안은 불안하다'), 상황을 적절하게 통제하는 능력이 부족해서(HTP: 나무 그림에서 가지를 그리고 있지 않음) 스스로 환경 개선을 위해 적절한 개입은 하지 못한 채 정서적인 불편감만 호소하고 있는 것 같다(SCT: '나에게 이상한 일이 생겼을 때 슬프다').

🗀 요약과 제언

○ 요약

전체지능	66	경도 정신지체	일반능력	61	경도 정신지체
언어이해	62	경도 정신지체	지각추론	72	경계선
작업기억	69	경도 정신지체	처리속도	98	평균

수검자의 지능 수준은 경도 정신지체 수준으로 나타남. 간단한 과제를 다루거나, 익숙한 상황에서 무난한 기능 수준을 나타낼 것으로 보이지만, 상황이 낯설어지면 기능 수준이 급격히 떨어질 것으로 여겨지며, 언어적 대처 능력이 빈약하고, 핵심에서 벗어난 영역에 몰입하고 있어서 원활한 의사소통에도 어려움이 클 것으로 생각됨. 검사상 우울감과 고양된 기분 상태를 시사하는 반응이 동시에 나타나고 있어서 정서 상태가 불안정해 보임. 애정 욕구와 친밀

감 욕구가 높지만 감정 표현이 단순하고 피상적이어서 원만한 관계를 맺지 못했을 것으로 보임. 또한 남편과의 관계에서 고통감을 경험하게 되면서 분노감과 공허감이 상승한 것으로 생각됨. 자녀들에게 호의적인 표현을 하고 있지만, 심리적 불편감이 느껴질 경우 공격적으로 행동할 가능성이 높고, 스스로도 혼란감을 느낄 가능성이 높아 보임. 불안정한 가정환경에 대해서 인식하고 있는 것으로 생각되지만 상황을 통제하는 능력이 부족해서 적절한 개입은 하지 못한 채 정서적인 불편감만 호소하고 있는 것으로 생각됨.

○ 임상적 진단
심리평가 결과, 수검자는 다음과 같은 진단이 시사됨.
- Cyclothymic Disorder
- Cluster B Personality Trait
- Intellectual Disability, Mild

3. 거만함, 노골적인 반항적 태도, 경계선 성격(남자/21세/대재)*

🗁 의뢰 사유

수검자는 '분노 조절의 어려움', '충동성' 등을 주소로 내원하였으며, R/O Bipolar II Disorder, R/O Unspecified Disruptive, Impulse-Control, and Conduct Disorder 임상적 인상하에 성인종합심리평가가 의뢰되었다.

🗁 행동관찰과 면담

수검자는 보통 키에 보통 체격으로, 여드름이 난 얼굴에 위생상태는 양호해 보였으나, 시선을 다른 곳으로 향하는 경우가 많아서 눈맞춤은 간헐적으로 이루어졌다. 비스듬하게 앉은 채 한쪽 다리를 다른 쪽에 걸치거나 하품을 계속하는 등 매우 불량한 자세로 검사에 임하였다. 그리고 산수 소검사에서는 답을 말하지 않고 '씨앗을 심는 것인가? 아니면 묘목을 심는 것인가?'라고 문제에 대한 질문을 반복하였으며, 휴지를 뽑아 손으로 찢거나 수행 도중에 웃는 등 불만스러운 마음을 여과 없이 표현하였다. 또한 '잠시만'이라고 말한 뒤, 눈을 감고 머리를 짚는 등 검사를 임의적으로 중단하며 과도하게 힘들어하는 모습을 강조하기도 하였다. 한편,

토막짜기 소검사에서는 카드에 임의적으로 손으로 구획을 나누는 등 지나치게 구체적으로 확인하려고 하였다. 모르는 문항에서는 '모르면 찍으면 돼요?'라고 질문을 한 다음에 수행을 포기하였다. 내원 사유에 대해서는 '부대에서 상담받아 보라고 해서 오게 되었다'라고 간단하게만 말하였다.

🗂 지능과 인지기능

한국 웩슬러 성인 지능검사 4판(K-WAIS-IV)			
영역	지능	백분율	수준
언어이해	97	42%ile	**평균**
지각추론	111	78%ile	평균 상
작업기억	93	31%ile	평균
처리속도	81	10%ile	**평균 하**
전체지능	94	35%ile	평균

※ 단일 점수로서 대표성을 가지는 지능지수는 진하게 표시함.

수검자의 **전체지능은 94, 평균 수준**으로 같은 연령대에서 하위 35%정도 수준이었다. 언어이해는 97, 평균 수준, 지각추론은 111, 평균 상 수준, 작업기억은 93, 평균 수준, 처리속도는 81, 평균 하 수준을 보였으며, 지능 영역 간의 차이가 30점으로 매우 크게 나타나고 있었다(기준 20점 차이). 이러한 수검자는 시지각적 자극을 다루거나, 추론 능력이 필요할 때에는 높은 기능을 발휘할 수 있겠으나, 그 외의 다른 영역들은 상대적으로 낮은 기능을 보일 것으로 예상된다.

언어이해 영역에서는 사물의 유사성을 파악하는 능력과 어휘구사력이 평균 수준으로 나타나서, 언어적 개념을 형성하는 능력이 적절해 보인다. 그러나 기본적인 상식과 사회적 상황에 대한 이해력은 평균 하 수준을 보이고 있어서, 전반적인 지식 습득 수준은 다소 부족한 것 같다. 한편, 수검자는 대부분의 언어성 소검사에서 현학적인 단어를 사용하며 장황하게 설명하면서도, 핵심에서 벗어난 대답이 많아서 사고 수준이 피상적인 것으로 여겨진다('불거지다-열을 받은 물질이나 사람 간의 언쟁이 치열해지는 것'). 그리고 문제가 요구하는 본질에 충실하지 못하고 감정에 따른 반응을 나타내기도 하였다('친구-질문이 잘못됐다, 나쁜 친구는 존재하지 않는다').

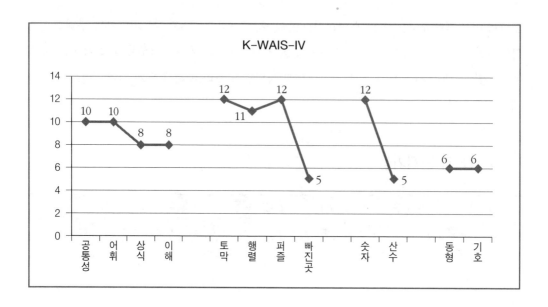

지각추론 영역에서는 시공간 구성 능력이 평균 상 수준으로 나타나서, 구조화된 상황에서 도구를 다루는 능력이 다소 높아 보인다. 그리고 부분들 간의 관계를 예상할 수 있는 능력과 전체를 고려하여 핵심을 파악하는 능력이 각각 평균 상, 평균 수준을 보이고 있어서, 주어진 자극을 통해 추론하는 능력도 양호한 것 같다. 그러나 시각적 예민성이 경계선 수준으로 매우 낮게 나타나서 주변 환경 변화에는 매우 둔감해 보이는바, 환경 변화를 충분히 고려하지 않고 자의적으로 행동할 가능성이 높아 보인다.

작업기억 영역에서는 간단한 자극에 주의를 기울이는 능력이 평균 상 수준으로 나타나서 단기집중력은 다소 높아 보인다. 그러나 산술능력이 경계선 수준으로 매우 낮게 나타나고 있어서, 수계산 능력이 매우 부족해 보이는데, 이는 인지적 적극성이 요구되는 상황에서 충분히 집중하지 않는 것과 관련이 있는 것 같다.

처리속도 영역에서는 긴장감 속에서 빠른 논리적 판단력을 발휘하는 능력과 시공간 운동 속도가 경계선 수준을 보이고 있어서 기계적이고 단순한 자극을 다루는 능력이 매우 부족해 보이는데, 이는 쉬운 과제를 경시하는 태도와 관련이 있는 것으로 여겨진다.

지능검사 결과, 주어진 자극을 통해 추론을 하거나 구조화된 상황에서 도구를 다룰 때에는 비교적 높은 기능 수준을 보일 수 있겠다. 그러나 학업적 노력이 부족하고 성실성도 매우 부족해서, 추가적인 노력이 요구될 때에는 기능이 저하될 것으로 여겨진다. 게다가 지적 잠재력이 높은 것에 비해 주변 환경 자극에 매우 둔감해서, 환경 변화를 충분히 고려하지 않고 자의적으로 행동할 가능성이 높은 것 같다.

Rorschach 검사 결과, 2회 시행 후에도 총 12개의 적은 반응 수를 보이고 있어서 스트레스에 대응할 수 있는 심리적 자원은 매우 부족해 보인다. 그리고 공상에 빠져 지내거나(Ma:Mp=1:3) 충동적으로 자신의 감정을 표현하는(FC:CF+C=0:4) 등 매우 부적응적인 방식으로 대처하고 있을 것으로 여겨진다. 이러한 수검자는 관습적 지각에 어려움이 있을 것으로 예상되고(P=2) 객관적 지각 능력도 매우 부족해 보이는바(X-%=0.58), 외부 환경 자극을 자신의 주관적인 판단에 근거하여 왜곡해서 받아들일 가능성이 높은 것 같다(M-=2).

📂 성격과 정서

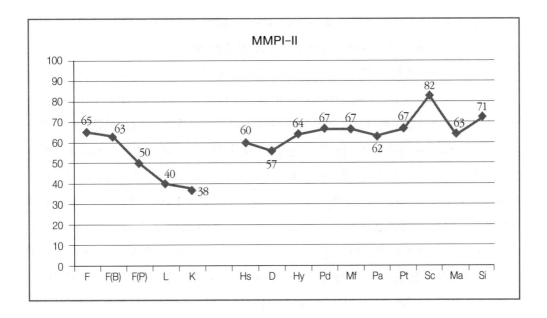

수검자는 MMPI에서 '우울' 소척도가 82T로 높게 나타나고, 7번, 0번 척도도 높게 상승하고 있으며, 무기력감(Rorschach: Y=1, m=2 / HTP: 나무 그림 '퍼석퍼석 기운이 없는'), 울적함(Rorschach: C'=1), 미래에 대한 부정적 사고(HTP: 나무 그림 '미래-베이겠죠'), 자살사고(SCT: '언젠가 나는 죽겠지, 조금은 일찍') 등을 시사하는 반응을 보이고 있어서 우울감을 경험하고 있고, 고통감도 느끼고 있는 것 같다(Rorschach: '죽은 개구리'). 그러나 한편으로는 MMPI에서 9번 척도기 63T로 상승한 것을 보면, 수검자가 호소하는 우울감에 비해 에너지 수준이 상대적으로 높은 것으로 여겨지고, HTP 사람 그림에서 '소원-여자 대통령'이라고 하듯이 과장된 자아상을 가지고 있는 것 같다. 게다가 Rorschach에서 '피가 많이 나오는 폐'라고 하듯이 고통감을 시사하는 반응을 보이다가도 바로 다음 카드에서는 '마주보는 사람, 사랑이 막 싹트고 있다'라고 하듯이 친밀감을 시사하는 반응을 보이고 있어서, 사소한 자극에 의해 감정이 극단적으

로 변화할 가능성이 높은 것 같다.

수검자는 유년기 부모의 이혼으로 인하여 가정 내에서 정서적 만족감을 얻기 어려웠던 것으로 보이고(SCT: '어머니와 나는 어색하다', '아버지와 나는 존경과 증오가 섞여 있다'), SCT에서 '어리석게도 내가 두려워하는 것은 내 자신이다'라고 하듯이 안정적인 자아상을 형성하는 데에도 어려움이 컸던 것으로 여겨진다. 이러한 수검자는 애정 욕구가 높아 보이나(TAT: '독실한 여자가 마초적인 남자에게 반했다'), Rorschach에서 '나를 위협한다'라고 하듯이 피해의식이 높아서 대인관계에서 극단적인 모습을 보일 수 있겠다. 수검자는 내면의 분노감이 높아 보이나(Rorschach: S=1), TAT에서 '가면을 쓰면서 살아왔다'라고 하듯이 대인관계를 맺을 때 자신의 모습을 충분히 드러내지 않은 채(Rorschach: '투구') 치밀하게 통제하며(HTP: 집 그림을 작고 정교하게 그림), 공상에 빠져 지낼 가능성이 높은 것 같다(MMPI: Sc=82T).

수검자는 자신에 대한 부적절감을 반복하여 표현하고 있고(SCT: '무엇보다도 좋지 않게 여기는 것은 나' 등 자책의 표현을 반복함) SCT에서 '행운이 나를 외면했을 때 그냥 그러려니 싶다 행운이 따르는 스타일도 아니고'라고 하듯이 체념의 태도를 취하고 있으나, 한편으로는 타인을 비난하고(SCT: '내 생각에 남자들이란 멍청하다') 자신의 욕구를 여과 없이 드러내고 있어서(HTP: 사람 그림에서 '사회적으로 성공할 것 같다'), 상기의 표현들은 자신의 유약함을 강조하면서 주변의 관심을 얻고자 하는 상태를 반영하는 것 같다. 그리고 MMPI에서 '나는 중요한 사람이다'라는 문항에 '예'라고 표시하면서, '그래서 부담스럽다'라고 농담조의 설명을 써 넣은 것을 보면 진실성이 부족하고 미숙한 것으로 여겨진다(HTP: 사람 그림 '불행-밥 안 먹어서 배고프다'). 게다가 수검자는 충동적인 성향이 높고(Rorschach: '핵폭발') 공격성도 높아 보이는바(TAT: '인체 실험', '남자가 죽어서 땅구덩이에 묻힌다'), 갑작스럽게 문제 행동을 보일 수 있겠다.

🗁 요약과 제언

○ 요약

전체지능	94	평균			
언어이해	97	평균	지각추론	111	평균 상
작업기억	93	평균	처리속도	81	평균 하

수검자의 지능 수준은 평균 수준으로 나타남. 주어진 자극을 통해 추론을 하거나 구조화된 상황에서 도구를 다룰 때에는 높은 기능 수준을 보일 수 있겠음. 그러나 추가적인 노력이 요구될 때에는 기능이 저하될 것으로 여겨짐. 게다가 주변 환경 자극에 매우 둔감해서 환경 변

화를 충분히 고려하지 않고 자의적으로 행동할 가능성이 높아 보임. 수검자는 우울감 및 고통감을 느끼고 있는 것으로 보이지만, 한편으로는 에너지 수준이 상대적으로 높고 과장된 자아상을 가지고 있는 것으로 여겨짐. 게다가 사소한 자극에 의해 감정이 극단적으로 변화할 가능성이 높아 보임. 수검자는 애정 욕구가 높아 보이나, 피해의식이 높고 자신이 원하는 대로만 행동할 것으로 여겨지는바, 대인관계에서 극단적인 모습을 보일 수 있겠음. 그리고 내면의 분노감이 높아 보이나, 대인관계를 맺을 때 자신의 모습을 충분히 드러내지 않은 채 치밀하게 통제하며, 공상에 빠져 지낼 가능성이 높아 보임. 또한 자신의 유약함을 강조하면서 주변의 관심을 얻고자 하는 것으로 생각됨. 그러나 진실성이 부족하고, 미숙하며, 충동적인 성향이 높고, 공격성도 높아 보이는바, 갑작스럽게 문제 행동을 보일 수 있겠음.

○ 임상적 진단
심리평가 결과, 수검자는 다음과 같은 진단이 시사됨.
- Cyclothymic Disorder
- Borderline Personality Disorder

08　주요우울장애(Major Depressive Disorder)

1. 향후 Bipolar II Disorder 가능성(여자/46세/고졸)*

📁 의뢰 사유

수검자는 '죄책망상', '피해망상', '우울', '정신운동성 초조', '불안', '불면' 등을 주소로 입원 중이며, R/O Major Depressive Disorder, With psychotic features 임상적 인상하에 성인종합 심리평가가 의뢰되었다.

📁 행동관찰과 면담

수검자는 보통 키에 마른 체격으로, 볼에 살이 없었고, 피부가 창백한 편이었으며, 짧은 단발머리에 안경을 쓰고 있었다. 상의는 회색 가디건에 하의는 환자복을 입고 있었고, 마스크를 턱에 낀 채로 입실했다. 전반적인 위생상태는 양호한 편이었고, 검사자와의 눈맞춤도 적절하게 이루어졌다. 수검자는 목소리가 작고 말끝을 자주 흐려서 되물어야 하는 경우가 많았고, 시종일관 미간을 찌푸리고 있었으나, 검사 전반적으로 차분한 태도를 유지했다. 그러나 바로따라하기 소검사에서 '그냥 순서대로 따라 하면 안 될까요?'라고 했고, 동형찾기 소검사에서도 검사자가 지시하기도 전에 시작했으며, 자극 책자를 넘기려 하자 이를 제지하며 끝까지 살피는 등 상당히 고집스러운 모습이 나타났다. 한편, HTP 검사 도중 '그림 못 그리죠?'라고 하며 웃는 등 여유 있는 모습을 보이기도 했다. 내원 사유에 대해서는 '교회 다녔는데 아버지가 돌아가셨는데 선생님들하고 많이 오셨었는데 대접을 못했던 게 마음에 많이 걸려서 조금 아픈 거 같아요'라고 하는 등 병식이 부족해 보였다.

---

* K-WAIS-IV를 사용한 보고서는 이하 *표 처리함.

📁 지능과 인지기능

한국판 웩슬러 성인용 지능검사 4판(K-WAIS-IV)			
영역	지능	백분율	수준
언어이해	72	3%ile	**경계선**
지각추론	78	17%ile	**경계선**
작업기억	81	10%ile	**평균 하**
처리속도	78	7%ile	**경계선**
전체지능	70	2%ile	**경계선**
일반능력	70	2%ile	경계선

※ 단일 점수로서 대표성을 가지는 지능지수는 진하게 표시함.

 수검자의 **전체지능은 70, 경계선 수준**으로 같은 연령대에서 하위 2% 정도 수준이었다. 언어이해는 72, 경계선 수준, 지각추론은 78, 경계선 수준, 작업기억은 81, 평균 하 수준, 처리속도는 78, 경계선 수준으로 나타났고, 지능 영역 간의 별다른 점수 차이가 나타나지 않았다(기준 23점 차이).

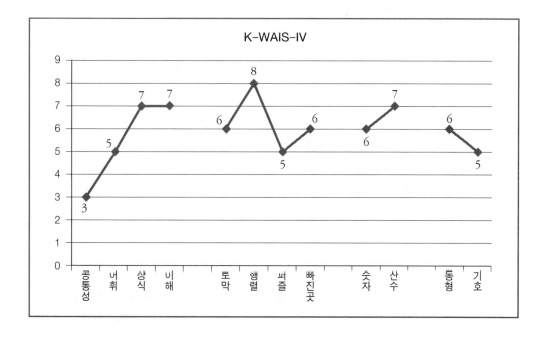

　　언어이해 영역에서는 기본적인 상식 수준과 사회적 상황에 대한 이해력이 모두 평균 하 수준으로 나타나서 전반적인 지식 수준은 비교적 양호해 보이며, 검사 전반에서 '에밀레종', '동맹', '교류' 등과 같은 수준 높은 어휘를 구사하고 있었다. 그러나 어휘구사력과 사물의 유사성을 파악하는 능력이 각각 경계선, 정신지체 수준으로 낮게 나타나서('호기심-어떤 것을 갖고 싶어 하는 마음', '피아노와 바이올린-소리 나는 것'), 언어적 개념에 대한 이해력은 부족해 보이며, SCT에서 '가장에(가장의) 위치', '들어내 놓고(드러내 놓고)', '뛰어 놓고(떼어 놓고)' 등 철자 오류가 나타나고 있어서 실제 언어적 학습도 매우 부족했던 것으로 생각된다. 또한 문항 내용을 이해하지 못하거나(SCT: '내가 믿고 있는 내 능력은 교만인 것 같다') 문맥에 맞지 않은 응답을 하는 경우가 많아서(SCT: '내가 다시 젊어진다면 잘해 주고 싶어서요', '나는 어머니를 좋아했지만 항상 자녀들의 건강과 좋은 가정 꾸리며 사는 것!'), 의사소통 시 어려움을 겪을 것으로 생각되는바, 수검자가 느끼는 부적절감이 클 수 있겠다.

　　지각추론 영역에서는 전체를 고려해 핵심을 파악하는 능력이 평균 하 수준으로 나타나서, 개념적인 이해가 필요할 때에는 비교적 무난한 기능 수준을 보일 것 같다. 그러나 시공간 구성 능력, 부분과 진체를 조화시키는 능력, 시각적 예민성이 모두 경계선 수준이어서, 실제적인 자극을 다룰 때에는 기능 수준이 떨어질 것으로 생각된다.

　　작업기억 영역에서는 수계산 능력과 단순한 자극에 주의를 기울이는 능력이 각각 평균 하, 경계선 수준으로 나타나서 주의력 및 수 개념을 다루는 능력은 다소 부족한 것으로 생각된다.

　　처리속도 영역에서는 긴장감 속에서 빠른 논리적 판단력을 발휘하는 능력과 시공간 운동속도가 모두 경계선 수준으로 낮아서 민첩성은 부족해 보인다.

　　지능검사 결과, 수검자는 시지각적인 판단력은 상대적으로 양호해 보이나, 응용력이나 도구를 다루는 등 추가적인 인지적 노력이 필요할 때 기능 수준이 떨어질 것으로 생각되는바, 능력을 발휘하기가 어려울 것 같다. 또한 언어적으로 비교적 수준 높은 어휘를 사용하는 경우가 있었으나, SCT에서 철자 오류나 문맥에 맞지 않는 응답을 하고 있어서, 겉으로 보이는 모습과 실제 언어적 능력 간의 차이가 클 것으로 여겨지는바, 수검자가 느끼는 부적절감이 클 수 있겠다.

　　Rorschach 검사 결과, 수검자는 총 11개의 적은 반응 수를 보이고 있어서, 스트레스에 대처할 자원이 부족한 것으로 생각된다. 게다가 동물반응이 많이 나타났고(A=7), 음식반응을 하는 것을 보면(Fd=1), 문제 상황에서 연령 수준에 맞지 않는 미숙한 대응 행동을 하기 쉽겠다.

📁 성격과 정서

ASI-3 (불안민감)	APPQ (공황)	**MDQ (조증)**	HCL-32 (경조증)	PHQ-9 (우울)	STAI-Trait (특성불안)
11	21	**8**	11	6	48
46T	42T	**(cut off: 7)**	(cut off: 14)	(cut off: 9)	51T

※ 역치 이상의 척도는 진하게 표시함.

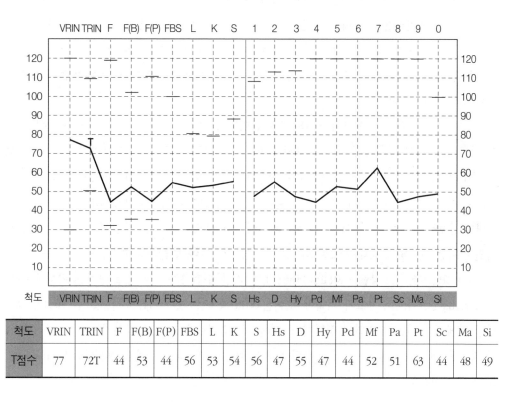

척도	VRIN	TRIN	F	F(B)	F(P)	FBS	L	K	S	Hs	D	Hy	Pd	Mf	Pa	Pt	Sc	Ma	Si
T점수	77	72T	44	53	44	56	53	54	56	47	55	47	44	52	51	63	44	48	49

  수검자는 지속적으로 죄책감을 표현했고(SCT: '내가 저지른 가장 큰 잘못은 가족에게 걱정 끼친 것들' / 면담: '아버지 장례식에 온 교회 손님들 대접을 못한 게 마음이 아파요'), HTP 사람 그림에서 '불행-지금 좀 힘들어서……', '생각-지금 많이 힘들 것 같아요'라고 했으며, 울적함(Rorschach: C'=2), 낮은 자존감(MMPI: '자기비하'=63T) 등을 시사하는 반응이 나타나고 있어서, 현재 우울감을 경험하는 것으로 생각된다(TAT: '마음이 아파서 울고 있는 것'). 한편, 개인력 상으로는 에너지 상승 및 경조증 삽화에 대한 확인이 어려웠으나, MDQ가 8점으로 유의미하게 상승했고, 검사 전반에서 긍정적인 표현이 빈번하게 나타나고 있어서(HTP: 사람 그림 '행복해질 거예요' / SCT: '나의 장래는 좋은 엄마가 되는 것', '내가 늘 원하기는 우리 가족이 행복하게 사는 것') 정서적으

로 고양된 면도 있어 보이는바(TAT: '태양신'), 이에 대한 지속적인 주의가 필요해 보인다.

　수검자는 SCT에서 '나의 어머니는 자상하신 분', '내가 바라기에 아버지는 무조건적으로 사랑과 헌신으로 자녀를 돌보셨다'라고 하는 등 원가정을 긍정적으로 표현했고, '내가 제일 좋아하는 사람은 남편, 딸', '완전한 남성상은 남편'이라고 하듯이 현재 가족 구성원들에 대해서도 호의적인 태도를 나타냈으며, 검사 전반에서 가족에 대한 언급을 10회 이상 빈번하게 언급했다. 그러나 친밀감에 대한 태도를 나타내는 Rorschach 카드를 가장 싫어하는 카드로 선택했듯이 정작 가까운 사람들을 그다지 지지적으로 인식하지 못하는 것으로 보이는바, 상기의 호의적인 표현들은 수검자의 높은 의존성을 나타낼 가능성이 높아 보인다. 게다가 사회기술이 부족하고(MMPI: Hy=47T), 고집스러운 성향도 강해서(MMPI: L=53T), 주변 사람들과도 친밀한 관계를 형성하고 유지하는 데 어려움이 컸을 것으로 여겨진다(SCT: '내가 없을 때 친구들은 자기들끼리 잘 논다').

　수검자는 HTP 나무 그림에서 '소원-계속 잎도 나고 과일도 나길'이라고 했고, SCT에서 '나의 평생 가장 하고 싶은 일은 요양보호사'라고 하듯이 성취 욕구가 높아 보인다. 그러나 사고가 단순하고, 기능 수준이 낮아(경계선 수준의 지적 능력) 기대만큼 성취 경험을 하지는 못했을 것으로 여겨지는바 자존감이 저하된 것 같다. 그러면서도 자존심이 강해서(HTP: 나무 그림을 지면의 정중앙에 그림), 자신의 좌절감을 외부에 투사함으로써 주변 사람들의 비난이나 부정적인 평가를 과도하게 적대적으로 받아들일 가능성이 높아 보인다(SCT: '내가 싫어하는 사람은 드러내 놓고 핀잔 주는 사람' / MMPI: Pt=63T). 이러한 수검자는 스트레스 대처 능력이 부족하고(Rorschach: CDI=5), 사고가 미숙해 보이는데(Rorschach: A=7 / HTP: 나무 그림 '10년'), 최근 직장 내에서 사건을 겪으면서 상당한 스트레스를 경험했을 것으로 여겨지는바, 문제 상황에서 적절한 대처를 하지 못한 채 퇴행된 모습을 보여 왔을 것으로 생각된다(Rorschach: '과일', '고기' 등 음식반응).

🗁 요약과 제언

○ 요약

전체지능	70	경계선	일반능력	70	경계선
언어이해	72	경계선	지각추론	78	경계선
작업기억	81	평균 하	처리속도	78	경계선

수검자의 지능 수준은 경계선 수준으로 나타남. 시지각적인 판단력은 상대적으로 양호해 보이나, 추가적인 인지적 노력이 필요할 때 기능 수준이 떨어질 것으로 생각되는바 능력을 발휘하기가 어려울 수 있음. 또한 겉으로 보이는 모습과 실제 언어적 능력 간의 차이가 클 것으로 여겨지는바 수검자가 느끼는 부적절감이 클 수 있음. 수검자는 우울감을 호소하고 있으나, 검사상 정서적으로 고양된 면도 나타나고 있어서, 이에 대해서도 지속적인 주의가 필요해 보임. 검사 전반에 걸쳐서 가정에 대한 호의적인 태도를 나타냈으나, 정작 가까운 사람들을 그다지 지지적으로 인식하지 못하는 것으로 보이는바, 긍정적인 표현들은 수검자의 높은 의존성을 나타내는 것으로 보임. 성취 욕구가 높아 보이나, 기능 수준이 낮아서 기대만큼 성취 경험을 하지는 못했을 것으로 여겨지는바 자존감이 저하된 것으로 보임. 그러면서도 자존심이 강해서 주변 사람들의 비난이나 부정적인 평가를 과도하게 적대적으로 받아들일 가능성이 높아 보임. 스트레스 대처 능력이 부족하고 사고가 미숙해 보이는데, 최근 직장 내에서 사건을 겪으면서 상당한 스트레스를 경험했을 것으로 여겨지는바 문제 상황에서 적절한 대처를 하지 못한 채 퇴행된 모습을 보여 왔을 수 있음.

O 임상적 진단
심리평가 결과, 수검자는 다음과 같은 진단이 시사됨. 다만, 검사상 고양된 정서상태를 시사하는 반응들이 나타나고 있어서 Bipolar II Disorder의 가능성도 있어 보이는바 이에 대한 지속적인 주의가 필요해 보임.
- Major Depressive Disorder, Mild
- Borderline Intellectual Functioning

2. 냉소적 태도와 수동성의 조합(여자/15세/고1)*

※ 1권의 주요 대상인 성인은 아니지만 2권(아동·청소년 정신장애)에 주요우울장애가 포함되지 않아, 1권에 포함시킴.

📁 의뢰 사유

수검자는 '학교생활을 힘들어한다', '가족과의 외출을 싫어한다', '혼자 있기를 좋아한다', '게을러졌다' 등을 주소로 상담센터를 방문하였고, 전반적인 인지기능 및 정서 파악을 위해 청소년종합심리평가를 실시하였다.

🗁 행동관찰과 면담

수검자는 모와 센터에 방문하였고, 보통 키에 보통 체격으로 교복 차림에 뿔테 안경을 끼고 있었으며, 피부가 매우 하얀 편이었다. 손톱이 다소 길었으나 다듬은 모습으로 위생상태가 양호하였고, 검사자와의 눈맞춤도 비교적 적절하게 이루어졌다. 검사에 협조적인 태도로 임하였으나, 전반적으로 기운 없어 보이는 모습이었고 별다른 표정 변화를 보이지 않았으며, 수행 이후에도 완료했다는 언어적 반응을 하지 않는 경우가 많았다. 검사에서의 반응 속도는 적절한 편이었고, 모르는 문항은 빠르게 '모르겠다'라고 포기하는 편이었다. 내원 사유에 대해서는 '자꾸 어둡고 이런 게 부모님께 걱정을 끼치고, 이것을 고치고 싶어서'라고 하였다.

🗁 지능과 인지기능

한국 웩슬러 아동 지능검사 4판(K-WISC-IV)			
영역	지능	백분율	수준
언어이해	96	40%ile	**평균**
지각추론	91	28%ile	**평균**
작업기억	97	43%ile	**평균**
처리속도	92	29%ile	**평균**
전체지능	91	28%ile	**평균**
일반능력	94	34%ile	평균

※ 단일 점수로서 대표성을 가지는 지능지수는 진하게 표시함.

수검자의 **전체지능은 91, 평균 수준**으로 같은 연령대에서 하위 28% 정도의 수준이었다. 언어이해는 96, 평균 수준, 지각추론은 91, 평균 수준, 작업기억은 97, 평균 수준, 처리속도는 92, 평균 수준으로 나타났다. 지능 영역 간의 차이가 6점으로 유의미하게 나타나지 않았다(기준 20점 차이).

언어이해 영역에서는 사물의 유사성을 파악하는 능력이 평균 수준으로 나타나서 언어적 잠재력이 양호해 보이나, 어휘구사력은 평균 하 수준으로 나타나서, 언어적 학습은 다소 부족했던 것 같다. 그리고 사회적 상황에 대한 이해력이 평균 수준을 보이고 있어서, 관습과 규범

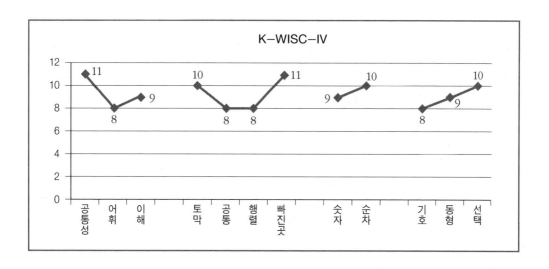

에 대한 지식 습득도 적절하게 이루어진 것 같다.

지각추론 영역에서는 시각적 예민성이 평균 수준으로 나타나서, 주변 환경 자극을 적절하게 인식할 수 있는 것 같다. 시공간 구성 능력이 평균 수준을 보이고 있어서, 구조화된 상황에서 도구를 다루는 능력이 양호해 보인다. 그러나 자극 간의 관련성을 찾아내는 능력과 전체를 고려하여 핵심을 파악하는 능력이 평균 하 수준으로 나타나서 추론 및 응용 능력은 다소 부족한 것 같다. 다만, 공통그림 소검사에서 후반부의 문항은 맞히면서도 전반부 문항은 틀리기를 반복하는 등 비일관적인 수행 양상을 보이고 있는데, 이는 성급한 태도와 관련이 있는 것 같다.

작업기억 영역에서는 고차적인 자극에 주의를 기울이는 능력과 단순한 자극에 주의를 기울이는 능력이 평균 수준으로 나타나서 주의력이 양호해 보인다.

처리속도 영역에서는 간단한 시각적 자극에 짧은 순간 동안 높은 집중력을 발휘하는 능력과 긴장감 속에서 빠른 논리적 판단력을 발휘하는 능력이 평균 수준으로 나타나서 시각적 자극에 대한 변별력이 적절해 보인다. 다만, 동형찾기 소검사에서 9개 문항이나 틀리고 있는데, 이 역시 성급한 태도와 관련이 있는 것 같다. 한편, 시공간 운동 속도가 평균 하 수준을 보이고 있어서 운동 반응 속도는 다소 느려 보인다.

지능검사 결과, 수검자는 대부분의 검사가 평균에서 평균 하 수준에 분포하고 있어서, 일상생활에서 양호한 기능을 발휘한 것으로 여겨진다. 다만, 어려운 문항은 맞히면서도 쉬운 문항은 틀리는 등 성급한 태도로 인해 수행의 질이 저하되고 있어서 잠재력에 비해 기능 발휘를 충분히 하지 못하는 경우가 있을 수 있겠다.

Rorschach 검사 결과, 총 17개로 비교적 적절한 반응 수를 보이고 있으나, 단순한 형태반응을 많이 보이고 있어서(L=7.50) 사고의 유연성이 매우 부족한 것 같다. 그리고 문제해결 능력도 부족해 보이는바(X-%=0.29), 판단이 애매한 스트레스 상황에서는 단순하고 경직된 대응을 할 가능성이 높아 보인다. 관습적인 판단을 하기 어렵고(P=2) 주변 상황을 충분히 고려하지 않고 자의적인 생각에 몰입해 있을 것으로 보이는바(Xu%=0.24), 공감적인 관계를 맺지 못하고(M-=1) 주변 사람들과 갈등을 겪을 수 있겠다.

📁 성격과 정서

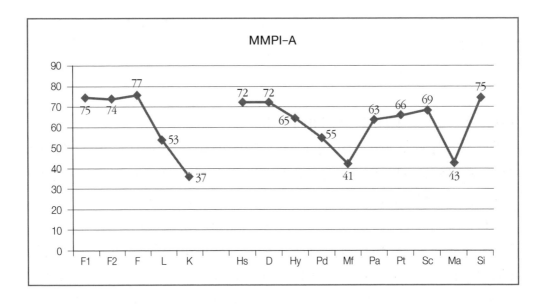

수검자는 HTP의 여자 그림에서 '활기찬 사람'이라고 하고, Rorschach의 첫 번째 카드에서도 '천사'라고 하듯이 긍정적인 표현들을 하고 있었다. 그러나 공허감을 느끼고 있는 것으로 보이고(HTP: 사람 그림에서 겉 테두리만 그림), MMPI에서 F척도를 비롯하여 2번, 7번, 0번 척도가 65T 이상으로 높게 상승하고 있고, 미래에 대한 부정적 사고(SCT: '내가 보는 나의 앞날은 보이지 않는다'), 자살사고(SCT: '나의 평생 가장하고 싶은 일은 아프지 않은 자살이다'), 자존감 저하(SCT: '내가 믿고 있는 내 능력은 없다') 등을 시사하는 반응을 보이고 있듯이 심한 우울감을 경험하고 있는 것으로 여겨지는바, 상기의 긍정적 표현들은 피상적인 수준에서 고통감을 부인(denial)하는 과정에서 나타난 것으로 생각된다. 이러한 수검자는 TAT에서 한 소녀가 웃고 있어요'라고 한 뒤에 바로 '갑갑한 일상 속에서 벗어나고 싶어 하는 것 같다'라고 하듯이 상반된 반응을 보이고 있어서, 사소한 자극에 따라 감정이 급변할 가능성이 높아 보인다(TAT: '뛰어내릴 것 같다', '극단적인 선택을 한 것 같다').

애정 욕구가 높은(HTP: 사람 그림 '필요-정' / MMPI: Hy=65T) 수검자는 가정 환경에 대한 만족감을 표현하면서도(SCT: '다른 가정과 비교해서 우리 집안은 화목하다'), 한편으로는 부모에 대한 불만이 시사되는 반응을 보이고 있어서(SCT: '내 생각에 가끔 아버지는 이중적인 면도 있으신 것 같다', '대개 어머니들이란 공부만을 생각한다') 가정 내에서 스트레스를 겪고 있는 것 같다 (SCT: '내가 제일 좋아하는 사람은 기대하지 않는 사람이다'). 그러나 SCT에서 '우리 가족이 나에 대해서는 걱정 끼치는 아이 같다'라고 하듯이 부모에 대한 염려를 표현하였고, 억압적인 성향을 시사하는 반응을 보이고 있어서(MMPI: '억압'=65T), 불편감을 적절하게 해소하지 못하고 쌓아 왔던 것으로 여겨진다. 안정적인 정체감을 형성하지 못한(HTP: 나무 그림에서 뿌리를 그리지 않음) 수검자는 가장 판단이 애매한 Rorschach 카드에서조차 '사람 여섯 명'이라는 반응을 하듯이 관계 형성에 대한 욕구를 높게 드러내고 있었으나, SCT에서 '내가 싫어하는 사람은 대부분의 사람들이다'라고 거부감을 보이는 등 양가적인 태도를 나타내고 있어서 또래 관계에서도 혼란감이 심할 것 같다. 이러한 수검자는 MMPI에서 '학교문제'가 65T로 높게 나타나고 있어서 학교생활에 대한 불편감도 시사되는바 이에 대한 주의가 요망된다.

수검자는 SCT에서 '내가 정말 행복할 수 있으려면 내가 하고 싶은 대로만 세상이 움직여야 한다'라고 하듯이 통제 욕구가 매우 높아 보이나, 기대감이 비현실적인 면이 있고, 깊이 있는 수준에서의 문제해결 능력이 부족해 보이는바(HTP: '모르겠다'라는 반응을 다수 보임), 주도적으로 주변 환경에 대처하는 경우는 많지 않았을 것으로 생각된다. 게다가 정서적 자원이 부족하고(Rorschach: 색채카드에서 형태질 저하), 미성숙함도 시사되고 있어서(MMPI: '미성숙'=74T), 문제 상황에 대한 자신의 책임은 인식하지 못하고 사회에 대한 냉소적 태도가 매우 강해져 있는 것 같다(SCT: '무엇보다도 좋지 않게 여기는 것은 이 세상이다'). 수동성이 강한 (MMPI: Mf=41T) 수검자는 스트레스가 가중되면, 애매하게 고통감을 호소하면서(SCT: '나의 가장 큰 결점은 모든 것이다') 회피적인 모습을 보이거나(SCT: '어리석게도 내가 두려워하는 것은 밖으로 나가는 것이다') 신체 증상을 통해 불편감을 나타낼 수 있겠다(MMPI: Hs=72T).

🗂 요약과 제언

○ 요약

전체지능	91	평균	일반능력	94	평균
언어이해	96	평균	지각추론	91	평균
작업기억	97	평균	처리속도	92	평균

수검자의 지능 수준은 평균 수준으로 나타남. 일상생활에서 양호한 기능을 발휘할 것으로 여겨지지만, 성급한 수행태도로 수행의 질이 저하되고 있어서 잠재력에 비해 기능 발휘를 충분히 하지 못하는 경우가 있을 수 있겠음. 수검자는 심한 우울감을 경험하고 있는 것으로 여겨지며, 사소한 자극에 따라 감정이 급변할 가능성이 높아 보임. 그러면서도 부모에 대한 염려를 표현하고 있고 억압적인 성향을 시사하는 반응을 보이고 있어서 불편감을 적절하게 해소하지 못하고 쌓아 왔던 것으로 여겨지며, 또래 관계에서도 혼란감이 심해 보임. 수검자는 통제 욕구가 매우 높아 보이나, 기대감이 비현실적인 면이 있고, 깊이 있는 수준에서의 문제해결 능력이 부족해 보이는바, 주도적으로 주변 환경에 대처하는 경우는 많지 않았을 것으로 생각됨. 한편, 사회에 대한 냉소적 태도가 매우 강한 상황에서 수동성이 강한 수검자는 스트레스가 가중되면, 애매하게 고통감을 호소하면서 회피적인 모습을 보이거나 신체 증상을 통해 불편감을 나타낼 수 있겠음.

○ 임상적 진단
심리평가 결과, 수검자는 다음과 같은 진단이 시사됨.
- Major Depressive Disorder, Moderate

3. 재발성, 비전형적 양상(남자/24세/대재)

🗁 의뢰 사유

과거 고등학교 3학년 무렵 우울삽화가 있었던 수검자는 최근 '의욕이 없고 멍하게 있게 된다', '잠을 못 자고 체중도 빠졌다' 등을 주소로 내원하였으며, R/O Major Depressive Disorder 임상적 인상하에 성인종합심리평가가 의뢰되었다.

🗁 행동관찰과 면담

수검자는 검정색 뿔테 안경을 착용하였고, 키는 작은 편이었고 보통 체격의 남성이었다. 얼굴형은 각진 편이었고, 양 볼에 살이 없어서 다소 야위어 보였다. 표정은 다소 멍한 듯하였고, 입꼬리가 처져 어두운 표정이었다. 그리고 몸에 조금 작아 보이는 군복 상의를 입고 차렷 자세로 앉아 있어 경직되어 보였다. 차례맞추기 과제에서 카드를 멍하니 바라보고 있었고,

한참을 생각한 후 카드를 배열하는 등 전반적인 행동은 느린 편이었다. 또한 검사 동안에 대부분 고개를 숙이고 있었고, 지능검사 중반에 '뭐 하나 여쭤 봐도 됩니까?', '이것도 심리검사하는 겁니까?'라며 지능검사에 대한 불편감을 드러냈다. 내원 사유에 대해서는 한참을 생각한 후에 '너무 힘들어서 왔습니다', '너무 우울해가지고……'라며 짧게 이야기하였다.

🗁 지능과 인지기능

한국 웩슬러 성인 지능검사(K-WAIS)			
지능	점수	백분율	수준
언어성 지능	83	13%ile	평균 하
동작성 지능	78	7%ile	경계선
전체지능	80	9%ile	평균 하

수검자의 **전체지능은 80, 평균 하 수준**으로 나타났으며, 언어성 지능은 83, 평균 하 수준, 동작성 지능은 78, 경계선 수준으로 두 지능 간의 차이는 크게 나타나지 않았지만, 소검사 간의 차이가 7점으로 큰 차이를 보여 상황에 따른 기능상의 차이가 클 것으로 예상된다.

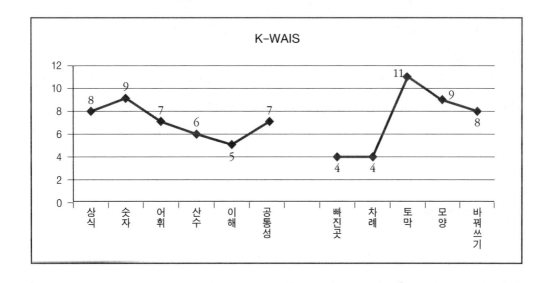

언어성 지능을 살펴보면, 단순한 자극에 대한 주의력은 평균 수준으로 나타나 단기집중력은 연령 수준에 적절한 것으로 보인다. 그러나 수계산 능력은 경계선 수준으로 연산 능력이

매우 부족한 것으로 여겨진다. 수검자는 간단한 나눗셈에서 오류를 보였고['24/3=6(오답)'], 세 자릿수 이상의 연산에서도 오답을 하였다['275/5=50(오답)']. 또한 기본적인 상식 수준은 평균 하 수준으로 기초 지식은 연령에 비해 부족해 보이고('김소월-모르겠다', '국보 1호-모르겠다'), 사회적 상황에 대한 이해력은 이보다 더 낮은 경계선 수준에 그치고 있어 관습과 규범에 대한 이해도 상당히 부족한 것 같다('발신인-안 쓰면 안 가지 않습니까?', '근로기준법-모르겠다'). 사물의 유사성을 파악하는 능력과 어휘구사력은 평균 하 수준으로 나타나 연령보다 낮은 수준의 의사소통을 할 것으로 예상된다('가훈-집에 부모님들이 어떻게 해라고 하는 말 같은 거', '겨레-모르겠다').

동작성 지능을 살펴보면, 시공간 구성 능력은 평균 수준으로 가장 높게 나타나 사물을 분석·추리하는 능력은 양호한 것으로 보이고, 부분을 통해 전체 상을 구성하는 능력은 평균 수준으로 응용력도 양호한 것으로 여겨진다. 그러나 시공간 운동 속도는 평균 하 수준으로 민첩성과 정교함이 요구되는 상황에서는 다소 낮은 능력을 보일 수 있겠다. 한편, 시각적 예민성과 상황적 맥락을 파악하는 능력은 정신지체 수준으로 상당히 낮아서 주변 환경의 변화에 매우 둔감하고 사회적 상황에서의 판단력도 현저히 부족한 것으로 여겨지는바, 사회적 상황에서 연령 수준에 비해 매우 미숙한 모습을 보일 수 있을 것 같다.

지능검사 결과, 도구를 다루는 능력은 양호해 보이지만, 이를 제외한 대부분의 능력은 부족해서 일상생활의 적응에 상당한 어려움이 있을 것으로 예상된다. 특히 주변 환경의 변화에 상당히 둔감하고 사회적인 판단력도 매우 낮아서 연령수준에 비해 매우 미숙한 모습을 보일 수 있을 것 같다.

Rorschach 검사 결과, 전체 반응 수가 11개에 그치고 있어서 스트레스에 대응할 수 있는 자원이 현저하게 부족해 보인다. 그리고 이성적이고 논리적인 사고가 어렵고(M-=2) 관습적인 판단력이 부족해 보이는바(P=2), 자의적으로 해석하고 고집스러운 모습을 보일 수 있겠다 (Xu%=0.45).

🗂 성격과 정서

수검자는 HTP에서 집 그림과 나무 그림을 작게 그렸고, SCT에서도 단답형으로 짧게 기록하여 에너지 수준이 낮아 보인다. 그리고 주변 환경에 대한 불만족감(HTP: 집 그림 '아무도 없을 거 같다', '어두울 것 같다', 나무 그림 '기분-별로 안 좋아 보인다'), 외로움(HTP: 여자 그림 '싫어하는 것-혼자 있는 거'), 무망감(SCT: '행운이 나를 외면했을 때가 지금이 아닐까?'), 무기력(HTP: 남자 그림 '피곤해서 잠을 자야 될 거 같다'), 정서적 및 사회적 상황에서 위축감(HTP: 집 그림에

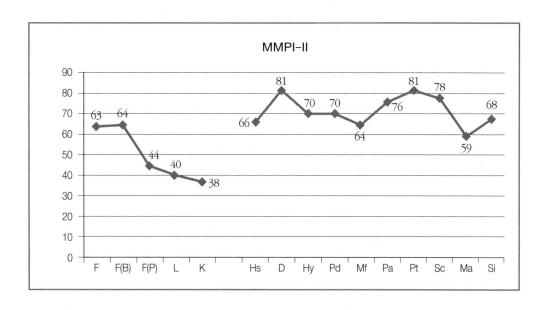

서 문을 그리지 않음, 사람 그림에서 얼굴 표정을 그리지 않음), 반추적 사고(SCT: '내가 저지른 가장 큰 잘못은 늦게 후회하는 것') 등을 보이고 있어 우울한 것으로 여겨진다. 또한 Rorschach의 우울감을 느끼기 쉬운 카드에서 '사람 몸에 칼이 들어가 있어서 하체랑 상체가 반이 잘린 거. 입을 벌리고 뭔가 쏟아내고 있고 힘들어하는 모습이다'라고 반응하듯이 극심한 고통감을 호소하고 있어서, 상기의 우울감은 상당히 큰 것으로 보인다.

한편, 수검자는 MMPI의 3번 척도가 높게 상승하고 있고, SCT에서 '남녀가 같이 있는 것을 볼 때 기쁘다'라고 하였으며, Rorschach에서 '두 사람'이라는 반응을 5개나 보이고 있듯이 관계 형성의 욕구가 높은 것으로 여겨진다. 그러나 어릴 적 부모님의 이혼을 경험하며 불안정한 성장기를 보낸 수검자는 Rorschach에서 친밀감에 대한 태도를 나타내는 카드에서 반응에 실패하고 있듯이 가까운 관계에서조차 불편감을 느끼고 있는 것으로 여겨지는바, 상기의 욕구는 충족되지 못했던 것으로 추정된다(SCT: '내가 어렸을 때 우리 가족은 힘들었다'). 이러한 수검자는 HTP의 나무 그림에서 '싫어하는 것-나뭇꾼, 나무 잘라가서', '미래-나뭇꾼이 언젠가는 잘라가겠지'라고 하듯이 주변을 위협적으로 여기고 있는 것으로 보인다(MMPI: Pa=76T). 또한 문제 상황에 대한 책임을 주변에 투사하여 외부 환경에 대한 내면에 분노감도 높은 것으로 보이는데(HTP: 나무 그림 '뾰족한 뿌리' / Rorschach: S=1), 특히 SCT에서 '내가 바라기에 아버지는 저주받을 것이다', '아버지와 나는 Fight'라고 하듯이 부에 대한 원망이 큰 것 같다. 그러나 SCT에서 '무엇보다도 좋지 않게 여기는 것은 거짓말', '나의 성생활은 건강하다'라고 보고하듯이 도덕적 원칙을 중요시하는 것으로 보이는 수검자는 상기의 부정적인 감정을 표현하지 못하고 부인하고 있는 것 같다(SCT: '어리석게도 내가 두려워하는 것은 없다', '무슨 일을 해서라도 잊고 싶은 것은 없다'). 이러한 수검자는 정서적 자원도 상당히 부족하여(Rorschach: WSumC=1.0) 감정적 대응이 어려울 것으로 여겨지는바(Rorschach: Afr=0.22), 스트레스가 가중되면 상상 속에서 해결하려고 하거나(Rorschach: Ma:Mp=1:3) 미숙하게 퇴행된 모습을 보일 수 있을 것 같다(Rorschach: '뱃속에 태아' / SCT: '내가 다시 젊어진다면 중학교 시절로 돌아가고 싶다'). 또한 Rorschach의 권위적인 대상에 대한 태도를 나타내는 카드에서 '나무'라고 식물반응을 보이듯이 상기의 불편감을 정서적인 거리를 두고 해소하고 있는 것으로 여겨지는바, 명령과 복종이 중요시되는 권위적인 군 상황에서 상당한 어려움을 경험하고 있을 것으로 예상된다.

한편, 검사 전반에 걸쳐 심한 우울감이 시사되는 반응들을 보이면서도, 이와는 반대로 HTP의 나무 그림에서 열매가 가득 열린 것을 표현하였고, 집 그림에서 '소원-좀 더 커지는 거', 남자 그림에서 '소원-오래오래 사는 거', SCT에서 '결혼생활에 대한 나의 생각은 행복하다'라고 하듯이 미래에 대한 긍정적 기대를 나타내고 있었다. 그리고 SCT에서 '나의 장래는 밝을 것이다', '언젠가 나는 편하게 살 것이다', '우리 가족이 나에 대해서는 좋게 생각한다' 등의 반응을 보이듯 자신에 대해 막연하게 긍정적 평가를 하는 등 비전형적인 모습도 나타나고 있었다.

📂 요약과 제언

○ 요약
전체지능: 80, 평균 하 / 언어성 지능: 83, 평균 하 / 동작성 지능: 78, 경계선

수검자의 지능은 평균 하 수준으로 나타났지만, 소검사 간에 큰 차이를 보여 상황에 따른 기능상의 차이가 클 것으로 예상됨. 도구를 다루는 능력은 양호해 보이지만, 이를 제외한 대부분의 능력은 부족해서 일상생활의 적응에 상당한 어려움이 있을 것으로 보임. 특히 주변 환경의 변화에 둔감하고 사회적인 판단력도 낮아서 사회적 상황에서의 대처 능력이 매우 부족해 보이는바, 연령 수준에 비해 미숙한 모습을 보일 수 있으며 상당한 우울감과 고통감을 경험하고 있는 것을 여겨짐. 한편, 관계 형성의 욕구가 높아 보이지만 충족되지 못했던 것으로 추정됨. 이러한 수검자는 주변을 위협적으로 여기고 내면에 분노감도 높은 것으로 보이는데, 특히 부친에 대한 원망이 큰 것으로 여겨짐. 그러나 도덕적 원칙을 중요시하는 것으로 보이는바 상기의 부정적인 감정을 부인하고 있는 것으로 보이는데, 정서적 자원도 상당히 부족하여 스트레스가 가중되면 상상 속에서 해결하려고 하거나 미숙하게 퇴행된 모습을 보일 수 있음. 또한 권위적인 대상에 대한 불편감이 있는 것으로 보이는 수검자는 권위적인 군 상황에서 상당한 어려움을 경험하고 있을 것으로 예상됨. 한편, 검사 전반에 걸쳐 심한 우울감이

시사되는 반응들을 보이는 것과는 반대로 미래에 대한 긍정적 기대를 나타내거나 자신에 대한 막연한 긍정적 평가를 보이고 있어 비전형적인 모습도 나타나고 있음.

○ 임상적 진단

심리평가 결과, 수검자는 다음과 같은 진단이 시사됨.

- Major Depressive Disorder, Recurrent episode, With atypical features

지속성 우울장애(Persistent Depressive Disorder)

1. 애정 욕구가 높지만 자기중심적인 수검자(남자/20세/고졸)

📂 의뢰 사유

수검자는 '부대 적응의 어려움', '답답함', '자해 및 자살시도' 등을 주소로 내원하였으며, R/O Adjustment Disorders, R/O Cluster B Personality Disorder 임상적 인상하에 성인종합심리평가가 의뢰되었다.

📂 행동관찰과 면담

수검자는 중간 정도의 키에 다부진 체격이었다. 약간 긴 얼굴형에 피부는 하얗고 홍조를 띄고 있었으며 작은 눈에 눈썹은 짙었고 코가 큰 편이었다. 전반적인 위생상태는 양호하였고 검사자와의 눈맞춤도 적절하게 이루어졌으며, 지시가 끝날 때마다 '예, 알겠습니다'라고 말하는 등 매우 예의 바른 모습을 보였다. 그러나 문제가 어려워지자 질문을 계속 읊조리거나 얼굴이 빨개지고 계속 눈을 깜박거리며 시선이 아래로 향하는 경우가 많았고 '아, 뭐지'라고 하는 등 다소 당황하는 모습을 나타내기도 하였다. 또한 자신의 뜻대로 문제가 잘 안 풀리자 '이거랑 똑같이 만들 수 있는 거예요?'라고 물어보거나 민망한 듯 웃으며 '문제가 너무 어렵습니다'라고 하였고 답을 할 때에도 대부분 '~인 것 같습니다'라고 애매하게 말하고 있어서 자신이 말한 답에 확신이 부족해 보였다. 그리고 답을 생각하는 중간에 입을 오물거리는 등 다소 미숙한 모습을 나타내기도 하였다. 내원 사유에 대해서는 '현역부적합 서류에 넣기 위한 것으로 알고 왔습니다'라고 하였다.

🗂 지능과 인지기능

한국 웩슬러 성인 지능검사(K-WAIS)			
지능	점수	백분율	수준
언어성 지능	86	18%ile	평균 하
동작성 지능	93	32%ile	평균
전체지능	89	23%ile	평균 하

　수검자의 **전체지능은 89, 평균 하 수준**으로 나타났으며, 언어성 지능은 86, 평균 하 수준, 동작성 지능은 93, 평균 수준으로 나타나서, 두 지능 간의 차이는 유의미하지 않았다.

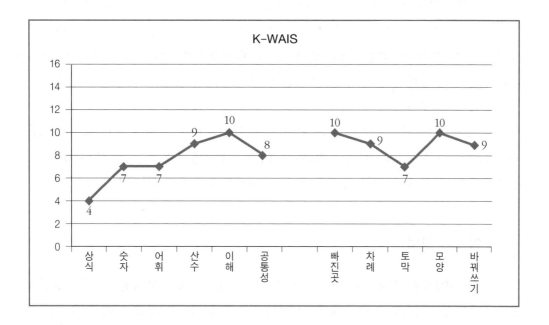

　언어성 검사를 살펴보면, 사회적 상황에 대한 이해력이 평균 수준으로 나타나서 관습과 규범에 대한 습득 수준은 양호해 보인다. 그러나 기본적인 상식 수준이 이보다 6점이나 낮은 경계선 수준으로 나타나서('올림픽 경기-모르겠습니다'), 학업적인 노력은 부족했던 것 같다. 사물의 유사성을 파악하는 능력과 어휘구사력이 평균 하 수준이어서 언어적 개념에 대한 이해 수준은 다소 부족해 보인다. 한편, 수계산 능력이 평균 수준으로 복잡한 자극에 주의를 기울이는 능력은 적절해 보이나 단순한 자극에 주의를 기울이는 능력이 평균 하 수준으로 나타나서 오히려 간단한 과제가 제시될 때는 부주의한 태도를 보일 것으로 생각된다. 또한 언어성 검사 전반에 걸쳐서 지나치게 구체적이고 정답과 비슷한 맥락의 대답을 하는 경우가 많아서 성취 욕구가 높아 보이지만 주로 핵심에서 벗어난 내용을 말하는 것을 볼 때('부추긴다-술 먹어서 정신이 올바르지 않은 사람들은 지탱해 주는 것'), 의사소통에서의 효율성이 낮은 것으로 보이며 이로 인해 대면 상황에서 갈등을 겪을 가능성이 높아 보인다.

동작성 검사를 살펴보면, 부분을 통해 전체상을 구성하는 능력과 시공간 운동 속도가 평균 수준으로 나타나서 익숙한 상황에서 간단한 과제가 주어지면 적절한 수행 능력을 보일 것 같다. 그러나 시공간 구성 능력이 평균 하 수준이어서 낯선 자극을 다루는 상황에서는 기능 수준이 떨어질 것으로 보인다. 한편, 시각적 예민성과 상황적 맥락을 파악하는 능력이 평균 수준으로 나타나서 사회적 대처 능력은 양호한 것으로 생각된다.

지능검사 결과, 수검자는 이해, 빠진곳찾기, 모양맞추기 등의 소검사가 가장 높은 수준으로 나타나서 경험을 통한 지식 습득 수준은 양호해 보이나, 낯선 자극이 주어질 때에는 기능 수준이 떨어질 것으로 보인다. 또한 언어적 반응 양상을 볼 때, 작은 단서를 바탕으로 매우 구체적이고 장황한 설명을 하는 경우가 많아서, 꾸준한 노력은 하지 않은 채 자신의 능력을 과시하려는 모습을 보이는 반면, 오히려 간단한 과제가 주어질 때는 부주의한 태도로 인해 낮은 수행을 보이기 쉽겠다.

Rorschach 검사 결과, 수검자는 총 11개의 적은 반응 수를 보이고 있어서 스트레스에 대처할 심리적 자원이 매우 부족해 보인다. 게다가 부적절한 결합 반응을 보이고 있어서(FABCOM=1), 문제 상황에서 맥락에 맞지 않는 판단을 내리는 경우가 많을 것으로 예상된다.

🗂 성격과 정서

수검자는 MMPI에서 F척도와 8번 척도가 각각 73T, 74T로 나타나서 높은 고통감과 혼란감을 호소하고 있는 것으로 보인다. 게다가 미래에 대한 부정적인 사고(SCT: '나의 장래는 불안정하다'), 불확실감(SCT: '내가 보는 나의 앞날은 모르겠다'), 존재감의 부재(SCT: '내가 정말 행복할 수 있으려면 내가 처음부터 바꿔야 한다'), 고립감(SCT: '내가 늙으면 아무도 없다. 할머니도 아버지도') 등을 시사하는 반응을 보이고 있어서 상당한 우울감과 무기력감도 느끼고 있는 것 같다(Rorschach: C'=2, m=1). 이러한 수검자의 우울감은 유년 시절 불안정한 가정 환경에서 성장해 오면서(SCT: '다른 가정과 비교해서 우리 집안은 가난하며 어렵고 힘든데 친구 같고 남 같고 이중적인 느낌. 가족애가 없지만') 만성적으로 지속되어 온 것으로 생각되며(SCT: '내가 어렸을 때는 늘 혼자였다'), 내면의 공허감도 높은 것 같다(HTP: 집 그림 '아무도 없으니 썰렁한 것 같습니다. 삭막하고'). 게다가 정서적 보살핌이 결핍된 가정 안에서 성장해 오면서 안정적인 자아상

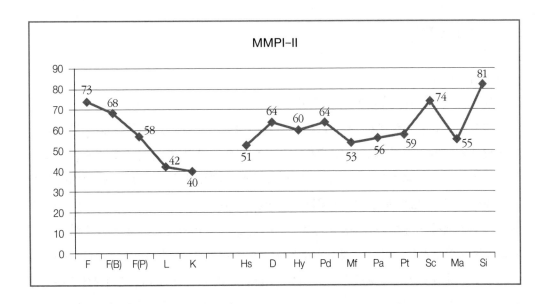

을 형성하지 못했던 것으로 보이며(HTP: 나무 그림 '뽑힌 나무') 삶의 전반에 대해 높은 부적절 감을 느끼는 것으로 생각된다(SCT: '내가 저지른 가장 큰 잘못은 태어난 것 같다', '내가 다시 젊어 진다면 인생의 판을 다시 짤 거다').

애정 욕구가 높은(MMPI: Hy=60T / Rorschach: '치마를 입은 어린아이 두 명') 수검자는 의지하고 신뢰할 수 있는 깊은 대인관계를 원하는 것으로 생각된다(HTP: 사람 그림 '필요-힘들 때 기댈 수 있는 사람들' / SCT: '내가 제일 좋아하는 사람은 나를 믿어 주는 사람'). 그러나 한편으로 자기애적인 성향도 강해서(SCT: '나의 야망은 많은 사람들이 우러러 보는 삶을 사는 사람') 타인의 이해만을 바라며 자기중심적인 태도를 나타낼 가능성이 높아 보이는바, 원하는 만큼 욕구를 충족하기는 어려웠을 것으로 생각되며(SCT: '내 생각에 참다운 친구는 없다'), 원만한 대인관계를 맺지 못한 채 위축되어 있는 것 같다(HTP: 남자 그림에서 눈, 코, 입을 안 그림, 여자 그림에서는 뒷모습을 그림).

수검자는 SCT에서 '우리 윗사람들은 자기의 생각만 고집한다'라고 하듯이 권위자에 대한 불만이 높아 보이며 정해진 규칙을 따라야 하는 군 상황에 불만을 느낄 가능성이 높아 보인다 (SCT: '무엇보다도 좋지 않게 여기는 것을 구속하는 거다'). 그러나 스트레스 대처 능력이 부족한 (Rorschach: R=11) 수검자는 문제 상황에서 해결을 위한 노력을 하기보다 수동적이고 무기력 한 모습을 보일 것 같다(SCT: '나에게 이상한 일이 생겼을 때 모르겠다'), 게다가 정서적 충동성 이 높고(Rorschach: Pure C=1), SCT에서 '내가 정말 행복할 수 있으려면 내가 처음부터 바꿔야 한다'라고 완벽한 변화를 기대할 정도로 현재 상황에 대한 불편감이 매우 커 보이는바(HTP: 나무 그림 '소원-다시 태어난 것 같습니다'), 스트레스가 가중되면 자해와 같은 갑작스러운 문제 행동을 나타낼 수 있어서, 지속적인 주의가 요망된다.

🗂 요약과 제언

○ 요약

전체지능: 89, 평균 하 수준 / 언어성 지능: 86, 평균 하 / 동작성 지능: 93, 평균

수검자의 지능 수준은 평균 하 수준으로 나타남. 경험을 통한 지식 습득 수준은 양호해 보이나 낯선 자극이 주어질 때는 기능 수준이 떨어질 것으로 생각됨. 또한 성취 욕구는 높으나 노력은 하지 않은 채 과시적인 태도만 보일 것으로 생각되며, 간단한 과제에서는 오히려 부주의할 것으로 보임. 또한 문제 상황에서는 부적절한 판단을 내릴 가능성이 높아 보임. 불안정한 가정 환경에서 성장한 수검자는 만성적인 우울감을 느끼고 있는 것으로 보이며 내면의 공허감이 높고 안정적인 자아상을 형성하지 못한 것으로 여겨짐. 애정 욕구가 높으나 자기애적인 성향도 강해서 타인의 이해만을 바랄 가능성 높아 보임. 이로 인해 대인관계에서도 욕구를 충족하지 못하고 위축감을 느낄 수 있음. 스트레스 대처 능력이 부족해서 문제에 직면하면 극도로 무기력한 모습을 보일 것으로 생각됨. 게다가 정서적 충동성과 완벽한 변화를 기대하고 있어서 스트레스가 가중되면 자해와 같은 문제 행동을 할 가능성이 높아 주의가 요망됨.

○ 임상적 진단

심리평가 결과, 수검자는 다음과 같은 진단이 시사됨.

- Persistent Depressive Disorder
- Cluster B Personality Disorder

2. 수동적 · 퇴행적 태도(여자/18세/고3)*

※ 1권의 주요 대상인 성인은 아니지만 2권(아동 · 청소년 정신장애)에 주요우울장애가 포함되지 않아, 1권에 포함시킴.

🗂 의뢰 사유

수검자는 '학업 스트레스로 인한 우울감', '등교 거부' 등을 주소로 심리평가를 위해 본 센터

_____

* K-WAIS-IV를 사용한 보고서는 이하 *표 처리함.

에 방문하였고, 전반적인 인지기능 및 정서 파악을 위해 청소년종합심리평가를 실시하였다.

📁 행동관찰과 면담

수검자는 큰 키에 보통 체격이었고 모와 함께 센터에 방문하였다. 어깨까지 오는 생머리에 안경을 쓰고 있었고 눈맞춤과 위생상태는 양호하였다. 목소리가 작아서 여러 차례 되물어야 하는 경우가 많았으며 느린 말투였고 자발적인 발화는 적은 편이었다. 어려운 문항에서는 수 줍게 웃었으나 곧 입술을 깨물거나 미간을 찌푸리는 등 불편감을 드러내었다. 또한 긴 시간 생각하면서 멍하게 있는 경우도 많았고, 산수 소검사에서는 반대로 되묻는 경우가 빈번하였 다. 내원 사유에 대해서는 '그냥 한번 받아 보고 싶어서'라며 구체적인 사유에 대해서는 언급 하지 않았다.

📁 지능과 인지기능

한국 웩슬러 성인 지능검사 4판(K-WAIS-IV)			
영역	지능	백분율	수준
언어이해	112	79%ile	평균 상
지각추론	94	35%ile	**평균**
작업기억	96	39%ile	**평균**
처리속도	112	80%ile	**평균 상**
전체지능	104	60%ile	평균
일반능력	103	59%ile	평균

※ 단일 점수로서 대표성을 가지는 지능지수는 진하게 표시함.

수검자의 **전체지능은 104, 평균 수준**으로 같은 연령대에서 상위 40% 정도 수준이었다. 언 어이해는 112, 평균 상 수준, 지각추론은 94, 평균 수준, 작업기억은 96, 평균 수준, 처리속도 는 112, 평균 상 수준을 보이고 있었다. 지능 영역 간의 차이는 유의미하지 않으나(기준 23점 차이), 언어이해 영역의 소검사 간 점수 차이가 8점으로 크게 나타나고 있어서(기준 5점 차이), 전 영역을 고려한 '전체지능'과 언어이해와 지각추론을 고려하여 산출된 '일반능력(103, 평균 수준)', 모두 수검자의 기능을 온전히 대표한다고 보기 어렵기 때문에 **각 지표가 나타내는 기 능 수준을 개별적으로 파악하는 것이 더 중요해 보인다.**

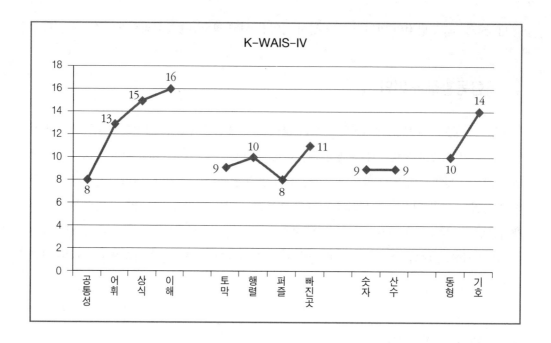

언어이해 영역에서는 사회적 상황에 대한 이해력과 기본적인 상식 수준이 각각 최우수, 우수 수준으로 나타나서('민주주의-정부의 권력을 견제하고 사람들의 의견을 반영하기 위해서', '페니실린-플레밍') 전반적인 지식 습득 수준이 상당히 높은 것으로 생각된다. 또한 어휘구사력도 평균 상 수준이어서 같은 연령대에 비해 높게 유지되고 있었다. 상기의 능력들은 반복적인 학습을 통해서 습득할 수 있는 능력으로 수검자가 상당한 학업적인 노력을 기울여 온 것 같다. 그러나 단어의 유사성을 파악하는 능력은 평균 하 수준으로 나타나서 고차원적인 개념에 대한 이해력은 상대적으로 매우 부족한 것으로 나타났다.

지각추론 영역에서는 시각적 예민성이 평균 수준으로 나타나서 주변 환경의 변화를 적절하게 알아차릴 수 있을 것으로 보이고, 시공간 구성 능력이 평균 수준이어서 직접적으로 도구를 다루는 능력도 양호하겠다. 또한 전체를 고려해서 핵심을 파악하는 능력과 자극 간의 관련성을 찾아내는 능력이 각각 평균, 평균 하 수준으로 나타나서 시각적인 추론 능력도 비교적 적절할 것으로 보인다.

작업기억 영역에서는 단순한 자극에 주의를 기울이는 능력이 평균 수준이어서 주의력은 양호해 보이고, 수계산 능력이 평균 수준으로 나타나서 수 개념을 다루는 능력도 적절한 것으로 생각된다. 다만, 숫자 소검사에서 정답과 오답을 반복하였고, 산수 소검사의 쉬운 문항에서 오답을 하면서 문항을 되묻는 경우가 많아서 자극이 복잡해지면 주의를 유지하는 능력이 떨어질 것으로 생각되는데, 이는 수검자의 낮은 에너지 수준과도 관련이 있는 것 같다.

처리속도 영역에서는 시공간 운동 능력이 우수 수준으로 나타나서 정신 운동 속도는 매우 빠르고 평가 상황에서 동기 수준도 상당히 높은 것 같다. 긴장감 속에서 빠른 논리적 판단력을 발휘하는 능력은 평균 수준으로 나타났지만, 기호쓰기 소검사보다 4점이나 낮았고 오류도 2개나 보이고 있어서, 시간적인 압력하에서 판단해야 하는 경우에는 다소 어려움이 예상된다.

지능검사 결과, 수검자는 어휘, 상식, 이해 등의 소검사가 매우 높게 나타나서 언어적 학습 수준이 매우 높고 의사소통 시에도 수준 높은 언어 능력을 발휘할 수 있겠다. 그러나 이에 비해 고차원적인 개념에 대한 이해 능력은 상당히 부족하고, 도구적 문제해결 능력도 평이한 수준에 그치고 있어서 비언어적인 상황에서는 주관적인 불편감이 클 것 같다. 또한 평가 상황에서 동기는 매우 높지만 주의 지속 능력이 부족하고 스트레스에 취약해 보이는바, 자신의 능력을 온전하게 발휘하기 어려운 것 같다. 한편, 전반적으로 기대에 비해 낮은 능력치는 현재 우울한 정서상태와도 관련이 있는 것으로 보인다.

Rorschach 검사 결과, 총 반응 수는 20개로 나타났지만 첫 번째 시행에서는 12개로 적은 반응을 보이고 있어서 즉각적으로 문제에 대처할 수 있는 능력은 부족한 것으로 생각된다. 수검자는 자극들의 관련성에 대해 지나치게 탐색하려 하지만(Zf=16) 실제적으로 의미 있게 조직화하는 것은 어려워 보여서(Zd=-3.5) 기울이는 노력에 비해서 성과를 내기는 어려울 것 같다.

🗁 성격과 정서

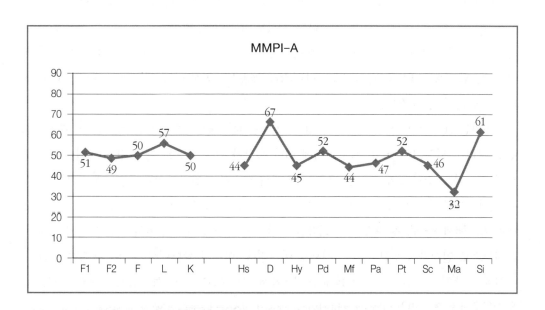

수검자는 MMPI에서 9번 척도가 32T로 상당히 낮게 나타나고 있어서 에너지 수준이 매우 낮은 것으로 생각된다. 또한 Rorschach에서 고통감을 시사하는 음영반응을 3개나 보이고 있고, 자기회의(SCT: '내가 믿고 있는 내 능력은 의심이 들 때가 있다'), 미래에 대한 부정적인 태도 (SCT: '나의 야망은 없다' / TAT: '헤어져요'), 외로움(HTP: 나무 그림 '앞으로—약간 쓸쓸해진다'), 무력감(TAT: '뛰어내릴 수는 없고 안에는 할 수 있는 게 없어서 고통스럽다' / Rorschach: m=4) 등을 보이고 있었다. 게다가 죽음에 대해서도 언급하고(TAT: '누군가 돌아가셨다', '죽어요') MMPI에서 2번 척도가 67T로 가장 높게 상승되어 있어서 우울감이 심한 것으로 여겨진다. 한편, MMPI에서 고통감을 시사하는 F척도는 평이하게 나타나고 있어서 우울감이 오랜 기간 지속되어 온 것 같다.

수검자는 HTP의 나무 그림에서 '울창한 나무', '더 커져요'라고 하고, SCT에서도 '내가 바라는 여인상은 남자에게 기대지 않고 당당하게 자기 인생을 살아 나가는 것이다'라고 하듯이 자신에 대한 기대감이 큰 것으로 보인다. 또한 지능검사에서 나타나듯이 학업성취를 위해 상당히 노력했던 것으로 보이지만 현재 필요한 만큼 성취를 하지 못하고 있는 상황에 대해서 불안감을 느끼고 있는 것 같다(SCT: '다른 친구들이 모르는 나만의 두려움은 내가 공부하지 않는다는 것을 들키는 것?'). 한편, 낮은 에너지 수준에도 불구하고 HTP에서 손을 다소 크게 그리고 있고 Rorschach에서 20개의 반응 수를 보이는 등 문제 해결을 위해 상당히 노력하고 있는 것으로 보인다. 그러나 SCT에서 '내가 싫어하는 사람은 자기가 옳다고 생각하는 것을 남들에게 강요하는 사람이다'라며 다소 애매한 대상에 대한 불만을 표현하고 있는데, 이는 수검자가 문제 상황에 대해서 피상적인 수준에서만 접근하고 있다는 것을 시사하고 이런 대응 행동이 반복되면서 만족스러운 문제 해결이 되지 않았던 것으로 보인다. 또한 수검자는 아버지를 유약한 존재로 인식하고 있는데(SCT: '내 생각에 아버지는 외로움을 느끼신다', '대개 아버지들이란 강한 척하지만 남몰래 뒤에서 눈물 흘린다'), 아버지와 동일시하면서 문제 해결의 소극적인 태도가 더욱 강화되어 온 것 같다.

수검자는 HTP에서 '행복—친구랑 맛있는 거 먹을 때', '불행—친구랑 만났는데 친구가 안 나왔을 때'라고 말하고 있어서 관계 형성에 대한 욕구가 있는 것으로 생각된다. 그러나 SCT에서 '무엇보다도 좋지 않게 여기는 것은 나에 대해 참견하는 친구들이다', '우리 윗사람들은 너무 권위적이다'라며 부정적인 태도를 보이고 있고, Rorschach의 친밀감에 대한 태도를 나타내는 카드에서 '등대', '성'과 같이 거리감을 표현하는 반응을 하고 있어서 주변 환경에 대해서 지지적으로 인식하지 못하고 있는 것으로 여겨진다. 이러한 상황에서 수검자는 다른 사람의 시선에 상당히 민감한데다가(HTP: 눈을 강조해서 그림 / SCT: '어리석게도 내가 두려워하는 것은 사람들의 눈초리이다' / Rorschach: HVI=positive) 정서를 다루는 능력도 부족해서(Rorschach:

WSumC=1.5) 불편한 감정에 대해서는 일방적으로 부인하거나 억압하고 있는 것으로 생각된다(SCT: '어렸을 때 잘못했다고 느끼는 것은 딱히 없다' / MMPI: '억압'=71T). 그러나 이런 방식으로는 근본적인 해결이 어려우며 오히려 반추하기 쉬워서(Rorschach: FM=2) 고통감이 가중될 수 있겠다(TAT: '아무렇지 않게 지내다가 말 못할 비밀이 있어서 너무 슬퍼져요'). TAT의 백지카드에서 '맛있는 음식, 내가 이걸 먹어요, 배가 터지도록, 행복감을 느껴요', HTP에서도 '필요-맛있는 음식'과 같이 연령대에 맞지 않게 미숙한 수준의 욕구에 대해서 언급하고 있어서 스트레스가 가중되면 퇴행적인 행동을 보일 가능성도 높아 보인다.

📂 요약과 제언

○ 요약

전체지능	104	평균	일반능력	103	평균
언어이해	112	평균 상	지각추론	94	평균
작업기억	96	평균	처리속도	112	평균 상

수검자의 지능 수준은 평균 수준으로 나타났으나 지적 능력의 편차가 매우 커서 상황에 따른 기능 수준의 차이가 클 것으로 예상됨. 수검자는 학업적인 노력이 컸던 것으로 보이지만 고차적인 개념에 대한 이해력은 상대적으로 매우 부족하고, 비언어적인 상황에서는 주관적인 불편감이 커질 수 있음. 성취에 대한 동기 수준은 높지만, 주의력이 부족하고 스트레스에 취약해서 능력을 온전히 발휘하기 어려운 것으로 보이며, 이는 우울한 정서상태와도 관련이 있는 것으로 보임. 그리고 오랜 기간 우울감이 지속되어 온 것으로 생각됨. 자신에 대한 높은 기대로 학업적 노력을 기울였던 것으로 보이지만, 현재는 동기 수준이 많이 떨어져 있고 불안감을 경험하고 있음. 주변을 지지적으로 인식하지 못하고 있고, 다른 사람의 평가에 매우 예민한 것으로 생각됨. 정서를 다루는 능력이 부족하고 부정적인 부분에 대해서는 일방적으로 부인하거나 억압하고 있어서 오히려 반추하는 일이 많을 것으로 예상되고, 고통감이 가중될 수 있겠음.

○ 임상적 진단
심리평가 결과, 수검자는 다음과 같은 진단이 시사됨.
- Persistent Depressive Disorder

10 명시되지 않는 우울장애(Unspecified Depressive Disorder)

1. 피해망상을 통한 애정 욕구의 충족(여자/56세/중졸)*

📁 의뢰 사유

수검자는 '사람을 믿지 못함', '피해망상' 등을 주소로 내원 중이며, R/O Schizophrenia, R/O Delusion Disorder 임상적 인상하에 성인종합심리평가가 의뢰되었다.

📁 행동관찰과 면담

수검자는 약간 큰 키에 통통한 체격이었다. 앞머리가 있는 검은색 단발머리에 얼굴이 둥글고 큰 편이었으며, 눈이 작고, 약간 큰 입은 돌출되어 보였다. 검사실에 10분 정도 늦게 도착한 수검자는 검은색 바지와 초록색 겉옷을 입고, 보라색 테두리 안경을 착용하고 있었다. 위생상태는 양호해 보였고, 시선 접촉도 적절한 수준이었다. 지능검사 언어성 소검사들에서 적절한 반응을 보이지 못한 뒤에 '난 이런 거 이제 잘 못해요. 돌아서면 잊어버려', '앞에 못한 게 자꾸 생각나네'라고 하거나, HTP에서 '솜씨가 없어서', '여자는 또 어떻게 그려야 돼?' 등의 언급을 하는 등 자신감이 부족해 보였다. 검사 후반으로 갈수록, '점심 장사 해야 해서 얼른 가야 하는데 더 남았나?'라며 초조해하는 모습도 나타났다. 내원 사유에 대해서는 '돈에 대해서 의심이 심한 것 같다고, 사람도 잘 못 믿는다고 하면서 애들이 신청을 했어'라고 자신의 문제 행동을 언급하였다.

📁 지능과 인지기능

수검자의 **전체지능은 79, 경계선 수준**으로 같은 연령대에서 하위 8% 정도 수준이었다. 언

---

* K–WAIS–IV를 사용한 보고서는 이하 *표 처리함.

한국 웩슬러 성인 지능검사 4판(K-WAIS-IV)			
영역	지능	백분율	수준
언어이해	**79**	**8%ile**	**경계선**
지각추론	**90**	**26%ile**	**평균**
작업기억	**87**	**19%ile**	**평균 하**
처리속도	**84**	**14%ile**	**평균 하**
전체지능	**79**	**8%ile**	**경계선**
일반능력	84	14%ile	평균 하

※ 단일 점수로서 대표성을 가지는 지능지수는 진하게 표시함.

어이해는 79, 경계선 수준, 지각추론은 90, 평균 수준, 작업기억은 87, 평균 하 수준, 처리속도는 84, 평균 하 수준을 보이고 있었다. 지능 영역 간의 차이가 유의미하게 나타나지 않아서(기준 23점 차이), **'전체지능'이 수검자의 기능 수준을 대표한다고 볼 수 있겠다.**

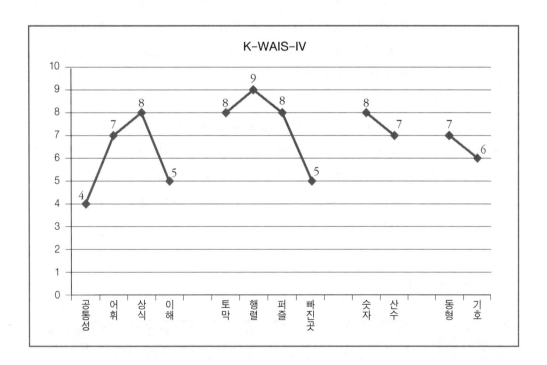

언어이해 영역에서는 기본 지식 수준, 어휘구사력 등이 평균 하 수준으로 나타나서, 기초적인 상식과 언어적 표현 능력이 다소 낮아 보인다. 사회적 상황에 대한 이해력도 경계선 수

준으로 낮아서('취미-자기 사는 데 필요해서'), 관습적 행동 양식의 습득 수준도 부족하고, 사물의 유사성을 파악하는 능력이 정신지체 수준으로 상당히 낮게 나타나서(피아노와 바이올린-비슷), 고차원적인 개념 형성 능력도 매우 부족할 것으로 생각된다. 이러한 수검자는 다른 검사들에서도 구체적이고, 정교한 언어적 표현을 하지 못한 채 단편적인 단어들만을 사용하였다.

지각추론 영역에서는 전체를 고려하여 핵심을 파악하는 능력이 평균 수준이어서, 추론 능력이 양호해 보이나, 부분과 전체를 조화시키는 능력이 평균 하 수준으로 나타나서, 시행착오를 통한 문제 해결력은 다소 부족해 보인다. 또한 시공간 구성 능력이 평균 하 수준이어서, 구조화된 상황에서의 문제 해결력도 다소 떨어질 것 같다. 한편, 시각적 예민성이 경계선 수준으로 매우 낮게 나타나서, 주변 환경 변화가 있을 때 특히 적응이 힘들 것으로 생각된다.

작업기억 영역에서는 수계산 능력과 간단한 자극에 주의를 기울이는 능력이 모두 평균 하 수준이어서, 주의집중력이 다소 낮은 것 같다.

처리속도 영역에서는 긴장감 속에서 빠른 논리적 판단력을 발휘하는 능력, 시공간 운동 능력 등이 각각 평균 하, 경계선 수준으로 나타나서 민첩성이 부족해 보인다.

지능검사 결과, 수검자는 행렬, 퍼즐, 토막 등의 소검사에서 평균에서 평균 하 수준을 보이고 있어서, 문제해결 능력은 비교적 양호해 보인다. 또한 단편적인 지식 습득과 간단한 과제에 대해 주의집중이 필요한 경우에도 무난한 기능 수준을 보일 것으로 생각된다. 그러나 환경 변화에 둔감하고, 개념적인 이해가 필요힐 때 기능 수준이 떨어질 수 있어서, 낯선 상황에서는 스트레스가 클 수 있겠다.

Rorschach 검사 결과, 수검자는 총 16개의 적은 반응 수를 보여서 스트레스에 대처할 심리적 자원이 제한적인 것으로 생각된다. 또한 왜곡된 형태반응이 많아서(X-%=0.69), 실제적인 문제 해결력이 부족하고, 타인과 공감적 관계를 맺는 데 상당한 어려움을 겪을 수 있겠다(M-=1). 게다가 드물게 사용되는 영역반응을 많이 보여서(Dd=8) 지나치게 세부 사항에 주의를 기울임으로써 문제의 본질을 파악하지 못하고 해결의 어려움이 커질 수 있겠다.

📁 성격과 정서

ASI-3 (불안민감)	APPQ (공황)	MDQ (조증)	HCL-32 (경조증)	PHQ-9 (우울)	STAI-Trait (특성불안)
0	9	0	0	0	42
35T	38T	(cut off: 7)	(cut off: 14)	(cut off: 9)	44T

※ 역치 이상의 척도는 진하게 표시함.

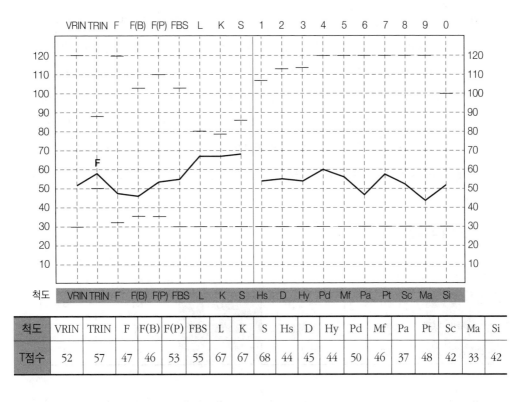

척도	VRIN	TRIN	F	F(B)	F(P)	FBS	L	K	S	Hs	D	Hy	Pd	Mf	Pa	Pt	Sc	Ma	Si
T점수	52	57	47	46	53	55	67	67	68	44	45	44	50	46	37	48	42	33	42

수검자는 HTP 사람 그림에서 '생각-돈을 잘 벌어야 된다'라고 하였고, SCT에서도 '내가 늘 원하기는 잘 사는 것'이라고 하듯이 금전적 성취에 상당히 몰두해 있는 것 같다. 그리고 SCT에서 '나의 장래는 열심히 사는 것', '내가 믿고 있는 내 능력은 열심히 사는 것', '내가 다시 젊어진다면 열심히 사는 것'이라고 하듯이, 융통성이 부족하고(Rorschach: a:p=0:7 / TAT: 공백카드 '백지'), 성실하게 열심히 일하는 것에 매우 중요한 가치를 두고 있는 것으로 생각된다(SCT: '내 생각에 여자들이란 화려한 여자가 싫다'). 이러한 수검자는 MMPI에서 S척도가 68T로 높고, K척도도 67T로 높게 나타나고 있어서, 평소 자신의 긍정적이고 바람직한 측면만을 강조해 온 것으로 보인다(SCT: '우리 윗사람들은 존경한다', '윗사람이 오는 것을 보면 나는 잘해야 된다'). 다만, 순진하고 경직된 면이 있어서(MMPI: L=67T), 오히려 주변 사람들의 의도를 오해하는 경우도 있을 수 있겠다(SCT: '나의 가장 큰 결점은 아무도 믿지 않는 것').

한편 수검자는 TAT에서 '끌어안고 있네', '서로 포옹하고', '안고 있는 것 같아' 등의 친밀감을 시사하는 반응들을 자주 하고 있어서, 관계 욕구가 높아 보인다(SCT: '내가 좋아하는 사람은 나를 좋아해 주는 사람'). 그러나 HTP 사람 그림을 전반적으로 빈약하게 그리며, 눈, 코, 입도 모두 생략하고 있어서 대인관계 불편감이 상당히 커 보인다(SCT: '내 생각에 참다운 친구는 없음'). 대인관계와 관련하여 좌절감이 커 보이는 수검자는 위에 나타나듯이 외부 세계를 경계하는 모습을 보임으로써 가족들로부터 관심을 구하고 있는 것 같다.

MMPI에서 '냉정함' 소척도가 70T로 나타나듯이, 내면에 분노감을 가지고 있는 수검자는 TAT에서 '생각하고 있는 것 같네', '무슨 생각을 하고 있는 거', '생각을 많이 하나 봐' 등의 반응을 보이듯 반추 사고 경향도 높아 보인다(HTP: 집 그림에서 지붕 강조). 그러나 평소 겉으로 보이는 모습이 중요한 수검자는 이러한 부정적 감정을 드러내지 못하면서 내면적으로는 우울감이 더 심해진 것으로 생각된다(SCT: '나의 성생활은 모르고 삶', '결혼생활에 대한 나의 생각은 먹고 살기 힘들어 생각 못했음', '내가 없을 때 친구들은 친구도 없음'). 이러한 수검자는 스트레스 상황에서 자존감이 낮아지면서 주변을 탓하며 경계하는 행동을 보였을 가능성이 있겠다.

🗁 요약과 제언

○ 요약

전체지능	79	경계선	일반능력	84	평균 하
언어이해	79	경계선	지각추론	90	평균
작업기억	87	평균 하	처리속도	84	평균 하

수검자의 지능 수준은 경계선 수준으로 나타남. 시각적 자극을 다루는 능력, 문제해결 능력 등은 양호해 보임. 간단한 과제에 대한 주의력도 무난하고, 단순 지식 습득 능력도 양호하게 나타남. 그러나 언어적 자원이 부족하고, 민첩성도 다소 낮으며, 주변 환경 변화를 인식하는 능력이 매우 부족해 보임. 금전적 성취에 몰두해 있고, 순진성이 높으며, 도덕적으로 바람직하게 보이는 것을 중요하게 생각하는 수검자는 자신의 긍정적인 측면을 강조하면서도, 상황에 따라 융통성을 발휘하지 못한 채 어려움을 겪을 수 있겠음. 대인관계에 대한 관심이 있어 보이나, 오히려 대인관계에 대한 불편감이 크고 외부 세계에 대한 불신이 커 보임. 분노감이 깊고 반추사고 경향도 나타내고 있으나, 자신의 부정적 정서 표현을 하지 못한 채 우울감을 겪었을 수 있음. 스트레스 상황에서 자존감이 낮아지면서 외부 환경과 타인을 경계하는 행동을 보일 수 있겠음.

○ 임상적 진단

심리평가 결과, 수검자는 다음과 같은 진단이 시사됨. 기존의 높은 사회적 바람직성을 토대로 생활해 온 것으로 보이지만, 이러한 대처 방식으로 문제 해결이 되지 않으면서, 좌절감과 우울감을 느끼고 자존감이 떨어지면서 이를 외부로 투사해서 경계하는 행동을 보이는 것으로 생각됨.

- Unspecified Depressive Disorder

2. 반응성 우울(여자/24세/고졸)*

📂 의뢰 사유

수검자는 '의욕 저하', '활동 저하', '모와의 갈등' 등을 주소로 내원하였으며, 전반적인 인지기능과 정서 파악을 위해 성인종합심리평가가 의뢰되었다.

📂 행동관찰과 면담

수검자는 약간 큰 키에 보통 체격이었다. 갸름한 얼굴형에, 피부는 흰 편이었고, 쌍꺼풀이 큰 눈에, 머리는 갈색으로 염색을 하여 하나로 묶고 있었다. 검사실에 30분 정도 늦게 도착한 수검자는 왼손에 은색 팔찌를 하고 있었고, 치아교정기를 착용하고 있었다. 위생상태는 양호하였고, 시선 접촉도 적절한 수준이었으나, 목소리 크기는 다소 작았다. 지능검사에서 토막짜기나 HTP와 같이 직접 손을 사용해야 하는 경우에는 빠른 시간 안에 과제를 수행하였으나, 언어적으로 반응할 때 목소리가 매우 작아지거나 목과 뺨을 자주 만지는 등 자신 없어 하는 모습을 보이기도 하였다. 내원 사유에 대해서는 '엄마랑 사이가 안 좋아서'라고 대답하였다.

📂 지능과 인지기능

수검자의 **전체지능은 91, 평균 수준**으로 같은 연령대에서 하위 28% 정도 수준이었다. 언어이해는 86, 평균 하 수준, 지각추론은 99, 평균 수준, 작업기억은 100, 평균 수준, 처리속도는 94, 평균 수준을 보이고 있었다. 지능 영역 간 유의미한 차이는 나타나지 않았으나(기준 23점 차이), 언어이해 영역의 소검사 간 점수 차이가 5점으로 유의미하게 나타나고 있어서(기준 5점 차이), 전 영역을 고려한 '전체지능'과 언어이해와 지각추론을 고려하여 산출된 '일반능력(91, 평균 수준)' 모두 수검자의 기능을 온전히 대표한다고 보기 어렵기 때문에 **각 지표가 나타내는 기능 수준을 개별적으로 파악하는 것이 더 중요해 보인다.**

한국 웩슬러 성인 지능검사 4판(K-WAIS-IV)			
영역	지능	백분율	수준
언어이해	86	17%ile	평균 하
지각추론	**99**	**46%ile**	**평균**
작업기억	**100**	**50%ile**	**평균**
처리속도	**94**	**35%ile**	**평균**
전체지능	91	28%ile	평균
일반능력	91	27%ile	평균

※ 단일 점수로서 대표성을 가지는 지능지수는 진하게 표시함.

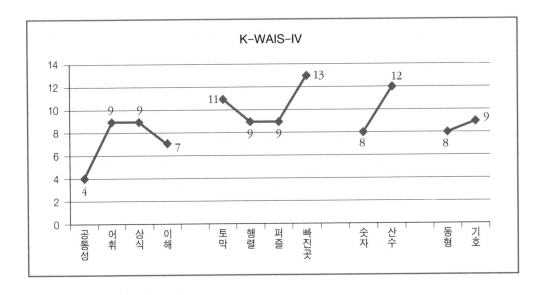

언어이해 영역에서는 기본 지식 수준, 어휘구사력 등이 평균 수준으로 나타나서, 기초적인 상식과 언어적 표현 능력이 양호해 보인다. 그러나 사회적 상황에 대한 이해력이 평균 하 수준으로 다소 낮아서 관습적 행동 양식의 습득 수준이 다소 부족해 보이고, 사물의 유사성을 파악하는 능력도 정신지체 수준으로 상당히 낮게 나타났는데('피아노와 젓가락-음식'), 반응의 질을 살펴볼 때 두세 음절만으로 매우 짧게 표현하였고('희망과 기대-행복', '영원과 찰나-갑자기') 다른 검사들에서도 단편적인 단어들만을 사용하고 있어서 사고 수준이 피상적인 것으로 보인다.

지각추론 영역에서는 시각적 예민성이 평균 상 수준으로 다소 높게 나타나서, 주변 환경 변화에 다소 예민해져 있는 것 같다. 시공간 구성 능력이 평균 수준이어서, 구조화된 상황에서의 문제 해결력이 무난해 보이고, 전체를 고려하여 핵심을 파악하는 능력, 부분과 전체를 조화시키는 능력 등도 모두 평균 수준으로 나타나서, 시각적 자극을 통한 추론 능력도 양호해 보인다.

작업기억 영역에서는 수계산 능력이 평균 상 수준으로 다소 높아 보이나, 간단한 자극에 주의를 기울이는 능력이 평균 하 수준으로 다소 낮게 나타나서, 쉬운 자극에서 오히려 주의집 중력이 떨어질 수 있겠다.

처리속도 영역에서는 시공간 운동 능력, 긴장감 속에서 빠른 논리적 판단력을 발휘하는 능력 등이 각각 평균, 평균 하 수준으로 나타나서, 민첩성이 무난해 보인다.

지능검사 결과, 수검자는 평균 수준의 지능 수준을 나타냈다. 주변 환경 변화를 인식하는 능력이 다소 높아 보이고, 토막짜기, 산수 등의 소검사가 평균 상 수준으로 나타나서, 지적 잠 재력도 다소 높아 보이나, 대부분의 소검사가 평균 수준에 분포하고 있어서, 일상에서는 평이 한 기능 수준을 보였을 것으로 생각된다. 한편, 전반적인 지능 수준에 비해 고차원적인 언어 적 개념 형성 능력이 매우 낮게 나타나고 있는데, 이는 피상적인 사고 경향을 반영하는 것으 로 여겨지며, 무기력한 정서상태와도 관련이 있는 것 같다.

Rorschach 검사 결과, 수검자는 총 14개의 적은 반응 수를 보였고, 사고가 단순하고 경직되 어 있어서(L=2.50) 스트레스 상황에서 문제 해결력이 상당히 부족해 보이며, 인간운동반응도 매우 적게 나타나서(M=1) 이성적이고 논리적인 대처 능력도 떨어질 것으로 생각된다. 또한 타인과 깊은 공감적 관계를 맺는 데 어려움을 겪을 수 있겠다(M-=1).

📂 성격과 정서

애정 욕구가 높아 보이는(HTP: 집 그림에서 창문 강조, 나무 그림 '비가 필요', '누가 나 좀 알아 줬으면') 수검자는 SCT에서 '어머니와 나는 사이가 안 좋다', '때때로 두려운 생각이 나를 휩싸 일 때 엄마가 생각난다'라고 하듯이 모에 대해 양가적인 감정을 나타내고, 부의 부재로 인하 여(SCT: '내가, 바라기에 아버지는 꿈에서라도 만나고 싶다') 가정 내에서 친밀감을 충분히 느끼 지 못한 채 성장했던 것으로 보인다(SCT: '아버지와 나는 다시 만날 수 없다' / HTP: 사람 그림 '아 빠가 없을 때 불행'). 이러한 수검자는 또래 관계에 몰두했던 것으로 여겨지나(HTP: 사람 그림 '친구들이랑 놀 때 행복'), 자아상이 불안정하고(HTP: 나무 그림에서 뿌리 없음), 깊이 있는 공감 적 관계를 맺기 어려웠던 것으로 보이는바(Rorschach: M-=1), 오히려 거부감이 더 커진 것 같 다(SCT: '어리석게도 내가 두려워하는 것은 사람이다', '내 생각에 여자들이란 알다가도 모르겠다' / TAT: '남자는 싫다 그러는데 여자는 얘기하는').

ASI-3 (불안민감)	APPQ (공황)	**MDQ (조증)**	HCL-32 (경조증)	**PHQ-9 (우울)**	STAI-Trait (특성불안)
20	46	**7**	10	**18**	68
56T	50T	**(cut off: 7)**	(cut off: 14)	**(cut off: 9)**	72T

※ 역치 이상의 척도는 진하게 표시함.

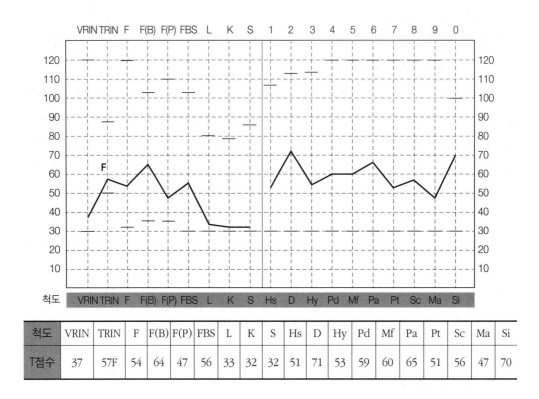

척도	VRIN	TRIN	F	F(B)	F(P)	FBS	L	K	S	Hs	D	Hy	Pd	Mf	Pa	Pt	Sc	Ma	Si
T점수	37	57F	54	64	47	56	33	32	32	51	71	53	59	60	65	51	56	47	70

수검자는 HTP 나무 그림에서 '사과나무'를 그리고 '열매를 맺는 꿈'을 언급하듯이 성취 욕구가 높아 보인다(SCT: '내가 믿고 있는 내 능력은 언제든지 발휘할 수 있다', '성공해서 일 년에 반을 여행 다니고 싶다'). 그러나 HTP에서 그림을 좌측에 치우쳐 그리듯이 자신감이 부족하고, 지능검사에서 나타나듯이 피상적 사고 경향으로 인해 만족감을 느낄 만한 성취 경험을 하지 못한 채 좌절감을 느꼈던 것으로 생각된다. 이러한 수검자는 Rorschach에서 나타나듯이 사고가 단순하고 경직되어 있고(L=2.50), 미숙한 경향도 있어서(HTP: 나무 그림 '어린 나이', 사람 그림 '어린아이') 문제 상황에서 의존적인 방식으로 대처할 가능성이 높아 보이고(SCT: '나에게 이상한 일이 생겼을 때 엄마를 찾는다'), 자신의 문제를 객관적으로 보지 못한 채 주변 환경만을 탓할 수 있겠다(MMPI: Pa=65T / SCT: '다른 가정과 비교해서 우리 집안은 완전하지 못하다').

수검자는 현재 대인관계 및 진로와 관련한 스트레스가 가중되는 상황에서(TAT: '고민이 많은 거 같아요') 이성적으로 판단하여 적절히 대처하지 못한 채(Rorschach: M=1) SCT에서 '나의 평생 가장 하고 싶은 일은 여행 다니고 싶다'라고 하듯이 상황을 회피하고 싶어 하는 것 같다. 이러한 수검자는 SCT에서 '언젠가 나는 우울증에 걸릴 거 같다', TAT에서 '슬픈 일이 있는 거 같아요'라고 하듯이 주관적 고통감을 호소하면서 무기력한 모습(SCT: '행운이 나를 외면했을 때 좌절한다')과 함께 부정적인 사고 경향도 강해 보인다(MMPI: 자살사고=74T). 또한 MMPI에서 2번 척도가 71T로 높게 상승하고, PHQ-9가 18점으로 높게 나타나듯이 우울감이 높아 보이는데(TAT: '죽어서 슬퍼하는 거 같아요'), 한편으로는 HTP에서 필압이 전반적으로 진하고, MDQ에서 7점을 나타내거나(cutoff=7점), 발화량도 적절한 수준을 보여서, 수검자가 호소하는 우울감은 현재 자신이 처한 환경에 대한 불만감이 상당히 반영된 것으로 생각된다.

📂 요약과 제언

○ 요약

전체지능	91	평균	일반능력	91	평균
언어이해	86	평균 하	지각추론	99	평균
작업기억	100	평균	처리속도	94	평균

　수검자의 지능 수준은 평균 수준으로 나타남. 주변 환경 변화를 인식하는 능력이 높고, 구조화된 상황에서의 문제 해결력이 다소 높아 보이며, 민첩성이 무난하게 나타남. 그러나 언어적 개념 형성 능력이 다소 낮게 나타나서, 사고 수준이 피상적인 것으로 여겨짐. 사고가 단순하고 경직되어 있으며, 스트레스에 대처할 심리적 자원이 부족해 보임. 애정 욕구가 높으나, 가정 내 친밀감을 충분히 느끼지 못하며 성장하면서 자아상이 불안정하고, 공감적 관계를 맺는 능력이 부족해서 원만하고 깊이 있는 대인관계 형성에 어려움을 겪었을 가능성이 있겠음. 성취 욕구도 높게 나타나지만, 자신감이 부족하고 사고가 피상적이어서 만족할 만한 성취 경험이 부족해 보이고, 이와 관련하여 좌절감도 느꼈던 것으로 생각됨. 미숙한 경향이 있어서 문제 상황에서 의존적으로 대처하며, 주변 환경을 탓할 가능성이 있음. 대인관계 및 진로와 관련한 스트레스가 가중되는 상황에서 무기력하고 부정적인 사고를 보이며 주관적 우울감을 호소하고 있는데, 자신이 처한 현재 상황에 대한 불만이 상당히 반영된 것으로 생각됨.

○ 임상적 진단

심리평가 결과, 수검자는 다음과 같은 진단이 시사됨.

- Unspecified Depressive Disorder

3. 알코올중독, 자기애적 성격(남자/59세/고졸)*

📁 의뢰 사유

수검자는 '음주 문제'를 주소로 입원 중이며, R/O Alcohol Use Disorder 임상적 인상하에 성인종합심리평가가 의뢰되었다.

📁 행동관찰과 면담

수검자는 보통 키에 약간 왜소한 체격이었다. 검은 피부에, 얼굴이 각진 편이고, 눈이 약간 쳐졌으며, 양손에 피부질환으로 벗겨진 흔적이 많았다. 손톱이 길고, 머리가 덥수룩하며, 수염이 많이 자라 있어서 위생상태가 불량해 보였다. 검사 시 고개를 90도 가까이 숙인 채 바닥만 보고 대답하는 경우가 많아서 시선 접촉이 전혀 이루어지지 않았으나, 면담 시에는 고개를 들고 말해서 시선 접촉이 되는 경우도 있었다. 목소리 크기가 적절하였고, 전반적으로 반응이 빠른 편이었으며, 단답형으로 짧게 대답하는 경향이 있었다. 한편, Rorschach에서 다음 카드를 직접 가져가서 보거나 다 본 카드를 엎어 놓는 등 검사 상황에서의 긴장감은 별로 나타나지 않았다. 입원 사유에 대해서는 '술을 마시면 계속 마시게 되는데, 건강도 안 좋고, 가족들이 건강을 더 해칠까 봐 염려를 해서'라고 현재 상황을 간단하게 말하였다.

📁 지능과 인지기능

수검자의 **전체지능은 109, 평균 수준**으로 같은 연령대에서 상위 28% 정도 수준이었다. 언어이해는 104, 평균 수준, 지각추론은 105, 평균 수준, 작업기억은 134, 최우수 수준, 처리속도는 92, 평균 수준을 보이고 있었다. 작업기억 지능 영역과 처리속도 지능 영역 간 점수 차이가 42점으로 크게 나타나고(기준 23점 차이), 언어이해 영역의 소검사 간 점수 차이가 7점으로 유의미하게 나타나고 있어서, 전 영역을 고려한 '전체지능'과 언어이해와 지각추론을 고려

한국 웨슬러 성인 지능검사 4판(K-WAIS-IV)			
영역	지능	백분율	수준
언어이해	104	61%ile	평균
지각추론	105	63%ile	**평균**
작업기억	134	99%ile	**최우수**
처리속도	92	29%ile	**평균**
전체지능	109	72%ile	평균
일반능력	104	61%ile	평균

※ 단일 점수로서 대표성을 가지는 지능지수는 진하게 표시함.

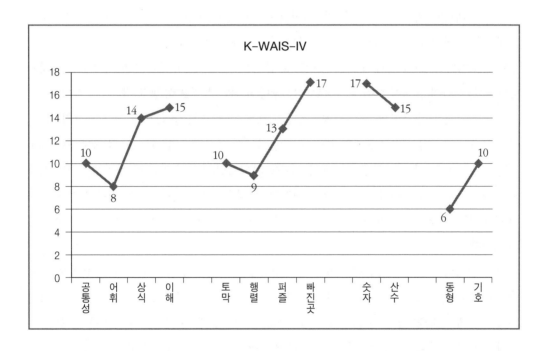

하여 산출된 '일반능력(104, 평균 수준)' 모두 수검자의 기능을 온전히 대표한다고 보기 어렵기 때문에 **각 지표가 나타내는 기능 수준을 개별적으로 파악하는 것이 더 중요해 보인다.**

언어이해 영역에서는 사회적 상황에 대한 이해력 및 기본 지식 수준이 우수 수준으로 매우 높게 나타나고 있어서('허난설헌-조선시대 작가', '범죄-일사부재리의 원칙'), 전반적인 기초 지식 및 관습적 행동 양식에 대한 습득 수준이 상당히 높아 보인다. 한편, 사물의 유사성을 파악하는 능력, 어휘구사력 등이 각각 평균, 평균 하 수준으로 상대적으로 낮게 나타났는데, 반응의 양상을 살펴볼 때, 제시된 과제에 대해 객관적인 설명을 하기보다는 단어와 관련된 사고나 느낌을 표현하는 경우가 많아서('표절-가증스럽다', '후회-바보스럽다', '적과 친구-관용') 자기중심적인 성향이 강해 보이고, 일방적인 의사소통 방식을 보일 가능성이 있겠다.

지각추론 영역에서는 시각적 예민성이 최우수 수준으로 나타나서, 시지각적인 자극을 통해서 변별하는 능력이 매우 높아 보이는바, 주변 환경 변화에 매우 민감해져 있을 것으로 생각된다. 부분과 전체를 고려하여 핵심을 파악하는 능력이 평균 상 수준이어서 시행착오를 통한 문제해결 능력은 다소 높아 보이나, 전체를 고려하여 핵심을 파악하는 능력이 4점 낮은 평균 수준이었고 시공간 구성 능력도 평균 수준에 그치고 있어서 추론 능력과 구조화된 상황에서의 대처 능력은 상대적으로 부족하게 느껴질 수 있겠다.

작업기억 영역에서는 간단한 자극에 주의를 기울이는 능력이 최우수 수준이어서 주의력이 매우 높아 보이고, 산수 소검사에서도 난이도가 높은 마지막 문제를 맞히면서 우수 수준을 보여서, 수 개념을 다루는 능력은 상당히 뛰어날 것으로 생각된다.

처리속도 영역에서는 시공간 운동 능력이 평균 수준이어서, 단순한 자극을 다루는 능력이 무난해 보이나, 긴장감 속에서 빠른 논리적 판단력을 발휘하는 능력이 경계선 수준으로 낮게 나타나서, 시간의 압력이 주어지는 상황에는 상당히 취약할 것으로 생각된다.

지능검사 결과, 수검자의 지능은 평균 수준으로 나타났으나, 상식, 이해, 빠진곳찾기, 숫자, 산수 등 5개의 소검사가 우수에서 최우수 수준 사이에 분포하고 있어서, 지적 잠재력이 매우 높아 보인다. 그러나 언어성 소검사에서 보이듯 자의적인 표현이 많아서, 자기중심적인 성향이 객관적인 수행에 영향을 주는 것으로 생각되고, 적극적으로 판단해야 하거나 시간의 압력이 주어지는 상황에서는 기능 수준이 상대적으로 낮게 나타나서, 스트레스에는 상당히 취약해 보인다.

지적 잠재력이 상당히 높음에도 불구하고, Rorschach 검사 결과 수검자는 총 10개의 적은 반응 수를 보여서 스트레스에 대처할 심리적 자원이 매우 제한적인 것으로 생각된다. 게다가 수검자는 왜곡된 형태반응이 많아서(X-%=0.70), 실제적인 문제 해결력이 부족하고, 모든 카드에서 '싸우는 박쥐', '패한 박쥐', '박제된 박쥐' 등과 같이 미사여구만 달리한 채 같은 반응을 하는 보속반응을 보였는데(PSV=9), 이는 수검자의 경직된 사고방식과 함께 평가 결과에 의미를 부여하지 않는 자기중심적인 특성과도 관련이 있는 것 같다.

🗁 성격과 정서

수검자는 HTP에서 나무 그림을 크게 그리듯 자아상이 과대해 보이고, SCT에서 '나의 평생 가장 하고 싶은 일은 대단위 전원생활'이라고 하듯이 자기에 대한 기대 수준이 매우 높고, 성취 욕구도 상당히 커 보인다(SCT: '언젠가 나는 많은 나무를 심는다'). 이러한 수검자는 SCT에서

ASI-3 (불안민감)	APPQ (공황)	MDQ (조증)	HCL-32 (경조증)	PHQ-9 (우울)	STAI-Trait (특성불안)
10 46T	19 41T	6 (cut off: 7)	5 (cut off: 14)	3 (cut off: 9)	35 37T

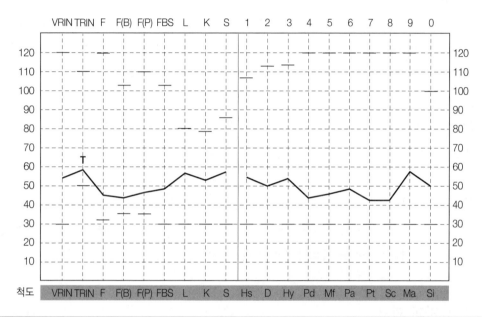

척도	VRIN	TRIN	F	F(B)	F(P)	FBS	L	K	S	Hs	D	Hy	Pd	Mf	Pa	Pt	Sc	Ma	Si
T점수	54	59T	45	44	47	49	57	52	58	54	50	54	44	46	49	42	42	58	50

'나에게 이상한 일이 생겼을 때 스스로 해결한다'라고 하듯이 통제 욕구가 강하게 나타나고 (SCT: '때때로 두려운 생각이 나를 휩싸일 때 그런 일 없다'), HTP 나무 그림에서 기둥의 결을 묘사하며 매우 세세하게 그리는 등 과시적인 성향도 큰 것으로 생각된다(SCT: '생생한 어린 시절의 기억은 부유했던 생활', '내가 어렸을 때는 귀공자처럼 자랐다'). 그러나 지능검사에서 나타나 듯이 스트레스에 취약해서 높은 성취가 지속되지는 못했을 것 같다(SCT: '내가 다시 젊어진다면 더욱 적극적인 사업가').

　수검자는 HTP 집 그림에서 창문을 많이 그리고, 주변에 나무들을 그려 넣는 등 대인관계 욕구가 높아 보인다(HTP: 나무 그림 '필요한 것은 거름'). 그러나 한편으로는 자기중심적이고 (MMPI: '반사회적 행동'=76T), 대인관계에서 신뢰감만을 지나치게 강조하며(SCT: '무엇보다 좋지 않게 여기는 것은 신의 없는 행위', '내가 싫어하는 사람은 신의 없는 사람'), 상당히 가부장적인 모습을 많이 보여서(HTP: 여자 그림 '밭에서 씨앗을 뿌리는 아내' / TAT: '일하는 가장을 생각하고 있습니다' / SCT: '내가 바라기에 아버지는 권위적이어야 한다', '내가 바라는 여인상은 조용히 내조하는 여인'), 평소 일방적이고 융통성이 부족했을 것으로 여겨지며(Rorschach: PSV=9), 주변 사람들과 갈등이 많았을 것으로 생각된다.

수검자는 HTP에서 그림을 크게 그리고, 전반적으로 낮은 MMPI 임상척도 중에서 9번 척도가 58T로 상대적으로 높게 나타나듯이 에너지 수준이 높아 보인다. 이러한 수검자는 사업에 실패한 후 낙향하여 외부 활동 및 교류가 적은 생활을 하면서(SCT: '내가 없을 때 친구들은 관심 없다') 자신감이 저하된 것으로 생각된다(SCT: '내가 믿고 있는 내 능력은 대단했었지만 술에 무너짐' / HTP: 나무 그림에서 나무를 비스듬하게 그리며 지지할 수 있는 땅을 강조해 그림). 게다가 건강이 악화된 이후(SCT: '내가 잊고 싶은 두려움은 '건강'', '다른 친구들이 모르는 나만의 두려움은 건강') 자신의 상황과 관련하여 자존감이 더욱 떨어지고(SCT: '대개 아버지들이란 과거는 권위적, 요즘은 머슴'), TAT에서 '절망', '근심', '허무' 등과 같은 단어들을 사용하듯이 부정적 사고 및 정서가 증가하며(TAT: '이러고 살아야 되나'), 우울감도 상승하여(TAT: 공백 카드 '음산하다' / SCT: '내가 늙으면 죽겠지'), 문제 상황에서 해결을 위해 노력하기보다는 술에 더욱 의존해 왔던 것으로 여겨지는바 적절한 치료적 개입이 필요하겠다.

🗀 요약과 제언

⚪ 요약

전체지능	109	평균	일반능력	104	평균
언어이해	104	평균	지각추론	105	평균
작업기억	134	최우수	처리속도	92	평균

수검자의 지능 수준은 평균 수준으로 나타났으나, 수계산 능력, 전반적인 지식 수준 등이 높아서 지적 잠재력이 높아 보임. 그리고 언어적인 능력이 높아 보이나 자기중심적 성향이 강해서 실제 의사소통 시 일방적일 수 있겠음. 또한 시간의 압력이 주어지는 상황에서는 기능 수준이 떨어져서 스트레스에 취약해 보임. 자아상이 과대하고, 기대 수준과 통제욕이 높으며, 과시적인 특징도 드러내고 있음. 그러나 스트레스에 취약해서 성취를 지속하기 힘들었을 것으로 생각됨. 대인관계 욕구가 커 보이나, 자기중심적이고 가부장적이며 융통성이 부족해서 주변 사람들과 갈등이 많았을 것으로 생각됨. 에너지 수준은 높으나 현재 자신감이 떨어지고 자존감도 낮아지면서 부정적 사고 및 정서가 증가하고 우울감도 상승하는 것으로 나

타남. 이러한 상황에서 문제 해결을 위해 노력하기보다는 술에 더욱 의존하는 것으로 보이는 바 적절한 치료적 개입이 필요하겠음.

○ 임상적 진단

심리평가 결과, 수검자는 다음과 같은 진단이 시사됨.

- Unspecified Depressive Disorder
- Alcohol Use Disorder
- Narcissistic Personality Trait

4. 남편의 외도에 대한 스트레스, 빈약한 대처 능력(여자/38세/고졸)*

📁 의뢰 사유

최근 남편의 외도 사실을 알게 된 수검자는 '불면', '불안', '우울감' 등을 주소로 내원하였으며, R/O Major Depressive Disorder, R/O Posttraumatic Stress Disorder, R/O Acute Stress Disorder 임상적 인상하에 성인종합심리평가가 의뢰되었다.

📁 행동관찰과 면담

수검자는 중간 정도 키에 약간 마른 체형이었다. 계란형 얼굴에 눈은 동그랗고 피부는 약간 까만 편이었으며, 검은색 블라우스에 청바지를 입고 있었고, 미인형의 얼굴이었다. 전반적인 위생상태는 양호하였으며, 눈맞춤도 적절하게 이루어졌다. 하지만 검사 전반에 걸쳐 무표정하였고, 가라앉고 힘이 없는 목소리였으며, 지연된 반응을 보였다. 그리고 '이거 지능 테스트 그런 거예요? 나 오늘 왜 이러지, 힘 빠지고 그러네'라고 자신의 낮은 수행 능력에 대해 핑계를 대거나, '나 진짜 생각이 없나 보다'라고 하는 등 과도하게 자책하는 모습을 나타냈고, 힘들어해서 중간에 2번 쉬는 시간을 갖기도 했다. 그러나 한편으로는 다리를 의자에 올리고 있거나, HTP에서는 양손으로 턱을 받치면서 질문에 대답을 하는 등 다소 미숙하고 부적절한 모습을 보이기도 했다. 내원 사유에 대해서는 '남편이 바람을 피웠는데 충격이 너무 컸나 봐요'라고 남편의 외도 사실을 언급하였다.

🗁 지능과 인지기능

한국 웨슬러 성인 지능검사 4판(K-WAIS-IV)			
영역	지능	백분율	수준
언어이해	83	13%ile	평균 하
지각추론	94	35%ile	**평균**
작업기억	90	25%ile	**평균**
처리속도	92	29%ile	**평균**
전체지능	85	16%ile	평균 하
일반능력	86	18%ile	평균 하

※ 단일 점수로서 대표성을 가지는 지능지수는 진하게 표시함.

　수검자의 **전체지능은 85, 평균 하 수준**으로 같은 연령대에서 하위 16% 정도 수준이었다. 언어이해는 83, 평균 하 수준, 지각추론은 94, 평균 수준, 작업기억은 90, 평균 수준, 처리속도는 92, 평균 수준을 보이고 있었다. 지능 영역 간 유의미한 점수 차이는 나타나지 않았으나(기준 23점 차이), 지각추론 영역의 소검사 간 점수 차이가 6점으로 크게 나타나고 있어서(기준 5점 차이), 전 영역을 고려한 '전체지능'과 언어이해와 지각추론을 고려하여 산출된 '일반능력(86, 평균 하 수준)' 모두 수검자의 기능을 온전히 대표한다고 보기 어렵기 때문에 **각 지표가 나타내는 기능 수준을 개별적으로 파악하는 것이 더 중요해 보인다.**

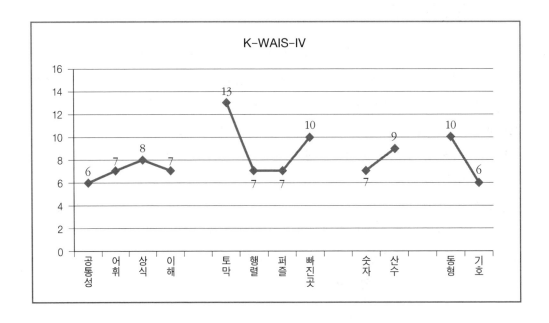

언어이해 영역에서는 기본적인 상식 수준과 사회적 상황에 대한 이해력이 평균 하 수준으로 나타나서 전반적인 지식 습득 수준은 비교적 평이해 보인다. 그러나 어휘구사력과 사물의 유사성을 파악하는 능력이 각각 평균 하, 경계선 수준으로 나타나서('코와 혀–얼굴, 맛과 향') 언어적 개념을 형성하는 능력은 낮은 것 같다.

지각추론 영역에서는 시공간 구성 능력이 평균 상 수준으로 나타나서 구조화된 상황에서는 높은 기능을 보일 것으로 생각된다. 그러나 전체를 고려해 핵심을 파악하는 능력과 부분을 통해 전체상을 구성하는 능력이 이보다 6점이 낮은 평균 하 수준으로 나타나서 추론 능력이 필요한 상황에서는 기능 수준이 급격히 떨어질 것으로 여겨진다. 한편, 시각적 예민성이 평균 수준으로 나타나서 주변 환경 변화에는 적절히 민감해져 있는 것 같다.

작업기억 영역에서는 수계산 능력이 평균 수준으로 나타났으나, 간단한 자극에 주의를 기울이는 능력은 평균 하 수준으로 나타나서 오히려 단순한 자극을 다룰 때 부주의하기 쉽겠다. 그리고 숫자 소검사에서 맞고 틀리기를 반복하고 있어서 주의 지속력도 부족한 것으로 생각된다.

처리속도 영역에서는 긴장감 속에서 빠른 논리적 판단력을 발휘하는 능력이 평균 수준으로 나타나서 시각적 변별력은 양호한 것 같다. 시공간 운동 속도가 경계선 수준으로 나타났는데, 이는 지나치게 도형을 완벽하게 그리려고 몰입하고 있는 비효율적인 수검자의 태도와 관련이 있을 수 있겠다.

지능검사 결과, 수검자는 구조화된 상황에서 시각적인 자극을 다루는 능력은 적절한 것 같다. 그리고 산수, 상식 등의 소검사가 평이한 수준으로 나타나서 학습 수준도 비교적 양호한 것으로 생각된다. 그러나 깊이 있는 사고력이 요구되거나, 간단하지만 효율성이 필요한 상황에서는 기능 수준이 저하될 것으로 여겨진다.

Rorschach 검사 결과, 수검자는 I번 카드에서 평범반응을 한 것을 고려하면, 초반 스트레스 상황에서는 비교적 무난한 대응 행동을 보일 것 같다. 그러나 총 4개의 적은 반응 수를 나타내고 있고, 인간운동반응을 하나도 하지 못하고 있어서(M=0), 이러한 무난한 대처가 지속되기 힘들 것으로 여겨지며, 대처 자원이 부족해서 스트레스가 가중될 경우에는 오히려 매우 수동적이고 위축된 모습을 보일 수 있겠다.

📂 성격과 정서

ASI-3 (불안민감)	APPQ (공황)	MDQ (조증)	HCL-32 (경조증)	PHQ-9 (우울)	STAI-Trait (특성불안)
59	138	8	18	26	72
95T	81T	(cut off: 7)	(cut off: 14)	(cut off: 9)	76T

※ 역치 이상의 척도는 진하게 표시함.

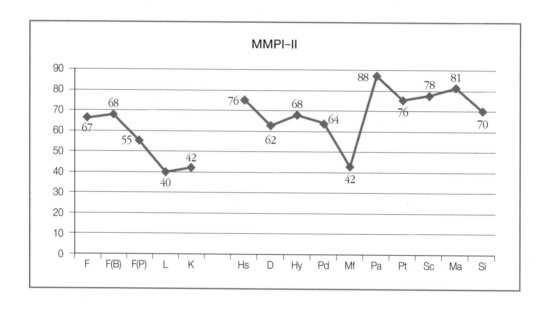

수검자는 MMPI에서 F척도가 67T로 나타나고 있으며, 6개의 임상척도가 70T 이상으로 상승하고 있어서, 높은 고통감과 혼란감을 호소하고 있는 것으로 생각된다. 또한 자살사고 (TAT: '여자가 다리에서 뛰어내리려는 것 같아요'), 울적함(TAT: '실연당한 여자가 울고 있는 것 같은데요'), 미래에 대한 불확실감(SCT: '나의 장래는 혼란스럽다', '내가 보는 나의 앞날은 불투명하다'), 자존감 저하(SCT: '내가 믿고 있는 내 능력은 모르겠다') 등을 시사하는 반응을 보이고 있어서 상당한 우울감을 느끼고 있는 것 같다. 그리고 불안정한 원가정에서 성장해 온 것으로 보이는(SCT: '내가 어렸을 때 우리 가족은 모두 떨어져 살았다', '내가 잊고 싶은 두려움은 어릴 적 어머니에게 맞은 것이다', '내가 바라기에 아버지는 무능력하셨다') 수검자는 안정적인 가정 환경에 대한 기대감을 언급하고 있으나(SCT: '내가 늘 원하기는 평온한 가정을 갖고 싶다', '나의 야망은 온전한 가정을 가지는 것이다'), 최근 남편의 외도를 경험하게 되면서(SCT: '무슨 일을 해서라도 잊고 싶은 것은 남편의 여자이다', '내가 싫어하는 사람은 남편과 내연녀이다') 스트레스 수준이 급격히 상승한 것으로 여겨진다. 다만 MMPI에서 F(B)척도가 68T로 나타났고, 성인용 심리검사 설문지의 모든 점수가 과도하게 상승하고 있는 것을 보면, 상기의 우울감은 상황적인 면과 맞물리게 되면서 과장되게 표현되었을 수 있겠다.

수검자는 반복적으로 이혼에 대한 언급을 하면서도(SCT: '어리석게도 내가 두려워하는 것은 이혼이다', '내가 정말 행복할 수 있으려면 이혼해야 한다') TAT에서 '여자가 남편한테 위로받길 원하는 것 같아요', '남자가 여자를 유혹하는 것 같아요', '남녀가 사랑하는 것 같아요'라고 표현하고 있는 것을 고려하면, 남편에게 양가감정을 느끼고 있는 것으로 여겨지며, 애정관계에서의 배신으로 인해 고통감이 커졌을 것으로 생각된다(HTP: 남자 그림 '나쁜 사람 같아요' / SCT: '남자에 대해서 무엇보다 좋지 않게 생각하는 것은 바람과 알코올 문제이다'). 하지만 SCT에서 '때때로 두려운 생각이 나를 휩싸일 때 숨어 버리고 싶다'라고 하는 것을 보면, 스트레스 대처 능력이 매우 낮은 것으로 생각되는바(Rorschach: R=4 / TAT: 16번 카드 반응실패), 문제에 직면했을 때에는 퇴행된 모습을 나타낼 가능성이 높아서(HTP: 나무 그림 '나이-10년') 적절한 해결에 어려움이 있을 수 있겠다.

수검자는 HTP 집 그림에서 '필요-가족', 나무 그림에서 '필요-친구', '소원-친구'라고 하듯이 주변 사람들의 필요성에 대해 반복적으로 언급하고 있었고, 애정 욕구도 강한 것으로 생각된다(HTP: 집 그림에서 나무와 같은 부수적인 사물을 그림 / Rorschach: '꽃병에 빨간 꽃이 꽂혀 있어요'). 그러나 한편으로는 HTP 집 그림에서 울타리를 그리고, 창문을 지붕에 가깝게 그리고 있었는데, 이는 외부 환경에 대한 경계심을 표현한 것으로 실제로는 극단을 오가는 불안정한 대인관계를 형성하고 있을 가능성이 높아 보인다(Rorschach: 친밀감과 관련된 VI번, VII번 카드를 각각 싫은 카드, 좋은 카드로 선택함 / TAT: '사람의 이중인격을 나타내는 그림 같아요'). 게다가 위에서 나타나듯이 심각한 우울감을 호소하면서도 HTP 사람 그림에서 '성격-밝고 활달할 거 같아요'라고 긍정적인 감정을 표현한 것을 고려하면, 수검자의 감정상태도 불안정할 수 있겠다. 이렇듯 수검자는 안정적인 대인관계를 형성하지 못하게 되면서 내면의 공허감(HTP: 집 그림 '누가 사나-아무도 안 살아요', '분위기-추울 거 같아요')과 고립감이 높아진 것으로 보인다(HTP: 집 그림 '산속 집' / TAT: '산속 오두막집, 눈 쌓인 오두막집').

📁 요약과 제언

○ 요약

전체지능	85	평균 하	일반능력	86	평균 하
언어이해	83	평균 하	지각추론	94	평균
작업기억	90	평균	처리속도	92	평균

수검자의 지능수준은 평균 하 수준으로 나타남. 구조화된 상황에서 시각적인 자극을 다루는 능력과 학습 수준은 양호해 보임. 그러나 깊이 있는 사고력이 요구되거나, 간단하지만 효율성이 필요한 상황에서는 기능 수준이 저하될 것으로 여겨짐. 현재 심리적인 고통감과 혼란감, 우울감을 느끼고 있는 것으로 생각되며, 남편의 외도를 경험하게 되면서 스트레스 수준이 상승한 것으로 보임. 그러면서도 남편에 대해 양가감정을 느끼고 있는 것으로 여겨지고 애정관계에서의 배신으로 고통감이 상승한 것으로 생각됨. 그러나 스트레스 대응 능력이 부족해서 적절한 대처에는 어려움이 있어 보임. 그리고 애정 욕구가 높은 것으로 여겨지나, 극단을 오가는 불안정한 대인관계를 형성하고 있는 것으로 보이며, 감정상태도 불안정한 것으로 생각됨. 이렇듯 안정적인 대인관계를 형성하지 못하게 되면서 공허감과 고립감이 상승한 것으로 여겨짐.

○ 임상적 진단
심리평가 결과, 수검자는 다음과 같은 진단이 시사됨.
- Unspecified Depressive Disorder
- Borderline Personality Trait

11 특정공포증(Specific Phobia)

■ 폐쇄된 장소에 대한 불안, 주변 환경에 대한 반감(남자/22세/대재)

📂 의뢰 사유

수검자는 '폐쇄된 장소에서의 불안감, 가슴 답답함, 호흡곤란' 등을 주소로 내원하였으며, R/O Unspecified Personality Disorder, R/O Unspecified Anxiety Disorder, R/O Malingering, R/O Specific Phobia 임상적 인상하에 성인종합심리평가가 의뢰되었다.

📂 행동관찰과 면담

수검자는 보통 키에 마른 체격으로, 활동복 차림에 갸름한 얼굴형으로 코 주위에는 여드름이 많이 나 있었다. 손톱과 수염을 깎지 않고 있었으나, 전반적인 위생상태는 양호하였고, 시선을 아래로 향하는 경우가 많아서 검사자와의 눈맞춤은 잘 되지 않았다. 토막을 스스로 흩는 등 도구 정리를 도와주었으나, HTP 여자 그림에서 그림을 한참 동안 그리지 못하면서 '표현을 어떻게 해야 될지 모르겠네요'라고 하는 등 상당히 주저하는 태도를 보였다. 토막짜기 소검사에서는 검사자가 토막 사이 틈이 벌어진 것을 언급하자, 그 이후로는 완료 후 토막을 아예 붙잡고 있는 등 경직된 행동이 나타났다. 면담 시에는 자살 계획을 언급하면서 고통감에 대해 기록해 둔 수첩과 커터 칼을 꺼내어 검사자에게 보여 주기도 하였다. 내원 사유에 대해서는 '폐쇄공포증을 갖고 있어서 그것 때문에 힘들어서 치료를 받고자 왔다'라고 명확하게 말하였다.

📂 지능과 인지기능

수검자의 **전체지능은 95, 평균 수준**으로 나타났으며, 언어성 지능은 104, 평균 수준, 동작성 지능은 82, 평균 하 수준으로 두 지능 간의 차이가 22점으로 크게 나타나고 있었다. 따라

한국 웩슬러 성인 지능검사(K-WAIS)			
지능	점수	백분율	수준
언어성 지능	104	27%ile	평균
동작성 지능	82	63%ile	평균 하
전체지능	95	42%ile	평균

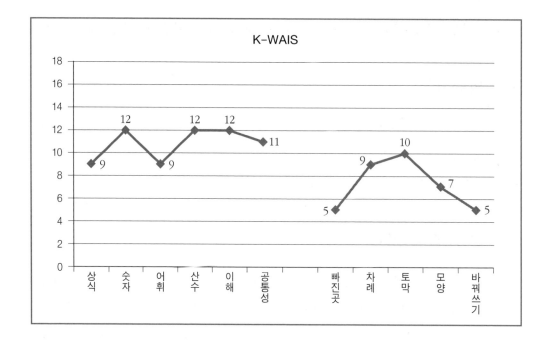

서 언어적 능력이 요구되는 상황에서는 양호한 기능을 보일 수 있겠으나, 즉각적인 대처가 필요한 상황에서는 기능 수준이 상대적으로 떨어질 수 있겠다.

　언어성 지능을 살펴보면, 단순한 자극에 주의를 기울이는 능력과 산술 능력이 평균 상 수준으로 나타나서, 수 개념을 다루는 능력이 다소 높아 보인다. 그리고 사회적 상황에 대한 이해력이 평균 상 수준을 보이고 있어서 관습과 규범에 대한 지식 습득 수준이 다소 높아 보이고, 기본적인 상식도 평균 수준으로 나타나서 단편적인 지식 습득도 적절하게 이루어진 것 같다. 사물의 유사성을 파악하는 능력과 어휘구사력이 평균 수준이어서, 언어적 개념을 형성하는 능력도 양호해 보인다. 다만, 대부분의 언어성 소검사에서 어려운 문항은 맞히면서도 쉬운 문항은 틀리고 있어서('달 착륙-암스트롱', '사군자-모르겠다'), 학습이 비일관적으로 이루어졌을 것으로 여겨진다. 그리고 공통성 소검사에서 1점짜리 답을 많이 하였고('신문과 라디오-소식을 알려 준다'), 정답에 근접하지만 핵심은 벗어난 반응을 하고 있어서('황무지-아무것도 없는 메마른 땅', '동전-화폐보다 작은 단위') 사고 수준이 피상적인 것 같다. 게다가 이해 소검사에서 '음식-식중독에 걸리지 않으려고, 딱히…… 제 생각엔 날로 먹어도 될 것 같습니다'라고 하듯이 답변으로 개인적인 의견을 말하는 경우도 있었다.

동작성 지능 영역에서는 시공간 구성 능력이 평균 수준으로 나타나서 구조화된 상황에서 도구를 다룰 때에는 양호한 기능을 보일 수 있겠으나, 부분을 통해 전체를 구성하는 능력이 평균 하 수준을 보이고 있어서 응용 및 추론 능력이 다소 부족해 보인다. 그리고 시공간 운동 속도가 경계선 수준으로 나타나서, 민첩성도 매우 부족한 것 같다. 한편, 상황적 맥락을 파악하는 능력이 평균 수준으로 사회적 상황에서의 판단력은 양호해 보이나, 시각적 예민성이 경계선 수준이어서 주변 환경 변화가 큰 상황에서는 부적응적인 모습을 보일 수 있겠다.

지능검사 결과, 수검자는 언어적 자극을 다루거나 학습을 통해 준비된 상황에서는 양호한 기능 수준을 보일 수 있겠다. 그러나 사고 수준이 피상적이고, 학습이 비일관적이었던 것으로 보이는바, 깊이 있는 사고가 필요한 상황에서 대처에 어려움이 있을 것으로 생각된다. 그리고 구조화된 상황에서 도구를 다루거나 대인관계 상황에서는 양호한 기능을 나타낼 것으로 여겨지지만, 주변 환경 자극에 둔감하고 민첩성도 부족해 보이는바 환경 변화에는 취약할 것으로 생각된다.

Rorschach 검사 결과, 수검자는 총 7개의 매우 적은 반응 수를 보이고 있듯이, 스트레스에 대처할 수 있는 심리적 자원이 매우 빈약해 보인다. 그리고 사고가 경직되어 있고(L=2.50) 특이한 형태반응을 많이 보이고 있어서(Xu%=0.71), 지나치게 자의적인 해석에 근거하여 사고하고 판단할 가능성이 높아 보인다.

🗁 성격과 정서

수검자는 부에게는 호의적인 태도를 보이고 있으나(SCT: '아버지와 나는 친구같이 잘 지낸다'), 불편감도 표현하고 있고(SCT: '내 생각에 가끔 아버지는 술을 너무 많이 드신다'), SCT에서 '나는 어머니를 좋아했지만 엄격하고 나를 자주 혼냈다'라고 하듯이 모에 대한 불만을 언급하고 있어서, 가정 내에서 충분히 소통하기 어려웠을 것으로 여겨진다(Rorschach: 친밀감에 대한 태도를 나타내는 카드에서 반응실패). 수검자는 HTP 집 그림에서 창문을 많이 그리듯이 애정 욕구가 높아 보이나, SCT에서 '내 생각에 참다운 친구는 모든 것을 다 들어줄 수 있는 사람이다'라고 하듯이 자기중심적인 입장에서 수용받기만을 바라고 있고 정서적 자원도 부족해 보이는바(Rorschach: 색채카드에서 색채반응에 실패) 대인관계에서도 두루 원만한 관계를 맺기 어려웠을 것 같다. 이러한 수검자는 자기 내면의 욕구를 해소하지 못한 채 불만을 쌓아 온 것

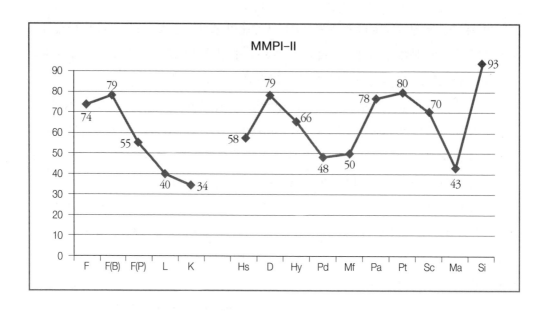

으로 보인다(Rorschach: '피' / SCT: '내 생각에 남자들이란 힘세고 자기 멋대로이다').

지적 잠재력이 높은 수검자는 스스로에 대한 높은 기대감을 가지고 있고(SCT: '나의 장래는 로스쿨에 진학하여 검사가 되는 것이다'), 문제 상황에서 나름대로는 치밀하게 대응하면서 지내 왔던 것으로 보인다(HTP: 집 그림에서 자로 잰 듯이 선을 깔끔하게 그림). 그러나 사고 수준이 피상적인 수검자는 HTP의 각 그림에서 사람의 머리카락, 나무의 가지 등을 하나하나 정성들 여 그리면서 6분 넘게 그림을 그리는 등 사소한 영역에 지나치게 강박적으로 대처하고 있어 서 비효율성이 시사되는바, 환경 변화에는 취약해 보인다. 이러한 수검자는 현재 군 상황에 서 입대 전 행동 방식으로 대처하지 못하게 되면서 상당한 분노감을 느끼고 있는 것으로 생각 된다(HTP: 사람 그림 '화가 나 있다', '누군가를 혼내 줘야겠다').

수검자는 MMPI에서 F척도를 비롯하여 5개의 임상척도가 70T 이상으로 상승하고 있어서, 고통감을 경험하고 있는 것으로 보인다. 그러나 한편으로는 자신에 대한 긍정적인 기대감을 언급하고 있고(SCT: '언젠가 나는 꼭 성공한 사람이 될 것이다') 위에서 나타나듯이 수용받고자 하는 욕구를 표현하는 것을 볼 때, 상기의 고통감은 다소 과장되어 있는 것으로 여겨지고, 이 는 주변 환경에 대한 반감과도 관련이 있는 것 같다(HTP: 사람 그림 '불행-누군가에게 억압받을 때'). 이러한 수검자는 최대한 주지화 방어기제를 통해(Rorschach: '대륙' / SCT: '내가 믿고 있는 내 능력은 암기력이다') 대처하려고 하는 등 스트레스가 유발되는 상황에서 회피적인 대처를 하기 쉬울 것으로 보이는데(SCT: '나에게 이상한 일이 생겼을 때 그 상황에서 빨리 벗어나야 한 다'), 이와 같은 대처가 유용하지 못할 때에는 극심한 신체 증상을 나타낼 수 있겠다(SCT: '나 의 가장 큰 결점은 폐쇄공포증이 있다는 것이다').

📁 요약과 제언

○ 요약

전체지능: 95, 평균 / 언어성 지능: 104, 평균 / 동작성 지능: 82, 평균 하

수검자의 지능 수준은 평균 수준으로 나타남. 언어적 자극을 다루거나 학습을 통해 준비된 상황, 그리고 구조화된 상황에서 도구를 다루거나 사회적인 상황에서도 양호한 기능을 나타낼 것으로 여겨짐. 그러나 환경 변화에는 취약할 것으로 생각됨. 수검자는 애정 욕구가 높아 보이나, 자기중심적인 입장에서 수용받기만을 바라고 있어서 원만한 관계를 맺기 어려웠을 것으로 여겨짐. 이러한 수검자는 자기 내면의 욕구를 해소하지 못한 채 불만을 쌓아 온 것으로 보임. 한편, 스스로에 대한 높은 기대감을 가지고 나름대로는 치밀하게 대응하면서 지내 왔던 것으로 보이지만, 사고 수준이 피상적이고 사소한 영역에 지나치게 강박적으로 대처하고 있어서 비효율성이 시사됨. 수검자는 고통감을 경험하고 있는 것으로 보이나 상기의 고통감은 다소 과장되어 있는 것으로 여겨지고, 주변 환경에 대한 분노감만 커져 있는 것으로 보임. 이러한 수검자는 최대한 주지화 방어기제를 통해 대처하려고 하는 등 스트레스가 유발되는 상황에서 회피적인 대처를 하기 쉬울 것으로 보이는데, 이와 같은 대처가 유용하지 못할 때에는 극심한 신체 증상을 보일 수 있음.

○ 임상적 진단

심리평가 결과, 수검자는 다음과 같은 진단이 시사됨. 수검자가 호소하는 폐쇄공포 증상은 수검자가 가지고 있는 분노감(주변 환경에 대한 불만)과 관련되어 있을 가능성이 높아 보임.

- Specific Phobia, Situational
- Unspecified Personality Disorder

12 사회불안장애(Social Anxiety Disorder)

1. 초등학교까지 높은 기능, 양극성장애 의증(남자/20세/대재)*

📁 의뢰 사유

17세부터 양극성장애로 약물치료 중인 수검자는 '사람이 많은 곳에서는 위축되고 얼굴이 붉어진다', '군대에 적응이 어렵다' 등을 주소로 내원하였으며, R/O Unspecified Bipolar and Related Disorder 임상적 인상하에 성인종합심리평가가 의뢰되었다.

📁 행동관찰과 면담

수검자는 다소 큰 키에 건장한 체격이었고, 얼굴이 붉은 편이었으며 활동복 차림이었다. 검사자와 눈맞춤은 적절하였고, 위생상태도 양호하였다. 자발적인 발화는 적었으며, 검사 내 내 손떨림이 미세하게 있었고 손을 꼬집거나 입술을 깨무는 등 불안해 보였다. 토막짜기 소검사에서는 토막 소리가 거의 나지 않을 정도로 조심스럽게 도구를 다루었고, 토막을 흩어 주는 등 검사에도 협조적이었다. 어려운 문항에서는 작게 한숨을 쉬었고, '단어로만 말합니까?', '점도 다 똑같이 그립니까?' 등 구체적인 방법에 대해서 질문이 많았다. 또한 검사 설명을 이해하지 못해서 예를 들어 재차 설명해야 하는 일이 자주 있었다. 내원 사유에 대해서는 '제가 군대에 있으면서 적응을 못해서 공익으로 빠지려고 했습니다. 공익으로 가려고 심리검사를 신청해 놨는데, 근데 마음이 바뀌었는데 검사를 미리 신청해 놔서⋯⋯'라고 하며 증상보다는 공익과 관련된 내용만 언급하였다.

---

* K-WAIS-IV를 사용한 보고서는 이하 *표 처리함.

지능과 인지기능

한국 웩슬러 성인 지능검사 4판(K-WAIS-IV)			
영역	지능	백분율	수준
언어이해	95	38%ile	**평균**
지각추론	100	50%ile	**평균**
작업기억	87	19%ile	평균 하
처리속도	75	5%ile	**경계선**
전체지능	86	18%ile	평균 하
일반능력	97	42%ile	**평균**

※ 단일 점수로서 대표성을 가지는 지능지수는 진하게 표시함.

수검자의 **전체지능은 86, 평균 하 수준**으로 같은 연령대에서 하위 18% 정도의 수준이었다. 언어이해는 95, 평균 수준, 지각추론은 100, 평균 수준, 작업기억은 87, 평균 하 수준, 처리속도는 75, 경계선 수준을 보이고 있었다. 지능 영역 간 차이가 25점으로 크게 나타나고 있어서 (기준 23점 차이), 전체지능보다 언어이해와 지각추론을 고려하여 산출된 **'일반능력(97, 평균 수준)'이 수검자의 지능 수준을 보다 적절하게 반영하는 것으로 여겨진다.**

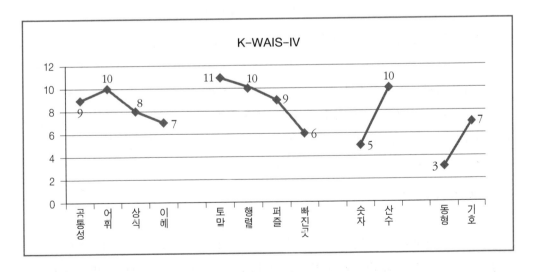

언어이해 영역에서는 어휘구사력과 단어의 유사성을 파악하는 능력이 평균 수준으로 나타나서 의사소통에 필요한 언어적인 자원은 양호한 것으로 생각된다. 그러나 기본적인 상식 수준과 사회적 상황에 대한 이해력은 평균 하 수준이어서 전반적인 지식 수준은 다소 부족한 것

같다.

지각추론 영역에서는 시공간 구성능력이 평균 수준으로 나타나서 도구를 다루는 능력은 양호한 것으로 보이며, 전체를 고려하여 핵심을 파악하는 능력과 자극 간의 관련성을 찾아내는 능력도 평균 수준이어서 비언어적인 추론 능력도 적절한 것으로 생각된다. 그러나 시각적 예민성은 경계선 수준으로 나타나고 있어서 주변 환경의 변화에는 상당히 둔감할 것으로 보인다.

작업기억 영역에서는 수계산 능력이 평균 수준으로 나타나서 수 개념을 다루는 능력은 양호해 보인다. 반응의 양상을 보면, 시간 제한으로 인해 답을 하지 못한 이후에는 문제를 듣자마자 포기하는 등 좌절 인내력이 부족한 것 같다. 단순한 자극에 대한 주의력은 경계선 수준으로 나타나서 오히려 쉬운 과제에서 주의력이 낮게 나타났는데, 정답과 오답을 반복하는 것을 보면 주의 지속 능력이 부족한 것 같다.

처리속도 영역에서는 시공간 협응 능력이 평균 하 수준이어서 정신 운동 속도는 양호한 것으로 생각된다. 그러나 빠른 시간에 논리적인 판단을 하는 능력은 정신지체 수준으로 매우 낮게 나타나서 사소한 일이라도 자신이 판단해야 하는 상황에서는 기능 수준이 크게 저하될 수 있겠다.

지능검사 결과, 대부분의 소검사가 평균 하에서 평균 수준으로 나타나고 있어서 전반적인 기능 수준은 비교적 양호할 것으로 생각된다. 그러나 작은 일이라도 자신이 주체적으로 의사결정을 해야하거나 이전에 접해 보지 못한 낯선 상황에서는 기능이 급격히 떨어질 것으로 생각되는바, 수검자의 낮은 기능은 좌절에 취약한 것과 관련이 있는 것 같다.

Rorschach 검사 결과, 총 반응 수는 12개로 적게 나타나고 있어서 스트레스에 대처할 수 있는 심리적인 자원은 매우 부족한 것으로 생각되며, 애매한 상황에서는 일상적인 관습적 대처조차도 어려울 수 있겠다(P=2). 특히 색채카드에서 온전한 형태반응을 전혀 하지 못하고 있어서 정서적 판단이 조금이라도 필요해지면 급격하게 대처 능력이 저하될 것 같다.

🗁 성격과 정서

수검자는 검사 내내 손을 떨고 입술을 깨무는 등 초조한 모습을 보였고, HTP에서는 사람 그림을 작게 그려서 위축되어 있는 것으로 생각된다. 그리고 MMPI에서도 0번 척도가 65T로 나타나서 사회적인 상황에서 불편감을 경험하기 쉬울 것으로 보이며, SCT에서 반복적으로 이와 관련된 고통감을 표현하고 있는데다가'어리석게도 내가 두려워하는 것은 대중 앞에 서는 것이다(여러 사람 앞에 서는 것)', '나의 가장 큰 결점은 대중 앞에 서는 점을 두려워하는 것이다',

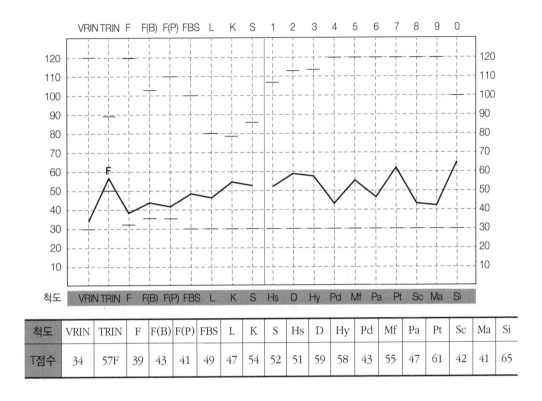

척도	VRIN	TRIN	F	F(B)	F(P)	FBS	L	K	S	Hs	D	Hy	Pd	Mf	Pa	Pt	Sc	Ma	Si
T점수	34	57F	39	43	41	49	47	54	52	51	59	58	43	55	47	61	42	41	65

'다른 친구들이 모르는 나만의 두려움은 여러 사람들 앞에 서는 것이다'], 면담에서도 다양한 상황에서 주목받는 기분과 부정적인 평가와 관련된 불안감을 호소하고 있어서['화장실에서 누가 들어오면 (소변이) 잘 안나오고', '지하철 같은데 타면 얼굴이 빨개지고 사람들이 이상하다고 할 것 같고', '발표할 때 긴장되고']. 수검자의 불안감은 평가 상황에 대한 불안감과 관련이 있는 것 같다. 이렇듯 과도한 불안으로 인해 간단한 상황에서조차도 기능을 제대로 발휘하기 어려울 것으로 보이며, F척도가 39T로 낮은 것은 상기의 불안감은 오랜 기간 지속되어 왔음을 시사한다. 한편, 수검자는 관계 욕구도 있는 것으로 보이나(SCT: '내가 늙으면 늙었을 때 같이 옆에서 늙어 주는 배우자가 있었으면 좋겠다'), 상당히 내성적이고(MMPI: '수줍음'=77T) 앞서 언급한 것처럼 대면상황에서의 불안감이 커서 대인관계를 형성하는 데도 어려움이 클 것으로 여겨지는바 고통감이 심할 수 있겠다

수검자는 HTP의 나무 그림에 다수의 사과를 그리면서 '나이-100년', '생각-많은 싱싱한 사과를 나게 하고 싶다'라고 하는 등 기대 수준은 높은 것으로 생각된다. 그리고 초등학교 학교생활기록부에 다수의 수상 경력('졸업식 특별상-질서부문', '문화경연대회 운문부문-금상', '겨울방학과제물-최우수', '한민족통일문예제전-장려' 등)과 '6년 개근상'을 고려해 볼 때, 어린 시절에는 상당히 성실하고 높은 기능을 보였던 것으로 여겨진다. 그러나 SCT에서 '내가 늘 원하

기는 성공하고 싶다', '언젠가 나는 꼭 성공하고 싶다'와 같이 기대 수준이 막연하고, HTP에서 손을 동그랗게만 그리고 있어서 능동적인 노력은 부족했을 가능성이 높아 보이는바, 학년 상승에 따라 점차 복잡해지고 고차적인 기능이 필요해지면서 기능 수준이 저하되었던 것 같다. 게다가 앞서 언급한 것처럼 좌절에 매우 취약한 수검자는 자신의 기대를 충족시키지 못하는 상황을 견디기 어려웠던 것으로 보이며, 평가에 더욱 민감해지는 악순환을 겪었던 것으로 여겨진다.

수검자는 형태가 가장 애매한 TAT 19번 카드에서 반응에 실패하고, Rorschach IX번 카드에서 온전한 형태를 보고하지 못하고 있듯이 낯설거나 모호한 상황에서는 기능 수준이 급격히 저하될 것으로 보이며, 높은 기대 수준에 미치지 못하는 성과로 인해 좌절감이 매우 클 것으로 생각된다. 이러한 수검자는 주변에 대한 경계심이 높아져 있고(Rorschach: '가면') 분노감도 쌓여 있는 것으로 생각되지만(TAT: '이 사람을 죽입니다', '짐승을 절벽에서 밀어서 죽이려고' / MMPI: '공격성의 억제'=70T), SCT에서 관습적인 태도를 다수 기술하듯이 억압적인 태도가 매우 강해서(MMPI: '억압'=66T) 감정을 적절히 표현하지 못한 채 지내 온 것 같다. 이렇듯 억압된 분노감은 오히려 불안감을 더욱 가중시킬 가능성이 높아 보이는바, 수검자의 불안감을 감소시키기 위해서는 자신의 기능을 발휘해서 지지받을 수 있는 경험, 실패에 수용적인 태도, 감정의 적응적인 해소를 위한 훈련 등이 필요할 것으로 생각된다.

🗁 요약과 제언

○ 요약

전체지능	86	평균 하	일반능력	97	평균
언어이해	95	평균	지각추론	100	평균
작업기억	87	평균 하	처리속도	75	경계선

수검자의 지능 수준은 평균 하 수준으로 나타났으나, 영역별 편차가 커서 일반능력(평균)을 보는 것이 타당할 것으로 생각됨. 수검자는 전반적으로 기능 수준이 비교적 양호할 것으로 보이나, 자발적인 판단이 필요하거나 낯선 상황에서는 기능이 급감할 수 있음. 또한 좌절에 취약해서 자신의 기능을 적절히 발휘하기 어려울 가능성이 높아 보임. 수검자는 반복적으로 사회적 상황에 대한 불안감, 두려움을 호소하고 있으며 이는 사회적 평가 상황과 관련이 있는 것으로 생각됨. 수검자는 기대 수준이 높고 초등학교 시절까지는 높은 기능을 보였던 것으로 생각되나, 학년 상승에 따라 좌절을 경험하면서 평가에 민감해지는 악순환을 겪고 있

는 것으로 생각되는바, 과도한 불안으로 인해 오히려 사소한 일에도 기능을 발휘하기 어려운 상황으로 여겨짐. 수검자는 낯설고 모호한 상황에서 기능 수준이 급감할 수 있으며, 좌절감이 컸을 것으로 여겨짐. 따라서 자신의 기능을 발휘해서 지지받을 수 있는 경험, 실패에 수용적인 태도 등이 필요할 것으로 생각됨.

○ 임상적 진단
심리평가 결과, 수검자는 다음과 같이 진단이 시사됨.
- Social Phobia
- Narcissistic Personality Disorder

2. 대인관계 개선에 대한 강한 의지(남자/19세/대재)

📁 의뢰 사유

수검자는 '뭔가 병이 있는 것 같다'를 주소로 내원하였으며, 정신과적 관찰을 위해 성인종합심리평가가 의뢰되었다.

📁 행동관찰과 면담

수검자는 보통 키에 다소 통통한 체구의 19세 남성이었다. 뿔테안경을 쓰고 있었고, 위생상태는 양호하였으며, 검사자와의 눈맞춤도 잘하는 편이었다. 협조적이었고 진지한 표정으로 열심히 문제풀이를 위해 노력하였으나, 한편으로는 위축되어 멍한 표정을 짓고 있는 등 긴장된 모습도 자주 나타났다. 한편, Rorschach 검사 시에는 반응을 한 다음 검사자를 빤히 쳐다보기도 했다. 내원 사유에 대해서는 '고2부터 불안증이 있었다', '병원 가도 효과가 없어서 혼자 해결했다', '입대 후에도 불안한 건 똑같다', '사람이 옆에 있으면 어떻게 해야 할지 모르겠다'라고 하는 등 불안과 관련된 다양한 경험을 말하였다.

📁 지능과 인지기능

한국 웨슬러 성인 지능검사(K-WAIS)			
지능	점수	백분율	수준
언어성 지능	90	25%ile	평균
동작성 지능	103	58%ile	평균
전체지능	94	35%ile	평균

수검자의 **전체지능은 94, 평균 수준**으로 나타났으며, 언어성 지능은 90, 평균 수준, 동작성 지능은 103, 평균 수준으로 두 지능 간의 차이는 크게 나타나지 않았다.

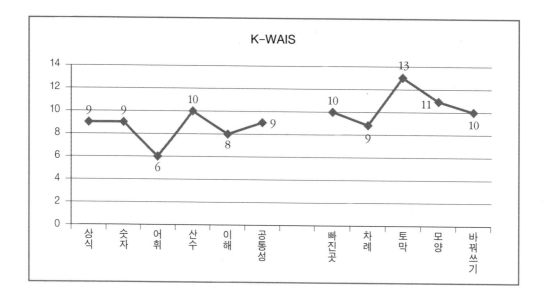

언어성 지능을 살펴보면, 수계산 능력과 단순한 자극에 대한 주의력이 평균 수준으로 나타나 수 개념을 다루는 능력과 단기 집중력이 양호해 보인다. 기본적인 상식 수준은 평균 수준, 사회적 상황에 대한 이해력은 평균 하 수준을 보이고 있어 전반적인 지식 수준도 연령 수준에 비해 그다지 부족하진 않은 것 같다. 사물의 유사성을 파악하는 능력이 평균 수준으로 나타나 단어의 기본 개념에 대한 이해력은 적절히 가지고 있는 것으로 보이지만, 1점짜리 대답이 많아 고차원적인 개념에 대해서는 이해력이 다소 떨어지는 것으로 보이며, 어휘구사력은 경계선 수준이고, '겨레-모르겠다', '황무지-아무것도 없는 것', '망각하다-잘못 생각하다' 등의 반응을 보이고 있어 자신의 생각을 언어로 표현하는 능력은 연령에 비해 매우 부족한 것 같다.

동작성 지능 영역에서는 시공간 구성 능력이 평균 상 수준으로 나타나 구조화된 환경에서의 기능 수준은 높은 편이었다. 그리고 부분을 통해 전체 상을 구성하는 능력도 평균 수준은 유지하고 있어 응용 및 추론 능력도 양호해 보이며, 시공간 운동 속도가 평균 수준이어서 민첩성도 적절한 것 같다. 또한 시각적 예민성과 상황적 맥락을 파악하는 능력이 평균 수준을 보이고 있어 사회적 상황에서의 판단 및 대처 능력도 연령 수준에 맞게 가지고 있는 것 같다.

지능검사 결과, 구조화된 환경에서의 문제해결 능력이 높은 편이며, 실제 문제 상황에 대응할 수 있는 능력, 수 개념을 다루는 능력, 주의력, 단편적인 상식 수준 등도 양호해 보인다. 그러나 언어 표현력이 매우 부족하고, 주변 사물이나 사회 현상에 대한 이해가 단편적인 수준에 그치고 있어 의사소통 시에는 그다지 세련된 모습을 보이진 못할 것으로 여겨지는바, 자신의 의도와 달리 오해를 받거나 갈등을 겪을 가능성도 있겠다.

Rorschach 검사 결과, 13개의 적은 반응 수를 보였고, 단순한 형태반응이 많아(L=2.30) 다양하고 복잡한 자극이 주어지는 상황에서 사고가 경직되어 단순한 수준의 대응만 하고 있는 것 같다. 게다가 평범반응은 단 1개였고, 왜곡되거나 특이한 형태반응이 많아(X-%=0.69, Xu%=0.70) 주변 사람들과 공감대를 형성하지 못하는 경우가 많았을 것으로 여겨지는바, 대인관계를 맺는 데 상당한 어려움이 있었을 것으로 생각된다.

🗀 성격과 정서

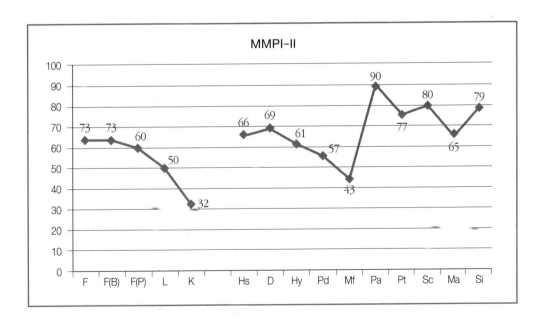

MMPI에서 6-7-8번 척도가 매우 높게 나타나고 있어 주변 환경을 매우 위협적이고 적대적인 것으로 인식하고 있는 수검자는 MMPI에서 0번 척도가 높고, HTP 집 그림에서는 창문을 그리지 않는 등 스스로 외부 환경을 차단하고 있는 것 같다. 수검자는 HTP에서 '그냥 집', '평범한 나무', '평범한 청년', '평범한 여자' 등의 반응을 보이듯이 불편감을 의식하지 않기 위해 많은 노력을 기울이고 있는 것으로 보이지만, Rorschach에서는 '날개 달린 이상한 생물', '이상한 생물이 마주보고 있다', '나방같이 생긴 이상한 생물' 등의 반응을 보이고 있어 스트레스가 증가하면 구체적인 의사결정을 하지 못한 채 회피적인 모습을 보일 가능성이 높아 보인다.

수검자는 SCT에서 '우리 윗사람들은 착하고, 존경스럽다', '우리 집안은 좋은 집안인 것 같다', '내 생각에 남자들이란 강하고 모든 것을 할 수 있어야 한다', '내 생각에 여자들이란 좋은 존재이다', HTP 남자 그림에서 '소원-빨리 성공해야지', 여자 그림에서 '소원-좋은 남자 만나서 결혼해야지' 등의 반응을 보이듯 외부 환경에 대해서 무난한 태도를 가지고 있는 듯 보이지만, 연령을 고려할 때 이는 오히려 수검자의 피상적이고 경직된 사고 수준을 반영하고 있는 것 같다. 게다가 친밀감에 대한 태도를 나타내는 Rorschach 카드에서 '어떤 큰 동물의 다리와 몸을 잘라 둔 거'라는 반응을 보이고 있어 보통은 친밀감을 느낄 수 있는 상황에서도 안정감을 느끼지 못하고 오히려 위협적으로 인식할 가능성이 높아 보이는바, 수검자가 겉으로 표현하는 말과 내면의 상태가 일치하지 않는 경우가 많을 것으로 생각된다.

수검자는 대인관계에 대해 심한 불편감을 호소하고 있고(SCT: '어리석게도 내가 두려워하는 것은 사람과의 관계이다', '다른 친구들이 모르는 나만의 두려움은 사람을 두려워하는 것이다', '내가 싫어하는 사람은 나를 욕하는 사람, 이상하게 보는 사람이다', '내가 저지른 가장 큰 잘못은 사람을 이상하게 보는 것이다', '나의 가장 큰 결점은 사람과의 관계이다'), 이와 관련하여 상당한 우울감까지 느끼고 있는 것 같다(SCT: '나의 장래는 지금 상태로는 어둡다', '내가 보는 나의 앞날은 지금 상태론 암울하다'). 그러나 아직은 자신에 대한 긍정적 태도와 기대(SCT: '내가 어렸을 때는 뭐든지 잘했고 칭찬을 받았다', '내가 믿고 있는 내 능력은 내 머리다' / HTP: 나무 그림 '소원-빨리 오래된 나무가 되고 싶다')를 가지고 있고 대인관계에 대한 욕구도 높아 보이는바(SCT: '나의 평생 가장 하고 싶은 일은 처음 만나는 사람과 바로 친해지는 것이다'), 적절한 도움이 주어진다면 현재의 불편감을 어느 정도는 개선시킬 수도 있을 것으로 기대된다. 다만, HTP 나무 그림에서 '여섯 살'이라고 하듯이 다소 미숙하고, 문제 상황에서 남 탓을 하는 경향도 있으며(SCT: '나는 어머니를 좋아했지만 나를 교육을 잘못시킨 것 같다'), 지능검사에서 사회성 향상에 중요한 언어적 능력이 매우 부족한 것으로 나타나는 등 단점들을 보이고 있어서, 이러한 부분들을 향상시키고자 부단한 노력이 필요해 보인다.

📂 요약과 제언

O 요약

전체지능: 94, 평균 / 언어성 지능: 90, 평균 / 동작성 지능: 103, 평균

수검자의 지능은 평균 수준으로 나타남. 전반적인 문제 해결 및 상황 대처 능력은 양호해 보이지만, 언어 표현력이 매우 부족하고, 주변 사물이나 사회 현상에 대한 이해가 단편적인 수준에 그치고 있어 주변 사람들과 공감대를 형성하지 못하고, 자신의 의도와 달리 오해를 받거나 갈등을 겪을 가능성도 있음. 이러한 수검자는 경직된 사고 경향으로 인하여 관습적 수준의 사고를 표현하고 있어 겉으로는 일상생활에 대해 만족스러운 듯 보일 수 있으나, 주변 환경을 그다지 지지적으로 인식하지는 못하고 있는 것으로 보임. 사고가 미숙하고 경직되어 있으며, 언어 및 이해 수준도 매우 부족해 보이지만, 대인관계 형성에 대한 의지가 높아 적절한 도움이 주어진다면 어느 정도 개선이 가능할 것으로 생각됨.

O 임상적 진단

심리평가 결과, 수검자는 다음과 같은 진단이 시사됨.

- Social Phobia
- R/O Unspecified Communication Disorder

13 공황장애(Panic Disorder)

1. 대인관계 갈등 상황에서의 공황발작(남자/21세/대재)*

📂 의뢰 사유

공황장애로 약물치료 중인 수검자는 '숨 쉬기가 곤란하다', '부대에서 임무 수행을 거의 못한다' 등을 주소로 내원하였으며, R/O Panic Disorder 임상적 인상하에 성인종합심리평가가 의뢰되었다.

📂 행동관찰과 면담

큰 키에 보통 체격인 수검자는 주근깨가 많았고 입술이 두꺼운 편이었다. 위생상태는 양호하였고 검사자와 눈맞춤은 적절하였는데, 새로운 과제를 시작할 때마다 시선이 불안정하고 침을 삼키는 등 긴장 수준이 높아보였다. 목소리는 작은 편이었으며 검사 시에는 말없이 과제를 수행하였고 손을 입가에 가져가거나 가끔 헛기침을 하였다. 문항에 답을 한 뒤에는 '행복, 음, 행복, 행복'이라고 하면서 특정 단어를 반복하거나, 고개를 숙인 채로 10초 정도 중얼거리면서 혼자 생각하는 모습을 보였으며, 산수 소검사에서도 문항을 잘 듣지 못한 경우에 바로 재질문을 하지 않고 잠시 생각한 후에 '다시 한 번 더 불러 주십시오'라고 요청하였다. TAT에서 20초 이상 생각하다가 답변하는 등 지연 행동이 많아서 검사 시간이 길어졌다. 내원 사유에 대해서는 '공황장애…… 약 계속 먹고 치료하고 있었는데 약 복용이 늘어나고 계속 좀 안 좋아져서…… 복용 기간이 계속 늘어나서 (검사)받아 봐야겠다고'라고 공황장애를 직접 언급하였다.

---

* K-WAIS-IV를 사용한 보고서는 이하 *표 처리함.

📂 지능과 인지기능

한국 웩슬러 성인 지능검사 4판(K-WAIS-IV)			
영역	지능	백분율	수준
언어이해	90	24%ile	평균
지각추론	92	31%ile	평균
작업기억	**93**	**31%ile**	**평균**
처리속도	75	5%ile	경계선
전체지능	83	12%ile	평균 하
일반능력	88	22%ile	평균 하

※ 단일 점수로서 대표성을 가지는 지능지수는 진하게 표시함.

수검자의 **전체지능은 83, 평균 하 수준**으로 같은 연령대에서 하위 12% 정도의 수준이었다. 언어이해는 90, 평균 수준, 지각추론은 92, 평균 수준, 작업기억은 93, 평균 수준, 처리속도는 75, 경계선 수준을 보이고 있었다. 지능 영역 간의 차이는 유의미하지 않으나(기준 23점 차이), 언어이해 영역과 처리속도의 소검사 간 점수 차이가 각각 7점, 6점으로 크게 나타나고 있어서(기준 5점 차이), 전 영역을 고려한 '전체지능'과 언어이해와 지각추론을 고려하여 산출된 '일반능력(88, 평균 하 수준)' 모두 수검자의 기능을 온전히 대표한다고 보기 어렵기 때문에 각 지표가 나타내는 기능 수준을 개별적으로 파악하는 것이 더 중요해 보인다.

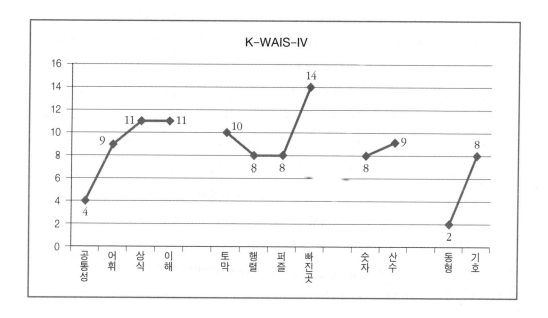

언어이해 영역에서는 기본적인 상식 수준과 사회적 상황에 대한 이해력은 평균 수준으로 나타나서 전반적인 지식 수준은 양호한 것으로 보인다. 그리고 어휘구사력도 평균 수준이어서 의사소통 능력도 적절한 것으로 생각된다. 그러나 단어의 유사성을 파악하는 능력이 정신지체 수준이어서 개념적 이해가 필요한 상황에서는 기능 수준이 급격하게 저하될 수 있겠다('피아노와 바이올린-둘다 현악기', '코와 혀-이목구비'). 반응의 양상을 보면, 정답을 맞히지 못한 채로 수준 높은 단어를 구사하면서('억압', '권리', '행위') 장황하게 말하고, 전반적으로 1점을 받는 경우가 많아서 사고가 피상적인 것으로 보인다.

지각추론 영역에서 시각적 예민성이 우수 수준으로 주변 환경을 파악하는 능력이 뛰어난 것으로 나타났는데, 이는 수검자의 다른 능력에 비해서도 가장 높은 수준이어서 환경 변화에 상당히 예민해져 있는 것을 반영하는 것 같다. 시공간 구성 능력은 평균 수준이어서 도구를 다루는 능력은 양호한 것으로 보인다. 다만, 전체를 고려해서 핵심을 파악하는 능력과 자극 간의 관련성을 찾아내는 능력이 평균 하 수준으로 나타나서 추론 능력이 필요할 때에는 기능 수준이 다소 떨어질 수 있겠다.

작업기억 영역에서는 산술 능력과 자극을 암기하는 능력이 각각 평균, 평균 하 수준으로 나타나서 주의력은 양호한 것으로 보인다. 그러면서도 산수 소검사에서 난이도가 매우 낮은 첫 문항에서 오답을 하는 것을 보면('소나무-네 그루'), 이는 새로운 과제에 대한 높은 긴장감과 관련이 있는 것 같다.

처리속도 영역에서는 시공간 협응 능력은 평균 하 수준이어서 정신 운동 속도가 다소 느릴 수 있겠다. 게다가 빠른 시간 안에 논리적인 판단을 하는 능력은 정신지체 수준으로 매우 낮게 나타났고 2개의 오류까지 보이고 있어서 시간적 압박이 있는 경우에는 간단한 의사결정에도 어려움을 겪을 것으로 생각된다. 반응의 양상을 보면, 같은 자극을 2~5회 정도씩 확인하고, 오류가 모두 초반부에 있어서 수검자의 낮은 수행은 불안감과 관련이 높아 보인다.

지능검사 결과, 수검자는 주변 환경의 변화에는 상당히 예민해져 있는 것으로 보인다. 그리고 학습을 통해 습득할 수 있는 지식 수준은 양호한 것으로 보이지만, 사고가 피상적이어서 깊이 있는 사고가 필요한 경우에는 기능 수준이 저하될 수 있겠다. 특히 같은 자극을 여러 차례 확인하거나 오답이 각 소검사의 초반에 있는 것을 고려하면 새로운 환경에 적응해야하는 시기에 불안감이 커지면서 기능의 저하가 크게 나타날 것으로 예상된다.

Rorschach 검사 결과, 2회의 시행에도 불구하고 반응 수가 16개로 적어서 스트레스 상황에 대응할 수 있는 심리적 자원이 부족해 보인다. 또한 지적 능력에 비해 사고는 매우 미숙하고 (A=7) 논리적인 판단력도 부족한 것 같다(M=0). 게다가 특이한 영역 지표가 상승하고(Dd=4) 관습적인 지각력은 낮아서(P=3) 주변 환경을 고려하지 못한 채 특이한 자신의 견해를 고집할 가능성이 높아 보인다(Xu%=0.31).

📁 성격과 정서

공황장애 평가를 위한 설문지					
ASI-R (Anxiety Sensitivity Index-Revised)			APPQ (Albany Panic and Phobia Questionnaire)		
소검사	원점수	T점수	소검사	원점수	T점수
호흡계 증상에 대한 두려움	**30**	**85T**	**내부감각적 공포증**	**28**	**67T**
공적으로 관찰가능한 반응에 대한 두려움	**30**	**85T**	**사회공포증**	**44**	**70T**
심혈관위장계 증상에 대한 두려움	23	64T	광장공포증	9	45T
인지적 통제불능에 대한 두려움	**23**	**100T**	–	–	–
전체	**104**	**91T**	전체	81	62T

※ 역치 이상의 척도는 진하게 표시함.

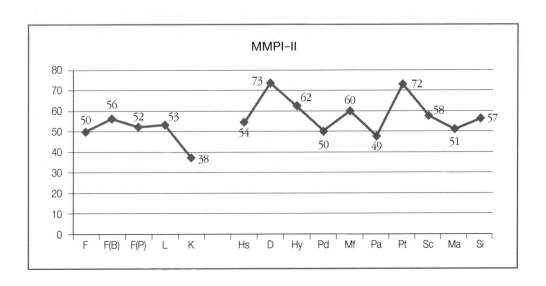

수검자는 MMPI에서 2-7번 척도가 70T 이상으로 상승하고 있어서 심리적인 불편감이 커 보이는 반면, 전반적인 고통감을 크게 호소하지 않고 있어서(F=50T) 상기의 불편감은 오랜 기간 지속되어 온 것으로 생각된다. 한편, HTP 사람 그림에서 손을 강조해서 그렸고 나무 그림에서도 가지를 많이 그리고 있어서 통제 욕구가 매우 커 보이지만, ASI-R과 APPQ의 대부분

의 하위척도에서 상당히 높은 점수가 나타나서 불안에 매우 취약한 것 같다. 그리고 현재 공황 증상을 호소하고 있는 수검자는 공황발작과 관련이 높은 APPQ의 '내부감각적 공포증'이 높게 상승해 있었다. 수검자는 익숙한 상황에서는 적절하게 대처할 수 있을 것으로 보이지만 지능검사에서 나타나듯이 낯선 상황에서는 대처 능력이 급격하게 저하되면서 통제 실패에 대한 불안감이 상승할 수 있겠다(HTP는 망설이지 않고 그리는 반면, 지능검사의 기호쓰기는 주저하면서 그리고 선도 불안정함 / 수검자는 2012년에 상담받으면서 HTP를 3회 해 봤다고 보고함).

수검자는 HTP의 집 그림에서 창문이 매우 크고 전등을 2곳이나 켜고 있는 집을 그리고 있어서 관심받고 싶은 욕구가 큰 것으로 보이고, 사람 그림에서 '필요-사랑', '불행-혼자 있을 때'라고 말하는 등 대인관계에 대한 욕구도 상당히 큰 것 같다. 그러나 다른 사람의 시선에 예민하고(HTP: 사람 그림 '남들 뭐 하는지 지켜보는 것') 감정을 다루는 능력이 부족해서 (Rorschach: WSumC=1.0) 원활한 대인관계는 어려웠던 것 같다. 이런 수검자는 SCT에서 '외로움', '혼자'라는 단어를 상당히 많이 사용하였고, TAT에서도 '혼자 쓸쓸하게 걷고 있는 거, 앞으로도 혼자서 걸어갈 길이 많은 것 같습니다'라고 하고 있어서 대인관계의 어려움으로 인한 고통감이 컸던 것으로 보인다. 또한 SCT에서 '나의 장래는 내가 남에게 도움이 되는 것이다', '내가 늘 원하기는 항상 주변에 도움이 되고'라고 하듯이 이타적인 모습을 강조하고 있는데, '외로움'이라는 단어가 검사에서 지나치게 반복되고 있는 것을 보면 도움받고 싶은 자기 자신의 욕구가 반영된 것으로 여겨진다. 그러나 수검자의 이런 기대는 충족되지 못한 채로 주변 사람들을 의심하거나 경계하고 있는 것으로 보이며(HTP: 집 그림에서 집 주변에 울타리를 그림 / SCT: '우리 윗사람들은 나에게 잘해 주기는 하지만 완전히 신뢰하지 못할 것 같다') 내면에는 분노감만 쌓이고 있는 것 같다(Rorschach: '전투기', '황소, 뿔이 있는').

수검자는 앞서 언급한 것처럼 새로운 상황에 대한 대처 능력이 매우 부족해서 낯선 환경인 군에서의 생활에 대한 불편감이 커 보인다(SCT: '내가 정말 행복할 수 있으려면 내 자신이 하루라도 빨리 지금 어려운 상황을 탈출하는 것이다'). 이런 수검자는 문제 상황에서 회피적인 대처를 하기 쉬울 것으로 보이며(SCT: '나에게 이상한 일이 생겼을 때 불안하고 빨리 피하고 싶어진다') 이러한 대처가 유용하지 못할 때에는 극심한 신체 증상을 보일 수 있겠다. 한편, 관계 중심적인 경향이 커 보이는(MMPI: Mf=60T) 수검자는 면담에서 '내 말을 정말 들어주고 진심으로 얘기할 사람이 없어서 너무 힘들다'라고 하고, 검사 전반에 걸쳐서 공황발작과 관련된 어려움보다는 대인관계로 인한 고통감을 더 호소하고 있어서, 대인관계 갈등이 있을 때 신체 증상이 심해질 가능성이 높아 보인다.

📂 요약과 제언

⭕ 요약

전체지능	83	평균 하	일반능력	88	평균 하
언어이해	90	평균	지각추론	92	평균
작업기억	93	평균	처리속도	75	경계선

　수검자의 지능 수준은 평균 하 수준으로 나타났으나 소검사 간의 편차가 매우 커서 상황에 따른 기능상의 차이가 클 것으로 여겨짐. 수검자는 주변 환경에 상당히 예민해져 있는 것으로 보이며 학습을 통한 지식 습득 수준은 양호하지만, 사고력이 필요한 경우에는 기능 수준이 저하될 수 있고, 높은 불안 수준으로 인한 기능 저하가 클 것으로 여겨짐. 게다가 관습적 판단력은 부족하고, 자의적 판단 경향은 높아서 부적절한 판단을 하는 경우가 많겠음. 수검자는 불안 수준이 높고 통제 욕구가 강하여, 통제가 이루어지지 않을 경우에는 불안감이 심해지면서 극심한 신체 증상을 보일 수 있음. 대인관계 욕구가 상당히 강하나 주변의 시선에 예민하고 감정을 다루는 능력이 부족해서 원활한 대인관계는 어려운 채로 주변에 대한 경계와 의심이 크고 내면에는 분노가 있을 것으로 보임. 한편, 검사 전반에 걸쳐서 공황발작보다는 대인관계로 인한 고통감을 더 많이 호소하고 있어서 대인관계 스트레스로 인해 공황 증상이 심해질 가능성이 있음.

⭕ 임상적 진단
심리평가 결과, 수검자는 다음과 같이 진단이 시사됨.
- Panic Disorder

2. 부족한 인지적 자원, 자기애적 방어기제(남자/19세/대재)

📂 의뢰 사유

　수검자는 '숨이 가빠지고 어지럽다'를 주소로 내원하였으며, R/O Panic Disorder 임상적 인상하에 성인종합심리평가가 의뢰되었다.

🗁 행동관찰과 면담

수검자는 보통 키, 보통 체격의 남성이었다. 안경을 착용한 수검자는 이마에 깊은 주름이 있고 미간을 자주 찡그리곤 했으나 순한 인상이었다. 위생상태는 양호하였고, 검사자와의 눈 맞춤도 적절하였다. 양손을 꼭 쥔 채로 어깨를 웅크리고 있어 위축된 모습이었으며, 목소리 가 작고 말끝을 흐려 다소 답답해 보였다. 지능검사의 쉬운 문항에서는 매우 빠르게 반응하 였으나 문항이 어려워지자 정답 여부를 말하지 못한 채 긴장된 모습을 보였고, HTP에서 그림 을 그리지 못하면서 오랜 시간이 지나도 포기하지 않는 등 평가에 민감해 보였다. 내원 사유 에 대해서는 '과호흡이 심해서', '진료받고 오라고 해서 왔다. 혹시나 다른 이상이 있는지 확인 하라고 했다'라고 하는 등 과호흡 증상을 강조하였다.

🗁 지능과 인지기능

한국 웩슬러 성인 지능검사(K-WAIS)			
지능	점수	백분율	수준
언어성 지능	82	12%ile	평균 하
동작성 지능	83	13%ile	평균 하
전체지능	81	11%ile	평균 하

수검자의 **전체지능은 81, 평균 하 수준**으로 나타났으며, 언어성 지능은 82, 평균 하 수준, 동작성 지능은 83, 평균 하 수준으로 두 지능 간의 차이는 크게 나타나지 않았다.

언어성 지능을 살펴보면, 단어의 유사성을 파악하는 능력이 평균 수준으로 추상적인 사고 력은 양호하나, 어휘구사력은 경계선 수준으로 나타나('나태하다-아무도 없어서 조금 썰렁한 분위기', '완강하다-완성의 다른 말') 자신의 생각을 표현하는 데 어려움이 많을 수 있겠다. 사회 적 상황에 대한 이해력과 기본 지식 모두 평균 하 수준이어서 전반적인 지식 수준도 부족한 것 같다. 그리고 단순한 주의력이 평균 하 수준이고, 수계산 능력은 경계선 수준으로 나타나 단기 집중력과 수 개념을 다루는 능력이 모두 부족해 보인다.

동작성 지능을 살펴보면, 시공간 운동 속도가 평균 수준으로 다른 소검사에 비해 상대적으 로 높아 평가 상황에서의 동기 수준은 높은 것 같지만, 시공간 구성 능력은 경계선 수준이어 서 기본적인 대처 능력이 부족할 것으로 예상되고, 부분을 통해 전체 상을 구성하는 능력이 평균 하 수준으로 그다지 높지 않아 응용력도 부족할 것 같다. 따라서 성취 수준이 기대에 미

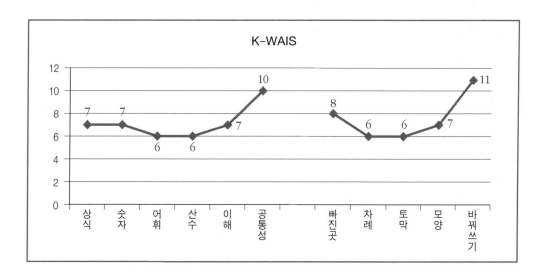

치지 못해 좌절하는 경우가 많았을 것 같다. 시각적 예민성은 평균 하 수준으로 주변 환경을 그다지 민감하게 파악하지 못할 것으로 보이고, 사회적 상황의 앞뒤 맥락을 추론하는 능력이 경계선 수준으로 나타나 사회적 상황에서의 대처 능력도 부족해서, 사건의 전후관계를 제대로 이해하지 못하고 나이에 비해 미성숙한 모습을 보일 것으로 예상된다.

지능검사 결과, 수검자의 기대 수준은 높지만 전반적인 문제해결 능력이나 기능 수준이 부족해 보여 일상적인 문제 상황조차도 대처하는 데 어려움이 많을 것으로 예상된다. 또한 관습적인 규범을 이해하고 사회적 상황을 판단하여 적절히 대처하는 능력이 부족하여, 타인과의 갈등 상황에서 적절하게 대처하지 못하고 자신의 생각을 조리 있게 표현하기가 힘들 것으로 예상되는바, 주변 사람들과 친밀한 관계를 맺고 유지하기 힘들 것으로 생각된다.

Rorschach 검사 결과, 총 반응 수가 10개로 매우 부족해서 주변 환경에 대한 관심이 적어 보이지만, 자극의 다양한 특성에 관심을 기울이고(L=.25) 통제 욕구도 높아(Zd=5.5) 실제로는 주변 환경을 파악하는 데 상당히 많은 에너지를 소모하고 있을 것으로 생각된다. 인간운동반응을 4개나 보이고 있어 생각은 많아 보이지만, 평범반응은 3개에 그치고, 왜곡되거나 특이한 형태반응이 많아(X-%=.30), 문제해결 능력이 부족한 상황에서 사고 수준이 피상적이고 (W:D:Dd=9:1:0), 주지화 방어기제를 사용하는 등(Intell=2) 문제에 직면하지 못한 채(SCT: '내가 어렸을 때는 안 좋은 일이 있었는데 긍정적인 생각을 하면서 부정적인 생각은 안 하려고 한다', '행운이 나를 외면했을 때 긍정적인 생각을 할 것이다') 문제를 부인하기 급급한 것 같다.

📁 성격과 정서

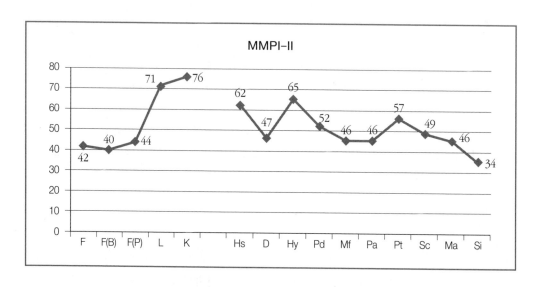

수검자는 MMPI L척도와 K척도의 점수가 70T 이상 나타나고 있어 정서적 불편감에 대해 전반적으로 부인하고 있는 것 같다(SCT: '무슨 일을 해서라도 잊고 싶은 것은 없다', '다른 친구들이 모르는 나만의 두려움은 없다', '내가 잊고 싶은 누려움은 없다'). 불안정한 어린 시절을 경험한 수검자는(SCT: '내가 어렸을 때 우리 가족은 좋지 않은 일이 많았고 생각하기 조금 그렇다', '내가 어렸을 때는 안 좋은 일이 있었는데 긍정적인 생각을 하면서 부정적인 생각은 안 할려고 한다') 애정 욕구를 충족하지 못한 것으로 예상되는 바(SCT: '어리석게도 내가 두려워하는 것은 사람들에게 잊히는 것이다', '내가 제일 좋아하는 사람은 없다'), 주변 환경을 위협적으로 인식하면서(Rorschach: '악마'), 고통스러워하고 있는 것 같다(HTP: 나무 그림 '나중에-죽을 것 같다').

Rorschach에서 '그냥 트로피보다 화려한 장식이 많은 우승 트로피'라고 하듯이 스스로에 대한 기대가 높지만(HTP: 남자 그림 '소원-좋은 직장', 여자 그림 '나중에-공부 잘해서 좋은 직업을 가짐' / SCT: '나의 장래는 컴퓨터 관련된 공무원인데 될 수 있을 것이고 되기 위해 노력 중이다', '언젠가 나는 크게 성공하여 나에게 도움이 되었던 사람에게 꼭 도움이 될 것이다', '나의 야망은 이 나라에서 가장 큰 대기업의 회장이 되어 어려운 사람들을 돕고 싶다'), 문제해결 능력이나 학업적인 기능 수준이 그리 높지 않아서 실제 성장 과정에서는 좌절감을 많이 겪었을 것으로 예상된다. 그러나 수검자는 오히려 문제를 부인하고(SCT: '나의 가장 큰 결점은 아무리 생각해 봐도 모르겠다') 과장된 자기상을 형성함으로써(Rorschach: Fr=2 / SCT: '내가 믿고 있는 내 능력은 다른 사람에게 인정받을 수 있을 만큼 상상 이상이다') 상기의 좌절감에 대응해 온 것 같다.

한편, 위와 같이 과대한 자아상을 나타내고, MMPI 3번 척도가 가장 높게 상승하고 있어 주변의 평가에도 민감한 수검자는 스트레스 상황에서 주지화를 통해 대처하면서(Rorschach: '역기', '기타', '복제품'), 과도하게 낙관적인 태도를 나타내고 있지만(SCT: '우리 윗사람들은 내 생각을 많이 해 주고 잘 챙겨 주고 긍정적이다', '때때로 두려운 생각이 나를 휩싸일 때 두려운 생각이 나질 않게 다른 생각을 한다'), 오히려 이로 인해 자신의 심리적 불편감에 대한 통찰을 갖기는 힘들어 보인다. 그리고 자극과의 경계도 구분 짓지 못할 정도로(Rorschach: '날 쳐다보고 있는 것 같다') 자아강도가 약화되어 있는 수검자는 부족한 자원으로 과도한 스트레스를 견디기 위해 부단히 노력해 온 것으로 보이지만, 더 이상 견디기 어려운 상황에서 극적인 신체 반응을 보인 것으로 생각된다.

🗁 요약과 제언

○ 요약
전체지능: 81, 평균 하 / 언어성 지능: 82, 평균 하 / 동작성 지능: 83, 평균 하

수검자의 전체지능은 평균 하 수준으로 나타났으며, 기대 수준에 비해 전반적인 문제해결 능력이나 기능 수준이 부족한 것으로 보여 문제 상황에 대처하는 데 어려움이 많을 것으로 예상됨. 이러한 수검자는 좌절감을 겪기 쉽지만, 오히려 과장된 자기상을 형성하고 주지화를 사용하여 문제 상황을 부인해 온 것으로 보임. 부족한 자원으로 과도한 스트레스를 견디기 위해 부단히 노력해 온 것으로 보이지만, 현재 더 이상 버티지 못하고 극단적인 신체 증상을 통해 자신의 고통감을 드러내고 있는 것으로 생각됨.

○ 임상적 진단
심리평가 결과, 수검자는 다음과 같은 진단이 시사됨.
- Panic Disorder
- R/O Narcissistic Personality Trait

14 범불안장애(Generalized Anxiety Disorder)

1. 대인관계에 대한 관조적 태도, 자살 및 자해 가능성
(남자/21세/대중퇴)*

📁 의뢰 사유

수검자는 '애들 관리가 힘들다', '분대장 역할이 힘들다' 등을 주소로 내원하였으며, R/O Adjustment Disorders 임상적 인상하에 성인종합심리평가가 의뢰되었다.

📁 행동관찰과 면담

큰 키에 마른 체격인 수검자는 뿔테 안경을 쓰고 있었고 코 밑에 큰 점이 있었다. 눈맞춤은 가능했지만 주로 검사 도구나 검사 용지를 바라보는 편이었는데, 검사자가 기록하는 것을 지나치게 주시하는 경우가 많았다. 입냄새가 나긴 했으나 전반적인 위생상태는 양호한 편이었다. 검사 내내 다리를 심하게 떨어서 상당히 긴장되어 보였고, 엎드려서 검사를 수행하거나 책상의 절반 이상 몸을 내밀어서 검사 자극을 미는 등 부적절한 모습이었다. 검사 초반에 실시하는 토막짜기 소검사에서는 각 문항마다 두 손으로 눈을 누르면서 '안경 도수가 안 맞아서 눈이 아프다'라며 신체 증상을 호소했지만, 이 후에는 이런 행동이 나타나지 않았다. 상당히 서두르면서 진행하는 편이었는데, 모르는 문항에서는 매번 한숨을 쉬면서 '어렵다'를 반복했지만, 아는 문항에서는 검사 책자가 밀릴 정도로 손가락에 힘을 주어 서너 번 밀쳐내는 등 과도한 자신감을 보였다. 기호쓰기 소검사의 연습 시행에서 '이렇게 비뚤어져도 괜찮습니까?'라며 약간 비스듬히 쓴 기호를 고치는 등 수행 결과에 신경을 많이 썼다. 내원 사유에 대해서는 '자해, 자살 그런 게 좀 있습니다'라고 하면서 갑작스럽게 자살사고를 언급하였다.

---

* K-WAIS-IV를 사용한 보고서는 이하 *표 처리함.

📁 지능과 인지기능

한국 웩슬러 성인 지능검사 4판(K-WAIS-IV)			
영역	지능	백분율	수준
언어이해	81	11%ile	**평균 하**
지각추론	86	17%ile	**평균 하**
작업기억	75	5%ile	**경계선**
처리속도	86	18%ile	**평균 하**
전체지능	76	5%ile	**경계선**
일반능력	84	15%ile	평균 하

※ 단일 점수로서 대표성을 가지는 지능지수는 진하게 표시함.

수검자의 **전체지능은 76, 경계선 수준**으로 같은 연령대에서 하위 5% 정도의 수준이었다. 언어이해는 81, 평균 하 수준, 지각추론은 86, 평균 하 수준, 작업기억은 75, 경계선 수준, 처리속도는 86, 평균 하 수준을 보이고 있었으며 지능 영역 간의 차이는 유의미하지 않았다(기준 23점 차이).

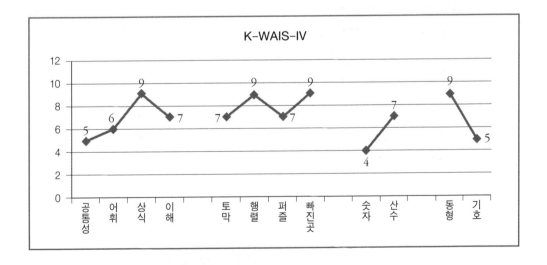

언어이해 영역에서는 기본적인 상식이 평균 수준으로 나타나서 단편적인 지식 습득 수준은 양호해 보인다. 사회적 상황에 대한 이해력도 평균 하 수준이어서 규칙과 규범에 대한 이해력도 비교적 적절한 것으로 생각된다. 그러나 어휘구사력과 사물의 유사성을 파악하는 능력이 경계선 수준으로 낮게 나타나서 의사소통에 필요한 언어적인 자원은 매우 부족한 것 같다('실용적인-모르겠습니다', '음식과 휘발유-모르겠습니다').

지각추론 영역에서 전체를 고려해서 핵심을 파악하는 능력이 평균 수준으로 나타나서 시각적 추론 능력은 적절한 것으로 보이고, 시각적 예민성도 평균 수준이어서 주변 환경의 변화를 인식하는 능력도 양호하겠다. 다만, 시공간 구성 능력과 자극 간의 관련성을 찾아내는 능력이 평균 하 수준으로 나타나서 직접적인 시지각적 대응이 필요한 경우에는 기능이 다소 저하될 수 있겠다.

작업기억 영역에서는 산술 능력이 평균 하 수준으로 나타나서 수 개념을 다루는 능력은 비교적 양호해 보인다. 그러나 단순한 자극에 대한 주의력이 정신지체 수준으로 매우 낮게 나타나서 주의력이 상당히 빈곤한 것으로 생각되는데, 이는 수검자의 높은 긴장 수준과 관련이 있는 것 같다.

처리속도 영역에서는 빠른 시간 안에 논리적인 판단을 하는 능력은 평균 수준이어서 간단한 의사결정을 할 때에는 양호한 기능을 보일 것으로 생각된다. 다만, 시공간 협응 능력이 경계선 수준으로 나타났는데, 이는 자극을 여러 차례 확인한 강박적인 수검태도와 관련이 있는 것으로 보인다.

지능검사 결과, 대부분의 소검사가 평균 하에서 평균 수준으로 나타나서 일상생활에서의 기능 수준은 비교적 적절할 것으로 생각된다. 오히려 단순 주의력과 단순 운동기능이 낮게 나타나고 있는데 이는 높은 긴장 수준과 관련이 있어 보인다. 한편 언어적인 자원이 부족해서 자신의 의견을 논리적으로 전개하는 것이 어려울 수 있고, 특히 깊이 있는 사고력이 필요한 경우에 기능의 저하가 더 두드러질 수 있겠다.

Rorschach 검사 결과, 총 반응 수는 14개로 적은 편이었고 사고가 경직되어 있어서(L=1.33) 스트레스 대처 수준은 낮은 것으로 보인다. 이성적 대처를 위해 노력하고 있지만(EB=3:0.5) 관습적이고 객관적인 지각력이 상당히 부족해서(P=1, X-%=0.43) 연령 수준에 맞는 합리적 대응을 하기는 어려울 수 있겠다.

🗀 성격과 정서

수검자는 SCT에서 현재 가족에 대해서는 긍정적인 태도를 보이고 있지만('다른 가정과 비교해서 우리 집안은 나름 행복하다'), '내가 어렸을 때는 우리 집안 분위기가 안 좋았다'라고 하듯이 유년기에는 가정 환경이 불안정했던 것으로 보인다. 이러한 수검자는 HTP의 나무 그림에서 '너무 외로워 보여서 새라도 한 마리 그려 주고 싶다'라고 하듯이 대인관계에 대한 욕구가 상당히 큰 것 같다. 그러나 MMPI 1번 척도가 73T로 상당히 높게 상승해 있는 것으로 보아,

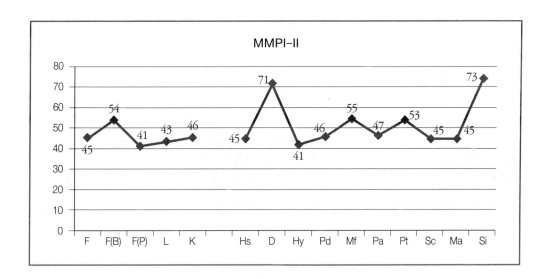

주변 사람들의 시선에 대해 지나치게 심사숙고함으로써 사회적인 상황에서 불편감을 느끼기
쉬워서(MMPI: '사회적 불편감'=82T) 대인관계 상황에서는 관조적인 입장만 취하고 있는 것으
로 생각된다(HTP: 나무 그림 '지나가는 사람 관찰', 사람 그림 '그냥 사람들 관찰').

　수검자는 검사 전반에 걸쳐서 다리를 심하게 떨거나 자세를 자주 바꾸면서 안절부절못하
는 모습을 보였고 말을 더듬는 등 긴장 수준이 상당히 높아 보였다. 그리고 면담에서 '훈련받
다가 다칠까 봐', '건물이 무너질까 봐', '높은 곳에서는 떨어질까 봐'라고 하는 등 다양한 상황
에서의 불안감을 보고하였고, 수면 장해도 보고하였다(면담: '잘 때는 보통 4~5번 정도 깹니
다'). 이러한 수검자는 현재 확인된 신체 질병이 없음에도 불구하고 SCT에서 '우리 가족에 나
에 대해서 몸상태를 걱정한다', '내가 저지른 가장 큰 잘못은 몸을 많이 다친 것', '생생한 어
린 시절의 기억은 손가락을 다친 기억이다'라며 과거에 다쳤던 경험에 몰두되어 있었다. 또한
TAT의 백지카드에서도 '악마가 있습니다. 악마의 말을 믿고 사람이 해야 하는지 말아야 하는
지 고민합니다'라고 하였고, Rorschach에서도 '악마'라는 반응을 6개나 하고 있어서 주변 환
경에 대한 적대적 태도와 경계심이 만연하고 조절하기 어려운 수준인 것으로 생각된다.

　SCT의 6개의 문항에서 '모르겠다'라고 하듯이 독립적인 의사결정을 하기 어려워 보이는 수
검자는 현재 분대장의 역할을 하면서 스스로 결정해야 하는 상황에서 상당한 스트레스를 겪
어 왔던 것 같다(SCT: '어리석게도 내가 두려워하는 것은 책임감이다' / MMPI: D=71T). 자존심이
강한(HTP: 나무 그림에서 기둥을 곧고 굵게 그림) 수검자는 스트레스 상황에서 통제해 보려고
노력할 것으로 보이나(HTP: 사람 그림에서 손과 발을 강조함) 대처 능력이 부족해서 곧바로 무
기력한 모습을 보이거나 회피적인 행동을 할 것으로 예상된다(SCT: '나에게 이상한 일이 생겼을
때 나는 피한다', '나의 가장 큰 결점을 쉽게 포기하는 것'). 이러한 상황에서 스트레스가 가중되면

견디지 못하고 자해나 자살시도의 제스처를 취할 가능성이 높아 보이는바 주의가 요망된다.

📂 요약과 제언

○ 요약

전체지능	76	경계선	일반능력	84	평균 하
언어이해	81	평균 하	지각추론	86	평균 하
작업기억	75	경계선	처리속도	86	평균 하

　수검자의 지능 수준은 경계선 수준으로 나타남. 일상생활에는 어려움이 없을 것으로 보이지만, 조리 있는 의사 표현은 어려울 수 있고, 깊이 있는 사고력도 부족해 보임. 그리고 단순 주의력과 단순 운동기능이 부족한 것은 높은 긴장 수준과 관련이 있는 것으로 생각됨. 이성적 대처를 위해 노력하지만, 노력에 비해 성과는 미미할 것으로 예상되며 문제에 대처할 수 있는 능력이 부족해 보임. 어린 시절에 가정 환경이 불안정했던 것으로 보이는 수검자는 대인관계에 대한 욕구가 있으면서도 다른 사람의 평가에 예민하여 관조적인 입장을 취하고 있는 것으로 여겨짐. 긴장 수준이 높은 수검자는 안절부절못하는 모습과 함께 다양한 영역에 걱정이 만연해 있고, 이를 조절하기 어려운 상태로 보임. 스트레스에 대처하려고 노력하지만 이런 노력은 오래가지 못한 채로 무기력한 모습을 보이거나 회피해 온 것으로 보이는바, 스트레스가 가중되면 견디지 못하고 자해나 자살 제스처를 취할 가능성이 있어 주의가 요망됨.

○ 임상적 진단
심리평가 결과, 수검자는 다음과 같이 진단이 시사됨.
- Generalized Anxiety Disorder
- Unspecified Personality Disorder

2. 단순한 사고와 정서적 대처 능력 부족(남자/20세/대재)

📂 의뢰 사유

수검자는 '심한 부적응', '불안감' 등을 주소로 내원하였으며, R/O Unspecified Anxiety Disorder, R/O Adjustment Disorders 임상적 인상하에 성인종합심리평가가 의뢰되었다.

📂 행동관찰과 면담

수검자는 보통 키와 체격으로 크고 둥근 얼굴에 뿔테 안경을 쓰고 있었다. 팔을 책상에 올려놓고 손바닥을 계속 뜯고 있었으며, 말을 빠르게 하는 등 매우 긴장되어 보였다. 옷이 얼룩져 있었고, 손톱이 까맣게 되어 있는 등 위생상태가 불량해 보였으나, 눈맞춤은 적당한 수준이었다. 언어적 반응이 필요한 경우 여러 개 답안을 한꺼번에 말하고 난 후 취소하는 등 부적절한 노력을 기울이고 있었다. 도구를 다루는 과제에서도 도구를 산만하게 늘어놓고 수정을 많이 하였으며, 배, 입, 얼굴 순으로 만지거나, 손을 쥐었다 폈다 하는 등의 행동을 반복적으로 하는 등 매우 부산스러워 보였다. 그러면서도 도구 정리하는 것을 빠르게 돕는 등 협조적인 모습도 나타났다. 내원 사유에 대해서는 '훈련소부터 불안해서 진정제라도 먹으려고 갔다'라고 하며 불안감을 강조하였다.

📂 지능과 인지기능

한국 웩슬러 성인 지능검사(K-WAIS)			
지능	점수	백분율	수준
언어성 지능	101	53%ile	평균
동작성 지능	107	68%ile	평균
전체지능	104	61%ile	평균

수검자의 **전체지능은 104, 평균 수준**으로 나타났으며, 언어성 지능은 101, 평균 수준, 동작성 지능은 107, 평균 수준이며, 두 지능 간의 차이는 유의미하지 않았다. 다만, 소검사 간의 격차가 크게 나타나고 있어서 상황에 따라 기능 수준의 변화가 크게 나타날 수 있겠다.

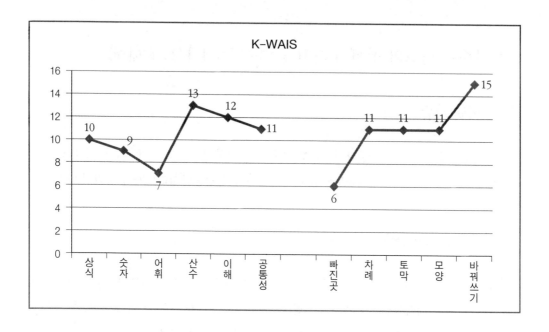

언어성 지능을 살펴보면, 산술능력은 평균 상 수준으로 연산 능력이 높아 보이나, 순간적인 자극에 주의를 기울이는 능력은 상대적으로 낮게 나타나고 있어서 주의집중이 필요할 때는 다소 어려움이 있겠다. 사회적 상황에 대한 이해 능력과 기본적인 상식은 각각 평균 상, 평균 수준으로 사회적·학업적 상황에서 습득된 지식은 적절한 수준인 것 같다. 사물의 유사성을 파악하는 능력은 평균 수준으로 언어적 잠재력은 양호해 보이지만, 어휘구사력은 평균 하 수준으로 언어표현 능력은 다소 부족해서 의사소통 시 연령 수준에 비해 미숙해 보일 수 있겠다('숭배하다-믿는 거').

동작성 지능을 살펴보면, 시공간 운동 속도가 우수 수준으로 간단한 과제를 해결하는 능력이 매우 높아 보이며, 평가에 대한 동기 수준도 매우 높아 보인다. 시공간 구성 능력과 부분을 통해 전체상을 유추하는 능력은 평균 수준으로 도구를 다루는 능력도 양호한 것 같다. 한편, 상황적 맥락을 파악하는 능력은 평균 수준으로 사회적 판단력은 적절해 보이지만, 시각적 예민성은 경계선 수준으로 주변의 분위기나 미묘한 뉘앙스를 파악하는 능력은 매우 부족해서 대면 상황에서 상황을 파악하지 못하고 불안감을 느낄 수 있겠다.

지능검사 결과, 동기 수준이 높아 보이며, 도구를 다루는 능력, 언어적 잠재력, 지식 수준 등 인지기능이 양호해서 지적인 과제를 해결해야 하는 경우에는 연령 수준에 맞는 기능을 보일 것 같다. 그러나 언어표현 능력이 다소 부족하고 사회적 민감성이 매우 부족해서 대면 상황에서의 상당한 부적절감을 느낄 수 있으며, 이로 인해 상당한 불안감을 느낄 수 있겠다.

Rorschach 검사 결과, 수검자는 양호한 지적 능력에도 불구하고 총 9개의 반응 수를 보이듯이 스트레스 상황에서는 기능 수준이 매우 저하될 수 있겠다. 게다가 심리적 자원도 부족하고(EA=2.0), 주변 사물을 피상적으로 지각하고 있으며(W:D:Dd=7:2:0), 관습적인 지각도 어려워서(P=2) 문제 상황에서 객관적인 해결을 하기는 어려워 보인다(X-%=0.44).

📁 **성격과 정서**

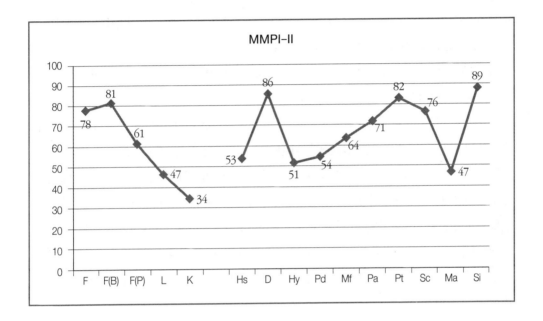

수검자는 MMPI의 7개 임상척도에서 70T 이상 높은 점수를 보이고 있듯이 심리적 고통감을 매우 강하게 느끼고 있는 것 같다. 특히, SCT에서 'TV에서 보면 큰 병이나 그런 것들이 생각나며, 시각장애에 대한 두려움이 제일 큽니다', '다른 친구들이 모르는 나만의 두려움은 2012년, 2013년 지구 종말 등입니다. 갑작스러운 몸의 장애로 차가 뒤집힌다든가 총기오발로 죽는다든가 하는 것'이라고 하듯이 일상적인 모든 상황에서 과도한 불안감을 느끼고 있는 것으로 보이며, 이를 그 원인을 추론하거나 적절한 대응 방법을 알지 못하는 상황에서 무기력감도 큰 것 같다.

수검자는 HTP 나무 그림에서 '수령-300~400년', 남자 그림에서 '소원-논 넓이 메는 것'이라고 하였으며, SCT에서도 '나의 평생 가장 하고 싶은 일은 오래 사는 것입니다'라고 하듯이 자신에 대한 기대감이 매우 커 보이며, 인지기능이 양호해서 수검자는 자신이 할 수 있는 영역에서 많은 노력을 기울여 왔던 것 같다. 그러나 SCT에서 '내가 바라는 여인상은 돈이 많고 착해야 합니다', '결혼생활에 대한 나의 생각은 그냥 식구들 늘려서 평생 번 돈을 갖다 부으며 사는 것입니다'라며 주변 자극을 보이는 그대로만 받아들이고 있듯이 사고 수준이 매우 경직되고 단순해서 주어진 자극에 대해 유연하게 대처하기는 어려웠던 것 같다. 따라서 상기의 노력이 매우 비효율적이었던 것으로 보이며, 이러한 수검자는 HTP 그림에서 선을 덧칠하거나 흔들리게 그리고 있듯이 성취 과제를 수행하는 데에서도 불안감을 느껴 왔을 것 같다.

또한, Rorschach에서 제일 싫어하는 카드로 마지막 카드를 선택하면서 '뭔지 알 수 없다'라고 하듯이 색채가 복잡한 카드에서 반응하지 못했고, Rorschach 전반적으로도 색채반응을 거의 하지 못하고 있듯이 정서적인 자극에 대응하는 능력이 매우 부족한 것 같다. 이러한 수검자는 Rorschach의 대인관계에 대한 태도가 나타나는 카드에서 '사람 둘이서 폐 한 짝씩을 잡고 있다'라고 하듯이 주변 사람들과 관계를 유지하는 데에도 상당한 어려움을 겪었던 것으로 보이며(SCT: '생생한 어린 시절의 기억은 초3 방과 후 교육 때 폭력이 시작되어 제 얼굴에 침, 껌을 뱉은 겁니다', '무슨 일을 해서라도 잊고 싶은 것은 학교 다니며 있었던 9년간의 학교폭력입니다'), Rorschach에서 '모가지가 날라간 동물', '배를 따서 쫙 벌려 놓은'이라고 하듯이 상당한 고통감을 느껴 왔던 것 같다(Rorschach: m=3, C'=1, MOR=4). 이러한 수검자는 주변 사람들을 신뢰하지 못하고(SCT: '우리 윗사람들은 저희가 어떻게 되든 형식에 맞추어 움직이길 원합니다', '내가 없으면 친구들은 제 얘기할 거 같아서 되게 온몸이 소름돋습니다') 위협적으로 느끼고 있으며(HTP: 나무 그림 '소원-안 잘리는 것' / MMPI: Pa=71T), Rorschach의 분노감에 대한 태도가 나타나는 카드에서 '목이랑 다리 한쪽이 잘라진 곰'이라고 하듯이 내면에 상당한 분노감도 느끼고 있는 것 같다.

Rorschach의 한 무채색 카드에서 '분홍색 호랑이'라고 하듯이 색채투사반응을 보이고 있어서(CP=1) 불편감을 과도하게 부인하며 지내 왔던 것 같다. 그러나 수검자는 SCT에서 '내가 늘 원하기는 남들의 간섭 없이 살고 싶습니다', '내가 싫어하는 사람은 제가 하고자 하는 걸 막는 것······ 욕하고 때리는 사람'이라며 불편감을 호소하고 있는데, 이러한 표현을 통해 자신의 고통감에 대한 도움을 요청하는 것으로 여겨진다. 한편, 사고가 독특하고(MMPI: Sc=76T / Rorschach: 애매한 자극에 대한 태도가 나타나는 카드에서 '사람을 담가 놓고 기억을 빼내는 기억 장치'), 검사 시 충동적인 모습을 보였던 것을 고려하면, 수검자는 불편감이 가중되는 상황에서 갑작스럽게 부적절한 행동을 보일 가능성이 높아 주의가 요구된다.

🗁 요약과 제언

○ 요약
전체지능: 104, 평균 / 언어성 지능: 101, 평균 / 동작성 지능: 107, 평균

수검자의 지능 수준은 평균 수준으로 보임. 동기 수준이 높고, 인지기능이 양호해서 지적인 과제를 해결해야 하는 경우에는 연령 수준에 맞는 기능을 보일 수 있으나 대면 상황에서는 상당한 부적절감을 느낄 수 있음. 수검자는 심리적 고통감을 매우 강하게 느끼고 있으며, 일상적인 모든 상황에서 상당한 불안감을 느끼며, 이에 대한 무기력감도 커 보임. 수검자는 기대감이 매우 커 보이며, 자신이 할 수 있는 영역에서는 많은 노력을 기울여 왔던 것으로 보이나, 사고가 단순하고 경직되어 있어서 상기의 노력이 비효율적이었을 것으로 생각됨. 복잡한 자극에 대처할 수 있는 능력, 정서적인 자극에 대응하는 능력 등이 매우 부족해서 주변 사람들과 관계를 유지하는 데에도 상당한 어려움을 겪었던 것으로 보이며, 이로 인해 고통감을 느껴 왔던 것으로 보임. 또한 주변 사람들을 신뢰하지 못하고 위협적으로 느끼며 상당한 분노감을 느끼고 있는 것으로 생각됨. 그러나 불쾌한 감정을 과도하게 통제하려는 경향이 강해 보임. 현재 고통감의 호소는 자신이 파악할 수 없는 상황에서의 불편감에 대해 도움을 요청하고 있는 것으로 보임. 한편, 사고가 독특하고 충동성이 강해서 불편감이 가중되는 상황에서는 부적절한 행동을 보일 가능성이 높겠음.

○ 임상적 진단
심리평가 결과, 수검자는 다음과 같은 진단이 시사됨.

- Generalized Anxiety Disorder

15 명시되지 않는 불안장애(Unspecified Anxiety Disorder)

1. 친사회적 행동과 반사회적 행동의 교차 발현, 문제 행동에 몰입(남자/21세/대재)*

📁 의뢰 사유

수검자는 '불안하다'를 주소로 내원하였으며, R/O Unspecified Anxiety Disorder 임상적 인상하에 성인종합심리평가가 의뢰되었다.

📁 행동관찰과 면담

수검자는 보통 키에 적당한 체격이었다. 갸름한 얼굴형에 이목구비가 작은 편이었고, 검은색 사각 테두리 안경을 착용하였다. 위생상태는 양호한 수준이었으며, 시선 접촉은 간헐적으로 이루어졌는데, 고개를 약간 기울인 채 대각선 방향으로 응시하는 경우가 많았다. 목소리 크기는 적당하였고, 편안한 표정으로 가끔 미소를 짓기도 했다. 그러나 지능검사 기호쓰기 소검사에서 하나씩 확인하며 과제를 수행했고, HTP에서는 연필에 힘을 주어 좌우대칭으로 그리는 등 강박적인 수행 양상이 나타났다. 투사검사에서는 몸을 약간 뒤로 젖혀 앉은 다소 거만한 태도를 보이면서도 반응을 할 때는 말끝을 흐리는 등 자신감은 부족해 보였다. 그러다가 면담을 할 때는 목소리가 커지고, 장황하게 설명하면서 자신의 불편감을 강조하였다. 내원 사유에 대해서는 '사람 있으면 대변, 소변을 못 봐서'라고 배변 문제만 짧게 말하였다.

---

* K-WAIS-IV를 사용한 보고서는 이하 *표 처리함.

📂 지능과 인지기능

한국 웨슬러 성인 지능검사 4판(K-WAIS-IV)			
영역	지능	백분율	수준
언어이해	**88**	20%ile	**평균 하**
지각추론	**94**	35%ile	**평균**
작업기억	93	31%ile	평균
처리속도	**84**	14%ile	**평균 하**
전체지능	85	16%ile	평균 하
일반능력	**90**	25%ile	**평균**

※ 단일 점수로서 대표성을 가지는 지능지수는 진하게 표시함.

　수검자의 **전체지능은 85, 평균 하 수준**으로 같은 연령대에서 하위 16% 정도의 수준이었다. 언어이해는 88, 평균 하 수준, 지각추론은 94, 평균 수준, 작업기억은 93, 평균 수준, 처리속도는 84, 평균 하 수준을 보이고 있었다. 지능 영역 간 유의미한 점수 차이는 나타나지 않았으나(기준 23점 차이), 작업기억 지능 영역 내 소검사 간 점수 차이가 5점으로 나타나서(기준 5점 차이), '전체지능'보다 언어이해와 지각추론을 고려하여 산출된 **'일반능력(90, 평균 수준)'이 수검자의 지능 수준을 보다 적절하게 반영하는 것으로 여겨진다.**

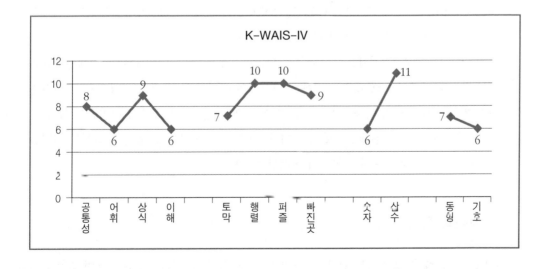

　언어이해 영역에서는 기본 지식 수준, 사물의 유사성을 파악하는 능력 등이 각각 평균, 평균 하 수준이어서, 간단한 언어적 반응을 할 때는 양호한 기능 수준을 보였다. 그러나 사회적

상황에 대한 이해력, 어휘구사력 등이 모두 경계선 수준으로 낮게 나타나서('법-안 지키면 잡혀가니까', '예민하다-누군가 건드리면 짜증나는 것'), 긴 설명이 필요한 경우에는 낮은 기능 수준을 보이는바, 깊이 있는 의사소통은 어려울 수 있겠다.

지각추론 영역에서는 전체를 고려해 핵심을 파악하는 능력, 부분과 전체를 조화시키는 능력 등이 모두 평균 수준이어서, 자극을 통해 추론하는 능력은 양호해 보인다. 그러나 시공간 구성 능력은 이보다 3점이나 낮은 평균 하 수준으로 나타나서 실제 도구를 다룰 때에는 기능 수준이 떨어질 수 있겠다. 한편, 시각적 예민성이 평균 수준이어서 주변 환경 변화를 인식하는 능력은 평이해 보인다.

작업기억 영역에서는 수계산 능력이 평균 수준이어서, 산술 능력이 양호해 보인다. 그러나 이보다 쉬운 숫자 소검사에서 5점이나 낮은 경계선 수준을 나타내서, 오히려 간단한 과제를 다룰 때 더 부주의해지기 쉬운 것 같다.

처리속도 영역에서는 긴장감 속에서 빠른 논리적 판단을 발휘하는 능력, 시공간 운동 속도 등이 각각 평균 하, 경계선 수준으로 나타나서, 민첩성이 부족해 보인다. 다만, 반응 양상을 살펴보면, 자극들을 천천히 확인하며 과제를 수행하고 있어서 수검자의 강박적인 성격 특성도 반영된 것 같다.

지능검사 결과, 수검자의 지능 수준은 평균 하 수준으로 나타났다. 시지각적인 자극을 다루는 능력은 양호하고, 간단하게 반응해야 하는 경우에도 무난하게 기능할 것으로 여겨진다. 그러나 깊이 있는 이해나 설명이 필요한 상황에서는 기능이 떨어질 수 있고, 간단한 과제를 다룰 때 오히려 부주의할 수 있겠다. 한편, 민첩성이 부족해 보이는데, 이러한 낮은 점수는 수검자의 강박적인 성격 특징이 반영된 것으로 생각된다.

Rorschach 검사 결과, 수검자는 총 14개의 적은 반응 수를 보였고, 이 중에서 전체영역반응이 9개로 많이 나타나서, 스트레스 상황에서 피상적인 대처를 보일 것으로 생각된다. 게다가 인간운동반응을 전혀 하지 못해서(M=0), 문제 상황에서 이성적인 판단에 어려움이 있겠다. 또한 개인적 반응을 많이 하듯이(PER=3) 자기중심적인 측면이 강하고 공감 능력에도 어려움을 보여서(M-=1), 깊이 있는 관계 형성이 어려워 보인다.

🗁 성격과 정서

수검자는 TAT에서 '낮잠 자는 건가, 얘만 보면 낮잠 자는 거 같은데, 뒷사람 보면 되게 괴로워하는 거 같아서'라고 상황을 구체적으로 기술하려 하고, HTP 집 그림에서 문의 열쇠구멍을 그리듯이 대상을 지나치게 자세하게 묘사하였으며, HTP의 집 그림, 사람 그림 등을 좌우대칭

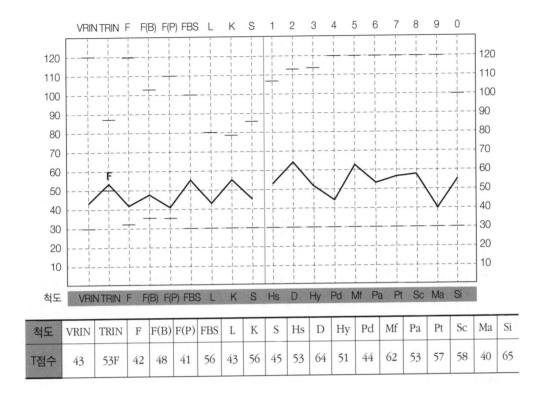

척도	VRIN	TRIN	F	F(B)	F(P)	FBS	L	K	S	Hs	D	Hy	Pd	Mf	Pa	Pt	Sc	Ma	Si
T점수	43	53F	42	48	41	56	43	56	45	53	64	51	44	62	53	57	58	40	65

으로 그리거나, 지능검사 기호쓰기 소검사에서도 하나씩 확인하며 천천히 수행하는 등 강박적인 성향이 높아 보인다. 이러한 수검자는 SCT에서 '우리 윗사람들은 무섭다', '윗사람이 오는 것을 보면 나는 긴장된다'라고 하듯이 사회적 관계에서 높은 긴장감을 호소하고(MMPI: '사회적 불편감'=78T), SCT에서 '나에게 이상한 일이 생겼을 때 119에 신고한다'라고 하듯이 파국적 사고 경향을 보이는 등 불안 수준도 높아 보인다(TAT: '안 떨어지려고 붙잡고 있는 거 같은데, 밑에 위험한 게 있는 건가').

수검자는 SCT에서 '내 생각에 참다운 친구는 서로 배려하며 지킬 건 지키는 친구', '내가 성교를 했다면 서로 합의하에 했을 것이다'라고 하듯이 겉으로는 사회적 바람직성을 매우 중시하는 것 같다. 그러나 TAT에서 '여자 강간하려다가 자기도 모르게 죽여서 어쩌지 하는 거 같습니다. 여자 팔이 침대에 떨어져 있는 거 봐서는 죽은 거 같습니다. 남자애는 머리에 팔을 올리고 있어서 후회하는 거 같고, 옷이 벗겨져 있어서 강간한 거 같고'라고 하듯이 자극적인 주제들을 지나치게 구체적이고 자세하게 기술하고 있어서 실제로는 반사회적인 성향이 상당히 높아 보이고(TAT: '배 가르는 거 같은데, 납치, 살인범들이 배 가르는 모습, 얘네 셋 다 공범이고'), Rorschach에서 '악마'라고 하듯이 분노감이 깊고, 공격성도 상당히 높아 보인다(Rorschach: S=2, '핵 발전소, 원자력 발전소' / HTP: 사람 그림에서 뾰족하게 그린 손가락). 게다가 TAT에서 '국회의원들이 비리, 뒤에서 쑥닥쑥닥하는 거 같은데'라고 하듯이 편집적인 사고 경향도 나타나고 있어서 공격적인 행동을 보일 가능성도 높아 보인다. 다만, TAT에서 '둘이 껴안고 있는 거, 포옹', Rorschach에서 '서로 뽀뽀하는 거'라고 하는 등 애정 욕구를 시사하는 반응도 많아서, 대인관계 시 친사회적인 행동과 반사회적인 행동이 교차하며 나타날 수 있겠다.

위에 나타나듯이 강박적이면서도 반사회적인 성향을 보이고 있는 수검자는 통제욕이 상당히 높을 것으로 예상되지만, 한편으로는 사고 수준이 미숙하고(HTP: 사람 그림 '아무것도 안 하고 돈 벌고 싶은 소원'), Rorschach에서 나타나듯이 모호한 상황에서의 대처 능력이 매우 부족해서(R=14, M=0), 조금이라도 자신의 통제권을 벗어나는 상황에서는 퇴행된 행동을 보일 가능성이 높겠다. 이러한 수검자는 SCT에서 '무슨 일을 해서라도 잊고 싶은 것은 화장실 트라우마', '언젠가 나는 사람들 앞에서 소변을 볼 수 있었으면 좋겠다', '나의 가장 큰 결점은 화장실 문제'라고 하는 등 스트레스 상황에서 주변 사람들이 인식하기 어려운 세세한 특정 영역에 과도하게 몰입하고 있는 것으로 보이고, 실질적인 문제 상황을 해결하기 위한 노력보다는 '화장실 문제'를 반복적으로 언급하며 자신의 고통감만을 지나치게 강조하는 것으로 생각된다.

📁 요약과 제언

○ 요약

전체지능	85	평균 하	일반능력	90	평균
언어이해	88	평균 하	지각추론	94	평균
작업기억	93	평균	처리속도	84	평균 하

수검자의 지능 수준은 평균 하 수준으로 나타남. 시지각적인 자극을 다루는 능력이 평이하고, 언어적으로 간단하게 반응해야 하는 경우에도 무난한 기능 수준을 보일 수 있으나, 깊이 있는 대화는 어려울 것으로 생각됨. 또한 단순한 과제는 부주의로 인해, 그리고 빠른 대응이 필요할 때는 강박적 행동으로 인해 수행 수준이 떨어질 수 있음. 강박적인 성격 특징이 있고, 사회적 관계에서 긴장감을 호소하며, 상황을 극단적으로 인식하는 등 불안 수준이 높아 보임. 한편, 겉으로는 사회적 바람직성을 중시하나, 실제로는 반사회적인 성향이 강해 보이고, 분노감과 공격성이 높게 나타남. 게다가 편집적인 성향도 있어서, 실제 공격적인 행동을 보일 수도 있겠음. 다만, 애정 욕구도 높게 나타나서 대인관계 시 친사회적인 행동과 반사회적

인 행동이 교차하며 나타날 수 있음. 통제욕이 상당히 높으나 미숙한 경향이 있고 스트레스 대처 능력도 부족해서, 자신의 통제를 벗어나는 상황에서는 지나치게 세세한 특정 영역에만 과도하게 몰입하며, 실질적인 문제 해결을 위한 노력은 하지 못한 채 고통감만을 지나치게 강조할 수 있음.

○ 임상적 진단
심리평가 결과, 수검자는 다음과 같은 진단이 시사됨.
- Unspecified Anxiety Disorder
- Cluster B Personality Disorder

2. 높은 기대와 좌절감의 외부 투사, 바른 행동에 몰입(남자/20세/대재)

🗁 의뢰 사유

수검자는 '사소한 것에 걱정이 많고 불안하다', '고민으로 인해 잠드는 것이 힘들다' 등을 주소로 내원하였으며, R/O Generalized Anxiety Disorder 임상적 인상하에 성인종합심리평가가 의뢰되었다.

🗁 행동관찰과 면담

수검자는 보통 키와 체격으로, 피부가 검은 편이었다. 냄새가 많이 나서 위생상태는 다소 불량하였으나, 검사자와의 눈맞춤은 적절하였고, 지시에 협조적이었으며 성실한 태도로 검사에 임하였다. 다만, 발음이 명확하지 않고 말의 속도는 느렸으며, 과제 수행을 잘 하지 못할 경우에는 몸을 흔들거나 목 뒤를 만지는 등 부산스러운 행동이 나타났고, 이마를 만지면서 멋쩍게 웃는 등 검사자의 눈치를 보기도 했다. 한편, 차례맞추기 소검사에서 과제 수행을 다 한 뒤에도 다시 도구를 검토하는 등 꼼꼼한 모습을 보였다. 내원 사유에 대해서는 '불안해서 진료를 받았는데 여기까지 왔어요'라고 하면서 불안감을 언급하였다.

🗂 지능과 인지기능

한국 웨슬러 성인 지능검사(K-WAIS)			
지능	점수	백분율	수준
언어성 지능	101	53%ile	평균
동작성 지능	98	45%ile	평균
전체지능	101	53%ile	평균

수검자의 **전체지능은 101, 평균 수준**으로 나타났으며, 언어성 지능은 101, 평균 수준, 동작성 지능은 98, 평균 수준이며, 두 지능 간의 차이는 유의미하지 않았다.

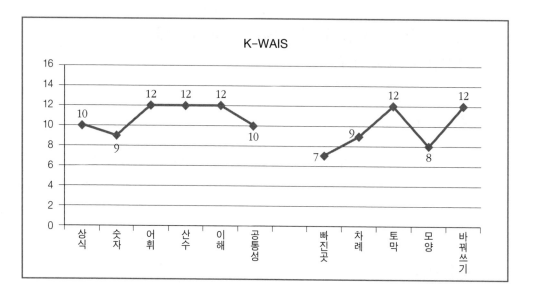

언어성 검사를 살펴보면, 사회적 상황에 대한 이해력과 기본적인 지식 수준이 각각 평균 상, 평균 수준으로 나타나서 전반적인 지식 습득 수준은 양호한 것 같다. 그리고 어휘구사력과 사물의 유사성을 파악하는 능력이 각각 평균 상, 평균 수준으로 나타나서, 언어적 개념에 대한 이해력도 적절해 보인다. 또한 수계산 능력과 간단한 자극에 주의를 기울이는 능력이 각각 평균 상, 평균 수준으로 나타나서, 수 개념을 다루는 능력도 무난한 것으로 생각된다. 다만, 숫자 소검사가 산수 소검사보다 3점 낮게 나타나서 주의집중력의 어려움이 있을 수 있겠으며, 이는 수검자의 높은 불안 수준과 관련이 있는 것 같다.

동작성 검사를 살펴보면, 시공간 구성 능력과 시공간 운동 속도가 평균 상 수준으로 나타나서 시공간 협응 능력은 비교적 높아 보인다. 그러나 부분을 통해 전체상을 구성하는 능력이 평균 하 수준으로 나타나서 응용력은 다소 부족한 것 같다. 한편, 상황적 맥락을 파악하는 능력이 평균 수준으로 나타나서 사회적 판단력은 적절해 보이나, 시각적 예민성이 평균 하 수준으로 나타나서, 주변 환경 변화에는 다소 둔감한 것으로 생각된다.

지능검사 결과, 수검자는 9개의 소검사가 평균 상에서 평균 수준으로 나타나서, 전반적으로 양호한 기능 수준을 나타낼 것으로 예상된다. 그러나 주변 환경에 둔감하고 응용력이 부족해서 예상치 못한 상황에서는 기능 수준이 떨어질 수 있겠다. 또한 부주의한 수행 양상으로 인해 기능이 낮게 나타나고 있는데, 이는 불안 수준과 관련이 있는 것 같다.

Rorschach 검사 결과, 수검자는 총 12개의 다소 적은 반응 수를 보이고 있으며, 왜곡된 형태반응을 많이 하고 있어서(X-%=0.33), 실제 문제해결 능력은 부족한 것 같다. 한편, 평범반응을 4개나 하고 있고, 부분반응 비율이 높은 것을 보면(W:D:Dd=3:7:2) 관습적이고 무난한 대처를 하기 위해서 상당히 노력하고 있는 것으로 보이지만, 자의적인 성향도 강해 보이는바(Xu%=0.33) 특정 영역에서는 고집스러운 모습을 보일 수도 있겠다.

📁 성격과 정서

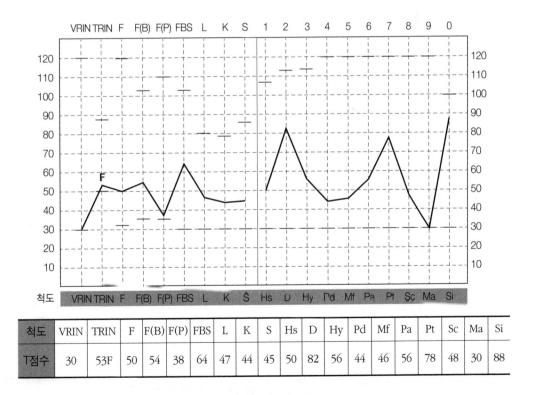

척도	VRIN	TRIN	F	F(B)	F(P)	FBS	L	K	S	Hs	D	Hy	Pd	Mf	Pa	Pt	Sc	Ma	Si
T점수	30	53F	50	54	38	64	47	44	45	50	82	56	44	46	56	78	48	30	88

　　수검자는 SCT에서 '내가 늘 원하기는 불안감이 없어졌으면 좋겠다', '내가 정말 행복할 수 있으려면 불안감에서 벗어나야 한다'라고 하듯이, 극심한 불안감을 경험하고 있는 것으로 보인다(MMPI: Pt=78T). 또한 SCT에서 '어리석게도 내가 두려워하는 것은 예상치 못한 일이 일어나는 것이다'라고 하듯이 통제되지 않는 상황에 대한 불안감이 커 보인다. 더 나아가 부정적인 생각을 반추하면서(SCT: '나의 가장 큰 결점은 안 좋은 기억은 잘 없어지질 않는다는 것이다'), 파국적으로 오해석할 가능성이 높아 보인다. 이러한 수검자는 Rorschach의 첫 번째 카드에서 명확한 형태를 표현하지 못한 채 '눈에 띄는 게 하얀 거 네 개인데, 뭔지는 모르겠다, 주변이 검으니까 눈에 띄었다'라고 그림의 물리적인 특성만 언급하고 있는 것을 볼 때, 스트레스가 조금만 커져도 일상적인 수준의 대처를 하지 못할 정도로 기능 수준이 떨어질 수 있겠다.

　　수검자는 양호한 지적 능력을 바탕으로 구조화된 환경에서는 무난한 기능 수준을 보여 왔을 것으로 생각된다. 그러나 주변 환경 변화에 다소 둔감하며 응용력이 부족한 것으로 볼 때 유연하게 대처하지 못하는 상황에서는 극심한 스트레스를 겪을 것으로 보인다(SCT: '어리석게도 내가 두려워하는 것은 예상치 못한 일이 일어나는 것이다'). 게다가 자신에 대한 기대감이 높고(SCT: '나의 장래는 사람들에게 유용한 컴퓨터 게임을 만드는 것이다') 완벽주의적인 성향이 강해서, 실패 상황에서는 좌절감을 수용하지 못하고 외부에 투사할 가능성이 높은 것으로 생각된다. 이러한 수검자는 주변 사람들의 평가를 지나치게 부정적으로 인식하게 되면서, 상기의 불안감이 더욱 증폭될 것으로 보인다.

　　수검자는 SCT에서 '결혼생활에 대한 나의 생각은 개인의 선택이지만 이미 택했으면 책임을 져야 한다고 생각한다', '내가 성교를 했다면 이미 결혼했을 것이다'라고 하듯이 지나치게 바른 행동에만 몰입하고 있으며, 이를 고려할 때 내면의 욕구를 드러내지 못하고 억압하면서 지내 왔을 가능성이 높은 것 같다. 또한 HTP의 사람 그림에서 거의 모든 질문에 '모른다'라고 하듯이, 내면의 고통감을 부인하고 있을 가능성도 높아 보인다. 이러한 수검자는 Rorschach의 마지막 3개의 색채카드에서 이전과는 달리 반응의 길이가 급격하게 길면서도 정작 색채반응을 하지 못하고 있어서, 감정적인 스트레스가 쌓였을 때 이에 직면하지 못한 채 충동적인 문제 행동을 보일 수 있겠다.

🗀 요약과 제언

〇 요약

전체지능: 101, 평균 / 언어성 지능: 98, 평균 / 동작성 지능: 101, 평균

수검자의 지능 수준은 평균 수준으로 보임. 전반적으로는 양호한 기능 수준을 보이고 있

으나, 주변 환경에 둔감하고 응용력이 부족해서 예상치 못한 상황에서는 기능 수준이 떨어질 수 있음. 또한 수검자의 부주의한 수행 양상은 높은 불안 수준과 관련된 것으로, 이로 인해 실제 기능 수준에 비해 낮은 수행 능력을 보일수도 있겠음. 수검자는 양호한 지적 능력을 바탕으로 구조화된 환경에서는 무난한 수행 능력을 보여 왔을 것으로 생각되나, 주변 환경 변화에 둔감하고 응용력이 부족해서, 유연하게 대처하지 못하는 상황에서는 극심한 스트레스를 경험했을 것으로 보임. 또한 자기기대가 높고 완벽주의적 성향이 강해서 실패에 대한 좌절감을 수용하지 못하고 외부에 투사했을 가능성이 높으며, 주변 사람들의 평가를 부정적으로 인식함으로써 불안감이 더욱 증폭된 것으로 보임. 더 나아가 수검자는 지나치게 바른 행동에 몰입함으로써 상기의 불안감을 억압해 오면서 내면의 고통감을 부인할 가능성이 높아 보임. 이러한 수검자는 감정적인 스트레스가 쌓였을 때 통찰하지 못하고 충동적인 문제 행동을 할 가능성이 높은 것으로 생각됨.

○ 임상적 진단

심리평가 결과, 수검자는 다음과 같은 진단이 시사됨.

- Unspecified Anxiety Disorder

강박장애(Obsessive-Compulsive Disorder)

1. 낮은 지능과 높은 도덕성(여자/18세/고3)*

※ 1권의 주요 대상인 성인은 아니지만 2권(아동·청소년 정신장애)에 주요우울장애가 포함되지 않아, 1권에 포함시킴.

📁 의뢰 사유

수검자는 '불안감', '강박감(뭘 하지 않으면 죽을 것 같다)' 등을 주소로 본 센터에 방문하였고, 전반적인 인지기능 및 정서 파악을 위해 청소년종합심리평가를 실시하였다.

📁 행동관찰과 면담

수검자는 보통 키에 뚱뚱한 체격으로, 부모와 함께 센터에 방문했다. 피부가 하얗고 볼이 붉었으며, 얼굴에 여드름 자국이 있었다. 가슴 아래까지 내려오는 까맣고 긴 생머리에, 얼굴이 통통하고 이목구비가 오밀조밀 작았으며, 검은색 뿔테 안경에 교정기를 하고 있었고, 회색 긴팔 티에 청바지를 입고 있는 등 또래에 비해 꾸미지 않은 수수한 옷차림이었다. 전반적인 위생상태는 양호한 편이었으며, 검사자와의 눈맞춤은 적절하게 이루어졌다. 수검자는 말수가 적은 편이었으며, 별다른 잔동작을 거의 하지 않은 채 매우 차분하게 행동했다. 또한 작은 목소리로 조근조근 응답하였으며, 고개를 숙이고 수줍게 미소를 짓는 경우가 많았다. 그러면서도 '다시 하면 안 돼요?'라고 하면서 반응을 수정하려는 의욕적인 모습도 나타났다. 한편, 문제 해결이 어려운 경우에는 얼굴을 붉힌 채 '못하겠는데', '모르겠어요', '잘 모르겠는데'라고 하면서 말끝을 흐리거나, 미간을 미세하게 찡그리기도 했다. 내원 사유에 대해서는 '강박증 때문에……'라고 짧게 말했다.

---

* K-WAIS-Ⅳ를 사용한 보고서는 이하 *표 처리함.

📂 지능과 인지기능

한국 웩슬러 성인 지능검사 4판(K-WAIS-IV)			
영역	지능	백분율	수준
언어이해	92	29%ile	**평균**
지각추론	65	1%ile	**경도 정신지체**
작업기억	78	7%ile	**경계선**
처리속도	98	45%ile	**평균**
전체지능	77	6%ile	경계선
일반능력	75	5%ile	경계선

※ 단일 점수로서 대표성을 가지는 지능지수는 진하게 표시함.

   수검자의 **전체지능은 77, 경계선 수준**으로 같은 연령대에서 하위 6% 정도 수준이었다. 언어이해는 92, 평균 수준, 지각추론은 65, 경도 정신지체 수준, 작업기억은 78, 경계선 수준, 처리속도는 98, 평균 수준을 보이고 있었다. 언어이해와 지각추론 지능 영역 간의 차이가 27점으로 크게 나타나고 있으며(기준 23점 차이), 처리속도 영역의 소검사 간 점수 차이도 5점으로 나타나고 있어서(기준 5점 차이), 전 영역을 고려한 '전체지능'과 언어이해와 지각추론을 고려하여 산출된 '일반능력(75, 경계선 수준)' 모두 수검자의 기능을 온전히 대표한다고 보기 어렵기 때문에 **각 지표가 나타내는 기능 수준을 개별적으로 파악하는 것이 더 중요해 보인다.**

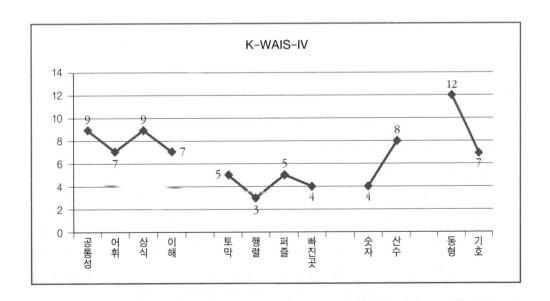

언어이해 영역에서는 기본적인 상식 수준과 사물의 유사성을 파악하는 능력이 평균 수준으로 나타나서, 간단한 언어적 반응이 요구되는 경우에는 양호한 기능을 발휘할 것으로 생각된다. 그러나 사회적 상황에 대한 이해력과 어휘구사력이 평균 하 수준으로 나타나서, 긴 언어적 반응이 필요한 경우에는 기능 수준이 저하될 것으로 예상된다. 반응 양상을 살펴보면, 이해 소검사에서 거의 대부분의 문항이 1점이어서('친구-나쁜 행동이니까', '나라-나라를 지키기 위해 그리고 다른 나라랑 힘을 합쳐서 더 큰 나라를 만들기 위해', '역사-과거에 있던 일이기 때문에', '사공-방해하는 사람이 많으면 가야 할 강을 제대로 못 간다'), 사고가 상당히 단순하고 피상적인 것 같다.

지각추론 영역에서는 부분을 통해 전체 상을 구성하는 능력과 전체를 고려해 핵심을 파악하는 능력이 각각 경계선, 정신지체 수준으로 나타나서, 추론 능력이 부족해 보이며, 시공간 구성 능력도 정신지체 수준으로 나타나서, 구조화된 상황에서의 대처 능력도 상당히 낮은 것으로 생각되는바, 비언어적인 문제해결 능력은 매우 낮은 것 같다. 게다가 시각적 예민성도 정신지체 수준으로 나타나서 주변 환경 변화에도 매우 둔감할 수 있겠다.

작업기억 영역에서는 수계산 능력이 평균 하 수준으로 나타나서, 수 개념을 다루는 능력은 비교적 양호한 것 같다. 그러나 숫자 소검사가 정신지체 수준으로 나타나서, 오히려 간단한 자극을 다루는 상황에서 더욱 부주의한 태도를 보이기 쉬울 것으로 여겨진다.

처리속도 영역에서는 긴장감 속에서 빠른 논리적 판단을 발휘하는 능력이 평균 상 수준으로 상대적으로 가장 높게 나타나서 간단한 시각적 판단이 필요한 상황에서는 가장 높은 기능을 보일 것으로 생각된다. 그러나 시공간 운동 속도가 평균 하 수준으로 나타나서, 정교한 운동 능력이 필요할 때에는 기능 수준이 떨어질 수 있겠다.

지능검사 결과, 수검자는 간단한 시지각적 판단이 필요한 상황에서는 또래에 비해 높은 능력을 발휘할 것으로 생각된다. 그러나 과제가 조금만 어려워지거나 추가적으로 운동 능력이 필요한 경우에는 기능 수준이 급격하게 떨어질 것으로 예상된다. 또한 수검자는 단편적인 지식 습득 능력은 양호하나 사고가 매우 단순하고 피상적이어서, 조금이라도 깊이 있고 복잡한 자극을 다룰 경우에는 언어적 대응력이 급격하게 저하될 수 있겠다.

Rorschach 검사 결과, 수검자는 2회의 시행에도 불구하고 총 15개의 다소 적은 반응 수를 보이고 있어서, 스트레스 상황에서 대처할 수 있는 인지적 자원이 부족한 것 같다. 한편, 타인의 평가에 상당히 민감한(W:D:Dd=1:13:1) 수검자는 색채가가 많은 X번 카드를 가장 좋아하는 카드로 선택하였다. 그러나 정작 색채반응은 거의 나타나지 않았으며(CF+C=1), 대부분의 반응들이 단순한 형태반응으로 나타나서(L=4.00), 감정표현이 제한적일 것으로 여겨진다. 더 나아가 관습적인 판단력도 부족해서(P=1), 대인관계 상황에서 어려움이 클 것 같다.

성격과 정서

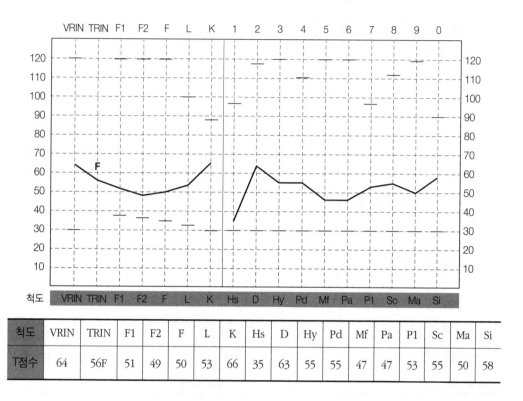

척도	VRIN	TRIN	F1	F2	F	L	K	Hs	D	Hy	Pd	Mf	Pa	P1	Sc	Ma	Si
T점수	64	56F	51	49	50	53	66	35	63	55	55	47	47	53	55	50	58

　수검자는 HTP에서 그림을 지면 위쪽에 그리고 있으며, SCT에서 '나의 지금 생활은 너무 불안하다(심적으로)'라고 하고 있어서, 불안 수준이 높은 것 같다. 또한 SCT에서 '몹시 두려움에 사로잡힐 때는 가족이나 친구들이 죽거나 나쁜 일을 당하거나 하는 생각을 할 때이다', '요즘 내가 걱정하고 있는 것은 자꾸 이상한 생각을 하는 것이다'라고 하는 등 침투사고로 인한 고통감도 큰 것으로 보인다. 더 나아가 자존감 저하(SCT: '내가 믿고 있는 내 능력은 없다'), 미래에 대한 부정적 사고(SCT: '나의 장래는 생각은 하고 있지만 막연하다') 등도 나타나서, 우울감도 느끼고 있는 것으로 생각된다(MMPI: D=63T). 한편, MMPI에서 F 척도가 50T로 평이하게 나타나서, 이와 같은 불편감은 오랜 시간 지속되어 왔을 것 같다.

　수검자는 검사 전반에 걸쳐서 이상적이고 모범적인 표현을 빈번하게 사용하고 있어서[SCT: '나에게 사랑은 큰 감동이고 죄송함이다(부모님께)', '성이란 사랑하는 사람끼리 하는 것'], 도덕적인 사고 경향이 매우 강한 것 같다. 그러면서도 SCT에서 '무엇보다도 나를 화나게 하는 것은 행복한 사람들을 해치는 나쁜 사람들', '지난 나의 큰 잘못은 내가 싫어하는 친구들에게 잘 대하지 않은 것이다'라고 하듯이 가치 기준이 상당히 피상적인데, 이와 같은 기준은 부모의 양육태도 및 성장 환경과 관련이 있을 것으로 보인다. 한편, 수검자는 이렇듯 지나치게 이상적인 기준을 갖고 있으면서도, 학업적 · 사회적 기능 수준은 높지 않은 상황에서 외부 지시에 순응적인 태도를 보임으로써 대응해 온 것으로 생각된다.

게다가 외부의 기대에 부응하기 위해 내면의 고통감을 억압하고(MMPI: '억압'=63T) 자신을 책망해 왔을 가능성이 높겠다(SCT: '내가 저지른 가장 큰 잘못은 다 내 잘못이다'). 더 나아가 스스로 자신의 행동을 결정하고 판단할 수 있는 훈련이 제대로 되지 않은 채로 지내 왔을 것으로 여겨진다. 그러나 진로(대학)가 결정되면서, 수검자 스스로 책임져야 할 것들이 많아지는 상황에서 부담감이 엄습한 것으로 보이며, 동시에 그동안 억압했던 내면의 분노감도 경험하고 있는 것으로 보인다. 여전히 도덕적이고 억압적인 성향이 강한 수검자는 상기의 부정적인 정서가 강박 사고 및 행동으로 나타나고 있는 것 같다.

📁 요약과 제언

○ 요약

전체지능	77	경계선	일반능력	75	경계선
언어이해	92	평균	지각추론	65	경도 정신지체
작업기억	78	경계선	처리속도	98	평균

수검자의 지능 수준은 경계선 수준으로 나타남. 간단한 시지각적 판단이 필요한 상황에서는 높은 능력을 발휘할 것으로 생각되나 과제가 조금만 어려워지면 기능이 떨어질 것으로 예상됨. 또한 사고가 단순하고 피상적이어서, 복잡한 자극을 다룰 경우에는 언어적 대응력이 저하될 수 있음. 수검자는 불안 수준이 높으며, 침투사고로 인한 고통감을 호소하고 있고, 우울감도 경험하고 있는 것으로 보이며, 이와 같은 증상이 오랜 기간 지속되었을 가능성이 있겠음. 수검자는 도덕적인 사고 경향이 강하나 상당히 피상적이고, 높은 도덕적 기준에 비해 사회적 · 학업적 기능 수준은 높지 않아서 외부 지시에 순응적인 태도를 보여 왔을 것으로 여겨짐. 한편, 이러한 과정에서 고통감이 상당했을 것으로 예상되나, 고통감을 억압하고 오히려 자신을 책망했던 것으로 생각됨. 더 나아가 스스로 판단하고 결정하는 훈련이 제대로 되지 않은 상황에서 진로가 결정되면서 강렬한 불안감과 동시에 내면에 억압해 뒀던 분노감도 경험하고 있는 것으로 여겨짐. 그러나 도덕적인 가치 기준이 높아서 내면의 부정적인 정서가 강박 사고 및 행동으로 나타나고 있는 것으로 보임.

❍ 임상적 진단

심리평가 결과, 수검자는 다음과 같은 진단이 시사됨.

- Obsessive-Compulsive Disorder
- Borderline Intellectual Functioning

2. 도덕적으로 완벽한 이상향 추구와 관심받는 도구로서의 강박증(남자/24세/대졸)*

📂 의뢰 사유

수검자는 '강박장애가 있는 것 같다', '두통이 심하다' 등을 주소로 내원하였으며, R/O Obsessive-Compulsive Disorder, R/O Unspecified Anxiety Disorder 임상적 인상하에 성인 종합심리평가가 의뢰되었다.

📂 행동관찰과 면담

수검자는 큰 키에 마른 체격이었고 위생상태는 양호하였다. 검사자와 눈맞춤은 가능하였지만 시선은 아래쪽을 향하는 경우가 많았다. 힘이 없고 작은 목소리였지만 발음은 정확하였다. 또한 검사를 수행하면서 '어떤 자격증이 있으시길래 이걸(검사) 하시는 건가요? 의사는 아닌 것 같은데' 등 다소 편집적인 모습을 보였고, 그 뒤로 몇 개의 과제를 하다가 갑자기 '아까 제가 여쭤 본 거는 제 여자 친구가 관련된 일을 하고 있어서 같은 직종인가 여쭤 본 거예요'라며 자신의 행동을 설명하였다. 그리고 '완전 똑같이 그려야 돼요?', '두 개 있는 경우도 있어요?'라며 사소한 것까지 질문을 하였다. 숫자 소검사에서는 난이도가 높아지자 '못할 거 같아요'라며 시도도 하지 않고 포기하였지만 행렬 소검사에서는 상당히 오랜 시간 포기하지 않는 등 과제에 따라 다른 태도를 보였다. 또한 산수 소검사의 쉬운 문항에서는 웃는 모습이 나타났고, 지필검사에서는 필기도구를 대강 잡는 등 불성실한 태도를 보였다. 내원 사유에 대해서는 '강박적인, 강박증 때문에'라며 세부적인 설명 없이 강박증만을 강조하였다.

📁 지능과 인지기능

한국 웨슬러 성인 지능검사 4판(K-WAIS-IV)			
영역	지능	백분율	수준
언어이해	88	20%ile	평균 하
지각추론	107	68%ile	평균
작업기억	**93**	**31%ile**	**평균**
처리속도	100	50%ile	평균
전체지능	95	37%ile	평균
일반능력	96	39%ile	평균

※ 단일 점수로서 대표성을 가지는 지능지수는 진하게 표시함.

　수검자의 **전체지능은 95, 평균 수준**으로 같은 연령대에서 하위 37% 정도의 수준이었다. 언어이해는 88, 평균 하 수준, 지각추론은 107, 평균 수준, 작업기억은 93, 평균 수준, 처리속도는 100, 평균 수준을 보이고 있었다. 지능 영역 간의 차이는 유의미하지 않으나(기준 23점 차이), 언어이해, 처리속도, 지각추론 영역의 소검사 간 점수 차이가 각각 8점, 6점, 5점으로 크게 나타나고 있어서(기준 5점 차이), 전 영역을 고려한 '전체지능'과 언어이해와 지각추론을 고려하여 산출된 '일반능력(96, 평균 수준)' 모두 수검자의 기능을 온전히 대표한다고 보기 어렵기 때문에 **각 지표가 나타내는 기능 수준을 개별적으로 파악하는 것이 더 중요해 보인다.**

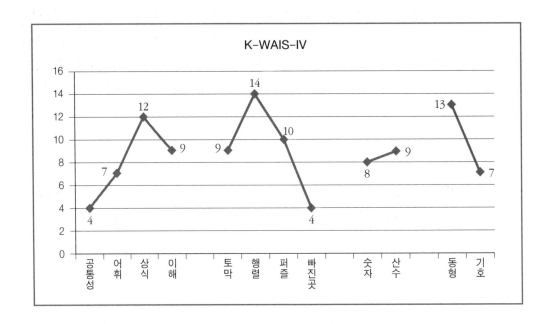

언어이해 영역에서는 기본적인 상식 수준이 평균 상 수준으로 나타나서 단편적인 지식 습득 수준은 높은 것으로 보인다. 사회적인 상황에 대한 이해력은 평균 수준으로 나타났지만 쉬운 문항에서 오답을 하거나 1점을 얻는 경우가 많아서 사고의 수준은 피상적인 것으로 생각된다. 어휘구사력은 평균 하 수준으로 나타나서 의사소통 능력은 저조한 것으로 보이고('호기심-관심, 물음표'), 단어의 유사성을 파악하는 능력은 정신지체 수준으로 나타나서('숟가락과 젓가락-쇠') 고차원적인 개념에 대해서는 이해력이 상당히 부족한 것으로 생각된다.

지각추론 영역에서 전체를 고려해서 핵심을 파악하는 능력은 우수 수준으로 나타나서 지적인 잠재력이 매우 높아 보이며 직관적인 판단력도 상당히 높을 것 같다. 특히, 행렬 소검사를 수행하는 데 40분이 넘는 시간 동안 과제풀이에 집중하고 있어서 잘하는 영역에서는 상당한 몰입도를 보였다. 그러나 자극 간의 관련성을 찾아내는 능력과 시공간 구성 능력은 평균 수준이어서 직접적인 시각적 자극을 처리하는 능력은 평이하게 나타나서 추가적인 노력이 필요한 영역에서는 자신의 능력을 충분하게 발휘하기 어렵겠다. 게다가 시각적 예민성은 정신지체 수준이어서 주변 환경에는 둔감하겠다.

작업기억 영역에서는 수 계산 능력이 평균 수준으로 나타나서 수 개념을 다루는 능력은 양호한 것으로 보인다. 또한 단순한 자극에 대한 주의력은 평균 하 수준이어서 주의 지속 능력도 비교적 적절할 것으로 생각된다.

처리속도 영역에서는 빠른 시간 안에 논리적인 판단을 하는 능력은 평균 상 수준으로 나타나서 간단한 의사결정이 필요할 때에는 높은 기능을 보일 것으로 생각된다. 시공간 협응 능력은 평균 하 수준으로 나타났는데, 낮은 점수는 필기도구를 대강 잡는 등 불성실한 태도와도 관련이 있는 것 같다.

지능검사 결과, 수검자는 직관적인 판단 능력이 연령대에 비해 높은 것으로 생각되며 단편적인 지식의 양도 많은 것으로 보인다. 그러나 사고 수준은 피상적이어서 깊이 있는 사고력이 필요할수록 기능 수준이 급격하게 저하될 수 있고, 낯선 환경에 적응하는 데 어려움이 클 것으로 생각된다. 또한 기능 영역 간의 편차가 정신지체 수준에서 우수 수준까지 매우 크게 나타나서 영역에 따라 수행 기능의 차이도 클 수 있고, 자신이 익숙한 영역에만 몰입할 가능성이 높아 보인다.

Rorschach 검사 결과, 문제해결 능력이 상당이 부족한 상태에서(R=10) 평범반응을 5개나 보이고 있어서 관습적인 판단에 몰입하고 있는 것으로 여겨진다. 또한 사고의 수준도 미숙해서(A=6) 문제 상황에서는 나이에 맞는 성숙하고 깊이 있는 대처를 하기 힘들어 보인다.

🗀 성격과 정서

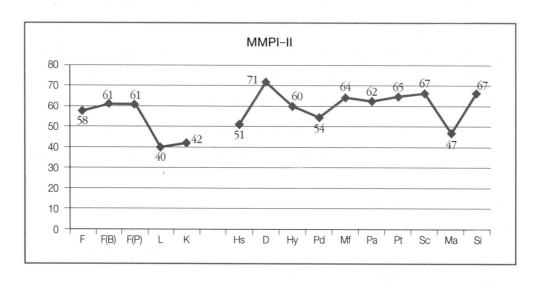

어린 시절부터 어머니와 누나가 정신과 치료를 받고 있는 상황에서(병원 외래초진기록지: '어머니가 정신과 치료를 받은 적이 있다', '누나는 강박장애, 환청 등으로 입원치료를 받은 적이 있다') 가정 내에서 정서적인 지지를 얻기는 상당히 어려웠을 것으로 보인다(HTP: 집 그림 '아무도 신경 안 쓴다' / TAT: '어머니가 아들의 부탁을 거절' / SCT: '나의 어머니는 가깝지만 먼 존재', '아버지와 나는 공통분모가 없는 듯하다' / MMPI: '정서적 소외'=81T). 이러한 상황에서 수검자는 SCT에서 '내가 아는 대부분의 집안은 대화가 있다'라고 기술하면서 '내가 어렸을 때 우리 가족은 대화 부족'이라고 하듯이 가족 내 기본적인 소통도 힘들었던 것으로 여겨진다. TAT에서 '남자를 위로해 주는 것', '둘이 위로를 하고 있어요'라고 하듯이 보살핌을 받고 싶은 욕구가 상당히 컸을 것으로 보이는바, 제대로 양육받지 못한 것에 대한 분노가 있을 가능성이 높아 보인다. 그러나 수검자보다 취약한 가족들로 인해서 수검자의 욕구는 대부분 억압되었던 것으로 보이고(SCT: 반응에 실패한 문항이 많음 / 학교생활기록부: '자기 일을 빈틈없이 처리하며', '과묵하고 온순하며'), HTP에서 사람의 윤곽만을 그리고, 나무 그림에서도 '뿌리를 더 깊게 박아야지'라고 하듯이 내면에는 공허감과 불안정감이 큰 것으로 생각된다.

이러한 상황에서 수검자는 자신에 대한 기대감이 매우 커 보인다(HTP: 나무 그림 '필요-많은 과일', '앞으로 과일이 많이 열릴 것'). 그러나 지능검사에서 나타나듯이 기능상의 편차가 상당히 크고 사고의 수준도 피상적이어서 기대를 충족하기에는 어려웠을 것 같다. 한편, 수검자는 TAT의 백지카드에서 이상적인 상황을 묘사하였고('과일 나무가 있고, 양들이 있어요. 그리고 여자 농부 같은 사람이 과일을 따고 있고, 저는 농작물을 들고 집으로 오고 있어요. 날씨는 맑고 강아지랑 새끼들이 있어요. 집은 크지는 않은데, 쪼그만데, 나름 그런 그림'), SCT에서도 도덕적인 태도를 자주 언급하고 있었다('내 생각에 참다운 친구는 희생할 수 있는', '결혼생활에 대한 나의 생각은 노력의 연속', '나의 평생 가장 하고 싶은 일은 가장으로의 책임', '내가 늙으면 인자한 사람이 되길'). 게다가 HTP의 나무 그림에서 '소원-다른 사람이 과일을 맛있게 먹어 주는 것'이라고 하듯이 이타적인 태도도 보이고 있어서 도덕적으로 완벽한 이상향을 기대하고 있는 것으로 여겨진다. 그러나 실제 생활은 이상향에 도달하기 힘들었을 것으로 여겨지는바 주관적인 스트레스가 컸을 것 같다. 앞서 언급했듯이 억압하는 데 익숙한 수검자는 스트레스를 적절하게 다루지 못했을 것으로 생각되며, 억압된 스트레스는 강박 행동을 통해 표출하고 있는 것 같다.

수검자는 다른 사람의 평가에는 상당히 민감해 보이며(HTP: 사람 그림에서 눈 강조) 외견상 드러나는 모습에 상당한 관심을 기울이고 있는 것 같다(Rorschach: 모든 사람 반응에서 의복반응을 같이 함). 그러나 HTP의 사람 그림에서 손을 동그랗게 표현하고 있어서 문제 상황에서 현실적인 대처는 어려웠을 것으로 보이며, 자신의 책임은 인식하지 못한 채 주변 환경만 적대시하고 있는 것 같다(TAT: '해부하는 것', '악당이 음모를 꾸미고 있어요'). 또한 스트레스가 가중되면 신체 증상을 호소하는 등(Rorschach: '척추, 꼬리뼈') 약자의 입장에서 관심을 요구할 가능성이 높아 보이는바, 일관된 대처가 필요한 것으로 생각된다.

🗀 요약과 제언

○ 요약

전체지능	95	평균	일반능력	96	평균
언어이해	88	평균 하	지각추론	107	평균
작업기억	93	평균	처리속도	100	평균

수검자의 지능 수준은 평균 수준으로 나타남. 직관적인 판단 능력은 높지만 사고력이 필요할수록 기능 수준이 급격하게 저하될 것으로 보이며 낯선 환경에서 적응하는 데 어려움이 예상됨. 또한 기능의 편차가 커서 주관적인 불편감을 경험할 수 있고, 익숙한 영역에만 몰입힐 가능성이 높음. 자신에 대한 기대감이 상당히 커 보이는데, 기대가 충족되지 못할 경우에는 강박적인 증상을 보일 수 있음. 가족의 정신과적 질병으로 어린 시절부터 정서적인 지지는 상당히 부족했던 것으로 보이며 가족에 대한 불만도 있겠음. 관계 형성에 대한 욕구가 큰 수

검자에게 강박 증상은 주변의 관심을 받을 수 있는 부가적인 역할도 했던 것으로 보임. 수검자는 지지적인 환경에서는 적절히 기능할 수 있을 것으로 여겨지지만, 주변의 평가에 예민하고 상황을 위협적으로 지각하고 있으며, 문제해결 능력이 부족해 보이는바, 스트레스가 가중되면 추가적으로 신체적인 호소를 할 수 있음.

○ 임상적 진단
심리평가 결과, 수검자는 다음과 같이 진단이 시사됨.
- Obsessive-Compulsive Disorder
- R/O Somatic Symptom Disorder

17 신체이형장애(Body Dysmorphic Disorder)

1. 자존감 저하, Rorschach D와 Dd의 상승(남자/20세/고졸)

📁 의뢰 사유

수검자는 '코 성형 이후 신체에 대한 과도한 집착', '자신감 저하 및 대인관계의 어려움', '우울감' 등을 주소로 내원하였으며, R/O Adjustment Disorders, R/O Obsessive-Compulsive Disorder, R/O Body Dysmorphic Disorder 임상적 인상하에 성인종합심리평가가 의뢰되었다.

📁 행동관찰과 면담

수검자는 보통 키에 마른 체격으로 교정기를 착용하고 있었고 귀여운 얼굴형이었다. 위생 상태는 양호하였고, 검사자와의 눈맞춤도 적절하게 이루어졌다. 노트와 볼펜을 가지고 검사실에 들어왔고, 웃는 얼굴로 대답하는 경우가 많았다. 도구를 다루는 과제에서 손을 떨고 있어서 긴장되어 보였고, 과제가 어려워지자 '저 멍청한 거 같아요. 어떻게 해요?', '이거 어떻게 해야 되는 거예요, 장애인 같은데요?'라고 하는 등 웃으며 불편감을 표현하였다. 또한 어휘 소검사에서는 의문문 형식으로 대답을 하고 있어서 확신이 부족해 보였고, 의자를 돌리는 등 다소 부산한 모습도 나타났다. 그러면서도 답을 틀리고 난 뒤에 '맞혀 주면 안 돼요?'라고 정답을 보여 줄 것을 요구하거나, HTP에서는 그림을 그리면서 '이거 과일 아니고 나뭇잎이에요'라고 불필요한 설명을 하기도 했다. 내원 사유에 대해서는 '비격만증 수술을 했는데…… 수술을 권해서 받았는데…… 그 뒤로 얼굴이 이상하게 보여서'라고 수술을 강조하면서 심리적 불편감은 부인하였다.

🗂 지능과 인지기능

한국 웨슬러 성인 지능검사(K-WAIS)			
지능	점수	백분율	수준
언어성 지능	74	5%ile	경계선
동작성 지능	87	20%ile	평균 하
전체지능	77	7%ile	경계선

　수검자의 **전체지능은 77, 경계선 수준**으로 나타났으며, 언어성 지능은 74, 경계선 수준, 동작성 지능은 87, 평균 하 수준으로 두 지능 간의 차이(기준 15점 차이)가 13점으로 유의미하지 않았다. 다만, 소검사 간의 점수 차이가 8점으로 크게 나고 있어서 상황에 따라 기능 수준의 차이가 클 것으로 예상된다.

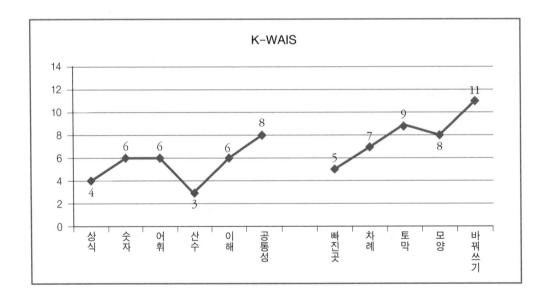

　언어성 지능을 살펴보면, 사물의 유사성을 파악하는 능력이 평균 하 수준으로 나타나서 간단한 언어적 개념에 대한 이해력은 비교적 적절해 보인다. 수검자는 다른 소검사들에서도 '활성화', '복지 혜택', '심혈을 기울였는데'라고 하는 등 수준 높은 표현을 사용하는 것을 고려할 때 언어적 잠재력은 비교적 양호한 것으로 여겨진다. 그러나 어휘, 이해, 상식의 3개 소검사는 경계선, 정신지체 수준을 보이고 있어서('슬기롭다-뭔가 그냥 잘…… 좋게 하는 것?', '무역-경제를 활성화시키기 위해서', '김소월-모르겠다'), 학업적 노력이 매우 부족했던 것 같다. 게다가 단순한 자극에 주의를 기울이는 능력과 산술 능력이 각각 경계선, 정신지체 수준으로 나타나서, 수를 다루는 능력도 매우 부족해 보인다.

동작성 지능 영역에서는 시공간 운동 속도가 평균 수준을 나타내고 있어서, 민첩성이 적절해 보인다. 그리고 시공간 구성 능력과 부분을 통해 전체를 구성하는 능력이 각각 평균, 평균 하 수준으로 나타나서, 도구를 다루는 능력도 비교적 양호한 것으로 생각된다. 한편, 상황적 맥락을 파악하는 능력은 평균 하 수준을 나타내고 있어서, 익숙한 사회적 상황에 대한 판단력이 다소 부족한 정도였다. 그러나 시각적 예민성은 경계선 수준으로 낮게 나타나고 있어서, 주변 환경 자극에 둔감해 보이는바, 대면 상황에서 부적절감을 경험하기 쉬운 것 같다.

지능검사 결과, 수검자는 간단한 운동기능이 필요할 때에는 연령에 적절한 능력을 발휘할 수 있겠고, 도구적 문제해결 능력도 비교적 양호한 것으로 여겨진다. 그러나 언어적 능력은 대부분 매우 낮게 나타나고 사회적 대처 능력도 낮은 편이어서 대면 상황에서의 의사소통 능력은 매우 부족해 보인다. 게다가 수준 높은 단어를 사용하면서도 점수를 충분히 얻지 못하는 경우가 많아서, 겉으로 보이는 이미지에 비해서 실제 기능 수준은 기대에 미치지 못하는 경우가 많을 것으로 생각된다.

Rorschach 검사 결과, 수검자는 총 39개의 매우 많은 반응 수를 보이고 있듯이 스트레스 상황에 대처하기 위해 상당한 노력을 기울이고 있는 것 같다. 그러나 평범반응은 단 2개에 그치고 있어서 관습적 판단력은 부족한 가운데 특이한 영역반응을 다수 보이듯이(Dd=11) 인위적으로 결정하고 행동하려는 경향이 강해서 주변 사람들의 공감을 얻기는 어려워 보인다(M-=4). 이렇듯 판단력이 부족한 수검자는 주변 사람들의 눈치를 보며 과도하게 무난한 결정만 해 왔을 것으로 여겨지는바(W:D:Dd=7:21:11), 매우 피상적인 관계만 맺어 왔을 것으로 생각된다.

🗁 성격과 정서

애정 욕구가 높은(MMPI: Hy=66T) 수검자는 SCT에서 '다른 가정과 비교해서 우리 집안은 대체적으로 화목한 것 같다'라고 하듯이 가정환경에 대한 만족감을 표현하고 있었다. 그러나 이혼 가정에서 성장한 수검자는 SCT에서 '나는 어머니를 좋아했지만 내가 못나서 죄송하다'라고 하듯이 모를 향해서는 자신을 격하시켜 표현하고, 부와의 관계도 원만하지 않았던 것으로 여겨지는바(SCT: '아버지와 나는 어렸을 때는 사이가 안 좋았지만 지금은 누구보다 서로를 사랑한다'), 실제로는 가족 내에서 불편감이 컸을 것으로 여겨진다(친밀감에 대한 태도를 나타내는 Rorschach 카드에서 '검'). 그러나 HTP 사람 그림에서 단추를 일렬로 그려 넣는 것을 보면 상기의 불만을 억압해 왔던 것 같다.

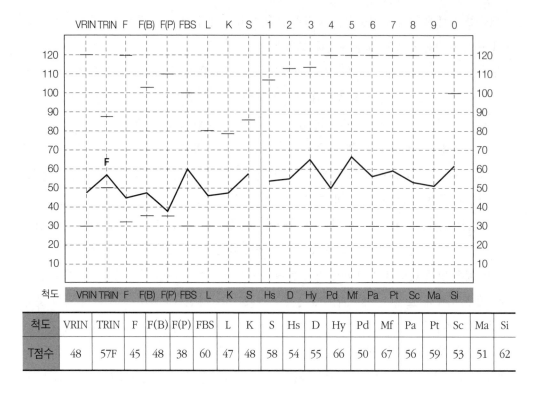

척도	VRIN	TRIN	F	F(B)	F(P)	FBS	L	K	S	Hs	D	Hy	Pd	Mf	Pa	Pt	Sc	Ma	Si
T점수	48	57F	45	48	38	60	47	48	58	54	55	66	50	67	56	59	53	51	62

　수검자는 깊이 있는 관계에 대한 욕구를 표현하고, 주변 사람들로부터 관심받고자 하는 욕구도 높아서(SCT: '내 생각에 참다운 친구는 정말 힘들 때 만날 수 있는 친구' / HTP: 사람 그림 '필요-관심, 사랑'), 자신이 가깝게 느끼는 대상과는 호의적인 관계를 맺어 왔을 것으로 여겨진다. 그러나 타인의 시선에 민감해 보이는바(SCT: '어리석게도 내가 두려워하는 것은 타인의 시선이다'), 상대의 반응에 따라 친밀감을 느끼다가도 갑작스럽게 경계하는(HTP: 집 그림 '보안이 잘되고 울타리가 잘되어 있다, 문으로 밖에서 못 들어온다') 등 불안정한 대인관계를 반복해 왔을 가능성이 높은 것 같다(Rorschach: 같은 카드에서 '천사'와 '악마').

　자기과대적인 성향을 가지고 있는(HTP: 나무 그림에서 지면을 가득 채울 정도로 크게 그림, '나이-3백 살' / Rorschach: '왕') 수검자는 성취에 대한 기대 수준이 높은 것 같다(SCT: '내가 다시 젊어진다면 공부를 열심히 하겠다'). 그러나 지능검사에서 나타나듯이 학업적 노력은 매우 부족했던 것으로 여겨지고, 부정적인 평가에 대한 두려움도 커 보이는바(HTP: 사람 그림 '긴장했다'), 낮은 기능이 드러나는 상황에서 불안한 모습을 보일 수 있겠다. 한편, 수검자는 성적인 욕구를 드러내듯이 원초적인 욕구 통제에 어려움이 있고(Rorschach: '젖꼭지', '성기'), 충동적인 성향도 시사되는바(Rorschach: FC:CF+C=1:4), 스트레스에 직면하는 상황에서는 갑작스럽게 문제 행동을 보일 가능성이 있는 것 같다(MMPI: '자살사고'=83T, '반사회적 행동'=76T). 그리고 SCT에서 '내가 늘 원하기는 진정한 사랑하기…… 잘생겨지기'라고 하듯이 신체상에 몰입하는 것은 자존감 저하와 관련이 있어 보이는데(SCT: '내가 어렸을 때는 무척 소심했었다'), 이렇듯 원인을 신체상에 돌림으로써 자신이 해야 할 일에는 충분한 노력을 기울이지 못하고 있는 것 같다.

🗂 요약과 제언

○ 요약
전체지능: 77, 경계선 / 언어성 지능: 74, 경계선 / 동작성 지능: 87, 평균 하

수검자의 지능 수준은 경계선 수준으로 보임. 도구를 다루는 상황에서 양호한 기능을 발휘할 수 있고, 익숙한 사회적 상황에서 간단한 언어적 대응을 하는 경우에도 비교적 적절한 기능을 보일 수 있는 것으로 생각됨. 그러나 깊이 있는 사고가 요구되거나 낯선 환경에서는 연령 수준에 부응하는 대처를 하기 어려워 보임. 수검자는 자신이 가깝게 느끼는 대상과는 친밀한 관계를 맺을 수 있으나, 타인의 시선에 민감해 보이는바, 주변 환경의 영향을 많이 받으며 불안정한 대인관계를 반복해 왔을 가능성이 높아 보임. 성취에 대한 기대 수준이 높지만, 학업적 노력은 매우 부족했던 것으로 여겨지고, 부정적인 평가에 대한 두려움도 커 보이는바, 낮은 기능이 드러나는 상황에서 불안한 모습을 보일 수 있겠음. 한편, 원초적인 욕구 통제에 어려움이 있고 충동적인 성향도 시사되는바, 스트레스 상황에서는 갑작스럽게 문제 행동을 보일 가능성도 있겠음. 수검자가 신체상에 몰입하는 것은 자존감 저하와 관련이 있어 보이는데, 이렇듯 원인을 신체상에 돌림으로써 자신이 해야 할 일에는 충분한 노력을 기울이지 못하고 있는 것으로 여겨짐.

○ 임상적 진단
심리평가 결과, 수검자는 다음과 같은 진단이 시사됨.
- Body Dysmorphic Disorder
- Borderline Intellectual Functioning
- Cluster B Personality Trait

2. 사회적 판단력 부족, 특정 분야에 몰입(남자/19세/대재)

📁 의뢰 사유

수검자는 '대인관계가 제한된다', '게임에 집착한다', '외롭다', '외모가 못생겨서 사람들이 싫어할 거라 생각한다' 등을 주소로 내원하였으며, R/O Avoidant Personality Trait, R/O Body Dysmorphic Disorder 임상적 인상하에 성인종합심리평가가 의뢰되었다.

📁 행동관찰과 면담

수검자는 큰 키, 마른 체격의 20대 초반 남성이었다. 위생상태는 양호하였고, 검사자와의 눈맞춤도 적절하였다. 안경을 착용한 수검자는 피부색이 까맣고 동글동글하게 귀여운 인상이었다. HTP 수행 시 보통 소요되는 시간의 두세 배를 들여 가며 열심히 수행하였고, 지능검사에서는 빠르게 수행하며 의욕적이었지만, 문항이 어려워질수록 한숨을 많이 쉬며 힘들어하였다. 완료한 과제에서는 '자~ 일단 둘이 싸우다가…… 이게 정상적인 패턴이랄까~', '짜잔~' 등 마치 어린아이가 자랑하는 듯한 말투로 미숙한 모습이었으나, 수행을 못하는 과제에서는 '군대에 와서 바보가 된 건가~', '수학 못하는 바보~' 등 웅얼거리며 핑계를 대는 경우가 많았다. 내원 사유에 대해서는 '관심병사라서 온 것 같다', '그린 캠프 갔다가 병원 몇 번 오니까 검사받게 되었다'라고만 하는 등 구체적인 문제점은 말하지 못하였다.

📁 지능과 인지기능

한국 웩슬러 성인 지능검사(K-WAIS)			
지능	점수	백분율	수준
언어성 지능	85	16%ile	평균 하
동작성 지능	89	23%ile	평균 하
전체지능	85	16%ile	평균 하

수검자의 **전체지능은 85, 평균 하 수준**으로 나타났으며, 언어성 지능은 85, 평균 하 수준, 동작성 지능은 89, 평균 하 수준으로 두 지능 간의 차이가 크게 나타나지 않았다.

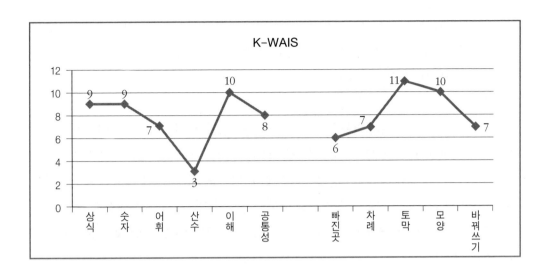

언어성 지능을 살펴보면, 사회적 상황에 대한 이해력은 평균 수준으로 관습과 규범에 대한 습득 수준은 적절해 보였으며, 기본적인 지식 수준도 평균 수준으로 전반적인 지식도 양호한 것 같다. 한편, 단순한 자극에 대한 주의력은 평균 수준으로 단기 집중력은 연령에 적절하였으나, 바로따라외우기(10점)에 비해 거꾸로따라외우기(6점)가 낮게 나타나고 있어 작업기억력이 부족해 보이는바, 자극이 복잡해질수록 기능 수준은 떨어질 수 있겠다. 게다가 수계산 능력은 정신지체 수준이어서 수 개념을 다루는 능력은 매우 부족해 보인다('500−20*7=330'). 한편, 사물의 유사성을 파악하는 능력은 평균 하 수준으로 단어 개념에 대한 기본적인 이해력이 다소 부족하고('매미와 나무-매미가 나무에 사는 것'), 어휘구사력이 평균 하 수준이고 대부분 1점짜리 대답이 많아서 연령에 맞는 성숙한 의사소통을 하기도 어려울 것 같다('기발하다-생각이 다를 때').

동작성 지능을 살펴보면, 시공간 구성 능력과 부분을 통해 전체상을 구성하는 능력이 모두 평균 수준으로 기본적인 대처 능력과 응용력은 적절해 보인다. 그러나 시공간 운동 속도는 평균 하 수준으로 민첩성은 다소 부족한 것으로 나타나는바, 문제 상황에서 기민하게 대응하기는 힘들 수 있겠다. 한편, 상황적 맥락을 파악하는 능력은 평균 하 수준으로 사회적 상황에서의 판단 능력은 다소 부족해 보이며, 시각적 예민성이 경계선 수준으로 시지각적 판단력도 매우 저하되어 있었다. 이를 고려할 때 도구적 문제해결 능력에 비해 사회적 상황에서의 대처 능력이 상대적으로 떨어지고 있어, 대면 상황을 회피하여 자신이 잘할 수 있는 특정 분야에만 몰입할 가능성이 높아 보인다.

지능검사 결과, 전반적인 지식 수준은 적절하며, 문제해결 능력, 응용력, 단기 집중력 등은 양호해 보인다. 그러나 작업기억력이 떨어지고 있어 과제가 조금만 복잡해져도 급격히 기능 수준이 떨어질 수 있으며, 과제가 간단하지만 빠른 속도를 요하는 상황에서는 그다지 높은 수행을 발휘하긴 힘들 수 있겠다. 또한 사회적 대처 능력이 저하되어 있고 의사소통 능력도 다소 부족해서, 대인관계 상황을 회피한 채 자신이 잘할 수 있는 특정 분야에만 몰입하고 있는 것 같다.

Rorschach 검사 결과, 평범반응을 5개나 하고 있어서, 주변 사람들의 평가에 상당히 민감해 보이며 자신에 대한 기대감이 높은 것 같다(W:M=7:1). 그러나 총 반응 수가 10개에 불과하고 대부분은 단순형태반응이어서, 스트레스에 대응할 수 있는 자원은 매우 부족해 보인다. 게다가 주변의 다양한 자극을 효율적으로 다루지 못해서(ZD=-5.5) 스트레스에 압도당하기 쉽고, 자신의 고집대로만 행동하여(Xu%=.30) 주변 사람들과 사소한 갈등 및 오해 상황에 놓이기 쉬운 것 같다.

🗁 성격과 정서

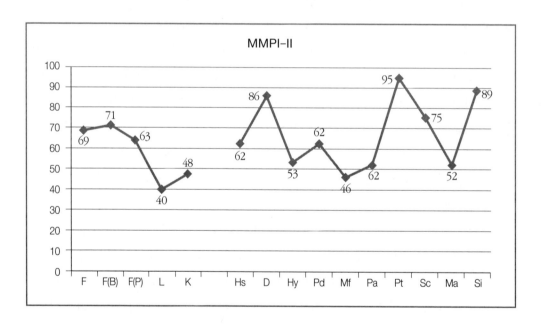

수검자는 MMPI에서 2-7-0번 척도가 극단적으로 상승하고 있어서 우울감이 매우 높아 보인다(Rorschach C'=2). 이러한 수검자는 검사 전반에 걸쳐 미래에 대한 비관적 사고(HTP: 집 그림 '나중에-이사 가면서 폐가가 되겠죠' / SCT: '내가 보는 나의 앞날은 저주의 연속일 것 같다. 너무 암울하다'), 외로움(HTP: 집 그림 '누가 사는가-혼자', '분위기-삭막'), 자존감 저하(SCT: '내가 믿고 있는 내 능력은 없다. 쓸모없는 인간이다'), 자살사고(HTP: 남자 그림 '나중에-결국 안 좋은 걸…… 죽을 수도 있거나 목숨 끊을 수도…… 범죄나 그런 거?' / '언젠가 나는 자살할 것이다') 등을 나타내고 있었다.

행동관찰에서 나타나듯이 퇴행된 행동을 보이고 있으며, MMPI에서 8번 척도가 상승하고 있고, SCT에서도 '성'과 관련한 언급이 지속적으로 나타나고 있는데('내 생각에 남자들이란 짝짓기하고 싶어 하는 동물일 뿐이다. 짐승', '내 생각에 여자들이란 남자들과 짝짓기하려고 잘 꾸미려는 암컷이다'), 이는 수검자의 사고가 원초적인 수준에 머물러 있는 것을 시사하는 것 같다. 이러한 수검자는 Rorschach의 대인관계에 대한 태도를 나타내는 카드에서도 왜곡된 형태질을 보이는 것처럼 대면 상황에서 부적절한 행동을 할 가능성이 높아 보이는바, 동년배와 적절한 관계를 형성하거나 유지하는 데 상당한 어려움을 겪었던 것으로 생각된다(SCT: '생생한 어린 시절의 기억은 따돌림당한 기억, 나를 싫어하는 또래 애들이다'). 게다가 가정 환경도 지지적이진 못했던 것으로 보이는바, 오히려 소외감을 느껴 왔던 것 같다(SCT: '다른 가정과 비교해서 우리 집안은 나 빼고 다 화목하게 지냈다'). 이처럼 관계 형성에 많은 어려움을 겪어 온 수검자는 외부로부터 부정적인 평가를 받아 왔던 것으로 여겨지나, 사고가 미숙해 보이는바(Rorschach: A=7), 문제 상황에서 자신의 행동에 대한 결과를 인식하지 못하고 외부 환경을 위협적으로만 지각하고 있는 것으로 생각된다(HTP: 나무 그림 '나중에-누군가 베지 않을까'). 이러한 수검자는 Rorschach의 분노감에 대한 태도를 나타내는 카드에서 '정강이 뼈, 핏자국'이라고 하듯이 강도 높은 분노감을 경험하고 있는 것 같다(HTP: 남자 그림 '기분-조금 화남, 일 때문에').

Rorschach의 색채카드에서 '뭔가 펑 터지면서 튄다'라고 반응하였고, 이후의 색채카드에서 반응에 실패한 것처럼 문제 상황에서 갑작스럽게 감정을 표출하거나(SCT: '어렸을 때 잘못했다고 느끼는 것은 애들과 치고받고 싸운 것이다') 회피적인 대응을 할 수 있겠다(SCT: '때때로 두려운 생각이 나를 휩싸일 때 웅크리고 눈을 감는다'). 이처럼 스트레스 상황에 대응할 수 있는 정서적 자원이 부족하고, 자존감이 낮은 수검자는 자신의 불편감을 부인하고 있어(HTP: 집 그림 '보통 사람이 그리는 전형적인 집', 남자 그림 '그냥 사람' / SCT: '무슨 일을 해서라도 잊고 싶은 것은 모르겠다'), 자신의 부정적 감정을 수용하기 힘들어 보인다. 이러한 상황에서 사고 경향성이 독특한(MMPI: Sc=75T) 수검자는 외모에 과도하게 집착하는 방식으로 자신의 고통감을 토로하고 있는 것 같다(SCT: '나의 가장 큰 결점은 더러운 외모다').

📂 요약과 제언

○ 요약

전체지능: 85, 평균 하 / 언어성 지능: 85, 평균 하 / 동작성 지능: 89, 평균 하

수검자의 지능은 평균 하 수준임. 전반적인 지식 수준은 적절하며, 문제해결 능력, 응용력, 단기 집중력 등은 양호해 보이나, 작업기억력이 부족해서 과제가 조금만 복잡해져도 급격히 기능 수준이 떨어질 수 있음. 또한 사회적 대처 능력이 저하되어 있고, 사고 수준이 퇴행되어 있어 대인관계에 상당한 어려움이 있었을 것으로 생각됨. 이러한 수검자는 외부로부터 부정적 평가를 받았을 것으로 여겨지나, 자신의 행동을 통찰하지 못하고 외부 환경을 위협적으로만 지각하면서 강한 분노감을 경험하고 있는 것으로 보임. 한편, 정서적 자원이 부족한 수검자는 충동적으로 행동하거나 회피적인 대응을 하면서 자신의 불편감을 부인하고 있음. 이러한 상황에서 사고 경향성이 독특한 수검자가 외모에 과도하게 집착하는 방식으로 자신의 고통감을 토로하고 있는 것으로 생각됨.

○ 임상적 진단

심리평가 결과, 수검자는 다음과 같은 진단이 시사됨.

- Unspecified Depressive Disorder
- Body Dysmorphic Disorder

18 ⟶ 저장장애(Hoarding Disorder)

■ 극단적인 수동공격적 성격(여자/49세/대졸)*

📂 의뢰 사유

수검자는 약 13년 전부터 '자살사고', '무기력감', '우울감' 등을 주소로 일관성 없이 치료를 받던 중, 2년 전부터는 '우울감', '부부갈등' 등을 주소로 본원에 처음 내원하여 Unspecified Depressive Disorder 진단하에 약물치료를 지속적으로 받고 있으며, 최근 자녀의 자살 이후 우울감과 함께 '물건 쌓아 두기'가 지속되는 상황으로, 전반적인 인지기능 및 정서를 파악하기 위해 성인종합심리평가가 의뢰되었다.

📂 행동관찰과 면담

수검자는 보통 키에 퉁퉁한 체형으로, 넓적한 얼굴형에 이목구비가 작은 편이었다. 어깨 정도 오는 머리 길이에 안경을 착용하고 있었고, 남색 원형 무늬 블라우스와 트렌치코트를 입고 있었다. 전반적인 위생상태는 양호한 편이었으나, 시선이 아래쪽을 향하는 경우가 많아서 검사자와의 눈맞춤은 거의 이루어지지 않았다. 목소리가 작고 힘이 없어서 무기력해 보였으나 발화량은 다소 많은 편이었다. 검사 초반에는 손을 약간 떨고 있어서 긴장한 듯 보였으나, 검사가 진행될수록 차분하고 덤덤한 태도로 임했다. 다만, 난이도가 상승하자 인상을 쓰거나 한숨을 자주 쉬면서 불편감을 드러냈다. 한편, 면담 시에는 나긋한 말투로 자신의 상황을 장황하게 설명했고, 면담이 끝난 이후에도 여러 상황을 들며 '이럴 땐 어떻게 해야 하나요?'라고 묻거나, '남이 나보다 잘났고 나는 너무 못났다고 느껴질 땐 어떻게 하시나요?'라고 질문하는 등 검사자에게 계속 말을 걸었다. 내원 사유에 대해서는 '아이가 죽었거든요. 자살인지 아닌지는 모르겠는데 제가 죽고 싶은 생각이 들어서 검사를 해 보려고요'라고 담담하게 말하였다.

---

* K-WAIS-IV를 사용한 보고서는 이하 *표 처리함.

📁 지능과 인지기능

한국판 웨슬러 지능검사 성인용 4판(K-WAIS-IV)			
영역	지능	백분율	수준
언어이해	122	93%ile	우수
지각추론	118	88%ile	**평균 상**
작업기억	104	60%ile	**평균**
처리속도	110	75%ile	**평균 상**
전체지능	118	88%ile	평균 상
일반능력	123	93%ile	우수

※ 단일 점수로서 대표성을 가지는 지능지수는 진하게 표시함.

　수검자의 **전체지능은 118, 평균 상 수준**으로 같은 연령대에서 상위 12% 정도 수준이었다. 언어이해는 122, 우수 수준, 지각추론은 118, 평균 상 수준, 작업기억은 104, 평균 수준, 처리속도는 110, 평균 상 수준으로 나타났고, 지능 영역 간의 별다른 차이가 나타나지 않았다(기준 23점 차이). 다만, 언어이해 영역의 소검사 간 점수 차이가 5점으로 크게 나타나고 있어서 (기준 5점 차이), 전 영역을 고려한 '전체지능'과 '일반능력(123, 우수 수준)' 모두 수검자의 기능을 온전히 대표한다고 보기 어렵기 때문에 각 지표가 나타내는 기능 수준을 개별적으로 파악하는 것이 더 중요해 보인다.

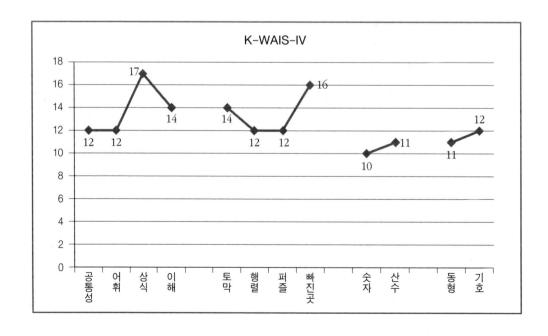

언어이해 영역에서는 기본적인 상식 수준이 최우수 수준으로 현저하게 높게 나타났고, 지적이고 현학적인 표현들을 구사하고 있었다('허난설헌-조선시대 여류 시인'). 그리고 사회적 상황에 대한 이해력이 우수 수준으로 높게 나타났고('우주-지구에서 더 살 수 없을 때를 대비하고, 인간의 지적 욕구를 만족시키고, 대체 식량이나 자원을 찾기 위해서'), 사물의 유사성을 파악하는 능력과 어휘구사력도 모두 평균 상 수준이어서, 언어적 대처가 필요한 상황에서 전반적으로 높은 기능을 보일 것으로 예상된다.

지각추론 영역에서는 시각적 예민성이 최우수 수준으로 두드러지게 높게 나타나서, 주변 환경 변화에 상당히 민감해 보인다. 그리고 시공간 구성 능력이 우수 수준으로 높아서 도구를 다루는 능력도 뛰어난 것으로 여겨지며, 전체를 고려해 핵심을 파악하는 능력과 부분을 통해 전체 상을 구성하는 능력도 모두 평균 상 수준이어서 시지각적인 판단력이 필요한 상황에서도 높은 기능을 발휘할 것으로 생각된다.

작업기억 영역에서는 단순한 자극에 주의를 기울이는 능력과 수계산 능력이 모두 평균 수준으로 나타나서, 주의력 및 수 개념을 다루는 능력은 평이한 것으로 생각된다.

처리속도 영역에서는 긴장감 속에서 빠른 논리적 판단력을 발휘하는 능력과 시공간 운동 속도가 각각 평균 상, 평균 수준이어서 민첩성도 양호해 보인다.

지능검사 결과, 수검자는 일반지능에 해당하는 언어적 능력과 비언어적인 판단력이 모두 높게 나타나서 지적인 과제를 수행할 때에는 상당히 높은 능력을 발휘할 것으로 생각되는데, 특히 세련되고 수준 높은 어휘를 구사하는 것을 보면 언어적 성취에 더욱 몰입해 왔을 수 있겠다. 다만, 사고의 효율성과 관련된 주의력 및 민첩성은 평균 수준에 그치고 있어서, 오히려 단순한 과제에서는 상대적으로 성실하게 대응하지 못함으로써 충분한 기능을 발휘하지 못했을 가능성이 커 보인다.

Rorschach 검사 결과, 수검자는 총 20개의 적절한 반응 수를 보였으나, 이 중에서 일반적인 부분영역반응이 15개나 나타나서(W:D:Dd=4:15:1) 지나치게 무난한 대응만 하려 한 것으로 보이는바, 주변 사람들의 평가에 너무 민감해져서 사고 유연성은 매우 부족한 것 같다. 게다가 동물반응을 13개나 하고 있어서(A=9, Ad=4) 실제 대응 수준은 매우 미숙할 것으로 생각되는바, 수검자가 느끼는 부적절감이 클 수 있겠다.

📁 성격과 정서

ASI-3 (불안민감)	APPQ (공황)	MDQ (조증)	HCL-32 (경조증)	PHQ-9 (우울)	STAI-Trait (특성불안)
27 61T	75 60T	4 (cut off: 7)	17 (cut off: 14)	25 (cut off: 9)	70 74T

※ 역치 이상의 척도는 진하게 표시함.

수검자는 검사 전반에서 자살사고(TAT: '자살하려고 창문에 오르는 것', '강 내려다보면서 죽을까 말까 고민하는 것'), 울적함(Rorschach: C'=6), 낮은 자존감(SCT: '내가 믿고 있는 내 능력은 의지보다 현저히 낮다'), 무망감(SCT: '나의 장래는 희망이 없다'), 무기력감(MMPI: Ma=40T) 등을 시사하는 반응이 나타났고, 'PHQ-9'이 상당히 높게 나타나고 있어서 현재 극심한 우울감을 경험하는 것으로 생각된다. 그러면서도 HTP에서 모든 그림을 크게 그리며 첨가물을 많이 넣었고, 발화량이 많아서 에너지 수준이 높아 보이며, 성적인 반응도 하는 것을 보면(Rorschach: '여자 성기', '항문'), 정서적으로 고양된 면이 있어 보이는바(Rorschach: '화려하게 파티하는 것'), 고양된 정서상태에 대한 점검이 필요해 보인다.

수검자는 Rorschach에서 재질반응이 두 개나 나타났듯이 애정 욕구가 커 보이며, SCT에서 '내가 바라는 여인상은 정신과 여의사', '내가 늘 원하기는 날씬하고 성공한 사회인이고 싶다'라고 했고, HTP 사람 그림에서 '소원-남들한테 부러움 살 만한 상황이 되는 것'이라고 하듯이 주변 사람들의 인정도 중요해 보인다. 이러한 수검자는 높은 지능 수준을 바탕으로 지적 활동을 통해 인정을 받으려고 노력해 왔을 것 같다. 그러나 사고가 경직되고(MMPI: L=50T), 사회 기술도 부족한 수검자는 관계 상황에서 기대만큼 주변 사람들로부터 긍정적인 평가를 받기가 어려웠을 것으로 여겨지는바 자존감이 저하되었을 것 같다. 게다가 Rorschach에서 '피 흘리는 것'이라고 했고, MMPI에서 4번 척도가 75T로 매우 높게 상승하고 있듯이 분노감이 상당해 보이는데, 가정환경을 상당히 강압적으로 인식하는 것을 볼 때(SCT: '다른 가정과 비교해서 우리 집안은 가난하고 공부만 시킨다', '나의 어머니는 공부만 시킨다', '내가 바라기에 아버지는 나에게 한 멸시와 폭행을 진심으로 사과해야 한다'), 이와 같은 불만이 유년기 때부터 오랜 기간 지속되었을 가능성이 높아 보인다.

지능검사에서 나타났듯이 언어적 능력이 매우 높고, 현학적인 단어를 자연스럽게 구사하는 수검자는 SCT에서 '행운이 나를 외면했을 때 다음 기회를 기다린다', '이상한 일이 생겼을 때 원인을 생각한다'라고 하는 것을 볼 때, 문제 상황에서 이성적으로 대처하는 듯 보일 것으로 생각된다. 그러나 Rorschach에 나타났듯이 실제 문제 상황에서의 대응 수준은 매우 미숙

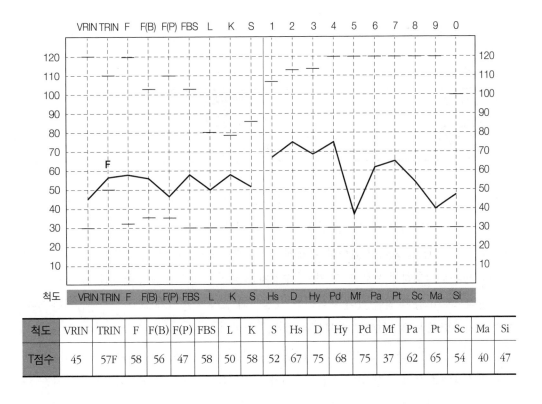

척도	VRIN	TRIN	F	F(B)	F(P)	FBS	L	K	S	Hs	D	Hy	Pd	Mf	Pa	Pt	Sc	Ma	Si
T점수	45	57F	58	56	47	58	50	58	52	67	75	68	75	37	62	65	54	40	47

할 것으로 여겨지는바(Rorschach: A=9, Ad=4 / SCT: '때때로 두려운 생각이 나를 휩싸일 때 엄마에게 전화한다'), 상기의 무난한 표현들은 단순히 수검자의 주지화 경향을 반영하는 것 같다. 이러한 수검자는 오랜 기간 뚜렷한 성취를 이루지 못하는 상황에서 불편감이 점차 커져 왔을 것으로 여겨지는데, 자존심이 강해서 좌절감을 외부에 투사함으로써 주변 환경을 적대시하는 것 같다[HTP: 사람 그림 '무엇-내가 하는 일 잘하나 옆에서 지켜보고 감시하는 것', '생각-제(수검자)가 실수하고 못하면 가르쳐 줘야지']. 위와 같이 자존감이 낮은 수검자는 직접적으로 불만을 드러내기 어려운 상황에서는 극도의 수동성(저장장애)을 발휘하면서 불편감을 드러내고, 자신보다 위치가 낮은 대상에게는 상당히 강압적이고 공격적인 모습을 보여 왔을 것 같다(SCT: '무엇보다 좋지 않게 여기는 것은 아이에게 공부를 강요해서 죽음에 이르게 하는 것이다').

📂 요약과 제언

○ 요약

전체지능	118	평균 상	일반능력	123	우수
언어이해	122	우수	지각추론	118	평균 상
작업기억	104	평균	처리속도	110	평균 상

수검자의 지능 수준은 평균 상 수준으로 나타남. 일반능력이 높게 나타나서 지적인 과제를 수행할 때에는 상당히 높은 능력을 발휘할 것으로 생각됨. 다만, 주의력 및 민첩성은 평균 수준에 그치고 있어서, 오히려 단순한 과제에서는 상대적으로 성실하게 대응하지 못함으로써 충분한 기능을 발휘하지 못했을 수 있음. 수검자는 극심한 우울감을 호소하면서도 한편으로는 정서적으로 고양된 면이 있어 보이는바, 우울감과 고양된 정서가 교차하는 불안정한 정서 상태가 지속되어 왔을 것으로 예상됨. 수검자는 주변 사람들의 인정이 중요해 보이는바, 지적 활동을 통해 인정을 받으려고 노력해 왔을 수 있음. 그러나 사회 기술이 부족해서 기대만큼 주변 사람들로부터 긍정적인 평가를 받기가 어려웠을 것으로 여겨짐. 이러한 수검자는 분노감이 상당해 보이며, 가정 환경을 상당히 강압적으로 인식하는 것을 볼 때, 이와 같은 불만이 유년기부터 지속되었을 수 있음. 수검자는 주지화 방어기제를 통해 문제 상황에 대응하는 것으로 여겨지며, 자존심이 강해서 좌절감을 외부로 투사하여 주변 환경을 적대시할 것으로 생각됨. 자존감이 낮은 수검자는 직접적으로 불만을 드러내기 어려운 대상에게는 극도의 수동성을 발휘하면서 불편감을 드러낼 수 있으나, 자신보다 위치가 낮은 대상에게는 상당히 강압적이고 공격적인 모습을 보여 왔을 수 있음.

○ 임상적 진단

심리평가 결과, 수검자는 다음과 같은 진단이 시사됨.

- Bipolar II Disorder, Current or most recent episode depressed
- Hoarding Disorder
- Unspecified Personality Disorder(Passive-Aggressive)

19 꼬집기장애(Excoriation Disorder)

■ 유약함을 강조하여 보호를 유도함(남자/19세/고졸)

📁 의뢰 사유

수검자는 '일을 못하는 문제로 자주 혼이 나는 등 스트레스를 받으면 손, 발 등을 물어서 뜯어먹는 습관이 있다'를 주소로 내원하였으며, R/O Adjustment Disorders 임상적 인상하에 성인종합심리평가가 의뢰되었다.

📁 행동관찰과 면담

수검자는 보통 키, 체격으로, 코와 귀가 크고 입술이 두꺼웠다. 또한 얼굴이 길고 여드름 흉터가 많았다. 손톱이 상당히 짧고 끝부분이 고르지 않았으나 위생상태는 무난한 편이었으며, 검사자와의 눈맞춤은 적절하게 이루어졌다. 수검자는 검사 자극만 보면서 성실하게 검사를 수행했으나 발음이 어눌하고 말하는 속도가 느렸다. 그리고 '만들 수 있는 것입니까?', '똑바로 놔둬야 합니까?', '모르면 모른다고 말해야 합니까?'와 같이 검사와 관련된 사소한 질문이 많았다. 내원 사유에 대해서는 '남들 눈치 보는 게 너무 많이 봐가지고 그 다른 사람들이 저를 안 좋게 보는 것 같아가지고, 그거 가지고 스트레스 받다 보니까 화가 나니까 풀 데가 없어서 쌓아 두니까, 중대장님하고만 시간을 보내니까 애들 시선이 안 좋게 돼가지고'라고 같은 단어를 반복하면서 장황하게 자신의 증상을 설명했다.

📁 지능과 인지기능

수검자의 **전체지능은 76, 경계선 수준**으로 나타났으며, 언어성 지능은 73, 경계선 수준, 동작성 지능은 85, 평균 하 수준으로 나타나서, 두 지능 간의 차이는 유의미하지 않았다. 다만, 소검사 간의 점수 차이가 5점으로 크게 나타나고 있어서, 상황에 따라 기능 수준의 차이가 클

한국 웩슬러 성인 지능검사(K-WAIS)			
지능	점수	백분율	수준
언어성 지능	73	4%ile	경계선
동작성 지능	85	16%ile	평균 하
전체지능	76	6%ile	경계선

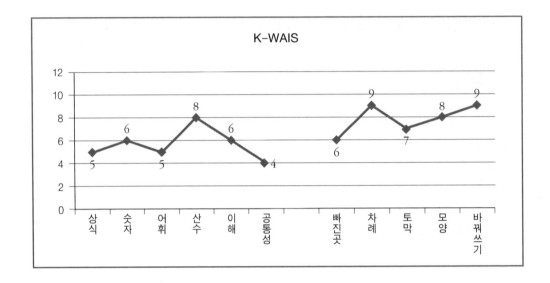

것으로 예상된다.

    언어성 검사를 살펴보면, 산수 소검사가 8점이었으며, 쉬운 문항에서 틀리고 어려운 문항
에서 맞히고 있는 것을 고려할 때, 수검자의 지적 잠재력은 평균에서 평균 하 수준으로 여겨
진다. 그러나 이에 비해서 다른 소검사들이 상대적으로 낮게 나타나고 있으며, 간단한 자극
에 주의를 기울이는 능력이 경계선 수준으로 나타나서, 오히려 쉬운 자극에서 더 부주의한 모
습을 보일 것으로 예상된다. 한편, 공통성, 이해, 어휘, 상식 등의 소검사들이 모두 경계선, 정
신지체 수준으로 나타나서('기쁨과 슬픔-반대이지 않습니까?', '근로기준법-게으름 필까 봐', '대
항한다-쿠데타', '산-공기가 적어서'), 전반적인 언어적 대처 능력과 학습 수준은 낮은 것으로
생각되며, 상식 소검사에서 맞고 틀리기를 반복하고 있어서 일관적인 학업적 노력은 부족했
을 것으로 보인다.

    동작성 검사를 살펴보면, 시공간 운동 속도가 평균 수준으로 나타나서, 민첩성은 양호해
보인다. 그러나 부분을 통해 전체 상을 구성하는 능력과 시공간 구성 능력이 평균 하 수준으
로 나타나서 도구를 다루는 능력은 다소 부족할 것으로 생각된다. 한편, 상황적 맥락을 파악
하는 능력이 평균 수준으로 나타나서 사회적인 대처 능력은 무난한 것으로 여겨지나, 시각적

예민성이 경계선 수준이어서 주변 환경 자극에 둔감해 보이는바, 애매한 상황에서는 적절한 판단을 하기 힘들 것으로 보인다.

지능검사 결과, 산수 소검사를 고려할 때 수검자의 지적 잠재력은 평균에서 평균 하 수준으로 여겨진다. 그러나 학습에 필요한 실제적인 노력은 부족했던 것으로 보이며, 부주의하고 성실성이 부족해서 성취 경험은 드물었을 것으로 생각된다. 게다가 사회적 대처 능력이 부족하고 상당히 둔감해서 대면 상황에서 위축된 모습을 보이기 쉽겠다.

Rorschach 검사 결과, 수검자는 총 15개의 다소 적은 반응 수를 보였으며, 대부분 단순한 형태반응이어서 스트레스 상황에서 단편적인 대응만 할 것으로 생각된다. 또한 '사마귀', '잠자리'와 같은 동물반응들이 많이 나타나서 문제 상황에서 미숙하게 대응할 가능성이 있겠다. 게다가 관습적인 판단력이 부족해서(P=2) 주변 사람들과 생각을 공유하기 힘들 것으로 여겨지며, 문제해결 능력도 낮아서(X-%=0.50) 대부분의 대응 행동들이 주변 사람들의 공감을 얻기는 힘들어 보인다.

📁 성격과 정서

수검자는 HTP 사람 그림에서 '필요-친구', '소원-사람들과 친해지는 것'이라고 하듯이, 대인관계에 대한 욕구가 높아 보이며, 친밀감에 대한 태도를 나타내는 Rorschach 카드에서 '동물 가죽'과 같은 반응을 하고 있어서 애정 욕구도 상당한 것으로 생각된다. 그러나 관계를 형성하기 위해 노력하기보다는 타인의 접근만 기다리고 있는 것으로 보인다(SCT: '내가 늘 원하기는 사람들이 나를 먼저 찾아와서 놀자고 하는 것이다', '내가 제일 좋아하는 사람은 나한테 먼저 다가오는 사람'). 또한 윗사람에게는 보호 본능을 불러일으키는 행동을 할 가능성이 높겠으나 동년배나 계급이 낮은 대상에게는 책임감 있는 행동을 보여 주지 못할 것으로 생각되는바, 각 개인에게 일정량의 책임이 부과되는 군생활에서 적응하기 힘들었을 것으로 생각된다.

한편, 수검자는 HTP 나무 그림에서 나무를 크게 그리고 있어서 자아상이 과대해 보이며, 성취 욕구도 높아서(HTP: 나무 그림 '사과나무', '필요-열매가 더 있어야 한다') 기능을 평가받는 상황에서는 능력을 발휘하기 위해 노력할 것으로 여겨진다. 그러나 부주의하고 성실성이 부족해서(HTP: 나무 그림에서 가지를 그리지 않음), 수검자가 만족할 만한 성취는 드물었을 것으로 생각된다. 게다가 대처 능력도 부족해서(SCT: '행운이 나를 외면했을 때 세상이 날 버린 것 같다'), 문제 상황에서 무기력한 모습을 보이면서 특이한 언행을 사용하여(HTP: 집 그림에서 집의 형태가 독특함 / Rorschach: INCOM=1) 고통감만 반복적으로 호소하고 있는 것 같다.

이러한 수검자는 특히 스트레스 상황에서 스스로 문제를 해결하기보다는 의존적인 태도를

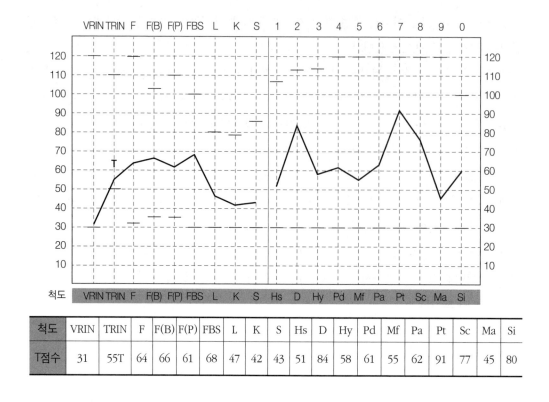

척도	VRIN	TRIN	F	F(B)	F(P)	FBS	L	K	S	Hs	D	Hy	Pd	Mf	Pa	Pt	Sc	Ma	Si
T점수	31	55T	64	66	61	68	47	42	43	51	84	58	61	55	62	91	77	45	80

보일 것으로 여겨지며(SCT: '나에게 이상한 일이 생겼을 때 누군가 도와주기를 바란다') 자신의 유약함을 반복적으로 표현함으로써 주변 사람들의 지지와 보호를 유도할 가능성이 있겠다 (SCT: '나의 장래는 앞으로 어떻게 될지 몰라서 겁이 난다'). 그러나 기대했던 수준의 호응을 듣지 못할 것으로 여겨지는바, '피부 뜯기'와 같은 자학적인 방식으로 불안감에 대처하고 있는 것 으로 예상된다. 한편, 대인관계에 대한 태도를 나타내는 Rorschach 카드에서 '피'라는 반응을 하고 있어서 분노감이 상당해 보이는바, 내면의 공격성을 외부에 투사하면서 주변 환경을 경 계할 것으로 생각된다(HTP: 사람 그림에서 눈을 강조해서 그림).

🗁 요약과 제언

○ 요약

전체지능: 76, 경계선 / 언어성 지능: 73, 평균 하 / 동작성 지능: 85, 경계선

수검자의 지능 수준은 경계선 수준으로 나타남. 지적 잠재력은 평균에서 평균 하 수준으 로 보이나 실제적인 노력을 기울이지 않은 것으로 여겨지며, 부주의하고 성실성이 부족해서 성취 경험은 부족했을 것으로 생각됨. 수검자는 친밀감에 대한 욕구가 상당히 높지만 관계

를 위해 노력하기보다는 타인이 접근해 주기만 바랄 것으로 생각되며 개인의 할당량이 정해져 있는 군 환경 내에서 동년배나 계급이 낮은 대상에게 책임감 있는 모습을 보여 주지 못하는 등 적응이 힘들 것으로 여겨짐. 한편, 수검자는 자아상이 과대하고 성취 욕구도 높으나 특이한 언행이 많고 부주의하며 성실성이 부족해서 만족할 만한 성공은 드물었을 것으로 보임. 이러한 수검자는 스트레스 상황에서 자신의 취약점만 표현함으로써 주변 사람들에게 연민과 보호를 구할 가능성이 있겠으나, 원하던 수준의 호응을 얻지 못할 때는 '피부 뜯기'와 같은 방식으로 불안감에 대처하고 있는 것으로 보임. 게다가 내면의 분노감을 외부에 투사하면서 주변을 경계할 가능성도 있겠음.

○ 임상적 진단
심리평가 결과, 수검자는 다음과 같은 진단이 시사됨.
- Excoriation Disorder
- Dependent Personality Disorder
- Borderline Intellectual Functioning

20 외상후 스트레스장애(Posttraumatic Stress Disorder)

1. 성적 외상, 경계선 성격(남자/24세/대재)

📂 의뢰 사유

수검자는 '동성애로 인해 군 환경에서 생활하기 힘들다', '성적 지향 문제를 고치지 못해서 힘들다' 등을 주소로 내원하였으며, R/O Unspecified Depressive Disorder, R/O Adjustment Disorders 임상적 인상하에 성인종합심리평가가 의뢰되었다.

📂 행동관찰과 면담

수검자는 작은 키에 보동 체격으로 남성스러운 외모를 가지고 있었으나, 여성스러운 말투를 사용하고, 다리를 모으고 앉거나 손동작을 많이 사용하였다. 위생상태는 양호하였으며, 눈맞춤도 잘 이루어졌다. 지시 사항을 다시 묻거나 사소한 질문을 하는 경우가 많았으며, 모르는 문항에서는 안타깝다는 듯이 두 손으로 머리를 치는 등 과장된 행동을 보였다. 또한 도구 정리를 도와주려고 하다 멈칫하는 등 자신의 반응을 결정하지 못하고 머뭇거리는 경우도 많았다. 그러면서도 과제 수행 시 정답이 맞지 않으면 갑작스럽게 도구를 불쑥 던지거나 '아, 왜 안 돼'라고 말하며 갑작스럽게 신경질적인 반응을 보이기도 하였다. 내원 사유에 대해서는 비밀보장 여부를 확인한 후에 '초등학교 때 동성애에 관심을 보인다는 것을 알았다'라며 조심스럽게 말하였고, '중학교 때 옆집 형에게 성폭행을 당했고, 고등학교 때도 친구들에게 지속적인 성폭행을 당하였다'라고 하는 등 심각한 외상 경험을 말하면서도 별다른 불편감을 보이지 않으며 차분한 목소리로 자세하게 말하였다.

🗁 지능과 인지기능

한국 웩슬러 성인 지능검사(K-WAIS)			
지능	점수	백분율	수준
언어성 지능	95	37%ile	평균
동작성 지능	73	3%ile	경계선
전체지능	85	16%ile	평균 하

수검자의 **전체지능은 85, 평균 하 수준**으로 나타났으며, 언어성 지능은 95, 평균 수준, 동작성 지능은 73, 경계선 수준으로 나타나서, 두 지능 간의 차이는 유의미하지 않았다. 다만, 소검사 간의 차이가 8점으로 크게 나타나고 있어서 상황에 따른 기능상의 차이가 클 것으로 예상된다.

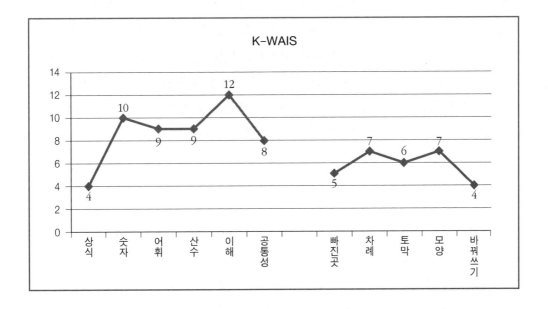

언어성 지능을 살펴보면, 사회적 상황에 대한 이해력은 평균 상 수준으로 나타나고 있어서 일상 경험을 통해서 습득할 수 있는 관습 및 규범에 대한 이해 능력은 다소 높아 보인다. 그러나 기본적인 상식이 정신지체 수준으로 나타나고 있어서 학업적인 지식 습득을 위한 노력은 상당히 부족했던 것으로 여겨진다('물-80도'). 수검자의 어휘구사력은 평균 수준을 보였고, 사물의 유사성을 파악하는 능력이 평균 하 수준으로 나타나고 있어서 언어적 개념에 대한 이해력은 비교적 양호해 보인다. 또한 산술 능력과 단순한 자극에 주의를 기울이는 능력이 평균 수준으로 나타나고 있어서 주의집중력도 적절한 것 같다.

동작성 지능 영역에서는 부분을 통해서 전체를 구성하는 능력이 평균 하 수준이었고, 시공간 구성 능력이 경계선 수준을 보이고 있어서 문제해결 능력이 다소 부족해 보인다. 또한 시공간 운동 속도가 정신지체 수준이어서 민첩성이 상당히 부족한 것으로 여겨지는데, 과제 수행 시 연필에 힘을 주고 기호 하나하나를 또박또박 쓰고 있듯이 완벽주의적인 성향이 점수 저하에 영향을 미친 것으로 생각된다. 그리고 상황적 맥락을 파악하는 능력이 평균 하 수준으로 나타났고, 시각적 예민성이 경계선 수준을 보이고 있어서 사회적 대처 능력도 다소 부족한 것 같다.

지능검사 결과, 관습 및 규범에 대한 습득 수준이 가장 높게 나타나고 있는 것을 보면, 도덕적인 가치관에 몰입해 있을 수 있겠다. 또한 언어적 자원과 수계산 능력이 양호해 보이는바 지적 잠재력도 적절한 것 같다. 그러나 학습을 위한 노력은 상당히 부족했던 것으로 여겨지는바 부적절감을 느끼기 쉬웠을 것으로 생각된다. 또한 주변 환경에 둔감하고 민첩성이 부족해서 사회적 상황에서도 좌절감을 느끼기 쉽겠다.

Rorschach 검사 결과, 총 27개의 많은 반응 수를 보이고 있어서 스트레스 상황에서 문제를 해결하기 위해 많은 인지적인 노력을 기울였던 것으로 생각되나, 대부분 왜곡된 형태반응을 많이 보이고 있어서(X-%=0.44) 그 노력이 상당히 부적절한 경우가 많을 것으로 여겨지며, 스트레스가 가중되는 상황에서는 지나치게 격한 감정 반응을 보일 수 있겠다(FC:CF+C=0:4). 또한 '성기', '여자 속옷' 등 성적인 내용을 언급하는 등 성적인 주제에 몰입해 있는 것을 보면, 과거에 겪은 외상 사건을 반추하고 있을 가능성이 높겠다((2)=6).

📁 성격과 정서

심한 성적 외상 경험을 가지고 있는 수검자는 SCT에서 '무슨 일을 해서라도 잊고 싶은 것은 강간당한 것, 성경험이다'라고 하듯이 고통감을 호소하고 있으며, Rorschach에서 '연기 속에 무서운 눈이 있습니다', '동물이 째려보고 있다' 등으로 반응하듯이 주변 환경을 상당히 경계하고 있는 것 같다. 그러면서도 SCT에서 '내가 늘 원하기는 가수가 되는 것, 주목 받는 가수'라고 하듯이 관심받고자 하는 욕구가 상당히 높아 보이는바, 한편으로는 관계 형성을 위해 노력했던 것 같다(SCT: '내가 믿고 있는 내 능력은 그래도 노래랑 무대에서의 색기이다'). 수검자는 Rorschach X번 카드에서 '여자 속옷', '남자 성기' 등의 성적인 반응을 많이 하고 있어서 성적인 주제에 몰입해 있는 것으로 보이는데, 이는 대인관계에서 경계하는 마음과 다가가고 싶은 마음이 모두 포함된 반응으로 보인다. 이런 복잡한 감정을 느끼고 있는 수검자는 대인관계 상황에서 혼란감을 많이 느꼈을 것으로 생각된다.

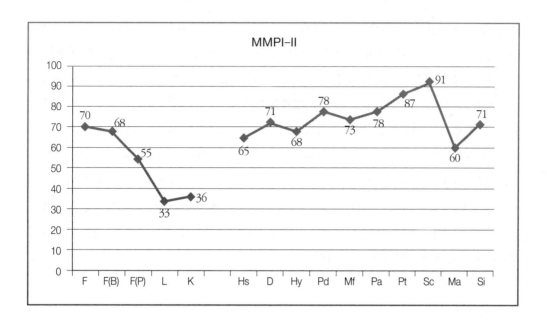

한편, 동성에 대한 성적 지향을 밝히면서도, SCT에서 '나의 가장 큰 결점은 동성애자인 것과 멍청한 것이다', '내가 정말 행복할 수 있으려면 이성을 좋아해야 할 것 같다'라고 하듯이 한편으로는 성적 지향에 대한 불편감을 강하게 호소하고 있어서, 자신에 대한 정체감을 형성하는 데도 어려움이 컸을 것으로 보인다. 게다가 Rorschach I번 카드에서 '천사'와 '악마'라고 반응하듯이 극단적인 반응을 보이고 있어서, 자신이 접하는 주변 사람들을 모두 선과 악으로만 되어 있는 극단적인 대치 구조로 인식하고 있을 가능성이 높아 보인다.

이렇듯 혼란감이 심한 수검자가 Rorschach에서 '폐', '심장' 등의 반응을 보이듯이 극심한 스트레스 상황에서 신체적인 증상을 호소하거나 HTP 나무 그림에서 '소원-가지 잘라 줘. 과일 가져가 줘'라고 하듯이 의존적인 태도를 통해서 대응해 왔을 것으로 생각된다. 그러나 HTP 나무 그림에서 '제가 나중에 쉬고 싶은 집을 그렸는데 고양이 괴물 같습니다', '혼자 있다'라고 하듯이 도움을 받을 수 있는 지지적인 자원이 상당히 부족한 것으로 여겨지는바 환경적인 개입이 필요할 것으로 생각된다.

요약과 제언

○ 요약

전체지능: 85, 평균 하 / 언어성 지능: 95, 평균 / 동작성 지능: 73, 경계선
수검자의 지능 수준은 평균 하 수준으로 나타났으며, 도덕적인 가치관에 몰입해 있는 것으

로 보임. 또한 언어적 자원과 수계산 능력이 양호하고 지적 잠재력도 적절한 수준임. 그러나 실제적인 노력은 부족해 보이는바, 학업성취 상황에서 부적절감을 느끼기 쉬웠을 것으로 생각되고, 사회적 상황에서도 좌절감을 느끼기 쉬움. 강도 높은 외상으로 인한 고통감을 호소하고 있는 수검자는 주변 환경을 상당히 경계하고 있음. 그러면서도 관심받고자 하는 욕구가 높아 관계 형성을 위해서 노력해 온 것으로 여겨짐. 이러한 수검자는 대인관계에 대한 극단적인 감정을 모두 가진 상태에서 대인관계 상황에서 혼란감이 컸을 것으로 생각됨. 한편, 자신의 성적 지향에 대한 불편감을 강하게 호소하는 것을 보면, 자기정체감을 형성하는 데도 어려움이 컸을 것으로 보임. 이러한 수검자는 극심한 스트레스 상황에서 신체적인 증상을 호소하거나 의존적인 태도를 통해 대응했던 것으로 여겨짐. 그러나 지지 자원이 상당히 부족해 보이는바 환경적인 개입이 필요해 보임.

○ 임상적 진단

심리평가 결과, 수검자는 다음과 같은 진단이 시사됨.

- Posttraumatic Stress Disorder
- Gender Dysphoria in Adult
- Borderline Personality Disorder

2. 외상을 통한 회피, 높은 공격성(남자/21세/대재)

📁 의뢰 사유

과거 품행에 문제가 있었던 수검자는 입대 전 교통사고로 친구가 사망한 일이 있었으며, '짜증이 많아지고 불안하다', '잠을 잘 자지 못한다', '자꾸 화가 난다' 등을 주소로 내원하였고, R/O Posttraumatic Stress Disorder, R/O Borderline Intellectual Functioning, R/O Unspecified Personality Disorder 임상적 인상하에 성인종합심리평가가 의뢰되었다.

📁 행동관찰과 면담

수검자는 보통 키, 마른 체형이었고, 준수한 외모의 20세 남성이었다. 다소 까만 피부에 체육복 차림으로 위생상태는 양호하였으며, 또렷한 눈빛으로 검사자와의 눈맞춤도 적절하였다. 살짝 웃는 표정으로 검사에 임하였으며, 오히려 자만한 듯 너무 빠르게 대답하여 쉬운 문항에서 틀리는 경우가 많아 검사에 임하는 태도가 그다지 성실해 보이지 않았다. 그러나 전반적으로 매우 편안한 상태에서 검사에 임하였고, HTP 등의 지필 과제를 매우 빨리 수행하였다. 내원 사유에 대해서는 '사고가 나서……'라고 하면서 6개월 전에 있었던 친구의 교통사고를 언급하였고, '당시 가족이 있어서 견뎠는데 군대 오니 재발했다'라고 하면서 증상의 경과를 설명하였다.

📁 지능과 인지기능

한국 웩슬러 성인 지능검사(K-WAIS)			
지능	점수	백분율	수준
언어성 지능	86	18%ile	평균 하
동작성 지능	97	41%ile	평균
전체지능	90	25%ile	평균

수검자의 **전체지능은 90, 평균 수준**으로 나타났으며, 언어성 지능은 86, 평균 하 수준, 동작성 지능은 97, 평균 수준으로 두 지능 간의 차이는 크게 나타나지 않았다. 그러나 소검사 간의 차이가 11점으로 매우 크게 나타나고 있어서 상황에 따른 기능상의 차이가 클 것으로

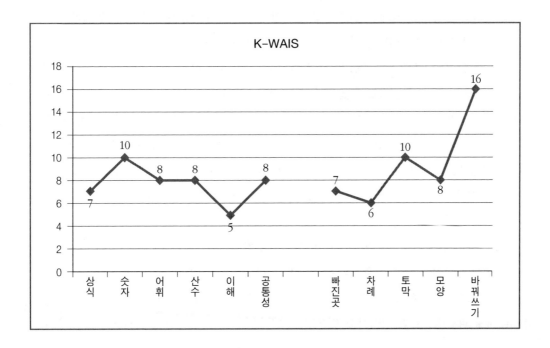

예상된다.

언어성 지능을 살펴보면, 단순한 자극에 대한 주의력이 평균 수준으로 나타났으나, 바로따라외우기는 9자릿수까지도 성공하고 있어서 단기 집중력은 매우 높아 보인다. 그러나 거꾸로 따라외우기는 4자릿수에서 그치는 등 작업기억력이 매우 부족해 보이는바, 과제 난이도나 복잡성이 증가함에 따라 수행 수준이 급격하게 떨어질 수 있겠다. 수계산 능력이 평균 하 수준으로 낮게 나타났는데, 55km를 5.5km라고 답하는 등 근사한 대답을 하는 경향이 나타났으며, 이는 성실하지 못한 수검태도와 관련이 있어 보인다. 어휘구사력과 사물의 유사성을 파악하는 능력이 평균 하 수준이어서 단어 개념에 대한 기본적인 이해 수준도 다소 낮은 수준이었고('가훈-집안에 정해져 있는 글', '망각하다-착각하다', '배와 비행기-크다'), 기본적인 상식 수준이 평균 하 수준이어서 학습 수준도 낮은 편이었다('국보-광화문'). 게다가 사회적 상황에 대한 이해력은 경계선 수준이었으며, '근로기준법-뭡니까?', '세금-모른다' 등의 반응을 보이고 있어 전반적인 사고 수준도 미숙해 보인다.

동작성 지능 영역에서는 시공간 운동 속도가 최우수 수준을 보이고 있어 간단한 운동 과제는 매우 빠르고 정확하게 수행할 수 있을 것으로 보인다. 그러나 다른 소검사들과는 6~10점까지 차이가 나고 있어서 부적절감을 느끼기 쉬운 것 같다. 수검자는 시공간 구성 능력이 평균 수준, 부분을 통해 전체 상을 구성하는 능력이 평균 하 수준으로 나타나 전반적인 문제해결 능력은 비교적 양호해 보이지만, 바꿔쓰기의 수행에 비해서는 상당히 낮게 느껴질 수 있어서 매사에 성급하게 행동하기 쉬운 것 같다. 한편, 시각적 예민성은 평균 하 수준, 상황적 맥락을 파악하는 능력은 경계선 수준을 보이고 있어서 사회적 상황에서의 판단 및 대처 능력은 매우 부족해 보이는바, 대면 상황에서 부적절감은 더욱 커질 것으로 생각된다.

지능검사 결과, 정신 운동 속도가 매우 빠르고, 단기 집중력도 높은 편이어서 간단한 과제가 주어지는 상황에서는 비교적 높은 수준의 기능을 보일 수 있겠다. 그리고 이러한 높은 수행 수준은 본인의 기대감도 반영되어 있는 것 같다. 그러나 대부분의 소검사는 평균 하 수준 이하에 분포하고 있어서 이렇듯 높은 기능을 보이는 경우는 매우 제한적일 것으로 여겨지는바 부적절감을 느끼기 쉬워 보인다. 과제가 복잡해지면 좌절감을 느끼기 쉽고, 대면 상황에서 연령 수준에 맞는 성숙한 태도가 필요할 때도 상당한 불편감을 느낄 수 있으며, 피상적이고 불성실한 태도를 보일 수 있겠다.

Rorschach 검사 결과, 총 반응 수는 18개로 적절하였으나, 대부분 단순한 형태반응에 그치고 있어서 사고가 단순하고 경직되어 있는 것 같다(L=1.57). 18개 반응 중에서 16개를 전체반응으로 하고 있고, 조직화 점수가 매우 낮게 나타나고 있어서(ZD=-6.0) 주변 환경 자극들을 지나치게 피상적으로만 인식하고 있으며, 평범반응은 단 1개에 그치고 있어서 관습적 지각 능력도 매우 부족해 보이는바, 주변 사람들의 반응을 거의 고려하지 못한 채 행동할 가능성이 높아 보인다. 게다가 스트레스 상황에서의 객관적 판단력도 매우 부족해서(X-%=0.39) 연령 수준에 비해 미숙한 모습을 보일 수 있겠다.

📂 성격과 정서

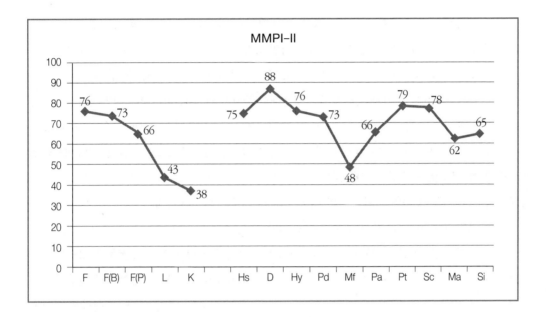

수검자는 MMPI에서 6개 임상척도가 70T 이상 높게 상승해 있어 극심한 고통감과 혼란감을 호소하고 있는 것으로 보인다. MMPI에서 신경증 척도와 정신증 척도가 모두 높게 상승해 있는 것을 보면, 스트레스가 적을 때는 주변 사람들과 친밀한 관계를 유지할 수 있을 것으로 보이나, 스트레스 상황에서는 태도가 급변하면서 공격적이고 신경질적인 모습을 보이는 등 불안정한 대인관계를 경험할 가능성이 높아 보인다. 수검자는 Rorschach에서 C'=1, Y=1 등의 지표를 보였고, SCT에서 무망감('나의 장래는 모르겠다', '나의 야망은 없다'), 자존감 저하('내가 믿고 있는 내 능력은 없다'), 미래에 대한 부정적 사고('내가 보는 나의 앞날은 어둡다') 등이 나타나고 있어서 우울감도 느끼고 있는 것 같다. 그러나 수검자는 높은 불편감을 호소하고 있으면서도 검사 전반에 걸쳐서 별다른 고민 없는 통속적인 반응들을 보였고(SCT: '내가 성교를 했다면 좋겠다' / HTP: 집 그림 '돈 많은 사람들이 산다', 여자 그림 '가장 행복한 때-남자 친구와 있을 때'), MMPI에서도 F(P) 척도가 66T로 비교적 높은 편이어서 상기의 고통감은 다소 과장된 면이 있는 것 같다.

수검자는 SCT에서 '다른 친구들이 모르는 나만의 두려움은 죽음에 관한 것', '내가 저지른 가장 큰 잘못은 운전을 배운 것', '내가 잊고 싶은 두려움은 차가 휘청일 때의 느낌', HTP 나무 그림에서 '소원-안 죽는 거', Rorschach에서 '사슴 두 마리가 죽어 있다…… 뭔가 죽은 것 같아서 가장 싫다' 등의 반응을 보이듯 교통사고로 인한 고통감도 지속되고 있는 것으로 보이지만, Rorschach의 3개 색채카드에서 '비행기', '로봇', '공구' 등의 Sc 반응을 보이듯 감정 경험으로부터 거리를 유지하는 데 익숙해져 있어서 스스로의 노력에 의해서 감정을 해소하기는 어려워 보이는바, 주변에서 외상으로 인한 고통감에 대해서도 지속적인 주의가 필요해 보인다.

한편, 수검자는 여성성에 대해서는 호의적인 태도를 보이고 있는데(HTP: 여자를 먼저 그림 / SCT: '내 생각에 여자들이란 꼭 필요한 존재'), 남성성에 대한 부정적 태도를 강하게 보이고 있는 것을 고려하면(SCT: '남자에 대해서 무엇보다도 좋지 않게 생각하는 것은 책임감이 있어야 한다는 것', '내 생각에 남자들이란 불쌍하다'), 현재 성인 남성으로서 자신에게 주어지는 역할과 책임에 대한 거부감이 커 보인다. 또한 HTP 나무 그림을 상당히 크게 그리면서 '나이-백 살'이라고 할 정도로 자존심이 강해 보이지만, '앞으로-다른 나무들보다 크면 계속 살고 작으면 죽는다'라고 하듯이 주변 사람들과의 비교를 통해 자존감을 유지하고 있는 듯 보이는바, 지적 능력이 그다지 높지 않고 자신의 능력을 발휘할 수 있는 상황이 제한적인 수검자는 좌절감을 느끼기가 더 쉬운 것 같다. 한편, 수검자는 HTP 집 그림에서 옆에 추가로 건물을 그리고, SCT에서 '내 생각에 참다운 친구는 모든 것을 나누는 것이다'라고 하듯이 대인관계 친밀감에 대한 욕구도 매우 강해 보인다. 그러나 HTP 여자 그림에서 '가장 불행한 때-배신당했을 때'라고 하였고, 친밀감에 대한 태도를 나타내는 Rorschach 카드에서 '몽둥이'라고 하듯이 오히려 가까운 관계에서 상처받은 경험을 더 크게 느끼고 있는 것으로 보인다. 수검자는 Rorschach에서 '몽둥이'라고 한 다음 '가장 좋다…… 몽둥이 같아서 뭔가 때려 부술 수 있다'라고 하였고, SCT에서도 '나의 평생 가장 하고 싶은 일은 사람을 한번 죽여 보고 싶다'라고 하듯이 분노감이 상당해 보이는바, 성인 남성으로서의 역할에 부담을 느끼거나 좌절감을 느끼거나 친밀감의 욕구가 충족되지 않을 때 공격적인 행동을 할 가능성이 높아 보인다.

🗁 요약과 제언

○ 요약

전체지능: 90, 평균 / 언어성 지능: 86, 평균 하 / 동작성 지능: 97, 평균

수검자의 지능은 평균 수준으로 나타남. 간단한 과제가 주어지는 상황에서는 비교적 높은 수준의 기능을 보일 수 있으나, 이렇듯 높은 기능을 보이는 경우는 매우 제한적일 것으로 여

겨지는바 부적절감을 느끼기 쉬움. 과제가 복잡해지거나 연령 수준에 맞는 성숙한 태도가 필요할 때도 상당한 불편감을 느낄 수 있으며, 피상적이거나 불성실한 태도로 반응할 수 있음. 이러한 수검자는 주변 사람들의 반응을 거의 고려하지 못한 채 연령 수준에 비해 미숙한 모습을 보일 수 있음. 다소 과장된 면이 있으나 상당한 고통감과 우울감을 호소하고 있으며, 재경험을 통해 외상으로 인한 고통감도 지속되고 있어서 이에 대한 주변의 관심도 필요해 보임. 다만, 성인 남성으로서의 역할에 부담을 느끼거나 좌절감을 느끼거나 친밀감의 욕구가 충족되지 않을 때 연령 수준에 맞는 성숙한 대처를 하지 못하고 공격적인 대처를 할 수 있어서 이에 대한 대비가 필요해 보임.

○ 임상적 진단
심리평가 결과, 수검자는 다음과 같은 진단이 시사됨.
- Unspecified Depressive Disorder
- Posttraumatic Stress Disorder
- Cluster B Personality Disorder

3. 억압적 대처, 위험 행동을 감지하는 방법(남자/20세/대재)

🗀 의뢰 사유

수검자는 '자살 사고를 목격했던 장면이 자꾸만 생각난다', '악몽을 꾼다' 등을 주소로 내원하였으며, R/O Posttraumatic Stress Disorder 임상적 인상하에 성인종합심리평가가 의뢰되었다.

🗀 행동관찰과 면담

수검자는 다소 큰 키에 보통의 체격으로 입술은 마르고 갈라져 있었으며 무표정하였다. 위생상태는 적절하였으며 눈맞춤은 양호하였으나, 고개를 숙이고 있는 경우가 간혹 있었다. 또한 어깨가 축 처지고 힘이 없는 목소리로 대답하고 있었으나 검사 지시에 잘 따르고 있어서 협조적인 태도를 보였고, 도구를 다루는 과제에서는 검사자 쪽으로 도구를 밀어 주는 등 검사자를 배려하는 모습도 나타났다. 내원 사유에 대해서는 '일을 하다가 옆에서 자살하는 것을 가까이서 보았다'라며 강도 높은 외상 경험을 담담한 어조로 보고하였다. 그러나 면담 시에는 인상을 쓰면서 '주변 사람들이 나의 작은 행동에도 너무 관심을 가진다'라고 말하는 등 주변 사람들의 반응에 예민해져 있는 모습을 자주 언급하였다.

🗀 지능과 인지기능

한국 웩슬러 성인 지능검사(K-WAIS)			
지능	점수	백분율	수준
언어성 지능	112	76%ile	평균 상
동작성 지능	103	65%ile	평균
전체지능	110	75%ile	평균 상

수검자의 **전체지능은 110, 평균 상 수준**으로 나타났으며, 언어성 지능은 112, 평균 상 수준, 동작성 지능은 103, 평균 수준이며, 두 지능 간의 차이는 유의미하지 않았다. 다만 소검사 간의 차이가 11점이나 나서 상황에 따른 기능 수준의 차이가 클 것으로 보인다.

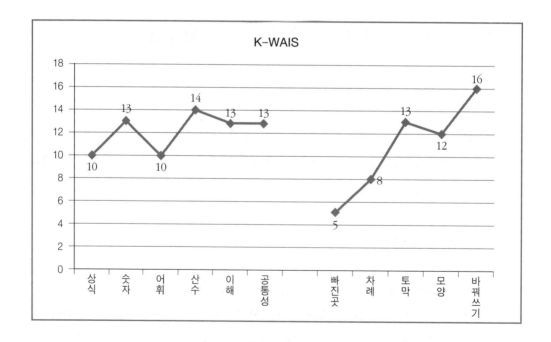

언어성 지능을 살펴보면, 산술 능력이 우수 수준으로 나타났고 순간적인 자극에 주의를 기울이는 능력이 평균 상 수준을 보이고 있어서 수 개념을 다루는 능력이 상당히 높아 보인다. 한편, 사회적 상황에 대한 이해력과 사물의 유사성을 파악하는 능력이 평균 상 수준을 보이고 있어서, 일상적인 경험을 통해서 습득되는 언어적인 능력도 다소 높은 편이었다. 또한 기본적인 상식과 어휘구사력이 평균 수준으로 나타나고 있어서 학업적인 노력이 적절해 보인다.

동작성 지능 영역에서는 시공간 운동 속도가 최우수 수준으로 가장 높게 나타나고 있어서 평가 상황에서의 동기 수준이 상당히 높아 보인다. 또한 시공간 구성 능력과 부분을 통해서 전체 상을 구성하는 능력이 평균 상 수준을 보이고 있어서 도구를 다루는 능력도 다소 높아 보인다. 그러나 상황적 맥락을 파악하는 능력이 평균 하 수준으로 나타났고, 시각적 예민성이 경계선 수준을 보이고 있어서 사회적 대처 능력이 상당히 부족해 보이며, 주변 환경 자극에 극도로 둔감한 것으로 나타났으나, 이렇듯 극심한 둔감성은 최근 겪은 외상에 대한 반응일 가능성도 높아 보인다.

지능검사 결과, 평가 상황에서의 동기 수준이 매우 높고, 7개의 소검사가 평균 상에서 최우수 수준까지 나타나고 있어서 전반적인 기능 수준은 높은 편이었다. 그러나 사회적 대처 능력이 상당히 부족해 보이는바, 실제 대면 상황에서는 상대적으로 불편감을 느끼기 쉬워 보인다. 게다가 주변 환경에 대한 민감성도 부족한 것으로 나타났는데, 이렇듯 과도하게 둔감한 모습은 최근 경험한 외상과 관련이 있어 보인다.

Rorschach 검사 결과, 11개의 적은 반응 수를 보이고 있고, 단순한 형태반응이 많아서 (L=1.40) 사고가 단순하고 경직되어 있으며, 피상적인 시각으로만 주변 사물을 보고 있는 것 같다(W:D:Dd=9:0:3). 또한 평범반응을 전혀 보이지 못하고 왜곡된 형태반응을 많이 보이고 있어서(X-%=0.50), 스트레스 상황에서는 기본적인 관습적 판단조차 내리지 못한 채 부적절한 행동을 할 가능성이 높아 보인다.

📂 성격과 정서

수검자는 SCT에서 '무슨 일을 해서라도 잊고 싶은 것은 내 앞에서 자살한 사건이다'라고 하듯이 매우 강도 높은 외상적 사건을 경험한 것으로 보인다. 또한 SCT에서 '내가 잊고 싶은 두려움은 마지막 근무 서던 날', '내가 저지른 가장 큰 잘못은 ○○○○년 ○월 ○○일 근무를 교체하지 않은 것이다', Rorschach에서 '싸우고 있는 사람, 피투성이가 되어 있어서'라고 하듯이 외상적 사건을 재경험하고 있는 것으로 보이는 수검자는 수면의 어려움을 겪고 있고(SCT: '어리석게도 내가 두려워하는 것은 잠을 못 자는 것이다'), 주변 환경 자극에 대해서도 극도로 민

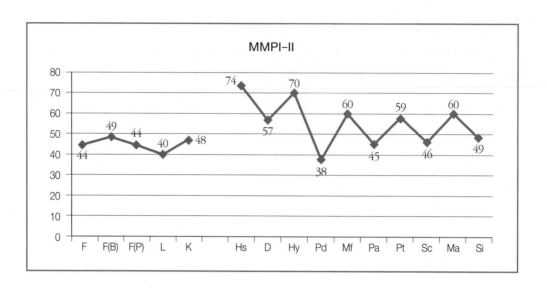

감해져 있는 것으로 보이는바(HTP: 사람 그림에서 눈과 귀를 강조하여 그림), 외상으로 인한 스트레스가 지속되고 있는 것으로 보인다.

한편, Rorschach에서 '고양이 가죽'이라고 하고, HTP 집 그림에서 창문을 8개나 그리고 있듯이 애정 욕구가 상당히 높아 보인다. 또한 SCT에서 '다른 가정과 비교해서 우리 집안은 서로 아껴 주며 화목하게 지내고 있다'라고 하듯이 가정 환경에 대해서 만족감을 표현하고 있으며, SCT에서 '대개 어머니들이란 가정을 꾸리고 사랑으로 자식들을 대해 준다', '나의 어머니는 아들딸에게 지극정성으로 대해 주고 언제나 따뜻하게 대해 준다'라고 하듯이 모에 대해서 긍정적인 태도를 보이고 있었다. 그러나 친밀감에 대한 태도를 나타내는 Rorschach 카드에서 반응하지 못하고 있는 것을 보아, 실제로는 주변 사람들으로부터 만족할 만큼의 정서적 지지를 느끼지 못했던 것으로 보이는바, SCT에서 '결혼생활에 대한 나의 생각은 내가 상대방보다 조금만 더 열심히 하면 모두 행복할 수 있을 것이다', '내 생각에 여자들이란 보호해 줘야 한다'라고 하듯이 주변 사람들에게 호의적인 태도를 보임으로써 인정받고자 했던 것으로 보인다. 한편, SCT에서 '나의 야망은 어떤 분야의 최고가 되는 것이다'라고 하고, HTP 나무 그림에서 '나이-백 살'이라고 언급하듯이 기대감이 높아 보이며, HTP 나무 그림에서 가지를 많이 그리고 있듯이 성취를 위해 나름대로 상당한 노력을 기울이고 있는 것 같다. 또한 HTP 사람 그림에서 손을 강조하고 있듯이 통제 욕구가 높아 보이나, 지능검사상 양호한 지적 수준을 보이는 것에 비해서 Rorschach에서 반응 수가 적은 것을 보면 스트레스 대처 능력이 부족해 보이는바, 문제 상황에서는 의존적인 태도를 보일 가능성도 높아 보인다(SCT: '나에게 이상한 일이 생겼을 때 머리를 쓰다듬어 주고 손을 꽉 잡아 주며 괜찮다고 말해 준다…… 기댈 사람이 필요하다').

한편, 수검자는 최근에 겪은 외상 경험으로 인해 극심한 스트레스를 받아 왔던 것으로 보이나, MMPI에서 1번, 3번 척도가 높게 상승하고 있듯이 스트레스 상황에서 발생하는 불편감을 억압함으로써 대처해 왔을 가능성이 높아 보인다. 게다가 SCT에서 '남자에 대해서 무엇보다도 좋지 않게 생각하는 것은 범죄자의 대부분이 남자라는 것이다'라고 언급하고 있는데, 이는 자살 사고와 관련된 억압된 분노감이 외부로 확대된 것을 시사하는 것 같다. 이러한 수검자는 현재 고통감에 대한 주관적인 호소가 잘 드러나지 않을 수 있으나, 향후 이완상태에서 갑작스럽게 고통감에 직면함으로써 극단적인 고통감을 느낄 수도 있어서, 수검자 내면의 불편감에 대해 지속적인 관찰이 필요해 보인다.

🗁 요약과 제언

○ 요약
전체지능: 110, 평균 상 / 언어성 지능: 112, 평균 상 / 동작성 지능: 103, 평균

수검자의 지능 수준은 평균 상 수준으로 나타남. 평가 상황에서의 동기 수준이 매우 높고, 몇 개의 소검사가 평균 상 수준을 보이고 있어서 전반적인 기능 수준은 높은 편이었음. 그러나 사회적 대처 능력이 상당히 부족해 보이는바, 실제 대면 상황에서는 상대적으로 불편감을 느끼기 쉬움. 한편, 주변 환경에 대한 민감성도 부족한 것으로 나타났는데, 이는 최근 경험한 외상과 관련이 있어 보임. 매우 강도 높은 외상적 사건을 경험한 것으로 보이는 수검자는 외상으로 인한 스트레스가 지속되고 있는 것으로 보임. 한편, 애정 욕구가 상당히 높아 보이며 가정 환경에 대해서 만족감을 표현하고 있으나, 실제로는 만족할 만큼의 정서적 지지를 느끼지 못했던 것으로 보이는바, 주변 사람들에게 호의적인 태도를 통해 인정받고자 했던 것으로 여겨짐. 기대가 높고, 성취 욕구도 높은 수검자는 통제 욕구가 높아 보이나 스트레스 대처 능력이 부족해 보이는바, 문제 상황에서는 의존적인 태도를 보일 가능성이 높겠음. 또한 스트레스 상황에서 발생하는 불편감을 억압함으로써 대처해 왔을 가능성이 높은 수검자는 현재 고통감에 대한 주관적인 호소가 잘 드러나지 않을 수 있으나, 향후 이완상태에서 갑작스럽게 고통감에 직면함으로써 극단적인 고통감을 느낄 수도 있어서 지속적인 관찰이 필요해 보임.

○ 임상적 진단
심리평가 결과, 수검자는 다음과 같은 진단이 시사됨.

- Posttraumatic Stress Disorder

21   급성스트레스장애(Acute Stress Disorder)

■ 외상으로 인해 이전의 고통감 증폭, 단기간 재검사(남자/20세/고졸)

📂 의뢰 사유

평소 군대생활을 잘하지 못했던 수검자는 내원 2주 전 성군기 사고를 당하면서 '분노', '우울', '자해 사고', '타해 사고' 등을 주소로 내원하였으며, R/O Adjustment Disorders, R/O Acute Stress Disorder 임상적 인상하에 성인종합심리평가가 의뢰되었다.

📂 행동관찰과 면담

수검자는 큰 키에 마른 체격으로 매우 짜증 난 표정으로 검사실에 들어왔다. 검사자와의 눈맞춤은 초반에 잘 이루어지지 않았으나 시간이 지나면서 적절해졌으며, 손톱은 길었으나 그 외의 전반적인 위생상태는 양호해 보였다. 지능검사를 시작하자 '이거 일주일 전에 했었는데 또 해야 되나?'라고 하였고, 검사 중간중간 '저번에도 모르겠다 했는데', '안 만들어지는 거 알고 있는데' 등 검사를 다시 하는 것에 대해 불쾌해하였으나, '그림검사랑 다른 것은 안 했었다'라고 하는 등 다른 검사에 대해서는 흥미를 나타내기도 하였다. 수검자는 검사 도중에 모자를 계속 만졌고, 다리를 꼬거나 책상을 발로 툭툭 차는 등 가만히 있지 못하였다. 그리고 지능검사의 모양맞추기 소검사에서 쉬운 문항은 '이거 못 맞추는 사람도 있나? 이해가 안 되는구만'이라며 빨리 해 버리고, 어려운 문항에서는 검사 도구를 던지며 '짜증나!'라고 하는 등 문항 난이도에 따라 행동의 기복이 크게 나타났다. 검사가 30분이 지나자 '언제까지 해요?', '이것만 하면 돼요?'라며 힘들어하였으며, 면담 시에 책상에 엎드려서 말을 하는 등 미숙한 모습을 나타내기도 했다. 내원 사유를 물어보자 격양된 목소리로 '보면 있지 않아요? 다 있을 텐데'라며 노골적으로 거부적인 반응을 보였다.

🗁 지능과 인지기능

한국 웩슬러 성인 지능검사(K-WAIS)			
지능	점수	백분율	수준
언어성 지능	65	1%ile	경도 정신지체
동작성 지능	78	7%ile	경계선
전체지능	68	2%ile	경도 정신지체

수검자의 **전체지능은 68, 경도 정신지체 수준**으로 나타났으며, 언어성 지능은 65, 경도 정신지체 수준, 동작성 지능은 78, 경계선 수준이며, 두 지능 간의 차이는 크게 나타나지 않았다. 소검사 간의 차이가 9점으로 크게 나타나고 있어서 상황에 따른 기능상의 차이가 클 것으로 예상되나, 가장 높은 소검사가 모양맞추기로 나타나서 **재검사에 의한 연습 효과**일 가능성도 있겠다. 수검자는 1주일 전에 타 기관에서 같은 지능검사를 실시하였으나, 결과를 받아 볼 수 없어서 현재의 측정치만을 바탕으로 소검사의 양상을 기술하였다.

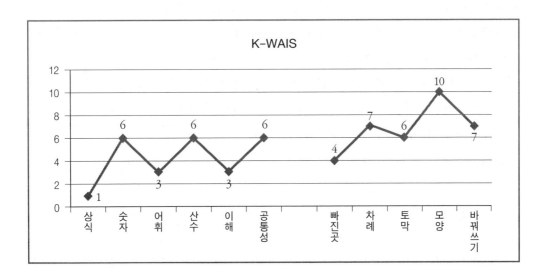

언어성 지능을 살펴보면, 순간적인 자극에 주의를 기울이는 능력과 산술 능력은 경계선 수준으로 나타나서 주의력이 매우 부족해 보인다. 사물의 유사성을 파악하는 능력과 어휘구사력이 각각 경계선, 정신지체 수준을 보이고 있어서 일상적인 대화에 필요한 언어적 자원도 매우 빈약해 보인다('신문과 라디오-듣는 거였나 모르겠다', '김치-먹는 거'). 기본적인 상식 수준과 사회적 상황에 대한 이해 능력이 정신지체 수준으로 나타나서 전반적인 지식 습득 수준도

매우 저조해 보인다('올림픽 경기-5년인가', '돌다리-모른다').

동작성 지능을 살펴보면, 익숙한 그림 자극을 다루는 능력은 평균 수준으로 나타나서 낯익은 환경에서는 양호한 기능 수준을 보일 것으로 예상된다. 그러나 시공간 운동 속도는 평균하 수준으로 나타나서 민첩성은 다소 부족해 보이며, 보다 낯설고 추상적인 자극이 주어지는 상황에서는 경계선 수준으로 저조한 수행을 보이고 있어 자신이 처한 상황에 대한 익숙함의 정도에 따라 기능 수준의 차이가 크게 나타날 수 있겠다. 한편, 상황적 맥락을 파악하는 능력은 평균 하 수준이어서 사회적 상황에서의 대처 능력은 다소 부족한 정도이지만, 시각적 예민성은 정신지체 수준을 보이고 있어 주변 환경 변화에는 매우 둔감해 보이는바, 대인관계에서 깊이 있는 관계를 맺기는 힘들 수 있겠다.

지능검사 결과, 수검자는 경도 정신지체 수준의 지적 능력을 보이고 있었다. 익숙한 상황에서의 대처 능력은 양호해 보이나, 추상적이고 낯선 자극이 주어지는 상황에서의 대처 능력은 매우 부족해 보이는바, 자신이 처한 상황의 익숙함의 정도에 따라 기능 수준의 차이가 크게 나타날 수 있겠다. 그리고 언어 구사 및 지식 습득 수준이 매우 낮아서 연령에 비해 미숙한 행동을 보이는 경우가 많을 것으로 생각되며, 사회적 대처 능력이 부족해서 대면 상황에서의 스트레스도 더욱 클 것 같다. 한편, 1주일 전에 같은 지능검사를 했음에도 불구하고 상당히 낮은 수준을 보이고 있어서, 실제 기능은 현재 측정된 지능 수준보다 더 낮을 것으로 생각된다.

Rorschach 검사 결과, 수검자는 7개로 매우 적은 반응 수를 보이고 있어서, 조금이라도 애매하고 복잡한 자극이 주어지는 상황에서는 상당히 위축되어 있을 가능성이 있겠다. 그리고 조직화 능력이 현저하게 저하되어 있어서(Zd=-4.5) 주변의 많은 자극을 전혀 효율적으로 다루지 못하고 있고, 특이한 형태반응을 많이 보이고 있어서(Xu%=0.38) 주변 상황을 고려하지 못한 채 자의적인 해석에 근거해서 생각하고 행동할 가능성이 높아 보인다.

🗁 성격과 정서

수검자는 MMPI에서 2-7-0번 척도가 상승하고 있듯이 상당한 정서적 고통감을 경험하고 있는 듯 보인다. 또한 자존감 저하(SCT: '내가 믿고 있는 내 능력은 하나도 없다'), 미래에 대한 부정적 사고(SCT: '내가 보는 나의 앞날은 깜깜하다'), 무망감(SCT: '나의 야망은 없다') 등을 시사하는 반응들을 하고 있어서 우울감도 느끼고 있는 것 같다. 그러나 MMPI에서 F척도가 평이한 수준을 보이고 있고, HTP에서 그림들을 모두 크게 그리면서 나무 그림에서는 '나이-천 살'이라고 하듯이 과장된 자아상이 시사되는 반응을 보이고 있어서, 수검자가 호소하는 우울감은 다소 과장되어 있는 면도 있는 것 같다.

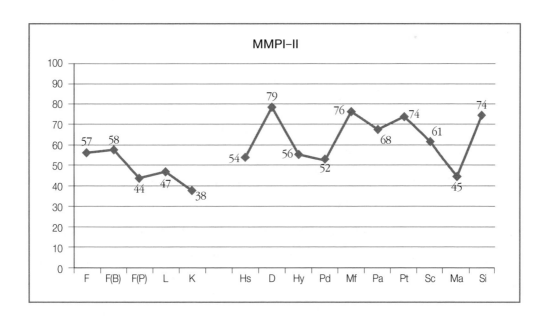

성군기 사고를 경험한 수검자는 SCT에서 '남자에 대해서 무엇보다도 좋지 않게 생각하는 것은 성에 관한 것이다', '내 생각에 남자들이란 싹 다 변태 같다'라고 하듯이 재경험을 시사하는 반응을 보이고 있었다. 그러나 MMPI에서 5번 척도가 매우 상승해 있는 것을 고려할 때, 성군기 사건 이전에도 남성성에 대한 거부감이 있었을 가능성이 높아 보이고, SCT에서 '윗 사람이 오는 것을 보면 나는 떨리고 좀 안 왔으면 좋겠다'라고 하듯이 권위적인 대상에 대한 거부감도 오랫동안 지속되어 왔을 것으로 예상된다. 수검자는 외상으로 인한 고통감이 있을 것으로는 여겨지지만, 원래 가지고 있던 불만이 현재의 외상 경험으로 인해서 더욱 증폭되어 나타나고 있을 가능성도 높아 보인다.

수검자는 SCT에서 '내 생각에 참다운 친구는 내 일처럼 생각해 주는 것이다'라고 하듯이 관계에 대한 욕구가 높아 보이고, SCT에서 '나의 어머니는 좋다', '아버지와 나는 사이가 좋다'라고 하듯이 부모에게 호의적인 태도를 보이고 있었다. 그러나 한편으로는 아버지에게 불만을 표현하고 있으며(SCT: '대개 아버지들이란 자기 생각밖에 없다'), 친밀감에 대한 태도를 나타내는 Rorschach 카드에서 반응에 실패하듯이 실제로는 가족과 같은 가까운 대상과의 관계에서 지지적인 관계를 맺지 못한 것으로 보인다. 그리고 불만이 많아 보이지만(SCT: '내가 잊고 싶은 두려움은 이딴 질문 좀 하지 마', '때때로 두려운 생각이 나를 휩싸일 때 알 필요 없잖아'), 자아강도가 약하고(MMPI: K=38T), 지능검사에서 나타나듯이 언어적 자원이 부족해서 직접적으로 표현하여 불만을 해소하지는 못했던 것으로 보인다. 이러한 수검자는 스트레스가 가중되면 순간의 감정에 따라서(Rorschach: Pure C=1) 수동공격적인 방식으로 대처할 가능성이 높아 보인다.

📁 요약과 제언

○ 요약

전체지능: 68, 경도 정신지체 / 언어성 지능: 65, 경도 정신지체 / 동작성 지능: 78, 경계선

수검자의 지능 수준은 경도 정신지체 수준으로 나타남. 익숙함의 정도에 따라 기능 수준의 차이가 나타날 수 있겠으며, 연령에 비해 미숙한 행동을 보이는 경우가 많을 것으로 생각됨. 수검자는 상당한 정서적 고통감을 경험하고 있는 듯 보이지만, 다소 과장되어 있는 면도 있는 것으로 여겨짐. 성군기 사고를 경험한 수검자는 재경험을 시사하는 반응을 보이고 있었으나, 이러한 사건 이전에도 남성성에 대한 거부감이 있었을 가능성이 높고, 권위적 대상에 대한 거부감도 오랫동안 지속되어 온 것으로 여겨짐. 이러한 수검자는 외상으로 인한 고통감이 있을 것으로는 여겨지지만, 원래 가지고 있던 불만이 현재의 외상 경험으로 인해서 더욱 증폭되어 나타나고 있을 가능성도 높아 보임. 수검자는 불만이 많아 보이지만, 자아강도가 약하고, 언어적 자원이 매우 부족해서 직접적으로 표현을 잘하지 못했던 것으로 여겨지는바, 스트레스가 가중되면 순간의 감정에 따라서 수동공격적인 방식으로 대처할 가능성이 높아 보임.

○ 임상적 진단

심리평가 결과, 수검자는 다음과 같은 진단이 시사됨.

- Acute Stress Disorder
- R/O Unspecified Personality Disorder
- Intellectual Disability, Mild

22 적응장애(Adjustment Disorders)

1. 연극성 성격의 적응장애(여자/41세/대졸)*

📁 의뢰 사유

수검자는 '급성 스트레스 증상', '불안', '수면장애', '자살 사고 및 시도' 등을 주소로 내원하였으며, R/O Acute Stress Disorder 임상적 인상하에 성인종합심리평가가 의뢰되었다.

📁 행동관찰과 면담

수검자는 다소 작은 키에 보통 체격이었고, 안경을 쓰고 있었다. 하얀색 긴팔 티와 분홍색 반팔 티를 겹쳐 입었으며, 향수 냄새가 진하게 났다. 손톱이 매우 짧게 다듬어져 있었고, 전반적인 위생상태는 양호한 편이었으며, 검사자와의 눈맞춤도 적절하게 이루어졌다. 시종일관 양손을 모으고 다소곳이 앉아 있었고, 검사 도구가 주어지자 더 집중했으며, 특히 고개를 돌려 귀를 기울이는 등 동기 수준이 매우 높아 보였다. 그러나 과제가 어려워지면 걱정되는 눈빛으로 한숨을 쉬며 '이게 돼요?', '쓰면서 하면 안 돼요?'라고 하는 등 불안감을 표현하였다. 그리고 수행이 어려울 때는 '그림에 소질이 없어서'라며 난처한 듯 웃었고, '잠을 잘 못 자서'라고 변명을 하기도 했다. 또한 간혹 빠르게 답하는 경우가 있었는데, 발음이 부정확했고, 문제를 다 듣기도 전에 과도하게 고개를 끄덕이며 '네'라고 대답하고 있어서 성급한 모습도 나타났다. 내원 사유에 대해서는 '직장에서 해코지를 좀 당해서요. 생명이 위협을 받는 행위를 받아서, 제가 뭐 잘못된 것이 있나 해서요'라고 적절히 자신의 상황을 설명하였다.

---

* K-WAIS-IV를 사용한 보고서는 이하 *표 처리함.

📂 지능과 인지기능

한국 웩슬러 성인 지능검사 4판(K-WAIS-IV)			
영역	지능	백분율	수준
언어이해	81	11%ile	평균 하
지각추론	99	46%ile	평균
작업기억	**90**	**25%ile**	**평균**
처리속도	**110**	**75%ile**	**평균 상**
전체지능	91	28%ile	평균
일반능력	87	49%ile	평균 하

※ 단일 점수로서 대표성을 가지는 지능지수는 진하게 표시함.

　수검자의 **전체지능은 91, 평균 수준**으로 같은 연령대에서 하위 28% 정도 수준이었다. 언어이해는 81, 평균 하 수준, 지각추론은 99, 평균 수준, 작업기억은 90, 평균 수준, 처리속도는 110, 평균 상 수준을 보이고 있었다. 지능 영역 간의 차이는 29점으로 크게 나타나고 있었고 (기준 23점 차이), 언어이해, 지각추론 영역의 소검사 간 점수 차이가 각각 6점, 5점으로 크게 나타나고 있어서(기준 5점) 전체지능과 일반능력 모두 수검자의 기능을 온전히 대표한다고 보기 어렵기 때문에 각 소검사가 나타내는 기능 수준을 개별적으로 파악하는 것이 더 중요해 보인다.

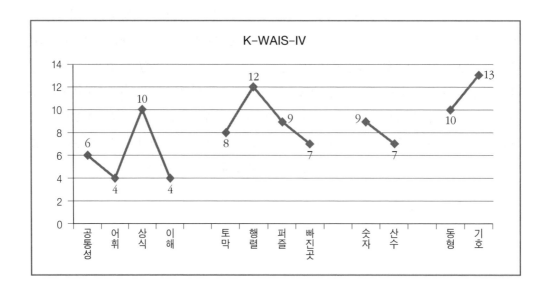

언어이해 영역에서는 상식 소검사가 평균 수준으로 나타나서 단편적인 지식 습득이 적당히 유지되고 있는 것 같다. 그러나 공통성, 어휘, 이해 소검사가 각각 경계선, 정신지체 수준으로 나타나서('피아노와 바이올린-치는 거, 두들겨서 소리가 나는 거', '호기심-할까 말까 고민하는 거', '법-정해져 있기 때문에'), 추상적인 개념에 대한 이해력이 전반적으로 부족해 보이고, 사고가 피상적인 것으로 여겨지는바, 나이에 비해 의사소통 수준이 낮을 것으로 생각된다.

지각추론 영역에서는 전체를 고려하여 핵심을 파악하는 능력이 평균 상 수준으로 나타나서 추론 능력이 다소 높아 보인다. 그러나 이에 비해 퍼즐, 토막짜기 소검사가 각각 평균, 평균 하 수준으로 상대적으로 낮게 나타나서, 응용력 및 도구 사용 등의 추가적인 노력이 필요한 경우에 기능 수준이 낮아지는 것 같다. 한편, 시각적 예민성이 평균 하 수준으로 나타나서 주변 환경 변화에도 다소 둔감해 보인다.

작업기억 영역에서는 숫자 소검사가 평균 수준으로 나타나서, 주의력이 양호해 보인다. 그러나 산수 소검사가 평균 하 수준으로 나타나서 복잡한 자극이 주어질 때 기능 수준은 다소 떨어질 수 있겠다.

처리속도 영역에서는 시공간 운동 속도가 평균 상 수준으로 모든 소검사 중에서 가장 높게 나타났고, 긴장감 속에서 빠른 판단력을 발휘하는 능력도 평균 수준이어서, 간단한 자극이 주어지는 상황에서는 전반적으로 양호한 대처 능력을 발휘할 수 있겠다.

지능검사 결과, 행렬추론 소검사가 평균 상 수준임을 고려하면, 수검자의 지적 잠재력은 현재 측정된 기능 수준보다 높을 것으로 생각된다. 그리고 전반적인 대처 능력이 연령 수준에 맞게 유지되고 있는 것 같다. 다만, 문제 해결에 대한 동기 수준이 높음에도 불구하고 언어적으로 개념적인 이해력은 매우 부족해서 언어적 의사소통의 질적 수준은 나이에 비해 떨어질 것으로 예상된다.

Rorschach 검사 결과, 수검자는 총 반응 수가 13개로 적게 나타나서, 스트레스에 대처할 심리적 자원은 부족해 보인다(CDI=5). 전반적으로 '구름', '산', '나무' 등 거리감이 느껴지는 반응을 보이다가도, 통상적으로 불쾌감을 크게 느낄 수 있는 II번, IV번 카드에서 '주황색', '물감놀이' 등과 같이 형태가 애매한 반응이 많이 나타나는 것을 고려하면, 스트레스 상황에서 미숙하고 퇴행된 모습을 보이기 쉬운 것 같다.

📂 성격과 정서

ASI-3 (불안민감)	APPQ (공황)	MDQ (조증)	HCL-32 (경조증)	**PHQ-9 (우울)**	STAI-Trait (특성불안)
27	15	3	8	**15**	48
63T	40T	(cut off: 7)	(cut off: 14)	**(cut off: 9)**	51T

※ 역치 이상의 척도는 진하게 표시함.

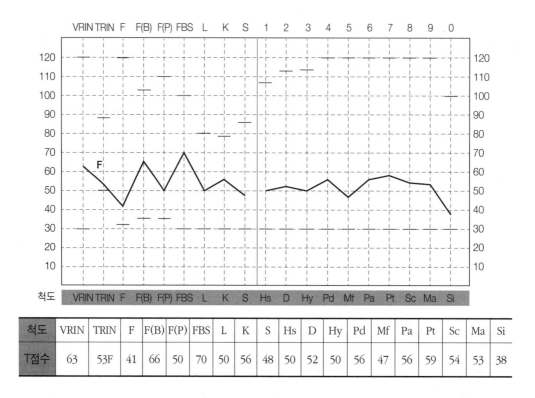

척도	VRIN	TRIN	F	F(B)	F(P)	FBS	L	K	S	Hs	D	Hy	Pd	Mf	Pa	Pt	Sc	Ma	Si
T점수	63	53F	41	66	50	70	50	56	48	50	52	50	56	47	56	59	54	53	38

수검자는 PHQ-9의 점수가 상승하였고, MMPI에서 '자기비하', '자살사고' 소척도가 각각 71T, 83T로 상승하고 있어서 우울감을 느끼고 있는 것으로 생각되는데, 이는 현재 수검자가 직장 내에서 최근에 겪은 스트레스와 관련이 커 보인다(SCT: '무슨 일을 해서라도 잊고 싶은 것은 누군가에게 억울함을 당해서 치욕감을 느낄 때', '내가 싫어하는 사람은 무지하게 욕설하고 무시하는 사람'). 그리고 MMPI에서 임상척도의 상승이 거의 나타나지 않는 가운데 고통감의 과장된 표현을 시사하는 F(B), FBS 척도만 다소 상승해 있는 것은 수검자가 자신의 우울감과 관련하여 주변의 도움을 구하고자 하는 욕구를 반영하는 것 같다.

수검자는 TAT에서 '사랑해요'라고 하였고, SCT에서 '남녀가 같이 있는 것을 볼 때 예뻐 보인다'라고 하는 등 애정 욕구가 높아서, 친사회적인 행동을 통해 주변 사람들과 관계를 맺어 왔을 것으로 생각된다(SCT: '윗사람이 오는 것을 보면 나는 인사하고 얼굴을 밝게 하고 비치도록 한다', '내가 어렸을 때는 친구랑 놀러 다니기 좋아하고, 장난스러움에 친구들도 많았다'). 이러한 수검자는 HTP 집 그림에서 나무, 돌담길, 정원 등 첨가물을 그리면서 '사람들이 많이 놀러 올 것 같아요'라고 하듯이 타인의 관심 및 기대에 지나친 기대를 하고 있는 것으로 여겨진다(TAT: '나 좀 봐 줘요' / HTP: 사람 그림 '행복-인정받을 때'). 그러나 지능검사에서 나타나듯이 사고가 피상적이고, 억압적인 성향이 강해서(HTP: 사람 그림에서 벨트, 단추 등을 그림), 주변 사람들과 공감적인 관계를 형성하기는 어려웠을 것 같다.

수검자는 HTP 나무 그림에서 '소원-더 많은 열매를 맺는 거'라고 하였고, SCT에서 '나의 장래는 현재 직장에서 실무를 공부한 후 더 큰 직책을 가질 수 있는 직장으로 옮길 생각', '나의 야망은 부서 최고 팀장'이라고 하는 등 높은 성취 욕구를 가지고 있고, 기능적인 성취에 몰입함으로써 주변 사람들의 인정을 받아 왔던 것 같다. 그러나 최근 사건으로 인해 직장 내에서 비난을 받게 되면서 상당한 고통감 및 우울감을 느꼈을 가능성이 높아 보이고, 주변 사람들에 대한 기대가 컸던 만큼 배신감이나 분노감도 컸을 것으로 예상된다.

🗁 요약과 제언

○ 요약

전체지능	91	평균	일반능력	87	평균 하
언어이해	81	평균 하	지각추론	99	평균
작업기억	90	평균	처리속도	110	평균 상

수검자의 지능 수준은 평균 수준으로 나타남. 지적 잠재력은 현재 측정된 기능 수준보다 높을 것으로 생각되고, 전반적인 대처 능력이 연령 수준에 맞게 유지되고 있는 것으로 보이지만, 언어적 의사소통의 질적 수준은 나이에 비해 부족해 보임. 불편감을 부인하는 데 익숙해져 있는 것으로 여겨지지만, 우울감을 느끼고 있는 것으로 생각되는데, 이는 현재 수검자가 직장 내에서 최근에 겪은 스트레스와 관련이 커 보임. 수검자는 애정 욕구가 높아서 친사회적인 행동을 통해 주변 사람들과 관계를 맺어 왔을 것으로 생각되며 타인의 관심 및 기대에 의존하는 것으로 여겨지지만, 주변 사람들과 공감적인 관계를 형성하기는 어려웠을 것으로 보임. 또한 성취에 몰입함으로써 주변 사람들의 인정을 받아 왔던 것으로 생각됨. 그러나 최근 사건으로 인해 직장 내에서 비난을 경험하게 되면서 상당한 고통감 및 우울감을 느꼈을 것으

로 보이고, 주변 사람들에 대한 기대가 컸던 만큼 배신감과 분노감도 느꼈을 것으로 예상됨.

○ 임상적 진단

심리평가 결과, 수검자는 다음과 같은 진단이 시사됨.

- Adjustment Disorders With depressed mood
- Histrionic Personality Disorder

2. 정당성 확보 후 공격, 신체화(남자/20세/대재)*

🗁 의뢰 사유

수검자는 '우울감', '불안감', '사소한 일에도 분노감을 느낌', '수면 장해', '자살사고' 등을 주소로 내원하였으며, R/O Adjustment Disorders 임상적 인상하에 성인종합심리평가가 의뢰되었다.

🗁 행동관찰과 면담

수검자는 보통 키에 마른 편이었고, 마스크를 쓰고 입실했다. 얼굴이 하얗고, 입이 돌출되어 있었으며, 손이 작았다. 콧수염이 듬성듬성 자라 있었지만 전반적인 위생상태는 양호해 보였으며, 검사자와의 눈맞춤도 적절하게 이루어졌다. 수검자는 사투리를 사용하였고, 목소리가 작았지만 빠르게 말하는 편이었다. 특히 정답을 하지 못하는 경우에 '모르겠습니다'라고 속삭이듯이 말했다. 토막짜기 소검사에서 과제가 어려워지자 손을 경미하게 떨어서 긴장되어 보였고, HTP에서는 한숨을 쉬며 불편감을 표현하기도 했다. 그러나 산수 소검사에서 문제가 끝나기 전에 답을 하거나, 기호쓰기에서 지시 사항을 끝까지 듣지 않고 수행하였고, 검사 도중 큰 소리가 날 정도로 전투복 상의를 탈의하는 등 부적절한 행동이 많이 나타났다. 수검자는 검사 상황에서는 멍한 표정으로 있다가도 면담 시에는 자신의 불편감을 적극적으로 호소하는 등 태도의 변화가 나타났다. 내원 사유에 대해서는 '군생활 적응을 못해서, 있는 것만으로도 괴로워서, 군의관님하고 얘기할 때도 너무 긴장하거나 해서 말을 못해서……'라고 장황하게 말하였다.

🗁 지능과 인지기능

한국 웩슬러 성인 지능검사 4판(K-WAIS-IV)			
영역	지능	백분율	수준
언어이해	95	38%ile	**평균**
지각추론	86	17%ile	평균 하
작업기억	84	14%ile	**평균 하**
처리속도	72	3%ile	경계선
전체지능	80	9%ile	평균 하
일반능력	88	22%ile	평균 하

※ 단일 점수로서 대표성을 가지는 지능지수는 진하게 표시함.

　수검자의 **전체지능은 80, 평균 하 수준**으로 같은 연령대에서 하위 9% 정도 수준이었다. 언어이해는 95, 평균 수준, 지각추론은 86, 평균 하 수준, 작업기억은 84, 평균 하 수준, 처리속도는 72, 경계선 수준을 보이고 있었다. 지능 영역 간의 차이는 23점으로 크게 나타나고 있었고(기준 23점 차이), 지각추론, 처리속도 영역의 소검사 간 점수 차이가 7점으로 크게 나타나고 있어서(기준 5점) 전체지능과 일반능력 모두 수검자의 기능을 온전히 대표한다고 보기 어렵기 때문에 각 소검사가 나타내는 기능 수준을 개별적으로 파악하는 것이 더 중요해 보인다.

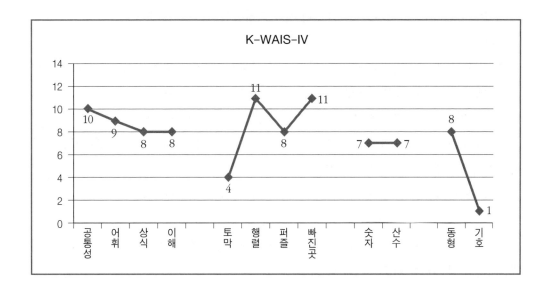

언어이해 영역에서는 사물의 유사성을 파악하는 능력과 어휘구사력이 평균 수준으로 나타나서, 언어적 개념에 대한 이해력이 양호해 보인다. 그리고 기본적인 지식 수준과 사회적 상황에 대한 이해력이 평균 하 수준으로 나타나서, 지식 습득 수준도 비교적 무난한 것 같다. 수검자는 전반적으로 1점 반응이 많아서 사고가 피상적인 것으로 생각되고, 맞고 틀리기를 반복하는 것을 보면 학습 수준도 일관적이지 않은 것으로 여겨지는바, 성실성도 부족해 보인다. 한편, '과신', '방한 도구', '생태계', '독식' 등의 수준 높은 단어를 사용하고 있어서 과시적인 모습도 나타났다.

지각추론 영역에서는 전체를 고려하여 핵심을 파악하는 능력이 평균 수준이어서, 추론 능력이 양호해 보인다. 그리고 부분을 통해 전체 상을 구성하는 능력이 평균 하 수준으로 나타나서 응용력은 다소 부족한 것으로 생각된다. 그러나 토막짜기 소검사가 정신지체 수준으로 나타나서, 도구를 다루는 상황에서는 동기 수준이 매우 저하되는 것 같다. 한편, 시각적 예민성이 평균 수준이어서, 주변 환경 변화에는 적당히 민감해져 있는 것으로 보인다.

작업기억 영역에서는 단순한 자극에 대한 주의력과 수계산 능력이 평균 하 수준으로 나타나서 주의력 및 수 개념을 다루는 능력은 다소 부족해 보인다. 그리고 산수 소검사에서 맞고 틀리기를 반복하고 있어서 주의 지속력의 어려움이 큰 것으로 생각된다.

처리속도 영역에서는 긴장감 속에서 빠른 판단력을 발휘하는 능력이 평균 하 수준으로 나타나서, 시각적 변별이 필요한 상황에서는 비교적 양호한 기능 수준을 보일 것 같다. 그러나 기호쓰기 소검사가 이보다 7점 낮은 정신지체 수준으로 나타났는데, 제한 시간이 주어졌음에도 지시에 따르지 않고 느긋하게 수행했던 것을 고려하면, 쉬운 과제에서 방심해서 기능 수준이 저하된 것으로 생각된다.

지능검사 결과, 수검자는 행렬추론, 공통성 등 상대적으로 고차원적인 사고 능력이 필요한 소검사에서 기능 수준이 가장 높은 반면, 토막짜기, 기호쓰기 등 운동 반응이 추가적으로 필요할 때는 기능 수준이 떨어졌고, 이러한 반응 양상을 고려할 때 수검자는 직관적인 의사결정만 하려고 하고 추가적인 노력이 필요한 상황에서는 문제 해결에 대한 동기가 떨어지면서 불성실한 대응을 할 가능성이 높아 보인다.

Rorschach 검사 결과, 전체 반응 수가 9개로 매우 적었고, 단순한 형태반응이 많이 나타나서(L=3.50), 스트레스에 대처할 수 있는 자원은 부족해 보인다(CDI=4). 전체영역반응이 많아서(W:D:Dd=9:0:0) 사고가 피상적이고, 관습적인 판단력이 부족해서(P=0) 스트레스 상황에서 객관적인 문제 해결이 힘들 수 있겠다(X-%=0.33).

📁 성격과 정서

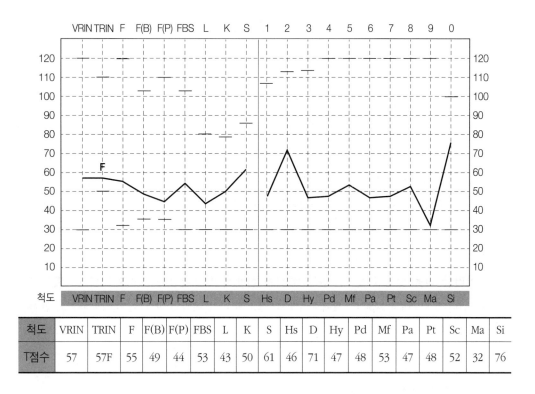

척도	VRIN	TRIN	F	F(B)	F(P)	FBS	L	K	S	Hs	D	Hy	Pd	Mf	Pa	Pt	Sc	Ma	Si
T점수	57	57F	55	49	44	53	43	50	61	46	71	47	48	53	47	48	52	32	76

수검자는 미래에 대한 불확실감(SCT: '나의 장래는 아직 잘 모르겠다'), 자존감 저하(SCT: '내가 믿고 있는 내 능력은 딱히 없다', '나의 야망은 없다'), 좌절감(TAT: '슬픈 일이 있어서 절망하고 있는 거'), 죄책감(TAT: '죄책감에 시달리는 사람'), 자살사고(TAT: '자살하려는 사람', '목 매달려는 사람' / HTP: 사람 그림 '기분-암울하거나 죽고 싶다거나') 등을 언급하였고, MMPI에서 2번 척도가 71T로 나타나서, 우울감을 느끼고 있는 것으로 생각된다(Rorschach: m=1, MOR=3). 다만, HTP와 SCT에서 군에 대한 불만을 여러 번 반복해서 언급하였고, Rorschach의 IV번 카드에서 '괴물'이라고 하는 등 권위에 대한 불편감도 커 보이는바(SCT: '우리 윗사람들은 불편하고 되도록 대하고 싶지 않다', '윗사람이 오는 것을 보면 나는 불안하고 긴장된다'), 수검자가 호소하는 정서적 고통감은 군대라는 상황적 요인과 관련이 있는 것 같다.

수검자는 TAT에서 '서로 포옹하는 남녀', SCT에서 '내 생각에 참다운 친구는 마음속 깊은 곳에서부터 그렇게 생각할 수 있는 친구'라고 하는 등 강도 높은 관계를 원하는 것으로 생각된다. 그리고 SCT에서 '다른 가정과 비교해서 우리 집안은 양호하다', '내가 어렸을 때 우리 가족은 평범했다'라고 하듯이 가정에 대해 별다른 불만을 표현하고 있진 않지만, HTP 집 그림에서 '혼자 있고 싶어 하는 사람'이라고 하였고, Rorschach에서 친밀감과 관련된 태도를 나타내는 카드를 가장 싫어하는 카드라고 하는 것을 보면 실제 가정에 대한 불만이 커 보인다. 게다가 학창 시절 따돌림을 경험한 수검자는(SCT: '무슨 일을 해서라도 잊고 싶은 것은 다수의 학생들에게 괴롭힘 받았을 때'), 군입대 후에도 주변 사람들과 지지적인 관계를 형성하지 못하면서 분노감이 쌓여 온 것으로 생각된다(TAT: '화', '사람을 죽이고 후회하는 사람').

이와 같이 분노감이 높은 수검자는 SCT에서 '다른 친구들이 모르는 나만의 두려움은 잘 모르겠다'라고 하듯이 자신의 불편감을 부인하였고, 억압적인 성향도 강해 보인다(MMPI: '억압'=71T). 그리고 SCT에서 '대개 아버지들이란 존경할 수 있는 분들이다', '대개 어머니들이란 자식을 사랑하는 분들이시다', '내 생각에 여자들이란 세세하게 배려해 주어야 하는 존재들이다'라고 하는 등 도덕적인 가치관이 반영된 반응을 많이 하고 있어서, 관습적인 규칙을 준수하는 성향도 큰 것 같다. 이러한 수검자는 평소에는 분노감을 억압하다가도, 정당성이 확보되는 상황에서 공격적인 행동을 나타낼 수 있겠다(SCT: '어렸을 때 잘못했다고 느끼는 것은 사소한 오해로 친구를 다치게 한 것', '나의 가장 큰 결점은 가끔 감정을 주체하지 못하는 것이다'). 다만, 이러한 대응 행동을 할 수 없는 경우에 신체적인 불편감을 호소할 것으로 생각된다(Rorschach: '심장', '내장' / SCT: '때때로 두려운 생각이 나를 휩싸일 때 가슴이 답답해지고 안절부절못한다').

🗁 요약과 제언

◯ 요약

전체지능	80	평균 하	일반능력	88	평균 하
언어이해	95	평균	지각추론	86	평균 하
작업기억	84	평균 하	처리속도	72	경계선

수검자의 지능 수준은 평균 하 수준으로 나타났으며, 직관적인 판단력만 발휘하려 하고, 조금이라도 추가적인 노력이 필요한 상황에서는 동기 수준이 떨어지면서 불성실한 태도를 보일 가능성이 있음. 수검자는 우울감을 느끼고 있는 것으로 여겨지는데, 이러한 정서적 고통감은 군대라는 상황적 요인과 관련이 있어 보임. 수검자는 강도 높은 관계를 원하는 것으로 생각되지만, 실제 가정에 대한 불만이 커 보이고, 주변 사람들과 지지적인 관계를 형성하지 못하면서 분노감이 쌓여 온 것으로 생각됨. 이러한 수검자는 평소에는 분노감을 억압하다가도, 정당성이 확보되는 상황에서 공격적인 행동을 나타낼 수 있음. 다만, 이러한 대응 행동을 할 수 없는 경우에 신체적인 불편감을 호소할 수 있음.

○ 임상적 진단

심리평가 결과, 수검자는 다음과 같은 진단이 시사됨.

- Adjustment Disorders, Unspecified
- R/O Intermittent Explosive Disorder

3. 반동형성, 완벽주의, 불안 동반(남자/22세/고졸)

📂 의뢰 사유

수검자는 '대인 기피', '새로운 환경에서 불안 증세' 등을 주소로 내원하였으며, 전반적인 심리상태를 파악하기 위해 성인종합심리평가가 의뢰되었다.

📂 행동관찰과 면담

수검자는 보통 키에 체격으로, 얼굴이 작은 편이었으며 눈썹이 진하고 테가 굵은 안경을 쓰고 있었다. 전반적인 위생 상태는 양호하였으나, 검사자와의 눈맞춤은 제한적으로 이루어졌다. 한편, 수검자는 도구를 사용하는 검사에서 수행을 마칠 때마다 '다 했습니다'라고 하면서 도구를 정리해서 검사자에게 건네주는 등 지나치게 예의 바르고 적극적인 모습이었다. 그러나 검사 지시가 끝나기 전에 대답하는 성급한 모습도 나타났다. 또한 과제 수행을 잘 하지 못하는 경우에는 손가락으로 탁자를 두드리거나 손으로 입을 막는 등 초조해 보였다. 내원 사유에 대해서는 '좀 나아질 수 있으면 좋겠다 하는 생각 때문에 왔습니다'라고 하는 등 문제 해결에 대한 의지를 표현하였다.

📂 지능과 인지기능

한국 웩슬러 성인 지능검사(K-WAIS)			
지능	점수	백분율	수준
언어성 지능	84	15%ile	평균 하
동작성 지능	85	16%ile	평균 하
전체지능	83	13%ile	평균 하

수검자의 **전체지능은 83, 평균 하 수준**으로 나타났으며, 언어성 지능은 84, 평균 하 수준, 동작성 지능은 85, 평균 하 수준으로 나타나서, 두 지능 간의 차이는 유의미하지 않았으나, 소검사 간의 점수 차이가 6점으로 크게 나타나고 있어서 상황에 따라 기능 수준의 차이가 클 것으로 예상된다.

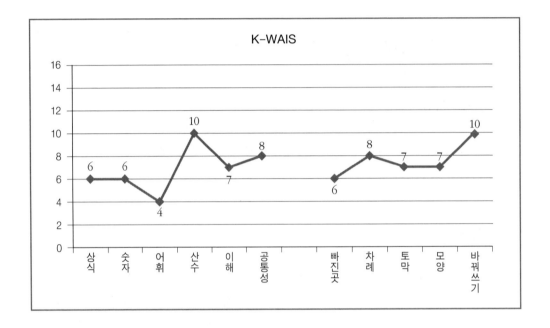

언어성 검사를 살펴보면, 수계산 능력이 평균 수준으로 상대적으로 가장 높게 나타나서 수 개념을 다루는 능력은 양호해 보인다. 그러나 간단한 자극에 주의를 기울이는 능력이 경계선 수준으로 나타나서 자극이 단순할수록 부주의할 것으로 생각된다. 한편, 사물의 유사성을 파악하는 능력이 평균 하 수준으로 나타나서 언어적 잠재력은 다소 평이해 보이나, 어휘구사력이 정신지체 수준으로 나타나서('가훈-뜻은 알겠는데 말로 표현하지 못하겠다') 실제 활용할 수 있는 언어적 자원이 부족해 보이는바, 자신의 생각을 충분히 표현하는 데 어려움을 겪을 수 있겠다. 또한 사회적 상황에 대한 이해력과 기본적인 상식 수준이 각각 평균 하, 경계선 수준으로 나타나서('브라질-남아프리카') 전반적인 지식 습득 수준도 낮은 것 같다.

동작성 검사를 살펴보면, 시공간 운동 속도가 평균 수준으로 상대적으로 가장 높게 나타나서 간단한 운동 과제를 다룰 때에는 양호한 기능 수준을 보이겠다. 그러나 부분을 통해 전체상을 구성하는 능력과 시공간 구성 능력이 평균 하 수준이어서 자극이 복잡해지거나 응용력이 요구되는 상황에서는 기능 수준이 떨어질 것으로 생각된다. 한편, 상황적 맥락을 파악하는 능력과 시각적 예민성이 각각 평균 하, 경계선 수준으로 나타나서 사회적 대처 능력도 부족한 것 같다.

지능검사 결과, 수검자의 전반적인 지식 습득 수준은 연령에 비해서 다소 낮은 것으로 보인다. 특히 어휘 소검사가 낮게 나타나고 있어서, 학업적인 노력이 부족했던 것 같다. 한편, 간단한 자극을 다룰 때 양호한 수행 능력을 보일 것으로 생각되나, 응용력 및 주의집중력이 부족해서 자극이 복잡해질 경우 기능 수준이 떨어질 것으로 생각된다. 또한 사회적 대처 능력도 부족해서 낯선 상황에서 위축된 모습을 보이기 쉬울 것으로 여겨진다.

Rorschach 검사 결과, 수검자는 총 7개의 매우 적은 반응 수를 보이고 있었다. 이러한 수행 양상에는 수검자의 완벽주의적인 성향이 영향을 미친 것으로 보이는바, 판단이 애매한 스트레스 상황에서는 우유부단한 모습을 보이며 결정을 내리는 데 어려움을 호소할 수 있겠다. 게다가 사고가 미숙해서(A=3) 연령 수준에 맞지 않는 대응 행동을 할 가능성이 높아 보인다.

🗁 성격과 정서

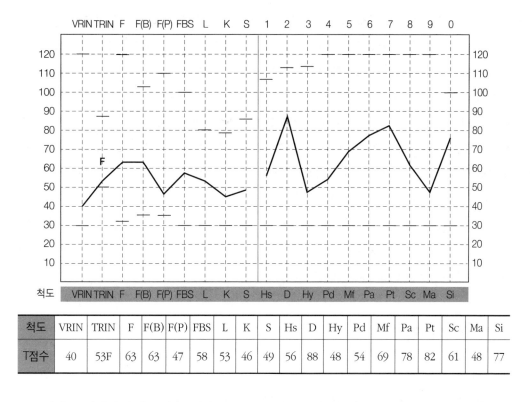

척도	VRIN	TRIN	F	F(B)	F(P)	FBS	L	K	S	Hs	D	Hy	Pd	Mf	Pa	Pt	Sc	Ma	Si
T점수	40	53F	63	63	47	58	53	46	49	56	88	48	54	69	78	82	61	48	77

수검자는 대인관계 욕구가 높지만(HTP: 사람 그림 '필요-정, 사람들과의 흔히 말하면', 나무 그림 '불행-아무도 없다는 걸 느꼈을 때') SCT에서 '다른 가정과 비교해서 우리 집안은 많이 가

난합니다'라고 하고 있어서 불안정한 가정 환경에서 성장한 것으로 생각된다. SCT에서 '나의 어머니는 저랑 친구 같은 사이입니다', '내가 바라기에 아버지는 사이가 더더 좋아졌으면 좋겠습니다'라고 부모와의 관계를 상당히 긍정적으로 기술하고 있었으나 그 표현이 다소 지나쳐 보이는바, 수검자는 스트레스 상황을 부인하거나 반동형성을 하는 식으로 대처해 왔을 것으로 여겨진다. 이러한 수검자는 상당히 순진하게(naive) 자기중심적인 성향을 나타내고 있으며(SCT: '내가 제일 좋아하는 사람은 저와 맞는 사람') 대인관계 기준도 높아 보이는바(SCT: '내 생각에 참다운 친구는 항상 날 믿어 주고 내 옆에 있는 친구'), 만족할 만한 관계를 유지하기는 어려웠을 것으로 여겨진다(SCT: '생생한 어린 시절의 기억은 초딩 때 따를 당한 것입니다').

수검자는 HTP 사람 그림에서 손을 강조해서 그리고 있어서 통제 욕구가 높아 보인다. 그리고 SCT에서 글씨를 정성들여 반듯하게 작성하듯이 모범적인 방식으로 문제를 해결하려는 성향도 높은 것 같다. 또한 SCT에서 '완전한 남성상은 자신감 있고 예의 있는 사람', '남자에 대해서 무엇보다도 좋지 않게 생각하는 것은 욕을 하고 안 좋게 말하는 사람'이라고 하듯이 자기 기준도 지나치게 도덕적이며 이상적 수준이었다(MMPI: Mf=69T). 그러나 높은 자기 기준에 비해 지능이 '평균 하' 수준으로 낮으며 학업적 노력이 부족하고 사고도 미숙해 보이는바(Rorschach: A=3), 실제 수행 상황에서는 실패에 직면하기보다는 느리고 우유부단한 모습으로 결정을 미루거나, 불안감을 강조해서 좌절감을 회피하기 쉬운 것 같다.

한편, 자기에 대한 이상적인 기대를 가진 수검자는 평가 상황에 지나치게 예민할 가능성이 높아 보이나(MMPI: Pa=78T / SCT: '내가 잊고 싶은 두려움은 항상 모든 일 할 때 걱정하는 것'), 스트레스 대처 능력이 부족하고(Rorschach: R=7) 미숙해서(HTP: 사람 그림 '어린애', '나이-여덟 살') 오히려 문제 상황에서 적절하게 대처하지 못하고 과도한 불안 증상을 보일 것으로 생각된다(MMPI: Pt=82T / HTP: 그림들을 종이의 한쪽 면에 붙여서 그림). 또한 HTP 사람 그림에서 머리를 덧칠해서 그리고 있어서 반추하는 성향이 높아 보이는바 관련한 불안감이 가중될 수 있겠다(SCT: '무슨 일을 해서라도 잊고 싶은 것은 초등학교 때 친한 친구한테 왕따를 당했을 때', '어렸을 때 잘못했다고 느끼는 것은 엄마를 다치게 한 것').

🗁 요약과 제언

○ 요약
전체지능: 83, 평균 하 수준 / 언어성 지능: 84, 평균 하 / 동작성 지능: 85, 평균 하
수검자의 지능 수준은 평균 하 수준이었으며, 전반적인 지식 습득 수준은 연령에 비해서 다소 낮은 수준임. 한편, 간단한 자극을 다룰 때 양호한 수행 능력을 보일 것으로 생각되나, 응

용 및 주의집중력이 부족해서 자극이 복잡해질 경우 기능 수준이 떨어질 것으로 생각됨. 또한 사회적 대처 능력도 부족해서 낯선 상황에서 위축된 모습을 보이기 쉬움. 애정 욕구가 높은 수검자는 높은 자기 기준으로 인하여 원만한 관계 유지가 어려웠을 것으로 생각됨. 또한 통제 욕구가 높고 모범적인 방식으로 문제를 해결하려는 성향도 높으며 자기기준이 지나치게 도덕적이고 이상적인 것에 비해 지능 수준이 낮고 학업적 노력이 부족하며 사고도 미숙해서, 실제 수행 상황에서는 실패에 직면하지 못하고 불안감을 강조해서 좌절감을 회피하기 쉬움. 이러한 수검자는 부정적 평가에 지나치게 예민해져서 과도한 불안 증상을 보일 수 있음.

○ 임상적 진단
심리평가 결과, 수검자는 다음과 같은 진단이 시사됨.
- Adjustment Disorders with Anxiety
- Obsessive-Compulsive Personality Trait

4. 부부갈등, 정서적 및 공감적 대처 능력 부족(남자/38세/대졸)

🗁 의뢰 사유

수검자는 '부부갈등'을 주소로 내원하였으며, Adjustment Disorders 임상적 인상하에 성인 종합심리평가가 의뢰되었다.

🗁 행동관찰과 면담

안경을 쓴 수검자는 보통 키, 다소 통통한 체구의 30대 후반 남성으로 혼자 내원하였다. 둥근 얼굴형에 검은색 양복 정장 차림의 단정한 외모였고, 검사자와의 눈맞춤도 잘하는 편이었으나, 얼굴은 상기되어 있었고, 시종 우울하고 기운 없는 모습이었다. 검사에 협조적이었고 심각하고 진지한 표정으로 임하였으나, 검사 상황에 쉽게 몰입하지 못하여 초기 과제에서는 쉬운 문항들에 전혀 대답을 하지 못하기도 하였다. 또한 동작성 과제에서는 손이 떨리기도 하였고, 모양 소검사에서 조각들이 다 있는 게 맞는지 물어보는 등 높은 긴장으로 인해 사고가 경직된 모습도 나타났다. 내원 사유에 대해서 '결혼생활 때문이다…… 싸움이 많다', '술먹고 실수를 한다' 등 결혼생활 문제를 언급하였다.

📂 지능과 인지기능

한국 웩슬러 성인 지능검사(K-WAIS)			
지능	점수	백분율	수준
언어성 지능	123	94%ile	우수
동작성 지능	101	53%ile	평균
전체지능	114	83%ile	평균 상

　수검자의 **전체지능은 114, 평균 상 수준**으로 나타났으며, 언어성 지능은 123, 우수 수준, 동작성 지능은 101, 평균 수준으로 두 지능 간에 유의미한 차이가 나타나고 있었다. 수검자는 언어 구사 및 지식 습득 능력이 매우 높은 것으로 나타났으나, 이에 비해 실제 문제 상황에서 변화에 대처하거나 새로운 아이디어를 내는 등 유연성이 필요한 경우에는 대처 능력이 상대적으로 부족해 보일 수 있겠다.

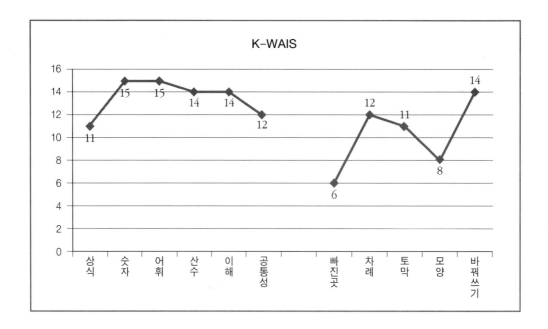

　언어성 지능을 살펴보면, 수계산 능력과 단순한 자극에 대한 주의력이 모두 우수 수준으로 높게 나타나 수 개념과 같이 추상적이고 기계적인 자극을 다루는 능력은 뛰어난 것 같다. 어휘구사력이 우수 수준으로 높게 나타났으며, 사물의 유사성을 파악하는 능력도 평균 상 수준을 유지하고 있어서, 언어 개념에 대한 이해 수준도 높은 편이었으며, 사회적 상황에 대한 이

해력이 우수 수준으로 나타나 관습적 행동 양식이나 사회 현상에 대한 이해력도 높은 수준이었다. 다만 높은 학력과 직업적 배경에도 불구하고 상식 수준이 평균 수준에 그치고 있어 기대 이하의 수준을 보이고 있는데 이는 검사 초반 과도하게 긴장했던 수행태도와도 관련이 있어 보인다.

동작성 지능 영역에서는 가장 간단한 시각 운동 과제에서 우수 수준의 수행을 보이고 있어 민첩성이 뛰어나고 평가 상황에서의 동기가 매우 높은 것으로 여겨진다. 그러나 토막과 모양 소검사에서는 한 문항씩 틀리면서 각각 평균, 평균 하 수준에 그치고 있어, 시공간 구성 능력 및 사고의 유연성이 상대적으로 부족해 보이는바, 복잡한 문제 상황에 직면하면 불편감이 커질 수 있겠다. 또한 상황적 맥락을 파악하는 능력은 평균 상 수준으로 높게 나타나 사회적 상황에서의 대처 능력이 양호해 보이는바, 자신이 경험했거나 사전 지식이 풍부한 경우에는 잘 대응할 수 있겠으나, 시각적 예민성이 경계선 수준으로 매우 낮게 나타나고 있어 예상하지 못했던 환경의 변화를 인식하거나 주변 사람들의 감정을 살피는 일에는 지나치게 둔감한 모습을 보일 수 있겠다.

지능검사 결과, 수검자는 언어적 능력, 지식 습득 그리고 기계적이고 반복적인 자극을 다루는 능력이 뛰어나 익숙한 환경에서는 높은 기능 수준을 보일 것으로 예상되지만, 응용력과 민감성은 매우 부족해 보이는바 낯선 환경에 적응하거나 감정적 대응이 필요한 경우에는 당황하기 쉽고 부적절감을 느끼며 기대 수준에 이르지 못하는 대응 행동을 보일 수 있겠다.

Rorschach 검사 결과, 높은 지능 수준에도 불구하고 총 반응 수는 14개에 그치고 있어 낯선 스트레스 상황에서의 인지적 유연성이 매우 부족해 보인다. 게다가 평범반응은 단 2개에 불과하고 전반적인 형태질도 낮게 나타나고 있어(X-%=0.43) 유연성 부족에 더하여 관습적 판단조차 어려울 정도로 고통감이 심해지면서 실제 문제해결 능력도 저하되는 것 같다. 그러나 수검자는 매우 수동적이고(a:p=2:4) 반추적인(FM=4, m=2) 사고 경향을 보이고 있어 주변의 도움을 얻지 못한 채 혼자서만 고통감을 감내하고 있을 가능성이 높아 보이는바, 문제 상황이 더욱 악화될 수 있겠다.

🗁 성격과 정서

아버지에 대한 연민(SCT: '내 생각에 가끔 아버지는 우울하실 것 같다', '대개 아버지들이란 고생이 많으시다')과 어머니에 대한 친밀감(SCT: '어머니와 나는 친구 같은 사이였다')을 나타내고 있는 수검자는 관습이나 규범에 순응하며 지내 온 것으로 보인다. 그리고 이러한 성향에 더하여 지적 성취 수준이 높았던 수검자는 SCT에서 '언젠가 나는 훌륭한 사람이 되고 싶다', '나

ASI-R (불안민감)	BDI (우울)	**MDQ (조증)**	HCL-32 (경조증)	**BAI (불안)**	STAI-Trait (특성불안)
42	14	**13**	12	**16**	57
58T	61T	**(cutoff: 7)**	(cutoff: 14)	**66T**	60T

※ 역치 이상의 척도는 진하게 표시함.

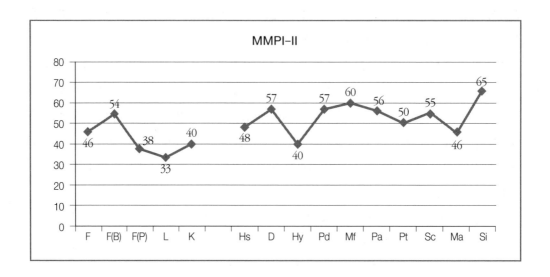

의 야망은 사회적으로 이끌 수 있는 위치에 있게 되었으면 한다', '사회 지도층이 되고 싶다'라고 하는 등 타의 모범이 되는 이상적인 미래상을 형성해 왔던 것으로 여겨진다. MMPI 5번 척도의 상승도 이상적이고 도덕적인 행동에 대한 기대를 반영하는 것으로 보인다. 그러나 앞의 인지기능 영역에서 기술된 바대로 스트레스에 대한 내성과 인지적 유연성이 부족한 수검자는 나이가 들수록 점점 더 많이 요구되는 사회적ㆍ정서적 대처 기술을 충분히 학습하지 못한 것으로 여겨진다. 그리고 MMPI에서 0번 척도가 상승하고 있듯이 내향적이고 수동적인 성향이 강한 수검자는 문제 상황에 직면하기보다는 스스로를 방어하고 회피하기에 급급해 있는 것 같다(HTP: 집과 나무 그림에서 울타리를 그리고, 상단에 치우치게 그림 / SCT: '나에게 이상한 일이 생겼을 때 피하고 싶다', '두려운 생각이 나를 휩싸일 때 회피하고 싶다').

　수검자는 SCT에서 '내가 믿고 있는 내 능력은 하려고 마음먹은 것은 할 수 있다'라고 하듯이 자신의 기본적인 능력에 대해서는 신뢰하고 있는 것으로 보이나, 권위적 대상에 대한 태도를 나타내는 Rorschach 카드를 가장 좋아하는 카드로 선택하면서 '신적 존재'라는 반응을 보인 것은 오히려 실현 불가능한 기대 수준을 형성함으로써 좌절감을 느끼기 쉬운 상태를 반영하는 것 같다. HTP에서는 사람 그림을 매우 크게 그리고 있어 대인관계에 대한 관심은 많아 보이지만, 남녀 모두 옆모습으로 그리면서 손도 제대로 그리지 못하고 있어 실제 관계 속에서는 상당한 불편감과 함께 무기력감을 느끼고 있는 것 같다. 그리고 친밀감에 대한 태도를 나타내는 Rorschach 카드들에서 '허파', '산에 불이 난 모습' 등의 반응은 수검자가 안정감을 느낄 정도의 따뜻하고 지지적인 환경에 있지 못했음을 시사하는바, 유년기의 가정 환경은 외형적으로는 안정적이되 정서적 교류는 활발하지 않았을 가능성이 있으며, 수검자 또한 정서적 대처 능력과 공감 능력이 부족해 보인다(Rorschach: M=0, WSumC=1).

이러한 수검자는 현재 부부 관계의 심한 갈등을 경험하고 있으면서도(SCT: '내가 늘 원하기는 부부 사이가 좋았으면 하나 쉽지 않다', '무슨 일을 해서라도 잊고 싶은 것은 나만이 좋아서 결혼했다는 것이다', '내가 잊고 싶은 두려움은 이혼할지도 모른다는 것이다') 외적으로는 현재 상황에 대한 불만보다 부인에 대한 미안함을 표현하고 있었다(HTP: 여자 그림 '소원-남편이 돈을 많이 벌어 왔으면 좋겠다', '가장 불행할 때-시장에서 장 볼 때…… 백화점도 아니고 시장에서 장 보는 자신이 초라해 보인다'). Rorschach의 색채카드들에서 '사람 몸 내부', '사람 몸 가슴부터 골반까지' 등 신체 해부 반응을 보이고 있는 수검자는 강한 감정을 처리해야 하는 상황에서 신체 증상을 보이며 상황을 회피할 수 있겠다. 이러한 수검자는 문제를 해결하지 못한 채 자책이나 후회를 하면서 불만들이 쌓이고 분노감으로 바뀌어 부적절한 상황에서 충동적으로 표출할 가능성이 높아 보이는바 주의가 요망된다(SCT: '어리석게도 내가 두려워하는 것은 내 자신이다', '나의 가장 큰 결점은 우유부단하다는 것이다').

🗁 요약과 제언

◯ 요약

전체지능: 114, 평균 상 / 언어성 지능: 123, 우수 / 동작성 지능: 101, 평균

수검자의 지능은 평균 상 수준으로 나타남. 익숙한 환경에서는 높은 기능 수준을 보일 것으로 예상되지만, 응용력, 민감성, 인지적 유연성 등이 부족해 낯선 환경에 적응하거나 감정적 대응이 필요한 경우에는 기대 수준에 이르지 못하는 대응 행동을 보일 수 있음. 또한 주변 사람들의 감정에 공감하기 어려워하고 수동적이고 내향적인 사고 경향을 가지고 있어, 대인 관계상의 문제가 발생했을 때 이를 해결하기 쉽지 않을 것으로 예상됨. 관습과 규범을 지키는 데 익숙하고 타의 모범이 되는 이상적인 미래상을 가지고 있는 것으로 보이나, 지나치게 안정적인 유년기를 보내면서 스트레스에 대한 내성을 갖지 못하고 감정적 상황에 대처할 수 있는 능력을 충분히 갖추지 못한 것으로 여겨지는바, 대인관계의 어려움이 지속되고 특히 감정적 교감을 원하는 부인과의 관계에서 갈등이 심해진 것으로 생각됨. 또한 문제에 직면하기

보다는 회피하는 데 익숙해 있어, 갈등이 쌓여서 충동적이고 과격하며 부적절한 대응 행동을
보일 가능성이 있어 주의가 요망됨.

○ 임상적 진단
심리평가 결과, 수검자는 다음과 같은 진단이 시사됨.
- Adjustment Disorders
- Marital Conflict

23　해리성 정체성장애(Dissociative Identity Disorder)

1. 낮은 기능에 대한 순진한 방어와 그 부작용(남자/19세/대재)

📂 의뢰 사유

수검자는 '충동을 통제하기 어렵다', '스트레스 받아서 기절한 적이 있다' 등을 주소로 내원하였으며, R/O Intermittent Explosive Disorder, R/O Unspecified Dissociative Disorder, R/O Somatic Symptom Disorder 임상적 인상하에 성인종합심리평가가 의뢰되었다.

📂 행동관찰과 면담

수검자는 큰 키에 보통 체격으로 무표정하였다. 위생상태는 양호하였으나, 다른 곳을 응시하는 경우가 많아서 눈맞춤은 잘 이루어지지 않았다. 검사 내내 허리를 펴고 팔을 다리에 붙이고 경직된 자세를 유지하였고, 경직된 말투로 대답했다. 수검자는 도구를 다루는 과제에서 인상을 쓰고 도구를 던지며 신경질적인 반응을 보였고, HTP에서는 완성된 그림을 보다가 갑자기 '더 못 보겠어요'라며 그림을 덮어 버리는 등 다소 미숙하게 취소(undoing)하는 경우도 많았다. 내원 사유에 대해서는 '욕하는 소리를 들으면 과거 기억이 떠올라서 기분이 좋지 않다', '자꾸만 물건이 없어지는 건 나에게 의도적으로 하는 행동이다'라고 과도한 관계사고를 보고하였고, '4주 전부터는 내가 싫어하는 사람이 주변으로 다가오면 경고의 메시지로 빨간색으로 형체가 보이다가, 회색에서 검정색으로 넘어가면 말하기 싫고 거부감이 커진다'라며 특이한 감각이상을 호소하기도 하였다.

📂 지능과 인지기능

수검자의 **전체지능은 76, 경계선 수준**으로 나타났으며, 언어성 지능은 69, 경도 정신지체 수준, 동작성 지능은 91, 평균 수준으로, 두 지능 간의 차이가 22점으로 크게 나타나고 있어

한국 웩슬러 성인 지능검사(K-WAIS)			
지능	점수	백분율	수준
언어성 지능	69	4%ile	경도 정신지체
동작성 지능	91	27%ile	평균
전체지능	76	7%ile	경계선

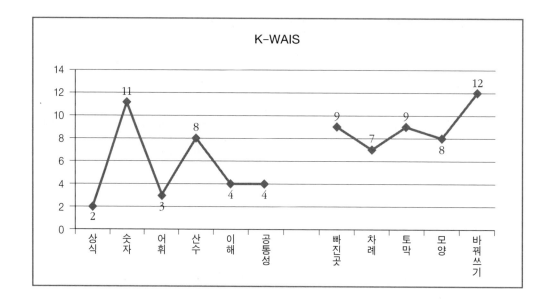

서, 실제 상황에서의 즉각적인 대처 능력은 양호해 보이나 언어적인 대처 기능이 필요한 상황에서는 기능 수준이 떨어질 수 있겠다.

언어성 지능을 살펴보면, 순간적인 자극에 주의를 기울이는 능력이 평균 수준이었고, 산술능력이 평균 하 수준으로 나타나고 있어서 수 개념을 다루는 능력은 비교적 양호한 것 같다. 그러나 사물의 유사성을 파악하는 능력과 어휘구사력이 정신지체 수준을 보이고 있어서 언어적 개념에 대한 이해력이 상당히 부족해 보인다('풍년-기쁜 날', '고구마와 쌀-음식'). 또한 사회적 상황에 대한 이해력과 기본적인 상식이 정신지체 수준으로 나타나고 있어서 전반적인 지식 습득 수준도 매우 부족하게 나타났다('김소월-모르겠다', '음식-따뜻하게 먹으려고'). 수검자는 모르는 문항에서 '관심이 없어서 모르겠다'라며 자신의 낮은 기능에 대해 핑계를 대고 있었는데, 이는 자신의 낮은 기능 수준을 인정하지 못하는 모습을 나타내는 것으로 생각된다.

동작성 지능 영역에서는 시공간 운동 속도가 평균 상 수준으로 가장 높게 나타나고 있어서 평가 상황에서의 동기 수준이 높은 것 같다. 수검자는 시공간 구성 능력이 평균 수준이었고,

부분을 통해서 전체 상을 구성하는 능력이 평균 하 수준으로 나타나고 있어서 도구를 다루는 능력도 비교적 양호해 보인다. 또한 시각적 예민성이 평균 수준, 상황적 맥락을 파악하는 능력이 평균 하 수준을 보이고 있어서 사회적 대처 능력도 비교적 적절한 것 같다.

지능검사 결과, 문제 상황에서의 즉각적인 대처 능력은 적절해 보이나, 언어적 대처 능력이 부족하고, 학업적 지식 습득 수준이 낮게 나타나고 있어서 기능 수준의 차이가 상당히 클 것으로 여겨지는바 부적절감을 느낄 수 있겠다. 한편, 수검자는 자신의 낮은 기능을 수용하지 못하고 핑계를 대고 있는데, 이러한 보상 행동은 주변 사람들로 하여금 수검자에 대한 객관적 평가를 어렵게 만드는 것 같다.

Rorschach 검사 결과, 총 14개의 적은 반응 수를 보이고 있으나, 인간운동반응을 5개나 보이고 있어서 이성적이고 논리적인 판단을 하려는 경향이 강해 보이는데, '거꾸로 보니까 만화에서 봤다. 악마 같아요. 위에서 아래를 쳐다보는 거 같아서 섬뜩해요'라고 하듯이 각 반응이 장황하고, 왜곡된 인간형태반응을 많이 보이고 있어서(M-=6), 지극히 자기만의 생각에 빠져서 자의적이고 독단적인 결정을 하기 쉬운 것 같다. 이러한 수검자는 왜곡된 형태반응을 많이 보이고 있어서(X-%=0.64) 문제 상황에서 대응하기 위한 노력이 주변 사람들에게 부적절하게 느껴지기 쉽겠다. 또한 '저한테 손을 뻗으려는 거 같아요'라고 하듯이 자극과 경계를 유지하지 못할 정도로 자아강도가 약화되어 있는 수검자는, 반응을 한 뒤에 '빨리 덮고 싶어요', '그만 보고 싶어요'라고 하듯이 스트레스 상황에서 순진하게(naive) 문제를 부인함으로써 문제 해결이 더 어려워지는 경우가 많을 것으로 생각된다.

📁 성격과 정서

아동기에 신체적 학대와 관련한 외상을 경험한 수검자는 HTP 남자 그림을 아버지라고 하면서 '성격-무섭다'라고 하고, 친밀감에 대한 태도를 나타내는 Rorschach 카드에서 '괴물', '섬뜩해요'라고 하듯이 가족과 같은 가까운 관계를 오히려 위협적으로 지각하고 있는 것 같다. 이러한 수검자는 자신의 외상적 경험을 부인하고 억압하기 위해 노력해 왔던 것으로 보이는바(SCT: '내가 믿고 있는 내 능력은 철저한 외면과 무시', '때때로 두려운 생각이 나를 휩싸일 때 마음을 부숴야 한다'), 기억력 저하(SCT: '내가 어렸을 때는 무엇을 하였는지 기억이 많이 없다')를 호소하는 것은 감당하기 힘든 외상적 사건으로부터 자신을 보호하기 위한 방어기제로 생각된다. 그러나 면담 시 '폭언을 하는 선임들을 볼 때마다 과거 아버지에게 맞은 경험이 떠올라서 힘들다'라고 보고하듯이 외상 경험을 상기시키는 환경적 자극이 주어지는 상황에서는 억압된 상태를 유지하지 못하고 극단적인 심리 변화를 보일 수 있겠다.

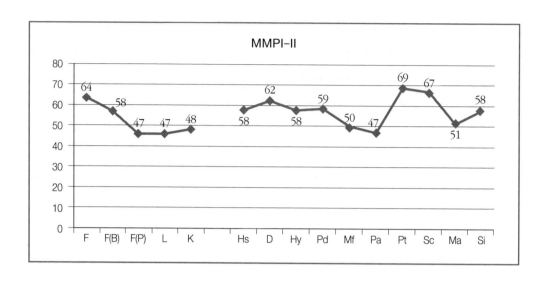

앞에서 관계 욕구를 드러내고 있으면서도, SCT에서 반복적으로 '무슨 일을 해서라도 잊고 싶은 것은 사람에 대해 친근하게 정을 베푼 것', '어리석게도 내가 두려워하는 것은 정드는 것이다'라며 관계가 밀착되는 것에 대해 강한 거부감을 보이는 것을 보면, 한편으로는 유기에 대한 불안감을 느끼고 있는 것 같다. 이러한 수검자는 Rorschach에서 '의복' 반응을 4번이나 보이듯이 내면의 불안감을 드러내지 않기 위해서 상당히 노력했던 것으로 보이는바, 외부와의 소통을 스스로 차단하고 있는 것 같다(HTP: 집 그림에서 창문을 그리지 않았고, 문을 검게 칠함). 그러면서도 SCT에서 '나에게 이상한 일이 생겼을 때 최고 선임이나 근처에 있는 분께 도움을 청한다'라고 하듯이 문제 상황에서는 의존적인 태도를 보이고 있어서, 앞서 나타난 관계 단절에 대한 언급은 오히려 관계 형성에 대한 강한 욕구의 반동형성일 가능성이 높아 보인다.

관계 형성에 대한 극단적인 태도를 모두 보이는 수검자는 Rorschach 색채카드에서 색채반응을 거의 보이지 못하고 있듯이 정서적 자원이 부족해 보이는바, 강한 부정적 감정을 느끼는 상황에서 신체적인 증상을 통해서 고통감을 드러낼 수도 있겠다(Rorschach: '피를 토해 내고 있다'라고 하듯이 분노감을 표현하면서 '가운데 뼈나 신장이 보인다'라고 해부반응을 보임). 또한 MMPI에서 7번 척도가 69T로 상승하고 있듯이 불안 수준이 높은 수검자는 Rorschach와 HTP에서 '기분이 이상하다, 그만 하자', '덮어 버리겠다'라며 고통감을 호소하면서도 콧노래를 흥얼거리는 등 양립하기 어려운 극단적인 행동이 모두 나타나고 있었는데, 이렇듯 부적절한 대응 방식(MMPI: Sc=67T)은 주변 사람들의 거부감을 더욱 강화시킬 수 있어 개선을 위한 치료적 개입이 필요해 보인다.

📁 요약과 제언

⭕ 요약
전체지능: 76, 경계선 / 언어성 지능: 69, 경도 정신지체 / 동작성 지능: 91, 평균

수검자의 지능 수준은 경계선 수준으로 나타남. 문제 상황에서 즉각적인 대처 능력은 적절해 보이나 언어적 대처 능력이 부족하고, 학업적 능력이 낮게 나타나고 있어서 기능 수준의 차이가 상당히 클 것으로 여겨지는바 부적절감을 느낄 수 있겠음. 다만, 수검자는 자신의 낮은 기능을 수용하지 못하고 핑계를 댐으로써 낮은 기능을 보상하려 하는 등 순진한 대처를 하고 있음. 아동기에 신체적 학대와 관련한 외상을 경험한 수검자는 가족과 같이 가까운 관계를 위협적으로 지각하고 있음. 호소하는 기억력 저하는 자신이 감당하기 힘든 외상적 사건으로부터 자신을 보호하기 위한 방어기제로 생각되나, 외상적 사건을 상기시키는 환경적 자극이 주어지는 상황에서는 극단적인 심리 변화를 나타낼 수도 있음. 한편으로는 유기에 대한 불안을 느끼고 있는 수검자는 주변 사람들과의 소통을 스스로 차단하고 있는 것으로 보이는데, 이는 오히려 관계 형성에 대한 강한 욕구를 시사하고 있는 것으로 보임. 또한 순간의 감정에 솔직하게 직면하지 못하는 수검자는 특정 감정이 느껴지는 상황에서 양립하기 어려운 극단적 행동을 모두 나타내는 부적절한 모습을 보일 수 있음.

⭕ 임상적 진단
심리평가 결과, 수검자는 다음과 같은 진단이 시사됨.
- Dissociative Identity Disorder
- Borderline Intellectual Functioning

2. 전형적인 행동, 불만을 감추기 어려움, 풍부한 Rorschach 반응(남자/19세/대재)

📁 의뢰 사유

수검자는 '나에 대해 궁금하다'를 주호소로 내원하였으며, R/O Unspecified Dissociative Disorder, R/O Unspecified Schizophrenia Spectrum and Other Psychotic Disorder 임상적 인상하에 성인종합심리평가가 의뢰되었다.

📁 행동관찰과 면담

안경을 쓴 수검자는 보통 키, 보통 체구의 19세 남성이었다. 위생상태는 양호하였으나, 검사자와의 눈맞춤은 잘 하지 못했다. 면담 시에는 서럽게 우는 듯한 말투로 애절하게 자신의 상황을 설명하였고 한숨을 쉬는 경우도 많았으나, 표정만 찡그리고 있을 뿐 눈물은 흘리지 않았다. 그리고 지능검사를 시작하자 아무런 일도 없었다는 듯이 멀쩡한 표정으로 검사에 임하였고, 지능검사가 끝나고 HTP, Rorschach 등 투사검사를 수행할 때는 다시 머리가 아프다며 고통감을 호소하였다. 지능검사 시에는 말을 약간 더듬고, 모르는 문제가 나오면 당황해하며 분하다는 듯한 표정을 짓는 경우가 많았다. 그리고 차례맞추기 같이 잘하는 과제가 나오면 공격적으로 느껴질 정도로 빠르고 적극적으로 수행하였다. 수검자는 검사 내내 상당한 고통감을 호소하면서도 마치 혼잣말을 하는 듯했고 검사자와 눈을 전혀 마주치지 않은 채 멍한 눈빛인 경우가 많았다. 내원 사유에 대해서는 '다리 때문에 왔다', '사람들 어울리지 못해서 잘해 보려고 군대에 왔는데 더 안 된다', '사람을 죽이고 싶다', '날 놀리는 것 같다' 등 다양한 불편감을 언급하였으며, 자신의 과거 외상적 사건들에 대해서도 큰 목소리로 장황하게 말하였다. 수검자는 자신의 다리 상태에 대해서 '중학교 때 친구들이 같이 놀려면 3층에서 떨어지라고 해서 떨어져서 다친 거다'라고 하였으나, 과거사에 대한 대부분의 내용이 통상적으로 수용하기 어려운 내용이어서('눈을 떠 보니 경찰서였고, 내가 누굴 때렸다고 하더라', '내가 누날 피멍들게 때렸다고 하는데 기억이 안 난다', '자고 일어났더니 친구들이 멍이 들어 있더라') 이에 대해서는 사실 확인이 필요해 보인다.

📁 지능과 인지기능

한국 웩슬러 성인 지능검사(K-WAIS)			
지능	점수	백분율	수준
언어성 지능	64	1%ile	경도 정신지체
동작성 지능	95	36%ile	평균
전체지능	74	4%ile	경계선

수검자의 **전체지능은 74, 경계선 수준**으로 낮게 나타났다. 언어성 지능은 64, 경도 정신지체 수준, 동작성 지능은 95, 평균 수준으로 두 지능 간의 차이가 매우 크게 나타나고 있으며, 문제 상황에서 즉각적으로 대처할 수 있는 능력은 양호해 보이지만, 언어 및 지적 자원은 과

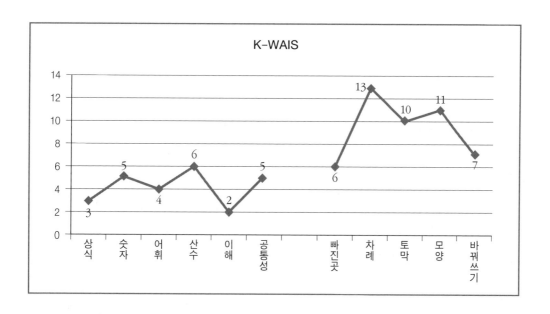

도하게 빈약한 것으로 나타나 이로 인한 부적절감이 클 것으로 생각된다.

언어성 지능을 살펴보면, 수계산 능력과 단순한 자극에 대한 주의력이 경계선 수준으로 나타나 주의집중력이 매우 부족하고 연산 능력도 상당히 빈약한 것으로 보인다. 다만 숫자 소검사에서 바로따라외우기(4점)보다는 거꾸로따라외우기(6점)를 더 안정적으로 실시하고 있어 마음가짐에 따라 수행 수준이 다소 높아질 수도 있을 것으로 예상된다. 사물의 유사성을 파악하는 능력은 경계선 수준, 어휘구사력은 정신지체 수준을 보이고 있어('누설하다-약점을 말하는 거', '서툴다-못하는 거', '가훈-성경책 같은 거') 전반적인 언어적 자원이 매우 빈약해 보이며, 기본적인 상식과 사회적 상황에 대한 이해력이 정신지체 수준이어서('돌다리-넘어질 수 있어서', '세금-나라를 지키려고') 연령 수준에 맞게 주변 사람들과 소통하기도 힘들어 보인다. 수검자는 전반적으로 매우 피상적이고 단편적인 인상에 근거한 대답을 하는 경우가 많았다.

동작성 지능 영역에서는 상황적 맥락을 파악하는 능력이 평균 상 수준을 보이고 있어 사회적 상황에서의 판단 및 대처 능력은 높은 반면, 시각적 예민성은 이보다 훨씬 낮은 경계선 수준이어서, 익숙한 상황에서 관습적 판단은 잘할 수 있겠지만 애매한 상황에서는 의사결정을 내리기 힘들고, 주변 사람들의 생각이나 감정을 충분히 고려하지 못한 채 행동할 가능성이 높아 보인다. 시공간 구성 능력과 부분을 통해 전체 상을 구성하는 능력이 평균 수준으로 나타나 기본적인 문제해결 능력과 응용력은 양호해 보인다. 그러나 시공간 운동 속도가 평균 하 수준이어서 민첩성은 다소 부족해 보이는바, 그다지 기민한 대응을 하지도 못하고 있는 것 같다.

지능검사 결과, 수검자의 지적 잠재력은 평균 수준 정도로 여겨지며, 익숙한 사회적 상황에서의 판단력은 오히려 높은 편이었다. 그러나 다양하고 복잡한 자극이 주어지거나 빠른 대응이 필요한 상황에서는 적절히 대처하기 힘들어 보인다. 그리고 연령 수준에 비해 언어 및 지적 자원이 현저하게 부족해서 주변 사람들과 성숙하고 생산적인 관계를 맺기 어려웠을 것으로 보인다. 게다가 사고력이 제한되고 주변 환경에 대한 민감성이 부족해 주변 사람들과 교류를 하지 못한 채 혼자만의 생각에 빠져 지내 왔던 것으로 보인다.

Rorschach 검사 결과, 12개의 적은 반응 수를 보이고 있어, 스트레스 상황에서 다양한 대안을 고려하지 못한 채 제한된 행동만 보일 가능성이 높아 보인다. 주변 사람들의 평가에는 민감해져 있는 것으로 보이지만(W:D:Dd=2:7:3) 평범반응은 단 1개에 그치고 왜곡된 형태반응도 많으며, 조직화 점수도 낮게 나타나(Zd=-3.5) 나이 수준에 맞는 사회적 행동을 하기 힘들 것으로 보인다. 무엇보다도 인간운동반응을 5개나 보이고 있지만, 그중에서 왜곡된 반응이 3개나 나타나고 있어 자신이 처한 대인관계 상황을 왜곡해서 받아들임으로써 스스로 갈등을 초래할 가능성이 높아 보인다.

📁 성격과 정서

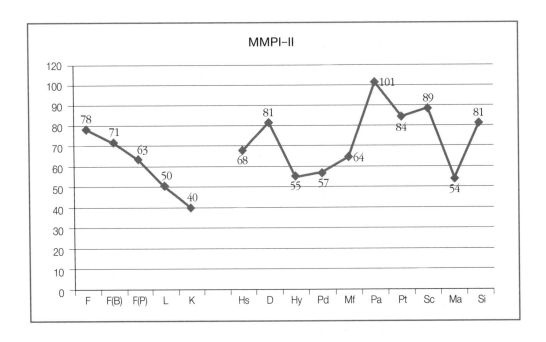

수검자는 MMPI에서 6-7-8번 척도가 가장 높게 나타나고 있어 주변 환경을 매우 위협적이고 적대적인 것으로 인식하고 있는 것 같다(SCT: '어리석게도 내가 두려워하는 것은 사람이다', '무엇보다도 좋지 않게 여기는 것은 사람들이다'). 그리고 이러한 사고 경향은 과거 외상적 사건들과 관련이 있어 보인다(SCT: '남자에 대해서 무엇보다도 좋지 않게 생각하는 것은 날 이용하고 개새끼로 만든다', '대개 어머니들이란 재수없다…… 친구 엄마들이 우리 엄마를 욕보였다', '나는 어머니를 좋아하지만 세상은 어머니를 욕한다').

수검자는 애매모호한 자극을 통해 스트레스와 좌절감을 줄 수 있는 Rorschach 검사의 첫 번째 카드에서 '로봇', '비행기' 등의 반응을 보이듯 주지화 방어기제를 사용하였고, 두 번째 카드에서는 '아이…… 약해 보인다'라고 하듯이 이전 반응과는 상반된 수준의 퇴행된 모습을 보이며 대응하고 있었다. 그러나 이후부터는 '결혼하려는데 해골이 방해한다', '해충…… 생긴 게 화가 난다', '부채…… 잘난 것처럼 보인다…… 보통 부채를 들고 잘난 척한다', '축제 벌이는 거…… 다들 즐거워 보인다. 이걸 보면 화 난다' 등의 반응을 보이듯 어떤 자극이 나와도 불만스러움과 연결을 시킬 정도로 내면의 불만과 분노감이 강해 보인다. 게다가 Rorschach IX번 카드에서 '누군가를 불태우고 웃고 있다', X번 카드에서 '아까 그 사람이 불타서 죽어서 울고 있다'라고 하면서 다른 카드의 그림들을 연결 지어 생각할 정도로 자의적인 의미 부여를 통해 스스로 불만을 확장하고 있는 것 같다.

수검자는 HTP 남자 그림에서 '누군가를 괴롭힌다', '단점-인간이 아니다…… 쓰레기다', '가장 행복한 때-남을 괴롭힐 때', SCT에서 '내 생각에 남자들이란 죽여 버리고 싶다', '언젠가 나는 악마가 된다'라고 하듯이 스스로를 피해자의 입장에 놓고 상당한 분노감을 표현하고 있으나, SCT에서 '내가 어렸을 때 우리 가족은 사랑스럽고 행복하고 은혜가 가득했다', '내가 제일 좋아하는 사람은 가족이다', '우리 집안은 좋다', '내가 바라는 여인상은 엄마다', '나의 어머니는 위대하다'라고 하듯이 원가족에 대해서는 지나치게 이상적인 태도를 보이는 등 양극단의 모습이 검사 전반에 걸쳐 나타나고 있었다. 수검자는 가족을 이상적인 존재로 만들면서 과거 자신에게 피해를 주었던 대상과 자신에게 도움이 되지 못했던 주변 환경에 대해서는 극단적인 거부감을 보이고 있어 스스로 통합된 모습을 보이기 힘들 것으로 여겨진다. 게다가 HTP 집 그림에서 외형만 간단하게 그리고 사람 그림에서도 얼굴에 눈, 코, 입 등을 그리지 않고, 손과 발을 불분명하게 그렸으며, SCT에서 '내 생각에 참다운 친구는 없다', '내가 믿고 있는 내 능력은 없다', '나에게 이상한 일이 생겼을 때 그냥 앉아 있다'라고 하듯이 대처 자원이 매우 빈약해 보이는바, 스스로를 통제하지 못한 채(SCT: '다른 친구들이 모르는 나만의 두려움은 내가 무슨 짓을 할지 모른다') 순간의 감정에 따라 극단적인 행동 변화가 나타날 가능성이 높아 보인다.

📂 요약과 제언

○ 요약

전체지능: 74, 경계선 / 언어성 지능: 64, 경도 정신지체 / 동작성 지능: 95, 평균

수검자의 지능은 경계선 수준으로 나타남. 지적 잠재력은 평균 수준 정도로 여겨지며, 익숙한 상황에서의 사회적 판단력은 오히려 높은 편이지만, 다양하고 복잡한 자극이 주어지거나 빠른 대응이 필요한 상황에서는 적절히 대처하기 힘들어 보임. 게다가 연령 수준에 비해 언어 및 지적 자원이 현저하게 저하되어 있어 주변 사람들과 성숙하고 생산적인 관계를 맺기 어려웠을 것으로 여겨지며 주변 사람들과 교류를 하지 못한 채 혼자만의 생각에 빠져 지내 왔던 것으로 보임. 또한 자신이 처한 대인관계 상황을 왜곡해서 받아들임으로써 스스로 갈등을 초래할 가능성도 높아 보임. 수검자는 주변 환경을 매우 위협적이고 적대적인 것으로 인식하고 있으며 이는 과거 외상적 경험들과도 관련이 있어 보이지만, 스트레스에 대응할 수 있는 자원이 빈약해 적절하고 현실적인 대처를 하지 못한 채 순간의 감정에 따라서 극단적인 행동을 보이기 쉬운 것으로 생각됨. 불특정 타인에 대한 과도한 적대감과 가족에 대한 이상화라는 극단적인 태도를 동시에 보이고 있으나 이를 감당하기에는 자아강도가 매우 약해 보이는 바, 해리 상태를 경험할 가능성이 높아 보여 이에 대한 주의가 요망됨.

○ 임상적 진단

심리평가 결과, 수검자는 다음과 같은 진단이 시사됨.

- Unspecified Dissociative Disorder
- R/O Dissociative Identity Disorder
- R/O Unspecified Communication Disorder

24 해리성 기억상실(Dissociative Amnesia)

1. 부모에 대한 이상화, 극단적 현실 부인(남자/18세/대재)

📁 의뢰 사유

수검자는 2개월 전 교통사고 이후 '기억장애로 답답하고 어색하다'를 주호소로 내원하였으며, R/O Unspecified Neurocognitive Disorder, R/O Adjustment Disorders 임상적 인상하에 명확한 진단 및 성격 파악을 위해 성인종합심리평가가 의뢰되었다.

📁 행동관찰과 면담

위로 세운 유행하는 머리 스타일을 한 수검자는 보통 키, 다소 마른 체형으로 부와 함께 내원하였다. 위생상태는 양호하였으나, 멍한 표정으로 검사자와의 눈맞춤은 잘 하지 못하였다. 검사자의 지시에 잘 따르고 과제에 집중하는 듯하였으나, 전반적으로 말이 없고 수동적인 모습이었으며, 기운 없이 책상에 엎드려 대답하는 경우가 많았다. 말투가 다소 어눌한 편이었고, 질문에 대답하기까지 매번 지연된 모습을 보였다. 내원 사유에 대해서는 '교통사고로 머리를 다쳐서 왔다'라고 하였으며, 학업적 및 사회적 상황에서의 불편감에 대해서 말하였으나, 별다른 불편감은 느껴지지 않았다.

📁 지능과 인지기능

K-WAIS로 측정한 수검자의 **전체지능은 99, 평균 수준**으로 나타났다. 언어성 지능은 92, 평균 수준, 동작성 지능은 111, 평균 상 수준으로 두 지능 간 유의미한 양적 차이가 나타나고 있으며, 소검사 간의 편차도 매우 크게 나타나고 있어 인지기능의 비효율성이 시사된다.

언어적 지능을 살펴보면, 수검자는 소검사 간의 편차가 매우 크게 나타나고 있으며 많은 문항에서 '아는데 설명을 못하겠다'라는 대답을 하고 있어 자신의 지적 잠재력을 충분히 발휘

한국 웨슬러 성인 지능검사(K-WAIS)			
지능	점수	백분율	수준
언어성 지능	92	30%ile	평균
동작성 지능	111	77%ile	평균 상
전체지능	99	48%ile	평균

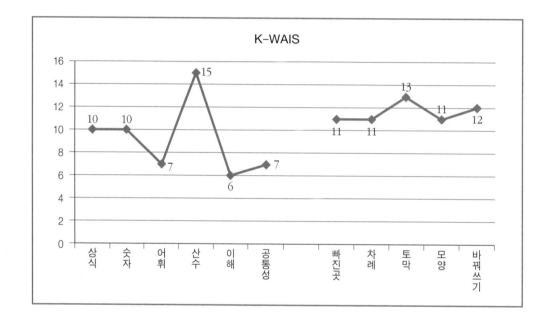

하지 못하고 있을 가능성도 있겠다. 수검자는 수계산 능력이 우수 수준을 보이고 있어 고차원적인 사고 능력이 높게 나타났다. 그러나 기본 지식과 단순한 자극에 대한 주의력은 평이한 수준이었으며, 어휘구사력과 언어적 개념 형성 능력은 평균 하 수준으로 다소 낮게 나타났다. 그리고 쉬운 문항에서 실패하는 경우도 있었다. 특히 '나라에 세금을 내는 이유는?', '빈 수레가 요란하다의 의미는?' 등의 질문에 전혀 대답을 하지 못하는 등 수검자의 연령 및 병전 학업성취 수준에 미치지 못하는 대답을 하고 있는데, 이는 학업적 성실성이 부족한 것과 관련이 있는 것 같다.

반면, 동작성 소검사에서는 대부분 평균-평균 상 수준의 양호하고 고른 수행 수준을 보이고 있었다. 시공간 구성 능력, 정신 운동 협응 속도 등 시공간 협응 능력이 평균 상 수준으로 다소 높게 나타났으며, 사물의 핵심을 파악하는 능력과 상황적 맥락을 파악하는 능력이 평균 수준으로 주변 상황을 파악하고 대처하는 능력도 적절한 수준을 유지하고 있는 것으로 생각된다.

지능검사 결과, 수검자의 언어성 지능은 평균 수준인 데 반해, 동작성 지능은 평균 상 수준으로 유의미한 차이를 보이고 있어 인지기능의 비효율성이 커 보인다. 시공간 자극 및 추상적이고 고차원적인 자극을 처리하는 능력은 적절히 유지되고 있는 반면, 학업적 및 관습적 지식의 습득 수준과 언어적 표현력이 매우 저하되어 있는 상태로 사회적 상황에서의 의사소통에 어려움을 겪을 수 있겠다.

Rorschach 검사 결과, 수검자는 관습적 지각의 어려움은 나타나지 않았으나(P=4), 형태질이 저하되어 있어(X-%=0.35) 스트레스 상황에서의 문제해결 능력이 저하되어 있는 것 같다. 수검자는 감정을 표현하기보다는 인지적 통제를 하려는 경향이 강하지만(EB=3:1.0) 주변의 다양한 자극을 통합하지 못하고 매우 산만하게 지각하는 모습을 보이고 있으며(L=0.15, Zd=-2.0), 대인관계 상황을 오해할 가능성도 높아 보이는바(M-=2), 주변 사람들과의 관계 형성에 어려움이 클 것으로 생각된다.

📂 성격과 정서

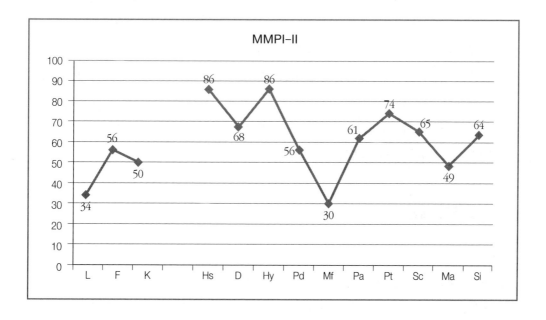

MMPI에서는 1-2-3번 신경증 척도가 매우 높게 나타나고 있으며, 불안과 관련된 7번 척도도 높게 상승해 있어 현재 상당히 불안정한 상태가 시사되며 피암시성이 높고 주변의 스트레스에 취약하여 스트레스가 일정 수준 이상이 되면 신체 증상을 통해 자신의 불편감을 호소할 가능성이 높아 보인다. 한편, 주관적 고통감을 시사하는 F척도가 평이한 수준으로 나타나 현

재의 불안정한 상태가 상당 기간 지속되었을 가능성도 높아 보인다.

　　수검자는 SCT에서 '내가 믿고 있는 내 능력은 자신감이다', '언젠가 나는 훌륭하게 될 것이다', '다른 가정과 비교해서 우리 집안은 화목한 집안이다'라고 하였고, SCT에서 부모님에 대해서는 '행복하고 훌륭한 분'이라고 하는 등 이상화시켜서 표현하고 있다. 이러한 수검자는 TAT에서 '이마에 뽀뽀한다…… 행복해 보인다'라고 하듯이 애정 욕구를 표현하고 있으나, Rorschach의 친밀감에 대한 태도를 나타내는 카드에서 '용', '제트기' 등의 반응을 보이듯 실제로는 가정 내에서 충분한 정서적 지지를 느끼지 못하고 있으며, 오히려 상당한 부담감만 느끼고 있는 것 같다(SCT: '내가 저지른 가장 큰 잘못은 부모님을 힘들게 한 일이다', '우리 가족이 나에 대해서 대단하게 생각한다').

　　이러한 수검자는 SCT에서 '어리석게도 내가 두려워하는 것은 실패하는 것이다', '무슨 일을 해서라도 잊고 싶은 것은 내가 불행하게 지냈던 것이다', '내가 잊고 싶은 두려움은 세상 일을 걱정하는 것이다' 등 자신의 이상과 다른 자신의 모습에 매우 실망하고 있는 것으로 보인다. 그리고 Rorschach의 대인관계에 대한 태도를 나타내는 카드에서 공간 반응을 2개나 보이듯이 주변 사람들에 대해 상당한 분노감과 함께 내면의 고통감을 느끼고 있는 것 같다. 게다가 HTP 집 그림에서 출입문을 그리지 않았고, 나무 그림에서 가지만 앙상한 나무를 그리는 등 주변 환경과의 의사소통을 스스로 차단한 상태로 심리적 자원까지 부족한 수검자는 상당한 우울감을 경험하고 있는 것으로 생각되나(TAT: '우울하다', '자살한다', '외롭다', '암울해 보인다'), Rorschach에서 가장 다양한 형태와 색채가 주어지는 마지막 카드에서 '새 타고 날아가는 사람', '궁정 입구' 등의 반응을 보이듯 스트레스가 가중되면 현실적인 문제는 부인한 채로 환상에 빠져들 가능성도 높아 보인다.

📂 요약과 제언

○ 요약

전체지능: 99, 평균 / 언어성 지능: 92, 평균 / 동작성 지능: 111, 평균 상

　　수검자의 지능은 평균 수준으로 나타났으나, 두 지능 간 유의미한 양적 차이가 나타나고 있어 인지기능의 비효율성이 시사됨. 시공간 자극 및 추상적이고 고차원적인 자극을 처리하는 능력은 적절히 유지되고 있는 반면, 학업적 및 관습적 지식의 습득 수준과 언어적 표현력이 매우 저하되어 있는 상태로 사회적 상황에서의 의사소통에 다소 어려움을 겪을 수 있음. 수검자는 현재 상당히 불안정한 상태로 피암시성이 높고 주변의 스트레스에 취약하여 스트레스가 일정 수준 이상이 되면 신체 증상을 통해 자신의 불편감을 호소할 가능성이 높아 보

임. 자신과 부모를 이상화시켜 표현하고 있으나, 실제로는 가정 내에서 충분한 정서적 지지를 느끼지 못하고 있으며, 오히려 상당한 부담감을 가지고 있음. 주변 사람들에 대한 상당한 분노감을 느끼고 있는 수검자는 주변과의 의사소통을 스스로 차단한 상태로 심리적 자원까지 부족해 상당한 우울감을 경험하고 있는 것으로 생각되나, 현실적인 문제는 부인한 채로 환상에 빠져들 가능성이 높아 보임.

○ 임상적 진단

심리평가 결과, 다음과 같은 진단이 시사됨.

– Dissociative Amnesia

2. 사회성 부족, 사변적 내용에 몰입, 자살 가능성(남자/19세/재수생)

🗀 의뢰 사유

수검자는 '내가 두 명인 것 같다'를 주소로 내원하였으며, Dissociative Amnesia, R/O Unspecified Depressive Disorder 임상적 인상하에 성인종합심리평가가 의뢰되었다.

🗀 행동관찰과 면담

수검자는 보통 키, 보통 체구의 재수생으로 모와 함께 내원하였다. 단정한 옷차림에 곱슬머리였고, 뿔테안경을 쓰고 있었다. 구레나룻이 길게 있었고, 얼굴은 인상이 강렬해 보였으며, 시종 진지한 표정으로 검사에 임하였다. 쉬운 과제는 매우 빨리 수행하는 반면, 과제가 어려워지면 손을 떨기도 하는 등 난이도에 따라 행동의 차이가 극명하게 나타났다. HTP 그림검사를 매우 힘들어하였으며, 특히 사람 그림을 그리게 하자 2분이 넘도록 전혀 그림을 그리지 못하였고('유독 사람을 못 그리겠다'), 그림을 그리게 독려하자 고개를 숙이고는 화난 듯한 표정을 짓는 등 극단적 감정 변화가 나타났다. 내원 사유에 대해서는 '필긱 비슷한 게 있었다'라고 하면서 자신의 증상에 대해서는 적절히 설명하였으나, 심리적 스트레스는 부인하였다.

📂 지능과 인지기능

한국 웩슬러 성인 지능검사(K-WAIS)			
지능	점수	백분율	수준
언어성 지능	119	89%ile	평균 상
동작성 지능	111	77%ile	평균 상
전체지능	117	87%ile	평균 상

  수검자의 **전체지능은 117, 평균 상 수준**으로 나타났으며, 언어성 지능은 119, 평균 상 수준, 동작성 지능은 111, 평균 상 수준으로 두 지능 간 차이는 크게 나타나지 않았다.

  언어성 지능을 살펴보면, 어휘구사력과 사물의 유사성을 파악하는 능력이 우수 수준으로 나타나 언어개념에 대한 이해 수준이 높았으며, 단순한 자극에 대한 주의력과 수계산 능력도 평균 상 수준을 보이고 있어 주의력과 수 개념을 다루는 능력도 높은 편이었다. 사회적 상황에 대한 이해력도 평균 상 수준으로 사회 현상에 대한 이해력도 충분히 가지고 있는 것으로 보이며, 기본적인 상식 수준은 상대적으로 낮은 평균 수준에 그치고 있으나, 29개 문항 중 단 3개만 틀리고 있어, 질적인 수준은 양호해 보인다.

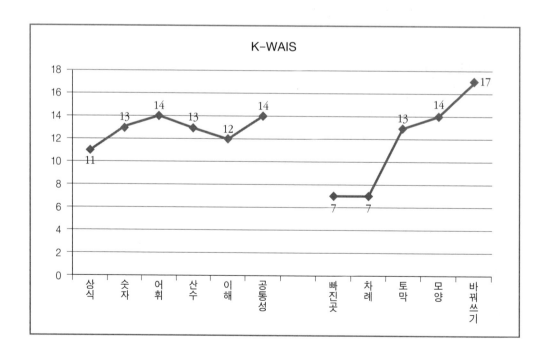

동작성 지능 영역에서는 시공간 운동 속도가 최우수 수준을 보이고 있어 평가 상황에서 동기가 매우 높고 문제 상황에서 매우 민첩하게 반응할 수 있을 것 같다. 그리고 시공간 구성 능력이 평균 상 수준, 부분을 통해 전체 상을 구성하는 능력은 우수 수준으로 나타나는 등 전반적인 문제해결 능력도 높은 수준이었다. 그러나 시각적 예민성과 상황적 맥락을 파악하는 능력은 모두 평균 하 수준에 그치고 있어 사회적 상황에서의 판단 및 대처 능력은 상대적으로 매우 부족해 보이는바, 대인관계 시 부적절한 행동을 하여 갈등을 겪거나 고립되어 지내고 있을 가능성이 높아 보인다.

지능검사 결과, 지능 수준이 전반적으로 높게 나타났으며, 이를 바탕으로 문제해결 능력, 학업 수행 능력, 언어 구사 능력 등은 높은 기능 수준을 발휘하며 지내고 있을 것으로 보인다. 그러나 사회적 상황에서의 판단 및 대처 능력은 상대적으로 매우 부족해 보이는바, 부적절한 행동으로 갈등을 경험하거나 학업적이고 사변적인 내용에만 몰입하면서 사회적으로는 고립된 생활을 하고 있을 수 있겠다.

Rorschach 검사 결과, 11개의 적은 반응 수를 보였으며, 단순한 형태반응이 많아 스트레스 상황에서 경직되고 단순한 대응을 보일 수 있겠다. 조직화 점수가 높아(Zd=3.0) 주변 환경을 스스로 통제하고자 하는 욕구가 높아 보이지만, 인간운동반응을 1개도 하지 못하고 있어 연령 수준에 맞게 이성적이거나 논리적인 판단을 하기 힘든 것 같다. 그리고 평범반응이 단 2개로 관습적 지각 능력이 부족하고, 왜곡되고 특이한 형태반응도 많이 나타나고 있어(X-%=0.25, Xu%=0.30) 실제 상황에서는 주변 여건을 고려하지 못한 채 부적절한 행동을 보일 수 있겠다.

📂 성격과 정서

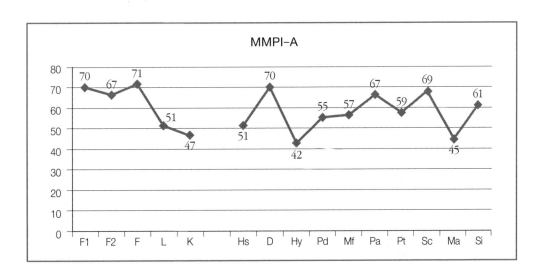

수검자는 MMPI에서 F척도가 모두 높이 상승해 있고 2번 척도도 높게 나타났으며, Rorschach에서 m=3, TAT에서 '창문 밖으로 뛰어내리려고 하는 거', '죽은 사람 눈 감겨 준다', SCT에서 '내가 보는 나의 앞날은 한치 앞도 내다볼 수 없는 안개' 등의 반응을 고려할 때 심한 우울감을 경험하고 있는 것으로 보인다. 그리고 MMPI 6-8번 척도가 상승해 있어서 현재의 우울감은 특이한 수검자 자신의 생각과 그러한 생각을 수용하지 못하는 주변 환경에 대한 적대감 및 경계심과 관련이 있어 보인다(SCT: '우리 윗사람들은 썩어 빠진 고인 물이다', '남자에 대해서 무엇보다도 좋지 않게 여기는 것은 과도한 승부욕이다', '내 생각에 남자들이란 다른 사람을 정복해서 지배하는 것밖에 생각하지 않는 존재들', '내가 잊고 싶은 두려움은 남들이 나를 욕할까 봐 조바심 내는 것', '어리석게도 내가 두려워하는 것은 다른 사람들로부터 무시당하는 것이다'). 게다가 Rorschach에서 색채반응을 거의 하지 못하고 MMPI에서도 3번 척도가 낮게 나타나고 있어 정서적 자원이 매우 부족해 보이는바, 자신의 불편감을 주변 사람들과 공유하지 못한 채 혼자서만 감내하고 있어 해소하기도 어려워 보인다.

수검자는 HTP 사람 그림에서 2분 넘게 고민을 하고 나서도 막대인물상을 그리고 여자는 아예 그리지 못하는 등 심한 고통감을 나타냈는데, 이러한 고통감은 내면의 욕구를 충족시키지 못하는 것에 대해 심리적으로 방어하기 위해 노력하는 과정에서 발생한 것으로 보인다. Rorschach에서 음식반응을 보일 정도로('아이스크림') 심리적으로 미숙한 수검자는, HTP 집 그림에서 창문을 3개나 그리고, TAT에서 '두 사람이 포옹하고 있는 거'라는 반응을 보이듯 친밀감에 대한 욕구를 가지고 있으면서 동시에 주변 사람들과의 고립과 단절을 언급하고 있는데[SCT: '나에게 이상한 일이 생겼을 때 (주변 사람들에게 피해를 입힐 수 있으니) 나는 세상으로부터 도피할 것이다', '내가 믿고 있는 내 능력은 남들이 내 곁에 다가오지 못하는 것이다', '내가 정말 행복할 수 있으려면 그 누구에게도 의존하지 않고 홀로 서는 것이 필요하다'], 이는 주변으로부터 지지받지 못하는 것에 대한 고통감에 대응하기 위한 나름대로의 절실한 노력으로 보이지만, 과도한 고통감을 없애지는 못하는 것 같다(SCT: '내가 없으면 친구들은 내가 없어진 것도 모를 것이다', '우리 가족이 나에 대해서 과연 무엇을 알고 있을까').

수검자는 HTP 나무 그림에서 옹이를 그리고, SCT에서 '내가 저지른 가장 큰 잘못은 셀 수 없을 것 같다', '무슨 일을 해서라도 잊고 싶은 것은 나의 과거', '내가 늘 원하기는 하지만 나는 원하는 것을 아무것도 이룰 수가 없다'라고 하듯이 과도한 죄책감과 낮은 자존감을 호소하고 있으나, 정작 그 구체적인 내용에 대해서는 함구하거나 억압하고 있으며(SCT: '내가 어렸을 때는 아무것도 기억나지 않는다', '나의 가장 큰 결점은 겉과 속이 다른 것'), 이렇듯 억압적인 모습을 보면, 사실 상기의 죄책감이 그 강도만큼의 분노감을 반영하고 있을 가능성이 높아 보인다(Rorschach: II 번 카드 반응 실패). 수검자는 Rorschach에서 '콘트라베이스', '종교적 의식에 쓰이는 제단', '박제된 나비' 등의 반응을 보이듯 주지화 방어기제를 통해 나름대로 내면의 고통감을 감소시키고 있으나, 자신의 양가적인 욕구와 감정이 너무 강해 이를 감당하기 어려워 상당한 혼란감을 느끼고 있는 것 같다(SCT: '나의 야망은 여러 가지가 뒤섞여 혼란스럽다'). 그리고 이러한 혼란감은 HTP 나무 그림에서 '생각-나무가 생각을 할 수 있다는 생각을 할 수가 없다', 남자 그림에서 '생각-왜 나를 이렇게 그렸나 생각한다', '가장 행복한 때-가만히 있을 때…… 그게 자기가 할 수 있는 유일한 거니까…… 제가 이렇게 그렸으니까 그림은 움직일 수 없다', '가장 불행한 때-움직이고 싶은데 움직일 수 없을 때'라고 하듯이 간단한 상상과 판단조차 하지 못한 채 단순한(concrete) 반응을 보일 정도로 사고를 경직시키고 있어 문제 해결을 더욱 어렵게 하고 있는 것 같다.

요약과 제언

요약
전체지능: 117, 평균 상 / 언어성 지능: 119, 평균 상 / 동작성 지능: 111, 평균 상

수검자의 지능은 평균 상 수준으로 나타났으며, 전반적으로 높은 기능 수준을 발휘할 수 있을 것으로 여겨짐. 그러나 정서적 자원과 사회적 상황에서의 판단 및 대처 능력이 상대적으로 부족해 보이는바, 사회적 상황에서는 그다지 적응적인 행동을 하지 못한 채 학업적이고 사변적인 내용에 더욱 몰입하게 될 수 있음. 무엇보다 수검자는 심리적으로는 의존성이 높고 애정 욕구도 높은 편이지만, 억제적인 성향이 강해 충분한 지지와 인정을 해 주지 않는 주변 사람들에게 자신의 욕구를 적절히 표현하지 못한 채 억누르는 데 익숙해져 있음. 스트레스에 대한 심리적 내성이 부족해 문제 상황에서 사고가 급격히 경직되어 문제 해결을 어렵게 하고 있으며, 이러한 가운데 자신을 수용하고 지지해 주지 못한 주변 사람들에 대한 분노감도 많이 쌓여 있는 것으로 보임. 현재는 이러한 분노감을 자신에 대한 자책으로 돌리며 심한 우울감에 빠져 있는 상태로, 자살과 같은 극단적인 행동에 주의가 필요하며, 한편으로는 내면의 상반되는 강렬한 욕구들을 통합하지 못한 채 의식이 분열되는 현상을 경험하고 있는 것으로 보임. 또한 상기의 분노감이 외부로 향할 때는 실제적인 공격 행동을 동반할 가능성이 높아 보이는바, 이에 대한 지속적인 관심도 필요해 보임.

임상적 진단
심리평가 결과, 수검자는 다음과 같은 진단이 시사됨.

- Dissociative Amnesia
- Unspecified Depressive Disorder

3. 전환장애 동반, 해리성 둔주(남자/20세/고졸)

📂 의뢰 사유

수검자는 '실신', '어지럼증', '역행성 기억상실증', '혼란감' 등을 주호소로 내원하였으며, R/O Unspecified Dissociative Disorder, R/O Unspecified Personality Disorder 임상적 인상하에 성인종합심리평가가 의뢰되었다.

📂 행동관찰과 면담

수검자는 작은 키에 보통 체격이었고, 위생상태가 양호하였으며, 눈맞춤도 잘 이루어졌다. 머리를 옆으로 단정히 빗어 넘겼고 군복이 구김이 없이 각이 져 있는 것을 보면 외모에 상당히 신경 쓰는 것 같다. 간단한 질문에 대해서는 차분한 어투로 대답하다가 과제를 제시하자마자 얼굴과 귀가 빨개져서 매우 당황하였고, 정답을 아는 문항에서는 매우 큰 목소리로 대답하다가 모르는 문항에서는 말끝을 흐리며 목소리가 작아지는 등 상황에 따라 태도 변화가 크게 나타났다. 내원 사유에 대해서는 '쓰러지고 나서 기억을 잃어서 1~2주일 동안 가족들을 알아보지 못했다', '주변 사람들에게 들은 내용으로는 밥 먹고 계단을 올라가다 쓰러졌다고 들었다'라며 신체 증상과 기억상실증에 대한 언급을 하였다. 면담 시에는 '내가 아픈데도 사람들이 믿어 주지 않고, 갑작스럽게 쓰러지는 일이 반복되다 보니 평소 생활하는 데 긴장이 돼서 힘들다'라며 신체 증상과 관련된 스트레스를 말하며 눈물을 흘렸다.

📂 지능과 인지기능

수검자의 **전체지능은 87, 평균 하 수준**으로 나타났으며, 언어성 지능은 88, 평균 하 수준, 동작성 지능은 88, 평균 하 수준으로 나타나서, 두 지능 간의 차이는 유의미하지 않았다. 다만, 소검사 간의 차이가 8점으로 크게 나타나고 있어서 상황에 따른 기능상의 차이가 매우 클 것으로 예상된다.

한국 웩슬러 성인 지능검사(K-WAIS)			
지능	점수	백분율	수준
언어성 지능	88	21%ile	평균 하
동작성 지능	88	21%ile	평균 하
전체지능	87	19%ile	평균 하

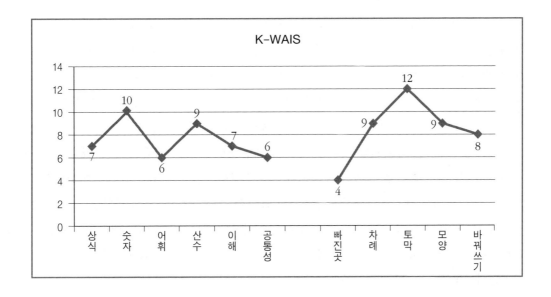

언어성 지능을 살펴보면, 산술 능력이 평균 수준을 보이고 있어서 수계산 능력이 양호해 보인다. 그리고 간단한 자극에 주의를 기울이는 능력이 평균 수준이었고, 바로따라외우기가 11점으로 나타나서 단기 집중력도 적절해 보인다. 그러나 거꾸로따라외우기가 바로따라외우기에 비해 4점 낮은 7점을 보이고 있어서 작업기억력은 다소 부족해 보이는바, 과제가 복잡해지면 기능 수준이 저하될 수 있겠다. 한편, 기본적인 상식과 사회적 상황에 대한 이해력이 평균 하 수준으로 나타나고 있어서 전반적인 지식 습득 수준도 부족해 보인다('김소월-소설가', '세금-일단 살고 있으니까'). 또한 어휘구사력과 사물의 유사성을 파악하는 능력이 경계선 수준이어서 언어적 개념에 대한 이해력이 매우 부족한 것 같다('가훈-집안의 타이틀', '배와 비행기-사람이 많은 곳'). 또한 언어성 과제에서 난이도 상승에 따라 정답이 맞고 틀리는 경우가 반복되고 있어서 학습을 위한 노력이 비일관적이었던 것으로 보이며, 저성취에 대한 부적절감이 컸을 것으로 생각된다.

동작성 지능 영역에서는 시공간 구성 능력이 평균 상 수준을 보이고 있어서 구조화된 상황에서의 문제해결 능력이 다소 높아 보인다. 그러나 부분을 통해서 전체 상을 구성하는 능력이 평균 수준으로 나타나고, 시공간 운동 속도가 평균 하 수준을 보이고 있어서 응용력 및 민첩성이 필요한 상황에서는 주관적으로 불만족감을 느낄 수 있겠다. 한편, 상황적 맥락을 파악하는 능력이 평균 수준을 보이고 있어서 익숙한 사회적 상황에서 판단하는 능력이 적절해 보이나, 시각적 예민성이 정신지체 수준이어서 주변 환경 변화에 매우 둔감해 보이는바, 자의적인 판단에 의해서 고집스럽게 행동할 수 있겠다.

지능검사 결과, 숫자, 도형 등 기계적인 자극을 다루는 능력이 적절하게 나타나고 있어서 인지적 잠재력이 양호해 보인다. 그러나 응용력, 작업기억력 등이 상대적으로 낮은 수준을 보이고 있어서 과제의 난이도가 복잡해지면 기능 수준이 저하될 수 있겠다. 그리고 학습을 위한 노력이 매우 비일관적이었던 것으로 보이는바, 기대만큼의 성취를 하지 못하고, 이에 대한 불만이 컸을 것으로 생각된다. 게다가 주변 환경 자극에 대한 민감성이 부족해서 주변 환경을 고려하지 못하고 자신의 판단만을 고집함으로써 대인관계에서도 갈등을 겪을 수 있겠다.

Rorschach 검사 결과, 총 17개의 적절한 반응 수를 보이고 있으나, 대부분 단순한 형태반응이 나타나고 있어서 사고가 단순하고 경직되어 있는 것 같다(L=3.25). 또한 다양한 주변 자극을 적절히 조직화시키지 못하고(Zd=-5.0), 관습적 지각과 객관적 판단에도 어려움이 커 보이는바(P=2, X-%=0.41), 스트레스 상황에서 무기력하게 대응할 수 있겠다(가장 형태가 애매하고 모호한 카드에서 오랫동안 반응을 하지 못하였음).

📁 성격과 정서

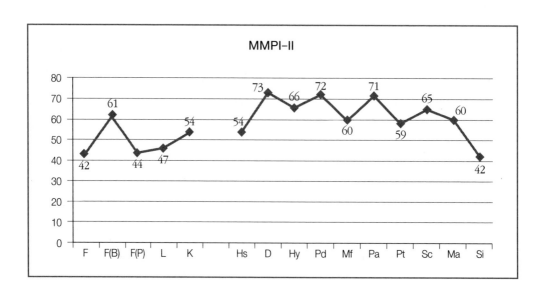

수검자는 미래에 대한 부정적 사고(SCT: '내가 보는 나의 앞날은 보이지가 않는다'), 외로움(HTP: 집 그림 '쓸쓸한 분위기'), 자살사고(SCT: '다른 친구들이 모르는 나만의 두려움은 사는 것', '언젠가 나는 죽겠지'), 과도한 죄책감(SCT: '내가 저지른 가장 큰 잘못은 나 때문에 죽은 것') 등을 시사하는 반응을 보이고 있어서 극심한 우울감을 경험하고 있는 것으로 보이는데(MMPI: D=73T), 주관적인 고통감을 나타내는 F척도가 오히려 낮게 나타나는 것을 보면, 상기의 우울감은 오랜 기간 지속되었을 것으로 여겨진다. 한편, 해리성 기억상실과 둔주를 시사하는 반응을 보이고 있는(면담: '실신 후에 1~2주 동안 부모님과 간부들을 알아보지 못했다', '주변 사람들의 말로는 혼자서 밖으로 나가려고 하고, 없어서 찾으면 혼자 다른 장소에 있었다고 한다') 수검자는 사고가 매우 피상적으로 보이는데(SCT: '어리석게도 내가 두려워하는 것은 지금', '내가 늙으면 죽겠지'), 이는 방어적인 성향과 관련이 있어 보인다(HTP: '평범한 사람이 산다', '평범한 사람이다'라며 '평범'이라는 단어를 많이 사용함).

MMPI에서 4-6번 척도가 70T 이상으로 높게 상승한 것을 보면 불만이 많고 내면의 불편감을 외부로 투사하고 있는 것 같다. 이러한 수검자는 주변 사람들을 비난하고(SCT: '내 생각에 여자들이란 속물', '무엇보다도 좋지 않게 여기는 것은 사람들의 이기심'), 반항적인 태도를 보이기도 했다(HTP: 각각의 그림을 10초 이내에 그림의 형태를 하나의 선으로 이어서 성의 없이 그림 / MMPI: '반사회적 행동'=70T). 그러면서도 MMPI에서 불만과 관련된 소척도들의 상승은 보이지 않았는데, 이는 필요에 따라 내면의 고통감을 선택적으로 강조하는 모습을 반영하는 것 같다.

수검자는 자신의 유약함을 강조하면서(HTP: 사람 그림 '단점-아프고 약할 것 같다' / Rorschach: '상처 난 사람, 피가 나고 맞은 사람처럼 보였다') 수동적인 태도를 보이고 있는데(HTP: 나무 그림 '소원-말을 못해도 알아 달라'), 이를 통해 주변 사람들을 자신의 의지대로 통제하려는 모습을 보일 것으로 여겨지나, 이러한 무의식적 동기가 좌절되면 극심하게 무기력한 태도를 보일 것으로 여겨진다(SCT: '나에게 이상한 일이 생겼을 때 막을 힘이 없다'). 그리고 갑작스러운 의식의 전환을 보고하고 있어서(면담: '쓰러지고 난 후에 1~2주 동안 기억을 잃었었다'), 스트레스에 매우 취약하고 자아강도가 약화되어 있는 것 같다. 이러한 수검자는 스트레스 상황에서 문제에 대한 통찰을 하지 못한 채 신체적인 질병에만 몰입할 수 있겠다(SCT: '무슨 일을 해서라도 잊고 싶은 것은 내 몸', '나의 가장 큰 결점은 몸', '내가 잊고 싶은 두려움은 쓰러지는 것' / Rorschach: '심장', '담배를 핀 폐', '식도').

🗁 요약과 제언

○ 요약

전체지능: 87, 평균 하 / 언어성 지능: 88, 평균 하 / 동작성 지능: 88, 평균 하

수검자의 지능 수준은 평균 하 수준으로 나타남. 지적 잠재력이 양호해 보이나, 과제의 난이도가 복잡해지면 기능 수준이 저하될 것으로 예상됨. 그리고 학습을 위한 노력이 매우 비일관적이었던 것으로 보이는바, 기대만큼의 성취를 하지 못하고, 이에 대한 불만이 컸을 것으로 생각됨. 게다가 주변 환경은 고려하지 않고 자신의 판단만을 고집함으로써 대인관계에서도 갈등을 겪을 것으로 여겨짐. 수검자는 극심한 우울감을 느끼는 것으로 보이며, 이런 증상이 오랜 기간 지속되었을 것으로 여겨짐. 사고가 피상적이고 방어적인 수검자는 해리성 기억상실과 둔주를 시사하는 반응을 보이고 있음. 한편, 내면의 불편감을 외부로 투사하는 수검자는 주변 사람들을 비난하고, 반항적인 태도를 보이고 있음. 수검자는 주변 사람들을 자신의 의지대로 통제하려는 모습을 보일 것으로 예상되나, 이러한 무의식적 동기가 좌절되면 무기력해질 수 있음. 그리고 갑작스러운 의식의 전환을 보고하고 있어서, 스트레스에 매우 취약하고, 자아강도가 약화되어 있는 것으로 보임. 이러한 상황에서 문제 상황의 맥락에 대한 통찰이 부족한 채로 신체적인 질병에만 몰입해 있는 것으로 여겨짐.

○ 임상적 진단

심리평가 결과, 수검자는 다음과 같은 진단이 시사됨.

- Conversion Disorder
- Dissociative Amnestic Disorder(Dissociative Fugue)

25 이인성-비현실감장애(Depersonalization-Derealization Disorder)

1. 빠르고 강렬한 관계 형성, 증상을 통한 스트레스 추정(남자/20세/대재)

📂 의뢰 사유

수검자는 '내가 내가 아닌 것 같은 느낌 때문에 힘들다', '이런 기분을 떨치고 싶어서 죽고 싶다' 등을 주소로 내원하였으며, Depersonalization Disorder 임상적 인상하에 성인종합심리 평가가 의뢰되었다.

📂 행동관찰과 면담

수검자는 다소 큰 키, 탄탄한 체구의 20대 초반 남성이었다. 위생상태는 양호하였으며, 검사자와의 눈맞춤도 적절하였으나, 약간 각성되어 있는 듯한 눈빛이었다. 검사에는 협조적이었으며, 지필 과제를 수행할 때는 상당히 꼼꼼하게 자신의 과제를 확인하였다. 수검자는 검사 도구들이 흥미롭다는 듯한 표정으로 검사에 임하였고, 신기하다는 듯 몸동작을 취하는 경우도 종종 눈에 띄었으며, 순진하게 아이처럼 웃는 등 다소 미숙한 모습도 나타났다. 검사가 끝나고 난 다음에는 웃으면서 '충성'이라고 경례를 하고 나갔다. 내원 사유에 대해서는 '권유로 왔다', '우울증 증세와 현실감이 없어서'라고 간단하게 자신의 증상을 말하였다.

📂 지능과 인지기능

수검자의 **전체지능은 97, 평균 수준**으로 나타났으며, 언어성 지능은 93, 평균 수준, 동작성 지능은 102, 평균 수준으로 두 지능 간의 차이는 크게 나타나지 않았다.

언어성 지능을 살펴보면, 사물의 유사성을 파악하는 능력과 어휘구사력이 평균 수준으로

한국 웨슬러 성인 지능검사(K-WAIS)			
지능	점수	백분율	수준
언어성 지능	93	33%ile	평균
동작성 지능	102	55%ile	평균
전체지능	97	41%ile	평균

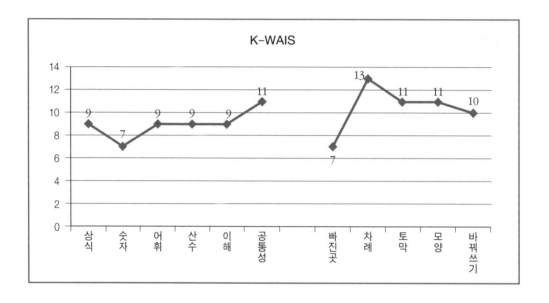

나타나 단어 개념에 대한 기본적인 이해 수준과 의사소통에 필요한 언어적 자원은 양호해 보인다. 그리고 기본적인 상식 수준과 사회적 상황에 대한 이해력도 평균 수준으로 나타나 전반적인 지식 수준도 적절한 것 같다. 수계산 능력이 평균 수준이어서 연산 능력도 평이한 수준을 보이고 있으나, 오히려 단순한 자극에 대한 주의력은 평균 하 수준에 그치고 있어 단순하고 지루한 자극에 주의를 지속하는 데 어려움이 있는 것 같다. 다만, 수검자는 학력 수준에 비해 '남루하다-남으로 가는 거', '수레-빈 깡통이 소란스럽다' 등 경직된(concrete) 대답을 하거나, 쉬운 문항에서 엉뚱한 대답을 하고 있는데('국보-옥새'), 이는 유년 시절 오랜 해외 거주 경험과도 관련이 있는 것 같다.

　동작성 지능 영역에서는 상황적 맥락을 파악하는 능력이 평균 상 수준으로 나타나 사회적 상황에서의 판단 능력은 높은 편이었다. 그러나 시각적 예민성은 평균 하 수준으로 낮아서 주변 환경의 작은 변화나 미묘한 감정의 차이를 인식하는 능력은 상대적으로 매우 부족해 보이는바, 주변 환경을 고려하지 못한 채 독자적인 행동을 하기 쉬운 것 같다. 한편, 시공간 구성 능력과 부분을 통해 전체상을 구성하는 능력이 평균 수준으로 나타나 전반적인 문제해결 능력은 양호하였으며, 시공간 운동 속도가 평균 수준을 보이고 있어 민첩성도 적절한 정도였다.

지능검사 결과, 지식 수준, 언어 표현 및 이해력, 문제해결 능력 등 대부분의 기능이 평이한 수준을 보이고 있어 무난하게 직업적 및 사회적 생활을 유지할 수 있을 것으로 보인다. 게다가 사회적 판단력이 높은 편이어서 원만한 대인관계를 맺기에도 유리한 듯 보인다. 그러나 주변 환경을 고려하지 못한 채 독자적으로 판단하고 자신의 생각을 고집할 가능성이 높고, 이러한 자신의 행동에 대한 문제의식을 갖지 못해 스트레스가 높아지면 주변 사람들과 갈등 상황에 처할 수 있겠다.

Rorschach 검사 결과, 총 반응 수는 12개에 그치고 있어 스트레스 상황에서 다소 위축된 듯보일 수 있으나, 평범반응이 5개로 관습적 지각을 위해 부단히 노력하고 있으며, 적은 반응수에 비해 인간운동반응과 색채반응을 많이 보이고 있어(EB=3:3.5) 주변 환경 변화에 나름대로 상당히 적극적으로 대응하고 있는 것 같다. 그러나 순수색채반응을 2개나 보이고 있고, 조직화 점수는 매우 낮게 나타나고 있어(Zd=-7.0) 주변의 다양한 환경 자극을 전혀 효율적으로다루지 못한 채 순간의 감정에 따라 충동적으로 행동하기 쉬운 것 같다.

📁 성격과 정서

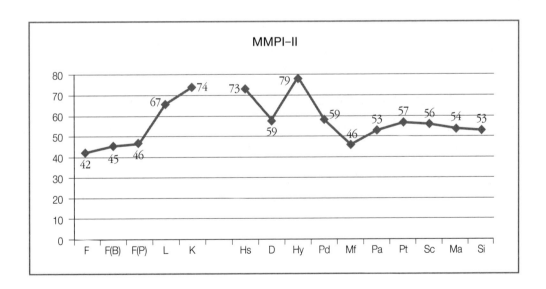

MMPI에서는 1-3번 척도가 높게 상승하고 있어, 주변 사람들의 인정과 지지를 받고자 하는 욕구가 매우 높아 보인다. 이러한 수검자는 주변 사람들과의 관계를 만족스럽게 표현하고

있지만(HTP: 집 그림 '단독주택…… 화기애애하고 화목하다', 남자 그림 '대학 다니는 학생…… 사교성이 좋다', 여자 그림 '소원-연예인이 되는 것' / SCT: '우리 집안은 축복이 넘친다'), MMPI 3번 척도의 상승 정도가 과도하다는 점을 고려할 때 기대 수준에 비해 실제 대인관계 만족감은 매우 부족할 것으로 생각된다. 수검자는 HTP 집 그림에서 하단선을 전혀 그리지 않고 있어 가정 환경을 매우 불안정하게 인식하고 있는 듯 보이며, 나무 그림에서는 그림은 크지만 겉모습만 간단하게 그리고 있어, 기대 수준에 도달하기 위한 실제적인 노력은 그다지 열심히 하지 못하고 있는 것 같다. 그리고 사람 그림에서도 막대인물상을 그리고 있어 그다지 대인관계를 편안하게 여기지 못하고 있는 것 같다.

수검자는 미래에 대한 긍정적 기대(SCT: '내가 보는 나의 앞날은 밝을 것이다', '나의 장래는 밝다고 믿는다', '행운이 나를 외면했을 때 절망하지 않는다')와 현재의 극심한 고통감을 동시에 나타내고 있는데(SCT: '어리석게도 내가 두려워하는 것은 나의 현 상태이다', '무슨 일을 해서라도 잊고 싶은 것은 지금 처해 있는 상황이다', '언젠가 나는 이 상태에서 벗어날 거라 믿는다'), 이렇듯 공존하기 어려운 심리적 상태가 동시에 나타나고 있는 것은 MMPI에서 L-K척도가 높게 나타나듯이 심리적 상태에 대한 방어적 성향이 높은 것과 관련이 있어 보인다. 수검자는 HTP 남자 그림에서 '소원-좋은 학점으로 학교를 졸업하는 거', 여자 그림에서 '장점-옷을 잘 입는다'라고 하는 등 나이에 비해 아직도 외적인 특성에 더 가치를 두고 있으며, Rorschach에서는 '거대한 외계 생명체', '멋있는 일렉트릭 기타', '아프리카 마스크' 등의 반응을 보이듯 주지화 방어기제를 많이 사용하고 있어서, 감정을 교감하는 깊이 있는 관계를 맺기는 힘들어 보인다. 분노감과 같이 강한 감정에 대한 태도를 나타내는 Rorschach 카드에서 '사람의 폐와 음경'이라는 성적인 반응을 나타낼 정도로 자기통제를 하지 못하고, 색채가 다양한 Rorschach 카드에서 '불꽃놀이'라는 반응을 보이고 있어 정서적 충동성도 커 보이는바, 빠른 시간에 강렬한 관계를 맺을 수 있겠으나(Rorschach: 대인관계에 대한 태도를 나타내는 카드에서 '두 사람이 마주보며 심장이 뛴다') 이러한 관계가 지속되기는 힘든 것 같다.

수검자는 현재 상당한 고통감을 보고하고 있고, 이러한 고통감을 이인증 자체에 대한 것으로 표현하고 있으나, 상기의 심리적 특성을 고려할 때, 대인관계에서 느끼는 불편감이나 감당하기 어려운 감정 상태에 부딪히고 있을 가능성이 높아 보이는바, 현실적인 스트레스원에 대한 추가적인 파악이 필요해 보인다.

🗁 요약과 제언

○ 요약

전체지능: 97, 평균 / 언어성 지능: 93, 평균 / 동작성 지능: 102, 평균

수검자의 지능은 평균 수준으로 나타남. 무난하게 직업적 및 사회적 생활을 유지할 수 있을 것으로 보이며, 사회적 판단력이 높은 편이어서 원만한 대인관계를 맺기에도 유리함. 그러나 주변 환경을 고려하지 못한 채 독자적으로 판단하고 자신의 생각을 고집할 가능성이 높고, 순간의 감정에 따라 충동적으로 행동할 수 있으며, 이러한 자신의 행동에 대한 문제의식을 갖지 못해 스트레스 상황을 받아들이기 힘들 수 있음. 수검자는 높은 애정 욕구를 가지고 있으며, 주변 환경에 대한 만족감과 미래에 대한 기대감을 표현하고 있으나, 한편으로는 강한 불안감을 나타내는 등 상반되는 감정상태를 동시에 보이고 있는데, 이는 사고가 다소 미숙하고 자아강도가 약한 수검자가 자신의 불편한 감정에 직면하기 어려워하고 있는 것과 관련이 있어 보임. 수검자가 호소하고 있는 이인증에 대한 불편감은 현재 대인관계 불편감이나 인식하기 어려운 강한 감정과 관련이 있을 가능성이 높아 보이는바, 현실적인 스트레스원에 대한 추가적인 탐색이 필요해 보임.

○ 임상적 진단

심리평가 결과, 수검자는 다음과 같은 진단이 시사됨.

- Depersonalization Disorder

2. 관습과 규범의 준수, 내면의 충동, 동화적 환상으로의 도피(여자/18세/대중퇴)

🗁 의뢰 사유

수검자는 '친구 사귀는 것이 스트레스다', '공부, 집중이 안 된다', '감정의 기복이 심하다' 등을 주호소로 내원하였으며, 인지기능 및 정서 파악을 위해 성인종합심리평가가 의뢰되었다.

🗁 행동관찰과 면담

수검자는 큰 키, 보통 체구의 10대 후반 여성으로 모와 함께 내원하였다. 단발머리를 하고 검은색 스키니진에 캔버스화를 신고 있는 등 캐주얼하고 깔끔한 옷차림이었고, 검사자와의 눈맞춤도 잘하는 편이었다. 검사에 협조적이었으며, 전반적인 수행 수준도 양호한 편이었으나, 정작 본인은 안절부절못하고 긴장된 모습을 보이는 경우가 많았다. 내원 사유에 대해서는 '기분이 우울하다', '다시 못 웃을 것 같다', '왜 사는지 모르겠다', '친구 사귀는 것에 압박감이 있다' 등을 언급하였으며, 자신의 개인사에 대해서도 솔직하게 말하였으나, 상당한 혼란감을 반복적으로 호소하였다('나는 왜 내가 좋아하는 것을 못 찾나?', '뭐가 맞는 건지 모르겠다' 등).

🗁 지능과 인지기능

한국 웩슬러 성인 지능검사(K-WAIS)			
지능	점수	백분율	수준
언어성 지능	111	77%ile	평균 상
동작성 지능	109	72%ile	평균
전체지능	111	77%ile	평균 상

K-WAIS로 측정한 **전체지능은 111, 평균 상 수준**으로 나타났으며, 언어성 지능은 111, 평균 상 수준, 동작성 지능은 109, 평균 수준으로 두 지능 간의 유의미한 양적 차이는 나타나지 않았다.

언어성 지능을 살펴보면, 수계산 능력이 우수 수준으로 높게 나타났으며, 단순한 숫자 자극에 대한 주의력도 평균 상 수준을 보이고 있어 숫자와 같은 기계적인 자극을 다루는 능력이 뛰어나고 단기 집중력도 양호해 보인다. 그리고 사회적 상황에 대한 이해력이 우수 수준을 보이고 있어 규범과 관습에 대한 이해 및 습득 수준도 매우 높아 보인다. 그러나 이에 비해 어휘구사력과 사물의 유사성을 파악하는 능력은 평균 수준에 그치고 있어 단어의 본질적인 개념을 파악하는 능력은 상대적으로 부족하게 느껴질 수 있겠다. 또한 기본적인 상식 수준도 평균 수준에 그치고 있어, 자신의 지적 잠재력에 비해 다양한 지적 자극을 경험하지 못한 것으로 여겨지는바 인지적 유연성이 부족한 것 같다.

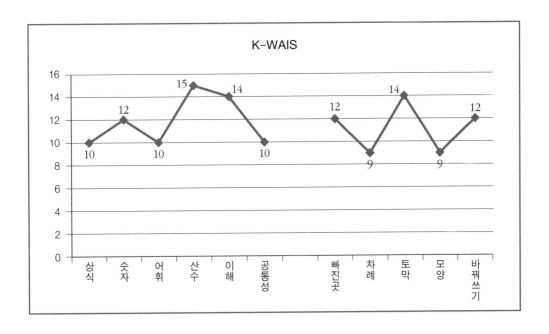

동작성 지능 영역에서는 시공간 구성 능력이 우수 수준으로 높게 나타나 구조화된 상황에 서의 문제해결 능력이 뛰어나고 지적 잠재력도 현재 측정된 지능 수준보다 높을 것으로 예상 된다. 그리고 시공간 운동 속도가 평균 상 수준을 보이고 있어 민첩성이나 단순 과제를 수행 하는 능력은 양호해 보인다. 그러나 부분을 통해 전체 상을 구성하는 능력은 평균 수준에 그 치고 있으며, 5점의 점수 차이를 보이고 있어, 응용 및 추론 능력이 필요한 상황에서는 기능 수준이 현저하게 낮아지는 것 같다. 한편, 시각적 예민성이 평균 상 수준이어서 주변 환경의 변화를 인식하는 능력은 양호해 보이지만, 이에 비해 사회적 상황에서 맥락을 파악하고 대응 하는 능력은 상대적으로 부족해서 대인관계 상황에서 적절한 대응을 하지 못한 채 걱정만 하 는 불안정한 모습을 보일 가능성이 높아 보인다.

지능검사 결과, 수검자는 평균 상 수준 이상의 지적 잠재력을 가지고 있는 것으로 보인다. 구조화가 잘되어 있고, 단순하며, 기계적인 자극을 다루는 능력은 매우 높은 반면, 응용 및 유 연성이 필요한 상황에서는 상대적으로 대처 능력이 부족해 보인다. 게다가 수검자는 관습 및 규범의 준수를 상당히 중요하게 여기고 있는 것으로 보이는바, 자신의 단점을 드러내어 개선 하고자 노력하지 못한 채 제한된 영역에만 몰입하니 점점 고립되어 온 것 같다.

Rorschach 검사 결과, 높은 지적 잠재력을 가지고 있음에도 불구하고 단 11개의 반응에 그 치고 있으며, 이는 수검자의 인지적 유연성이 매우 부족한 것과 관련이 있어 보인다. 자극의 다양한 특성에 관심을 보이고는 있으나(L=0.33), 평범반응은 단 1개에 불과하고 전반적으로 왜곡된 형태반응을 많이 보이고 있어(X-%=0.45) 주변 상황에 압도되어 객관적인 판단을 하기 어려울 정도로 혼란감이 심해 보인다. 그리고 지나치게 내성하는(FD=2, FM=3 / SCT: '나에게 이상한 일이 생겼을 때 왜 이런 일이 생겼을까 고민합니다') 성향은 사고의 경직성을 강화시키고 혼란감을 반추하게 하여 고통감을 가중시키고 있는 것 같다.

📁 성격과 정서

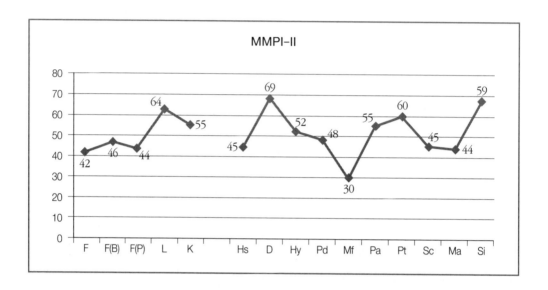

수검자는 MMPI에서 2번 척도가 가장 높게 나타나고 있듯이 심한 우울감을 경험하고 있는 것으로 보이나(Rorschach: C'=2, Y=1), 5번 척도가 낮게 나타나, 자신이 경험하고 있는 고통감에 대해서 상당히 수동적인 방식으로 대응하고 있을 가능성이 높아 보인다. 그러나 L척도의 상승은 수검자가 매우 경직된 사고 경향을 가지고 있음을 시사하는바, 상기의 불편감에서 벗어나지 못한 채 다양한 문제 행동이 나타날 가능성이 있으며, 그럼에도 불구하고 낮은 F척도의 수준을 고려하면 수검자가 겪고 있는 현재의 고통감과 문제 상황이 상당히 오랜 기간 지속되어 왔을 것으로 보인다.

지적 잠재력이 높은 수검자는 HTP에서 나무 그림을 지면에 꽉 찰 정도로 크게 그리고 있고, '동산의 제일 높은 데 있는 나무', '백 살 넘은 듯' 등의 반응을 보이듯 스스로에 대한 기대 수준도 높아 보인다. 그러나 HTP 집 그림에서는 창문마다 격자를 그렸고, 사람 그림에서는 남녀 모두 손을 뒤로 감춘 모습을 그리는 등 주변을 경계하면서 회피적인 태도를 보이고 있으며, SCT에서 '대개 아버지들이란 자식에게 기대하게 되기 마련입니다', '내 생각에 가끔 아버지는 나에게 실망하시는 것 같습니다', '다른 가정과 비교해서 우리 집안은 나 때문에 고민이 많아진 것 같습니다', '우리 가족이 나에 대해서 실망을 계속 하니까 조금 괴롭습니다', '윗사람이 오는 것을 보면 나는 실망시키면 안 되는데라고 생각합니다' 등의 반응들은 주변의 기대에 부응하지 못하고 있는 자신에 대한 부정적 태도를 시사하는바, 기대와 현실 간의 괴리감이 상당할 것을 예상된다.

지나치게 관습적이고 경직된 사고 경향을 보이고 있는 수검자는 스스로를 평가하는 데 있어서도 매우 이분법적인 판단을 내리고 있는 것으로 여겨지는바(SCT: '언젠가 나는 잘되든가 잘 안 되든가 둘 중 하나의 삶을 살게 될 것입니다') 과거 실패 경험을 실제보다 과장되게 인식하여 심한 자존감의 손상을 경험했을 가능성이 높아 보인다. 그리고 자신에 대한 부정적 사고를 반추하고만 있을 뿐(SCT: '무슨 일을 해서라도 잊고 싶은 것은 내가 내 생각, 감정을 너무 의식하는 것입니다', '어리석게도 내가 두려워하는 것은 상황에 집중하지 못하는 것입니다'), 목표 달성을 위한 구체적인 노력을 하지 못하고 있는 것 같다(HTP: 커다란 나무 그림을 그리면서도 가지나 열매는 전혀 그리지 않음). 수검자는 HTP에서 '동화 속의 집', Rorschach에서 '판타지 영화의 괴물', '날다람쥐를 화가가 다르게 표현한 것', '아줌마 토끼' 등의 반응을 보이듯 동화적인 환상에 빠져 현실적인 문제로부터 도피하려는 시도를 하고 있으나, 이렇듯 미숙한 방어 시도는 스스로에 대한 높은 기대와 충돌하면서 비현실감(SCT: '다른 친구들이 모르는 나만의 두려움은 같이 웃고 떠드는 순간에 나만 홀로 정지된 듯 마음이 따라가지 않는 것')을 경험할 정도로 심한 혼란감을 일으키고 있는 것 같다.

한편, 수검자는 검사 전반에 걸쳐 관습과 규범을 중시하며 자신에게 엄격한 모습을 보이고 있으나, Rorschach에서는 순수색채반응을 2개나 보이고 있고, 색채카드들에서도 '게가 불쇼하는 거', '유리잔을 불길이 감싸고 있다' 등의 반응을 보이듯 내면적으로는 상당한 정서적 충동성을 느끼고 있을 수 있으며, '애들 초음파 사진'과 같은 반응은 성적인 주제에 대한 민감성을 시사하는바, 겉으로 드러나는 모범적인 모습에 반하는 내면의 충동을 수용하지 못한 채 상당한 불안감을 느끼고 있는 것 같다.

요약과 제언

○ 요약

전체지능: 111, 평균 상 / 언어성 지능: 111, 평균 상 / 동작성 지능: 109, 평균

수검자의 지능은 평균 상 수준이었으며, 지적 잠재력은 이보다 더 높은 수준으로 예상됨. 구조화된 환경에서 기계적이고 익숙하며 단순화된 자극을 다루는 능력은 매우 높지만, 응용 및 추론, 즉각적인 대응, 유연성 등이 필요한 상황에서는 대처 능력이 부족해 상대적으로 상

당한 무력감과 우울감을 경험하고 있는 것으로 보임. 스스로에 대한 기대 수준이 높고 관습적이고 경직된 사고 경향이 강해 자신의 행동에 대해 과도한 규율과 책임감을 부여하며 지내온 것으로 보이나, 인지적 불균형으로 인하여 기대 수준에 이르지 못하는 자신과 내면에서 느껴지는 충동들을 수용하지 못해 비현실감을 경험할 정도로 심한 혼란감을 느끼고 있는 것으로 생각됨.

O 임상적 진단
심리평가 결과, 수검자는 다음과 같은 진단이 시사됨.
- Unspecified Depressive Disorder
- Depersonalization Disorder

26 명시되지 않는 해리장애(Unspecified Dissociative Disorder)

1. 고통감 호소를 통한 상황조작(manipulation)(남자/20세/고졸)

📁 의뢰 사유

수검자는 '분노 조절의 어려움', '기분 저하', '해리 증상' 등을 주소로 내원하였으며, R/O Unspecified Disruptive, Impulse-Control, and Conduct Disorder, R/O Unspecified Dissociative Disorder, R/O Unspecified Bipolar and Related Disorder, R/O Unspecified Personality Disorder, R/O Adjustment Disorders 임상적 인상하에 성인종합심리평가가 의뢰되었다.

📁 행동관찰과 면담

수검자는 보통 키에 보통 체격으로 수염을 기르고 있었고, 입술이 말라서 갈라져 있었다. 위생상태는 양호하였고, 고개를 벽 쪽으로 돌리고 있어서 눈맞춤은 간헐적으로만 이루어졌다. 목소리를 저음으로 내리깔고 들릴 듯 말 듯한 작은 목소리로 말하였고, 손으로 한 쪽 눈을 가리고 한숨을 크게 내쉬며 침울한 표정을 짓고 있었다. 그리고 헛기침을 하거나 끝음을 끌면서 말하였고, 노래를 흥얼거리는 등 시선을 끄는 행동을 지속하였다. 수검자는 '리스크', '통상적', '통념' 등의 현학적인 단어들을 사용하였고, 과제의 지시 사항을 듣고 난 후에 '어디 보자……', '아~ 그렇구나'라며 거만한 태도로 추임새를 넣었다. 또한 정답을 알고 있는 문항에서는 부연설명을 덧붙여 가며 장황하게 설명하였다. 내원 사유에 대해서는 '3월에 사고를 쳤는데, 우울하고 불안하고 사람들과 함께 지내는 것이 어려워서 스트레스 받다가 평소 사이가 좋지 않던 선임을 때렸다', '그때 당시 기억이 부분밖에 나지 않는다'라며 상당히 자세히 말하였다. 검사가 끝난 후, 검사실을 나갔다가 다시 들어와서 '아까 하지 못한 얘기가 있는데, 나는 사람이 1~2명이 있을 때는 괜찮은데 그 이상 많아지면 너무 가슴이 답답하다'라며 순진하게(naive) 자신의 고통감에 대해 적극적으로 말하였다.

📁 지능과 인지기능

한국 웩슬러 성인 지능검사(K-WAIS)			
지능	점수	백분율	수준
언어성 지능	107	71%ile	평균
동작성 지능	85	16%ile	평균 하
전체지능	99	45%ile	평균

수검자의 **전체지능은 99, 평균 수준**으로 나타났으며, 언어성 지능은 107, 평균 수준, 동작성 지능은 85, 평균 하 수준으로, 두 지능 간의 차이가 22점으로 크게 나타나고 있어서 일상적 언어 구사 능력은 양호해 보이나, 실제 상황에서 적용할 수 있는 문제해결 기술은 상대적으로 매우 부족해 보인다.

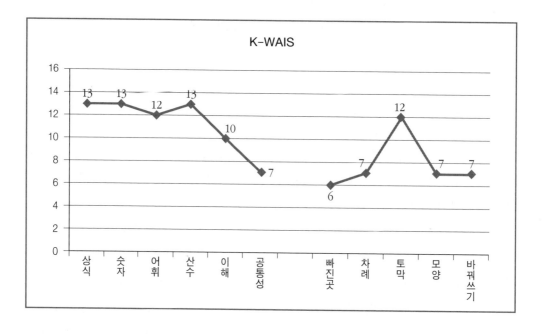

언어성 지능을 살펴보면, 간단한 자극에 주의를 기울이는 능력과 산술 능력이 평균 상 수준으로 나타나 수 개념을 다루는 능력이 다소 높아 보인다. 그리고 기본적인 상식이 평균 상 수준을 보이고, 2개의 문항을 제외하고는 정답을 모두 맞히고 있어서 단편적인 지식 습득을 위해 매우 노력해 왔던 것으로 여겨진다. 또한 어휘구사력이 평균 상 수준, 사회적 상황에 대한 이해력이 평균 수준을 보이고 있어서 일상생활 경험을 통한 학습 능력도 양호한 것 같다. 그러나 사물의 유사성을 파악하는 능력이 평균 하 수준으로 상대적으로 낮게 나타나고 있어서 고차원적인 개념에 대한 이해력이 부족해 보이며, '기쁨과 슬픔-두 글자', '배와 비행기-ㅂ이 들어가 있다', '논과 밭-한 글자' 등의 단순화된 반응은 피상적인 사고 경향을 나타내는 것 같다.

동작성 지능 영역에서는 시공간 구성 능력이 평균 상 수준을 보이고 있어서 지적 잠재력이 다소 높아 보이며, 구조화된 상황에서 시지각 자극을 다룰 때는 다소 높은 기능을 발휘할 것으로 생각된다. 그러나 모양맞추기, 바꿔쓰기, 빠진곳찾기, 차례맞추기 등의 소검사들이 평균 하에서 경계선 수준으로 나타나고 있어서 실제 문제 상황에서 발생할 수 있는 다양한 변수에 대해서는 대처 능력이 매우 부족할 것으로 여겨진다.

지능검사 결과, 숫자, 도형 등 기계적인 자극을 다루는 능력이 평균 상 수준으로 나타나고 있어서 지적 잠재력이 다소 높은 것 같다. 그리고 연산 능력, 학업적 및 관습적 지식 습득 수준이 적절하게 나타나고 있어서 학습 수준이 양호해 보인다. 그러나 현학적인 단어들을 많이 사용하고, 단편적인 지식 습득에 상당히 몰입해 있으면서도 사고 수준이 매우 피상적이고 응용력 및 민첩성이 저하되어 있는 것을 보면, 유동성 지능이 낮은 것으로 여겨지는바, 환경 변화에는 취약해 보인다.

Rorschach 검사 결과, 높은 지적 잠재력에도 불구하고 총 5개의 매우 적은 반응 수를 보이는 것을 보면, 스트레스 상황에서는 기능이 급격하게 저하되면서 극도로 수동적인 대응을 할 가능성이 높아 보인다.

🗀 성격과 정서

공황장애 평가를 위한 설문지					
ASI-R (Anxiety Sensitivity Index-Revised)			APPQ (Albany Panic and Phobia Questionnaire)		
소검사	원점수	T점수	소검사	원점수	T점수
호흡계 증상에 대한 두려움	14	61	내부감각적 공포증	9	45
공적으로 관찰가능한 반응에 대한 두려움	20	60	**사회공포증**	63	84
심혈관위장계 증상에 대한 두려움	34	105	광상공포증	12	50
인지적 통제불능에 대한 두려움	20	90	–	–	–
전체	88	84	전체	84	63

※ 역치 이상의 척도는 진하게 표시함.

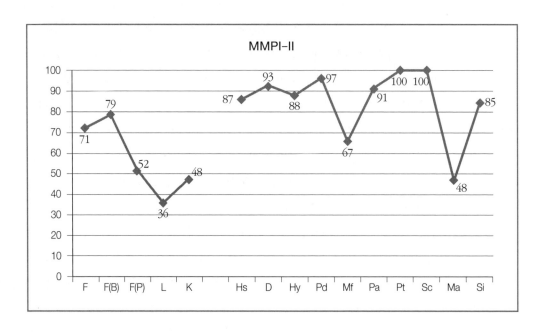

수검자는 미래에 대한 부정적 사고를 보이고 있고(SCT: '나의 장래는 어둡다, 희망이 안 보인다', '내가 보는 나의 앞날은 절망적이다'), 자살사고를 시사하는 반응도 보이고 있어서(SCT: '행운이 나를 외면했을 때 죽고 싶어진다', '내가 늙으면 그때까지 살아 있을 것 같지 않다'), 고통감이 매우 커 보이는데(HTP: 집 그림에서 집을 높은 산꼭대기에 걸쳐 있고, 불에 활활 타고 있으며, 옆에는 번개가 치고 있는 그림을 그림, '분위기-불타고 있는데, 분위기고 뭐고 없이 불타고 있고, 무너져 가고 죽어 간다', '생각-툭 치면 부서질 것 같은데, 불타거나 섞을 것 같다'), 그에 대한 표현 양상은 매우 극단적이고 극적이었다. 수검자는 근본적이면서 완전한 해결을 바라고 있는데(HTP: 나무 그림 '필요-원상복귀하려면 시간을 되돌려서 처음부터 다 바꿔야 한다, 답이 없다'), 이러한 비현실적인 기대가 고통감을 더욱 가중시키는 것 같다. 그러나 MMPI에서 5개의 척도가 90T 이상으로 지나치게 높게 상승하고, 위에서 나타나고 있듯이 극심한 고통감을 가지고 있다고 보기 어려울 정도로 무난하고 긍정적인 반응들을 보이는 것을 보면(SCT: '나의 평생 가장 하고 싶은 일은 여유롭게 행복해지는 것이다', '나의 야망은 행복해지는 것이다', '내가 가장 좋아하는 사람은 나다'), 상기의 고통감은 과장되어 있을 가능성이 높아 보인다.

한편, 불안정한 가정 환경에서 자라 왔던 것으로 보이는 수검자는(SCT: '내가 어렸을 때는 우리 가족은 끔찍한 문제가 있었다') 아버지와 같은 권위적 대상에게 피해의식을 느끼며(SCT: '우리 윗사람들은 아랫사람에게 상처를 준다', '대개 아버지들이란 자식에게 상처를 준다'), 외부 환경을 위협적으로 인식하고(SCT: '내 생각에 가끔 아버지는 끔찍했다'), 위압감도 느끼는 것 같다(Rorschach: 권위적인 대상에 대한 태도를 나타내는 카드에서 '커다란 사람이 내려다보는 것 같다'). 게다가 모에게서도 정서적인 지지를 받지 못하는 상황에서(SCT: '나의 어머니는 날 이해하지 못해 원망스럽다') 가족과 같이 가까운 대상에게 양가적인 감정을 느끼는 것으로 보이는바(Rorschach: 친밀감에 대한 태도를 나타내는 카드에서 '겁먹은 사람, 화난 사람') 가정 내에서 스트레스가 극심했을 것으로 여겨진다. 이러한 수검자는 자신의 고통감을 불특정 다수에게 투사하고 있어서(SCT: '내가 싫어하는 사람은 전부다', '다른 친구들이 모르는 나만의 두려움은 내가 그들도 두려워하는 것이다', '어리석게도 내가 두려워하는 것은 사람이다') 사회적 상황에서 불안감도 높아지는 것 같다(APPQ: '사회공포증'=84T).

　수검자는 자신의 고통감에 대해 미숙하고 순진하게(naive) 표현하고(SCT: '원망스럽다', '절망적이다', '끔찍하다' / HTP: '망망대해에 혼자 있는 느낌이다') 유약함을 강조하면서도(HTP: 사람 그림 '기분-매우, 아주, 상당히 우울하다', 나무 그림 '미래-누가 툭 건들면 부서진다'), 문제 행동에 대해서는 부인하고 있어서(SCT: '내가 저지른 가장 큰 잘못은 모르겠다'), 고통감 호소를 통해 외부 환경을 자신의 의지대로 만들어 가려는 경향(manipulation)이 강해 보인다. 한편, 스트레스에 매우 취약한(SCT: '행운이 나를 외면했을 때 죽고 싶어진다') 수검자는 과거 고통스러운 기억을 단절시키고 있는 것 같다(SCT: '생생한 어린 시절의 기억은 떠올리고 싶지 않다', '내가 어렸을 때는 떠올리고 싶지 않다'). 그리고 불안민감성을 측정하는 ASI-R 검사에서 유의미한 상승을 보이고 있어서, 스트레스 자극에 직면하는 상황에서 불안해지면 일상적인 신체 증상에 지나치게 예민한 반응을 보일 것으로 여겨지는바(SCT: '때때로 두려운 생각이 나를 휩싸일 때 미쳐버릴 것 같다', '나에게 이상한 일이 생겼을 때 통제가 안 되고 미치거나 죽을 것 같다'), 사소한 스트레스 자극에도 이성을 잃을 정도로 흥분해서 갑작스럽게 공격적인 행동을 보여 왔던 것으로 여겨진다(면담: '갑자기 화가 나서 유리창을 깨고 물건을 던진 적이 있다', '간혹 내가 정신을 차리고 보면 사람을 때리고 있었다').

🗁 요약과 제언

◯ 요약
전체지능: 99, 평균 / 언어성 지능: 107, 평균 / 동작성 지능: 85, 평균 하
　수검자의 지능 수준은 평균 수준으로 보임. 지적 잠재력이 나소 높아 보이며, 학습 수준도 양호해 보임. 다만, 단편적인 지식 습득에 상당히 몰입해 있으면서도, 사고 수준이 매우 피상적이고, 응용력 및 민첩성이 저하되어 있어서, 유동성 지능이 낮고 환경 변화에 취약할 것으로 여겨짐. 수검자는 미래를 부정적으로 예상하고 자살사고까지 하고 있어서, 고통감이 매우 커 보임. 이러한 상황에서 근본적이고 완전한 해결을 바라는 비현실적인 기대가 고통감을 더

욱 가중시키는 것으로 여겨지는바, 상기의 고통감에 대한 호소는 과장된 면이 있어 보임. 한편, 불안정한 가정 환경에서 자란 것으로 보이는 수검자는 고통감을 불특정 다수에게 투사하고 있어서 사회적 상황에서 불안감이 높아지는 것으로 생각됨. 수검자는 고통감의 호소를 통해 외부 환경을 자신의 의지대로 만들어 가려는 경향이 강해 보임. 한편, 스트레스에 매우 취약한 수검자는 과거 고통스러운 기억을 단절시키는 것으로 예상됨. 그러면서도 불안민감성이 높아서, 사소한 스트레스 자극에도 이성을 잃을 정도로 흥분해서 갑작스럽게 공격적인 행동을 보여 왔던 것으로 여겨짐.

◯ 임상적 진단

심리평가 결과, 수검자는 다음과 같은 진단이 시사됨.

- Unspecified Dissociative Disorder
- Cluster B Personality Trait

2. 판단 보류를 통한 책임 회피, 원초적인 욕구 통제의 어려움 (남자/19세/대재)

🗁 의뢰 사유

수검자는 '충동성', '우울감' 등을 주소로 내원하였으며, R/O Bipolar and Related Disorder Due to Another Medical Condition, R/O Obsessive-Compulsive Disorder 임상적 인상하에 성인종합심리평가가 의뢰되었다.

🗁 행동관찰과 면담

수검자는 보통 키와 체격으로 활동복을 입고 있었으며, 검은 피부색에 두꺼운 입술이 눈에 띄었고, 왼쪽 윗머리 부분을 가로질러 수술 자국이 있었다. 위생상태는 양호하였으며, 눈맞춤도 적절한 수준이었다. 바른 자세로 앉아 성실하게 답변했으며, 신변에 대한 질문에는 비교적 장황하게 설명하였으나, 답변이 어려운 경우 표정이 변하며 얼굴이 붉게 상기되기도 하고, 검사가 시작되면서 급격하게 위축되는 모습을 보이는 등 상황에 따라 태도가 변하고 있었다. 또한 명백한 오답일 경우에도 전혀 부적절감을 보이지 않고 있어서 자신의 기능 수준에 대한 인식이 부족해 보였다. 내원 사유에 대해서는 '이전 부대에서 선임들이 장난으로 쳤는데…… 허벅지 가격 등 폭행……'이라며 주변 사람들을 비난하면서 '이전 머리수술 받아서 정신과 치료 받아 보라고 했다,.. 선임들과의 관계에서 스트레스를 많이 받고, 목디스크, 두통 등……'이라며 신체적인 증상을 주로 언급하고 있었다.

🗂 지능과 인지기능

한국 웩슬러 성인 지능검사(K-WAIS)			
지능	점수	백분율	수준
언어성 지능	73	4%ile	경계선
동작성 지능	93	32%ile	평균
전체지능	79	8%ile	경계선

수검자의 **전체지능은 79, 경계선 수준**으로 나타났으며, 언어성 지능은 73, 경계선 수준, 동작성 지능은 93, 평균 수준으로 두 지능 간의 격차가 매우 심하게 나타나고 있어서 상황적 대처 능력에 비해 언어적 대처 능력이 상당히 저하되어 있는 것 같다. 이러한 불균형은 과거 외상의 영향으로 추정할 수 있으나 직접적인 영향력은 확인하기 어려워 보인다.

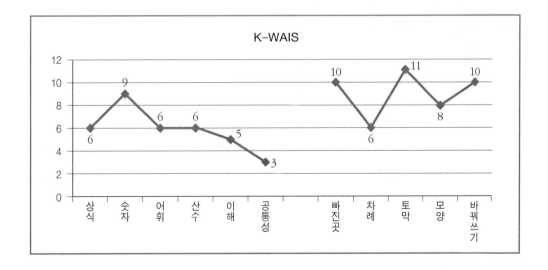

언어성 지능을 살펴보면, 순간적인 자극에 주의를 기울이는 능력은 평균 수준으로 간단한 지시를 이행하는 능력은 양호해 보이지만, 거꾸로따라외우기(5점)가 바로따라외우기(10점)

에 비해 매우 낮게 나타나고 있어서 작업기억력이 부족한 것 같다. 또한 산술 능력도 경계선 수준이어서 자극이 조금만 복잡해지면 기능 수준이 매우 저하될 수 있겠다. 기본적인 상식과 사회적 상황에 대한 이해 능력은 경계선 수준으로 학업적·사회적으로 습득된 지식도 매우 부족해서('광복절-모르겠다', '나무-동물들이 자랄 수 있도록') 일상생활에서도 미숙한 모습을 보일 수 있겠다. 어휘구사력은 경계선 수준으로 언어표현 능력이 매우 부족해서 자신의 생각을 명확하게 표현하기 어려워 보이며('누설하다-인터넷 내용 같은 게 없어질 때'), 사물의 유사성을 파악하는 능력은 정신지체 수준이어서 단어를 개념적으로 파악하는 능력이 극심하게 부족해서 연령 수준에 비해 의사소통이 매우 서툴 수 있겠다.

동작성 지능을 살펴보면, 시공간 구성 능력은 평균 수준으로 지침이 주어지는 과제를 해결하는 능력은 적절해 보이나, 부분을 통해 전체 상을 유추하는 능력은 평균 하 수준으로 응용력은 다소 부족한 것 같다. 시공간 운동 속도는 평균 수준이어서 민첩성은 양호해 보인다. 시각적 예민성은 평균 수준으로 주변 환경 변화에 대한 민감성은 양호한 수준이지만, 상황적 맥락을 파악하는 능력은 경계선 수준으로 인과관계를 예측하는 능력은 매우 부족해서 사회적 상황에서 적절한 대처 방법을 찾지 못한 채 예민해져 있을 수 있겠다.

지능검사 결과, 언어성 지능과 동작성 지능 간의 큰 차이가 있고, 이는 과거 외상과의 관련성이 추정되나 직접적인 영향력은 확인하기 어려워 보인다. 도구를 다루는 능력, 주의력 등은 양호한 수준이지만, 언어 능력이 상대적으로 매우 저하되어 있고, 작업기억력이 부족해서 자극이 복잡해지면 기능 수준이 더욱 떨어질 수 있어서 전반적으로 행동이 미숙해 보일 수 있겠다. 민감성에 비해 사회적 판단력은 매우 부족해서 주변 자극에 따라 부적절한 행동을 보일 수 있겠다.

Rorschach 검사 결과, 총 반응 수가 14개에 불과하듯이 주변 환경에 대한 폭넓은 관심을 기울이지는 못하고 있는 수검자는 운동반응을 많이 보이고 있어서 주변 자극에 대해 많은 의미를 부여하고 있는 것 같다(EB=5:3.5). 그러나 주변 자극들을 효율적으로 통합하지는 못하고 있으며(Zd=-4.5), 관습적으로 지각하지도 못하고(P=3), 특이한 영역에 주의를 기울이거나(Dd=3), 주변 자극들을 부적절하게 연관시키고 있어서(Wsum6=8) 주변 사람들과 공감하기는 매우 어려워 보인다(M-=3). 이러한 수검자는 문제 상황에서 객관적이고 현실적인 수준의 대응은 하지 못하고(X-%=0.71) 무기력해져 있을 수 있겠다(m=6).

🗀 성격과 정서

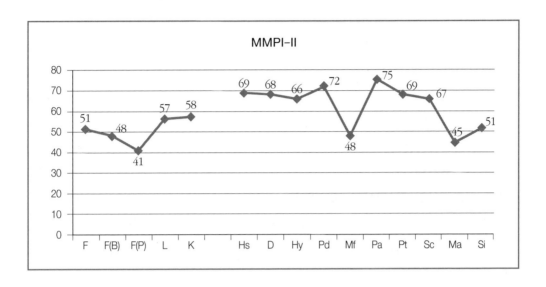

수검자는 HTP 남자 그림에서 '소원-멋진 사람이 되는 꿈, 훌륭한 사람, 인정받는 사람', '나중에-인정받으며 살 거 같아요', '성격-착해 보인다'라고 하듯이 높은 기대감을 가지고 주변의 긍정적인 평가를 바라며 모범적인 자아상을 가지고 있는 것 같다. 그러나 HTP 여자 그림에서는 '소원-없어 보여요, 다 죽이고 싶어 하는 거 같아요', '나중에-살인자', '성격-완전 싸가지 없어 보이는데'라고 하듯이 한편으로는 공격적이고 위협적인 모습을 보이는 등 매우 상반된 모습을 가지고 있는 것 같다. 또한 HTP 나무 그림에서 '소원-친구들이 더 많아지는 거'라고 하고, SCT에서도 '다른 친구들이 모르는 나만의 두려움은 남들과 사이가 안 좋아지는 거 두려워함'이라고 하듯이 관계적인 측면에서도 상당히 긍정적인 태도를 취하고 있지만, Rorschach에서 '마귀, 사탄, 멋진 것 같다', '사람을 죽여 놓고 웃고 있어요', '악마대왕, 제일 멋진 거 같아요'라고 하듯이 내면에는 공격적인 이면을 보이고 있는 것 같다. 이렇듯 내면에 양극단의 모습을 모두 보유하고 있는(Rorschach: 첫 번째 반응으로 '나비 두 개가 붙어 보이는') 수검자는 문제 행동의 가능성이 매우 높아 보이지만 자신에 대한 판단을 보류함으로써(SCT: '나의 장래는 확실할 때도 있고 아닌 거 같기도 하고 그렇다', '내가 어렸을 때는 잘 지냈던 것 같기도 하고 아닌 거 같기도 하고') 자신의 행동에 대한 책임을 회피할 가능성이 높아 보인다.

수검자는 SCT에서 '나는 어머니를 좋아했지만 어머니도 날 좋아했다', '아버지와 나는 친하다, 좋은 부자지간'이라고 하듯이 가족들 간에 친밀감을 강조하고 있지만, Rorschach의 친밀감에 대한 태도가 나타나는 카드에서 '무기 같아요, 악마들이 사용하는', '사람 머리에 칼이 있고 몸이 잘린 거 같아요'라고 하듯이 내면에는 고통감을 느끼고 있는 것 같다. 이러한 수검자는 MMPI에서 4-6번 척도가 높게 나타나고 있듯이 오랫동안 주변 환경에 대해 불만을 느끼며, 적대적으로 지각하고 있었던 것 같다(MMPI: F=51T). 성장기 장래희망을 '목사'로 정하고 지속하여 온 수검자는 MMPI L척도가 다소 높게 나타나고 있듯이 도덕적인 가치를 중시하고 있어서 내면의 불편감에 대해 이상적으로 대처하기 위해 노력하였던 것으로 보이지만, 이러한 대응 행동의 효과가 떨어지면 상당히 무기력해졌던 것으로 여겨진다(Rorschach: m=6 / MMPI: 9번=45T). 이러한 수검자는 Rorschach의 모든 색채카드에서 '여자의 몸'을 언급하고 있듯이('여자 몸을 그려 놓은 것 같다, 가슴 쪽이 주황, 빨간색 갈비뼈, 파란색 배꼽, 회색 팬티', '다 벗고 있는 살색깔', '여자가 벗은 거 같아요') 스트레스가 가중되는 상황에서는 더 이상 이성적인 대처를 하지 못하고 원초적인 욕구를 발산하는 극단의 상반된 모습을 보였던 것 같다. 한편, '4년 전 5층 높이에서 떨어졌는데 기억나지 않는다'와 같이 특이한 개인력을 보고하는 것은 더 이상 이성적인 이해가 되지 않는 상황에서 나타나는 일종의 해리 증상으로 보인다.

🗁 요약과 제언

○ 요약
전체지능: 79, 경계선 / 언어성 지능: 73, 경계선 / 동작성 지능: 93, 평균

수검자의 지능 수준은 경계선 수준으로 나타남. 언어성 지능과 동작성 지능 간에 큰 차이가 있고, 이는 과거 외상과의 관련성이 추정되나 직접적인 영향력은 확인하기 어려워 보임. 도구를 다루는 능력, 주의력 등은 양호한 수준이지만, 언어 능력이 상대적으로 매우 저하되어 있고, 작업기억력이 부족해서 자극이 복잡해지면 기능 수준이 더욱 떨어질 수 있어서 전반적으로 행동이 미숙해 보일 수 있겠음. 수검자는 모범적인 자아상을 가지고 있으면서 한편으로는 공격적이고 위협적인 모습을 보이고 있으며, 관계적인 측면에서도 상당히 긍정적인 태도를 취하고 있지만, 내면에는 공격적인 이면을 보이고 있는 것으로 생각됨. 수검자는 양극단의 모습을 모두 보유하고 있으면서 판단을 보류하며 자신의 상태를 인정하지 않고 있는 것으로 여겨짐. 가족들 간에 친밀감을 강조하고 있지만 내면에는 고통감을 느끼고 있는 수검자는 오랫동안 주변 환경에 대해 불만을 느끼며 적대적으로 지각하고 있는 것으로 보임. 도덕적인 가치를 중시하고 있는 수검자는 불편감에 대해 이상적으로 대응하려 노력하였을 것으로 여겨지나, 이러한 대응 행동의 영향력이 떨어지면 무기력해져 있었던 것으로 보이며, 스트레스가 가중되는 상황에서는 원초적 욕구를 발산하는 극단의 상반된 모습을 보여 왔던 것으로 보임.

○ 임상적 진단

심리평가 결과, 수검자는 다음과 같은 진단이 시사되며, 원초적인 욕구를 통제하기 어려운 상황에서 충동적인 행동을 보일 수 있으므로 주의가 요구됨.

– Unspecified Dissociative Disorder

3. 비현실적인 죄책감, 미숙한 방어기제(여자/19세/고졸)

📁 의뢰 사유

수검자는 '의사소통이 원활하지 않다', '글자가 눈에 안 들어온다', '불안하고 불만이 많다' 등을 주소로 내원하였으며, 인지기능 및 정서 파악을 위해 성인종합심리평가가 의뢰되었다.

📁 행동관찰과 면담

수검자는 지난주에 검사를 예약했으나 시간 약속을 지키지 않았고, 금일도 30분 늦게 내원하였다. 그리그 그 이유에 대해서는 지난주는 '시계를 늦게 봤다', 이번 주는 '지하철을 잘못 탔다'라고 하였다. 작은 얼굴에 큰 키, 마른 체형의 10대 후반 여성으로 혼자 내원하였다. 청바지에 운동화를 신은 편한 옷차림으로 위생상태는 양호하였고, 검사자와의 눈맞춤도 잘하였다. 검사에 협조적이었고, 비교적 열심히 과제 해결을 위해 노력하였다. 다만 Rorschach 검사 이후 '다른 사람을 뭐라고 하나요?'라고 하면서 불안감과 부적절감을 드러내기도 하였다. 내원 사유에 대해서는 '우울증…… 고등학교부터', '생각하기 싫고 움직이기 싫다', '타인과의 대화를 못 알아듣겠다', '나만의 방식으로 받아들인다'라고 하였으며, 좀 더 구체적인 질문에 대해서는 대답을 하지 못하였다.

📁 지능과 인지기능

K-WAIS로 측정한 **전체지능은 88, 평균 하 수준**으로 나타났으며, 언어성 지능은 90, 평균 수준, 동작성 지능은 87, 평균 하 수준으로 두 지능 간의 유의미한 양적 차이는 나타나지 않았다.

한국 웨슬러 성인 지능검사(K-WAIS)			
지능.	점수	백분율	수준
언어성 지능	90	25%ile	평균
동작성 지능	87	19%ile	평균 하
전체지능	88	20%ile	평균 하

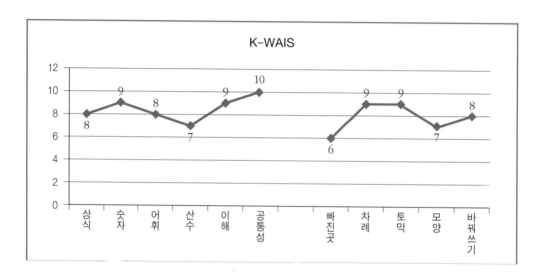

언어성 지능을 살펴보면, 사물의 유사성을 파악하는 능력이 평균 수준으로 나타나 고차원적인 개념을 형성하는 능력은 양호해 보인다. 그러나 어휘구사력은 평균 하 수준으로 낮게 나타나고 있어 일상생활에서 사용하는 어휘를 이해하고 습득하는 능력은 다소 부족해 보인다('슬기롭다-어른들 눈에 보기 좋다', '겨레-모르겠다', '모험-계산하지 않고 행동하다'). 그리고 사회적 상황에 대한 이해력은 평균 수준으로 관습적 행동양식의 습득 수준은 양호해 보이지만, 대부분 1점짜리 대답을 많이 하고 있어 전반적 이해 수준은 단편적이며('세금-나라가 돌아가게 하기 위해서', '수레-무식한 사람이 말이 많다', '무역-모른다'), 기본적인 상식 수준도 평균 하 수준으로 낮게 나타나고 있어 지식 습득을 위한 노력을 충분히 하지 못한 것 같다. 한편, 단순한 자극에 대한 주의력은 평균 수준을 유지하고 있었고, 바로따라외우기는 만점에 가까운 수행을 보일 정도로 단기 집중력이 높았으나(12점), 거꾸로따라외우기는 2점에 그치는 등 작업기억력의 저하가 심하게 나타나고 있어 이와 관련하여 학업 및 사회적 문제 해결에 어려움이 있었을 것으로 생각된다.

동작성 지능 영역에서는 시공간 구성 능력이 평균 수준으로 나타나 기본적인 문제해결 능력은 양호해 보이지만, 부분을 통해 전체 상을 구성하는 능력은 평균 하 수준으로 낮게 나타나 응용 및 추론 능력은 다소 부족해 보인다. 또한 시공간 운동 속도도 평균 하 수준이어서 단순한 문제 상황에서도 그다지 민첩하게 반응하지는 못할 것 같다. 한편, 상황적 맥락을 파악하는 능력은 평균 수준을 보이고 있어 사회적 상황에서의 판단 및 대처 능력은 양호해 보이지만, 시각적 예민성은 경계선 수준을 보이고 있어 주변 자극에 둔감하여 상황 변화를 인식하는데 어려움이 있을 것으로 여겨진다.

지능검사 결과, 수검자는 기본적인 문제해결 능력, 사회적 상황에 대한 이해력, 단기 집중력, 사회적 판단력 등은 양호해 보이지만, 이에 비해 어휘 및 단순 지식의 습득 수준, 응용 및 추론 능력 등은 다소 부족해 보이며, 무엇보다 작업기억력이 심하게 저하되어 있어 주변 상황이 조금만 복잡해져도 해결에 상당한 어려움을 겪을 수 있겠다.

Rorschach 검사 결과, 수검자는 20개의 적절한 반응 수를 보이고 있으며, 자극의 다양한 특성을 고려하여 의사결정을 내리고 있었다. 평범반응도 4개로 적절하고 전반적인 형태질도 매우 양호한 편으로(X-%=0.05), 객관적 및 현실적 지각 능력은 양호해 보인다. 그러나 문제 상황에서 감정적이고 충동적인 결정을 내리기 쉬우며(FC:CF+C=0:5), 특이한 사고 경향이 강해(Xu%=0.40) 주변 사람들의 지지보다는 오해를 받는 경우가 더 많을 수 있겠다.

📁 성격과 정서

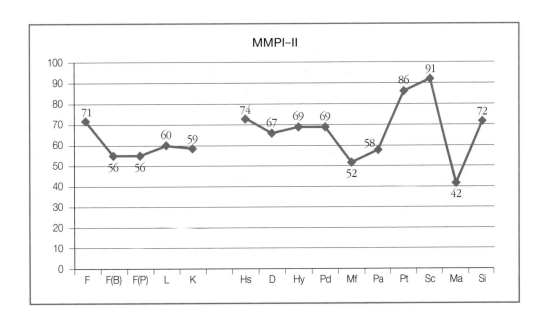

수검자는 MMPI에서 1-2-3-0번 척도가 상승하고 있고 9번 척도가 가장 낮게 나타나는 등 우울증 양상을 보이고 있었고(Rorschach: S=2, V=1, C'=1, MOR=5), SCT에서도 암담한 미래를 언급하고 있었다('내가 보는 나의 앞날은 막막하다', '나의 장래는 빛이 보이질 않는다'). 따라서 우울감을 비롯한 정서적 불편감에 대한 치료적 개입이 우선시되어야 할 것으로 생각된다. 그리고 이러한 수검자는 SCT에서 '어리석게도 내가 두려워하는 것은 정신적인 것과 그로 인한 죄책감이다(〈트루먼 쇼〉의 주인공이 된 듯한 느낌)', '내가 정말 행복할 수 있으려면 내 마음속에 응어리진 것들을 풀어내야 할 것이다', '내가 다시 젊어진다면 유학 가겠다…… 한국을 떠나고 싶다' 등 상당한 고통감을 말하면서도 그 이유에 대해서는 명확하게 대답하지 못하고 있어 고통감이 더욱 가중되고 있는 것 같다.

수검자는 대인관계에서 공허함을 느끼고 있는 것으로 보이며(SCT: '내가 늘 원하기는 진실한 인간관계를 맺고 싶다'), HTP 집 그림에서 '산에 있는 오두막…… 귀신이 나올 것 같다', SCT에서 '내가 어렸을 때 우리 가족은 날 혼자이게 했다' 등의 반응을 보이듯 가정 내 환경을 고립되고 위협적인 것으로 인식하고 있는 것 같다. 또한 친밀감에 대한 태도를 나타내는 Rorschach 카드에서 '선인장'이라는 반응을 보이듯 가족과의 관계에서는 오히려 상처를 받았다고 여기고 있으며, 이러한 상처는 부모님을 양가적인 존재로만 인식하면서 통합하지 못하고 있는 것과 관련이 있어 보인다(SCT: '우리 윗사람들은 이중인격이다', '대개 아버지들이란 힘든 삶을 살고 있고 비밀이 많고 이중적이다'). 이러한 수검자는 Rorschach에서 '악마', '도깨비', '쫓고 쫓기는 토끼', '정글…… 동물이 싸우는 거' 등의 반응을 보이듯 주변 환경을 매우 위협적으로 인식하고 있는 것 같다(Rorschach: HVI=YES). 그리고 이러한 위협을 단순히 신체적인 수준을 넘어서는 성적인 영역에까지 적용하고 있어(Rorschach: '성관계 뒷일…… 당한 느낌', '낙태' / SCT: '다른 친구들이 모르는 나만의 두려움은 술자리와 성적인 것에 대한 공포이다', '남자에 대해서 무엇보다도 좋지 않게 생각하는 것은 모든 여자를 유희의 대상으로 생각하는 것이다'), 금기와 관련하여 상당히 억압된 환경에서 성장했을 가능성이 높아 보인다. 그리고 이에 대한 비현실적인 죄책감이 일상적인 상황에까지 이어지고 있는 것 같다(HTP: 여자 그림 '비밀이 많고 어울리지 못한다', '가장 불행할 때-많은 사람이랑 있을 때 어울리지 못한다').

수검자는 위와 같이 상당한 고통감을 느끼며 오랜 기간 지내 온 것으로 보이지만, Rorschach에서 '과자', '젤리', '해산물 요리' 등의 음식반응을 보이듯 퇴행의 방어기제를 사용하고 있는 것 같다. 따라서 스트레스 상황에서 1차적으로는 회피적이고 의존적인 대처 방식을 선택할 수 있고(HTP: 사람 그림에서 얼굴에 눈, 코, 입 등을 그리지 않고 손을 모두 뒷짐 진 자세를 그림, 나무 그림 '필요-사람의 손길'), 2차적으로는 해리상태(Rorschach: '살인 후 아무렇지 않게 덮어 버린 거', '아기를 죽이고 자랑한다' / SCT: '나에게 이상한 일이 생겼을 때 무서운 동화 속에 빠진다')에 빠지거나 충동적으로 분노를 표출하는 방식(Rorschach: AG=6, '불이 타오르고 있다')으로 내면의 고통감을 드러낼 수 있어 주의가 요망된다.

📁 요약과 제언

○ 요약
전체지능: 88, 평균 하 / 언어성 지능: 90, 평균 / 동작성 지능: 87, 평균 하

수검자의 지능은 평균 하 수준으로 나타남. 기본적인 지적 잠재력은 양호해 보이지만, 어휘 및 단순 지식의 습득 수준, 응용 및 추론 능력 등이 다소 부족해 보이며, 무엇보다 작업기억력이 심하게 저하되어 있어 주변 상황이 조금만 복잡해져도 해결에 상당한 어려움을 겪을 수 있음. 또한 현실 지각 능력은 충분히 가지고 있으나, 문제 상황에서 감정적이고 충동적인 의사결정을 내리기 쉬우며, 특이한 사고 경향이 강해 주변 사람들의 오해를 사는 경우가 있을 수 있음. 현재 상당한 우울감을 경험하고 있는 것으로 보이는데, 이러한 우울감은 오랜 기간 억압된 환경에서 양가적인 가치관을 통합하지 못하면서 비현실적인 수준의 죄책감을 만들어 스스로를 고립시켜 온 것과 관련이 있어 보임. 그리고 퇴행, 고립 등의 방어기제를 사용하고 있는 수검자는 의존적으로 대처하거나, 해리상태에 빠져 충동적으로 분노를 표출할 수도 있을 것으로 우려됨.

○ 임상적 진단
심리평가 결과, 다음과 같은 진단이 시사됨.

- Major Depressive Disorder
- Unspecified Dissociative Disorder

27 ▸ 신체증상장애(Somatic Symptom Disorder)

1. 심리적 대처 자원 부족, 수동공격(여자/16세/고1)

※ 1권의 주요 대상인 성인은 아니지만 2권(아동·청소년 정신장애)에 해당 장애가 포함되지 않아 1권
   에 포함시킴.

📂 의뢰 사유

수검자는 '스트레스를 너무 많이 받는다', '기운이 없고, 위장관 증상이 있다' 등을 주소로
내원하였으며, Major Depressive Disorder, R/O Somatic Symptom Disorder 임상적 인상하
에 청소년종합심리평가가 의뢰되었다.

📂 행동관찰과 면담

아담한 체구에 긴 생머리, 그리고 뿔테 안경을 착용한 수검자는 모와 함께 내원하였다. 손
톱마다 다른 색의 매니큐어를 칠하였으나 손톱은 다소 지저분해 보일 정도로 관리는 잘하지
못하는 듯 보였고, 머리도 깔끔하지 않은 모습으로 전반적인 위생 관리는 다소 부족해 보였
다. 검사에는 협조적이었으나, 눈맞춤은 약간 피하는 듯하였으며, 진지함이나 심각성은 매우
부족해 보였다. 검사 도중 '언제 끝나나?', '물 먹어도 되나?' 등 지루해하는 모습도 보였다. 한
편, HTP에서 사람을 그리도록 하자 '나 사람 그리는 거 싫어하는데……'라고 하면서 그리기를
거부하였다. 내원 사유에 대해서 '평소 상태가 안 좋아서', '우울하고 학교 가기 싫어서', '배 아
픈 게 신경성인데 뭐가 원인인지 모른다' 등 불편감을 표현하면서도 '특별히 아픈 데는 없다'
라고 하는 등 신체 증상에 대해서는 애매하게 말하였고, 심각성 없이 '응급실에 실려 간 적이
있다'라고 하는 등 심리적인 통찰은 부족해 보였다.

🗁 지능과 인지기능

한국 웩슬러 성인 지능검사(K-WAIS)			
지능	점수	백분율	수준
언어성 지능	97	44%ile	평균
동작성 지능	78	7%ile	경계선
전체지능	88	21%ile	평균 하

수검자의 **전체지능은 88, 평균 하 수준**으로 나타났으며, 언어성 지능은 97, 평균 수준, 동작성 지능은 78, 경계선 수준으로 두 지능 간 유의미한 차이가 나타나고 있어 언어적 지식 수준에 비해 실제 대응 행동 수준은 다소 미흡할 것으로 여겨진다.

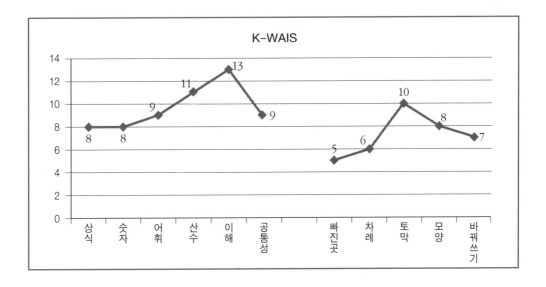

언어성 지능을 살펴보면, 다른 능력에 비해 사회적 상황에 대한 이해력이 상대적으로 높게 (평균 상) 나타나고 있어, 주변의 평가나 사회적 규준에 민감해져 있는 것 같다. 수계산 능력, 어휘구사력, 추상적 사고 능력 등도 평균 수준은 유지하고 있었으나, 어휘 소검사에서는 '겨레-모른다', '숭배하다-업신여기다'라고 하는 등 쉬운 문항에서 나이와 학력에 기대되는 수준의 대답을 하지 못하였고, 산수 소검사에서도 여러 차례 문제를 듣고도 쉬운 문항에서 오답을 하는 경우가 많아 학업적 지식의 습득 과정이 비일관적이었을 것으로 예상된다. 수검자는 단순한 자극에 대한 주의력도 평균 하 수준으로 다소 낮았으며, 기본 지식에서도 '물-0도', '국보 1호-모른다', '섬-모른다' 등의 반응을 보이듯 질적으로는 연령 및 학년 수준에 미치지 못하는 언어적 대처 능력을 가진 것으로 보인다.

동작성 지능 영역에서는 기본적인 문제해결 능력이 평균 수준을 유지하고 있으나, 이보다는 응용력을 요하는 모양 소검사에서는 평균 하 수준의 수행을 보이고 있으며, 단순한 시운동 과제에서는 평균 하 수준의 느린 반응 속도를 보이고 있다. 게다가 사회적 민감성 및 상황적 맥락을 파악하는 능력은 경계선 수준으로 두드러지게 결여된 모습을 보이고 있어 또래 관계를 형성 및 유지하는 데 어려움이 있을 것으로 예상된다.

지능검사 결과, 수검자는 언어성 지능이 양적으로는 평균 수준을 보이고 있으나, 사회적 규준이나 주변의 평가 및 시선에만 민감할 뿐 학업적 지식의 축적이나 언어를 활용하는 능력 등은 연령이나 학년에 비해 질적으로 다소 부족한 것으로 여겨진다. 게다가 단서를 통해 추론을 하는 능력이 부족해서 사회적 민감성, 상황 판단 능력 등이 필요한 상황에서 적응에 상당한 어려움을 겪을 수 있겠다.

Rorschach 검사 결과, 수검자는 12개의 적은 반응 수를 보이고 있어 문제 상황에서의 적극적인 대처 노력이 다소 부족한 것 같다. 수검자는 인간운동반응과 평범반응을 각각 4개씩 보이고 있으며, 형태질도 양호한 편으로(X-%=0.15) 현실 판단 능력은 적절히 유지되고 있는 것으로 보인다. 그러나 주변 환경을 세심하게 배려하지 못하고 과도하게 자신의 의지대로 통제하려는 경향이 있어(Xu%=0.49) 사람들과 갈등을 빚을 가능성이 있겠다.

🗁 성격과 정서

검사 시 심각성, 진지함이 부족했던 수검자는 MMPI에서도 F(B), F(P) 척도가 50T를 밑도는 등 주관적 고통감은 그다지 크게 느끼지 못하고 있는 것으로 생각된다. 1-3번 척도가 80T 정도로 높게 상승해 있어 주변의 시선과 평가에 민감하여 평소에는 예의 바르고 신중한 태도를 보일 수 있겠으나, 그 정도가 과도해서 주변 사람들에게 불편감을 안겨 줄 수도 있겠다. 또한 긍정적인 자아상을 유지하기 위해서 부단히 노력하고 있을 것으로 여겨지나, 주변 환경이 이러한 노력에 부합되지 않을 때는 배신감을 느끼며 자신에게 관심을 주지 않는 주변 사람들에게 높은 불만족감을 경험하기 쉬워 보인다. 그러나 수검자는 심리적 불편감을 잘 인식하지 못한 채 매우 수동적이고 회피적인 방식으로 대응할 것으로 예상되는바, 신체 증상을 통해 자신의 불편감과 고통감을 나타낼 가능성이 높아 보인다(Rorschach: VIII번 카드 '사람 내장······ 식도, 허파, 뼈, 척추······' / TAT: '여자가 밖으로 나오려고 한다······ 쓰러질 것 같다').

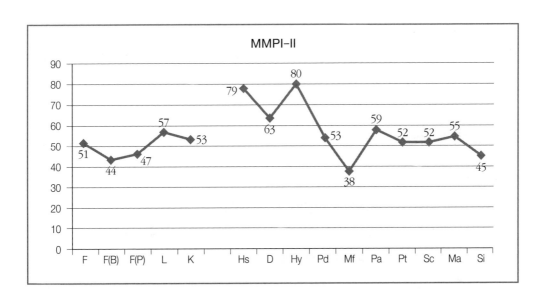

수검자는 HTP 집 그림에서 '그냥 집이다…… 아무도 안 산다…… 분위기는 썰렁하다…… 주변에도 아무것도 없다', SCT에서 '다른 가정과 비교해서 우리 집안은 감정적 교류가 없다'라고 하듯이 가정 내 환경에 대해서 불만족감을 표현하고 있으며, 정서적 거리감도 느끼고 있는 것 같다. 한편, SCT에서 '어머니와 나는 붙어 있는 시간이 많고 내가 많이 의지한다'라고 하듯이 모와는 오히려 과도하게 밀착된 모습을 보이고 있는데, 이러한 가족 역동의 불균형을 고려할 때 전반적인 대인관계에 있어서도 아주 친밀하거나 아니면 정서적 관여를 아예 안 하는 등 극단적인 모습을 보일 가능성이 높아 보인다. 한편, 수검자는 HTP 나무 그림에서 종이에 전체 모양을 그리지 못할 정도로 큰 나무를 그리고 있으며, Rorschach에서도 '거울에 손대고 있는 사람'이라는 반영 반응을 보이듯 자기중심적인 경향이 강해 보인다. 또한 감정이나 사고의 깊이가 얕아 자기 자신에 대해 막연히 긍정적 기대감을 갖고 있는 것 같다(SCT: '나의 장래는 끊임없이 목표를 설정하고 이루고 있을 것이다', '내가 늘 원하기는 시작한 일을 끝맺으면서 성취감 느끼기', '내가 믿고 있는 내 능력은 하고자 마음먹으면 잘 해낼 수 있는 것', '내가 보는 나의 앞날은 길고 할 수 있는 것은 무한하다').

SCT에서 '어리석게도 내가 두려워하는 것은 작은 벌레들', '나만의 두려움은 공포 영화의 후유증이 크다는 것'이라고 하듯이 미숙한 수준의 불안 반응을 보이고 있는 수검자는 스트레스에 대응할 수 있는 심리적 자원이 부족하여, 해결이 어려운 상황에서 오히려 분노감을 느끼고 상대방을 적대시하는 등(Rorschach: S=2, '성난 고양이', '화산' / TAT: '악령이 씌어 있다…… 저 남자가 쫓아내려고 한다') 스트레스의 원인을 타인의 탓으로 돌리며 외부 귀인시키는 경향이 있는 것 같다. 그러나 HTP 집 그림에서 창문을 그리지 않고 있듯이 외부와의 원활한 소통을 하지 못하고 있는 수검자는 HTP에서 사람 그리기를 아예 거부하듯이 회피적인 태도로 일관하면서 스트레스 상황이 자연적으로 끝나기만을 수동적으로 기다리고 있는 것 같다 (Rorschach: 마지막 X번 카드 '축제').

📂 요약과 제언

○ 요약

전체지능: 88, 평균 하 / 언어성 지능: 97, 평균 / 동작성 지능: 78, 경계선

수검자는 지적 잠재력이 그다지 뛰어나지 않은 상황에서 관습적 지각 능력이 가장 높게 나타날 정도로 주변의 시선과 평가에 지나치게 민감해져 있는 것으로 보임. 현실 판단 능력에 문제가 있지는 않으나, 사회적 상황에서 마주치게 될 문제를 해결하는 데 있어서 기본적인 인지적 · 심리적 자원도 부족하고 문제 해결에 대한 의지도 강하지 않아 신체 증상을 호소하는 등의 수동적이고 회피적인 방식으로 문제 상황에 대응하고 있는 것으로 여겨짐. 수검자는 자기 자신에 대한 기대감이 높지만 이러한 기대감은 다소 피상적이고 애매한 면이 있어 주변으로부터 인정받지 못하고 있는 것으로 여겨짐. 그러나 이러한 상황을 외부 귀인시키며 오히려 주변 환경을 적대시하고 있어 수동공격적인 모습이 나타날 가능성도 높아 보임.

○ 임상적 진단

심리평가 결과, 다음과 같은 진단이 시사되며, 지속적인 상담치료가 필요할 것으로 여겨짐.
- Somatic Symptom Disorder

2. 완벽주의, 스트레스 취약성(여자/60세/고졸)

📂 의뢰 사유

수검자는 '만성 경부통과 두통', '우울증' 등을 주소로 내원하였으며, Unspecified Depressive Disorder 임상적 인상하에 성인종합심리평가가 의뢰되었다.

🗂 행동관찰과 면담

수검자는 보통 키, 보통 체구의 60대 여성으로 남편과 함께 내원하였다. 꽃무늬 자켓을 입고 있었고, 산행모자를 푹 눌러 쓰고 있었으며, 검사 중에서도 계속 쓰고 있어 검사자와의 눈맞춤은 전혀 되지 않았다. 검사실에 들어와 앉자마자 '설문지를 안경 쓰고 겨우 했다'라며 불평을 하였으나, 과제를 시작하여 도구를 보여 주자 보는 데에는 지장이 없다며 협조적으로 수행하였다. 오른쪽 귀 뒤쪽에 통증이 있다고 하면서 검사 내내 손을 붙잡고 있었으며, 검사 수행을 위해 양손을 사용해야 하는 경우에도 잠깐만 두 손을 사용하고는 다시 급하게 손을 올리는 등 귀 뒤에 손을 대는 것에 지나치게 집착하는 모습이었다. 검사 도중에는 '제가 굉장히 영리했는데 어쩔 수 없이 이렇게 되었다'라면서 부적절감을 표현하기도 하였다. 검사 내내 한숨을 반복하며 매우 힘들어하면서도 '안 한다' 혹은 '모른다' 등의 반응은 전혀 하지 못한 채 검사자가 중단시킬 때까지 기다리는 수동적인 모습을 보였다. 그리고 너무 힘들어하며 고개를 푹 숙이며 한숨을 내쉬면서도 검사자의 질문에 불평 한마디 없이 열심히 대답했고, 검사 종료 후에도 허리 숙여 인사를 하고 나가는 등 공손한 모습이었다. 내원 사유에 대해서는 '2년 전부터 머리가 아파서'라고 하였으며, '2년 전 어머니가 돌아가셨으나, 그것 때문은 아닌 것 같다'라고 하면서 친모의 영향에 대해서는 부인하였다. 남편이 항상 자신과 같이 다닌다며 자랑스럽게 말하였으며, 남편에 대해서 질문을 하자 '남편을 부를까요?'라면서 즉각적으로 반응하는 등 다소 집착하는 듯한 모습을 보였다.

🗂 지능과 인지기능

한국 웩슬러 성인 지능검사(K-WAIS)			
지능	점수	백분율	수준
언어성 지능	95	37%ile	평균
동작성 지능	86	17%ile	평균 하
전체지능	91	27%ile	평균

K-WAIS로 측정한 **전체지능은 91, 평균 수준**으로 나타났으며, 언어성 지능은 95, 평균 수준, 동작성 지능은 86, 평균 하 수준으로 두 지능 간의 유의미한 양적 차이는 나타나지 않았다.

언어성 지능을 살펴보면, 어휘구사력과 추상적 사고 능력이 평균 상 수준으로 나타나고 있어 언어 개념을 형성하는 능력은 높게 나타났다. 기본적인 상식 수준은 평균 수준으로 적절

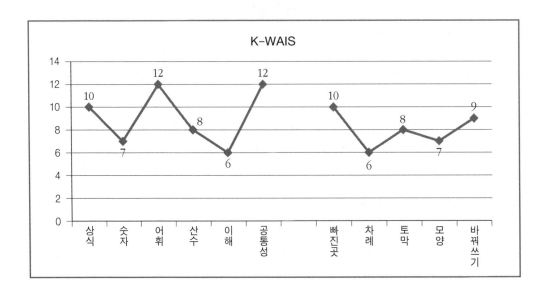

한 정도로 나타났으나, 사회적 상황에 대한 이해력은 경계선 수준으로 매우 낮게 나타나고 있었으며, 대부분 1점 수준의 간단한 대답을 하거나, 속담 문항에서는 그 이면의 의미를 생각하지 못한 채 단순한(concrete) 답변('빈 수레가 요란하다-수레가 요란스럽게 간다', '공든 탑이 무너지랴-다 지어놓은 탑이 무너지면 안 된다')만 하는 등 사고가 단순하고 경직되어 있었다. 단순한 자극에 대한 주의력과 수계산 능력은 평균 하 수준으로 나타나 주의집중력은 다소 부족한 정도였다.

동작성 지능 영역에서는 시각적 예민성이 평균 수준으로 나타나 주변 환경을 파악하고 변화를 인식하는 능력은 적절해 보이나, 상황적 맥락을 파악하는 능력은 경계선 수준으로 매우 낮게 나타나고 있어 전후 맥락을 파악하고 상황에 맞는 적절한 대응을 하기보다는 나름대로의 해석에 따라 부적절한 행동을 보이는 경우가 자주 있을 수 있겠다. 토막, 모양 등의 소검사는 모두 평균 하 수준으로 다소 낮게 나타나 기본적인 문제해결 능력은 약간 부족한 정도였으며, 시공간 운동 속도는 평균 수준을 유지하고 있어 평가 상황에서의 동기 수준과 민첩성은 양호해 보였다.

지능검사 결과, 수검자의 언어적 이해력이나 어휘구사력은 높은 수준으로 나타났으며, 기본적인 상식 수준이나 수 개념을 다루는 능력도 적절해 보인다. 그러나 사회에서 통용되는 관습이나 규범에 대한 이해력은 부족한 것으로 나타났으며, 특히 속담 이면의 뜻을 잘 이해하지 못하는 등 매우 경직된 사고 경향을 보이고 있었다. 게다가 상황 파악 및 대처 능력도 매우 부족한 것으로 나타나고 있어 사회적 상황에서 주변 환경 여건을 고려하지 않은 채 혼자만의 생각으로 부적절하거나 미숙한 행동을 하게 되는 경우가 있을 수 있겠다.

　　Rorschach 검사 결과, 12개의 적은 반응 수를 보였으며, 그중 일반적인 부분반응(D)이 9개로 비율이 높아서 주변 사람들의 시선과 평가에 상당히 민감해져 있는 것으로 보인다. 평범반응도 4개나 하고 있어 무난한 반응을 하기 위한 수검자의 노력을 나타내고 있는 것으로 보이나, 이를 뒷받침하기 위한 인지적 자원은 상대적으로 빈약하고, '나비' 반응만 5개를 보일 정도로 인지적 유연성이 부족해 보이는바, 대부분의 상황에서 피상적인 대응만 할 것으로 생각된다.

📂 성격과 정서

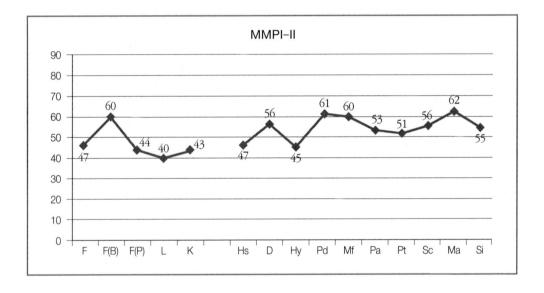

　　수검자는 MMPI에서 두드러진 임상척도의 상승이 나타나지 않아 정서적 불편감을 심하게 호소하지는 않는 듯 보인다. SCT에서도 '아버지는 참 훌륭한 분이시다', '우리 윗사람들은 좋은 분이시다', '나의 어머니는 따뜻하고 좋은 어머니' 등 윗세대에 대한 칭찬 일색이었으며, '내가 어렸을 때는 행복하게 자랐습니다', '나의 장래는 행복하게 살다가 가는 것', '내가 늘 원하기는 늘 건강하면서 행복한 것'이라고 하는 등 지금으로부터 먼 과거나 미래에 대해서 매우 긍정적인 언급들을 하고 있었다. 그러나 한편으로는 윗세대에 대한 거부감을 나타내었으며(SCT: '윗사람이 오는 것을 보며 나는 별로 좋아하지 않습니다'), 현재의 삶에 대해서는 상당한 불만족감을 내비치고 있었다(SCT: '내가 믿고 있는 내 능력은 현재는 아무 능력도 없습니다', '결혼생활에 대한 나의 생각은 너무나 허무하게 살았다고 생각합니다'). 그리고 MMPI 소척도 중에서도 '우울', '깊은 근심', '자살사고', '낮은 동기' 등이 상승하고 있으며, HTP의 모든 그림에서도 필압이 약하고 여러 줄로 옅게 덧칠하여 그리는 등 에너지 수준이 낮게 나타나 우울감을 경험하고 있는 것으로 보인다. 게다가 HTP의 그림들에서 주변 환경과 소통의 부재(집 그림에서 문과 창문을 그리지 않음), 대처 자원의 부족(나무 그림에서 앙상한 가지만 그림), 무기력감(사람 그림에서 손을 그리지 않음)을 나타내는 등 내면의 고통감이 상당할 것으로 예상된다. 수검자는 Rorschach 카드 중 선호 카드를 선택하게 하자 '저는 좋고 나쁜 거 없어요. 카드가 그런 게 어딨어요'라고 하면서 선택하길 거부하였는데, 이는 '불호'보다는 '호'에 대한 거부적 태도로 여겨지는바 역시 우울감과 관련이 있어 보인다.

　수검자는 그동안 매우 완벽주의적인 모습을 보이며(SCT: '나의 가장 큰 결점은 너무 소심합니다…… 청소하고 나서도 먼지가 있으면 잠을 자지 못합니다'), 자신의 생활을 나름대로 잘 관리해 온 것으로 여겨진다. 그러나 Rorschach의 친밀감에 대한 태도를 나타내는 카드들에서 음영반응과 왜곡된 형태반응을 보이거나 반응에 실패하는 등 주변 사람들과 안정적이고 지지적인 관계를 형성하지 못하고 있는 것으로 보이며, Rorschach에서 색채반응을 1개도 하지 못하는 등 정서적 자원도 매우 빈약해 보인다. 또한 권위적 대상에 대한 태도를 나타내는 Rorschach 카드에서 '호랑나비'라고 했다가 취소하고 '박쥐'로 바꾸었으며, 이어지는 카드에서 '쥐의 다리를 한 나비(CONFAB)'라는 반응을 보이듯이 매우 왜곡된 반응을 보이고 있어 불편감에서 쉽게 벗어나지 못한 채 고통감이 지속되는 모습이 나타났다. 수검자는 매우 밀접한 관계에 있었던 모의 사망과 집의 건축과 관련된 스트레스를 이겨 내지 못한 채 고통감이 가중되어 온 것으로 생각되며, 스트레스에 대한 내성이 부족해 신체 증상에 과도하게 몰입해 있는 것으로 보인다(SCT: '어리석게도 내가 두려워하는 것은 병에 걸리지 않는 것', '다른 친구들이 모르는 나만의 두려움은 나의 아픔, 나의 건강', '내가 잊고 싶은 두려움은 아프지 말고 살아가는 것' / HTP: 여자 그림 '가장 불행할 때-건강이 안 좋을 때').

🗀 요약과 제언

○ 요약

전체지능: 91, 평균 / 언어성 지능: 95, 평균 / 동작성 지능: 86, 평균 하

　수검자의 지능은 평균 수준으로 나타남. 지능의 각 영역이 대체로 양호한 수준을 보이고 있으나, 사회에서 통용되는 관습이나 규범에 대한 이해력이 부족하고 매우 경직된 사고 경향을 보이고 있으며, 상황 파악 및 대처 능력도 부족한 것으로 나타나고 있어 사회적 상황에서 주변 환경 여건을 고려하지 않은 채 부적절하거나 미숙한 행동을 하기 쉬움. 수검자는 주변 사람들의 평가에 매우 민감해져 있는 것으로 보이며, 오랜 기간 완벽주의적인 모습으로 나름

대로 만족스러운 삶을 살아온 것으로 보임. 그러나 주변 사람들(특히 남편)과 친밀하고 지지
적인 관계를 충분히 가지지 못해 왔고 스트레스에 대응할 수 있는 자원도 빈약한 수검자는 모
의 사망과 재산 문제로 인한 스트레스를 견디지 못한 채 강도 높은 고통감을 느끼고 있는 것
으로 보임. 그러나 정서적 자원이 빈약한 수검자는 이러한 고통감을 표현하는 것조차 익숙하
지 않아 신체 증상을 통해 자신의 고통감을 호소하고 있는 것으로 생각됨.

○ 임상적 진단
심리평가 결과, 수검자는 다음과 같은 진단이 시사됨.
- Unspecified Depressive Disorder
- Somatic Symptom Disorder

3. 반응의 최소화, 적극적 문제 해결, 해소하지 못한 불만(남자/43세/고졸)*

📂 의뢰 사유

수검자는 3년 전 사고로 왼쪽 어깨 상완신경이 손상되어 왼쪽 팔에 감각을 느낄 수 없는 상
태에서 '작열감' 등 통증이 지속되어 진통제를 복용하고 있는 상황에서 '이명'을 주소로 내원
하였으며, R/O Unspecified Depressive Disorder 임상적 인상하에 성인종합심리평가가 의뢰
되었다.

📂 행동관찰과 면담

수검자는 다소 큰 키에 건장한 체격이었으며, 안경을 쓰고 있었다. 패딩 지퍼를 목 끝까지
올리고, 왼쪽 손에 장갑을 끼고 있었는데 전혀 움직이지 못했다. 피부가 거친 편이었고 오른
손도 터 있었지만, 전반적인 위생상태는 양호한 편이었다. 책상이나 벽을 보는 경우가 많아
서, 검사자와의 눈맞춤은 간헐적으로 이루어졌다. 검사 내내 차분한 태도를 유지하였고, 어
려운 과제에서 제한 시간이 끝날 때까지 수행하였지만, 미간을 찌푸렸으며, 양손의 운동 능력

---

* K-WAIS-IV를 사용한 보고서는 이하 *표 처리함.

이 필요할 때 한숨을 쉬며 불편감을 표현하였다. 내원 사유에 대해서는 '특별한 증상은 귀에서 이명이 들리고 먹먹하고, 이비인후과 한 달 치료 받았는데, 나아지는 게 없어서, 정신과 쪽으로 이상이 있지 않나 해서 검사를 해 보러 왔어요'라고 자세하게 내원 사유를 설명하였다.

🗂 지능과 인지기능

한국 웩슬러 성인 지능검사 4판(K-WAIS-IV)			
영역	지능	백분율	수준
언어이해	99	46%ile	**평균**
지각추론	84	14%ile	평균 하
작업기억	78	7%ile	**경계선**
처리속도	94	35%ile	**평균**
전체지능	85	16%ile	평균 하
일반능력	90	25%ile	평균

※ 단일 점수로서 대표성을 가지는 지능지수는 진하게 표시함.

수검자의 **전체지능은 85, 평균 하 수준**으로 같은 연령대에서 하위 16% 정도 수준이었다. 언어이해는 99, 평균 수준, 지각추론은 84, 평균 하 수준, 작업기억은 78, 경계선 수준, 처리속도는 94, 평균 수준을 보이고 있었다. 지능 영역 간 유의미한 점수 차이는 나타나지 않았으나 (기준 23점 차이), 지각추론 영역의 소검사 간 점수 차이가 8점으로 크게 나타나고 있어서(기준 5점 차이), 전 영역을 고려한 '전체지능'과 언어이해와 지각추론을 고려하여 산출된 '일반능력(90, 평균 수준)' 모두 수검자의 기능을 온전히 대표한다고 보기 어렵기 때문에 각 지표가 나타내는 기능 수준을 개별적으로 파악하는 것이 더 중요해 보인다.

언어이해 영역에서는 기본적인 지식 수준과 사회적 상황에 대한 이해력이 평균 수준으로 나타나서, 지식 습득 수준은 양호해 보인다. 그리고 공통성 소검사가 평균 수준이어서 추상적인 개념에 대한 이해력도 적절한 것 같다. 다만, 어휘구사력은 평균 하 수준으로 다소 낮았다. 한편, '닻과 울타리-구속', '실용적인-합리적인', '옷-더러우니까'라고 하듯이 전반적으로 반응이 짧고 1점 반응이 많아서 사고가 피상적인 것으로 생각된다.

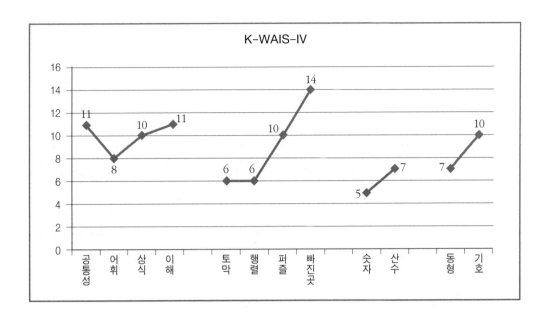

지각추론 영역에서는 시각적 예민성이 우수 수준으로 나타나서, 시각적 정보를 상당히 민감하게 판단할 수 있겠다. 그리고 퍼즐 소검사가 평균 수준이어서, 응용력이 양호해 보인다. 그러나 시공간 구성 능력과 전체를 고려하여 핵심을 파악하는 능력이 경계선 수준이어서, 3차원 자극을 다루거나 추론을 해야 하는 등 수준 높은 인지기능이 요구되는 상황에서 기능 수준이 떨어질 것 같다.

작업기억 영역에서는 산수 소검사가 평균 하 수준으로 나타나서, 수계산 능력이 다소 부족한 것 같다. 그리고 숫자 소검사가 경계선 수준이어서 주의력도 낮은 것으로 생각되는데, 이는 수검자의 정서적인 고통감과 관련이 있어 보인다.

처리속도 영역에서는 시공간 운동 속도가 평균 수준으로 나타나서, 민첩성이 양호해 보인다. 그러나 동형찾기 소검사가 평균 하 수준으로 나타나서 판단에 대한 압력이 커질 때 기능 수준이 떨어지는 것 같다.

지능검사 결과, 수검자는 빠진곳찾기 소검사가 우수 수준으로 가장 높게 나타나서 환경 변화에 기민하게 반응할 것으로 보이고, 언어적 판단력도 양호한 것으로 생각된다. 그러나 사고 수준이 매우 단순해 보이는바, 깊이 있는 사고력이 필요할 때 기능 수준이 떨어질 것으로 예상된다. 한편, 주의력이 낮게 나타났는데, 이는 수검자의 불안정한 정서상태와 관련이 있는 것 같다.

Rorschach 검사 결과, 수검자는 총 2회의 시행에도 불구하고 전체 반응 수가 12개로 적게 나타나서 스트레스에 대처할 수 있는 자원이 매우 부족한 것 같다. 단순한 형태반응이 많고

(L=5.00), 자극이 가장 복잡한 X번 카드에서 아무런 반응도 하지 못하고 있어서, 통제하기 어려운 문제 상황에서 반응을 최소화하는 방식으로 대응할 수 있겠다.

📂 성격과 정서

ASI-3 (불안민감)	APPQ (공황)	**MDQ (조증)**	HCL-32 (경조증)	PHQ-9 (우울)	STAI-Trait (특성불안)
24	22	7	9	8	54
61T	42T	**(cut off: 7)**	(cut off: 14)	(cut off: 9)	57T

※ 역치 이상의 척도는 진하게 표시함.

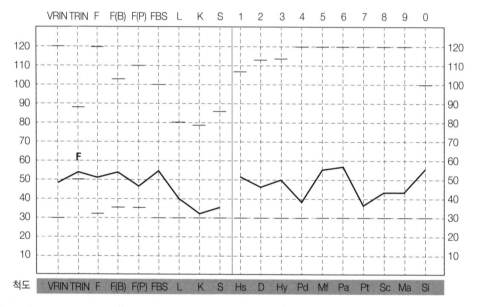

척도	VRIN	TRIN	F	F(B)	F(P)	FBS	L	K	S	Hs	D	Hy	Pd	Mf	Pa	Pt	Sc	Ma	Si
T점수	48	53F	51	53	47	54	40	32	36	51	47	50	38	55	56	37	43	43	55

수검자는 HTP에서 모든 그림을 크게 그렸고, 특히 나무 그림에서 '100년 이상 된 고목'나무를 지면에 모두 담지 못할 정도로 크게 그리는 등 자존심이 강해 보인다. 그리고 SCT에서 '내가 늘 원하기는 부자다', '언젠가 나는 성공할 것이다', TAT에서 '산 정상에 올라간 모습'이라고 하듯이 성취 욕구도 큰 것 같다. 이러한 수검자는 스트레스 상황에서 적극적으로 행동할 것으로 생각된다(SCT: '행운이 나를 외면했을 때 다시 시도한다', '나에게 이상한 일이 생겼을 때

문제 해결한다'). 그러나 지능검사에서 나타나듯이 전체지능은 평균 하 수준으로 다소 낮고, 사고가 단순해서(검사 전반적으로 짧고 간단한 반응이 많음) 처리해야 할 문제가 많아지거나 업무량이 가중되면 상당한 스트레스를 겪을 것으로 여겨지는데, 최근 직장 내 업무 변경이 이와 관련이 있을 수 있겠다.

수검자는 MMPI에서 대부분의 임상척도가 평이한 수준으로 나타났고, SCT에서 '어리석게도 내가 두려워하는 것은 없다', '내가 잊고 싶은 두려움은 없다', '무슨 일을 해서라도 잊고 싶은 것은 아무 생각이 없다'라고 하는 등 자신의 결점을 드러내지 않고 있어서 불편감을 부인하고 있는 것 같다. 그리고 HTP 집 그림에서 '식구들이 산다', SCT에서 '내가 제일 좋아하는 사람은 집사람'이라고 하는 등 현재 가정에 대해서 만족스럽게 언급하였다. 한편, 환상통, 이명 등 뚜렷한 소견이 나타나지 않는 애매한 신체 증상을 호소하고 있었는데, 이는 상기의 긍정적인 표현들과는 달리 수검자가 장기간 스트레스를 겪어 왔음을 시사하는 것으로 보인다. 게다가 분노감이 높게 나타난 것을 고려하면(MMPI: '분노'=75T), 내면에 해소하지 못한 불만이 큰 것 같다. 이러한 스트레스와는 별도로 Rorschach에서 음식반응('닭튀김', '꽃게')이 나타나는 것은 수검자의 퇴행된 심리상태를 반영하는 것으로 여겨지는바, 신체 증상을 호소함으로써 문제 상황을 회피하고 있는 것 같다(SCT: '다른 친구들이 모르는 나만의 두려움은 건강' / TAT: '수술' / Rorschach: '사람 골반', '척추'). 이러한 수검자는 내면의 고통감을 탐색하고, 주변 사람들과 감정을 공유하는 것이 필요해 보인다.

🗀 요약과 제언

○ 요약

전체지능	85	평균 하	일반능력	90	평균
언어이해	99	평균	지각추론	84	평균 하
작업기억	78	경계선	처리속도	94	평균

수검자의 지능 수준은 평균 하 수준으로 나타남. 환경 변화에 기민하게 반응할 것으로 보이고, 언어적 판단력도 양호한 것으로 생각됨. 그러나 깊이 있는 사고력이 필요할 때 기능 수준이 떨어질 것으로 예상됨. 주의력이 낮게 나타난 것은 수검자의 불안정한 정서상태와 관련이 있는 것으로 여겨짐. 수검자는 자존심이 강하고, 성취 욕구도 큰 것으로 생각되며, 스트레스 상황에서 적극적으로 행동할 것으로 생각됨. 그러나 처리해야 할 문제가 많아지거나 업무량이 가중되면 상당한 스트레스를 겪을 것으로 보이는데, 최근 직장 내 업무 변경이 이와 관

련이 있을 수 있겠음. 수검자는 장기간 스트레스를 겪어 왔던 것으로 보이고, 내면에 해소하지 못한 불만이 큰 것으로 생각됨. 이러한 상황에서 신체 증상을 호소함으로써 문제 상황을 회피하고 있는 것으로 여겨지는바, 내면의 고통감을 탐색하고 주변 사람들과 감정을 공유하는 것이 필요해 보임.

○ 임상적 진단
심리평가 결과, 수검자는 다음과 같은 진단이 시사됨.
- Somatic Symptom Disorder

4. 타인에 의해 지각된 우울증, 감정을 다루기 어려움(남자/21세/대재)

📂 의뢰 사유

수검자는 '사회에서부터 우울감이 있었다', '주변 사람들에게 수시로 죽겠다는 얘기를 한다' 등을 주소로 내원하였으며, R/O Major Depressive Disorder, Moderate 임상적 인상하에 성인 종합심리평가가 의뢰되었다.

📂 행동관찰과 면담

보통 키에 마른 체격인 수검자는 작은 눈에 안경을 쓰고 있었다. 위생상태는 양호하였고 눈맞춤은 간헐적으로 이루어졌다. 허리 디스크를 호소하며 절뚝거리면서 검사실로 입실하였으나 검사 도중에는 허리 통증을 호소하지 않았고, 앉은 채로 의자를 빙글빙글 돌리거나 의자에 반쯤 누워서 검사를 수행하는 일이 많았다. 힘없는 목소리였으나 말은 장황하게 하였고, 자신의 답변에 스스로 고개를 끄덕이기도 하였다. 또한 하품을 하거나 기지개를 켜는 일이 많았고, 검사 도구나 필기도구를 한 손으로 다루는 등 무성의한 태도와 못마땅한 표정으로 검사자에게 반말을 하거나 의자를 옆으로 돌린 채로 검사를 수행하는 등 불성실한 태도를 보였다. 어려운 문항에서는 '이거는 설명하기가 난해한데', '이거는 (토막이) 조금 부족한 거 같습니다'와 같이 변명을 하였다. 면담에서는 검사자의 말을 가로막고 장황하게 말하는 일이 많았고, 자살 계획에 대한 질문에 '사격 훈련 때 싫어하는 교관이 들어오면 그 사람을 쐈을 것'이라고 하는 등 분노감도 커 보였다. 내원 사유에 대해서는 '우울증, 맨 첨에 신교대에서 전문상담관하고 상담했는데 전문상담관이 사회에서부터 우울증을 앓고 있는 것 같다고, 또 입소하고 우울증이 심해진 거 같다고 정신과 진료 받는 게 좋겠다고 해서'라고 하는 등 주로 타인에 의해 지각된 우울증을 언급하였다.

📁 지능과 인지기능

한국 웩슬러 성인 지능검사(K-WAIS)			
지능	점수	백분율	수준
언어성 지능	95	37%ile	평균
동작성 지능	92	30%ile	평균
전체지능	93	32%ile	평균

수검자의 **전체지능은 93, 평균 수준**으로 나타났으며, 언어성 지능은 95, 평균 수준, 동작성 지능은 92, 평균 수준으로 나타나서 두 지능 간의 차이는 유의미하지 않았다.

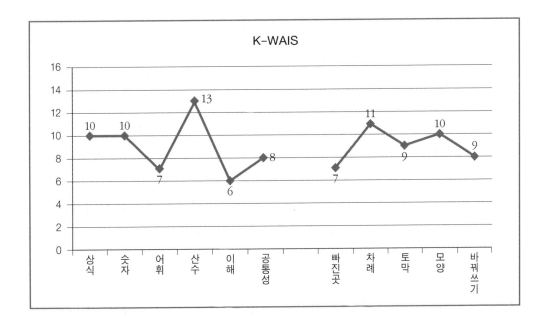

언어성 검사를 살펴보면, 산수 소검사는 평균 상 수준으로 나타난 것에 비해 숫자 소검사는 평이하게 나타나고 있어서 단순한 자극을 다루는 상황에서는 오히려 주의를 유지하는 것이 어려워 보인다. 특히, 숫자 소검사의 쉬운 문항에서 틀리면서도, 산수 소검사에서는 '186

가마니라고 할 수 있는데, 2월은 날짜가 적으니까 더 적게 소비를 해서 정확히 186가마니라고 하기 어려울 것 같습니다'와 같이 필요 이상으로 부가적인 설명을 하고 있어서 과시적인 면이 나타났다. 기본적인 지식 수준은 평균 수준으로 단편적인 지식 습득 수준은 양호한 것으로 생각된다. 그러나 단어의 유사성을 파악하는 능력과 어휘구사력은 평균 하 수준으로 나타나서 의사소통에 필요한 언어적인 자원은 부족한 것으로 생각된다. 또한 사회적 상황에 대한 이해력은 경계선 수준으로 나타나서('수레-모르겠습니다') 규범과 관습에 대한 습득 수준은 저조한 것으로 생각된다. 특히 '나무-나무를 심기보다는 나무가 거기서 스스로 자라는 게 더 맞는 말인 것 같습니다', '음식-야채 같은 건 채를 썰어서 먹어도 되고 고기 종류 외에는 딱히 익혀 먹어야 한다고 생각하지 않습니다' 등 장황하게 설명하면서도 핵심은 말하지 못해서 점수를 얻지 못하는 경우가 많았다. 수검자는 상식, 어휘, 이해, 공통성 등 언어성 소검사에서 쉬운 문항을 틀리거나 정답과 오답이 반복되고 있어서 학업적인 노력도 비일관적이었던 것으로 생각된다.

동작성 검사를 살펴보면, 부분을 통해 전체 상을 구성하는 능력과 시공간 구성 능력이 평균 수준으로 나타나서 도구를 다룰 때에는 양호한 기능을 보일 것으로 여겨진다. 시공간 운동 속도는 평균 하 수준으로 민첩성은 다소 낮아 보이는데, 턱을 괴고 한 손으로 수행하고 있어서 낮은 점수는 쉬운 과제를 경시하는 불성실한 태도와도 관련이 있는 것 같다. 한편, 상황적 맥락을 파악하는 능력은 평균 수준으로 나타나서 사회적 판단력은 양호한 것으로 보이지만, 시각적 예민성은 평균 하 수준으로 나타나서 주변 환경의 변화에는 다소 둔감할 것으로 생각된다.

지능검사 결과, 수검자는 대부분의 소검사가 평균, 평균 하 수준이어서 전반적인 기능 수준은 양호할 것으로 생각된다. 그러나 오히려 쉬운 과제에서 틀리거나 장황하게 설명하면서도 핵심을 벗어나는 경우가 많아서 기대에 비해 성과가 저조한 경우가 많을 것 같다. 그리고 과시적인 반응을 하고 있으나 언어적인 자원은 부족해서 효과적인 의사 전달에도 어려움이 예상된다. 또한 주변 환경의 변화에도 둔감해서 낯선 환경에서는 기능 수준이 저하될 수 있겠다.

Rorschach 검사 결과, 총 반응 수는 11개로 적게 나타나고 있고 평범반응을 전혀 보이지 않고 있어서 스트레스 상황에서는 관습적인 사고를 전혀 하지 못할 정도로 대처 능력이 제한되어 있는 것으로 보인다. 그리고 사고가 피상적이고(W=7) 단순해 보여서(L=1.20) 다양한 상황에서 유연성을 발휘하기 어려울 것 같다.

📂 성격과 정서

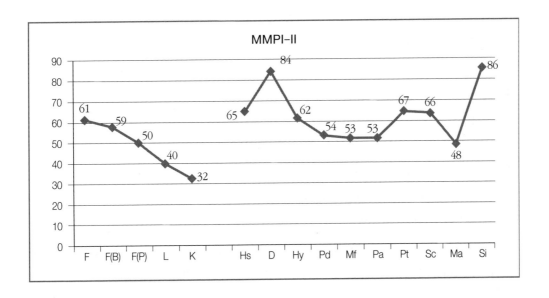

수검자는 SCT에서 '내가 어렸을 때는 부모님이 이혼하셨다', '다른 가정과 비교해서 우리 집안은 대화가 적어 화목하지 못하다'라고 하고, HTP 집 그림에서 '저는 이 집에 살고 싶지 않습니다', '그냥 사람이 사는 것 같지가 않은'이라고 하는 등 가정 환경이 상당히 불안정했던 것으로 생각된다. 이러한 수검자는 친밀감에 대한 태도를 나타내는 Rorschach 카드에서도 '바이올린 같은 현악기', '일본 지도'와 같이 거리감을 나타내는 반응을 하고, MMPI에서도 0번 척도가 86T로 높게 상승하고 있듯이 깊이 있는 관계를 맺기 어려웠을 것 같다. 그러나 HTP 집 그림에서 '필요-일단 사람부터 살아야 할 것 같습니다', '앞으로-사람이 없으면 붕괴되지 않을까'라며 가정 내 '사람'의 중요성에 대해서 언급하고 있어서 한편으로는 친밀감을 바라고 있는 것 같다. 다만, HTP에서 '앞으로-자기 원하는 대로 햇빛 쬐어 주고, 자기가 하고 싶은 일 다 하면서 살 것', '불행-자기가 놀지 못했을 때', '행복-자기가 놀 때, 자기가 원하는 명품 얻을 때' 등 자신의 욕구 충족에 대한 언급이 많아서 상당히 자기중심적인 것으로 보이고, Rorschach에서도 '여왕', '귀족', '고급스러운 비단' 등 과시적인 내용이 많아서, 원만한 대인관계를 형성하는 것은 상당히 어려웠을 것으로 보인다(MMPI: Si=86T).

수검자는 HTP에서 '소원-죽지 않고 오래오래 사는 것', SCT에서 '나의 평생 가장 하고 싶은 일은 자사고 짓기'라고 하듯이 자신에 대한 기대가 높고, MMPI에서 3번 척도가 62T로 다소 상승하고 있어서 주변 사람들에게 인정받고자 하는 욕구도 큰 것 같다. 그러나 지능검사에서도 나타나듯이 쉬운 과제는 경시하고 우월성을 드러낼 수 있는 영역에만 집중하고 있어서

(Rorschach: '서양에 나오는 용, 서양의 용이란 동양의 용과는 차이점이 있는데, 서양 용은 날개가 있고 동양 용은 뱀처럼 길게 늘어져 있거든요') 오히려 성과를 내기는 어려웠을 것으로 생각된다. 이러한 상황에서 자신을 인정해 주지 않는 주변 사람과 환경을 탓하면서(SCT: '우리 윗사람들은 나를 이해하지 못하는 것 같다', '내가 정말 행복할 수 있으려면 지금 이 상황이 해결되면서부터 시작될 것이다') 내면에는 분노감이 커진 것으로 보인다(Rorschach: '벌레 분해해 놓은 것', '사람의 육체를 분해해 놓은 것').

수검자는 자신의 고통감을 표현해야 하는 상황에서 초연한 태도를 보이거나(SCT: '행운이 나를 외면했을 때 그건 행운이 아니라 기회이다. 자신이 기회를 놓친 걸 가지고 탓하면 안 된다', '내가 다시 젊어진다면 지금도 젊은데 더 젊어질 필요가 있는가 의문이 든다') 주지화 경향을 보이는 등(Rorschach: '서양에 이런 식의 나방괴물이 있다고 들었는데 명칭을 잘 몰라서', '그게 단어가 생각이 안 납니다') 감정을 다루기 어려워 보인다. 그리고 상당히 미숙하고(HTP: 사람 그림 '5, 6세 정도') 자아강도도 약해서(MMPI: K=32T) 이러한 시도들이 주변 사람들에게 순진하게(naive) 드러날 것으로 여겨진다. 이러한 수검자는 자신의 기능 수준에 대한 객관적 인식이 부족해서(SCT: '윗 사람이 오는 것을 보면 나는 별로 잘못한 것도 없는데 괜히 시선을 피하고 싶다') 스트레스가 가중되면 신체 증상을 과장하는 방식으로 상황을 회피해 온 것으로 보인다(MMPI: '신체증상 호소'=77T). 또한 수검자는 우울감을 호소하고 있는데(MMPI: D=84T), 이는 현 상황에서의 스트레스 수준과 더 관련이 있는 것으로 생각된다(SCT: '내가 늘 원하기는 지금 이 상황이 해결되었으면 좋겠다'). 게다가 자신의 요구가 수용되지 않을 경우에는 반복적으로 자살사고를 호소하거나 자살 제스처를 취할 가능성이 매우 높아 보이는바(HTP: '하고 싶은 일 다 하면서 살 것, 그렇지 않으면 금방 죽을 것'), 엄격하고 일관성 있는 대처가 중요할 것으로 여겨진다.

📁 요약과 제언

○ 요약
전체지능: 93, 평균 / 언어성 지능: 95, 평균 / 동작성 지능: 92, 평균

수검자의 지능 수준은 평균 수준으로 나타났고 전반적인 기능 수준도 양호해 보임. 그러나 쉬운 과제를 경시하고 있어서 성과가 기대에 미치지 못하는 경우가 많을 것으로 생각되며, 과시적이고 자의적인 반응이 많아서 효율적인 의사소통에도 어려움이 예상됨. 상당히 불안정한 가정 환경에서 자란 것으로 보이는 수검자는 친밀감에 대한 욕구는 있는 것으로 보이지만, 자기중심적이고 과시적이어서 원만한 관계를 맺기는 어려웠을 것으로 여겨짐. 기대감이 크

지만 노력이 비일관적이어서 성과가 기대에 미치지 못했을 것으로 보이고, 주변만 탓하면서 분노감이 커진 것으로 생각됨. 문제 상황에서는 감정을 다루기 어려우며, 미숙하고 자아강도가 낮아서 주지화 시도가 주변 사람들에게 쉽게 드러날 것으로 여겨짐. 이러한 수검자는 자신의 기능에 대한 적절한 인식이 부족하고, 신체 증상을 과장하면서 상황을 회피해 온 것으로 생각됨. 수검자가 호소하는 우울감은 현재 상황과 관련이 있는 것으로 보이고, 자신의 요구가 수용되지 않는 상황에서는 반복적으로 자살 제스처를 취할 가능성이 높아 보이는바, 엄격하고 일관적인 대처가 필요해 보임.

○ 임상적 진단

심리평가 결과, 수검자는 다음과 같은 진단이 시사됨.

- Somatic Symptom Disorder
- Narcissistic Personality Disorder

28 질병불안장애(Illness Anxiety Disorder)

■ 부정적 사고의 전적인 부인(남자/20세/대재)

🗁 의뢰 사유

수검자는 '심한 불면', '건강염려증적 성향', '불안', '비현실감' 등을 주소로 내원하였으며, Illness Anxiety Disorder, Body Dysmorphic Disorder 임상적 인상하에 성인종합심리평가가 의뢰되었다.

🗁 행동관찰과 면담

긴 얼굴형의 수검자는 보통 키, 다부진 체구의 20세 남성이었다. 체육복 차림으로 위생상 태는 양호하였고, 검사자와의 눈맞춤도 적절하였다. 검사에 협조적이었고 열심히 과제에 임 하였으며, 수행 속도도 빠른 편이었다. 특히 단순한 과제는 매우 빨리 수행하였으나, 과제가 어려워지면 아예 시도조차 하지 못하는 등 난이도 변화에 따라 수행 양상의 차이가 크게 나타 났다. 또한 검사 내내 '습니다' 체를 사용하는 등 시종 예의 바른 모습을 보였다. 내원 사유에 대해서는 '7월부터 불면증이 있었다', '하루 종일 불안하다', '비현실감이 있다', '사는 게 꿈같 다'라고 하는 등 다양한 불편감을 호소하였다.

🗁 지능과 인지기능

수검자의 **전체지능은 89, 평균 하 수준**으로 나타났으며, 언어성 지능은 89, 평균 하 수준, 동작성 지능은 92, 평균 수준으로 두 지능 간의 차이는 크게 나타나지 않았다. 그러나 소검사 간의 차이가 7점으로 크게 나타나 상황에 따른 기능상의 차이가 있을 것으로 예상된다.

언어성 지능을 살펴보면, 단순한 자극에 대한 주의력과 수계산 능력이 평균 수준으로 나타 나 수 개념을 다루는 능력과 주의력 수준은 연령 수준에 맞게 유지되고 있는 것 같다. 그러나

한국 웩슬러 성인 지능검사(K-WAIS)			
지능	점수	백분율	수준
언어성 지능	89	23%ile	평균 하
동작성 지능	92	29%ile	평균
전체지능	89	24%ile	평균 하

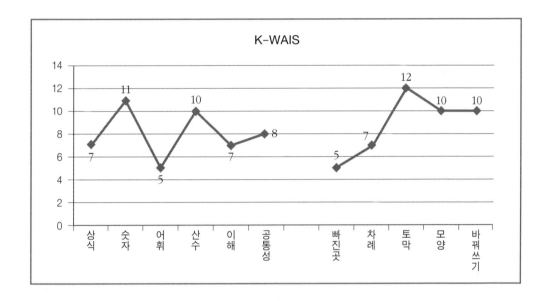

사물의 유사성을 파악하는 능력이 평균 하 수준으로 낮게 나타나 단어의 핵심 개념에 대한 이해 수준이 다소 부족해 보이며, 어휘구사력은 경계선 수준을 보이고 있어('누설하다-모르겠다', '서툴다-어렵다', '황무지-단무지 비슷한 거'), 활용할 수 있는 단어의 수준도 매우 부족해 보이는바, 연령 수준에 맞는 원만한 의사소통을 하기 힘들 것으로 생각된다. 수검자는 기본적인 상식 수준과 사회적 상황에 대한 이해력이 평균 하 수준에 그치고 있어 전반적인 지식 수준도 다소 부족해 보인다('무역-평화로운 세계를 위해서').

　동작성 지능 영역에서는 시공간 구성 능력이 평균 상 수준이어서 기본적인 문제해결 능력은 높은 편이었다. 그리고 부분을 통해 전체 상을 구성하는 능력이 평균 수준을 보이고 있어 응용력도 양호해 보인다. 또한 시공간 운동 속도가 평균 수준으로 나타나 민첩성도 충분해 보인다. 그러나 상황적 맥락을 파악하는 능력이 평균 하 수준, 시각적 예민성은 경계선 수준을 보이고 있어, 주변 환경을 제대로 파악하여 대처하는 데에는 어려움이 있을 것으로 여겨지는바, 사회적 상황에서는 연령 수준에 맞는 대응 행동을 하기 힘들 수 있겠다.

　지능검사 결과, 수검자는 주의력 수준이 양호하고, 숫자, 도형 등 기호를 다루는 능력도 적절해 보인다. 따라서 기계적인 자극을 다루고 시공간적 도구를 통해 문제를 해결하는 데에는 익숙할 것으로 여겨지나, 이에 비해 언어 구사 및 이해력 수준은 다소 부족하고 주변의 다양한 환경 자극을 파악하여 상황에 맞게 대처하는 능력도 충분히 갖추지 못해 대면 상황에서는 연령 수준에 맞지 않는 부적절한 행동을 하기 쉬워 보인다.

Rorschach 검사 결과, 14개의 적은 반응 수를 보이고 있고, 모두 단순한 형태반응만 보이는 등 문제 상황에 대응할 수 있는 자원이 매우 부족하고, 주변 환경 자극을 지나치게 단순화시켜 받아들이고 있는 것 같다. 평범반응은 2개에 불과하고 왜곡된 형태반응이 많으며(X-%=0.49) 특이한 부분반응도 3개나 보이고 있어, 주어진 상황을 고려하는 성숙한 판단을 하지 못하고 혼자서만 특정 영역에 몰입해 있을 가능성이 높아 보인다.

🗀 성격과 정서

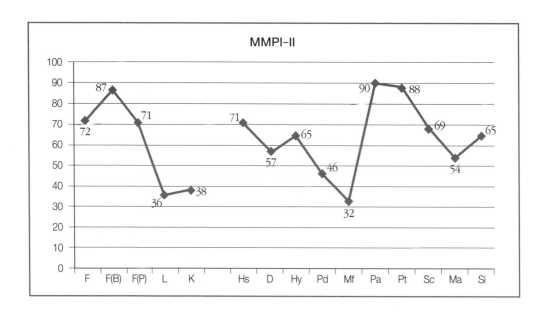

수검자는 MMPI에서 1-7번 척도가 높게 나타나 자신의 신체 감각에 지나치게 몰입해 있으며, 이로 인해 상당한 불안감을 느끼고 있는 것 같다(SCT: '어리석게도 내가 두려워하는 것은 내가 아픈 것', '내가 보는 나의 앞날은 매일매일 버티는 식으로 살 것 같다', '다른 친구들이 모르는 나만의 두려움은 아픈 것이다', '내가 다시 젊어진다면 아프지 않을 것이다', '내가 늘 원하기는 아프지 않는 걸 제일 원한다', '완전한 남성상은 완전한 몸짱이랑 능력이다'). 그러나 Rorschach에서 '잠자리', '토끼' 등 곤충이나 동물 반응을 많이 보이듯이 사고 수준이 미숙한 수검자가 긍정적이고 희망적인 언급을 많이 하면서(Rorschach: VII번 카드 '토끼 2마리가 너무 다정해 보인다' / SCT: '나

의 야망은 언젠가 성공한다', '결혼생활에 대한 나의 생각은 얼른 하고 싶다', '나의 평생 가장 하고 싶은 일은 결혼이다', '우리 윗사람들은 다 좋으신 분이다', '우리 집안은 화목하고 너무 좋다', '우리 가족이 나에 대해서는 좋은 아들로 생각한다', '어머니와 나는 참으로 보기 좋은 모자지간이다'), 부정적 내용에 대해서는 전적으로 부인하고 있어서(SCT: '내가 싫어하는 사람은 없다', '남자에 대해서 무엇보다도 좋지 않게 생각하는 것은 좋지 않게 생각한 적은 없다', '내가 저지른 가장 큰 잘못은 딱히 없다', '나의 가장 큰 결점은 없다'), 실제적으로 불안감을 감소시키기는 어려운 것 같다.

수검자는 분노감과 같이 강한 부정적 감정에 대한 태도를 나타내는 Rorschach 카드에서도 '산'이라는 중립적 반응을 보이듯 부인(denial)의 방어기제에 상당히 익숙해 보인다. 그러나 SCT에서 '생생한 어린 시절의 기억은 별로 나지 않는다', '대개 어머니들이란 엄하시다'라고 하듯이 우회적으로 유년 시절의 불편감을 표현하고 있는 수검자는 MMPI에서 6번 척도가 가장 높게 상승해 있고, Rorschach의 3개 카드에서 '악마'라는 반응을 보일 정도로 실제로는 주변 환경을 매우 위협적으로 인식하고 있는 것 같다. 그리고 HTP 나무 그림에서 가지는 전혀 그리지 않으면서 '사람이 필요하다…… 외롭기 때문에'라고 하고, SCT에서는 '내가 믿고 있는 내 능력은 없다'라고 하는 등 심리적 자원이 빈약하고 주변의 도움을 받지 못한 채 고립감을 느끼고 있는 것으로 보이는바, 스스로 판단하기 어려운 상황을 더욱 위협적으로 받아들이고 있는 것 같다(Rorschach: 그림이 가장 애매한 카드에서 '너무 악마 같아서 가장 싫다').

📁 요약과 제언

⚪ 요약

전체지능: 89, 평균 하 / 언어성 지능: 89, 평균 하 / 동작성 지능: 92, 평균

수검자의 지능은 평균 하 수준으로 나타남. 기계적인 자극을 다루고 시공간적 도구를 통해 문제를 해결하는 능력은 충분해 보이지만, 대면 상황에서는 연령 수준에 맞지 않는 부적절한 행동을 하기 쉬워 보임. 또한 연령에 맞는 성숙한 사고를 하지 못한 채 부정적 사고를 전적으로 부인하는 데 익숙해져 있어 내면의 불편감을 해소하지 못하고 스트레스만 쌓이고 있는 것으로 여겨짐. 사회적 대처 능력이 부족하고 스트레스에 취약한 수검자는 판단이 애매한 상황에서 쉽게 불안감을 느끼며 주변 환경을 막연하게 위협적으로 인식하고 있는 것으로 보이나, 이러한 자기 내면의 불편감을 수용하지 못하고 있어, 신체 증상에만 더욱 몰입해 있는 것으로 생각됨.

⚪ 임상적 진단

심리평가 결과, 수검자는 다음과 같은 진단이 시사됨.

- Illness Anxiety Disorder

29 전환장애(Conversion Disorder)

1. 문제의식 없는 공격성 표출(남자/21세/대재)

📂 의뢰 사유

수검자는 '잦은 의식 손실', '분노 조절의 어려움', '자해 행동' 등을 주소로 내원하였으며, R/O Conversion Disorder, R/O Cluster B Personality Disorder, R/O Intermittent Explosive Disorder 임상적 인상하에 성인종합심리평가가 의뢰되었다.

📂 행동관찰과 면담

수검자는 작은 키에 보통 체격이었고, 입술을 계속 물어뜯어서 파랗게 될 정도였다. 위생상태는 양호하였으나, 고개를 숙이고 있어서 눈맞춤은 간헐적으로 이루어졌다. 검사실에 들어오자마자 의자에 기대서 인상을 쓰며 퉁명스럽게 대답하였다. 수검자는 모르는 문항에서 '공부를 잘 안 해서 잘 모르겠다'라며 낮은 수행에 대해 평계를 대거나 의문형으로 말끝을 올리며 모호하게 대답하는 경우가 많았다. 그리고 갑작스럽게 '이 검사는 내가 원해서 하는 검사가 아니다, 난 하고 싶지 않다', '검사 안 해서 영창을 보내도 난 못 하겠다'라며 강경하게 검사에 대해 거부적인 태도를 보여서 검사를 중단하였다. 그리고 보호자와 면담 후 5분 뒤에 다시 검사를 시작하였을 때는 검사자의 지시에 잘 따르는 것을 보면, 상기의 거부적인 태도는 평가에 대한 높은 불안을 반영하는 것 같다. 그리고 문항의 난이도가 높아지면 '모르겠다'라는 말만 되풀이하고 검사를 거부하는 듯 보이다가 검사자가 격려하면 다음 문항에서는 대답하는 등 순진한(naive) 모습을 보였다. 내원 사유에 대해서는 '공격성이 강해서 화가 나면 사회에서는 소주병으로 사람을 때렸다', '화 조절을 못해서 칼로 내 팔을 찌른 적이 있고, 벽을 치는 경우가 많다', '지금은 여러 명하고 심하게 싸워서 소송이 걸려 있다'라며 자신의 공격적인 행동에 대해 문제의식 없이 구체적으로 설명하였다.

📂 지능과 인지기능

한국 웩슬러 성인 지능검사(K-WAIS)			
지능	점수	백분율	수준
언어성 지능	79	8%ile	경계선
동작성 지능	105	63%ile	평균
전체지능	89	23%ile	평균 하

　수검자의 **전체지능은 89, 평균 하 수준**으로 나타났으며, 언어성 지능은 79, 경계선 수준, 동작성 지능은 105, 평균 수준을 보이고 있어서, 두 지능 간의 차이는 26점으로 크게 나타났다. 따라서 구조화된 상황에서는 문제 해결에 별다른 문제가 없을 것으로 보이나, 언어적인 대처 능력이 필요하거나 학업적 지식이 요구되는 상황에서는 상당한 부적절감을 경험할 수 있겠다.

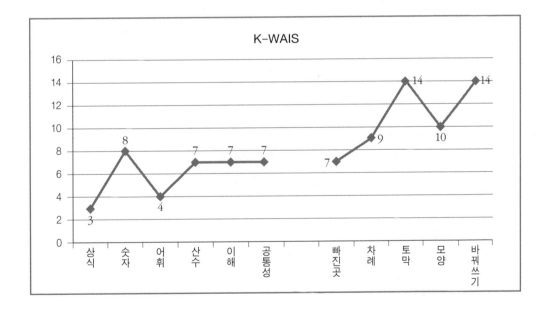

　언어성 지능을 살펴보면, 순간적인 자극에 주의를 기울이는 능력과 산술 능력이 평균 하 수준을 보이고 있어서 수 개념을 다루는 능력이 비교적 적절한 것 같다. 그리고 사물의 유사성을 파악하는 능력과 사회적 상황에 대한 이해력이 평균 하 수준을 보이고 있어서 일상생활을 통해서 습득되는 언어적인 능력도 비교적 양호해 보인다. 그러나 기본적인 상식과 어휘구사력이 정신지체 수준으로 나타나고 있어서 학업적인 노력은 상당히 부족했던 것으로 여겨진다

('단풍–지면 떨어지는 것', '섬–제주도'). 수검자는 검사 초반에 검사를 거부하여 중단했고, 과제의 난이도가 조금만 높아지면 고민하지 않고 바로 포기하는 등 비협조적인 태도를 보였는데, 이러한 행동이 과제의 난이도가 어려워지거나 연속적으로 정답에 실패한 후에 두드러지게 나타났던 점을 고려하면 좌절 상황을 수용하지 못한 채 회피하려는 경향이 강해 보인다.

동작성 지능 영역에서는 시공간 구성 능력과 시공간 운동 속도가 우수 수준을 보이고 있어서 구조화된 상황에서 도구를 다룰 때는 높은 기능을 발휘할 수 있겠다. 그러나 부분을 통해서 전체를 구성하는 능력이 평이한 수준에 그치고 있어서 응용 및 추론 능력은 주관적으로 부족하게 느껴질 수 있겠다. 한편, 상황적 맥락을 파악하는 능력이 평균 수준을 보이고 시각적 예민성이 평균 하 수준으로 나타나고 있어서 사회적 판단력이 비교적 양호해 보이지만, 수검자의 지적 잠재력에 비해서는 상대적으로 부족해 보이는바, 대면 상황에서도 부적절감을 느끼기 쉽겠다.

지능검사 결과, 구조화된 상황에서 도구를 다루는 능력이 높게 나타나고 있듯이 자신에 대한 기대 수준이 매우 높을 것으로 여겨진다. 그러나 그 외에 대부분의 기능들이 '평균 하' 이하로 낮게 나타나고 있어서 기대 수준에 미치지 못하는 기능을 보이는 경우가 많아서 부적절감을 느끼기 쉽겠다. 수검자는 과제의 난이도가 높아지는 상황에서 완강하게 거부적인 태도를 보였던 점을 고려하면, 좌절감을 수용하지 못한 채 자신의 낮은 수행 능력을 전적으로 부인(denial)하면서 공격적인 태도로 대응하고 있는 것 같다.

Rorschach 검사 결과, 단 2개의 카드에서만 반응을 하고 나머지 카드에서는 모두 '모르겠어요'라는 반응으로 일관하고 있는데, 이는 대처 능력의 현저한 결함보다는 자기 내면의 상태가 드러나는 것에 대해 극단적인 수준의 거부적인 태도를 시사하는 것으로 보인다. 수검자는 유일하게 반응한 2개의 카드에서 '입체감이 있어 보인다', '동물이 물가에 비춰진 것 같다'라며 현학적인 표현을 사용하고 있어서 확실하게 자신의 능력을 발휘할 수 있는 상황에서는 오히려 과장된 모습을 보이는 것 같다(Fr=1).

🗁 성격과 정서

수검자는 면담 시 '소주병으로 사람을 때렸다', '사람을 때릴 때 그 사람을 평생 장애인으로 만들겠다는 심정으로 사람을 때린다'라며 상당히 강한 공격성과 분노감을 표현하고 있었다. 그러나 MMPI에서는 2번 척도를 제외한 대부분의 척도가 평이한 수준을 나타나고 있고, TRIN에서 53T로 'F'가 비교적 높게 나타나고 있듯이 긍정 왜곡을 하고 있을 가능성이 높아 보인다. 또한 Rorschach, HTP, SCT 등 검사 전반에서 대부분 '모르겠어요', '없다'라며 반응을 하지 못

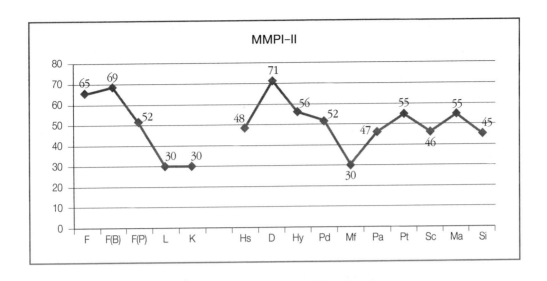

하고, SCT에서 '내가 정말 행복할 수 있으려면 내가 하고 싶은 것을 하는 것이다', '행운이 나를 외면했을 때 그럴 수도 있다 생각한다'라고 하듯이 대부분 무난한 반응들만 보이고 있어서, 자신의 부정적인 감정을 부인(denial)하려는 경향이 매우 강한 것 같다.

한편, Rorschach에서 반사반응을 보이고 있듯이 자기중심성이 강해 보인다. 그리고 SCT에서 '사랑한다'라며 감정적인 표현을 반복해서 사용하고 있고, Rorschach에서 '여러 색이라서 가장 좋다', '단색이라서 가장 싫다'라며 색채에 근거해서 반응을 하면서도 정작 색채카드에서는 색채반응을 전혀 하지 못하고 있는 것을 보면, 감정 표현이 원색적이고 감정 변화가 쉽게 일어날 가능성이 높아 보인다. 이러한 수검자는 정작 대인관계 상황에서는 주변 사람들의 감정을 공감하는 능력이 부족할 것으로 여겨지는바, 깊이 있는 관계를 맺기는 힘들었을 것으로 여겨진다(SCT: '내가 성교를 했다면 그냥 하고 잊어버린다'). 게다가 SCT에서 '우리 윗사람들은 훌륭하신 분들이다'라고 하듯이 대상을 이상화시키는 반응을 하면서도, 한편으로는 경시하는 태도(SCT: '윗 사람이 오는 것을 보면 나는 처다보고 간다')를 보이듯이 주변 사람들에 대한 태도가 갑작스럽게 극단적인 변화를 보일 수 있어 대인관계에서 어려움이 더욱 컸을 것으로 생각된다(SCT: '내가 없으면 친구들은 신경을 안 쓴다').

수검자는 MMPI에서 5번 척도가 30T로 매우 낮게 나타나고 있듯이 남성적인 특성을 과시하는 경향이 강해 보이며, SCT에서 '나의 가장 큰 결심은 다헐질이다'라고 하듯이 충동성도 강해 보이는바, 공격적인 행동을 통해서 문제를 해결해 왔던 것으로 보인다(면담: '소주병으로 사람을 때렸다'). 그리고 지능검사에서 연속적으로 정답에 실패하고 난 후에 갑작스럽게 검사를 거부하고 있어서, 수치심을 느끼는 상황에서 오히려 힘을 과시하면서 상황을 자신이 원하는 대로 이끌어 가려는 모습을 보일 수 있겠다. 그러나 SCT에서 '내가 바라기에 아버지는 건

강하셨으면 좋겠다'라고 하듯이 한편으로는 관습적인 사고 경향이 강한 수검자는 자신의 문제 행동에 대한 부적절감도 가지고 있는 것 같다(SCT: '내가 저지른 가장 큰 잘못은 사람을 때린 것이다'). 그러면서도 SCT에서 '때때로 두려운 생각이 나를 휩싸일 때 자 버린다'라고 하듯이 회피적인 성향이 강해 보이는바, 스트레스가 가중되는 상황에서는 문제를 직면하지 못한 채 극단적인 신체 증상을 통해서 자신의 불편감을 드러내고 있는 것 같다(면담: '길을 가다 갑자기 쓰러지는 경우가 많다').

📁 요약과 제언

○ 요약
전체지능: 89, 평균 하 / 언어성 지능: 79, 경계선 / 동작성 지능: 105, 평균

수검자의 지능 수준은 평균 하 수준으로 나타남. 지적 잠재력이 양호해 보이는바 자신에 대한 기대 수준이 매우 높을 것으로 여겨지며, 평소에는 과시적인 모습을 통해 상황을 통제하려는 모습을 보일 수 있음. 그러나 기대 수준에 미치지 못하는 경우가 많아서 부적절감을 느끼기 쉬우며, 이로 인해 강한 공격성과 분노감을 느끼면서도 관습적인 사고 경향이 강해 보이는바, 내면의 부적절감이 클 것으로 생각됨. 부정적인 감정을 부인하는 과정에서 극단적인 거부적 행동이 나타날 수 있으며, 이러한 시도도 효과적이지 못할 때는 극단적인 신체 증상을 통해서 자신의 불편감을 드러낼 수 있음.

○ 임상적 진단
심리평가 결과, 수검자는 다음과 같은 진단이 시사됨.
- Conversion Disorder
- Cluster B Personality Disorder

2. 단순한 사고와 높은 도덕성의 결합(남자/20세/대재)

📁 의뢰 사유

수검자는 '경련', '사지마비', '함구증' 등을 주소로 내원하였으며, R/O Conversion Disorder, R/O Somatic Symptom Disorder 임상적 인상하에 성인종합심리평가가 의뢰되었다.

📁 행동관찰과 면담

수검자는 보통 키에 보통 체격으로 왼쪽 이마에는 손가락 마디만 한 큰 점이 있었고, 손톱이 상당히 짧았다. 위생상태는 양호하였고, 눈맞춤도 잘 이루어졌다. 작고 떨리는 목소리로 대답하고, 인적 사항을 기록하거나 도구를 다루는 과제에서 손을 떨어서 불안 수준이 높아 보였다. 그리고 연속적으로 정답에 실패한 이후에는 짜증스럽다는 듯이 인상을 쓰면서 아무 말도 하지 않은 채 한숨만 쉬고 있었는데, 이는 스트레스 상황에서 수동적인 태도를 보이는 수검자의 모습을 반영하고 있는 것 같다. 내원 사유에 대해서는 '심리적으로 불안하다', '스트레스를 받으면 발작을 일으키고 경직되어 있다', '신교대에서 조교에게 혼나고 나서 손발이 저렸고, 2~3일 동안 말이 안 나왔다'라며 신체 증상만 호소하였다.

📁 지능과 인지기능

한국 웩슬러 성인 지능검사(K-WAIS)			
지능	점수	백분율	수준
언어성 지능	78	8%ile	경계선
동작성 지능	71	3%ile	경계선
전체지능	74	4%ile	경계선

수검자의 **전체지능은 74, 경계선 수준**으로 나타났으며, 언어성 지능은 78, 경계선 수준, 동작성 지능은 71, 경계선 수준으로 나타나서, 두 지능 간의 차이는 유의미하지 않았다.

언어성 지능을 살펴보면, 사물의 유사성을 파악하는 능력과 사회적 상황에 대한 이해력이 평균 하 수준으로 나타나 일상생활 경험을 통해서 습득되는 언어적인 능력은 비교적 양호해 보인다. 그러나 어휘구사력과 기본적인 상식은 정신지체 수준이어서 지식 수준이 상당히 부족한 것 같다('물-306도', '김치-먹는 거'). 또한 산술 능력과 순간적인 자극에 주의를 기울이는 능력이 경계선 수준으로 나타나고 있어서 주의집중력도 매우 부족한 수준이었다.

동작성 지능 영역에서는 부분을 통해 전체 상을 구성하는 능력과 시공간 운동속도가 평균 하 수준으로 나타나고 있어서 간단하거나 익숙한 도구를 다루는 능력은 비교적 양호해 보인다. 그러나 시공간 구성 능력이 정신지체 수준을 보이고 있어서 보다 낯설고 추상적인 자극이 주어지는 상황에서는 저조한 수행을 보일 것으로 생각된다. 한편, 상황적 맥락을 파악하는 능력이 평균 하 수준이어서 사회적 판단력은 비교적 적절해 보이나, 시각적 예민성이 정신

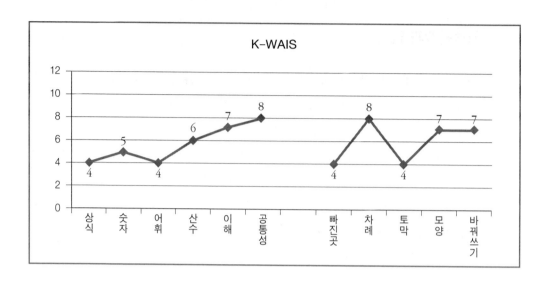

지체 수준을 보이고 있어서 주변 환경의 작은 변화나 감정의 미묘한 차이를 인식하는 능력은 상당히 부족할 것으로 여겨진다.

지능검사 결과, 일상생활에 필요한 언어를 구사하거나 간단하고 익숙한 도구를 다루는 상황에서는 비교적 양호한 기능을 보일 것으로 생각되는바, 반복적으로 경험해 본 상황에서는 나은 기능 수준을 보일 수도 있겠다. 그러나 대부분의 소검사가 경계선 수준 이하로 나타나고 있어서 미숙한 모습을 보이는 경우가 더 많을 것으로 생각된다.

Rorschach 검사 결과, 총 10개의 적은 반응 수를 보이고 있어서 스트레스에 대처할 수 있는 심리적 자원이 매우 빈약해 보이며, 형태질이 매우 저하되어 있어서(X-%=0.70) 문제해결 능력이 매우 부족해 보인다. 또한 단순한 형태 반응이 많고(L=4.00) SCT와 HTP에서도 '그냥 있다', '서 있다', '없다', '많다' 등의 간단한 언급을 많이 하고 있어서 사고 수준이 매우 단순한 것 같다.

📂 성격과 정서

MMPI에서 L척도가 71T로 높게 상승하고 있듯이 높은 수준의 도덕적 가치관을 가지고 있는 것으로 보이는 수검자는 평소에 모범적인 모습을 보일 수 있겠다. HTP 나무 그림에서 '소원-그냥 쉴 수 있는 거'라고 하고, SCT에서 '나의 평생 가장 하고 싶은 일은 집에서 지내고 싶다', '내가 늙으면 요양하고 싶다', '내가 정말 행복할 수 있으려면 내가 편한 것 같다'라고 하듯이 소망과 기대를 표현하고 있으나, 질적인 면을 보면 주어진 단어를 통해서 추정되는 내용을 간단하게 연결한 것에 불과하여 사고 수준이 매우 단순해 보인다. 게다가 SCT에서 '내 생각에

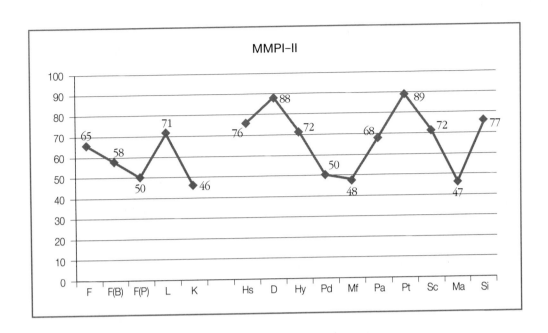

여자들이란 그냥 친구 같다', '내가 어렸을 때는 그냥 지냈음', '남녀가 같이 있는 것을 볼 때 그냥 친구'라고 하듯이 사고 수준이 피상적이어서, 교육을 통해 습득된 도덕적이고 관습적인 규칙에서 조금이라도 벗어나는 상황에서는 적응에 어려움이 클 것으로 예상된다.

이러한 수검자는 SCT에서 '내가 싫어하는 사람은 많다', '무슨 일을 해서라도 잊고 싶은 것은 초등학교 때의 일(왕따)'이라고 하듯이 대인관계에서 불만이 많이 쌓여 왔던 것 같다. Rorschach에서 '전투기', '이빨', '식인식물, 잡아먹는 이빨처럼 보여서'라고 하듯이 공격적인 성향이 강해 보이며, HTP 여자 그림에서 '화가 나 있는 사람', '단점-화가 나 있다', '성격-화가 나 있다'라고 하듯이 강한 분노감도 느끼고 있는 것으로 여겨진다. 그러나 HTP 남자 그림에서 '행복한 사람', '생각-행복한 사람', '성격-밝다'라고 하듯이 과도하게 긍정적이고 이상적인 표현을 하고 있는 것을 보면, 내면의 부정적인 정서를 드러내지 못하고 억압하면서 지내고 있을 가능성이 높아 보이는바, 극단적인 신체 증상을 통해서 자신의 불편감을 나타내고 있는 것으로 여겨진다(MMPI: Hs=76T, Hy=72T / 면담: '손발이 저리고, 훈련 시 갑자기 경직되고 마비되어 움직이지 않았다').

수검자는 MMPI에서 2번, 7번, 0번 척도가 각각 88T, 89T, 77T로 높게 상승하고 있듯이 극심한 고통감을 느끼고 있는 것으로 보인다. 그러면서도 SCT에서 '다른 친구들이 모르는 나만의 두려움은 많은 것 같다', '내가 잊고 싶은 두려움은 많다', '나에게 이상한 일이 생겼을 때 이상한 느낌이 드는 것 같다'라고 하듯이 고통감에 대한 구체적인 내용이 없이 모호하게만 기술하고 있어서, 자신의 스트레스에 대한 통찰이 부족한 채로 신체적인 질병에만 몰입해 있는 것으로 생각된다(SCT: '내가 늘 원하기는 건강했으면', '무엇보다도 좋지 않게 생각하는 것은 건강이다').

🗂 요약과 제언

○ 요약

전체지능: 74, 경계선 / 언어성 지능: 78, 경계선 / 동작성 지능: 71, 경계선

수검자의 지능 수준은 경계선 수준으로 나타남. 반복적인 경험이 이루어지는 상황에서는 나은 기능 수준을 보일 수 있겠으나 미숙한 모습을 보이는 경우가 더 많을 것으로 생각됨. 높은 수준의 도덕적 가치관을 가지고 있으나, 사고가 피상적이고 단순해 보이는바, 교육을 통해 얻어진 도덕적이고 관습적인 규칙에서 조금이라도 벗어나면 적응에 어려움이 클 것으로 예상됨. 이러한 수검자는 대인관계에서 불만이 많이 쌓여 있지만, 내면의 부정적인 정서를 드러내지 못하고 억압하면서 지내 왔던 것으로 보임. 수검자는 극심한 고통감을 느끼고 있는 것으로 보이나, 스트레스에 대한 통찰이 부족한 채로 신체적인 질병에만 몰입해 있는 것으로 생각됨.

○ 임상적 진단

심리평가 결과, 수검자는 다음과 같은 진단이 시사됨.

- Conversion Disorder, With mixed symptoms
- Borderline Intellectual Functioning

3. 잠재력보다 높은 학습 수준, 밀착된 관계에 대한 기대(남자/22세/대중퇴)

🗂 의뢰 사유

수검자는 '우울한 기분', '환시', '강박사고', '기억의 손상' 등을 주소로 내원하였으며, R/O Conversion Disorder 임상적 인상하에 성인종합심리평가가 의뢰되었다.

🗁 행동관찰과 면담

　수검자는 큰 키에 보통 체격이었다. 위생상태는 양호하였으나, 고개를 숙이고 있는 경우가 많아서 눈맞춤은 간헐적으로 이루어졌다. 검사 초반에는 갑작스럽게 웃음을 보이는 경우가 많이 있었으나, 모르는 문항이 많아지자 인상을 쓰거나 짜증스러운 말투를 사용하는 등 불쾌한 감정을 그대로 드러내기도 하였다. 그러면서도 토막짜기 소검사에서는 빠르게 하기 위해서 손놀림이 상당히 바쁘게 움직이고, 지필검사에서는 연필에 힘을 주고 꾹꾹 눌러 쓰는 편이었고, 그림을 여러 번 덧칠해서 그렸으며, 검사자의 질문을 다시 확인하듯이 적극적으로 재질문을 하는 경우도 많았다. 내원 사유에 대해서는 '이상한 소리가 들리고, 헛것이 자꾸 보인다', '여자 친구랑 전화로 싸우고 난 뒤에 몇 시간 동안 쓰러졌는데 그 이후로는 기억이 나지 않는다', '2월 10일 이후의 일들은 현재 기억이 나지 않는다'라며 특이한 증상들에 대해서 상당히 자세하면서도 구체적으로 자신의 증상을 설명하였다.

🗁 지능과 인지기능

한국 웩슬러 성인 지능검사(K-WAIS)			
지능	점수	백분율	수준
언어성 지능	88	19%ile	평균 하
동작성 지능	82	12%ile	평균 하
전체지능	84	14%ile	평균 하

　수검자의 **전체지능은 84, 평균 하 수준**으로 나타났으며, 언어성 지능은 88, 평균 하 수준, 동작성 지능은 82, 평균 하 수준으로 나타나서, 두 지능 간의 차이는 유의미하지 않았다. 다만, 소검사 간의 차이가 7점으로 크게 나타나고 있어서 상황에 따른 기능상의 차이가 클 것으로 예상된다.

　언어성 지능을 살펴보면, 순간적인 자극에 주의를 기울이는 능력이 평균 상 수준을 보이고, 바로따라외우기 13점이어서 단순한 자극에 대한 주의력은 다소 높은 것 같다. 그러나 거꾸로따라외우기가 9점이고 산술 능력이 평균 하 수준을 보이고 있어서 과제가 조금만 복잡해지면 기능 수준이 저하될 것으로 생각된다. 또한 기본적인 상식과 어휘구사력이 평균 하 수준으로 전반적인 지식 습득을 위한 노력은 비교적 양호한 것 같다. 그러나 사회적 상황에 대한 이해력과 사물의 유사성을 파악하는 능력이 경계선 수준을 보이고 있어서 일상생활을

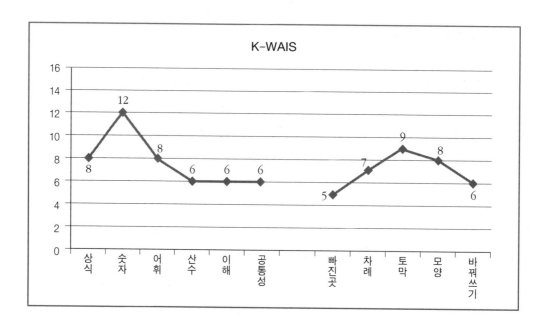

통한 학습 능력은 상당히 부족해 보이는데('사군자-모르겠어요', '발신인-그래야 받아 보는 사람이 기분 좋다', '배와 비행기-하늘과 땅'), 오히려 잠재력에 비해 지식 습득을 위해 더 많이 노력해 왔던 것 같다.

동작성 지능 영역에서는 시공간 구성 능력이 평균 수준으로 나타나고 부분을 통해서 전체를 구성하는 능력이 평균 하 수준이어서 도구를 다루는 능력이 비교적 양호한 것 같다. 그러나 시공간 운동 속도가 경계선 수준을 보이고 있어서 민첩성은 상당히 부족한 편이었다. 또한 상황적 맥락을 파악하는 능력이 평균 하 수준이고, 시각적 예민성이 경계선 수준을 보이고 있어서 사회적 대처 능력도 매우 부족한 것 같다.

지능검사 결과, 언어적 이해력이 다소 부족함에도 불구하고 높은 집중력을 바탕으로 지식 습득을 위해서 부단히 노력해 온 것으로 보인다. 그러나 과제가 복잡해지면 기능 수준이 급격히 저하될 것으로 여겨지는바, 좌절감을 느끼기 쉬웠을 것으로 생각된다. 한편, 사회적 대처능력과 시각적 민감성이 부족해서 주변 상황을 적절히 파악하지 못하고 자의적인 판단에 따라 행동할 가능성이 높겠다.

Rorschach 검사 결과, 전반적인 형태질이 양호하여 지각적 혼란감은 시사되지 않았다(X+%=0.58). 그러나 총 12개로 매우 적은 반응 수를 보이고 있어서 스트레스 상황에 대처할 수 있는 심리적 자원이 매우 빈약해 보인다. 게다가 관습적인 지각 능력이 부족하고(P=3), 조직화 능력이 현저히 저하되어 있어서(Zd=-8.5), 주변 환경을 전혀 효율적으로 다루지 못하고 있는 것으로 생각된다. 게다가 자기 자신에 대해 반추하는 경향이 높아 보이는바((2)=5), 사소한 자극을 극대화시켜서 받아들임으로써 스트레스에 상당히 취약할 수 있겠다.

📂 성격과 정서

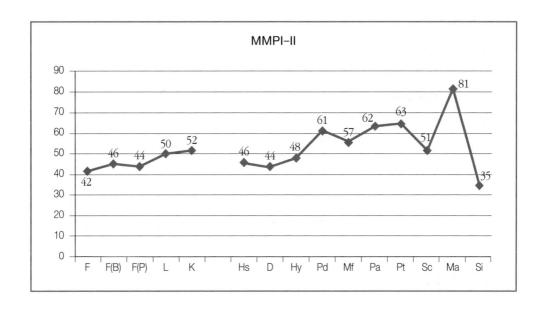

수검자는 SCT에서 '나는 어머니를 좋아했지만 결국 떠나셨습니다', '내가 잊고 싶은 두려움은 엄마와 이별하는 그 순간입니다'라고 하듯이 어머니와의 이별을 반복적으로 언급하고 있어서 유기에 대한 불안을 느끼고 있는 것으로 생각된다. 이러한 수검자는 SCT에서 '결혼생활에 대한 나의 생각은 사랑하는 사람끼리 평생을 같이 살 수 있는 것, 이해'라고 하듯이 밀착된 관계 형성을 기대하고 있는 것으로 보이며, 특히 여자 친구와의 관계에 몰입해 있는 것 같다 (HTP: 남자 그림 '생각-여자 친구 만나러 가기 위해 준비', 여자 그림 '뭐-저 만나려고 면회 오고 있다' / SCT: '내가 제일 좋아하는 사람은 여자 친구입니다'). 그러나 Rorschach 색채카드에서 반응에 실패하는 것을 보면, 정서적 교감을 나누거나 깊이 있는 관계를 형성하기 힘들었을 것으로 여겨지는바(HTP: 여자 그림 '기분-좋아 보이지 않는데, 항상 나 만날 때 그래 왔다'), 대인관계에서 상당한 스트레스를 받아 왔을 것 같다(SCT: '무슨 일을 해서라도 잊고 싶은 것은 여자 친구와 싸웠던 일, 나에게 했던 행동과 말').

한편, HTP 나무 그림에서 '나이-5백 살', SCT에서 '언젠가 나는 성공할 것입니다'라고 하듯이 자신에 대한 기대감이 높아 보이며, HTP 나무 그림에서 나뭇가지를 많이 그리고 있어서 성취 욕구도 높은 것 같다. 게다가 HTP 그림에서 격자무늬를 많이 그리고 있듯이 완벽주의적이고 통제적인 성향이 강해 보인다. 그러나 기능 수준이 낮은 수검자는 Rorschach에서 '어떻게 보면 나비인데 어떻게 보면 박쥐로도 해석될 수 있을 것 같다'라고 하며 명확한 결론을 내리지 않고 있듯이 자신의 낮은 기능을 받아들이지 못하고 문제에 대한 책임을 외부로 돌려왔던 것으로 생각되는바(MMPI: Pd=61T), 문제 해결을 하지 못한 채 의존적인 태도를 보이기 쉬운 것 같다(SCT: '내가 바라는 여인상은 생각이 깊고 현명하며 가끔은 나를 잡아 줄 수 있는 그런 사람').

수검자는 SCT에서 '내가 성교를 했다면 하고 나서도 더 사랑할 것입니다'라고 하듯이 바람직한 대답을 하고 있는 것을 보면, 평소에 상당히 모범적인 생활을 해 왔던 것으로 보인다. 그러나 SCT에서 '때때로 두려운 생각이 나를 휩싸일 때 계속 고민하다가 더 힘들어집니다'라고 하듯이 문제 상황을 반추함으로써 고통감을 가중시키는 경향이 있어 보이는바, 스트레스 상황에서는 기존의 바른 행동 및 사고 수준을 유지시키지 못하고 극단적인 회피 행동을 보일 가능성이 높겠다(면담: '여자 친구와 싸운 후에 갑작스럽게 쓰러졌다'). 또한 면담 시 '다른 건 다 기억이 나는데 여자 친구와 있었던 일들은 기억이 나지 않는다'라고 하듯이 선택적인 기억의 손상을 호소하고 있는데, 이 역시 또 다른 회피 행동 양상으로 생각된다.

📂 요약과 제언

◯ 요약

전체지능: 84, 평균 하 / 언어성 지능: 88, 평균 하 / 동작성 지능: 82, 평균 하

수검자의 지능 수준은 평균 하 수준으로 나타남. 지식 습득을 위해서 부단히 노력해 온 것으로 보이나, 과제가 복잡해지면 기능 수준이 급격히 저하될 것으로 여겨지는바, 좌절감을 느끼기 쉬웠을 것으로 생각됨. 그리고 주변 상황을 적절히 파악하지 못하고 자의적인 판단에 따라 행동할 가능성이 높겠음. 유기불안을 가지고 있는 수검자는 밀착된 관계 형성을 중요시하는 것으로 보이며, 특히 여자 친구와의 관계에 몰입해 있는 것으로 생각됨. 그러나 깊이 있는 관계를 맺기 힘들었을 것으로 보이는바 관계에서 상당한 스트레스를 받을 수 있겠음. 한편, 자신에 대한 기대가 높고 성취 욕구가 높아 보이나 기능 수준이 낮은 수검자는 이를 받아들이지 못하고 책임을 외부로 돌리는 것으로 보이는바, 문제를 해결하지 못한 채 의존적인 태도를 보이고 있는 것으로 여겨짐. 수검자는 평소 바람직한 생활을 해 왔던 것으로 보이나, 스트레스 상황에서는 기존의 바른 행동 및 사고 수준을 유지하지 못하고 극단적인 회피 행동을 보일 가능성이 높겠음. 또한 선택적인 기억의 손상을 호소하고 있는데, 이 역시 또 다른 회피 행동으로 보임.

○ 임상적 진단

심리평가 결과, 수검자는 다음과 같은 진단이 시사됨.

- Conversion Disorder, With mixed symptoms
- R/O Cluster B Personality Trait

4. 현학적이고 과시적인 언어 표현, 경직된 기준(남자/20세/대재)

📁 의뢰 사유

수검자는 '말을 안 한다', '서 있다가 갑자기 쓰러진다' 등을 주소로 내원하였으며, R/O Conversion Disorder, R/O Malingering 임상적 인상하에 성인종합심리평가가 의뢰되었다.

📁 행동관찰과 면담

수검자는 큰 키에 마른 체격이었다. 위생상태는 양호하였으나, 검사지나 바닥만 쳐다보는 경우가 많아서 눈맞춤은 거의 이루어지지 않았다. 검사 내내 허리를 펴고 바른 자세를 유지하고, 웃으면서 '네, 알겠습니다', '아니요, 그렇지 않습니다'라며 경직된 어투로 대답하면서 과도하게 예의를 차리고 있었으며, '즉, 저는 아무런 이상이 없다는 뜻입니다'와 같이 어색한 문어체를 사용하였다. 한편, 검사 중반에는 검사가 중단되자 갑자기 고개를 숙인 채 인상을 쓰고 왼쪽 손은 주먹을 꽉 쥐는 등 화를 내는 듯한 몸짓을 보였으며, 직후 실시한 HTP에서는 그림을 빨리 완성한 다음 10분 이상 끝내지 않고 있는 등 과도한 지연 행동을 보였다. 그러면서도 검사자가 수검자의 상태에 대해 질문하자 눈을 질끈 감고 입술에 힘을 주면서 '아무 이상 없습니다'라며 순진하게(naive) 불편감을 부인하였다. 내원 사유에 대해서는 '아무런 이상이 없으나 길을 가다가 갑작스럽게 쓰러졌는데, 그 당시의 기억은 나지 않는다'라고 말하였으며, 검사자의 구체적인 질문에 대해서도 '자세하게는 기억이 나지 않습니다'라며 당황스러워하였다.

📂 지능과 인지기능

한국 웩슬러 성인 지능검사(K-WAIS)			
지능	점수	백분율	수준
언어성 지능	106	65%ile	평균
동작성 지능	92	52%ile	평균
전체지능	100	27%ile	평균

수검자의 **전체지능은 100, 평균 수준**으로 나타났으며, 언어성 지능은 106, 평균 수준, 동작성 지능은 92, 평균 수준으로 나타나서, 두 지능 간의 차이는 유의미하지 않았다. 다만 소검사 간의 차이가 7점으로 크게 나타나고 있어서 상황에 따른 기능상의 차이가 클 것으로 예상된다.

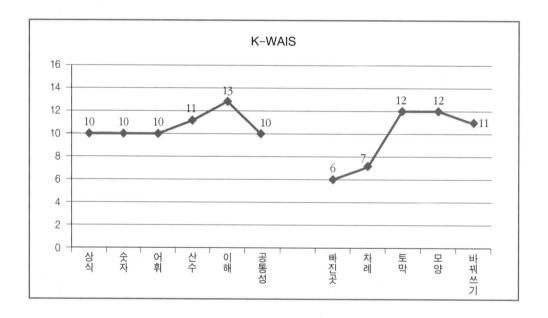

언어성 지능을 살펴보면, 사회적 상황에 대한 이해력이 평균 상 수준을 보이고, 기본 상식이 평균 수준으로 나타나고 있어서 전반적인 지식 습득 수준은 적절한 것 같다. 또한 사물의 유사성을 파악하는 능력과 어휘구사력이 평균 수준을 보이고 있어서 언어적인 개념에 대한 이해력도 적절하게 나타났다. 그리고 산술 능력과 순간적인 자극에 주의를 기울이는 능력이 평균 수준이어서 주의집중력도 적절해 보인다. 다만, '본보기-하나의 예로 말할 수 있는데, 즉 어느 한 사람이 솔선수범해서 보이면 따라 하는 것과 같다'라고 하듯이 예를 들어 가며 필요 이상으로 길고 자세하게 설명하고, '군계일학', '정신일도 하사불성', '언중유골' 같은 현학적인 말을 많이 사용하는 등 주로 자신의 언어적 능력을 과시함으로써 주변 사람들의 시선을 끄는 것 같다.

동작성 지능 영역에서는 시공간 구성 능력과 부분을 통해서 전체 상을 구성하는 능력이 평균 상 수준으로 나타나고 있어서 도구를 다루는 능력이 다소 높은 것 같다. 또한 시공간 운동 속도가 평균 수준을 보이고 있어서 민첩성도 적절한 수준이었다. 그러나 상황적 맥락을 파악하는 능력이 평균 하 수준, 시각적 예민성이 경계선 수준을 보이고 있어서 사회적 대처 능력은 부족한 것 같다.

지능검사 결과, 수검자는 언어 능력과 문제해결 능력이 양호하게 나타나고 있어서 전반적인 기능 수준이 연령 수준에 맞게 적절한 것 같다. 그러나 현학적이면서도 과시적인 언어 표현을 자주 구사하고 있어서 주변 사람들이 거부 반응을 일으키는 경우가 많을 것으로 생각된다. 또한 대면 상황에서 보이는 행동도 미숙할 것으로 여겨지는바 대인관계에서 어려움을 느낄 수 있겠다.

Rorschach 검사 결과, 스트레스 상황에서 주지화 방어기제('현재 이 그림은 대칭으로 되어 있으며 곤충의 한 종류로 생각이 됩니다')를 사용하고, 관습적 행동양식을 강조하면서(SCT: '내가 믿고 있는 능력은 착실히 하는 것이며 이런 습관은 인생의 성공에 있어서 큰 영향을 끼친다') 대처해 왔던 것으로 생각된다. 그러나 총 9개의 적은 반응 수를 보이고 있듯이 스트레스에 대처할 수 있는 심리적 자원이 상당히 부족하고 평범반응도 전혀 하지 못하고 있는 것을 보면, 정작 문제 상황에서는 기본적인 관습적 판단조차 하기 힘들 정도로 스트레스에 취약한 것 같다.

🗁 성격과 정서

수검자는 검사 전반에 걸쳐 자신의 사회적 바람직성(SCT: '내가 싫어하는 사람은 없으며, 사람을 봄에 있어서 고정관념과 선입견을 버려야 한다'), 도덕성(SCT: '내 생각에 참다운 친구는 공과 사를 분별하고 지속할 것을 지적하며 존중과 배려를 해 주는 존재라고 할 수 있겠다'), 성실성(SCT: '내가 보는 나의 앞날은 철저한 계획과 최선의 노력에 따라 그 여하가 달라지는 것이라고 생각한다' / HTP: 사람 그림 '생각-최선을 다해야 한다') 등을 지나치게 강조하면서 자신의 결점을 강하게 부인하고 있다(SCT: '나의 가장 큰 결점은 그때그때 고치고 다시 한 번 범하지 않도록 노력해야 할 것이다'). 이렇듯 실수를 허용하지 않고, 지나치게 이상적인 것을 추구하고 있는 것을 보면(MMPI: L=74T, K=69T), 경직된 기준을 통해서 타인을 평가하거나 비판할 가능성이 높아 보인다.

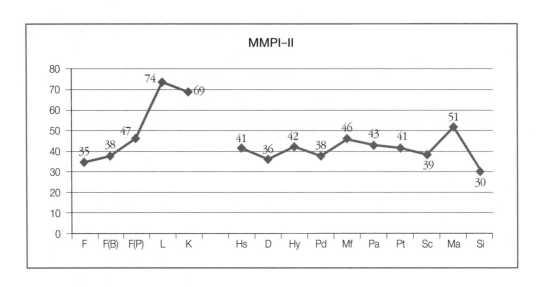

한편, 도덕성과 사회적 바람직성을 강조하고 있는 수검자는 Rorschach에서 '곤충의 한 종류가 보입니다', '곤충의 눈이 먼저 보였기 때문입니다'라고 하듯이 지엽적인 내용을 토대로 반응하고 있어서 주의 및 사고의 폭이 상당히 좁아 보인다. 또한 Rorschach 색채카드에서 반응에 실패하듯이, 정서적 자원이 부족해서 주변 사람들과 정서적인 교류를 하지 못한 채 자기 자신에게만 몰입해 있을 가능성이 높겠다. 게다가 대처 능력도 상당히 부족해 보이는바(Rorschach: CDI=4), 불편감이 느껴지는 상황에서는 수동공격적인 행동을 보일 것으로 생각된다(검사가 잠시 중단되자 갑자기 인상을 쓰고 주먹을 쥐는 등 화내는 듯한 몸짓을 보이고, 직후 실시한 검사에서 빨리 완성된 그림을 10분 이상 지속함).

수검자는 SCT에서 '때때로 두려운 생각이 나를 휩싸일 때가 없으며 그런 것은 충만한 자신감으로 극복해 낼 수 있다는 것이다'라고 하듯이 부정적인 감정을 통제할 수 있다고 표현하고 있으나, 실제로는 적절히 대처하지 못하고 더 고통감을 느꼈을 것으로 보인다. 이러한 수검자는 문제 상황에서 부인(SCT: 부정적인 문항에 모두 '없다'라고 함)과 주지화(SCT에서 '남자에 대해 무엇보다도 좋지 않게 생각하는 것은 없으며 사람을 볼 때 있어서 고정관념, 선입견이 없어야 한다') 방어기제를 통해서 대처해 왔던 것으로 생각되나, 스트레스가 가중되는 상황에서는 문제를 직면하지 못한 채 극단적인 신체 증상을 통해서 자신의 불편감을 드러내고 있는 것으로 여겨진다(면담: '갑자기 길을 걸어가다가 쓰러지는 일이 많다').

📂 요약과 제언

○ 요약

전체지능: 100, 평균 / 언어성 지능: 106, 평균 / 동작성 지능: 92, 평균

수검자의 지능 수준은 평균 수준으로 나타남. 전반적인 기능 수준은 양호해 보이지만, 현학적이면서도 과시적인 언어 표현을 구사하고 있어서 주변 사람들에게 거부 반응을 일으키는 경우가 많을 것으로 생각됨. 또한 대면 상황에서의 행동도 미숙할 것으로 여겨지는바, 대인관계에서 어려움을 느낄 수 있겠음. 사회적 바람직성, 도덕성, 성실성 등을 지나치게 강조하면서 자신의 결점을 강하게 부인하고 있어서, 경직된 기준을 통해서 타인을 평가하거나 판단할 가능성이 높아 보임. 게다가 대처 능력이 상당히 부족한 것으로 여겨지는바, 불편감이 느껴지는 상황에서 수동공격적인 행동을 보일 수 있음. 수검자는 문제 상황에서 부인과 주지화 방어기제를 통해서 대처해 왔던 것으로 생각되나, 스트레스가 가중되는 상황에서는 문제를 직면하지 못한 채 극단적인 신체 증상을 통해서 자신의 불편감을 드러내고 있는 것으로 여겨짐.

○ 임상적 진단

심리평가 결과, 수검자는 다음과 같은 진단이 시사됨.

- Conversion Disorder

30 신경성 식욕부진증(Anorexia Nervosa)

1. 전형적인 사례, 예의 바름, 높은 통제 욕구, 섭식 증상에 대한 미숙함(여자/34세/고졸)*

📂 **의뢰 사유**

현재 체중 32kg인 수검자는 '반복되는 폭식과 구토', '충동적인 행동' 등을 주소로 입원 중이며, R/O Anorexia Nervosa 임상적 인상하에 성인종합심리평가가 의뢰되었다.

📂 **행동관찰과 면담**

수검자는 작은 키에 얼굴의 턱뼈가 튀어나올 정도로 마른 몸매였다. 얼굴은 작았으며, 볼에 살이 없어서 눈이 도드라져 보였고, 입술은 보라색이어서 안색이 안 좋아 보였다. 긴 머리를 하나로 묶고 있었고 머리에는 비듬이 많았으며, 몸에도 각질이 많이 일어나 있어서 위생 및 건강 상태가 불량해 보였다. 그러나 검사자와의 눈맞춤은 적절하게 이루어졌고 지시가 끝날 때마다 대답을 하는 등 예의 바른 모습을 보였다. 다만, 문제의 난이도가 높아질수록 '어렵다. 설명을 잘 못하겠네', '잘 못 들었어요. 한 번만 다시 불러 주세요'라고 하며 도움을 구하는 행동을 많이 보였고, 답을 하나로 결정하지 못하고 번복하는 경우가 많았다. 그러면서 자극 책자를 본인이 넘기고, 쉬운 문제에서는 질문을 다 듣기 전에 대답을 하려고 하거나, 설명이 다 끝나기도 전에 과제를 수행하려고 하는 등 성급한 모습도 나타났다. 그리고 후반부로 갈수록 집중을 하지 못하고 '힘들어서 못 하겠어요', '이거 하다가 오래 앉아 있어서 다리 부었어요', '제가 뼈밖에 없어서 오래 앉아 있으면 엉덩이가 아파요. 쉬었다가 해요'라고 하며 순진하게(naive) 힘든 내색을 하였다. 내원 사유에 대해서는 '폭식도 하고 거식증 증상이 있어서 먹으면 토해요. 그래서 영양도 부족하고 그래서 칼륨도 부족하고 무기질도 부족해서 왔어요.

---

* K-WAIS-IV를 사용한 보고서는 이하 *표 처리함.

원래 28kg였는데 31~32kg 됐어요'라고 하듯이 구체적으로 하나하나 설명하듯이 자신의 증상을 말하였다.

📂 지능과 인지기능

한국 웩슬러 성인 지능검사 4판(K-WAIS-Ⅳ)			
영역	지능	백분율	수준
언어이해	76	5%ile	경계선
지각추론	**80**	9%ile	**평균 하**
작업기억	**84**	4%ile	**평균 하**
처리속도	**72**	3%ile	**경계선**
전체지능	71	3%ile	경계선
일반능력	74	4%ile	경계선

※ 단일 점수로서 대표성을 가지는 지능지수는 진하게 표시함.

수검자의 **전체지능은 71, 경계선 수준**으로 같은 연령대에서 하위 3% 정도 수준이었다. 언어이해는 76, 경계선 수준, 지각추론은 80, 평균 하 수준, 작업기억은 84, 평균 하 수준, 처리속도는 72, 경계선 수준을 보이고 있었다. 지능 영역 간의 차이는 유의미하지 않았으나(기준 23점 차이), 언어이해 영역 소검사 간 차이가 5점으로 크게 나타나고 있어서(기준 5점 차이) 전 영역을 고려한 '전체지능'과 언어이해와 지각추론을 고려하여 산출된 '일반능력(74, 경계선 수준)' 모두 수검자의 기능을 온전히 대표한다고 보기 어렵기 때문에 각 지표가 나타내는 기능 수준을 개별적으로 파악하는 것이 더 중요해 보인다.

언어이해 영역에서는 사물의 유사성을 파악하는 능력과 사회적 상황에 대한 이해력이 평균 하 수준으로 나타나서 경험을 통해 지식을 습득하는 능력은 비교적 무난한 것으로 생각된다. 그러나 기본적인 상식과 어휘구사력이 각각 경계선, 정신지체 수준이어서('옷-햇빛을 빨아들이는 뭔가가 있기 때문에', '주저하다-고민하다') 학업 수준은 낮은 것 같다. 전반적인 반응 양상을 살펴보면, 질문과 관련된 내용의 대답을 하면서도 틀리거나('배추-우리가 먹을 수 있는 것, 식용', '소비하다-무엇을 쓰는 것') 정답을 밀하지 못하면서 핑계를 대는 경우가 많았는데('선-생각이 안 나. 대륙선, 아, 뭐라고 하는데, 생각이 안 난다'), 이는 낮은 기능 수준을 드러내고 싶지 않은 수검자의 성향과 관련이 있어 보인다.

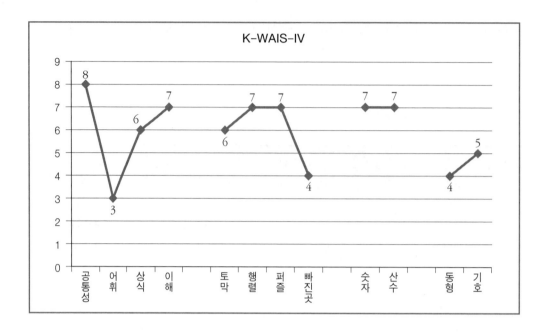

지각추론 영역에서는 전체를 고려해 핵심을 파악하는 능력과 자극 간의 관련성을 찾아내는 능력이 평균 하 수준으로 나타나서 추론 능력은 비교적 평이한 것으로 생각되지만, 시공간 구성 능력이 정신지체 수준이어서 실제 문제 상황에서는 대처 능력이 부족할 수 있겠다. 게다가 시각적 예민성이 정신지체 수준으로 나타나서 주변 환경 변화를 인식하는 능력도 매우 낮은 것으로 여겨지며, 상황적인 면은 고려하지 못한 채 자의적인 행동을 보이는 경우가 많을 것 같다.

작업기억 영역에서는 간단한 자극에 주의를 기울이는 능력과 수계산 능력이 평균 하 수준으로 나타나서 주의집중력은 비교적 무난해 보인다.

처리속도 영역에서는 시공간 운동 속도와 빠른 시간 안에 논리적인 판단을 하는 능력이 각각 경계선, 정신지체 수준으로 나타나서 민첩성이 매우 부족한 것으로 생각된다.

지능검사 결과, 수검자는 경험적인 지식을 습득하는 능력과 추론 능력이 상대적으로 높긴 하지만 다른 모든 소검사가 경계선, 정신지체 수준으로 나타나서 전반적인 기능 수준은 낮은 것으로 생각된다. 그리고 문제와 관련은 있지만 정답을 말하지는 못하고 핑계를 대는 경우가 많았고, 발화량은 많으나 실제 의사소통 능력은 부족해서 부적절감을 느끼기 쉬운 것 같다. 게다가 주변 환경에 둔감하고 기민함도 부족해서 즉각적인 대응이 필요한 상황에서 적응의 어려움을 느낄 수 있겠다.

Rorschach 검사 결과, 수검자는 총 12개의 적은 반응 수를 보이고 있어서, 스트레스에 대처할 심리적 자원이 매우 부족한 것으로 생각된다. 게다가 문제가 없는 일상생활에서도 주변 자극을 부정확하게 인식할 가능성이 높고(XA%=0.58, WDA%=0.63), 왜곡된 운동반응을 많이 보이고 있어서(M-=3), 타인이 이해하기 힘든 행동을 하기가 쉬워 보인다. 또한 사고가 피상적인(W:D:Dd=9:2:1) 수검자는 보속반응도 2개나 보이고 있어서, 상황에 맞게 대응 행동을 변화시키지 못하고 자신만의 방식을 고수할 가능성이 높아 보이는바, 문제 해결을 더욱 어렵게 할 수 있겠다(X-%=0.42).

📂 성격과 정서

ASI-3 (불안민감)	APPQ (공황)	MDQ (조증)	HCL-32 (경조증)	PHQ-9 (우울)	STAI-Trait (특성불안)
4	7	9	14	2	40
39T	37T	(cut off: 7)	(cut off: 14)	(cut off: 9)	42T

※ 역치 이상의 척도는 진하게 표시함.

수검자는 어머니와의 관계에 대해서 긍정적으로 언급하고 있었다(SCT: '어머니와 나는 서로를 많이 걱정해 주고 기도해 주고 아껴 주고 챙겨 준다', '나는 어머니를 좋아했지만 지금도 어머니를 사랑하고 존경한다'). 그러나 그 나이를 고려했을 때, 현재 수검자는 어머니와 과도하게 밀착되어 있는 것으로 생각된다(SCT: '언젠가 나는 살이 좀 붙어서 당당하게 사람들과 만나고 사회생활도 잘해서 엄마를 기쁘게 해 드릴 것이다', '나의 야망은 결혼도 하고 아기도 낳아서 행복하게 사는 것, 엄마가 보시기에 흡족한 딸이 되는 것이다'). 그러면서 어머니에 대한 불만도 언급하고 있어서(SCT: '나의 어머니는 외적으로 볼 때 다정다감하지는 않으시지만 실상 속으로 깊으시고 마음이 넓으신 분이십니다'), 오랜 기간 어머니에게 양가감정을 느끼면서도 불만을 해소하지 못한 채 억압하며 지내 왔던 것 같다(HTP: 사람 그림에서 단추를 일렬로 그림). 이러한 수검자는 평상시에는 사회 통념상 바르고 규칙에 맞는 행동을 해 왔을 것으로 생각되나(SCT: '우리 윗사람들은 우리에게 윗사람들에게 인사하는 것, 예의범절을 가르쳐 주셨다', "윗 사람이 오는 것을 보면 '안녕하십니까'라고 깍듯이 인사한다. 180도 배꼽인사" / HTP: 사람 그림 '필요-사랑과 격려'), 사고가 미숙하고(Rorschach: A=7) 스트레스 대응 능력이 부족해서(Rorschach: R=12) 음식을 거부하는 극단적인 형태의 퇴행된 모습을 보이고 있는 것 같다(Rorschach: '쌍둥이 아기').

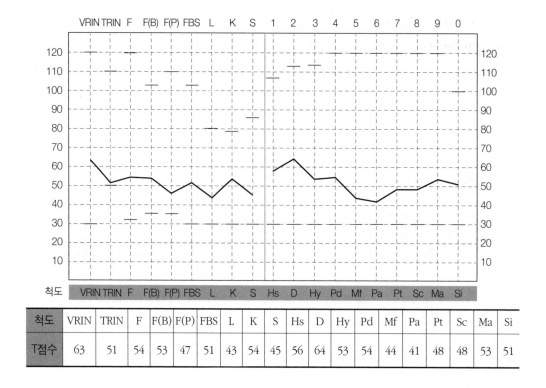

척도	VRIN	TRIN	F	F(B)	F(P)	FBS	L	K	S	Hs	D	Hy	Pd	Mf	Pa	Pt	Sc	Ma	Si
T점수	63	51	54	53	47	51	43	54	45	56	64	53	54	44	41	48	48	53	51

　　수검자는 지능검사에서 나타나듯이 인지기능이 낮지만(경계선 수준의 지능 수준), 자신에 대한 기대감을 표현하면서(HTP: 나무 그림 '더 무성하고 풍성하게 자랄 거 같아요. 열매도 많이 맺고' / SCT: '나의 장래는 메이크업 아티스트가 되는 것이 꿈입니다. 아님 영양사가 되고 싶습니다'), 부정적인 모습에 대한 언급을 회피하고 있어서(HTP: 대부분의 질문에서 길고 장황하게 긍정적인 언급만 함 / SCT: '어렸을 때 잘못했다고 느끼는 것은'이라는 문항을 비워 둔 이유에 대해서 '크게 없는 거 같아서 안 썼어요'라고 함), 실제 낮은 기능이 드러나는 상황에서는 강도 높은 불편감을 느낄 수 있겠다. 자존심이 강해 보이나(HTP: 나무 그림에서 지면의 반 이상을 차지할 정도로 기둥을 매우 두껍게 그림) 한편으로는 겉으로 드러나는 모습과는 상반되게 자신감이 낮아 보이는바(HTP: 나무 그림 '필요-뿌리'), 타인의 시선에 민감하게 반응하며 거리감을 유지한 채 지내고 있는 것 같다(HTP: 집 그림에서 울타리를 그리며 '아무도 침해할 수 없는 우리만의 공간이에요'라고 함, 사람 그림에서 눈을 강조해서 그림).

　　자아상이 매우 과대해 보이는(HTP: 나무 그림에서 지면을 꽉 채울 정도로 크게 그리며 '우리 집 정원에 있는 나무인데요. 신개발돼서 사과, 자두, 귤, 방울토마토가 날 수 있는 그런 나무예요'라고 함) 수검자는 SCT에서 지면을 꽉 채워서 문장을 작성했고, MDQ와 HCL-32에서도 높은 점수를 얻고 있어서 에너지 수준이 상당히 상승해 있는 듯 보인다. 게다가 정서적 충동성이 높고(Rorschach: FC:CF+C=1:3 / SCT: '무엇보다도 좋지 않게 여기는 것은 생활이 모두 짜증스럽고 그냥 마구 화가 날 때'), 성적인 반응도 많이 보이고 있어서(HTP: 남자 그림 '제 남자 친구요', '필요-아기' / Rorschach: '사랑하는 사람이 손잡고 있는 모습', '입맞춤', '아기가 태어나는 모습' / TAT: '남편하고 저하고 같이 뽀뽀하는 모습을 사진 찍는 거 같아요'), 원초적 욕구를 억제하는 것에도 어려움이 있는 것 같다. 그러나 이렇듯 고양된 정서상태뿐 아니라 우울감(MMPI: D=64T)과 무기력감도 느끼고 있어서(Rorschach: m=2), 현재 수검자의 정서는 상당히 불안정해 보이는바 이에 대한 주의 관찰도 필요해 보인다.

🗁 요약과 제언

○ 요약

전체지능	71	경계선	일반능력	74	경계선
언어이해	76	경계선	지각추론	80	평균 하
작업기억	84	평균 하	처리속도	72	경계선

수검자의 지능 수준은 경계선 수준으로 나타나서 전반적인 기능 수준은 낮은 것으로 생각됨. 낮은 기능 수준이 드러나는 상황에 민감하여 타인을 경계하며 거리감을 두는 등 부적절하게 행동할 가능성이 높고, 빠른 대응이 필요한 상황에서도 적응에 어려움을 느낄 것으로 보임. 타인이 이해할 수 없는 행동을 하기가 쉽고, 자신만의 방식을 고수할 가능성이 높아서 문제 해결을 어렵게 할 것으로 생각됨. 모에게 양가감정을 느끼고 있으나, 불만을 억압하며 오랜 기간 지내 온 것으로 보임. 평상시에는 바르게 행동할 것으로 보이지만, 스트레스 상황에서는 급격히 퇴행된 모습을 나타낼 수 있으며, 심리적 불편감을 거식증과 같은 증상으로 표출하고 있는 것으로 여겨짐. 한편, 검사상 고양된 정서상태 및 우울감이 동시에 나타나고 있어서 정서상태가 불안정해 보임.

○ 임상적 진단
심리평가 결과, 수검자는 다음과 같은 진단이 시사됨.
- Anorexia Nervosa
- R/O Bipolar II Disorder, Current or most recent episode hypomanic
- Borderline Intellectual Functioning

2. 보호자와의 불일치, 과도한 성취 욕구 (여자/16세/고1)

※ 1권의 주요 대상인 성인은 아니지만 2권(아동·청소년 정신장애)에 해당 장애가 포함되지 않아 1권에 포함시킴.

🗁 의뢰 사유

여고생인 수검자는 '잦은 구토'를 주소로 내원하였다. 1년 전 다이어트를 시작하면서(3개월 동안 8kg 감소) 고의로 구토를 유발하기 시작한 이후 구토가 지속되어 현재는 적은 양의 식사 후에도 유발 자극 없이 자연적으로 구토가 나온다고 한다. 이에 수검자의 전반적인 심리상태에 대한 평가 및 치료적 개입을 위해 청소년종합심리평가가 의뢰되었다.

* 현재 체중: 40kg

🗁 행동관찰과 면담

다소 작은 키, 마른 체구의 수검자는 청바지에 갈색 후드 티셔츠를 입은 캐주얼한 옷차림으로 모와 함께 내원하였다. 얼굴에는 백납 현상이 있었지만 위생상태는 양호하였으며, 검사자와의 눈맞춤도 적절히 이루어졌다. 웃는 경우가 많았지만 상황과는 그다지 관련이 없고 과도하게 웃음을 만들어 내는 듯하였으며, 말투나 표정은 연령에 비해 다소 어려 보였다. 검사에는 협조적이었으며, 단기적인 집중력은 높아 보였으나, 문제가 복잡해지면 진지하게 고민하려 하지 않고 간단하게 끝내려 하거나 알아듣기 힘들 정도로 목소리가 작아지는 경향이 있었다. 내원 사유에 대해서 '자꾸 토해서……'라고 하였으며, 다이어트를 시작해서부터 지금까지 자신의 생활에 대해 구체적으로 설명하였다. 수검자는 '살 안 빼는 게 나을 뻔했다…… 자꾸 구토하니까'라고 하면서도 현재 몸무게에 대해서는 만족감을 표현하였으며, 식사량에 대해서는 '조금 먹긴 하지만 세 끼 다 먹는다'라고 하였으나, 부모 보고에 의하면 하루 한 끼도 제대로 먹지 않는다고 하였고, 본인은 친구들과 잘 지낸다고 하였으나, 부모 보고에서는 친구들을 비난하며 잘 지내지 못하는 것 같다고 하는 등 불일치하는 면이 있었다.

📁 지능과 인지기능

한국 웩슬러 성인 지능검사(K-WAIS)			
지능	점수	백분율	수준
언어성 지능	111	76%ile	평균 상
동작성 지능	113	82%ile	평균 상
전체지능	113	81%ile	평균 상

　K-WAIS를 통해 측정한 현재 수검자의 **전체지능은 113, 평균 상 수준**으로 다소 높게 나타났으며, 언어성 지능은 111, 평균 상, 동작성 지능도 113, 평균 상 수준으로 두 지능 간의 차이는 크게 나타나지 않았다.

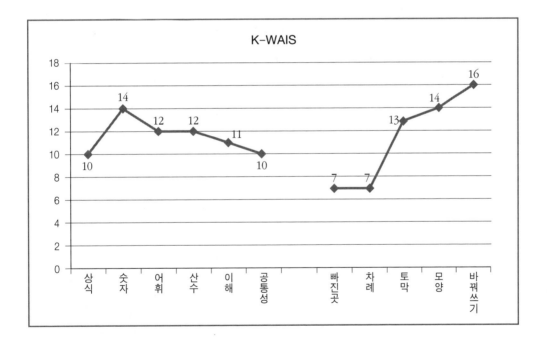

　언어성 지능을 살펴보면, 수검자는 단기간 집중력을 요하는 숫자 소검사에서 우수 수준의 가장 높은 점수를 얻었다. 그 밖에 어휘 및 산수 소검사에서 평균 상 수준의 수행을 보이고 있어 학업성취 수준도 높을 것으로 예상되며, 기본적인 상식 수준, 사회적 상황에 대한 이해력, 고차원적인 언어적 개념 형성 능력 등은 평균 수준이어서 전반적인 언어적 대처 능력도 준수한 상태로 생각된다.

　동작성 지능 영역에서도 단기간 집중력이 필요한 가장 단순한 과제인 바꿔쓰기에서 최우수 수준의 수행을 보이고 있어 문제 해결에 대한 의지가 매우 높아 보인다. 그리고 토막짜기, 모양맞추기 등 문제해결 능력과 관련된 소검사에서도 평균 상-우수 수준의 수행을 보이고 있어 지적 잠재력도 우수한 것으로 생각된다. 그러나 시각적 예민성이나 상황적 맥락을 파악하는 능력은 평균 하 수준으로 상대적으로 매우 낮게 나타나고 있어서 사회적 대처 능력이 부족해 보이는바, 또래 관계를 비롯한 전반적인 대인관계에서 갈등을 겪을 가능성이 높아 보인다.

지능검사 결과, 수검자는 평균 상 수준의 다소 높은 지적 능력을 가지고 있는 것으로 보인다. 지금도 학업적 성취 수준은 높을 것으로 예상되나, 지능검사에서 가장 간단한 숫자, 바꿔쓰기 등의 소검사에서 가장 높은 점수를 보인 것을 고려하면 평가 상황에 과도하게 민감하여 필요 이상의 에너지를 쏟아내고 있을 가능성이 있겠다. 반면, 사회적 상황에서의 민감성이나 맥락 파악 능력은 상대적으로 부족해 보이는바, 대인관계 상황에서 자신의 높은 기대와는 다른 부정적 피드백을 받게 되는 상황이 자주 있을 수 있겠다.

Rorschach 검사 결과, 수검자는 전체 15개 반응 중에서 12개를 단순한 형태반응으로 할 정도로 사고가 매우 단순화되어 있어 문제 해결 상황에서 매우 경직된 판단을 하게 될 가능성이 높아 보인다. 평범반응은 4개로 관습적 지각에 큰 어려움은 없을 것으로 여겨지나, 특이한 형태반응의 비율이 높고(Xu%=0.48) 주변 상황을 스스로 통제하려는 경향이 강해(Zd=3.0) 관습적인 행동양식을 따르기보다는 자의적인 판단에 의해 행동할 가능성이 높아 보인다.

🗂 성격과 정서

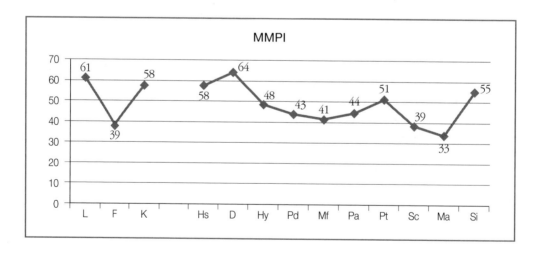

수검자는 MMPI에서 L-K 척도가 다소 상승해 있으며, HTP 여자 그림에서 '소원-예뻐지는 거'라고 하듯이 겉으로 보이는 자신의 모습을 중시하여 타인에게 긍정적인 모습을 보이고자

애쓰고 있을 것으로 생각된다. 그러나 이러한 의도가 세련되게 표현되지 못하고 주변 사람들에게 부담을 줄 정도로 섬세함은 부족해 보인다. 특히 L척도의 상승은 도덕적 경직됨과 관련이 있어 보이는바, 자신뿐만 아니라 타인에게도 높은 도덕성을 요구함으로써 서로 간의 관계를 불편하게 만들 수 있겠다(SCT: '대부분의 아이들은 예의가 없다', '내가 가장 좋아하는 사람은 예의가 바르고 유쾌한 사람이다', '내가 가장 싫어하는 사람은 예의 없고 무지한 사람이다').

이러한 수검자는 HTP 여자 그림에서 '가장 행복한 때-사람들이랑 어울려 놀 때', '가장 불행한 때-혼자 있을 때', SCT에서 '내가 가장 행복한 때는 친구들이랑 웃고 떠들 때이다', '나는 친구가 좋다' 등의 반응을 보이듯 또래와의 관계나 친밀감을 매우 중요시하는 듯 보인다. 그러나 정서적 대처 능력이 매우 부족한(Rorschach: WSumC=0) 수검자는 대인관계에 대한 태도를 나타내는 Rorschach 카드에서 '치타 얼굴'이라고 동물반응을 하거나, 친밀감이나 안정감을 느낄 수 있는 Rorschach 카드들에서 아예 반응을 하지 못하고 있었다. 따라서 검사 시 수검자가 표현하는 것과는 달리 실제 깊이 있는 관계를 형성하는 데 어려움이 있을 것으로 생각되며, 관계 속에서의 스트레스도 큰 것으로 여겨지는바(SCT: '여자애들은 뒤에서 남의 욕을 잘한다', '나를 가장 화나게 하는 것은 누가 나를 멋대로 하려는 것'), 주변 인물들에 대한 불만족감이나 분노감도 상당한 것 같다(Rorschach: S=3).

이러한 수검자는 HTP 나무 그림에서 '200년 된 커다란 나무'라고 하듯이 과장된 자아상을 가지고 있는 것으로 보이나, SCT에서 '내가 가장 무서워하는 것은 혼자 있을 때가 제일 무섭다'라고 하듯이 실제 행동상으로는 의존적인 면이 강하며, 스트레스 상황에는 매우 취약해져 있는 것 같다(Rorschach '악마…… 무섭게 생겼다…… 오로라가 뿜어져 나온다'). 게다가 MMPI에서 2번 척도가 경도의 상승을 보이고 9번 척도가 낮게 나타나는 등 전형적인 우울증 양상을 보이고 있는데, 정서적인 불편감보다는 무기력하고 의욕이 없는 것이 더욱 두드러진 상태로 생각된다(Rorschach: m=2 / SCT: '나는 때때로 아무것도 하기 싫을 때가 있다', '내가 제일 걱정하는 것은 뚜렷한 장래희망이 없다는 것이다').

🗁 요약과 제언

○ 요약

전체지능: 113, 평균 상 / 언어성 지능: 111, 평균 상 / 동작성 지능: 113, 평균 상

수검자는 평균 상 수준의 높은 지적 능력을 가지고 있어 학업 수행에는 별다른 어려움이 없을 것으로 예상되나, 높은 애정 욕구를 바탕으로 평가 상황에서는 필요 이상으로 과도한 에너지를 쏟아붓는 반면, 사회적 상황에서의 판단력이나 대처 수준은 상대적으로 미흡한 것으

로 여겨짐. 내면적으로 친밀감이나 안정감을 느끼지 못하고 있는 상황에서 대인관계에 대한 욕구가 높은 편이나, 높은 도덕적 경직성은 또래 관계를 불편하게 하기 쉬우며 정서적 자원이 부족해 감정적 교류를 통한 깊이 있는 관계를 맺기 어려워 보임. 게다가 수검자는 내면의 우울감도 크게 경험하고 있는 것으로 보이나, 가정 내에서조차 충분한 지지나 안정적인 느낌은 경험하지 못해 온 것으로 여겨지는바, 외모에 집착하고 섭식 행동을 통해 주변을 통제하는 등의 모습을 보이고 있는 것으로 생각됨.

○ 임상적 진단

심리평가 결과, 수검자는 다음과 같은 진단이 시사됨. 추후 지속적인 체중 감소, 그리고 이와 관련된 심리적 불편감이 예상되는바, 안정적인 지지 체계와 행동 방식에 대한 조정을 위해 집중적인 상담치료가 필요할 것으로 생각됨.

- Anorexia Nervosa, Binge-eating/Purging type

신경성 폭식증(Bulimia Nervosa)

1. 체중과 외모에 대한 집착, 경직된 사고와 부족한 정서적 자원(여자/24세/대재)

의뢰 사유

수검자는 '몸이 뚱뚱하다는 생각이 든다', '다이어트에 집착한다', '폭식을 하고 식욕을 억제하지 못한다' 등을 주소로 내원하였으며, Major Depressive Disorder, Bulimia Nervosa 임상적 인상하에 성인종합심리평가가 의뢰되었다.

행동관찰과 면담

수검자는 보통 키, 통통한 체형의 20대 중반 여성으로 모와 함께 내원하였다. 안경을 쓴 수검자는 모자를 눌러쓰고 멍한 표정으로 앉아 있어 눈맞춤은 거의 되지 않았으며, 추리닝 차림으로 위생상태는 양호한 편이었다. 별다른 특이 행동 없이 검사에 협조적이었고 수행 수준도 전반적으로 높은 편이었으나, 시종 거의 울 것 같은 표정으로 있었다. 내원 사유에 대해서는 '폭식, 구토를 2년 정도 했다'라고 하였으며, 그 내용에 대해서도 구체적으로 언급하였다.

지능과 인지기능

한국 웩슬러 성인 지능검사(K-WAIS)			
지능	점수	백분율	수준
언어성 지능	113	83%ile	평균 상
동작성 지능	103	59%ile	평균
전체지능	111	76%ile	평균 상

　　수검자의 **전체지능은** 111, **평균 상 수준**으로 나타났으며, 언어성 지능은 113, 평균 상 수준, 동작성 지능은 103, 평균 수준으로 두 지능 간의 차이는 크게 나타나지 않았다. 그러나 소검사 간의 차이가 9점으로 크게 나타나고 있어 상황에 따른 기능상의 차이가 클 것으로 예상된다.

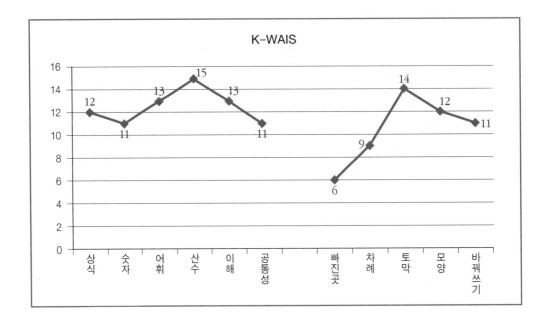

　　언어성 지능을 살펴보면, 수계산 능력이 우수 수준으로 매우 높게 나타나 숫자와 같은 기호를 다루는 능력이 뛰어나 보인다. 그러나 단순한 자극에 대한 주의력은 평균 수준에 그치고 있어 오히려 단순하고 지루한 과제에는 그다지 주의집중을 잘 하지 못하는 것 같다. 기본적인 상식 수준과 사회적 상황에 대한 이해력은 평균 상 수준을 보이고 있어 전반적인 지식 습득 수준도 높은 편이었다. 그리고 어휘구사력은 평균 상 수준, 사물의 유사성을 파악하는 능력은 평균 수준으로 언어 개념에 대한 이해 수준도 양호한 것으로 나타났다.

　　동작성 지능 영역에서는 시공간 구성 능력이 우수 수준으로 나타나 기본적인 문제해결 능력이 뛰어나고 지적 잠재력도 현재 측정된 지능 수준보다는 높을 것으로 추정된다. 부분을 통해 전체 상을 구성하는 능력이 평균 상 수준이어서 응용 및 추론 능력도 높은 편이었다. 그리고 시공간 운동 속도도 평균 수준으로 평이한 수준의 민첩성을 보였다. 상황적 맥락을 파악하는 능력이 평균 수준으로 사회적 상황에서의 판단력은 양호해 보이나, 시각적 예민성은 경계선 수준으로 나타나 주변의 사소한 환경 변화나 감정의 미묘한 차이를 인식하지 못해 자의적인 판단에 따라 상황에 맞지 않는 다소 엉뚱한 행동을 하게 될 가능성도 있어 보인다.

지능검사 결과, 매우 높은 지적 잠재력을 가지고 있는 것으로 보이며, 특히 숫자, 도형 등 기호나 상징을 통한 문제해결 능력이 뛰어나 보인다. 이렇듯 높은 지적 능력을 가지고 있음에도 불구하고 동기 수준이나 주의집중 능력은 평이한 수준에 그치고 있으며, 이는 현재의 우울한 정서상태와도 관련이 있어 보인다. 그리고 사회적 상황에 둔감하여 적절한 대응책을 구상하지 못한 채 자의적인 판단에 따라 행동함으로써 상황에 맞지 않는 부적절한 대처를 하는 경우가 종종 있을 것으로 예상된다.

Rorschach 검사 결과, 조직화 점수가 높게 나타나(Zd=6.0) 주변 환경을 스스로 통제하고자 하는 욕구가 매우 높아 보인다. 그러나 전체 반응은 12개에 불과하고 평범반응도 3개에 그쳤으며, 전반적인 형태질도 왜곡되거나(X-%=0.38) 특이한 경우가 많아(Xu%=0.45) 스트레스 상황에서 문제해결 능력이 매우 부족하고 대처 행동도 부적절한 경우가 많을 것으로 여겨진다. 인간운동반응을 4개나 보이고 있어 이성과 논리에 따른 생각을 하고자 부단히 노력하고 있는 것으로 보이나, 오히려 이러한 지나친 노력으로 인해 그다지 필요하지 않은 세부적이고 지엽적인 내용에 집착하는 모습을 보일 수도 있겠다(Dd=3).

📂 성격과 정서

ASI-R (불안민감)	BDI (우울)	MDQ (조증)	HCL-32 (경조증)	BAI (불안)	STAI-Trait (특성불안)
71	47	8	19	35	77
75T	99T	(cutoff: 7)	(cutoff: 12)	77T	81T

※ 역치 이상의 척도는 진하게 표시함.

수검자는 MMPI에서 2-0번 척도가 높게 상승해 있고 9번 척도가 가장 낮게 나타나는 전형적인 우울증 양상을 보였고, 그 고통감의 정도도 매우 심해 보인다. Rorschach에서 색채반응뿐 아니라 무채색반응도 전혀 하지 못하는 등 정서적 자원이 매우 부족해 보이는바, MMPI에서 시사되는 고통감을 언어화시켜 주변 사람들에게 전달하는 데 어려움이 컸을 것으로 여겨진다. 그러나 TAT에서 '창문 열고 뛰어내린다', '지구가 멸망해서 생명체는 전혀 없고 영혼만 떠돌아다닌다', SCT에서 '내가 제일 좋아하는 사람은 없다', '내가 믿고 있는 내 능력은 모르겠다', '나의 장래는 나도 잘 모르겠다', '내가 잊고 싶은 두려움은 혼자가 되는 것이다' 등의 반응은 자살사고를 비롯하여 절망감, 무망감, 자존감 저하, 외로움 등을 시사하는바, 우울감이 매우 심해 보인다.

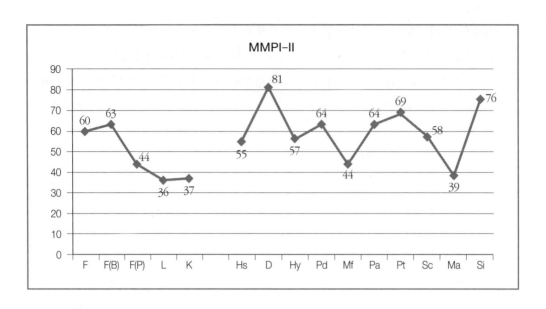

수검자는 여성의 외모에 대한 남성의 차별적 시선에 대한 불만을 반복해서 표현하고 있었다(TAT: '남녀가 사랑하는 사이라서 성관계를 했는데 남자가 그걸 후회하고 있다', '여자는 남자를 엄청 사랑하는데 남자는 여자를 사랑하지 않는다' / SCT: '남자에 대해서 무엇보다도 좋지 않게 생각하는 것은 외모에 따라 태도가 달라지는 것이다', '내 생각에 남자들이란 예쁜 여자를 좋아한다'). 게다가 부모조차도 자신에 대해서 매우 평가적이고 강압적이며 비지지적이었던 것으로 보고하고 있어(TAT: '엄마가 딸에게 '너도 나처럼 늙을 거야'라고 하면서 싱긋 웃고 있다', '부모는 바이올린을 시키려고 하는데 애는 별로 하고 싶지 않아서 고통스러운 상황' / SCT: '우리 가족이 나에 대해서 아무것도 모른다', '어머니와 나는 대화가 안 통한다', '생생한 어린 시절의 기억은 아버지에게 뺨을 맞은 것이다') 주변에서 받고 있는 부정적 평가의 원인이라고 여겨지는 체중과 외모에만 과도하게 집착하며 지내 온 것으로 여겨진다(SCT: '나만의 두려움은 살찌는 것이다', '어리석게도 내가 두려워하는 것은 살찌는 것이다', '내가 늘 원하기는 걱정이 될 만큼 마른 몸을 갖는 것이다', '나의 평생 가장 하고 싶은 일은 날씬한 몸으로 사는 것이다', '내가 정말 행복할 수 있으려면 날씬해져야 한다', '내가 싫어하는 사람은 내 외모에 대해서 말하는 사람이다' / HTP: 여자 그림 '가장 행복한 때-예뻐 보일 때', '가장 불행한 때-안 예뻐 보일 때' / TAT: '엄청 예쁜 여자가 달려가는 걸 궁금해서 쳐다보는 거').

수검자는 HTP 나무 그림에서 '엄청 크고 오래된 나무'라고 하듯이 자신에 대한 기대가 높은 것으로 보이나, 위에 나타나듯 상당 기간 체중과 외모에 대한 부정적 인상에만 집착해 온 것으로 보인다. 이러한 수검자는 자책을 하기도 하고(SCT: '어렸을 때 잘못했다고 느끼는 것은 친구를 잃은 것이다', '나의 가장 큰 결점은 몸 관리를 잘 못한 것이다') 주변 사람들을 비난하기도

하지만(SCT: '무엇보다도 좋지 않게 여기는 것은 다른 사람들이 나를 한심하게 보는 것이다') 대부분은 혼자서 고민하거나(TAT: '혼자 바위를 움직이려고 애쓰는 모습') 무작정 회피하는 방식으로 대처해 온 것으로 여겨진다(TAT: '엄마가 동생을 보라 해서 보긴 하는데 짜증이 섞여 외면하는 모습'). Rorschach 색채카드에서 '괴물 4명이 손을 마주잡고 원을 그리고 있다', '마스크를 쓴 괴물', '벌레 같은 괴물이 싸우려고 마주보고 있다' 등의 반응을 보이듯 정서적 자극을 무조건 위협적으로만 인식하고 있는 수검자는 감정을 다루어야 하는 대인관계 상황을 직면하기 힘들어하여 고립되거나 회피하는 식으로만 대처하고 있는 것으로 여겨지는바, 정서적 능력을 향상시키기 위한 노력이 필요해 보인다.

🗁 요약과 제언

○ 요약
전체지능: 111, 평균 상 / 언어성 지능: 113, 평균 상 / 동작성 지능: 103, 평균

수검자의 지능은 평균 상 수준으로 나타났으며, 지적 잠재력은 이보다 훨씬 높아 보이나, 현재의 우울한 정서상태와 관련하여 동기 수준이나 주의집중 능력은 평이한 수준에 그치고 있음. 또한 사회적 상황에 둔감하고 정서적 자원이 빈약하여 스트레스 상황에서 적극적인 대응을 하지 못한 채 혼자서만 부정적 생각을 반추하거나 회피적인 방식으로 대응해 온 것으로 보이며, 심한 우울감을 느끼고 있는 것으로 생각됨. 게다가 이성적인 경향으로 인해 지나치게 세부적이고 지엽적인 부분에만 초점을 맞출 수 있으며, 이와 관련하여 체중과 외모에 과도하게 몰입해 있는 것으로 생각됨. 수검자는 남자 친구의 배신과 가족들의 자신에 대한 부정적 태도와 무관심을 외모 탓으로 돌리고 있으나, 실제 관계상의 어려움은 경직된 사고와 부족한 정서적 자원 등과 더욱 관련이 있어 보이는바, 체중 조절에 대한 개입에 더하여 대인관계 및 정서적 능력을 향상시키기 위한 노력도 필요해 보임.

○ 임상적 진단
심리평가 결과, 수검자는 다음과 같은 진단이 시사됨.
- Major Depressive Disorder
- Bulimia Nervosa

2. 우울감, 상상에 몰입, 충동적 대처(여자/22세/대재)

📁 의뢰 사유

수검자는 '폭식 증상', '우울한 기분' 등을 주소로 내원하였으며, Major Depressive Disorder, Bulimia Nervosa 임상적 인상하에 성인종합심리평가가 의뢰되었다.

📁 행동관찰과 면담

수검자는 큰 키, 보통 체구의 20대 초반 여성으로 혼자 내원하였다. 얼굴이 다소 크고 머리가 길었으며, 뽀얀 피부에 눈은 작아 다소 눈에 띄는 외모였다. 위생상태는 양호하였고, 검사자와의 눈맞춤도 잘하였다. 검사에 협조적이었으며 열심히 하였으나, 과제가 어려워지거나 자신의 스트레스에 대해 언급할 때는 동정을 구하고 보채듯이 말하였다. 내원 사유에 대해서는 '생활이 우울하다', '뭔가 하기 힘들다'라고 하는 등 애매하고 피상적인 수준에서만 말하였다.

📁 지능과 인지기능

한국 웨슬러 성인 지능검사(K-WAIS)			
지능	점수	백분율	수준
언어성 지능	104	63%ile	평균
동작성 지능	102	55%ile	평균
전체지능	104	61%ile	평균

수검자의 **전체지능은 104, 평균 수준**으로 나타났으며, 언어성 지능은 104, 평균 수준, 동작성 지능은 102, 평균 수준으로 두 지능 간의 차이는 크게 나타나지 않았다.

언어성 지능을 살펴보면, 사회적 상황에 대한 이해력이 평균 상 수준으로 높게 나타나 규범과 관습에 대한 이해 및 습득 수준이 높아 보이고 도덕적 관념도 강해 보인다. 그러나 기본적인 상식 수준은 평이한 수준이어서 학업적 성취 수준은 그다지 높지 않을 것으로 생각된다. 어휘구사력이 평균 상 수준, 사물의 유사성을 파악하는 능력은 평균 수준으로 나타나 언어 개

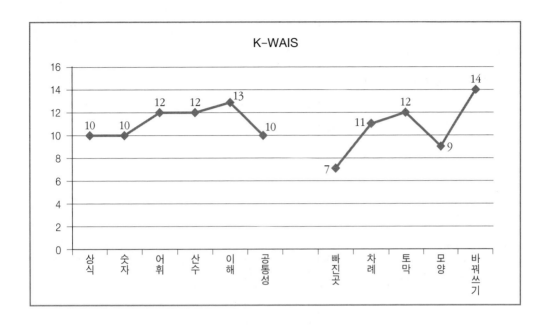

념에 대한 이해 수준은 양호한 편이었으나, 쉬운 문항에서는 충분히 적절한 대답을 하면서도 난이도가 커지자 대답의 수준이 단순하고 부적절해지는 등 난이도 수준에 따라 기능 수준의 차이가 극명하게 나타났다. 그리고 수계산 능력은 평균 상 수준, 단순한 자극에 대한 주의력은 평균 수준을 보이고 있어, 수 개념을 다루는 능력도 적절해 보이지만 숫자 소검사에서 바로따라외우기(11점)와 거꾸로따라외우기(6점) 간의 점수 차이가 크게 나타나고 있어 작업기억력의 저하가 시사되는바, 점점 복잡해지는 학업 및 사회적 요구를 감당하기 힘들 수 있겠다.

동작성 지능 영역에서는 시공간 운동 속도가 우수 수준을 보이는 등 평가 상황에서의 동기와 의욕이 매우 높아 보인다. 그리고 시공간 구성 능력도 평균 상 수준으로 기본적인 문제해결 능력은 양호해 보인다. 그러나 부분을 통해 전체 상을 구성하는 능력은 이보다 3점이나 낮게 나타나고 있어 응용 및 추론 능력은 상대적으로 조금 부족해 보인다. 상황적 맥락을 파악하는 능력은 평균 수준으로 사회적 판단 및 대처 능력은 적절해 보이지만, 시각적 예민성은 평균 하 수준에 그치고 있어 미묘한 상황 변화나 감정의 차이를 인식하지 못해 깊이 있는 관계를 맺기 힘들 수 있겠다.

지능검사 결과, 수검자는 평가 상황에서 동기와 의욕이 매우 높고 기본적인 언어 구사 및 문제해결 능력도 다소 높게 나타났으나, 전반적인 대답의 질적 수준을 볼 때, 쉬운 문항에서는 빠르고 충분한 대답을 하는 반면, 문항이 어려워지면 급격하게 혼란된 모습을 보이며 부적절한 대응을 하는 등 난이도나 복잡성의 수준에 따라 대처 능력의 기복이 심해 보인다. 그리고 작업기억력이 부족하고 주변 자극에 대한 민감성도 떨어져 복잡하고 미묘한 학업 및 사회적 요구가 있을 때 부담감이 클 것으로 우려된다.

Rorschach 검사 결과, 조직화 점수가 높아(Zd=5.0) 주변 환경을 스스로 통제하고자 하는 욕구가 높아 보이나, 전체반응은 단 11개에 그치고 평범반응은 3개에 불과하며, 형태질도 그다지 양호하지 않아(X-%=0.28) 스트레스 상황에서 유연하게 대응하지 못하고 걱정만 하고 있을 가능성이 높아 보인다(FM=4).

🗂 성격과 정서

ASI-R (불안민감)	BDI (우울)	MDQ (조증)	HCL-32 (경조증)	BAI (불안)	STAI-Trait (특성불안)
55 66T	22 69T	10 (cutoff: 7)	22 (cutoff: 12)	19 59T	70 74T

※ 역치 이상의 척도는 진하게 표시함.

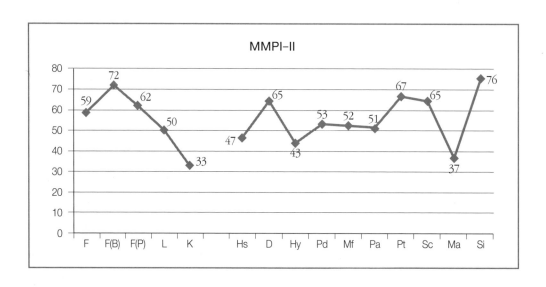

수검자는 HTP 집 그림에서 창문을 크게 그리고 사람 그림에서는 머리 모양을 특색 있게 그렸으며 신발에도 리본을 다는 등 보통은 사람들이 신경 쓰지 않는 부위까지 고려할 정도로 애정 욕구가 높고, 주변 사람들의 시선에도 민감해져 있는 것 같다. 그러나 친밀감에 대한 태도를 나타내는 Rorschach 카드에서 '곰팡이', '찢어진 종이' 등의 손상된 반응을 보이듯 가깝고 깊이 있는 관계를 맺지 못하고 오히려 주변 사람들에게서 상처를 입는 등 고통감을 경험하고

있는 것 같다. 그리고 지능검사에서 나타나듯 성취 욕구도 매우 높아 보이나, TAT에서 '바이올린을 정말 연주하고 싶은데 자기 것이 아니라 보고만 있다', '전쟁에서 패한 기사가 절벽길을 걸어가고 있다', '포도 농사가 잘 안 돼서 힘들어하고 있다' 등의 반응은 상당한 좌절감을 시사한다(HTP: 나무 그림에서 옹이를 그림). 그리고 Rorschach에서 반영반응을 보이듯 자신에 대해 반추 경향이 강한 수검자는 자신의 부정적 경험을 확대 해석할 가능성도 높아 보이는바, 필요 이상의 고통감과 우울감을 느끼고 있는 것 같다(Rorschach: C'=2, Y=1 / SCT: '나의 장래는 불투명하다', '내가 보는 나의 앞날은 안경을 끼지 않은 것처럼 뿌옇다', '어리석게도 내가 두려워하는 것은 나 자신이다'). 수검자는 MMPI에서도 2-0번 척도가 높게 상승하고 9번 척도가 가장 낮게 나타나는 전형적인 우울증 양상을 보였다.

수검자는 권위적 대상에 대한 태도를 나타내는 Rorschach 카드에서 '곰'이라는 평범한 반응을 보였으나, 이어진 V번 카드에서는 쉽게 반응할 수 있는 카드임에도 '먹잇감 찾아다니는 늑대'라고 하고 있어서, 권위적 대상에 대한 불편감은 가지고 있으나(SCT: '우리 윗사람들은 답답하고 보수적이다'), 직접적으로는 표현하지 못하고 쌓아 두기만 하고 있는 것 같다. 그리고 이러한 불편감은 부모에 대한 원망과도 관련이 있는 것 같다(SCT: '대개 어머니들이란 자식들을 챙긴다', '대개 아버지들이란 자식을 사랑한다', '우리 집안은 부족한 것이 많다'). 한편, 경직되고 고지식한(concrete) 사고 경향으로 인해(SCT: '내가 늘 원하기는 구체적이고 실현 가능한 목표가 생겼으면 좋겠다') 스트레스 대처 능력이 부족한 수검자는 현실에서 벗어난 상상이나 환상에 몰입하거나 폭식을 하는 등 회피적이고 충동적인 대처를 하고 있어 문제 해결을 더디게 하는 것 같다(HTP: 집 그림 '외국인이 산다' / TAT: '저녁 노을이 있을 때만 생기는 나라' / SCT: '언젠가 나는 공기가 되고 싶다', '나의 가장 큰 결점은 자제력이 부족하고 도피하려고 한다').

📂 요약과 제언

○ 요약

전체지능: 104, 평균 / 언어성 지능: 104, 평균 / 동작성 지능: 102, 평균

수검자의 지능은 평균 수준으로 나타남. 동기와 의욕이 높지만 난이도나 복잡성이 증가하면 대처 능력이 현저하게 떨어지는 등 수준에 따라 대처 능력의 기복이 심해 보임. 그리고 작업기억력이 부족하고 주변 자극에 대한 민감성도 떨어져 복잡하고 미묘한 학업 및 사회적 요구가 있을 때 부담감이 클 것으로 우려됨. 그리고 부모에 대한 반감을 바탕으로 권위적이고 강압적인 대상이나 환경에 대한 거부감도 심해 보임. 그러나 스트레스 대처 자원이 부족한 수검자는 부정적 생각만을 반추하며 우울감을 필요 이상으로 가중시키고, 문제에 직면하지

못한 채 상상에 몰입하거나 폭식을 하는 등 수동적이고 충동적인 행동을 보이고 있는 것으로 생각됨.

○ 임상적 진단
심리평가 결과, 수검자는 다음과 같은 진단이 시사됨.
- Unspecified Depressive Disorder
- Bulimia Nervosa

3. 남자 폭식증, 행동 반경 제한, 모와의 동일시(남자/20세/대재)

🗁 의뢰 사유

수검자는 '토하면 속이 아파서 안 하고 싶어요', '미래가 걱정이 돼요' 등을 주소로 내원하였으며, Unspecified Eating Disorder 임상적 인상하에 성인종합심리평가가 의뢰되었다.

🗁 행동관찰과 면담

수검자는 보통 키, 다소 마른 체형의 20세 남성이었다. 체육복 차림에 위생상태는 비교적 양호해 보였으나, 손톱에는 때가 많이 껴 있었다. 퀭하고 깊은 눈을 가지고 있었고, 검사 내내 고개를 푹 숙이고 있었다. 칭찬을 해도 별다른 반응을 보이지 않았고, 동작성 과제에서는 한 번 고정한 조각을 끝까지 바꾸지 않는 등 매우 경직된 수행 양상도 나타났다. 내원 사유에 대해서는 '식이장애가 있다'라고 하였으며, 증상과 경과에 대해서도 구체적으로 대답하였다. 그리고 '구토를 못하면 불안하다', '살을 더 빼야 한다', '살이 잡히는 게 싫다'라고 하는 등 체중과 증상에 대한 스트레스를 여과 없이 표현하였다.

※ BMI=59/1.72=20.42

🗀 지능과 인지기능

한국 웩슬러 성인 지능검사(K-WAIS)			
지능	점수	백분율	수준
언어성 지능	85	16%ile	평균 하
동작성 지능	93	33%ile	평균
전체지능	88	21%ile	평균 하

　수검자의 **전체지능은 88, 평균 하 수준**으로 나타났으며, 언어성 지능은 85, 평균 하 수준, 동작성 지능은 93, 평균 수준으로 두 지능 간의 차이는 크게 나타나지 않았다.

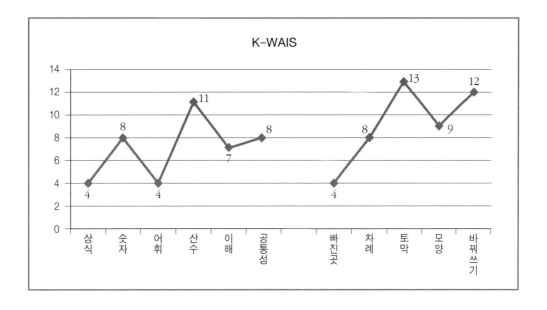

　언어성 지능을 살펴보면, 수계산 능력이 평균 수준으로 나타나 지적 잠재력도 평균 수준 정도는 되어 보인다. 그러나 단순한 자극에 대한 주의력이 평균 하 수준으로 단기 집중력은 다소 부족해 보인다. 수검자는 단어 개념에 대한 기본적인 이해 능력과 사회적 상황에 대한 이해력이 평균 하 수준으로 약간 낮은 정도였으나, 학습이 필요한 기본적인 상식 수준과 어휘 구사력은 정신지체 수준을 보이고 있어, 잠재 능력에 비해 학업성취를 위한 노력이 매우 부족했던 것 같다.

　동작성 지능 영역에서는 시공간 구성 능력과 시공간 운동 속도가 평균 상 수준을 보이고 있어 지적 잠재력이 비교적 높은 수준으로 추정되며, 적절한 가이드가 주어지는 상황에서는 양호하게 기능할 수 있을 것으로 보인다. 그러나 부분을 통해 전체 상을 구성하는 능력은 평균 수준에 그치고 있어, 응용력은 상대적으로 부족해 보인다. 게다가 상황적 맥락을 파악하는 능력은 평균 하 수준, 시각적 예민성은 정신지체 수준을 보이고 있어, 사회적 상황에서의 판단 및 대처 능력도 다소 부족해 보이며, 주변 환경 자극에 대해서는 매우 둔감해져 있는 것 같다.

지능검사 결과, 수검자는 숫자나 도형과 같이 기호화된 자극을 다루는 능력이 상대적으로 높게 나타난 반면, 응용력이나 임기응변이 필요한 상황에서는 기능 수준이 다소 부족해 보이며, 학업적 노력도 상당 기간 기울이지 않았던 것으로 여겨진다. 수검자의 이러한 문제 해결 경향을 고려할 때, 문제 상황에 대한 지시나 해결책이 애매모호한 상황에서 오는 스트레스는 전적으로 부인한 채 자신이 잘할 수 있는 구조화된 상황으로만 자신의 행동 반경을 제한하고 있는 것 같다.

Rorschach 검사 결과, 15개의 적은 반응 수를 보이고 있어 스트레스 상황에서 사용할 수 있는 심리적 자원이 매우 제한적인 것 같다. 왜곡되거나 특이한 형태반응이 많아(X-%=0.29, Xu%=0.32) 문제 해결을 시도하더라도 부적절한 경우가 많을 것으로 여겨지며, 평범반응도 2개에 불과해 관습적 지각 능력도 매우 부족해 보인다. 게다가 특이한 부분반응을 7개나 보이고 있어, 사소하고 특이한 영역에 과도하게 몰입하는 경우가 잦을 것으로 보이며, 현재는 이러한 몰입이 신체상에 집중되어 있는 것 같다.

🗂 성격과 정서

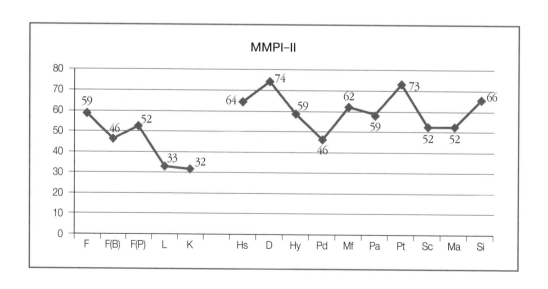

수검자는 MMPI에서 2-7번 척도가 70T 이상 상승하고 있어, 우울, 불안 등 심한 정서적 불편감을 경험하고 있는 것 같다. HTP에서 집 그림을 매우 작게 그리고 문과 창문을 하나도 그리지 않아, 무기력하고 고립된 모습을 나타냈다(SCT: '내가 믿고 있는 내 능력은 없다', '다른 친구들이 모르는 나만의 두려움은 혼자가 되는 것이다', '어리석게도 내가 두려워하는 것은 혼자가 되는 것이다', '내가 잊고 싶은 두려움은 혼자가 되는 것이다', '나의 야망은 없다' / HTP: 나무 그림 '춥고 외롭다'). 게다가 Rorschach에서도 m=1, C'=1, Y=1 등 우울감과 관련된 지표들이 나타났으며, '산으로 올라가는 길', '나무', '나무가 뒤집힌 거' 등과 같이 자연물반응을 보여 현실과 거리를 두려는 시도도 계속 나타났다.

SCT에서 '내가 어렸을 때 어머니와 아빠가 이혼했다', '무슨 일을 해서라도 잊고 싶은 것은 아빠다', '내 생각에 가끔 아버지는 정말 나쁜 사람 같다', '무엇보다도 좋지 않게 여기는 것은 아버지이다'라고 하듯이 어린 나이에 부모의 이혼으로 부와의 동일시가 부족했던 수검자는 부에 대한 부정적 태도를 공고히 해 온 것 같다. 이러한 수검자는 어머니와의 친밀감이 상승하여 모와의 동일시를 이루어 온 것으로 여겨지며(SCT: '내가 늘 원하기는 엄마와 내가 행복했으면 좋겠다', '나의 어머니는 정말 책임감 있고 좋은 분이다', '어머니와 나는 정말 가까운 사이다'), 남성의 성역할을 제대로 습득하지 못한 채로 사회에서 주어지는 성숙한 성인 남성으로서의 이미지를 받아들이지 못하고 있는 것 같다(SCT: '내 생각에 남자들이란 책임감이 있어야 된다', '남자에 대해서 무엇보다도 좋지 않게 여기는 것은 뭐든 책임져야 되는 것이다', '내가 성교를 했다면 불안할 것이다'). MMPI에서도 5번 척도가 62T로 높게 나타나고 있어 경쟁보다는 평화를, 이성보다는 감정을, 공격보다는 방어를 택할 가능성이 높으며, 문제 상황에서 수동적이고 회피적인 모습만 보이기 쉬운 것 같다.

어린 시절부터 불안정한 가정 환경에 놓이면서 스트레스 대처를 위한 자원을 습득하지 못한 수검자는 생활상의 부정적 사건들을 모두 자신만의 상처로 기억하고(SCT: '생생한 어린 시절의 기억은 부모참관 수업에 나만 혼자였던 것', '내 생각에 여자들이란 지들밖에 생각 안 한다') 주변 환경을 위협적으로 인식하면서 상당한 분노감을 가지고 있으며(Rorschach: '악마', S=5) 대인관계에서는 점점 스스로 고립되어 있는 것 같다(Rorschach: '피에로', '늙은 서양 아저씨'). 그러나 이러한 스트레스는 부인한 채(SCT: '나에게 이상한 일이 생겼을 때 그냥 대수롭지 않게 생각한다'), Rorschach 마지막 카드에서 '왕'이라 하고 SCT에서는 '언젠가 나는 성공하고 싶다'라고 하듯이 자신에 대한 기대감을 유지하고 있는 수검자는 외형적인 기준에만 과도하게 몰입하여(SCT: '완전한 남성상은 키 크고 잘생기고 날씬하고 학벌 좋고 돈 많고 착한 사람이다', '내가 다시 젊어진다면 살이 안 찌게 처음부터 잘하겠다', '나의 가장 큰 결점은 살이 있는 것이다') 왜곡된 신체상을 가지게 된 것으로 보인다(HTP: 남자 그림 '단점-통통하다…… 통통하면 사람들이 안 좋게 볼 것 같아서').

📁 요약과 제언

○ 요약

전체지능: 88, 평균 하 / 언어성 지능: 85, 평균 하 / 동작성 지능: 93, 평균

수검자의 지능은 평균 하 수준으로 나타남. 기호화된 자극을 다루는 능력이 상대적으로 높게 나타난 반면, 문제 상황에 대한 지시나 해결책이 애매모호한 상황에서 오는 스트레스는 전적으로 부인한 채 자신이 잘할 수 있는 구조화된 상황으로만 자신의 행동 반경을 제한할 수 있음. 이렇듯 스트레스 대처 능력이 부족한 수검자는 스트레스 상황에서 사소하고 특이한 영역에 과도하게 몰입하기 쉬우며, 현재는 신체상에 집중되어 있는 것으로 보임. 수검자는 어려서 부모의 이혼을 겪고 편모슬하에서 자라면서 남성으로서의 정체감을 형성하지 못하고 모와의 동일시를 이루며 지내 온 것으로 보임. 그러나 여성적 성격 특성의 장점보다는 문제 상황에서 수동적이고 회피적인 모습을 보이는 단점이 더 두드러지는 것으로 여겨지는바, 대인관계에서도 좌절감을 많이 경험해 온 것으로 보임. 또한 성인 남성으로서의 성숙한 모습을 보이지 못한 채 자신에 대한 과장된 기대감만 가지고 있어 사람의 외형적인 특성에만 몰입하게 된 것으로 생각됨.

○ 임상적 진단

심리평가 결과, 수검자는 다음과 같은 진단이 시사되며, 향후 Anorexia Nervosa로의 전환 가능성도 있어 보이는바 지속적인 주의가 요망됨.

- Bulimia Nervosa
- Unspecified Depressive Disorder

32 불면장애(Insomnia Disorder)

1. 편중된 관심 분야, 높은 반추 성향(남자/20세/대재)*

📁 의뢰 사유

수검자는 '불면증'을 주소로 내원하였으며, R/O Insomnia Disorder 임상적 인상하에 성인 종합심리평가가 의뢰되었다.

📁 행동관찰과 면담

수검자는 작은 키에 건장한 체격이었다. 동그란 얼굴에 눈은 작은 편이었으며, 미간이 넓고 볼에는 살이 많았다. 전반적인 위생상태는 양호하였고, 검사자와의 눈맞춤도 적절하게 이루어졌다. 한편, 인적 사항을 기재할 때에는 지갑을 꺼내서 군번을 확인하면서 적었고, '교번도 같이 적겠습니다'라고 하며 개인 정보를 구체적으로 작성하였다. 또한 검사 지시에 매번 '네'라고 대답을 하는 등 예의 바른 태도를 보였다. 그러나 답을 잘 하지 못할 때에는 단어를 반복적으로 중얼거렸고, 얼굴을 감싸면서 눈치를 봤으며, 말을 더듬는 경우가 많았다. 그리고 숫자 소검사에서는 탁자에 손으로 써 가면서 수행을 하는 등 미숙한 행동을 보였으며, 각각의 검사가 끝나고 난 후에는 기지개를 키거나 등을 기대고 의자에 팔을 걸치고 있는 등 수행 시의 태도와 다르게 불량한 모습을 보였다. 내원 사유에 대해서는 '제가 불면증이 있습니다. 제가 약물 처방을 받아야 하는데, 먼저 상담을 받아야 된다고 해서 받았습니다'라고 하였다.

---

* K-WAIS-IV를 사용한 보고서는 이하 *표 처리함.

📁 지능과 인지기능

한국 웨슬러 성인 지능검사 4판(K-WAIS-IV)			
영역	지능	백분율	수준
언어이해	70	2%ile	**경계선**
지각추론	78	7%ile	경계선
작업기억	62	1%ile	**경도 정신지체**
처리속도	78	7%ile	**경계선**
전체지능	65	1%ile	경도 정신지체
일반능력	69	2%ile	경도 정신지체

※ 단일 점수로서 대표성을 가지는 지능지수는 진하게 표시함.

수검자의 **전체지능은 65, 경도 정신지체 수준**으로 같은 연령대에서 하위 1% 정도의 수준이었다. 언어이해는 70, 경계선 수준, 지각추론은 78, 경계선 수준, 작업기억은 62, 경도 정신지체 수준, 처리속도는 78, 경계선 수준으로 나타났다. 지능 영역 간의 차이는 유의미하지 않으나(기준 23점 차이), 지각추론 소검사 간의 점수차이가 6점으로 크게 나타나고 있어서(기준 5점 차이), 전 영역을 고려한 '전체지능'과 언어이해와 지각추론을 고려하여 산출된 '일반능력 (69, 경도 정신지체 수준)' 모두 수검자의 기능을 온전히 대표한다고 보기 어렵기 때문에 각 지표가 나타내는 기능 수준을 개별적으로 파악하는 것이 더 중요해 보인다.

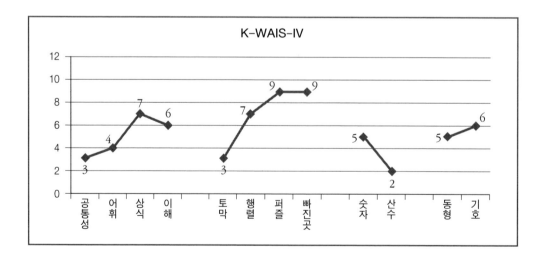

언어이해 영역에서는 기본적인 상식 수준과 사회적 상황에 대한 이해력이 각각 평균 하, 경계선 수준으로 나타나서('세금-국가에 소속됐을 때, 그, 음, 그 국가에 있는 대가라고 생각합니다') 단편적이고 기초적인 수준에서 학습이 이루어진 것 같다. 그러나 어휘구사력과 사물의 유사성을 파악하는 능력이 정신지체 수준으로 나타나서('배추-음식입니다', '비행기와 자동차-교통입니다') 개념적인 이해력은 매우 부족해 보인다. 한편, 어휘 소검사의 난이도가 높은 문제에서 충분한 양의 설명을 하며 온전한 점수를 받으면서도('표절-원작자의 동의 없이 그대로 쓰고 그것을 자기 것으로 우기는 겁니다'), TAT와 SCT에서의 전반적인 언어적 반응들이 지나치게 짧은 것을 고려하면, 소수의 수준 높은 언어 표현은 특정 영역에 대한 편중되고 과도한 학습과 관련이 있을 수 있겠다.

지각추론 영역에서는 부분을 통해 전체 상을 구성하는 능력과 시각적 예민성이 평균 수준으로 나타나서 주변 환경 변화를 인식하고 유연하게 대처하는 데에는 어려움이 없을 것으로 생각된다. 그리고 전체를 고려해 핵심을 파악하는 능력이 평균 하 수준이어서 추론 능력도 비교적 무난한 것 같다. 그러나 시공간 구성 능력이 정신지체 수준으로 나타나서 직접 도구를 다루어야 하는 상황에서는 기능 수준이 급격히 저하될 것으로 여겨진다.

작업기억 영역에서는 간단한 자극에 주의를 기울이는 능력이 경계선 수준으로 나타나서 주의 집중력은 낮아 보이며, 맞고 틀리기를 반복하고 있어서 주의 지속력도 부족한 것 같다. 또한 수계산 능력이 정신지체 수준으로 나타나서('28÷2-9=9') 산술 능력도 매우 부족해 보인다.

처리속도 영역에서는 시공간 운동 속도와 긴장감 속에서 빠른 논리적 판단력을 발휘하는 능력이 경계선 수준으로 나타나서 민첩성은 부족해 보인다.

지능검사 결과, 수검자는 간단한 정보들을 반복된 학습을 통해 습득하는 데에는 별다른 어려움이 없을 것으로 생각된다. 그러나 개념적 이해력이 매우 부족해 추상적이고 고차원적인 개념을 다루어야 하는 상황에서는 대처 능력이 현저하게 떨어질 수 있으며, 주의력, 민첩성 등이 낮게 나타나서 간단한 대응이 요구되는 상황에서도 대처의 어려움이 상당히 클 것으로 생각된다.

Rorschach 검사 결과, 수검자는 총 10개의 적은 반응 수를 보이고 있어서 문제 해결을 위한 심리적 자원이 매우 부족할 것으로 생각된다. 또한 사고가 매우 단순하고(L=9.00), 관습적인 판단력이 부족해서(P=2), 문제 상황에 직면했을 때에는 주변 여건을 충분히 고려하지 못하고 피상적인 대응만 할 수 있겠다(W:D:Dd=7:2:1).

📂 성격과 정서

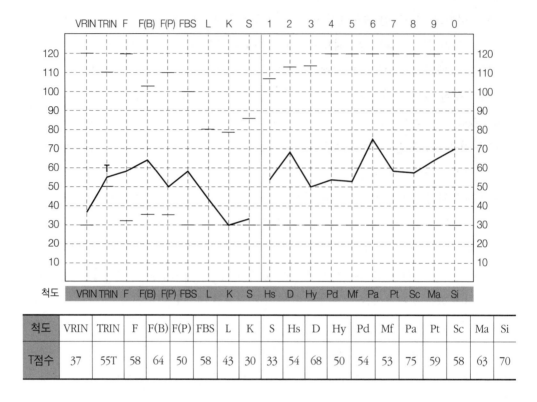

척도	VRIN	TRIN	F	F(B)	F(P)	FBS	L	K	S	Hs	D	Hy	Pd	Mf	Pa	Pt	Sc	Ma	Si
T점수	37	55T	58	64	50	58	43	30	33	54	68	50	54	53	75	59	58	63	70

　　수검자는 HTP 나무 그림에서 '나이-대략 88년 정도'라고 하듯이 자신에 대한 기대감이 높아 보인다. 또한 에너지 수준이 상승해 있어서(MMPI: Ma=63T) 일정 영역에서는 자신의 능력을 발휘하기 위해 의욕적인 태도를 보여 왔을 수 있겠다(HTP: 나무 그림에서 가지를 무성하게 그림). 하지만 전반적인 기능 수준이 부족하며(경도 정신지체 수준의 지적 능력), 사고가 미숙하고(Rorschach: A=5), 피상적이어서(TAT: '부부 같습니다', '길 같습니다'), 낮은 성취에 직면해 왔을 것을 생각된다. 이러한 수검자는 SCT에서 '내가 믿고 있는 내 능력은 아직 발견하지 못했다', '내가 보는 나의 앞날은 어둡다'라고 하듯이 좌절감이 커 보인다.

　　수검자는 애정 욕구가 높고(HTP: 집 그림에서 창문을 많이 그림), 부모에 대해서도 긍정적인 언급을 하고 있었다(SCT: '내 생각에 가끔 아버지는 대단하신 거 같다', '대개 어머니들이란 고생하고 노력하시는 거 같다'). 그러나 SCT에서 '우리 가족이 나에 대해서 대개 멍청하다고 생각하는 거 같다'라는 반응을 고려할 때, 실제로는 가정 안에서 충분한 지지를 받지 못한 채 성장해 온 것으로 생각된다. 또한 미숙하게 자기중심적인 태도를 보이고 있어서(SCT: '내가 싫어하는 사람은 내 신경을 거슬리게 하는 사람', '내가 제일 좋아하는 사람은 나에게 잘해 주시는 사람'), 타인과 원만한 교류를 하기 어려웠을 수 있겠다(HTP: 사람 그림에서 눈, 코, 입을 그리지 않음).

게다가 수검자는 자아강도가 약하고(MMPI: K=30T) 반추 성향이 강해서(SCT: '무슨 일을 해서라도 잊고 싶은 것은 잊으려고 해도 잊히지가 않는다', '내가 잊고 싶은 두려움은 너무 많아 하나씩 잡을 수가 없다'), 갈등 상황에서 자신의 행동을 반복적으로 확인하며, 부정적인 생각에만 몰입할 가능성이 높아 보인다(SCT: '어리석게도 내가 두려워하는 것은 남들에게 미움 받는 것이다', '내가 저지른 가장 큰 잘못은 모든 게 잘못인 거 같다'). 그리고 주변 환경만 위협적으로 인식하면서 내면의 불편감은 표현하지 않을 가능성이 높아서(MMPI: Pa=75T, Si=70T), 문제 해결을 어렵게 할 수 있겠으며(SCT: '나에게 이상한 일이 생겼을 때 피하려고 노력한다'), 이러한 비효율적인 방식이 지속되면서 스트레스가 쌓이고 수면 문제와 같은 신체적인 증상으로 내면의 불편감이 표출되고 있는 것 같다.

🗁 요약과 제언

○ 요약

전체지능	65	경도 정신지체	일반지능	69	경도 정신지체
언어이해	70	경계선	지각추론	78	경계선
작업기억	62	경도 정신지체	처리속도	78	경계선

수검자의 지능 수준은 경도 정신지체 수준으로 나타남. 반복된 학습을 통해 간단한 지식을 축적하는 능력은 적절해 보이나, 개념에 대한 이해력, 주의력, 민첩성 등이 부족해서 전반적인 기능 수준은 낮은 것으로 생각됨. 자신에 대한 기대감이 높지만 실제 기능 수준이 부족해서 낮은 성취에 직면하면서 좌절감이 컸을 것으로 여겨짐. 애정 욕구가 높지만 가정 안에서 인정을 받지 못했던 것으로 생각되며, 주변 사람들과도 원만한 관계를 형성하는 것에 어려움이 있었던 것으로 보임. 반추 성향이 강하고 스트레스 대처에도 어려움이 있으나 이를 표현하지 않을 가능성이 높아서, 수면 문제와 같은 신체 증상으로 내면의 불편감이 표출되고 있는 것으로 생각됨.

○ 임상적 진단
심리평가 결과, 수검자는 다음과 같은 진단이 시사됨.
- Insomnia Disorder
- Intellectual Disability, Mild

2. 수많은 불필요한 말, 과대성의 반동형성, 활발한 이성관계(남자/20세/대중퇴)

📁 의뢰 사유

수검자는 '입대 후 불면이 생겼다', '여자 친구와 싸운 이후에 연락이 잘 안 돼서 스트레스 받는다' 등을 주소로 내원하였으며, R/O Insomnia Disorder 임상적 인상하에 성인종합심리 평가가 의뢰되었다.

📁 행동관찰과 면담

다소 작은 키에 보통 체격인 수검자는 안경을 쓰고 있었다. 검사자와 눈맞춤은 적절하였고 담배 냄새가 심했지만 전반적인 위생상태는 양호하였다. 목소리는 다소 작고 부드러운 말투였으며, 검사 도구를 정리해 주기도 하는 등 협조적인 태도였다. 그러나 비스듬히 앉아서 의자를 돌리거나 필기도구를 대강 잡은 채로 성의 없이 그림을 그리는 것과 같이 불성실한 모습도 보였다. 모르는 문항에서는 웃으면서 넘겼고, '이거 맞아요?'라며 정답을 확인하기도 하였다. 산수 소검사에서는 '이거 통과돼요? 죄송해요, 수학 못해서'라며 지나치게 겸손한 모습을 보였고, '쳐다보니까 더 안 되는 것 같아요', '설마 이걸 모르나 이렇게 생각하는 것 같아요'라며 필요 이상으로 검사자의 판단에 민감한 모습을 보였다. HTP 집 그림에서는 가로로 제시된 검사지를 세로로 돌려서 그리는 등 자의적인 행동이 나타났고, 사람 그림을 그리기 전에 '이거 여자 그리면 그거죠? 동성애. TV에서 봤어요'라며 검사에 대해서 아는 체를 하기도 했다. Rorschach에서는 검사 도중 '한 가지만 알려 주시면 안 돼요? 아까 목화씨 가져온 사람 누군지?', '이렇게 봤다고 사이코패스는 아니죠?' 등 과제와 직접적인 관련이 없는 부수적인 질문을 많이 하였다. 내원 사유에 대해서는 '의무관님이 하고 싶냐고 묻길래 궁금해서'라며 별다른 불편감을 호소하지는 않았다.

📁 지능과 인지기능

수검자의 **전체지능은 85, 평균 하 수준**으로 나타났으며, 언어성 지능은 78, 경계선 수준, 동작성 지능은 98, 평균 수준으로 나타나서, 두 지능 간의 차이가 20점으로 유의한 차이를 보였

한국 웩슬러 성인 지능검사(K-WAIS)			
지능	점수	백분율	수준
언어성 지능	78	7%ile	경계선
동작성 지능	98	45%ile	평균
전체지능	85	16%ile	평균 하

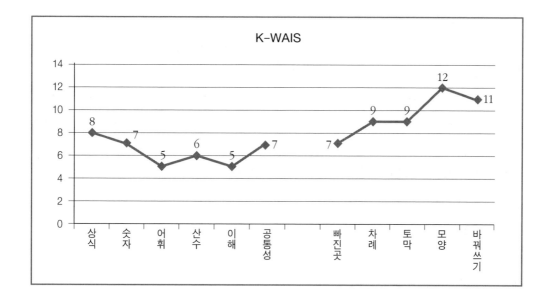

고 소검사 간의 점수 차이가 7점으로 크게 나타나고 있어 상황에 따라 기능 수준의 차이가 클 것으로 예상된다.

언어성 검사를 살펴보면, 기본적인 지식 수준과 단어의 유사성을 파악하는 능력이 평균 하 수준으로 나타나서 짧은 언어적 표현을 할 때에는 비교적 양호한 기능을 보일 수 있겠다. 그러나 어휘구사력과 사회적 상황에 대한 이해력은 경계선 수준으로 나타나서('김치-밥 반찬', '나무-옛날부터 그랬으니까') 긴 언어적 표현이 필요한 상황에서는 기능 수준이 저하될 것으로 생각된다. 또한 대부분의 소검사에서 1점을 얻는 경우가 많아서 사고의 수준도 피상적일 것으로 여겨진다. 간단한 자극에 대한 주의력은 평균 하 수준이어서 비교적 양호해 보이지만, 정답과 오답이 빈복되고 있어서 주의를 지속하는 능력은 저조한 것으로 생각된다. 수계산 능력은 경계선 수준으로 나타났는데, 반응시간이 빠른 편이어서 성급한 태도도 낮은 수행에 영향을 미치고 있는 것 같다.

동작성 검사를 살펴보면, 부분을 통해 전체 상을 구성하는 능력은 평균 상 수준으로 나타나서 익숙한 도구를 다루는 상황에서는 가장 높은 기능을 보일 것으로 생각된다. 추상적인 자극을 다루는 능력은 평이하게 나타나서 상대적으로 낯선 상황에서는 기능이 저하될 수 있겠다. 시공간 운동 속도가 평균 수준으로 나타나서 민첩성은 연령대에 맞게 유지되고 있는 것 같다. 한편, 상황적 맥락을 파악하는 능력은 평균 수준으로 사회적 판단력은 양호해 보이지만, 시각적 예민성은 평균 하 수준이어서 주변 환경에는 다소 둔감할 것으로 여겨진다.

지능검사 결과, 대부분의 소검사가 평균 하, 평균 수준에 걸쳐 있어서 전반적인 기능은 연령대에 맞게 나타나고 있는 것으로 보인다. 그중에서도 익숙한 도구를 다루는 상황에서는 오히려 높은 기능을 보일 수 있겠으나, 낯선 상황에서는 기능 수준이 저하되면서 불편감이 급격히 커질 가능성이 높아 보인다. 게다가 사고 수준이 단편적이어서 피상적인 수준에서만 의사소통이 이루어지는 경우가 많을 것으로 생각된다.

Rorschach 검사 결과, 총 반응 수는 13개로 적게 나타나고 있어서 문제 상황에 대처할 수 있는 심리적인 자원은 부족해 보인다. 그리고 사고가 경직되어 있어서(L=1.60) 다양한 상황에 맞는 유연한 대처가 어려울 수 있고, 색채카드에서 왜곡된 형태를 보고하고 있어서 정서적인 상황에서는 판단력이 더욱 저하될 가능성이 커 보인다.

📂 성격과 정서

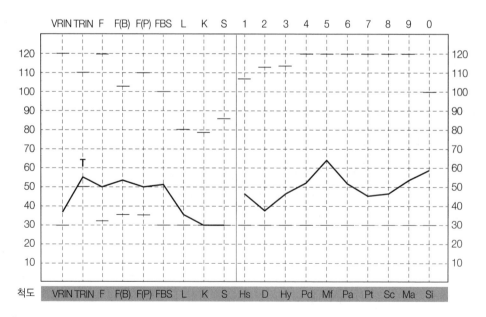

척도	VRIN	TRIN	F	F(B)	F(P)	FBS	L	K	S	Hs	D	Hy	Pd	Mf	Pa	Pt	Sc	Ma	Si
T점수	37	55T	50	53	50	51	36	30	30	47	38	47	52	64	51	45	47	53	59

　　수검자는 HTP 나무 그림에서 '큰 나무', '500년'이라고 하듯이 자아상이 과장되어 있는 것으로 생각되며, '앞으로-열매 열릴 것', '소원-열매', '필요-열매'라고 반복적으로 언급하고 있어서 성취 욕구도 매우 큰 것 같다. 그러나 HTP에서는 외형만 대강 그리는 등 불성실한 모습을 보이고 있어서 자신이 선호하는 상황에서만 선택적으로 노력을 기울였을 가능성이 높아 보인다. 게다가 기대가 막연한 수준에 그치고 있어서(SCT: '언젠가 나는 행복할 것이다') 성과를 내기는 어려웠을 것 같다. 한편, SCT에서는 '나의 야망은 그리 크지 않다', '나의 장래는 모르겠다' 등과 같이 높은 기대 수준과 상반되는 기술을 하고, 검사상에서도 사소한 일에 과도하게 사과를 하는 등 지나치게 자신을 낮추는 모습을 보이고 있는데, 이러한 모습들은 오히려 수검자 내면의 과대성을 시사하는 것 같다.

　　수검자는 SCT에서 '어머니와 나는 선이 있다', '다른 가정과 비교해서 우리 집안은 엄격했다'라고 하고, Rorschach의 친밀감을 나타내는 카드에서 '오랫동안 방치된 기타'와 같이 거리감을 나타내는 반응을 보이고 있어서 가정 내에서 정서적인 안정감을 느끼지 못한 것 같다. 그러나 수검자는 MMPI에서 5번 척도가 64T로 가장 높게 나타났고, SCT에서 '내가 믿고 있는 내 능력은 친근함이다'라고 하듯이 대인관계를 상당히 중요하게 여기고 있는 것으로 보인다. 또한 에너지 수준도 높아서(MMPI: '경조증적 상태'=79T) 대인관계에서 매우 적극적인 태도를 보일 것으로 생각되는데, 동성보다는 활발한 이성 관계를 통해서 대인관계 만족감을 유지해온 것으로 보이며, 이성과의 활발한 관계가 수검자의 과대성을 상당 부분 충족시켜 왔던 것으로 생각된다. 이러한 수검자는 현재 군입대로 일방적으로 관계가 단절된 상황에서(진료의뢰서: '여자 친구와 싸운 이후로 연락이 잘 안 돼서 스트레스 받는 것 있다' / SCT: '다른 친구들이 모르는 나만의 두려움은 여자한테 차이는 거') 불편감이 상당히 커 보이고, 수면 문제는 이러한 불편감과 관련이 있는 것 같다.

　　수검자는 MMPI에서는 5번 척도를 제외한 임상척도가 모두 평균 이하로 나타나고, F척도도 평이하게 나타나서 별다른 고통감을 호소하지 않는 것으로 보인다. 그러나 MMPI에서 '분노' 소척도가 85T, '공격성' 소척도가 83T로 매우 높게 상승해 있어 분노감이 상당히 큰 것으로 생각된다(Rorschach: '피'). 또한 자극 추구적인 성향이 강하며(SCT: '내가 늘 원하기는 심심하지 않는 것', '내가 제일 좋아하는 사람은 재미있는 사람') 좌절에 대한 인내력도 부족해서(MMPI: 'A유형 행동'=71T) 사소한 일에 기분 변화가 심할 것 같다. 그러나 지금과 같이 주변이 개재가 있는 상황에서는 욕구를 표현하기보다 오히려 자신의 취약성을 강조하고(SCT: '때때로 두려운 생각이 나를 휩싸일 때 운다' / 행동: 검사 중 지나치게 사과함) 검사와 관련 없는 질문과 잡담('설마 이걸 모르나 이렇게 생각하는 것 같아요')을 하는 등 문제 상황에서는 수동공격적인 태도를 보일 수 있겠다. 다만, 스트레스가 더 가중되면 공격적인 언행을 보일 수 있어(MMPI: '반사회적 행동'=83T) 주의가 요망된다.

📂 요약과 제언

○ 요약

전체지능: 85, 평균 하 수준 / 언어성 지능: 78, 경계선 / 동작성 지능: 98, 평균

수검자의 지능 수준은 평균 하 수준으로 나타났으나 영역 간 편차가 커서 상황에 따른 기능 수준의 변화가 클 것으로 보임. 전반적인 기능은 양호할 것으로 보이며 익숙한 상황에서 가장 높은 기능을 보일 것으로 생각됨. 그러나 낯선 상황에서는 기능 수준이 저하될 수 있고, 피상적인 의사 표현에만 익숙해져 있는 것으로 보임. 자아상이 과장되어 있고 성취가 매우 중요한 것으로 생각되나, 선호도에 따라 비일관적인 노력을 보이고, 피상적인 수준의 기대만 하고 있어서 성과를 내기 어려웠을 것으로 보임. 가정 내에서 정서적인 안정감이 부족해 보이는 수검자는 대인관계가 상당히 중요한 것으로 생각되는데, 지나치게 활발한 대인관계는 과장된 자아상과도 관련이 있는 것으로 보임. 그러나 지금과 같이 일방적으로 관계가 단절된 상황에서 불편감이 커지면서 수면 문제가 나타나고 있는 것으로 여겨짐. 수검자는 분노감이 상당히 크고 좌절에 대한 인내력도 부족해 보이나 강압적 제재가 있는 상황에서는 수동공격적인 방법으로 분노감을 표현하고 있는 것으로 여겨짐. 다만, 스트레스가 더 가중되면 공격적인 언행을 보일 수도 있어 주의가 요망됨.

○ 임상적 진단

심리평가 결과, 수검자는 다음과 같은 진단이 시사됨.

- Insomnia Disorder
- Narcissistic Personality Disorder

비REM 수면-각성장애(Non-Rapid Eye Movement Sleep Arousal Disorder)

■ 스트레스 투사, 언어성 소검사의 질적 기술 방식, 부적절한 대응 행동(남자/20세/대재)

📁 의뢰 사유

수검자는 '우울 기분', '자살사고', '몽유병' 등을 주소로 내원하였으며, R/O Adjustment Disorders 임상적 인상하에 성인종합심리평가가 의뢰되었다.

📁 행동관찰과 면담

수검자는 다소 작은 키에 다부진 체격으로 눈썹이 짙고 수염도 많이 나 있어 인상적이었으며, 검사 내내 일관되게 바른 자세를 하고 있어서 경직되어 보였다. 위생상태는 양호하였으며 눈맞춤도 적절한 수준이었다. 검사 시 언어적 답변이 필요한 질문에서는 곧바로 '잘 모르겠습니다'라고 하며 포기가 매우 빨랐고, 도구를 다루는 과제에서는 열심히 수행하면서도 수행 수준이 나아지지는 않는 등 부적절한 노력을 기울이는 모습이 특징적이었다. HTP와 Rorschach 검사에서도 매우 바른 자세로 열심히 수행했다. 내원 사유에 대해서는 '우울증이다, 제 생각에는…… 죽고 싶다는 생각밖에……'라며 고통감을 호소하였다.

📁 지능과 인지기능

수검자의 전체지능은 57, 경도 정신지체 수준으로 나타났으며, 언어성 지능은 54, 경도-중등도 정신지체 수준, 동작성 지능은 70, 경계선 수준으로 두 지능 간의 차이는 유의미하지 않았다.

한국 웩슬러 성인 지능검사(K-WAIS)			
지능	점수	백분율	수준
언어성 지능	54	<1%ile	경도-중등도 정신지체
동작성 지능	70	2.3%ile	경계선
전체지능	57	<1%ile	경도 정신지체

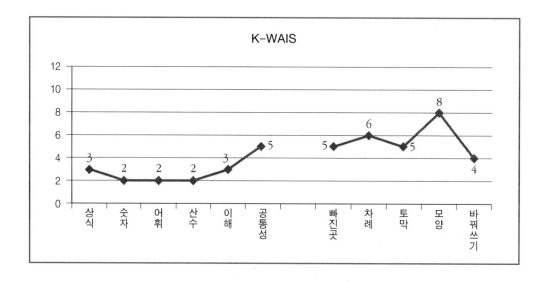

언어성 지능을 살펴보면, 수검자는 모든 언어기능이 경계선 수준 이하로 나타나고 있어서 기초생활에 필요한 간단한 지식이나 사회질서에 대한 이해도 터득하지 못한 것으로 보이며 ('김소월-모르겠다', '절약-모르겠다'), 주의력, 수계산 능력도 극심하게 부족해서('100-40=모르겠다') 자신에게 주어진 임무를 연령에 맞게 수행하기는 힘들 것 같다. 또한 쉬운 단어의 개념만을 일부 파악하고 있을 뿐('기쁨과 슬픔-감정') 단어의 의미조차 명확하게 파악하지 못하고 있는 경우가 많아서 자신의 생각을 전달하거나 타인의 의도를 파악하는 데 상당한 어려움이 있겠다('풍년-모르겠다', '김치-먹는 거').

동작성 지능 영역에서는 부분을 통해 전체 상을 유추하는 능력은 평균 하 수준이며, 자신의 다른 기능 수준에 비해 높게 나타나고 있어서 익숙한 과제를 처리해야 하는 상황에서는 비교적 양호한 기능을 보일 수 있겠다. 그러나 시공간 구성 능력과 시공간 운동 속도는 각각 경계선, 정신지체 수준으로 나타나 시공간 협응 능력이 매우 부족해 보이는바, 기본적인 문제해결 능력은 상당히 부족해 보인다. 한편, 상황적 맥락을 파악하는 능력과 시각적 예민성은 경계선 수준으로 사회적 대처 능력이 매우 부족해서 대면 상황에서 어떠한 대처도 하지 못한 채 무기력한 모습을 보일 수 있겠다.

지능검사 결과, 수검자는 반복적으로 요구되는 익숙하고 일상적인 역할은 수행이 가능해보인다. 그러나 그 외의 모든 기능이 경계선 수준 이하로 나타나 지식을 활용해야 하거나 언어적 이해가 필요한 상황에서는 연령 수준에 맞는 대응이 어려울 것 같다. 게다가 사회적 대처 능력도 매우 부족해서 대면 상황에서도 적절한 대처를 하기는 어려워 보인다.

Rorschach 검사 결과, 낮은 지능 수준에도 불구하고 총 반응 수가 17개로 나타나고 있듯이 문제 상황에 대응하기 위해 나름대로 상당한 노력을 기울이고 있는 것 같다. 그러나 사고가 매우 경직되어 있고(L=16.00), 심리적 자원도 부족하며(EA=0.5), 주변의 다양한 자극을 효율적으로 통합하지 못해서(Zd=-4.0), 단순한 수준의 대응만 가능할 것으로 보인다. 게다가 관습적 지각 능력(P=2)과 문제해결 능력(X-%=0.65)이 매우 부족한 상황에서, 특이한 영역에 주의를 기울이는 경향도 강해서(Dd=7) 주변 환경을 거의 고려하지 못한 채 부적절한 대응 행동을 하는 경우가 많을 것으로 생각된다.

🗁 성격과 정서

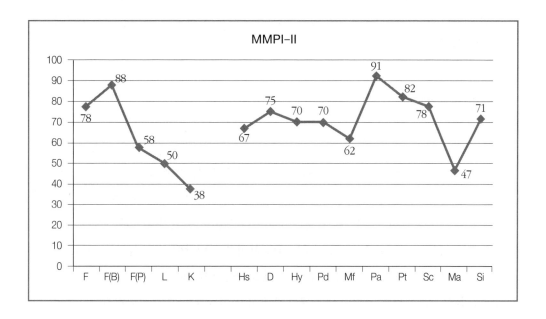

수검자는 HTP 나무 그림에서 '소원-부자', 남자 그림에서 '소원-전 세계 스타', 여자 그림에서 '나중에-솔로로 데뷔해서 전 세계 팝스타'라고 하듯이 기대감이 매우 높아 보이며, HTP 사람 그림에서 손가락만을 강조하고 있듯이 통제 욕구도 높아서 나름대로 자신이 할 수 있는 수준의 노력을 기울여 왔던 것 같다. 그러나 인지기능이 매우 부족하고, 사고 수준이 매우 단

순한(Rorschach: L=16.00) 수검자는 상기의 기대감이 막연하고 피상적인 수준이며, HTP 사람 그림에서 몸의 윤곽만을 그리고 나무 그림에서는 가지를 그리지 못하고 있듯이 구체적이고 실질적인 노력을 기울이지 못해서 객관적인 성과를 얻기는 어려웠던 것 같다. 이러한 수검자는 SCT에서 '내가 정말 행복할 수 있으려면 저한테 행복 같은 건 없습니다', '나의 평생 가장 하고 싶은 일은 없습니다'라고 하듯이 무망감을 느끼고 있으며, 자살사고(SCT: '내가 잊고 싶은 두려움은 자살, 죽고 싶다')까지 보이는 등 우울감을 느끼고 있는 것 같다.

한편, 사고 수준이 미숙한 수검자는 Rorschach의 마지막 카드를 제일 싫어하는 카드로 선택하면서 '징그럽고 그냥 보기가 싫다'라고 하듯이 복잡한 자극을 처리하기 어려워하고, SCT에서 '나에게 이상한 일이 생겼을 때 아직까지 없는 것 같습니다'라고 하듯이 문제 상황을 객관적으로 파악하지도 못하고 있는 상황에서 무기력한 모습을 보이고 있는 것 같다(SCT: 대부분의 문항에서 '모르겠습니다', '우리 윗사람들은 솔직히 잘 모르겠습니다'). 이러한 수검자는 사소한 문제 상황에서도 큰 스트레스를 느껴 왔을 것으로 보이는데, 이를 외부로 투사하고 있어서 주변 환경을 위협적으로 느끼고 있는 것 같다(MMPI: Pa=91T). 그러나 Rorschach에서 '방패', '투구'라고 하듯이 불편감에 직면하기를 꺼리고 있어서(SCT: '우리 가족이 나에 대해서 그건 말할 수 없습니다', '어머니와 나는 말하기 좀 그렇습니다') 갈등이 해소되지 못한 채 가중되어 왔던 것으로 보인다.

요약과 제언

요약

전체지능: 57, 경도 정신지체 / 언어성 지능: 54, 경도-중증도 정신지체 / 동작성 지능: 70, 경계선

수검자의 지능 수준은 경도 정신지체 수준으로 나타남. 반복적으로 요구되는 일상적인 역할은 수행이 가능해 보이나, 지식을 활용해야 하거나 언어적 이해가 필요한 상황에서는 연령 수준에 맞는 대응이 어려워 보임. 수검자는 막연하지만 기대감이 매우 높아 보이며, 통제 욕구가 높아서 나름대로 자신이 할 수 있는 수준의 노력을 기울여 왔던 것으로 보임. 그러나 구체적이고 실질적인 노력을 기울이지 못해서 객관적인 성과를 얻기는 어려워지면서 우울감을 느껴 왔을 것으로 생각됨. 한편, 사고 수준이 미숙하고 복잡한 자극을 처리하기 어려워하는 수검자는 무기력감과 함께 주변 환경을 위협적으로 느끼고 있는 것으로 보임. 또한 불편감에 직면하기를 꺼리고 있어서 이를 해소하지 못한 채 가중되어 온 것으로 여겨짐.

○ 임상적 진단

심리평가 결과, 수검자는 다음과 같은 진단이 시사됨.

- Unspecified Depressive Disorder

- Non-Rapid Eye Movement Sleep Arousal Disorders, Sleepwalking type

- Intellectual Disability, Mild

34　악몽장애(Nightmare Disorder)

■ 숫자와 바꿔쓰기의 높은 수행, 존재감 저하, 희생자와의 동일시(남자/19세/고졸)

📂 의뢰 사유

수검자는 '불면증', '악몽', '우울감' 등을 주소로 내원하였으며, R/O Unspecified Sleep-Wake Disorder, R/O Unspecified Depressive Disorder 임상적 인상하에 성인종합심리평가가 의뢰되었다.

📂 행동관찰과 면담

수검자는 보통 키에 보통 체격으로 입술이 터져 있었으며, 손등에는 자해한 흔적이 남아 있었다. 위생상태는 양호하였으나, 눈맞춤은 간헐적으로 이루어졌다. 무표정한 얼굴로, 단답식으로만 대답하고, 억양의 변화 없이 말하고 있어서 냉소적으로 보였다. 그러나 도구를 다루는 과제에서 빠르게 수행하기 위해서 손놀림을 바쁘게 움직였으며, 언어성 과제에서도 구체적으로 대답하기 위해 노력하는 등 성취 욕구가 높아 보였다. 내원 사유에 대해서는 '고등학교 1학년 때부터 불면증으로 힘들어서 정신과 치료를 받았었다', '하루도 빠지지 않고 총에 맞거나 칼에 찔리는 꿈을 꾼다, 매일 되풀이되는 악몽으로 인해 너무 힘들다'라며 수면 유지와 악몽으로 인한 고통감을 반복적으로 언급하였다.

📂 지능과 인지기능

수검자의 **전체지능은 104, 평균 수준**으로 나타났으며, 언어성 지능은 107, 평균 수준, 동작성 지능은 99, 평균 수준으로 나타나서, 두 지능 간의 차이는 유의미하지 않았다. 다만 소검사 간의 차이가 10점으로 크게 나타나고 있어서 상황에 따른 기능상의 차이가 클 것으로 예상된다.

한국 웩슬러 성인 지능검사(K-WAIS)			
지능	점수	백분율	수준
언어성 지능	107	71%ile	평균
동작성 지능	99	47%ile	평균
전체지능	104	59%ile	평균

언어성 지능을 살펴보면, 간단한 자극에 주의를 기울이는 능력이 만점에 가까운 최우수 수준으로 나타나고 있어서 간단한 자극을 다룰 때는 높은 집중력을 발휘할 것으로 보인다. 또한 산술 능력도 평균 상 수준으로 높은 편이었다. 한편, 사회적 상황에 대한 이해력이 평균 상 수준, 기본적인 상식이 평균 수준을 보이고 있어서 전반적인 지식 습득 수준은 적절한 것 같다. 그리고 어휘구사력이 평균 수준이어서 언어적 개념을 이해하는 능력도 양호해 보인다. 그러나 사물의 유사성을 파악하는 능력이 평균 하 수준을 보이고 있어서 추상적인 사고력은 다소 부족해 보이는바('모기와 나비-파충류'), 고차원적인 개념에 대한 이해가 필요할 때는 기능 수준이 저하될 수 있겠다.

동작성 지능 영역에서는 시공간 운동 속도가 최우수 수준으로 나타나고 있어서 평가 상황에서의 동기 수준이 상당히 높아 보이며, 간단한 운동기능이 필요한 경우에는 매우 민첩하게 반응할 것으로 생각된다. 또한 부분을 통해서 전체 상을 구성하는 능력이 평균 수준을 보이고, 시공간 구성 능력이 평균 하 수준으로 나타나서 도구를 다루는 능력도 비교적 양호해 보

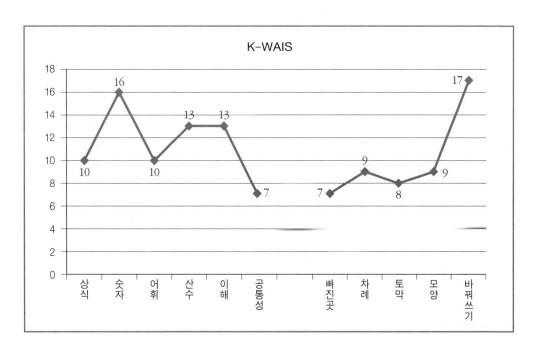

이는데, 바꿔쓰기 소검사에 비해 낮게 나타나고 있어서 과제의 난이도가 복잡해지면 주관적으로는 불만족감을 느끼기 쉽겠다. 한편, 상황적 맥락을 파악하는 능력이 평균 수준, 시각적 예민성이 평균 하 수준으로 나타나서 사회적 대처 능력은 비교적 적절해 보인다.

지능검사 결과, 상당히 높은 동기 수준을 가지고 있는 수검자는 간단하고 쉬운 과제에서는 매우 높은 기능 수준을 유지할 것으로 보이는바, 자기 자신에 대한 기대 수준이 높을 것으로 여겨진다. 그러나 다른 대부분의 기능은 평이한 수준을 보이고 있어서 기대와 실제 수행 간의 괴리로 인해 부적절감을 느끼는 경우가 많겠다. 그리고 고차원적인 개념에 대한 이해가 필요한 상황에서 기능 저하를 보이고 있어서 과제가 어려워지면 불만족감을 느끼면서 동기 수준이 저하될 것으로 생각된다.

Rorschach 검사 결과, 총 18개로 적절한 반응 수를 보이고 있으나, 평범반응이 단 1개에 불과하여 관습적인 판단력이 부족해 보이며, 왜곡된 형태반응이 많이 나타나고 있어서(X-%=0.56) 문제 상황에서 적절한 대처를 하는 데 어려움이 클 것으로 여겨진다. 그리고 주변 자극을 부적절하게 임의적으로 연관시키는 경향이 강해서(WSum6=7) 공감적인 관계를 맺기 어려워 보이는데, 정서적 충동성이 높아 보이는바(Pure C=2) 스트레스 상황에서 갑작스럽게 문제 행동을 보일 수 있겠다.

🗁 성격과 정서

수검자는 SCT에서 '내 생각에 가끔 아버지는 알 수 없다', '남녀가 같이 있는 것을 볼 때 커플이구나'라고 하는 등 정서적으로 거리감 있는 반응을 하듯이 관계에서 주변 사람들과 그다지 지지적인 관계를 형성하지 못하고 있는 것 같다. 그리고 SCT에서 '아버지와 나는 슬픈 사이', '나는 어머니를 좋아했지만 좋아할 수만은 없게 되었다'라며 부모와의 관계에서의 안타까움을 강조하듯이 가정 내에서 고통감이 컸던 것으로 여겨진다. 이러한 수검자는 Rorschach에서 순수인간반응을 1개밖에 하지 못하고 있듯이 정체감 형성에도 어려움이 있을 것으로 보이며, 안정적인 관계를 형성하지 못한 채(SCT: '내가 좋아하는 사람은……') 공허감을 느끼고 있는 것 같다(HTP: 집 그림 '그냥 집', '아무도 안 산다', '분위기-아무도 안 살아서 어두운 것 같다'). 또한 HTP 사람 그림에서 '단점-살아 있다는 것'이라고 하듯이 자기 자신에 대한 존재감도 저하된 것으로 보인다. 이러한 상황에서 불편감을 유발하는 자극으로부터 거리감을 유지하기 위해 노력하면서도(Rorschach: 친밀감에 대한 태도를 나타내는 카드에서 '문자와 표식'이라고 함), 한편으로는 극적인 표현을 통해서 주변 사람들의 관심을 유발해 왔던 것 같다(SCT: '내가 보는 나의 앞날은 제발…….' / TAT: '슬픈 사이').

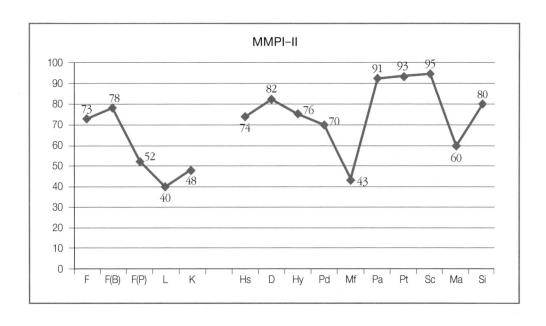

한편, Rorschach에서 '무언가 만들다가 손을 찔려서 피가 난다', '팽이 날에 맞아서 피가 난 거 같다'라고 하듯이 무력한 희생자에게 자신을 동일시하고 있는 수검자는 자신의 유약함을 강조하면서(HTP: 나무 그림 '나이-두 살') 고통감을 호소해 왔던 것으로 보인다. 이러한 수검자는 평소에 수동적이고(HTP: 나무 그림 '미래-운이 좋으면 살고, 운이 나쁘면 죽는다' / SCT: '나에게 이상한 일이 생겼을 때 기다린다'), 방어적인 태도로 대응함으로써(SCT: '상관없다', '알 수 없다', '모르겠다' 등의 반응을 다수 보임) 내면의 불편감을 억압하고 있는 것으로 보이는바, 스트레스가 미해결된 채로 쌓여 왔을 것으로 보이며, 이러한 대응 방식이 수면의 어려움을 지속시키고 있는 것 같다(SCT: '무엇보다도 좋지 않게 생각하는 것은 불면', '무슨 일을 해서라도 잊고 싶은 것은 매일매일 반복되는 악몽').

HTP 나무 그림에서 '생각-빨리 자라는 거'라고 하듯이 자기 자신에 대한 기대 수준이 높은 수검자는 스트레스 상황에서 주지화 방어기제를 통해서 대처하고 있는 것 같다(Rorschach: '데칼코마니', '세균, 바이러스'). 그러나 HTP에서 집, 나무, 사람 등을 작게 그리고 MMPI에서 K 척도가 48T로 낮게 나타나고 있듯이 자아강도가 약해져 있는 것으로 보이는바, 스트레스가 가중되는 상황에서 극도로 퇴행된 모습을 보일 수 있겠다(Rorschach: '피카츄'). 게다가 내면에는 분노감이 크고(Rorschach: '피', '불이 타오른다', S=2), 정서적으로 매우 불안정한 상태로 여겨지며(MMPI: 대부분의 척도가 70T 이상으로 상승함 / Rorschach: '천사와 악마'), 정서적 충동성도 시사되고 있어서(Rorschach: Pure C=2), 순간의 감정에 따라 갑작스럽게 극단적인 문제 행동을 보일 가능성이 높아 보이는바(SCT: '언젠가 나는 죽겠지', '때때로 두려운 생각이 나를 휩싸일 때 죽고 싶다') 지속적인 주의가 요망된다.

📁 요약과 제언

○ 요약

전체지능: 104, 평균 / 언어성 지능: 107, 평균 / 동작성 지능: 99, 평균

수검자의 지능 수준은 평균 수준으로 나타남. 상당히 높은 동기 수준을 가지고 있는 수검자는 자기 자신에 대한 기대 수준이 높아 보임. 그러나 기대와 실제 수행 간의 괴리로 인해 부적절감을 느끼는 경우가 많겠음. 그리고 고차원적인 개념에 대한 이해가 필요한 상황에서 기능 저하를 보이고 있어서 과제가 어려워지면 불만족감을 느끼면서 동기 수준이 저하될 수 있음. 수검자는 관계에서 충분한 정서적 지지를 받지 못해 왔던 것으로 보이며, 가정 내에서 고통감이 컸던 것으로 여겨짐. 이러한 수검자는 정체감 형성에도 어려움이 있을 것으로 보이며, 자기 자신에 대한 존재감이 저하된 것으로 보임. 이러한 상황에서 불편감을 유발하는 자극으로부터 거리감을 유지하기 위해 노력하면서도, 한편으로는 극적인 표현을 통해서 주변 사람들에게 관심을 유발해 왔던 것으로 여겨짐. 수검자는 수동적이고 방어적인 태도로 대응함으로써 내면의 불편감을 억압하고 있는 것으로 보이는바 스트레스가 미해결된 채로 쌓여 왔을 것으로 보이며, 이러한 대응 방식이 수면의 어려움을 지속시키고 있는 것으로 생각됨. 또한 주지화 방어기제를 주로 사용하면서도 스트레스가 가중되는 상황에서는 극도로 퇴행된 모습을 보일 수 있음. 게다가 순간의 감정에 따라 갑작스럽게 극단적인 문제 행동을 보일 가능성이 높아 보이는바 지속적인 주의가 요망됨.

○ 임상적 진단

심리평가 결과, 수검자는 다음과 같은 진단이 시사됨.

- Nightmare Disorder
- Unspecified Depressive Disorder
- Borderline Personality Disorder

35 명시되지 않는 수면-각성장애(Unspecified Sleep-Wake Disorder)

1. 무반응 대처, 이타적이고 도덕적인 태도(남자/23세/고졸)

📁 의뢰 사유

수검자는 '고등학교 때, 수면 중에 주변 사람들을 때리거나 일어나서 말을 한 적이 있다', '한 달 전, 수면 중에 옆에서 자던 병사의 몸을 만졌으나 기억이 나지 않는다' 등을 주소로 내원하였으며, R/O Unspecified Sleep-Wake Disorder 임상적 인상하에 성인종합심리평가가 의뢰되었다.

📁 행동관찰과 면담

수검자는 보통 키에 보통 체격으로 안경을 쓰고 있었다. 위생상태는 적절하였으며, 눈맞춤도 잘 이루어졌다. 왼쪽 눈을 반복적으로 깜박거리는 등 틱 증상을 시사하는 행동을 보였다. 검사 전반에서 차분한 어투로 말하였고, 검사 지시에 잘 따르는 등 협조적인 태도를 보였다. 그러나 도구를 다루는 과제에서는 손이 미세하게 떨렸으며, 손톱으로 손 주변을 뜯는 등 다소 긴장된 모습도 나타났다. 내원 사유에 대해서는 '몽유병이 있는데, 훈련 나갔을 때 옆에 병사의 몸을 만졌다고 얘기를 들었다', '어릴 때도 자다 일어나서 돌아다니거나 옆에 있는 사람을 때린 적이 있었다'라며 별다른 심각성 없이 담담한 어투로 수면 문제를 보고하였다.

📁 지능과 인지기능

수검자의 **전체지능은 84, 평균 하 수준**으로 나타났으며, 언어성 지능은 81, 평균 하 수준, 동작성 지능은 92, 평균 수준을 보이고 있어서, 두 지능 간의 차이는 유의미하지 않았다. 다만, 소검사 간의 차이가 7점으로 크게 나타나고 있어서 상황에 따른 기능상의 차이가 클 것으로 예상된다.

한국 웩슬러 성인 지능검사(K-WAIS)			
지능	점수	백분율	수준
언어성 지능	81	11%ile	평균 하
동작성 지능	92	27%ile	평균
전체지능	84	18%ile	평균 하

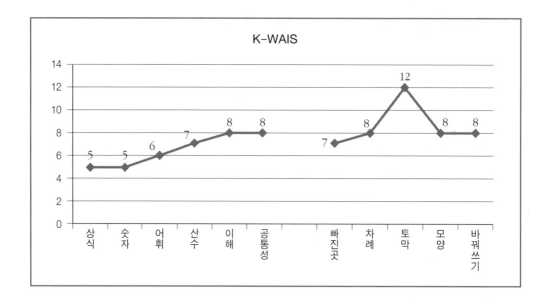

언어성 지능을 살펴보면, 사회적 상황에 대한 이해력과 사물의 유사성을 파악하는 능력이 평균 하 수준을 보이고 있어서 일상생활을 통해서 습득되는 언어적인 능력이 다소 부족한 정도로 나타났다('수레-사람이 없어서 조용하다', '신문과 라디오-방송'). 또한 산술 능력이 평균 하 수준, 순간적인 자극에 주의를 기울이는 능력이 경계선 수준으로 나타나고 있어서 수 개념을 다루는 능력도 부족해 보인다. 어휘구사력과 기본적인 상식이 경계선 수준이어서 학습을 통한 지식 습득 수준도 상당히 부족하게 나타났다('김소월-소설작가', '시늉-모르겠어요').

동작성 지능 영역에서는 시공간 구성 능력이 평균 상 수준을 보이고 있어서 구조화된 상황에서는 상대적으로 높은 기능 수준을 발휘할 것으로 생각된다. 그러나 부분을 통해서 전체 상을 구성하는 능력이 경계선 수준, 시공간 운동 속도가 평균 하 수준을 보이고 있어서 응용력 및 민첩성이 필요한 상황에서는 기능 수준이 떨어질 수 있겠다. 또한 상황적 맥락을 파악하는 능력과 시각적 예민성이 평균 하 수준을 보이고 있어서 사회적 대처 능력도 다소 부족한 것 같다.

지능검사 결과, 지적 잠재력이 다소 높게 나타나고 있어서, 자신에 대한 기대 수준도 높을 것으로 여겨진다. 그러나 그 외 모든 소검사가 평균 하에서 경계선 수준을 보이고 있어서 대부분의 상황에서 나이에 비해서 미숙한 수행을 보일 것으로 여겨지는바 부적절감을 경험하기 쉬울 것으로 생각된다.

　　Rorschach 검사 결과, 총 반응 수가 3개에 그치고 있어서, 조금이라도 애매하고 복잡한 자극이 주어지는 상황에서는 무기력해져서 무반응으로 일관할 가능성이 높아 보인다.

📂 성격과 정서

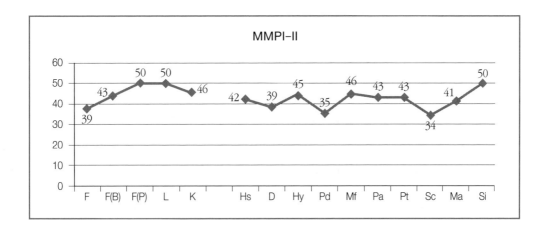

수검자는 MMPI에서 모든 임상척도가 50T 이하로 낮게 나타났고, SCT에서 고통감과 관련한 문항들에서 모두 '없다'라고 하듯이, 별다른 심리적 불편감을 호소하지 않음으로써 자신에게 문제가 없음을 지나치게 강조하고 있는 것으로 생각된다. 게다가 SCT에서 '내 생각에 참다운 친구는 친구를 먼저 생각하는 것이다'라고 하듯이 이타주의적인 태도를 강조하고 있으며, SCT에서 '내가 바라는 여인상은 착하고 성실한 여자다'라고 하듯이 모범적이고 바람직한 대답을 하고 있는 것을 보면, 도덕적이고 관습적인 규범을 지키기 위해서 상당히 노력해 왔을 것으로 생각된다.

　　그러나 앞에서 나타나듯이 이타적이고 도덕적인 태도를 강조하고 있으면서도, SCT에서 '윗사람이 오는 것으로 보면 나는 짜증난다', '내가 싫어하는 사람은 더러운 사람'이라고 하듯이 한편으로는 주변 사람들에게 불만도 느끼고 있는 것 같다. 성인인 수검자가 SCT에서 '나에게 이상한 일이 생겼을 때 부모님께 말한다'라고 하듯이 미숙해 보이며, SCT에서 '우리 윗사람들은 대부분이 좋다'라고 하듯이 피상적인 사고 경향이 나타나고 있어서, 문제 상황에서 충분히 깊이 있게 고민하지 못한 채 부정적인 감정들을 억압하고(MMPI: Pd=35T) 긍정적인 면을 강조하면서 지내 왔던 것 같다. 그러나 이렇듯 과도한 억압은 추후 갑작스러운 문제 행동을 일으킬 수 있어 주의가 요망된다(SCT: '내가 저지른 가장 큰 잘못은 가출이다').

수검자는 스트레스를 야기할 수 있는 Rorschach의 첫 번째 카드에서 '천사'라고 하듯이 문제 상황을 부인하는 것으로 보이나, 이후 카드에서는 대부분 반응을 하지 못하고 있는 것을 보면, 부인하는 것 이외에 문제 상황에 대처할 수 있는 심리적 자원이 매우 제한적인 것으로 보인다. 이러한 수검자는 SCT에서 '무슨 일을 해서라도 잊고 싶은 것은 생각하지 않는다'라고 하듯이 문제 상황에서 이를 직면하기보다는 회피해 왔던 것으로 보이며, 이러한 회피적 경향이 특이한 수면 양상을 통해서 드러나고 있는 것으로 생각된다.

🗁 요약과 제언

○ 요약

전체지능: 84, 평균 하 / 언어성 지능: 81, 평균 하 / 동작성 지능: 92, 평균

수검자의 지능 수준은 평균 하 수준으로 나타남. 지적 잠재력이 적절해 보이지만, 대부분의 소검사가 평균 하에서 경계선 수준을 보이고 있어서 나이에 비해서 미숙한 수행을 보이는 경우가 많을 것으로 생각됨. 별다른 심리적 불편감을 호소하지 않음으로써 오히려 자신에게 문제가 없음을 강조하고, 도덕석이고 관습적인 규범을 강조하고 있음. 그러나 주변 사람들에 대한 불만을 느끼고 있는 것을 고려하면 바람직성을 강조하는 것은 반동형성으로 보임. 이러한 수검자는 스트레스가 가중되면 갑작스럽게 문제 행동을 보일 수도 있음. 한편, 문제 상황에서 이를 직면하기보다는 회피해 왔던 것으로 보이며, 이러한 회피적 경향이 특이한 수면 양상을 통해서 드러나고 있는 것으로 생각됨.

○ 임상적 진단

심리평가 결과, 수검자는 다음과 같은 진단이 시사됨.

- Unspecified Sleep-Wake Disorder

2. 미숙함과 느린 반응, 성인 수면 중 경악장애, 현저한 대처 자원 부족(남자/20세/대재)*

📁 의뢰 사유

수검자는 '이해력 부족', '피해사고', '수면 중 보행' 등을 주소로 내원하였으며, R/O Unspecified Dissociative Disorder, R/O Non-Rapid Eye Movement Sleep Arousal Disorder, Sleepwalking type 임상적 인상하에 성인종합심리평가가 의뢰되었다.

📁 행동관찰과 면담

수검자는 보통 키에 보통 체격으로, 검은 뿔테 안경을 끼고 있었고 체취가 약간 났으나 전반적인 위생상태는 양호한 편이었다. 검사자와의 눈맞춤이 비교적 적절하게 이루어졌고, '예…… 요렇게'라고 대답을 꼬박꼬박 하는 등 협조적인 태도로 검사에 임하였다. 토막짜기 소검사에서는 4개를 이용하라는 지시에도 1개만을 가지고 수행하는 등 지시대로 이행하는 데 어려움이 있었고, 언어성 검사에서는 손짓을 하며 설명을 하거나 '훈장이 뭐 받는 거예요?'라며 힌트를 요구하는 등 다소 미숙해 보이는 모습도 나타났다. 지능검사에서는 대부분 속도가 느린 편으로 지연된 반응을 보이는 경우가 많았다. 면담 시에는 느리게 대답하고, '(검사)결과가 학교로 가나요?'라고 경계하는 모습을 보였고, 내원 사유에 대해서는 '스트레스성 압박감으로…… 스트레스를 많이 받고, 편두통, 어지럼증으로 잠자고 일어났는데 저보고 여덟 살이라고 하고 여기가 어디냐고 하고 엄청 울었다고 합니다'라고 나열하였다.

📁 지능과 인지기능

수검자의 **전체지능은 80, 평균 하 수준**으로 같은 연령대에서 하위 9% 정도 수준이었다. 언어이해는 97, 평균 수준, 지각추론은 70, 경계선 수준, 작업기억은 96, 평균 수준, 처리속도는 69, 경도 정신지체 수준을 보이고 있었다. 지능 영역 간 차이가 28점으로 크게 나타나고(기준 23점), 지각추론 영역 내 소검사 간 차이도 5점으로 크게 나타나서(기준 5점 차이) 전체지능

---

* K-WAIS-IV를 사용한 보고서는 이하 *표 처리함.

한국 웩슬러 성인 지능검사 4판(K-WAIS-IV)			
영역	지능	백분율	수준
언어이해	97	42%ile	**평균**
지각추론	78	7%ile	경계선
작업기억	96	39%ile	**평균**
처리속도	69	2%ile	**경도 정신지체**
전체지능	80	9%ile	평균 하
일반능력	85	16%ile	평균 하

※ 단일 점수로서 대표성을 가지는 지능지수는 진하게 표시함.

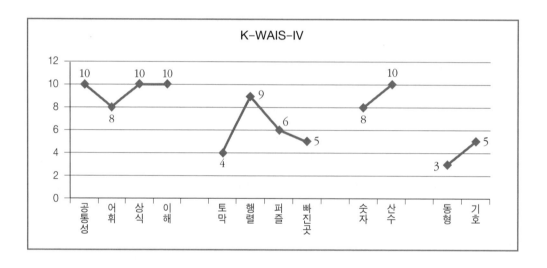

(80, 평균 하 수준) 및 일반능력(85, 평균 하 수준)이 모두 수검자의 기능을 온전히 대표한다고 보기 어려울 것으로 여겨지므로, 각 지표가 나타내는 기능 수준을 파악하는 것이 더 중요해 보인다.

언어이해 영역에서는 사회적 상황에 대한 이해력과 기본적인 상식이 평균 수준으로 나타나서, 전반적인 지식 습득 수준이 적절해 보인다. 그리고 사물의 유사성을 파악하는 능력과 어휘구사력이 각각 평균, 평균 하 수준으로 나타나서, 언어적 개념을 형성하는 능력도 비교적 양호해 보인다. 그러나 난이도가 높은 문항은 맞히면서도, 그보다 쉬운 과제에서는 답을 틀리거나 1점에 그치는 경우가 많아서('돈-먹고 살기 위해', '고요하다-아무것도 없는 상태', '소리와 파도-파도가 내는 게 소리니까…… 모르겠다'), 학습이 체계적으로 이루어지지는 못한 것 같다.

지각추론 영역에서는 전체를 고려하여 핵심을 파악하는 능력이 평균 수준으로 나타나서, 추론 능력은 적절해 보인다. 그러나 자극 간의 관련성을 찾아내는 능력과 시공간 구성 능력이 각각 경계선, 정신지체 수준을 보이고 있어서, 시공간적 정보를 처리하는 등 보다 직접적으로 문제를 해결해야 하는 상황에서는 기능 수준이 급격히 저하될 것으로 생각된다. 그리고 시각적 예민성이 경계선 수준이어서, 주변 환경 자극에 상당히 둔감해져 있는 것 같다.

작업기억 영역에서는 산술 능력과 단순한 자극에 주의를 기울이는 능력이 각각 평균, 평균 하 수준으로 나타나서, 수 개념을 다루는 능력이 비교적 양호해 보인다.

처리속도 영역에서는 시공간 운동 속도와 긴장감 속에서 빠른 논리적 판단력을 발휘하는 능력이 각각 경계선, 정신지체 수준을 보이고 있어서 민첩성이 매우 부족한 것 같다.

지능검사 결과, 수검자는 언어적 능력, 수를 다루는 능력 등이 적절해 보이고, 기본적인 문제 해결을 위해 필요한 잠재력도 양호한 것으로 여겨진다. 그러나 민첩성이 매우 부족하고, 보다 직접적으로 문제를 해결해야 하는 과제에서는 기능 수준이 급격히 저하되고 있어서, 기대한 만큼의 기능을 보이지 못하고 스스로에 대한 부적절감이 클 것으로 여겨진다. 게다가 언어적 학습도 일관되게 이루어지지 못한 것으로 보이는바, 꾸준함과 성실함이 필요한 영역에서 기능 수준이 낮아질 수도 있겠다.

Rorschach 검사 결과, 수검자는 총 10개의 적은 반응 수를 보이고 있어서, 문제 상황에서의 대처 능력이 매우 부족해 보인다. 평범반응을 보이지 못할 정도로(P=0) 관습적 지각 능력이 매우 부족하고, 왜곡된 형태반응을 많이 보이고 있어서(X-%=0.70) 스트레스 상황에 극도로 취약해 보이는바, 사소한 문제에도 기능저하가 크게 나타날 수 있겠다.

📂 성격과 정서

부에게 거리감을 표현하고 있는(SCT: '아버지와 나는 약간의 어색함이 있는 사이이다') 수검자는 모에게는 애정 어린 표현을 하고 있었으나(SCT: '나의 어머니는 나의 사랑이 극진해서 내가 늘 죄송하다'), 가정 내 소통의 부재를 언급하고 있어서(SCT: '다른 가정과 비교해서 우리 집안은 조금은 소통이 부족한 것 같다'), 모와도 일관된 애착 관계를 맺기 어려웠을 것으로 여겨진다 (HTP: 집 그림 '노부부가 사는 집'). 주변 사람들로부터 관심받고자 하는 욕구가 높은(HTP: 나무 그림 '필요-사람들의 관심') 수검자는 SCT에서 '내가 정말 행복할 수 있으려면 많은 것을 감싸 안아야 하고 베풀어야 한다'라고 하듯이 피상적인 수준에서 호의적이고 바람직한 태도를 보이면서 대인관계를 맺어 왔던 것으로 보이는바, 만족스러운 관계를 형성하지 못하고 오랜 시간 동안 불만을 쌓아온 채 지냈던 것 같다(Rorschach: '같은 사람들끼리 서로 피 튀기며 싸운다'). 의존적 성향을 가지고 있는(HTP: 나무 그림에서 지면에 붙여 그림) 수검자는 스트레스 상황에서 퇴행되어 주변 사람들에게 의존적인 모습을 보일 수 있겠다(면담: '어머니에게 1시간 이상

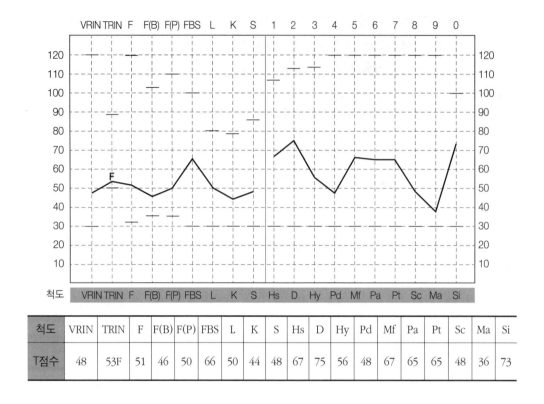

척도	VRIN	TRIN	F	F(B)	F(P)	FBS	L	K	S	Hs	D	Hy	Pd	Mf	Pa	Pt	Sc	Ma	Si
T점수	48	53F	51	46	50	66	50	44	48	67	75	56	48	67	65	65	48	36	73

전화를 하며 사소한 불평을 한다').

　인정받고자 하는 욕구가 높은(HTP: 사람 그림 '행복-누군가에게 칭찬들었을 때') 수검자는 SCT에서 '내가 보는 나의 앞날은 안개 낀 산마루이다', '결혼생활에 대한 나의 생각은 행복하고 아름다움이다' 등의 비유적 표현을 다수 보이고 있고, 이상적인 수준에서의 기대감이 커 보인다(MMPI: Mf=67T). 이러한 수검자는 바람직한 모습을 보이며 주변 사람들로부터 인정을 추구해 왔던 것으로 여겨진다(SCT: '나의 평생 가장 하고 싶은 일은 누군가에게 도움을 주는 일이다'). 그러나 지능검사에서 나타나듯이 민첩성이 부족하고 환경 변화가 나타나는 상황에서 적응하는 능력이 부족해 보이는바, 기대만큼의 대처를 하지 못하고 무기력해져 있는 것 같다(MMPI: Ma=36T). 게다가 주변 사람들의 시선에 예민해져 있어서(MMPI: Pa=65T / HTP: 사람 그림에서 눈과 귀를 강조함), 평가 상황에서 타인의 부정적인 평가를 극대화시켜서 필요 이상으로 고통감을 느끼고 있는 것 같다(HTP: 남자 그림 '불행-누군가가 자신에게 뭐라고 했을 때', 여자 그림 '행동-자기보다 못났다고 생각하는 사람을 무시할 것 같다').

　사고 수준이 미숙한(HTP: 여자 그림 '유치원생') 수검자는 내면의 분노감이 커 보이나(HTP: 사람 그림에서 치아를 강조함), 평상시에는 억압적인 대처를 통해(HTP: 사람 그림에서 겹선으로 그림) 스스로에 대한 통제감을 유지하며 지내 온 것 같다. 그러나 스트레스 대처 능력이 부족한(SCT: '나에게 이상한 일이 생겼을 때 가슴이 답답하다') 수검자는 문제 해결을 위해 필요한 정서적 자원도 부족해서(Rorschach: 색채카드에서 형태질이 저하됨) 부정적 정서를 적절하게 다루기 어려워 보이는바, 스트레스가 가중되면 주변 사람들과 소통을 통해 불편감을 해소하기보다는 신체 증상을 호소하거나(MMPI: Hs=67T) 수면 중 비정상적인 행동을 통해서 드러나는 부분도 있는 것 같다.

📂 요약과 제언

○ 요약

전체지능	80	평균 하	일반능력	85	평균 하
언어이해	97	평균	지각추론	78	경계선
작업기억	96	평균	처리속도	69	경도 정신지체

　수검자의 지능 수준은 평균 하 수준으로 나타남. 언어적 능력, 수를 다루는 능력 등이 적절해 보이고, 기본적인 문제 해결을 위해 필요한 잠재력도 양호한 것으로 여겨짐. 그러나 민첩성이 매우 부족하고, 보다 직접적으로 문제를 해결해야 하는 과제에서는 기능 수준이 급격히 저하되고 있어서, 기대에 미치는 기능을 보이지 못하고 무기력해져 있는 것으로 보임. 관심 받고자 하는 욕구가 높은 수검자는 만족스러운 관계를 형성하지 못하고 오랜 시간 동안 불만을 쌓아 온 채 지냈던 것으로 보임. 또한 스트레스 상황에서 퇴행되어 모에게 의존적인 모습을 보일 수 있음. 게다가 타인의 부정적인 평가를 지나치게 인식하게 되면서 스트레스가 컸던 것으로 여겨짐. 평상시에는 억압적인 대처를 통해 스스로에 대한 통제감을 유지하며 지내 온 것으로 보임. 그러나 내면의 분노감을 적절하게 다루기 어려워 보이는바, 스트레스가 가중되면 신체 증상을 호소하거나 부정적인 감정이 수면 중 비정상적인 행동을 통해서 드러나는 부분도 있는 것으로 생각됨.

○ 임상적 진단
심리평가 결과, 수검자는 다음과 같은 진단이 시사됨.

- Adjustment Disorders, Unspecified
- Unspecified Sleep-Wake Disorder
- Dependent Personality Trait

36　성인에서의 성별불쾌감(Gender Dysphoria in Adults)

1. 여성스러운 행동, 미숙한 사고 경향, 회피의 도구로서의 성적 혼란감(남자/28세/대졸)*

📁 의뢰 사유

수검자는 '게이가 아닌 것을 입증하고 싶다'를 주호소로 내원하였으며, 전반적인 인지기능 및 성격 파악을 위해 성인종합심리평가가 의뢰되었다.

📁 행동관찰과 면담

작은 키에 보통 체격인 수검자는 검은색 점퍼에 안경을 쓰고 있었고, '일어났다가 다시 잤다'라며 검사 시간에 30분 늦게 도착하였다. 검사자와 눈맞춤은 적절하였고, 위생상태도 양호하였다. 말투와 행동이 다소 여성스러웠고, 미소 띤 표정으로 검사를 실시하였으며 검사 내내 표정의 변화가 다양하였다. 모르는 문항에서는 민망한 듯 웃는 경우가 많았고, '쉬운 걸로 좀 하면 안 될까요?'라고 요청하기도 하였다. 새로운 과제를 실시할 때마다 필요 이상으로 검사책자를 유심히 살펴보면서 고개를 갸우뚱거리고 입술을 내밀거나 '헉', '아이고, 깜짝 놀랐네'라며 과장된 표현을 하였다. 행렬 소검사에서는 정답을 손가락으로 짚으면서 '이거요'라고 말하였고, HTP에서도 검지를 세우며 '한 명만 그리는 거죠?'라고 묻는 등 여성스러운 행동들이 과장되게 나타났다. 속도를 측정하는 검사에서는 제한 시간이 지난 후에도 과제를 더 하였고, 오답을 설명할 때에는 검사자의 말이 끝나기 전에 곧바로 따라 하면서 '아, 그거죠'라며 아는 체를 하기도 했다. 그리고 토막을 검사자 쪽으로 돌려주었고, '죄송한데 방향이 반대되는 것도 포함됩니까?'라며 지나치게 예의 바른 모습도 나타났다. 검사 후반부에서는 '그런데

---

* K-WAIS-IV를 사용한 보고서는 이하 *표 처리함.

선생님은 전혀 안 웃으시네요'라며 불만스럽게 말하였다. 내원 사유에 대해서는 '게이라고 소송 걸려서 그 자료가 필요해서'라고 하였다.

🗁 지능과 인지기능

한국 웨슬러 성인 지능검사 4판(K-WAIS-IV)			
영역	지능	백분율	수준
언어이해	93	33%ile	평균
지각추론	**82**	**11%ile**	**평균 하**
작업기억	**84**	**14%ile**	**평균 하**
처리속도	**75**	**5%ile**	**경계선**
전체지능	78	7%ile	경계선
일반능력	85	16%ile	평균 하

※ 단일 점수로서 대표성을 가지는 지능지수는 진하게 표시함.

　수검자의 **전체지능은 78, 경계선 수준**으로 같은 연령대에서 하위 7% 정도 수준이었다. 언어이해는 93, 평균 수준, 지각추론은 82, 평균 하 수준, 작업기억은 84, 평균 하 수준, 처리속도는 75, 경계선 수준을 보이고 있었다. 지능 영역 간의 차이는 유의미하지 않으나(기준 23점 차이), 언어이해 영역의 소검사 간 점수 차이가 5점으로 크게 나타나고 있어서(기준 5점 차이), 전 영역을 고려한 '전체지능'과 언어이해와 지각추론을 고려하여 산출된 '일반능력'(85, 평균 하 수준) 모두 수검자의 기능을 온전히 대표한다고 보기 어렵기 때문에 각 지표가 나타내는 기능 수준을 개별적으로 파악하는 것이 더 중요해 보인다.

　언어이해 영역에서는 단어의 유사성을 파악하는 능력이 평균 수준으로 나타나서 단어의 개념을 이해하는 능력은 양호한 것으로 생각되며, 기본적인 상식 수준과 사회적인 이해력은 각각 평균, 평균 하 수준으로 나타나서 전반적인 지식 습득 수준도 비교적 적절한 것으로 보인다. 그러나 어휘구사력은 경계선 수준이었고, '유발하다-발생시키는 요인', '심사숙고-많은 고민을 하다'와 같이 관련은 있으나 핵심을 벗어나는 대답을 하는 경우가 많아서 정확한 의사진달은 이려울 것 같다. 또힌 '호기심 의문점', '갯벌-질퍼하다'와 같이 연상되는 단어를 말하거나, 대부분 1점을 얻고 있어서 사고는 피상적인 것으로 여겨진다.

　지각추론 영역에서는 자극 간의 관련성을 찾아내는 능력과 전체를 고려해서 핵심을 파악하는 능력이 평균 하 수준으로 나타나서 비언어적인 추론 능력은 비교적 양호한 것으로 보인다. 그러나 시공간 구성 능력은 경계선 수준으로 나타나서 직접적으로 도구를 다루는 상황에

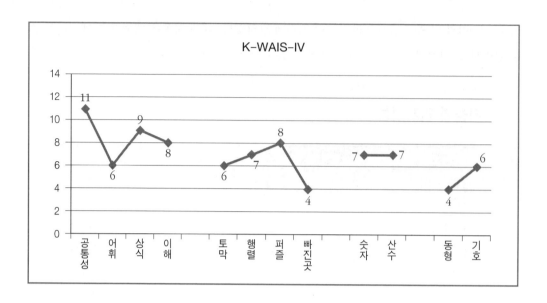

서는 다소 저조한 기능을 보일 것 같다. 시각적 예민성은 정신지체 수준으로 나타나서 주변 환경에 상당히 둔감한 것으로 여겨진다.

작업기억 영역에서는 단순한 자극에 주의를 기울이는 능력과 수계산 능력이 모두 평균 하 수준으로 나타나서 수 개념을 다루는 능력과 주의력은 비교적 양호한 것으로 생각된다.

처리속도 영역에서는 시공간 협응 능력과 빠른 시간 내에 논리적인 판단을 하는 능력이 각 각 경계선, 정신지체 수준으로 나타나서 정신 운동 속도는 매우 느렸다.

지능검사 결과, 수검자는 언어적인 추론 능력이 양호하고 전반적인 지식 수준도 비교적 적 절한 것으로 보인다. 그러나 주변을 고려하지 못한 채로 자의적인 판단을 내리기 쉽고, 정확 한 의사소통을 할 수 있는 능력도 부족해서 대인관계에서 오해가 발생하기 쉬울 것 같다. 또 한 빠른 의사결정이 요구되는 상황에서도 기능 수준이 저하될 것으로 여겨진다.

Rorschach 검사 결과, 총 반응 수는 13개로 부족한 것으로 나타났고, 형태를 보고하지 못하 는 경우도 있어서(DQ vague=1) 스트레스에 대처할 수 있는 심리적인 자원은 매우 부족할 것 으로 생각된다. 또한 왜곡된 형태반응이 많고(X-%=0.54) 부적절한 방식으로 연결 짓고 있어 서(INCOM=1, FABCOM=1) 상황에 맞지 않게 의심하기 쉬워 보인다. 게다가 카드가 바뀜에도 불구하고 '나비', '박쥐', '한복', '계곡' 등 몇 가지 반응을 반복하고 있어서 사고의 유연성도 매 우 부족한 것 같다.

🗂 성격과 정서

ASI-3 (불안민감)	APPQ (공황)	MDQ (조증)	HCL-32 (경조증)	PHQ-9 (우울)	STAI-Trait (특성불안)
1	32	2	4	0	31
36T	46T	(cut off: 7)	(cut off: 14)	(cut off: 9)	33T

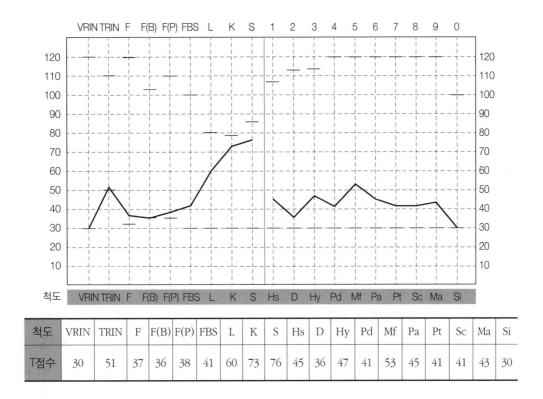

척도	VRIN	TRIN	F	F(B)	F(P)	FBS	L	K	S	Hs	D	Hy	Pd	Mf	Pa	Pt	Sc	Ma	Si
T점수	30	51	37	36	38	41	60	73	76	45	36	47	41	53	45	41	41	43	30

　MMPI에서 5번 척도가 상대적으로 상승되어 있는 수검자는 검사 내내 여성스러운 말투와 제스처가 과장되게 나타나는 경우가 많았다. 또한 HTP 사람 그림에서는 여자 그림에 시간을 더 많이 들이면서 액세서리와 상표를 강조했고, Rorschach에서도 '화려한 여자 옷, 요즘 트렌드에 맞는 원피스 한복', '여자 옷 같은데, 원피스'라고 하듯이 여성적인 성향이 강하게 나타나고 있었다. 그러나 수검자의 주소가 '게이가 아닌 것을 입증하고 싶다'이고, 검사상 '장가가고 싶다'라는 말을 지나치게 반복하고 있다는 것을 고려할 때, 현재 성적 정체감에 대해서 부적절감을 경험하고 있을 가능성이 높아 보인다.

　HTP에서 지면에 전체를 그리지 못할 정도로 나무를 크게 그리면서 '아주 울창해요', '100년'이라고 하고, SCT에서도 '내가 보는 나의 앞날은 창창하다'라고 기술하고 있어서 자신에 대한 기대감은 상당히 큰 것으로 보인다. 그러나 지능검사에서 나타나듯이 연령대에 비해 기능이 부족하고, TAT 공백 카드에서 '화목한 미래에 대한 그림', SCT에서 '나의 장래는 밝다'라고 하듯이 사고가 매우 피상적인 것으로 생각된다. 게다가 HTP 집 그림에서는 배경, 나무 그림에서는 새, 사람 그림에서는 옷의 상표를 그리는 것에 시간을 들이고 있듯이 핵심보다는 부수적인 요소에만 노력을 기울이고 있어서 목표에 맞는 결과를 내기 어려웠을 것 같다. 또한 SCT에서 '우리 가족이 나에 대해서는 어리지만 대견스럽게 생각한다', '생생한 어린 시절의 기억은 나를 귀여워했다'와 같이 자신을 연약하게 묘사하는 경우가 많았고, HTP 집 그림에서 눈사람을 그리고 '필요-치킨'이라고 하듯이 사고 수준이 미숙해 보인다. 따라서 연령대에 맞는 역할을 수행하기 힘들 것으로 보이며, 현재 직업적인 영역에서도 적절한 기능 수준을 유지하기 어려울 것으로 생각된다.

수검자는 MMPI에서 '애정욕구' 소척도가 72T로 상승되어 있고, HTP에서 '행복-친한 친구들과 만나서 놀 때'라고 하듯이 관계에 대한 욕구가 상당히 커 보인다. 그리고 SCT에서 '내 능력은 누구와의 소통을 좋아하는 것이다'라고 하고 면담에서도 '대인관계에 대해서 고민해 본 적은 없다'라고 하듯이 관계에 대해 만족감을 표현하고 있었다. 그러나 MMPI에서 0번 척도가 30T로 매우 낮게 나타났고, 검사상 지나친 감정 표현이 다수 있어서(HTP: 집 그림 '분위기-화목해요, 아주, 아주' / TAT: '아주 사랑스러워 보여요' / SCT: '어머니와 나는 애틋하다') 감정은 상당히 피상적인 것으로 보이는바, 정서적으로 깊이 있는 관계를 유지하는 것은 어려울 것 같다(TAT: '삭막한 도시에 외로워 보이는 사람', '이별을 앞두고').

수검자는 SCT에서 부정적인 문항에 대해서는 일방적으로 부인하고 있었고(SCT: '어리석게도 내가 두려워하는 것은 없다', '무슨 일을 해서라고 잊고 싶은 것은 없다'), MMPI에서도 K척도가 73T로 상당히 높게 상승하고 있어서 자신의 결점을 드러내지 않으려는 경향이 매우 강한 것 같다. 또한 SCT에서 사회적으로 바람직하고 관습적인 태도에 대한 언급이 많아서(SCT: '내 생각에 가끔 아버지는 존경의 대상이다', '나의 평생 가장 하고 싶은 일은 가정을 이루고 집을 구매하는 것') 상당히 억압적인 것으로 여겨지며, 이러한 스트레스 상황에서 주지화 방어기제를 사용하고 있을 가능성이 매우 높아 보인다(Rorschach: INTELL=4). 그러나 Rorschach에서 '무서워 보여요'라고 하듯이 검사 자극과의 경계를 유지하기 어려울 정도로 자아강도가 약한 수검자는 스트레스 상황에서 성적 정체감의 혼란을 언급하면서 상황을 회피하는 경우가 많을 것으로 생각된다.

🗁 요약과 제언

○ 요약

전체지능	78	경계선	일반능력	85	평균 하
언어이해	93	평균	지각추론	82	평균 하
작업기억	84	평균 하	처리속도	75	경계선

수검자의 지능 수준은 경계선 수준으로 나타났으나 지적 능력의 편차가 매우 커서 상황에 따라 기능 수준의 차이가 크게 나타날 것으로 생각됨. 언어적인 추론 능력이 양호하고 전반적인 지식 수준도 비교적 적절함. 그러나 자의적인 판단을 내리기 쉽고, 정확한 의사소통을 할 수 있는 능력도 부족해서 대인관계에서 오해가 발생하기 쉽겠음. 여성적인 특성이 강하게 나타나고 있으나 이를 수용하지 못한 채 혼란감을 느끼고 있는 것으로 보임. 기대 수준에 비해 성과를 내기 어렵고, 연령에 비해 매우 미숙해서 현재 직업적인 영역에서도 스트레스가 클 것으로 생각됨. 애정 욕구가 매우 크고 대인관계에서 만족감을 표현하고 있으나 실제로는 피상적인 정서로 인해 깊이 있는 대인관계를 유지하는 것이 어려워 보임. 자신의 결점을 드러내지 않으려는 경향이 강한 수검자는 스트레스 상황에서 성적 정체감의 혼란을 호소함으로써 상황을 회피하는 경우가 많을 것으로 생각됨.

○ 임상적 진단
심리평가 결과, 수검자는 다음과 같은 진단이 시사됨.

- R/O Gender Dysphoria in Adults

2. 과시적 태도, 타인의 부도덕성 비난, 특정 타인에 집착(남자/21세/대재)*

🗁 의뢰 사유

수검자는 '충동적으로 동료를 성추행했다'를 주소로 내원하였으며, R/O Unspecified Disruptive, Impulse-Control, and Conduct Disorder, R/O Unspecified Personality Disorder 임상적 인상하에 성인종합심리평가가 의뢰되었다.

📁 행동관찰과 면담

수검자는 큰 키에 다소 마른 체격이었고, 작은 얼굴에 안경을 쓰고 있었으며, 눈은 작은 편이었다. 전반적인 위생상태는 양호하였으며, 검사자와의 눈맞춤도 적절하게 이루어졌다. 그러나 검사 내내 한 자세를 유지하고 있었고, 손톱 밑을 뜯는 행동을 반복적으로 하고 있어서 매우 긴장한 듯 보였다. 또한 답을 말하기 전에 자주 '음', '어' 등의 의성어를 사용하거나, 눈을 깜빡이면서, 미간을 찌푸리고, 손으로 턱을 만지면서 지연 행동을 보이는 경우가 많았다. 그리고 틀린 답을 하고 난 뒤, 잘못 말한 것에 대해서 아쉬운 내색을 보이긴 하였으나 수정하지는 않았다. 게다가 산수 검사에서 손바닥에 계산을 하며 문제를 풀거나, 자신의 뜻대로 수행이 안 될 때에는 손가락으로 탁자를 두드리는 등 미숙한 행동을 보이기도 했다. 내원 사유에 대해서는 '부대장님이 정신과 치료 받는 게 좋을 거 같다고 하셔서, 자고 있는데 동기를 성추행해서, 의식은 있는데 왜 그랬는지는 모르겠습니다'라고 하는 등 문제 행동은 인정하면서도 그 책임은 부인하였다.

📁 지능과 인지기능

한국 웩슬러 성인 지능검사 4판(K-WAIS-IV)			
영역	지능	백분율	수준
언어이해	114	83%ile	평균 상
지각추론	**103**	**57%ile**	**평균**
작업기억	**107**	**67%ile**	**평균**
처리속도	**97**	**41%ile**	**평균**
전체지능	106	65%ile	평균
일반능력	110	74%ile	평균 상

※ 단일 점수로서 대표성을 가지는 지능지수는 진하게 표시함.

수검자의 **전체지능은 106, 평균 수준**으로 같은 연령대에서 상위 35% 정도 수준이었다. 언어이해는 114, 평균 상 수준, 지각추론은 103, 평균 수준, 작업기억은 107, 평균 수준, 처리속도는 97, 평균 수준을 보이고 있었다. 지능 영역 간의 차이는 유의미하지 않았으나(기준 23점 차이), 언어이해 영역의 소검사 간 점수 차이가 7점으로 크게 나타나고 있어서(기준 5점 차이), 전 영역을 고려한 '전체지능'과 언어이해와 지각추론을 고려하여 산출된 '일반능력(110, 평균 상 수준)' 모두 수검자의 기능을 온전히 대표한다고 보기 어렵기 때문에 각 지표가 나타내는

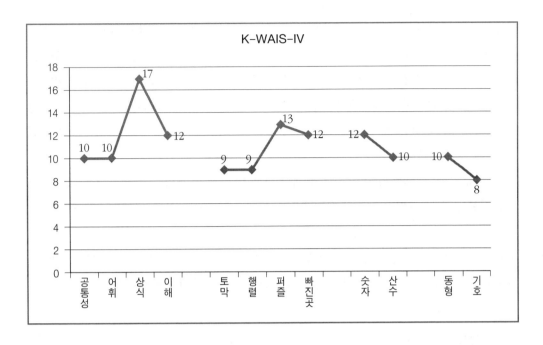

기능 수준을 개별적으로 파악하는 것이 더 중요해 보인다.

언어이해 영역에서는 기본적인 상식 수준이 최우수 수준으로 나타나서('페니실린-플레밍') 단편적인 지식 습득 수준은 매우 뛰어난 것 같다. 다만, 다른 소검사들에 비해 지나치게 높은 수준이어서 지식을 과시하는 경우가 많을 것 같다. 사회적 상황에 대한 이해력이 평균 상 수준으로 나타나서 관습과 규범에 대한 습득 능력이 다소 높아 보이며, 사물의 유사성을 파악하는 능력과 어휘구사력이 평균 수준으로 나타나서 언어적 개념을 형성하는 능력도 양호할 것으로 예상된다.

지각추론 영역에서는 부분을 통해 전체상을 구성하는 능력과 시각적 예민성이 평균 상 수준으로 나타나서 즉각적인 판단이 필요한 상황에서 유연하게 대처할 것으로 여겨진다. 그리고 시공간 구성 능력과 전체를 고려해 핵심을 파악하는 능력이 평균 수준으로 나타나서 직관력도 양호한 것으로 생각되나, 퍼즐 소검사보다 4점이나 낮게 나타나서 직접 도구를 다룰 때에는 주관적으로는 불편감을 느낄 수도 있겠다.

작업기억 영역에서는 간단한 자극에 주의를 기울이는 능력과 수계산 능력이 각각 평균 상, 평균 수준으로 나타나서 주의집중력은 적절한 것으로 여겨진다. 다만, 숫자 소검사의 거꾸로 따라하기 수행에서 더 높은 점수를 얻었고, 산수 소검사에서 어려운 문제는 맞히면서 쉬운 문제는 틀리고 있어서('28-14-9=0'), 오히려 간단한 자극을 다루는 상황에서 부주의한 태도를 보일 수 있겠다.

처리속도 영역에서는 긴장감 속에서 빠른 논리적 판단을 하는 능력이 평균 수준으로 나타나서 시간적 압력이 느껴지는 상황에서도 간단한 과제는 적절히 수행할 수 있을 것으로 보이나, 시공간 운동 속도가 평균 하 수준으로 나타나서 민첩성은 다소 부족한 것으로 생각된다.

지능검사 결과, 수검자는 상식 수준이 매우 높은 것에 반해, 대부분의 소검사가 평이한 수준으로 나타나서 주변 사람들에게 자신의 지식 수준을 과시하는 모습을 보이기 쉬운 것 같다. 그러면서도 간단한 자극에 오히려 부주의할 가능성이 높아서 실제 성취 수준은 높지 않을 것으로 예상된다.

Rorschach 검사 결과, 수검자는 총 35개의 많은 반응 수를 보이고 있어서, 스트레스 상황에 대처할 심리적 자원이 풍부한 듯 보인다. 그러나 사고가 매우 단순하고 경직되어 있고 (L=1.92), 지나치게 무난한 의사결정을 할 가능성이 높아서(W:D:Dd=2:24:9), 정작 문제 상황에서는 피상적인 대응만 하기 쉬울 것 같다. 게다가 관습적 지각 능력과 객관적인 판단력이 부족해서(P=3, X-%=0.29), 노력에 비해 문제 해결 수준은 그다지 만족스럽지 못할 것 같다.

📂 성격과 정서

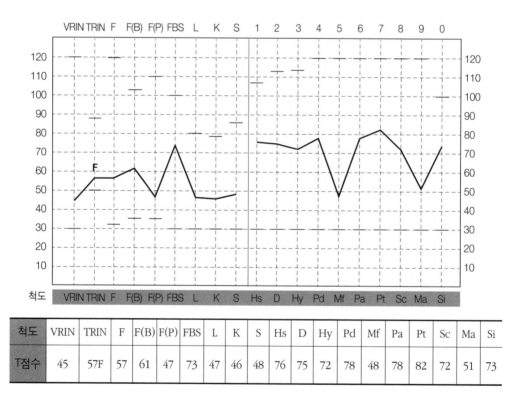

척도	VRIN	TRIN	F	F(B)	F(P)	FBS	L	K	S	Hs	D	Hy	Pd	Mf	Pa	Pt	Sc	Ma	Si
T점수	45	57F	57	61	47	73	47	46	48	76	75	72	78	48	78	82	72	51	73

수검자는 통제 욕구가 높아 보이며(MMPI: 반응지를 정갈하게 작성하고 있음), HTP의 집 그림에서 입체적으로 이층집을 그리고 있어서 우월 욕구도 강한 것으로 생각된다(HTP: 사람 그림 '장관이에요' / Rorschach: '천사'). 게다가 자기 자신에게 과도하게 몰입해 있고(Rorschach: 3r+(2)/R=0.74), 과시적인 성향도 강해 보인다(지능검사: 상식 소검사가 최우수 수준, '관념', '예측', '사안', '처우' 등 수준 높은 어휘를 구사함). 그러나 사고가 매우 미숙하고(Rorschach: A=18) 도덕적인 성향이 강해서(SCT: '어렸을 때 잘못했다고 느끼는 것은 수학 공부를 제대로 하지 않은 것과 부모님께 존댓말을 쓰지 않은 것이다', '완전한 남성상은 격식을 차리고, 대범하며, 어떠한 일에도 마음의 미동이 없고, 남을 인정해 주는 남자라고 생각한다') 유연하게 대처할 가능성은 낮고, 외부 환경을 신뢰하지 못하고 있는 것으로 보이며(SCT: '나에게 이상한 일이 생겼을 때 아무에게도 말하지 않는 게 낫다고 생각한다'), 자신의 방식만 고수하며 비효율적인 대처를 하기 쉬워 보이는바, 자신으로 인한 주변 사람들의 불편감을 이해하지 못한 채 문제 행동을 지속할 가능성이 있겠다.

수검자는 MMPI에서 8개의 임상척도가 70T 이상으로 상승하고 있어서 심리적 고통감이 매우 높아 보이며, F척도가 57T로 평이한 수준으로 나타나서, 이런 고통감이 만성적으로 지속되어 왔을 것 같다. 그러나 위에 나타나듯이 자신에 대한 이상화가 높고, 억압 성향도 강해서(HTP: 사람 그림에서 넥타이와 단추를 일렬로 그림) 타인의 부도덕한 모습을 비난하면서(SCT: '우리 윗사람들은 모범을 보이라 하면서 정작 자신들이 모범을 보이지 않는다', '내가 싫어하는 사람은 예의 없고 자만하며 남을 위해 희생할 줄 모르는 사람이다') 자아상을 유지해 온 것 같다. 그리고 이러한 부적응적 대응 방식이 지속되면서 미해결된 욕구 수준이 상승한 것으로 생각되는바(Rorschach: FM=8), 이를 더 이상 참기 어려워지는 상황에서 충동적인 문제 행동이 나타난 것으로 여겨진다.

애정 욕구가 높은(HTP: 집 그림에서 창문을 많이 그림) 수검자는 HTP 나무 그림에서 '필요-옆에 나무 하나가 더 있으면 좋을 거 같아요', '소원-나도 이 새들처럼 누군가와 같이 있었으면 좋겠다'라고 하고 있어서, 정서적으로 매우 친밀한 대인관계를 원하고 있는 것으로 생각된다(HTP: 여자 그림 '필요-남자 친구'). 또한 반복적으로 유기불안을 호소하고 있는 것을 볼 때(SCT: '어리석게도 내가 두려워하는 것은 내 주윗 사람들이 나를 떠나고 나를 싫어하게 되는 것이다', '내기 있고 싶은 두려움은 언젠가 사람들이 나를 떠날지도 무른다는 것이다'), 대인관계에 상당한 의미를 두고 있는 것으로 여겨진다(SCT: '내 생각에 참다운 친구는 무슨 일이 있어도 그 친구의 옆에서 있어 줄 수 있는 사람이다', '나의 평생 가장 하고 싶은 일은 마음 맞는 내 친구들과 만나 식사하고 산책하며 이야기하는 것이다'). 이러한 수검자는 자신에게 호의적인 특정 타인에게 집착할 가능성이 높아 보이며, 이러한 관계를 유지하지 못할 때에는 극심한 분노감을 느낄 수 있겠다(MMPI: Pd=78T, Pa=78T). 또한 남성성을 과도하게 강조하거나 남성의 성욕을 비난을 하는 등 성적인 주제를 언급하는 것은(HTP: 남자 그림에서 콧수염을 그리고 있음 / Rorschach: 남성으로 반응한 카드를 싫은 카드로 뽑고 있음 / SCT: '남자에 대해서 무엇보다도 좋지 않게 생각하는 것은 성욕을 숨기지 않고 드러낸다는 것이다') 성적인 욕구가 상승해 있음을 시사하며, 성적 표현의 대상이 남성임을 고려할 때 성정체감에 대한 추가적인 확인과 지속적인 관심이 요망된다.

🗂 요약과 제언

○ 요약

전체지능	106	평균	일반능력	110	평균 상
언어이해	114	평균 상	지각추론	103	평균
작업기억	107	평균	처리속도	97	평균

수검자의 지능 수준은 평균 수준으로 나타남. 상식 수준이 높고, 자신의 지식 수준을 과시하는 것에 몰입해 왔을 것으로 보임. 그러나 간단한 자극에 부주의할 가능성이 높아서 실제 성취 수준은 높지 않을 것으로 보임. 통제 욕구와 우월감이 높아 보이지만 유연성이 떨어지고 자신의 방식만 고수할 가능성이 높아서 문제 해결을 어렵게 할 가능성이 높아 보임. 자신에 대한 이상화가 심한 수검자는 타인을 도덕적으로 비난하면서 자아상을 유지해 온 것으로 생각되며, 미해결된 욕구가 상승하면서 갑작스러운 문제 행동으로 연결된 것으로 보임. 관계 중심적인 성향이 매우 강해서 특정 타인에게 집착할 수 있겠으며, 검사상 남성성에 대한 지나친 강조와 비난이 두드러져서 성적인 욕구를 느끼고 있을 가능성이 높아 보이는바, 성정체감에 대한 추가적인 확인과 지속적인 관심이 요망됨.

○ 임상적 진단
심리평가 결과, 수검자는 다음과 같은 진단이 시사됨.
- R/O Gender Dysphoria in Adults
- Cluster B Personality Disorder (Narcissistic & Borderline)

3. 여성에 대한 강한 성적 지향(남자/21세/대재)

📁 의뢰 사유

수검자는 '성 정체성 문제', '부적응', '우울감' 등을 주소로 내원하였으며, R/O Adjustment Disorders 임상적 인상하에 성인종합심리평가가 의뢰되었다.

📁 행동관찰과 면담

수검자는 보통 키와 체격으로 얼굴에 여드름이 많이 나 있었고, 위생상태는 양호해 보였으며, 검사자와의 눈 맞춤도 적절하게 이루어졌다. 검사에 협조적이었고, 전반적으로 성실한 태도로 무난하게 검사를 마쳤다. 다만, 여성스러운 말투로 조근조근 말하는 경우가 많았고, 고개를 옆으로 돌리면서 작게 기침을 하는 등 여성스러운 행동을 보이고 있었다. 그리고 재질문을 요구하면서 '다시…… 다시……'라고 조급하게 말하는 모습은 다소 미숙해 보였다. 내원 사유에 대해서는 '성 때문에 많이 어려움을 겪고 있어서', '내 몸을 봤을 때도 싫고 옷 갈아입는다든가 씻는다든가 여자로서 남자랑 같이 자고 그런다는 게 너무 싫다' 등 자신의 성적 지향으로 인한 불편감을 강하게 호소하였다.

📁 지능과 인지기능

한국 웩슬러 성인 지능검사(K-WAIS)			
지능	점수	백분율	수준
언어성 지능	88	22%ile	평균 하
동작성 지능	95	37%ile	평균
전체지능	90	25%ile	평균

수검자의 **전체지능은 90, 평균 수준**으로 나타났으며, 언어성 지능은 88, 평균 하 수준, 동작성 지능은 95, 평균 수준이며, 두 지능 간의 차이는 크게 나타나지 않았다. 다만, 소검사 간의 차이가 7점으로 크게 나타나고 있어서 상황에 따른 기능상의 차이가 클 것으로 예상된다.

언어성 지능을 살펴보면, 단순한 자극에 주의를 기울이는 능력과 산술 능력이 각각 평균,

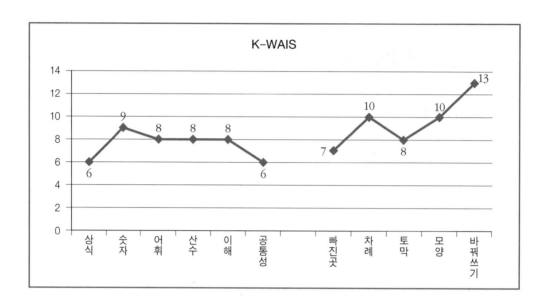

평균 하 수준으로 나타나서 주의력은 양호해 보인다. 그리고 어휘구사력과 사회적 상황에 대한 이해력이 평균 하 수준을 보이고 있어서 일상생활 경험을 통해 습득되는 언어 능력도 비교적 양호한 것 같다. 그러나 기본적인 상식 수준과 사물의 유사성을 파악하는 능력이 경계선 수준으로 나타나서 지식 습득이나 추상적인 개념을 익히는 등 학습이 필요한 영역에서는 기능 수준이 낮게 나타나고 있었다('올림픽 경기-5년', '고구마와 쌀-야채').

　동작성 지능을 살펴보면, 시공간 운동 속도가 평균 상 수준으로 나타나서 민첩성이 다소 높아 보이고, 평가 상황에서의 동기 수준도 높은 것 같다. 그리고 익숙한 그림 자극을 통해 전체 상을 구성하는 능력은 평균 수준인 반면, 다소 추상적이고 낯선 자극을 다루는 능력은 평균 하 수준으로 나타나서 자신이 처한 상황의 익숙한 정도에 따라 기능 수준의 차이가 나타날 수 있겠다. 한편, 상황적 맥락을 파악하는 능력이 평균 수준으로 나타나서 사회적 상황에서의 판단력은 양호해 보이나, 시각적 예민성은 평균 하 수준을 보이고 있어서 다소 애매한 분위기를 파악하는 능력은 상대적으로 매우 부족해 보이는바, 주변 사람들을 고려하지 않고 자신의 고집대로 행동할 수 있겠다.

　지능검사 결과, 간단한 운동 과제에서는 다소 높은 기능 수준을 보일 수 있겠고, 주의력과 익숙한 상황에서의 대처 능력도 양호해 보인다. 그러나 학업적 노력이 부족하고, 추상적이고 낯선 자극이 주어지는 상황에서의 대처 능력도 부족해 보이는바, 환경에 대한 익숙함의 정도에 따라 기능 수준의 차이가 나타날 수 있겠다. 한편, 사회적 상황에서의 판단력은 양호해 보이나 환경 변화에 둔감해 보이는바, 주변 환경을 고려하지 않고 자신의 고집대로 행동할 가능성이 높아 보인다.

Rorschach 검사 결과, 평범반응은 4개로 관습적 판단 능력은 양호해 보이고, 상당히 이성적이고 논리적으로 대처하려고 노력하고 있는 것 같다(EB=5:0.0). 그러나 전반적으로 스트레스 대처 자원이 부족하고(R=13), 사고가 경직되어 있으며(L=1.17), 특이한 형태반응을 많이 보이고 있어서(Xu%=0.31) 문제 상황에서 부적절한 행동을 보일 가능성이 높은 것 같다.

📂 성격과 정서

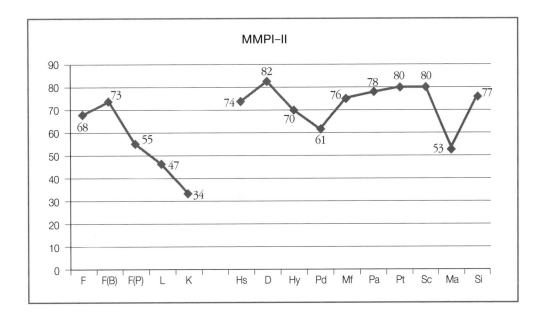

모에게 호의적인 태도를 보이고 있었으나(SCT: '나의 어머니는 인자하시고 지혜로우시고 이해심이 깊고 분위기를 좋게 만드시는 분') 불안정한 가정 환경에서 자라 온(SCT: '내가 어렸을 때 우리 가족은 여러 가지 행복과 불행이 극과 극이었다') 수검자는 실제로는 가족과의 관계에서 상처를 받았다고 여기고 있고(Rorschach: 친밀감에 대한 태도를 나타내는 카드를 제일 싫은 카드로 선택하면서 '입 안에 뭔가 꽂혀 있는 거 같다'라고 함), 부에 대한 불만도 커 보인다(SCT: '내 생각에 가끔 아버지는 말이 통하지 않고, 고지식하고, 불도저 같다. 이해심이 부족하다'). 이러한 상황에서 자신의 성 정체성 문제를 개방하면서 부모에 대한 불편감이 더욱 커진 것 같다(SCT: '내가 저지른 가장 큰 잘못은 나의 존재로 적잖은 충격을 드린 것. 부모님께').

수검자는 MMPI에서 5번 척도가 높게 나타났고, SCT에서 '내가 늘 원하기는 어디 하나 흠 없게 여자가 되는 것'이라고 하듯이 스스로 여성에 대한 성적 지향을 확실히 드러내고 있었다. 그리고 SCT에서 '내 생각에 남자들이란 너무나 멋있고, 예쁘게 연애해 보고 싶은 존재입니다', '내가 성교를 했다면 절대적으로 남자와 했을 것이다'라고 하듯이 여성적 성역할에 대한 선호도 적극적으로 표현하고 있었다. 이러한 수검자는 남성으로서 살아가야 한다는 것에 상당한 부적절감을 느끼고 있는 것 같다(SCT: '다른 친구들이 모르는 나만의 두려움은 지금 이대로 외형적으로 그대로 나이 드는 것', '내가 잊고 싶은 두려움은 지금 이 모습 그대로 아무런 변화 없이 나이 들어 가는 것'). 이러한 수검자의 군생활에 대한 극심한 거부감과 정서적 고통감은 상당 부분 성적 지향과 관련이 있어 보인다(SCT: '어리석게도 내가 두려워하는 것은 군대 훈련, 일등으로 더욱더 남자 골격이 발달되는 것…… 근육이 생기는 것' / MMPI: 대부분의 임상척도가 70T 이상으로 상승). 게다가 수검자는 어린 시절부터 여성적 성향을 보여 왔던 것으로 생각되는바, 동성의 또래들과 교류를 하기 힘들었던 것으로 여겨지며(SCT: '내 생각에 참다운 친구는 내 존재를 이해해 주고 위로와 지지해 주는 것'), 정서적 자원도 제한적이어서(Rorschach: WSumC=0) 확장된 사회적 상황에서도 공감적 관계를 맺기 힘들었을 것 같다(Rorschach: M-=3).

한편, HTP 사람 그림에서 눈을 진하게 그리고 있듯이 주변 사람들의 시선에 매우 민감해져 있는 수검자는 스트레스 대처 능력이 매우 부족하고(SCT: '때때로 두려운 생각이 나를 휩싸일 때 심장이 요동치고 손발이 차갑고 잠을 못든다') 자아강도가 약해 보이는바(MMPI: K=34T), 문제 상황에서 회피적인 대응을 하기 쉬운 것 같다(HTP: 집 그림에서 문, 창문을 그리지 않음). 게다가 자신에 대해 반추하는 경향이 있어서 불필요하게 고통감이 커질 가능성이 높아 보인다(HTP: 사람 그림에서 머리를 진하게 그림 / Rorschach: (2)=6).

🗁 요약과 제언

◯ 요약

전체지능: 90, 평균 / 언어성 지능: 88, 평균 하 / 동작성 지능: 95, 평균

수검자의 지능 수준은 평균 수준으로 나타남. 간단한 운동 과제에서는 다소 높은 기능 수준을 보일 수 있겠고, 주의력과 익숙한 상황에서의 대처 능력도 양호해 보임. 그러나 학업적 노력이 부족하고 추상적이고 낯선 자극이 주어지는 상황에서의 대처 능력도 부족해 보이는바, 상황의 익숙함 정도에 따라 기능 수준의 차이가 나타날 수 있겠음. 수검자는 가족과의 관계에서 상처를 받았다고 여기고 있고, 부에 대한 불만도 커 보임. 게다가 자신의 성 정체성 문제를 개방하면서 부모에 대한 불편감이 더욱 커진 것으로 보임. 스스로 여성에 대한 성적 지향을 확실히 드러내고 있는 수검자는 남성으로서 살아가야 한다는 것에 상당한 부적절감을 느끼고 있는 것으로 보임. 이러한 수검자의 군생활에 대한 거부감과 극심한 정서적 고통감은 상당 부분 성적 지향과 관련이 있어 보임. 게다가 어린 시절부터 여성적 성향을 보여 왔던 것

으로 생각되는바, 동성의 또래들과 교류를 하기 힘들었던 것으로 여겨지며, 정서적 자원도 제한적이어서 확장된 사회적 상황에서도 관계를 맺기 힘들었을 것으로 보임. 한편, 수검자는 문제 상황에서 회피적인 대응을 하기 쉽고, 자신에 대해 반추하는 경향이 있어서 불필요하게 고통감이 커질 가능성이 높아 보임.

○ 임상적 진단

심리평가 결과, 수검자는 다음과 같은 진단이 시사됨.

- Adjustment Disorders with depressed mood
- Gender Dysphoria in Adults

37 ▸ 간헐적 폭발성장애(Intermittent Explosive Disorder)

1. 확고한 자기 기준과 고집스러움, 높은 도덕성, 구체적 대안 제시(남자/22세/대졸)

📁 의뢰 사유

수검자는 '감정 기복이 심하다', '입대 후 여러 차례 부대 병사를 폭행했다' 등을 주소로 내원하였으며, R/O Adjustment Disorders 임상적 인상하에 성인종합심리평가가 의뢰되었다.

📁 행동관찰과 면담

수검자는 큰 키에 보통 체격이었고, 작은 눈에 안경을 쓰고 있었다. 시선은 주로 아래쪽을 향하고 있어서 검사자와 눈맞춤은 간헐적으로 이루어졌고, 위생상태는 양호하였다. 힘 없는 목소리에 발음이 다소 불분명한 편이었고, 의문형으로 대답하거나 '맞게 했나요?'라고 자주 질문하고 있어서 확신이 부족해 보였다. 또한 검사 내내 양손을 계속 만지작거렸고 입술을 깨무는 경우가 많아서 긴장되어 보였으며, '지금까지 다 시간 안에 들어갔나요?', '이것도 시간 있어요?'라며 시간 제한에 대해서 반복적으로 질문하였다. 어려운 문항에서는 힘없이 웃거나 '이게 이렇게 되면 꼭 지점이 안 되지 않아요?', '원래 잘 안 맞나요?'라며 검사자에게 동의를 구하기도 하였다. 그리고 '이렇게 그려도 되나요? 이쪽에서 보이는 방향으로 그리면 되나요?', '세세한 것까지 말하면 되나요?' 등 구체적인 검사 수행 방법에 대해서 묻거나, 검사 결과가 나오는 방식에 대해서 여러 차례 질문을 하는 등 세부적인 것까지 질문이 많았다. 내원 사유에 대해서는 '군생활 자체가 잘 적응 못하고 제가 생활 자체를 못하는 거 같고, 그걸로 인해서 다투는 것도 있고 밖에 있을 때보다 더 힘들고'라고 고통감을 표현하였다.

🗀 지능과 인지기능

한국 웨슬러 성인 지능검사(K-WAIS)			
지능	점수	백분율	수준
언어성 지능	78	7%ile	경계선
동작성 지능	87	20%ile	평균 하
전체지능	80	9%ile	평균 하

수검자의 **전체지능은 80, 평균 하 수준**으로 나타났으며, 언어성 지능은 78, 경계선 수준, 동작성 지능은 87, 평균 하 수준으로 나타나서, 두 지능 간의 유의미한 차이는 나타나지 않았다.

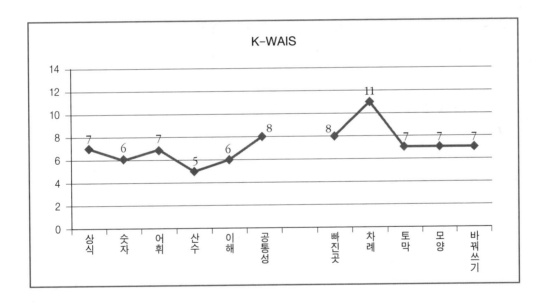

언어성 검사를 살펴보면, 단어의 유사성을 파악하는 능력과 어휘구사력은 평균 하 수준으로 나타나서 의사소통에 필요한 언어적 자원은 비교적 양호한 것으로 보인다. 기본적인 지식 수준과 사회적 상황에 대한 이해력이 각각 평균 하, 경계선 수준으로 나타나서('나무-산이란 곳에 심음으로써 자연과 더불어지게 되고') 전반적인 지식의 양은 다소 부족한 것으로 생각된다. 간단한 자극에 대한 주의력과 산술 능력이 모두 경계선 수준이어서 수 개념을 다루는 능력은 저조한 것으로 보이며, 숫자 소검사에서 바로따라하기는 6자리를 성공하였으나, 거꾸로 따라하기에서는 3자리에 그치고 있어서 작업기억력도 부족한 것 같다.

동작성 검사를 살펴보면, 상황적 맥락을 파악하는 능력은 평균 수준으로 나타나서 사회적 판단력은 양호한 것으로 보이지만, 시각적 예민성은 3점이나 낮게 나타나고 있어서 주변 환경의 변화를 파악하는 능력은 상대적으로 부족한 것 같다. 그 외의 소검사는 모두 평균 하 수준으로 나타나서 도구를 다루는 능력, 민첩성, 응용력 등은 다소 부족한 것으로 여겨진다.

지능검사 결과, 대부분의 소검사가 평균 하 수준으로 나타나고 있어서 전반적인 기능 수준은 연령대에 비해 다소 부족할 수 있겠다. 수검자는 익숙한 사회적 상황에서의 대처에는 어려움이 없을 것으로 보이지만, 미묘하고 사소한 변화를 인식하고 대응하기는 힘들 것으로 생각되는바, 환경 변화에 대한 스트레스가 많고, 기존의 대처 방식을 고집하는 경향이 강할 것으로 여겨진다.

Rorschach 검사 결과, 반응 수는 18개로 비교적 적절하게 나타났고 이성적으로 생각하기 위해서 상당히 노력하고 있는 것 같다(EB=5:1). 그러나 간단한 형태반응이 많아서(L=1.25) 문제 상황에서 유연하게 대처하기는 어렵고 보속반응을 2개나 보이고 있어서 사고가 단순해 보이는바, 적극적으로 대처하기보다는 반추하거나(FM=2) 공상이나 환상으로 도피할 가능성이 높아 보인다(Ma:Mp=1:4).

🗀 성격과 정서

수검자는 어린 시절 부모님의 이혼으로 인해 친척집에서 지내면서 정서적인 안정감을 경험하지 못한 것으로 생각된다(SCT: '내가 어렸을 때 우리 가족은 모르겠다'). 이러한 수검자는 HTP 나무 그림과 사람 그림에서 동일하게 '필요-주위에 사람들', SCT에서 '내가 다시 젊어진다면 주윗 사람하고도 친하게 지내는 사람' 등의 반응을 보이고 있어서 친밀한 관계에 대한 욕구가 큰 것으로 생각된다. 그러나 내성적이고(MMPI: Si=71T) 대인관계 기술이 부족해 보여서(Rorshach: M-=3) 기대만큼 친밀한 관계를 형성하는 것은 어려웠던 것으로 보인다. 게다가 학창 시절에 따돌림을 경험하면서 주변에 대한 의심과 경계심까지 커진 것 같다(HTP: 집 그림 '필요-일단 담벼락이 필요할 것 같고' / Rorschach: '가면') .

수검자는 SCT에서 '나의 야망은 챔피언', '완전한 남성상은 남자다우며 쿨하고 생각이 깊고 뚜렷한 목표의식으로 아닌 건 아니라고 말하는 사람'이라고 기술하고 있어서 자신만의 관점을 고집하고 있는 것 같다. 그러나 기능 수준이 저조하고(HTP: 집 그림에서 입체로 그리려고 하지만 실패함) 문제 상황에서 유연성 있는 적극적인 대처는 어려울 것으로 보여서(Rorschach: PSV=2 / SCT: '나에게 이상한 일이 생겼을 때 우물쭈물할 것 같다') 기대 수준을 충족시키기 힘들었을 것으로 여겨지며, 사소한 실패에도 좌절감을 느끼기 쉬운 것 같다(SCT: '행운이 나를 외면

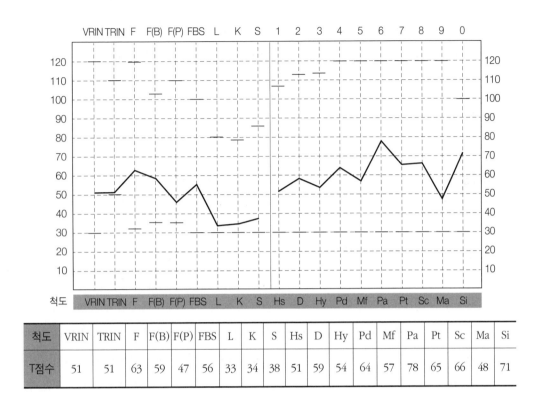

척도	VRIN	TRIN	F	F(B)	F(P)	FBS	L	K	S	Hs	D	Hy	Pd	Mf	Pa	Pt	Sc	Ma	Si
T점수	51	51	63	59	47	56	33	34	38	51	59	54	64	57	78	65	66	48	71

했을 때 화나고 난 왜 그런 걸까 생각하며 자괴감에 빠질 것 같다'). 이러한 수검자는 검사상 자존
감 저하(MMPI: '낮은 자존감'=81T), 울적함(Rorschach: SumShd=3), 자기회의(SCT: '때때로 두려
운 생각이 나를 휩싸일 때 내가 하는 것이 최선인가'), 소외감(MMPI: '사회적 소외'=80T) 등이 나타
나고 있어서 우울감이 심해 보이며, 수검자의 과거력을 고려할 때 우울감이 오랜 기간 지속되
어 왔을 가능성이 높아 보인다. 또한 반추하는 경향이 강해서(Rorschach: FM=2) 우울감이 더
욱 가중될 수 있고, 면담에서는 자살사고도 보고하고 있어서 이에 대한 지속적인 주의 관찰이
필요해 보인다.

수검자는 SCT에서 사회적으로 바람직한 태도에 대한 기술이 많아서('내가 늙으면 곱게, 외
롭지 않는, 남에게 떳떳하게 아내랑 함께 사는 것') 도덕성이 높아 보이며, 부정적인 면에 대해서
는 일방적으로 부인하고 있어서(SCT: '무슨 일을 해서라도 잊고 싶은 것은 잊어서 모르겠음') 억
압적인 태도가 상당히 강한 것 같다. 그리고 감정을 다루는 능력도 매우 부족해서(Rorschach:
WSumC=1) 부정적인 감정은 억압하고 있는 것으로 보인다. 그러나 이러한 방식으로는 감정
의 해소가 어려워서 분노감만 쌓이고 있는 것으로 여겨지며(MMPI: '분노'=75T), 수검자의 도
덕성과 억압 수준을 고려할 때 평소 기대되는 것보다 높은 수준의 공격적인 행동을 충동적으
로(Rorschach: C=1) 보일 가능성이 높아 보인다. 수검자의 부족한 사회문화적 경험, 문제해결

능력 등을 고려했을 때, 정서조절 훈련과 대인관계 기술 훈련이 필요해 보이며, 지지적인 환경을 제공하는 것과 분노를 표현할 수 있는 대안을 제시하는 것도 도움이 될 수 있을 것 같다.

📁 요약과 제언

○ 요약

전체지능: 80, 평균 하 수준 / 언어성 지능: 78, 경계선 / 동작성 지능: 87, 평균 하

수검자의 지능 수준은 평균 하 수준으로 나타남. 대부분의 소검사가 평균 하 수준으로 나타나고 있어서 전반적인 기능 수준은 연령대에 비해 다소 부족하겠음. 익숙한 사회적 상황에서는 양호한 대처 능력을 보이겠으나, 미묘하고 사소한 환경 변화에 대한 대처 능력은 부족해 보이는바, 환경 변화에 대한 스트레스가 많고 기존의 대처 방식을 고집하는 경향이 강할 것으로 여겨짐. 어린 시절 부모님의 부재를 경험하면서 가정 내에서 안정감을 경험하지 못한 것으로 보임. 게다가 관계 욕구는 크지만 대인관계 기술이 부족하고 내성적이어서 또래 관계 형성이 어려웠던 것으로 여겨지며, 따돌림을 경험하면서 주변에 대한 의심과 경계심이 커진 것으로 생각됨. 어려서부터 기대는 높으나 성과는 그에 미치지 못했던 것으로 여겨지는바, 우울감이 오랜 기간 지속되어 온 것으로 여겨짐. 부정적인 감정을 억압하는 데 익숙했던 것으로 생각되며, 수검자의 도덕성과 억압 수준을 고려했을 때 기대되는 것보다 높은 수준의 공격적인 행동을 충동적으로 보일 수 있음. 수검자에게는 정서조절 훈련, 대인관계 기술 훈련, 지지적인 환경 등이 필요할 것으로 생각됨.

○ 임상적 진단

심리평가 결과, 수검자는 다음과 같은 진단이 시사됨.

- Persistent Depressive Disorder
- R/O Intermittent Explosive Disorder

2. 급격한 기능 저하, 우유부단한 태도, 합리화(남자/20세/대재)

📂 의뢰 사유

수검자는 '대인관계의 어려움', '낮은 자존감' 등을 주소로 내원하였으며, R/O Unspecified Anxiety Disorder 임상적 인상하에 성인종합심리평가가 의뢰되었다.

📂 행동관찰과 면담

수검자는 보통 키에 마른 체격으로 눈썹이 짙었고, 눈이 충혈되어 있었다. 의자를 돌려 앉아 벽을 쳐다보면서 말하고 있어서 눈맞춤이 잘 이루어지지 않았고, 입 냄새가 났으나, 전반적인 위생상태는 양호하였다. 과제를 수행할 때 손을 입에 물고 있어서 다소 미숙해 보였고, 손을 만지작거리고 있어서 긴장 수준이 높아 보였다. 한편, 과제의 난이도가 높아지면 '이것만 가지고 정답을 맞힐 수 없는 것 같은데', '정말 이걸로 만들 수 있는 거 맞아요?'라며 낮은 수행에 대한 원인을 도구 탓으로 돌리고 있었다. 내원 사유에 대해서는 '사람들과 어울리기가 힘들다', '사회에서 다혈질이 심해서 사고를 많이 쳤다', '별일이 아닌데 화가 나면 친구들에게 욕을 하였다'라며 대인관계의 어려움을 말하였다. 그리고 면담 시에는 피상적으로만 대답해서 구체적으로 다시 물어보면 질문의 의도와는 거리가 먼 대답을 하는 경우가 많았다.

📂 지능과 인지기능

한국 웨슬러 성인 지능검사(K-WAIS)			
지능	점수	백분율	수준
언어성 지능	67	2%ile	경도 정신지체
동작성 지능	83	12%ile	평균 하
전체지능	71	3%ile	경계선

수검자의 **전체지능은 71, 경계선 수준**으로 나타났으며, 언어성 지능은 67, 경도 정신지체 수준, 동작성 지능은 83, 평균 하 수준으로 나타나서, 두 지능 간의 차이는 16점으로 크게 나타나고 있었고, 소검사 간에 차이도 9점으로 크게 나타나고 있어서 상황에 따른 기능상의 차

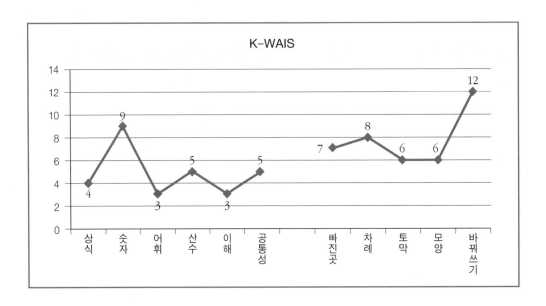

이가 클 것으로 예상된다.

　언어성 지능을 살펴보면, 간단한 자극에 주의를 기울이는 능력이 평균 수준으로 나타나고 있어서 간단한 지시를 이해하고 수행하는 능력은 적절해 보이나, 산술 능력은 경계선 수준을 보이고 있어서 과제의 난이도가 증가하면 기능 수준이 급격하게 저하될 것으로 여겨진다['500 ×7=2500(오답)']. 한편, 상식, 이해, 어휘, 공통성 등의 소검사가 경계선에서 정신지체 수준으로 나타나고 있어서 전반적인 지식 습득 수준과 언어적 자원이 매우 빈약해 보이는바('물-모르겠다', '누설하다-얘기하다', '절약-우리나라가 가난하니까', '배와 비행기-쉽게 가는 것'), 대부분의 상황에서 미숙한 언행을 보이는 경우가 많을 것으로 생각된다.

　동작성 지능 영역에서는 시공간 운동 속도가 평균 상 수준으로 나타나고 있어서 평가 상황에서의 동기 수준이 높아 보이며, 간단한 운동기능이 필요한 경우에는 민첩하게 반응할 것으로 생각된다. 그러나 시공간 구성 능력과 부분을 통해서 전체 상을 구성하는 능력이 경계선 수준으로 상대적으로 낮게 나타나고 있어서 과제가 어려워지면 기능 수준이 급격히 저하될 것으로 예상된다. 한편, 상황적 맥락을 파악하는 능력과 시각적 예민성이 평균 하 수준을 보이고 있어서 사회적 대처 능력은 비교적 양호해 보인다.

　지능검사 결과, 평가 상황에서 동기 수준이 높아 보이며, 간단한 지시를 듣고 따르거나 자극을 다루는 상황에서는 비교적 양호한 기능을 발휘할 것으로 여겨진다. 그러나 대부분의 기능이 경계선 이하로 매우 낮게 나타나고 있어서 일상생활에서 미숙한 언행을 보이는 경우가 많을 것으로 보이는데, 평가에 매우 민감해서 낮은 기능에 직면하는 상황에서 극심한 좌절감을 겪을 것으로 예상된다.

Rorschach 검사 결과, 총 16개의 적은 반응 수를 보였고, 인간운동반응을 전혀 하지 못하듯이 이성적으로 사고하는 능력이 매우 부족해 보이며, 사고 수준이 단순하고(L=2.20) 미숙해서(A=11), 문제 상황에서 간단하고 피상적인 대응을 할 가능성이 높아 보인다. 그리고 관습적 지각 능력과 객관적 판단력이 매우 부족해 보이는바(P=1, X-%=0.50), 주변 사람들의 반응을 고려하지 못한 채 자신의 의견만 고집할 가능성이 높아 보이며, 대인관계에서도 갈등을 겪기 쉬운 것 같다.

🗁 성격과 정서

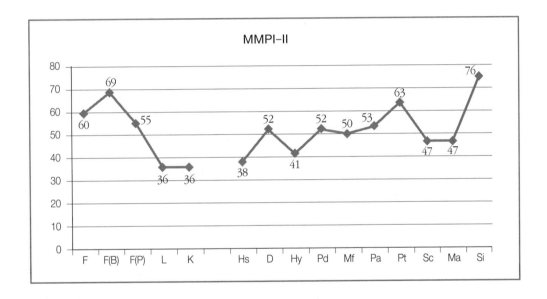

수검자는 이상적인 자아상을 가지고 있는 것으로 보이는데(SCT: '언젠가 나는 당당해지고 멋진 사람이 될 것이다', '내가 늘 원하기는 당당하고 쿨한 나의 모습이다'), '멋지다', '쿨하다' 등의 단순한 단어만 반복하고 있어서 정작 행동은 피상적인 수준에 그치고 있는 것 같다. 게다가 실제로는 자존감이 저하되어 있어서(HTP: 그림을 지면 하단에 매우 작게 그림 / SCT: '내가 믿고 있는 내 능력은 없다'), 이상과 현실 간의 괴리로 인해 현재 자신의 상태에 대해 더욱 부정적으로 시사할 수 있겠다. 이러한 수검자는 좌절에 매우 취약해 보이는데(HTP: 사람 그림 '단전-그냥…… 너무 지금의 나를 뭘 하기도 전에 실패할까 봐 어두워지는 것'), 판단을 보류하며 주체적으로 결정을 내리지 못하고 우유부단한 태도를 보이면서(HTP: 사람 그림 '기분-아무렇지 않거나 우울하다', 집 그림 '사람이 살지 않거나 딱 한 명만 사는 것' / SCT: '나의 야망은 아직 없다', '나의 장래는 아직 생각해 본 적이 없다'), 자신의 결함에 대한 언급을 회피하고 있는데(SCT: '나의 가장 큰 결점은 잘 모르겠다'), 이를 통해 실패할 확률을 축소시키고 자존감이 손상되는 것을 방지하는 것으로 여겨진다.

한편, 관계 형성에 대한 욕구가 높아 보이며(HTP: 나무 그림 '생각-다른 나무들이 생기면 좋겠다', '소원-더 커지거나 다른 나무들이 많이 생기는 것'), 특히 친밀하고 밀착된 관계를 맺고자 하는 욕구가 강해 보인다(SCT: '내가 생각에 참다운 친구는 언제나 함께하는 친구', '남녀가 같이 있는 것을 볼 때 부럽다'). 그러나 Rorschach 색채카드에서 '화려한 벌레'라고 하고 색채가 가장 다양한 X번 카드에서 6개의 많은 반응을 하는 것을 보면 정서적 충동성이 시사되는바, 스트레스가 가중되는 상황에서는 갑작스럽게 문제 행동을 보임으로써 대인관계에서 갈등을 경험하는 경우가 많았을 것으로 여겨진다. 이러한 수검자는 주변 사람들과 단절되어 지내면서 (MMPI: Si=76T / HTP: 사람 그림 '그냥 혼자 있다') 충족되지 않는 지지적 자원에 대한 불편감을 스스로 합리화하고 있는 것 같다(HTP: 사람 그림 '무슨 생각을 하냐면…… 외롭고, 고독한 것을 즐기는 것 같다'). 그리고 외부 자극을 상당히 위협적으로 인식하고 있는데(면담: '사람들이 많이 모이면 나를 때릴 것 같아 불안하다'), 분노감이 높은 것을 보면(Rorschach: '개구리가 피 나는 것' / MMPI: '분노'=90T, '적대감'=74T, '부정적인 정서'=80T), 자신이 조절하기 힘들 정도로 강한 분노감을 외부로 투사하고 있는 것 같다.

위에서 나타나듯이 분노감이 매우 높으면서도, 한편으로는 가족애를 강조하고(SCT: '내 생각에 가끔 아버지는 무거운 짐을 들고 있어 힘들어하는 것 같다', '대개 어머니들이란 존경스러운 분'), 이상적인 기대를 가지고 있는 것을 보면, 내면의 부정적인 감정들을 상당히 억압해 왔을 것으로 보인다. 그러나 앞에서 나타나고 있듯이 정서적 충동성이 높아서 스트레스가 가중되면 억압했던 강한 분노감이 폭발적으로 표출되었을 것으로 여겨지며(SCT '내가 저지른 가장 큰 잘못은 고등학생 때 사고 친 것', '어렸을 때 잘못했다고 느끼는 것은 사고 친 것'), 반추하는 경향까지 강해서(SCT: '때때로 두려운 생각이 나를 휩싸일 때 생각을 많이 한다', '나에게 이상한 일이 생겼을 때 생각에 잠긴다') 자신의 문제 행동에 대해 부적절감을 느껴 왔을 것으로 생각된다.

📁 요약과 제언

○ 요약

전체지능: 71, 경계선 / 언어성 지능: 67, 경도 정신지체 / 동작성 지능: 83, 평균 하

수검자의 지능 수준은 경계선 수준으로 나타남. 평가 상황에서 동기 수준이 높아 보이며, 간단한 지시를 듣고 따르거나 자극을 다루는 상황에서는 비교적 양호한 기능을 발휘할 것으로 여겨짐. 그러나 평가에 매우 민감한 모습을 보이고 있어서 낮은 기능에 직면하는 상황에

서 극심한 좌절감을 겪을 것으로 예상됨. 수검자는 이상적인 자아상을 가지고 있으나, 자존
감은 저하되어 있어서 이상과 현실 간의 괴리로 인해 현재 자신의 상태에 대해 더욱 부정적
으로 지각할 것으로 생각됨. 좌절에 취약한 수검자는 우유부단한 태도를 보이면서 자신의 결
함에 대한 언급을 회피함으로써 실패할 확률을 축소시키고 자존감이 손상되는 것을 방지하
는 것으로 여겨짐. 한편, 친밀하고 밀착된 관계를 맺고자 하는 욕구가 강해 보이나, 스트레스
가 가중되는 상황에서는 갑작스럽게 문제 행동을 보임으로써 대인관계에서 갈등을 경험하는
경우가 많았을 것으로 생각됨. 이러한 수검자는 충족되지 않는 지지적 자원에 대한 불편감을
합리화하고, 내면의 강한 분노감을 외부에 투사하고 있는 것으로 예상됨. 내면의 강한 분노
감을 억압하다 오히려 폭발적으로 표출되었을 것으로 여겨지며, 이러한 상황에서 자신의 문
제 행동에 대해 부적절감을 느껴 왔을 것으로 생각됨.

○ 임상적 진단
심리평가 결과, 수검자는 다음과 같은 진단이 시사됨.
- Intermittent Explosive Disorder

3. 가성환각, 정당성 확보 후 공격, 엄격한 지도감독
   (남자/19세/고졸)*

🗁 의뢰 사유

수검자는 '충동 조절의 어려움', '환시' 등을 주소로 내원하였으며, R/O Unspecified Schizo-
phrenia Spectrum and Other Psychotic Disorder 임상적 인상하에 성인종합심리평가가 의뢰
되었다.

---

* K-WAIS-IV를 사용한 보고서는 이하 *표 처리함.

📂 행동관찰과 면담

수검자는 큰 키에 보통 체격이었고, 왼쪽 팔에는 문신이 새겨져 있었다. 위생상태는 적절하였으며, 눈맞춤도 양호하였으나, 부담스러울 정도로 검사자를 오래 응시했다. 검사를 시작하자마자 인상을 쓰면서 '이 검사는 왜 해야 하나요?', '왜 자꾸 이런 검사를 시켜요'라며 거부적인 태도를 보였다. 그리고 의자 팔걸이에 팔을 기대고 비스듬히 앉아서 단정적인 어투로 간단하게만 대답하였고, 모르는 문항에서는 오래 고민하지 않고 빠르게 포기하였다. 내원 사유에 대해서는 '충동 조절이 어려워서 화가 나면 사람들을 때리는데, 그때 당시의 기억이 나지 않는다', '고등학교 때는 친구가 부모님 욕하는 소리를 듣고 열 받아서 때려서 경찰서에 간 적도 있다'라며 충동 조절의 어려움을 장황하게 설명하였다. 그리고 면담 시에는 '너는 아프고 죽게 될 거야라는 소리가 들리고, 아기 몸이 찢어지고 머리가 빠지는 모습이 보여서 너무 힘들어 미칠 것 같다'라며 환각 증상으로 인한 고통감을 반복적으로 호소하였다.

📂 지능과 인지기능

한국 웩슬러 성인 지능검사 4판(K-WAIS-IV)			
영역	지능	백분율	수준
언어이해	59	<1%ile	**경도 정신지체**
지각추론	65	1%ile	경도 정신지체
작업기억	56	<1%ile	**경도 정신지체**
처리속도	50	<1%ile	**경도-중등도 정신지체**
전체지능	50	<1%ile	경도-중등도 정신지체

※ 단일 점수로서 대표성을 가지는 지능지수는 진하게 표시함.

수검자의 **전체지능은 50, 경도-중등도 정신지체 수준**으로 같은 연령대에서 하위 1% 이하 정도의 매우 낮은 수준이었다. 언어이해는 59, 경도 정신지체 수준, 지각추론은 65, 경도 정신지체 수준, 작업기억은 56, 경도 정신지체 수준, 처리속도는 50, 경도-중등도 정신지체 수준을 보였으며, 지능 영역 간의 차이는 유의미하게 나타나지 않았다.

언어성 지능을 살펴보면, 사물의 유사성을 파악하는 능력과 어휘구사력이 정신지체 수준으로 나타나고 있어서 언어적 개념에 대한 이해력이 상당히 부족한 것 같다('음식과 휘발유-모르겠다', '주저하다-실패했을 때'). 또한 기본적인 상식과 사회적 상황에 대한 이해력이 정신

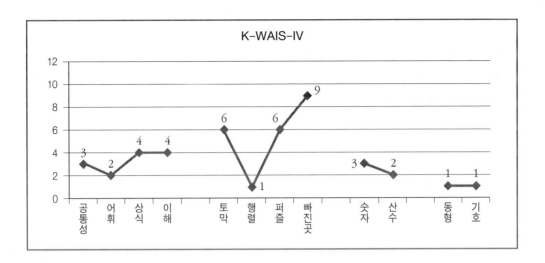

지체 수준을 보이고 있어서 전반적인 지식 습득 수준도 매우 부족해 보이는바('끓는 점-50도', '법-나쁜 일이 생기지 않도록'), 연령 수준에 비해 미숙한 의사소통을 할 것으로 여겨진다.

지각추론 영역에서는 시각적 예민성이 평균 수준으로 상대적으로 가장 높게 나타나고 있어서 주변 환경 변화에 상당히 예민해져 있는 것 같다. 그러나 시공간 구성 능력이 경계선 수준을 보이고 있어서 지각적 판단력은 부족해 보인다. 그리고 자극 간의 관련성을 찾아내는 능력이 경계선 수준으로 나타나고, 전체를 고려하여 핵심을 파악하는 능력이 정신지체 수준을 보이고 있어서 자극을 통해서 추론하는 능력도 부족해 보이는바, 시지각적 기능이 매우 부족한 것 같다.

작업기억 영역에서는 간단한 자극에 주의를 기울이는 능력이 정신지체 수준으로 나타나고 있어서 주의집중력이 매우 부족해 보인다. 또한 산술 능력이 정신지체 수준을 보이고 있어서 수계산 능력도 상당히 부족한 것 같다.

처리속도 영역에서는 긴장감 속에서 빠른 논리적 판단력을 발휘하는 능력과 시공간 운동 속도가 정신지체 수준으로 나타나고 있어서 시공간 협응 능력이 매우 부족해 보이는바, 간단하면서도 빠른 반응이 요구되는 상황에서 기능이 매우 저하될 수 있겠다. 그리고 2개의 소검사가 극단적으로 낮은 점수를 보이고 있는데, 오류를 많이 보인 점을 고려하면 주의력 저하와도 관련이 있는 것 같다.

지능검사 결과, 주변 환경 변화에 상당히 민감해져 있는 것으로 보이나, 시지각적 기능이 매우 저하되어 있어서 시각 자극을 적절히 다루는 데 어려움이 클 것으로 생각된다. 그리고 대부분의 소검사가 경계선에서 정신지체 수준으로 매우 낮은 기능을 보이고 있어서 일상생활에서 적응적인 모습을 보이기 어려울 수 있겠다.

Rorschach 검사 결과, 2회의 시행에도 불구하고 총 10개의 적은 반응 수를 보이고 있어서 스트레스에 대처할 수 있는 심리적 자원이 매우 제한적인 것으로 보인다. 또한 평범반응을 1개밖에 하지 못하고 있듯이 관습적으로 지각하는 능력이 부족해 보이며, 왜곡된 형태반응도 많이 보이고 있어서(X-%=0.70) 일상적인 대응 행동조차도 부적절한 경우가 많을 것으로 생각된다.

📁 성격과 정서

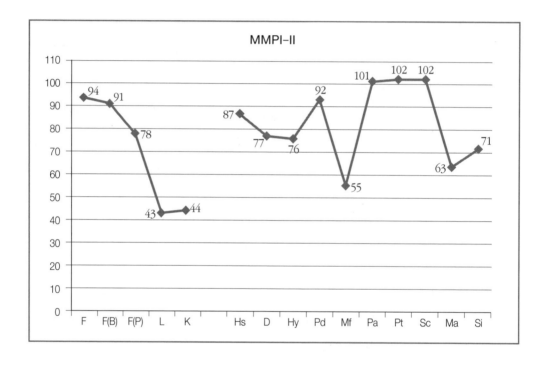

수검자는 TAT에서 '한 남자가 기둥 아래에서 어떤 남자를 기다리고 있는데, 절망하고 있는 거 같아요'라고 하고, SCT에서 '다른 친구들은 모르는 나만의 두려움은 정말 많아서 힘이 든다'라고 하듯이 고통감이 커 보인다. 그러나 MMPI에서 3개의 척도가 100T 이상으로 극단적인 상승을 보이고, Rorschach에서 '사람 눈에서 눈알이 튀어나오고, 입에서는 장기들이 튀어나오는 것 같다', '거대한 어두움이 다가오는 것 같다', SCT에서 '때때로 두려운 생각이 나를 휩싸일 때 정말 미칠 것 같고 죽고 싶다'라고 하듯이 고통감을 과도하게 극적인 표현을 통해 호소하고 있었다. 게다가 SCT에서 '남자에 대해서 무엇보다도 좋지 않게 생각하는 것은 군대를 가는 것이다'라고 하고 하듯이 군생활에 대한 불만을 언급하면서 자신의 원하는 바를 간접적으로 드러내는 것을 보면(TAT: '어두운 방에서 나가고 싶어 하는 청년, 너무 무서운 나머지 정말 간절히 나가고 싶어 한다' / SCT: '다른 친구들이 모르는 나만의 두려움은 많다. 정말 많아서 힘이 든다'), 상기의 고통감에 대한 호소는 지나치게 과장된 면이 있는 것 같다[MMPI: F(P)=78T].

한편, SCT에서 '나의 어머니는 모른다. 알기도 싫다', '어머니와 나는 그런 거 생각 안 했다'라고 하듯이 모에 대한 언급을 지나치게 회피하고 있는데, 이는 오히려 강한 그리움을 나타내는 것으로 보인다. 그러나 친밀감에 대한 태도를 나타내는 Rorschach 카드에서 '총'이라고 하고, TAT에서 '한 사람이 어머니를 본 적도 없어서 계속 증오해서 어머니가 보고 싶어지는 마음이 없어졌다'라고 하듯이 충분한 정서적 지지를 받지 못하는 상황에서 상실감이 컸을 것으로 생각된다. 이러한 수검자는 분노감이 쌓여 왔을 것으로 보이며(TAT: '돈이 많은 꼬마 아이가 어떤 사람을 죽여 달라고 해서 잔인하게 죽이고 있다', '남자들이 다 총 맞아서 죽은 것 같아요'), 공격성에 호의적인 태도까지 보이고 있어서(TAT: '이 사람이 살인자라 무덤에 있는 사람을 다 죽이고 미안하다고 하면서도 웃고 있다'), 정당성이 확보되는 상황에서는 극단적인 공격 행동을 보일 수 있겠다(SCT: '아버지가 살해당해서 아들이 복수할 거 같다').

수검자는 Rorschach I번 카드에서 '검은색'이라며 구체적인 형태로 반응하지 못하고 가장 싫은 카드로 선택하듯이 스트레스 대처 능력이 매우 부족해 보인다. 환각 증상을 보고하고 있으나 검사상 사고 및 지각 장해를 시사하는 반응은 나타나지 않았고, HTP 사람 그림에서 '저를 보면서 웃고 있어요'라고 하듯이 자극과 자신의 경계를 유지하지 못할 정도로 자아 강도가 약해져 있는 것을 고려할 때, 수검자가 보고하는 증상은 스트레스 상황에서의 가성환각(pseudohallucination)일 가능성이 높아 보인다. 다만, SCT에서 '어리석게도 내가 두려워하는 것은 많다. 지금 증상들이 제일 무섭다', '나의 가장 큰 결점은 지금 나에게 있는 증상'이라고 하듯이 자신을 병리적인 대상으로 인식하고 있는 수검자는 유약함을 강조하면서(SCT: '내가 정말 행복할 수 있으려면 치료를 받아야 한다') 주변 환경을 자신의 의지대로 통제하려는 면도 있는 것으로 보이는바, 원칙 및 규칙을 준수할 수 있도록 엄격한 지도 및 감독이 필요할 것으로 생각된다.

📂 요약과 제언

○ 요약

전체지능	50	경도-중등도 정신지체			
언어이해	59	경도 정신지체	지각추론	65	경도 정신지체
작업기억	56	경도 정신지체	처리속도	50	경도-중등도 정신지체

수검자의 지능 수준은 경도–중등도 정신지체 수준으로 나타남. 주변 환경 변화에 상당히 민감해져 있으나, 시지각적 대처 능력은 매우 부족해 보임. 그리고 기능들이 낮게 나타나고 있어서 일상생활에서 적응적인 모습을 보이기 어려울 수 있음. 수검자는 고통감을 표현하고 있으나, 이는 지나치게 과장되어 있음. 한편, 어머니에 대해 강한 그리움을 느끼고 있으나, 실제로는 충분한 정서적 지지를 받지 못하는 상황에서 상실감이 컸을 것으로 생각되는바 분노감이 쌓여 왔을 것으로 보임. 그리고 정당성이 확보되는 상황에서는 극단적인 공격 행동을 보일 수 있겠음. 수검자는 자아강도가 약해져 있는 것으로 보이며, 스스로 보고하는 환각 증상은 가성환각일 가능성이 높아 보임. 그리고 유약함을 강조하면서 주변 환경을 자신의 의지대로 통제하려는 경향이 있어서, 원칙 및 규칙을 준수할 수 있도록 엄격한 지도 및 감독이 필요할 것으로 생각됨.

○ 임상적 진단

심리평가 결과, 수검자는 다음과 같은 진단이 시사됨.

- Intermittent Explosive Disorder
- Intellectual Disability, Mild

4. 수동적인 대인관계, 외로움, 정의감 (남자/20세/고졸)

🗀 의뢰 사유

수검자는 '분노감', '자살 충동', '다른 사람을 때리고 싶은 충동' 등을 주소로 내원하였으며, 전반적인 인지기능 및 성격 파악을 위해 성인종합심리평가가 의뢰되었다.

🗀 행동관찰과 면담

수검자는 보통 키에 보통 체격으로 검은 뿔테 안경을 쓰고 있었다. 위생상태는 양호하였고, 눈맞춤도 잘 이루어졌다. 언어성 검사에서 모르는 문항에서는 검사자를 쳐다보고 있거나 아무런 말없이 웃으면서 혼자서 중얼거리는 경우가 많았으며, 동작성 검사에서는 빠르게 손을 움직이고 큰 소리로 대답하고 있어서 행동이 다소 과장되어 보였다. 내원 사유에 대해서는 '이전에 어떤 사람이 내 친구를 때리는 것을 보고 화가 나서 그 사람의 팔을 꺾었다', '화가 나면 벽을 치거나 컴퓨터나 책상을 던져서 망가뜨리는 경우가 많았다'라며 충동 조절의 어려움을 호소하였다.

📂 지능과 인지기능

한국 웩슬러 성인 지능검사(K-WAIS)			
지능	점수	백분율	수준
언어성 지능	90	25%ile	평균
동작성 지능	92	28%ile	평균
전체지능	90	25%ile	평균

수검자의 **전체지능은 90, 평균 수준**으로 나타났으며, 언어성 지능은 90, 평균 수준, 동작성 지능은 92, 평균 수준으로 나타나서, 두 지능 간의 차이는 유의미하지 않았다.

언어성 지능을 살펴보면, 사회적 상황에 대한 이해력과 기본적인 상식이 평균 수준을 보이고 있어서 전반적인 지식 습득 수준이 양호한 것 같다. 그리고 사물의 유사성을 파악하는 능력이 평균 수준이고 어휘구사력이 평균 하 수준을 보이고 있어서 언어적 개념에 대한 이해력도 비교적 적절해 보인다. 그러나 간단한 자극에 주의를 기울이는 능력과 산술 능력이 경계선 수준으로 나타나고 있어서 수 개념을 다루는 능력은 상당히 부족한 것 같다.

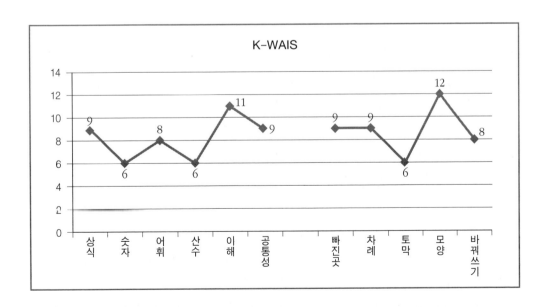

동작성 지능 영역에서는 부분을 통해서 전체 상을 구성하는 능력이 평균 상 수준으로 나타나고 있어서 익숙한 과제를 해결하는 능력은 다소 높아 보인다. 그러나 시공간 운동 속도가 평균 하 수준이고, 시공간 구성 능력이 경계선 수준으로 나타나고 있어서 시공간 협응이 필요할 때에는 기능 수준이 다소 저하될 수 있겠다. 한편, 상황적 맥락을 파악하는 능력과 시각적 예민성이 평균 수준이어서 사회적 대처 능력은 양호해 보인다.

지능검사 결과, 지식 습득 능력과 언어적인 잠재력은 양호해 보이나 언어적인 표현 능력이 부족해서 자신의 생각을 충분히 표현하지 못하는 경우가 많을 것으로 보인다. 또한 익숙한 자극을 다루는 능력은 양호해 보이나 시공간 협응이 중요한 상황에서는 다소 기능 수준이 떨어질 수 있겠다. 특히 주의집중력도 저하되어 있어서 학업적인 성취를 얻기 힘들었을 것으로 생각된다.

Rorschach 검사 결과, 총 25개의 비교적 많은 반응 수를 보이고 있으나, 단순한 형태반응이 많아서(L=1.78) 사고 수준이 단순해 보인다. 그리고 평범반응을 단 3개밖에 하지 못하고 있듯이 관습적인 판단력이 부족해 보이며, 특이한 영역반응을 7개나 보이고 있어 독특한 행동을 하는 경우가 많을 것으로 여겨지는바, 주변 사람들의 공감을 얻기는 힘들었을 것으로 생각된다. 게다가 왜곡된 형태반응도 많이 보이고 있어서(X-%=0.44) 대응 행동이 부적절하기 쉬워 보이는바, 욕구를 해소하기 힘들었을 것으로 여겨진다(FM=4).

🗁 성격과 정서

수검자는 SCT에서 '내가 잊고 싶은 두려움은 부모님께서 싸우신 것'이라고 하듯이 불안정한 가정 환경에서 자라 왔던 것으로 보인다. 또한 SCT에서 '내 생각에 가끔 아버지는 무서울 때가 많아 힘들다'라고 하듯이 부를 강압적으로 인식하고 있는 것 같다. 이러한 수검자는 HTP 집 그림에서 '아무도 살고 있지 않은 것 같아요'라고 하듯이 주변 환경을 지지적으로 느끼지 못하고 있는 것으로 보이며, 주변 환경을 위협적으로 인식하고 있는(Rorschach: '악마', '귀신') 수검자는 지나치게 주변 사람들을 의식하고 있어서(SCT: '어리석게도 내가 두려워하는 것은 다른 사람들의 시선') 불필요하게 불안감을 가중시켜 왔을 것으로 생각된다(SCT: '때때로 두려운 생각이 나를 휩싸일 때 불안해지고 긴장하게 된다' / HTP: 그림을 아래로 치우쳐서 그림).

한편, SCT에서 '내 생각에 참다운 친구는 항상 곁에서 이야기를 들어 주는 친구'라고 하듯이 밀착된 관계를 원하고 있는 것 같다. 그리고 HTP 사람 그림에서 '모델'이라고 하듯이 관심받고 싶은 욕구도 강해 보인다. 그러나 Rorschach 색채카드에서 색채반응을 거의 하지 못하고 있듯이 정서적 자원이 매우 부족해 보이는바 주변 사람들과 감정을 교류하는 데 어려움이

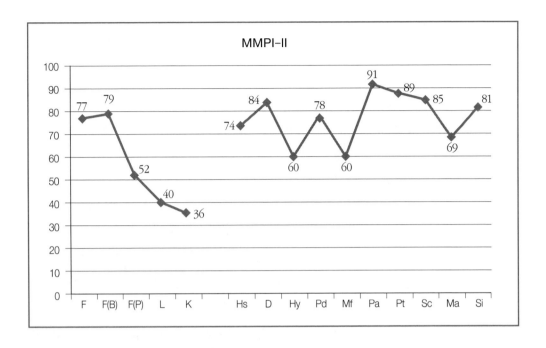

컸을 것으로 보이며, 대인관계에서 불편감을 느끼는 경우가 많았을 것으로 생각된다(HTP: 사람 그림에서 이목구비를 그리지 않음 / SCT: '다른 친구들이 모르는 나만의 두려움은 사람을 무서워한다'). 이러한 수검자는 HTP 사람 그림에서 '단점-너무 혼자만 있다', '왜 주변에 아무도 없을까'라고 하듯이 외로움을 느끼면서도 대인관계 상황에서 수동적인 태도를 보이고 있어서(HTP: 사람 그림 '무언가를 기다리고 있다') 주변 사람들과 관계를 맺기 더욱 어려웠을 것으로 생각된다.

수검자는 미래에 대한 부정적인 사고(SCT: '나의 장래는 어두운 터널 속에 있는 기분이다'), 자살사고(SCT: '언젠가 나는 죽을 것이다'), 반추사고(Rorschach: (2)=14) 등 우울감을 시사하는 반응들을 나타내고 있으며, 내면의 고통감도 커 보인다(MMPI: 7개의 임상 척도가 70T 이상으로 높게 상승함). 이러한 상황에서 HTP 나무 그림에서 '생각-주변에 아무것도 없으니 아무거나 그려 달라'라고 하듯이 주로 의존적인 대응을 해 온 것 같다. 그러나 위에서 나타나고 있듯이 주변 사람들에게 원하는 만큼의 지지를 받기는 힘들었을 것으로 보이는바, 기대가 좌절되는 상황에서 분노감을 느꼈던 것으로 여겨진다(Rorschach: S=3). 그러나 사회적 바람직성(Rorschach: '천사' / SCT: '내가 바라는 여인상은 현모양처 스타일이다') 및 정의(SCT: '완전한 남성상은 의리를 지키는 사람')를 중요시하고 있는 수검자는 정당성이 확보되면 주변 상황에 대한 충분한 고려 없이 충동적으로 공격 행동을 보일 수 있겠다(면담: '어떤 사람이 내 친구를 때리는 걸 보고 화가 나서 사람을 때렸다', '화가 나면 참지 못하고 벽을 치거나 컴퓨터나 책상을 던진다').

📂 요약과 제언

○ 요약

전체지능: 90, 평균 / 언어성 지능: 90, 평균 / 동작성 지능: 92, 평균

수검자의 지능 수준은 평균 수준으로 나타남. 지식 습득 능력과 언어적인 잠재력은 양호해 보이나, 언어적인 표현력이 부족해서 자신의 생각을 충분히 표현하지 못하는 경우가 많을 것으로 보임. 또한 시공간 협응이 필요한 상황에서 기능 수준이 다소 떨어질 수 있음. 수검자는 불안정한 가정 환경에서 자라왔던 것으로 보이며, 주변 환경을 위협적으로 인식하고 있어서 지나치게 주변 사람들을 의식함으로써 불필요하게 불안감을 가중시켜 왔을 것으로 생각됨. 한편, 관심받고 싶은 욕구가 강해 보이나, 주변 사람들과 감정을 교류하는 데 어려움이 컸을 것으로 보이는바, 대인관계에서 불편감을 느끼는 경우가 많을 것으로 생각됨. 이러한 수검자는 수동적인 태도를 보이고 있어서 주변 사람들과 관계를 맺기가 더욱 어려웠을 것으로 여겨짐. 수검자는 사회적 바람직성과 정의를 중요시하는 것으로 보이는바, 정당성이 확보되면 주변 상황에 대한 충분한 고려 없이 충동적으로 공격 행동을 보일 수 있겠음.

○ 임상적 진단

심리평가 결과, 수검자는 다음과 같은 진단이 시사됨.

- Unspecified Depressive Disorder
- Intermittent Explosive Disorder

38 병적 도벽(Kleptomania)

1. 극단적인 반응 제한, 높은 자기애와 자기중심성, 종합적인 B형 성격(남자/20세/고졸)

📁 의뢰 사유

수검자는 '성격 문제', '도벽', '원만하지 않은 대인관계', '강박적 성향' 등을 주소로 내원하였으며, R/O Unspecified Personality Disorder 임상적 인상하에 성인종합심리평가가 의뢰되었다.

📁 행동관찰과 면담

수검자는 큰 키에 건장한 체격이었으며, 눈 밑이 거무스름해서 퀭해 보였다. 다리에 깁스를 하고 목발을 짚고 입실하였으며, 의자에 앉아서는 검사실을 두리번거리면서 고개를 끄덕이고 있었다. 활동복을 입고 있었으며, 전반적인 위생상태는 양호한 편이었고, 검사자와의 눈맞춤도 적절하게 이루어졌다. 검사 수행 시 과제가 어려워지면 '머리야!'라고 혼잣말을 하며 두통을 호소하였고, 미간을 찌푸리며 인상을 썼다. 또한 큰 소리를 내며 코를 훌쩍였고, 고개를 좌우로 과도하게 움직이는 등 몸짓이 매우 컸다. 내원 사유에 대해서는 '제 스스로 약간 이상하다는 생각이 들어서'라고 애매하게 말하였다.

📁 지능과 인지기능

수검자의 **전체지능은 97, 평균 수준**으로 나타났으며, 언어성 기능은 90, 평균 수준, 동작성 지능은 107, 평균 수준으로 나타나서, 두 지능 간의 차이가 17점으로 유의미한 차이를 보였고, 소검사 간의 점수 차이도 9점으로 크게 나타나고 있어서 상황에 따라 기능 수준의 차이가 클 것으로 예상된다.

한국 웩슬러 성인 지능검사(K-WAIS)			
지능	점수	백분율	수준
언어성 지능	90	25%ile	평균
동작성 지능	107	68%ile	평균
전체지능	97	42%ile	평균

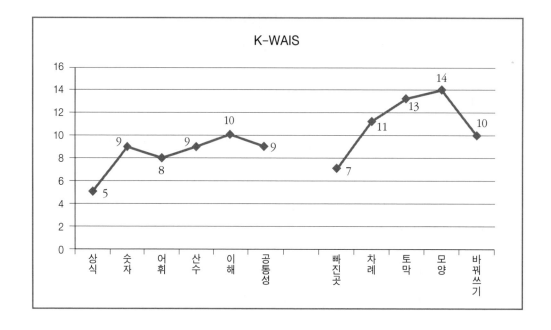

언어성 검사를 살펴보면, 사회적 상황에 대한 이해력과 사물의 유사성을 파악하는 능력이 평균 수준으로 나타나서, 일상적인 경험을 통해서 얻게 되는 언어적 능력이 양호한 것으로 보인다. 그리고 어휘 소검사가 평균 하 수준으로 어휘구사력도 무난한 것 같다. 그러나 상식 소검사가 경계선 수준으로 나타나서('올림픽 경기-8년'), 기본적인 지식 수준은 낮은 것으로 생각된다. 또한 전반적으로 맞고 틀리기를 반복하고 있어서, 학습태도가 비일관적이었던 것으로 여겨진다. 게다가 수준 높은 단어를 쓰면서도 답을 틀리고 있어서('논과 밭-무언가 식물 같은 걸 작물 할 수 있는'), 과시적인 태도를 보이면서도 사고 수준은 피상적인 것 같다. 한편, 단순한 자극에 대한 주의력과 수계산 능력이 평균 수준으로 나타나서 주의력은 양호한 것 같다.

동작성 검사를 살펴보면, 부분을 통해 전체 상을 구성하는 능력이 우수 수준으로 나타나서 응용력이 높고, 시공간 구성 능력이 평균 상 수준이어서 구조화된 상황에서 도구를 다루는 능력도 다소 높은 것 같다. 또한 시공간 운동 속도가 평균 수준으로 빠르고 정교한 운동 과제를 수행할 때에도 양호한 기능 수준을 보일 수 있겠다. 한편, 상황적 맥락을 파악하는 능력이 평균 수준으로 나타나서, 사회적 판단력은 양호해 보이지만, 시각적 예민성이 평균 하수준이어서, 주변 상황에 둔감한 것으로 여겨지는데 이는 자의적인 판단 경향을 나타내는 것 같다.

지능검사 결과, 수검자의 지적 잠재력은 다소 높아 보이며, 특히 도구를 다루는 상황에서 기능 수준이 높은 것으로 생각된다. 또한 수 개념을 다루는 능력과 일상적인 경험을 통해 얻게 되는 언어적 능력도 양호해 보인다. 그러나 기본적인 지식 수준이 낮고 학습태도가 비일관적인 것으로 보이는바 성실성이 부족한 것 같다. 게다가 사고 수준이 피상적이고 주변 환경 변화에 둔감해서 자의적인 판단에 따라 행동할 가능성이 높아 보인다.

수검자는 지적 능력이 평균 수준임에도 불구하고, Rorschach 검사에서는 총 10개의 카드 중에서 단 2개의 카드에서만 반응을 했고, 각 카드마다 정확하게 네 번씩 회전해서 돌려본 뒤에 카드를 내려놓고 있어서, 스트레스 상황에서 주변 상황을 면밀하게 관찰하면서도 확실하게 통제할 수 없는 상황에서는 자신의 반응을 극도로 제한할 것으로 생각된다.

🗀 성격과 정서

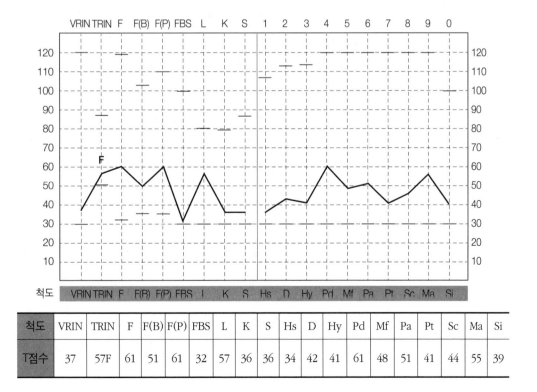

척도	VRIN	TRIN	F	F(B)	F(P)	FBS	L	K	S	Hs	D	Hy	Pd	Mf	Pa	Pt	Sc	Ma	Si
T점수	37	57F	61	51	61	32	57	36	36	34	42	41	61	48	51	41	44	55	39

수검자는 HTP 집 그림에서 집을 크게 그리면서 세밀하게 묘사를 하고 있어서('오피스텔 구조로 되어 있는 형식이고, 일반 아파트보다 높은 고층 타워에 크로스라인이 되어 있어서 번화가에 있다는 것을 의미한다') 자신에 대한 기대감이 매우 커 보인다. 또한 SCT에서 '언젠가 나는 당당하게 모든 방면에서 성공하여 우리 가족을 자랑스럽게 할 것입니다', HTP 나무 그림에서는 '나이-백 살'이라고 하고 있어서 자아상도 과대해 보이는바, 자기애적인 성향을 가지고 있는 것 같다. 그러나 지능검사에서 나타나듯이 성실성이 부족해서 기대만큼 성취를 이루지 못하는 경우가 많았을 것으로 생각된다. 이러한 수검자는 주변의 객관적인 평가를 인정하지 못하고, 주변 사람들을 탓하고 있는 것 같다(SCT: '내가 싫어하는 사람은 나에게 상처를 주는 사람입니다').

학창 시절부터 현재까지 다수의 절도 경험이 있는 수검자는 MMPI에서 L척도가 57T로 다소 상승해 있고, SCT에서 '어렸을 때 잘못했다고 느끼는 것은 없습니다', '내가 저지른 가장 큰 잘못은 없습니다', '나의 가장 큰 결점은 없습니다'라고 하는 등 자신의 단점을 매우 강하게 부인하고 있었다. 그리고 SCT에서 '나의 장래는 반드시 성취할 것입니다. 수단이 어떠하든 목적이 있기에 이루어 낼 것입니다'라고 하듯이, 자신의 행동을 강하게 옹호하고 있어서, 철저하게 자기중심적으로 행동할 가능성이 높아 보인다. 게다가 Rorschach에서 통제 욕구가 매우 높게 나타난 것을 고려하면, 통제감 상실의 경험이 있을 때 도벽 행동을 보일 수 있겠다.

한편, 수검자는 SCT에서 '내가 어렸을 때 우리 가족은 이혼했고 어려운 가정 속에서 자랐습니다'라고 하듯이 불우한 가정 환경에서 성장한 것으로 보인다. 그리고 SCT에서 '어리석게도 내가 두려워하는 것은 헤어짐입니다, 대상이 무엇이 됐든 헤어짐이 가장 두렵습니다', '내가 잊고 싶은 두려움은 내가 아파하고 있는 것들, 이별'이라고 하는 등 상실에 대한 두려움 및 유기불안을 호소하고 있어서, 주변 사람들과의 관계에서 양가적인 입장을 취할 것으로 생각된다. 이러한 수검자는 사소한 대인관계 좌절 상황에서조차 도벽 행동을 비롯한 반사회적 행동이 더 심해질 수 있겠다.

🗁 요약과 제언

○ 요약

전체지능: 97, 평균 / 언어성 지능: 90, 평균 / 동작성 지능: 107, 평균

수검자의 지능 수준은 평균 수준으로 나타남. 지적 잠재력은 다소 높아 보이며, 도구를 다루는 상황에서 기능 수준이 높을 것으로 생각됨. 또한 수 개념을 다루는 능력과 일상적인 경험을 통해 얻게 되는 언어적 능력도 양호해 보임. 그러나 성실성이 부족하고, 자의적인 판단을 할 가능성이 높아 보임. 자기애적인 성향을 가지고 있지만, 기대만큼 성취를 이루지 못하는 경우가 많았을 것으로 여겨지며, 주변의 객관적인 평가를 인정하지 못하고, 환경을 탓할 가능성이 높아 보임. 이러한 수검자는 자신의 단점을 강하게 부인하면서 철저하게 자기중심적으로 행동할 수 있으며, 높은 통제 욕구를 충족시키기 위해 도벽 행동을 보일 수 있겠음. 또한, 주변 사람들과의 관계에서 양가적인 입장을 취할 것으로 생각되며, 대인관계 좌절 상황에서도 도벽 행동을 비롯한 반사회적 행동이 더 심해질 수 있음.

○ 임상적 진단
심리평가 결과, 수검자는 다음과 같은 진단이 시사됨.
- Kleptomania
- Cluster B Personality Disorder

2. 현학적이고 모범적인 대응, 스트레스 취약성, 관습적 사고에 집착(남자/21세/대중퇴)

🗀 의뢰 사유

수검자는 '도벽을 고치고 싶다'를 주소로 내원하였으며, R/O Unspecified Disruptive, Impulse-Control, and Conduct Disorder, R/O Adjustment Disorders With disturbance of conduct 임상적 인상하에 성인종합심리평가가 의뢰되었다.

🗀 행동관찰과 면담

수검자는 보통 키, 마른 체형의 20대 남성이었다. 안경을 쓰고 있었고, 위생상태는 양호하였으며, 검사자와의 눈맞춤도 적절하였다. 상당히 예의 바르고 순한 인상이었고, 검사실에 입실하기 전 대기실에서 검사지를 자신이 챙기는 등 보통의 사병답지 않은 성숙한 모습도 나타났다. 언어성 과제에서 말을 길게 하고, 동작성 과제에서는 신중하게 생각하며 행동하는 등 검사 전반에 걸쳐 상당히 완벽하게 하려고 노력하는 듯 보였다. 내원 사유에 대해서는 '도벽이 있어서 영창을 다녀왔다'라고 하였으며, 과거 청소년기부터 시작된 도벽 행동을 상당히 구체적으로 설명하였는데, 이러한 언급은 검사자의 질문에 대한 대답 이상으로 상당히 자발적으로 이루어졌다. 그리고 마지막에는 '이제는 고치고 싶다'라면서 개선 의지를 표현하였다.

📂 지능과 인지기능

한국 웰슬러 성인 지능검사(K-WAIS)			
지능	점수	백분율	수준
언어성 지능	109	74%ile	평균
동작성 지능	119	89%ile	평균 상
전체지능	114	83%ile	평균 상

수검자의 **전체지능은 114, 평균 상 수준**으로 나타났으며, 언어성 지능은 109, 평균 수준, 동작성 지능은 119, 평균 상 수준으로 두 지능 간의 차이는 크게 나타나지 않았다.

언어성 지능을 살펴보면, 수계산 능력이 우수 수준, 단순한 자극에 대한 주의력이 평균 상 수준으로 나타나고 있어 수 개념을 다루는 능력이 높은 편이었다. 사물의 유사성을 파악하는 능력도 평균 상 수준으로 나타나 추상적이고 고차원적인 개념을 다루는 능력도 높아 보이며, 어휘구사력이 평균 수준을 보이고 있어서 의사소통을 위한 언어적 자원도 충분해 보인다. 그리고 사회적 상황에 대한 이해력과 기본적인 상식 수준도 평균 수준이어서 전반적인

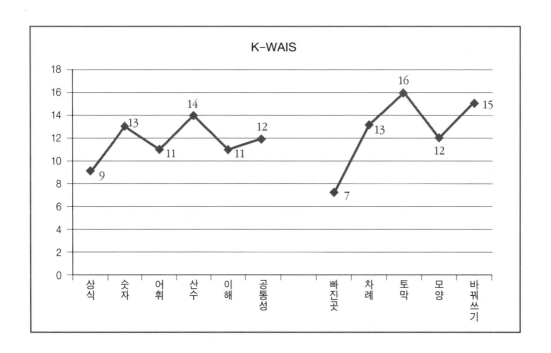

학습 수준도 양호해 보인다. 다만, 간단하게 대답할 수 있는 문항에서 장황하고 현학적인 표현을 하면서도('단풍-가을이 접어들면 잎에 엽록소가 부족해서 색이 변하는데 여러 종류의 나뭇잎을 통틀어서 단풍이라고 한다', '누설하다-남에게 알려지는 게 아니고 비밀이나 감춰야 할 것들이 타의에 의해서 남에게 알려지고 타의가 계획적으로 되었을 때'), 이렇듯 과도한 노력이 핵심을 벗어나서 효율성을 해치는 경우가 많았는데('슬기롭다-남이 봤을 때 뭔가 어려운 일을 단순하게 해결하고 똑 부러지고 좀 더 빠른 쪽으로 일을 풀었을 때') 이는 자기애적인 성격과 관련이 있어 보인다.

동작성 지능 영역에서는 시공간 구성 능력이 최우수 수준을 보이고 있어서 지적 잠재력이 매우 높아 보인다. 또한 시공간 운동 속도도 우수 수준이어서 도구를 다루는 능력이 매우 뛰어난 것 같다. 그리고 부분을 통해 전체 상을 구성하는 능력이 평균 상 수준으로 높은 편이지만, 잠재력에 비해서는 상대적으로 낮아서 응용력이 필요한 상황에서는 주관적으로 불편감을 느낄 수도 있겠다. 한편, 상황적 맥락을 파악하는 능력이 평균 상 수준이어서 사회적 대처 능력은 양호해 보이는데, 시각적 예민성은 이보다 6점이나 낮은 평균 하 수준에 그치고 있어서 주변 자극에 둔감해 보이는바, 미묘하고 애매한 대인관계 상황에서는 대처 능력이 급격하게 떨어질 수 있겠다.

지능검사 결과, 매우 높은 지적 잠재력을 가지고 있는 것으로 보이며, 숫자, 도형 등의 기계적인 자극을 다루는 상황에서 특히 높은 기능을 발휘할 것으로 예상되는바, 자기 자신에 대한 기대감은 현재 측정된 지능 수준보다 훨씬 높을 것으로 예상된다. 언어적 및 사회적 대처 능력도 충분히 가지고 있는 것으로 보이지만, 자신에 대한 기대 수준에는 미치지 못할 것으로 보이며, 지나치게 현학적이고 모범적인 모습을 보임으로써 부적절감을 해소하려 노력하고 있는 것으로 여겨진다. 그러나 상대적으로 상황 대처 능력이 부족한 수검자는 스트레스 상황에서 상당한 정서적 불편감을 느낄 수 있겠다.

지적 능력이 높은 수검자는 주지화 방어기제를 자주 사용할 것으로 생각되며(SCT: '내 생각에 여자들이란 양면적이라 아름답다고 생각한다', '문명의 이기', '파생'), Rorschach 색채카드들에서 '인체 조직에서 겉껍질만 벗긴 것', '미생물을 확대한 것' 등을 반응을 고려하면 감정적인 공감을 해야 하는 상황에서 주지화 경향이 더 강하게 나타날 것으로 예상된다. 한편, 애매하고 낯선 자극이 주어지는 Rorschach에서 전체 반응 수가 11개에 그치며 대부분 단순한 형태반응만 하고, 왜곡된 형태반응이 많으며, 평범반응은 단 1개에 불과한 것으로 나타나 스트레스 상황에서는 대처 능력이 급격히 저하될 것으로 예상된다. 특히 인간운동반응을 전혀 하지 못하고 있어서 자신이 통제할 수 없는 환경에서는 이성적인 판단을 하지 못한 채 미숙하거나 충동적인 행동을 할 가능성이 높아 보인다.

📁 성격과 정서

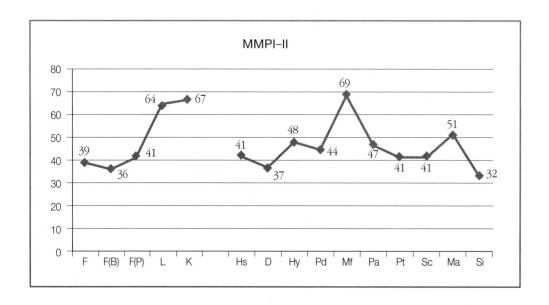

　　수검자는 MMPI에서 임상척도 대부분이 낮은 점수를 보이고 있으며, L-K 척도가 높게 나타나 정서적 고통감을 부인하고 있는 것 같다. 오히려 HTP에서 모든 그림을 크게 그리면서 열매를 많이 그렸으며('소원-열매를 낳고…… 자손 번식한다'), SCT에서 '나의 장래는 흔한 자서전과 같을 것이다…… 굴곡진 인생이지만 교훈과도 같은 미래를 개척하겠다', '내가 보는 나의 앞날은 밝다…… 내가 무엇을 해야 하고 하고 싶은지 알고 있기에'라고 하는 등 자신에 대한 기대가 높고, 자아상도 과장되어 있는 것 같다. 이러한 수검자는 HTP 집 그림에서 '단란하게 사는 집', 남자 그림에서 '장점-밝고 남을 배려해 준다', '소원-번듯한 직장에서 여우 같은 마누라 토끼 같은 자식과 함께 평범하게 사는 것', 여자 그림에서 '가정주부', '유치원에 보낸 자식을 기다린다', '소원-가족의 행복' 등의 반응을 보이듯이 소위 행복한 가정을 상당히 강조하고 있다. SCT에서 나타난 '나에게 이상한 일이 생겼을 때 나를 걱정하고 도와주는 가족이 있다', '우리 집안은 믿음직스러운 아버지, 현명한 어머니, 똑 부러진 누나가 자랑이다', '언젠가 나는 우리 가족 모두와 함께 여행을 갈 것이다', '나는 어머니를 좋아했지만 그녀의 무조건적 희생에 존경하기도 한다', '아버지와 나는 믿음이라는 끈으로 연결되어 있다' 등의 반응까지 고려하면 수검자가 표현하고 있는 가족애는 상당히 과장된 면이 있어 보이며, 이러한 과장된 가족애는 오히려 관습적 사고에 집착하고 있는 모습을 반영하고 있는 것 같다(SCT: '내가 바라는 여인상은 80~90년대의 현모양처이다', '완전한 남성상은 자신의 일에 책임을 질 수 있는 사람, 내가 성교를 했다면 그것은 책임을 뜻한다').

수검자는 HTP 집 그림에서 산, 해, 구름, 사람, 동물, 풀 등의 다양한 첨가물을 그리고 있듯이 애정 욕구가 높으면서도, 한편으로는 주변 환경에 대해 불만을 가지고 경계하는 면도 있는 것 같다(SCT: '우리 윗사람들은 어떤 항목을 결정할 때는 집단 이기주의를 버리지 못하는 것 같다', '무엇보다도 좋지 않게 여기는 것은 루머로서 상대방을 평가하는 것'). 그러나 위에 나타나듯 관습적 사고가 강한 수검자는 HTP 남자 그림에서 상의 가운데 단추를 이어서 그리는 등 자기 내면의 모습을 드러내지 않기 위해서 상당한 노력을 기울이고 있으며, 이러한 노력이 극대화되어서 오로지 가족만을 중심으로 생각하는 이분법적인 판단을 내리고 있는 것 같다(HTP: 나무 그림 '가장 행복한 때-뭔가 가족을 위해서 했을 때', '가장 불행한 때-가족에게 나쁜 일이 생기면'). 자신의 부정적 특징에 대한 강한 부인과 거부(SCT: '무슨 일을 해서라도 잊고 싶은 기억은 없다…… 모든 기억은 내가 안고 가야 할 기억이다', '내가 잊고 싶은 두려움은 없다…… 있다는 것은 도피이다…… 난 끝까지 짊어지고 간다')는 오히려 심한 불만을 가지고 있으면서도 표현하지 못하고 있는 팽팽한 긴장상태를 시사하는 것으로 여겨지는바, 스트레스 상황에서 도벽과 같은 충동적인 행동을 통해 긴장감을 해소하고 훔치는 능력을 유지하면서 잘못을 인정하는 상황까지도 통제함으로써 자존감을 유지하는 양상이 반복되고 있는 것 같다.

🗁 요약과 제언

○ 요약

전체지능: 114, 평균 상 / 언어성 지능: 109, 평균 / 동작성 지능: 119, 평균 상

수검자의 지능 수준은 평균 상 수준으로 나타남. 매우 높은 지적 잠재력을 가지고 있는 것으로 보이며, 자기 자신에 대한 기대감은 현재 측정된 지능 수준보다 훨씬 높을 것으로 예상됨. 그러나 언어적 및 사회적 상황에서는 기대 수준에는 미치지 못할 것으로 보이며, 지나치게 현학적이고 모범적인 모습을 보임으로써 부적절감을 해소하려 노력하고 있음. 과장된 자아상을 가지고 있는 수검자는 감정적 공감을 하지 못하고 관습적인 사고를 강조하면서 주지화 방어기제를 주로 사용하고 있으며, 이러한 모습이 반복되면서 가족을 중심으로 이분법적인 판단을 내리는 극단적인 사고 경향을 보이고 있음. 자신의 불편감에 대한 극단적인 부인은 오히려 강한 불만을 가지고 있으면서도 표현하지 못하고 있는 긴장상태를 시사하며, 이러한 긴장감을 도벽을 통해 해소하고 있는 것으로 생각됨.

❍ 임상적 진단

심리평가 결과, 수검자는 다음과 같은 진단이 시사됨.

- Kleptomania

- Narcissistic Personality Disorder

알코올사용장애(Alcohol Use Disorder)

1. 개인적 경험에 근거한 대응, 억압적 성향, 회피적 대응, 책임 전가(남자/47세/고졸)*

📁 의뢰 사유

수검자는 '반복되는 음주', '음주 조절의 어려움' 등을 주소로 내원하였으며, R/O Alcohol Use Disorder 임상적 인상하에 성인종합심리평가가 의뢰되었다.

📁 행동관찰과 면담

수검자는 작은 키에 왜소한 체격이었고, 환자복 위에 패딩 점퍼를 입고 있었다. 약간 긴 얼굴형에 눈은 작았고, 아래턱이 살짝 나와 있었다. 냄새가 많이 났지만, 외견상 위생상태는 무난했고, 검사자와의 눈맞춤은 적절하게 이루어졌다. 한편, 토막짜기 소검사에서 난이도가 높아질수록 민망한 듯 미소를 지으며, '어휴, 점점 어려워지네'라고 수행에 대한 어려움을 직접적으로 표현했고, 언어성 과제에서는 제시되는 단어를 반복해서 확인하며, 오랫동안 생각한 후에 대답을 하는 경우가 많아서, 검사 시간이 길어졌다. 그리고 대답을 할 때 의자에 등을 기대고 다리를 꼰 채 두 손을 무릎에 올리고 먼 곳을 응시한 채 여유로운 태도로 검사에 임했다. 그러면서 HTP에서는 '그림 못 그리는데…… 제가 그림을 못 그려서……'라는 말을 반복하면서 검사자를 자주 쳐다보고 민망하게 웃기도 하였다. 내원 사유에 대해서는 '자꾸 술 먹고 그래서 사고로 이어지고 스스로 고치고 싶어서'라고 음주 문제를 언급하였다.

---

* K-WAIS-IV를 사용한 보고서는 이하 *표 처리함.

📁 지능과 인지기능

한국 웨슬러 성인 지능검사 4판(K-WAIS-IV)			
영역	지능	백분율	수준
언어이해	83	13%ile	평균 하
지각추론	90	26%ile	평균
작업기억	**109**	**73%ile**	**평균**
처리속도	**92**	**29%ile**	**평균**
전체지능	89	23%ile	평균 하
일반능력	84	15%ile	평균 하

※ 단일 점수로서 대표성을 가지는 지능지수는 진하게 표시함.

수검자의 **전체지능은 89, 평균 하 수준**으로 같은 연령대에서 하위 23% 정도 수준이었다. 언어이해는 83, 평균 하 수준, 지각추론은 90, 평균 수준, 작업기억은 109, 평균 수준, 처리속도는 92, 평균 수준을 보이고 있었다. 지능영역간의 차이가 26점으로 크게 나타났으며(기준 23점 차이), 언어이해 영역과 지각추론 영역의 소검사 간 점수 차이가 5점, 6점으로 크게 나타나고 있어서(기준 5점 차이), 전 영역을 고려한 '전체지능'과 언어이해와 지각추론을 고려하여 산출된 '일반능력(84, 평균 하 수준)' 모두 수검자의 기능을 온전히 대표한다고 보기 어렵기 때문에 각 지표가 나타내는 기능 수준을 개별적으로 파악하는 것이 더 중요해 보인다.

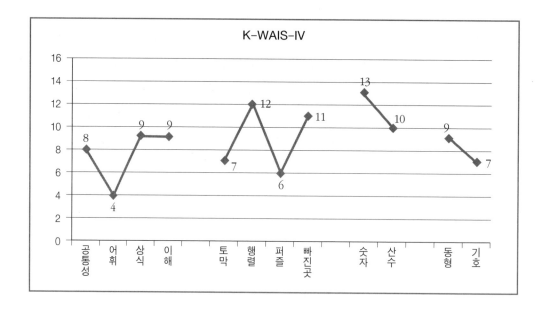

 언어이해 영역에서는 기본적인 상식 수준과 사회적 상황에 대한 이해력이 평균 수준으로 나타나서 전반적인 지식 습득 수준은 양호한 것 같다. 그리고 사물의 유사성을 파악하는 능력이 평균 하 수준으로 나타나서 언어적 개념에 대한 이해력은 비교적 평이해 보이나, 어휘구사력이 정신지체 수준으로 나타나서('심사숙고-몇 번이고 생각한 끝에 결정을 내리다') 언어적 표현이 중요한 상황에서는 기능 수준이 급격히 저하될 것으로 여겨진다. 반응 양상을 살펴보면, 개인적인 경험과 관련된 언급을 하면서 틀리는 경우가 많았다('훼방-모임 때 회식 자리에서 실수를 했다. 술이 과해 술자리를 망쳤다', '갯벌-바닷가에서 조개를 주웠던 일이 기억난다').

 지각추론 영역에서는 전체를 고려해 핵심을 파악하는 능력이 평균 상 수준으로 나타나서 추론 능력은 다소 높은 것으로 생각된다. 그러나 시공간 구성 능력과 부분을 통해 전체 상을 구성하는 능력이 각각 평균 하, 경계선 수준으로 나타나서 직접 도구를 다루거나 유연함이 필요할 경우 수행 능력이 떨어질 수 있겠다. 한편, 시각적 예민성이 평균 수준으로 나타나서 주변 환경 변화에는 적당히 민감해져 있는 것 같다.

 작업기억 영역에서는 간단한 자극에 주의를 기울이는 능력과 수계산 능력이 각각 평균 상, 평균 수준으로 나타나서 주의집중력은 적절한 것으로 여겨진다. 다만, 산수 소검사가 3점 낮게 나타나서 복잡한 자극을 다루는 상황에서는 주의력이 다소 저하될 수 있겠다.

 처리속도 영역에서는 긴장감 속에서 빠른 논리적 판단력을 발휘하는 능력이 평균 수준이어서 시각적 변별력은 적절한 것으로 생각되나, 시공간 운동 속도가 평균 하 수준으로 나타나서 정교한 운동 과제를 수행할 때 다소 낮은 기능 수준을 보일 것 같다.

 지능검사 결과, 수검자는 행렬추론 소검사가 평균 상 수준을 보이고 있어서, 지적 잠재력은 측정된 수준보다 다소 높을 수 있겠다. 그리고 직관적인 판단력과 순간 집중력이 높고, 지식 습득 수준 및 수 개념을 다루는 능력도 양호한 것 같다. 그러나 추가적인 인지적 노력이 요구될 경우 기능 수준이 저하될 수 있고 개인적인 경험만을 바탕으로 행동하기 쉬워서, 스트레스 상황에서 대처 행동이 부적절할 수 있겠다.

 Rorschach 검사 결과, 수검자는 총 6개의 매우 적은 반응 수를 보여서 스트레스 대처 능력이 부족한 것으로 생각된다. 그러면서도 평범반응을 4개나 하고 있는 것을 고려하면, 관습적인 대처에 몰입할 수 있겠으나, 이러한 대응이 어려워질 경우에는 다른 대안은 찾지 못한 채 혼란스러워할 것으로 예상된다.

📂 성격과 정서

ASI-3 (불안민감)	APPQ (공황)	MDQ (조증)	HCL-32 (경조증)	PHQ-9 (우울)	STAI-Trait (특성불안)
3 38T	17 41T	4 (cut off: 7)	5 (cut off: 14)	0 (cut off: 9)	32 34T

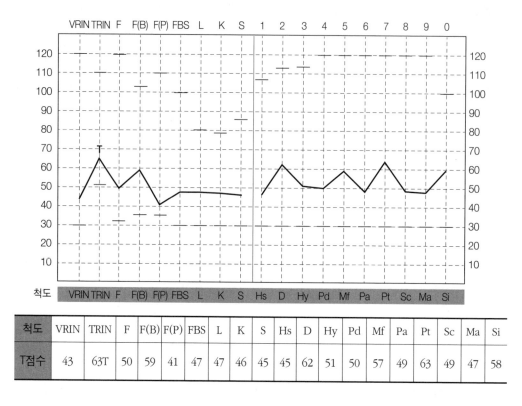

척도	VRIN	TRIN	F	F(B)	F(P)	FBS	L	K	S	Hs	D	Hy	Pd	Mf	Pa	Pt	Sc	Ma	Si
T점수	43	63T	50	59	41	47	47	46	45	45	62	51	50	57	49	63	49	47	58

　수검자는 SCT에서 '우리 윗사람들은 참으로 좋은 분들이다', '윗사람이 오는 것을 보면 나는 정중히 인사한다'라고 하듯이 사회적 바람직성이 높고, 애정 욕구도 높아 보인다(HTP: 나무 그림 '필요-햇빛과 물이 필요하겠죠. 보살펴 주는 애정'). 그러나 억압 성향이 강해서(HTP: 사람 그림에서 단추가 달린 옷을 그림), 내면의 불편감은 표현하지 않은 채(HTP: 사람 그림 '기분-괜찮아 보여요', '성격-괜찮아 보이는데요'), 긍정적인 모습만 강조하면서 주변 사람들과 관계를 맺어 왔을 것으로 생각된다. 그리고 HTP 집 그림에서 문 없이 창문만 그리는 등 자기개방은 차단한 채 타인의 시선에만 민감하게 반응할 것으로 여겨진다. 이러한 수검자는 SCT에서 '내가 없을 때 친구들은 찾아오지 않는다'라고 하듯이 타인과의 상호 교류에 어려움이 클 것으로 생각된다.

　그리고 MMPI에서 타당도 척도와 대부분의 임상척도가 평이한 수준으로 나타나서 별다른 어려움 없이 무난한 대응을 하고 있는 듯 보인다(HTP: 나무 그림 '생각-비바람에도 꿋꿋이 버티고 있다. 흔들리지 않고'). 그러나 한편으로 스트레스에 취약하고(SCT: '나에게 이상한 일이 생겼을 때 매우 당황스럽고 두려웠다' / TAT: 애매한 11번 카드에서 반응 실패), HTP 나무 그림에서 '나이-한 3~4년'이라고 하듯이 미숙한 모습도 가지고 있어서, 문제가 가중될 경우에 적절한 해결책을 찾지 못한 채 음주와 같은 회피적인 방식으로 대응할 가능성이 높아 보인다(SCT: '때때로 두려운 생각이 나를 휩싸일 때 술로 푸는 현상이 있는 것 같습니다').

게다가 수검자는 Rorschach에서 동물운동반응을 3개 하고 MMPI에서 '분노' 소척도가 70T로 나타나서 해소하지 못한 분노감이 상당히 높아 보인다. 이러한 수검자는 단주에 대한 의지를 표현하면서도(SCT: '언젠가 나는 술을 반드시 끊어서 가족과 직장에 인정받는 사람이 되겠다', '내가 잊고 싶은 두려움은 내 자신의 술버릇을 모두 잊고 싶고 새롭게 출발하고 싶어요'), 정작 음주에 대한 책임을 주변 타인에게 전가하는(SCT: '내가 싫어하는 사람은 술을 끊게 도와줘야 하는데 계속 술을 권하는 사람') 수동공격적인 방법으로 내면의 불편감을 표현해 왔던 것 같다. 또한 TAT에서 '사람을 막 해치고 있는 그림이 보이네요. 아니, 꿈을 꾸는 건가'라고 하듯이 내면의 공격성을 순진하게(naive) 부인할 수 있어서, 문제 해결을 더욱 어렵게 해 왔을 수 있겠다.

📁 요약과 제언

○ 요약

전체지능	89	평균 하	일반능력	84	평균 하
언어이해	83	평균 하	지각추론	90	평균
작업기억	109	평균	처리속도	92	평균

수검자의 지능 수준은 평균 하 수준으로 나타남. 시각적인 자극을 처리하는 능력과 전반적인 지식 습득 수준은 양호해 보임. 그러나 직접적으로 문제를 처리해야 하거나, 언어적 대처가 필요한 상황에서는 기능 수준이 저하될 수 있음. 사회적 바람직성과 억압 성향이 높아서 긍정적인 모습만 나타낼 수 있으나, 주변 환경에 민감해서 상호 교류는 어려웠을 것으로 예상됨. 또한 무난한 대응을 하고 있는 듯 보이지만 스트레스에 취약해서 음주와 같이 회피적인 대응을 하고 있는 것으로 보임. 또한 해소하지 못한 분노감이 높은 수검자는 음주에 대한 책임을 타인에게 전가하는 수동공격적인 방법으로 대응해 왔을 것으로 예상됨.

○ 임상적 진단

심리평가 결과, 수검자는 다음과 같은 진단이 시사됨.

- Alcohol Use Disorder

2. 자기중심적 성향으로 객관적 수행 방해, 자기과시, 우울감과 건강 악화(남자/59세/고졸)*

📂 의뢰 사유

수검자는 '음주 문제'를 주소로 입원 중이며, R/O Alcohol Use Disorder 임상적 인상하에 성인종합심리평가가 의뢰되었다.

📂 행동관찰과 면담

수검자는 보통 키에 약간 왜소한 체격이었다. 검은 피부에 얼굴이 각진 편이고, 눈이 약간 처졌으며, 양손에 피부 질환으로 벗겨진 흔적이 많았다. 손톱이 길고, 머리가 덥수룩하며, 수염이 많이 자라 있어서 위생상태가 불량해 보였다. 검사 시 고개를 90도 가까이 숙인 채 방바닥만 보고 대답하는 경우가 많아서 시선 접촉이 전혀 이루어지지 않았으나, 면담 시에는 고개를 들고 있어서 시선 접촉이 간헐적으로나마 이루어졌다. 목소리 크기가 적절하였고, 전반적으로 반응이 빠른 편이었으며, 단답형으로 짧게 대답하는 경향이 있었다. 또한 Rorschach에서 다음 카드를 직접 가져가서 보거나, 다 본 카드를 엎어 놓는 등 검사 상황에서의 긴장감은 별로 나타나지 않았다. 입원 사유에 대해서는 '술을 마시면 계속 마시게 되는데, 건강도 안 좋고, 가족들이 건강을 더 해칠까 봐 염려를 해서'라고 음주 문제를 말하였다.

📂 지능과 인지기능

수검자의 **전체지능은 109, 평균 수준**으로 같은 연령대에서 상위 28% 정도 수준이었다. 언어이해는 104, 평균 수준, 지각추론은 105, 평균 수준, 작업기억은 134, 최우수 수준, 처리속도는 92, 평균 수준을 보이고 있었다. 작업기억 지능 영역과 처리속도 지능 영역 간 점수 차이가 42점으로 크게 나타나고(기준 23점 차이), 언어이해 영역의 소검사 간 점수 차이가 7점으

한국 웩슬러 성인 지능검사 4판(K-WAIS-IV)			
영역	지능	백분율	수준
언어이해	104	61%ile	평균
지각추론	**105**	**63%ile**	**평균**
작업기억	**134**	**99%ile**	**최우수**
처리속도	**92**	**29%ile**	**평균**
전체지능	109	72%ile	평균
일반능력	104	61%ile	평균

※ 단일 점수로서 대표성을 가지는 지능지수는 진하게 표시함.

로 유의미하게 나타나고 있어서, 전 영역을 고려한 '전체지능'과 언어이해와 지각추론을 고려
하여 산출된 '일반능력(104, 평균 수준)' 모두 수검자의 기능을 온전히 대표한다고 보기 어렵기
때문에 각 지표가 나타내는 기능 수준을 개별적으로 파악하는 것이 더 중요해 보인다.

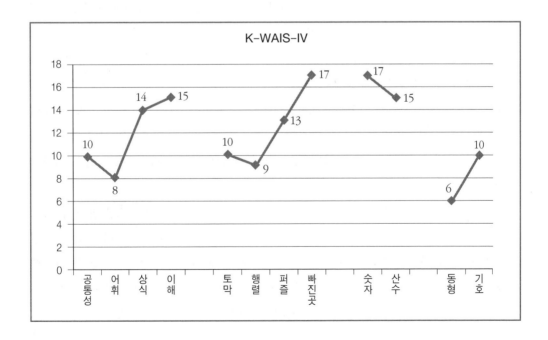

언어이해 영역에서는 사회적 상황에 대한 이해력과 기본 지식 수준이 우수 수준으로 매우
높게 나타나고 있어서('허난설헌-조선시대 작가', '범죄-일사부재리의 원칙'), 전반적인 기초 지
식 및 관습적 행동양식에 대한 습득 수준이 상당히 높아 보인다. 한편, 사물의 유사성을 파악

하는 능력, 어휘구사력 등이 각각 평균, 평균 하 수준으로 상대적으로 낮게 나타났는데, 반응의 양상을 살펴볼 때, 제시된 과제에 대해 객관적인 설명을 하기보다는 단어와 관련된 생각이나 느낌을 표현하는 경우가 많아서('표절-가증스럽다', '후회-바보스럽다', '적과 친구-관용'), 자기중심적인 성향이 강하고, 일방적인 의사소통을 할 가능성이 높은 것 같다.

지각추론 영역에서는 시각적 예민성이 최우수 수준으로 나타나서, 시지각적인 자극을 변별하는 능력이 매우 높아 보이는바, 주변 환경 변화에 매우 민감해져 있을 것으로 생각된다. 부분과 전체를 고려하여 핵심을 파악하는 능력이 평균 상 수준이어서, 시행착오를 통한 문제해결 능력도 다소 높아 보인다. 그러나 전체를 고려하여 핵심을 파악하는 능력이 4점 낮은 평균 수준으로 나타났고, 시공간 구성 능력도 평균 수준에 그치고 있어서, 추론 능력과 구조화된 상황에서의 대처 능력은 상대적으로 부족하게 느껴질 수 있겠다.

작업기억 영역에서는 간단한 자극에 주의를 기울이는 능력이 최우수 수준이어서 주의력이 매우 높아 보이고, 산수 소검사에서도 난이도가 높은 마지막 문제를 맞히면서 우수 수준을 보여서 산술 능력이 상당히 뛰어날 것으로 생각된다.

처리속도 영역에서는 시공간 운동 능력이 평균 수준이어서, 단순한 자극을 다루는 능력이 무난해 보이나, 긴장감 속에서 빠른 논리적 판단력을 발휘하는 능력이 경계선 수준으로 낮게 나타나서 시간의 압력이 주어지는 상황에는 상당히 취약할 것으로 생각된다.

지능검사 결과, 수검자의 지능은 평균 수준으로 나타났으나, 상식, 이해, 빠진곳찾기, 숫자, 산수의 5개 소검사가 우수에서 최우수 수준 사이에 분포하고 있어서 지적 잠재력이 매우 높아 보인다. 다만, 언어성 소검사에서 보이듯 자의적인 표현이 많아서 자기중심적인 성향이 객관적인 수행에 영향을 주는 것으로 생각되고, 적극적으로 사고해야 하거나 시간의 압력이 주어지는 상황에서는 기능 수준이 상대적으로 낮게 나타나서 스트레스에도 상당히 취약한 것 같다.

지적 잠재력이 상당히 높음에도 불구하고 Rorschach에서는 총 10개의 적은 반응 수를 보여서 스트레스에 대처할 심리적 자원이 매우 제한적인 것으로 생각된다(L=1.0). 게다가 수검자는 왜곡된 형태반응이 많아서(X-%=0.70), 실제적인 문제 해결력이 부족하고, 모든 카드에서 '싸우는 박쥐', '패한 박쥐', '박제된 박쥐' 등 미사여구만 달리한 채 같은 반응을 하는 보속반응을 보였는데(PSV=9), 이는 수검자의 경직된 사고방식이나 자기중심적인 특성과도 관련이 있는 것 같다.

🗁 성격과 정서

ASI-3 (불안민감)	APPQ (공황)	MDQ (조증)	HCL-32 (경조증)	PHQ-9 (우울)	STAI-Trait (특성불안)
10 46T	19 41T	6 (cut off: 7)	5 (cut off: 14)	3 (cut off: 9)	35 37T

※ 역치 이상의 척도는 진하게 표시함.

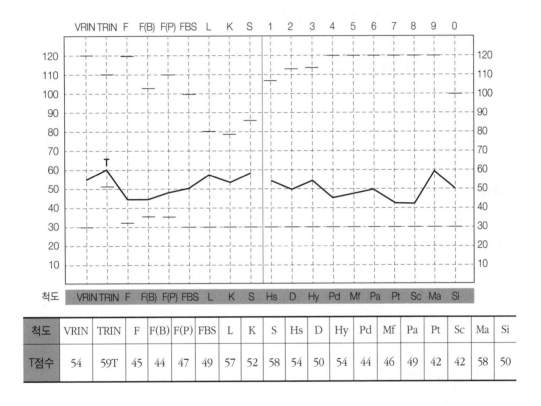

척도	VRIN	TRIN	F	F(B)	F(P)	FBS	L	K	S	Hs	D	Hy	Pd	Mf	Pa	Pt	Sc	Ma	Si
T점수	54	59T	45	44	47	49	57	52	58	54	50	54	44	46	49	42	42	58	50

　수검자는 HTP 나무 그림을 크게 그리듯 자아상이 과대하고, SCT에서 '나의 평생 가장 하고 싶은 일은 대단위 전원 생활'이라고 하듯이 자기에 대한 기대 수준이 높으며, 성취 욕구도 상당히 커 보인다(SCT: '언젠가 나는 많은 나무를 심는다'). 이러한 수검자는 SCT에서 '나에게 이상한 일이 생겼을 때 스스로 해결한다'라고 하듯이 통제 욕구가 강하게 나타나고 있고(SCT: '때때로 두려운 생각이 나를 휩싸일 때 그런 일 없다'), HTP 나무 그림에서 기둥의 결을 묘사하며 매우 세세하게 그리거나, SCT에서 '내가 어렸을 때는 귀공자처럼 자랐다'라고 하는 등 과시적인 성향도 큰 것으로 생각된다(SCT: '생생한 어린 시절의 기억은 부유했던 생활'). 그러나 지능검사에서 나타나듯이 스트레스에 취약해서 높은 성취가 지속되지는 못했던 것 같다(SCT: '내가

다시 젊어진다면 더욱 적극적인 사업가').

수검자는 HTP 집 그림에서 창문을 많이 그리고 주변에 나무를 그려 넣는 등 대인관계 욕구가 높아 보인다(HTP: 나무 그림 '필요-거름'). 그러나 한편으로는 자기중심적이고(MMPI '반사회적 행동'=76T), 대인관계에서 신뢰감만을 지나치게 강조하며(SCT: '무엇보다 좋지 않게 여기는 것은 신의 없는 행위', '내가 싫어하는 사람은 신의 없는 사람'), 가부장적인 모습을 보이고 있어서(SCT: '내가 바라기에 아버지는 권위적이어야 한다', '내가 바라는 여인상은 조용히 내조하는 여인' / TAT: '일하는 가장을 생각하고 있습니다' / HTP: 여자 그림 '밭에서 씨앗을 뿌리는 아내'), 평소 일방적이고 융통성이 부족했을 것으로 여겨지는바(Rorschach: PSV=9), 주변 사람들과 갈등이 많았을 것으로 생각된다.

수검자는 HTP에서 그림을 크게 그리고 전반적으로 낮은 MMPI 임상척도 중에서 9번 척도가 58T로 상대적으로 높게 나타나듯이 에너지 수준이 높아 보인다. 이러한 수검자는 사업에 실패한 후 낙향하여 외부 활동이 적은 생활을 하면서(SCT: '내가 없을 때 친구들은 관심 없다') 자신감이 저하된 것으로 생각된다(SCT: '내가 믿고 있는 내 능력은 대단했었지만 술에 무너짐' / HTP: 나무 그림에서 나무를 비스듬하게 그리며 지지할 수 있는 땅을 강조해 그림). 게다가 건강이 악화된 이후(SCT: '내가 잊고 싶은 두려움은 '건강', '다른 친구들이 모르는 나만의 두려움은 건강') 자신의 상황과 관련하여 자존감이 더욱 떨어지고(SCT: '대개 아버지들이란 과거는 권위적, 요즘은 머슴'), TAT에서 '절망', '근심', '허무' 등의 단어들을 사용하듯이 부정적 사고 및 정서가 증가하며(TAT: '이러고 살아야 되나'), 우울감도 상승하여(TAT: 공백 카드 '음산하다' / SCT: '내가 늙으면 죽겠지'), 문제 상황에서 해결을 위해 노력하기보다는 술에 더욱 의존하고 있는 것으로 여겨지는바 적절한 치료적 개입이 필요하겠다.

🗁 요약과 제언

○ 요약

전체지능	109	평균	일반능력	104	평균
언어이해	104	평균	지각추론	105	평균
작업기억	134	최우수	처리속도	92	평균

수검자의 지능 수준은 평균 수준으로 나타났으나, 주의집중력과 전반적인 지식 수준이 높아서 지적 잠재력은 높아 보임. 언어적인 능력이 높지만 자기중심적 성향이 강해서 실제 의사소통 시 일방적일 수 있겠음. 또한 시간의 압력이 주어지는 상황에서는 기능 수준이 떨어

져서 스트레스에 취약해 보임. 자아상이 과대하고, 기대 수준과 통제욕이 높으며, 과시적인 특징도 드러내고 있음. 대인관계 욕구가 커 보이나, 자기중심적이고, 가부장적이며, 융통성이 부족해서, 주변 사람들과 갈등이 많았을 것으로 생각되며, 에너지 수준이 높으나 현재 자신감이 떨어지고 자존감도 낮아지면서, 부정적 사고 및 정서가 증가하고 우울감도 상승한 것으로 나타남. 이러한 상황에서 문제 해결을 위해 노력하기보다는 술에 더욱 의존하는 것으로 보이는바 적절한 치료적 개입이 필요하겠음.

○ 임상적 진단

심리평가 결과, 수검자는 다음과 같은 진단이 시사됨.

- Unspecified Depressive Disorder
- Alcohol Use Disorder
- Narcissistic Personality Trait

3. 문제의식 부족, 의사소통의 오해 가능성, 부모에 대한 상반된 태도, 재음주 가능성(여자/41세/고졸)*

📁 의뢰 사유

수검자는 '조절되지 않는 음주', '공격적인 언행', '자살시도' 등을 주소로 내원하였으며, R/O Alcohol Use Disorder 임상적 인상하에 성인종합심리평가가 의뢰되었다.

📁 행동관찰과 면담

보통 키에 마른 체격인 수검자는 파마를 한 갈색머리였고 머리를 감아서 젖은 상태였다. 분홍색 티셔츠에 환자복 바지를 입고 있었고, 담배 냄새가 났지만 전반적인 위생상태와 눈맞춤은 적절하였다. 검사 내내 비스듬히 앉아서 한쪽 팔로 턱을 괴거나 팔짱을 끼고 검사를 수행하였고, 과제를 설명하면 어이없다는 듯이 웃음을 터뜨리거나 한쪽 눈썹을 올린 채로 고개만 살짝 끄덕이는 경우가 많았다. 또한 도도한 말투로 '그럼 한 번 입었던 거 버려요?'라며 냉소적인 태도를 보이거나 '아, 진짜, 뭘 보라는 거야 대체'라고 짜증을 내는 등 평가 상황에 대한 불편감을 드러내었다. 모르는 문항에서는 '동물에 대한 거예요?', '이게 무슨 그림인데요?'

와 같이 보충설명을 요구하거나, '글쎄요, 기억이 안 나네', '갑자기 물어보면 혼란스러운데' 등 평계를 댔고, 웅얼거리면서 끝맺음을 잘 하지 못하는 경우가 자주 있었다. 지필검사에서는 설명이 끝나기도 전에 검사자가 들고 있는 필기도구를 가져가려고 하는 등 성급한 모습도 나타났다. 면담에서는 옆으로 돌아앉아서 검사자와 눈맞춤을 하지 않고 구체적인 보고도 하지 않는 등 매우 비협조적이었고, 질문과는 관계없이 '저는 지극히 정상입니다', '내가 술을 매일 먹는 것도 아닌데, 참 나, 이렇게 감금하는 것은 정말로 문제가 있다고 생각한다'라며 입원 상황에 대한 불만만 반복해서 말하였다. 내원 사유에 대해서는 웃으면서 '술을 먹고 화장실에서 문을 잠그고 있었는데 애가 놀랐나 봐요. 쓰러져서, 정말 별일이 아닌데'라고 하는 등 심각성이 상당히 부족해 보였다.

🗂 지능과 인지기능

한국 웩슬러 성인 지능검사 4판(K-WAIS-IV)			
영역	지능	백분율	수준
언어이해	76	5%ile	경계선
지각추론	**72**	**3%ile**	**경계선**
작업기억	**84**	**14%ile**	**평균 하**
처리속도	**78**	**7%ile**	**경계선**
전체지능	70	2%ile	경계선
일반능력	69	2%ile	경도 정신지체

※ 단일 점수로서 대표성을 가지는 지능지수는 진하게 표시함.

수검자의 **전체지능은 70, 경계선 수준**으로 같은 연령대에서 하위 2% 정도 수준이었다. 언어이해는 76, 경계선 수준, 지각추론은 72, 경계선 수준, 작업기억은 84, 평균 하 수준, 처리속도는 78, 경계선 수준을 보이고 있었다. 지능 영역 간의 차이는 유의미하지 않으나(기준 23점 차이), 언어이해 영역의 소검사 간 점수 차이가 5점으로 크게 나타나고 있어서(기준 5점 차이), 전 영역을 고려한 '전체지능'과 언어이해와 지각추론을 고려하여 산출된 '일반능력(69, 경도 정신지체 수준)' 모두 수검자의 기능을 온전히 대표한다고 보기 어렵기 때문에 각 지표가 나타내는 기능 수준을 개별적으로 파악하는 것이 더 중요해 보인다.

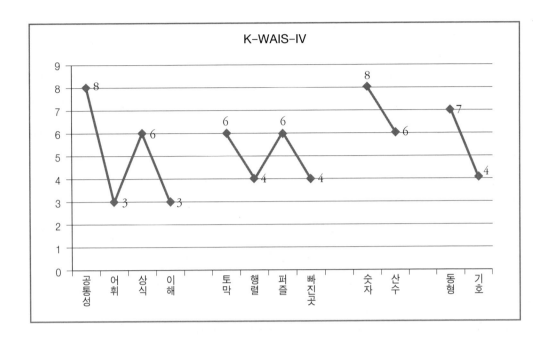

언어이해 영역에서는 단어의 유사성을 파악하는 능력이 평균 하 수준으로 나타나서 언어적인 잠재력은 다른 능력에 비해 비교적 양호해 보인다. 그리고 중지 규칙에 의해 낮은 점수를 받고 있어서 어휘구사력이 정신지체 수준으로 나타났지만('예민하다-정신적인 면, 특정에 꽂혀서 예민할 수도 있고'), 어려운 문항에서도 정답을 말하고 있어서('대담한-두려움이 없는') 실제 기능은 경계선 수준으로 측정된 것보다는 다소 높을 것으로 보인다. 반응 양상을 보면, 문항과 관련은 있지만 부수적인 내용을 말하는 경우가 많아서('진화-과정이죠, 진화되는 과정') 단어의 의미를 정확하게 알고 사용하기보다는 피상적인 수준에서 말하기가 쉬운 것 같다. 따라서 수검자는 일상적인 수준의 대화는 가능할 것으로 생각되지만 명확하고 복잡한 의사 전달이 필요한 경우에는 어려움이 예상되며, 이로 인해 의사소통에서 오해와 갈등이 생기는 경우가 많을 것으로 보인다. 한편, 기본적인 상식 수준과 사회적 상황에 대한 이해력은 각각 경계선, 정신지체 수준으로 나타나서('옷-어두운 계열이니까', '법-지켜야죠, 법치국가니까') 전반적인 지식 습득 수준은 연령대에 비해 부족한 것 같다.

지각추론 영역에서는 시공간 구성 능력과 자극 간의 관련성을 찾아내는 능력이 경계선 수준으로 나타나서 시지각적인 문제해결 능력이 부족해 보인다. 또한 전체를 고려해서 핵심을 파악하는 능력이 정신지체 수준이어서 시각적인 추론 능력도 매우 부족할 것으로 여겨지고, 시각적 예민성이 정신지체 수준이어서 주변 환경의 변화에도 상당히 둔감하겠다.

작업기억 영역에서는, 단순한 자극에 주의를 기울이는 능력은 평균 하 수준으로 나타나서 주의 지속 능력은 비교적 양호해 보인다. 그러나 수 계산 능력은 경계선 수준이어서 수 개념을 다루는 능력은 부족한 것으로 생각되며, 문항을 되묻는 경우가 많아서 자극이 복잡해지면 주의력이 떨어질 가능성이 높아 보인다.

처리속도 영역에서는 빠른 시간 안에 논리적인 판단을 하는 능력이 평균 하 수준으로 나타나서 간단한 의사결정을 하는 능력은 비교적 적절한 것으로 보인다. 다만, 오답을 한 후에 수정하는 경우가 2차례나 있었고 검사자가 설명하는 중에 필기도구를 가져가려고 하는 등 성급한 태도를 보이고 있어서 일상생활에서도 사소한 실수가 많을 것으로 예상된다. 시공간 협응 능력은 정신지체 수준으로 나타나서 정신 운동 속도가 느려 보이는데, 이는 비협조적인 태도와도 관련이 있는 것 같다.

지능검사 결과, 언어적인 잠재 능력은 양호해 보이지만, 전반적인 지식 습득 수준이 부족하고 의사소통 수준도 연령에 비해 낮을 것으로 생각된다. 한편, 간단한 자극을 다룰 때에는 비교적 양호한 기능 수준을 보일 것으로 예상되나, 사소한 실수를 할 수 있고 과제가 복잡해지면 기능 수준이 급격히 저하될 수 있겠다.

Rorschach 검사 결과, 총 반응 수는 11개로 매우 적게 나타났고, 객관적이고 관습적인 지각 능력이 부족해서(P=2, X-%=0.27) 문제 상황에서 대처할 수 있는 자원이 빈곤한 것으로 보인다. 게다가 상황을 자의적으로 해석하는 경향이 강해서(Xu%=0.55) 대인관계에서 갈등을 겪을 가능성이 높아 보인다(M-=2).

📁 성격과 정서

ASI-R (불안민감)	APPQ (공황)	MDQ (조증)	HCL-32 (경조증)	PHQ-9 (우울)	STAI-Trait (특성불안)
15 51T	10 45T	11 (cut off: 7)	19 (cut off: 14)	13 (cut off: 9)	34 68T

※ 역치 이상의 척도는 진하게 표시함.

수검자는 SCT에서 '내가 어렸을 때 우리 가족은 행복하지만은 않았다'라고 하고, 친밀감에 대한 태도를 나타내는 Rorschach 카드에서도 '반으로 접었다가 편 것 같은데, 뭔지 모르겠네'라고 하는 등 주변 환경을 지지적으로 인식하지 못하고 있는 것으로 보인다. 이러한 수검자는 부모 각각에 대해서 상반된 태도를 보이고 있지만(SCT: '아버지와 나는 결코 좋은 관계는 아니었다', '나는 어머니를 좋아했지만 어머니가 지금도 좋아한다'), 각각의 부모에게 모두 양가적인 태도도 가지고 있는 것 같다(SCT: '내 생각에 가끔 아버지는 무섭고도 불쌍한 존재였다', '나의 어머니는 훌륭하시다, 불쌍하시고'). 이렇듯 부모에 대해 분열된 태도는 남성과 여성에 대한 태도

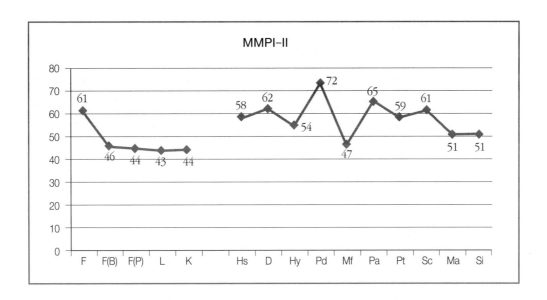

로까지 확대된 것으로 보이는바(SCT: '내 생각에 남자들이란 속물', '내가 생각에 여자들이란 불쌍한 존재에 아픈 가슴이다'), 대인관계에서도 극단적인 평가를 오가는 불안정한 관계를 맺어 왔을 가능성이 커 보인다(SCT: '어리석게도 내가 두려워하는 것은 인간관계').

수검자는 SCT에서도 '내가 바라는 여인상은 가정살림 잘하고 아이 잘 키우고 당당한 여자', '완전한 남성상은 집안에 충실하고 능력 있고 아이들을 위한 아빠'와 같이 전형적인 성역할을 선호하고 있는 것으로 생각되며, 여성상에 대한 기대가 상당히 컸던 것으로 여겨진다(SCT: '내가 다시 젊어진다면 이쁘게 살 것이다' / HTP: 집 그림 '꾸미면 괜찮겠죠'). 그러나 기대 수준이 비현실적이고 막연해서 충족되기는 어려웠을 것으로 예상되며, 현 상황에 미친 자신의 영향에 대한 통찰은 부족한 채로 주변을 탓하면서(HTP: 나무 그림 '생각-아프게 하지 말라고') 스스로를 희생양으로 여기고 있는 것 같다. 이런 수검자는 주변에 대해 분노감이 상당하고(MMPI: Pd=72T) 의심과 경계심이 높아서(MMPI: Pa=65T) 대인관계 갈등이 지속되기 쉬운 것 같다.

지능검사에서 나타나듯이 기능 수준이 낮은 수검자는 모르는 문항에서는 핑계를 대는 등 자신의 부족한 부분에 대해서 드러내지 않으려고 여러 차례 시도하였는데, 이는 수검자가 부정적인 평가에 상당히 예민하다는 것을 시사하는 것 같다. 따라서 부정적인 평가가 예상되는 상황에서는 일방적으로 무인하거나(SCT: '내가 서지른 가장 큰 잘못은 글쎄, 기억이 없나') 애매한 태도를 취하면서 결정을 회피하는 방식으로 대처해 온 것으로 생각되며[SCT: '우리 가족이 나에 대해서는 좋은 점과 나쁜 점들이 함께 고류(교류)하고 있다고 생각하겠다'], 이러한 방식이 통하지 않는 경우에는 신체 증상을 호소하거나(MMPI: '신경학적 증상'=76T) 거부적인 태도를 보일 것 같다. 게다가 당위적인 신념을 보이고 있어서(SCT: '언젠가 나는 새로운 엄마가 될 것이다. 꼭', '내가 정말 행복할 수 있으려면 내 아이와 가정을 지켜야 한다. 노력해야 할 것이다') 사소한 좌절에도 쉽게 분노감을 경험할 수 있겠다. 감정을 다루는 능력이 부족한 수검자는 (Rorschach: IX, X카드 '물감 뿌려 놓은 것') 내면의 부정적인 정서를 음주를 통해 해소하고 있는 것으로 생각된다. 그리고 앞서 언급한 것처럼 현재 자신의 상황에 대한 통찰이 부족해 보이는바, 재음주의 가능성도 높아 보인다. 또한 수검자는 PHQ-9에서 중등도 수준의 우울감을 보고하고 있고 자살시도의 과거력이 있으며, 충동성도 강해 보여서(Rorschach: C=2) 자해나 자살시도에 대한 주의도 요망된다.

📁 요약과 제언

○ 요약

전체지능	70	경계선	일반능력	69	경도 정신지체
언어이해	76	경계선	지각추론	72	경계선
작업기억	84	평균 하	처리속도	78	경계선

　　수검자의 지능 수준은 경계선 수준으로 나타났으나 지적 능력의 편차가 매우 커서 상황에 따른 기능상의 차이가 클 것으로 생각됨. 언어적인 잠재력은 비교적 양호해 보이지만 지식 습득 수준이 부족하고 의사소통 능력도 낮을 것으로 예상됨. 또한 간단한 자극을 다룰 때에는 비교적 적절한 기능을 보일 것으로 생각되지만 사소한 실수를 할 수 있고 복잡한 과제에서는 기능 수준이 급감하겠음. 가정환경이 불안정했던 것으로 보이는 수검자는 부모에 대해서 양가적인 태도를 보이고 있는데, 이는 남성과 여성에 대한 태도로까지 확대되어 대인관계에서 극단적인 평가를 오가는 불안정성을 경험하겠음. 전형적인 여성상에 대한 기대가 컸던 것으로 생각되지만, 기대가 비현실적이고 막연해서 충족되기 어려웠던 것으로 생각됨. 그러나 주변 환경만을 탓하면서 경계심과 분노감이 커진 것으로 여겨짐. 부정적인 평가에 민감한 수검자는 문제 상황에서 핑계를 대거나 일방적으로 부인하고, 애매하고 회피적인 태도로 대처해 왔던 것으로 보이며, 이런 방식이 통하지 않으면 쉽게 화를 낼 수 있음. 수검자는 음주를 통해 부정적인 정서를 해소해 온 것으로 보이며 문제의식이 부족해서 재음주 가능성이 높고, 충동적인 자살시도의 가능성도 예상되는바 주의가 요망됨.

○ 임상적 진단

심리평가 결과, 수검자는 다음과 같은 진단이 시사됨.

- Alcohol Use Disorder

- Borderline Personality Trait

- Borderline Intellectual Functioning

4. 낮은 자존감, 성실성 부족, 무난한 의사결정, 약자 역할 대처(여자/40세/고졸)*

📁 의뢰 사유

수검자는 '통제하기 어려운 음주', '낮은 자존감' 등을 주소로 입원 중이며, R/O Alcohol Use Disorder, R/O Borderline Personality Disorder 임상적 인상하에 성인종합심리평가가 의뢰되었다.

📁 행동관찰과 면담

수검자는 매우 작은 키에 보통 체격으로, 둥근 얼굴형에 피부는 하얀 편으로 단발머리를 뒤로 묶은 모습이었다. 위생상태는 양호하였고, 검사자와의 눈맞춤도 적절하게 이루어졌다. 또렷한 목소리로 말의 양이 많은 편이었고, '뭘 검사하는 거예요? 죄송한데 얼마만큼 더 해야 돼요? 이건 선생님이 하자고 한 거예요? 모든 분이 다 하지는 않죠? MRI 비싸요? 언제 끝나요?' 등 검사 상황에 대한 질문이 과도하게 많았다. 산수 소검사에서는 문제를 들을 때마다 '네'라고 대답하며 과도하게 순응적인 모습을 보였고, HTP 남자 그림에서 '아들'이라고 하며 눈물을 흘리는 등 갑작스럽게 감정 변화를 보이기도 하였다. 언어성 소검사에서 '모르겠다'라고 하기보다는 정답과는 전혀 관련 없는 대답을 하는 경우가 많았고, 퍼즐 소검사에서는 지시를 반복했음에도 2번이나 동일한 실수를 했다. 그리고 문제를 여러 사례 틀린 후 '이렇게 못하는 사람도 없죠?', '이거 IQ검사예요?'라고 하거나 HTP에서 '그림 되게 못 그려'라고 혼잣말하며 웃는 등 부족한 수행에 대해 자주 언급하였고, 설문지의 학력란에는 실제와는 달리 '대졸'이라고 쓰고 있어서 성취에 민감하고 자존감이 낮아 보였다. 내원 사유에 대해서는 '이혼하고 나서부터 우울감 이런 거 때문에 근처 병원에도 가 봤는데 3분씩만 진료를 보고 약으로만 치료를 하니까 독해서 다른 곳을 추천받았다'라고 하는 등 병원에 오기까지의 상황을 구체적으로 길게 설명하였다.

🗁 지능과 인지기능

한국 웩슬러 성인 지능검사 4판(K-WAIS-IV)			
영역	지능	백분율	수준
언어이해	95	38%ile	**평균**
지각추론	68	2%ile	**경도 정신지체**
작업기억	72	3%ile	**경계선**
처리속도	81	10%ile	**평균 하**
전체지능	73	3%ile	경계선
일반능력	78	7%ile	경계선

※ 단일 점수로서 대표성을 가지는 지능지수는 진하게 표시함.

수검자의 **전체지능은 73, 경계선 수준**으로 같은 연령대에서 하위 3% 정도의 수준이었다. 언어이해는 95, 평균 수준, 지각추론은 68, 경도 정신지체 수준, 작업기억은 72, 경계선 수준, 처리속도는 81, 평균 하 수준으로 나타났다. 언어이해 영역과 지각추론 영역 간의 차이가 27점으로 크게 나고 있어서(기준 23점) 전체지능의 대표성이 부족하고, 일반능력(78, 경계선 수준) 또한 아동의 기능을 온전히 대표한다고 보기 어려울 것으로 생각된다. 그러므로 각 지표가 나타내는 기능 수준을 파악하는 것이 더 중요해 보인다.

언어이해 영역에서는 어휘구사력과 사물의 유사성을 파악하는 능력이 평균 수준으로 나타나서, 언어적 개념을 형성하는 능력은 양호해 보인다. 그리고 기본적인 상식이 평균 하 수준을 보이고 있어서 학업적 지식 습득도 비교적 적절하게 이루어진 것으로 여겨지나, 사회적 상황에 대한 이해력이 경계선 수준으로 나타나서('천리길-아무리 급한 길도 천천히 되돌아가라') 관습과 규범의 습득 수준은 매우 부족한 것 같다. 언어성 소검사에서 전반적으로 1점짜리 답을 많이 하고 있어서('신뢰한다-믿는다'), 사고 수준이 피상적인 것으로 보이며, 길고 장황하게 사회적으로 의미가 있는 반응들을 하였으나, 핵심에서 벗어나는 경우가 많아서('민주주의-소외받고 많이 배우지 못한 사람들이 알지 못하는 사람들 대신 말해 줌으로써 억울한 삶을 보호받고 잘 살 수 있으니까') 본질적인 의미를 제대로 파악하지는 못하고 있는 것 같다.

지각추론 영역에서는 전체를 고려하여 핵심을 파악하는 능력, 자극 간의 관련성을 찾아내

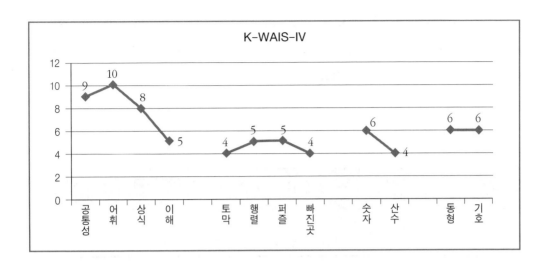

는 능력, 시공간 구성 능력 등이 각각 경계선, 정신지체 수준으로 매우 낮게 나타나고 있어서, 자극을 통해 추론하는 능력과 응용력이 매우 부족해 보이는바, 실제 문제 해결이 필요한 상황에서 매우 낮은 기능을 보일 것으로 생각된다. 그리고 시각적 예민성이 정신지체 수준으로 나타나서, 주변 환경 자극에 매우 둔감해 보이는바, 환경 변화가 나타나는 상황에서 기민하게 반응하는 데 어려움이 클 것 같다.

작업기억 영역에서는 단순한 자극에 주의를 기울이는 능력과 산술 능력이 각각 경계선, 정신지체 수준으로 나타나서['9-4=6(오답)'], 주의력이 매우 부족해 보인다.

처리속도 영역에서는 긴장감 속에서 빠른 논리적 판단력을 발휘하는 능력과 시공간 운동 속도가 경계선 수준으로 나타나고 있어서, 단순한 자극을 다루는 능력이 매우 부족해 보인다. 동형찾기 소검사에서는 오답을 하거나 문항을 빠뜨리며 수행하는 등 시각적 주의력이 부족하고, 기호쓰기 소검사에서는 빠르게 수행해야 하는 상황에서 검사자에게 질문을 던지는 등 불필요하게 여유로운 태도를 보이고 있어서, 검사 본래의 의도에 충실하지 못한 모습이 낮은 수행에 영향을 주는 것 같다.

지능검사 결과, 언어적 대처가 필요한 상황에서는 비교적 양호한 기능 수준을 보일 수 있겠으나, 사고 수준이 피상적이어서 깊이 있는 사고가 요구될 때에는 기능 수준이 떨어질 것으로 생각된다. 그리고 그 외 대부분의 소검사가 경계선 이하 수준으로 매우 낮게 나타나고 있는데, 수행 태도를 보면 성실성 및 주의력이 매우 부족해서 정작 문제 해결이 필요한 상황에서 필요한 대응을 하지 못하고 부적절감을 느끼는 경우가 많을 수 있겠다.

Rorschach 검사 결과, 총 12개의 적은 반응 수를 보이고 있어서 스트레스에 대응할 수 있는 심리적 자원이 부족해 보인다. 관습적 지각에 어려움이 있을 것으로 예상되고(P=3), 무난한 의사결정만 하려는 경향이 강해서(W:D:Dd=3:8:1) 문제 해결이 필요한 상황에서 단순하고 피상적으로 대처할 것으로 생각된다. 게다가 수검자는 미해결된 욕구가 많아(FM=6) 충동적인 행동이 나타날 가능성이 높은 것 같다(FC:CF+C=0:4).

📁 성격과 정서

ASI-3 (불안민감)	APPQ (공황)	PHQ (우울)	MDQ (조증)	HCL-32 (경조증)	STAI-Trait (특성불안)
25 (cut off: 14)	54 53T	6 (cut off: 10)	7 (cut off: 7)	13 (cut off: 14)	48 51T

※ 역치 이상의 척도는 진하게 표시함.

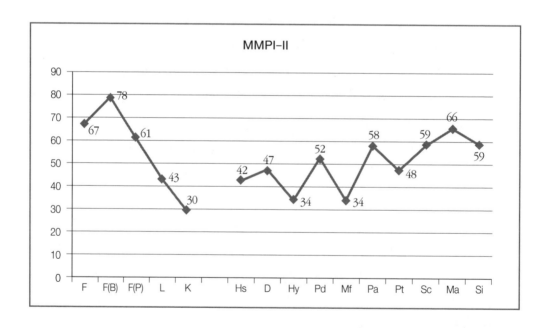

수검자는 SCT에서 '내가 저지른 가장 큰 잘못은 이혼'이라고 하고, HTP 남자 그림에서는 '(떨어져 살고 있는) 아들'이라고 하며 눈물을 흘리는 등 가족 간 관계 단절로 인한 고통감이 매우 커 보이고, 공허감도 느끼고 있는 것 같다(HTP: 여자 그림에서 눈동자를 그리지 않음). 수검자는 결혼생활에서 불편감이 컸던 것으로 보이나(SCT: '결혼생활에 대한 나의 생각은 부정적'), 자아강도가 약하고(MMPI: K=30T) 피해자로서의 자신을 부각시키고 있어서(SCT: '내 생각에 여자들이란 남자에게 부당한 대우를 받는 불쌍한 존재'), 이혼 전 부부 관계에서도 수동적인 모습을 보였을 수 있겠다. 게다가 이성적인 문제 해결력이 부족하고(Rorschach: M=0), 외부 귀

인하는 경향이 있어서(SCT: '나에게 이상한 일이 생겼을 때 운이 나쁜 것이다'), 문제의 원인에 대해서는 구체적으로 파악하지 못한 채 내면에 불만을 쌓인 것으로 생각되는바(MMPI: '적대감'=75T), 반복적인 음주 행동을 통해 스트레스를 해소해 온 것 같다.

한편, 수검자는 자신에 대한 기대감이 높고(SCT: '내가 평생 가장 하고 싶은 일은 시골에 집을 지어 병원을 지으며 살고 싶다'), 학업성취 욕구가 매우 높아 보인다(SCT: '내가 다시 젊어진다면 공부를 더 해 보고 싶다'). 그러나 지능 수준이 그다지 높지 않은 수검자는 사고 수준이 피상적이고, 높은 기대 수준에 상응하는 노력이 부족했던 것으로 여겨지는바(HTP: 나무 그림에서 가지를 그리지 않음), 능력을 인정받지 못하는 상황에서 스스로 부적절감이 컸던 것 같다(SCT: '어리석게도 내가 두려워하는 것은 지금 현실에서 미래를 이룰 수 없는 것이다'). 수검자는 HTP 사람 그림에서 '잘될 거예요. 꼭 잘될 거예요'라고 하듯이 긍정적인 기대감을 반복하면서도, 한편으로는 무기력감을 느끼고 있는 것으로 보이는바(Rorschach: m=1, Y=1), 상기의 긍정적 기대감은 부적절감을 보상하기 위한 것일 뿐 실제로는 자존감 저하가 클 것으로 생각된다. 이러한 수검자는 연령에 비해 사고 수준이 미숙해서(Rorschach: 동물반응을 많이 보임) 문제 상황에서 약자임을 강조하며 책임을 회피하거나, 모에게 밀착되어 있는 등 의존적인 모습을 보일 수 있겠다(SCT: '내가 바라는 여인상은 우리 엄마 같은 현모양처').

수검자는 MMPI에서 '우울' 소척도가 79T로 높게 나타나고, 무기력감(Rorschach: Y=1, m=1), 자존감 저하(HTP: 사람 그림 '자존심도 많이 상해 있고'), 자살사고(MMPI: '자살사고'=74T) 등을 시사하는 반응을 보이고 있어서 우울감을 경험하고 있고, 고통감도 느끼고 있는 것 같다(MMPI: F=67T). 그러나 한편으로는 MMPI에서 9번 척도가 66T로 상승한 것을 보면, 수검자가 호소하는 우울감에 비해 에너지 수준이 상대적으로 높고(HTP와 TAT에서 말을 많이 함), 위에서 나타나듯이 과장된 자아상을 가지고 있는 것으로 보이는바, 감정 기복이 반복되는 불안정한 정서상태에 대한 개입도 필요한 것 같다.

요약과 제언

❍ 요약

전체지능	73	경계선	일반능력	78	경계선
언어이해	95	평균	지각추론	68	경도 정신지체
작업기억	72	경계선	처리속도	81	평균 하

수검자의 지능 수준은 경계선 수준으로 나타났으나 지능 영역 간의 차이가 커서 각 지표별로 보는 것이 더 타당하겠음. 언어적 대처가 필요한 상황에서는 비교적 양호한 기능 수준을 보일 수 있겠음. 그러나 필요한 대응을 하지 못하고 성취를 이루지 못해 부적절감을 느끼는 경우가 많을 수 있겠음. 수검자는 결혼생활에서 불편감이 컸던 것으로 보이나, 이혼 전 부부 관계에서 수동적인 모습을 보였을 수 있음. 게다가 이성적인 문제 해결력이 부족하고, 외부 귀인하는 경향이 있어서, 문제의 원인에 대해서는 구체적으로 파악하지 못한 채 내면에 불만을 쌓아 온 것으로 생각됨. 한편, 수검자는 자신에 대한 기대감이 높고, 학업성취 욕구가 매우 높아 보임. 그러나 사고 수준이 피상적이고 높은 기대 수준에 상응하는 노력이 부족했던 것으로 여겨지는바, 능력을 인정받지 못하는 상황에서 스스로 부적절감이 컸던 것으로 보임. 수검자는 우울감을 경험하고 있으나, 한편으로는 에너지 수준이 상대적으로 높고 과장된 자아상을 가지고 있는 것으로 여겨지는바 감정 기복이 반복되는 불안정한 정서 상태에 대한 개입도 필요한 것으로 생각됨.

○ 임상적 진단

심리평가 결과, 수검자는 다음과 같은 진단이 시사되며, 나이에 비해 미숙한 사고 수준을 보이고 있어서, 문제 상황에서 약자임을 강조하며 책임을 회피하는 등 의존적인 모습을 보일 수 있음.

- Alcohol Use Disorder
- R/O Cyclothymic Disorder
- Borderline Intellectual Functioning
- Unspecified Personality Disorder

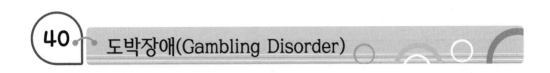

40 도박장애(Gambling Disorder)

1. 혼잣말과 특이한 의성어, 사회적 바람직성 강조, 퇴행적 대처(남자/23세/대중퇴)*

📁 의뢰 사유

수검자는 '스포츠 도박 중독'을 주소로 1년 전부터 본 원에서 외래로 심리치료를 받아 왔으며, 증상이 완화되지 않아 입원하였고, R/O Gambling Disorder 임상적 인상 하에 성인종합심리평가가 의뢰되었다.

📁 행동관찰과 면담

수검자는 중간 정도 키에 적당한 체격이었고, 회색 맨투맨 티에 환자복 바지를 입었다. 약간 긴 얼굴형에 피부는 검은 편이었고, 작은 눈에 살짝 처진 눈매였다. 전반적인 위생상태는 양호했으며, 검사자와의 눈맞춤도 적절하게 이루어졌다. 그러나 토막짜기 소검사에서는 과제를 완성한 후에 '짠~!'이라고 하거나, 콧노래를 부르는 등 장난스러운 행동을 보였고, 난이도가 높아질수록 '이건 어렵네. 하나, 둘, 셋', '어, 이건 뭐가 안 맞네. OK 알겠어?' 등과 같이 큰 소리로 혼잣말을 많이 했다. 그리고 수행에 어려움을 느낄 때에는 '푸, 푸, 푸', '뚠, 뚠' 등의 특이한 의성어를 반복해서 사용했으며, 틀린 답을 하고 난 후 민망한 듯 큰 소리로 웃는 경우가 많았다. 또한 HTP에서는 '머리부터 발끝까지'라고 유행가 가사를 읊조리거나 장난스러운 말투로 '어떻게 그려 드려야 될까?'라고 하며 데생 하듯이 종이를 돌려가면서 과도하게 적극석으로 과제를 수행했다. 내원 사유에 대해서는 '인터넷 도박 중독, 스포츠 도박 중독'이라고 간단하게만 말했다.

---

* K-WAIS-IV를 사용한 보고서는 이하 *표 처리함.

📂 지능과 인지기능

한국 웩슬러 성인 지능검사 4판(K-WAIS-IV)			
영역	지능	백분율	수준
언어이해	72	3%ile	**경계선**
지각추론	105	63%ile	평균
작업기억	100	50%ile	**평균**
처리속도	86	18%ile	**평균 하**
전체지능	86	17%ile	평균 하
일반능력	85	16%ile	평균 하

※ 단일 점수로서 대표성을 가지는 지능지수는 진하게 표시함.

수검자의 **전체지능은 86, 평균 하 수준**으로 같은 연령대에서 하위 17% 정도 수준이었다. 언어이해는 72, 경계선 수준, 지각추론은 105, 평균 수준, 작업기억은 100, 평균 수준, 처리속도는 86, 평균 하 수준을 보이고 있었다. 지능 영역 간의 차이가 33점으로 크게 나타났으며(기준 23점 차이), 지각추론 영역의 소검사 간 점수 차이가 8점으로 크게 나타나고 있어서(기준 5점 차이), 전 영역을 고려한 '전체지능'과 언어이해와 지각추론을 고려하여 산출된 '일반능력(85, 평균 하 수준)' 모두 수검자의 기능을 온전히 대표한다고 보기 어렵기 때문에 각 지표가 나타내는 기능 수준을 개별적으로 파악하는 것이 더 중요해 보인다.

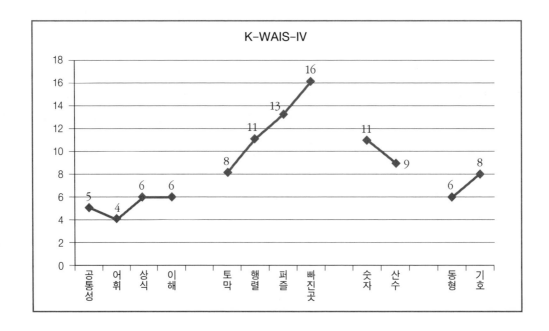

언어이해 영역에서는 기본적인 상식 수준과 사회적 상황에 대한 이해력이 경계선 수준으로 나타나서('끓는 점-28도, 30도. 모르겠어요', '천리길-천리를 가더라도 생각하면서 가라') 전반적인 지식 습득 수준은 낮아 보인다. 그리고 사물의 유사성을 파악하는 능력과 어휘구사력이 각각 경계선, 정신지체 수준으로 나타나서('숟가락과 젓가락-밥') 언어적 대처 능력도 매우 부족한 것으로 여겨진다. 게다가 맞고 틀리기를 반복하고 있는 것을 보면, 학습에 있어서 성실성은 부족했던 것으로 생각되며, 1점짜리 답을 많이 해서 사고 수준도 피상적인 것 같다.

지각추론 영역에서는 시각적 예민성이 최우수 수준으로 주변 환경을 파악하는 능력이 뛰어난 것으로 여겨지나, 다른 능력에 비해 상대적으로 높은 수준이어서 환경의 변화에 매우 예민해져 있는 것 같다. 부분을 통해 전체 상을 구성하는 능력과 전체를 고려해 핵심을 파악하는 능력이 각각 평균 상, 평균 수준으로 나타나서 추론 능력은 적절한 것으로 생각된다. 그리고 시공간 구성 능력이 평균 하 수준으로 나타나서 도구를 다루는 상황에서도 비교적 무난한 기능 수준을 보일 것 같다.

작업기억 영역에서는 간단한 자극에 주의를 기울이는 능력과 수계산 능력이 평균 수준으로 나타나서 주의집중력은 양호한 것으로 여겨진다.

처리속도 영역에서는 긴장감 속에서 빠른 논리적 판단을 발휘하는 능력과 시공간 운동 속도가 각각 평균 하, 경계선 수준으로 나타났고, 고차원적인 과제인 퍼즐맞추기와 행렬추론의 점수보다 낮게 나타난 것을 고려하면, 쉽고 간단한 과제를 경시할 가능성이 높아 보인다.

지능검사 결과, 수검자는 주변 환경 변화에 매우 민감해져 있는 것으로 생각되며, 직관적인 판단력 및 주의력도 적절한 것으로 여겨진다. 그러나 단순한 과제를 경시하기 쉬워 보이는바, 쉬운 과제에서 무성의한 모습으로 인해 기능 수준이 저하될 수 있으며, 사고가 피상적이고 성실성도 부족해서 추가적인 노력이 요구될 경우 쉽게 포기하는 경우가 많을 것으로 생각된다.

Rorschach 검사 결과, 수검자는 총 13개의 적은 반응 수를 보여서 스트레스에 대처할 심리적 자원이 부족한 것 같다. 그리고 이성적이고 논리적인 판단을 위해 노력할 수 있겠으나(M=3), 관습적인 판단력이 부족하고(P=2) 자의적인 성향이 강해서(Xu%=0.38) 문제 해결을 위한 행동이 부적절하게 나타날 가능성이 높아 보인다.

🗀 성격과 정서

수검자는 애정 욕구가 높아 보이며(HTP: 사람 그림 '필요-친구', 집 그림에서 창문을 크게 그림), MMPI에서 L척도가 67T로 상승한 것을 고려하면, 자신의 사회적 바람직성을 순진하게

ASI-3 (불안민감)	APPQ (공황)	MDQ (조증)	**HCL-32** **(경조증)**	PHQ-9 (우울)	STAI-Trait (특성불안)
1	9	5	**17**	0	24
35T	38T	(cut off: 7)	**(cut off: 14)**	(cut off: 9)	25T

※ 역치 이상의 척도는 진하게 표시함.

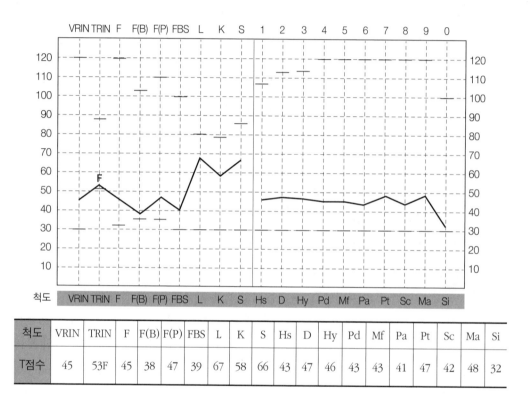

척도	VRIN	TRIN	F	F(B)	F(P)	FBS	L	K	S	Hs	D	Hy	Pd	Mf	Pa	Pt	Sc	Ma	Si
T점수	45	53F	45	38	47	39	67	58	66	43	47	46	43	43	41	47	42	48	32

(naive) 강조하면서(MMPI: '사회적 책임감'=62T / SCT: '내가 늙으면 내 재산 전액 기부') 주변 사람들과 관계를 맺어 온 것으로 생각된다(SCT: '우리 윗사람들은 괜찮으신 분들이다', '윗사람이 오는 것을 보면 나는 먼저 인사를 한다'). 다만, 수검자는 억압 성향이 두드러지고(HTP: 사람 그림에서 벨트를 강조해서 그림) 스트레스 자체를 부인한 채(MMPI: 모든 임상척도가 평이한 수준으로 나타남) 긍정적인 모습만 표현할 가능성이 높아서(HTP: 사람 그림 '행복-현재에 가장 행복을 느낀답니다' / SCT: '내가 늘 원하기는 항상 웃으면서 행복하게 살고 싶다'), 한편으로는 수검자의 행동이 주변 사람들에게는 부적절하게 받아들여졌을 것으로 예상된다.

수검자는 부모에 대해 호의적으로 언급하고 있으나, 필요 이상으로 긍정적인 면만 강조하였고(SCT: '나의 어머니는 매력적이시고 젊고 제 생각을 많이 하시는 분이다', '대개 아버지들이란 자식들의 미래를 위해 힘써 주시고 챙겨 주시는 분이시다', '완전한 남성상은 아버지'), HTP 집 그림에서 '(가족 없이) 제가 살아요', '앞으로–행복할 것 같습니다'라고 하는 것을 고려하면, 한편으로는 부모와의 관계에서 불편감이 상당할 것으로 생각된다. 다만, 억압 성향이 강한 수검자는 평상시에는 내면의 감정을 드러내지 않을 수 있으나, Rorschach에서 '악마와 천사의 싸움'이라고 반응한 것을 보면 내적 갈등이 심한 것으로 여겨지는바, 자신의 불편감을 억압하기 어려워질 때에는 갑작스럽게 의외의 행동을 보일 수 있겠다(Rorschach: 색채반응은 없으면서 색채가 많은 카드를 좋아하는 카드로 선택함).

수검자는 SCT에서 '무슨 일을 해서라도 잊고 싶은 것은 현재 중독돼 있는 게임 또는 스포츠 도박', '내가 저지른 가장 큰 잘못은 스포츠 도박으로 인한 돈 날린 거'라고 하듯이 도박 행동에 대한 후회를 표현하고 있었다. 그러나 자존심이 강하고(HTP: 나무 그림에서 기둥을 두껍게 그림), 자신에 대한 기대감이 높아서(SCT: '언젠가 나는 크게 성공할 것이다', '나의 야망은 빌게이츠를 뛰어넘어 세계 최고 부자가 되는 것이다'), 실제로는 단점을 수용하지 못한 채(SCT: '다른 친구들이 모르는 나만의 두려움은 없다', '내가 잊고 싶은 두려움은 없습니다') 자기만의 대처 방식을 고수할 수 있겠다. 그러면서도 스트레스에 취약하고(Rorschach: 형태가 가장 애매한 카드를 싫은 카드로 선택) 사고가 미숙해서(Rorschach: A=8) 상황을 효율적으로 통제하기 힘들어 보이는바(HTP: 사람 그림에서 손을 동그랗게 그림), 문제를 더 이상 감당하기 어려워질 경우 퇴행된 행동을 나타내며(SCT: '때때로 두려운 생각이 나를 휩싸일 때 잠을 잔다') 상황을 회피할 수 있어서 문제 해결을 더욱 어렵게 할 것으로 예상된다.

📂 요약과 제언

○ 요약

전체지능	86	평균 하	일반능력	85	평균 하
언어이해	72	경계선	지각추론	105	평균
작업기억	100	평균	처리속도	86	평균 하

수검자의 지능 수준은 평균 하 수준으로 나타남. 주변 환경 변화에 매우 민감해 보이며, 직관적인 판단력 및 주의력도 적절한 것으로 여겨짐. 그러나 예상치 못한 상황에서 기능 수준이 저하될 것으로 생각되며, 노력이 필요한 상황에서 쉽게 포기할 수 있음. 사회적 바람직성을 강조하며 주변 사람들과 관계를 맺어 왔을 것으로 생각되나, 과장된 표현으로 인해 오히려 주변 사람들은 부적절감을 느낄 수 있음. 또한 평상시에는 내면의 불편감을 억압하며 별다른

어려움을 호소하지 않을 것으로 보이지만, 내적 갈등은 심해서 더 인상 감정을 수용하지 못할 경우에는 갑작스럽게 의외의 행동을 보일 수 있음. 또한 자신의 의견만 고집하면서 스트레스 상황에서는 퇴행된 행동을 하기 쉬워서 문제 해결을 더욱 어렵게 할 것으로 여겨짐.

○ 임상적 진단

심리평가 결과, 수검자는 다음과 같은 진단이 시사됨. 표면적으로는 무난한 대응을 하는 듯 여겨지나, 문제에 직면했을 때에는 퇴행된 모습을 보이며, 상황을 회피할 수 있으므로 이를 고려한 일관된 대응이 중요할 것으로 생각됨.

- Gambling Disorder
- Unspecified Personality Disorder

2. 언어 활용 능력 부족, 단순한 성과에 집착, 반사회적 특성(남자/21세/고졸)*

🗁 의뢰 사유

수검자는 '불법 도박'을 주소로 내원하였으며, R/O Gambling Disorder 임상적 인상하에 성인종합심리평가가 의뢰되었다.

🗁 행동관찰과 면담

수검자는 보통 키에 적당한 체격이었다. 검은 피부에 눈이 작았으며, 얼굴에 여드름 자국과 점이 많고 눈 밑으로 작은 상처가 있었다. 수염이 자라 있었고, 손톱도 약간 길어서 위생상태는 다소 불량해 보였다. 시선 접촉은 원활하게 이루어졌고, 목소리 크기도 적절하였으며, 가끔 사투리를 사용하였다. 지능검사 시 난이도가 증가하거나 대답을 못할 경우에 손톱을 물어뜯거나 다리를 떠는 등 초조해하는 모습을 보였고, 빠진곳찾기 소검사에서는 답이 무엇인지 알려 달라고 요구하기도 하였다. 전반적으로 주저하는 모습 없이 바로 대답하는 편이었으며, 그림이나 지필 과제에서도 별다른 지연 행동 없이 바로 그림을 그렸다. 내원 사유에 대해서는 '도박 때문에'라고 짧게 대답하였다.

📂 지능과 인지기능

한국 웩슬러 성인 지능검사 4판(K-WAIS-IV)			
영역	지능	백분율	수준
언어이해	83	13%ile	평균 하
지각추론	**88**	**21%ile**	**평균 하**
작업기억	**100**	**50%ile**	**평균**
처리속도	**98**	**45%ile**	**평균**
전체지능	88	21%ile	평균 하
일반능력	83	13%ile	평균 하

※ 단일 점수로서 대표성을 가지는 지능지수는 진하게 표시함.

　수검자의 **전체지능은 88, 평균 하 수준**으로 같은 연령대에서 하위 21% 정도의 수준이었다. 언어이해는 83, 평균 하 수준, 지각추론은 88, 평균 하 수준, 작업기억은 100, 평균 수준, 처리속도는 98, 평균 수준을 보이고 있었다. 지능 영역 간 유의미한 차이는 나타나지 않았으나(기준 23점 차이), 언어이해 영역의 소검사 간 점수 차이가 7점으로 크게 나타나고 있어서(기준 5점 차이), 전 영역을 고려한 '전체지능'과 언어이해와 지각추론을 고려하여 산출된 '일반능력(83, 평균 하 수준)' 모두 수검자의 기능을 온전히 대표한다고 보기 어렵기 때문에 각 지표가 나타내는 기능 수준을 개별적으로 파악하는 것이 더 중요해 보인다.

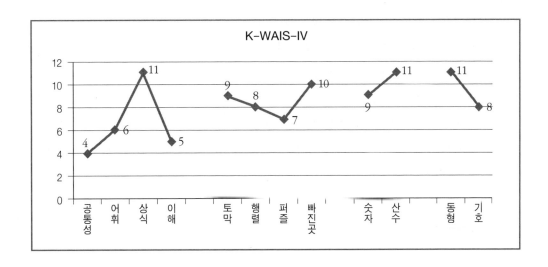

언어이해 영역에서는 기본 지식 수준이 평균 수준이었고, 다른 세 개의 소검사들보다 월등하게 높게 나타나서, 단편적인 지식 습득에 상당한 노력을 기울인 것 같다. 그러나 사회적 상황에 대한 이해력이 경계선 수준으로 낮게 나타나서('돈-그냥요. 돈이 있어야 뭘 할 수 있으니까 뭐든지'), 전반적인 이해력이 매우 부족해 보이고, 어휘구사력, 사물의 유사성을 파악하는 능력 등도 각각 경계선, 정신지체 수준으로 낮아서('호기심-호승심', '음식과 휘발유-냄새'), 언어 구사력도 상당히 부족해 보이는바, 세련된 의사소통을 하기는 어려울 것으로 보인다.

지각추론 영역에서는 시각적 예민성이 평균 수준으로 다른 소검사들에 비해서 높게 나타나서, 주변의 시각적 자극들에 상대적으로 민감하게 반응할 것으로 생각된다. 시공간 구성 능력이 평균 수준이어서, 구조화된 상황에서의 대처 능력도 무난해 보인다. 그러나 전체를 고려해 핵심을 파악하는 능력과 부분과 전체를 조화시키는 능력이 모두 평균 하 수준으로 다소 낮게 나타나서 추론 능력은 부족한 것 같다.

작업기억 영역에서는 수계산 능력, 단순한 자극에 주의를 기울이는 능력 등이 평균 수준으로 나타나서 주의집중력이 양호해 보인다.

처리속도 영역에서는 긴장감 속에서 빠른 논리적 판단을 발휘하는 능력이 평균 수준이어서, 간단한 자극을 다룰 때는 시간적 압력이 주어져도 양호한 기능 수준을 보일 것으로 생각된다. 그리고 시공간 운동 속도가 평균 하 수준으로 나타나 운동반응 속도도 비교적 무난한 것 같다.

지능검사 결과, 수검자는 지능 수준이 평균 하 수준으로 다소 낮게 나타났으나, 상대적으로 단편적 지식 수준이 높고, 주변의 시각적 자극에 민감하며, 주의력과 민첩성 등이 양호하게 나타나서, 임기응변이나 간단하고 빠른 대응이 필요할 때 비교적 높은 기능을 보일 수 있겠다. 그러나 언어 활용 능력은 매우 부족해서, 의사소통이 길어지거나 깊이 있는 사고가 요구될 경우에는 기능 수준이 급격히 떨어질 것으로 생각된다.

Rorschach 검사 결과, 수검자는 총 8개의 적은 반응 수를 보였고, 사고가 단순하고 경직되어 있어서(L=1.67) 스트레스에 대처할 심리적 자원이 매우 제한적인 것 같다. 또한 평범반응이 적어서(P=1) 관습적 판단에 어려움을 보일 것으로 생각되고, 왜곡된 형태반응도 많아서(X-%=0.88) 주변 사람들이 공감하기 힘든 부적절한 판단을 할 가능성이 높아 보인다.

📂 성격과 정서

수검자는 HTP 나무 그림에서 큰 나무를 그리면서 '100살'이라고 하듯이 자아상이 과대해 보이고(SCT: '내가 믿고 있는 내 능력은 무궁무진하다'), 성취 욕구도 매우 높아 보인다(HTP: 나

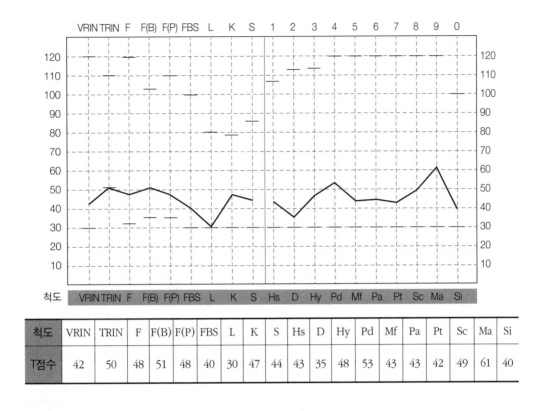

척도	VRIN	TRIN	F	F(B)	F(P)	FBS	L	K	S	Hs	D	Hy	Pd	Mf	Pa	Pt	Sc	Ma	Si
T점수	42	50	48	51	48	40	30	47	44	43	35	48	53	43	43	42	49	61	40

무 그림 '사과나무', 사람 그림 '소원은 서울대학교 가는 거', '앞으로 유능한 사람이 될 것 같아요'/ SCT: '언젠가 나는 성공할 것이다'). 그리고 간단한 과제들을 다루는 능력, 민첩성, 주의집중력 등이 상대적으로 양호한 수준을 보여서, 간단하고 빠른 대응이 필요할 때 최대한 성과를 내기 위해 상당한 노력을 기울일 가능성이 높아 보인다. 게다가 깊이 있게 사고하는 능력이 부족하고(지능검사: 이해 소검사 경계선 수준, 어휘 소검사 경계선 수준, 공통성 소검사 정신지체 수준), 단순한 경향이 있으며(SCT: '내가 아는 대부분의 집안은 아파트다', '완전한 남성상은 강한 남자'), 실제적인 문제 해결력도 매우 부족해서(Rorschach: X-%=0.88) 단시간 내에 성과를 내는 것에 더 집착할 가능성이 있겠다. SCT에서 '내가 늘 원하기는 부자가 되면 좋겠다', '내가 정말 행복할 수 있으려면 부자여야 한다' 등의 반응을 고려할 때, 수검자는 경제적으로 안정적이지 못한 상황에서 성장했던 것으로 보이는바, 물질적 성공에 지나치게 가치를 두면서 도박과 같은 행동에 몰두해 온 것으로 생각된다(HTP: 사람 그림 '소원=금괴를 줍는 것').

수검자는 SCT에서 '아버지와 나는 벽이 있다'라고 부에 대한 거리감을 직접적으로 언급하면서, 모에 대해서는 긍정적으로 표현하고 있었다(SCT: '나의 어머니는 대단하다', '어머니와 나는 친하다'). 그러나 SCT에서 '다른 가정과 비교해서 우리 집안은 깔끔하지 않다', '어리석게도 내가 두려워하는 것은 외로움' 등의 반응을 보여서, 모와의 관계도 표현하는 것만큼 친밀하지는 않은 것 같다. 과거력을 살펴볼 때, 부모의 이혼 후 또래 관계에 몰두했던 것으로 보이나(SCT: '내 생각에 참다운 친구는 항상 곁에 있어 주는'), 자신감이 부족하고(HTP: 나무 그림에서 나무를 종이 좌측에 치우쳐 반쪽만 그림 / SCT: '내가 보는 나의 앞날은 보이지가 않는다') 보수적인 경향도 높아서(SCT: '내 생각에 남자들이란 세상의 주인', '내 생각에 여자들이란 남자보다 뒤떨어짐') 공감적 관계를 형성하는 데 어려움이 있어 보이고(Rorschach: M-=1), 대인관계 불편감도 크게 나타나서(HTP: 사람 그림에서 눈을 강조하고, 입과 귀를 생략함) 대인관계가 피상적 수준에 머물렀을 가능성이 높겠다(SCT: '다른 친구들이 모르는 나만의 두려움은 외로움').

이와 같이 성취 경험이 부족하고 대인관계가 피상적인 수검자는 주변 환경에 대한 불만이 많고(MMPI: '분노'=70T) 분노감도 상당히 커 보인다(SCT: '행운이 나를 외면했을 때 화가 난다'). 게다가 지능검사 이해 소검사에서 '역사-안 중요한 것 같아요', '우주-없어요' 등의 반응들을 보였는데, 이는 다른 태도들을 고려할 때 수검자의 공격적인 성향을 반영하는 것으로 생각되고(MMPI: '반사회적 특성'=77T, '반사회적 행동'=76T / TAT: '살인마', '살인 현장', '해코지'), 관습적 규범에 대한 습득 수준도 낮아서(Rorschach: P=1/ MMPI: '비도덕성 소척도'=76T), 사회 질서에 맞지 않는 행동을 할 가능성이 높아 보인다. 이러한 수검자는 자극 추구 성향이 높고(MMPI: '통제결여'=90T), 욕구 조절에도 큰 어려움을 보여서(Rorschach: '비키니' / SCT: '나에게 이상한 일이 생겼을 때 해결을 해야 한다' / MMPI: '폭발적 행동'=85T), 충동적인 문제 행동이 나타날 가능성이 높겠다.

🗀 요약과 제언

◯ 요약

전체지능	88	평균 하	일반능력	83	평균 하
언어이해	83	평균 하	지각추론	88	평균 하
작업기억	100	평균	처리속도	98	평균

수검자의 지능 수준은 평균 하 수준으로 나타남. 단편적 지식 수준이 높고, 주변의 시각적 자극들에 민감함. 주의집중력과 민첩성이 양호해서 간단하고 빠른 대응이 필요한 상황에서 상대적으로 나은 기능 수준을 보일 것으로 생각됨. 그러나 언어적 능력이 매우 부족하고 깊이 있게 사고하는 것에 어려움을 보임. 자아상이 과대하고 성취욕이 높게 나타났으나, 사고가 단순하고 문제 해결력도 부족한 편이어서, 단시간 내에 성과를 얻을 수 있는 것에 집착할 것으로 생각됨. 특히 물질적 성공을 중시해서 도박과 같은 행동에 몰두해 온 것으로 보임. 자

신감이 부족하고 보수적인 경향이 높아서 공감적 관계 형성에 어려움이 있어 보이는바, 대인관계가 피상적일 수 있음. 성취 경험 부족과 피상적인 대인관계로 인해 주변 환경에 대한 불만감, 분노감 등이 높아 보임. 게다가 공격적이고, 자극 추구 성향이 높으며, 욕구 조절에도 어려움이 커서, 충동적 문제 행동을 일으킬 가능성이 있겠음.

○ 임상적 진단

심리평가 결과, 수검자는 다음과 같은 진단이 시사됨.

- Gambling Disorder

- Antisocial Personality Trait

41 편집성 성격장애(Paranoid Personality Disorder)

1. 검사자 노려보기, 규칙에 몰입, 불편감 부인(남자/19세/대재)

📂 의뢰 사유

수검자는 '미숙한 감정 처리', '대인관계의 어려움', '자책감', '불안' 등을 주소로 내원하였으며, R/O Adjustment Disorders 임상적 인상하에 성인종합심리평가가 의뢰되었다.

📂 행동관찰과 면담

수검자는 갈색 금속테의 안경을 착용하였고, 보통 체격에 키는 작은 편이었다. 상당히 공허한 표정을 짓고 있었으며, 느린 걸음으로 입실하였다. 피부색은 까만 편이었고, 눈은 작았으며, 검사 내내 허무한 표정으로 일관하였다. 입을 조금만 움직이면서 말하였고, 한숨을 쉬면서 대답하였다. 검사 도중 고정된 자세로 검사자의 눈을 잠시 동안 똑바로 응시하고 있는 경우도 있었다. 지나치게 사소한 것까지 확인하기 위한 질문이 많았고(기호쓰기 수행 시 '제한 시간 있습니까?' / HTP: 집 그림 '어떤 집 말씀이십니까?', 사람 그림 '잘 못 그립니다', '그냥 아무렇게나 그려도 상관없습니까?' / Rorschach: '이거 뒤집어도 됩니까?', '추상적인데 말해도 됩니까?'). HTP 수행 시 땀으로 종이가 젖어 있는 등 긴장을 많이 하는 것 같았다. 면담 시 대부분의 내용을 구체적으로 설명하지 않고 피상적으로 말하는 편이었고, 검사가 끝난 후 자신의 이야기를 다른 사람에게 말하지 말아 달라는 요청을 하는 등 주변의 평가에 매우 예민해져 있었다. 게다가 부대 간부와 면담을 하려고 하자, 검사자를 무섭게 노려보기까지 했다. 내원 사유에 대해서는 '어떤 거 말씀이십니까?'라고 되물었고, 한참 생각한 후 '그…… 좀…… 생활하다 답답할 때가 많습니다'라고 짧게만 말하였다.

🗁 지능과 인지기능

한국 웩슬러 성인 지능검사(K-WAIS)			
지능	점수	백분율	수준
언어성 지능	112	79%ile	평균 상
동작성 지능	107	68%ile	평균
전체지능	111	77%ile	평균 상

　수검자의 **전체지능은 111, 평균 상 수준**으로 나타났으며, 언어성 지능은 112, 평균 상 수준, 동작성 지능은 107, 평균 수준으로 두 지능 간의 차이가 크게 나타나지 않았지만, 소검사 간의 차이가 7점으로 큰 차이를 보여 상황에 따른 기능상의 차이가 클 것으로 예상된다.

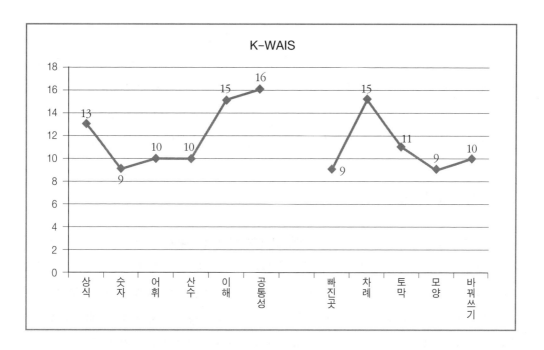

　언어성 지능을 살펴보면, 사물의 유사성을 파악하는 능력이 최우수 수준으로 언어적 잠재력은 월등히 높게 나타났지만, 어휘+사력이 평균 수준으로 잠재력에 비해 상대적으로 낮아서 의사소통에 필요한 언어적 능력은 매우 부족해 보이는데, 이는 장기간 단절된 대인관계 경험과 관련이 있는 것 같다. 또한 사회적인 상황에 대한 이해력은 우수 수준, 기본적인 상식 수준은 평균 상 수준으로 지식 습득은 높은 것으로 여겨진다. 그러나 수계산 능력과 단순한 자극에 대한 주의력은 평균 수준으로 잠재력에 비해 낮게 나타나 주의력과 수를 다루는 능력은 상대적으로 부족한 것 같다.

동작성 지능을 살펴보면, 상황적 맥락을 파악하는 능력은 우수 수준으로 모든 문항의 정답을 맞히고 있어서 사회적 판단력은 상당히 뛰어나 보인다. 그러나 시각적 예민성은 평균 수준에 그치고 있어 주변 환경의 변화에 대한 예민성은 평이한 수준일 것으로 여겨지는바, 사회적인 상황에서 유연성을 발휘하지 못하고 규칙에만 과도하게 몰입할 수 있겠다. 한편, 시공간 구성 능력과 부분을 통해 전체 상을 구성하는 능력이 평균 수준으로 도구를 다루는 능력은 연령에 비해 적절해 보이고, 시공간 운동속도가 평균 수준이어서 민첩성도 양호한 것 같다.

지능검사 결과, 언어적 잠재력은 월등히 높아 보이지만, 자신의 생각을 말로 표현하는 능력은 상대적으로 부족해 보인다. 또한 습득된 지식은 높아 보이지만, 주의력과 수 개념을 다루는 능력은 상대적으로 부족하고, 사회적 판단력은 뛰어나 보이지만, 주변 환경의 변화에 대한 예민성은 평이한 수준일 것으로 여겨지는바, 사고의 유연성을 발휘하지 못하고 정해진 규칙에만 몰입할 가능성이 높아 보인다.

Rorschach 검사 결과, 총 24개의 적절한 반응 수를 보였으나, 평범반응은 하나도 없고 왜곡된 형태반응을 많이 보이고 있어서(X-%=0.25), 스트레스 상황에서는 관습적인 지각을 하지 못할 정도로 외부 환경을 통제하지 못하고 문제해결 능력도 매우 저하되는 것 같다. 또한 피상적으로 생각하고(W:D:Dd=16:4:4) 이성적이고 논리적인 사고가 어려워 보이는바(M=1), 확인이 애매한 사소한 것에만 고집스럽게 집착할 가능성이 높아 보인다(Xu%=0.46, Dd=4).

📁 성격과 정서

수검자는 MMPI에서 2-0번 척도가 높게 상승해 있고, Rorschach에서도 S=4, Y=1, m=1, C'=1, MOR=3 등 우울감과 관련된 지표들이 높게 나타났으며, 미래에 대한 부정적인 사고(SCT: '내가 보는 나의 앞날은 이전보다 어려울 것 같다' / HTP: 집 그림 '미래-언젠가는 무너진다'), 자기부정(SCT: '언젠가 나는 없어질 것 같다'), 현실에 대한 부정적인 사고(SCT: "내가 잊고 싶은 두려움은 '지금의 상황'이다") 등을 보이고 있어서 우울감을 경험하고 있는 것 같다.

수검자는 HTP 나무 그림에서 '싫어하는 것-가지가 잘리는 것'이라고 하듯이 주변 환경을 매우 위협적으로 인식하고 있는 것 같다. 또한 SCT에서 '다른 가정과 비교해서 우리 집안은 별다른 차이가 없다(문제가 없다)', '내가 저지른 가장 큰 잘못은 생각나지 않는다('가장' 큰 잘못)', '생생한 어린 시절의 기억은 없다(←'가장 먼저' 생각난 말)' 등 자신의 불편감을 부인하면서 부연설명을 덧붙임으로써 내면적으로는 다른 의미가 있다는 것을 암시하고 있는데, 이러한 표현 양상은 오히려 심리적 불편감이 매우 크다는 것을 반영하는 것 같다. 이러한 수검자

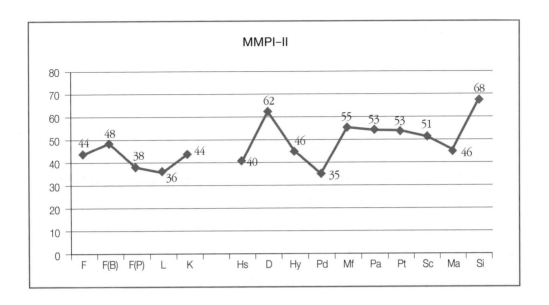

는 SCT에서 '무슨 일을 해서라도 잊고 싶은 것은 최악의 상황에 직면하는 것이다', '다른 친구들이 모르는 나만의 두려움은 최악의 상황이 겹치는 것이다', '무엇보다도 좋지 않게 여기는 것은 상황이 좋지 않은 쪽으로 급변하는 것이다'라고 하듯이 걱정이 많고 불안 수준도 높아 보이는데, 이러한 불안을 다시 외부로 투사해서 계속 경계하고 예민해져 있는 것 같다.

한편, 수검자는 HTP 사람 그림에서 '초등학생', SCT에서 '나의 평생 가장 하고 싶은 일은 내 방에서 즐거움을 만끽하는 것이다' 등의 반응을 보이고 있어서 사고가 미숙해 보이는바, 문제 상황에서 회피적인 대처를 하기 쉬운 것 같다(SCT: '나에게 이상한 일이 생겼을 때 그 자리를 벗어난다', '때때로 두려운 생각이 나를 휩싸일 때 도망치고 싶다'). 그리고 SCT에서 '내가 믿고 있는 내 능력은 생각하는 것이지만 딱히 좋은 능력이라 생각하지 않는다'라고 하였고, HTP 나무 그림에서 수관 전체를 색칠하고 있어서 공상적인 활동을 통해 불편감을 해소해 온 것으로 보인다[HTP: 남자 그림 '생각-달나라 토끼 생각', '소원-하늘을 날아가는 거', 집 그림에서 벽면에 방 안의 모습을 그려 밖으로 비춰지는(transparency) 모양으로 그림]. 그러나 이러한 대처 방식은 현실적으로 문제를 경감시키지 못하고 있는 것으로 보이며, Rorschach 색채카드에서 '폭죽이 터지는 거'라고 하듯이 스트레스가 가중되면 충동적으로 감정을 표출할 수도 있겠다.

📂 요약과 제언

○ 요약

전체지능: 111, 평균 상 / 언어성 지능: 112, 평균 상 / 동작성 지능: 107, 평균

수검자의 지능은 평균 상 수준으로 나타남. 언어적 잠재력은 월등히 높아 보이지만, 자신의 생각을 말로 표현하는 능력은 상대적으로 부족해 보임. 또한 습득된 지식은 높아 보이지만 주의력과 수 개념을 다루는 능력은 상대적으로 부족하고, 사회적 판단력은 뛰어나지만 주변 환경의 변화에 대한 예민성은 평이한 수준이어서 유연성을 발휘하지 못하고 규칙에만 몰입할 가능성이 있음. 한편, 수검자는 우울감을 느끼면서 주변 환경을 매우 위협적으로 인식하고 있는 것으로 여겨짐. 수검자는 자신이 불편감을 부인하고 있다는 것을 순진하게(naive) 드러내고 있고, 걱정이 많고 불안 수준도 높아 보이는데, 이러한 불편감을 외부로 투사해서 계속 경계하며 예민해져 있는 것으로 생각됨. 한편, 미숙한 면이 있어서 문제 상황에서 회피하거나 상상을 통해 불편감을 해소하려는 경향이 강해 보이는데, 이는 현실적으로 문제 상황을 경감시키기 힘들어 보이며, 스트레스가 가중되면 충동적으로 감정을 표출할 수 있음.

○ 임상적 진단

심리평가 결과, 수검자는 다음과 같은 진단이 시사됨.
- Unspecified Depressive Disorder
- Paranoid Personality Disorder

2. K+ 프로파일, 불신의 역설적 표현, 단순화된 업무
　　권유(남자/19세/대재)

📂 의뢰 사유

수검자는 '낮은 어휘력', '이해력 저조', '불안민감성', '대인관계의 어려움' 등을 주소로 내원하였으며, R/O Adjustment Disorders, R/O Unspecified Personality Disorder 임상적 인상하에 성인종합심리평가가 의뢰되었다.

🗀 행동관찰과 면담

수검자는 보통 키에 보통 체격의 남성이었다. 매우 짙은 눈썹에 두툼한 검은 뿔테 안경을 착용하였고, 다소 불만스러운 표정이었으며, 굳게 다문 입이 고집스러운 인상이었다. 위생상태는 양호하였으나, 눈맞춤은 거의 하지 않고 고개를 숙인 채 책상만 바라보았다. 검사 시 고개를 푹 숙인 채로 답변하였고 수행 속도가 느렸는데, 특히 어휘와 관련된 소검사에서 오랫동안 생각하고 더듬더듬 말하고 있어서 이해력과 표현력이 부족해 보였다. 다리를 떠는 소리가 여러 번 들렸고, 검사 도중 멍하니 손톱을 정리하는 모습도 보여 상당히 부적절해 보였다. 내원 사유에 대해서는 '팔 다쳐서 갔는데요'라고 엉뚱한 반응을 보였고, 다시 질문하자 '가라고 해서요', '저도 잘 모르겠어요'라고 말하면서 자신의 불편감은 부인하였다.

🗀 지능과 인지기능

한국 웩슬러 성인 지능검사(K-WAIS)			
지능	점수	백분율	수준
언어성 지능	81	10%ile	평균 하
동작성 지능	83	13%ile	평균 하
전체지능	80	9%ile	평균 하

수검자의 **전체지능은 80, 평균 하 수준**으로 나타났으며, 언어성 지능은 81, 평균 하 수준, 동작성 지능은 83, 평균 하 수준으로 두 지능 간의 차이는 유의미하지 않았다.

언어성 지능을 살펴보면, 단순한 자극에 대한 주의력과 수계산 능력은 평균 하 수준으로 단기 집중력과 연산 능력 모두 연령에 비해 부족해 보인다. 간단한 곱셈과 나눗셈은 가능한 수준이었지만('24/3=8', '500×7=3500'), 세 자릿수의 계산에서는 실패하였다['18만 원-7만 5천 원=1만 5천 원(오답)', '275/5=25(오답)']. 사물의 유사성을 파악하는 능력은 평균 하 수준으로 단어의 기본 개념에 대한 이해는 다소 부족해 보였고, 어휘구사력은 이보다 더 낮은 경계선 수준에 그치고 있어서 의사소통에 어려움이 있을 수 있겠다('풍년-명절 같은 날', '가훈-보고 지켜야 하는 거', '겨레-모르겠다'). 그리고 사회적 상황에 대한 이해력은 평균 하 수준('근로기준법-모르겠다', '세금-나라에 이바지하기 위해서'), 기본적인 상식 수준은 경계선 수준('광복절-3월1일', '올림픽-1년마다')으로 전반적인 지식의 습득 수준도 부족한 것 같다.

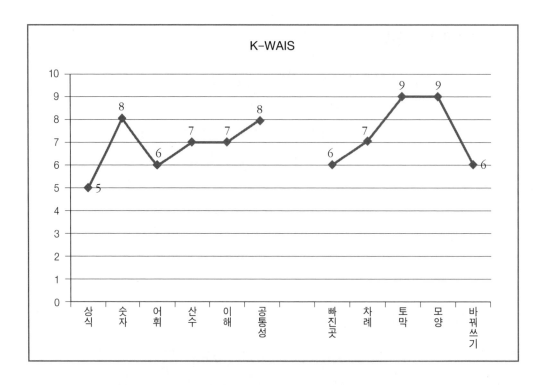

동작성 지능을 살펴보면, 시공간 구성 능력과 부분을 통해 전체 상을 구성하는 능력이 평균 수준으로 도구를 다루는 능력은 양호해 보인다. 그러나 시공간 운동 속도가 경계선 수준으로 매우 부족해서 민첩성이 요구되는 상황에서 저조한 수행을 보일 것으로 여겨진다. 한편, 상황적 맥락을 파악하는 능력이 평균 하, 시각적 예민성은 경계선 수준으로 나타나 주변의 변화에 둔감하고 사회적 상황에서의 대처 능력이 저조할 것으로 보인다.

지능검사 결과, 다른 능력에 비해 도구를 다루는 능력은 양호해 보이지만, 민첩성이 저조하여 빠른 조작이 필요한 상황에서는 낮은 수행을 보일 수 있겠다. 언어적 자원과 기초 지식이 매우 부족하고, 사회적 상황에서의 대처 능력도 부족해서 대인관계 상황을 회피하려는 모습을 보일 수 있겠다.

Rorschach 검사 결과, 전체 반응 수가 12개로 적었고 형태반응을 많이 보이고 있어 사고가 매우 단순한 것 같다(L=2.00). 또한 스트레스에 대처할 수 있는 심리적 자원이 매우 부족해 보인다(EA=2.0). 그리고 이성적이고 논리적인 사고(M-=1)와 관습적인 판단력(Xu%=0.42, P=2)이 부족해 보이는바, 주변의 여건들을 고려하지 않고 자의적으로 판단하고 행동하는 고집스러운 모습을 보일 수 있을 것 같다.

📂 **성격과 정서**

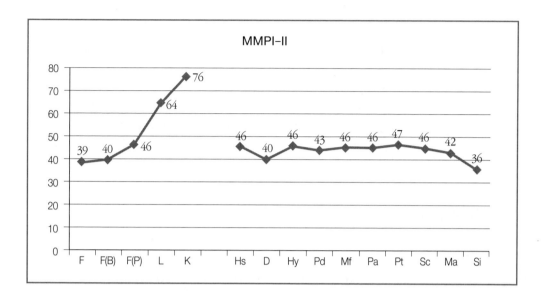

수검자는 현재 부대생활에서 적응이 어려운 것으로 보고되어 있지만, MMPI에서 모든 임상 척도가 50T 미만으로 매우 낮은 점수를 보이고 있듯이 자신의 불편감을 잘 드러내지 않는 것 같다(MMPI: F=39T, L=64T, K=76T). 또한 SCT에서도 '내가 보는 앞날은 좋다', '결혼생활에 대한 나의 생각은 좋다'라며 막연하게 긍정적인 표현만 하면서, '나의 가장 큰 결점은 없다', '내가 저지른 가장 큰 잘못은 잘못 저지른 일이 없다'라며 부정적인 면을 부인하고 있었다. 그러나 수검자는 면담 시 '이거 기록 같은 거 안 남나요?'라고 질문하였고, 병영생활 기록부의 모와의 통화 내용에 대한 기록에서 '사람들이 자신을 쳐다보는 것 같은 이상한 기분이 든다'라고 하듯이 주변을 위협적으로 느끼며 경계하고 있는 것 같다. 또한 MMPI에서 K척도만 76T로 과도하게 높은 상승을 보이고 있는 것을 고려하면, 위와 같이 불편감을 부인하는 표현들은 수검자가 주변 환경에 과도하게 예민해서 자신의 모습을 극도로 드러내지 않으려는 상황에서 느끼는 불신과 적대감의 역설적 표현으로 여겨진다.

이러한 수검자는 SCT에서 '어리석게도 내가 두려워하는 것은 귀신', '우리 가족이 나에 대해서 귀여운'이라고 하듯이 미숙한 면이 많고, 스트레스 내처 사원이 극도로 빈약해 보인다 (Rorschach: EB=1:1.0). 또한 SCT에서 '우리 윗사람들은 윗사람들', '내 생각에 남자들이란 남자', '내가 다시 젊어진다면 지금이 젊다'라고 하듯이 경직된 사고를 보였고, 계부에 대해서 '친아버지다. 부모님은 이혼한 적 없다'라고 유아적으로 부인하고 있듯이 미숙한 수준에서 자기중심적인 생각을 하고 있는 것 같다. 또한 Rorschach에서 공간 반응을 보이고, HTP 나무 그림에서 뾰족한 뿌리를 그리고 있어서 내면의 분노감도 높아 보인다. 그러나 정서적 자원이 빈약해서(Rorschach: WSumC=1.0) 상기의 분노감에 대응하지 못하고 정서적인 거리를 두고 있는 것으로 보인다(Rorschach: 색채카드 '꽃줄기의 내부 모습'). 또한 MMPI에서 '공격성의 억제' 소척도가 71T로 높게 상승하고 있는 것을 고려하면, 스트레스 상황에서 이와 같이 부인하고 거리를 유지하는 대응 방식을 취하고는 있지만, 수검자의 고통감을 줄이지는 못하고 있는 것 같다. 수검자는 의심이 많고 적대감은 높지만 이에 대응하는 자원이 현저히 부족한 것으로 보이는바, 불필요한 의심을 감소시킬 수 있도록 대면 상황이 적고 단순화된 업무를 주는 것이 필요할 것으로 여겨진다.

📁 요약과 제언

◐ 요약

전체지능: 80, 평균 하 / 언어성 지능: 81, 평균 하 / 동작성 지능: 83, 평균 하

수검자의 지능은 평균 하 수준으로 나타남. 다른 능력에 비해 간단한 도구를 다루는 능력은 양호해 보이지만, 민첩성이 저조하여 빠른 조작이 필요한 상황에서는 낮은 수행을 보일 수 있음. 언어적 자원과 기초 지식, 사회적 상황에서의 대처 능력 등이 부족해서 대인관계 상황을 회피하려는 모습을 보일 수 있음. 수검자는 분노감이 높지만 정서적 자원이 부족해서 거리를 두는 방식으로 대응하고 있는 것으로 보임. 내면의 불편감을 드러내지 않으려 노력하고 있으나, 사고가 미숙하고 경직되며, 자기중심적인 면이 강해서, 의심이 많고 주변 환경에 예민해져 있는 것으로 여겨짐. 불필요한 의심을 감소시킬 수 있도록 대면 상황이 적고 단순화된 업무를 주는 것이 필요할 것으로 여겨짐.

◯ 임상적 진단

심리평가 결과, 수검자는 다음과 같은 진단이 시사됨.

- Paranoid Personality Trait

3. 지능검사에 나타난 피해사고, 체계화된 망상(여자/38세/초대졸)*

📁 의뢰 사유

수검자는 '불쾌감', '피해사고', '관계사고', '사회적 기술 부족', '직업 유지의 어려움' 등을 주소로 입원 중이며, R/O Unspecified Depressive Disorder, R/O Cluster A Personality Disorder, R/O Schizophrenia 임상적 인상하에 성인종합심리평가가 의뢰되었다.

📁 행동관찰과 면담

수검자는 약간 작은 키에 마른 체격으로, 얼굴이 작았으며, 일자 앞머리가 있는 단발머리였다. 상의는 연회색 티셔츠를 착용하였고, 하의는 환자복을 입고 있었다. 머리에 비듬이 있고 입 냄새가 나서 위생상태는 다소 불량해 보였으나, 검사자와의 눈맞춤은 적절하게 이루어졌다. 수검자는 검사 전반적으로 지시에 잘 따르는 등 순응적이었고, 차분한 태도를 유지하며 검사에 임했다. 그러나 토막짜기 소검사에서는 '복잡해서 안 되겠어요. 제가 9개 이상은 도저히……'라고 했고, 산수 소검사에서도 '복잡하고 머리 쓰는 게 싫어지고요 제가……'라고 하며 쉽게 포기하는 모습을 보였다. 또한, '이승만이요. 그놈 아주 나쁜 놈이에요. 나라 버리고 망명하고 어휴', '이거는 개법이라고 생각해요. 참…… 나…… 우리나라는 참 개법이에요', '장애인 때려 죽이는 또라이 같은 사람들 벌하려고요'라고 하는 등 답을 하던 도중 갑작스럽게 욕을 한 후 '어머, 선생님 욕해서 죄송해요'라고 하며 금세 진정된 모습을 보이기도 했다. 내원 사유에 대해서는 '스트레스를 받아가지고요. 대인관계에서…… 거의 갑과 을이죠. 을이 일방적으로 당하는…… 이상한 텃세를 당했거든요'라고 하며 억울함을 호소하는 경우가 많았다.

📁 지능과 인지기능

수검자의 **전체지능은 79, 경계선 수준**으로 같은 연령대에서 하위 8% 정도 수준이었다. 언어이해는 95, 평균 수준, 지각추론은 76, 경계선 수준, 작업기억은 84, 평균 하 수준, 처리속

---

* K-WAIS-IV를 사용한 보고서는 이하 *표 처리함.

한국판 웩슬러 지능검사 성인용 4판(K-WAIS-IV)			
영역	지능	백분율	수준
언어이해	95	38%ile	평균
지각추론	76	6%ile	경계선
작업기억	84	14%ile	평균 하
처리속도	84	14%ile	평균 하
전체지능	79	8%ile	경계선
일반능력	83	13%ile	평균 하

※ 단일 점수로서 대표성을 가지는 지능지수는 진하게 표시함.

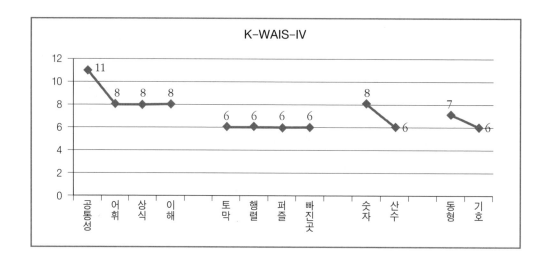

도는 84, 평균 하 수준으로 나타났고, 지능 영역 간의 차이는 유의미하지 않았다(기준 23점 차이).

언어이해 영역에서는 사물의 유사성을 파악하는 능력이 평균 수준으로 나타났고, 어휘구사력, 기본적인 지식 수준, 사회적 상황에 대한 이해력이 모두 평균 하 수준이어서, 전반적인 언어적 대처 능력은 양호한 것으로 생각된다. 한편, 일부 문항에서는 부연설명을 덧붙이면서 발화량이 많아졌는데, 대부분이 피해사고와 관련된 내용이었다('자격증-전문적으로 해야 될 것 같아서요. 만약에 한의사가 아닌데 침을 놨다가 잘못하면 죽을 수도 있잖아요', '세금-국민이기 때문에. 근데 세금 국회의원들이 다 탕진해 먹고 나쁜 놈들이에요. 그것도 가난한 사람한테만).

지각추론 영역에서는 시공간 구성능력, 전체를 고려해 핵심을 파악하는 능력, 부분과 전체를 조화시키는 능력, 시각적 예민성이 모두 경계선 수준이어서 비언어적인 문제해결 능력이 부족해 보인다. 또한 토막짜기 소검사에서 난이도가 상승하자 포기하는 경우가 많아서, 자극 수준이 복잡해질 때 추가적인 노력을 기울이지 않은 채 쉽게 포기함으로써 더욱 낮은 기능 수준을 보일 것으로 생각된다.

작업기억 영역에서는 숫자 소검사가 평균 하 수준으로 나타나서, 주의력은 양호한 것으로 생각된다. 그러나 산수 소검사가 경계선 수준이어서 자극 수준이 복잡해지면 기능 수준이 급격히 떨어질 수 있겠다.

처리속도 영역에서는 긴장감 속에서 빠른 논리적 판단력을 발휘하는 능력과 시공간 운동 속도가 각각 평균 하, 경계선 수준으로 나타나서 민첩성은 다소 부족한 것 같다.

지능검사 결과, 수검자는 언어적 대처 능력과 주의력은 비교적 양호한 것으로 생각된다. 그러나 이에 비해 비언어적인 문제해결 능력이 부족해 보이며, 자극 수준이 복잡해질 때 쉽게 포기함으로써 더욱 낮은 기능 수준을 보일 수 있겠다. 한편, 이해 소검사나 TAT 등과 같이 반응의 자율성이 높은 검사에서 발화량이 많아졌는데, 대부분이 피해사고와 관련된 내용들이어서 편집적인 사고 경향이 매우 강해 보인다.

Rorschach 검사 결과, 수검자는 총 17개의 비교적 적절한 반응 수를 보였으나, 사고가 단순하고 경직되어 있고(L=7.50) 미숙한 것으로 여겨지는바(A=9, (A)=1, Ad=1), 스트레스 상황에서 실질적인 대처 능력은 매우 부족해 보인다. 게다가 관습적인 지각 능력이 부족하며(P=1), 자의적인 판단에 따라 해석할 가능성이 높아서(Xu%=0.41, PER=1), 문제 상황에서 주변 사람들이 공감하기 어려운 부적절한 대처 방식을 보이기 쉽겠다.

🗀 성격과 정서

ASI-3 (불안민감)	APPQ (공황)	MDQ (조증)	HCL-32 (경조증)	PHQ-9 (우울)	STAI-Trait (특성불안)
49 **85T**	44 50T	6 (cut off: 7)	9 (cut off: 14)	1 (cut off: 9)	48 51T

※ 역치 이상의 척도는 진하게 표시함.

수검자는 면담 시 '텃세'라는 단어를 많이 사용했고, 초등학교 이후로 충분한 근거를 들지 못한 채, 반복적으로 피해를 당한 삽화들을 보고하였다. 또한 HTP 사람 그림에서 '텃세 부리는 악독한 여자요', '소시오패스라고 있는데요. 괜히 남 괴롭히고 그게 상습적인 사람 있잖아요', '불행-지보다 더 높은 사람한테 쪼였을 때요. 그럼 또 밑에 사람 쪼는 거예요. 이런 사람한테 제가 많이 당했어요'라고 했고, SCT에서 '내 생각에 남자들이란 1년만 지나면 본색이 나

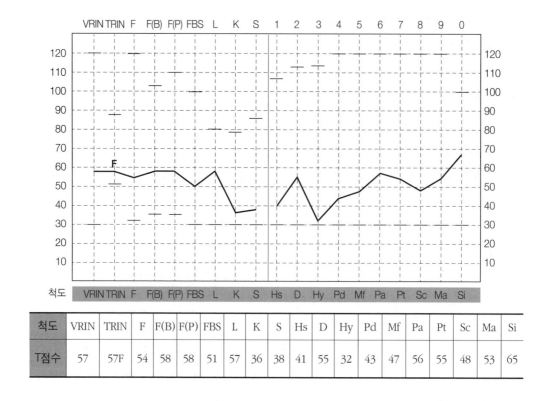

척도	VRIN	TRIN	F	F(B)	F(P)	FBS	L	K	S	Hs	D	Hy	Pd	Mf	Pa	Pt	Sc	Ma	Si
T점수	57	57F	54	58	58	51	57	36	38	41	55	32	43	47	56	55	48	53	65

타난다', '윗사람이 오는 것을 보면 나는 거북하다. 저게 또 나를 뭐로 괴롭히려고 오나', '내가 잊고 싶은 두려움은 무언가를 도와주려 했으나 더러운 멸시를 당했을 때'라고 하는 등 검사 전반에 걸쳐서도 상당한 피해의식을 드러냈고, HTP 집 그림에서 울타리를 가장 먼저 그릴 정도로 외부 환경을 매우 경계하는 것을 보면, 망상적인 확신이 체계화되어 있는 것으로 여겨진다.

수검자는 SCT에서 '우리 가족이 나에 대해서 나를 항상 무시한다'라고 했고, HTP 집 그림에서 '살기가 버거워 보이는 집'이라고 하는 등 가정 환경에 대해 매우 부정적으로 인식하고 있으며, SCT에서 '생생한 어린 시절의 기억은 아버지에게 두들겨 맞으며 쫓겨 다닌 일', '내가 바라기에 아버지는 성질 좀 차분히 하셨으면 좋겠다', HTP 사람 그림에서 '아버지가 화내는 모습'이라고 하듯이 공격적인 부에 대해서 지속적으로 언급하고 있어서, 가정 내에서 정서적인 지지를 경험하지 못한 채 내면에 상당한 분노감이 쌓여 온 것으로 생각된다(MMPI: '분노'=75T / Rorschach: S=1). 그러나 스트레스에 취약하고(Rorschach: CDI=5), 자존감이 낮으며(MMPI: '낮은 자존감'=61T), 자아강도도 약한 수검자는(MMPI: K=36T) 이러한 분노감을 적절히 해소하지 못한 채 외부로 투사하고 있는 것 같다(HTP: 사람 '앞으로-잘 되진 않을 것 같아요. 남의 눈에 피눈물 낸 사람은 지 눈에 피눈물 더 날 거예요').

수검자는 MMPI에서 L척도와 '사회적 책임감' 소척도가 모두 57T로 다소 높게 나타났고, TAT에서 '사지 멀쩡하면 힘든 일이라도 해야죠. 죽을 용기로 열심히 살아야죠', SCT에서 '내가 성교를 했다면 그럴 일은 절대 없을 것이고 경멸한다', '남자에 대해서 무엇보다 좋지 않게 생각하는 것은 남자와 여자의 차별이 싫다'라고 하는 등 도덕적으로도 매우 엄격한 기준을 지닌 것으로 생각된다. 그러면서 한편으로는 공격적인 모습도 나타나고 있어서(HTP: 사람 그림에서 이빨을 강조해서 그림 / SCT: '내가 저지른 가장 큰 잘못은 힘이 약한 친구가 승차권을 뺏기려고 하자 나쁜 애를 때려눕힌 적이 있다'), 주변 사람들에게 이분법적인 태도를 나타내기 쉬울 것으로 여겨지는바, 원만한 관계를 형성하기 어려웠을 것으로 생각되고 고립감도 더욱 커진 것 같다(MMPI: Si=65T). 이와 같은 상황이 반복되면서 수검자의 망상적 신념이 더욱 공고화되었을 수 있겠다.

요약과 제언

○ 요약

전체지능	79	경계선	일반능력	83	평균 하
언어이해	95	평균	지각추론	76	경계선
작업기억	84	평균 하	처리속도	84	평균 하

수검자의 지능 수준은 경계선 수준으로 나타남. 언어적 대처 능력과 주의력은 비교적 양호한 것으로 생각되나, 비언어적인 문제해결 능력이 부족해 보이며, 자극 수준이 복잡해질 때 쉽게 포기함으로써 더욱 낮은 기능 수준을 보일 수 있음. 수검자는 면담 및 검사 전반에 걸쳐 상당한 피해의식을 드러냈고, 외부 환경을 매우 경계하는 것으로 생각되는바, 망상적인 확신이 체계화된 것으로 생각됨. 가정 내에서 정서적인 지지를 경험하지 못한 채 내면에 상당한 분노감이 쌓여 온 것으로 생각됨. 그러나 스트레스에 취약하고, 자존감이 낮으며, 자아강도도 약한 수검자는 이러한 분노감을 적절히 해소하지 못한 채 외부로 투사하고 있는 것으로 보임. 수검자는 도덕적으로도 매우 엄격한 기준을 지닌 것으로 보이지만, 한편으로는 공격성도 높아 보이는바, 주변 사람들에게 이분법적인 태도를 나타내기 쉬울 것으로 여겨짐. 이러한 수검자는 원만한 관계를 형성하기 어려웠을 것으로 생각되고, 고립감도 더욱 커진 것으로 보임. 이와 같은 상황이 반복되면서 수검자의 망상적 신념이 더욱 공고화되었을 수 있음.

○ 임상적 진단

심리평가 결과, 수검자는 다음과 같은 진단이 시사됨.

- Delusional Disorder, Persecutory type

- Paranoid Personality Disorder

- Borderline Intellectual Functioning

조현성 성격장애(Schizoid Personality Disorder)

■ 타인과의 단절, 환경 변화에 부적응, 자기 세계에 몰입(남자/20세/대재)

📁 의뢰 사유

수검자는 '주변 사람들에게 많이 혼난다', '대인관계가 힘들다' 등을 주소로 내원하였으며, R/O Schizoid Personality Disorder, R/O Avoidant Personality Disorder, R/O Adjustment Disorders, R/O Social Communication Disorder 임상적 인상하에 성인종합심리평가가 의뢰되었다.

📁 행동관찰과 면담

수검자는 보통의 키와 체격을 가진 20대 남성이었다. 위생상태는 양호하였고 눈맞춤도 적절한 수준이었다. 다소 큰 얼굴에 이마에 주름이 나 있고 양 눈의 가장자리가 처져 있어서 연령 수준보다는 성숙한 인상이었으나 두 손으로 입을 가리고 눈을 껌뻑거리는 등 미숙하고 멍해 보이는 행동을 보이기도 했다. 대답을 할 때는 말을 더듬는 경우가 빈번하게 관찰되었으나, 검사 도구를 챙기려 하는 듯 배려하는 모습을 보이고 있었으며, 대부분의 지시에 성실하게 임하고 있어서 전반적인 태도는 협조적이었다. 내원 사유에 대해서는 '잘 적응을 못해서…… 주변에서 정신과에 가 보라고……'라며 자신의 부적응을 언급하였다.

📁 지능과 인지기능

수검자의 **전체지능은 94, 평균 수준**으로 나타났으며, 언어성 지능은 92, 평균 수준, 동작성 지능은 98, 평균 수준으로 두 지능 간의 차이는 유의미하지 않았으나, 소검사 간의 격차가 8점으로 매우 크게 나타나고 있어서 상황에 따라 기능 수준에 급격한 차이가 나타날 수 있겠다.

한국 웩슬러 성인 지능검사(K-WAIS)			
지능	점수	백분율	수준
언어성 지능	92	30%ile	평균
동작성 지능	98	45%ile	평균
전체지능	94	35%ile	평균

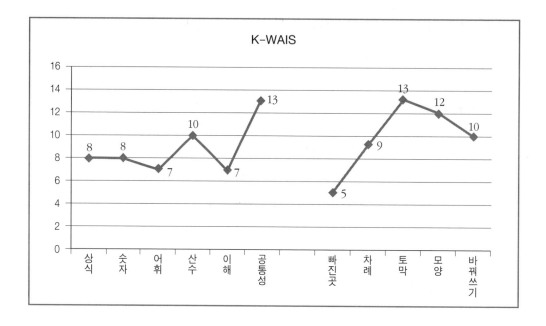

언어성 지능을 살펴보면, 사물의 유사성을 파악하는 능력이 평균 상 수준으로 단어를 개념적으로 파악하는 능력은 높아 보이나, 어휘구사력은 평균 하 수준으로 다소 낮게 나타나서, 언어 표현 수준은 다소 미숙해 보일 수 있겠다('시늉-행동을 가짜로 하는 거'). 산술 능력은 평균 수준으로 수계산 능력은 양호해 보이나, 순간적인 자극에 주의를 기울이는 능력은 평균 하 수준으로 주의력은 다소 부족해 보인다. 기본적인 상식과 사회적 상황에 대한 이해 능력은 평균 하 수준으로 사회적 및 학업적으로 습득된 지식도 다소 부족한 정도인 것 같다.

동작성 지능을 살펴보면, 시공간 구성 능력과 부분을 통해 전체 상을 유추하는 능력이 평균 상 수준으로 나타나 도구를 다루는 과제를 해결하는 능력이 높아 보이며, 시운동 속도가 평균 수준으로 민첩성도 양호한 것 같다. 한편, 상황적 맥락을 파악하는 능력은 평균 수준으로 사회적 판단력은 양호해 보이나, 시각적 예민성은 경계선 수준으로 주변 환경 변화에 대한 민감성은 매우 부족해서 변수가 많은 대면 상황에서는 다소 경직된 모습을 보일 수 있겠다.

지능검사 결과, 전반적으로 도구를 다루는 능력은 높아 보이며, 민첩성, 수계산 능력도 양호해서 반복적으로 주어지는 기계적인 자극을 다루는 상황에서는 적절한 기능을 보일 수 있겠다. 그러나 다소 복잡한 언어 자극이 주어지거나 새로운 상황에 접하게 되는 경우에는 적절하게 대처하기 어려워 보인다. 게다가 사회적 민감성이 매우 부족해서 변수가 많은 대면 상황에서는 경직되기 쉬운 것 같다.

Rorschach 검사 결과, 심리적 자원이 부족하고(R=8), 사고도 경직되어 있는(L=1.30) 수검자는 주변 자극을 매우 피상적으로 지각하고 있으며(W:D:Dd=6:1:1), 관습적 판단 능력도 부족해 보인다(P=2). 게다가 자기중심적인 경향이 강해서(3r+(2)/R=0.38) 주변 사람들과 공감하지 못하고(M-=1) 자기만의 상상에 빠져 있을 수 있겠다(Ma:Mp=0:3).

🗁 성격과 정서

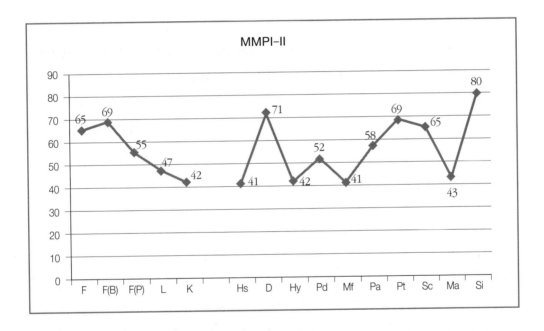

수검자는 Rorschach의 대인관계에 대한 태도가 나타나는 카드에서 '달리 뭐라고 해야 할지……'라고 언급하고 있듯이 관계적인 측면에 대해 매우 무관심한 것 같다(HTP: 사람 그림 '성격-그냥 아무 생각도 안 하는 것 같다', '기분-좋지도 나쁘지도 않다', '소원-없는 것 같다'). 게다가 Rorschach 색채카드에서도 '달리 뭐라고 해야 할지……'라고 반복하고 있어서 정서적인 자극에 대처할 수 있는 능력도 매우 부족해 보인다. 이러한 수검자는 HTP 집 그림에서 문과 창문을 그리지 않았고, Rorschach의 친밀감에 대한 태도가 나타나는 카드에서 '서로 친해지기 싫은 두 사람'이라고 하듯이 관계를 거부하고 있어서 주변 사람들과 단절된 채 지내 왔던 것

으로 보이며, SCT에서 '나는 어머니를 좋아했지만 가족으로서 좋아했다'라고 하듯이 가까운 가족들과의 관계에서도 형식적인 관계임을 강조하고 있었다. 이러한 수검자는 SCT에서 '결혼생활에 대한 나의 생각은 굉장히 귀찮고 성가시다', '나의 가장 큰 결점은 타인을 정말 싫어한다'라고 하고, SCT에서 '간섭받기 싫다'라는 내용을 4번이나 언급하는 등 대인관계에서 상당한 불편감을 느끼며 스스로 외부와 차단된 삶을 살아온 것 같다.

한편, HTP 사람 그림에서 '평범한 사람', '나중에 어른이 될 것 같다'라고 하고 집과 나무 그림에서도 '같은 나무', '같은 집'이라고 하듯이 사고가 경직되어 있는 수검자는 익숙한 환경에서의 변화를 불편해하면서(SCT: '어리석게도 내가 두려워하는 것은 고향과 떨어지는 것이다', '다른 친구들이 모르는 나만의 두려움은 고향과 오랫동안 동떨어지는 것이다') 자신이 관심 있는 영역에만 몰두하고 있어서(SCT: '내가 믿고 있는 내 능력은 내가 좋아하는 부분은 계속 알아내려고 하는 것이다', '내 생각에 참다운 친구는 나와 같은 소재나 주제로 이야기할 수 있는 친구다') 주변 사람들과의 관계 형성에 더욱 어려움이 있는 것 같다(SCT: '내가 저지른 가장 큰 잘못은 타인의 말을 무시한다'). 이러한 수검자는 현재와 같이 본인이 원치 않는 관계를 형성하기를 요구받는 상황에서 어떠한 대처도 하지 못한 채 고통감을 느끼며(MMPI: 2번=71T, 0번=80T / HTP: 나무 그림 '잘려 나갈 것 같다' / Rorschach: '한쪽 다리가 다쳐서 피 흘리고 있는 두 사람', m=1, MOR=1), 주변 환경을 매우 경계하며 긴장해 있는 것 같다(MMPI: '피해의식'=70T, '예민성'=69T).

📁 요약과 제언

⭕ 요약
전체지능: 94, 평균 / 언어성 지능: 92, 평균 / 동작성 지능: 98, 평균

수검자의 지능 수준은 평균 수준으로 나타남. 반복적으로 주어지는 기계적인 자극을 다루는 상황에서는 양호한 기능을 보일 수 있으나 다소 복잡한 언어 자극이 주어지거나 새로운 상황에 접하게 되는 경우에는 적절하게 대처하기 어려워 보임. 수검자는 관계적인 측면에 상당히 무관심해 보이며, 정서적 대처 능력도 매우 부족해 보임. 이러한 수검자는 주변 사람들과의 관계를 단절해 왔던 것으로 보이며, 가까운 가족들과의 관계에서도 형식적인 관계 이상을 불편해하고 있는 것으로 여겨짐. 이렇듯 대인관계에서 상당한 불편감을 느끼고 있는 수검자는 주변 환경을 경계하며 긴장해 있는 것으로 생각됨. 사고가 경직되어 있는 수검자는 익숙한 환경에서의 변화를 불편해하고 있으며, 자신이 관심 있는 영역에 몰두하는 경향이 있어서 주변 사람들과의 관계 형성에 더욱 어려움이 있는 것으로 보이며, 현재와 같이 본인이 원치 않는 관계 형성을 요구받는 상황에서 어떠한 대처도 하지 못한 채 고통감만 느끼고 있는 것으

로 여겨짐.

○ 임상적 진단

심리평가 결과, 다음과 같은 진단이 시사됨.

- Adjustment Disorders, With depressed mood

- Schizoid Personality Disorder

43 조현형 성격장애(Schizotypal Personality Disorder)

1. 과도하게 상세하고 장황한 언어 표현, 특이한 지각 양상, 높은 에너지(남자/19세/대재)

📁 의뢰 사유

수검자는 '적응의 어려움', '탈영', '행동이 느림' 등을 주소로 내원하였으며, R/O Borderline Intellectual Functioning, R/O Adjustment Disorders, R/O Attention-Deficit/Hyperactivity Disorder 임상적 인상하에 성인종합심리평가가 의뢰되었다.

📁 행동관찰과 면담

수검자는 보통 키에 건장한 체격으로 검은 피부에 큰 얼굴이었으며, 수시로 특이한 얼굴 찡그림을 보이고 있었다. 위생상태는 그다지 깔끔해 보이지 않았으나 눈맞춤은 적절한 수준이었다. 질문 시 열심히 답변하는 모습을 보이고 있었지만, 일부 소검사에서는 책상에 엎드려 편안하게 한 손으로 턱을 괴고 있어서 주변 상황을 신경 쓰지 못하고 있는 것 같다. 또한 과제가 어려워지면 쉽게 포기하였고, 도구를 다루는 과제에서는 인상을 쓰며 수행의 어려움을 표현하였다. HTP에서 세세하게 선긋기를 하는 등 많은 정성을 들였으며, SCT에서도 매우 길게 답안을 작성하는 등 과도한 노력을 기울이고 있었지만, 정작 수행 이후에는 '내가 왜 이렇게 그렸지?'라고 하며 자신의 그림에 대해 확신하지 못하고 있었다. Rorschach 검사 시에는 카드를 받자마자 무분별하게 연속적으로 돌리는 경우가 많아서 평가 상황에 대한 거부감이 커 보였다. 내원 사유에 대해서는 '탈영병이고 하니까…… 사람들과 대인관계…… 적응…… 중국에 있다가 돌아온 지 얼마 안 돼서'라고 하는 등 다양한 주제를 산만하게 언급하였다.

📁 지능과 인지기능

한국 웨슬러 성인 지능검사(K-WAIS)			
지능	점수	백분율	수준
언어성 지능	67	1.3%ile	경도 정신지체
동작성 지능	59	<1%ile	경도 정신지체
전체지능	61	<1%ile	경도 정신지체

수검자의 **전체지능은 61, 경도 정신지체 수준**으로 나타났으며, 언어성 지능은 67, 경도 정신지체 수준, 동작성 지능은 59, 경도 정신지체 수준으로 두 지능 간의 차이는 유의미하지 않았다.

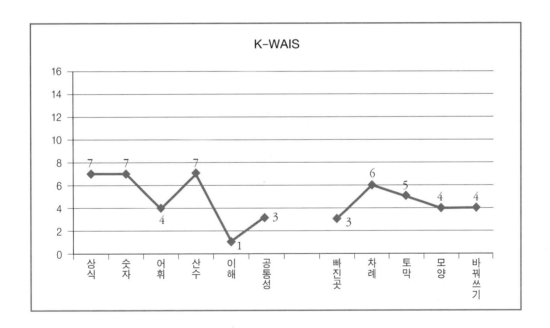

언어성 지능을 살펴보면, 순간적인 자극에 주의를 기울이는 능력과 산술 능력, 기본적인 상식 등은 평균 하 수준으로 단편적이고 정확한 답변이 요구되는 과제를 해결하는 능력은 자신의 다른 기능 수준에 비해 비교적 양호하게 유지하고 있는 것 같다('비교 홍길동전'). 그러나 어휘구사력은 정신지체 수준으로 단어의 의미를 정확하게 파악하지 못하고 있어서 의사소통 시 엉뚱한 대응을 할 수 있으며('황무지-옛날 고산지라는 인물이……'), 공통성이나 이해 소검사와 같은 일상적 상황에서 습득할 수 있는 능력은 정신지체 수준으로 추상적인 개념을 다루거나, 추론을 해야 하는 상황에서는 기능 수준이 매우 저하될 수 있겠다. 한편, 이해 소

검사에서 '돌다리-강이 있는지, 무슨 흙이 있는지 확인해 본다'라고 하듯이 과도하게 상세한 (overelaborate) 내용을 언급하였고, '세탁-사람이 살아가는 데 있어서…… 깨끗해 보이려고', '황무지-옛날 고산지라는 인물이……' 등의 우원증(circumstantiality)을 시사하는 반응도 나타나고 있어서, 매우 특이한 사고 경향을 가지고 있는 것 같다.

동작성 지능을 살펴보면, 상황적 맥락을 파악하는 능력은 경계선 수준, 시각적 정확성은 정신지체 수준이어서 사회적 상황에서 주변 환경을 파악하고 적절한 대응을 하는 데 상당한 어려움이 예상된다. 그리고 토막짜기와 모양맞추기 소검사가 각각 경계선, 정신지체 수준이어서 시지각적 자극을 다루는 능력도 매우 부족한 수준이었다. 게다가 시공간 운동 속도가 정신지체 수준이어서 간단한 운동 수행조차도 어려워 보이는바, 일상생활에서는 무기력하고 수동적인 태도를 취하기 쉬운 것 같다.

지능검사 결과, 단편적인 지식을 습득하거나 간단한 지시를 이행하는 능력은 일부 유지하고 있는 것으로 보이나, 그 외 대부분의 기능이 경계선 수준 이하여서 일상생활에서도 연령 수준에 맞는 적응을 보이기는 어려울 것 같다. 특히, 과도하게 구체적인(overelaborate) 사고, 우원증 등 특이한 사고를 보이고 있으며, 지각적인 왜곡도 시사되고 있어서 부적절한 행동을 할 가능성이 매우 높아 보인다.

Rorschach 검사 결과, 수검자는 총 6개의 매우 적은 반응을 보이고 있으며, 대부분이 단순 형태반응이어서 심리적 자원이 매우 부족해 보인다(L=5.0). 게다가 카드를 받자마자 무분별하게 돌리고, HTP 그림검사에서도 괴이한 모양의(HTP: 집 그림에서 속이 들여다보이는 집, 나무 그림에서 가지가 수관 밖으로 뻗어 있음) 그림을 그리는 등 상당히 특이한 지각 양상을 보이고 있었다.

📂 성격과 정서

수검자는 SCT에서 '나의 평생 가장 하고 싶은 일은 일본어와 음악을 전공해서 사람들과 소통을 할 것입니다'라고 하듯이 높은 기대감을 가지고 있는 것 같다. 그러나 지능검사에서 나타나고 있듯이 인지기능이 매우 부족하고, HTP 사람 그림에서 손을 그리지 못하고 있듯이 실질적인 노력을 기울이지 못하고 있어서 자신의 욕구를 충족하기는 힘들었던 것 같다. 이러한 수검자는 HTP 남자 그림에서 '소원-국내에서는 거의 인생을 잘못 살았는데, 딴 데 가서도 직업을 구해서 원상복귀될 수 있도록'이라고 하듯이 좌절에 대한 원인을 주변 환경 탓으로만 여기고 있어서 불만감이 증폭되어 왔던 것 같다(MMPI: Pd=78T / SCT: '무슨 일을 해서라도 잊고 싶은 것은 대한민국에서 욕을 많이 먹은 점이며 빨리 잊고 싶습니다', '내 생각에 가끔 아버지

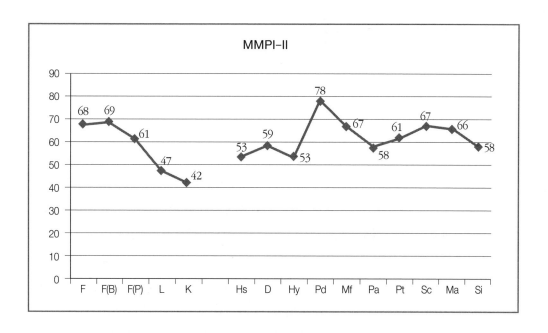

는 이기적이시며 약속을 어기시는 분이다', '나의 어머니는 합리주의 아닌 가끔 긍정이 아닌 부정으로 하고 있는 게 불화가 생깁니다').

게다가 수검자는 사고 및 지각이 매우 특이하고(SCT: '나에게 이상한 일이 생겼을 때 몰카인지 아닌지 상황을 판단해 본다' / HTP: 집 그림에서 속이 들여다보임, 나무 그림에서 가지를 수관 밖에다 그리고 있음), 비논리적이고 산만한 언어 표현으로 인해서(SCT: '내가 정말 행복할 수 있으려면 전혀 보이지 않는 것 같다. 노래가 축구 아니면 삶을 아예 잃은 사람인 것 같습니다', '내 생각에 남자들이란 파트너다. 왜냐하면 서로가 잘 맞는 사람이든 어색한 사람이든 우린 하나이기 때문에 공동체에서 공존을 하면 쉽게 답할 수 있어서입니다') 주변 사람들이 공감하기 힘든 특이한 행동으로 대응해 왔을 가능성이 높아 보인다. 이러한 수검자는 주변 사람들에게 부정적인 피드백을 받으면서 상당한 불편감을 느껴 왔던 것으로 보이며, 스스로도 주변 사람들과 단절하여 왔던 것 같다(HTP: 남자 그림 '성격-사람들은 기피하는 성격, 가출하면 혼자서 생활하기 때문에 피해 다녀서……').

수검자는 Rorschach 첫 번째 카드에서 '성격을 느끼고 있습니다. 증오하듯이 사람들 시선에서 안 좋게 보고 있습니다. 죽음을 암시하는 새깜 칠하지 않은 네 부분이 징조가……'라고 하듯이 주변 환경에 대해 상당한 위협감을 보이고 있으며, 분노감도 느끼고 있는 것 같다(Rorschach: '화산, 용암이 분출된다'). 욕구를 억압하는 데 익숙한(SCT: '나의 야망은 지금은 없다, 합리주의적으로 생활하기 때문에 그런 거 버린 지 오래되었다') 수검자는 이러한 감정을 적절하게 표현하지 못하고 있으나, 한편으로는 MMPI의 Ma척도가 66T로 나타나고 있듯이 에너지 수준이 높아서 불편감을 느끼는 상황에서는 충동적으로 부적절한 행동을 빈번하게 보여 왔던 것 같다(SCT: '어렸을 때 잘못했다고 느끼는 것은 도둑질입니다. 예전에 TV를 많이 봐서 충동적으로 하고 싶은 게 고작 없는 거 같습니다').

📂 요약과 제언

O 요약
전체지능: 61, 경도 정신지체 / 언어성 지능: 67, 경도 정신지체 / 동작성 지능: 59, 경도 정신지체

수검자의 지능 수준은 경도 정신지체 수준으로 나타남. 일상생활에서도 연령 수준에 맞는 적응을 하기는 어려워 보이며 대면 상황에서 엉뚱한 모습을 보일 수 있겠음. 수검자는 높은 기대감을 보이고 있으나, 인지기능이 매우 부족하고, 실질적인 노력도 기울이지 못하여 욕구를 충족하기는 힘들었던 것으로 보이며, 주변 환경만 탓하고 있어서 스트레스가 가중될 수 있음. 사고 수준이 특이하고 의사소통에 어려움이 있어서 주변 사람들에게 부정적인 피드백을 받으면서 불만이 커지고, 스스로 주변 사람들과 단절해 왔던 것으로 보임. 다만, 에너지 수준이 높아서 불편감을 느끼는 상황에서는 충동적으로 부적절한 행동을 보여 왔던 것으로 생각됨.

O 임상적 진단
심리평가 결과, 수검자는 다음과 같은 진단이 시사됨.
- Schizotypal Personality Disorder
- Intellectual Disability, Mild

2. 외부 자극에 대한 무관심, 높은 동기 수준, 높은 예술적 취향(남자/19세/고중퇴)

📂 의뢰 사유

수검자는 '단체 생활하는 것이 힘들다', '우울하다' 등을 주소로 내원하였으며, R/O Adjustment Disorders 임상적 인상하에 성인종합심리평가가 의뢰되었다.

📁 행동관찰과 면담

수검자는 작은 키에 통통한 체격으로 검은 뿔테 안경을 쓰고 있었다. 위생상태는 양호한 편이었고, 검사 중반부터 바닥만 쳐다보고 있어서 눈맞춤은 잘 이루어지지 않았다. 지시를 듣고 난 후에 부적절하게 반복적으로 검사자의 질문을 확인하는 경향이 있었고, 늦게 대답하거나 뜸을 들이는 경우가 많았으며, 과제 수행 시 반응이 상당히 느렸다. 또한 모르는 문항에서는 인상을 쓰며 순진하게(naive) 자신의 불편감을 있는 그대로 드러냈다. 내원 사유에 대해서는 '왜 왔는지 모르겠다, 인성검사와 상담을 했는데 위에서 가 보라고 했다'라고 하듯이 문제의식이 부족해 보였으며, 면담 과정에서는 '동기와 시비가 붙어서 싸웠다', '조교한테 아프다고 했는데도 쉬라고 말하지 않아서 싸운 적이 있다'라며 억울함으로 주로 호소하였다.

📁 지능과 인지기능

한국 웩슬러 성인 지능검사(K-WAIS)			
지능	점수	백분율	수준
언어성 지능	91	27%ile	평균
동작성 지능	81	11%ile	평균 하
전체지능	86	18%ile	평균 하

수검자의 **전체지능은 86, 평균 하 수준**으로 나타났으며, 언어성 지능은 91, 평균 수준, 동작성 지능은 81, 평균 하 수준으로 나타나서, 두 지능 간의 차이는 유의미하지 않았다. 다만 소검사 간의 차이가 11점으로 크게 나타나고 있어서 상황에 따른 기능상의 차이가 클 것으로 예상된다.

언어성 지능을 살펴보면, 순간적인 자극에 주의를 기울이는 능력이 평균 상 수준을 보이고 있어서 주의집중력이 다소 높은 편이었다. 그러나 산술 능력은 5점 낮은 평균 하 수준에 그치고 있어서 과제가 복잡해지면 기능 수준이 저하될 수 있겠다. 한편, 어휘구사력이 평균 수준을 보이고, 사물의 유사성을 파악하는 능력이 평균 하 수준으로 나타나고 있어서 언어적 개념을 이해하는 능력은 비교적 양호하게 나타났다. 그리고 사회적 상황에 대한 이해력이 평균 수준을 보이고 있어서 관습 및 규범에 대한 습득 수준도 적절한 것으로 여겨진다. 그러나 기본적인 상식이 정신지체 수준을 보이고 있는데('섬-제주도'), 이렇듯 극심한 저하를 보이고 있는 것은 외부 환경에서 주어지는 자극에 대한 수검자의 무관심한 태도를 반영하고 있는 것 같다.

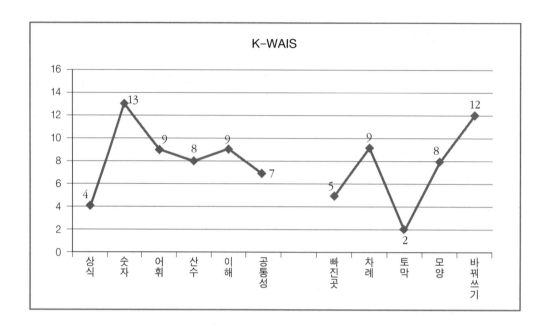

동작성 지능 영역에서는 가장 단순한 과제인 바꿔쓰기 소검사가 평균 상 수준으로 가장 높게 나타나고 있어서 평가 상황에서의 동기 수준이 높아 보인다. 그러나 부분을 통해서 전체 상을 구성하는 능력이 4점 낮은 평균 하 수준을 보이고 있어서 시각적 조직화 능력이 필요한 상황에서는 기능 수준이 저하될 것으로 생각된다. 또한 시공간 구성 능력도 정신지체 수준으로 상당히 낮게 나타나고 있어서 시각적 추상적 개념에 대한 이해력이 매우 부족해 보이는 바, 시지각적 기능이 매우 부족한 것 같다. 한편, 상황적 맥락을 파악하는 능력이 평균 수준이어서 상황적 맥락을 파악하는 능력이 적절해 보인다. 그러나 시각적 예민성이 경계선 수준을 보이고 있는데, 이는 수검자의 시지각적 특이성을 반영하고 있는 것으로 생각된다.

지능검사 결과, 수검자는 평가 상황에서의 동기 수준이 높고, 간단하고 쉬운 과제에서는 높은 기능 수준을 유지하고 있는 것으로 보인다. 그러나 대부분의 소검사는 평이한 수준을 보이고 있어서 상대적으로는 좌절감을 느끼는 경우가 더 많았을 것으로 생각된다. 게다가 학습 수준이 부족하고 시지각적으로 특이하게 지각하는 양상을 보이고 있어서 주변 사람들과 원만한 소통을 나누기도 어려울 수 있겠다.

Rorschach 검사 결과, 13개의 적은 반응 수를 보이고 있어서 스트레스에 대처할 수 있는 심리적 자원이 부족한 것으로 생각된다. 또한 왜곡된 형태반응을 많이 보이는 수검자는(X-%=0.46), 대부분의 카드에서 무분별한 카드 회전을 보이고 있듯이 스트레스 상황에서는 불필요한 반복 행동을 할 가능성이 높아 보인다.

🗂 성격과 정서

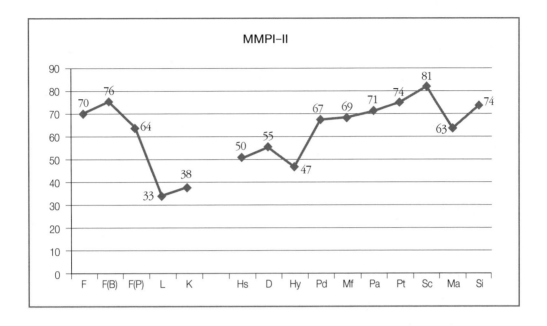

수검자는 Rorschach 색채카드에서 색채반응을 전혀 하지 못하고 있듯이 정서적 자원이 제한적이어서 주변 사람들이 반응을 이해하거나 공감하기 어려울 것으로 생각된다. 게다가 MMPI에서 8번 척도가 81T로 상승하고 있듯이 특이하게 사고하는 경향도 강해 보이는바, 다른 사람들도 수검자를 기묘하고 독특한 사람이라고 인식하기 쉬울 수 있겠다. 이러한 수검자는 대인관계에 대한 태도를 나타내는 Rorschach 카드에서 '사람이 반으로 쪼개진 거 같습니다'라고 하듯이 대인관계에서 불편감을 느낄 가능성이 높아 보인다. 그러면서도 SCT에서 '내가 믿고 있는 내 능력은 다른 사람의 성격 파악을 잘한다'라고 하듯이 자신의 능력에 대한 객관적 인식은 부족해서 대면 상황에서 막연한 불안감을 느낄 가능성이 높아 보이는바(SCT: '윗사람이 오는 것을 보면 나는 긴장된다' / MMPI: Pt=74T), 사회적인 상황을 회피하는 경우가 많을 것으로 생각된다(SCT: '다른 친구들이 모르는 나만의 두려움은 대인기피증이 있다는 것이다').

한편, SCT에서 '내가 늙으면 음악과 미술을 하면서 살고 싶다', '나의 야망은 세계적인 아티스트가 되는 것이다', '언젠가 나는 음악가가 될 것이다', '나의 장래는 음악가가 되는 것이다'라고 하듯이 예술적인 가치에 몰입해 있는 것으로 보이고, 외부 환경에 관심을 갖지 못하고 자신에게만 집중해 있어서(SCT: '내가 늘 원하기는 내가 좋아하는 것을 하고 싶다', '내가 행복할 수 있으려면 내가 좋아하는 것으로 해야 한다') 외부 환경에 대한 탐색을 충분히 하지 못하고 제한적인 단서로 부적절하게 판단해 왔을 가능성이 높아 보인다(SCT: '나에게 이상한 일이 생겼을 때 혼란스럽지만 재밌을 것 같다'). 이러한 수검자는 MMPI 6번 척도가 71T로 높게 상승하고 있듯이 문제 상황에서 다른 사람들을 탓하면서 주변 환경을 위협적으로 느끼고 있는 것 같다 (Rorschach: '악마', SCT: '어리석게도 내가 두려워하는 것은 귀신이다').

수검자는, HTP 사람 그림에서 '성격-내성적이다'라고 하듯이 주변 환경에서 고립감을 경험하는 경우가 많을 것으로 보이고, HTP에서 그림을 덧칠해서 그리고 있듯이 반추사고 경향이 강하며, Rorschach 색채카드에서 '색깔이 마음에 든다'라고 하면서도 색채반응을 하지 못하고 있는 것을 보면 정서적 경험을 공유할 수 있는 능력도 부족해 보이는바, 내면의 고통감이 지속될 가능성이 높은 것 같다.

🗁 요약과 제언

○ 요약

전체지능: 86, 평균 하 / 언어성 지능: 91, 평균 / 동작성 지능: 81, 평균 하

수검자의 지능 수준은 평균 하 수준으로 나타남. 높은 동기 수준을 가지고 있는 수검자는, 간단하고 쉬운 과제에서는 높은 기능 수준을 유지할 것으로 보임. 그러나 학습 수준이 부족하고 시지각적으로 특이하게 지각하는 양상을 보이고 있어서 주변 사람들과 원만한 소통을 나누기 어려울 수 있겠음. 대인관계 불편감이 커 보이는 수검자는, 자신의 능력에 대한 객관적 인식이 부족해서 대면상황에서 막연한 불안감을 경험할 가능성이 높아 보이는바, 예술적인 가치에만 몰입한 채 사회적인 상황을 회피하기 쉬움. 그리고 외부 환경에 대한 탐색을 충분히 하지 못하고 제한적인 단서로 인해 부적절하게 판단해 왔을 가능성이 높아 보임. 게다가 정서적 경험을 공유할 수 있는 능력이 부족한 것으로 여겨지는바 스트레스가 지속될 가능성이 높아 보임.

○ 임상적 진단

심리평가 결과, 수검자는 다음과 같은 진단이 시사됨.

- Schizotypal Personality Disorder

반사회성 성격장애(Antisocial Personality Disorder)

1. 상황에 따른 주의지속력의 차이, 접근과 회피의 갈등, 공격적 방어(남자/25세/대중퇴)

📁 의뢰 사유

수검자는 '군 부적응', '의욕 저하', '특정인에 대한 분노' 등을 주소로 내원하였으며, R/O Unspecified Personality Disorder 임상적 인상하에 성인종합심리평가가 의뢰되었다.

📁 행동관찰과 면담

수검자는 보통 키에 건장한 체격이었으며, 동그란 얼굴에 검은 뿔테 안경을 쓰고 있었다. 전반적인 위생상태는 양호한 편이었으나, 검사자와 눈을 잘 맞추지 못하였다. 전반적으로 중저음의 차분한 목소리로 대답을 하다가도 스트레스 사건에 대해서는 눈을 크게 뜨고 말을 빨리 하고 있어서 흥분되어 보였다. 또한 검사 도구를 한 손으로 다루는 경우가 많아서 거만해 보였고, HTP에서는 남자 그림을 보며 갑자기 한심한 듯 비웃기도 하였다. 내원 사유에 대해서는 '사람들이랑 같이 있을 때 여러 가지 미필적 악의(미필적 고의) 같은 거 있지 않습니까? 그리고 상황이나 생활의 흐름들에서 울분이 있어가지고……'라며 현학적인 단어를 사용하여 분노감을 표현하였다.

📁 지능과 인지기능

수검자의 **전체지능은 116, 평균 상 수준**으로 나타났으며, 언어성 지능은 112, 평균 상 수준, 동작성 지능은 119, 평균 상 수준으로 나타나서, 두 지능 간의 차이는 유의미하지 않았다. 다만, 소검사 간의 점수 차이가 7점으로 크게 나타나고 있어서 상황에 따라 기능 수준의 차이가 클 것으로 예상된다.

한국 웩슬러 성인 지능검사(K-WAIS)			
지능	점수	백분율	수준
언어성 지능	112	79%ile	평균 상
동작성 지능	119	90%ile	평균 상
전체지능	116	85%ile	평균 상

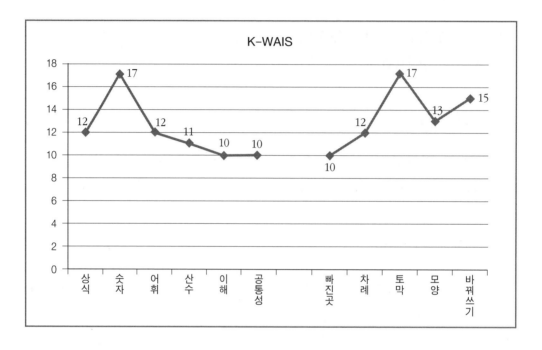

언어성 검사를 살펴보면, 간단한 자극에 주의를 기울이는 능력이 최우수 수준으로 나타나서, 주의집중력이 매우 우수해 보인다. 그러나 수계산 능력이 이보다 6점이나 낮은 평균 수준이어서, 복잡한 자극이 주어질 때는 주의력이 저하될 수 있겠다. 산수 소검사의 쉬운 문항에서 짧은 시간에 대답하면서 틀리는 경우가 많아서, 충분히 집중하지 못한 채 대답하는 모습도 나타났다. 그리고 기본적인 지식 수준과 어휘구사력이 평균 상 수준으로 나타나서, 학습 수준은 양호해 보이지만, 난이도 상승에 따라 맞고 틀리기를 반복하고 있어서, 학업적인 노력이 비일관적이었던 것으로 생각된다. 또한 사회적 상황에 대한 이해력과 사물의 유사성을 파악하는 능력이 평균 수준으로 나타나서, 일상적인 경험을 통해서 얻게 되는 언어적인 능력은 무난한 것으로 생각된다. 반면에, 사고가 독특하고('무역-전쟁이 금지되어 있기 때문입니다', '절약-물가가…… 석유석탄 가격이 오를 것이기 때문입니다'), 감정적인 반응도 나타나고 있어서('본보기-보여 주는 식으로 과시하는 것', '경박하다-사람이 싸 보이는 거'), 부적절한 상황에서 감정 표출을 할 수 있겠다.

동작성 검사를 살펴보면, 시공간 구성 능력과 시공간 운동 속도가 각각 최우수, 우수 수준으로 나타나서, 시공간 대처 능력이 매우 뛰어난 것으로 보인다. 그러나 부분을 통해 전체 상을 구성하는 능력은 평균 상 수준으로 상대적으로 낮게 나타나고 있어서, 유연하게 대처해야 하는 상황에서는 상대적으로 기능 수준이 떨어질 것으로 생각되는바 주관적 불편감이 클 수 있겠다. 그리고 상황적 맥락을 파악하는 능력과 시각적 예민성이 평균 수준이었으나, 지적 잠재력에 비해 상대적으로 낮은 편이어서, 대면 상황에서 부적절감을 느끼기 쉬운 것으로 생각된다.

지능검사 결과, 수검자는 많은 소검사가 평균 상, 평균 수준에 분포하고 있어서, 일상적인 기능 수준은 다소 높은 수준으로 여겨진다. 특히, 숫자외우기, 토막짜기 소검사가 최우수 수준으로 나타나서, 주의집중력과 추상적인 문제해결 능력은 매우 높은 것 같다. 다만, 쉬운 문항에서 틀리는 양상이 나타나고 있어서 상황에 따라 주의지속력의 차이가 크게 나타날 수 있겠다. 그리고 언어적인 대처 능력은 양호하나, 자의적으로 해석하고 대응할 가능성이 높아 보이는바, 능력만큼 기능을 발휘하지 못하는 경우가 많을 것으로 생각된다. 또한 사회적 판단력이 다른 인지적인 능력에 비해 상대적으로 낮게 나타나서, 대면 상황에서 부적절감을 느끼기 쉬운 것 같다.

수검자는 비교적 높은 수준의 지적 능력을 가지고 있음에도 불구하고, 애매한 자극을 다루는 Rorschach 검사에서는 단 10개의 적은 반응 수를 보이고 있어서, 비구조화된 상황에서의 대처 능력은 매우 제한적인 것으로 생각되며, 평범반응 수도 적고 왜곡된 형태질도 많이 나타나고 있어서(P=2, X-%=0.40), 주변 자극을 객관적으로 지각하기보다는 자신만의 지극히 주관적인 방식으로 인식하고 있는 것으로 생각된다. 또한 사고가 단순하며(L=1.50) 피상적이어서(W:D:Dd=8:0:2) 스트레스 상황에서 단편적이고 충동적인 대응 행동만 나타낼 것으로 보인다.

📂 성격과 정서

수검자는 MMPI에서 6, 7, 8번 척도들이 70T 이상으로 높게 나타나고 있어서, 심리적 고통감과 정서적 혼란감을 느끼고 있는 것으로 보인다. 또한 주변 환경에 대한 위협적이고 적대적인 지각도 나타나고 있었다(MMPI: Pa=88T, Sc=78T / SCT: '어리석게도 내가 두려워하는 것은 사람들이 웃는 것이다'). 이러한 수검자는 자신의 욕구를 직설적으로 언급하였고(SCT: '내 생각에 여자들이란 섹스를 잘해야 한다', '내가 제일 좋아하는 사람은 내게 순종적이고 모든 것을 줄 수 있는 여자이다'), 공격적인 내용을 여과 없이 드러내고 있어서(SCT: '내가 정말 행복할 수 있으려

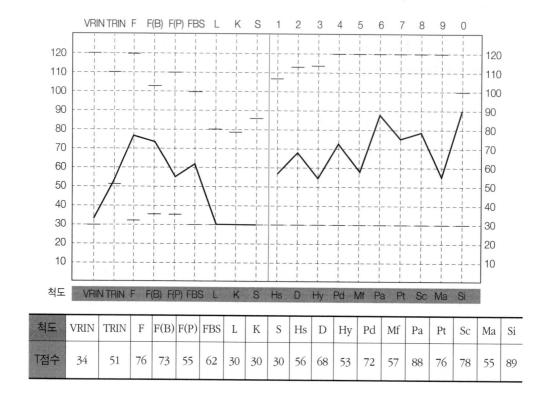

척도	VRIN	TRIN	F	F(B)	F(P)	FBS	L	K	S	Hs	D	Hy	Pd	Mf	Pa	Pt	Sc	Ma	Si
T점수	34	51	76	73	55	62	30	30	30	56	68	53	72	57	88	76	78	55	89

면 사람을 몇 죽이고 봐야 한다', '나의 야망은 사람을 자살시켜 놓고 아무런 법적인 처벌도 받지 않는 것이다') 불만을 과장되게 표현하고 있는 것으로 여겨지는바(MMPI: F(B)=73T), 이러한 공격성이 실제 행동으로 나타날 가능성이 높아 보인다.

　수검자는 HTP에서 굴뚝에 연기 나는 집을 그리고 있어서 애정 욕구가 높은 것으로 생각된다. 그러나 감정 표현이 극적이고(HTP: 나무 그림 '생각-주변에 있는 것들을 빨아들인다' / SCT: '언젠가 나는 사람을 죽여 버리고 웃을지도 모른다') 앞에 나타나듯이 자기중심적인 사고 경향이 강해 보이는바, 깊이 있는 관계를 형성하지 못했을 것으로 보인다(SCT: '내가 잊고 싶은 두려움은 사람들과 어울려야 한다는 사실이다'). 이렇듯 대인관계에서 불편감을 느끼고 있는 수검자는 (HTP: 집 그림에서 창문을 위쪽에 작게 그림, 사람 그림에서 귀를 그리지 않음) HTP 집 그림에서 문을 크게 그렸으나 손잡이를 그리지 않고 있듯이 접근과 회피의 갈등이 클 것으로 생각되고, 불안정한 대인관계 양상을 나타낼 것으로 여겨지는바, 부적절감을 느끼면서 스스로 고립되어 지내 왔을 것으로 보인다(SCT: '내가 늘 원하기는 혼자 있는 것이다' / HTP: 사람 그림 '행복-혼자 있을 때' / MMPI: Si=89T).

　수검자는 실제 구조화된 상황에서는 매우 뛰어난 수행 능력을 나타낼 것으로 여겨지지만, Rorschach에서 10개의 적은 반응만 하고 있는 것을 보면, 비구조화된 상황에서는 수행의 어려움이 클 것으로 생각되며, 유연성이 상대적으로 부족해서, 예측이 불가능한 상황에서는 기능 수준이 급격히 떨어질 것으로 예상된다. 한편, 사고가 미숙하고(Rorschach: A=3), 자아강도가 약화되어 있는 수검자는(MMPI: K=30T) 스트레스 상황에서 주변 사람들을 탓할 가능성이 높아 보이며(SCT: '내가 싫어하는 사람은 악의를 가진 사람들이다'), 퇴행된 모습을 보일 수도 있겠다(Rorschach: '튀김'). 또한 SCT에서 '윗 사람이 오는 것을 보면 나는 긴장을 한다'라고 하듯이 권위적인 대상에 대해서 불편감을 언급하면서도, 한편으로는 과장된 자아상이 시사되는 바(HTP: 나무 그림 '나이-3백 살'), 자신이 권위를 가지는 상황에서는 상당히 강제적인 모습을 나타내면서 자신의 욕구에 따라 공격적으로 행동할 가능성이 높아 보인다(HTP: 나무 그림에서 뾰족한 가지를 그림).

📂 요약과 제언

○ 요약
전체지능: 116, 평균 상 수준 / 언어성 지능: 112, 평균 상 / 동작성 지능: 119, 평균 상

수검자의 지능 수준은 평균 상 수준으로 나타나고, 일상적인 기능 수준은 높은 수준일 것으로 생각됨. 그러나 일관되게 높은 능력을 발휘하지 못할 것으로 여겨지며, 대면 상황에서는 오히려 부적절감을 느끼기 쉬움. 수검자는 예측이 불가능한 상황에서 기능 수준이 급격히 떨어지면서 심리적 고통감과 정서적 혼란감이 커지고 공격적인 대응을 할 가능성이 높아 보임. 그리고 깊이 있는 관계를 형성하지 못하면서 스스로 고립되어 지내 온 것으로 여겨짐. 한편, 스트레스 상황에서 주변 사람들을 탓할 가능성이 높아 보이며, 퇴행된 모습을 보일 수도 있겠음. 또한 자신이 권위를 가지는 상황에서 강제적인 모습을 보이면서 욕구에 따라 공격적으로 행동할 가능성이 높아 보임.

○ 임상적 진단
심리평가 결과, 수검자는 다음과 같은 진단이 시사됨.
- Antisocial Personality Disorder

2. 과도한 지연 행동과 수동성, 극단적 수동공격적 태도, 자의적 해석 경향(남자/20세/고졸)

📂 의뢰 사유

수검자는 '군생활 부적응', '탈영' 등을 주소로 내원하였으며, 전반적인 인지기능 및 성격 파악을 위해 성인종합심리평가가 의뢰되었다.

📂 행동관찰과 면담

수검자는 보통 키에 보통 체격이었고, 검사실에 매우 느린 걸음으로 들어오며 불필요하게 과도한 지연 행동을 보였다. 눈맞춤은 간헐적으로만 이루어졌고, 면담 시 검사자의 질문에 대해 무응답으로 일관하며 극단적인 수동성을 보였다. 또한 검사자의 지시를 한 번에 따르지 않고, 짜증스러운 반응을 보이는 등 상당히 비협조적인 태도로 검사에 임했다. 검사 시에는 적절한 속도로 반응을 보였는데, 검사자가 지시하는 도중에 대답을 하고, 검사자의 행동을 보고 비웃듯이 웃음을 짓다가 이내 과도하게 순응적인 태도를 보이는 등 태도의 변화가 크게 나타났다. 한편, 정답에 대한 확신이 부족한 문항에서는 '집중이 안 돼서 모르겠다'라며 핑계를 대고, '○○ 아닙니까?'라고 반문하며 검사자의 확인을 구하였으며, 미세하게 손을 떠는 등 다소 긴장된 모습을 보이기도 하였다. 내원 사유에 대해서는 '대인관계 문제'라며 간단하게만 언급하였고, 면담 시에 '자살사고'에 대해 질문하자 '그런 질문을 어떻게 피자가 좋으니 싫으니라는 질문처럼 물어보냐'라며 퉁명스럽게 말하며 대답을 거부하였다.

📂 지능과 인지기능

한국 웩슬러 성인 지능검사(K-WAIS)			
지능	점수	백분율	수준
언어성 지능	101	53%ile	평균
동작성 지능	92	30%ile	평균
전체지능	97	43%ile	평균

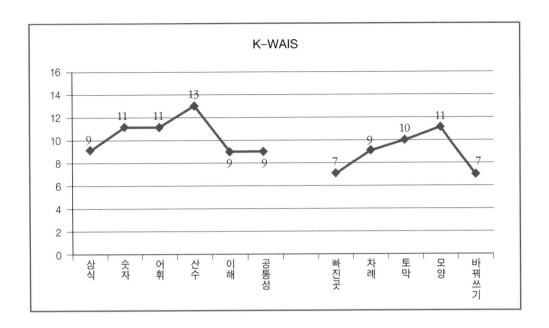

수검자의 **전체지능은 97, 평균 수준**으로 나타났으며, 언어성 지능은 101, 평균 수준, 동작성 지능은 92, 평균 수준으로 나타나서, 두 지능 간의 차이는 유의미하지 않았다.

언어성 지능을 살펴보면, 산술 능력이 평균 상 수준으로 가장 높게 나타났고, 10초 이내의 빠른 연산을 보이고 있어서 지적 잠재력이 현재 지능 수준보다는 높을 것으로 추정된다. 그리고 간단한 자극에 주의를 기울이는 능력이 평균 수준을 보이고 있어서 단기 집중력도 양호해 보이나, 거꾸로따라외우기는 8자릿수까지 성공하면서도 바로따라외우기는 5자릿수에서 실패하는 것을 보면, 과시적인 성향으로 인해 쉬운 과제를 경시하는 것 같다. 한편, 어휘구사력과 사물의 유사성을 파악하는 능력이 평균 수준이어서 언어적 개념에 대한 이해력이 적절해 보인다. 또한 기본적인 상식과 사회적 상황에 대한 이해력이 평균 수준을 보이고 있어서 전반적인 지식 습득 수준도 양호한 것 같다. 다만, 쉬운 과제에서 점수를 얻지 못하거나 1점짜리 대답을 많이 하고 있어서 학습의 양상이 상당히 비일관적이었을 것으로 여겨진다. 그리고 모르는 문항에서 '답이 없다'라는 반응을 보이고 있는데, 이는 수검자의 저항적인 태도를 반영하는 것 같다.

동작성 지능 영역에서는 부분을 통해서 전체를 구성하는 능력과 시공간 구성 능력이 평균 수준으로 나타나고 있어서 도구를 다루는 능력이 적절해 보인다. 그러나 시공간 운동 속도가 평균 하 수준을 보이고 있는데, 각각의 도형을 정교하게 그리고 있어서 완벽주의적인 성향이 강한 것 같다. 한편, 상황적 맥락을 파악하는 능력이 평균 수준으로 나타나고 있어서 사회적 판단력은 양호해 보이나, 시각적 예민성이 평균 하 수준을 보이고 있어서 환경 변화에는 둔감해 보이는바, 상황이 급변하거나 복잡해지면 기능 수준이 저하될 수 있겠다.

지능검사 결과, 수검자는 지적 잠재력이 현재보다 높을 것으로 추정되며, 대부분의 소검사가 평균 수준으로 나타나고 있어서 일상생활에서 연령 수준에 맞는 무난한 기능을 발휘해 왔을 것으로 생각된다. 그리고 완벽주의적인 수행 양상을 보이듯이 기능에 대한 높은 기대를 가지고 있는 것으로 보이나, 모르는 문항에서는 무응답으로 일관하거나 저항적인 수검태도를 보이고 있어서 기대가 좌절되는 상황에서는 수동공격적인 태도를 보일 수 있겠다. 한편, 주변 환경 자극에 대한 민감성이 부족해서 주변 환경은 고려하지 않고 자신의 판단만을 고집하기 쉬우며, 이로 인해 대인관계에서 갈등을 겪을 수 있겠다.

Rorschach 검사 결과, 총 31개의 많은 반응 수를 보이고, 대부분 전체영역반응을 보이며 세부적인 영역에는 주의를 기울이지 못하고 있는데(W:D:Dd=20:7:4), 이는 수검자의 과대한 자아상과 관련한 피상적 사고로 생각된다. 그리고 관습적인 판단력이 부족한 채로(P=1) 투사적인 반응을 많이 보이고 있어서(M=9) 외부 환경을 자의적으로 해석하는 경향이 강해 보이는바, 왜곡되게 지각하는 경우가 많을 것으로 여겨진다(M-=4). 이러한 수검자는 사소한 반응에도 피해의식을 느끼면서(HVI=YES) 낯선 대인관계에서는 민감한 모습을 보일 수 있겠다. 그리고 상황을 객관적으로 파악하는 능력도 부족해서(X-%=0.55) 문제 상황에서 대처하는 데 어려움이 클 것으로 여겨진다.

📂 성격과 정서

수검자는 MMPI에서 4개의 척도가 80T 이상으로 높게 상승하고 있듯이 고통감을 강하게 호소하고 있으나, MMPI에서 F(P)척도가 69T로 높게 상승하고 있어서 상기의 고통감이 다소 과장되어 있는 것 같다. 이러한 상황에서 Rorschach에서 '좌우대칭', '의식', '굴종' 등 추상적인 개념을 다수 언급하고 있어서 주지화 방어기제를 통해 대처해 왔던 것으로 보이는데, 정서적 자원이 부족한(Rorschach: 색채카드에서 색채반응을 거의 하지 못하고 있음) 수검자는 감정적인 부담이 커질수록 퇴행되고 공상적 활동에 빠지는 등(Rorschach: 색채카드 '태아', '장난감', '공룡') 미숙하게 대응할 것으로 생각된다. 그리고 스트레스 상황에서 회피적인 대응을 하기 쉬운 것 같다(SCT: '때때로 두려운 생각이 나를 휩싸일 때 피하려고 한다', '어머니와 나는 쓰기 싫다', '다른 친구들이 모르는 나만의 두려움은 쓰기 싫다').

한편, 피해의식이 높고(Rorschach: '악마', '망토', HVI=YES), 분노감이 강한(Rorschach: '피' 반응을 반복해서 보임) 수검자는 Rorschach와 같은 투사검사에서는 '피가 뿌려져 있으니까 잡아먹는 것 같다', '십자가에 두 사람을 매달아 놓은 것 같다'라며 내면상태를 시사하는 반응을 많

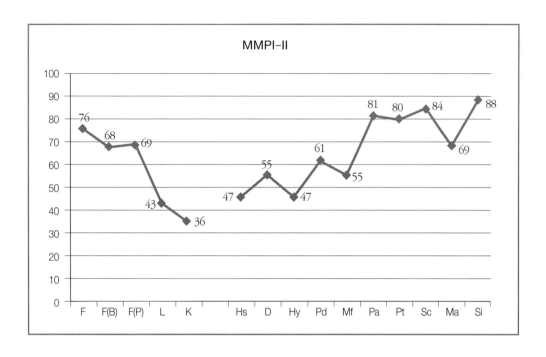

이 보이면서도, 자신에 대해 직접적인 질문이 주어지는 SCT에서는 대부분 '없다', '모르겠다'라며 반응을 축소시키는 것을 보면, 의도가 드러나지 않는 상황에서는 강한 공격성을 드러내면서도 의도가 드러날 수 있을 때는 극단적인 수동성을 보이며 대응할 것으로 생각된다. 그리고 HTP 여자 그림에서 간접적으로 검사자를 지칭하면서 '성격-(비웃는 듯한 웃음을 보이며) 비열해 보인다'라며 자극하는 반응을 보인 후에 검사자의 반응을 살피면서 이내 순응적인 태도를 보이는 등 급격한 태도 변화를 보임으로써 주변 사람들을 통제하는 데(manipulation) 상당히 익숙해져 있는 것 같다.

수검자는 과대한 자아상을 가지고 있는 것으로 보이나(HTP: 그림을 지면에 꽉 차도록 크게 그림, 나무 그림 '나이-천 살' / Rorschach: '엄지손가락, 최고'), SCT에서 '행운이 나를 외면했을 때 항상 외면하는 것 같다'라고 하고, HTP 나무 그림에서 기둥이 굵고 큰 나무를 그리면서도 수관을 그리지 않는 것을 보면, 좌절 경험이 많았던 것으로 생각된다. 이러한 수검자는 오히려 '힘'을 강조하고(HTP: 사람 그림 '장점-강인해 보입니다', '성격-자존심이 세고 강하다'), 검사 전반에 걸쳐 저항적인 태도를 보이고 있는데(HTP: 집 그림 '어떤 사람이 살고 있는지 제가 어떻게 아나요' / 면담: 검사자의 질문에 대해 침묵으로 일관함), 이를 통해 통제감을 유지하고자 하는 것 같다. 그리고 외부 환경에 대해 양가적인 태도를 보이고 있는(Rorschach: I번 카드에서 '천사', '악마'라며 극단적인 반응을 보임) 수검자는 상황에 따라 수동성과 공격성이 수시로 바뀌면서 나타날 수 있겠다(Rorschach: II번 카드에서 '굴종'이라고 한 후에 '잡아먹는 것').

📁 요약과 제언

○ 요약

전체지능: 97, 평균 / 언어성 지능: 101, 평균 / 동작성 지능: 92, 평균

수검자의 지능 수준은 평균 수준으로 나타남. 지적 잠재력이 높아 보이나, 기대가 좌절되는 상황에서는 수동공격적인 태도를 보일 수 있겠음. 고통감이 과장된 면이 있어 보이며, 평소에는 주지화 방어기제를 통해 대처하는 것으로 보이나, 감정적인 부담이 커질수록 미숙하게 대응할 수 있음. 한편, 피해의식이 높고, 분노감도 강해 보이나, 의도가 숨겨지는 상황에서는 강한 공격성을 드러내면서도, 의도가 드러날 수 있을 때는 극단적인 수동성을 보이며 대응할 것으로 생각됨. 수검자는 과대한 자아상을 가지고 있는 것으로 보이며, 저항적인 태도를 통해 통제감을 유지하고자 하는 것으로 보임. 외부 환경에 대한 양가적인 태도를 보이는 수검자는 상황에 따라 수동성과 공격성이 수시로 바뀌면서 극단적으로 나타날 수 있겠음.

○ 임상적 진단

심리평가 결과, 수검자는 다음과 같은 진단이 시사됨.

- Antisocial Personality Disorder

3. 과도한 사변적 언어 표현, 공허감, 적나라한 성욕과 공격욕의 표현(남자/21세/대재)

📁 의뢰 사유

수검자는 '만성적인 대인관계의 어려움 및 분노감', '우울감', '의욕 저하' 등을 주소로 내원하였으며, R/O Unspecified Depressive Disorder, R/O Unspecified Personality Disorder, R/O Persistent Depressive Disorder 임상적 인상하에 성인종합심리평가가 의뢰되었다.

🗁 행동관찰과 면담

수검자는 큰 키에 건장한 체격으로, 뿔테 안경을 끼고 외모는 준수한 편으로 한쪽 손목에 염주를 여러 개 착용하고 있었다. 위생상태는 양호하였고, 검사자와의 눈 맞춤도 적절하게 이루어졌다. 도구를 다루는 과제에서 카드를 밀어 주는 등 검사자를 도와주기도 하였으나, 다른 과제에서는 지시를 따르지 않아서 검사자가 여러 차례 반복하여 안내해야 하는 경우도 있었다. 한편, 토막짜기 소검사에서 수행을 하다가 잘 안 되자 신경질적으로 도구를 흩어 버린 다음 다시 시작하였고, 모르는 문항에서는 '이건 모르겠네요'라고 웃으며 바로 포기하는 등 감정 변화가 크게 나타났다. 그리기 과제에서는 '그림을 잘 못 그린다'라며 변명을 하기도 하였다. 내원 사유에 대해서는 '우울증, 불면증, 부대 부적응, 대인관계가 어려워서 오게 되었다'라고 자신의 증상을 나열하며 말하였다.

🗁 지능과 인지기능

한국 웨슬러 성인 지능검사(K-WAIS)			
지능	점수	백분율	수준
언어성 지능	104	60%ile	평균
동작성 지능	97	42%ile	평균
전체지능	102	55%ile	평균

수검자의 **전체지능은 102, 평균 수준**으로 나타났으며, 언어성 지능은 104, 평균 수준, 동작성 지능은 97, 평균 수준으로 두 지능 간의 차이는 유의미하지 않았다.

언어성 지능을 살펴보면, 산술 능력이 평균 상 수준으로 나타나서 수계산 능력이 다소 높아 보이고, 단순한 자극에 주의를 기울이는 능력이 평균 수준을 보이고 있어서, 단순주의력도 양호한 것 같다. 그리고 사물의 유사성을 파악하는 능력과 어휘구사력이 각각 평균 상, 평균 수준으로 나타나서, 언어적 개념을 형성하는 능력이 적절해 보인다. 게다가 사회적인 상황에 대한 이해력과 기본적인 상식이 평균 수준으로 나타나서, 전반적인 지식 습득 수준도 양호한 것 같다. 한편, 대부분의 언어성 소검사에서 수준 높은 단어들을 사용하면서('전제조건', '개간', '검증') 장황하게 설명하면서도, 각 문항당 1점이나 0점을 얻는 경우가 많아서('나태하다-어떠한 일에 집중하지 못하며 그 문제를 해결하거나 그 상태를 더 낫게 노력하지 않는 태도', '언론-사회의 정보가 사람들에게 알려짐으로써 객관적 사실에 근거한 말과 행동의 위력을 사람들에게 일깨

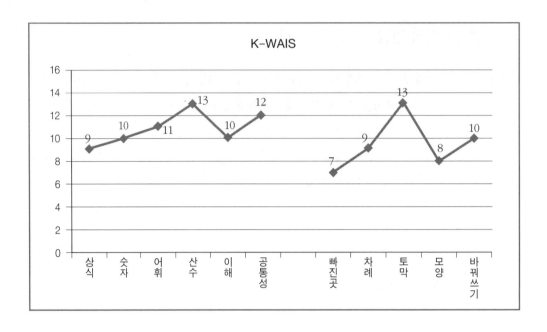

위 주기 위해') 사고 수준이 매우 피상적인 것 같다. 게다가 문제가 요구하는 본질에 충실하지 못하고 냉소적인 감정을 실어서 반응하는 경우도 많았다('과격하다–쓰레기 같은데 행동이 격하다', '단풍–색깔이 빨갛게 변하는 잎, 쓰레기죠').

동작성 지능 영역에서는 시공간 구성 능력이 평균 상 수준으로 나타나서 지시가 명확한 구조화된 상황에서는 높은 기능을 발휘할 수 있을 것으로 여겨진다. 그리고 시공간 운동 속도가 평균 수준으로 나타나서 민첩성도 적절해 보인다. 그러나 부분을 통해 전체 상을 구성하는 능력이 토막짜기 소검사보다 5점이나 낮은 평균 하 수준으로 나타나서 응용력이 상대적으로 매우 부족해 보이는바, 환경 변화에 취약할 수 있겠다. 한편, 상황적 맥락을 파악하는 능력이 평균 수준으로 나타나고 있어서 익숙한 사회적 상황에서의 판단력은 양호해 보이나, 시각적 예민성이 평균 하 수준으로 나타나서 주변의 미묘한 변화나 감정의 차이를 인식하는 능력은 다소 부족한 것 같다.

지능검사 결과, 수검자는 추상적 개념에 대한 이해력이 높아서 지적 잠재력도 높을 것으로 생각된다. 그러나 학업적 노력이 상대적으로 부족했던 것으로 보이고, 사고 수준도 피상적이어서, 기대만큼 성취를 이루기 어려웠을 것으로 여겨진다. 게다가 필요 이상으로 이성적이고 사변적인 대처를 하고 있어서 오히려 문제 해결을 어렵게 하는 경우가 많은 것 같다. 한편, 사회적 대처 능력은 지적 잠재력에 비해 상대적으로 다소 부족한 정도였다.

Rorschach 검사 결과, 수검자는 총 11개의 적은 반응 수를 보이고 있듯이 스트레스에 대처할 수 있는 심리적 자원이 매우 부족해 보인다. 그리고 관습적 및 객관적 지각 능력이 매우 부족해 보이는바(P=2, X-%=0.73), 스트레스 상황에서 외부 환경을 전혀 고려하지 못한 채 전적으로 자신의 욕구에 따라서만 판단하고 행동할 가능성이 높은 것 같다.

📂 성격과 정서

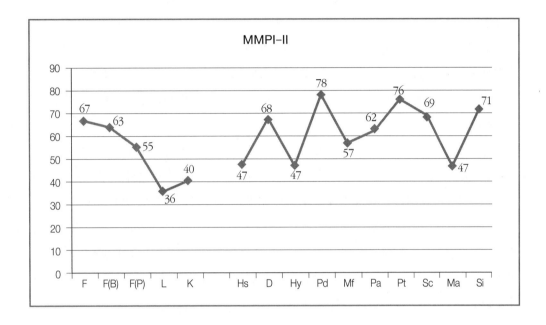

애정 욕구가 높은(HTP: 나무 그림 '필요-누군가 찾아올 사람', 집 그림 '필요-사람') 수검자는 가족과 무난한 관계를 맺고 있는 듯 표현하고 있었다(SCT: '다른 가정과 비교해서 우리 집안은 너무나 좋은 집이다. 왜냐면 내가 이때까지 무사할 수 있던 게 부모님 덕분이다'). 그러나 SCT에서 '내 생각에 가끔 아버지는 매정한 사람이지만 나쁜 사람은 아니다'라는 반응은 아버지에 대한 불만을 표현한 후 순진하게(naive) 부인하고 있어서, 실제로는 아버지에 대해 불만이 많아 보이고 SCT에서 '어머니와 나는 내가 요즘에 피한다. 미안해가지고……'라고 하듯이 어머니에 대해서도 거리감을 유지하고 있어서, 실제로는 가족과 같은 가까운 대상과 지지적인 관계를 맺지 못한 것으로 여겨지는바(HTP: 집 그림 '폐허가 된다'), 안정적인 정체감을 형성하기 어려웠던 것 같다. 이러한 수검자는 상당한 공허감을 느끼고(SCT: '무슨 일을 해서라도 잊고 싶은 것은 나 자신. 나 자신을 잊을 때는 술 마실 때인 것 같다', '내가 저지른 가장 큰 잘못은 내가 살아 있다는 것') 우울감도 경험하고 있는 것 같다(MMPI: 2번, 7번, 0번 척도가 높게 상승함 / HTP: 사람 그림 '우울한 사람').

수검자는 SCT에서 '내가 바라기에 아버지는 내가 좋아서 닮아야 할 존재', '내가 어렸을 때 우리 가족은 고마운 존재이다'라며 가까운 대상에게는 친밀감을 나타내면서도, 자신과 관계 없는 사람은 비난하는(SCT: '내가 싫어하는 사람은 소수의 인간들과 나랑 관계 없는 사람 빼고 모두', '나의 가장 큰 결점은 인간을 싫어하는 것') 등 주변 사람들을 자의적인 판단하에 극단적으로 나누고 있어서, 자기중심적인 입장에서만 대인관계를 맺을 가능성이 커 보인다. 게다가 반복하여 자극적인 표현을 나타내고 있어서(SCT: '내가 바라는 여인상은 단발, 목이 예쁘고 눈이 예쁘고 등선이 아름다워야 한다', '생생한 어린 시절의 기억은 처녀보다는 유부녀가 좋다는 것' / SCT: '복상사'라는 단어를 여러 번 언급함) 성적인 욕구가 매우 높아 보이는바, 원초적인 욕구와 관련된 문제 행동을 나타낼 가능성도 높은 것 같다[SCT: '내가 성교를 했다면 상대방을 상처 입힌다 (목을 조르는 것)', '무엇보다도 좋지 않게 여기는 것은 나 말고 다른 사람이 여자에게 폭력을 휘두르는 것'].

한편, 수검자는 대인관계에 대한 태도를 나타내는 Rorschach 카드에서 '목을 조르고 있는 손가락, 너무 고통스러워서 눈에 실핏줄 터져서 피눈물 난다'라고 하면서 가장 좋아하는 카드로 선택하듯이 오히려 공격성에 대한 선호를 거리낌 없이 나타내고 있었다(MMPI: Pd=78T / Rorschach: '무기' / HTP: 나무 그림에서 가지를 뾰족하게 그림). 게다가 분노감을 시사하는 반응들도 반복적으로 나타내고 있어서(Rorschach: '사람이 꿰어져 있다', '사람이 불에 타고 있다' / MMPI '분노'=78T), 자신의 뜻대로 되지 않는 상황에서는 실제로 극단적인 문제 행동이 나타날 가능성이 높아 보이는바 지속적인 주의가 요망된다.

📁 요약과 제언

○ 요약
전체지능: 102, 평균 / 언어성 지능: 104, 평균 / 동작성 지능: 97, 평균

수검자의 지능 수준은 평균 수준으로 나타남. 수검자는 추상적 개념에 대한 이해력이 높아서 지적 잠재력도 높을 것으로 생각됨. 그러나 필요 이상으로 이성적이고 사변적인 대처를 하고 있어서, 오히려 문제 해결을 어렵게 하는 경우가 많은 것으로 여겨짐. 가족과 같은 가까운 관계에서조차 지지적인 관계를 맺지 못한 것으로 보이는바, 상당한 공허감을 느끼고 우울감도 경험하고 있는 것으로 생각됨. 그리고 주변 사람들을 자신의 판단에 따라 극단적으로 나누는 모습이 나타나고 있어서 자기중심적인 입장에서만 대인관계를 맺을 가능성이 커 보임. 또한 자극적인 표현을 반복하고 있어서 성적인 욕구가 높아 보이고, 원초적인 욕구와 관련된 문제 행동을 나타낼 수 있음. 그리고 공격성에 대한 선호를 나타내고 있었고, 분노감을 시사하는 반응들도 반복적으로 나타내고 있어서, 자신의 뜻대로 되지 않는 상황에서

는 실제로 극단적인 문제 행동이 나타날 가능성이 높아 보이는바 지속적인 주의가 요망됨.

○ 임상적 진단

심리평가 결과, 수검자는 다음과 같은 진단이 시사됨.

- Antisocial Personality Disorder

4. 강박적 수행 양상, 과시적 태도와 특권의식, 높은 자극 추구 경향(남자/20세/대재)

📂 의뢰 사유

수검자는 '사람을 죽이는 상상을 한다', '잔인한 장면을 봐도 감정의 동요가 없다' 등을 주소로 내원하였으며, R/O Antisocial Personality Disorder, R/O Cluster B Personality Disorder 임상적 인상하에 성인종합심리평가가 의뢰되었다.

📂 행동관찰과 면담

수검자는 보통 키에 보통 체격으로 얼굴에는 여드름이 많이 있었으며, 검사자를 쳐다보자마자 살며시 미소를 지었다. 위생상태는 양호하였고, 눈맞춤도 적절한 수준으로 이루어졌으며, 검사 내내 의자 등받이에 기대고, 한쪽 팔은 팔걸이에 올려놓고 비스듬히 앉아 있어서 자세가 거만해 보였다. 큰 목소리로 대답하고, 말끝마다 '그런데요?'라며 검사자의 질문에 대해 반문하였다. 그리고 과제 수행 시 지시를 듣자마자 별다른 고민 없이 즉각적으로 간단하게만 대답하고 있어서 성의가 없어 보였다. 한편, 도구를 다루는 과제에서는 흩어진 도구를 자신만의 일정한 틀로 배열한 후에 과제를 시작하는 등 강박적인 수행 양상을 나타냈다. 내원 사유에 대해서는 '심심해서 상담을 받았는데, 상담관이 받으라고 해서 왔다'라고 하는 등 심각성이 부족해 보였으며, '나는 남들과 다르게 긴인한 생각을 많이 하고, 이렇게 하면 고통스럽게 죽일 수 있을까 생각한다'라며 강도 높은 공격성에 대해 서슴없이 말하였다.

📁 지능과 인지기능

한국 웨슬러 성인 지능검사(K-WAIS)			
지능	점수	백분율	수준
언어성 지능	79	9%ile	경계선
동작성 지능	95	37%ile	평균
전체지능	85	16%ile	평균 하

수검자의 **전체지능은 85, 평균 하 수준**으로 나타났으며, 언어성 지능은 79, 경계선 수준, 동작성 지능은 95, 평균 수준으로 나타나서, 두 지능 간의 차이는 16점으로 크게 나타났다. 따라서 실제 상황에서의 즉각적인 대처 능력은 양호해 보이나, 언어적인 대처 능력이 필요하거나 학업적 지식이 요구되는 상황에서는 부적절감을 경험할 수 있겠다.

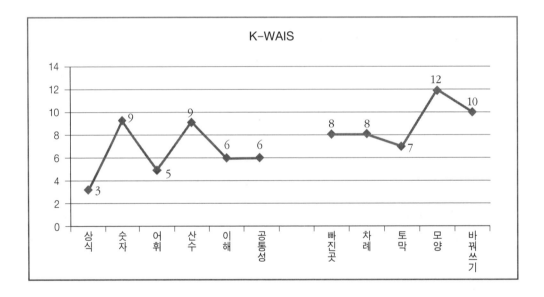

언어성 지능을 살펴보면, 간단한 자극에 주의를 기울이는 능력과 산술 능력이 평균 수준으로 나타나고 있는데, 쉬운 문항에서는 틀리면서도 어려운 문항에서 정답을 맞히는 것을 보면, 주의 지속의 어려움을 느끼는 것으로 여겨진다. 한편, 상식, 이해, 어휘, 공통성 등의 소검사가 경계선에서 정신지체 수준으로 나타나고 있어서 전반적인 지식 습득 수준과 언어적 자원이 매우 빈약해 보이는바('광복절-모르겠다', '풍년-일이 잘 풀린다', '세금-대한민국 사람으로 태어났으니까', '계란과 씨앗-사슬 관계'), 일상생활에서 연령에 비해 미숙한 언행을 보이는 경우가 많을 것으로 생각된다. 한편, 난이도가 낮은 문항에서는 틀리면서도 높은 문항에서는 정답을 맞히는 수행 양상은 간단하고 쉬운 과제를 경시하는 태도를 반영하는 것 같다. 그리고 '동전-무거운 것', '슬기롭다-그냥 착하다', '절약-지구에 별로 없는 것' 등 핵심에서 벗어나면서도 간단한 대답만 하고 있는데, 이는 피상적인 사고 경향을 나타내는 것 같다.

동작성 지능 영역에서는 부분을 통해서 전체를 구성하는 능력이 평균 상 수준을 보이고, 시공간 운동 속도가 평균 수준으로 나타나고 있어서 간단하거나 익숙한 도구를 다루는 능력은 적절해 보인다. 그러나 시공간 구성 능력이 평균 하 수준을 보이고 있어서 보다 낯설고 추상적인 자극이 주어지는 상황에서는 다소 저조한 수행을 보일 것으로 예상된다. 그리고 상황적 맥락을 파악하는 능력과 시각적 예민성이 평균 하 수준으로 나타나고 있어서 사회적 대처 능력도 부족한 것 같다. 수검자는 검사 전반에 걸쳐 별다른 고민 없이 빠르게 대답하고 엉뚱한 답을 말하며, 어려운 문항에서 정답을 맞히면서도 쉬운 문항에서는 틀리고 있는데, 이러한 수행 양상은 수검자의 충동성과 무성의함을 시사하는 것 같다.

지능검사 결과, 간단하면서 익숙한 도구를 다룰 때는 양호한 기능을 발휘할 것으로 여겨진다. 그러나 충동성이 높고 사고가 피상적인 점을 고려하면 학업적인 노력이 부족했을 것으로 보이는바, 자신의 지적 잠재력에 못 미치는 능력을 보이며 지내고 있을 가능성이 높아 보인다. 그리고 쉬운 과제를 경시하는 태도를 보이는 것은, 자기과시적 태도와 관련이 있어 보이며, 난이도 낮은 과제에서 과대한 자아상을 유지하기 위해 의도적으로 불성실한 태도를 보일 수도 있겠다.

Rorschach 검사 결과, 총 29개의 매우 많은 반응 수를 보이고 있으나, 단순한 형태반응이 많고(L=2.63), 대부분 10초 이내로 반응 시간이 짧은 것을 고려하면, 문제 상황에서 성급하고 피상적으로 대처할 가능성이 높아 보인다. 그리고 이성적인 사고 및 객관적 판단력이 매우 부족해 보이는바(M=1, X-%=0.69), 스트레스 상황에서 근시안적이고 자기중심적인 판단에 근거해서 대응할 것으로 여겨진다.

🗂 성격과 정서

수검자는 과대한 자아상과 특권의식을 가지고 있는 것 같다(SCT: '나의 장래는 완벽할 것이나', '언젠가 나는 세계를 뒤흔들 사람이 될 것이나', '내가 보는 나의 앞날은 멋있다' / 지능검사: 숭배하다-남들이 나는 우월하게 생각하는 것'). 이러한 수검자는 자신의 이익을 위해 의도적으로 다른 사람들을 착취하거나 속이는 행동을 할 수 있겠다(HTP: 남자 그림에서 주머니에 한쪽 손을 넣고 있는 그림을 그리고 '장점-숨기는 것을 잘한다'). 그러면서도 내면적으로는 낮은 기능 수준에 대한 부적절감을 느끼는 것으로 보이는데(SCT: '나의 가장 큰 결점은 머리가 나쁘다는 것

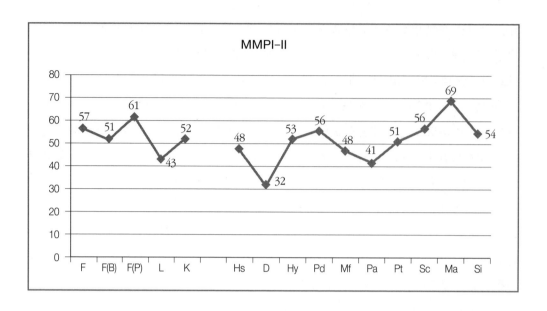

이다'), 자존심이 강해서 자신의 결점을 인정하지 않으려는 태도가 강해 보이며(HTP: 사람 그림 '장점-잘하는 것이 하나도 없다', '단점-못하는 것도 없다' / SCT: '내가 믿고 있는 내 능력은 하찮지만 위대하다'), 좌절감을 느끼는 상황에서 오히려 자신의 공격성을 과장되게 드러냄으로써[SCT: '내가 늘 원하기는 세상이 다른 쪽으로 돌아갔으면 좋겠다(대한민국 법을 사람이 사람을 죽일 수 있는 국가가 되도록 바꾸고 싶다)'] 자존감을 유지하고 있는 것 같다.

한편, 자극 추구적인 성향이 강해서(HTP: 집 그림 '재미있는 일이 많이 일어날 것 같다', 사람 그림 '생각-재미있는 생각' / SCT: '남녀가 같이 있는 것을 볼 때 재미있다') 일상적이고 반복되는 생활에 쉽게 권태로움을 느낄 것으로 생각된다. 그리고 원초적인 욕구의 결핍에 대한 인내력이 매우 부족해서(SCT: '무엇보다도 좋지 않게 여기는 것은 배고픔') 즉각적으로 욕구를 만족시키지 못하는 상황에서 불만이 많았을 것으로 여겨진다. 위에 나타나듯이 공격적인 성향이 매우 높고(HTP: 나무의 가지, 사람의 머리와 손 등을 뾰족하게 그림), 기괴하고 매우 잔혹하고 잔인한 사고에 몰입해 있는 것으로 여겨지며(Rorschach: 색채카드 '폐', '척추', '등뼈', '피'), 가해자와 자신을 동일시하는 경향이 강해 보이는바(Rorschach: '목뼈에 진드기가 붙어서 갈아 먹고 있다', '요도를 병아리가 찌르고 있다'), 스트레스 상황에서는 강도 높은 공격성을 보일 가능성이 높아 보인다.

위에서 나타나고 있듯이 강도 높은 공격성과 잔인한 사고를 보이면서도, 이에 대한 부적절감이 커 보이는바(SCT: '내가 제일 좋아하는 사람은 나를 가장 싫어한다'), 대인관계에서는 이타적이고 호의적인 태도를 자주 보여 왔을 것으로 여겨진다(HTP: 사람 그림 '성격-아주 착하다' / Rorschach: '천사' / SCT: '내 생각에 참다운 친구는 서로 의지하는 것이다', '내 생각에 아버지, 어머니는 좋은 분이었다'). 그러나 이성과의 짧은 만남에만 몰두하는 등(SCT: '내가 성교를 했다면 재미있었다' / 면담: '여자를 130명 만나 봤다') 관계는 매우 피상적으로만 맺어 왔던 것 같다. 그리고 고통스러운 상황에서 자신의 유약함을 강조하고 있는데(HTP: 나무 그림 '나이-거의 죽기 직전', '소원-저 위에 꽃이 떨어지는 것', 사람 그림 '좀 아픈 사람', '자기가 죽을지도 모른다는 생각'), 이러한 행동에는 주변 사람들을 자신의 의지대로 이끌어 가려는(manipulation) 의도가 반영된 것으로 보인다.

📁 요약과 제언

○ 요약
전체지능: 85, 평균 하 / 언어성 지능: 79, 경계선 / 동작성 지능: 95, 평균

수검자의 지능 수준은 평균 하 수준으로 나타남. 간단하면서 익숙한 도구를 다룰 때는 양호한 기능을 발휘할 것으로 여겨지나, 자신의 잠재력에 못 미치는 능력을 보이며 지내고 있을 가능성이 높아 보임. 그리고 난이도가 낮은 과제에서 과대한 자아상을 유지하기 위해 의도적으로 불성실한 태도를 보일 수 있음. 과대한 자아상과 특권의식을 가지고 있는 수검자는 자신의 이익을 위해 의도적으로 다른 사람들을 착취하거나 속이는 행동을 보일 수 있겠음. 그러면서도 내면적으로는 낮은 기능에 대한 부적절감을 느끼고 있어서 오히려 자신의 공격성을 과장되게 드러냄으로써 자존감을 유지시키고자 하는 것으로 보임. 한편, 자극 추구적인 성향이 강하고, 원초적인 욕구의 결핍에 대한 인내력이 매우 부족해서 즉각적으로 욕구를 만족시키지 못하는 상황에서 불만이 많아질 것으로 여겨짐. 그리고 공격적인 성향이 매우 높고, 기괴하고 매우 잔혹하고 잔인한 사고에 몰입해 있으며, 가해자와 자신을 동일시하는 경향이 강해서 스트레스 상황에서는 강도 높은 공격성을 보일 수 있음. 그러면서도 한편으로는 자기 자신에 대한 부적절감이 커서 호의적이고 이타적인 행동을 자주 보여 온 것으로 여겨지지만, 이는 피상적인 수준일 것으로 생각됨. 또한 고통스러운 상황에서 유약함을 강조함으로써 주변 사람들을 자신의 의지대로 이끌어 가려는 모습을 보일 수 있겠음.

○ 임상적 진단
심리평가 결과, 수검자는 다음과 같은 진단이 시사됨. 현재 기괴하고 잔인한 사고에 골두해 있는 징도가 강해서 이와 관련한 문제 행동을 보일 가능성이 높아 보이는바 주의가 요망됨.

- Antisocial Personality Disorder

45 경계선 성격장애(Borderline Personality Disorder)

1. 자아상 · 정서 · 대인관계의 불안정성, 이상화와 평가절하, 낮은 지능(남자/20세/대재)

📁 의뢰 사유

수검자는 '죽고 싶다', '반복적 자해', '과호흡' 등을 주소로 내원하였으며, R/O Borderline Personality Disorder, R/O Unspecified Anxiety Disorder, R/O Unspecified Bipolar and Related Disorder 임상적 인상하에 성인종합심리평가가 의뢰되었다.

📁 행동관찰과 면담

수검자는 작은 키에 보통의 체격으로 둥근 얼굴에 검정 뿔테 안경을 쓰고 있었고, 왼쪽 손에는 자해한 흔적이 보였다. 위생상태는 양호한 편이었고, 검사자와의 눈맞춤도 적절하였다. 검사 도구 정리를 도와주면서 협조적인 태도를 보였으나, 차례맞추기와 토막짜기 소검사에서 카드를 4회나 자신이 넘겨 주려고 하는 등 그 정도는 과도한 면이 있었다. 또한 토막짜기 소검사에서 '이거는 만들어질 수 없는 것 같다'라며 낮은 수행에 대해 핑계를 대고 있었고, 검사 도중 고개를 앞으로 내밀고 검사자의 반응 기록을 계속 응시하는 등 평가에 민감해 보였다. 게다가 두 손을 만지작거리거나 도구를 다루는 검사에서 미세하게 손이 떨리고 있어서 불안해 보였다. 내원 사유에 대해서는 '예전 일을 다 얘기해야 하나? 사람들을 만나는 것이 무섭다. 눈을 뜨고 있는 것 자체가 힘들다. 다 포기하고 싶다'라며 장황하게 자신의 심리적 고통을 호소하였다. 면담 시에는 떨리는 목소리로 말하였으며, 가만히 있다가 갑자기 눈시울이 붉어지는 등 감정 변화가 크게 나타났다.

📁 지능과 인지기능

한국 웩슬러 성인 지능검사(K-WAIS)			
지능	점수	백분율	수준
언어성 지능	68	<1%ile	경도 정신지체
동작성 지능	78	3%ile	경계선
전체지능	70	2%ile	경계선

수검자의 **전체지능은 70, 경계선 수준**으로 나타났으며, 언어성 지능은 68, 경도 정신지체 수준, 동작성 지능은 78, 경계선 수준이며, 두 지능 간의 차이는 유의미하지 않았다.

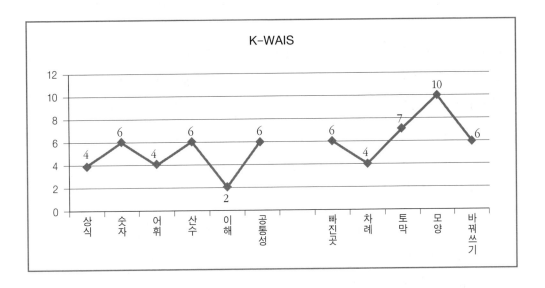

언어성 지능을 살펴보면, 순간적인 자극에 주의를 기울이는 능력과 산술 능력은 경계선 수준으로 나타나고 있어 수 개념을 다루는 능력이 매우 부족해 보인다. 사물의 유사성을 파악하는 능력은 경계선 수준으로 일부 쉬운 개념은 이해하고 있는 것으로 보이나('붕어와 명태-물고기', '고구마와 쌀-먹는 거'), 어휘구사력은 정신지체 수준으로 단어의 의미를 정확하게 파악하지 못하지 못해서('니대히디 죽고 싶다', '명분-내 자신이 명분', '가뭄-마을이 물에 잠기는 거') 의사소통하는 데 어려움을 겪을 수 있겠다. 기본적인 상식과 사회적 상황에 대한 이해력은 정신지체 수준으로 전반적인 지식 습득이 부족해서 일상생활에서 필요한 간단한 규칙조차 지키기 어려울 수 있겠다('국보-남대문', '절약-다른 나라에서 사려면 비싸니까').

동작성 검사에서는 부분을 통해서 전체 상을 구성하는 능력이 평균 수준으로 익숙한 과제를 해결하는 능력은 양호해 보인다. 그러나 시공간 구성 능력이 평균 하 수준이고, 시각적 예민성은 경계선 수준으로 나타나고 있어서 추상적인 자극을 다루거나 민첩하게 대응해야 하는 상황에서는 기능 수준이 떨어질 수 있겠다. 한편, 시각적 예민성은 경계선 수준으로 주변 환경 변화에 대한 민감성이 부족해 보이며, 사회적 맥락을 파악하는 능력도 정신지체 수준으로 나타나고 있어서 사회적 판단력이 극심하게 부족해 보이는바, 대면 상황에서 상당히 부적절한 행동을 보일 수 있겠다.

지능검사 결과, 일상생활에서 익숙한 자극을 다루는 능력은 양호해 보이지만 다른 기능들은 대부분 경계선 수준 이하로 나타나고 있어서 환경이 조금만 바뀌어도 적응적인 모습을 보이기 어려울 것으로 생각된다. 그리고 학업적 및 사회적 지식 수준이 부족한 수검자는 대면 생활에서 부적절한 행동을 함으로써 적응하는 데 어려움을 겪을 수 있겠다.

Rorschach 검사 결과, 수검자는 13개의 적은 반응 수를 보이고 있어서 스트레스 상황에 대처하는 데 필요한 심리적 자원이 부족해 보이고, 대부분 단순형태반응이 많아서 사고가 단순하고 경직되어 있으며(L=0.86), 피상적인 대응을 하기 쉬운 것 같다(W:D:Dd=9:1:3). 또한 평범반응이 1개에 불과하여 관습적인 지각 능력이 부족하고, 상황을 객관적으로 파악하는 능력도 부족해서(X-%=0.77) 문제 상황에서 적절한 대처를 하지 못하고 무기력해져 있을 가능성이 있겠다(m=3).

📂 성격과 정서

수검자는 MMPI에서 5개의 임상척도가 80T 이상 높게 상승해 있듯이 정서적으로 매우 불안정한 상태로 극심한 고통감을 경험하고 있는 것으로 보인다(SCT: '어리석게도 내가 두려워하는 것은 사람…… 지금 내가 숨 쉬고 있다는 자체가 너무 두렵고 무섭다'). 게다가 검사 전반에 걸쳐 자신에 대한 부정적인 사고(SCT: '내가 어렸을 때는 내 자신이 이렇게 스스로 다 포기한 채 무의미하게 느껴질 줄은 몰랐다', '내가 다시 젊어진다면 이런 한심하고 포기한 놈은 안 될 것이다'), 죄책감(SCT: '어렸을 때 잘못했다고 느끼는 것은 스스로 자해, 자살시도 수많은 경험'), 미래에 대한 부정적 사고(HTP: 나무 그림 '미래-곧 무너질 것 같아요', SCT: '행운이 나를 외면했을 때 인생 또한 외면했다 다시 올 거란 건 착각이다') 등을 시사하는 반응들이 나타나고 있어서 상당한 수준의 우울감을 경험하고 있는 듯 보인다. 다만 F(P) 척도가 높게 상승해 있어서 수검자가 호소하는 심리적 고통이 실제보다 과장되었을 가능성도 있는 것 같다.

수검자는 HTP 나무 그림에서 '생각-나무에 과일이 많이 매달렸으면 좋겠다', 집 그림에서 '필요한 것-사람이 있었으면 좋겠어요'라는 하는 등 애정 욕구가 높아 보인다. 그러나 SCT에

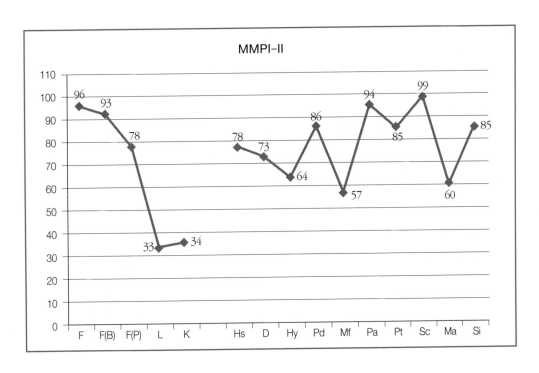

서 '내 생각에 가끔 아버지는 바람 피우는 거 같다', '내가 바라기에 아버지는 엄마 안 힘들게 하고 행복하게 살아 주는 거다', HTP 사람 그림에서는 '아버지의 성격-포악하고 자기밖에 모르는 스타일', '엄마의 단점-항상 아빠에게 당하고 거짓말하는데 알면서도 속아 주는 거'라고 언급하고 있듯이 부의 외도로 인해서 불안정한 가정 환경에서 성장해 온 것으로 여겨지는바, 가까운 대상에게서도 정서적인 지지를 느끼지 못하고 상당한 좌절감을 경험하고 있는 것 같다 (HTP: 집 그림 '분위기-별로 안 좋아요, 아무도 없어요', 사람 그림에서 손이 없고, 눈과 눈썹을 강조함 / SCT: '나는 어머니를 좋아했지만 어머니 또한 나의 마음을 몰라 준다'). 이러한 수검자는 SCT에서 '다른 친구들이 모르는 나만의 두려움은 살아 있는 자체, 모든 게 다, 내 자신도 내가 어떻게 될지 두렵다'라고 하듯이 자아상이 불안정해 보이며, Rorschach에서 3개의 색채카드에서 '벌이 꼬리가 잘렸어요', '꽃같이 생겼어요', '두꺼비가 곤충한테 물리고 있는 거 같아요'라고 하듯이 정서도 불안정해 보인다. 게다가 SCT에서 '나의 가장 큰 결점은 학창 시절 때부터 폭행 10년 정도의 그러한 괴롭힘 구타', '내가 잊고 싶은 두려움은 학창 시절 개 맞듯이 맞고 돈 뺏기고 자살시도, 자해한 거' 등의 반응을 고려할 때, 학교 폭력과 관련하여 상당히 불안정한 대인관계를 맺어 온 것으로 여겨진다.

수검자는 SCT에서 '내 생각에 여자들이란 남자 상처 주고 아프게 하고 배신하는 존재'라고 하듯이 여자들에 대해서 비난하는 태도를 보이면서도, HTP에서는 '대개 어머니들이란 자식 뒷바라지하고 자식밖에 모르는 사람이다', '어머니와 나는 둘도 없는 자식, 엄마 사이이다'라고 하듯이 모성에 대해서는 긍정적인 태도를 보이고 있어서, 주변 사람들을 극단적으로 양분하여 평가하고 있는 것 같다. 이러한 수검자는 SCT에서 '아버지와 나는 둘도 없는 부자지간이다, 항상 격려해 주신다'라고 하였으나, HTP 사람 그림에서는 '아버지 단점-가족 말을 전혀 안 듣고 자기가 하고 싶은 거만 한다', '성격-포악하고 자기밖에 모르는 스타일, 겉으로는 잘 해 주는데 내면은 정반대'라고 하듯이 주변 사람들을 이상화시켰다가 바로 평가절하하는 모습을 보일 수 있겠다. 그리고 Rorschach III번 카드에서 '말벌처럼 보여요, 근데 몸통에서 피가 약간 나는 거 같아요'라는 반응을 하고, 가장 좋은 카드로 선택하면서 '벌이 무섭게 생겼는데 피를 흘리고 있는 거 같아서 좋아요, 고통스러워하고 있는 거 같아서 좋아요'라고 하듯이 강한 부정적 감정에 대해서 호의적인 태도를 보일 정도로 분노를 강하게 느끼는 것으로 보인다. 그러나 사고가 미숙한(Rorschach: A=7) 수검자는 적절한 대처 방법을 생각해 내지 못하고, 심리적 고통을 줄이기 위해서 충동적으로 자해 행동을 반복적으로 해 왔던 것으로 생각된다(SCT: '나에게 이상한 일이 생겼을 때 하루 종일 생각에 잠기고 못 버티고 죽어 버리고 싶을 것이다', '때때로 두려운 생각이 나에게 휩싸일 때 모든 걸 잊어버리고 바로 자살시도 및 자해한다. 쾌감을 얻기 위해서'). 한편, 미래에 대해서 아무런 희망이 없다고 생각하고 있는 수검자는 앞으로도 심리적 고통감을 줄이기 위해 자해시도를 지속할 가능성이 있으므로 각별한 주의가 필요한 것 같다(SCT: '내가 정말 행복할 수 있으려면 이 고통에서 벗어나는 것이다. 죽어서 편히 잠들고 고통받고 싶지 않다', '나의 평생 하고 싶은 일은 없다. 꿈, 희망 아무것도 없다').

🗁 요약과 제언

○ 요약

전체지능: 70, 경계선 / 언어성 지능: 68, 경도 정신지체 / 동작성 지능: 78, 경계선

수검자의 지능 수준은 경계선 수준으로 나타남. 일상생활에서 익숙한 자극을 다루는 능력은 양호해 보이지만 대부분의 기능은 경계선 수준 이하로 나타나고 있어서 환경이 조금만 바뀌어도 적응적인 모습을 보이기 어려움. 학업적 및 사회적 지식 수준이 부족한 수검자는 대면 상황에서 부적절한 행동을 하여 적응하는 데 어려움을 겪을 수 있음. 현재 수검자는 정서적으로 매우 불안정한 상태로 극심한 고통감을 경험하고 있는 것으로 보이며, 검사 전반에서 자신에 대한 부정적 사고, 죄책감, 미래에 대한 부정적 사고 등을 표현하고 있어서 상당한 우울감을 느끼고 있는 것으로 보이나, 이는 다소 과장되었을 가능성이 있음. 이러한 수검자는 애정 욕구가 높지만, 불안정한 가정 환경에서 성장하였던 것으로 보이며, 가까운 대상에게서도 정서적인 지지를 느끼지 못해 상당한 좌절감을 경험한 것으로 여겨지며, 자기상, 정서 그

리고 대인관계에서 불안정한 양상이 나타나고 있음. 수검자는 주변 사람들을 극단적으로 평가하고 이상화시켰다가 바로 평가절하하고 있는 것으로 보이며, 상당한 분노감이 내재화되어 있는 것으로 생각됨. 그러나 사고가 미숙한 수검자는 적절한 대처 방법을 생각해 내지 못하고 심리적 고통을 줄이기 위해서 충동적으로 자해 행동을 반복적으로 해 왔던 것으로 보임. 무망감이 큰 수검자는 앞으로도 심리적 고통을 줄이기 위해 자해시도를 지속할 가능성이 높아 보이는바 각별한 주의가 필요할 것으로 생각됨.

○ 임상적 진단
심리평가 결과, 수검자는 다음과 같은 진단이 시사됨.
- Unspecified Depressive Disorder
- Borderline Personality Disorder
- Borderline Intellectual Functioning

2. 전형적인 MMPI 양상, 섭식장애 동반, 유기불안(여자/21세/대재)

📁 의뢰 사유

섭식장애로 인해 타 병원에 입원 중인 수검자는 '폭식', '우울하다', '죽고 싶다' 등을 주소로 내원하였으며, R/O Unspecified Feeding and Eating Disorder, Unspecified Depressive Disorder 임상적 인상하에 성인종합심리평가가 의뢰되었다.

📁 행동관찰과 면담

수검자는 키가 약간 작고 매우 마른 체형에 양쪽으로 길게 머리를 땋아 앞으로 늘어뜨린 모양을 하고 있었으며, 전반적으로 예쁘장한 옷차림으로 혼자 내원하였다. 코에는 작은 피어싱을 하고 있었고, 손은 하얗고 깨끗한 피부에 매니큐어를 예쁘게 바르는 등 외모에 매우 신경 쓴 모습이었고, 검사자와의 눈맞춤은 적절하였다. 마치 어린아이가 보채는 듯한 말투로 애원하듯이 말하였고, 눈의 초점은 다소 흐려져 보였다. 검사실에 들어오면서부터 '약을 먹어서 검사를 못해요', '힘들어요', '졸려서 설문지는 못했어요' 등 약을 이유로 검사에 대한 불편감을 계속 표현하였으나, 검사자가 검사 중단 의사를 확인하자 '검사를 하겠다'라고 하였다.

검사 도중에도 '뭐가 뭔지 모르겠어요', '너무 많아요', '이거 못해도 바보 아니죠?', '왜 대답이 없으세요?' 등 칭얼대는 듯한 말을 많이 하였고, 그리고 나서는 '제 말 때문에 기분 상했어요?' 라고 묻는 등 검사자의 반응에 민감한 모습이었다. 산수 소검사에서는 문제가 조금씩 복잡해지면서 전혀 해결 의지를 보이지 않으며 '일부러 그런 거 아니에요. 약 먹어서 안 되는 거예요⋯⋯ 자꾸 딴생각이 들어요'라고 핑계만 대고 있어서 정확한 측정이 어려웠다. 내원 사유에 대해서 '우울증', '섭식장애', '죽고 싶다' 등 여러 증상을 나열하였으며, 자살사고에 대해서는 '항상 생각한다'라고 하는 등 오히려 강조하는 모습이었다.

🗀 지능과 인지기능

한국 웩슬러 성인 지능검사(K-WAIS)			
지능	점수	백분율	수준
언어성 지능	97	42%ile	평균
동작성 지능	90	25%ile	평균
전체지능	94	33%ile	평균

K-WAIS로 측정한 **전체지능은 94, 평균 수준**으로 나타났으며, 언어성 지능은 97, 평균 수준, 동작성 지능은 90, 평균 수준으로 두 지능 간의 유의미한 양적 차이는 나타나지 않았다.

언어성 지능을 살펴보면, 사회적 상황에 대한 이해력이 평균 상 수준으로 가장 높게 나타나고 있어 관습적 행동양식에 대한 이해 및 습득 수준은 적절해 보인다. 추상적 사고력도 평균 수준을 유지하고 있어 고차원적인 사고 능력도 충분한 것 같다. 어휘구사력과 수계산 능력이 평균 수준이긴 하지만 평균 하단에 속하였고, 어휘 소검사에서는 대부분 1점에 해당하는 답변을 많이 하였으며, 산수 소검사에서는 문제가 복잡해지면서 아예 해결 의지를 갖지 못하고 있어서 지식 습득 수준이 피상적인 수준에만 머물러 있는 것 같다. 한편, 기본적인 상식 수준이 다소 부족하고('서예가', '목화씨', '사군자' 등의 질문에 대답하지 못함), 단순한 숫자 자극에도 충분한 주의를 기울이지 못하는 것으로 나타났다.

동작성 지능 영역에서는 토막짜기, 모양맞추기 등 시공간 구성 능력을 측정하는 소검사에서 평균 수준의 수행을 보이고 있어서 기본적인 문제해결 능력과 시공간 자극을 다루는 능력은 적절한 수준을 유지하고 있는 것 같다. 시공간 운동 속도가 평균 하 수준으로 다소 낮게 나타났는데, 이는 현재 의식상태가 또렷하지 못한 것과도 관련이 있어 보인다. 수검자는 시각적 예민성과 상황적 맥락을 파악하는 능력도 평균 하 수준으로 낮게 나타나고 있어 주

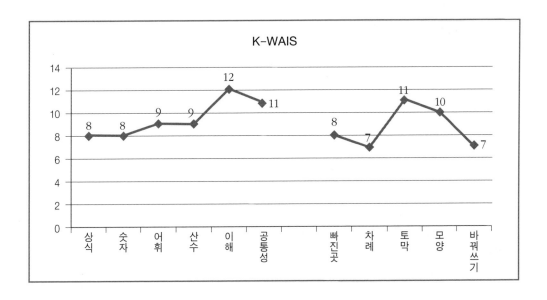

변 환경을 잘 살피고 상황 변화에 따라 적절하게 대응하는 데 다소간의 어려움을 겪을 수 있 겠다.

지능검사 결과, 수검자는 평균 수준의 지적 능력을 보이고 있으며, 관습적 행동양식의 습 득 수준이 높고, 적절한 수준의 기본적인 문제해결 능력을 가지고 있는 것으로 나타났다. 그 리고 대부분의 소검사가 평균-평균 하 수준에 분포하는 등 해당 연령대에 습득해야 할 지적 능력을 어느 정도는 갖추고 있는 것 같다. 다만 지식 습득이나 문제 해결에 있어서 피상적인 태도로 인해 깊이 있는 이해를 하지 못하고 있는 것으로 보이며, 불안정한 정서상태까지 더하 여 자신의 잠재력을 충분히 발휘하지는 못했을 것으로 예상되는바, 보다 안정된 상태에서는 현재 측정된 수준보다는 좀 더 나은 기능을 보일 수 있을 것으로 생각된다.

Rorschach 수행 시에도 지능검사에서와 마찬가지로 매우 혼란스러운 수검태도를 보였으나, 검사 결과는 그다지 혼란된 양상이 나타나지 않았다. 오히려 총 반응 수 18개, 평범반응 6개로 문제 해결을 위해 적절한 노력을 기울이고 있을 뿐 아니라 관습적 지각 능력도 잘 유지되고 있는 것으로 나타났다. 그리고 다양한 자극에 의해서 필요 이상으로 주의가 분산되지도 않는 것 같다(L=0.53). 그러나 논리적 사고력에 비해 감정적 충동성이 앞서는 경향이 있고(EB=2:4), 문제 상황에서 현실적인 대안을 찾기보다는 자기만의 상상이나 환상 속으로 회피하려는 경 향이 있어(Ma:Mp=0:2) 문제 해결을 어렵게 하고 있는 것 같다.

📁 성격과 정서

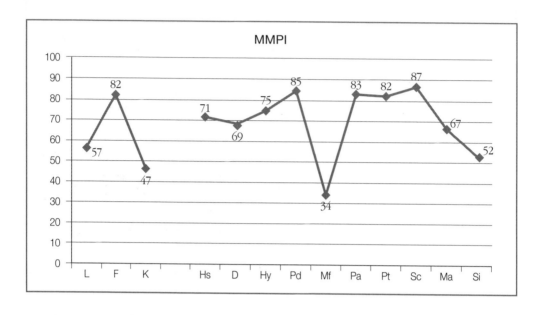

수검자는 MMPI에서 5번 척도는 매우 낮은 반면, 0번 척도를 제외한 대부분의 척도가 70T 이상 높게 나타나는 등 매우 불안정하고 혼란스러운 정서상태를 보이고 있었다. 따라서 사소한 자극에 대해서도 감정 변화가 크게 나타나며(Rorschach: C=2), 자아상의 혼란을 느낄 수 있고(SCT: '어리석게도 내가 두려워하는 것은 내 자신이다'), 대인관계에 있어서 극단적인 태도나 행동을 보이기 쉬운 것 같다. F척도가 82T로 극심한 수준을 보이고 있어서 주관적 고통감도 매우 심할 것으로 생각되나, K척도는 상대적으로 낮게 나타나는 등 이러한 고통감을 감내할 수 있는 심리적 자원은 빈약해 보이는바, 상당한 스트레스를 받고 있을 것으로 예상된다.

HTP의 모든 그림을 간단하게 필요한 요소만 그렸고, SCT에서 '나에게 이상한 일이 생겼을 때 무섭다'라고 하듯이 문제 상황에서 대응할 수 있는 심리적 자원이 부족한(Rorschach: I번 카드 '무서워요…… 사람 2명이 있어요') 수검자는 자신감이 부족하고, 미래에 대해 부정적인 태도를 가지고 있는 것 같다(SCT: '내가 믿고 있는 내 능력은 모르겠다', '내가 보는 나의 앞날은 모르겠다'). 그리고 주변 환경, 특히 가족이나 부모에 대한 원망을 강하게 표현하고 있어서(HTP: 나무 그림 '주변-독버섯이 있다', '앞으로-썩어 문드러진다. 독버섯 때문에' / SCT: '우리 윗사람들은 강압적이다', '우리 집안은 콩가루 집안이다', '나의 어머니를 좋아했지만 원망스럽다'), 현재 자신이 경험하고 있는 고통감과 불편감을 대부분 환경 탓으로 돌리고 있었다. 그리고 Rorschach에서 공간 반응을 3개나 보이듯이 내면의 분노감이나 공격성이 상당하고, 특히 색채카드들에서 '주황신들이 싸워요', '곤충…… 벌레들이 싸우는 거', '괴물들이 막 싸워요', '지옥' 등의 반응들을 보이고 있어서, 오랜 기간 긍정적인 정서 경험을 하지 못한 채, 매우 극단적이고 불안정하며 위협적인 상황에 놓여 있었을 가능성이 높아 보인다.

수검자는 SCT에서 '나의 야망은 돈과 명예, 좋은 남자와 결혼하고 능력 있는 여자가 되는 거'라고 하듯이 피상적인 가치에 몰입하거나, Rorschach IV번 카드에서 '나쁘지 않고 착한 괴물', HTP 집 그림에서 '무너진다고 하고 싶은데 안 무너질 것 같다' 등의 반응을 보이듯 스트레스 상황에서 부인(denial)하는 방어기제를 통해 대처하고 있으나, 여전히 유기불안을 가지고 있으며(HTP: 여자 그림 '가장 불행할 때-버림받을 때…… 엄마, 아빠, 친척, 남자 친구 모두에게 버림받는 거 같다'), 성적 반응을 보이는(Rorschach: '붉은 피', '여자 생리할 때 밑의 모습', '자궁…… 밑이 잘려 있어요') 등 고통감이 지속되고 있는 것 같다. 다만, 자아 탐색에 대한 욕구가 높아 보이는바(SCT: '나의 장래는 심리학자', '나의 평생 가장 하고 싶은 일은 심리학 공부'), 치료적 환경을 만드는 데 다소 도움이 될 수 있을 것으로 생각된다.

📁 요약과 제언

○ 요약

전체지능: 94, 평균 / 언어성 지능: 97, 평균 / 동작성 지능: 90, 평균

수검자의 지능 수준은 평균 수준으로 나타났으나, 지식 습득이나 문제 해결에 있어서 피상적인 태도와 검사 당시의 불안정한 정서상태로 인해 자신의 잠재력을 충분히 발휘하지는 못한 것으로 보임. 논리적 사고력에 비해 감정적 충동성이 앞서는 경향이 있어, 문제 상황에서 현실적인 대안을 찾기보다는 자기만의 상상이나 환상 속으로 회피하거나 고통감이 주어지는 상황을 부인함으로써 문제 해결이 어려운 경우가 자주 있을 수 있음. 이러한 수검자는 극심하고 변화가 잦은 정서 경험, 주변 사람들에 대한 비난과 의존의 반복, 자아정체감의 혼란, 유기불안, 성 경험에 대한 양가적인 태도 등으로 인해 극심한 스트레스를 받는 불안정한 상황에 있는 것으로 여겨짐.

○ 임상적 진단

심리평가 결과, 수검자는 다음과 같은 진단이 시사됨. 불안정하고 극단적인 행동 양상이 반복되고 있는 것으로 여겨지는바, 장기간의 집중적인 상담치료가 필요할 것으로 생각됨.

- Unspecified Feeding and Eating Disorder
- Unspecified Depressive Disorder
- Borderline Personality Disorder

46 연극성 성격장애(Histrionic Personality Disorder)

1. 개념적 이해력 부족, 미숙한 정서적 대처, 적응장애(여자/41세/대졸)*

📁 의뢰 사유

수검자는 '급성 스트레스 증상', '불안', '수면장애', '자살사고 및 시도' 등을 주소로 내원하였으며, R/O Acute Stress Disorder 임상적 인상하에 성인종합심리평가가 의뢰되었다.

📁 행동관찰과 면담

수검자는 다소 작은 키에 보통 체격이었고, 안경을 쓰고 있었다. 하얀색 긴팔과 분홍색 반팔을 겹쳐 입었으며, 향수 냄새가 진하게 났다. 손톱이 매우 짧게 다듬어져 있었고, 전반적인 위생상태는 양호한 편이었으며, 검사자와의 눈맞춤도 적절하게 이루어졌다. 시종일관 양손을 모으고 다소곳이 앉아 있었고, 검사 도구가 주어지자 더 집중했으며, 특히 고개를 돌려 귀를 기울이는 등 적극적으로 경청하는 모습이 두드러졌다. 그러나 과제가 어려워지면 걱정되는 눈빛으로 한숨을 쉬며 '이게 돼요?', '쓰면서 하면 안 돼요?'라고 하는 등 불안감을 표현하였고, 수행이 어려울 때는 '그림에 소질이 없어서'라며 난처한 듯 웃었으며, '잠을 잘 못자서'라고 변명을 하기도 했다. 또한 간혹 빠르게 답하는 경우가 있었는데, 발음이 부정확했고, 문제를 다 듣기 전에 과도하게 고개를 끄덕이며 '네'라고 대답하고 있어서, 성급한 모습도 나타났다. 내원 사유에 대해서는 '직장에서 해코지를 좀 당해서요, 생명에 위협을 받는 행위를 받아서, 제가 뭐 잘못한 것이 있나 해서요'라며 스트레스 사건을 언급하였다.

---

* K-WAIS-IV를 사용한 보고서는 이하 *표 처리함.

📂 지능과 인지기능

한국 웩슬러 성인 지능검사 4판(K-WAIS-IV)			
영역	지능	백분율	수준
언어이해	81	11%ile	평균 하
지각추론	99	46%ile	평균
작업기억	**90**	25%ile	**평균**
처리속도	110	75%ile	**평균 상**
전체지능	91	28%ile	평균
일반능력	87	49%ile	평균 하

※ 단일 점수로서 대표성을 가지는 지능지수는 진하게 표시함.

수검자의 **전체지능은 91, 평균 수준**으로 같은 연령대에서 하위 28% 정도 수준이었다. 언어이해는 81, 평균 하 수준, 지각추론은 99, 평균 수준, 작업기억은 90, 평균 수준, 처리속도는 110, 평균 상 수준을 보이고 있었다. 지능 영역 간의 차이는 29점으로 크게 나타나고 있었고 (기준 23점 차이), 언어이해, 지각추론 영역의 소검사 간 점수 차이가 각각 6점, 5점으로 크게 나타나고 있어서(기준 5점) 전체지능과 일반능력 모두 수검자의 기능을 온전히 대표한다고 보기 어렵기 때문에 각 소검사가 나타내는 기능 수준을 개별적으로 파악하는 것이 더 중요해 보인다.

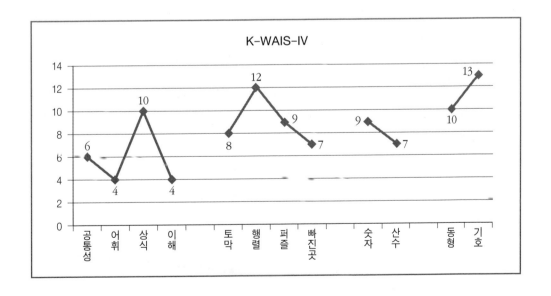

언어이해 영역에서는 상식 소검사가 평균 수준으로 나타나서 단편적인 지식 습득이 적당히 유지되고 있는 것 같다. 그러나 공통성, 어휘, 이해 소검사가 각각 경계선, 정신지체 수준으로 나타나서('피아노와 바이올린-치는 거, 두들겨서 소리가 나는 거', '호기심-할까 말까 고민하는 거', '법-정해져 있기 때문에'), 추상적인 개념에 대한 이해력이 전반적으로 부족하고 사고가 피상적인 것으로 여겨지는바, 적극적인 의사소통은 다소 어려울 수 있겠다.

지각추론 영역에서는 전체를 고려하여 핵심을 파악하는 능력이 평균 상 수준으로 나타나서, 직관적 판단능력이 다소 높아 보인다. 그러나 이에 비해 퍼즐, 토막짜기 소검사가 각각 평균, 평균 하 수준으로 상대적으로 낮게 나타나서, 응용력 및 도구 사용 등의 추가적인 노력이 필요한 경우에는 기능 수준이 떨어질 수 있겠다. 한편, 시각적 예민성이 평균 하 수준으로 나타나서, 주변 환경 변화에도 다소 둔감해 보인다.

작업기억 영역에서는 숫자 소검사가 평균 수준으로 나타나서, 주의력은 양호한 것 같다. 그러나 산수 소검사가 평균 하 수준으로 나타나서, 복잡한 자극이 주어질 때에는 기능 수준이 다소 부족할 수 있겠다.

처리속도 영역에서는 시공간 운동 속도가 평균 상 수준으로 가장 높게 나타나서, 동기 수준이 높은 것 같다. 그리고 긴장감 속에서 빠른 판단력을 발휘하는 능력도 평균 수준으로 유지되고 있어서 간단한 자극을 처리할 때는 양호한 기능 수준을 보일 것으로 생각된다.

지능검사 결과, 행렬추론 소검사가 평균 상 수준임을 고려하면, 수검자의 지적 잠재력은 현재 측정된 기능 수준보다 높을 것으로 생각된다. 그리고 간단한 과제가 주어지는 상황에서도 양호한 기능을 보일 수 있겠다. 그러나 평가 상황에서 동기 수준이 매우 높음에도 불구하고 언어생활에 있어서 개념적인 이해력은 매우 부족해서 언어적 의사소통이 중요한 상황에서는 적극성이 떨어질 수 있고, 문제 해결을 위해 추가적인 노력이 필요한 상황에서도 적절한 대처가 어려울 수 있겠다.

Rorschach 검사 결과, 수검자는 총 반응 수가 13개로 적게 나타나서 스트레스에 대처할 심리적 자원이 부족해 보인다(CDI=5). 전반적으로 '구름', '산', '나무' 등 정서적 거리감을 시사하는 반응을 보이다가도, 통상적으로 불쾌감을 크게 느낄 수 있는 II번, IV번 카드에서 '주황색', '물감놀이' 등과 같이 형태가 애매한 반응이 많이 나타나는 것을 고려하면, 감정적 대응이 필요한 상황에서 미숙하고 퇴행된 모습을 보일 수 있겠다.

🗁 성격과 정서

ASI-3 (불안민감)	APPQ (공황)	MDQ (조증)	HCL-32 (경조증)	**PHQ-9 (우울)**	STAI-Trait (특성불안)
27	15	3	8	**15**	48
63T	40T	(cut off: 7)	(cut off: 14)	**(cut off: 9)**	51T

※ 역치 이상의 척도는 진하게 표시함.

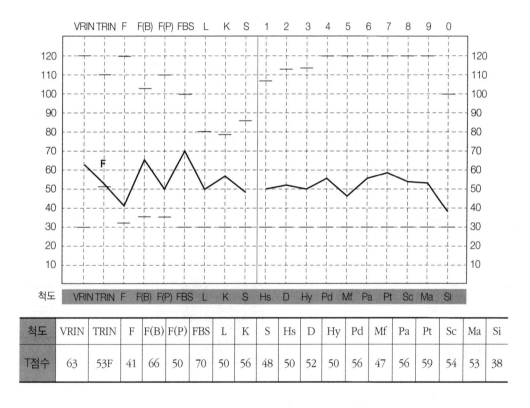

척도	VRIN	TRIN	F	F(B)	F(P)	FBS	L	K	S	Hs	D	Hy	Pd	Mf	Pa	Pt	Sc	Ma	Si
T점수	63	53F	41	66	50	70	50	56	48	50	52	50	56	47	56	59	54	53	38

수검자는 MMPI에서 고통감의 정도를 나타내는 F(B), FBS 척도가 각각 66T, 70T로 높게 나타남에도 불구하고 대부분의 임상척도가 평이한 수준이어서 불편감을 적극적으로 표현하지는 못하고 있는 것 같다. 그러나 PHQ-9의 점수가 상승하였고, MMPI에서 '자기비하', '자살사고' 소척도가 각각 71T, 83T로 높게 나타난 것을 고려하면, 우울감을 느끼고 있는 것으로 생각되는데, 이는 현재 수검자가 직장 내에서 최근에 겪고 있는 스트레스와 관련이 커 보인다 (SCT: '무슨 일을 해서라도 잊고 싶은 것은 누군가에게 억울함을 당해서 치욕감을 느낄 때', '내가 싫어하는 사람은 무지하게 욕설하고 무시하는 사람').

수검자는 TAT에서 '사랑해요', SCT에서 '남녀가 같이 있는 것을 볼 때 예뻐 보인다'라고 하는 등 애정 욕구가 높아서, 친사회적인 행동을 통해 주변 사람들과 관계를 맺어 왔을 것으로 생각된다(SCT: '윗사람이 오는 것을 보면 나는 인사하고 얼굴을 밝게 하고 비치도록 한다', '내가 어렸을 때는 친구랑 놀러 다니기 좋아하고, 장난스러움에 친구들도 많았다'). 게다가 HTP 집 그림에서 나무, 돌담길, 정원 등 첨가물을 그리면서 '사람들이 많이 놀러올 것 같아요'라고 하고, TAT에서 '나 좀 봐 줘요'와 같은 반응까지 고려하면, 타인의 관심 및 기대에 대한 의존도가 매우 높아 보인다(HTP: 사람 그림 '행복–인정받을 때'). 그러나 지능검사에서 나타나듯이 사고가 피상적이고 억압적인 성향이 강해서(HTP: 사람 그림에서 벨트, 단추 등을 그림) 주변 사람들과 원하는 수준의 관계를 형성하기는 어려웠을 것 같다.

수검자는 HTP 나무 그림에서 '소원–더 많은 열매를 맺는 거'라고 하였고, SCT에서 '나의 장래는 실무를 공부한 후 더 큰 직책을 가질 수 있는 직장으로 옮길 생각', '나의 야망은 우두머리, 더 나아가 행정실장까지 고려'라고 하는 등 높은 성취 욕구를 가지고 있고, 기능적인 성취를 통해 주변 사람들의 인정을 받으려고 하는 것 같다. 그러나 최근 사건으로 인해 직장 내에서 비난을 받게 되면서 오히려 상당한 고통감과 우울감을 느낀 것으로 보이고, 분노감도 큰 것 같다.

🗁 요약과 제언

○ 요약

전체지능	91	평균	일반능력	87	평균 하
언어이해	81	평균 하	지각추론	99	평균
작업기억	90	평균	처리속도	110	평균 상

수검자의 지능 수준은 평균 수준으로 나타남. 직관적인 판단력과 간단한 대처가 필요할 때에는 양호한 기능 수준을 보일 것으로 여겨지나, 언어적 의사소통이 중요하거나 문제 해결을 위해 추가적인 노력이 필요한 상황에서는 대처 능력이 떨어질 수 있음. 수검자는 불편감을 크게 보고하진 못하고 있으나 우울감을 느끼고 있는 것으로 생각되는데, 이는 현재 수검자가 직장 내에서 최근에 겪은 스트레스와 관련이 커 보임. 수검자는 애정 욕구가 높아서 친사회적인 행동을 통해 주변 사람들과 관계를 맺어 왔을 것으로 생각되는데, 이를 넘어서서 타인의 관심 및 기대에 의존하는 면이 강해 보이는바 주변 사람들과 공감적인 관계를 형성하기는 어려웠을 것으로 여겨짐. 한편, 성취 욕구를 가지고 있고, 기능적인 성취에 몰입함으로써 주변

사람들의 인정을 받으려고 하는 것으로 생각되지만, 최근 사건으로 인해 직장 내에서 비난을 받게 되면서 오히려 상당한 고통감과 우울감을 느낀 것으로 보이고 분노감도 커 보임.

○ 임상적 진단

심리평가 결과, 수검자는 다음과 같은 진단이 시사됨.

- Adjustment Disorders With depressed mood
- Histrionic Personality Disorder

2. 유약한 모습, 피상적 정서 표현, 자기중심적 판단, 권위적 대상에 대한 거부감(남자/20세/대재)

🗁 의뢰 사유

수검자는 '불안', '불면', '자살 위협' 등을 주소로 내원하였으며, R/O Adjustment Disorders 임상적 인상하에 성인종합심리평가가 의뢰되었다.

🗁 행동관찰과 면담

수검자는 보통 키에 마른 체격으로 길고 갸름한 얼굴에 검은테 안경을 쓰고 있었으며, 어깨를 움츠리고 검사자의 눈치를 살피는 등 위축되어 보였다. 그러나 침을 소리나게 넘기는 등 다소 과장된 모습을 보였으며, 앞이마의 머리를 면도해서 이마 모양을 다듬는 등 외모에 많은 신경을 쓰고 있었다. 위생상태는 양호하였으며, 눈맞춤도 적절한 수준이었다. 검사 시에도 작은 소리로 대답하였고, 도구를 다루는 과제에서는 정답에 근접하는 상황에서도 확신하지 못하고 망설이는 경우가 많았으며, 과제가 어려워지면 고개만 갸우뚱거리며 검사자의 반응을 기다리는 등 유약한 모습을 보였다. 이러한 수검자는 Rorschach 검사 시 카드를 받자마자 바로 내려놓고 관찰하였다. 내원 사유에 대해서는 '부대 적응이 힘들고, 우울한 기분이 든다'라며 군 적응의 어려움을 말하였다.

📁 지능과 인지기능

한국 웨슬러 성인 지능검사(K-WAIS)			
지능	점수	백분율	수준
언어성 지능	84	14%ile	평균 하
동작성 지능	87	19%ile	평균 하
전체지능	84	14%ile	평균 하

수검자의 **전체지능은 84, 평균 하 수준**으로 나타났으며, 언어성 지능은 84, 평균 하 수준, 동작성 지능은 87, 평균 하 수준으로 두 지능 간의 차이는 유의미하지 않았다.

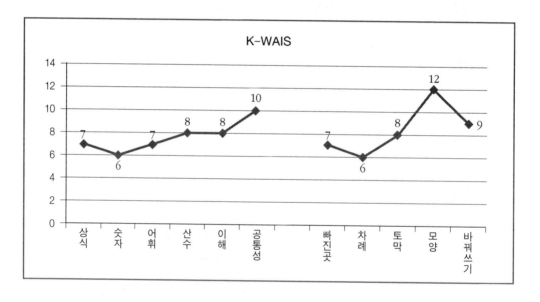

언어성 지능을 살펴보면, 사물의 유사성을 파악하는 능력은 평균 수준으로 단어를 개념적으로 파악하는 능력은 적절해 보이나, 어휘구사력은 평균 하 수준이어서 의사소통 시 세련된 언어를 구사하기는 힘들어 보인다('가뭄-물이 없어서 마른 것'). 사회적 상황에 대한 이해 능력과 기본적인 상식이 평균 하 수준으로 학업적 및 사회적 상황에서 습득된 지식은 다소 부족한 것 같다('김소월-소설가', '돌다리-확인하라고, 돌다리를'). 산술 능력은 평균 하 수준으로 연산 능력이 다소 부족해 보이며['18만 원-7만 5천 원=11만 5천 원(오답)'], 순간적인 자극에 주의를 기울이는 능력은 경계선 수준으로 주의력은 매우 부족한 것 같다.

동작성 지능을 살펴보면, 부분을 통해 전체상을 유추하는 능력은 평균 상 수준으로 익숙한 과제를 해결하는 능력은 높아 보이나, 시공간 구성 능력은 평균 하 수준으로 추상적인 과제를 해결하는 능력은 다소 부족해 보인다. 시공간 운동 속도는 평균 수준으로 민첩성은 양호한 것 같다. 한편, 시각적 예민성과 상황적 맥락을 파악하는 능력은 각각 평균 하, 경계선 수준이어서 사회적 대처 능력이 부족해 보이는바, 대면 상황에서 긴장된 모습을 보이기 쉬운 것 같다.

지능검사 결과, 익숙한 과제를 해결하는 능력이 높고 언어적 자원, 민첩성 등이 양호해서 반복적인 일상생활에서는 적절한 기능을 보일 수 있겠다. 그러나 지식, 연산, 주의력 등이 다소 부족해서 학습이 필요한 상황에서는 연령 수준에 비해 미숙해 보일 수 있으며, 사회적 대처 능력도 부족해서 대면 상황에서 적절한 대처를 하지 못하고 긴장되어 있을 수 있겠다.

Rorschach 검사 결과, 수검자는 평범반응을 4개나 하고 있듯이 스트레스 상황에서 관습적으로 대처하기 위해 노력하고 있는 것 같다. 그러나 사고 수준이 미숙하고(A=10), 단순하며(L=1.80), 주변의 다양한 자극을 효율적으로 통합하지 못하고 있어서(Zd=-5.5), 스트레스 상황에서 기본적인 문제도 해결하지 못하고(X-%=0.50) 무기력한 상태로(m=2) 자신만의 상상에만 빠지기 쉬운 것 같다(Ma:Mp=0:2).

🗁 성격과 정서

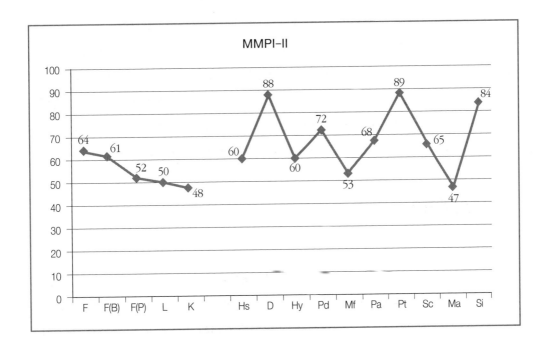

수검자는 MMPI에서 2번, 7번, 0번 척도가 높게 나타났고, Rorschach에서 C'=1, m=3 등이 나타나고 있어서 우울감을 느끼고 있는 것 같다. 그러나 HTP의 필압이 강하게 나타나고 있으며, HTP 남자 그림에서 '소원-제일 멋진 남자가 되는 거, 강한 남자', 여자 그림에서 '이뻐지고 행복해지는 거'라고 하듯이 미래에 대한 희망을 표현하고 있어서 상기의 우울감은 현재의 스트레스에 의한 반응적인 면이 있는 것 같다.

수검자는 검사 전반에 걸쳐 '행복', '화목', '포근함' 등과 같은 긍정적 단어를 많이 사용하고 있어서 감정적으로 매우 피상적일 수 있으며, Rorschach에서 색채-무채색 혼합반응(Color-Shd Blend)을 보이는 등 감정 변화도 매우 쉽게 나타날 수 있겠다. 게다가 사고 수준이 미숙한(Rorschach: A=10) 수검자는 SCT에서 '내 생각에 참다운 친구는 항상 내 편인 사람', '내가 제일 좋아하는 사람은 날 많이 이해해 주고 배려해 주는 사람'이라고 하듯이 자기를 중심으로 상황을 판단하고 있어서(SCT: '무엇보다도 좋지 않게 여기는 것은 나에게 함부로 대하는 것') 가까운 사람들과도 친밀감을 형성하기 어려웠던 것으로 보이며(Rorschach: 친밀감에 대한 태도가 나타나는 카드에서 반응하지 못함), 또래 집단에서도 소외되어 온 것 같다(SCT: '내가 없으면 친구들은 그래도 잘 지낼 것 같다). 이러한 수검자는 자신에 대한 책임을 인식하기보다는, 오히려 SCT에서 '내가 제일 싫어하는 사람은 잘난 척하고 불친절하고 무식한 사람'이라고 하듯이 주변 사람들에 대해 불만을 가져 왔던 것 같다(MMPI: Pd=72T).

한편, Rorschach 첫 번째 카드에서 평범반응을 보이듯이 스트레스 상황에서 관습적으로 대처하려 애쓰고 있지만, Rorschach 카드를 받자마자 멀찌감치 내려놓고 관찰하고 있듯이 스트레스 상황에서 회피적인 대응을 하기도 쉬운 것 같다. 게다가 자아강도가 약한(MMPI: '자아강도=30T') 수검자는 Rorschach에서 권위적인 대상에 대한 태도가 나타나는 카드를 가장 싫어하는 카드로 선택하면서 '무서워 보인다'라고 하듯이 권위적 대상에 대한 거부감이 매우 커 보이는바, 현재와 같은 위계적 집단에서 적절하게 대응하지 못하고 고통감만 느끼고 있는 것 같다.

🗁 요약과 제언

○ 요약

전체지능: 84, 평균 하 / 언어성 지능: 84, 평균 하 / 동작성 지능: 87, 평균 하

수검자의 지능 수준은 평균 하 수준으로 나타남. 반복적인 일상생활에서는 적절한 기능을 보일 수 있으나, 학습이 필요한 상황에서는 연령 수준에 비해 미숙해 보일 수 있음. 수검자는 우울감을 느끼고 있으나, 현재의 스트레스에 의한 반응적인 면이 있는 것으로 보임. 수검자는 감정적으로 매우 피상적일 수 있으며, 감정 변화도 매우 쉽게 나타날 수 있겠음. 게다가 사

고 수준이 미숙하고 자기를 중심으로 상황을 판단하고 있어서 주변 사람들과도 깊은 관계를 형성하기 어려웠던 것으로 보이며, 이에 대해 주변 사람들에 대해 불만을 가져왔던 것으로 생각됨. 스트레스 상황에서 회피적인 대응 방식을 사용하고 있는 수검자는 권위적 대상에 대한 거부감이 커 보이는바, 현재와 같은 위계 집단에서 적절하게 대응하지 못하고 고통감만 느끼고 있는 것으로 여겨짐.

○ 임상적 진단

심리평가 결과, 수검자는 다음과 같은 진단이 시사됨.

- Adjustment Disorders
- Histrionic Personality Disorder

3. 신체적 마비 증상, 과대성과 유약함의 공존, 극적인 언어 표현(남자/24세/고졸)

📁 의뢰 사유

수검자는 '머리에 전기가 오는 느낌이 든다', '다리에 통증이 있고 마비가 된 거 같다', '눈이 흐리다' 등을 주소로 내원하였으며, R/O Histrionic Personality Disorder, R/O Somatic Symptom Disorder 임상적 인상하에 성인종합심리평가가 의뢰되었다.

📁 행동관찰과 면담

수검자는 작은 키에 보통 체격으로 오른쪽 다리에는 깁스를 하고 있었으며, 눈이 충혈되어 있었다. 위생상태는 양호하였으며, 검사자를 쳐다보지 않고 있는 경우가 많아서 눈맞춤은 간헐적으로 이루어졌다. 과제 수행 시 눈을 감고 있거나 깜박거리는 경우가 많았고, 손동작을 많이 사용하였으며, 모르는 문항에서는 인상을 쓰며 머리를 만지는 등 검사자의 시선을 끌 만한 행동을 많이 하였다. 한편, 과제에서 정답에 실패하자 거의 들리지 않을 만큼 작은 목소리로 대답하고, 어깨를 축 늘어뜨리고 고개를 숙이고 있는 등 상당히 힘들어하는 모습을 보였다. 내원 사유에 대해서는 '원래부터 난시라서 눈이 안 좋았는데, 입대 후부터 사물이 흐릿하게 보인다. 검사를 받았는데 원인을 알 수 없어서 이대로 계속 살아야 할지도 모른다는 얘기

를 들으니 너무 막막하다', '저희 집은 어릴 때부터 가난했습니다. 그래서 부모님이 경제적인
문제로 많이 다투시는 모습을 보며 많이 우울했습니다'라며 갑자기 눈시울이 붉어지는 등 수
식어를 상당히 많이 사용하면서 자신의 상황을 극적으로 표현하고 있었다.

🗁 지능과 인지기능

한국 웩슬러 성인 지능검사(K-WAIS)			
지능	점수	백분율	수준
언어성 지능	72	4%ile	경계선
동작성 지능	65	2%ile	경도 정신지체
전체지능	68	3%ile	경도 정신지체

  수검자의 **전체지능은 68, 경도 정신지체 수준**으로 나타났으며, 언어성 지능은 72, 경계선
수준, 동작성 지능은 65, 경도 정신지체 수준으로 나타나서, 두 지능 간의 차이는 유의미하지
않았다.
  언어성 지능을 살펴보면, 산수 소검사가 평균 수준, 공통성 소검사가 평균 하 수준을 보이
고 있어서 추상적인 자극을 다루는 능력이 비교적 양호해 보이는바, 수검자의 지적 잠재력은
현재 측정된 지능 수준보다는 높을 것으로 추정된다. 그러나 상식, 어휘, 이해 등의 소검사가
상당히 낮게 나타나고 있어서 학습을 위한 노력은 매우 부족했던 것으로 보이며, 언어적 자원
도 매우 부족한 것 같다. 게다가 주의력도 매우 부족해서 성취 경험을 하기는 상당히 힘들었
을 것으로 여겨진다.

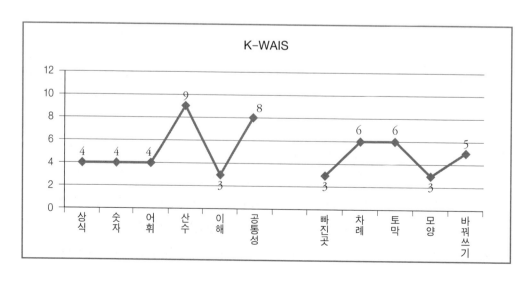

동작성 지능 영역에서는 시공간 구성 능력이 경계선 수준이었고, 부분을 통해서 전체 상을 구성하는 능력이 정신지체 수준을 보이고 있어서 도구를 다루는 능력이 상당히 부족한 것 같다. 또한 시공간 운동 속도가 경계선 수준으로 나타나고 있어서 민첩성도 상당히 부족해 보인다. 게다가 상황적 맥락을 파악하는 능력이 경계선 수준, 시각적 예민성이 정신지체 수준으로 나타나고 있어서 사회적 상황에서도 연령 수준에 맞게 기능하기는 힘들 것으로 생각된다.

지능검사 결과, 지적 잠재력은 비교적 양호해 보이나, 이에 비해 지식 수준과 언어 사용 능력이 매우 빈약해 보이는바, 대부분의 상황에서 미숙한 행동을 보일 것으로 예상된다. 게다가 실제적인 대처 능력도 상당히 부족해서 문제 상황에서 무기력감을 느끼기 쉬울 것 같다.

Rorschach 검사 결과, '어떠한 돌에 예수님이 십자가에 못 박힌 거 같습니다', '오소리 같은 동물이 중심지에 매달려 배 같은 모양의 형체를 타고 물에 떠다니며 바다를 지나가는 것 같습니다'라고 하듯이 극적으로 표현하면서, 내용이 풍부한 반응들이 많이 나타났다. 그러나 총 반응 수는 10개, 평범반응도 2개에 불과하였고 형태질도 저하되어 있어서(X-%=0.25) 일상적이고 무난하게 대처할 수 있는 능력은 매우 부족해 보이는바, 언어적 기교가 실제 문제 상황을 해결하는 데에는 도움이 되지 못할 것 같다.

🗀 성격과 정서

HTP 집 그림에서 창문을 3개나 그리고 있듯이 관심받고자 하는 욕구가 높아 보인다. 이러한 수검자는 SCT에서 '내 생각에 여자들이란 쇼핑하고 여행을 즐기는 삶을 살아가고 꿈에 그리던 남자와 부부의 연을 맺어 아름다운 가족을 만드는 매개체의 역할을 합니다'라고 하듯이 극적인 표현을 사용함으로써 주변 사람들의 관심을 끌어 왔던 것으로 생각된다. 그러나 HTP 집 그림에서 '동화 속에 나오는 화목하게 사는 사람들', SCT에서 '내가 아는 대부분의 집안은 평균적으로 맞벌이하시는 부모님과 열심히 공부하는 자녀분들의 아름다운 풍경입니다'라고 하듯이 감정적으로 따뜻하고 이상적인 상황을 묘사하는 반응을 여러 번 보이면서도 Rorschach 색채카드에서는 반응에 실패하고 있는 것을 보면, 실제 정서상태는 피상적인 수준에 머물러 있는 것 같다. 이러한 수검자는 실제 대인관계 상황에서 주변 사람들의 감정에 공감하는 능력은 부족해 보이는바, 원만한 관계를 맺지 못하고 오히려 불편감을 느끼고 있는 것 같다(SCT: '어리석게도 내가 두려워하는 것은 대인기피증이 있어서 낯선 사람들을 많이 꺼리는 편입니다'). 그리고 관계 형성을 위한 나름의 노력이 주변 사람들에게 받아들여지지 않으면서 불만과 배신감을 느낄 가능성이 높겠다.

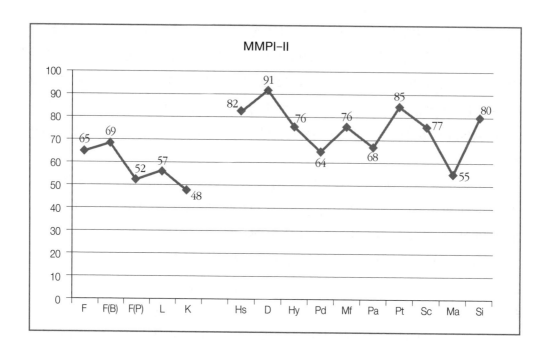

한편, Rorschach에서 '손가락으로 최고를 나타내는 모양 같습니다'라고 하듯이 과대한 자아상을 가지고 있는 것 같다. 또한 자신의 이타주의적인 태도(SCT: '나의 장래는 스스로 노력하고 열심히 해서 남에게도 도움이 되면서 베푸는 직업을 꼭 선택할 것입니다')와 관습적 규범(SCT: '윗 사람이 오는 것을 보면 나는 먼저 예의 바르게 인사드린 후 안부를 묻습니다')을 강조하고 있었다. 그러나 한편으로는 HTP 나무 그림에서 '나이-두 살'이라고 하듯이 자신의 유약함을 강조하면서, 남성적 성향을 비난하는 등 상반된 모습도 나타나고 있었다(SCT: '완전한 남성상은 몸으로 표현했을 때 보디빌더 같은 무서운 몸', '남자에 대해서 무엇보다도 좋지 않게 생각하는 것은 무엇이든 힘으로 해결하려는 사람입니다').

이러한 수검자는 SCT에서 '내 생각에 참다운 친구는 아플 땐 약을 주고 슬플 땐 위로해 주고 즐거운 일이 있을 땐 함께 나누는 벗이라고 생각합니다'라고 하듯이 실제 문제 상황에서는 상당히 의존적인 태도를 보여 왔던 것 같다. 또한 SCT에서 '때때로 두려운 생각이 나를 휩싸일 때 수면제를 먹고 기억을 잊기 위해서 푹 수면을 취하는 것입니다'라고 하듯이 극단적인 회피적 대응을 해 왔던 것 같다. 의지할 대상이 없고, 많은 문제에 대해 직면해야 하는 군 환경에서 더욱 극심한 고통감을 느껴 왔을 것으로 여겨지는바(MMPI: 대부분의 척도가 70T 이상으로 상승하고 있음), 신체 증상에만 과도하게 몰입해 있는 것 같다(면담: '눈이 흐릿하게 보인다, 오른쪽 다리가 마비된 것처럼 움직이지 않는다').

🗁 요약과 제언

○ 요약

전체지능: 68, 경도 정신지체 / 언어성 지능: 72, 경계선 / 동작성 지능: 65, 경도 정신지체

수검자의 지능 수준은 경도 정신지체 수준으로 나타남. 지적 잠재력은 비교적 양호해 보이나, 이에 비해 지식 수준과 언어 사용 능력이 매우 빈약해 보이는바 대부분의 상황에서 미숙한 행동을 보일 것으로 예상됨. 게다가 실제적인 대처 능력도 부족해서 문제 상황에서 무기력감을 느끼기 쉬움. 수검자는 관심받고자 하는 욕구가 높고, 극적인 표현을 통해 주변 사람들의 관심을 끌어 왔던 것으로 생각됨. 그러나 실제 정서상태는 피상적인 수준에 머물고 있어서, 원만한 관계를 맺지 못하고 오히려 불편감을 느낄 수 있음. 한편, 과대한 자아상을 가지고 있으며, 도덕성과 이타주의를 강조하고 있으나, 자신의 유약함을 강조하고, 남성적 성향에 대해 비난하는 등 상반된 모습도 나타남. 이러한 수검자는 문제 상황에서는 의존적인 태도를 보이거나 극단적인 회피적 대응을 해 온 것으로 보이며, 현재는 신체 증상에 과도하게 몰입해 있는 것으로 여겨짐.

○ 임상적 진단

심리평가 결과, 수검자는 다음과 같은 진단이 시사됨.

- Unspecified Somatic Symptom and Related Disorder
- Histrionic Personality Disorder
- Intellectual Disability, Mild

47 자기애성 성격장애(Narcissistic Personality Disorder)

1. 평가 상황에 대한 거부감, 자극과의 경계 유지 실패, 직업적 성공(남자/49세/대학원졸)

📁 의뢰 사유

수검자는 '편하지가 않다', '분노 조절이 안 된다', '아내가 나를 떠나지 않을까 걱정한다' 등을 주소로 내원하였으며, Unspecified Depressive Disorder 임상적 인상하에 성인종합심리평가가 의뢰되었다.

📁 행동관찰과 면담

수검자는 보통 키, 보통 체구의 40대 남성이었으며 검은색 양복 정장 차림으로 혼자 내원하였다. 연두색 넥타이에 넥타이핀을 착용하고 있었으며, 전반적으로 매우 깔끔한 모습이었고, 검사자와의 눈맞춤도 적절한 편이었다. 큰 목소리로 다소 억울하다는 듯 하소연하는 모습이었으나, 검사가 시작되자 긴장한 듯 무표정하고 성급하게 과제를 수행하려고 하였다. 검사자에게 시종 깍듯하게 존칭을 사용하였으며 열심히 과제 해결에 임하였으나, 손을 약간 떨거나 쉬운 과제에서 실수를 하는 등 매우 긴장되어 있으면서도 억지로 하는 듯한 인상이었다. 결국 검사 종료 후에는 '내가 이런 것까지 해야 하나 하는 생각이 들어서 제대로 못한 것 같다'라고 평가에 대한 불만을 토로하기도 하였다. 내원 사유에 대해서는 '(부인이) 성격상의 장애가 있다면 찾으라고 해서 왔다', '가족들 말로는 내가 화를 잘 내고 불안해한다고 한다'라고 하는 등 스스로 인식하는 문제에 대해서는 잘 언급하지 못하였으며, '일이 정말 많은데 지금까지 문제없다'라고 하는 등 오히려 문제를 부인하였다.

🗁 지능과 인지기능

한국 웩슬러 성인 지능검사(K-WAIS)			
지능	점수	백분율	수준
언어성 지능	116	86%ile	평균 상
동작성 지능	119	90%ile	평균 상
전체지능	118	89%ile	평균 상

　　K-WAIS로 측정한 **전체지능은 118, 평균 상 수준**으로 나타났으며, 언어성 지능은 116, 평균 상 수준, 동작성 지능은 119, 평균 상 수준으로 두 지능 간 유의미한 양적 차이는 나타나지 않았다.

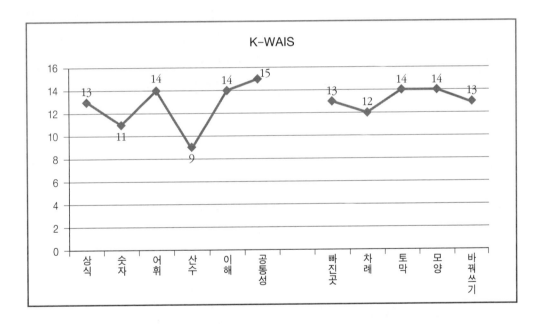

　　언어성 지능을 살펴보면, 어휘구사력, 사회적 상황에 대한 이해력, 추상적 사고력 등이 우수 수준으로 나타나고 있어서 언어적 자원이 풍부한 것 같다. 그리고 기본 지식도 평균 상 수준으로 다소 높은 정도를 유지하고 있었다. 그러나 이렇듯 높은 언어적 자원을 가지고 있는데 반해, 단순한 자극에 대한 주의력과 수계산 능력은 평균 수준에 그쳤고, 과제를 수행할 때도 매우 긴장하면서 과제에 거부적인 모습이 나타났는데, 이러한 주의집중의 어려움은 평가 상황에 대한 거부적인 태도가 반영된 것 같다.

　　동작성 지능 영역에서는 토막짜기, 모양맞추기 등 시공간 구성 능력 및 문제해결 능력이 우수 수준으로 높게 나타나고 있어서 지적 잠재력이 높은 수준일 것으로 생각된다. 그리고 시공간 운동 속도가 평균 상 수준으로 나타나 시지각 자극을 다루는 능력도 양호한 것 같다. 또한 시각적 예민성과 상황적 맥락을 파악하는 능력이 평균 상 수준으로 나타나 사회적 상황에서의 대처 능력도 적절한 수준을 유지하고 있는 것으로 생각된다.

지능검사 결과, 언어 구사 능력, 이해력, 문제해결 능력, 상황 대처 능력 등이 모두 연령 수준에 비해 높은 수준을 유지하고 있어 대부분의 상황에서 전반적으로 높은 수준의 상황 대처 능력을 보일 것으로 생각된다. 다만 주의집중력이 상대적으로 저하되어 있었는데, 이는 평가 상황에 대한 거부적인 태도와 관련이 있는 것 같다.

Rorschach 검사 결과, 수검자는 12개의 적은 반응 수를 보였으나, 각 반응들은 '강아지 두 마리가 뽀뽀하고 빨간 게 분위기를 밝혀 주는 것'이라고 하듯이 카드의 다양한 자극을 충분히 활용하여 풍부한 반응을 보이는 등 각 카드마다 자신의 심리적 상태를 높게 반영하고 있었다. 주변 환경을 스스로 통제하고자 하는 욕구가 높아 보이며(Zd=4.0), 관습적 지각 능력은 양호한 편이지만(P=4) 애매하고 복잡한 상황에서의 대처 능력은 부족해 보이는바, 다소 충동적이고 감정적인 문제 해결을 시도할 가능성이 있겠다(EB=1:3). 또한 동물운동반응을 6개나 보이고 있어 해결하지 못한 고민을 반복해서 떠올리는 등 특정 사고 내용에 집착하고 있는 것 같다.

📂 성격과 정서

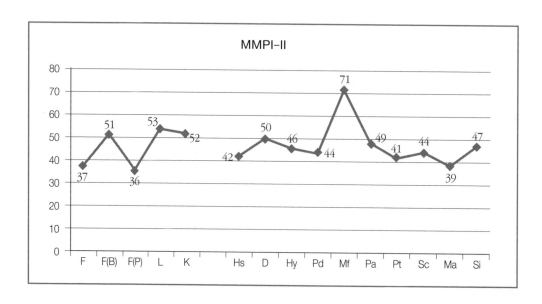

수검자는 높은 연령에도 불구하고 HTP의 모든 그림에서 많은 부속물과 장식물을 그렸으며, 사람 그림에서는 '가장 행복한 때-주변에서 능력이나 꿈을 칭찬해 주는 거'라고 하는 등 주변으로부터 애정과 인정을 받고 싶은 욕구가 매우 높아 보인다. 그리고 집 그림에서 '애들하고 집사람하고 같이 전원주택에서 사는 거', '분위기-화기애애할 것 같다', 나무 그림에서는 '풍성한 그늘을 많이 드리울 수 있는 나무 아래에서 집사람하고 차도 마시고……' 등의 반응을 보이듯 특히 가족들과의 긍정적 관계에 대한 기대를 많이 표현하고 있었다. 그러나 SCT에서 '무엇보다도 좋지 않게 여기는 것은 아내의 냉정함과 큰딸이 나에게 반항적이다', '우리 가족이 나에 대해서 배반적 모습을 보여서 서운하다', '나의 장래는 혼자 살까 봐 걱정된다', '어리석게도 내가 두려워하는 것은 가족이 나를 버릴까 봐 두렵다' 등의 반응을 보이듯 실제로는 가족들로부터 심한 거부를 당하고 있는 것으로 여겨지는바, 상기의 긍정적 기대감은 현재의 불편한 상황을 벗어나고자 하는 수검자의 절박한 심정을 반영하고 있는 것 같다(Rorschach: 심한 불편감을 느낄 수 있는 II번 카드 '강아지 두 마리가 서로 뽀뽀하려 다가서는 거').

이렇듯 절박한 상황에 있으면서 SCT에서 '내가 잊고 싶은 두려움은 나의 성격장애라고 하는 선입견이다'라고 하듯이 자신에 대한 평가에 민감해져 있는 수검자는 MMPI에서 5번 척도를 제외한 모든 임상척도가 50T 이하로 나타나는 등 자신의 심리적 불편감에 대해서는 전적으로 부인하고 있었다. 그러나 Rorschach V번 카드에서 '박쥐를 제가 타는 비행기에서 내려 보는 모습', IV번 카드에서 '거인에 대한 공포감', X번 카드에서 '빙하 지역에 사는 괴물…… 공포감이 든다', '괴물이 저를 해칠 것 같아서 두렵다' 등의 반응을 보이듯 검사 자극과의 경계를 유지하지 못하고 있으며, 모호한 자극을 위협적으로 인식하는 등 자아강도가 매우 약화되어 있는 것 같다. 이러한 수검자는 Rorschach 첫 번째 카드에서 '뇌 사진'이라는 신체 관련 반응을 보이듯 스트레스에 매우 취약해져 있는 것 같다.

한편, Rorschach에서 반영(reflection)반응을 2개나 보였고, HTP 남자 그림에서 자신이라고 하면서 '흐트러짐 없는 모습으로 거울 앞에서 자신을 보는 거', '소원-자신만만한 만큼 다 가지고 싶어 한다' 등의 반응을 보이듯 성격적으로 자기중심적인 경향이 강하고 과대한 자아상을 가지고 있으며 스스로에 대한 기대감이 높아(SCT: '내가 믿고 있는 내 능력은 탁월하다', '나의 야망은 가족과 사회로부터 존경받고프다'), 주변 사람들과 상호 소통을 하기보다는 자신의 생각만을 과도하게 신뢰하며 독단적으로 추진하는 등의 행동 방식으로 인해 주변 사람들과 마찰을 겪어 왔을 가능성이 높아 보인다. 또한 MMPI 5번 척도의 상승을 고려할 때 심미적이고 이상적인 가치에 몰입하거나 동경해 왔을 가능성도 높아 보인다. 수검자는 그동안 역경을 딛고 이룬 직업적인 성공으로 인하여 높은 자존감을 유지해 왔던 것으로 여겨지지만, 최근 이혼으로 인한 결혼 유지의 실패는 수검자에게 극심한 외상 경험으로 다가왔을 가능성이 높아 보이는바(SCT: '무슨 일을 해서라도 잊고 싶은 것은 이혼했다는 사실'), 극심한 자아강도의 약화와 함께 심한 정서적 불편감을 경험하고 있는 것으로 생각된다(SCT: '내가 보는 나의 앞날은 외로울 것 같다').

📁 요약과 제언

○ 요약

전체지능: 118, 평균 상 / 언어성 지능: 116, 평균 상 / 동작성 지능: 119, 평균 상

수검자는 주의집중력이 다소 저하되어 있는 것을 제외하고는 전반적으로 평균 상 수준의 높은 지적 능력을 보이고 있음. 다소 과대한 자아상을 가지고 있고, 자기중심적이며, 스스로에 대한 기대가 높은 수검자는 주변 환경을 자신의 의도대로 통제하고자 하는 욕구가 높아 보임. 직업적인 면에서 우수한 능력을 발휘하며 높은 자존감을 유지해 왔을 것으로 보이나, 가정 내에서는 자기중심적인 경향으로 인하여 잦은 불화를 경험해 왔던 것으로 보이며, 최근 이혼을 겪으면서 심한 자아상의 손상을 경험한 것으로 여겨짐. 따라서 수검자는 검사 자극과의 경계를 유지하지 못할 정도로 자아강도가 약화되어 있으며, 내부적으로도 강도 높은 정서적 불편감을 경험하고 있는 것으로 생각됨.

○ 임상적 진단

심리평가 결과, 수검자는 다음과 같은 진단이 시사됨.

- Unspecified Depressive Disorder
- Narcissistic Personality Disorder

2. 최우수 수준의 지능, 주변 자극에 둔감, 제한된 반응, 자기애성 외상(남자/29세/대학원재)

📁 의뢰 사유

수검자는 '우울감'을 주소로 내원하였으며, R/O Unspecified Depressive Disorder, R/O Unspecified Bipolar and Related Disorder 임상적 인상하에 성인종합심리평가가 의뢰되었다.

📂 행동관찰과 면담

수검자는 보통 키에 다소 마른 체격으로, 활동복 차림에 피부는 하얀 편이었다. 손톱은 길었으나, 전반적인 위생상태는 양호한 편이었고, 시선이 다른 곳을 향하는 경우가 많아서 눈맞춤은 간헐적으로 이루어졌다. 무난하고 협조적인 태도로 임하였고, 말끝마다 '～했습니다'라고 대답하거나 고개를 돌려 기침을 하는 등 예의 바른 모습을 보이기도 하였다. 다만, 문제를 다 불러 주기 전에 대답을 하거나, 도구를 배열하기 전에 수행을 시작하고 있어서 성급해 보였다. 그리고 '빠른 편입니까, 느린 편입니까?', '잠을 못 자서 문제를 잘 못 푸는 것 같다'라며 자신의 수행에 대해 확인을 구하거나 부적절감을 표현하고 있어서 평가 상황에 민감해 보였다. 수행을 하면서 자신만만한 표정으로 웃음을 띠는 경우가 많았고, 전문 분야의 용어를 사용하여 대답하는 모습도 나타났다. 내원 사유에 대해서는 '우울한 것 때문에 오게 되었다'라고 간단하게만 말하였다.

📂 지능과 인지기능

한국 웨슬러 성인 지능검사(K-WAIS)			
지능	점수	백분율	수준
언어성 지능	132	99%ile	최우수
동작성 지능	137	99%ile	최우수
전체지능	136	99%ile	최우수

수검자의 **전체지능은 136, 최우수 수준**으로 나타났으며, 언어성 지능은 132, 최우수 수준, 동작성 지능은 137, 최우수 수준으로 두 지능 간의 차이는 유의미하지 않았다. 다만, 소검사 간의 점수 차이가 8점으로 크게 나고 있어서, 상황에 따라 기능 수준의 차이가 클 것으로 예상된다.

언어성 지능을 살펴보면, 산술 능력과 단순한 자극에 주의를 기울이는 능력이 각각 최우수, 우수 수준을 보이고 있어서 수 개념을 다루는 능력이 매우 높아 보인다. 그리고 사회적 상황에 대한 이해력과 사물의 유사성을 파악하는 능력이 최우수 수준으로 나타나서 일상생활 경험을 통해 습득된 언어적 능력이 매우 높아 보인다. 게다가 어휘구사력과 기본적인 상식이 각각 우수, 평균 상 수준을 보이고 있어서, 언어적 학습 수준도 높게 나타났다. 다만, 어휘 소검사에서 현학적인 단어를 사용하면서도, 핵심에서 벗어나 지나치게 상세한 부분까지 언급

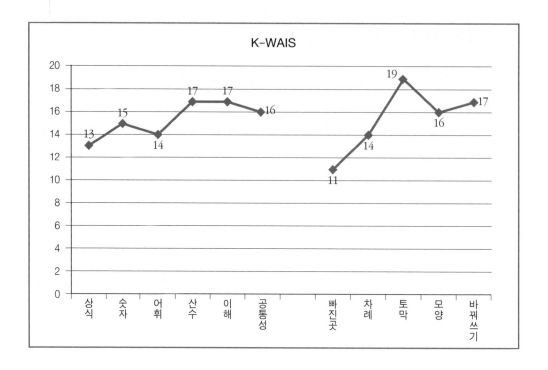

하고 있어서('겨레-우리나라 민족을 일컬을 때 쓴다. 민족의 의미와 맥의 의미를 합쳐서 쓴다', '가훈-집안의 행동 방침으로 삼는 글귀, 보통 한 문장으로 표현된다'), 과도하게 지적인 모습을 보이려 하는 것 같다. 게다가 문제가 요구하는 본질에 충실하지 못하고 감정에 따른 반응을 나타내기도 하였다('시늉-실제로 할 의지가 없으면서 어떤 행동을 하는 것처럼 보이려는 것', '가뭄-비가 오지 않아서 작물을 키우는 데 애를 먹는 것').

　동작성 지능 영역에서는 시공간 구성 능력이 최우수 수준으로 최고점을 획득하고 있어서 지적 잠재력이 매우 높아 보이며, 구조화된 상황에서 매우 뛰어난 능력을 발휘할 것으로 여겨진다. 그리고 시공간 운동 속도와 부분을 통해 전체 상을 구성하는 능력이 최우수 수준으로 나타나서, 간단하고 익숙한 도구를 다룰 때에도 상당히 높은 기능 수준을 보일 수 있겠다. 한편, 상황적 맥락을 파악하는 능력이 우수 수준이어서 익숙한 사회적 상황에서의 판단력이 높아 보이나, 시각적 예민성은 평균 수준으로 상대적으로 낮게 나타나서 주변 환경 자극에는 상대적으로 둔감해져 있는 것 같다.

　지능검사 결과, 대부분의 기능이 최우수에서 평균 상 수준을 보이고 있어서 일상생활에서 매우 높은 기능을 나타낼 수 있겠다. 다만, 수준 높은 단어들을 사용하면서 장황하게 대답을 하고 있음에도 불구하고 높은 점수를 획득하지 못하고 있어서, 필요 이상으로 이성적이고 사변적인 대처를 함으로써 오히려 문제 해결을 어렵게 하는 경우가 있을 수 있겠다. 게다가 지적 능력이 높은 것에 비해 주변 환경 자극에 상대적으로 둔감해서 환경 변화를 충분히 고려하지 않고 자의적으로 행동할 가능성이 높은 것 같다.

Rorschach 검사 결과, 수검자는 지능이 높음에도 불구하고 총 10개의 매우 적은 반응 수를 보이고 있었다. 이러한 양상은 반응을 자제하면서 철저하게 확신을 가지는 제한된 행동만 하려는 경향을 보여 주는 것으로, 수검자는 통제 욕구가 매우 높을 것으로 예상된다. 그리고 평범반응을 1개밖에 하지 못하면서 특이한 영역반응을 5개나 보이고 있어서, 외부와의 소통은 하지 못한 채, 독특하고 자의적인 판단에 따라서만 행동할 가능성이 높은 것 같다 (Xu%=0.30).

📂 성격과 정서

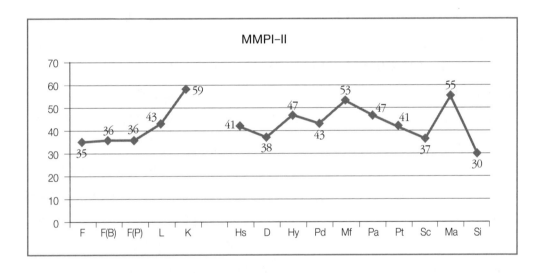

수검자는 MMPI에서 전반적으로 점수가 낮게 나타나서 별다른 심리적 불편감을 호소하고 있지 않았는데, 이는 자신의 내면을 들여다보거나 불편감을 인식하는 데 있어서의 방어적인 모습을 시사하는바(MMPI: K=59T), 실제로는 고통감을 경험하고 있을 가능성이 있는 것 같다. 이러한 수검자는 SCT에서 '나에게 이상한 일이 생겼을 때 나는 그 일이 가지는 의미를 알려고 한다'라고 하듯이 평상시에는 주지화 방어기제를 통해 주변 상황에 대처해 왔던 것으로 생각된다. 그리고 지능이 높은 수검자는 자신에 대한 기대감이 매우 높고(SCT: '언젠가 나는 큰 꿈을 이룰 것이다', '나의 야망은 훌륭한 의사이자 사업가가 되어 명예를 얻는 것이다') 이지적인 모습을 보이며 지내 온 것으로 보이나(SCT: '어렸을 때 잘못했다고 느끼는 것은 활발하게 뛰놀지 않고 책만 읽으며 시간을 보낸 것', '내가 믿고 있는 내 능력은 누구보다 뛰어난 창의력이다'), SCT에서 '내가 잊고 싶은 두려움은 의대 공부에서 실패하는 것이다', '어리석게도 내가 두려워하는 것은 진급에 실패하는 일이다', '무슨 일을 해서라도 잊고 싶은 것은 과거의 실패들이다'라고 하 듯이 좌절 경험이 반복되면서 매우 큰 자기애적 외상을 경험한 것으로 여겨진다.

한편, 수검자는 SCT에서 '내 생각에 참다운 친구는 어려울 때 옆에 있어 주는 친구이다', '내 생각에 여자들이란 인생의 동반자다'라고 하듯이 친밀한 대인관계에 대한 욕구가 높아 보인 다. 그러나 자기중심적인 모습을 보이기 쉽고(SCT: '나의 가장 큰 결점은 주윗 사람들에게 관심 을 기울이지 않는 것이다'), 정서적 불안정성이 높아 보이는바(Rorschach: FC:CF+C=0:3), 자신의 기대만큼 깊이 있는 대인관계를 맺기는 어려웠던 것 같다(HTP: 사람 그림에서 옆모습을 그림). 또한 수검자는 SCT에서 '내가 늘 원하기는 강해지는 것이다'라고 하듯이 스스로 통제감을 갖 기를 원하고 있으나(HTP: 사람 그림 '움직일 수 있으면 좋겠다'), 위계질서가 중요시되는 군 환 경에서 이러한 욕구를 충족시키기에는 어려움이 컸을 것으로 여겨지는바, 수검자의 고통감 은 점점 가중되고 있는 것으로 생각된다(HTP: 사람 그림 '행복-전역했을 때', '불행-이등병 때' / SCT: '윗사람이 오는 것을 보면 나는 긴장한다').

수검자는 자기애적 성향에 더하여(SCT: '생생한 어린 시절의 기억은 여전히 나를 기쁘게 한 다'), MMPI에서 5번 척도가 53T로 다른 척도들에 비해 상대적으로 높게 상승하고 있어서, 이 상적인 수준에서의 기대를 가지고 있는 것으로 보인다. 그러나 성취를 위한 실제적인 노력이 부족해서 기대만큼 성과를 이루기 어려웠던 것으로 여겨지고, SCT 반응 내용을 보면 '행복하 다', '슬프다'라고 하듯이 자신의 지능에 비해 감정 표현이 피상적인 면이 있어서, 대인관계에 서 깊이 있는 관계를 맺기도 어려워 보이는바 무기력하게 지내 온 것 같다(HTP: 나무 그림에 서 가지를 축 늘어뜨려 그림). 한편, 수검자는 현재 자신이 통제하기 어려운 상황에서 분노감이 높아진 것으로 보이는바(Rorschach: S=2), Rorschach에서 '불꽃놀이'라고 하듯이 스트레스가 지속되면 충동적인 행동을 나타낼 가능성이 높아 이에 대한 주의가 요망된다.

요약과 제언

요약
전체지능: 136, 최우수 / 언어성 지능: 132, 최우수 / 동작성 지능: 137, 최우수
수검자의 지능 수준은 최우수 수준으로 나타남. 대부분의 기능이 평균 상에서 최우수 수준 을 보이고 있어서, 일상생활에서 매우 높은 기능을 나타낼 수 있겠음. 다만, 문제 해결이 필요 한 상황에서 이성적이고 사변적인 대처를 할 수 있고, 환경 변화가 나타나는 상황에서 자의적 으로 행동할 가능성이 높아 보임. 수검자는 자신의 내면을 들여다보거나 불편감을 인식하는 데 있어서 방어적인 경향이 강하지만, 내면적으로는 고통감이 커 보임. 수검자는 근래의 학

업적 상황으로 인해, 매우 큰 자기애적 외상을 경험한 것으로 여겨짐. 이러한 수검자는 스스로 통제감을 갖기를 바라고 있으나, 위계질서가 중요시되는 군 환경에서 이러한 욕구를 충족시키기에는 어려움이 컸을 것으로 여겨지는바, 고통감은 점점 가중되고 있는 것으로 생각됨. 수검자는 기대만큼 성과를 이루지 못하고, 깊이 있는 대인관계를 맺지 못한 것으로 보이는바 무기력감을 느끼고 있는 것으로 보임. 그리고 현재 자신이 통제하기 어려운 상황에서 분노감이 상승해 있어서, 스트레스가 지속되면 충동적인 행동을 나타낼 가능성이 높아 보이는바 이에 대한 주의가 요망됨.

○ 임상적 진단

심리평가 결과, 수검자는 다음과 같은 진단이 시사됨.

- Narcissistic Personality Disorder

3. 특징적 행동, 자기중심성으로 인한 기능 저하, 주변 사람의 이상화(남자/20세/대재)*

🗁 의뢰 사유

수검자는 '군대생활 적응의 어려움', '천식 증상' 등을 주소로 내원하였으며, R/O Adjustment Disorders 임상적 인상하에 성인종합심리평가가 의뢰되었다.

🗁 행동관찰과 면담

수검자는 보통 키에 적당한 체격이었다. 피부는 검은 편이었고, 둥근 얼굴형에 눈이 약간 작았고, 검은색 테두리 안경을 착용하였으며, 위생상태가 양호하고, 시선 접촉도 원활한 수준이었다. 손목시계를 풀어 책상 위에 올려놓고 검사를 시작하였으며, 검사 중 자신이 가져온 물통에 물을 받아 오고, 화장실을 다녀왔으며, 다리를 쏘고 있거나, 띠오르는 단상을 적는 거라며 소지한 수첩을 꺼내서 무언가 적는 등 보통의 수검자와는 달리 평가 상황에 대한 긴장감이 상당히 부족해 보였다. 검사 전반에 걸쳐서 자신의 사고 과정을 혼잣말하듯이 중얼거리는

---

* K-WAIS-IV를 사용한 보고서는 이하 *표 처리함.

모습을 자주 보였고, 지능검사에서 과제 실패 시 과장된 미소를 짓거나 '엄청 멍청해졌구나', '선생님, 제가 군대 와서 이렇게 멍청해졌다니까요' 등의 말을 자주 하며, 농담으로 상황을 표현하고 있었다. 일부 과제에 대해서는 검사자의 지시 전에 검사에 대해 잘 알고 있다는 듯 언급을 하기도 했다. 내원 사유에 대해서는 '모르겠는데, 천식 때문에 내과 갔는데 천식 증상이 정신적인 것에서 오는 것도 있다면서, 제가 대학 때 가혹 행위 등 힘들었던 게 많았고 해서 거기서 정신과 진료를 권하고 심리검사도 권하고 해서'라고 길게 대답하였다.

🗁 지능과 인지기능

한국 웩슬러 성인 지능검사 4판(K-WAIS-Ⅳ)			
영역	지능	백분율	수준
언어이해	83	13%ile	평균 하
지각추론	84	14%ile	평균 하
작업기억	109	73%ile	평균
처리속도	**86**	**18%ile**	**평균 하**
전체지능	85	16%ile	평균 하
일반능력	83	13%ile	평균 하

※ 단일 점수로서 대표성을 가지는 지능지수는 진하게 표시함.

수검자의 **전체지능은 85, 평균 하 수준**으로 같은 연령대에서 하위 16% 정도의 수준이었다. 언어이해는 83, 평균 하 수준, 지각추론은 84, 평균 하 수준, 작업기억은 109, 평균 수준, 처리속도는 86, 평균 하 수준을 보이고 있었다. 작업기억 지능 영역과 언어이해 지능 영역 간의 점수 차이가 26점으로 유의미하게 나타나고 있었고(기준 23점 차이), 언어이해 영역의 소검사 간 점수 차이가 5점, 지각추론 영역의 소검사간 점수 차이가 6점, 작업기억 영역의 소검사 간 점수 차이가 5점 등으로 크게 나타나고 있어서(기준 5점 차이), 전체지능과 언어이해와 지각추론을 고려하여 산출된 '일반능력(83, 평균 하 수준)' 모두 수검자의 기능을 온전히 대표한다고 보기 어렵기 때문에 각 지표가 나타내는 기능 수준을 개별적으로 파악하는 것이 더 중요해 보인다.

언어이해 영역에서는 어휘구사력이 평균 수준으로 양호해 보이고, 기본 지식 수준이 평균 하 수준으로 다소 낮게 나타났으나, 마지막 문항을 포함하여 중지 규칙 이후에도 정답을 많이 맞히고 있어서, 기초 지식 수준이 이보다는 더 높을 것으로 생각된다. 그러나 공통성과 이해

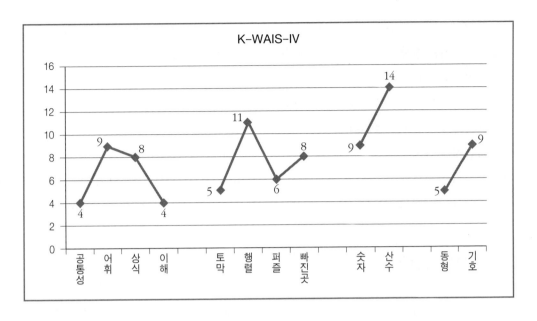

소검사가 정신지체 수준으로 매우 낮게 나타났는데, 반응의 양상을 살펴볼 때 자의적으로 대답하는 경향이 있고('피아노와 바이올린-내가 사랑하는 것', '진화-내가 믿지 않는 것 그렇게만 해주시면'), 문제 자체를 부정하거나('자격증-질문 자체가 이상하네요', '우주-없다고 생각해요'), 비판하는('역사-근본을 지켜야 된다. 우리나라는 온고지신도 안 돼요') 경우들을 자주 보여서, 수검자의 자기중심적이고 과시적인 성향이 객관적인 문제 해결을 방해하고 있는 것으로 보인다.

지각추론 영역에서는 행렬추리 소검사가 평균 수준이어서, 지적 잠재력은 평균 수준 정도로 여겨진다. 그러나 토막짜기, 퍼즐 등의 소검사는 경계선 수준으로 낮게 나타나고 있어서, 시행착오가 필요하거나 실제적인 노력이 필요한 경우에는 기능 수준이 떨어질 것으로 생각된다. 한편, 시각적 예민성이 평균 하 수준이어서 주변 환경 변화를 인식하는 능력도 다소 낮아 보인다.

작업기억 영역에서는 산수 소검사가 우수 수준으로 매우 높게 나타나고 있어서, 수계산 능력은 상당히 뛰어난 것으로 생각된다. 다만, 제일 마지막의 수준 높은 문항은 맞히면서도 간단한 뺄셈 계산은 틀렸고, 숫자 소검사에서는 평이한 수준에 그치고 있어서, 쉽고 간단한 과제에서 오히려 부주의한 모습을 보일 수 있겠다.

처리속도 영역에서는 시공간 운동 속도가 평균 수준이어서, 단순한 자극을 다루는 능력이 무난해 보이나, 긴장감 속에서 빠른 논리적 판단을 발휘하는 능력이 경계선 수준으로 낮게 나타나서, 시간적 압력이 주어지는 상황에서는 기능 수준이 급격히 떨어질 것으로 생각된다.

지능검사 결과, 수검자의 지능은 평균 하 수준으로 나타났으나, 산수 소검사가 우수 수준이고 행렬 소검사도 평균 수준이어서, 지적 잠재력이 이보다는 더 높아 보인다. 언어적·비언어적 상황 모두 추가적인 노력이 필요한 경우에 기능 수준이 급격하게 떨어지고 있고, 간단한 자극이 주어지는 상황에서도 부주의한 모습을 보였으며, 과시적인 언어 표현들을 자주 하는 것을 고려할 때, 자기중심적인 성격 경향이 기능 저하에 영향을 주고 있는 것으로 생각된다.

Rorschach 검사 결과, 수검자는 34개의 많은 반응 수를 보여서 스트레스 상황에서 대처하기 위해서 상당한 노력을 기울이고 있는 것 같다. 그러나 평범반응을 3개밖에 하지 못하고 있어서 관습적 지각 능력이 낮고 왜곡된 형태반응도 많아서(X-%=0.65) 실제적인 문제 해결 능력은 부족해 보이는바, 수검자가 하고 있는 노력에 비해서 실제 성과는 그다지 높지 않은 것 같다. 또한 타인과 깊은 공감적 관계를 맺는 것에도 어려움을 보일 수 있겠다(M-=3).

📂 성격과 정서

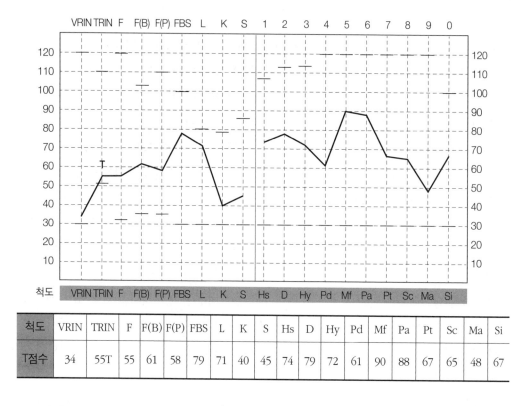

척도	VRIN	TRIN	F	F(B)	F(P)	FBS	L	K	S	Hs	D	Hy	Pd	Mf	Pa	Pt	Sc	Ma	Si
T점수	34	55T	55	61	58	79	71	40	45	74	79	72	61	90	88	67	65	48	67

수검자는 HTP에서 나무 그림을 매우 크게 그리고 집 그림에서 아파트 브랜드명이라면서 독일어를 원어로 적거나, SCT에서도 '내가 믿고 있는 내 능력은 시창, 청음, 누구보다 재능이 많은 목소리라고 주변 사람이 말해 줌'이라고 하듯이 과시적인 성향이 매우 커 보인다. 또한 자기에 대한 기대 수준이 높고(HTP: 나무 그림 '더 뿌리를 뻗어야겠다'), 자기중심적인 성향도

상당히 강해 보이나(SCT: '내가 없을 때 친구들은 나를 기억하고 애쓰며 산다', '내가 어렸을 때는 다방면으로 뛰어났는데 급우들에게 미움을 많이 받았다'/ 지능검사: '진화-내가 믿지 않는 것, 그렇게만 해 주세요'), 한편으로는 부정적 평가에 매우 민감하고(HTP: 사람 그림 '노래를 못할 때 불행'/ SCT: '윗사람이 오는 것을 보면 두렵다. 뭐라고 혼날지') 지능검사에서 나타나듯이 기능 수준에도 편차가 커서 자신의 기대에 미치는 성과를 경험하기는 힘들었을 것으로 보인다(SCT: '행운이 나를 외면했을 때 서울대 떨어졌을 때'). 이러한 수검자는 MMPI에서 6번 척도가 88T로 높게 나타나듯이 스스로 문제의식을 가지기보다는 주변 환경을 많이 탓할 가능성이 높고, 현재 자신이 처한 상황에 대한 불만도 높아 보인다(MMPI: '깊은 근심'=72T / SCT: '내가 다시 젊어진다면 공부 더 열심히 해서 다른 학교 간다').

수검자는 MMPI에서 5번 척도가 90T로 매우 높게 나타나듯이 심미적 성향이 강하면서(HTP: '나의 평생 가장 하고 싶은 일은 노래, 성악'/ TAT: '바이올린 연주하고, 춤추고 있는 사람'/ Rorschach: '마술피리 나오는 밤의 여왕'), SCT에서 '대개 아버지들이란 술, 담배와 같이 산다. 우리 아버진 안 그렇다', '대개 어머니들이란 우리 어머니보단 덜 열정적이다'라고 하듯이 가까운 사람들을 유독 이상화시키는 경향도 크게 나타났다(SCT: '내가 늙으면 내 모든 걸 나누고 싶다', '내가 아는 대부분의 집안은 우리 가정보단 덜 화목하다'). 또한 수검자는 SCT에서 '내가 싫어하는 사람은 욕하는 사람, 부조리 실행하는 사람, 꿈이 없는 사람', '완전한 남성상은 술, 담배, 여자 이야기 안 하는 교양인'이라고 하듯이 도덕적으로도 상당한 이상적 기준을 가지고 있으면서, SCT에서 '내가 성교를 했다면 문장 완성 안 시키겠음', '나의 성생활은 대답 안 하고 싶다'라고 원초적인 욕구와 관련된 문항들에 대답하지 않거나, HTP 여자 그림에서 온몸에 선을 혼란스럽게 그려서 여성의 신체 곡선을 나타내지 않는 등 억압적인 성향이 매우 강해 보인다(HTP: 사람 그림에서 넥타이와 단추를 강조).

이와 같이 억압적인 수검자는 평소 불만 및 기본적인 욕구를 적절히 표출하지 못한 채 내적으로는 욕구 조절에 어려움을 느껴 왔을 것으로 보이고, 이 과정에서 공격성이 상승해 있는 것 같다(Rorschach: '악어 입', '하이에나' / HTP: 나무 그림에서 진한 필압으로 짧고 빼곡하게 그린 침엽수의 잔가지와 뿌리). 게다가 MMPI에서 L척도가 71T로 매우 높게 나타나고, Rorschach에서 '외계인 얼굴', '닭다리', '살구맛 젤리' 등의 반응을 보이듯이 단순하고 미숙한 경향이 있어서(HTP: 사람 그림에서 목 생략, 둥글게 그린 손과 발), 기존의 사기중심적이고 과시적인 방식으로 문제 해결이 되지 않는 상황에서는 퇴행적인 방식으로 대처하거나(Rorschach: Fd=4) 다양한 신체적 증상을 호소할 수 있겠다(MMPI: Hy=72T/ SCT: '내가 정말 행복할 수 있으려면 노래가 잘되고, 괴롭히는 사람 없고, 더 이상 폐와 성대가 안 나빠졌으면 좋겠다').

📁 요약과 제언

○ 요약

전체지능	85	평균 하	일반능력	83	평균 하
언어이해	83	평균 하	지각추론	84	평균 하
작업기억	109	평균	처리속도	86	평균 하

수검자의 지능 수준은 평균 하 수준으로 나타남. 수계산 능력이 우수하고 추론 능력도 평이한 수준이어서 지적 잠재력이 더 높아 보임. 그러나 언어적·비언어적 상황에서 추가적인 노력이 필요할 경우 기능 수준이 떨어지고, 단순한 과제에 오히려 부주의하며, 과시적인 언어 표현을 많이 보이는 등 자기중심적인 성격 특성이 기능 수준의 저하에 영향을 미칠 수 있음. 실제적인 문제 해결력이 부족하고, 깊은 정서적 공감 능력에도 어려움이 있어 보임. 부정적 피드백에 민감하고, 기대에 미치는 성취 경험이 적은 상황에서 외부 환경을 탓하는 경향이 있고, 자신이 처한 상황에 대해 불만도 높게 나타남. 심미적이고, 이상적인 기대 수준이 높으며, 억압적인 태도가 강해 보이는바, 평소 적절한 욕구 표출을 하지 못한 채 지내다가 상황에 맞지 않게 공격적인 대응을 하거나 미숙하고 퇴행적인 방식으로 대처할 수 있음.

○ 임상적 진단

심리평가 결과, 수검자는 다음과 같은 진단이 시사됨.

- Narcissistic Personality Disorder

48

회피성 성격장애(Avoidant Personality Disorder)

1. 피상적인 관습적 대처, 낮은 좌절인내력, 독립과 의존 사이의 갈등(남자/29세/대중퇴)*

📁 의뢰 사유

수검자는 '무기력하다', '우울해한다' 등을 주소로 본 센터에 방문하였고, 전반적인 인지기능 및 정서 파악을 위해 성인종합심리평가를 실시하였다.

📁 행동관찰과 면담

수검자는 큰 키에 마른 체격이었고 부모와 함께 센터에 방문하였다. 흰 얼굴에 검은색 패딩 점퍼를 입고 있었다. 검사자와 눈맞춤은 가능하였지만 눈치를 보면서 다른 곳에 시선을 두는 경우가 많았고, 위생상태는 양호하였다. 작은 목소리에 말수가 적었고, 검사 내내 허리를 펴고 앉은 채로 표정과 자세의 변화가 거의 나타나지 않아서 긴장되어 보였으며, Rorschach에서 카드를 받기 전에 두 손을 모으고 대기하는 등 경직된 모습도 나타났다. 토막짜기 소검사에서도 손을 떨고 있었는데, '긴장하면 더 떨리기도 하고……'라고 답하였다. 그리고 검사자의 눈치를 살피거나 기록을 주시하는 경우가 많아서 평가에 민감해 보였다. 모르는 문항에서는 '모르겠는데 어떻게 해요?'라며 검사자의 도움을 요청하였고, '크기는 어떻게?', '점 개수도 맞아야 돼요?'와 같이 구체적인 질문이 많았다. 검사가 끝난 후에는 검사실에 다시 들어와서 '안녕히 계세요'라며 허리를 굽혀 인사를 하였는데, 모가 시킨 것이라고 자발적으로 말하였다. 내원 사유에 대해서는 '부모님 권유로'라고만 할 뿐 자신의 생각을 표현하지는 않았다.

---

* K-WAIS-IV를 사용한 보고서는 이하 *표 처리함.

📁 지능과 인지기능

한국 웩슬러 성인 지능검사 4판(K-WAIS-IV)			
영역	지능	백분율	수준
언어이해	102	56%ile	**평균**
지각추론	92	31%ile	**평균**
작업기억	100	50%ile	**평균**
처리속도	100	50%ile	**평균**
전체지능	98	44%ile	**평균**
일반능력	97	42%ile	평균

※ 단일 점수로서 대표성을 가지는 지능지수는 진하게 표시함.

수검자의 **전체지능은 98, 평균 수준**으로 같은 연령대에서 하위 44% 정도 수준이었다. 언어이해는 102, 평균 수준, 지각추론은 92, 평균 수준, 작업기억은 100, 평균 수준, 처리속도는 100, 평균 수준을 보이고 있었고, 지능 영역 간의 차이는 유의미하지 않았다.

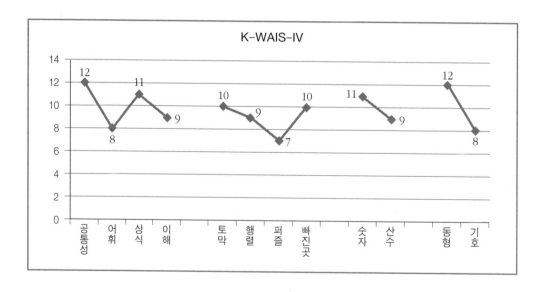

언어이해 영역에서는 단어의 유사성을 파악하는 능력과 기본적인 상식 수준이 각각 평균 상, 평균 수준으로 나타나서 간단한 언어적 표현력은 양호한 것으로 생각된다. 그러나 사회적인 상황에 대한 이해력과 어휘구사력은 각각 평균, 평균 하 수준으로 나타나서 긴 언어적인 표현이 필요한 경우에는 상대적으로 기능 수준이 저하될 수 있겠다. 반응의 양상을 보면, '동물-생물 다양성', '범죄-법적 안정성' 등과 같이 고차적인 단어를 사용하고 있으나 구체적인 설명은 하지 못하고 있어서 사고는 피상적인 것 같다.

지각추론 영역에서는 시공간 구성 능력, 전체를 고려해서 핵심을 파악하는 능력, 시각적 예민성이 모두 평균 수준으로 나타나서 전반적인 시각적 판단 능력은 양호할 것으로 생각되며 주변 환경도 적절히 알아차릴 수 있을 것으로 생각된다. 다만, 자극 간의 관련성을 찾아내는 능력은 평균 하 수준으로 나타나서 정신적인 전환이 필요한 상황에서는 기능 수준이 다소 저하될 수 있겠다. 그리고 반응의 양상을 보면, 제한 시간 내에 포기하는 경우가 많아서 좌절을 감내하는 능력도 부족해 보인다.

작업기억 영역에서는 단순한 자극에 주의를 기울이는 능력과 산술 능력이 모두 평균 수준으로 나타나서 수 개념을 다루는 능력과 주의집중력은 양호한 것으로 보인다.

처리속도 영역에서는 긴장감 속에서 빠른 논리적 판단력을 발휘하는 능력이 평균 상 수준으로 나타나서 간단한 시각적 자극을 변별하는 능력은 다소 높아 보인다. 그러나 시공간 운동 능력은 평균 하 수준으로 나타나서 정신 운동 속도는 다소 느릴 수 있겠다.

지능검사 결과, 수검자는 언어적인 잠재력이 높고 순간적인 판단력도 양호한 것으로 생각된다. 또한 4개 영역이 모두 평균 수준으로 나타나서 전반적으로 연령대에 맞는 기능을 발휘할 것으로 예상된다. 다만, 길게 말을 해야 하거나, 정신적인 전환이 필요할 때 기능 수준이 떨어지고 있어서, 추가적인 인지적 노력이 필요할 때에는 기능 수준이 저하될 가능성이 높아 보인다.

Rorschach 검사 결과, 2회의 시행에도 불구하고 총 반응 수는 13개로 매우 부족한 것으로 나타났고, 객관적이고 관습적인 지각력도 부족해서(X-%=0.54, P=1) 문제 상황에 대한 대처 능력은 상당히 저조한 것으로 생각된다. 또한 모두 간단한 형태반응을 하였고(F=13), 대부분 전체 영역반응을 하고 있어서(W:D:Dd=11:1:1) 사고의 수준이 매우 피상적인 것으로 보이는 바, 깊이 있는 사고를 하기 어려울 것 같다. 그리고 인간운동반응을 전혀 하지 못하고 있어서(M=0) 연령 수준에 비해 논리적이고 객관적인 판단을 하기도 힘들 것으로 보인다.

성격과 정서

수검자는 SCT에서 '언젠가 나는 성공한다', '내가 늘 원하기는 행복하길 원한다'라고 하듯이 자신에 대한 기대 수준이 높아 보인다. 그러나 사고가 매우 피상적인 수준에 머물러 있는 수검자는 TAT 백지 카드에서 '꽃이나 나무, 숲이 우거진 밝고 밝은 분위기에 시냇물도 흐르고 무지개도 있고 하늘도 밝고 화사하고 행복한 분위기의 그림'이라고 하듯이 기대도 상당히

ASI-3 (불안민감)	APPQ (공황)	MDQ (조증)	HCL-32 (경조증)	PHQ-9 (우울)	STAI-Trait (특성불안)
13 49T	20 42T	0 (cut off: 7)	3 (cut off: 14)	1 (cut off: 9)	38 40T

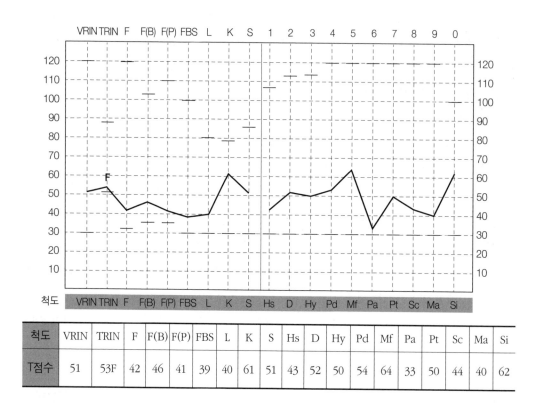

척도	VRIN	TRIN	F	F(B)	F(P)	FBS	L	K	S	Hs	D	Hy	Pd	Mf	Pa	Pt	Sc	Ma	Si
T점수	51	53F	42	46	41	39	40	61	51	43	52	50	54	64	33	50	44	40	62

막연한 것으로 여겨진다. 또한 SCT에서 50문항 중 11개의 문항에서 '모른다', '별로 없다'라고 기술하였고, 그 외의 문항에서는 관습적인 표현만 반복하고 있어서(SCT: '대개 어머니들이란 가족을 위하는 분이다', '내가 어렸을 때 우리 가족은 평범하고 화목했다', '대개 아버지들이란 듬직하다') 자기주도적인 판단을 내리기 어려워 보이는바, 앞서 언급한 기대감도 관습적인 태도와 관련이 있는 것 같다. 수검자는 검사상에서 '책에서 봤다'라는 언급을 자주 하고 있었는데(HTP: '책에서 봤던 집', '책에 나오는' / Rorschach: '책에서 봤던 모양이 생각나서'), 이는 자신의 의사결정에 대해서 책임지지 않으려는 경향을 시사하는 것으로 생각된다. 또한 HTP에서 '동화책'이라고 하고 있듯이 연령에 비해서 상당히 미숙하고 퇴행되어 있는 것으로 보이는바, 문제 상황에서는 신체 증상을 나타낼 가능성이 높아 보인다(Rorschach: An=3).

　수검자는 Rorschach에서 싫어하는 카드에 대한 이유로 '약간 느낌이 분산된 느낌, 복잡한 느낌'이라고 말하는 등 상황이 조금이라도 복잡해지거나 어려워지면 쉽게 포기할 것으로 생각된다(TAT: '힘들면 내려올 것'). 또한 문제 상황에서는 상당히 수동적이고(MMPI: Mf=64T) 의존적일 것으로 보인다(TAT: '도움 요청할 것, 옆에 사람한테' / SCT: '나에게 이상한 일이 생겼을 때 주윗 사람들에게 말한다'). 이러한 수검자는 HTP에서 '가족'에 대한 언급이 매우 많아서('필요-좋은 친구들과 가족', '소원-좋은 곳에 취업해서 가족 기쁘게 해 드리는 것', '누구-가족들이 살아요') 가족에게 지나치게 밀착되어 있는 것으로 보이는바, 주도적으로 문제를 해결해야 하는 외부 활동보다는 가정 내에 안주하고 있는 것 같다. 그러면서 자율성에 대한 욕구도 나타나고 있어서(HTP: '행복-자기주장이 이루어졌을 때') 독립과 의존 사이에서 갈등을 경험하고 있을 것으로 생각된다.

수검자는 MMPI에서 K척도가 61T로 상대적으로 가장 높게 상승해 있고, 자기보고식 척도(ASI-3, APPQ, MDQ, HCL-32, PHQ-9, STAI-Trait)가 모두 유의미하지 않게 나타나고 있었다. 또한 SCT에서 부정적인 부분에 대해서는 모두 부인하고 있어서('어렸을 때 잘못했다고 느끼는 것은 별로 없었다', '다른 친구들이 모르는 나만의 두려움은 별로 없다', '내가 저지른 가장 큰 잘못은 별로 없다') 자신의 결점을 인정하거나 드러내기 어려워 보이며, 사소한 비난에도 취약할 것으로 여겨진다. 또한 감정을 적응적으로 인식하고 표현할 능력도 부족해서(Rorschach: WSumC=0) 불편감을 억압하고 있을 가능성이 높아 보인다(MMPI: '억압'=64T). 이러한 수검자는 공상을 통해 욕구를 충족시키고 있는 것으로 생각되는바(TAT: '가상의 세계인 것 같아요', '상상의 바닷가') 고립된 생활을 하기 쉬울 것 같다.

요약과 제언

요약

전체지능	98	평균	일반능력	97	평균
언어이해	102	평균	지각추론	92	평균
작업기억	100	평균	처리속도	100	평균

수검자의 지능 수준은 평균 수준으로 나타남. 간단한 시정긱적 지구을 다룰 때에는 다소 높은 기능을 보일 것으로 생각되며, 전반적으로 연령대에 맞는 기능 수준이 예상됨. 다만, 추가적인 인지적 노력이 필요한 경우에는 기능 수준이 저하될 수 있음. 수검자는 높은 기대를 드러내고 있으나 이는 피상적인 수준의 관습적 태도와 관련이 있는 것으로 여겨짐. 수검자는 자기주도적인 사고력이 매우 부족해 보이며, 사고가 피상적이고 미숙한 것으로 생각됨. 또한

연령대에 비해 퇴행적인 모습을 보일 가능성도 높아 보임. 이러한 수검자는 조금이라도 어렵고 복잡한 상황에서는 쉽게 포기할 것으로 생각되며, 문제 상황에서는 매우 수동적이고 의존적인 태도가 예상됨. 또한 가족에게 지나치게 밀착되어 있으면서도 자율성을 추구하고 있어서 독립과 의존 사이의 갈등도 커 보임. 자신의 결점을 인정하는 것이 어려워 보이는바, 관습적인 태도를 내세우면서 불편감을 억압하고 있는 것으로 여겨짐.

○ 임상적 진단

심리평가 결과, 수검자는 다음과 같은 진단이 시사됨.

- Avoidant Personality Disorder

2. 학습과 교육의 부족, 강한 자존심, 부정적 평가에 민감(남자/29세/고졸)

🗁 의뢰 사유

수검자는 '사회생활에 자신감이 부족하다', '회사에 오래 다니지 못한다', '게임을 많이 한다' 등을 주소로 내원하였으며, Avoidant Personality Disorder 임상적 인상하에 성인종합심리평가가 의뢰되었다.

🗁 행동관찰과 면담

수검자는 보통 키, 보통 체구의 20대 후반 남성으로 혼자 내원하였다. 스포츠 모자를 눌러 쓰고 콧수염을 자르지 않은 상태였으며, 손은 매우 깨끗한 편이었으나 오래된 흉터가 여기저기 남아 있었다. 검사에는 협조적이었으나 자신감이 없고 검사자와의 눈맞춤을 잘 하지 못한 채 아래만 보고 대답하는 경우가 많았으며, 지레 포기하여 생각해 보지도 않은 채 '모른다', '넘어가자'라고 말하는 경우도 많았다. 시종 웃는 표정이었으나, 과제를 해결하지 못하면 더 크게 웃는 모습을 보이고 있어 오히려 불편감을 회피하려는 대응 행동으로 보였다. 검사 종료 후에는 고개를 푹 숙이면서 인사를 하고는 검사실을 나갔다. 내원 사유에 대해서 '정신치료를 받으려고', '사는 게 힘들다', '의욕, 자신감이 없다', '잡념이 많다' 등을 언급하며 고통감을 절실하게 호소하였다.

🗀 지능과 인지기능

한국 웩슬러 성인 지능검사(K-WAIS)			
지능	점수	백분율	수준
언어성 지능	71	7%ile	경계선
동작성 지능	82	29%ile	평균 하
전체지능	74	13%ile	경계선

K-WAIS로 측정한 **전체지능은 74, 경계선 수준**으로 나타났으며, 언어성 지능은 71, 경계선 수준, 동작성 지능은 82, 평균 하 수준으로 두 지능 간의 유의미한 양적 차이는 나타나지 않았다.

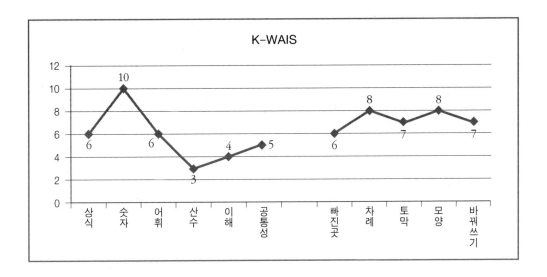

언어성 지능을 살펴보면, 단순한 자극에 대한 주의력은 평균 수준으로 연령 수준에 맞게 유지하고 있었으나, 기본 지식이 경계선 수준이었고, 사회적 상황에 대한 이해력은 정신지체 수준으로 나타나 일상생활 유지에 필요한 기본적인 상식 수준도 갖추지 못한 것으로 보인다 ('올림픽-10년', '섬-모른다', '나무-자연을 존중하기 위해'). 어휘구사력과 사물의 유사성을 파악하는 능력은 모두 경계선 수준이었으며, '사과와 복숭아-야채', '기쁨과 슬픔-모른다', '단풍-모른다', '가뭄-집 안에 비가 와서 가뭄이 졌다고 한다…… 뭉개졌다고' 등의 반응을 보이듯 기본적이고 일상적인 어휘의 개념조차 이해하지 못하고 있는 경우가 많았다. 마지막으로 수계산 능력은 정신지체 수준이었으며, 간단한 두 자릿수 덧셈만 가능한 것으로 나타나 연령 수

준에 맞는 다양하고 복잡한 자극을 처리하기에는 어려움이 클 것으로 예상된다.

동작성 지능 영역에서는 시공간 구성 능력과 부분을 통해 전체 상을 구성하는 능력이 평균 하 수준으로 나타나 기본적인 문제 해결 및 응용 능력이 연령 수준에 미치지 못하는 것으로 나타났으며, 단순한 도형을 따라 그리는 과제에서도 평균 하 수준을 보이고 있어 민첩성도 다소 부족한 수준이었다. 상황적 맥락을 파악하는 능력이 평균 하 수준으로 다소 낮게 나타나 사회적 상황에서의 대처 능력도 충분하지 않아 보이는데, 시각적 예민성은 경계선 수준을 보이고 있어 상황 파악이나 감정 파악 능력은 더욱 부족한 것 같다.

지능검사 결과, 수검자는 주의력 수준을 제외하고 대부분의 기능이 연령 수준에 미치지 못하고 있었다. 실제 문제 상황에 대응할 수 있는 대처 능력은 평균 하 수준 정도로 다소 부족한 정도이지만, 지식이나 언어 등 학습과 교육을 통해 습득해야 하는 부분은 매우 취약한 것으로 나타나, 상당히 오랜 기간 학업적 환경에서 배제되어 있었던 것으로 보인다. 이렇듯 학습을 통한 능력의 향상이 거의 이루어지지 않은 상태에서 자신감이 없고 무기력한 정서적 상태가 지속되면서 외적인 기능 수준은 더욱 저하되어 보이는 것 같다.

Rorschach 검사 결과, 총 반응 수는 10개에 그치면서 대부분 단순한 형태반응이었고 왜곡된 반응의 수도 많은 편이었다(X-%=0.70). 게다가 평범반응은 단 1개에 그치고 있어 관습적 판단력도 매우 부족해 보이는바, 연령 수준에 맞게 주변 여건을 고려하지 못한 채 매우 제한적인 대응 행동을 보일 것으로 생각된다.

📁 성격과 정서

수검자는 MMPI에서 6-7-8번 척도가 높게 상승하고 있어 불안 수준이 극도로 상승해 있으며, 일상적인 의사결정이 어려울 정도로 극심한 혼란감을 경험하고 있는 것으로 보인다. 그리고 0번 척도까지 높게 나타나고 있어 이러한 고통감을 주변에 알려 도움을 얻지 못한 채 혼자서만 감내하며 지내 왔을 가능성이 높아 보인다. 수검자의 주관적 불편감도 매우 큰 것으로 여겨지나, K척도가 낮게 나타나고 있듯이 자아강도도 약해져 있어 지금과 같은 문제 상황에 지극히 수동적인 대응만 하고 있는 것 같다. 수검자는 다른 검사상에서도 HTP의 모든 그림을 간단하게 외형만 그렸고, Rorschach에서도 '박쥐', '나비', '거미' 등 평범하고 단순한 동물 반응만 보이고 있듯이 매우 간단하고 피상적인 수준의 대응만 하고 있었다.

그러나 한편으로는 HTP 사람 그림을 유난히 크게 그리고 근육질의 외형을 그렸으며, Rorschach IX번 카드에서는 '왕관'이라는 반응을 보이며 가장 좋아하는 카드로 선택하는 등 기대 수준이 높고 자존심도 강해 보이는바, 현재의 위축된 모습은 이러한 기대 수준에 이르지

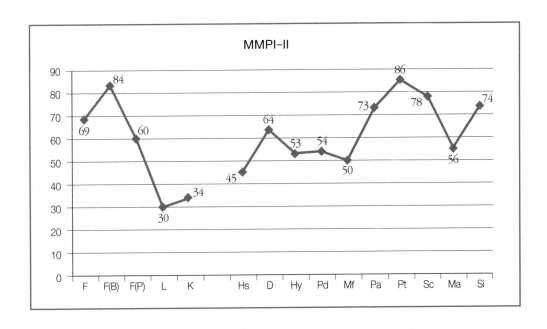

못하는 자신의 모습을 보면서 느끼는 불안감과 좌절감, 무기력감 등을 반영하는 것 같다(SCT: '내가 보는 나의 앞날은 걱정스럽고 항상 답답하게 생각한다', '내가 믿고 있는 내 능력은 아직 많이 부족하다', '나의 가장 큰 결점은 자신감, 의지가 많이 부족하다', '무엇보다도 좋지 않게 여기는 것은 내 자신이 싫다').

　이렇듯 자신에 대한 불만족감을 강하게 느끼고 있는 수검자는 HTP의 사람 그림에서 상대적으로 얼굴 부위를 신경 써서 자세하게 그리는 등 주변 사람들의 시선이나 평가에 대해서도 민감해져 있는 것으로 보이며, 특히 자신에 대한 부정적 평가에 대해 극도로 예민해져 있어 일상적인 대인관계조차 매우 불편하게 여기고 있는 것 같다(Rorschach: 대인관계에 대한 태도를 나타내는 카드에서 '불쾌하다', H=0 / SCT: '어리석게도 내가 두려워하는 것은 대인관계'). 또한 자존심이 강한 수검자는 '평등'이라는 주제에 매우 민감해져 있으며(SCT: '내가 싫어하는 사람은 차별 대우하는 사람이다'), 자신에게 부정적 평가를 내렸던 기성세대에 대한 거부감이 매우 심하면서도(SCT: '윗사람이 오는 것을 보면 나는 피하는 쪽이다' / Rorschach: IV번 뒤에 나온 V번 카드에서 CONTAM 반응) 뚜렷한 능력을 발휘하지 못하고 있는 자신을 보면서 그저 사회적 상황을 회피하는 방식으로만 대처하고 있으며, 이러한 과정에서 해결되지 못한 문제나 고민들을 머릿속에서 계속 반복하고 있는 것 같다(SCT: '내가 잊고 싶은 두려움은 잡념을 버리고 싶다', '무슨 일을 해서라도 잊고 싶은 것은 잡념을 떨치고 싶다').

📂 요약과 제언

○ 요약

전체지능: 74, 경계선 / 언어성 지능: 71, 경계선 / 동작성 지능: 82, 평균 하

수검자의 지능은 경계선 수준으로 나타났으며, 실제 문제 상황에 대응할 수 있는 대처 능력은 연령 수준에 조금 미치지 못하는 정도이지만, 학습과 교육을 통해 습득해야 하는 영역은 매우 취약한 것으로 나타나, 상당히 오랜 기간 학업적 환경에서 배제되어 있었던 것으로 보임. 자존심이 강한 수검자는 보다 나은 생활을 기대하고 있으나, 학습을 통한 능력의 습득이 충분히 이루어지지 못한 상태에서 자신감이 없고 무기력한 정서상태가 지속되면서 기능 수준이 더 떨어진 것으로 여겨짐. 수검자는 자신에 대한 기대 수준이 높지만, 이에 준하는 능력을 갖추지 못한 채 주변의 평가에만 민감해져 있어 계속해서 사회적인 상황을 피하게 된 것으로 생각됨. 그리고 이러한 회피가 반복되면서 현재는 불안 수준이 높고 극심한 혼란감을 경험하고 있으며, 위축된 생활을 하고 있는 것으로 보임.

○ 임상적 진단

심리평가 결과, 수검자는 다음과 같은 진단이 시사됨.

- Avoidant Personality Disorder

49 의존성 성격장애(Dependent Personality Disorder)

1. 절망적 상황 인식, 기존 삶의 전면적 부정, 미숙한 자기중심성(남자/19세/고졸)

📁 의뢰 사유

수검자는 '자살사고', '우울감', '부대 부적응', '피해사고' 등을 주소로, R/O Adjustment Disorders, R/O Unspecified Personality Disorder 임상적 인상하에 성인종합심리평가가 의뢰되었다.

📁 행동관찰과 면담

수검자는 작은 키에 마른 체격으로, 활동복 차림이었으며 쌍꺼풀이 큰 눈에 예쁘장하게 생긴 편이었다. 시선은 다른 곳을 향하는 경우가 많아서 검사자와의 눈맞춤이 잘 이루어지지 않았고, 수염을 깎지 않았으나 전반적인 위생상태는 양호하였다. 이따금씩 기침을 하거나 코를 훌쩍이고 있어서 감기에 걸린 듯 보였으나, 머리를 짚고 있거나 귀찮은 듯 턱을 괴고, 들릴 듯 말 듯한 목소리로 대답하는 등 과장된 몸짓으로 신체적 불편감을 표현하였다. 빠진곳찾기 소검사에서는 주어진 카드를 스스로 넘기려 하면서도, 토막짜기 소검사에서는 한 손으로만 수행하고, 대답 대신 고개만 끄덕이는 등 상황에 따라 적극성의 정도가 달라졌다. 내원 사유에 대해서는 한숨을 쉬며 '답답하고 풀리지 않은 것 때문에……'라고 애매하게 말하였다.

📁 지능과 인지기능

수검자의 **전체지능은 106, 평균 수준**으로 나타났으며, 언어성 지능은 104, 평균 수준, 동작성 지능은 109, 평균 수준으로 두 지능 간의 점수 차이가 유의미하지 않았다. 다만, 소검사 간의 점수 차이가 10점으로 크게 나고 있어서 상황에 따라 기능 수준의 차이가 클 것으로 예상된다.

한국 웨슬러 성인 지능검사(K-WAIS)			
지능	점수	백분율	수준
언어성 지능	104	60%ile	평균
동작성 지능	109	73%ile	평균
전체지능	106	65%ile	평균

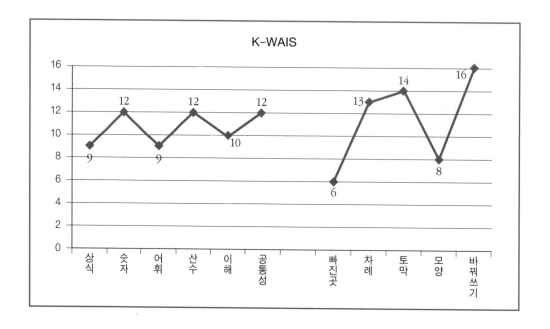

언어성 지능을 살펴보면, 간단한 자극에 주의를 기울이는 능력과 산술 능력이 평균 상 수준으로 나타나서 수 개념을 다루는 능력이 다소 높아 보인다. 한편, 사물의 유사성을 파악하는 능력이 평균 상 수준으로 나타나서 언어적 잠재력이 다소 높은 편이고, 어휘구사력이 평균 수준을 보이고 있어서 언어적 학습도 적절하게 이루어진 것 같다. 그리고 사회적 상황에 대한 이해력과 기본적인 상식이 평균 수준으로 나타나고 있어서, 전반적인 지식 습득 수준도 양호한 것으로 여겨진다. 다만, 수준 높은 어휘를 사용하면서도 각 소검사의 점수가 그다지 높지 않은 점을 고려할 때, 기대 수준에 비해 일관된 학업적 노력을 기울이지 못했던 것으로 보이고, 핵심에서 벗어나는 경우가 많아서('경박하다-미천해 보인다', '땅값-교통이 용이하고 일자리 창출의 요지이고, 주변에 인적·물적 자원을 쉽게 확보할 수 있기 때문에') 사고 수준이 피상적인 것 같다.

동작성 지능 영역에서는 시공간 운동 속도와 시공간 구성 능력이 각각 최우수, 우수 수준으로 나타나서, 시각운동 협응 능력이 높아 보인다. 그러나 부분을 통해 전체 상을 구성하는 능력이 평균 하 수준으로 이보다 6~8점이나 낮게 나타나고 있어서, 응용력은 매우 부족한 것 같다. 한편, 상황적 맥락을 파악하는 능력이 평균 상 수준을 보이고 있어서 익숙한 사회적 상황에서의 대처 능력은 다소 높아 보이나, 시각적 예민성이 경계선 수준으로 나타나서 주변 환경 자극에 매우 둔감해 보이는바, 환경 변화가 나타나는 상황에서 부적절감을 느끼기 쉬운 것 같다.

지능검사 결과, 수검자는 수를 다루거나, 추상적인 도구를 다루는 등 기계적인 자극을 다룰 때 가장 높은 기능을 발휘할 수 있겠다. 익숙한 사회적 상황에서도 다소 높은 기능을 보일 수 있겠고, 전반적인 언어적 능력도 양호해 보인다. 그러나 사고 수준이 피상적이고 주변 환경 자극에 매우 둔감해 보이는바, 다양한 영역에서 기대 수준에 부응하는 기능을 유지하지 못할 수 있겠다. 게다가 언어적 능력이 평이한 것에 비해 과시적인 모습까지 나타나고 있어서 의사소통의 어려움이 더욱 가중될 수도 있겠다.

Rorschach 검사 결과, 수검자는 총 23개의 적절한 반응 수를 보이고 있었다. 평상시에는 관습적인 판단을 위해 상당히 노력하고 있는 것으로 여겨지나(P=6), 스트레스가 가중되면 주변 자극을 부정확하게 지각할 가능성이 높아서(WDA%=0.77, WA%=0.69) 문제 상황에서 경직된 모습을 보이기 쉬운 것 같다. 그리고 주변의 다양한 자극을 의미 있게 다루지 못하고 있고(Zd=-5.5) 특이한 영역 반응을 많이 보이고 있어서(Dd=5) 자의적인 판단을 할 가능성이 높아 보인다.

📁 성격과 정서

수검자는 MMPI에서 8개의 임상 척도가 70~110T 범위에 포함되는 등 극심한 고통감과 혼란감을 호소하고 있었고, 무기력감(Rorschach: m=3, Y=1), 울적함(Rorschach: C'=1), 미래에 대한 부정적 사고(SCT: '나의 장래는 불분명하다'), 절망감(SCT: '내가 늘 원하기는 빨리 늙어 죽는 것이다') 등을 시사하는 반응들을 보이고 있듯이 상당한 우울감도 경험하고 있는 것 같다. 그러나 한편으로는 긍정적인 기대감을 표현하고 있어서(HTP: 사람 그림 '나는 행복하다'), 상기의 극단적인 고통감 호소는 수검자가 현재 상황을 절망적으로 인식하고 있고(MMPI: F=102T), 스트레스 자극이 주어지는 환경에 대한 대처 능력이 매우 낮은 것과 관련이 있는 것 같다(SCT: '내가 다시 젊어진다면 모든 것을 바꾸고 싶다').

수검자는 SCT에서 '내 생각에 가끔 아버지는 아버지가 아닌 것 같다', '어머니와 나는 이 땅에 만나지 말았어야 했다' 등의 표현을 하고 있어서, 가정 내에서 스트레스가 매우 컸던 것으로 여겨지고, SCT에서 '무슨 일을 해서라도 잊고 싶은 것은 여태까지의 삶이다'라고 하듯이

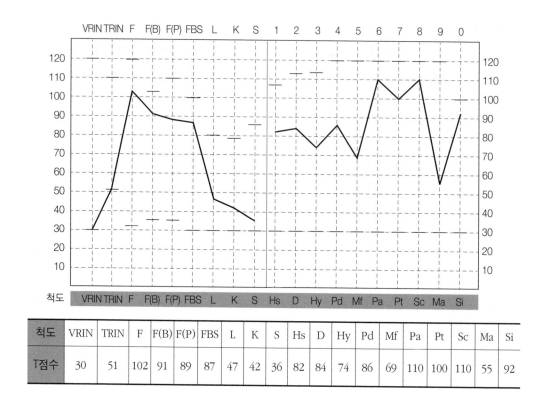

척도	VRIN	TRIN	F	F(B)	F(P)	FBS	L	K	S	Hs	D	Hy	Pd	Mf	Pa	Pt	Sc	Ma	Si
T점수	30	51	102	91	89	87	47	42	36	82	84	74	86	69	110	100	110	55	92

기존의 삶을 모두 부정할 정도로 성장기에 스트레스가 컸던 것 같다. 이러한 수검자는 SCT에서 '우리 가족이 나에 대해서는 이해를 못 해 준다', '우리 윗사람들은 나를 신경 쓰기 귀찮아한다' 등의 반응을 고려할 때, 의존적이고 억압적인 성향이(MMPI: '억압'=64T) 오랜 기간 지속되어 왔던 것 같다. 수검자는 친밀한 대인관계에 대한 욕구가 강하지만(HTP: 집 그림에서 창문을 많이 그림), 정서적 불안정성이 높고(HTP: 사람 그림 '행복-자신이 진짜 사랑하는 사람을 만났을 때', '불행-사랑하는 사람과 헤어졌을 때'), 미숙한 수준에서 자기중심적인 성향이 시사되는 바(SCT: '나의 가장 큰 결점은 없는 것 같은데 결점이 있다고 해도 바꿀 마음이 없다'), 대인관계에서도 일관되고 안정된 관계를 맺기 어려웠을 것으로 여겨진다. 그러나 SCT에서 '무엇보다도 좋지 않게 여기는 것은 세상 모든 것, 대한민국에서 태어난 것이다'라고 하듯이 불편감에 대해 전적으로 외부 귀인하는 것을 고려할 때, 스트레스 상황에서 자신의 책임은 인식하지 못한 채 주변 사람들에 대한 불만만 쌓아 왔던 것으로 여겨진다(MMPI: Pa=110T).

자기애적 성향을 가지고 있는(Rorschach: Fr=1) 수검자는 HTP 사람 그림에서 '자유롭고 독창적이다'라고 하고, 나무 그림에서는 수관을 크게 그리듯이 자기과시적인 성향이 있고, HTP 나무 그림에서는 '농부가 잘 수확할 수 있게 열매를 잘 맺는 것'이라고 하듯이 긍정적인 기대감을 표현하고 있었다. 그러나 지능검사에서 나타나듯이 주변 환경 변화에 매우 둔감하고,

사고 수준이 미숙해 보이는바(Rorschach: 동물 반응을 다수 보임), 정작 문제 해결이 필요한 상황에서 핵심적인 대응은 하지 못한 채 퇴행된 모습을 보일 수 있겠다(Rorschach: '과자'). 이러한 수검자는 평상시에는 부모에게 의존적인 모습을 보이며 지냈을 것으로 생각되나, 의존 대상이 부재한 상황에서는 위에서 나타나듯이 절망감을 느끼고, 자살사고에 몰입하는 등 극단적인 고통감 호소를 통해(SCT: '언젠가 나는 죽는다', '내가 싫어하는 사람은 대부분 사람이다') 주변 환경을 조작(manipulation)하려고 할 수 있어서 이를 고려한 개입이 필요해 보인다.

📁 요약과 제언

○ 요약

전체지능: 106, 평균 / 언어성 지능: 104, 평균 상 / 동작성 지능: 109, 평균

수검자의 지능 수준은 평균 수준으로 나타났으며, 기계적인 자극을 다룰 때 가장 높은 기능을 발휘할 수 있겠음. 익숙한 사회적 상황에서도 다소 높은 기능을 보일 수 있고, 전반적인 언어적 능력도 양호해 보임. 그러나 사고 수준이 피상적이고 주변 환경 자극에 매우 둔감해 보이는바, 다양한 영역에서 기대 수준에 부응하는 기능을 유지하지 못할 수 있음. 수검자는 극심한 고통감과 혼란감을 호소하고 있는 것으로 보이나, 이는 스트레스에 대한 대처 능력이 매우 낮음을 시사함. 가정 내에서 스트레스가 매우 컸던 것으로 여겨지고, 의존적이고 억압적인 성향이 오랜 기간 지속되어 왔던 것으로 보이는바, 대인관계에서도 일관되고 안정된 관계를 맺기 어려웠을 것으로 여겨짐. 그러나 불편감에 대해 전적으로 외부 귀인하는 것을 고려할 때, 스트레스 상황에서 자신의 책임은 인식하지 못한 채 주변 사람들에 대한 불만만 쌓아 왔던 것으로 여겨짐. 이러한 수검자는 평상시에는 부모에게 의존적인 모습을 보이며 지냈을 것으로 생각되나, 의존 대상이 부재한 상황에서는 자살사고에 몰입하는 등 극단적인 고통감 호소를 통해 주변 환경을 조작(manipulation)하려고 할 수 있어서 이를 고려한 개입이 필요해 보임.

○ 임상적 진단

심리평가 결과, 수검자는 다음과 같은 진단이 시사됨.

- Unspecified Depressive Disorder
- Dependent Personality Disorder

2. 높은 잠재력과 평이한 기능 수준, 제한된 환경 내 적극성, 가족애 강조(남자/21세/대재)

📂 의뢰 사유

수검자는 '살기가 싫어서 자해를 했다'를 주소로 내원하였으며, R/O Adjustment Disorders, R/O Cluster C Personality Disorder 임상적 인상하에 성인종합심리평가가 의뢰되었다.

📂 행동관찰과 면담

수검자는 다소 큰 키, 마른 체형의 남성이었다. 작은 얼굴은 미소년같이 어려 보였고, 위생 상태는 양호하였으며, 검사자와의 눈맞춤도 적절한 편이었으나, 빤히 검사자를 쳐다보고 있는 경우가 많았다. 수검자는 비교적 안정적으로 열심히 과제 해결을 위해 노력하였으나, 지능검사의 빠진곳찾기 소검사에서 '이게 없다'라고 하면서 대상의 구체적인 명칭을 부여하지 못하였고, 숫자 소검사에서 마지막 문항은 성공했지만 쉬운 문항에서 당황해서 틀렸으며, 어휘 소검사에서는 길고 수준 높은 단어를 사용하면서도 오답을 하는 등 상당히 경직된 모습을 보였고, 이렇듯 긴장된 모습은 상당히 미숙한 형태로 나타났다. 내원 사유에 대해서는 '우울증 때문에'라고 하면서, '체력 때문에 진급이 누락되었다', '힘을 쓰지 못한다' 등 체력 저하를 호소하였다.

📂 지능과 인지기능

한국 웩슬러 성인 지능검사(K-WAIS)			
지능	점수	백분율	수준
언어성 지능	113	83%ile	평균 상
동작성 지능	102	55%ile	평균
전체지능	110	75%ile	평균 상

수검자의 **전체지능은 110, 평균 상 수준**으로 나타났으며, 언어성 지능은 113, 평균 상 수준, 동작성 지능은 102, 평균 수준으로 두 지능 간의 차이는 크게 나타나지 않았으나, 소검

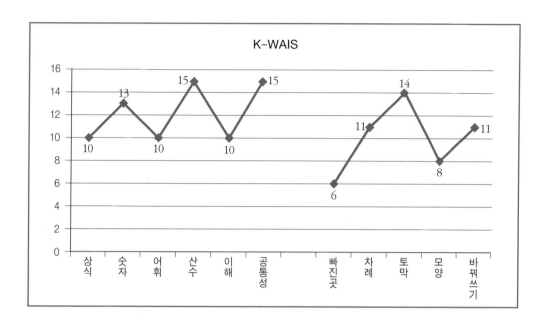

사 간의 차이가 8점으로 크게 나타나고 있어서 상황에 따른 기능상의 차이가 클 것으로 예상 된다.

언어성 지능을 살펴보면, 수계산 능력과 사물의 유사성을 파악하는 능력이 우수 수준으로 나타나 추상적 개념에 대한 이해 수준이 매우 높아 보인다. 그러나 어휘구사력과 사회적 상 황에 대한 이해력이 평균 수준에 그치고 있어서 실제 활용할 수 있는 언어적 자원은 상대적 으로 부족해 보인다. 수검자는 상당히 장황하게 많은 내용을 말하고, 현학적인 표현을 다수 사용하면서도, 핵심적인 내용을 말하지 못하거나('슬기롭다-뭔가를 똑똑하고 효율적으로 잘 풀 어 나가는 행위', '선구자-기존에 있는 어떤 것을 답습하지 않고 무언가를 개척해 나가고 새로운 것 을 추구하는 것'), 많은 내용을 말하다가 우연히 점수를 얻게 되는 경우가 많았다('나무-조경상 의 이유, 이산화탄소 줄이기, 숨 쉬게 하기 위해서, 또 지진이나 이런 걸 예방', '세균-병균에 감염되 지 않고 쾌적한 환경에서 살고 남에게 피해 주지 않고 냄새나지 않고 살기 위해서'). 수검자는 상식 수준이 평균 수준에 그쳤고 쉬운 문항에서 틀리는 경우도 많아서 학업적인 노력이 일관되게 지속되지는 못한 것 같다. 한편, 단순한 자극에 대한 주의력이 평균 상 수준으로 나타나 주의 력 수준이 높은 편이었지만 쉬운 문항에서 실패하는 경우도 있었는데, 이렇듯 불안정한 수행 은 높은 긴장 수준과 관련이 있어 보인다.

동작성 지능 영역에서는 시공간 구성 능력이 우수 수준으로 나타나 구조화된 상황에서의 대처 능력은 매우 높아 보인다. 그러나 부분을 통해 전체 상을 구성하는 능력은 평균 하 수준 으로 6점이나 낮게 나타나고 있어서 자율적인 문제 해결이 필요한 상황에서는 급격한 기능 저하를 보일 수 있을 것으로 예상된다. 시공간 운동 속도는 평균 수준이어서 민첩성은 양호해 보인다. 한편, 상황적 맥락을 파악하는 능력이 평균 수준이어서 사회적 대처 능력은 양호해 보이지만, 시각적 예민성은 경계선 수준이어서 주변 환경 자극에 상당히 둔감해 보이는바, 환경이 변화하거나 복잡하고 애매한 자극이 주어지는 상황에서는 의사결정을 하지 못한 채 무기력한 모습을 보일 수 있겠다.

지능검사 결과, 높은 지적 잠재력을 가지고 있고, 스스로도 자신의 기능을 높게 평가하고 있는 것으로 보이지만, 그다지 꾸준한 학업적 노력을 기울이지 못한 것으로 보이고, 피상적으로 사물 인식을 하고 있어서 실제 기능 수준은 평이한 수준에 머무는 경우가 많을 것으로 생각된다. 게다가 자율적인 문제 해결에 어려움이 크고, 주변 환경 변화에 둔감하여 스트레스 상황에서 무기력한 모습을 보이기 쉬운 것 같다.

Rorschach 검사 결과, 13개의 적은 반응 수를 보이고 있어서 스트레스 상황에서 대처할 수 있는 자원이 상당히 빈약해 보인다. 그러면서도 수검자는 자극의 다양한 특성을 고려하여 반응하고 있고(L=0.18), 운동반응을 9개나 보이고 있어서, 제한된 환경 내에서는 상당히 적극적인 판단을 내릴 수 있는 것 같다. 그리고 'Ma:Mp=1:3', 'Dd=3' 등의 지표는 스트레스 상황에서 현실을 벗어나 특이한 대상에 몰입하고 있음을 시사하는바, 문제 해결이 더욱 어려워질 것으로 생각된다.

📁 성격과 정서

수검자는 MMPI에서 2번 척도가 93T로 극단적인 상승을 보이고 있고, 7-0번 척도도 높게 나타나고 있어서 심한 정서적 불편감을 경험하고 있는 것으로 보인다. 그리고 검사 전반에 걸쳐서 미래에 대한 부정적 사고(SCT: '내가 보는 나의 앞날은 아직 어둡다'), 자존감 저하(SCT: '내가 믿고 있는 내 능력은 아직 없다'), 외로움(SCT: '다른 친구들이 모르는 나만의 두려움은 외로움이다', '내가 다시 젊어진다면 강하게 자라고 싶고, 외로움 겪지 않게 지낼 것이다', '내가 잊고 싶은 두려움은 외로움과 군에서의 힘든 생활', '내가 늙으면 외로울 것 같다') 등을 보이고 있어서 우울감을 경험하고 있는 것으로 보인다(Rorschach: m=1, C'=1, MOR=6, '걸어 다니는 거인…… 얼굴이 어두워 보인다', '날려고 시도하는 나비…… 못 날게 날개가 처져 있다', '힘들고 지쳐서 거울 보고 있는 사람').

수검자는 애정 욕구가 높고(HTP: 집 그림에서 해, 구름, 마당, 풀, 굴뚝, 연기 등 첨가물을 많이 그림, 나무 그림에서 사과열매를 그림) 이타적인 모습까지 보이고 있지만(HTP: 나무 그림 '과일이 더 많이 나서 다른 식물에게 더 줬으면 좋겠다'), 위에서 외로움을 강조해서 표현하고 있는

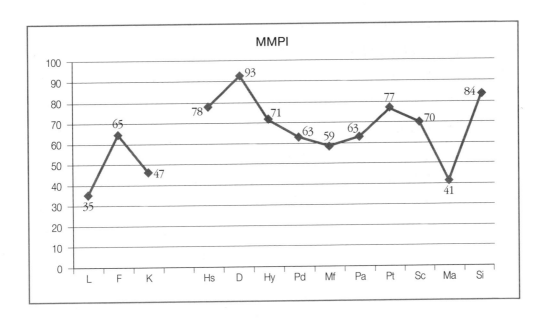

것을 보면 주변 사람들과의 관계에서 오히려 상당한 불만족감을 느껴 왔을 것으로 여겨진다. 수검자는 사고 수준이 미숙하고(HTP: 나무 그림 '5년', 남자 그림 '초등학생', '소원-빨리 어른이 돼서 행복하게 사는 거' / Rorschach: '아기 코뿔소들이 싸우고 있다') 정서적 충동성도 높아 보이는바(Rorschach: WSumC=3.5), 연령 수준에 맞게 사회적으로 성숙한 행동을 하지 못하고 갈등을 겪을 가능성이 높아 보인다. 게다가 Rorschach에서 '피' 반응을 두 번이나 보일 정도로 내면에 분노감이 많이 쌓여 있는 것으로 보이지만, 해부반응도 두 번 보이고 있어서 감정을 억압하는 데 익숙해져 있는 것으로 보이는바, 내면의 불편감을 해소하는 데 어려움이 컸을 것으로 생각된다.

한편, 수검자는 Rorschach에서 '곤충이 나뭇잎 들고 가는데 다른 곤충이 뺏으려고 한다'라고 하듯이 주변 환경을 매우 경쟁적으로 인식하고 있으나, Rorschach에서 '외계인이 나를 위협하고 있다'라고 하듯이 자극과의 경계를 유지하지 못할 정도로 자아강도가 약화되어 있고, 스트레스에도 취약한 것 같다(SCT: '나에게 이상한 일이 생겼을 때 당황스러울 것이다'). 이러한 수검자는 자신의 유약함을 강조함으로써(SCT: '생생한 어린 시절의 기억은 힘센 아이에게 큰소리 못 내고 힘들어하는 나', '어렸을 때 잘못했다고 느끼는 것은 너무 약하게 성장했다는 것', '윗사람들이 오는 것을 보면 나는 혼날까 봐 불안하다' / HTP: 나무 그림 '앞으로-조금 위태하다······ 성장하기 힘들다', 남자 그림 '단점-덜렁댄다······ 힘이 약하다') 문제 상황에 대처하고 있는 것 같다. 가족에 대해서 전적으로 긍정적 표현을 사용하고 있고(SCT: '내가 어렸을 때 우리 가족은 화목함', '나의 어머니는 자상하시다', '나는 어머니를 좋아했지만 어머니 역시 날 좋아한다', '아버지와 나는 친하다', '내가 제일 좋아하는 사람은 부모님', '어머니와 나는 친한 편이다'), 자식을 위하는 모성을 구체적으로 묘사하고 있는데(HTP: 여자 그림 '가정을 이룬 엄마', '장점-악착같이 생활력이 강하다', '소원-아들, 딸이 잘 크는 거', '가장 행복한 때-애들이 웃을 때', '가장 불행한 때-애들이 다칠 때'), 이러한 표현들은 의존하고 싶은 내면의 상태를 간접적으로 드러낸 것으로 보인다. 그리고 대인관계 불편감(HTP: 사람 그림을 유독 작게, 좌하단 구석에 그림 / SCT: '어리석게도 내가 두려워하는 것은 사회에 적응해서 평범하게 사는 거', '나의 가장 큰 결점은 사회성이다', '내 생각에 참다운 친구는 아직 없다')과 피해의식(SCT: '우리 윗사람들은 우릴 이용할 때가 있다', '남자에 대해서 무엇보다도 좋지 않게 생각하는 것은 약한 자에게 자비가 부족하다', '내가 없을 때 친구들은 나를 뒷담화할 것 같다', '무엇보다도 좋지 않게 여기는 것은 힘으로 모든 걸 하려 하는 것')도 반복적으로 표현하고 있는데, 이러한 불편감은 자신에게 결정에 대한 책임이 지워질 때 더 많이 나타날 수 있겠다.

📁 요약과 제언

○ 요약

전체지능: 110, 평균 상 / 언어성 지능: 113, 평균 상 / 동작성 지능: 102, 평균

수검자의 지능은 평균 상 수준으로 나타남. 높은 지적 잠재력을 가지고 있지만, 그다지 꾸준한 학업적 노력을 기울이지 못하였고, 피상적으로 사물 인식을 하고 있어서 실제 기능 수준은 평이한 수준에 머물러 있는 것으로 보임. 게다가 자율적인 문제 해결에 어려움이 크고, 주변 환경 변화에 둔감하여 스트레스 상황에서 무기력한 모습을 보이기 쉬움. 그리고 자의적인 판단을 내리는 경향이 강하고, 스트레스 상황에서 현실을 벗어난 특이한 대상에 몰입하고 있어서, 문제 해결이 더욱 어려워질 것으로 생각됨. 애정 욕구가 높지만, 미숙하고, 감정적이며, 억압적인 경향을 보이고 있어서 원만한 대인관계를 맺기 어려웠던 것으로 보임. 또한 자아강도가 약하고 스트레스에 취약해 자신의 유약함을 강조하면서 중요한 타인에게 의지하는 방식으로 문제 상황에 대응해 온 것으로 여겨짐. 그러나 이러한 대처가 어려운 현 상황에서 우울감을 느끼고 있는 것으로 생각됨.

○ 임상적 진단

심리평가 결과, 수검자는 다음과 같은 진단이 시사됨.

- Adjustment Disorders With depressed mood
- Dependent Personality Disorder

3. 불편감의 여과 없는 표현, 능력을 넘어서는 다양성 추구, 동화적인 기대(여자/31세/대졸)

📂 의뢰 사유

수검자는 '불면'을 주소로 내원하였으며, Persistent Depressive Disorder 임상적 인상하에 성인종합심리평가가 의뢰되었다.

📂 행동관찰과 면담

수검자는 보통 키, 마른 체형의 30대 초반 여성으로 혼자 내원하였다. 다소 짙은 화장을 하고 있었고 긴 머리에 미인형의 얼굴이었으며, 검은색 원피스를 입고 있었다. 검사 초반에는 지능검사의 신상 기록을 작성하면서 '주소 칸이 작다'라고 하였고, 대기실에서 말소리가 들리자 '너무 시끄럽다'라고 하였으며, 검사와 면담이 끝난 후에는 '심문받는 것 같네요'라고 하는 등 불편감을 여과 없이 표현하였으나, 검사실을 나갈 때는 '감사합니다'라고 인사를 하고 나갔다. 검사에는 협조적이었으나, 과제가 어려워지면 검사자를 애처롭게 쳐다보며 '너무 어렵다'라고 말하기도 하였다. 내원 사유에 대해서는 '남편 상담 때문에'라고 말하였다가 본인의 불편감에 대해서 물어보자 '수면장애, 불면증'을 언급하였다.

📂 지능과 인지기능

수검자의 **전체지능은 105, 평균 수준**으로 나타났으며, 언어성 지능은 111, 평균 상 수준, 동작성 지능은 97, 평균 수준으로 두 지능 간에 유의미한 차이가 나타나고 있다. 수검자는 언어 구사 및 지식 습득 능력이 비교적 높은 것으로 나타났으나, 이에 비해 실제 문제 상황에서 변화에 대처하거나 새로운 아이디어를 내는 등 유연성이 필요한 경우에는 대처 능력이 상대적으로 부족해 보일 수 있겠다.

한국 웩슬러 성인 지능검사(K-WAIS)			
지능	점수	백분율	수준
언어성 지능	111	77%ile	평균 상
동작성 지능	97	42%ile	평균
전체지능	105	63%ile	평균

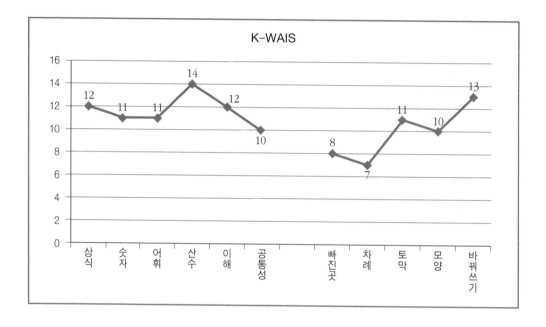

언어성 지능을 살펴보면, 수계산 능력이 우수 수준으로 높게 나타나 기계적이고 추상적인 자극을 잘 다루는 것으로 나타났으며, 이를 고려할 때 지적 잠재력도 현재 지능 수준보다는 높을 것으로 추정된다. 그러나 단순한 자극에 대한 주의력은 평균 수준에 그쳤고 바로따라외우기(11점)와 거꾸로따라외우기(6점) 간의 점수 차이가 크게 나타나 작업기억 능력은 부족해 보이는바, 복잡하고 다양한 자극이 주어지는 상황에서는 문제해결 능력이 현저하게 저하될 수 있겠다. 기본적인 상식 수준과 사회적 상황에 대한 이해력은 평균 상 수준이어서 전반적인 지식 습득 능력은 다소 높은 편이었으며, 어휘구사력과 사물의 유사성을 파악하는 능력은 평균 수준으로 평이한 수준을 보이고 있었다.

동작성 지능 영역에서는 가장 간단한 운동 과제인 바꿔쓰기에서 가장 높은 평균 상 수준을 보이고 있어 평가 상황에서의 동기 수준은 적절히 유지하고 있는 것 같다. 그러나 시공간 구성 능력과 부분을 통해 전체 상을 구성하는 능력은 평균 수준으로 나타나 기대 수준에 비해 실제 문제해결 능력은 상대적으로 부족하게 느껴질 수 있겠다. 게다가 시각적 예민성과 상황적 맥락을 파악하는 능력은 평균 하 수준으로 나타나고 있어 사회적 상황에서의 판단 및 대처에 어려움이 있을 것으로 예상된다.

지능검사 결과, 수검자는 지적 잠재력이 현재 측정된 수준보다 높을 것으로 추정되며, 특히 숫자와 같이 단순하고 기계적인 자극을 다루는 능력이 뛰어나 보이나, 실제 문제 상황에 대처하는 능력이나 사회적 상황에서의 판단 및 대응 수준은 상대적으로 부족해 보이는바, 자신이 가지고 있는 지적 자원을 적극적으로 활용하지 못한 채 수동적이고 의존적인 생활을 하고 있는 것 같다.

Rorschach 검사 결과, 19개의 적절한 반응 수를 보이고 있으며, 자극의 다양한 특성에 관심을 기울이고 있어(L=0.38) 주변에서 주어지는 다양한 환경 단서에 호기심을 보이고 있는 것 같다. 게다가 인지적 및 정서적 자원도 풍부하고(EB=4:4.5) 적절히 균형을 이루고 있는 것 같다. 수검자는 평범반응도 5개로 관습적 지각 능력이 양호한 것으로 나타났다. 그러나 19개 중 전체반응이 13개로 많으면서도 조직화 수준은 매우 낮게 나타나고 있어(Zd=-8.0) 스스로의 욕구 수준은 높은 데 반해 다양한 주변 환경 자극을 효율적으로 관리하지 못하고 있는 것으로 보이는바, 앞에서 언급한 다양성은 오히려 좌절감을 불러일으켜 불편감을 가중시킬 수 있겠다.

🗁 성격과 정서

ASI-R (불안민감)	AT&T (불안취약)	BDI (우울)	MDQ (조증)	HCL-32 (경조증)	BAI (불안)	STAI-Trait (특성불안)
47 61T	35 63T	11 52T	11 (cutoff: 7)	15 (cutoff: 14)	9 47T	51 54T

※ 역치 이상의 척도는 진하게 표시함.

수검자는 MMPI에서 7번 척도가 가장 높게 나타나고 있어 불안 수준이 높아 보인다. 그리고 4번 척도의 상승을 고려할 때, 상기의 불안감은 높은 기준을 가지고 있으면서도 불만족스러운 주변 환경을 개선시키지 못하고 있는 자신의 상태와 관련이 있어 보이며(TAT; '바이올린을 보면서 부모님 세대에서부터 천재 음악가인데 나는 잘할 수 있을까 고민하는 거' / SCT: '내가 보는 나의 앞날은 파란만장할 것이다', '결혼생활에 대한 나의 생각은 답답하다', '내가 저지른 가장 큰 잘못은 남편과 결혼한 것이다', '내가 정말 행복할 수 있으려면 나와 맞는 배우자와 사는 것이다', '나의 평생 하고 싶은 일은 능력을 갖춰 이혼하고 싶다' / Rorschach: '애벌레가 자신을 짓누르는 허물에서 탈피하

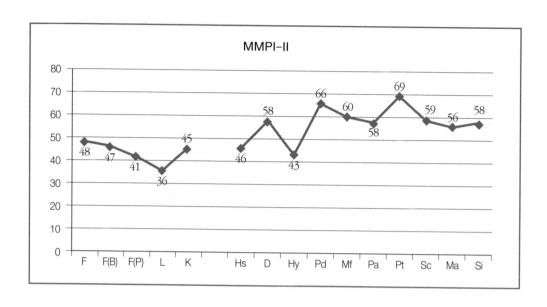

는 거'), 주관적 불편감의 정도를 나타내는 F척도는 오히려 낮게 나타나고 있어 불만을 개선시키지 못한 채 불안감을 가지고 지낸 시간이 상당히 오랜 기간 지속되었을 것으로 여겨진다.

수검자는 추가적으로 실시한 설문지상에서도 별다른 정서적 불편감을 호소하고 있지 않으나, HTP의 모든 그림들을 작고 간단하게 그렸고, Rorschach에서는 다수의 음영반응을 보이고 있어(C'=1, V=2, Y=3) 내면적으로는 우울감을 경험하고 있는 것 같다. 그리고 MMPI 소검사에서 '사회적 소외', '내적 소외' 등이 상승하고 있고, HTP의 사람 그림에서는 1차 시도에서 막대인물상을 그렸으며, 2차 시도에서도 남녀 모두 얼굴에 눈, 코, 입을 그리지 않는 등 원만한 대인관계를 형성하지 못한 채 고립되어 외로움도 느끼고 있는 것 같다(SCT: '다른 친구들이 모르는 나만의 두려움은 대인관계에 대한 두려움이다'). 다만, 이렇듯 우울하고 불안한 정서를 나타내면서도 설문지상에서 MDQ, HCL-32 등이 상승하였고, MMPI에서도 '경조증적 상태' 소척도가 높게 나타났으며, Rorschach에서는 색채반응을 많이 보이고(III번 카드 '자부심 있는 웨이터', '춤추는 사람', X번 카드 '집단 댄스'), HTP에서도 나무 그림에서 '앞으로-더 커질 것 같다'라고 하는 등 고양된 정서와 함께 과대한 자아상을 시사하는 반응들이 나타나고 있어 기분의 변화와 그에 따른 행동의 변화가 자주 나타날 가능성이 있어 주의가 요망된다.

한편 수검자는 SCT에서 '나의 장래는 희망적이다', '언젠가 나는 능력이 생길 것이다' 등의 반응을 보이듯 현재 상황에서 탈피하고자 하는 기대를 가지고 있으나, HTP 집 그림에서 '동화 속 집', '난쟁이들이 산다', '화목하다' 등의 반응을 보이듯 수검자의 기대는 현실을 반영하기보다는 동화적이고 이상적인 수준에 머물러 있는 것으로 여겨진다. 그리고 Rorschach에서 음식반응, 그리고 TAT에서 '따뜻한 유아 느낌이 나는 화목한 여자 모습'과 같은 반응은 미성숙한 자아상을 가지고 있음을 시사하며, TAT 카드 중 가장 애매하고 복잡한 카드들에 대해서 '혼돈…… 사차원', '평범하지 않은 정신 세계'라고 애매한 반응을 하듯이 스트레스에 대한 내성이 지나치게 부족한(SCT: '나에게 이상한 일이 생겼을 때 두렵다') 수검자는 앞에서와 같이 주변 환경으로 인해 심한 고통감을 느끼면서도 심리적으로 의존하고 있는 상태를 벗어나지 못하고 있는 것 같다. 그러나 Rorschach의 가장 애매모호한 카드에서 '화형에 처해진 마녀', '광기 어린 표정', TAT에서 '치정살인', '내 자신 속에 있는 흉악한 모습들' 등의 반응은 수검자가 스트레스 상황에서 수동적인 대응에만 그치지 않고 상당한 분노감을 느끼고 표출할 수도 있음을 시사하는바, 의존적이거나 분노에 찬 극단적인 모습이 상황에 따라 바뀌면서 나타날 수 있겠다.

📂 요약과 제언

○ 요약

전체지능: 105, 평균 / 언어성 지능: 111, 평균 상 / 동작성 지능: 97, 평균

수검자의 지능은 평균 수준으로 나타남. 지적 잠재력이 현재 측정된 지능 수준보다 높을 것으로 추정되나, 즉각적인 문제 해결이 요구되거나 복잡한 사회적 상황에 대응해야 하는 경우 대처 능력이 부족해 보임. 그리고 자신에 대한 기대 수준이 높은 수검자는 주변의 다양한 영역에 관심을 가지고 있으나, 스트레스 대처 능력이 부족하고 다양한 자극을 효율적으로 관리하지 못해 오히려 좌절감을 느끼기 쉬움. 이러한 수검자는 높은 지적 잠재력과 유복한 가정환경에도 불구하고 독립적인 기능을 하기 어려워하고 있으며, 현실에서 벗어난 동화적인 환상으로 도피하여 의존적이고 수동적인 의사결정을 하고 있는 것으로 보임. 그러나 현재 자신의 생활과 주변 환경에 대한 불만이 과도하게 쌓여 있는 상태이며, 정서적으로는 우울감과 고양된 정서 상태가 반복되고 있을 가능성이 높아 보이는바, 충동적으로 분노감과 같은 강한 부적 감정을 표출할 수 있어 주의가 요망됨.

○ 임상적 진단

심리평가 결과, 수검자는 다음과 같은 진단이 시사됨. 그리고 추후 R/O Cyclothymic Disorder의 가능성이 우려되는바, 지속적인 진단적 관심이 필요할 것으로 생각됨.

- Persistent Depressive Disorder
- Dependent Personality Trait

50 강박성 성격장애(Obsessive-Compulsive Personality Disorder)

1. 높은 분노감, 맥락에 맞지 않는 대응, 완벽주의(여자/21세/고졸)*

📁 의뢰 사유

수검자는 '결벽증', '충동 조절의 어려움', '불안' 등을 주소로 입원 중이며, R/O Obsessive-Compulsive Disorder 임상적 인상하에 성인종합심리평가가 의뢰되었다.

📁 행동관찰과 면담

수검자는 보통 키에 적당한 체격이었다. 갸름한 얼굴형에, 코가 오뚝하며, 몸에 붙는 검은색 반팔 티셔츠를 입고 있었다. 긴 생머리는 하나로 묶었으나 헝클어져 있었고, 입술이 말랐으며, 손톱이 길고 뜯긴 흔적이 보였고 구취가 나서 위생상태는 불량해 보였다. 목소리가 다소 작은 편이었고, 시선 접촉은 이루어졌으나 눈이 졸린 듯 반쯤 감겨 있었으며, 검사자를 초점 없이 멍하게 바라보기도 하였다. 검사가 진행되면서 '이거 내일 나눠서 하면 안 돼요?'라고 질문하고, 화장실에 다녀오거나 턱을 괴고, 일어서서 검사를 수행하는 등 과제에 집중하는 데 어려움을 보였다. 지필검사에서 지우개를 많이 사용하며 조심스럽게 과제를 수행하였고, HTP 집 그림에서는 종이를 돌려서 그리기도 하였다. 한편, 작성해 온 검사지의 뒷면에 빼곡하게 수학 문제를 풀어 놓은 흔적이 있었다. 입원 사유에 대해서는 별다른 대답을 하지 않은 채 고개만 가로저었다.

📁 지능과 인지기능

수검자의 **전체지능은 60, 경도 정신지체 수준**으로 같은 연령대에서 하위 0.4% 정도 수준이

---

* K-WAIS-IV를 사용한 보고서는 이하 *표 처리함.

한국 웨슬러 성인 지능검사 4판(K-WAIS-IV)			
영역	지능	백분율	수준
언어이해	81	11%ile	평균 하
지각추론	**59**	**0.3%ile**	**경도 정신지체**
작업기억	**75**	**5%ile**	**경계선**
처리속도	**50**	**<0.1%ile**	**경도-중등도 정신지체**
전체지능	60	0.4%ile	경도 정신지체
일반능력	67	1%ile	경도 정신지체

※ 단일 점수로서 대표성을 가지는 지능지수는 진하게 표시함.

었다. 언어이해는 81, 평균 하 수준, 지각추론은 59, 경도 정신지체 수준, 작업기억은 75, 경계선 수준, 처리속도는 50, 경도-중등도 정신지체 수준을 보이고 있었다. 언어이해 지능 영역과 처리속도 지능 영역 간 점수 차이가 31점으로 크게 나타났고(기준 23점 차이), 언어이해 지능 영역과 지각추론 지능 영역의 소검사 간 점수 차이가 각각 5점으로 유의미하게 나타나고 있어서(기준 5점 차이), 전 영역을 고려한 '전체지능'과 언어이해와 지각추론을 고려하여 산출된 '일반능력(67, 경도 정신지체 수준)' 모두 수검자의 기능을 온전히 대표한다고 보기 어렵기 때문에 각 지표가 나타내는 기능 수준을 개별적으로 파악하는 것이 더 중요해 보인다.

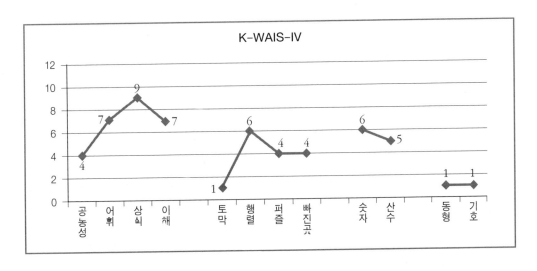

언어이해 영역에서는 기본 지식 수준이 평균 수준으로 양호하게 나타났으나, 어휘구사력, 사회적 상황에 대한 이해력 등이 모두 평균 하 수준이어서, 일상생활에 필요한 언어적 자원이 다소 부족해 보인다. 게다가 사물의 유사성을 파악하는 능력이 정신지체 수준으로 매우 낮아

서, 개념적인 이해가 필요할 때는 기능 수준이 상당히 떨어질 것으로 생각된다('음식과 휘발유-먹이').

지각추론 영역에서는 전체를 고려하여 핵심을 파악하는 능력이 경계선 수준으로 낮게 나타나고, 부분과 전체를 조화시키는 능력도 정신지체 수준으로 매우 낮아서, 비언어적인 문제해결 능력이 상당히 떨어질 것으로 생각된다. 게다가 시공간 구성 능력도 정신지체 수준으로 매우 낮아서, 실제 도구를 다루는 상황에서 낮은 기능 수준을 보일 것으로 여겨지는데, 행동 양상을 볼 때 수검자의 강박적인 성향이 반영된 것 같다. 한편, 시각적 예민성이 정신지체 수준으로 낮아서, 주변 환경 변화에도 상당히 둔감할 것으로 생각된다.

작업기억 영역에서는 수계산 능력, 간단한 자극에 주의를 기울이는 능력 등이 모두 경계선 수준으로 낮게 나타나서, 주의집중력이 부족해 보인다.

처리속도 영역에서는 시공간 운동 능력, 긴장감 속에서 빠른 논리적 판단력을 발휘하는 능력 등이 모두 정신지체 수준으로 낮아서 민첩성이 상당히 떨어져 보인다. 과제 수행 양상을 살펴볼 때, 기호들을 하나씩 확인하면서 매우 천천히 그리고 있어서, 완벽주의적인 수검자의 성향도 반영된 것으로 생각된다.

지능검사 결과, 수검자는 경도 정신지체 수준의 기능 수준을 나타냈다. 언어적 능력이 다른 지능 영역에 비해서 상대적으로 높은 수준을 보였으며, 특히 상식 소검사가 다른 소검사에 비해 높게 나타나서 지식 습득을 위해 나름대로 노력했을 것으로 보인다. 그러나 개념적인 이해가 필요할 때는 기능 수준이 떨어지고, 비언어적인 문제해결 능력도 상당히 부족한 것 같다. 또한 토막짜기, 동형찾기, 기호쓰기가 1점으로 매우 낮게 나타나서, 손 운동이 추가되는 상황에서 기능 수준이 급격히 떨어질 것으로 보이는데, 이는 수검자의 완벽주의적인 성향이 반영된 것으로 여겨진다.

Rorschach 검사 결과, 수검자는 총 19개의 반응 수를 보였다. 사고가 단순하고 경직되어 있어서(L=1.11) 스트레스 상황에서 대처할 심리적 자원이 상당히 부족해 보이며, 왜곡된 형태 반응을 많이 보여서(X-%=0.58) 문제 상황에서 실제적인 해결 능력이 떨어질 것으로 생각된다. 게다가 깊이 있는 공감적 관계를 형성하는 능력도 부족해서(M-=1) 정서적으로 부적절한 대응을 할 가능성이 높겠다.

📁 성격과 정서

수검자는 SCT에서 '나의 어머니는 거짓말을 잘하고 말을 잘 지어낸다', '아버지와 나는 안 친하다'라고 직접적으로 부모에 대한 거부감을 언급하고(SCT: '내가 아는 대부분의 집안은 폭력

ASI-3 (불안민감)	APPQ (공황)	MDQ (조증)	HCL-32 (경조증)	PHQ-9 (우울)	STAI-Trait (특성불안)
18 54T	26 44T	3 (cut off: 7)	8 (cut off: 14)	6 (cut off: 9)	43 45T

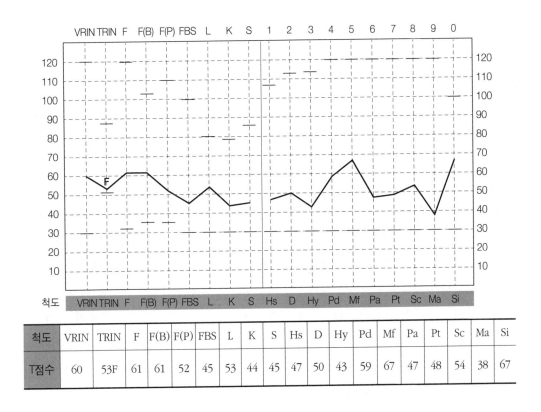

척도	VRIN	TRIN	F	F(B)	F(P)	FBS	L	K	S	Hs	D	Hy	Pd	Mf	Pa	Pt	Sc	Ma	Si
T점수	60	53F	61	61	52	45	53	44	45	47	50	43	59	67	47	48	54	38	67

이 있다'), HTP 사람 그림에서 '혼자라고 느껴질 때 불행'이라고 하는 등 가정 내에서 소외감을 크게 느끼며 성장한 것으로 보인다(SCT: '우리 가족이 나에 대해서 안 좋게 생각함'/ MMPI: '가정 불화'=72T / TAT: '동생이 생겨서 싫어하는 표정'). 이러한 수검자는 자아상이 불안정하고(HTP: 나무 그림에서 뿌리와 지면선 생략, '오래 살지 못할 것 같아요'), 부정적 사고 경향도 높아 보이며 (SCT: '나의 성생활은 그럴 사람이 없다', '나의 가장 큰 결점은 못생겼다'), MMPI에서 4번 척도가 59T로 다른 임상척도들에 비해서 다소 높고, HTP에서 '가시나무'를 그리듯이 분노감도 상당 히 강한 것 같다(Rorschach: S=5/ MMPI: '공격성'=85T / HTP: 집 그림 '앞으로 없어질 것').

수검자는 SCT에서 '내가 다시 젊어진다면 공부를 좀 더 열심히'라고 하듯이 성취 욕구가 높 고(HTP: 사람 그림 '자기가 잘하는 것을 하면 행복'), 지능검사에서 상식 소검사가 가장 높은 점 수를 보이면서 '버밍햄', '퀴리 부부' 등의 단어를 사용하고, Rorschach에서도 '툰드라'라는 용어를 언급하는 등 지식 습득을 위해서 상당히 노력했던 것으로 여겨진다. 그러나 전반적인 인지기능이 경도 정신지체 수준으로 나타나고 있어서, 일상에서는 연령 수준에 비해 매우 낮은 기능 수준을 보이면서 긍정적인 성취 경험도 상당히 부족했을 것으로 생각된다(SCT: '어렸을 때 잘못했다고 느끼는 것은 공부를 열심히 해 둘 걸'). 게다가 수검자는 단순하게 부인하는 경향이 높고(MMPI: L=53T / SCT: '다른 친구들이 모르는 나만의 두려움은 없다', '무슨 일을 해서라도 잊고 싶은 것은 없다', '때때로 두려운 생각이 나를 휩싸일 때 그럴 때가 없다') 관습적 판단력도 떨어져서(Rorschach: P=3), 문제 상황에서 맥락에 맞지 않게 행동할 가능성이 매우 높아 보인다.

수검자는 내향적이면서(MMPI: Si=67T) 자기만의 이상적인 세계관을 가지고 있는 것 같다(MMPI: Mf=67T / SCT: '내가 늘 원하기는 다른 사람들의 편견에서 벗어나는 것'). 이러한 수검자는 SCT에서 '내가 정말 행복할 수 있으려면 지금 눈앞에 있는 행복을 좇지 말고 미래를 위한 일을 한다'라고 하듯이 이상적인 수준의 기대를 가지고 있는 것으로 보이나, 실제로는 Rorschach에서 나타나듯이 지나치게 세부적인 것에 집착하면서(Dd=6) 수행의 질이 낮아지고(X-%=0.58), HTP에서 종이를 돌려서 그리듯이 자기만의 기준에 맞추어 행동하는 경향이 강해서, 상황에 적절하게 유연한 태도를 가지기는 힘든 것 같다. 게다가 지능검사의 동형찾기, 기호쓰기 등에서 도형과 기호를 반복적으로 확인해 가면서 과제를 수행하듯이 완벽주의적인 성향이 높은 수검자는 진로가 결정되지 않아 스트레스가 지속되는 상황에서 적절한 대처를 하지 못한 채 불안 수준이 상승하면서(HTP: 모든 그림을 좌측 상단에 작게 그림 / TAT: '고민하는 거' / SCT: '나에게 이상한 일이 생겼을 때 나 혼자 안다'), 이를 보완하기 위해서 세부적인 것에 집착하거나 정리정돈과 같은(SCT: '내 생각에 여자들이란 얼굴에만 관심 있고 방은 치우지 않는다') 강박적인 대응 행동을 보이고 있는 것 같다(TAT: '냄새 맡는 거, 머리 냄새, 털 냄새, 머리 감았나').

🗀 요약과 제언

○ 요약

전체지능	60	경도 정신지체	일반능력	67	경도 정신지체
언어이해	81	평균 하	지각추론	59	경도 정신지체
작업기억	75	경계선	처리속도	50	경도-중등도 정신지체

수검자의 지능 수준은 경도 정신지체 수준으로 나타남. 언어적 능력이 다른 지능 영역에 비해 상대적으로 양호한 기능 수준을 보일 것으로 생각되고, 지식 습득을 위해 노력했던 것

으로 보임. 그러나 개념적인 이해가 필요할 때는 기능 수준이 떨어지고, 비언어적인 문제해결 능력도 부족하게 나타남. 운동기능이 추가되는 경우 기능 수준이 급격히 떨어지는데, 이는 완벽주의적인 성향이 반영된 것으로 여겨짐. 가정 내 친밀한 관계 형성에 어려움을 겪었던 것으로 보이고, 자아상이 불안정하며, 부정적 사고가 많고, 분노감도 높게 나타남. 성취 욕구가 있으나 기능 수준이 제한적이어서 성취 경험은 부족하고, 문제 상황에서 단순하게 부인하거나 관습적 판단 능력도 떨어져서 맥락에 맞지 않는 행동을 보일 수 있음. 내향적이고, 자기만의 이상적인 세계관이 있는 것으로 여겨지며, 기대 수준이 높지만 실제로는 지나치게 세부적인 것에 집착하며, 자기만의 기준에 따라서만 행동하는 등 상당히 경직되어 보임. 게다가 완벽주의적인 성향이 있어서 문제 상황에서 불안이 상승하면서 이를 보상하기 위해 정리 정돈과 같은 강박적인 대응 행동을 보일 수 있음.

○ 임상적 진단

심리평가 결과, 수검자는 다음과 같은 진단이 시사됨.

- Intellectual Disability, Mild
- Obsessive-Compulsive Personality Disorder

2. 민첩성 부족, 경직된 사고, 수행의 효율성 저하, 이상적 삶의 기준(남자/20세/대재)*

🗁 의뢰 사유

수검자는 '소심함', '자살사고' 등을 주소로 내원하였으며, R/O Unspecified Anxiety Disorder, R/O Adjustment Disorders 임상적 인상하에 성인종합심리평가가 의뢰되었다.

🗁 행농관찰과 면담

수검자는 보통 키에 왜소한 체격이었다. 갸름한 얼굴형에 눈은 작은 편이었고, 사각 테두리 안경을 쓰고 있었으며, 입술부터 턱 쪽이 약간 왼쪽으로 치우쳐 보였다. 위생상태는 양호한 수준이었고, 시선 접촉은 간헐적으로 이루어졌다. 모자를 손에 쥐고 있었고, 손을 사용해야 하는 경우에는 모자를 무릎 위에 올려놓고 검사에 임하였다. 대부분의 검사에 진지하게 임하였으나, 지능검사 토막 소검사에서 손을 약간 떨었고, HTP에서는 여러 차례 지우고 다시 그리는 행동을 보였으며, 사람 그림을 그릴 때 특히 시간이 매우 길게 소요되었다. 내원 사유에 대해서는 '사회성이 결여되어서'라고 짧게 대답하였다.

📂 지능과 인지기능

한국 웨슬러 성인 지능검사 4판(K-WAIS-IV)			
영역	지능	백분율	수준
언어이해	104	61%ile	**평균**
지각추론	109	73%ile	평균
작업기억	96	39%ile	**평균**
처리속도	84	14%ile	평균 하
전체지능	98	44%ile	평균
일반능력	107	68%ile	평균

※ 단일 점수로서 대표성을 가지는 지능지수는 진하게 표시함.

수검자의 **전체지능은 98, 평균 수준**으로 같은 연령대에서 하위 44% 정도의 수준이었다. 언어이해는 104, 평균 수준, 지각추론은 109, 평균 수준, 작업기억은 96, 평균 수준, 처리속도는 84, 평균 하 수준을 보이고 있었다. 지각추론과 처리속도 영역 간의 차이가 25점으로 크게 나타나고 있었고(기준 23점 차이), 지각추론 영역의 소검사 간 점수 차이가 5점으로 나타나고 있어서(기준 5점 차이), 전 영역을 고려한 '전체지능'과 언어이해와 지각추론을 고려하여 산출된 '일반능력(107, 평균 수준)' 모두 수검자의 기능을 온전히 대표한다고 보기 어렵기 때문에 각 지표가 나타내는 기능 수준을 개별적으로 파악하는 것이 더 중요해 보인다.

언어이해 영역에서는 어휘구사력이 평균 상 수준이고 사물의 유사성을 파악하는 능력과 기본적인 상식 수준도 평균 수준으로 나타나서 전반적인 지식 수준과 언어적 자원은 양호해 보인다. 그러나 사회적 상황에 대한 이해력이 경계선 수준으로 매우 낮게 나타났는데('법-사람의 인권을 존중해야 되기 때문에'), 이는 질문의 의도를 생각하여 답하기보다는 자기에게 너무 몰입해 있는 것을 반영하는 것 같다.

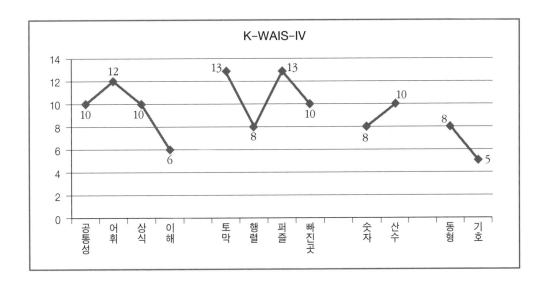

지각추론 영역에서는 시공간 구성 능력이 평균 상 수준이어서 구조화된 상황에서의 대처 능력이 높고, 자극 간 관련성을 찾아내는 능력도 평균 상 수준으로 나타나서 시행착오를 통한 문제 해결력 역시 높은 것 같다. 그러나 전체를 고려해 핵심을 파악하는 능력이 상대적으로 낮은 평균 하 수준이어서 추상적 개념을 다룰 때는 기능 수준이 떨어질 수 있겠다. 시각적 예 민성은 평균 수준으로 나타나서 주변 환경 변화를 인식하는 능력은 양호해 보인다.

작업기억 영역에서는 수계산 능력이 평균 수준으로 나타나서 산술 능력은 무난해 보인다. 그러나 단순한 자극에 주의를 기울이는 능력이 평균 하 수준으로 나타나서 오히려 쉬운 과제 에서 부주의한 모습을 보일 수 있겠다.

처리속도 영역에서는 긴장감 속에서 빠른 논리적 판단력을 발휘하는 능력이 평균 하 수준 으로 나타나서, 시각적 변별이 필요한 상황에서는 비교적 무난한 기능 수준을 보일 것 같다. 그러나 다른 소검사들에 비해서 가장 쉬운 과제인 기호쓰기가 경계선 수준으로 낮게 나타나 고, HTP 검사에서도 지우고 다시 그리면서 시간이 오래 걸린 것을 보면, 수검자의 완벽주의 적 성향으로 인해서 수행 시 비효율성이 상당히 커진 것 같다.

지능검사 결과, 수검자는 대부분의 검사에서 평균 상에서 평균 수준의 기능을 나타내서 전 반적으로 양호한 기능 수준을 보일 것 같다. 그러나 이해, 행렬추론 등과 같이 깊이 있는 사고 력이 필요한 경우에는 기능 수준이 급격히 떨어지는 것으로 나타났다. 또한 민첩성이 부족해 보이는데, 이는 지나치게 완벽주의적인 성향으로 인해서 비효율적인 수행이 나타나는 것을 반영하는 것 같다.

Rorschach 검사 결과, 수검자는 총 15개의 적은 반응 수를 보였고, 사고가 단순하고 경직되 어 있어서(L=2.75) 스트레스에 대처할 심리적 자원이 제한적인 것 같다. 게다가 주변 사람들과의 공감적 관계 형성에도 어려움을 겪을 수 있겠다(M-=1).

📁 성격과 정서

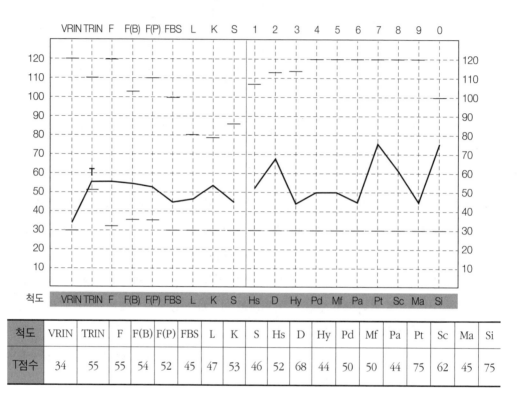

척도	VRIN	TRIN	F	F(B)	F(P)	FBS	L	K	S	Hs	D	Hy	Pd	Mf	Pa	Pt	Sc	Ma	Si
T점수	34	55	55	54	52	45	47	53	46	52	68	44	50	50	44	75	62	45	75

　　수검자는 HTP에서 지나치게 많은 사과나무 열매를 그리고 있듯이 성취 욕구가 매우 높고, 인정받고 싶은 욕구도 커 보인다(Rorschach: '치켜세운 엄지손가락'). 또한 주도적 성향(HTP: 사람 그림에서 양팔을 벌린 남자)과 통제 욕구도 높아 보인다(HTP: 사람 그림에서 손가락이 강조된 남자 그림). 그러나 평이한 지능 수준을 보이고 있는 수검자는 자신의 높은 기대만큼의 성과를 이루지 못하여 스트레스가 커 보이고(SCT: '내가 믿고 있는 내 능력은 잡다한 손재주와 단순 노동력입니다'), 모호한 상황이나 자신의 규칙에 맞지 않는 상황에서는 불안이 상승할 가능성이 높겠다(MMPI: Pt=76T). 또한 HTP에서 여러 차례 지우고 다시 그리며 시간을 많이 사용하고 있듯이(HTP: 남자 그림 4분 소요, 여자 그림 8분 소요), 세세한 것에 집착하는 완벽주의적 성향을 나타냈는데(MMPI: '강박성'=82T / HTP: 집 그림에서 지붕 강조와 대칭 구도의 나무들, 나무 그림에서 획일한 모양의 잔디), 이러한 대처가 오히려 수행의 효율성을 더 떨어뜨릴 것으로 생각된다(SCT: '내가 늘 원하기는 무언가를 끈기 있게 이루어 내고 싶습니다').

대인관계 욕구가 높은 수검자는(HTP: 집 그림에서 많은 수의 창문, 크게 그린 문, 집 주변의 나무들) 타인과의 교류에서 지나치게 이상적으로 대처하여(SCT: '결혼생활에 대한 나의 생각은 검소한 생활을 원합니다'), 공감적 관계를 형성하기 어려울 수 있겠다(HTP: 사람 그림에서 선으로 표현한 눈 / Rorschach: M-=1). 게다가 자기 자신에 대해서도 인색하고(SCT: '내가 정말 행복할 수 있으려면 안정적인 수입원이 필요합니다'), 부정적 사고를 드러내고 있어서(SCT: '내가 저지른 가장 큰 잘못은 게으르다는 것입니다'), 실제 대인관계 상황에서는 소극적인 모습을 보이며(MMPI: '수줍음'=77T) 불편감을 크게 느낄 수 있겠다(HTP: 사람 그림에서 손을 그리지 않음 / SCT: '내가 없을 때 친구들은 나를 크게 신경 쓰지 않을 것 같습니다' / MMPI: '사회적 불편감'=92T). 이러한 수검자는 SCT에서 '내가 어렸을 때는 친구도 적고 괴롭힘을 많이 받았었습니다', '어렸을 때 잘못했다고 느끼는 것은 친구를 많이 못 사귄 것입니다'라고 하듯이, 실제 또래 관계에서 부정적 경험을 많이 한 것으로 보인다.

그리고 수검자는 TAT 공백 카드에서 '흰색'이라고 하거나, 다른 카드들에서도 '어머니 아들 같습니다', '연인 사이 같습니다', '낮잠 자는 것 같습니다' 등과 같이 그림에 대해 최소한의 내용만 언급하는 등 상황을 단순화시켜서 보는 경향이 있고, Rorschach에서 부분반응을 많이 보여서(W:D:Dd=5:9:1), 무난한 대답만을 하는 것 같다. 이러한 수검자는 HTP 질문 단계에서 '모르겠다'라는 대답을 많이 하는 것처럼 회피적인 모습도 자주 나타났다. 또한 SCT에서 '우리 윗사람들은 존경스러운 분들인 것 같습니다', '윗사람이 오는 것을 보면 나는 공손한 태도를 갖춥니다', '완전한 남성상은 한 가정을 책임질 수 있는 사람입니다'라고 하듯이 도덕적 표현을 많이 하고 있어서 일상에서도 과도하게 모범적인 행동을 보일 수 있겠다. 따라서 스트레스가 가중될 경우 쉽게 수동적 태도를 보이며(HTP: 집과 나무 그림에서 지면 선을 그림 / MMPI: Mf=50T), 무기력해질 수 있겠다(MMPI: D=68T/ SCT: '무슨 일을 해서라도 잊고 싶은 것은 근심과 걱정입니다' / HTP: 나무 그림 '앞으로 그대로 있을 것 같다').

📂 요약과 제언

⭕ 요약

전체지능	98	평균	일반능력	107	평균
언어이해	104	평균	지각추론	109	평균
작업기억	96	평균	처리속도	84	평균 하

수검자의 지능 수준은 평균 수준으로 나타남. 일상에 필요한 기본 지식과 언어적 자원이 양호한 수준이고, 시각적 자극을 다루는 능력도 평이한 수준으로 나타남. 그러나 깊이 생각해야 하는 과제 수행에서 기능 수준이 떨어질 수 있고, 단순한 자극 처리에 오히려 부주의하고 민첩성이 부족할 수 있음. 성취 욕구, 인정 욕구, 통제 욕구 등이 높지만, 결과가 기대에 미치지 못할 때 불안 수준이 높아질 수 있음. 세부적인 것에 집중하며 꼼꼼하게 수행하려 노력하나, 이러한 완벽주의적 성향으로 인하여 비효율성이 커진 것으로 생각됨. 대인관계 욕구가 높지만, 대인관계 시 과도하게 이상적인 기대를 가져서 지나치게 도덕적으로 보이려는 경향을 보임으로써 공감적 관계 형성이 오히려 어려울 수 있음. 자신에 대해 인색하고 부정적 사고를 가지고 있는 수검자는 모호한 상황에서 회피적이거나, 수동적이고 무기력한 행동을 보일 것으로 생각됨.

○ 임상적 진단

심리평가 결과, 수검자는 다음과 같은 진단이 시사됨.

– Obsessive-Compulsive Personality Disorder

3. 과도한 지연 행동, 과도한 인정 욕구, 부적절한 친밀감 요구 (남자/21세/대졸)*

🗁 의뢰 사유

수검자는 '걱정이 많다', '행동이 느리다' 등을 주소로 내원하였으며, R/O Adjustment Disorders 임상적 인상하에 성인종합심리평가가 의뢰되었다.

🗁 행동관찰과 면담

수검자는 작은 키에 왜소한 체격이었다. 눈은 큰 편이었고, 갸름한 얼굴형에 사각 테두리 안경을 쓰고 있었다. 위생상태는 양호해 보였고, 시선 접촉은 원활하게 이루어졌다. 검사 중 자세를 꼿꼿하게 유지했고, 표정은 경직되어 있었으며, 지능검사에서 각 소검사 과제 설명 후 '네, 알겠습니다'라고 빠짐없이 대답하였다. 검사 중 지시가 있은 후에 10~20초가 지난 뒤 대답하는 모습을 자주 보였고, HTP 수행 시 40~50초가 지난 뒤 그림을 그리기 시작하는 등 지연 행동이 자주 나타나서 검사가 상당히 지체되었다. 내원 사유에 대해서는 '앞으로 잘할 수 있을까 걱정이 많은 편입니다'라며 불안감을 호소하였다.

🗁 지능과 인지기능

한국 웩슬러 성인 지능검사 4판(K-WAIS-IV)			
영역	지능	백분율	수준
언어이해	88	20%ile	평균 하
지각추론	113	82%ile	**평균 상**
작업기억	107	67%ile	평균
처리속도	86	18%ile	**평균 하**
전체지능	96	41%ile	평균
일반능력	99	48%ile	평균

※ 단일 점수로서 대표성을 가지는 지능지수는 진하게 표시함.

수검자의 **전체지능은 96, 평균 수준**으로 같은 연령대에서 하위 41% 정도의 수준이었다. 언어이해는 88, 평균 하 수준, 지각추론은 113, 평균 상 수준, 작업기억은 107, 평균 수준, 처리속도는 86, 평균 하 수준을 보이고 있었다. 지각추론과 처리속도 영역 간의 차이가 27점으로 크게 나타나고 있었고(기준 23점 차이), 언어이해 영역의 소검사 간 점수 차이가 6점, 작업기억 영역의 소검사 간 점수 차이가 6점으로 나타나고 있어서(기준 5점 차이), 전 영역을 고려한 '전체지능'과 언어이해와 지각추론을 고려하여 산출된 '일반능력(99, 평균 수준)' 모두 수검자의 기능을 온전히 대표한다고 보기 어렵기 때문에 각 지표가 나타내는 기능 수준을 개별적으로 파악하는 것이 더 중요해 보인다.

언어이해 영역에서는 기본적인 상식 수준, 사회적 상황에 대한 이해력, 어휘구사력 등이 평균 수준으로 나타나서, 전반적인 지식 수준과 일상에 필요한 언어적 자원은 양호해 보인다. 한편, 사물의 유사성을 파악하는 능력은 정신지체 수준으로 나타났는데('음식과 휘발유-ㅁ름'), 이는 실제적인 능력의 부족보다는 인지적인 노력을 기울이지 못하는 것과 관련 있어 보인다.

지각추론 영역에서는 부분을 통해 전체 상을 구성하는 능력과 전체를 고려하여 핵심을 파악하는 능력이 각각 평균 상, 평균 수준으로 나타나서 자극을 통해 추론하는 능력은 양호해 보인다. 그리고 시공간 구성 능력이 평균 상 수준으로 나타나서 구조화된 상황에서의 문제

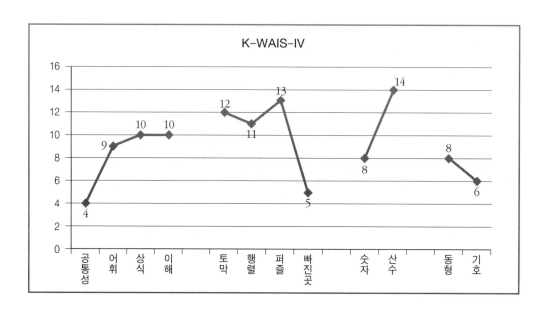

해결력도 무난한 것 같다. 그러나 시각적 예민성이 경계선 수준으로 나타나서 주변 환경 변화를 인식하는 능력은 매우 낮아 보이는바, 낯선 상황에서 적응의 어려움이 클 것으로 생각된다.

작업기억 영역에서는 수계산 능력이 우수 수준으로 나타나서 산술 능력이 높아 보인다. 그러나 단순한 자극에 주의를 기울이는 능력이 평균 하 수준으로 나타나서 오히려 쉬운 과제에서 부주의한 모습을 보일 수 있겠다.

처리속도 영역에서는 긴장감 속에서 빠른 논리적 판단력을 발휘하는 능력이 평균 하 수준으로 나타나서, 시각적 변별이 필요한 상황에서는 비교적 무난한 기능 수준을 보일 것 같다. 그러나 다른 소검사들에 비해서 가장 쉬운 과제인 기호쓰기 소검사가 경계선 수준으로 나타났는데, HTP에서도 꼼꼼하게 수행하며 시간이 많이 걸리는 것을 보면, 이는 수검자의 완벽주의적 성향이 반영된 것으로 생각된다.

지능검사 결과, 수검자는 일상에 필요한 언어적 자원과 기본 지식은 양호한 수준이었으나, 고차원적 개념에 대한 이해 능력은 매우 낮게 나타났다. 그리고 주변 환경 변화에 취약하고, 민첩성도 낮아서 빠른 대응이 요구되는 상황에서는 적응의 어려움이 클 것으로 여겨지는데, 전반적인 검사 수행 양상을 고려할 때, 완벽하게 답을 하려는 성향이 오히려 수행을 방해하고 있는 것 같다.

Rorschach 검사 결과, 수검자는 지적 잠재력에 비해 매우 적은 총 8개의 반응 수를 보이고 있었다. 게다가 수검자는 첫 번째 카드에서 반응을 하지 못했고, TAT 공백 카드에서도 반응하지 못했는데, 이는 모호한 상황에서 쉽게 반응하지 못하는 수검자의 완벽주의적 성향과 관련이 있어 보인다. 또한 스트레스 상황에서 관습적 판단력이 부족하고(P=1), 이성적 판단 능력이 급격히 떨어져서(M=0), 기존에 유지해 왔던 적절한 대응 능력을 보이지 못할 수 있겠다.

📂 성격과 정서

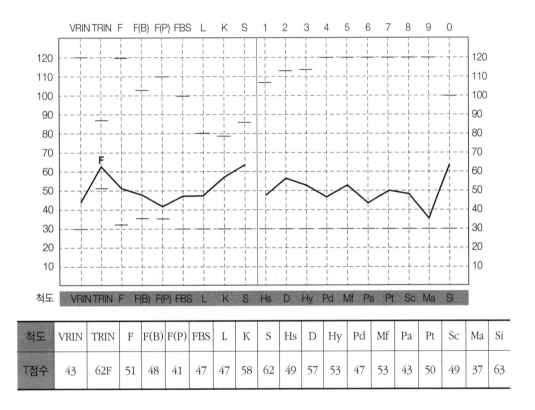

척도	VRIN	TRIN	F	F(B)	F(P)	FBS	L	K	S	Hs	D	Hy	Pd	Mf	Pa	Pt	Sc	Ma	Si
T점수	43	62F	51	48	41	47	47	58	62	49	57	53	47	53	43	50	49	37	63

수검자는 SCT에서 '어머니와 나는 친구와 같이 편한 듯하지만 부모 자식 간의 벽은 있는 관계라고 생각합니다', '아버지와 나는 적당한 거리를 유지하고 있는 친밀 관계라고 생각합니다'라고 하듯이, 부모와 상당한 거리감을 느끼고 있는 것 같다. 이러한 수검자는 Rorschach 검사에서 친밀감과 관련된 카드에서는 전혀 반응하지 못하면서 권위적 대상과 관련된 카드에서는 '가죽'이라는 반응을 보이고 있어서 부적절한 대상에게 친밀한 관계를 요구할 가능성이 있겠다. 또한 MMPI 검사에서 0번 척도가 63T로 높게 나타나서, 대인관계에서 고립감(SCT: '내 생각에 여자들이란 근처에 없는 존재라고 생각합니다')과 불편감을 쉽게 느낄 수 있겠다(HTP: 사람 그림에서 눈, 코, 입 생략).

이상주의적 성향이 있는(MMPI: Mf=53T) 수검자는 HTP 나무 그림에서 '앞으로-더 튼튼해지고 싶다'라고 하듯이, 성장과 변화의 욕구를 드러내고 있었고(SCT: '내가 다시 젊어진다면 다른 것은 몰라도 지금과는 다르게 살기 위해 노력할 것입니다' / HTP: 사람 그림 '현재 상태보다 더 좋아지고 싶다'), 도덕적 사고 경향도 높았다(SCT: '대개 아버지들이란 가족들을 책임지고 가족원으로서의 어려움을 이겨 내는 데 가장 큰 역할을 하는 어려운 존재', '우리 윗사람들은 우리들을 위하여 항상 힘써 주시는 분들입니다'). 그러나 수검자는 자아상이 불안정하고(HTP: 사람 그림에서 크게 그린 발, 나무 그림에서 드러난 뿌리), 부정적 사고 경향이 높아서(SCT: '행운이 나를 외면했을 때 어쩔 수 없는 일이다', '내가 성교를 했다면 사고 쳤다고 생각합니다', '내가 믿고 있는 내 능력은 없습니다'), 자신이 생각하는 이상적인 성장을 실현하지 못해 스트레스를 겪고 있는 것 같다.

수검자는 통제 욕구가 높게 나타나서(HTP: 사람 그림에서 손을 강조함, '불행-자신이 원하는 것이 자신의 힘으로 어떻게 할 수 없는 것일 때'), 일정 영역에서 자신의 능력을 발휘하며 자존감을 유지해 왔을 것으로 생각된다(지능검사: 우수 수준의 산수 소검사). 그러나 인지적 노력을 요구하는 검사들에서는 매우 낮은 수준의 기능을 보이고 있어서 일관된 성취를 하기는 힘들었을 것으로 여겨진다. 또한 Rorschach, HTP, TAT 등의 투사검사에서 '잘 모르겠습니다'라고 하는 경우가 많아서 타인의 평가에 민감해 보이는바, 모호한 상황에서는 지연 행동을 나타내기 쉬운 것 같다. 이는 수검자의 완벽주의적 성향이 반영된 것으로, 타인에게 인정받고자 하는 욕구가 이와 같은 비효율적인 방식으로 나타나는 것으로 여겨지는바, 이로 인해 오히려 불안감이 높아질 수 있겠다(SCT: '내가 잊고 싶은 두려움은 앞일에 대한 두려움').

요약과 제언

요약

전체지능	96	평균	일반능력	99	평균
언어이해	88	평균 하	지각추론	113	평균 상
작업기억	107	평균	처리속도	86	평균 하

수검자의 지능 수준은 평균 수준으로 나타남. 일상에 필요한 기본 지식과 언어적 자원은 양호하였으며, 추론 능력과 주의집중력도 평이한 수준임. 그러나 주변 환경 변화에 둔감하고 민첩성이 부족하며, 스트레스 상황에서 완벽주의적 성향으로 인해 반응이 지연되어 오히려 수행 능력이 떨어질 수 있음. 인정받고 싶은 욕구가 있지만, 부적절한 대상에게 친밀한 관계를 요구할 가능성이 있으며, 내향적 성향으로 대인관계에서 쉽게 고립감과 불편감을 느낄 것으로 생각됨. 이상주의적 성향이 있고 도덕적 사고가 강하지만, 자아상이 불안정하고, 부정

적 사고 경향이 높게 나타남. 통제 욕구가 높아서 완벽주의적 성향을 보이지만, 행동 지연과 같은 비효율적 방식으로 인해 오히려 수행의 질이 떨어지면서 불안이 높아질 수 있음.

〇 임상적 진단
심리평가 결과, 수검자는 다음과 같은 진단이 시사됨.
- Obsessive-Compulsive Personality Disorder

4. 주변의 평가에 민감, 사소한 것에 집착, 도덕성 강조, 우유부단(남자/20세/고중퇴)

📁 의뢰 사유

수검자는 '뭔가 흘리고 다니는 것 같은 생각이 든다'를 주소로 내원하였으며, R/O Obsessive-Compulsive Disorder 임상적 인상하에 성인종합심리평가가 의뢰되었다.

📁 행동관찰과 면담

수검자는 다소 큰 키, 보통 체구의 20대 초반 남성이었다. 피부가 까맣고 투박해 보였고, 손톱에 때가 끼어 있었으나, 외적인 위생상태는 양호해 보였다. 검사자와의 눈맞춤은 적절한 편이었지만, 표정은 다소 멍하게 있는 경우가 많았다. 검사에는 협조적이었고, 상당히 열심히 하고자 노력하는 모습을 보였다. 게다가 도구를 조심스럽게 다루고, 수행을 끝낸 다음에도 계속해서 확인하는 등 신중한 모습도 자주 나타났다. HTP에서는 손떨림이 나타났고, 한참 생각한 다음 조금만 그리고 다시 생각하거나, 뭔가 그릴 것 같이 손짓을 하다가 그리지 못하는 등의 모습이 반복적으로 나타났다. 다만, 객관적인 수행 수준은 다소 저조한 편이었고, 검사 도구가 제시될 때마다 전혀 생소하다는 듯 놀란 표정이 역력했다. 내원 사유에 대해서는 '의사기 강박증이 있다고 했다', '뭔가를 흘리는 느낌이 자주 든다'라고 하였다

🗁 지능과 인지기능

한국 웨슬러 성인 지능검사(K-WAIS)			
지능	점수	백분율	수준
언어성 지능	81	10%ile	평균 하
동작성 지능	87	19%ile	평균 하
전체지능	82	11%ile	평균 하

　수검자의 **전체지능은 82, 평균 하 수준**으로 나타났으며, 언어성 지능은 81, 평균 하 수준, 동작성 지능은 87, 평균 하 수준으로 두 지능 간의 차이는 크게 나타나지 않았다. 다만, 소검사 간의 차이가 7점으로 크게 나타나고 있어서 상황에 따른 기능상의 차이가 클 것으로 예상된다.

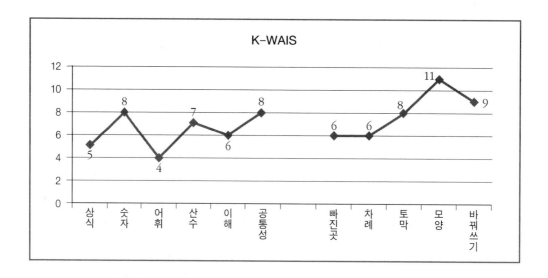

　언어성 지능을 살펴보면, 단순한 자극에 대한 주의력과 수계산 능력이 평균 하 수준으로 나타나 수 개념을 다루는 능력은 다소 부족한 정도였다. 이에 더하여 단어의 고차원적인 개념을 파악하는 능력도 평균 하 수준이어서 지적 잠재력은 평균 하 수준 정도로 여겨진다. 그러나 어휘구사력이 정신지체 수준으로 나타나('단풍-가을 되면 떨어진다', '가뭄-땅이 벌어진 거', '본보기-상대방의 거울 같은 거') 자신의 능력에 비해 구사할 수 있는 언어적 자원은 매우 빈약해 보인다. 그리고 기본적인 상식과 사회적 상황에 대한 이해력도 경계선 수준에 그치고 있어서('올림픽-2년', '물-모르겠다', '돌다리-앞이 위험할지 모르니 돌다리라도 한번……') 지식 습득을 위한 적극적인 노력도 매우 부족해 보인다. 수검자는 이해 소검사에서 어려운 문항에서도 대답을 하고는 있으나, 대부분 1점짜리 대답이 많아서 이해 수준이 상당히 피상적인 것 같다.

　동작성 지능 영역에서는 익숙한 그림 자극을 다루는 능력이 평균 수준으로 적절히 유지되고 있으며, 바꿔쓰기도 평균 수준이어서 간단한 운동 과제를 수행하는 데에도 별 무리는 없을 것으로 보인다. 그러나 토막 소검사는 평균 하 수준으로 다소 낮게 나타나고 있어서 추상적 개념에 대한 이해가 필요한 경우에는 기능 수준이 떨어질 수 있겠다. 한편, 시각적 예민성과 상황적 맥락을 파악하는 능력은 모두 경계선 수준을 보이고 있어서 사회적 판단 및 대처 능력이 현저하게 부족해 보이는바, 대면 상황에서 느끼는 부적절감이 클 것으로 생각된다.

　지능검사 결과, 수검자는 익숙하거나 간단한 도구를 다루는 능력은 양호해 보이고, 언어적으로도 기본적인 이해력은 적절한 것 같다. 그러나 고차원적인 개념에 대한 이해가 필요한 경우 기능 수준이 떨어질 수 있고, 꾸준한 노력이 필요한 지식을 습득하지 못해 연령 수준에 비해 미숙하거나 부적절한 언행을 하기 쉬운 것 같다. 게다가 사회적 판단력이 부족해 주변 사람들과 갈등을 겪을 가능성도 커 보인다.

　Rorschach 검사 결과, 수검자는 평범반응은 4개나 보이고 있고, 일반적인 부분반응이 많아 (W:D:Dd=3:8:3) 주변 사람들의 평가에 상당히 신경을 쓰고 있는 것으로 보인다. 그러나 전체 반응은 14개에 불과해 스트레스 상황에서 대처할 수 있는 심리적 자원이 매우 부족하고, 특이한 부분반응을 3개나 보이듯이 사소한 영역에 집착하여 주변 사람들의 공감을 얻기가 힘들어 보이는바, 본인의 욕구와 실제 경험 간의 차이로 인해 부적절감을 느끼기 쉬운 것 같다.

📁 성격과 정서

　수검자는 HTP 집 그림에서 '탁 트인 집이다', '단란한 가족이 산다'라고 하듯이 사회적 바람직성에 맞는 반응들을 보이고 있어서 스스로 완벽한 모습을 보이고자 부단히 노력하고 있는 것으로 보이며(SCT: '내가 제일 좋아하는 사람은 눈치 보지 않고 적극적인 사람', '완전한 남성상은 뭐든지 시켜도 당황하지 않는 사람…… 자신감 넘치는 사람'), 자신에게 상당히 엄격하게 대하고 있는 것 같다(SCT: '때때로 두려운 생각이 나를 휩싸일 때 일단 나를 욕하며 나 자신을 스파르타처럼 키울 것이다', '행운이 나를 외면했을 때 나 자신에게 자책하며 욕을 할 것이다', '나에게 이상한 일이 생겼을 때 나 사신을 일턴 덧한다…… 그리고 욕힌다'). 그러니 MMPI에서 7번 척도기 83T로 매우 높게 나타나고 있고, HTP에서도 집과 나무 그림을 그릴 때 비슷한 선을 추가적으로 그리는 방식으로 그림을 확장하고 있는데, 이러한 방식이 그림의 전체적인 이미지를 왜곡시킬 정도로 강하게 나타나고 있어서 시각은 근시안적이고 수행 방식은 강박적인 모습이 두드러지게 나타나고 있는 것으로 보인다. 그리고 이렇듯 강박적인 모습은 사람 그림에서 뱃속

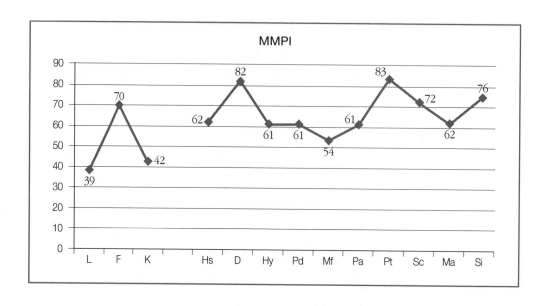

의 내장을 있는 그대로 표현하여 그리고 있을 정도로 직접적이고 단순화된 방식으로 나타나고 있어서 사고의 효율성과 유연성이 매우 부족해 보인다(Rorschach: I번 카드 '표현하기 쉬워서 가장 좋다' / X번 카드 '복잡해서 싫다').

수검자는 통제감에 대한 욕구가 높아 보이지만(HTP: 남자 그림 '가장 불행한 때-자기가 싫어하는 일을 해야 될 때', 여자 그림 '가장 행복한 때-자기가 사고 싶은 물건을 살 때', 사람 그림에서 손가락과 발가락을 구체적으로 그림) 통제감을 발휘할수록 효율성을 해쳐서 오히려 기대만큼의 수행을 하지 못했을 가능성이 높아 보인다. 수검자는 SCT에서 '남자에 대해서 무엇보다도 좋지 않게 생각하는 것은 성욕이다', '내 생각에 남자들이란 여자라고 하면 환장하는 동물'이라고 하듯이 타인을 비난함으로써 간접적으로 자신의 도덕성을 강조하는 방식으로 기능저하로 인한 좌절감을 보상하고 있으나, 자신도 과거에 비행 행동을 저질렀던 상황에서(SCT: '어렸을 때 잘못했다고 느끼는 것은 거짓말, 도둑질, 폭행') 만족스러운 심리적 보상을 받지는 못했을 것으로 여겨진다. 이러한 수검자는 HTP 나무 그림에서 '가을이 돼서 잎이 빠지는 나무'라고 하고, Rorschach에서 '폐', '골반' 등의 반응과 함께 무채색반응을 7개나 보일 정도로 상당한 심리적 고통감을 느끼고 있는 것 같다(SCT: '내가 보는 나의 앞날은 넘고 넘어도 또 넘어야 되는 드높은 산 같다').

그러나 완벽함에 대한 추구로 인해 오히려 결정을 내리지 못하고 우유부단한 태도를 보이는 경우가 많아(SCT: '무엇보다도 좋지 않게 여기는 것은 거짓말이다…… 그러나 하게 된다', '나의 성생활은 만족한다…… 내지는 아니다이다', '내가 어렸을 때 우리 가족은 나쁘지도 좋지도 않다', '내가 성교를 했다면 좋았을 것이다…… 하지만 금새 생각이 바뀔 것이다', '윗사람들이 오는 것을 보면 나는 잘 보이고 싶어 한다…… 또는 무섭다') 문제 상황을 해결하지 못한 채, 고통감이 지속되기 쉬워 보인다. 군 생활 환경에서 스스로 통제할 수 있는 영역이 줄어들면서 고통감이 가중되어 온 것으로 보이지만, Rorschach의 3개 색채카드 중에서 2개 카드에서 실패하고 있듯이 정서적 자원이 빈약한 수검자는 내면의 고통감에 직면하기보다는 SCT에서 '강박증'으로 인한 고통감을 7번이나 표현할 정도로 외적 증상에 몰입하고 있으며, 한편으로는 주변의 도움을 구하고 있는 것 같다(SCT: '내 생각에 참다운 친구는 연락을 안 해도 연락 오는 사람…… 기다려 주는 사람', '내가 바라는 여인상은 어머니 같은 사람이다', '나의 어머니는 항상 날 챙겨 주신다 / HTP: 나무 그림 '필요-따뜻한 덮개').

🗂 요약과 제언

○ 요약

전체지능: 82, 평균 하 / 언어성 지능: 81, 평균 하 / 동작성 지능: 87, 평균 하

수검자의 지능은 평균 하 수준으로 나타남. 익숙하거나 간단한 도구를 다루는 능력은 양호해 보이지만, 고차원적인 개념에 대한 이해가 필요한 경우 기능 수준이 떨어질 수 있고, 꾸준한 노력이 필요한 지식을 습득하지 못해 연령 수준에 비해 미숙하거나 부적절한 언행을 하기 쉬움. 그리고 주변 사람들의 평가에 상당히 신경을 쓰고 있으나, 사소한 영역에 집착하여 주변 사람들의 공감을 얻기가 힘들어 보임. 수검자는 완벽주의적이고 자신에게 엄격한 모습을 보이지만, 지나친 통제로 인해 오히려 효율성을 해치고 사고의 유연성이 떨어져 기대만큼의 수행을 방해하기 쉬움. 스스로의 도덕성을 강조하고 있지만, 본인 스스로 일탈 행동을 했던 과거력을 가지고 있어 스스로 부적절감과 좌절감을 느끼며 고통스러워하고 있는 것으로 보임. 게다가 완벽함을 추구하는 과정에서 나오는 우유부단하고 양면적인 태도는 문제 해결을 더욱 방해하고 있는 것으로 여겨짐. 통제감을 발휘하기 어려운 상황에서 고통감이 클 것으로 보이지만, 정서적 자원이 빈약해 사소한 외적 증상에 몰입하고 있는 것으로 생각됨.

○ 임상적 진단

심리평가 결과, 수검자는 다음과 같은 진단이 시사됨.
- Obsessive-Compulsive Personality Disorder
- R/O Obsessive-Compulsive Disorder

51 명시되지 않는 성격장애(Unspecified Personality Disorder)

1. 행동관찰의 중요성, 잦은 핑계, 극단적 수동성, 유약함 강조, 공격 유발 가능성(남자/19세/대재)

📂 의뢰 사유

수검자는 '잦은 기분 변화', '데자뷰' 등을 주소로 내원하였으며, R/O Adjustment Disorders 임상적 인상하에 성인종합심리평가가 의뢰되었다.

📂 행동관찰과 면담

※ 수검자는 검사 내용은 빈약한 반면, 행동상의 특성이 강하고 이를 통해 자신의 성격적 경향을 확연히 드러내고 있어서 행동 양상을 구체적으로 기록함.

수검자는 다소 작은 키, 보통 체구의 남성이었다. 위생상태는 양호해 보였으나, 고개를 푹 숙이고 검사실에 들어와서 고개를 일정 각도로 숙인 고정 자세로 앉아 있었고, 고개를 들도록 계속 요청해도 끝까지 자세를 바꾸지 않았다. 검사 내내 잔뜩 웅크린 자세로 앉아 있었고, 동작도 매우 느렸다. 제한 시간이 지나 다음 과제를 지시하는 중에 이전 과제의 대답을 말하는 경우가 많았고, 규칙을 수용하지 못한 채 자신을 기다려 주지 않는 것에 대한 불만을 검사자의 개인적인 인격적인 문제로 바꾸어서 말하였다('뭐가 그렇게 급하십니까?', '선생님은 이걸 그렇게 빨리 할 수 있습니까?'). 지시를 반복해서 알려 주어도 이를 수용하지 못하고 '뭐라고 답해야 합니까?', '없는 게 한 가지씩밖에 없습니까?', '여러 가지 대답이 가능합니다', '어떻게 놔도 이야기만 맞으면 되지 않나요?', '마음대로 대답해도 되나?'라고 하는 등 주어진 문제 자체의 문제점을 강하게 호소하고 있는데, 이는 무조건 반항하려는 경향과 함께 자존심이 강해 자신의 낮은 기능 수준을 수용하지 못하고 있는 모습을 반영하고 있는 것 같다. 수검자는 심지어 차례 소검사에서 나열한 카드를 전혀 손대지 않은 채 '이대로 말이 된다'라고 하고, 산수 소검사에서 문제를 본인 마음대로 바꾸는('하루 반이 아니라 하루만에 하는 걸로 해도 되지 않습니까?') 등 정도를 넘어서는 고집스러움이 나타났다.

시선을 마주치지 않고 웅크린 자세를 하고 있으면서도 언어 표현은 매우 또렷하였고, 이러한 상반된 모습을 통해 자신의 존재감을 드러내고 있는 것으로 보이지만, 결국 언어표현의 내용은 매우 단순한 수준이었다. 수검자는 각 검사를 시작할 때마다 초반에는 바로 반응하지 않고 있다가 시간이 지나 검사자가 다음 지시로 넘어가는 경험을 몇 번 하고 나면 불만을 한 번 토로하고는 반응이 빨라지는 양상을 반복하고 있는데, 수검자의 느린 반응은 '반항성의 표현'과 '자존심 유지'의 두 가지 상태를 반영하고 있는 것 같다. 수검자는 토막 소검사에서 과제를 수행한 다음 과제를 위해 검사자가 토막을 흩어 버리는 것조차 수용하지 못하고 자신이 하겠다고 하는 등 통제감을 조금도 양보하지 않으려 하였다.

한편, 검사 내내 손톱 주변의 살을 뜯고 있는 등 일관되게 퇴행된 모습을 보였는데, 이렇듯 주변 사람들의 관심을 끌어 자신에게 사소한 비난을 하게 하고는 이를 트집 잡아 주변 사람들을 비난하는 양상을 보일 가능성이 높아 보인다. 그리고 산수 소검사에서 과제가 어려워지자 갑자기 '지금 이 일이 어제 있었던 것 같다', '약을 받을 수 있나?'라고 하면서 화제를 전환했는데, 이러한 대처 방식 또한 일상생활에서 반복하고 있을 것으로 여겨지는바, 수검자가 호소하는 증상들은 스트레스를 벗어나기 위한 방편인 경우가 많을 것으로 여겨진다. 그리고 HTP에서 집 그림을 1분이 넘도록 그리지 않아 다음 그림을 그리도록 하자 '원래 그렇게 무섭습니까?'라고 검사자를 비난하고는, Rorschach에서는 첫 번째 카드에서 9초 만에 뭔가 대단한 것을 발견했다는 듯이 '2개가 보입니다'라고 뿌듯한 표정을 지으며 말하는 등 자신의 수행 수준에 따라 감정상태가 급변하였다.

내원 사유에 대해서는 '상담하다가 중대장이 진료를 잡았다'라고만 할 뿐 자신의 불편감에 대해서 구체적으로 설명을 하지 못하였다. 면담 시 개방적인 질문('대학생활은 어땠나?')에 대해 당황스러워하며 '어떤 걸 묻는 거냐?'라고 공격적인 말투로 반문할 뿐 역시 구체적인 대답은 하지 못하는 경우가 많았다.

🗀 지능과 인지기능

수검자의 **전체지능은 66, 경도 정신지체 수준**으로 나타났으며, 언어성 지능은 71, 경계선 수준, 동작성 지능은 67, 경도 정신지체 수준으로 두 지능 간의 차이는 크게 나타나지 않았다.

언어성 지능을 살펴보면, 단순한 자극에 대한 주의력이 평균 수준으로 나타나 주의력은 양호해 보이지만, 바로따라외우기(11점)에 비해 거꾸로따라외우기(6점)가 매우 낮게 나타나고

한국 웩슬러 성인 지능검사(K-WAIS)			
지능	점수	백분율	수준
언어성 지능	71	3%ile	경계선
동작성 지능	67	2%ile	경도 정신지체
전체지능	66	2%ile	경도 정신지체

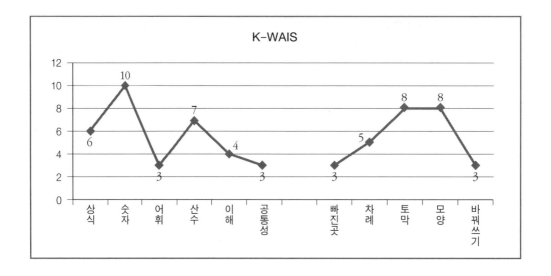

있어서 작업기억력이 부족해 보인다. 이러한 수검자는 수계산 능력도 평균 하 수준으로 다소 낮게 나타나고 있었다. 한편, 기본적인 상식이 경계선 수준, 사회적 상황에 대한 이해력이 정신지체 수준을 보이고 있어서 전반적인 상식 수준이 매우 부족하고('국보-모른다', '브라질-아프리카', '돌다리-모른다', '나무-모른다'), 어휘구사력과 사물의 유사성을 파악하는 능력도 모두 정신지체 수준을 보이고 있어서 의사소통을 위한 언어적 자원도 매우 빈약해 보이는바('풍년-모른다', '단풍-빨간색 나무가 떨어지는……'), 미숙한 언행을 보이기 쉬운 것 같다. 수검자는 '목화씨-남씨다', '음식-익혀 먹고 싶은 사람 마음이다'라고 하는 등 대답하려고 노력하는 모습을 보였지만, 진지하게 고민하기보다는 억지로 우기는 식으로 대답하는 경우가 많았다.

　동작성 지능 영역에서는 시공간 구성 능력과 부분을 통해 전체 상을 구성하는 능력이 평균 하 수준으로 나타나 도구를 다루는 능력은 비교적 양호해 보인다. 그러나 시공간 운동 속도는 정신지체 수준으로 매우 낮게 나타나고 있는데, 이는 수검자의 낮은 동기 수준을 반영하고 있는 것 같다. 한편, 상황적 맥락을 파악하는 능력이 경계선 수준, 시각적 예민성이 정신지체 수준으로 나타나 사회적 상황에서의 판단 및 대처 능력도 매우 부족해 보인다. 그러나 전반적으로 자신이 과제를 파악하지 못하고 있다는 것을 수용하지 못한 채, 변명을 하며 대답을 회피하거나 답을 억지로 우기는 경우가 많았다.

지능검사 결과, 숫자, 도형 등 기계적인 자극을 다루는 능력은 평균 하 수준으로 나타나 비교적 양호해 보이지만, 언어적 자원, 지식 수준, 사회적 대처 능력 등은 매우 부족한 수준이어서 대면 상황에서 기능 수준이 떨어질 것으로 여겨지는바, 혼자 할 수 있는 도구적 과제만 하려는 불균형적인 모습을 보일 수 있겠다. 한편, 대개는 과제 해결을 하지 못할 때, 다른 핑계를 대는 경우가 많아, 현재 측정된 수준이 수검자의 기능 수준인 것으로 여겨지지만, 소검사 간의 차이가 크게 나타나고 있어서 현재 자신의 기능 수준을 온전히 발휘했다고 보기 어려워 보이는바, 정확한 지능 평가를 위해서는 재평가가 필요해 보인다.

Rorschach 검사 결과, 수검자는 평범반응을 4개나 보이고 있어서 나름대로 적절한 반응을 보이고자 부단히 노력하고 있는 것으로 보인다. 그러나 총 반응 수가 13개로 적고 대부분 단순한 형태반응들이어서(L=1.60) 스트레스 상황에서 대처할 수 있는 심리적 자원이 매우 빈약한 것 같다. 그리고 인간운동반응을 4개나 보이고 있어서 주변 자극들에 대해 상당한 의미를 부여하고 있는 것으로 보이지만, 왜곡되거나 특이한 형태반응이 많아서(X-%=0.38, Xu%=0.23) 이러한 의미부여가 상당히 부적절하게 되는 경우가 많을 것으로 여겨진다.

📂 성격과 정서

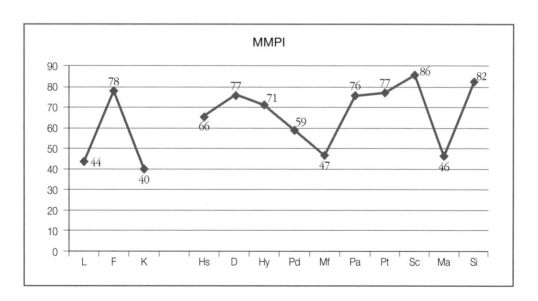

수검자는 MMPI에서 F척도가 78T로 높게 나타났고, 임상 척도 중에서도 6개 척도가 70T 이상으로 상승하고 있어서 극심한 고통감을 호소하고 있는 것으로 보인다(Rorschach: '사람 상체가 잘린 거', '곤충 껍데기가 없는 거'). 그러나 SCT에서 '우리 윗사람들은 무슨 말인지 모르겠다', '나의 장래는 모르겠다'라고 하는 등 '모르겠다'라는 대답이 많아 자신의 의견을 제시하지 못하는 경우가 많았고, '무슨 말인지 모르겠다'라는 말도 많이 하고 있는데, 이는 자신에게 주어진 과제 자체를 부인하는 것으로 여겨지는바, 상기의 고통감 호소는 막무가내 식의 일방적인 면이 강해 보인다. 그리고 HTP 나무 그림에서 '여러 가지 나무가 될 수 있다', '주변-제가 상상하는 겁니까? 옆에 어떤 게 있어야 하는 겁니까? 아니면 제 마음입니까?'라고 하였고, 남자 그림에서 '저를 그렸다'라고 하면서도 '단점-그런 건 제가 판단하는 게 아닙니다', '소원-자기에게 어울리는 표정을 그려 줘야 한다', 여자 그림에서 '생각-그건 이 여자가 알 거다', '장점-저는 이 사람에 대해서 잘 모릅니다', '성격-알고 싶지 않습니다'라고 하는 등 자기 내면의 모습을 드러내는 데 있어서 유난스럽게 방어적인 모습을 보이고 있어서, 그 고통감에 대한 공감적 이해를 오히려 방해하고 있었다.

수검자는 SCT에서 '대개 어머니들이란 자상해야 한다', '내가 아는 대부분의 집안은 화목하다'라고 하듯이 지지적인 환경에 대한 기대를 표현하고 있으나, '나는 어머니를 좋아했지만 어머니는 날 외면하셨었다', '내가 어렸을 때 우리 가족은 자주 싸웠다…… 아니, 내가 자주 혼났다'라고 하듯이 현실에서는 오히려 배신감이나 좌절감을 느끼며 지내 온 것으로 보인다. 이러한 수검자는 Rorschach에서 '악마가 웃고 있다', '무서운 화난 악마', '피 튀기는 거', '사람이 서로 이것을 뺏으려고 찢는 거' 등의 반응을 보이듯 주변 환경을 매우 위협적이고 공격적으로 인식하고 있는 것으로 보이는데, 본인은 더욱 공격적이고 강압적인 모습을 보임으로써 대응해 온 것 같다(Rorschach: '지하세계의 여왕…… 환호하는 거' / SCT: '내가 어렸을 때는 마음대로 살았다'). 그러나 문제 상황에 대한 자신의 책임에 대해서는 전적으로 부인하고(SCT: '어렸을 때 잘못했다고 느끼는 것은 없다', '내가 저지른 가장 큰 잘못은 없다'), 순진하게(naive) 군생활 환경을 비난하고 있어서(SCT: '남자에 대해서 무엇보다도 좋지 않게 생각하는 것은 군대 가는 거 빼고는 남자가 좋다', '내가 정말 행복할 수 있으려면 군대서 벗어나 가족끼리 지내야 한다') 사고 수준이 매우 미숙해 보이는바, 급격하게 자신의 유약함을 강조하면서 의존적인 모습을 보일 수도 있겠다(SCT: '어리석게도 내가 두려워하는 것은 나 자신이다', '내가 믿고 있는 내 능력은 없다', '때때로 두려운 생각이 나를 휩싸일 때 아무것도 할 수 없다').

🗁 요약과 제언

○ 요약

전체지능: 66, 경도 정신지체 / 언어성 지능: 71, 경계선 / 동작성 지능: 67, 경도 정신지체

수검자의 지능은 경도 정신지체 수준으로 나타났으며, 현재 수검자의 기능 수준을 적절히 반영하고 있는 것으로 보이지만, 거부적인 태도가 지속되어 온 것을 고려하면, 정확한 평가를 위해서는 수검자의 태도가 수용적으로 바뀐 이후 재평가가 필요해 보임. 기계적 자극을 다루는 능력은 비교적 양호해 보이지만, 언어적 및 사회적 상황에서의 대처 능력은 매우 부족해 보임. 스트레스 대처 능력도 매우 부족하지만, 자존심이 강해 자신의 기능 수준을 수용하지 못한 채 무리하게 억지를 부리거나 부인하는 등 극단적 행동을 보일 수 있고, 엉뚱한 행동을 함으로써 문제 상황을 회피하고 있는 것으로 여겨짐. 게다가 과도한 지연 행동과 무반응 같은 극단적 수동성을 보이고, 주변 환경을 비난할 뿐 아니라, 객관성이나 중립성을 전혀 유지하지 못한 채 주변 사람들의 인성을 과도하게 비난하고 있어서 공격 유발의 가능성이 매우 높아 보이며, 주변 사람들의 스트레스를 급격히 상승시킬 수 있어 군생활을 유지하기 어려울 것으로 판단되는바 즉각적 개입이 필요해 보임.

○ 임상적 진단

심리평가 결과, 수검자는 다음과 같은 진단이 시사됨.

- Unspecified Personality Disorder
- R/O Intellectual Disability, Mild

2. 극단적 수동성, 부정적 사고에 몰입, 행동화 가능성 (남자/20세/고졸)*

🗁 의뢰 사유

수검자는 '화가 많이 나서 나를 조절하지 못할 것 같다', '남들이 나를 빗대어 다른 이야기를 하는 것 같다'를 주소로 내원하였으며, R/O Adjustment Disorders, R/O Unspecified

---

* K-WAIS-IV를 사용한 보고서는 이하 *표 처리함.

Dysruptive, Impulse-Control, and Conduct Disorder, R/O Intellectual Disability 임상적 인상하에 성인종합심리평가가 의뢰되었다.

📁 행동관찰과 면담

수검자는 큰 키에 건장한 체격으로, 얼굴이 크고 통통한 편이었다. 손에 볼펜으로 그린 흔적이 있었으며, 수염을 깎지 않아 거뭇거뭇하고 체취가 심하게 나서 위생상태가 매우 불량하였고, 손등에 상처가 있었다. 검사자가 문제를 설명하면 끄덕이며 수긍하였으나, 시선을 아래로 향하는 경우가 많아서 검사자와의 눈맞춤은 거의 이루어지지 않았는데, 검사지를 빤히 바라보는 모습은 평가 상황에 민감해져 있음을 시사한다. 공통성 소검사에서는 '어떤 동상입니까?'라고 적극적인 질문을 하기도 하였으나, 문항이 어려워지면 '모르겠다'라고 말하기보다는 '패스'라고 하는 경우가 많았고, 별다른 고민 없이 바로 포기하는 편이어서 전반적으로는 불성실해 보였다. 마지막 검사가 끝난 후 다소 과장된 모습으로 시계를 쳐다보는 등 불편감을 간접적으로 표현하기도 하였다. 내원 사유에 대해서 '중대장님이 가 보라고 해서 오게 되었다'라고 하는 등 문제의식도 부족해 보였다.

📁 지능과 인지기능

한국 웩슬러 성인 지능검사 4판(K-WAIS-IV)			
영역	지능	백분율	수준
언어이해	79	8%ile	경계선
지각추론	76	6%ile	**경계선**
작업기억	84	14%ile	**평균 하**
처리속도	89	23%ile	평균 하
전체지능	74	4%ile	경계선
일반능력	74	4%ile	경계선

※ 단일 점수로서 대표성을 가지는 지능지수는 진하게 표시함.

수검자의 **전체지능은 74, 경계선 수준**으로 같은 연령대에서 하위 4% 정도 수준이었다. 언어이해는 79, 경계선 수준, 지각추론은 76, 경계선 수준, 작업기억은 84, 평균 하 수준, 처리속도는 89, 평균 하 수준을 보이고 있었고, 지능 영역 간 차이는 13점으로 유의미하게 나타나지

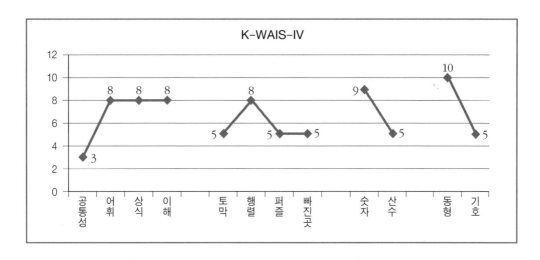

않았으나(기준 23점), 한 영역 안에서도 소검사 간 편차가 심하여(기준 5점) 전체지능과 일반 능력 모두 수검자의 기능을 온전히 대표한다고 보기 어렵기 때문에 각 소검사가 나타내는 기능 수준을 개별적으로 파악하는 것이 더 중요해 보인다.

언어이해 영역에서는 사회적 상황에 대한 이해력과 기본적인 상식이 평균 하 수준으로 나타나서, 전반적인 지식 습득 수준이 비교적 양호해 보인다. 그리고 어휘구사력이 평균 하 수준을 보이고 있어서 언어적 학습 수준도 비교적 적절해 보이나, 사물의 유사성을 파악하는 능력이 정신지체 수준이이어서('비행기와 자동차-기계') 추상적 사고 능력은 매우 부족한 것으로 생각된다. 게다가 대부분의 언어성 소검사에서 1점짜리 답을 말하는 경우가 많아서('대담한-용감하다', '세금-공공의 복지를 위해') 사고 수준이 매우 피상적인 것 같다.

지각추론 영역에서는 전체를 고려하여 핵심을 파악하는 능력이 평균 하 수준으로 나타나서, 자극을 통해 추론하는 능력은 비교적 양호한 것으로 여겨진다. 그러나 자극간의 관련성을 찾아내는 능력과 시공간 구성 능력이 경계선 수준으로 매우 낮게 나타나고 있어서, 보다 직접적으로 시각적 정보를 처리할 때는 기능 수준이 저하될 수 있겠다. 게다가 시각적 예민성이 경계선 수준으로 나타나서 주변 환경 변화에 매우 둔감해 보인다.

작업기억 영역에서는 단순한 자극에 주의를 기울이는 능력이 평균 수준으로 나타나고 있어서 간단한 정보를 기억할 때에는 양호한 기능 수준을 보일 수 있겠다. 그러나 산술 능력이 경계선 수준으로 나타나서('4×8+6=패스') 자극이 복잡해지면 기능 수준이 매우 떨어질 것으로 생각된다.

처리속도 영역에서는 긴장감 속에서 **빠른** 논리적 판단력을 발휘하는 능력이 평균 수준으로 나타나서, 시각적 변별이 필요한 상황에서는 적절한 기능을 발휘할 것으로 여겨진다. 그러나 시공간 운동 속도가 경계선 수준을 보이고 있어서 간단한 운동 과제를 할 때 상당히 낮은 기능을 보일 수 있겠고, 이처럼 낮은 점수는 성실성이 부족한 것과도 관련이 있는 것 같다.

지능검사 결과, 수검자는 간단한 정보를 기억하거나 시각적인 변별이 필요한 상황에서는 적절한 기능 수준을 발휘할 수 있는 것 같다. 그러나 자극이 복잡해지면 기능 수준이 떨어질 것으로 여겨지고, 추상적인 자극을 다룰 때에도 낮은 기능 수준을 보일 것으로 생각된다. 그리고 사고 수준이 피상적이고 추상적 사고 능력이 매우 부족해 보이는바, 주변 환경을 고려하지 못한 채 행동하는 경우가 많을 것 같다.

Rorschach 검사 결과, 수검자는 2회 실시에도 불구하고 총 7개의 적은 반응 수를 보이고 있듯이 스트레스에 대처할 수 있는 심리적 자원이 매우 부족해 보인다. 수검자는 문제 상황에서 전혀 논리적이고 객관적으로 상황을 판단하지 못한 채로(M=0) 특이한 형태반응을 많이 보이고 있어서(Xu%=0.29) 자의적인 판단에 따라 행동할 가능성이 높은 것 같다.

📂 성격과 정서

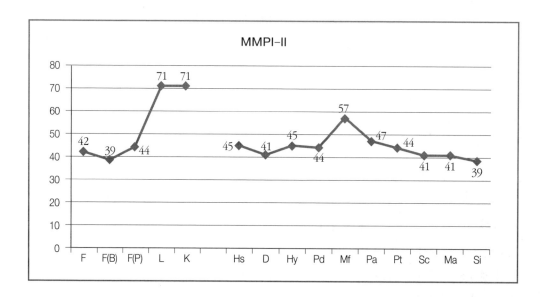

수검자는 검사 전반에 걸쳐서 별다른 고통감을 호소하지 않았고, HTP 사람 그림에서 '좋아 보인다', SCT에서 '우리 윗사람들은 잘해 주신다', '때때로 두려운 생각이 나를 휩싸일 때 이 또한 지나가리라' 등 무난해 보이는 반응들을 다수 보였다. 그러나 MMPI에서 K척도와 L척도가 모두 71T로 높게 상승하고 있듯이 사소한 약점조차 인정하지 않고 부인하는 경향이 강하고, 검사 전반에 걸쳐서 의도적으로 반응을 자제하면서 극도로 수동적이고 회피적인 방식으로 대처하고 있어서(HTP: '모르겠다'라는 반응을 많이 함 / Rorschach: 반응 수가 매우 적음 / SCT:

'없다', '좋다' 등의 반응들을 함), 실제 수검자 내면의 심리상태는 오히려 극단적인 부정적 사고에 몰입해 있을 가능성이 높아 보인다.

　　자아상이 과대한(HTP: 나무 그림 '4백 살') 수검자는 SCT에서 '내가 제일 좋아하는 사람은 불의와 싸우는 사람', '나의 평생 가장 하고 싶은 일은 남을 돕는 거'라고 하듯이 관습적 가치관을 중요하게 표현하고 있었다. 그러나 HTP에서 각 그림을 10초 이내로 매우 빠르게 그리듯이 성실성이 매우 부족하고, 문제 행동에 대한 자신의 책임을 부인하고 있어서(SCT: '나의 가장 큰 결점은 잘 모르겠다') 실제로 모범적인 대응을 하기는 어려울 것 같다. 게다가 내면의 공격성이 시사되는 반응을 나타내는 것을 볼 때(HTP: 나무 그림에서 가지를 뾰족하게 그림), 수검자 자신의 과대한 자아상을 손상시키는 경우에는 사소한 자극에도 흥분하여 극단적인 자해 및 타해 등으로 행동화(acting-out)할 가능성이 있어서 주변 사람들과 공동생활이 어려울 것으로 생각되는바, 적극적인 조치가 필요해 보인다.

🗁 요약과 제언

○ 요약

전체지능	74	경계선	일반능력	74	경계선
언어이해	79	경계선	지각추론	76	경계선
작업기억	84	평균 하	처리속도	89	평균 하

　　수검자의 지능 수준은 경계선 수준으로 나타남. 간단한 정보를 기억하거나 시각적인 변별이 필요한 상황에서는 적절한 기능 수준을 발휘할 수 있는 것으로 보이나, 자극이 복잡해지면 기능 수준이 떨어질 수 있고, 추상적인 자극을 다룰 때에도 낮은 기능 수준을 보일 것으로 여겨짐. 또한 사고 수준이 피상적이고 추상적 사고 능력이 부족해서 주변 환경을 고려하지 못한 채 행동하는 경우가 많을 것으로 보임. 수검자는 사소한 약점조차 부인하는 경향이 강하고, 검사 전반에 걸쳐서 의도적으로 반응을 자제하면서 극도로 수동적이고 회피적인 방식으로 대처하고 있는 것으로 여겨지는바, 실제 수검자 내면의 심리상태는 오히려 극단적인 부정적 사고에 몰입해 있을 가능성이 높아 보임. 자아상이 과대한 수검자는 관습적 가치관을 중요하게 표현하고 있으나, 성실성이 부족하고, 문제 행동에 대한 자신의 책임에 대해서도 부인하고 있어서 실제로 모범적인 대응을 하기는 어려워 보임. 게다가 내면의 공격성이 시사되는 반응을 고려할 때, 극단적인 자해 및 타해 등으로 행동화(acting-out)할 가능성이 있어서 주변 사람들과 공동생활이 어려울 것으로 생각되는바, 적극적인 조치가 필요해 보임.

○ 임상적 진단

심리평가 결과, 수검자는 다음과 같은 진단이 시사되며, 수검자의 극단적 수동성은 강도 높은 분노 감과 관련이 있어 보이는바 이를 고려한 개입이 필요해 보임.

- Unspecified Dysruptive, Impulse-Control, and Conduct Disorder
- Unspecified Personality Disorder
- Borderline Intellectual Functioning

3. 많은 눈물, 행동 양의 극단성, 보호 본능 유발, 피부 뜯기(남자/20세/대재)*

📁 의뢰 사유

수검자는 '우울감', '지능이 낮음' 등을 주소로 내원하였으며, 전반적인 심리상태를 파악하기 위해 성인종합심리평가가 의뢰되었다.

📁 행동관찰과 면담

수검자는 작은 키에 보통 체격이었으며, 안경을 쓰고 있었다. 전반적인 위생상태는 양호해 보였지만, 양손 엄지손가락을 손톱으로 계속 긁었고, 피부가 이미 많이 벗겨져 있었다. 검사자와의 눈맞춤도 적절했으나 눈치를 보는 경우가 많았다. 수검자는 어깨를 늘어뜨리고 느린 걸음으로 입실하였으며, 착석하자마자 검사자를 보고 눈물을 흘렸다. 검사 초반부터 '힘들다'라며 반복적으로 말하였고, 대답하는 데 오랜 시간이 걸리는 등 대부분의 문제를 어려워하였으며, Rorschach와 HTP에서 머리를 심하게 긁거나 크게 한숨을 쉬는 등 몸으로도 불편감을 표현하였으나, 대답을 할 때는 간혹 감탄사를 사용하는 여유를 보이기도 했다. 내원 사유에 대해서는 '처음에는 그냥 여기 있기 싫어가지고 집에 가고 싶어서'라고 말하였고, 검사 내내 울먹이는 상태였으며, 실제로 눈물을 흘리는 경우도 많았다.

📁 지능과 인지기능

수검자의 **전체지능은 65, 경도 정신지체 수준**으로 같은 연령대에서 하위 1% 정도 수준이

한국 웩슬러 성인 지능검사 4판(K-WAIS-IV)			
영역	지능	백분율	수준
언어이해	74	4%ile	경계선
지각추론	82	11%ilc	평균 하
작업기억	**62**	**1%ile**	**경도 정신지체**
처리속도	**69**	**2%ile**	**경도 정신지체**
전체지능	65	1%ile	경도 정신지체
일반능력	74	4%ile	경계선

※ 단일 점수로서 대표성을 가지는 지능지수는 진하게 표시함.

었다. 언어이해는 74, 경계선 수준, 지각추론은 82, 평균 하 수준, 작업기억은 62, 경도 정신지체 수준, 처리속도는 69, 경도 정신지체 수준을 보이고 있었다. 지능 영역 간의 차이는 유의미하지 않으나(기준 23점 차이), 언어이해 영역과 지각추론 영역의 소검사 간 점수 차이가 5점 이상으로 크게 나타나고 있어서(기준 5점 차이), 전 영역을 고려한 '전체지능'과 언어이해와 지각추론을 고려하여 산출된 '일반능력(74, 경계선 수준)' 모두 수검자의 기능을 온전히 대표한다고 보기 어렵기 때문에 각 지표가 나타내는 기능 수준을 개별적으로 파악하는 것이 더 중요해 보인다.

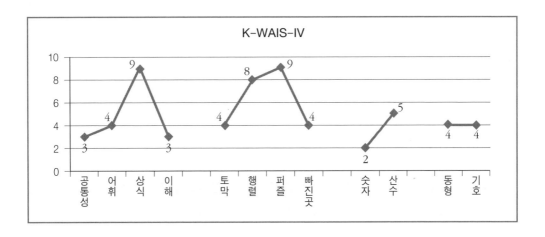

언어이해 영역에서는 상식 소검사가 평균 수준으로 나타나서, 단편적인 지식 습득 수준이 양호해 보인다. 그러나 어휘구사력, 사물의 유사성을 파악하는 능력, 사회적 상황에 대한 이해력 등이 정신지체 수준으로 나타나서('주저하다-안절부절 되는 거', '숟가락과 젓가락-뒤에 가락이 똑같아요', '법-법을 만드신 사람이 있으니까'), 전반적인 언어적 대처 능력은 매우 낮은 것

같다. 이를 보면, 간단한 단어나 짧은 문장을 이용한 의사소통은 가능할 것으로 보이지만, 수준 높고 깊이 있는 대화는 어려울 것으로 생각된다.

지각추론 영역에서는 부분을 통해 전체 상을 구성하는 능력과 전체를 고려하여 핵심을 파악하는 능력이 각각 평균, 평균 하 수준이어서 응용력 및 추론능력이 적당해 보인다. 그러나 토막짜기 소검사가 정신지체 수준으로 나타나서 직접 도구를 다루는 상황에서 기능 수준이 급격히 떨어질 수 있겠다. 그리고 시각적 예민성이 정신지체 수준이어서 주변 환경 변화에도 매우 둔감한 것으로 생각된다.

작업기억 영역에서는 수계산 능력, 단순한 자극에 대한 주의력이 각각 경계선, 정신지체 수준으로 나타나서, 주의집중력 및 수를 다루는 능력이 매우 부족한 것 같다. 그리고 숫자 소검사에서는 문제를 이해하지 못해서 틀리는 경우도 있었다.

처리속도 영역에서는 동형찾기, 기호쓰기 소검사가 정신지체 수준으로 나타나서, 단순한 자극을 다루는 상황에서도 민첩성이 떨어지는 것 같다.

지능검사 결과, 수검자는 단편적인 지식 습득 수준이 양호하고 비언어적 문제 해결력이 비교적 무난할 것 같다. 그러나 많은 소검사가 정신지체 수준이어서 잠재력에 미치지 못하는 기능을 보이는 경우가 많을 것으로 생각된다. 구체적으로는 언어 표현 능력, 주의력, 직접 도구를 다루는 능력이 현저하게 저하되어 있어서 관련 기능이 필요할 때는 자존감이 크게 떨어질 수 있겠다.

Rorschach 검사 결과, 수검자는 전체 반응 수가 3개로 매우 적게 나타나서, 판단이 애매한 상황에서는 극도로 수동적인 태도를 보일 것 같다. 다만, SCT에서는 무난하게 긴 반응을 하는 것을 고려하면, 대처가 가능하다고 여겨질 때 오히려 과도한 행동 반응을 보일 수도 있겠다.

🗁 성격과 정서

수검자는 MMPI에서 F척도가 87T로 나타났고, 5개 임상척도가 80T 이상으로 상승해서, 상당한 정서적 고통감 및 혼란감을 호소하고 있었다. 다만, MMPI에서 척도들의 점수가 과도하게 높게 상승하고 있고, SCT에서 '내가 늘 원하기는 군생활 끝나는 것', '무슨 일을 해서라도 잊고 싶은 것은 입대를 해서 지금 군생활을 하고 있다는 것', '내 생각에 남자들이란 군대를 가야 된다는 게 가장 큰 불행이라 생각합니다'라고 하는 등 군에 대한 불편감을 노골적으로 드러내고 있는 것을 보면, 수검자가 호소하는 고통감은 현재 처해 있는 상황과 관련이 커 보인다(MMPI: FBS=75T).

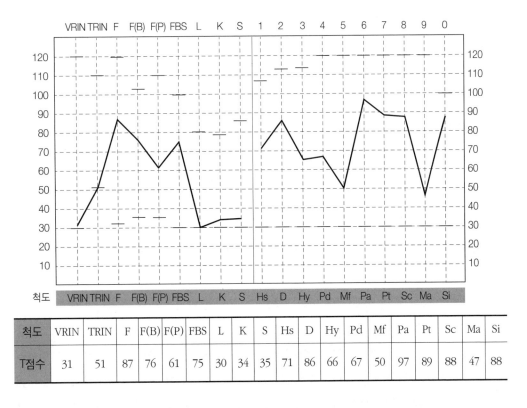

척도	VRIN	TRIN	F	F(B)	F(P)	FBS	L	K	S	Hs	D	Hy	Pd	Mf	Pa	Pt	Sc	Ma	Si
T점수	31	51	87	76	61	75	30	34	35	71	86	66	67	50	97	89	88	47	88

　　수검자는 HTP 집 그림에서 꽃을 첨가하여 그리고 있어서 애정 욕구가 커 보이는데(Rorschach: 대인관계에 대한 태도를 나타내는 카드를 가장 좋아하는 카드라고 함), HTP 집 그림에서 '필요-즐겁게 해 줄 수 있는 친구가 있었으면 좋겠습니다', 나무 그림에서는 '필요-기댈 수 있는 공간' 등의 반응을 고려할 때 오히려 의존적인 성향이 강한 것 같다(SCT: '내 생각에 참다운 친구는 함께 울고, 웃고, 슬퍼할 수 있는 친구라고 생각한다', '결혼생활에 대한 나의 생각은 여성에 따라 나도 변해 갈 것 같다'). 수검자는 윗사람에게 보호 본능을 불러일으키는 행동을 할 가능성이 높겠으나, 지능 수준이 낮아서 일상생활에서 연령 수준에 맞는 문제 해결이 힘들어 보이는바, 동년배나 계급이 낮은 대상에게는 책임감 있는 행동을 보이지 못하면서 부정적인 평가를 받는 경우가 많을 것 같다(SCT: '무엇보다도 좋지 않게 여기는 것은 내 자신을 평가하는 것').

　　수검자는 앞에 나타나듯이 스트레스 상황에서 의존적인 대응을 하기 쉽고(SCT '우리 가족이 나에 대해서는 혼자서는 아무것도 못한다고 생각합니다') 자신의 연약함을 반복적으로 표현함으로써 주변 사람들의 지지와 보호를 유도할 가능성이 있겠다(SCT: '이리석게도 내가 두려워하는 것은 한 번도 가 보지 않은 곳, 덩치가 큰 동물', '윗 사람이 오는 것을 보면 나는 숨는다'). 그러나 개인에게 일정한 책임이 부과되는 군 상황에서는 이러한 대응을 하기 어려울 것으로 여겨지고, 온전히 자신의 기능이 드러나는 상황에서 상당한 불안감을 느낄 것으로 생각된다. 이러한 수검자는 '피부 뜯기'와 같은 방식으로 불안감에 대처하고 있는 것 같다. 그리고 자아강도가 약해서(MMPI: K=34T) 스트레스가 가중될 때 극단적으로 퇴행된 행동을 보일 수 있겠다(SCT: '나의 가장 큰 결점은 엄청나게 소심해서 철벽 치는 것', '나에게 이상한 일이 생겼을 때 포기할 것 같다').

📂 요약과 제언

○ 요약

전체지능	65	경도 정신지체	일반능력	74	경계선
언어이해	74	경계선	지각추론	82	평균 하
작업기억	62	경도 정신지체	처리속도	69	경도 정신지체

수검자의 지능 수준은 경도 정신지체 수준으로 나타남. 단편적인 지식 습득 수준이 양호하고, 비언어적 문제 해결력이 비교적 무난해 보임. 그러나 언어 표현 능력, 주의력, 직접 도구를 다루는 능력 등이 현저하게 저하되어 있어서 관련 기능이 필요할 때는 자존감이 크게 떨어질 수 있음. 수검자는 군에 대한 불편감을 노골적으로 드러내고 있고, 정서적 고통감도 현재 처해 있는 상황과 관련이 있어 보임. 애정 욕구가 크고 의존적인 성향이 강해서 윗사람에게 보호 본능을 불러일으키는 행동을 할 가능성이 높겠으나, 동년배나 계급이 낮은 대상에게는 책임감 있는 행동을 보여 주지 못할 것으로 생각되고, 이러한 상황에서 부정적인 평가를 받는 경우가 많을 것으로 보임. 이러한 수검자는 자신의 연약함을 반복적으로 표현함으로써 주변 사람들의 지지와 보호를 유도할 가능성이 있겠음. 한편, 온전히 자신의 기능이 드러나는 상황에서 상당한 불안감을 느낄 것으로 생각되고, '피부 뜯기'와 같은 방식으로 불안감에 대처하고 있는 것으로 여겨짐. 그리고 스트레스가 가중될 때 극단적으로 퇴행된 행동을 보일 수 있겠음.

○ 임상적 진단
심리평가 결과, 수검자는 다음과 같은 진단이 시사됨. 미숙하고 의존적인 성향이 강한 수검자는 주변 사람들의 지지와 보호를 유도할 것으로 여겨지고, 자신의 기능이 드러나는 상황에서는 상당한 불안감을 느끼면서 극단적으로 퇴행된 행동을 보일 수 있겠음.
- Intellectual Disability, Mild
- Unspecified Personality Disorder
- R/O Excoriation Disorder

52　성기능장애 및 이상 성행동 관련 장애(Sexual Dysfunction & Paraphilic Disorder)

1. 자의적 해석, 공격성을 자랑함, 원초적 욕구에 충실
(남자/22세/고졸)

📂 의뢰 사유

수검자는 어려서부터 동물들에게 잔인한 행동을 보였고, 최근 동료를 폭행해서 징계 대기 중에 내원하였으며, R/O Antisocial Personality Trait, R/O Unspecified Dissociative Disorder, R/O Intermittent Explosive Disorder 임상적 인상하에 성인종합심리평가가 의뢰되었다.

📂 행동관찰과 면담

수검자는 큰 키에 보통 체격으로 흰 피부에 붉은 입술이었으며, 안경을 쓰고 고개를 옆으로 약간 기울인 채 입가에 옅은 미소를 띠고 있었다. 위생상태는 양호하였으나, 검사 내내 몸을 앞으로 기울이고 눈을 동그랗게 뜨고 검사자의 눈을 뚫어지게 쳐다보고 있어서 눈맞춤이 부담스러울 정도였다. 검사 시에는 힘있는 목소리로 적극적으로 대답했으며, 과제가 어려운 경우에도 많은 시간을 들여 정성을 기울이는 등 평가에 협조적이었다. HTP 그림검사에서 매우 빠른 수행을 보였으며, Rorschach에서는 매우 간단하게 대답했다. 내원 사유에 대해서는 '처음 훈련소에서 왕따 당해서 우울하다고 말했는데, 조치를 취해 주지 않았다. 부모님 욕을 해서 때렸다'라며 문제 행동뿐 아니라 자기정당성을 같이 드러내었다.

📂 지능과 인지기능

수검자의 **전체지능은 96, 평균 수준**으로 나타났으며, 언어성 지능은 99, 평균 수준, 동작성 지능은 92, 평균 수준으로 나타나고 있어서 두 지능 간의 차이는 유의미하지 않았다. 다만, 소검사 간의 격차가 매우 크게 나타나고 있어서 상황에 따라 기능 수준이 급격하게 변화될 수

한국 웩슬러 성인 지능검사(K-WAIS)			
지능	점수	백분율	수준
언어성 지능	99	47%ile	평균
동작성 지능	92	30%ile	평균
전체지능	96	40%ile	평균

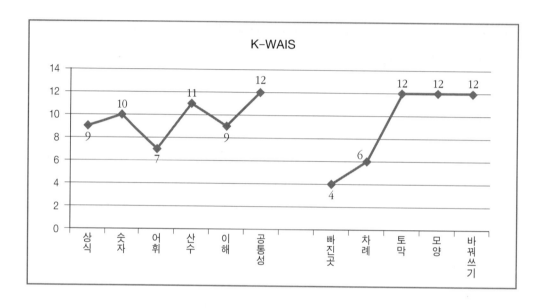

있겠다.

언어성 지능을 살펴보면, 사물의 유사성을 파악하는 능력이 평균 상 수준으로 언어적 잠재력은 양호해 보이나, 어휘구사력은 평균 하 수준으로 언어 표현 능력은 다소 부족해서 자신의 생각을 명확하게 표현하기 어려울 수 있으며 자신의 능력에 비해 학업적인 노력은 소홀하였던 것 같다('단풍-가을에 떨어지는 거'). 산술 능력은 평균 수준으로 연산 능력은 양호해 보이며, 순간적인 자극에 주의를 기울이는 능력도 평균 수준으로 바로따라외우기가 13점을 획득하고 있듯이 단순한 자극에 주의를 기울이는 능력은 상당히 높아 보인다. 다만, 거꾸로따라외우기가 5점으로 상대적으로 매우 낮게 나타나고 있어서 작업기억력은 매우 부족해 보이는 바, 자극이 복잡해지면 기능 수준이 매우 저하될 수 있겠다. 사회적 상황에 대한 이해 능력과 기본적인 상식은 평균 수준으로 사회적·학업적으로 습득된 지식 수준은 적절해 보이나, 쉬운 문항에서 오답을 말하는 경우가 많아서 학업적인 노력이 비일관적이었던 것 같다('국보-경복궁', '나무-그냥 산 관리하는 사람들이 돈 받고 하는 거').

동작성 지능을 살펴보면, 시공간 구성 능력과 부분을 통해 전체 상을 유추하는 능력은 평균 상 수준으로 도구를 다루는 능력이 높아 보이며, 시공간 운동 속도도 평균 상 수준으로 민첩성도 높은 것 같다. 그러나 상황적 맥락을 파악하는 능력과 시각적 예민성은 각각 경계선, 정신지체 수준으로 사회적 대처 능력이 극심하게 부족해서 대면 상황에서 부적절한 행동을 보일 수 있는데, 이렇듯 자신의 기능 수준에 비해 극심하게 낮은 사회적 대처 능력은 주변 사람들과 공감하지 못하고 자의적인 해석을 하는 경향과 관련되어 있는 것 같다.

지능검사 결과, 언어적 잠재력, 도구를 다루는 능력 등이 높게 나타나고 있듯이 인지기능은 연령 수준에 비해 다소 높아 보이나 학업적인 노력이 비일관적이었던 것으로 보이며, 작업기억력이 매우 부족해서 기능 수준이 일관되게 나타나기는 힘들었던 것 같다. 게다가 사회적 상황에서 자의적인 해석을 하는 경향이 강해서 주변 사람들과 공감하지 못하는 부적절한 행동을 보일 수 있겠다.

Rorschach 검사 결과, 수검자는 양호한 지적 수준에도 불구하고 총 반응 수가 8개에 불과하듯이 스트레스 상황에서 대처할 수 있는 자원은 매우 부족해 보이며(EA=0.0), 사고 수준도 경직되어 있는 것 같다(L=1.0). 이러한 수검자는 관습적이고 객관적으로 지각하지 못하고(P=1, X-%=0.63), 자신만의 독특한 영역에 주의를 기울이고 있어서(Dd=3) 문제 상황에서 자신의 생각대로만 해결하려 할 수 있으며, 이로 인해 주변 사람들과 갈등을 겪을 수 있겠다.

🗁 성격과 정서

수검자는 SCT에서 '완전한 남성상은 왕이나 독재가로 군림한 사람'이라고 하고, Rorschach에서도 반영반응을 보이고 있듯이 자아상이 지나치게 과대한 면이 있으며, Rorschach에서 색채반응을 전혀 하지 못하고, 첫 반응과 마지막 반응에서 '로봇', '과학 장치 달린 탑'이라고 하듯이 정서적으로는 무감동한 상태인 것 같다. 게다가 SCT에서 '내가 어렸을 때 동물이나 약한 친구를 괴롭히거나……', '무슨 일을 해서라도 잊고 싶은 것은 4년간 기르고 사랑했던 거북이를 순간의 화로 황산에 넣은 것', '어렸을 때 잘못했다고 느끼는 것은 애들 몇 명에게 장애를 안겨 준 것과 친구 여동생들을 심하게 학대한 것'이라고 하는 등 자랑하듯 거침없이 표현할 정도로 공격성을 당연시하고 있는 것 같다. 또한 수검자는 SCT에서 '우리 윗사람들은 나를 자기 마음대로 조종하려 한다', '나의 어머니는 기독교라는 병신 집단에 세뇌당하셨고, 기독교만이 삶의 행복이시다'라고 하듯이 주변 환경에 대해서도 자의적으로 판단하며 적대시하고 있고(MMPI: Sc=87T, Pa=94T), SCT에서 '내가 저지른 가장 큰 잘못은 최근에는 부모님께 거짓말을 해서 거짓 기쁨을 드린 것'이라고 하듯이 자신의 이익을 위해서는 반규범적인 행동을 할 가능성도 높아 보인다. 이러한 수검자는 상대방에 대해서 순종을 요구하는 가학적인(sadistic)

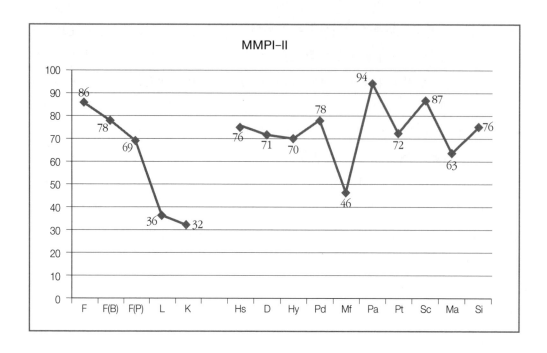

모습을 보이고 있어서(SCT '남녀가 같이 있는 것을 볼 때 여자를 빼앗고 싶다', '내 생각에 참다운 친구는 내게 절대 복종하는 노예다', '내가 바라는 여인상은 몸이 완벽하고 내게 세뇌당해 순종하는 여자다') 성적인 관계에서도 상당히 공격적일 수 있겠다.

　수검자는 이렇듯 입대 전에는 원초적인 욕구를 있는 그대로 표출하며 지내 온 것으로 보이지만, 현재와 같은 상황에서는 자신의 욕구를 충족하기 어려워 상당히 무기력해져 있는 것 같다. MMPI의 거의 모든 척도에서 높은 점수를 보이고 있듯이 심리적 불편감을 강하게 호소하고 있는 것은 이러한 무기력에 의한 고통감으로 여겨진다. 그러나 Rorschach 카드에서 '목이 잘린 것 같다'라고 하거나, SCT에서 '내가 평생 가장 하고 싶은 일은 싫어하는 인간들을 고문해서 스스로 죽게 하고 싶다'라며 공격성을 그대로 드러내고 있듯이 타인에 대한 배려는 매우 부족해 보이며, SCT에서 '나의 가장 큰 결점은 나 자신을 통제하기 어렵다는 것', '다른 친구들이 모르는 나만의 두려움은 내 생각이 잠꼬대 같은 무의식적인 행동으로 들통날까 봐'라고 하듯이 자신의 조절 능력이 부족함을 언급하고 있어서 군대 내에서도 스트레스가 가중되면 공격적인 행동을 반복할 수 있어 주의가 요구된다.

요약과 제언

요약

전체지능: 96, 평균 / 언어성 지능: 99, 평균 / 동작성 지능: 92, 평균

수검자의 지능 수준은 평균 수준으로 나타남. 인지기능은 연령 수준에 비해 다소 높아 보이나 기능 수준이 일관되게 나타나기는 힘들 수 있겠음. 수검자는 자아상이 지나치게 과대한 면이 있으며, 정서적으로 무감동한 상태여서 자신의 공격적인 과거사를 반복적으로 언급할 정도로 내면의 분노감이 커 보임. 주변 환경에 대해 자의적으로 판단하며 적대시하고 있으며, 자신의 이익을 위해 반규범적인 행동도 보일 수 있으며, 가학적인 면이 두드러져서 성적 관계에서도 공격적인 모습을 이어 갈 수 있음. 현재 강하게 호소하고 있는 심리적 불편감은 자신의 욕구를 마음대로 드러내지 못하는 구속된 현실에 대한 무기력으로 보임. 공격성을 그대로 드러내고 있고, 조절 능력에 대한 부족함을 언급하고 있는바 공격적인 행동이 반복적으로 나타날 수 있어서 각별한 주의가 요구됨.

임상적 진단

심리평가 결과, 수검자는 다음과 같은 진단이 시사됨.

- R/O Sexual Sadism
- Antisocial Personality Disorder

2. 양가적 의미를 주는 애매한 행동, 절대자에 대한 존경심, 타인의 공격 유도(남자/20세/대재)

의뢰 사유

수검자는 선임병에게 성추행 및 폭행을 당한 이후 '불안감', '과각성' 등을 주소로 입원 중이며, R/O Posttraumatic Stress Disorder 임상적 인상하에 성인종합심리평가가 의뢰되었다.

행동관찰과 면담

수검자는 보통 키, 다소 왜소한 체구의 남성이었다. 환자복 차림으로 위생상태는 양호하였

으나, 퀭한 눈에 동그란 안경테를 써서 약간 어리숙해 보였고, 검사자와의 눈맞춤을 하지 못한 채 회상하듯이 위쪽을 향해서 눈을 감고 말하는 경우가 많았다. 지필 과제에서는 필압이 약해서 기운이 없어 보였는데, 전반적으로는 자신의 능력을 과장되게 보이려 하면서 실제로는 대충대충 지나가는 등 모순적인 태도를 동시에 보이는 경우가 많았다. 또한 수검자는 무언가 사연이 있지만 말하지 않고 있는 느낌을 강하게 주는 애매하게 절제된 모습을 보이면서도 어려운 과제가 나타나면 약간 신경질적인 모습을 보였는데, 이러한 태도는 주변 사람들을 답답하게 하여 거부감을 불러일으킬 수 있겠다. 한편, 검사가 끝난 후에는 멀쩡한 표정으로 '결과를 알려 주는 겁니까?'라고 묻는 등 평가에 대한 관심을 보이기도 하였다. 내원 사유에 대해서는 '외상 후 스트레스로 입원했다'라고 하였고, 고통스러운 표정을 지으면서도 외상의 내용을 설명하였다.

📂 지능과 인지기능

한국 웩슬러 성인 지능검사(K-WAIS)			
지능	점수	백분율	수준
언어성 지능	90	25%ile	평균
동작성 지능	85	16%ile	평균 하
전체지능	87	19%ile	평균 하

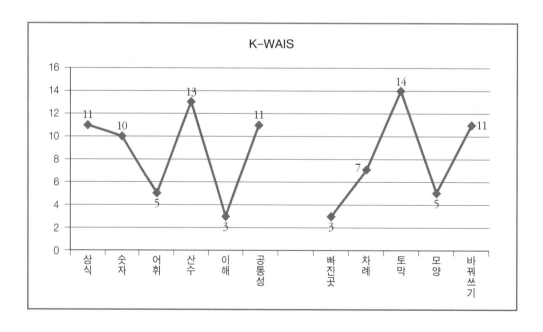

수검자의 **전체지능은 87, 평균 하 수준**으로 나타났으며, 언어성 지능은 90, 평균 수준, 동작성 지능은 85, 평균 하 수준으로 두 지능 간의 차이는 크게 나타나지 않았다.

언어성 지능을 살펴보면, 수계산 능력이 평균 상 수준이었고, 어려운 문제들을 10초 이내에 빠르게 맞추고 있어서 실제 연산 능력은 더 높아 보인다. 그러나 쉬운 문항에서 지나치게 성급하게 대답하다가 틀리는 등 자신을 과신함으로써 실패하는 경우가 종종 있을 수 있겠다. 그리고 단순한 자극에 대한 주의력은 평균 수준으로 나타나 주의력 수준은 양호한 것 같다. 기본적인 상식과 추상적 개념에 대한 이해력도 평균 수준을 보이고 있어서 단편적인 개념을 다루는 능력은 양호해 보인다. 그러나 어휘구사력과 사회적 상황에 대한 이해력은 각각 경계선, 정신지체 수준으로 매우 낮게 나타나고 있었고, 장황하게 설명을 하면서도 핵심에서 벗어나 점수를 얻지 못하는 경우가 많아서('가뭄-밭에 금이 가고 농작물이 생산이 안 될 때', '본보기-다른 사람을 위해 자신을 희생하는 것', '근로기준법-약자가 호소할 데가 없어서', '세금-하라니까 하는 거다') 사고가 상당히 피상적인 것 같다. 게다가 중립적인 검사에서조차 정답과 상관없이 '세탁-남의 비난이나 그런 걸 듣기 싫어서', '발신인-다른 사람이 가짜라고 의심할 수 있어서' 등의 반응을 보이고 있어서 기본적으로 가지고 있는 불신감이 커 보인다.

동작성 지능 영역에서는 시공간 구성 능력이 우수 수준으로 나타나 지적 잠재력이 매우 높아 보이고, 구조화된 상황에서는 높은 기능 수준을 발휘할 수 있을 것 같다. 그리고 시공간 운동 속도가 평균 수준으로 나타나 민첩성도 비교적 양호한 것 같다. 그러나 부분을 통해 전체 상을 구성하는 능력은 경계선 수준을 보이고 있어서 응용력이 매우 부족해 보이는바, 구체적인 지침이 주어지지 않을 때는 급격한 기능 저하를 보일 수 있겠다. 게다가 상황적 맥락을 파악하는 능력이 평균 하 수준으로 나타나 사회적 대처 능력이 부족하고, 시각적 예민성이 정신지체 수준이어서 주변 환경 자극에 극도로 둔감해 보이는바, 주변 환경을 고려하지 못한 채 독자적인 판단에 따라 고집스럽게 행동할 가능성이 높아 보인다.

지능검사 결과, 높은 지적 잠재력을 가지고 있으며, 특히 숫자, 도형 등 기계적인 자극을 다루는 능력이 탁월해 보인다. 그러나 이러한 자신의 능력을 과신함으로써 방심하여 제기능을 온전히 발휘하지 못하는 경우가 많을 수 있겠다. 그리고 수검자는 자존심이 강하지만, 사고가 지나치게 피상적이고 응용력이 부족하며 주변 환경 자극에 둔감해서, 주변 상황을 충분히 고려하지 못한 채 고집스러운 모습을 보이기 쉬운 것 같다. 그러면서도 자신의 낮은 기능 수준을 수용하지 못하고 주변 환경만 비난할 가능성이 높아 보인다.

Rorschach 검사 결과, 총 반응 수는 12개에 불과하여 스트레스 대처 자원이 상당히 빈약한 듯 보이지만, 그중에서 인간운동반응을 9개나 보이고 있어서 어떠한 상황에 처했을 때 지나치게 주관적인 의미 부여를 하는 경향이 강하고, 조직화 점수가 높아서(Zd=6.5) 매사에 자신이 통제할 수 있는 극도로 제한된 환경을 만들어 가는 데 익숙한 것 같다. 그러나 평범반응은 단 2개에 불과하고 왜곡된 형태반응도 많아서(X-%=0.42) 객관적 상황 파악 능력이 매우 부족해 보이는바, 수검자의 행동이 주변 사람들의 공감을 얻기는 힘들어 보인다.

🗀 성격과 정서

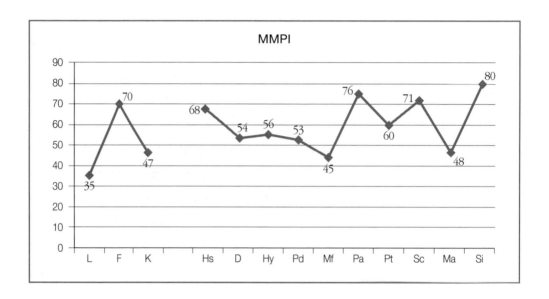

수검자는 HTP 여자 그림에서 가슴에 'NEW YORK'이라는 글자를 쓰고, 하이힐을 신고 배에는 허리띠를 묘사하는 등 장식을 많이 하였고, 집 그림에서도 '독일식 집'이라고 독특함을 강조하였으며, 나무 그림에서는 조금씩 확장을 하여 오랜 시간을 들여서 지면에 꽉 찬 나무를 그렸다. 게다가 HTP 나무 그림에서 '2백 살'이라고 하였고, 지능검사에서 나타나듯이 언어적 자원은 매우 부족함에도 불구하고 상당히 장황하게 내용을 표현하는 것까지 고려하면(HTP: 나무 그림 '생각-바람을 매우 싫어하고 낙엽들 바닥에 떨어진 거 보면 울 것 같고 외로움을 많이 탄다', '앞으로-버티다가 봄이 올 때까지 버티면 버티는 거고 죽으면 죽는다'), 주변 사람들의 관심과 인정을 받고자 하는 욕구가 매우 높아 보인다(HTP: 여자 그림 '다른 사람들이 우러러보게 부러워하는 사람이 되고 싶다' / SCT: '내가 늙으면 다른 사람에게 좋은 사람이었다고 인식되었으면 좋겠습니다'). 그러나 사고 수준이 피상적이면서 거만한 태도를 가지고 있는 수검자는 성실하고 꾸준하게 성취를 하지 못해 온 것으로 여겨지는바, 불안정한 모습을 보임으로써 주변 사람들로부터 인정을 받거나 신뢰를 얻기는 힘들었을 것으로 추정된다.

SCT에서 '내가 제일 좋아하는 사람은 제 말을 잘 들어 주는 사람입니다', '내가 싫어하는 사람은 저를 싫어하는 사람입니다'라고 하듯이 자기중심적인 사고 경향이 강한 수검자는 사고 수준이 미숙해 보이는바, 타인의 성취를 깎아내리면서 비난하고(SCT: '무엇보다도 좋지 않게 여기는 것은 지나치게 튀는 사람입니다', '완전한 남성상은 조용하고 얌전한 사람입니다', '남녀가 같이 있는 것을 볼 때 한심스럽다고 생각합니다'), 도덕적 가치를 부여하여 비난의 강도를 높일 수도 있겠다(HTP: 남자 그림 '미친 사람', '훔치거나 만만히 보이는 여성이나 노약자를 찾아서 돈을 뺏고 죽인다', '인간성이 거의 없다', '행복─약자들을 괴롭히거나 짓누를 때', '불행─경찰에 잡힐 때'). 또한 수검자는 Rorschach에서 경쟁적인 구도('한 사람을 가지고 천사랑 악마가 자기 쪽으로 끌어들이는 느낌, 제단에서 숭배하는 사람', '라이벌이 서로 이기려고 부딪친다', '옷을 서로 가져가려고 당긴다', '서로 반으로 나뉘어서 전쟁하는 거')와 절대자에 대한 존경심('성스러운 기운', '한 사람이 자기를 숭배하고 군중이 조아리고 있다')을 반복적으로 표현하였고, HTP의 모든 그림에서 격자무늬를 많이 그리고 있듯이 반추하는 경향이 매우 강해 보이는바(SCT: '나에게 이상한 일이 생겼을 때 방 구석진 데 가서 이상한 일을 곱씹어 생각합니다'), '경쟁'과 '절대자'라는 주제에 과도하게 몰입할 가능성이 높아 보인다.

경쟁이라는 스트레스를 견디지 못한 수검자는 주변 사람들을 위협적으로 느끼고 있는데 (MMPI: Pa=76T / SCT: '어리석게도 내가 두려워하는 것은 다른 사람의 시선입니다', '다른 친구들이 모르는 나만의 두려움은 다른 사람을 의식하는 것입니다', '내가 잊고 싶은 두려움은 다른 사람들의 인식입니다', '내가 저지른 가장 큰 잘못은 다른 사람에게 낯을 많이 가리는 점입니다'), 한편으로는 분노감도 커 보이는바(Rorschach: AG=6 / SCT: '내가 다시 젊어진다면 가해자들에게 복수하고 싶다'), 단순히 위축되어 있기보다는 극도로 수동적인 모습을 보임으로써(HTP: 집 그림 '조용하고 시골에서 산다' / SCT: '내가 믿고 있는 내 능력은 지나치게 침착하는 점입니다') 주변 사람들로 하여금 스트레스를 받고 수검자를 공격하도록 하여 공격자가 비난을 받게 만드는 자기파괴적인 행동 방식을 반복할 가능성이 높아 보인다.

🗀 요약과 제언

○ 요약

전체지능: 87, 평균 하 / 언어성 지능: 90, 평균 / 동작성 지능: 85, 평균 하

수검자의 지능 수준은 평균 하 수준으로 나타남. 수검자는 높은 지적 잠재력을 가지고 있지만, 성실성이 부족하고 안이한 태도를 보임으로써 잠재력을 발휘하지 못하는 경우가 많고, 스트레스에 취약하지만 자신의 상태를 객관적으로 인식하지 못하고 주변 환경을 비난하기 쉬움. 또한 자신이 통제할 수 있는 매우 제한된 환경을 만들어 자의적인 판단에 따라서만 판

단하고 대응하고 있는 것으로 여겨짐. 자신의 기대와는 달리 주변의 인정을 받지 못하는 상황에서 부적절하게 주변 사람들을 비난하기 쉬움. 경쟁이라는 스트레스를 이기지 못한 수검자는 주변 환경을 위협적으로 인식하고 있으며 분노감도 커 보이는바, 극단적인 수동성을 통해 주변 사람들이 반감을 느끼고 수검자를 공격하게 하여 공격자를 비난하는 자기파괴적인 대응방식을 반복할 가능성이 높아 보임.

○ 임상적 진단

심리평가 결과, 수검자는 다음과 같은 진단이 시사되며, 내면적으로 피학적(masochistic) 성향이 강해 앞으로도 구타 유발의 가능성이 높아 보이는바 주의가 요망됨.
- R/O Posttraumatic Stress Disorder
- Unspecified Personality Disorder

3. 미숙함, 높은 불안과 긴장, 사회성 부족, 모와 과도한 밀착, 성욕 저하(남자/42세/고졸)

🗁 의뢰 사유

수검자는 '부부갈등'을 주소로 내원하였으며, 전반적인 인지기능 및 성격 파악을 위해 성인 종합심리평가가 의뢰되었다.

🗁 행동관찰과 면담

넥타이까지 착용한 깔끔한 양복 정장 차림의 수검자는 보통 키, 다소 통통한 체구의 40대 초반 남성으로 혼자 내원하였다. 위생상태는 양호하였으나, 검사자와의 눈맞춤은 잘 하지 않았고 다소 회피적인 모습이었다. 매우 긴장된 자세로 앉아 있었고, 매 문항을 고심하며 대답하는 모습이었으나, 과제에만 지나치게 초점을 맞추느라 다른 부분은 신경을 쓰지 못하는 등 경직된 모습을 자주 보였다. 동작성 과제에서는 수행이 끝나면 보란 듯이 앞으로 밀고 별다른 생각 없이 충동적으로 책상 위의 도구들을 만지는 등 마치 어린아이 같은 행동을 보였다. 그리고 한번 당황하면 대답을 전혀 하지 못하고 불안 수준이 급격하게 상승하면서 이를 감당하지 못하고 문제 해결에 대한 의지를 완전히 상실한 듯한 모습을 보였다. 수검자는 지능검사를 실시하면서 지나치게 시무룩해졌으며, Rorschach 수행 시에는 더 이상 보이는 게 없다고 하면서도 카드를 계속 들고 쳐다보는 등 역시 경직된 태도를 보였다. 면담 시 내원 사유에 대해서는 애매하게 돌려서 말하다가 결국은 '부부갈등 때문에', '부인이 자신을 불신한다'라고 하였으며, 이후에는 어려서 겪었던 친부의 외도부터 현재 부인과의 성생활에 대해서까지 구체적으로 설명하였다. 그러나 매우 심각한 내용들이 많았음에도 불구하고 별로 심각성이 느껴지지 않는 듯 웃으면서 말하는 경우가 많았다.

🗁 지능과 인지기능

한국 웩슬러 성인 지능검사(K-WAIS)			
지능	점수	백분율	수준
언어성 지능	106	66%ile	평균
동작성 지능	98	43%ile	평균
전체지능	103	57%ile	평균

수검자의 **전체지능은 103, 평균 수준**으로 나타났으며, 언어성 지능은 106, 평균 수준, 동작성 지능은 98, 평균 수준으로 두 지능 간 차이는 크지 않았다.

언어성 지능을 살펴보면, 기본 지식이 우수 수준으로 높게 나타나고 있어 풍부한 상식을 갖고 있는 것으로 보이며, 사회적 상황에 대한 이해력도 평균 상 수준으로 나타나 사회적 규

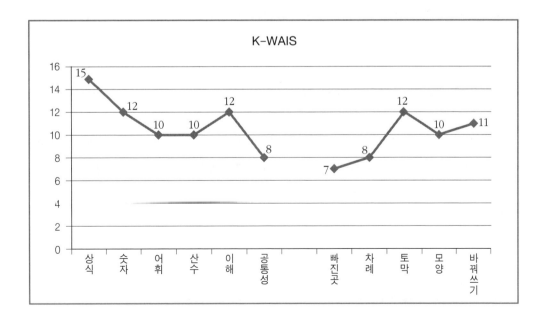

범이나 규칙에 대한 인식 및 이해 수준도 높아 보인다. 단순한 자극에 대한 주의력도 평균 상 수준으로 나타나 단기 집중력이 높아 보이나, 수계산 능력은 평균 수준이었으며, 난이도가 높아지면서 급격하게 과제 해결을 어려워하고 근사치의 대답을 하며 틀리는 모습을 보였는데, 이는 불안 수준이 상승하면서 사고의 효율성이 떨어진 것과 관련이 있어 보인다. 어휘구사력은 평균 수준이었으나, 이보다 고차원적인 사고력이 요구되는 공통성 소검사에서는 평균 하 수준의 수행을 보였으며, 매우 쉬운 문항('기쁨과 슬픔')에서조차 아무런 대답을 하지 못했는데, 이 역시 수검자의 높은 불안 수준과 관련이 있는 것 같다.

동작성 지능 영역에서는 시공간 구성 능력이 평균 상 수준이었으며, 부분을 통해 전체 상을 구성하는 능력은 평균 수준으로 나타나고 있어 기본적인 문제해결 능력은 양호해 보인다. 그러나 토막짜기, 모양맞추기 두 소검사에서 모두 마지막 문항을 완성하지 못하였으며, 수행 당시 과도하게 긴장하고 시간이 지날수록 불안 수준이 높아졌던 점을 고려할 때, 자신이 설정한 한계 시간이 지나면서 불안감이 급격히 상승하여 수행 수준에 영향을 준 것으로 생각된다. 시공간 운동 속도는 평균 수준으로 민첩성도 적절한 수준을 유지하고 있었으나, 시각적 예민성과 상황적 맥락을 파악하는 능력은 평균 하 수준으로 낮게 나타나고 있어 주변 사람들의 감정이나 행동 변화를 인식하고 상황에 맞게 다음 대처 행동을 계획하는 등 사회적 상황에서 필요한 기능들이 다소 부족해 보인다.

지능검사 결과, 상식 수준이 높고 기본적인 문제해결 능력, 이해력, 집중력 등이 양호해 보이나, 난이도가 높아지면서 불안 수준이 급격히 상승하고 있어서 일상생활 속에서도 사소한 자극에 민감한 모습을 보이며 자신의 잠재력을 발휘하지 못하는 경우가 자주 있을 것으로 생각된다. 또한 사회적 상황에서의 판단 및 대처에도 약간의 어려움이 시사되는바, 수검자를 더욱 위축되게 만들 가능성이 있겠다.

Rorschach 검사 결과, 수검자는 관습적 지각 능력이 양호해 보이며(P=4), 전반적인 형태 지각도 적절한 것으로 나타나(X+%=0.88) 상황에 맞는 명확한 현실 판단과 적절한 대응을 할 수 있을 것으로 보인다. 그러나 타인의 시선과 평가에 지나치게 민감해져 있고(W:D:Dd=1:7:0) 총 반응 수가 8개에 그치는 등 스트레스 상황에서의 인지적 유연성이 매우 부족해 보이는바, 어떤 방식으로든 타인에 의해 자신이 평가받는 상황에서 매우 경직된 사고 및 행동 경향을 보일 것으로 생각된다.

📁 성격과 정서

ASI-R (불안민감)	AT&T (불안취약)	BDI (우울)	MDQ (조증)	HCL-32 (경조증)	BAI (불안)	STAI-Trait (특성불안)
62	40	27	9	16	24	57
70T	**79T**	**81T**	(cutoff: 7)	(cutoff: 14)	**80T**	60T

※ 역치 이상의 척도는 진하게 표시함.

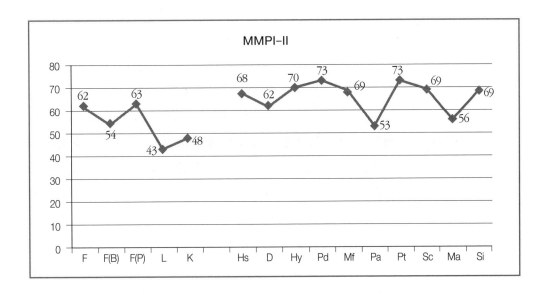

수검자는 MMPI에서 대부분의 임상척도가 70T 가까이 분포하고 있어 상당한 고통감과 혼란감을 경험하고 있는 것으로 보이며, F척도가 그다지 높지 않은 점을 고려할 때, 상기의 불편감은 상당 기간 지속되었을 가능성이 있겠다. 무엇보다도 7번 척도가 가장 높게 상승해 있으며, BAI도 80T로 높게 나타나고 있어 극도의 불안감을 경험하고 있는 것으로 나타났다. SCT에서 '어머니와 나는 서로 믿고 의지할 수 있는 최상의 가족이다'라고 하였으나, 수검자의 연령을 고려할 때 이러한 표현은 수검자가 모와 과도한 밀착상태를 유지하고 있음을 시사하는 것 같다. 그리고 HTP 집 그림에서 문이 없이 창문만 3개를 크게 그리는 등 여전히 높은 애정 욕구를 가지고 있으면서도, Rorschach에서 친밀감에 대한 태도를 나타내는 카드들에서 겨우 어렵게 반응을 하거나 아예 반응을 하지 못하였고, SCT에서는 '우리 집안은 대화가 많이 부족하여 의사소통이 잘 안 됨', '우리 가족이 나에 대해서는 자상하고 순박하여 사기를 당하기도 쉬운 형이다' 등의 반응을 보이고 있어 모를 비롯한 주변 사람들과의 관계에서 충분한 지지나 인정을 받지 못해 온 것으로 보인다.

수검자는 현재 결혼생활에 대한 걱정(SCT: '내가 늘 원하기는 결혼 후 아내에게 잘못한 것에 대한 미안한 마음을 헤아려 달라는 것', '내가 저지른 가장 큰 잘못은 아내에게 진정한 사랑을 주지 못하고 주저한다는 것', '나의 야망은 현재로는 결혼생활이 계속 유지될 수 있기를 바랄 뿐이다')과 성생활에 대한 불만족(SCT: '다른 친구들이 모르는 나만의 두려움은 성적 기능 부족', '내가 잊고 싶은 두려움은 스스로 잘못을 인식하지 못하는 것과 성적 불만족', '나의 평생 가장 하고 싶은 일은 성생활 만족', '나의 성생활은 스스로 움츠러들고 있어 불만족스럽다')으로 상당한 고통감을 느끼고 있는 것으로 보이며, 이러한 문제들을 적절히 해결하지 못하는 자신을 자책하면서도(SCT: '어리석게도 내가 두려워하는 것은 어떤 일이든 해낼 수 있다는 자신감이 없다고 스스로 느끼는 것) 아내에 대한 원망스러운 마음(SCT: '무슨 일을 해서라도 잊고 싶은 것은 아내가 남편의 기를 꺾어버려 자아상실에 대한 스스로의 마음을 잊고 싶은 것')도 가지고 있는 것 같다. 이러한 수검자는 HTP 집 그림의 지붕, 나무 그림의 수관, 사람 그림의 머리 안에 모두 선을 많이 그렸고, TAT에서도 '고뇌하는 거', '괴로워하는 거' 등의 내용만을 언급하고 있어서 고통스럽고 부정적인 내용의 사고를 반복하면서도 뚜렷한 해결책을 찾지 못한 채 불안감만 높아져 있는 것 같다.

HTP의 각 그림에 대한 질문에 거의 대답을 하지 못한 채 그림만 바라보고 있는 것처럼 자기만의 생각과 느낌을 인식하는 데 익숙하지 못한 것으로 보이며, 자기성찰을 하기 위해 자기 자신을 관찰하고 평가하며 상황에 맞게 스스로를 칭찬하고 비난하는 능력도 부족한 것 같다. HTP 사람 그림에서 남녀 모두 상의 가운데에 줄을 긋고 있듯이 나름대로 중심을 잡고 고민들을 정리하기 위해 노력하고 있으나, 그다지 효율적이지 못한 것으로 보인다. 또한 MMPI 5번 척도의 상승은 스트레스 상황에서 수동적·의존적·회피적인 경향을 시사하며, Rorschach에서 색채반응을 전혀 하지 못하고 색채카드에서도 반응에 실패하는 등 정서적 자원도 매우 빈약해 보이는바, 부정적인 감정뿐만 아니라 긍정적인 감정을 다루는 데에도 상당한 어려움을 겪을 것으로 예상되며, 감정을 다루거나 표현해야 하는 상황을 회피하기 쉬운 것 같다.

🗂 요약과 제언

○ 요약

전체지능: 103, 평균 / 언어성 지능: 106, 평균 / 동작성 지능: 98, 평균

수검자의 지능은 평균 수준으로 나타남. 전반적으로 양호한 지적 능력을 가지고 있는 것으로 보이나, 난이도가 높아지면서 불안 수준이 급격히 상승하고 있어 일상생활 속에서도 사소한 자극에 민감해져서 비효율적인 사고 및 행동을 보이기 쉬움. 사회적 상황에서의 판단 및 대처 능력도 다소 부족해 보이는바, 낯선 상황에서는 높은 불안과 수행의 비효율성이 심각해

질 수 있음. 스트레스 상황에서도 객관적인 시각을 유지할 수는 있으나, 인지적 유연성이 부족해 매우 경직된 행동을 보일 수 있음. 친밀감 형성에 어려움이 있으며, 결혼생활을 유지하는 데 있어서 아내에 대한 미안함과 서운함, 성생활에 대한 불만족감 등으로 인해 온갖 부정적 생각들만 반복하고 있으면서도, 뚜렷한 해결책을 찾지 못하고 내면에 감당하기 어려운 불편감들이 공존하고 있어 매우 극심한 불안감을 경험하고 있는 것으로 생각됨.

○ 임상적 진단

심리평가 결과, 수검자는 다음과 같은 진단이 시사됨.
- Generalized Anxiety Disorder
- R/O Male Hypoactive Sexual Desire Disorder

4. 과도한 지연 행동, 지능검사 신뢰도 부족, 적극적 고통감 호소, 비난 가능성 최소화(남자/20세/대재)

🗁 의뢰 사유

수검자는 '악몽을 꾸고 잠을 못 잔다', '떨리고 불안하다', '여자 옷을 자꾸 본다' 등을 주소로 내원하였으며, R/O Adjustment Disorders, R/O Cluster B Personality Trait 임상적 인상하에 성인종합심리평가가 의뢰되었다.

🗁 행동관찰과 면담

수검자는 보통 키, 보통 체구의 남성이었다. 이마에 여드름이 많았고, 위생상태는 양호하였으나, 어깨를 잔뜩 움츠린 자세를 하고는 긴장된 표정으로 시종일관 아래만 보고 있어서 검사자와의 눈맞춤은 잘 되지 않았는데, 이러한 모습이 상당히 과장되어 보였다. 검사 시 질문 외 의도에서 과도하게 벗어난 대답을 불필요하게 하는 경우가 많았고, 전반적으로 지시가 있은 다음에 반응이 매우 느리게 나타났으나, 반응 내용은 적절하여 점수의 저하가 시간의 지연 때문에 나타나는 경우가 많았다. 수검자는 지시를 제대로 듣지 않고 자기 마음대로 과제를 다루려고 하는 등 부적절하게 주도적인 모습을 보이기도 하였고, HTP 수행 시 초반에 성의 없는 태도를 보여서 이를 지적하자 과도하게 꼼꼼하게 하는 등 부적절한 행동 양상이 지속적으로 나타나고 있었다. 수검자는 HTP 수행 시 필압은 매우 약했지만 오랜 시간에 그림에 집 중하며 그렸는데, 이렇듯 상반된 모습이 동시에 나타나고 있는 것을 고려할 때, 수검자의 고 통감이 스트레스에 대한 반응으로서 나타나고 있을 가능성이 높아 보인다. 내원 사유에 대해 서는 '가라고 해서'라고 하는 등 별다른 불편감을 언급하지 않았으나, 면담이 지속되면서 '잠 을 못 잔다', '사람들이 두렵다' 등을 호소하기도 하였다.

🗀 지능과 인지기능

한국 웩슬러 성인 지능검사(K-WAIS)			
지능	점수	백분율	수준
언어성 지능	58	<1%ile	경도 정신지체
동작성 지능	46	<1%ile	중등도 정신지체
전체지능	50	<1%ile	경도-중등도 정신지체

수검자의 **전체지능은 50, 경도-중등도 정신지체 수준**으로 나타났으며, 언어성 지능은 58, 경도 정신지체 수준, 동작성 지능은 46, 중등도 정신지체 수준으로 두 지능 간의 차이는 크게 나타나지 않았다. 그러나 별다른 외상이 보고되지 않았고, 학적부상 과거 우수한 기능 수준 의 증거가 있고(초5: '전 교과 우수함', 중학교: 교과 우수상, 고등학교: 과학경시대회 은상), 평가 시 과도한 지연 행동을 보였으며, 불필요하게 부적절한 반응을 다수 보이고 있는 점 등을 고 려할 때, 현재 평가 결과를 신뢰할 수 없으며, 실제적인 기능을 파악하기 위해서는 재평가가 필요해 보인다.

언어성 지능을 살펴보면, 모든 소검사가 경계선 수준 이하를 보이고 있어 전반적인 언어기 능이 매우 저하되어 있는 듯 보인다. 수검자는 자신의 지식을 자랑하는 듯하면서 맞히지 않 고('물-상황마다 다르다…… 0도 100도'), 은어를 사용하거나('누설하다-누구한테 꼰지르는 거', '본보기-한 명이 총대 매는 거') 질문의 의도를 전혀 고려하지 않았으며('음식-자기 마음대로'), 공격성만 드러내는('매미와 나무-민폐', '붕어와 명태-회 떠 먹을 수 있다') 등의 모습을 보이고 있는데, 이는 고등학교까지의 수검자 학적부 기록과는 전혀 상반되는 내용이어서 낮은 기능 수준은 평가에 대한 거부감과 관련이 있는 것 같다.

동작성 지능 영역에서도 수검자는 모두 경계선 수준 이하의 낮은 기능을 보이고 있는데, 비슷한 수준의 낮은 지능을 가진 경우에 나타나지 않는 특이하고 부적절한 반응 양상이 나 타나고 있었다. 빠진곳찾기 소검사에서는 그림에 있지도 않은 내용을 상상해서 말하였고('돼

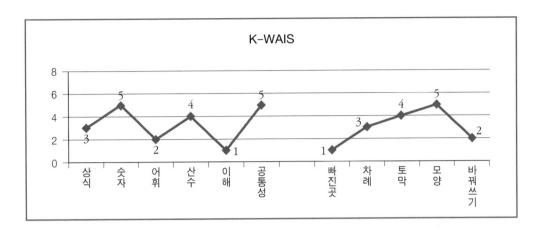

지-도살하는 사람', '게-간장이 없다…… 게장에서', '태양-무덤'), 차례맞추기와 모양맞추기 소검사에서는 정답에서 완전히 벗어난 엉뚱한 조합으로 맞추고는 당연하다는 듯한 표정을 지었는데, 이러한 행동 역시 평가에 대한 신뢰도를 낮추는 반응들로 보인다.

지능검사 결과, 수검자는 매우 낮은 기능 수준을 보이고 있으나, 초·중·고 학적부상의 기록과 상당한 격차를 보였고, 이렇듯 낮은 지능을 가진 경우에 통상적으로 나타나는 행동보다는 양적으로 풍부하면서 부적절한 반응 양상을 보이고 있어서 현재 검사 결과를 신뢰할 수 없으며, 정확한 평가를 위해서는 이러한 차이에 대해 수검자가 수용한 다음 재평가가 필요해 보인다.

Rorschach 검사 결과, 12개의 적은 반응 수를 보였고, 대부분 단순한 형태반응이면서 왜곡된 형태반응이 많아서(X-%=0.50) 스트레스 상황에서 대처할 수 있는 심리적 자원이 매우 부족해 보인다. 그리고 관습적 지각 능력이 매우 부족한 상황에서(P=1) 인간운동반응 3개 중에서 2개를 왜곡된 반응으로 하고 있어서 대인관계 상황을 오해할 가능성이 높아 보이는바, 추가적으로 갈등을 겪기도 쉬운 것 같다.

🗁 성격과 정서

수검자는 MMPI에서 9개 임상척도가 70T를 넘고 있어서 극심한 고통감을 호소하고 있는 것으로 보인다. HTP 집 그림에서 '이게 집이고 철조망으로 둘러싸이고 절벽이 있다 / 철조망 위에 집을 지어서 만든 거, 빨간색 비가 내린다', '필요-화산…… 언젠가는 죽을 테니까 죽을 때 마그마로 뛰어들고 싶어서', '앞으로-정확히…… 11개월 후에 화산이 덮친다', 나무 그림에서 '너무 오래되고 썩어서 죽어 가는 나무', '외롭다…… 언제 죽을지 모른다', '앞으로-조만간 죽을 것 같다', '소원-죽는 거' 등 매우 극단적인 반응들이 검사 전반에 걸쳐서 나타나고 있어

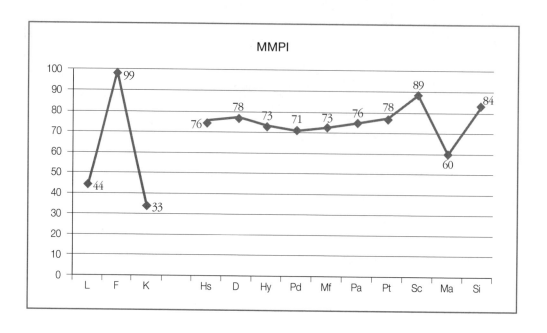

서 상기의 고통감을 매우 적극적으로 호소하고 있는 것 같다. 그리고 자존감 저하(SCT: '내가 믿고 있는 내 능력은 없다'), 외로움(HTP: 집 그림 '혼자 산다'), 무망감(SCT: '내가 보는 나의 앞날은 캄캄하다'), 자살사고(SCT: '내가 늘 원하기는 삶을 벗어나고 싶다') 등이 나타나고 있어서 우울감을 경험하고 있는 것으로 보인다(HTP: 나무 그림에서 그루터기만 그림, 남자 그림 '기형아로 태어나서 팔이 짧은데 다리가 긴 사람' / Rorschach: MOR=4). 다만, MMPI F척도가 과도하게 높게 상승해 있고, 대부분의 언어적 표현이 상당히 극적인 면이 있어서 상기의 고통감은 과장된 면도 있는 것 같다.

앞서 나타나듯 자존감이 매우 낮은 수검자는 HTP 나무 그림에서 '5백 살', 여자 그림에서 '백삼십 살', Rorschach에서 '타락한 신' 등의 반응을 보이듯 오히려 과장된 자아상을 형성하여 낮은 자존감을 보상하고자 하는 것 같다. 이러한 수검자는 HTP 수행 시 흐릿하고 작게 그림을 그리면서 오랜 시간 정교하게 그리듯이, 실패로 인해 비난받을 가능성을 최소화시키는 소극적인 방식으로 자신의 능력을 드러내는 행동을 지속적으로 보여 왔을 것으로 여겨진다. 그러나 이러한 시도는 성취 가능성을 축소시켜 좌절을 경험하기 쉽고, 자존심이 강한 수검자는 상당한 고통감에 시달렸을 가능성이 높아 보인다. 그러나 사고 수준이 미숙한 수검자는 자신의 책임에 대해서는 전적으로 부인하면서(SCT: '어렸을 때 잘못했다고 느끼는 것은 없다', '내가 저지른 가장 큰 잘못은 없다') 문제의 원인을 환경 탓으로만 돌리고 있어서(HTP: 여자 그림 '생각-내가 왜 안 죽지…… 몸도 팔이 날아가서 폭발사고로 희망이 없다, 죽어야겠다', '젊었을 때 전쟁이 일어나서 팔이 전쟁통에 다 날아가서 그걸 생각하며 후회한다', '성격-예전에 착하고 성실하고 예의 바르고 전쟁 후부터 이상하게 돼서 정신병원도 갔다'), 주변 환경에 대해서 상당한 분노감을 가지고 있는 것 같다(Rorschach: '두 사람이 있는데 가운데 괴물이 있고 무기로 괴물을 찌르기 직전의 모습', '얼굴 두 동강 난 거', '두 동강 난 사람', '피에 굶주리는 에일리언', '쌍둥이가 서로 죽이려고 기를 모아서 던지려고 하기 직전').

사고 수준이 미숙하고 여성스러운(MMPI: Mf=73T) 수검자는 순정만화나 연애소설 같은 공상 속에 갇혀서 지낼 수 있겠다(HTP: 여자 그림 '가장 행복한 때-예전에 남자 친구와 진실로 사랑했을 때', '가장 불행한 때-결혼 직전에 헤어졌을 때'). 그러나 원초적 욕구 통제에 어려움이 큰 수검자는 HTP 여자 그림에서 팬티와 브래지어 차림의 여성을 그리고 SCT에서는 '결혼생활에 대한 나의 생각은 성관계 연속이다', '내 생각에 여자들이란 다 나의 성 노리개다', '나의 평생 가장 하고 싶은 일은 여자랑 관계하는 거다', '내가 다시 젊어진다면 같은 반 여자랑 섹스할 거다', '내 생각에 남자들이란 섹스에 발광한 짐승이다', '남녀가 같이 있는 것을 볼 때 성행위 생각난다', '내가 성교를 했다면 난 성교 테크닉 다 보여 줄 거다', '내가 바라는 여인상은 섹스 잘하고 이쁘고 순종하는 여자다', Rorschach에서 '여자가 굶주려서 피눈물 흘리고 그런 거' 등의 반응을 보이듯 성적 주제에 집착하고 있어서, 성적 대상에 대해 부적절한 자기과대성을 보임으로써 부족한 자존감(SCT: '나의 성생활은 0점이다', '다른 친구들이 모르는 나만의 두려움은 성에 관한 거다')을 해소해 왔을 가능성이 높아 보인다. 그러나 이러한 방식으로 욕구를 해소하기 어려운 군생활 환경에서 고통감이 극대화되어 있는 것 같다.

📁 요약과 제언

○ 요약
전체지능: 50, 경도-중등도 정신지체 / 언어성 지능: 58, 경도 정신지체 / 동작성 지능: 46, 중등도 정신지체

수검자의 지능은 경도-중등도 정신지체 수준으로 나타남. 매우 낮은 기능 수준을 보이고 있으나, 초·중·고 학적부상의 기록과 수검태도, 특이한 반응 양상 등을 고려할 때 현재 검사 결과를 신뢰할 수 없으며, 정확한 평가를 위해서는 수검자가 안정된 이후 재평가가 필요해 보임. 스트레스 대처 능력이 매우 부족한 상황에서 대인관계 상황을 오해할 가능성이 높아 보이는바 추가적으로 갈등을 겪기도 쉬움. 수검자는 심한 고통감을 호소하고 있고, 우울감도 경험하고 있으나, 이러한 호소는 다소 과장된 면이 있음. 부족한 자존감을 환상에 가까운 자기과대성을 통해 극복하려 하고 있으나, 이러한 시도가 불가능한 상황에서 좌절감을 느끼고, 문제 상황에 대해서 환경을 탓하며 분노감이 극대화된 상태로 보임. 사고 수준이 미숙하고

원초적 욕구 통제에 어려움이 큰 수검자는 성적 주제에 몰입하여 부적절한 자기과대성을 해소해 온 것으로 보이나, 이러한 방식의 해소가 불가능한 상황에서 극심한 고통감을 느끼고 있는 것으로 생각됨.

○ 임상적 진단

심리평가 결과, 수검자는 다음과 같은 진단이 시사됨.

- Adjustment Disorders With depressed mood
- Malingering
- R/O Fetishism
- Cluster B Personality Trait

5. 일상에 소홀함, 주관적이고 독자적인 판단, 강한 힘에 대한 동경(남자/18세/고졸)

🗁 의뢰 사유

수검자는 '인터넷 중독', '자신을 알고 싶다' 등을 주소로 내원하였으며, 전반적인 인지기능 및 성격 파악을 위해 성인종합심리평가가 의뢰되었다.

🗁 행동관찰과 면담

수검자는 보통 키, 마른 체형의 10대 후반 남성으로 모, 누나 등과 함께 내원하였다. 안경을 쓰고 새하얀 셔츠를 입은 깔끔한 옷차림이었으며, 검사실에 들어와서는 무표정하게 있어 약간 차갑고 냉철한 인상을 주었으나, 검사가 진행되면서 웃는 모습을 자주 보였다. 검사자와의 눈맞춤은 적절하였고, 협조적인 태도로 검사에 임하였으며, 동작성 과제에서 수행이 끝날 때마다 검사자 앞으로 바짝 밀어 주는 등 다소 과도하게 성실한 모습을 보이기도 하였다. 그리고 모르거나 어려운 문제가 나오면 안타까워하는 모습이 다소 과장되게 보일 정도로 크게 나타났으며, 그러면서도 포기가 빠른 편이었다. 대답을 할 때도 '모르겠다'라고 하기보다는 '까먹었다', '없는 것 같다'라고 하는 등 자신의 실수나 실패를 인정하지 않는 모습을 자주 보였다. 내원 사유에 대해서 '자신이 궁금해져서', '나 자신에 대한 명확한 답을 듣기 위해서',

'나는 누구인가 알고 싶다'라고 하는 등 자아상의 혼란을 호소하였으며, 다른 불편감은 부인하였다.

📂 지능과 인지기능

한국 웰슬러 성인 지능검사(K-WAIS)			
지능	점수	백분율	수준
언어성 지능	97	43%ile	평균
동작성 지능	91	27%ile	평균
전체지능	94	35%ile	평균

K-WAIS로 측정한 **전체지능은 94, 평균 수준**으로 나타났으며, 언어성 지능은 97, 평균 수준, 동작성 지능은 91, 평균 수준으로 두 지능 간에 차이는 크게 나타나지 않았다. 다만 소검사 간의 점수 차이가 크게 나타나고 있어 상황에 따른 기능 수준의 차이가 클 것으로 예상된다.

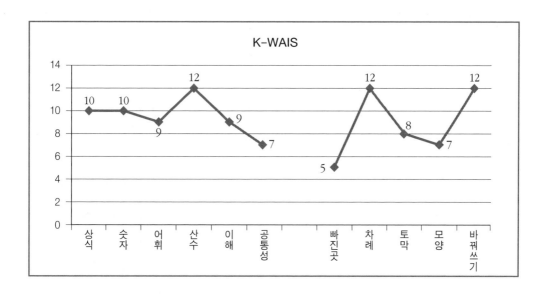

언어성 지능을 살펴보면, 수계산 능력은 평균 상 수준으로 높은 편이었으며, 단순한 자극에 대한 주의력도 평균 수준으로 나타나 주의집중 능력과 수 개념을 다루는 능력은 양호한 것 같다. 다만 숫자 소검사에서 바로따라외우기(11점)와 거꾸로따라외우기(6점) 간의 점수 차이가 크게 나타나고 있어 작업기억 능력의 저하가 시사되는바, 학년이 올라가면서 점점 더 복잡

하고 다양해지는 학업적 요구를 감당하기 어려웠을 수 있겠다. 어휘구사력은 평균 수준이었으나, 사물의 유사성을 파악하는 능력은 평균 하 수준으로 다소 낮게 나타났으며, 이는 언어 개념에 대한 고차원적인 이해 능력이 다소 부족하다는 것을 시사한다. 또한 기본적인 상식 수준과 사회적 상황에 대한 이해력은 모두 평균 수준으로 나타나 전반적인 지식의 습득 수준은 양호해 보이지만, 이해 소검사에서 추상적이고 비유적이며 애매한 사고 경향이 나타나고 있어서('나무-자연과 인간을 위해서', '근로기준법-사람은 행동하는 존재인데 노예로 대해질까 봐', '무역-우물 안 개구리처럼 지내다가 망할 수 있어서'), 일상생활 유지에 필요한 기본적인 것들에는 소홀하고 지나치게 이상적이고 추상적인 개념에만 몰입하고 있는 것 같다.

동작성 지능 영역에서는 상황적 맥락을 파악하는 능력이 평균 상 수준으로 높게 나타나 사회적 상황에서의 판단 및 대처 능력은 양호해 보인다. 따라서 대인관계에 있어서의 이성적인 판단 능력은 양호해 보이지만, 시각적 예민성은 경계선 수준에 그치고 있어 주변 환경의 작은 변화나 사람들의 감정 차이를 인식하지 못해 친밀하고 지지적인 관계를 형성하는 데에는 상당한 어려움이 예상된다. 또한 시공간 운동 속도도 평균 상 수준을 보이고 있어 평가 상황에서의 동기 수준이 높아 보이지만, 시공간 구성 능력과 부분을 통해 전체 상을 구성하는 능력은 모두 평균 하 수준에 그쳤고, 특히 토막짜기의 마지막 3개 문항은 전혀 맞히지 못하고 있어 문제 해결 및 응용 능력이 또래 수준에 비해 상당히 부족해 보이는바, 기대 수준과 실제 기능 수준의 차이로 인해 느끼는 부적절감도 클 것으로 예상된다.

지능검사 결과, 수검자는 평균 수준의 지적 능력을 가지고 있는 것으로 나타났으며, 수계산 및 집중력, 사회적 판단력, 민첩성 등은 비교적 높은 수준이었다. 그러나 언어 개념이나 사회적 현상에 대해서 구체적이고 핵심적인 이해보다는 추상적이고 애매한 이해 수준에 그치고 있으며, 주변 자극에 지나치게 둔감하고 기대 수준에 비해 문제해결 능력은 부족해 상당한 부적절감을 느끼고 있을 가능성이 높아 보인다.

Rorschach 검사 결과, 25개의 많은 반응 수를 보이고 있으며, 자극의 다양한 특성에 관심을 기울여 의사결정을 하고 있는 것 같다(L=0.29). 이러한 수검자는 다양한 주변 자극을 스스로 통제하려는 경향을 강하게 보이면서도(Zd=6.0), 평범반응은 단 1개에 불과하고, 왜곡된 형태반응은 지나치게 많이 나타나고 있어(X-%=0.72) 주변 상황을 파악하거나 문제를 해결하는 능력은 매우 부족해 보이는바, 기대 수준과 실제 기능 수준의 차이가 커 보인다. 수검자는 무엇보다 모호한 반응(v)을 11개나 보이고 있어 주변 환경 자극을 객관화하고 명확하게 인식하는 데 어려움이 커 보이는바, 주관적이고 독자적인 판단에 근거하여 행동할 가능성이 높아 보인다. 또한 문제 해결 과정에서 깊이 있게 생각하기보다는 순간의 감정에 따라 판단하는 경향이 강하게 나타나고 있어(EB=2:7.5) 충동적인 행동으로 인해 문제가 되는 경우가 많을 것으로 예상된다.

📂 성격과 정서

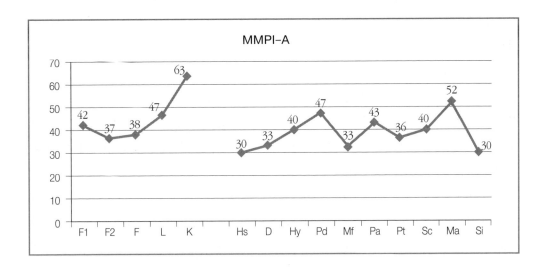

면담 시 '불편감'을 부인한 채, '나 자신을 알고 싶다'라는 철학적 주제에 대해서만 언급했던 수검자는 MMPI에서도 임상척도의 상승이 두드러지게 나타나지 않은 채 K척도만 다소 높게 나타나고 있어 불편감을 드러내지 않았다. 그러나 HTP 사람 그림에서 머리를 진하게 색칠하고 있듯이 겉으로 표현하지 못하고 있는 고민이 상당히 많아 보이고, Rorschach에서 5개나 나타나고 있는 무채색반응과 4개의 MOR 반응은 우울감과 같은 부정적 정서 경험을 시사하고 있어('나무가 썩어서 구부러진다'), 상기의 MMPI 결과는 상당히 방어적인 태도를 보여 주고 있는 것 같다.

수검자는 HTP 집 그림에서 '꽃', '자동차', '냇가', '물고기', '사람', '해', '구름' 등 첨가물을 많이 그렸고, 나무 그림에서도 '열매', '새' 등을 많이 그리고 있듯이 주변 사람들의 관심과 애정 욕구가 매우 강해 보인다. 그리고 HTP 집 그림에서 '앞으로-최고의 집으로 남을 것 같다', 나무 그림에서 '앞으로-계속해서 사람들에게 명물로 남는다', 남자 그림에서 '가장 행복할 때-무언가를 성취할 때', SCT에서 '나는 내 꿈을 위해 질주한다', '나는 커서 위대한 인물이 될 것이다', '둘째 소원은 신적인 힘을 얻는 것이다', Rorschach에서 '먹구름이 끼어도 절대 어두워지지 않는 휴양지' 등의 반응을 보이듯 자신에 대한 기대가 높은 정도를 넘어 매우 절대적이고 강력한 힘에 대한 동경을 가지고 있는 것으로 보인다. 그러나 HTP 여자 그림에서 '가장 행복할 때-자기가 입은 옷을 누군가 같이 보고 좋아하고 마음에 들어하면서 기뻐해 줄 때', '가장 불행할 때-분명히 좋아 보이는데 나쁜 마음으로 안 좋다고 말할 때', SCT에서 '내가 가장 싫어하는 사람은 나를 모르면서 자기만의 우매한 잣대로 나를 평가하는 것이다', '나를 가장 슬프게 하는 것은 나를 모르면서 비판하는 것이다' 등의 반응은 자신의 이상적인 자아상을 유지하지 못하게끔 만드는 외부의 스트레스가 있었음을 나타내 주는 것으로, 오히려 상당한 좌절감과 부적절감을 경험하면서 상당 기간 내면적으로 외롭고 고립된 채 지내 왔을 것으로 여겨진다(SCT: '우리 엄마는 나를 옭아매려고 하고 좁은 시선으로 본다').

이러한 수검자는 분노감과 같은 강한 부적 정서에 민감한 Rorschach 카드에서 '화산 터지는 장면', '피멍 든 모습' 등과 같은 반응을 보이고 있어 상기의 좌절감을 받아들이기보다는 자신에게 부정적 평가를 내린 대상에게 분노감을 느끼고 있을 가능성이 높아 보인다(HTP: 사람 그림에서 이빨을 강조해서 그림). 그리고 Rorschach에서 '전설', '신화', '지구 위에서 본 세상', '지구에 없는 다른 세계', '상징적인 국기' 등을 자주 언급하는 등 주지화 방어기제를 통해 자신의 불편감을 부인하는 것으로 보이나, 한편으로는 색채-음영 혼합반응을 2개나 보이고 있고, II번 카드에서 '검은 날개를 가진 사람······ 머리엔 꽃잎 모양 장식을 하고 있다', VIII번 카드에서 '동물이 싸운다', '맛있게 보이는 음식', X번 카드에서 '지옥의 애들······ 도와주는 영웅' 등 동일한 자극에 대해 양극단의 시각을 모두 보고하고 있어서 감정 경험이 극단적이고 잦은 변화가 있을 것으로 예상되는바, 불안정하고 극단적인 정서 상태가 외부로 표출되어 문제 상황을 일으킬 가능성도 높아 보인다. 한편, 수검자는 Rorschach에서 '찢어진 드레스', '등 끈이 풀어져서 펼쳐진 드레스', '동물 생식기' 등 성적 주제와 관련하여 상당히 공격적인 반응을 보이고 있는데, 상기의 불만족감을 성적인 환상을 통해 해소하고 있는 것으로 여겨진다. 그리고 앞서 높은 이상적 기대감의 표현과는 달리 SCT에서 '내가 가장 무서워하는 것은 내 자신이 유약해지는 것이다'라는 표현은 스스로도 현재의 스트레스 상황에 대한 두려움을 느끼고 있음을 나타내는바, 현재의 스트레스 상황이 지속될 경우 극단적인 행동 문제가 나타날 가능성이 있어 주의가 요망된다.

🗁 요약과 제언

⭕ 요약

전체지능: 94, 평균 / 언어성 지능: 97, 평균 / 동작성 지능: 91, 평균

수검자는 평균 수준의 지적 능력을 가지고 있는 것으로 나타났으며, 수계산 및 집중력, 사회적 판단력, 민첩성 등이 높은 수준이었고, 주변의 다양한 영역에 관심을 기울이고 있으나, 주변 자극에 지나치게 둔감하고 기대 수준에 비해 문제해결 능력이 부족해 상당한 부적절감

을 느낄 수 있음. 무엇보다 주변 환경 자극을 객관화하고 명확하게 인식하는 데 어려움이 있어 보이는바, 주관적이고 독자적인 판단에 근거하여 행동할 가능성이 높아 보임. 또한 문제 해결 과정에서 충동적인 행동으로 인해 갈등을 경험하기 쉬움. 애정 욕구가 높고, 자신에 대한 이상적인 기대를 가지고 있으나, 부정적 피드백에 대한 내성이 부족하고 실제 기대 수준에 이를 만큼의 현실적인 노력을 하지 못하고 있어 오히려 좌절감을 경험하고 있는 것으로 보임. 그러나 이러한 상황에서 주변 사람들을 탓하며 극단적인 부정적 감정만 커지고 있는 것으로 보임. 부정적 평가에 민감한 수검자는 자신의 불편감을 겉으로 드러내기보다는 은밀하게 성적인 환상에 몰입해 있는 것으로 여겨지는바, 치료적인 개입을 통해 내면의 불편감을 보다 개방적 환경에서 해소할 수 있도록 도움이 필요할 것으로 생각됨.

○ 임상적 진단

심리평가 결과, 수검자는 다음과 같은 진단이 시사됨.

- Unspecified Depressive Disorder
- Cluster B Personality Disorder
- R/O Unspecified Paraphilic Disorder

6. 외견상 순진한 인상, 임기응변 능력의 부족, 욕구 해소의 어려움(남자/68세/초졸)

🗁 의뢰 사유

수검자는 '가족 구성원에게 성폭력을 한다'를 주소로 입원 중이며, R/O Unspecified Paraphilic Disorder 임상적 인상하에 성인종합심리평가가 의뢰되었다.

🗁 행동관찰과 면담

수검자는 보통 키, 다부진 체구의 60대 후반 남성으로 위생상태는 양호하였으며, 검사자와의 눈맞춤도 잘하는 편이었다. 검사 내내 매우 예의 바른 태도로 협조적으로 검사에 임하였다. 그리고 고령에도 불구하고 칭찬을 하면 부끄러운 듯 작게 웃기만 하는 등 전반적으로 매우 순진해 보이는 인상이었다. 내원 사유에 대해서는 '기억력이 나빠지고 성격이 나빠져서 집

사람이 가 보자고 했다'라고 하였고, 면담 시에도 '지금까지 행복을 모르고 살았다'라고 하는
등 자신의 불행했던 과거를 울먹이며 언급하였으나, 자신의 문제 행동이나 죄책감 등은 전혀
내비치지 않았다.

🗀 지능과 인지기능

한국 웩슬러 성인 지능검사(K-WAIS)			
지능	점수	백분율	수준
언어성 지능	98	46%ile	평균
동작성 지능	89	23%ile	평균 하
전체지능	94	35%ile	평균

수검자의 **전체지능은 94, 평균 수준**으로 나타났으며, 언어성 지능은 98, 평균 수준, 동작성
지능은 89, 평균 하 수준으로 두 지능 간에 큰 차이는 나타나지 않았다.

언어성 지능을 살펴보면, 사회적 상황에 대한 이해력이 평균 상 수준으로 높게 나타나 관
습적 행동양식을 이해하고 준수하는 데 어려움이 없을 것으로 생각된다. 어휘구사력과 사물
의 유사성을 파악하는 능력도 평균 수준으로 나타나 기본적인 어휘를 습득하고 고차원적인
개념을 이해하는 능력도 양호한 것 같다. 기본적인 상식 수준이 평균 수준이었으며, 단순한
자극에 대한 주의력도 평균 수준을 유지하고 있어 학력 수준에 비해 전반적인 지식 수준과 집

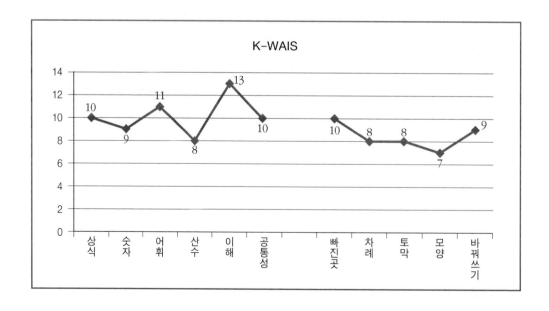

중력도 양호해 보인다. 다만 수계산 능력은 평균 하 수준으로 다소 낮게 나타났다.

동작성 지능 영역에서는 시각적 예민성이 평균 수준으로 주변 환경의 변화를 인식하는 능력은 적절해 보이지만, 상황적 맥락을 파악하는 능력은 평균 하 수준으로 나타나 전후 상황을 파악하여 즉각적으로 대응하는 데에는 약간의 어려움이 있을 수 있겠다. 시공간 운동 속도는 평균 수준으로 민첩성은 양호한 편이지만, 시공간 구성 능력과 부분을 통해 전체 상을 구성하는 능력은 평균 하 수준으로 나타나 전반적인 문제해결 능력은 다소 부족한 것 같다.

지능검사 결과, 관습 및 규범에 대한 이해 수준이 높아 이러한 사회적 규준에 상당히 몰입해 있는 것으로 보인다. 그리고 낮은 학력 수준에도 불구하고 전반적인 학습 수준은 양호해 보인다. 그러나 이에 비해 실제 문제 상황에서 즉각적으로 대응할 수 있는 응용력과 임기응변 능력은 다소 부족해 보이는바, 평소에는 신중하게 행동하면서도 낯선 상황이나 급변하는 상황에서는 대응하기 힘들어하며 부적절한 행동을 할 수도 있겠다.

Rorschach 검사 결과, 7개 반응 중 평범반응을 5개나 보이고 있어 주변 사람들의 시선과 평가에 상당히 민감해져 있으며, 관습적 행동양식을 따르는 데 몰입해 있을 것으로 생각되며, 이는 수검자가 자신이 통제할 수 있는 제한된 환경을 만들어 대응하는 데 익숙함을 나타내는 것 같다. 그리고 왜곡된 형태반응의 비율이 높긴 하지만, 전체 반응 수가 워낙 적은 상황이어서 수검자의 의도대로 통제가 되는 경우는 많지 않을 것으로 생각된다.

🗁 성격과 정서

수검자는 MMPI에서 2-0번 척도가 경도의 상승을 보이고 있고 9번 척도가 매우 낮게 나타나고 있어 심한 무기력감을 동반한 우울감을 경험하고 있는 것으로 보인다. 과거부터 지금까지의 생활 환경을 매우 고통스럽게 인식하고 있는(SCT: '어리석게도 내가 두려워하는 것은 삶이다', '다른 친구들이 모르는 나만의 두려움은 가난', '무슨 일을 해서라도 잊고 싶은 것은 어려운 생활이다') 수검자는 HTP 남자 그림에서 '나같이 못난 사람 같다'라고 하듯이 부정적인 자아상을 가지고 있고, 부정적 미래를 예상하고 있으며(SCT: '내가 보는 나의 앞날은 답답할 정도다', '나의 장래는 몹시 어렵다'), 자신감도 부족해 보인다(SCT: '내가 믿고 있는 내 능력은 미약하다').

수검자는 Rorschach에서 '박쥐…… 사납게 보인다', '마귀 형상', '두 사람이 시고 밀 뺏고 있는 거', TAT에서 '화가 나서 찢어 버리는 거', '나쁜 사람이 잠자는 사람을 해치려고 하는 거' 등의 반응을 보이듯 주변 환경을 매우 경쟁적이고 적대적인 것으로 인식하고 있으며, 이는 과거 신뢰감을 상실하게 된 외상 경험과 관련이 있어 보인다(SCT: '무엇보다도 좋지 않게 여기는 것은 배신이다', '내가 저지른 가장 큰 잘못은 남을 너무 믿은 것이다'). 이러한 수검자는 주변 사람

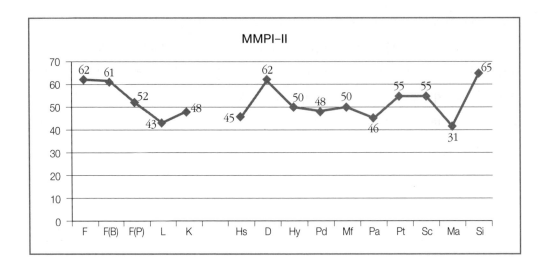

들과의 관계에서 친밀감을 느끼거나 지지를 받기 힘들었을 것으로 여겨지는바(Rorschach: VI, VII번 카드에서 반응 실패 / SCT: '내 생각에 참다운 친구는 없다'), 내면의 불편감을 해소하지 못한 채 쌓아 두었을 가능성이 높아 보인다.

　수검자는 HTP 여자 그림에서 '단점-혼자니까 외롭다', 남자 그림에서 '외롭게 보인다', 나무 그림에서 '처량해 보인다', '이웃이 필요하다. 혼자 살긴 외롭다'라고 하듯이 자신의 외로움을 강조해서 드러내고 있는데, HTP 집 그림에서는 창문 없이 문만 조그맣게 그렸고, 사람 그림에서는 남녀 모두 손을 그리지 않는 등 스스로도 주변 사람들과 교류하기 위한 노력을 충분히 하지 못한 채 수동적인 대응만 하고 있는 것 같다(SCT: '내가 늙으면 자식들에게 기대고 싶다', '나의 가장 큰 결점은 남에게 의지하고자 한다'). 한편, 주변 환경에 대한 적대감을 해소하지 못한 결과, 내면에는 분노감이 쌓여 있을 것으로 예상되지만, TAT 공백 카드에서 '가족이 모두 모여서 웃고 행복하게 앉아 있는 거'라고 하거나, HTP 사람 그림에서 상의 가운데 세로로 줄을 긋고 있듯이 욕구를 과도하게 부인하고 억제하는 방식으로 대응하고 있어서, 스트레스가 가중되면 매우 부적절한 방식으로 욕구를 해소할 수도 있겠다.

📁 요약과 제언

○ 요약
전체지능: 94, 평균 / 언어성 지능: 98, 평균 / 동작성 지능: 89, 평균 하
　수검자의 지능은 평균 수준으로 나타남. 수검자는 관습 및 규범에 대한 이해 수준이 높고 이에 대한 관심도 높아 보임. 그리고 평소에는 사람들과의 관계에 있어서 매우 절제된 행동

을 보일 수 있음. 그러나 응용력과 임기응변 능력이 부족해 보이는바 낯선 상황이나 급변하는 상황에서는 대응하기 힘들어하고, 주변 환경을 적대적이고 경쟁적인 것으로 인식하고 있지만 이러한 불편감을 적절히 해소하지 못하고 있어 스트레스가 가중되면 매우 부적절한 방식으로 대응할 수 있음. 현재 상당한 우울감과 외로움을 표현하고 있으며, 이러한 정서적 불편감은 주로 오랜 기간 불만족스러운 환경에서 생활하면서 느껴 온 것으로 여겨지나, 한편으로는 공격욕, 성욕 등 자기 내면의 욕구를 해소하지 못하는 데서 오는 무기력감과도 관련이 있어 보임.

○ 임상적 진단

심리평가 결과, 수검자는 다음과 같은 진단이 시사됨.

- Unspecified Depressive Disorder
- R/O Unspecified Paraphilic Disorder

7. 높은 지적 능력과 저조한 Rorschach 반응, 도덕성을 통한 비난, 높은 재발 가능성(남성/40세/대학원졸)*

의뢰 사유

성추행으로 여러 차례 입건되었던 수검자는 '사람이 많은 곳에 가면 성 충동이 생긴다', '치료를 받을 수 있는지 궁금하다' 등을 주소로 내원하였으며, 전반적인 인지기능 및 성격 파악을 위해 성인종합심리평가가 의뢰되었다.

행동관찰과 면담

작은 키에 왜소한 체격인 수검자는 위생상태가 양호하였으며 검사자와 눈맞춤도 적절하였다. 여성스러운 목소리였고 '헷갈린다', '이게 아닌데' 등의 혼잣말이 많았다. 검사 초반에는 손을 떨고 경직된 자세로 앉아 있는 등 다소 긴장된 모습이었지만 '편하게 해도 되죠?'라고 말한 직후부터는 긴장이 완화된 모습을 보였다. 그러나 문항을 보여 줄 때마다 한숨을 쉬고 허

---

* K-WAIS-IV를 사용한 보고서는 이하 *표 처리함.

를 내밀거나 볼에 바람을 불어넣었고, 아이 같은 말투로 '너무 어려워요'라고 하는 등 미숙하게 불편감을 표현하였고, 어려운 문항에서는 웃으면서 '한 번도 안 해 본 거라'라며 핑계를 대기도 하였다. 토막짜기 소검사에서는 검사자 방향으로 토막을 돌려주거나 숫자 소검사에서는 실패한 문항에서 '진짜 못하겠다, 아 어떡하지, 죄송해요'라며 필요 이상으로 검사자의 눈치를 살폈고, '두 개 중에 하나만 있어도 되는 건가요?', '무조건 하나를 골라야 하나요?' 등 사소한 질문을 많이 하였다. 검사 도중 '박사님이세요? 박사 과정 중이신 건가요? 라며 검사자의 신상을 물었고, '이번에 꼭 (치료를) 해야 되거든요, 다른 데 추천해 주실 곳이 있으면 도와주세요, 여긴 전문기관이 아니니까. 여기 원장님이 잘한다는 얘기는 듣긴 했는데 다른 데는 어디 없을까요'라며 다소 편집적인 모습도 보였다. 면담에서는 '도와주세요'라는 말을 자주 반복하면서 지나치게 치료 의지를 강조하였다. 내원 사유에 대해서는 '성추행 때문에 왔는데, 예전부터 정신과 진료를 받을까 생각하다가 이번 기회에 받아 보자는 생각이 들어서' 라면서 치료 의지를 표현하였다.

🗁 지능과 인지기능

한국 웩슬러 성인 지능검사 4판(K-WAIS-IV)			
영역	지능	백분율	수준
언어이해	92	29%ile	평균
지각추론	**118**	**88%ile**	**평균 상**
작업기억	**119**	**90%ile**	**평균 상**
처리속도	**89**	**23%ile**	**평균 하**
전체지능	104	60%ile	평균
일반능력	103	59%ile	평균

※ 단일 점수로서 대표성을 가지는 지능지수는 진하게 표시함.

수검자의 **전체지능은 104, 평균 수준**으로 같은 연령대에서 상위 40% 정도 수준이었다. 언어이해는 92, 평균 수준, 지각추론은 118, 평균 상 수준, 작업기억은 119, 평균 상 수준, 처리속도는 89, 평균 하 수준을 보이고 있었다. 지능 영역 간 차이가 30점으로 크게 나타나고 있어서(기준 23점 차이) '전체지능'의 대표성이 부족하고, 언어이해 영역 안에서도 소검사 간 편차가 7점으로 심하여(기준 5점 차이) '일반능력(103, 평균 수준)' 또한 수검자의 기능을 온전히 대표한다고 보기 어렵기 때문에 각 지표가 나타내는 기능 수준을 개별적으로 파악하는 것이 더 중요해 보인다.

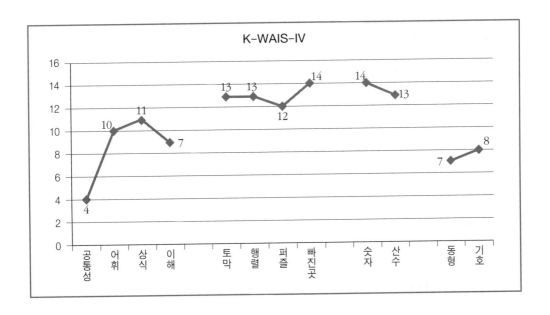

언어이해 영역에서는 기본적인 상식 수준과 어휘구사력이 평균 수준으로 나타나서 학습과 관련된 능력은 양호한 것으로 보인다. 그러나 사회적인 관습과 규범에 대한 이해력은 평균 하 수준으로 나타나서 사회적인 판단력은 저조한 것으로 보이고, 단어의 유사성을 파악하는 능력은 정신지체 수준으로 나타나서('코와 혀-얼굴' 개념에 대한 이해가 필요할수록 기능이 저하될 것으로 생각된다.

지각추론 영역에서는 모든 소검사가 평균 상 수준에서 우수 수준까지 나타나고 있어서 전반적인 문제해결 능력은 매우 높을 것으로 보인다. 구체적으로 살펴보면, 시각적 예민성이 우수 수준으로 나타나서 주변 환경에 상당히 민감해져 있고, 시공간 구성 능력이 평균 상 수준이어서 직접적으로 도구를 다루는 능력도 연령대에 비해 높은 것 같다. 게다가 전체를 고려해서 핵심을 파악하는 능력과 자극 간의 관련성을 찾아내는 능력이 평균 상 수준이어서 시각적인 추론 능력도 높은 수준이었다.

작업기억 영역에서는 단순한 자극에 주의를 기울이는 능력과 수계산 능력이 각각 우수, 평균 상 수준으로 나타나서 주의력은 높을 것으로 보인다. 다만, 산수 소검사에서 난이도가 올라갈수록 문항을 되묻고, 정답과 오답이 번갈아 나타나고 있어서 복잡한 상황에서는 주의 지속 능력이 상대적으로 저하될 수 있겠다.

처리속도 영역에서는 모든 소검사가 평균 하 수준으로 나타나서 수검자의 상대적인 약점으로 생각되며 정신 운동 속도가 다른 능력에 비해 느릴 것으로 생각되는데, 검사 당시의 태도를 고려하면 낮은 점수는 쉬운 과제를 경시하는 태도와도 관련이 있는 것 같다.

지능검사 결과, 주의력과 직관적인 판단력이 높게 유지되고 있어서 전반적인 문제해결 능력이 높을 것으로 생각되며, 학습 수준도 양호한 것 같다. 그러나 언어적으로 세심한 대처가 필요할수록 기능이 급격하게 저하되고 있어서 의사소통 상황에서 유연한 대처가 어려울 수 있고, 성실성이 부족해 보여서 꾸준하게 노력을 기울여야 하는 상황에서도 성과를 내기 힘들 것으로 생각된다.

Rorschach 검사 결과, 높은 지적 수준에도 불구하고 총 반응 수는 10개로 매우 적게 나타나고 있었고, '나비', '나방' 등 비슷한 반응을 반복하고 있어서 문제해결 능력은 매우 빈약할 것으로 보인다. 이러한 수검자는 사소한 스트레스에도 관습적인 판단을 전혀 하지 못하고 있고(P=0), 매우 피상적이고 미숙한 반응을 보일 가능성이 높을 것 같다(W=7, A=8).

📁 성격과 정서

ASI-3 (불안민감)	APPQ (공황)	**MDQ** **(조증)**	**HCL-32** **(경조증)**	PHQ-9 (우울)	STAI-Trait (특성불안)
18 55T	16 40T	**8** **(cut off: 7)**	**16** **(cut off: 14)**	8 (cut off: 9)	38 40T

※ 역치 이상의 척도는 진하게 표시함.

수검자는 HTP 나무 그림을 크게 그리고 다수의 열매를 그렸으며, 집 그림에서 '빌딩이나 근사한 집이 되었으면'이라고 하는 등 성취 욕구가 상당히 커 보이며, Rorschach에서 '화려하고', '장식품 같은'이라고 하듯이 과시 욕구도 큰 것 같다. 그러나 TAT에서 '잘 되겠죠', '잘 살지 않을까', SCT에서 '내가 늙으면 가족들과 행복하게 지내고 싶다', '내가 늘 원하기는 하나님 앞에 떳떳하고 싶다'라고 하는 등 기대 수준이 매우 막연하고, HTP 나무 그림에서 가지를 그리지 않는 등 현실적인 노력은 부족했던 것으로 여겨지는바 성과를 내기는 힘들었을 것 같다. 이러한 상황에서 MMPI에서 K척도가 67T로 상승하고 있듯이 사회적으로 바람직한 모습을 강조하면서 자존감을 유지하고, 자신의 도덕적인 모습을 강조하면서 주변을 비난하고 있는 것 같다(SCT: '내 생각에 가끔 아버지는 돈으로 일을 처리하셨다'). 그러나 앞서 언급한 것처럼 사고가 미숙한 수검자는 SCT에서 '나의 평생 하고 싶은 일은 착하게 살고 싶다', '어렸을 때 잘못했다고 느끼는 것은 거짓말이다' 등과 같이 도덕성이 유아적인 수준에 그치고 있어서 타인에 대한 배려가 부족할 가능성이 높아 보이는바, 오히려 주변에서 원하는 만큼 인정받기는 어려워 보인다.

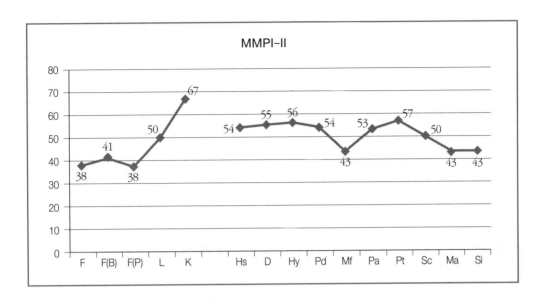

　　수검자는 HTP 사람 그림에서 단추와 주머니를 그렸고, SCT에서 '내가 싫어하는 사람은 없다', '내가 잊고 싶은 두려움은 모르겠다'라며 부정적인 문항을 일방적으로 부인하고 있었다. 그러면서도 SCT에서 '착한', '행복' 등과 같이 긍정적인 모습을 다수 언급하였고, HTP에서 '행복-가족들이 행복할 때', '필요-잘되는 가족들의 모습' 등과 같이 관습적인 태도를 보이는 등 억압의 수준이 매우 높은 것 같다. 게다가 TAT에서 '무슨 그림인지는 잘 모르겠지만'이라는 언급을 자주 하고 있어서 불편감에서 대해서는 주지화를 통해 거리를 유지하고 있는 것으로 보이는바, 감정을 해소하기 어려웠을 것으로 생각된다. 그러나 내면에는 충족되지 못한 욕구 수준이 상당히 높고(SCT: '무엇보다도 좋지 않게 여기는 것은 자위 행위, 매일 야한 책 보며 자위했다') 불만도 쌓여 왔을 것으로 예상된다. 한편, HTP 사람 그림에서 손을 강조해서 그리는 등 통제 욕구가 커 보이지만, 선을 여러 차례 덧칠하면서도 그림의 질은 나아지지 않았고, 사람 그림의 목선이나 다리와 발의 경계를 그리지 않는 등 효율성은 부족한 것 같다. 게다가 검사 자극과 경계를 유지하지 못할 정도로 자아강도가 약해져 있어서(TAT: '무서운 느낌이 들고요' / Rorschach: '귀여워') 순진하게(naive) 욕구를 드러낼 가능성이 높아 보인다.

　　수검자는 현재 상황에 대한 만족감을 나타내고 있었으나(HTP: '열매 많이 맺었다고 좋아할 것 같아요'), HTP 집 그림에서 '초가집', '허물고 새로 지었으며'이라고 하듯이 실제로는 열등감이 상당할 것으로 생각된다. 그러나 앞서 언급한 것처럼 도덕적인 모습으로 자존감을 유지하고 있는 수검자는 내면의 욕구와 열등감 등에 직면하지 않은 채로 약자의 입장에서 도움받을 필요성만 강조하면서(TAT: '도와주는 사람이 있으면 잘될 것 같아요') 주변 환경만 탓하고 있는 것 같다(TAT: '흑백이라서 무슨 그림인지는 모르겠지만', '쳐다보지 않아서 관계는 모르겠어요').

수검자는 SCT에서 '내가 저지른 가장 큰 잘못은 성추행 범죄이다'라고 자신의 문제 행동을 인정하는 듯 보이지만, 피상적으로 문제에 접근하고 있고(SCT: '내가 믿고 있는 내 능력은 분명 잘못된 것을 고칠 수 있다'), 내면의 욕구에 대해서는 통찰이 부족한 채로 여전히 억압하고 있으며(SCT: '내가 성교를 했다면 부끄럽다') 에너지 수준은 높아서(유의미한 수준의 MDQ와 HCL-32) 재발의 가능성이 높아 보인다.

📂 요약 및 제언

○ 요약

전체지능	104	평균	일반능력	103	평균
언어이해	92	평균	지각추론	118	평균 상
작업기억	119	평균 상	처리속도	89	평균 하

수검자의 지능 수준은 평균 수준으로 나타남. 즉각적인 문제 해결력은 높지만 언어적 사고력이 필요할수록 기능이 급격하게 저하되고 있어서 의사소통 상황에서 유연한 대처가 어려울 것으로 보임. 그리고 주변 상황에서는 민감하지만 빠른 대처를 할 수 있는 능력은 부족해서 무력감을 경험하기 쉬우며, 사고가 매우 피상적이고 미숙해 보임. 기대 수준은 높지만 성과를 이루기 어려웠던 것으로 보이며, 도덕적이고 바람직한 모습을 강조하면서 자존감을 유지하고 있는 것으로 여겨짐. 그러나 한편으로는 과시하고 싶은 욕구로 인해 도덕성을 강조하면서 주변을 비난할 가능성이 있음. 수검자는 억압의 수준이 매우 높아 보이며, 내면에는 충족되지 못한 욕구의 수준이 상당히 높고 불만도 클 것으로 여겨지지만, 현재는 자아강도가 약화돼 있어서 억압된 욕구를 통제하는 것이 매우 어려울 것으로 생각됨. 내면에는 열등감이 크지만 자신의 부정적인 모습을 수용하기 힘들 것으로 보이며, 약자의 입장에서 다른 사람의 도움만을 바라면서 주변 환경을 탓하고 있는 것으로 보임. 문제의식은 피상적이고, 억압된 욕구에 대한 통찰은 부족해서 비슷한 문제행동이 재발할 가능성이 높아 보임.

○ 임상적 진단
심리평가 결과, 수검자는 다음과 같은 진단이 시사됨.

- Frotteuristic Disorder
- Unspecified Personality Disorder

<부록> 심리평가 보고서 작성에 도움이 되는 서적

1. 심리검사

김영환, 김지혜, 홍상황 공역(2003). 로르샤하 해석의 원리. 서울: 학지사.
  복잡하고 많은 Rorschach 자료들을 순차적이고 체계적으로 분석할 수 있다.
김재환, 오상우, 홍창희, 김지혜, 황순택, 문혜신, 정승아, 이장한, 정은경(2014). 임상심리검사의 이해(2판). 서울: 학지사.
  한 권에 임상 면담, 최신 지능검사(K-WAIS-IV, K-WISC-IV), MMPI-2, PAI, Rorschach, TAT, 인물화 검사, SCT, 신경심리검사 등 종합평가에 필요한 대부분의 검사가 포함되어 있다.
김중술(2010). 다면적 인성검사: MMPI의 임상적 해석. 서울: 서울대학교출판부.
  각 임상척도들의 개발 과정과 기본 차원을 알 수 있고, 이를 통해 보다 세세한 해석을 할 수 있다.
마음사랑연구소 역(2015). MMPI-2 해석 상담, 어떻게 할 것인가. 서울: 마음사랑.
  척도 상승의 유형별로 묘사할 수 있는 다양한 언어적 표현을 볼 수 있다.
신민섭, 김수경, 김용희, 김주현, 김향숙, 김진영, 류명은, 박혜근, 서승연, 이순희, 이혜란, 전선영, 한수정(2003). 그림을 통한 아동의 진단과 이해. 서울: 학지사.
  HTP와 KFD에 대한 이론과 해석 방법을 볼 수 있다.
신민섭, 도례미, 최지윤, 안현선 공역(2012). WISC-IV 임상 해석. 서울: 시그마프레스.
  WISC-IV에 대한 이론서로 체계적인 해석 방법과 아동 GAI 계산 방법을 볼 수 있다.
이훈진, 문혜신, 박현진, 유성진, 김지영 공역(2007). MMPI-2: 성격 및 정신병리 평가. 서울: 시그마프레스.
  MMPI-2는 소척도 활용성이 매우 높아졌다. 임상척도 외의 다양한 소척도에 대한 분석이 하나하나 잘 되어 있다.
황순택 외 역. K-WAIS-IV 기술 및 해석 요강. 대구: 한국심리주식회사.
  성인 GAI를 해석하는 방법이 나와 있다.
황순택, 김지혜, 최진영, 홍상황 공역(2013). WAIS-IV 평가의 핵심. 대구: 한국심리주식회사.
  웩슬러의 지능검사에 대한 필획을 느끼 블 수 있고, WAIS-IV의 체계적인 해석 방법이 나와 있어서 이에 따라 지능검사 단독 보고서를 작성할 수 있다.

2. 정신병리

강진령 역(2017). DSM-5 임상사례집. 서울: 학지사.

　　직접 접하기 어려운 다양한 정신장애의 구체적인 사례를 볼 수 있다.

권석만(2013). 현대이상심리학(2판). 서울: 학지사.

　　다양한 정신장애의 진단 기준뿐 아니라 각 이론에 따른 이해를 할 수 있고, 인지적 심리 과정을 기술하고 있어서 보고서의 '성격과 정서'를 작성하는 데 도움이 된다.

권준수, 김재진, 남궁기, 박원명, 신민섭, 유범희, 윤진상, 이상익, 이승환, 이영식, 이헌정, 임효덕 공역 (2015). DSM-5. 정신질환의 진단 및 통계 편람(제5판). 서울: 학지사.

　　진단 기준과 정확한 명칭을 확인할 수 있다.

김동일, 이대식, 신종호(2016). 학습장애아동의 이해와 교육(3판). 서울: 학지사.

　　학습장애를 이해하기 위해서는 인지심리학과 신경심리학을 학습해야 하는데, 이 두 가지 영역까지 고려할 수 있도록 비교적 쉽게 설명하고 있어서 지능검사를 보다 깊이 있게 활용하는 데에도 도움이 된다.

김용식, 김임열, 정성훈 공역(2018). 마음의 증상과 징후: 기술 정신 병리학 입문. 서울: 중앙문화사.

　　병원에서 수련을 받지 않으면 접하기 어려운 각 증상의 명칭과 그 현상을 기술하고 있다.

박원명, 전덕인(2014). 양극성장애: 조울병의 이해와 치료. 서울: 시그마프레스.

　　양극성장애는 정신증과 조증, 우울증을 모두 관찰할 수 있는 정신장애이고, 이 3가지 상태를 이해하는 것은 임상 장면에서 접할 수 있는 상당히 많은 사람을 다룰 수 있게 한다.

안동현, 김봉석, 두정일, 박태원, 반건호, 신민섭, 신윤미, 양수진, 이성직, 이소영, 이재욱, 임병호, 정유숙, 천근아, 홍현주(2015). ADHD의 통합적 이해. 서울: 학지사.

　　아동 ADHD는 정신과 장면에서 가장 많이 접하게 되는 정신장애이다. ADHD를 단순히 주의력과 과잉행동뿐 아니라 다양한 각도에서 살펴볼 수 있게 하고, 이러한 과정을 이해함으로써 다른 정신장애를 보는 시각도 넓혀 줄 수 있다.

이효신, 방명애, 박현옥, 김은경 공역(2010). 아스퍼거증후군. 서울: 시그마프레스.

　　정신병리 이론에서 차지하는 비중은 크지 않으나, 아스퍼거의 핵심 증상은 구체적 사고(concrete thinking)이며, 이로 인해 고통을 겪는 사람들은 생각보다 많다. 다룰 수 있는 대상의 범위가 훨씬 더 넓어질 것이다.

조수철, 신민섭, 김붕년, 김재원(2010). 아동 · 청소년 임상 면담. 서울: 학지사.

　　심리평가의 3요소(면담, 행동관찰, 심리검사) 중에서 면담을 통한 정보 습득에 도움이 된다.

3. 심리 과정

권석만, 김진숙, 서수균, 주리애, 유성진, 이지영 공역(2005). 심리도식치료. 서울: 학지사.

　　치료에 대한 책이지만, 심리과정을 잘 설명하고 있어서, '성격과 정서' 부분을 작성하는 데 도움이 된다.

김진숙, 이지연, 윤숙경 공역(2010). 애착과 심리치료. 서울: 학지사.

　　애착은 성격 형성의 기본적인 요소로서 이를 이해하는 것은 성격을 이해하는 데 많은 도움을 준다. 역시 '성격과 정서' 부분을 작성하는 데 필요하다.

남순현, 전영주, 황영훈 공역(2005). 보웬의 가족치료이론. 서울: 학지사.

　　성격은 어릴 때부터 지속된 가족과의 상호작용을 통해서 만들어진다. 따라서 가족을 빼고 개인만 설명하는 것은 한계가 있을 수밖에 없다.

육성필, 이혜선 공역(2006). 자살 심리치료의 실제. 서울: 학지사.

　　자살은 정신건강 분야에서 가장 치명적인 문제로, 이를 예방하는 것이 무엇보다 중요하며, 보고서에 이에 대한 판단을 포함할 수 있어야 한다.

윤순임 외 공역(2008). 경계선 장애와 병리적 나르시시즘. 서울: 학지사.

　　B군 성격장애는 경계선 성격 경향이 많고 적음에 따라 나뉜다는 말이 있다. 경계선 성격을 이해하는 것이 그만큼 중요하고, 이와 다른 축으로 자기애성 성격을 이해하면 B군 성격장애를 보다 잘 기술할 수 있다.

정남운, 이기련(2015). 정신분석적 진단. 서울: 학지사.

　　각 성격장애에 대한 심리과정을 잘 설명하고 있어서, '성격과 정서' 부분을 작성하는 데 도움이 된다.

한성열 역(2005). 성공적인 삶의 심리학. 경기: 나남.

　　다양한 방어기제를 깊이 있게 설명하고 있어서, '성격과 정서' 부분을 작성하는 데 도움이 된다.

4. 기타

성태훈(2017). 종합심리평가보고서 작성법 2. 서울: 학지사.

　　다양한 아동 · 청소년 정신장애의 심리평가 보고서 사례를 접할 수 있다.

심리학 개론서

　　인간의 행동은 뇌신경을 통해 이루어지고, 감각-지각-인지-언어-성격-병리-사회 순으로 이어지는 과정을 모두 이해하고 있을 때, 응용학문인 임상심리학을 더 잘 활용할 수 있다. 시간이 날 때, 한 권을 정해서 꼭 한 번 정독해 보길 바란다. 심리학 개론서는 시중에 너무 많은 책이 나와 있어서 단 한 권을 추천하지는 않았다.

◑ 저자 소개 ◑

성태훈(Sung Taehun, 임상심리전문가)

고려대학교에서 학사, 석사를 거쳐 임상심리 전공 박사과정을 수료하였다. 삼성서울병원
정신과에서 3년의 임상심리 수련을 마쳤고, 임상심리전문가 자격을 취득한 이후에는
개인병원, 중소병원, 전문상담센터, 사회복지기관 등 여러 장면에서 심리평가를
담당하였으며, 2009년 원주에서 지우심리상담센터를 개소한 이후에도 인근 병원과
협력관계를 유지하면서 수련감독자로서 다수의 심리평가를 지도감독하고 있다.
상담센터에서는 직접 찾아오는 수검자들뿐 아니라 교육기관, EAP업체, 도박센터, 법원,
보호관찰소 등 다양한 기관으로부터 의뢰된 수검자들을 대상으로 심리 상담 및 평가를
시행하고 있으며, 심리평가 보고서 작성뿐 아니라 정신병리, 심리치료 등에 대해서도
자문, 강의, 저술 및 슈퍼비전을 지속하고 있다.

임상심리 수련생을 위한

종합심리평가 보고서 작성법 1 (2판)

2011년 10월 20일 1판 1쇄 발행
2018년 1월 25일 1판 8쇄 발행
2019년 6월 10일 2판 1쇄 발행
2024년 8월 20일 2판 7쇄 발행

지은이 • 성 태 훈
펴낸이 • 김 진 환
펴낸곳 • (주) **학지사**

 04031 서울특별시 마포구 양화로 15길 20 마인드월드빌딩 5층

대표전화 • 02) 330-5114   팩스 • 02) 324-2345

등록번호 • 제313-2006-000265호

홈페이지 • http://www.hakjisa.co.kr
인스타그램 • https://www.instagram.com/hakjisabook

ISBN 978-89-997-1836-6 93180

정가 32,000원

출판미디어기업 학지사

간호보건의학출판 **학지사메디컬** www.hakjisamd.co.kr
심리검사연구소 **인싸이트** www.inpsyt.co.kr
학술논문서비스 **뉴논문** www.newnonmun.com
원격교육연수원 **카운피아** www.counpia.com
대학교재전자책플랫폼 **캠퍼스북** www.campusbook.co.kr